中国纪录片年鉴

CHINA DOCUMENTARY YEARBOOK

2007

中国广播电视协会纪录片委员会　编

中国广播电视出版社
CHINA RADIO & TELEVISION PUBLISHING HOUSE

国家广播电影电视总局副总编辑金德龙在高峰论坛上讲话

中央电视台副台长、中央新闻纪录电影制片厂厂长高峰出席高峰论坛

从左至右：国家地理频道执行副总裁Bryan Smith、国家地理频道导演Steven Seidenberg、英国皇家人类学学会电影委员会会员Dr Howard Anthony Reid、英国皇家人类学学会电影委员会负责人Susanne Hammacher。

时间

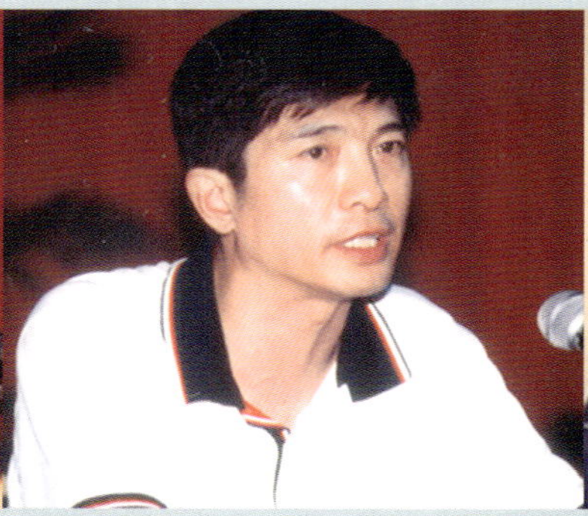

冷冶夫

朱贤亮

2006年3月29日至31日，2006年度中国纪录片高峰论坛暨学术研究院、创作委员会成立大会在海南三亚举行。广电总局副总编辑金德龙、中央电视台副台长、中央新闻纪录电影制片厂厂长高峰在会上发言；国家地理频道执行副总裁Bryan Smith、国家地理频道导演Steven Seidenberg、英国皇家人类学学会电影委员会负责人Susanne Hammacher、英国皇家人类学学会电影委员会会员Dr Howard Anthony Reid等国际知名专家学者以互动的方式同与会代表零距离接触，探讨节目创意、制作、营销等诸多方面的问题。

'06中国纪录片高峰论坛

CHINA DOCUMENTARY PEAK FORUM

纪录片委员会常务副会长兼秘书长贡吉玖致开幕词

学术研究院秘书长周兵主持互动交流活动

褚嘉骅

王渭林

彭辉

中国纪录片20

新闻发布会

会议现场

评委审议节目

评委合影

颁奖晚会

获奖编导领奖

06国际选片会

CHINA INTERNATIONAL DOCUMENTARY FILM SELECTION CONFERENCE

中国·泸州纪录片制作发展基地

活动剪彩仪式

高峰论坛

与会代表合影

2006国际环保纪录片周

INTERNATIONAL DOCUMENTARY WEEK ON NATURE PRESERVATION & ENVIRONMENT PROTECTION

高度发达的现代文明，带给人类方便快捷的同时，其结果令人堪忧：污染威胁着人类的生存，荒漠化压缩着现代人的生活空间，气候变暖引发了一系列的自然灾害，人口增长加剧了能源危机，温室效应破坏了自然平衡。环境保护已成为了全人类不可回避的重大课题。举办集中展映环境保护主题的国内外纪录片的环保纪录片周，在我国还是第一次，通过这种形式不仅可以加强我们的环保工作者、影视工作者与国外同行的交流，同时也会对我国的环境保护、生态建设、减少污染、节约资源，以及增强全民的环保意识，起到推动作用。

本次活动由国家广播电影电视总局中国广播电视协会、国家环境保护总局中国环境文化促进会、中华人民共和国文化部中外文化交流中心、中华人民共和国最高人民检察院影视中心、云南省环境保护局、云南省对外文化交流协会、云南省玉溪市人民政府主办。

活动收到来自全国各地电视台、影视机构、环保系统、大专院校以及广大的独立制片人的354部500多集作品。组委会组织了纪录片界的专家学者，于2006年8月上旬，在北京进行初评，遴选出85部优秀节目。

由活动组委会邀请的国内外环保和纪录片创作方面的专家、学者于9月1日至5日在玉溪进行终评及观摩研讨，9月5日晚在玉溪市聂耳广场举行了颁奖晚会，与会代表和当地群众约5000人参加，其间各级领导先后为纪录片获奖作者以及成功举办本届纪录片周的组织者颁奖。活动还选择重庆、武汉、南宁三地进行了环保纪录片优秀节目巡展,与当地纪录片编导及高校师生交流。

评委会副主任、中广协会秘书长王敬松在2006国际环保纪录片周新闻发布会上发言

评委会主任、中国广播电视协会副会长刘习良

评委会副主任、中央新闻纪录电影制片厂厂长高峰

评委审议节目

国际评委：Wildscreen 首席执行官Harriet Nimmo（左一）、德国科隆媒体艺术大学教授Solveig Kalssen（右一）

评委合影

英国BBC摄制的《我们能够拯救地球吗？》获评委会特别奖

环保纪录片巡展

THE SCREENING OF DOCUMENTARY ON NATURE PRESERVATION & ENVIRONMENT PROTECTION

拟同意，请胡局阅示。金德龙 15/9

同意。要有综合而持续的资金来源做保证。15/9

中国广播电视协会纪录片委员会

关于申请支持《中国纪录片年鉴》出版的请示报告

宣传管理司：

纪录片作为影视产品的一种重要形式，以其独特的思想内涵、人文品位和它的艺术魅力受到广大观众的喜爱，具有极高的文化价值、社会价值、史料价值和市场价值。它从形式及内容上都具有国际性的特点，是传播中华民族文化，传播新中国的时代风气，是向世界宣传中国的最好的片种之一。纪录片从无到有，发展至今，基本上是与电影电视行业共生，虽然纪录片功能众多、作用巨大，但一直处于待发展阶段，总局对此给予了极大关注并要花大力气推动纪录片的发展，因此。从纪录片创作、生产、市场、研究；记录重大事件；留存发展轨迹；搭建专业权威的纪录片信息交流平台，……鉴》就显得十分重要，……众望所归、迫在……止，纪录片行业还没……

国家广播电影电视总局副局长胡占凡、国家广播电视总局副总编辑金德龙对“关于申请支持《中国纪录片年鉴》出版的请示报告”的批示

异地采访

中央电视台和九家卫视台进行异地采访活动

“聚焦平湖”异地采访开机仪式

山西省副省长胡苏平宣布“晋北佛教文化采风活动”正式启动

“聚焦绍兴镜湖湿地”异地采访开幕式

中国纪录片俱乐部

中国纪录片俱乐部成立新闻发布会

中央新闻纪录电影制片厂厂长高峰致辞

中国广播电视协会纪录片委员会常务副会长兼秘书长贡吉玖致辞

法国FIPA国际电视节秘书长让-米歇尔·奥赛耶（Jean-Michel Ausseil）致辞

法国驻中国大使馆影视文化专员罗宏（Laurent Michelon）致辞

中央新闻纪录电影制片厂厂长高峰在成立庆典上致辞

洪民生先生为女导演俱乐部题字

成立庆典由中国广播电视协会纪录片副秘书长、女导演俱乐部秘书长刘莉主持

庆典现场气氛热烈

《中国纪录片年鉴》（2007）编辑委员会

目　录

特　载

节　目

2006年度国际选片会

2007法国FIPA国际电视节

2006中国玉溪国际环保纪录片周

2006 第十二届上海电视节

2006 中国（广州）国际纪录片大会

2006 中国电视纪实专题节目论坛暨中国电视纪录片优秀作品赏析

论 文

概 论

市场与产业化

创作探讨

导演札记

论文要目

人物访谈

机构与团体

DV影像

国 际

中国广播电视协会纪录片委员会

大事记

2007 CHINA DOCUMENTARY YEARBOOK

特 载

2007 china documentary yearbook
2007 CHINA DOCUMENTARY YEARBOOK

特 载

坚持正确的政治方向和舆论导向 更好发挥宣传教育激励动员作用

——胡锦涛总书记视察解放军报社讲话摘要

（2006年1月4日）

2006年1月3日，中共中央总书记、国家主席、中央军委主席胡锦涛在视察解放军报社时发表重要讲话：当前，我国正处在全面建设小康社会的关键时期，国防和军队建设也进入了新的重要发展阶段。我们要高举邓小平理论和“三个代表”重要思想伟大旗帜，着眼有效履行新世纪新阶段我军历史使命，坚持把科学发展观作为加强国防和军队建设的重要指导方针，努力推动国防和军队建设又快又好地发展。新的形势和任务对全军新闻宣传工作提出了新的更高的要求。要高举旗帜、听从指挥，坚持鲜明的党性原则，坚持正确的政治方向和舆论导向。要围绕中心、服务大局，大力宣传党的路线方针政策和中央军委决策指示精神，及时反映部队全面建设的经验成果，积极服务于国防和军队现代化建设。要面向基层、贴近官兵，尊重官兵的主体地位和创造精神，努力适应广大官兵全面发展的需求，真正成为广大官兵的良师益友。要锐意进取、创新发展，拓宽工作思路，创新办报手段，增强发展活力，突出军报特色，提高新闻宣传的吸引力、感召力、战斗力。

胡锦涛说，提高办报水平，关键在人，在于建设一支政治强、业务精、纪律严、作风正的新闻队伍。希望同志们进一步坚定理想信念，加强党性修养，提高能力素质。

胡锦涛总书记在庆祝中国共产党成立85周年暨总结保持共产党员先进性教育活动大会上的讲话摘要

（2006年6月30日）

中国共产党已经走过了85年不平凡的历程。在这85年里，我们党紧紧依靠和紧密团结全国各族人民，干了三件大事。在新民主主义革命时期，我们经过28年艰苦卓绝的斗争，推翻了帝国主义、封建主义、官僚资本主义的反动统治，实现了民族独立和人民解放，建立了人民当家作主的新中国。在社会主义革命和建设时期，我们确立了社会主义基本制度，在一穷二白的基础上建立了独立的比较完整的工业体系和国民经济体系，使古老的中国以崭新的姿态屹立在世界的东方。在改革开放和社会主义现代化建设时期，我们开创了中国特色社会主义道路，坚持以经济建设为中心、坚持四项基本原则、坚持改革开放，初步建立起社会主义市场经济体制，大幅度提高了我国的综合国力和人民生活水平，为全面建设小康社会、基本实现社会主义现代化开辟了广阔的前景。这三件大事，从根本上改变了中国人民的前途命运，决定了中国历史的发展方向，在世界上产生了深刻而广泛的影响。

总结我们党85年的历史，可以得出一个基本结论，这就是：我们党之所以能够成为领导中国革命、建设、改革事业的核心力量，之所以能够承担起中国人民和中华民族的历史重托，之所以能够在剧烈变动的国际国内环境中始终立于不败之地，根本原因是我们党始终代表中国先进生产力的发展要求、代表中国先进文化的前进方向、代表中国最广大人民的根本利益，始终高度重视并不断保持和发展自己作为马克思主义政党的先进性。85年来我们党保持和发展先进性的创造性实践，为我们加强党的先进性建设提供了宝贵经验。

第一，加强党的先进性建设，必须准确把握时代脉搏，保证党始终与时代发展同步伐。正确判断时代特征，准确把握发展趋势，科学制定目标任务，是关系到马克思主义政党前途命运的重大问题，也是衡量马克思主义政党先进性的重要根据。我们党坚持用马克思主义的立场、观点、方法观察和分析世界发展的总趋势、中国社会的实际状况和中国人民的根本要求，依据发展变化的实际，明确党在各个历史时期的目标和任务，不断为党和人民的事业指明前进方向。20世纪上半叶，面对帝国主义和无产阶级革命时代的特点，面对中国半殖民地半封建社会的状况，我们党紧紧把握民族独立和人民解放的时代主题，确立了新民主主义革命的历史任务，举起了救亡图存、推动中国社会发展进步的旗帜。新中国成立后，面对世界社会主义方兴未艾、民族解放运动风起云涌的国际局势，面对中国百废待兴的局面，我们党紧紧把握时代发展的大势和广大人民的意愿，成功进行了社会主义革命，开展了社会主义建设。上个世纪70年代末以来，面对和平与发展成为时代主题的国际环境，面对人民日益增长的物质文化需要同落后的社会生产之间的矛盾这个现阶段我国社会的主要矛盾，我们党在拨乱反正的基础上及时实现了工作重点的战略转移，果断作出改革开放的战略抉择，紧紧把握发展这个党执政兴国的第一要务，加快建设富强民主文明的社会主义现代化国家。历史表明，只有正确认识和把握时代特征和世界发展的总趋势，科学制定和实施符合我国实际和人民愿望的目标和任务，我们党才能始终站在时代发展的前列和中国社会发展进步的潮头。

第二，加强党的先进性建设，必须把最广大人民的根本利益作为党全部工作的出发点和落脚点，保证党始终与人民群众共命运。人民是创造历史的根本动力。我们党坚持马克思主义的群众观点，坚持全心全意为人民服务的宗旨，始终把实现和维护最广大人民的根本利益作为党的理论和路线方针政策以及全部工作的根本依据，始终深深扎根于人民之中，为中国人民和中华民族的根本利益不懈奋斗。进行新民主主义革命，进行社会主义革命和建设，进行改革开放，都是为了顺应人民意愿、实现人民利益。现在，我们提出坚持以人为本、实现科学发展、构建社会主义和谐社会、建设社会主义新农村、建设创新型国家等重大任务，同样是为了顺应人民意愿、实现人民利益。中国人民正是在长期的历史比较中，选择我们党作为自己根本利益的代表，作为国家和民族复兴的领导力量。历史表明，只有深刻认识人民创造历史的伟力，真诚代表中国最广大人民的根本利益，一切为了人民，一切依靠人民，我们党才能得到人民的充分信赖和拥护，才能无往而不胜。

第三，加强党的先进性建设，必须使党的理论和路线方针政策不断与时俱进，保证党的全部工作始终符合实际和社会发展规律。党的理论和路线方针政策关乎党的生命。马克思主义政党要保持和发展先进性，必须与时俱进地研究、提出、贯彻正确的理论和路线方针政策。我们党坚持解放思想、实事求是、与时俱进，把马克思主义基本原理同中国具体实际相结合，产生了毛泽东思想、邓小平理论和“三个代表”重要思想。党的十六大以来，党中央又提出了科学发展观、构建社会主义和谐社会等一系列重大战略思想。这些理论成果都是党和人民实践经验的总结和集体智慧的结晶。在这些正确理论指导下，我们党及时制定符合中国实际、反映人民愿望的路线方针政策，如新民主主义革命时期提出农村包围城市、武装夺取政权的正确道路，抗日战争时期提出建立抗日民族统一战线的正确主张，新中国成立后制定过渡时期的总路线，改革开放时期提出“一个中心、两个基本点”的社会主义初级阶段的基本路线、建立社会主义市场经济体制的重大理论、科学发展观的重大战略思想，等等。历史表明，只有不断实现党的理论和路线方针政策的与时俱进，我们党才能找到实现中国人民和中华民族根本利益的正确道路和科学方法，推动党和人民的事业不断从胜利走向新的胜利。

第四，加强党的先进性建设，必须围绕党的中心任务来进行，保证党始终引领中国社会发展进步。衡量一个马克思主义政党是否先进，要放到具体的历史的实践中去考察，归根到底要看在推动历史前进中的实际作用。我们党始终根据不同历史阶段中国社会发展的主要矛盾来确定党的中心任务，并围绕实现党的中心任务来加强党的建设。比如，在新民主主义革命时期，我们党围绕争取民族独立和人民解放的中心任务，要求党的各级组织和广大党员成为民主革命的先锋、民族解放的先锋、联系群众的先锋，在顽强斗争、浴血奋战中体现党的先进性。在改革开放新时期，我们党围绕经济建设这个中心任务，要求党的各级组织和广大党员成为解放思想的模范、落实第一要务的模范、求真务实的模范、开拓创新的模范，在改革开放和现代化建设的实践中体现党的先进性。历史表明，只有始终围绕实现党的中心任务来加强党的先进性建设，才能使党的先进性建设与党和人民的事业相互促进，在不断发展中国先进生产力、先进文化、实现中国最广大人民根本利益的实践中体现党的先进性。

第五，加强党的先进性建设，必须坚持党要管党、从严治党，保证党始终具有蓬勃生机和旺盛活力。保持和发展党的先进性，必须坚持加强和改进党的自身建设，保证党永远充满生机和活力。我们党之所以能够从成立时仅有50多名党员、处在秘密状态的党，发展成为拥有350多万个基层党组织、7000多万名党员、在13亿人口的大国长期执政的大党，历经磨难而巍然屹立，千锤百炼而更加坚强，一个重要原因，就在于我们党始终坚持党要管党、从严治党，始终注重加强自身建设。早在革命战争年代，我们党就把党的建设确立为“三大法宝”之一，实施了党的建设伟大工程，明确提出要把党建设成为一个全国范围的、广大群众性的、思想上政治上组织上完全巩固的马克思主义政党。改革开放以来，面对日趋复杂的国际形势和不断发展变化的国内环境，我们党又实施党的建设新的伟大工程，明确提出要大力加强党的执政能力建设和先进性建设，进一步解决提高党的领导水平和执政水平、提高拒腐防变和抵御风险能力这两大历史课题，把党建设成为全心全意为人民服务、思想上政治上组织上完全巩固、能够经受住各种风险、始终走在时代前列、领导全国人民建设中国特色社会主义的马克思主义政党。在党和人民事业发展的重要关头，我们党总是紧紧抓住党的建设这个关键，总是首先动员和组织党自身的力量，进而团结带领人民群众克服困难、夺取胜利。历史表明，只有紧密结合实际不断加强和改进党的思想建设、组织建设、作风建设和制度建设，我们党才能建设一支高素质的党员队伍和干部队伍，建立严密稳固的组织体系和科学有效的领导制度，形成保持和发展党的先进性的最广大的载体和最可靠的制度保障。

我们更加深刻地认识到：党员是党的肌体的细胞和党的活动的主体，党员队伍的先进性是党的先进性的重要基础。加强党的先进性建设，必须始终抓好保持和发展党员队伍的先进性这个基础工程，必须始终抓住党员队伍这个主体，充分依靠全党同志共同努力。

第一，保持党员队伍的先进性，根本在于增强广大党员的先进性意识，激发其自我教育、自我提高的内在动力。保持党员队伍的先进性，必须把着力点放在坚定广大党员的理想信念和增强广大党员的自觉性、主动性、责任感上，推动广大党员增强先进性意识，高标准地要求自己、剖析自己、提高自己，为保持先进性而不懈努力。在这次先进性教育活动中，从学习培训到分析评议再到整改提高，从正面宣讲到典型示范再到警示教育，都注意把工作重点放在激发党员的内在动力上。实践证明，抓住了党员主体这个根本，促使党员自重、自省、自警、自励，不断增强党员意识、责任意识、忧患意识、使命意识，保持党的先进性就有了强大而不竭的动力源泉。

第二，保持党员队伍的先进性，重点在于解决党员队伍中存在的突出问题，不断增强党员队伍整体的先进性。我们党有7000多万名党员的宏大队伍，绝大多数党员、干部是能够发挥先锋模范作用的。同时，在各种因素影响下，一些党员身上也出现了这样那样不容忽视的问题。党员生活在社会之中，出现一些问题并不奇怪，也不可怕，重要的是要教育和帮助党员勇于正视、认真纠正存在的问题，在党内不断弘扬积极因素、克服消极因素。这次先进性教育活动的一个基本出发点，就是要认真解决党员队伍中存在的同保持共产党员先进性要求不适应、不符合的突出问题。各地区各部门各单位从自己的实际出发，提出保持共产党员先进性的具体要求，发动党员对照具体要求查找自己在思想、工作、作风上存在的问题和不足，进行深入的党性分析，制定整改方案，落实整改措施，着力解决不适应、不符合的问题，受到群众好评。实践证明，不回避存在的问题，下决心解决存在的突出问题，促使广大党员、干部在履行岗位职责中充分发挥先锋模范作用，并让人民群众来监督党员和评判党员，是保持党员队伍的先进性的有效途径。

第三，保持党员队伍的先进性，关键在于完善制度和机制，把党的先进性要求转化为党员自觉遵守的行为准则。制度更带有根本性、全局性、稳定性和长期性。党的先进性是多方面要素共同构成的，包括指导思想、路线纲领、奋斗目标、方针政策，也包括组织原则、领导体制、工作机制、干部能力、党员素质，等等。要长期保持和不断发展党的先进性，必须通过完善制度和机制，使党的先进性要素充分发挥作用，激励广大党员自觉遵守党章和党规党纪，自觉实践党的先进性基本要求。这次先进性教育活动，把党的先进性基本要求同广大党员的岗位职责结合起来，明确了保持共产党员先进性的具体要求，使保持党员队伍的先进性有了进一步的制度保障。实践证明，有了这样的制度和机制，才能使党的先进性要求切实成为广大党员的自觉意识和实际行动，才能使广大党员更加积极主动地发挥先进分子的模范带头作用。

胡锦涛总书记在中共中央政治局第三十三次集体学习时强调 坚持不懈地学习中国革命史发扬光大党的光荣革命传统（摘要）

（2006年7月25日）

胡锦涛在主持学习时就学习、研究、宣传包括长征在内的中国革命史发表了讲话。他指出，长征是中国共产党领导中国人民英勇革命的壮丽史诗。包括长征在内的中国革命史，是我们党领导全国各族人民为争取民族独立、人民解放长期英勇奋斗的真实记录，是坚持马克思主义基本原理同中国革命具体实践相结合、推进理论创新的生动教材，是中国共产党人光荣革命传统和中华民族伟大民族精神的集中反映。我们应该十分珍惜和充分运用这个精神宝库。在改革发展任务艰巨繁重的新形势下，在深刻变化的国际环境中，我们要更加注重用中国历史特别是中国革命史来教育干部和人民。

胡锦涛强调，要把学习中国革命史与加强理想信念教育紧密结合起来。要注重学习和弘扬革命先辈对崇高理想矢志不渝、对党和人民无比忠诚、对革命事业锲而不舍的坚定信念，牢固树立中国特色社会主义共同信念和共产主义远大理想，做到任何时候任何情况下都坚持理想信念不动摇、革命意志不涣散、奋斗精神不懈怠，满怀信心地投身建设中国特色社会主义伟大事业。要把学习中国革命史与弘扬民族精神和时代精神紧密结合起来。爱国主义历来是中国共产党和中国人民团结奋斗的一面旗帜。要注重弘扬以爱国主义为核心的团结统一、爱好和平、勤劳勇敢、自强不息的伟大民族精神，同时坚持弘扬以改革创新为核心的时代精神，不断赋予民族精神新的时代内涵，引导广大党员和全体人民树立社会主义荣辱观，增强民族自尊心和自豪感，始终保持昂扬向上的精神状态。

推进和谐文化建设　繁荣社会主义文化

——中共中央政治局常委李长春在全国宣传部长会议上的讲话摘要

（2006年12月2日）

中共中央政治局常委李长春在全国宣传部长会议的讲话中强调，宣传思想战线要坚持以马克思列宁主义、毛泽东思想、邓小平理论和“三个代表”重要思想为指导，全面贯彻落实科学发展观和构建社会主义和谐社会的重大战略思想，解放思想、实事求是、与时俱进，贴近实际、贴近生活、贴近群众，紧紧围绕深入学习宣传贯彻党的十六届六中全会精神，以社会主义核心价值体系为根本，大力推进和谐文化建设，繁荣社会主义文化，满足人民群众日益增长的精神文化需求，动员各方面力量以实际行动迎接党的十七大，为全面建设小康社会、构建社会主义和谐社会提供强大精神动力和良好思想舆论氛围。

李长春指出，今年以来，在以胡锦涛同志为总书记的党中央领导下，宣传思想战线围绕中心、服务大局，基调鲜明、导向正确，改进创新、措施得力，在改革发展中焕发活力，在重点突破中整体推进，为实现“十一五”的良好开局，促进经济社会又好又快发展提供了强大的思想保证、舆论支持、精神动力和文化条件。

李长春指出，建设社会主义核心价值体系是十六届六中全会在思想文化建设上的一个重大理论创新，是我们党深刻总结历史经验、科学分析当前形势提出的一项重大任务。宣传思想战线要以社会主义核心价值体系为根本，扎实推进和谐文化建设。要坚持不懈地用马克思主义中国化的最新成果武装全党、教育人民，牢固树立中国特色社会主义共同理想；努力提高舆论引导能力，营造积极健康的思想舆论氛围；大力弘扬社会主义荣辱观，广泛开展和谐创建活动；深入推进文化体制改革，大力推动文化创新；进一步加强对外宣传，全面展示我国家形象；努力建设高素质的工作队伍，为和谐文化建设提供人才保证。

李长春指出，要进一步加强和改善党对宣传思想文化工作的领导，牢牢掌握和谐文化建设的主动权，不断提高宣传文化领域管理工作的水平，着力加强基层基础工作，高度重视人才培养和队伍建设，充分调动广大宣传思想文化工作者的积极性、主动性、创造性，确保和谐文化建设的任务落到实处。

让弘扬社会主义荣辱观在全社会蔚然成风

——中共中央宣传部部长刘云山在树立社会主义荣辱观座谈会上的讲话摘要

（2006年3月17日）

中共中央宣传部部长刘云山今日在中宣部、中央文明办召开的树立社会主义荣辱观座谈会上强调，把社会主义荣辱观的要求渗透到人们日常工作生活中，引导人们明荣辱之分、做当荣之事、拒为辱之行，让弘扬社会主义荣辱观在全社会蔚然成风。

刘云山指出，树立正确的荣辱观，是形成良好社会风气的重要基础。胡锦涛提出的以“八荣八耻”为主要内容的社会主义荣辱观，具有很强的思想性、指导性和现实针对性，体现了社会主义基本道德规范的本质要求，体现了依法治国同以德治国相统一的治国方略，是中华民族传统美德，是进一步推进精神文明建设的重要指导方针。

刘云山指出，要在营造舆论氛围上下功夫，在深入普及上下功夫，在进教材、进课堂上下功夫，大力宣传、广泛普及以“八荣八耻”为主要内容的社会主义荣辱观，使之家喻户晓、深入人心。要积极开展各种道德实践活动和群众性创建活动，要在精神文化产品创作生产中坚持“八荣八耻”导向，在基层群众文化活动中体现“八荣八耻”要求，为树立社会主义荣辱观创造良好文化条件，推动全社会形成知荣辱、树新风、促和谐的文明风尚。

刘云山强调，良好道德风尚的形成是一个逐步积累的过程，树立社会主义荣辱观是一项长期的任务。

广大文艺工作者要更好地关注现实面向基层服务大众

——中共中央宣传部部长刘云山在现实题材电视剧创作座谈会上的讲话摘要

(2006年7月5日)

中共中央政治局委员、书记处书记、中宣部部长刘云山7月5日在中宣部、广电总局联合召开的现实题材电视剧创作座谈会上强调，广大文艺工作者要不断加强学习、加强修养，更好地关注现实、面向基层、服务大众，创作生产人民群众喜闻乐见的优秀作品，满足人民群众日益增长的精神文化需求，共同谱写无愧于时代、无愧于人民的辉煌篇章。

刘云山指出，改革开放以来特别是党的十六大以来，我国电视剧创作生产呈现出蓬勃发展、充满生机的良好局面，生产规模不断扩大，创作质量不断提高，社会影响不断增强，为丰富群众精神文化生活、繁荣社会主义文艺做出了重要贡献。近几年电视剧创作生产的成功实践充分说明，丰富多彩的现实生活始终是文艺创作的不竭源泉，表现人民群众的情感世界和优秀品质是文艺创作的永恒主题，博采众长、兼收并蓄是文艺创作保持旺盛活力的重要途径，强烈的社会责任感、严肃认真的创作态度是打造文艺精品的重要前提。只有把握生活的本质和主流，体现时代进步要求，与时俱进，开拓创新，才能创作出思想性、艺术性、观赏性相统一的优秀作品。

刘云山强调，广大文艺工作者要自觉肩负起神圣使命，聚焦现实生活，体现时代要求，坚持把社会效益放在首位，任何时候、任何情况下都严肃认真地考虑自己作品的社会效果，做到对人民负责、对社会负责、对未来负责。要关注普通百姓，传递人民心声，与人民群众同呼吸、共命运、心连心，在思想感情上同群众打成一片，把个人的追求和时代的要求结合在一起，把个人的感情和人民的大情大义融合在一起，想人民所想，写人民所愿，使自己成为时代的信使，成为人民的歌手。要坚持深入实际、深入生活、深入群众，在实践中激发艺术灵感，进行美的创造，使自己的作品更加贴近实际、贴近生活、贴近群众，不断增强吸引力和感染力。要尊重艺术规律，充分发挥创造精神，充分发挥艺术想象力，贯注理想主义激情，重视典型形象塑造，反映民族的、大众的审美习惯和趣味，形成鲜明的中国特色、中国风格、中国气派。要加强和改进文艺评论工作，坚持实事求是、正面引导、以理服人，弘扬文艺批评的正气，增强针对性、实效性，发挥好文艺评论在宣传优秀作品、引导文艺创作等方面的积极作用。要高度重视人才队伍建设，认真实施人才培养工程，用制度和政策吸引人才，用事业和感情凝聚人才，引导文艺工作者牢固树立社会主义荣辱观，培育良好的职业精神、职业道德，努力做到德艺双馨。

在中国广播电视协会成立20周年会议上的讲话

国家广播电影电视总局局长　　王太华

(2006年6月8日)

各位来宾，同志们、朋友们：

今天，我们在这里集会，纪念中国广播电视协会成立20周年。首先，我代表国家广电总局，向为协会的创立、发展默默耕耘、无私奉献的老同志表示崇高的敬意，向辛勤工作在第一线的协会的全体同志表示亲切的问候！同时，向长期以来关心支持中国广播电视协会发展的同志们、朋友们，表示衷心的感谢！

中国广播电视协会是全国性的广播电视社会团体，现有包括各省、自治区、直辖市广播电视协会和中央人民广播电台、中国国际广播电台、中央电视台等在内的47个单位会员、38个专业委员会，担负着广播电视行业自律、维权和学术理论研究的基本职能，在全国广播影视乃至宣传文化领域具有十分重要的影响，是我国广播电视事业的重要组成部分。

中国广播电视协会诞生于改革开放的伟大时代，走过了20年的光荣历程。20年来，中国广播电视协会高举邓小平理论和“三个代表”重要思想伟大旗帜，贯彻落实科学发展观，紧紧围绕中国广播电视改革发展的要求，团结全国广大广播电视工作者，切实加强行业自律维权，深入开展学术理论研究，积极组织节目评奖，努力提高从业人员素质，对于密切党和政府与广播电视工作者的联系，促进中国广播电视的健康快速发展，发挥了重要的作用，做出了积极的贡献。

随着社会主义市场经济体制的逐步建立和政府行政管理体制改革的不断深化，党和政府高度重视培育和发展社会组织，鼓励和支持社会组织依法发挥作用，这为社会团体加快发展营造了良好的环境，提供了广阔的空间。中国广播电视协会作为全国广播电视领域最大的社会团体，拥有一大批经验丰富的老同志和造诣精深的专家，拥有深厚的理论研究积累和广泛的群众基础，完全能够在中国广播电视发展进程中大显身手、大有作为。

当前，全国广播影视系统正在深入学习贯彻党的十六届六中全会、中央经济工作会议和全国宣传部长会议精神，全面贯彻落实科学发展观，按照《国家“十一五”时期文化发展规划纲要》的部署，紧紧围绕和谐文化建设，开拓进取，扎实工作，全力抓好把握正确导向、确保安全播出、依法加强管理、发展事业产业等各项任务，为构建社会主义和谐社会而努力奋斗。

面对新形势、新任务，中国广播电视协会责任更加重大，任务更加艰巨，使命更加光荣，必须振奋精神，锐意进取，创新思路，加快发展。要坚持以邓小平理论和“三个代表”重要思想为指导，贯彻落实科学发展观，进一步转变思想观念，创新工作思路和工作方式方法，按照“提供服务、反映诉求、规范行为”的要求，强化大局意识、责任意识、服务意识、创新意识、发展意识，以职能转变为着力点，充分发挥桥梁纽带作用，突出抓好行业自律，切实加强行业维权，巩固拓展理论研究，遵循规律，发挥优势，大胆实践，努力开创各项工作的新局面。

下面根据“提供服务、反映诉求、规范行为”的要求，提几点希望，与大家共勉。

第一，要充分发挥党和政府联系广大广电工作者的桥梁和纽带作用。中国广播电视协会是全国广播电视领域最大的社会团体，是党和政府密切联系广电工作者的桥梁和纽带。这个根本性质，决定了协会的发展方向和工作重点，就是要坚持为党和政府的中心工作服务，大力宣传党的路线方针政策，努力把党和政府的号召转化为广电工作者的实际行动；就是要坚持为广电工作者服务，倾听他们的呼声，反映他们的愿望，集中他们的智慧，充分激发他们的工作积极性、主动性和创造性；就是要坚持为广播电视行业服务，掌握行业动态，探索广播电视发展规律，促进广播电视健康发展。协会的一切工作，都必须有利于巩固广播电视的喉舌性质，有利于加强广播电视宣传舆论阵地建设，有利于广播电视发挥引导社会、教育人民、促进发展的重要作用。

第二，要充分发挥广电行业和广电从业人员自教自律组织的作用。去年以来，中国广播电视协会在加强行业自律工作方面取得了积极进展，制定了《中国广播电视播音员主持人自律公约》、《电视剧制作行业自律公约》，积极参与了抵制广播影视低俗之风等一系列重要活动，产生了良好的社会影响，受到了中央领导同志的充分肯定和广大群众的欢迎。实践证明，加强行业自律，不仅是广播电视行业健康发展的必然要求，也是协会开拓发展空间、提高行业威信、树立社会形象的重要途径，是当前协会推进职能转变的重要突破口。但目前协会的行业自律工作还处于起步阶段，仍然是一个亟待加强的薄弱环节。要进一步加大工作力度，建立健全各类自律公约，制定具体实施细则，特别是要明确惩戒措施，逐步实现行业自律工作的制度化、规范化、长期化。要通过举办座谈会、培训班等多种形式，大力宣传自律公约，使之深入人心，成为从业人员的行为规范。要加快组织结构调整，强化人员配备，促进协会资源配置向行业自律工作倾斜。要认真借鉴国内外的成熟经验，积极探索行业自律工作的新途径、新方式、新手段，努力提高广播电视行业自我教育、自我约束、自我管理、自我发展的能力。

第三，要充分发挥依法维护广电行业和从业人员合法权益的作用。中国广播电视协会是广电行业从业人员自愿组成的社会团体，代表行业和从业人员利益，赢得行业和从业人员的信任支持，充分调动行业和从业人员的积极性、主动性、创造性，是协会工作的永恒主题，是协会生命力之所在。要充分发挥协会的独特工作优势，切实维护广播电视行业的合法权益，在广泛调查研究的基础上，积极向党和政府建言献策，为广电行业争取良好的舆论环境、政策环境和法律环境。要依法维护广大从业人员的合法权益，重点维护他们的新闻宣传和文艺创作的合法权益。要进一步加大力度，完善制度，建立机制。

第四，要充分发挥广播电视学术理论研究阵地的作用。没有理论上的清醒，就没有政治上的坚定，更没有行动上的自觉。学术理论研究作为中国广播电视协会的重要工作，只能加强，不能削弱。要紧紧围绕我国广播电视发展的实际需要，找准选题，组织攻关，多出精品。当前，我国广播电视正处于重要的发展阶段，面临着一系列重大而紧迫的新课题。总的讲，可以概括为“七个适应”，即如何适应全面建设小康社会、构建社会主义和谐社会、实现中华民族伟大复兴的要求；适应社会主义市场经济体制不断完善、社会主义市场经济不断发展的要求；适应广大人民群众不断增长的精神文化生活需要的要求；适应科学技术发展日新月异尤其是数字技术快速发展的要求；适应国内相关行业和国际同类行业激烈竞争的要求；适应抵制西方敌对势力对我西化、分化和渗透，维护国家信息安全、文化安全的要求；适应广播影视自身发展客观规律的要求。希望中国广播电视协会解放思想，实事求是，与时俱进，围绕这些课题，继承学术研究传统，发挥理论研究优势，为我国广播电视发展提供更加有力的理论支撑。

依法履行职能，充分发挥作用，归根结底要靠强化协会的自身建设来实现。要进一步加大制度建设力度，依法制定完善协会章程和各项规定，做到有章可循、有章可依、照章办事。要建立健全以会员为主体的组织体制，强化为会员服务的意识和会员的权利义务意识，建立会员参与和监督协会工作的机制。要加大改革力度，特别是要深化协会内部人事分配制度改革，不断强化管理，逐步建立科学、高效的运营管理机制。要加强队伍建设，加快形成人才辈出、人尽其才的良好局面，努力建设一支政治上靠得住，工作上有本事，作风上过得硬，行业内信得过的领导班子和工作队伍。总局历来重视协会建设，今后也将一如既往地支持协会发展，特别是要鼓励和支持协会在决策论证、专业咨询、标准和规范制定、创优评奖、教育培训、维护职业道德等方面发挥更大的作用。各级广电行政管理部门，总局各司局、直属单位都要大力支持协会工作，努力为协会创造良好的工作环境。

回顾过去，倍感自豪，展望未来，大有可为。让我们紧密团结在以胡锦涛同志为总书记的党中央周围，高举邓小平理论和“三个代表”重要思想的伟大旗帜，全面贯彻落实科学发展观，开拓进取，扎实工作，为加快广播电视繁荣发展，促进社会主义和谐社会建设，实现中华民族伟大复兴，做出新的更大的贡献！

在全国有线电视数字化推进工作现场会上的讲话摘要

国家广播电影电视总局局长　　王太华

（2006年5月17日）

进一步深化对加快城市有线电视数字化工作的重要性、必要性和紧迫性的认识。

1．加快城市有线电视数字化进程，是实现国家信息化社会建设目标的必然要求。有线电视数字化是整个国家信息化建设的重要组成部分，全面实现国家信息化建设目标，本身就包含必须实现有线电视的数字化。要从信息化社会建设的高度来认识有线电视数字化，把有线电视的数字化纳入到国家信息化建设的战略全局中去考虑，通过国家信息化社会建设，带动城市有线电视数字化进程；通过城市有线电视数字化改造，促进国家信息化社会建设。

2．加快城市有线电视数字化的进程，是推动国家经济结构调整、促进社会经济发展的必然要求。实现城市有线电视数字化，一方面是为了使广播电视更好地围绕中心，服务大局，服务人民；另一方面，数字电视的发展带动了以IT等信息产业为主的相关产业的发展，形成新的经济增长点。以深圳有线电视数字化为例，围绕深圳的数字电视，就有包括服务器、机顶盒、光纤电缆、传输设备、应用软件、信息内容等各方面的制造商、运营商为它提供相关的产品和服务，随着城市有线电视数字化下一步工作的推开，还将有更多的企业加入到这一行列中来。从这个意义上说，有线电视数字化可以促进我国经济社会发展，推动我国经济结构调整。

3．加快有线电视数字化的进程，是贯彻落实科学发展观，坚持以人为本、为人民服务，更好地满足人民群众日益增长的精神文化需求的必然要求。随着社会经济的发展、收入的增加，城市居民生活水平的提高不仅表现为对物质生活有新的、更高的需求，而且表现为对精神文化生活有了新的、更高的、更为广泛的需求。这种需求首先就表现为对广播影视提出新的要求，并且在普遍需求的基础上，呈现出需求多样、多变、多元的情形：由过去的少数几套节目发展到今天的多套节目并举，由模拟信号传输向数字信号传输转变，电视节目由标清向高清过渡，受众和广播电视媒体的关系也由单向接收转向双向互动。从人类社会经济发展的情况来看，需求是发展的依据，有需求就有动力，就有潜力，就有发展空间。群众的需求、社会的需要，就是我们有线电视数字化发展的依据和动力。要不断满足人民群众对于精神文化生活日益增长的这种多样化、多元化的需求，更好地为广大人民群众服务，就必须实现有线电视的数字化。

4．加快城市有线电视数字化进程，是广播电视适应高新技术、特别是数字技术迅猛发展的紧迫形势，不断巩固广播影视事业产业发展成果的必然要求。高新技术的发展，尤其是数字技术的发展，给广播电视带来了极佳的发展机遇，同时也使广播电视面临更为严峻的挑战。数字化不仅能够改造提升传统媒体业务，而且可以拓展很多新的相关业务，占领更大的市场。目前国外同类行业、国内相关行业已经实现了数字化，如果我们不加快城市有线电视的数字化进程，节目内容得不到充实和丰富，播出传送质量得不到提高，我们广播电视的内容优势、网络优势、用户优势就难以充分发挥，不但无法参与国际上的同类行业竞争，甚至无法和国内的相关行业展开竞争，抓住机遇、应对挑战也就无从谈起，广播影视就可能被边缘化，我们的原有阵地也很难巩固。

王太华同志对中央电视台提出新要求

(2006年6月25日)

第一，导向正确是永恒的主题。

舆论导向正确与否事关改革发展稳定大局，事关党和国家的兴衰存亡，坚持正确的舆论导向，始终应该作为电视宣传工作的首要和根本任务。电视宣传工作者必须不断强化政治意识、大局意识，确保在任何时候、任何情况下，舆论导向不出任何问题。

第二，改革创新是前进的动力。

要按照“三贴近”的原则，创新报道的内容、手段和方式；要整合内部资源，深入探索人事分配制度改革；要积极稳妥地探索制播分离改革；有条件的单位，要积极地由事业单位转为企业，增强发展活力；要积极主动开拓媒体新领域。占领新阵地，加快新业务开发，着力培养外向型企业，增强竞争力，推进电视事业产业健康、协调、快速发展。

第三，队伍建设是发展的根本保证。

要做好电视宣传领域的队伍建设。一要加强干部队伍建设。领导干部要适应新形势，着力提高贯彻科学发展观的能力、驾驭全局的能力、处理利益关系的能力和务实创新的能力。二要改进工作之风。要大兴求真务实之风和调查研究之风，加强以立党为公、执政为民为核心的思想作风和工作作风建设。三要重视人才培养。要适应电视事业发展需求，逐步完善优秀人才脱颖而出的体制机制，以能力培养为核心，切实加大教育培养力度，特别要加强对领导干部和新闻宣传、企业经营、技术和管理等业务骨干的培训。

第四，安全播出是搞好宣传的必要前提。

要从思想上、组织上、制度上、技术上确保重大节日、重要活动、重点时段的安全播出，建立健全应急协调机制，严格执行安全播出的各项规章制度，遇有紧急情况和突发事件，要做到及时发现、快速反应、处置得当。

强化依法行政　服务和谐发展
全面提高广播影视法制工作水平

——在全国广电法制工作会议上的讲话摘要

国家广播电影电视总局副局长　　赵　实

（2006年11月8日）

关于十五时期的广播影视法制工作

十五时期，是我国法制化建设深入推进的关键时期，也是广播影视业改革创新、快速发展的重要阶段。广播影视法制工作坚持以邓小平理论和“三个代表”重要思想为指导，贯彻落实科学发展观，按照依法治国的基本方略，紧紧围绕广播影视新闻宣传、文艺创作、事业建设、产业发展、社会管理、科技创新、国际合作、安全播出、队伍建设等重点工作，积极推进依法行政、依法管理、依法办事，全系统广大干部、公务员和职工的法律意识明显增强，广播影视立法、普法、执法、监督和法律服务等各方面工作都取得了显著的成效，有力地发挥了保障、规范、服务和促进广播影视发展的重要作用。

主要有以下五个方面的成就：

（一）立法工作取得新的进展

总局党组高度重视广播影视立法工作，按照中央的部署和要求，按照《行政许可法》和中宣部《关于文化立法十年规划（2004～2013）的建议》要求，适应中国加入WTO、高新技术迅猛发展、体制机制改革创新以及敌对势力加紧渗透等方面带来的新情况和新挑战，全面梳理了立法项目，加大了行政法规、部门规章和规范性文件的立改废工作力度，相继制定或修订了一批新的法规政策和管理制度。

立法进程主要分三个层面：

第一个层面是调研起草两部重要法律。

一是积极调研起草《广播影视设施安全和运行保障法》（暂定名）。制定这部法律的目的是为了依法维护广大人民群众收听收看广播影视的基本权益，为了确保国家信息安全和广播影视传输安全，尤其是为了防范和打击“法轮功”分子等敌对势力的疯狂破坏，在现有的设施保护条例的基础上，增加传输管理的制度，提高法律保护效力。从2003年启动《广播影视传输保障法》（原名）的起草工作以来，中央和国务院领导多次作出重要批示，中宣部、国务院法制办将《保障法》列入立法计划，现已纳入《文化发展纲要》中，法制办曹康泰主任和汪永清、张穹副主任亲自深入总局给予直接的指导帮助。总局王太华部长亲自部署和指导起草工作，党组同志，法规司、科技司、社管司和起草小组做了大量艰苦细致的调研论证、起草修改和协调工作，得到了全系统上下的积极配合。《保障法》目前已形成新的草案，将于近期向国务院法制办领导再次汇报并重新上报。

二是调研起草《电影促进法》。制定这部法律是为了适应电影产业化发展的新形势、新体制、新要求，进一步规范电影市场的主体和行为，完善行业管理制度，解决市场监管不力等新问题，更好地保障和促进民族电影业健康有序地发展，拟将现行的《电影管理条例》上升为法律。2004年正式启动《电影促进法》起草以来，在党组的直接领导下，法规司、电影局和起草小组做了大量工作，多次召开研讨论证会，反复修改草案初稿，广泛征求了基层广电与文化部门、近百家电影单位、电影业内外管理者、实践者和专家的意见，认真听取了中宣部、全国人大教科文卫委、国务院法制办等部委的指导意见。目前，起草小组正进一步修改完善，待总局党组再次讨论后，力争在今年底上报国务院。

第二个层面是修订、制定四个行政法规（即国务院令）。

一是2001年12月，总局配合国务院修订颁布了新的《电影管理条例》（第342号令）。主要是适应当时电影改革发展、市场开放以及即将加入世贸组织等新情况，适时修改了1996年颁布的《电影管理条例》，为促进电影改革发展提供了有力的法制保障。

二是配合国务院修订《卫星电视广播地面接收设施管理规定》（第129号令）。1993年10月，国务院颁布实施了第129号令。为进一步加强对境外卫星电视的接收管理，适应直播卫星发射和管理的新情况，按照中央领导指示，总局从2004年初开始启动修订工作，国际司、法规司、社管司、科技司及起草小组多次进行了国内外调研，并听取各个行政管理部门、技术部门及专家学者等方面的意见，现已经总局审议通过并上报国务院。目前中宣部和国务院法制办正在对有关重要问题进行研究协调。

三是配合版权局起草制定国务院《广播电台电视台法定许可播放录音制品支付报酬办法》。《著作权法》在2001年修订版中明确规定了“广播电台、电视台播放已经出版的录音制品，可以不经著作权人许可，但应当支付报酬”，并明确由国务院制定具体办法，这一规定使播放录音制品付酬成为广播电视播出机构的法定义务。总局法规司、宣传司、计财司等部门深入中央三台和各地基层积极开展调研，协调人大代表、政协委员的提案，确定了起草工作的原则，坚持立足国情、实事求是、区别对待、有利发展的方针，力求找准权利人与使用者、受众的平衡点。对国外做法只能适当借鉴，不能照抄照搬。目前，付酬办法由国务院法制办牵头，已形成了草案，并征求了总局的意见。全国人大、国务院和法制办的领导高度重视，多次作出重要批示，要求“抓紧修改，以维护著作权人享有的广播权”。

四是积极起草制定《信息网络传播视听节目管理规定》。为适应新媒体尤其是网络媒体的发展和管理要求，根据中央领导指示和中办《关于进一步加强互联网管理工作的意见》（中办发〔2004〕32号）精神，总局于2005年启动了《规定》的制定工作，形成草案后于今年4月上报中宣部。长春、云山、至立同志高度重视，中宣部多次召开协调会议，提出具体修改意见，并决定将该条例改为部门规章，主要是解决多头管理、职责交叉、法规不健全和管理不到位的问题。目前正在中宣部的直接领导下，抓紧推进修改制定工作，拟由总局和信息产业部等部门联合颁布。社管司、法规司、科技司等组成的起草小组日夜加班，做了大量的调研论证和修改工作。

第三个层面是制定、修订、废止了一批部门规章（即总局令）和规范性文件（总局的相关管理通知）。

2003年以来，为实施《行政许可法》，推进行政审批制度改革，适应广电改革、发展和管理的新要求，在国务院的统一领导下，总局清理了全部审批权限和项目，减少归并了部分审批项目，系统地规范了部门规章和规范性文件，适时调整颁布了一批新的管理规定，出版了2004年版的法规汇编，即《广播电影电视依法行政读本》。这些部门规章，涵盖了广播影视各项管理职能和管理制度，规范了审批行为，增加了审批透明度，特别是明确了广播影视立法、行政复议、行政许可检查监督等规范政府自身行为的规定。

同时，总局于2003年、2005年两次发布通知，废止了已不适用的172件法规性文件。据法规司今年10月底最新统计，目前现行有效的行政法规共7个，部门规章共42个，还有一批规范性文件。

第四个层面是制定了一些地方性法规和规章。

各地党委和政府十分重视加强广播影视立法工作。多年来，各地人大及政府也相继制定出台了一批广播影视方面的地方性法规和政府规章，如北京、上海、重庆、河北、山西、黑龙江、辽宁、吉林、浙江、山东、安徽、江西、湖北、湖南、河南、四川、云南、广西、福建、贵州、新疆等省、自治区、直辖市相继发布了适应本地区的广播影视地方性法规和规章共32个。各地广电局还根据本地的管理实际，出台了一系列规范性文件。

总局还积极参与了国家的相关立法工作，先后对《著作权法》、《治安管理处罚法》、《行政许可法》、《立法法》、《电信法（草案）》、《信息网络传播权保护条例》、《著作权集体管理条例》、《信息安全条例》等法律法规提出了修改意见。

去年，总局法规司、监察局、机关党委共同组织了全系统参加的“四五”普法大检查，检查结果反映，广电系统普法工作积累了大量经验，做出了显著成绩，取得了良好效果。今年，在中宣部、司法部评选表彰的“四五”全国普法先进集体和先进个人中，广电系统中授予了中央电台的《法制中国》、中央电视台的《今日说法》栏目等11个单位为全国普法先进单位，总局法规司为全国先进普法办，北京电视台徐涛等2名同志为全国法制宣传教育模范，河北人民广播电台周芃等17名同志为全国普法先进个人。这次总局又评选表彰了全国广电系统“四五”普法先进单位134个，先进普法办56个，先进个人132名，先进工作者69名。

关于十一五时期广播影视法制工作

今年是十一五规划的开局之年，刚刚闭幕的六中全会作出了全面构建社会主义和谐社会和建设和谐文化的重大战略部署，将依法治国、依法行政、依法管理纳入了国家重大发展布局和奋斗目标。可以深信，未来五年，我国现代化建设和法制建设将步入一个新的历史阶段，广播影视改革发展将进入一个重要的战略机遇期，广播影视法制建设也必将赢得一个极为关键的进展时期。广播影视法制工作要紧紧围绕党和国家工作大局，紧密结合广播影视工作实际和发展进程，扎实工作，开拓创新，努力开创新的局面，做出新的贡献。

重点要着力抓好以下几个方面的工作：

（一）认真学习，统一思想，充分认识法制工作的重要性和紧迫性，自觉提高法律素质

用科学的理论武装头脑、指导实践，是做好法制工作的重要前提。当前最重要的是认真学习全面贯彻六中全会的精神，尤其要深刻领会和贯彻《中共中央关于构建社会主义和谐社会若干重大问题的决定》，从构建社会主义和谐社会的高度，充分认识加强法制建设的重要性和紧迫性，充分认识建设法治国家的新目标、新任务，不断树立法治理念，增强法律意识，自觉提高法制素质和依法行政的能力。

（二）明确目标，突出重点，结合实际，全面落实广播影视法制工作各项任务

十一五时期，广播影视法制工作的总体思路是：坚持以邓小平理论和“三个代表”重要思想为指导，全面落实科学发展观，紧紧围绕构建社会主义和谐社会的总体要求，突出建设先进文化和和谐文化的主题，认真贯彻落实党的十六届六中全会作出的《决定》精神和两个《纲要》的部署，坚持以宪法为根本，以依法治国、依法行政、依法管理为主线，适应广播影视的发展要求，加快立法步伐，强化依法行政，深化普法宣传，拓展法律服务，建立科学的广播影视法律法规新体系，形成立法、普法、执法和监督协调推进的法制工作新格局，为服务广播影视健康、有序的发展，服务社会主义和谐社会和和谐文化的建设，服务广大人民群众享有基本文化权益，提供科学有效的法律支撑和制度保障。

（三）提高立法质量，加快立法进度，科学民主地完成重点立法项目

一是要明确立法的指导原则，着力提高立法质量，着力加强制度建设。广播影视立法要符合《立法法》和《行政许可法》的要求，符合中国国情和广电实际，符合广播影视的发展规律和要求，符合最广大人民群众的根本利益。同时注重参考借鉴其他国家的成功经验和国际通行做法，严格履行国际公约。

二是要突出立法重点，集中时间和力量，攻克立法难关，解决立法中遇到的难点问题。要完善立法工作者、实际工作者和专家学者相结合的工作机制，加强协调，形成合力。要协调好各方面的利益关系，确保重点领域、重点立法项目的立法进度，抓紧完成十一五规划部署的各项立法任务。

三是重视抓好立法调研。进行广泛深入的立法调研，了解各地的实际情况，是保证法规制度科学合理的基础环节，是科学立法、民主立法的必然要求。要进一步改进调研方法，深入基层，深入实践，注重实效，及时掌握第一手材料，使立法具有针对性和可操作性，能够切实解决实际问题。对于广电发展中出现的新技术、新媒体、新业态、新课题，更要紧紧追踪，加大调研力度，牢牢掌握立法工作的主动权。比如网络传播视听节目IP电视、手机电视等，技术升级快，使用和推广便捷迅速，发展势头迅猛，我们一定要未雨绸缪，善加利用，完善法规，一手抓发展，一手抓管理，重点是规范市场准入，加大监管力度，提高技术手段。

四是总局和地方广电局要及时抓好配套规定的立、改、废工作，要做到立法进程和改革进程相适应，定期对法规和规范性文件进行清理，与上位法不一致的规定要修改，超越职权和缺乏实效的规定要废止。

（四）加大培训力度，注重宣传实效，积极落实“五五”普法教育任务

（五）强化依法行政，建设法治政府，坚持从严执法，不断提高依法管理水平

大力抓好依法管理和执法监督。当前广播影视发展的领域越来越广泛，科技含量越来越高，在国家整个政治、经济、文化和社会生活中的地位和影响越来越大，各种利益的诉求也越来越突出，这就给管理带来了极大的难度和压力。因而我们要进一步强化依法管理的意识，加强监管力度，规范管理秩序。

进一步落实谁审批、谁负责、谁管理的原则，落实各项行政管理职能和法规，落实专项整治任务，对违法违规的行为和主体要严肃查处。包括严厉打击“法轮功”等敌对势力对广播电视传输的破坏，以及对擅自安装境外卫星接收设施、违规参加境外影展、违规传播网络视听节目、擅自开设播出前端和侵权盗版、滥播滥放广告等问题的专项治理等，要坚持执法从严，违法必究。还要进一步落实行政执法责任制，包括规范执法程序，建立执法评议考核制和执法责任追究制，建立权责明确、行为规范、监督有效、保障有力的行政执法体制。监察部门要加强对行政执法行为的监督检查。

（六）借助社会组织，拓展法律服务，依法维护广播影视组织和受众的合法权益

随着广播影视市场的部分开放，社会的关注度和参与面会越来越广，国际竞争会越发激烈，社会矛盾和法律纠纷也会不断增多，对此我们要有清醒的认识，既要事前未雨绸缪，掌握主动；又要事后运用法律武器，依法维权。要借助法律事务所等社会组织，不断拓展和规范法律服务。广电各部门、各企事业单位都要重视法治预防，最大限度地降低决策中的法律风险，在重大决策前，包括重大协议签订、合同签署前，都要聘请权威律师提供法律意见，进行法律把关。广电法制部门要协助处理好法律诉讼和纠纷，发生涉及行业管理规定的纠纷，要及时了解情况，协助提供有关处理建议，这也是我们指导实践、掌握法规执行情况的重要途径。

要加大广播影视知识产权保护力度。温家宝总理曾明确指出：“世界未来的竞争就是知识产权的竞争。”随着科技进步、知识经济的兴起，在世界范围内，知识产权的重要性日益显现。通过法律对智力劳动成果赋予相应的知识产权，既是推动经济社会发展的客观要求，也是鼓励知识创新的外在动力，因而尊重他人的知识产权，善于创造、利用和保护自己的知识产权，已成为各国增强国力、有序发展的必然选择。目前中美商贸谈判最重要的一个话题就是关于中国知识产权保护水平问题，所以国务院已高度重视这项战略研究，以应对国际竞争。我们广播影视的创意、制作、播映等全过程，都是创造性、综合性的智力劳动，因此尊重他人和维护自身版权的要求是双重的，也是一致的。行政管理和执法部门要加大打击侵权盗版盗播的违法违规行为。我们既要保护好广播影视知识产权和版权，尤其是广播电台、电视台、电影电视剧制作单位要保护好自己的版权、专利、商标等，又要在使用作品时，依照《著作权法》注意尊重他人的知识产权。我们要进一步建立和完善内部版权管理制度，关注作品使用的合法授权。今年国务院新颁布了《信息网络传播权保护条例》，下一步还要出台《广播电台电视台法定许可播放录音制品支付报酬办法》，各部门、各单位尤其要注意在网上播放作品签订使用协议时，应一并商定网络传播权的付酬问题。

在第十五届北京广播电影电视设备展览会（BIRTV 2006）主题报告会上的讲话摘要

国家广播电影电视总局副局长　张海涛

(2006年8月22日)

目前，全国广电系统正按照党中央、国务院的要求，同心同德，艰苦创业，一手抓城市数字化，一手抓农村“村村通”，解决制约我国广播影视进一步发展的薄弱环节和瓶颈问题，努力实现广播影视的全面协调可持续发展。

一、以数字化为龙头，带动我国广播影视跨越式发展

今年初，中央召开了全国科学技术大会，做出了建设创新型国家的战略决策，做出了我国目前已进入更多地依靠科技进步推动经济社会全面发展的新的历史阶段的重要判断，提出了自主创新、重点跨越、支撑发展、引领未来的指导方针。广播影视作为科技进步的产物，更要依靠科技创新，特别是要依靠数字、网络等信息技术，巩固主渠道和主阵地，开辟新业务和新服务，推动广播影视的跨越式发展。

经过全系统的共同努力，我国广播影视数字化取得了明显的成效：一是电台、电视台台内数字化、网络化进程加快，一些电台、电视台已建成数字内容资源管理系统，实现了数字节目制播一体化。二是有线电视数字化整体转换取得突破，青岛、杭州、佛山、深圳、大连、太原、绵阳等城市已完成整体转换，广西、广东、山东、山西等省区数字化效果明显，有线电视数字化已从试点进入了向全国大中城市全面推开的阶段。三是数字电视多功能业务不断发展，视频点播、付费频道、高清频道以及本地化、专业化、个性化的电子政务、资讯信息、电视商务等服务正逐步推开，全国已开播100多套付费频道。四是移动电视、网络电视(IPTV)、手机电视等新技术试验取得进展。五是电影数字化效果明显，农村电影数字化放映取得突破。经过多年的努力，我国地面数字电视标准已基本确定，不久将向社会公布。地面数字电视标准的确定标志着我国广播电视数字化从有线切入转向全面推进的新阶段，广播电视数字化将面临着更加繁重、更加艰巨的任务，正考验着我们这一代广电人的聪明和智慧。我们各级广电部门要按照王太华同志提出的广播影视要做到“七个适应”的要求，特别是要适应数字技术快速发展的要求，从国家信息化、社会信息化的战略高度出发，充分认识数字化带来的深刻变革和重大变化，进一步增强紧迫感、使命感和危机感，振奋精神，团结协作，凝聚力量，力争用最短的时间、最低的成本、最安全的方式实现我国广播影视由模拟向数字的平稳过渡，完成好党中央、国务院交给我们广电系统的神圣使命。

当前我国广播影视数字化主要有四项任务：一是统筹制定数字化的总体规划、标准规范、技术政策和实施方案，统一标准，周密部署，分步实施。二是推动广播影视从节目采编、制作、播出到传输、发射、接收以及电影制作、发行、放映各个环节的数字化升级改造，逐步形成技术先进、标准统一的数字化技术体系。三是树立数字化带来的开放、融合、竞争、合作理念，完善有关

政策法规，探索广播影视数字化发展的新模式，建立适应数字化发展的管理新方式。四是推进广播影视数字化的自主创新，要着力在技术研发、发展模式、体制机制等方面进行创新，特别是要注意技术应用的集成创新。

我国广播影视数字化转换主要有四个重点：一是电台、电视台台内数字化，二是有线电视数字化，三是地面无线数字化，四是电影制作发行放映数字化。数字化是广播影视自诞生以来的最大的一次变革，是广播影视全行业的技术转型，是一项庞大而复杂的系统工程，需要全行业动员部署、全行业参与实践，需要全行业长期的艰苦创业。实施广播影视数字化转换，主要依靠四个主体：一是广电行政部门，二是电台、电视台，三是网络机构，四是电影运营单位。这四个主体的分工定位和任务职责不同，只有相互配合、通力合作，才能顺利实现广播影视数字化。

广电行政部门是统筹数字化工作的行政管理主体，在推进数字化进程中担负着义不容辞的职责，主要有五项：一是组织制定广电数字化的总体规划、转换方案、工作计划，并督促实施。二是积极沟通汇报，争取将广电数字化纳入党委、政府的议事日程，争取发改、财政、税收等部门给予有力的政策支持。三是调动各级广电部门和各有关方面的积极性，加强协调，周密部署，形成合力，共同实施，确保公共服务，确保安全播出，确保平稳过渡。四是组织做好宣传解释工作，在系统内外为数字化营造良好的社会环境。五是组织做好队伍培训和人才培养工作，为数字化提供有力的人才保障。

电台、电视台是推进台内数字化的实施主体，主要有五项任务：一是推进台内技术设备系统的数字化升级改造。二是构建数字化、网络化的节目制播一体化体系，实现互联互通、资源共享。三是建立满足多种播出方式、多种接收终端需求的节目内容平台。四是积极利用互联网渠道，大力发展网络广播、网络电视。五是探索适应数字化发展的节目新形态、服务新方式、发展新模式、管理新机制。

开拓创新，忠实履行桥梁和纽带职能

——在全国广播电台政府与群众互动的热线类节目经验交流会上的讲话摘要

国家广播电影电视总局副局长　　胡占凡

（2006年2月22日）

广播电视是党和人民的喉舌和工具，是党的重要的舆论阵地。宣传党和政府的各项方针政策，传达党和政府的声音，反映人民的呼声，履行好“桥梁”与“纽带”的职能，是广播电视新闻宣传，特别是政府与群众互动的热线类节目在新形势下必须完成好的一个重要任务。在政府与群众互动节目方面，河北电台《阳光热线》节目努力研究并适应新形势对广播电视新闻宣传工作的要求，全面贯彻科学发展观、构建和谐社会的重要方针，解放思想，实事求是，开拓创新，服务大局，服务中心，探索出一条政府与群众互动热线类节目的新思路，开创了一种媒体与党委政府积极联动，政府与群众良性互动的新模式，《阳光热线》的这些成功经验确实值得我们很好地学习、参考和借鉴。下面，我就进一步办好广播政府与群众互动的热线类节目，讲几点意见：

一、要从贯彻落实科学发展观、构建社会主义和谐社会的高度，充分认识办好政府与群众互动的热线类广播节目的重要性和必要性

党的十六大、十六届三中、四中、五中全会就贯彻落实科学发展观，构建社会主义和谐社会作出了全面部署，其中的一个重要精神就是巩固党的执政地位，提高党的执政能力，执政为民。党中央的决策与部署和各级党委政府的需要，为我们提出了一个新的课题，我认为这更是一个难得的机遇。和谐需要沟通，需要理解，而广播恰恰正是一种最适合政府和百姓沟通的渠道，《阳光热线》等政府与群众互动的热线类节目，通过热线电话让党和政府有关部门与广大群众直接对话交流，使各部门及时发现大量平时难以了解到的情况，为如何改进工作提供了依据。通过对话，人民群众有了问题能直接向有关部门领导反映，拉近了党委政府与群众的距离，增进了相互的理解，使广大群众切身体会到了党和政府的温暖，缓解了矛盾、增强了凝聚力、维护了社会的稳定与和谐。作为沟通党和政府与人民群众的桥梁和纽带，广播的优势是其他媒体无法替代的，它方便快捷、互动性强、参与度高、影响力大、时效性强。电视、网络、杂志都很难做到这一点。我们验证了很多次，电视很强大，可是电视做这类的互动节目往往效果不佳，包括河北也试过，效果都没有广播好，所以我们要充分认识到广播自身潜在的优势。甚至我们认为是劣势的地方也可以变为优势。

我们必须认识到政府与群众互动的热线类节目不只是一个简单的服务类节目，而是我们广播电台架设在党和政府与广大人民群众之间的一个桥梁、一个纽带、一个窗口、一个平台。各级广播电视机构要高度重视，把办好政府与群众互动的热线类节目上升到贯彻落实科学发展观，提高执政能力，构建和谐社会的高度来认识，主动争取党委政府的有力支持，自觉地把办好这类节目纳入当地党和政府的事业之中，纳入党委政府施政、执政的方法和手段之中，坚持有利于党的路线方针政策的贯彻执行，有利于问题的解决，有利于社会稳定，有利于党和政府改进工作，有利于人民群众增强对党和政府的信任，用事实说话，把体现党的意志和反映人民的呼声统一起来，做到确保导向，确保事实准确，确保与人为善，确保平衡适度，在党的工作重点、群众关注的热点和各级政府着力解决的难点之间寻找报道的结合点，让听众看到问题解决，正义伸张，凝聚人心，鼓舞士气，为构建社会主义和谐社会营造良好舆论环境。这样做就把一个普通的广播互动节目提升到党和政府施政的高度，成为落实科学发展观、构建和谐社会的平台，这不仅履行了我们广播电视的社会责任，同时，随着群众身边问题的解决，必然大大提升我们广播自身的影响力。

二、开拓创新，服务于党和政府的工作大局，服务于广大人民群众

着力自主创新，完善体制机制，开创中国特色社会主义事业的新局面是党的十六届五中全会作出的重大决策。广播在新形势下必须坚持以人为本，努力从广播的自身规律入手，明确改革方向，增强听众互动，努力开拓创新，充分发挥好主流媒体的

舆论引导作用，上为政府分忧，下为群众解困。从全国来看，首先，政府与群众互动的热线类节目的出现，其本身就是我国广播开拓创新的结果，这种节目类型，是过去多少年都没有出现过的。其次，这类广播节目的产生，充分说明广播的开拓创新，必须要紧紧围绕党委和政府的中心工作，围绕群众最关心、最直接的问题办。更好地体现时代性、把握规律性、富于创造性。第三，广播的开拓创新必须充分发挥方便快捷、信息量大的特点，充分发挥即时参与、即时回应的互动性、时效性强的优势。这类节目正是充分发掘了广播的特点和优势，有效地形成了多方互动、纵向深入、横向拓展、立体交叉的特点。政府有关部门负责人和广大群众直接对话，听取群众对其分管工作的意见，听取群众在生活中碰到的不解事、不平事，电话两端一端是百姓，一端是官员，声音对声音，心灵对心灵，时间、空间此时的距离都是零，有许多问题在直播过程中就解决了。据了解，河北台《阳光热线》节目每年为群众解决实际问题3000多个，三年多一共解决了9700多个实际问题，解决相关资金及退还不合理费用2亿多元。广播这么办，能不受到人民的喜爱吗？广播这么办，才真正贴近了实际，贴近了生活，贴近了群众，也必然得到人民信任。政府与群众互动的热线类广播节目的生动实践，体现了我们党"立党为公、执政为民"的宗旨，在加强党的领导能力，提高党的执政水平，永葆党的先进性，树立、维护并展示国家主流媒体的公信力、影响力上是一次大胆有益的创新尝试。科技在发展，时代在进步，我们的广播事业必须在继承以往经验的同时，根据形势的发展，紧跟技术的进步，密切关注并积极利用新的传播方式、新的通讯手段、新的沟通平台，大胆创新，大胆突破。为什么提倡创新呢？我觉得如果没有技术的发展，科技的进步，我们这类热线节目本身也不会出现，也不会存在。试想在十年前，做这种节目我们技术上都是做不到的，那时候没有移动电话，只能依靠普通电话，普通电话又存在一个如何播出的问题，所以技术的进步对广播的创新和发展提供了最有利的支持。科技发展到哪一步，我们的改革创新才能走到哪一步，现在大家习以为常的现场直播，如果没有技术的进步在过去是不可想象的。我们现在有了手机，有了网络，说不定今年、明年还会出现新的传播方式，这都会引起我们传播方式和传播理念、传播内容的改变。

三、总结经验，解决问题

全国广播电台政府与群众互动的热线类节目普遍受到党委政府各部门的高度重视和人民群众的热烈欢迎，这给我们进一步办好政府与群众互动的热线类节目提供了经验，也增强了信心。这类节目成功的经验可以归纳为以下五点：

一是争取党委政府的支持。这个经验应放在第一位。河北的《阳光热线》取得了成绩，河北省委、省政府的大力支持是最重要的原因之一。《阳光热线》开播三年多，现在已成为河北各级领导经常收听的一个节目。有的领导同志反映说听这个节目有很多好处，一方面是可以推动工作，推动行风建设、政风建设，还可以发现很多问题。另一方面听这个节目可以了解我们党委政府部门的工作情况，甚至还可以了解干部，了解干部的水平，了解干部的能力。我认为这些话都是实话，党委政府的重视是办好节目最最根本的原因。河北台《阳光热线》能够办得这么好，我觉得这一条确实是值得我们借鉴的，据统计，直接参加这个节目的省级领导高达9个，这很不容易。另外，河北省纪委已经把参加不参加《阳光热线》作为年终考核的重要指标，在考核总分值中占5分，参加的有5分，不参加的就没有。为了办好这个节目，河北省还专门举办了培训班，培训省里的厅局长如何参加这个节目，这个力度也是很大的。像这样高度重视确实是办好这个节目最有利的支撑和保证。我们可以想象如果没有这些措施，恐怕这个节目也不会办得如此火爆。办成什么事情领导重视不重视是关键的一条，争取当地党委政府的支持是办好这类热线节目的重要条件。道理很简单，办这个节目要调动很多资源，调动领导的资源，调动行业的资源，调动地方的资源。这些资源仅仅靠我们广播电台的力量是很难调动的，但是党委政府做得到。比如省里的局长参加这个节目了，各地市县相应的局长、处长、科长都要同步收听、同步参与，因为说不定哪个老百姓提出的问题，涉及到自己呢。如果政府不支持、党委不重视，我们能让他们参与吗？我觉得很难。所以，领导重视是办好这类节目最重要的条件。河北省委书记白克明在向李长春同志汇报工作时专门提到，"河北电台有个《阳光热线》，节目办得很好，很能为老百姓办实事，节目影响挺好"。正是在河北省委、省政府和各有关部门的高度重视、积极参与和有力支持下，《阳光热线》节目才具权威性，也对广大听众产生了强大的吸引力和感染力。

二是政府与群众互动，发挥广播节目互动性、贴近性和时效性强的优势，实现政府满意、群众满意、领导满意。以《阳光热线》为例，这个节目的突出特点之一就是即时互动，每次播出都会形成几个不同层面的互动：主持人、嘉宾和听众相互沟通交流的互动；省直部门领导作客直播间，整个行业系统同步收听的互动；省直主管部门直接下基层督办和各地下属单位解决问题的互动；政府部门解决处理问题和记者跟踪采访推动的互动；记者当天采访、第一时间播出的迅速及时和听众期盼问题得到快速解决急迫心理的互动；河北电台把《阳光热线》作为重点品牌长期运作、强力打造和省委、省政府不断加大推进政风行风建设力度的互动；媒体监督和行政执法监督、群众监督的互动。这些纵向深入、横向拓展的全方位立体交叉互动，充分发挥了广播媒体的互动优势，大大增强了广播宣传的实际效果。《阳光热线》互动的范围包括全省经济、执法、服务等政府主要职能部门，囊括了50多个行业和领域，涉及群众生活、生产的方方面面，始终把政府关注的工作重点同人民群众关心的热点、难点紧密结合，并把这个结合点作为新闻舆论监督的切入点，较好地解决了节目的"三贴近"问题。

三是不断创新形式。现在全国已经普遍开办了类似《阳光热线》的节目，从全国的情况看，这类节目不仅仅局限在提出问题，解决问题，许多节目已经建立了反馈机制。比如《阳光热线》开办以来，实行阳光反馈，在每天热线直播前对前一天反映问题的处理情况进行通报。开通阳光短信，全天候接收群众咨询，请相关部门进行解答。开办阳光论坛，邀请有关部门领导、专家学者和服务对象就热点问题进行深层次探讨，疏民怨，释民惑，听民意，集民智，共同探讨解决之策。阳光热线还组织了《为您讨工钱》等大型现场直播活动，探索多部门联合互动，共同解决问题。这些反馈、短信、论坛、直播等都是这类节目不断创新的体现。

四是加强节目管理。这类节目政治性强、风险高，稍有不慎就容易发生问题。为确保节目导向正确，播出安全，《阳光热线》除对参与节目单位的人员制定严格要求外，还下大力气提高主持人的引导水平和政策理论水平，要求主持人必须掌握国家和省委省政府的政策，了解法律知识，熟悉全省50多个行业的相关政策，还制定了一系列安全播出规章制度。节目播出前主持人、导播和参与部门要进行充分沟通，摸清敏感问题，既要解决那些政府关注、群众关心的问题，又要把那些有安全隐患、容易激化矛盾或者有损部门形象的不宜播出的问题全部控制在导播室。坚持“双呼告”制、“双导播”制、“双延时”制和同步监听制。从打入电话到播出，每个问题都要经过导播、主持人和节目监听三道把关，正确使用延时装置，确保杜绝政治事故和技术差错。

五是建立完善的工作机制。为确保节目的正确导向和良好效果，《阳光热线》围绕为群众排忧解难，建立完善了一系列制度。节目要求参与单位人员与主持人、导播提前见面，熟悉节目，明确重点，确定口径，确保导向正确、播出安全；要求节目参加单位必须由领导带队，选派群众形象好、业务精、反应敏捷、有亲和力的干部参加，保证效果，树立良好形象；实施系统同步收听，提高工作效率。各参评单位要求本系统省、市、县干部职工要同步收听，问题涉及哪个地方，当地要马上调查处理，并将《阳光热线》反映问题的解决情况纳入工作考核，确保事事有着落。

四、采取措施，提高水平，忠实履行好桥梁和纽带职能

政府与群众互动的广播热线节目已经办出一些经验，今后的问题是要进一步办好，进一步提高质量，提高水平。

要把开办政府与群众互动的热线类节目作为广播改革创新的一个重要内容，有条件的省级广播电台要尽快开办各具特色的此类节目。政府与群众互动的热线类节目，一头连着党委和政府有关部门，一头连着广大人民群众，是党委和政府与人民群众的桥梁和纽带。开办并办好政府与群众互动的热线类节目，是广播电视贯彻落实科学发展观，积极参与构建社会主义和谐社会的一个重要举措。各级广播电视宣传管理部门要从广播电视，特别是广播的改革与发展的高度，学习并借鉴河北电台《阳光热线》节目的成功经验，采取积极有效的措施，加大力度，鼓励并支持各省级电台、电视台开办并办好这类节目，提高节目的质量和水平。广播的改革与发展，必须顺应历史的发展，满足时代的需要，紧跟技术的进步。开办政府与群众互动的热线类广播节目就是广播改革与发展的一个很好的抓手，这类节目不但是党委和政府与人民群众的需要，是时代的需要，而且也能够很好地发挥广播所具有的方便快捷、互动性强、参与度高、影响力大、时效性强等特点和优势。扬长避短才能发展，广播的改革与发展，必须充分发挥自身的优势和特点，离开这一点，什么都无从谈起。所以，我们必须抓住机遇，认真学习并借鉴《阳光热线》的成功经验，抓紧开办、办好更多的、各具特色的此类节目。

在国家广电总局抵制低俗之风和收听收看工作座谈会上的讲话摘要

国家广播电影电视总局副局长　胡占凡

(2006年5月30日)

一、2005年全国抵制低俗之风的工作情况

总结起来，去年广播电视系统抵制低俗之风工作有三大特点：

一是全系统重视。总局局长王太华同志对低俗之风问题非常重视，而且要求很明确，他要求对这类问题要引起高度重视，要坚决抓，持久抓，关键是要在提高认识、统一思想的基础上采取有力措施，探索逐步建立长效机制。这是太华同志的要求，这个要求非常到位。他讲了三点意见：第一，提高认识的问题。要高度重视这个事，不能不重视，这是第一个要求。第二，就是要求要持久抓。这不是一个短期的遭遇战，是一个持久战，要长期抓。第三，要求建立长效机制。太华同志的这三点要求我们做到了，解决这个问题就有希望。

去年，仅总局领导对总局收听收看中心反映的问题就有200多次批示。大家想想，一年365天，除去星期六、星期天、黄金周，差不多天天都有批示，而且绝大多数都是针对低俗之风的。可见这个问题的高发率。去年6月，我们开了一个局长办公会，专门研究广播电视如何抵制低俗之风和重点栏目整改的问题，明确讲了抵制低俗之风的重点，是综艺类、娱乐游戏类、情感类，还有电视剧。从人来说，是提高播音员、主持人的政治素养、道德素养、专业素质。从重点来说，以中央电视台、中央人民广播电台的整改为示范，来制定全国抵制低俗之风的任务和措施。去年8月，我们又对2005年以来全国广播电视节目的低俗化问题做了一次全面的调查，我们给各个局都传达了2005年上半年收听收看的节目中已经发现的问题，要求各局做了一次相对全面的梳理，并在汇报相关工作的同时，详细上报各地节目中存在的低俗问题以及解决低俗问题的制度、措施。应该说这还是比较有效的。因为报送一次，本身就是一次整顿的过程，各个省在这方面也是很主动的，采取了措施，也建立了一些长效机制和机构，比如说我们现在绝大多数省都已经建立了收听收看机构。一些省办了收听收看方面的刊物，还是很起作用的。

去年抵制低俗之风工作取得了显著成效。一是扭转了节目中一些问题比较突出的低俗化倾向，整改了一批节目。2005年，在总局的管理力度不断加大、各级宣传管理部门不断改进节目把关制度的基础上，总局先后紧急叫停了一批问题严重的节目，各级电视台主管领导也遵照总局要求紧急叫停了一批问题严重的节目。对一些节目的整改也取得了积极的效果。例如，针对某台播出的电视选秀节目出现的问题，总局领导多次作出批示并明确提出整改措施。有关单位积极落实整改，取得了明显成效。

二是加强了制度建设，探索建立快速反应机制。2005年，总局对广播电视节目中的问题及时通报，在全系统建立警示制度，并且严格执行谈话戒勉制度，强化各级播出机构领导的责任意识。总局宣传管理司

及时把主管局长的指示要点传达给有关台长和出现低俗化问题的节目、栏目、频道、频率负责人，并且通过面对面的谈话、交流与沟通，具体指明问题节目、栏目的症结所在，并有针对性地提出问题节目、栏目的改进方向和指导性意见。总局还不断加大对文艺节目的管理力度，逐步完善管理机制。首先是建立节目调控预报机制。总局要求中央电视台重大宣传活动及重要节假日的文艺宣传计划以及节目运行表等都要提前上报总局，以便总局能够随时掌握中央电视台宣传动态。需要专项报批的节目，要提前报送总局及中宣部批准。第二是建立节目审查机制。对中央电视台重大文艺晚会和节目如春节联欢晚会等，总局领导均亲自审看，并提出指导意见。第三是建立节目协调机制。对于各有关部门提出的与总局或中央电视台共同主办的大型活动或文艺晚会等节目制作和播出事宜，有关计划及方案经总局领导批准后，由总局宣传管理司协调中央电视台处理。第四是建立节目监督反馈机制。总局收听收看中心根据总局领导指示和有关宣传精神，坚持常年对地方卫视和中央电视台有关节目进行监看，发现问题随时报告，并对发现的苗头性、倾向性问题进行重点评议，提出具体意见。总局领导对有关问题的批示及收听收看中心提出的评议意见均及时反馈给地方台和中央电视台，要求其根据总局领导批示及评议意见提出改进措施。

三是总局组织协调各有关机构，推进建立遏制低俗之风的长效工作机制。首先是通过中国广播电视协会和中国广播电视协会播音主持委员会，推进监督播音员主持人认真贯彻执行总局制定的《中国广播电视播音员主持人职业道德准则》的制度化建设。其次是充分发挥中国广播电视协会规范行为、行业自律等方面的作用，根据广电总局的《中国广播电视播音员主持人职业道德准则》，组织专门工作班子制定《广播电视播音员主持人自律公约》。第三是建立提高播音员主持人综合素质的培训机制。第四是研究建立播音主持工作的准入、评价和退出机制，以确保播音主持队伍的整体素质。这是对去年情况的总体回顾。

二、今年广播电视宣传的工作重点

现在2006年已经时间过半，2006年广播电视宣传工作的重点，这里要再次强调。2006年，我们广播电视宣传工作归纳起来重点是12个方面：

1．深入学习宣传贯彻邓小平理论和“三个代表”的重要思想，不断增强全面落实科学发展观的自觉性和坚定性。

2．全面准确地宣传好十六届五中全会精神。

3．进一步做好经济建设的宣传。

4．大力营造构建社会主义和谐社会的良好舆论氛围。

5．深入开展思想道德建设宣传。

6．做好建党85周年、长征胜利70周年纪念活动。这是今年两个非常明确的具体工作任务。

7．推出更多的广播影视优秀文艺作品。

8．进一步促进国产动画片的繁荣。

9．增强对外宣传的时效性和影响力。

10．切实提高宣传引导水平。

11．建立抵制低俗之风的长效机制。

12．进一步完善宣传管理制度。

应该说这12项任务很多项目工作是互补的，是互相依托的，比如说我们建立抵制低俗之风的长效机制、完善宣传管理制度、提高宣传引导水平，这些是我们做好宣传任务的保障。但是由于它很重要，所以我们单独列出来，作为今年的任务，我们要在全年工作中把握住这12个重点工作。

三、2006年全国抵制低俗之风工作的具体部署

在去年抵制低俗之风的工作基础上，总局制定了2006年抵制低俗之风专项行动计划草案，我们近日连续召开了多次会议，总结了去年抵制低俗之风的工作经验，讨论了今年的工作特点和形式，确定了今年工作的大思路是进一步扩大纠察整改荧屏、声频低俗之风的范围，将三次收听收看工作片会与今年抵制低俗之风工作的三个阶段有机结合，将各地自查整改与总局的抽查有机结合。形成工作的集中切入点，并通过多层面、多样式的调查研究活动，形成广播电视收听收看工作手册，或者节目规范管理标准初稿。

今年的抵制低俗之风专项行动重点是治理法制类节目、综艺娱乐类节目和谈话类节目的低俗化问题。制止过度商业炒作片面追求收视率、收听率等急功近利的行为，防止出现节目在商业化运作中失控，导向、品位无法得到保证，要重点治理节目同质化的竞争、诱导犯罪、追星、浮躁、刺激等问题。各广播电视管理机构如发现上述问题，要及时加以整改，在必要情况下要上报总局进行通报批评，直至令其停播。

今年抵制低俗之风的活动分为三个阶段：

第一阶段，自查自纠阶段。从现在开始，各省（区、市）广电局开展广播电视低俗之风自查自纠活动。7月25日前将各省（区、市）广电局自查自纠的情况上报总局，总局将编发专刊通报全国，并将全系统的情况上报中央督察小组。

第二阶段，检查落实阶段。总局将派若干小组赴各地抽查广播电视节目低俗之风问题，着力把抵制低俗之风工作引向深入。

第三阶段，总结提高阶段。届时召开现场会，交流经验，总结2006年抵制低俗之风工作。

总体来说，抵制低俗之风是一个长期的任务。解决低俗问题要重点进行社会主义荣辱观的教育。以承担社会责任为荣，以低俗为耻，这是抵制低俗问题的一个总的指导原则。要认识到低俗问题的危害性、严重性，要知道起码的荣和辱。

四、扎实抓好抵制低俗之风工作的着力点

今年抵制低俗之风的工作要从解决四个问题入手：

第一，要切实解决好片面追求收视率的问题。

解决片面追求收视率的问题或者是唯收视率论的问题，首先要解决决策问题。所谓片面追求收视率，最核心的不是主持人在追求，主要是我们决策者在片面追求收视率，把收视率放在第一位，把社会效益放在第二位，这样，节目难免低俗。真正设计一个又有社会效益，又有经济效益的节目确实很难，这样的节目有没有？当然有。我们有很多成功的例子。所以，从决策者到制作者到主持人，首先要端正办节目的宗旨、定位，解决唯收视率论的问题，坚持两个效益并重、社会效益优先的基本原则。这是我们解决低俗化问题的首要任务。

现在收视率的压力对各台来说恐怕都是很大的压力。那么，如何看待收视率呢？首先，我们必须抓收视率，必须重视收视率。如果没有收视率，就意味着我们的广播电视节目没人看、没人听，意味着听的、看的人不多，意味着我们的节目没有吸引力，没有影响，意味着我们的心血白费。我想这是基本前提。有了收视率就占领了观众市场、占领了听众市场，群众对我们的节目就是认可的。有了高收视率，高社会效益和高经济效益才能实现，所以必须要抓收视率，抓好收视率。坚持正确的舆论导向也好，弘扬主旋

律、提倡多样化也好，没有收视率作为前提都无法实现。我们不但不反对收视率，而且大家还要一起努力提高收视率，扩大我们的影响，听我们节目的人越多越好，看我们节目的人越多越好。现在的问题在于，我们要讲收视率，但是不能唯收视率论，不能收视率压倒一切，这是两句话。这两句话谁都会说，但是在实际执行过程中就不是两句话了，很大程度上是一句话，或者说问题的两方面偏重于只抓收视率这一点。说是说，做是做。这既是个认识问题，也是一个实践问题。对收视率问题不能科学解决、科学定位，低俗之风就很难消除。现在我们很多电视台、电台为什么低俗之风经久不衰？主要就是受收视率的牵制。比如说一些节目，从创意开始就没有把社会责任放在第一位，而是把能不能吸引眼球放在第一位，这就不是主持人低俗的问题了。从创作的源头上，从策划开始，创作人员就是只想搞轰动效应，不管低俗不低俗，只要能轰动，只要能有人听、有人看就行了。在策划这个环节，就把社会效益丢在一边了，两句话变成了一句话。这个问题我们在抓低俗之风时感觉非常突出，所以，说一千道一万，收视率是核心问题。当然，收视率背后是广告、是经济收入。这是第一原因。

第二，要切实解决确保舆论导向、价值导向和节目品位的问题。

任何节目都有舆论导向问题，新闻类节目有，谈话类节目有，娱乐类节目也有，所以哪一类节目都不能放松导向问题，导向有政治导向，也有价值导向，这些导向都要确保，都是我们社会主义中国广播电视的起码责任，在社会主义中国做广播电视工作首先要确保导向。这里面有这么几个问题：

一是选题问题。起码的要求是正确，选题要是选错了，导向、价值观都谈不上。所以，我们在制作节目搞策划的时候，一定要把政治标准放在第一位。这个选题政治上、价值观上有没有问题、适不适合做、适不适合在大众面前谈论，定位不能有任何模糊，选题错了全盘皆输。其次，选题要有益处。如果选题对社会没有什么益处，看了以后没有什么帮助，没什么启发，甚至有害，这样的选题不能做。有的选题谈不上正确和错误，但是要健康，要能公之于众，要能公开谈论，要健康，要正面，要做良师益友。另外，有些选题就是不能选，或者要慎重。比如说审丑这类选题不能选，把社会丑恶的东西拉出来津津乐道，而不是批判，这不是我们该做的。还有暴露性的，暴露一些不宜暴露的，不宜在公众媒体里出现的东西，比如说隐私，这和低俗也有关系。

另外，不是说不能请明星，可以请，关键在于主持人的引导水平。还有明星之间的互相吹捧，很俗气，所以请明星要慎重。

还有一个不能选，就是有些性的话题，比如说同性恋、变性人，我觉得目前的国情不宜讨论。

二是主持人的问题。首先要明确定位，在所有节目当中，主持人的作用就是牵线搭桥、连接过渡、掌握现场、把握走势。就是这么一个作用。主角是请来的嘉宾和表演的节目，不要过分自恋。对主持人提这样几个“不”：

1．不能以自我为中心，要为嘉宾、观众服务。过去主持人什么样？就是节目预报员，报幕的，主持人就是从报幕上演变过来的，其实主持人的工作无非就是说一句话，下面是什么节目，谁演的。当然，时代在前进，主持人的作用也在变，通过出色的主持可以使节目增光添彩、生动活泼，这些是我们要鼓励的。问题是要明确不能以主持人为中心，要以节目为中心、以嘉宾为中心、为观众服务。

2．不能以低俗为美，以丑为美，拿肉麻

当有趣，主持人要有正确的美丑观。

3．不能变成艺人。文艺工作者给人民群众奉献了丰富多彩的精神食粮，要感谢他们。但广播电视工作者和文艺工作者是两个概念，有区别。工作性质不同，要求不同。很多言行艺人能做，主持人不能做。

4．不能搞奇装异服，怪发型，要潇洒健康。

5．不能模仿港台腔，要讲普通话，也不能刻意地讲方言。各级台和局要抓这个问题，我们是持证上岗的，不达标不能做，除了极特殊的，比如说请港台主持人，人家本来就是港台人，我们从来没有要求港台人不能讲港台话。在广播电视里其他的内地人要讲普通话，如何管都有明确的要求，不能无视这些要求。

6．不能讲脏话、下流话，要守住文明底线。我们是文明社会，我们是政府办的电台、电视台，讲脏话、下流话，不允许。各个台要制定惩罚措施，凡是讲脏话、下流话的要处罚。

7．不能以性为兴奋点、围绕性做文章，要准确把握话题。该谈什么就谈什么，不许拿性开玩笑，不许性暗示、性挑逗，男女之间打情骂俏，不允许。

8．不能随心所欲，乱开玩笑。策划开始就要把住关，要说的主题必须在节目里体现，不能言之无物，随心所欲。

9．不能是非不分，黑白不辨，要有人文关怀和道德感。

为什么对主持人要求这么高、这么细？因为现在我们的大多数节目最终都是由主持人体现的，我们有再好的节目策划，主持人上不去，这个节目也不会好，所以主持人至关重要。他怎么表现、怎么发挥，决定着我们节目是不是成功、是不是低俗，所以各台要明确这个问题，抓低俗要拿出很大的力量来提升主持人素质。

第三，要切实解决节目定位、竞争和创新的问题。

现在我们的上星频道节目的定位大体差不多，节目的构成也差不多，新闻、电视剧、综艺娱乐，大体上是这三大块。再加一点访谈，其中占大块的是电视剧和综艺娱乐。电视剧的竞争是价格竞争，新闻靠制作和抓新闻的能力，水平基本上是恒定的。最有空间的或者说可以发挥想象能力、创作能力、制作能力的就是综艺节目、娱乐节目。因此，各个台相互竞争，在综艺节目上花样翻新。从积极角度讲，这是一件好事，没有竞争就没有进步，就没有发展，我们也鼓励竞争。但要警惕这种竞争走上恶性竞争、相互克隆和娱乐节目快餐化的歧路，最终导致娱乐节目的低俗、平庸，甚至丑陋。

这种竞争还导致另外一个结果，那就是节目的同质化。这种竞争不是积极竞争，是一种懒汉式的竞争，是一种走捷径的竞争，这种竞争也不会有生命力，你用这种办法，我也用这种办法。互相模仿、抄袭，你有我也有。真正积极的竞争是“人无我有，人有我优；人优我特，人特我绝”。

传播多元文化　共建和谐世界

——在首届亚太与欧洲媒体对话会议上的演讲摘要

国家广播电影电视总局副局长　田　进

(2006年9月11日)

中国古代的思想家孔子曾说:“万物并育而不相害,道并行而不相悖。”也就是说,世间各种事物应和谐而不千篇一律,不同而不彼此冲突,和谐以共生共长,不同以相辅相成。这充分体现了中国传统文化价值观对文化多样性的认识和尊崇。在人类社会的历史长河中,我们勇敢、智慧、勤劳的祖先创造了多种多样的不同文化,千姿百态,各有所长。不同文化之间的差异代表了人类不同的价值取向和选择,也体现着人类本身的价值和多样性。正是不同文化的相互依存、相互交流、相互借鉴、相映生辉,才构成了我们丰富多彩的世界。

今天,人类文化发生了深刻变革。经济全球化的进程和科学技术迅猛发展为文化插上了自由的翅膀,不同的文化在交流和交融中不断获得新的发展。但同时,作为文化传播的重要手段,现代媒体也主宰了人们认知的世界,成为大众认识世界的眼睛,强势文化通过全球传播体系正在逐步占据相对弱势的文化市场。文化传播和交流的失衡极大地削弱了人们对民族文化的认同,也使绚丽多彩的世界文化面临着严峻的挑战。

文化是一个民族的灵魂,是她赖以生存和延续的基础。不同民族的文化是不能互相代替的。站在人类文化和世界和谐发展的高度上,我们一贯主张,经济全球化并不意味着政治、文化的全球化。现代媒体在传播本国文化独特个性,展示本国文化辉煌与壮美的同时,更应超越民族与国家层面,承认并尊重其他国家人民的自由和选择,与世界其他文化平等对话和交流。也就是说,现代媒体不应该仅仅传播那些数量上占优势的大众的文化,也应传播那些在数量上并不占多数的若干小众的文化。只有形成大众与小众、共性与个性、国际化与本土化并存和互动的传播秩序,不同文化之间才能加强理解与宽容,促进人类社会的和谐与可持续发展。正如联合国教科文组织在《文化多样性宣言》中指出:“文化多样性是人类的共同财富,应当从当代人和子孙后代的利益考虑予以承认和肯定。”从这个意义上讲,传播多元文化、保护和促进文化多样性的终极作用是提升人类自己。

中国960万平方公里的土地上,生活着13亿人口、56个民族。正是各个民族文化的存在和发展,交流和融合,才使中华民族在历史长河中呈现出色彩缤纷的文化多样性。多年来,中国广播电视一直致力于弘扬传统和民族文化,发展本土文化,吸收和借鉴外来文化,满足不同文化需求,维护和促进文化多样性。

首先,保护民族文化的延续和发展是中国广播电视工作的一个重要方面。中国各级电台、电视台都把“传统文化优先”作为节目编辑的基本原则之一,开办了一系列有关中国传统思想道德、文化艺术、民风民俗的频道和栏目;从中央到少数民族自治区、聚居区的电台、电视台,都开办了少数民族语言节目;本土题材电视剧的创作和生产也呈现出良好的发展态势。

其次，吸收和借鉴外来文化是中国广播电视工作的一个重要组成部分。近年来，中国与包括亚欧各国在内的世界各国广播电视机构、国际组织保持着经常性的交流与合作。中国各级电视台每年都引进播出相当数量来自不同国家和地区、题材不同的优秀广播影视节目，充分展示了世界文化的多样性和丰富性。在保护和促进国内文化多样性的同时，中国广播电视积极将中国的优秀文化介绍到海外，把中华民族的优秀文化介绍给世界人民，共同分享这一人类共有的文化财富。

第三，作为大众传播工具，中国广播电视还充分发挥行业优势，向社会积极宣传文化多样性的意义，倡导全社会共同为保护和促进世界文化多样性而努力。

各位同事！在古希腊的传说中，曾将亚欧视为地球宽阔的胸膛。从古代的“丝绸之路”到今天的信息高速公路，亚欧文化的相互交流与借鉴从未中断，促进了亚欧各国的进步和发展。我热切期待：亚欧各国媒体携起手来，鼓励不同文化平等相待，和睦共处，在对话交流中取长补短，在相互包容、求同存异中共同发展。为保护和促进文化的多样性，促进亚太与欧洲的繁荣、共建和谐美好世界作出积极贡献！

各位同事！第29届奥运会的脚步离我们越来越近。这一届奥运会将会是历史上最精彩、最伟大的一届奥运会。我们同时希望将这届奥运会办成一次中华文化和世界多样性文化的盛典。我在这里真诚地邀请各位同事，2008奥运，北京相见！

提高四种意识，增强外宣实力

中国广播电视协会副会长　　刘习良

刘习良同志在中国黄河电视台山西外宣协作体成立大会上的讲话摘要。

广播电视对外传播包含两部分工作。一是硬件建设；一是软件建设。

硬件建设包括开辟传播渠道，加大发射功率，更新技术设备，增加频道语种，等等。这些都需要投入大量的人力、物力和资金。到2006年，我国广播电视对外传播硬件建设有了很大发展。

对外广播。2004年1月，中央领导同志提出，中国国际广播电台要“尽快地建立起现代国际广播体系”。经过两年多的摸索，明确了构建现代国际广播体系的基本任务，就是把国际台建设成以无线广播为主体、以在线广播为支撑、以新媒体发展为重点、以多媒体传播为方向、以现代化、国际化和综合化为特征的新型开放的传播体系。在开办网络广播和节目本土化落地方面取得了显著进展。

对外电视。2006年，中央电视台加快了节目海外落地的步伐。长城北美平台订户达到4.2万户，新开播了长城欧洲平台，3个国际频道（CCTV-4、CCTV-9和西法频道）在海外用户达到6800万户。中央电视台向海外销售6000多集电视剧、纪录片、动画片等节目，共计4000多小时。地方对外电视也有较大进步。

软件建设包括提高对外传播意识、确立报道思想、制订报道计划、制作对外节目、加强和受众的联系，等等。

今天，我想就广播电视对外传播的软件建设谈点看法。

一、联合意识

在国际传播领域，我们一直面临“西强我弱”的局面；而且，这个局面在短时间内还不可能发生根本性变化。因此，在职期间，我曾经提出过“广播电视大外宣”的主张。提出这个主张的指导思想，就是邓小平同志提出的充分发挥社会主义制度可以把各方面的力量联合起来，办一些大事情的优势。这个主张的内涵，首先是中央和地方的广播电视机构联合起来；其次是广播影视系统内各种媒介（包括广播、电视、报刊、电影、书籍出版，现在还应该加上网络）联合起来；第三是广播影视系统内和系统外的外宣力量联合起来，共同努力推进广播电视对外传播的大发展。

我们国家对外广播开办得比较早，实力也比较强。中国国际广播电台播出语种多，播出时间长，发射功率比较大，人力相对充裕。特别是覆盖面比较大，受众比较多。去年，国际台收到的听众来信超过200万封，来自160多个国家和地区；世界各地的听众组织多达3600多个。这几个主要指标都表明中国国际广播电台已经和美国之音、英国广播公司并驾齐驱，成为世界级对外广播电台。

相比之下，我国电视对外传播的实力就比较弱。我国开办黑白电视和彩色电视都比美国晚20多年。真正意义上的电视对外传播还是“文革”以后，主要是在上个世纪90年代才逐步发展起来。

电视是大投入、重装备、高消耗的行业。2006年，中央电视台的总收入达到139.8亿人民币，在国内首屈一指。但是，在世界电视百强中，只能排在50几位。美国几家大的电视公司，都拥有几百亿美元的资产，年收入均以百万美元计算。另外，体制不顺、机制不活一直是老问题。还有，英语是世界上的通用语言。英美电视公司所有频道既对内又对外。而我们的电视节目要进入各国的主流社会，就必须使用外来语。

存在这种种不利的因素，要想大力推进电视对外传播，联合是唯一可取之路。当年提出“广播电视大外宣”以后，可惜的是没有建立保障机制，没有采取具体措施。因此，我建议，中国黄河电视台山西外宣协作体建立以后，一定要建立起有利于“双赢”的协作机制，才能巩固长期和健全的联合。

二、交流意识

我们为什么要花那么多钱开办对外广播电视？这就是对外传播的目的性问题。对这个问题，不同时期有相同的答案；但是，有不同的做法和不同的结果。

我加入对外广播是在1960年11月。一进国际台，就知道对外广播要服务于国家的整体利益。这当然是对的。那时候，我们国家的外交斗争特别复杂，和“美帝”斗，和“苏修”斗，还和一些周边国家斗。指导思想是“以阶级斗争为纲”，提倡的是“斗争哲学”。三年困难时期过后，梅益局长提出，对外广播一般要以中间听众为主要对象。“文革”一开始，对外广播的基本任务定位为推动世界无产阶级革命，“中间听众论”成了梅益同志的一大罪状。对外广播“唱高调”、“用狠词儿”，批了这个批那个，简直到了“剑拔弩张”的地步。结果呢？结果是赶跑了大量听众。1965年，国际台的听众来信达到28万封，从1966年起，听众来信开始锐减，1970年只剩下2.1万封。应该说听众是公平的。节目好，就听；节目不好，就听别的台。

今天，对外广播电视追求的目的是什么？我以为，还是为国家的整体利益服务。具体说，可以用胡锦涛总书记的一句话：构建和谐世界。

构建和谐世界，绝不是放弃原则。在原则问题上，还会有斗争，像批判“法轮功”在国际上散布的邪说；在台湾问题上一定要维护国家统一；对一些敏感的国际争端，要明确表态。这是丝毫不能含糊的。在开展国际贸易中，还要反对贸易歧视、贸易保护主义；不过，只能是据理力争。对外传播的大量日常工作还是介绍中国，让世人准确地了解中国，为我国现代化建设营造良好的国际环境。

因此，我们应该把电视对外传播看作是对外文化交流的一种方式，为此，就要提高交流意识。

交流好比是对话，谈话的对象是普通观众，我们要把他们认作是自己的朋友。和朋友聊天当然要平心静气，要保持平和的心态。和朋友谈话，有些什么忌讳？我觉得，一忌讳端架子，要平等待人，不可居高临下教训人；二忌讳说假话，要真诚待人，不宜说的话，宁肯不说，也不要胡编乱造；三忌讳说套话，待人要质朴，千万不可“穿靴戴帽”，套话连篇；四忌讳说老话，无论是信息闭塞的社会，还是信息畅通的社会，谁都希望听到未知的事情，都希望听到新鲜事。

三、对象意识

针对性是对外传播的灵魂。“内外有别”、“外外有别”是我们当中的流行语。这里讲的就是提高对象意识。

我们的传播对象有两类人，一类是居住在国外的华侨和华人；一类是外国人。他们对我国的历史和现实情况的了解存在相当大的差异。即使同是外国人，由于他们所处的社会信息传播的速度、广度不同，对我国的了解同样存在相当大的差异。不加区别地向他们传递同样的信息，有人会感到信息陈旧而失去兴趣；也有人会感到信息陌生而无法接受。

提高对象意识，主要是了解观众。他们需要了解什么问题？存在什么疑惑？从哪个角度切入容易为他们所接受？

黄河电视台的合作伙伴是美国各所学校电教室联网的电视网（英文简称SCOLA）。据黄河台提供的材料，收视人群大约有1500万，分为三大类。一是学习或教授汉语的老师和学生；二是对中国有浓厚兴趣、想了解中国情况的观众；三是希望从节目中得到商业或其他信息的观众。传播对象明确了，就要对这三类人群的收视兴趣、收视习惯不断进行动态研究。这项任务应该由一个研究和开发部门担负起来。研发部通过网络及时向提供节目的地市县电视台通报情况；或者举办定期或不定期的培训班，让大家知道针对收视群体的需要制作什么样的节目；还要对节目制作人员提供业务指导和信息服务。

在内容上，首先要考虑日常选择观众关心的事物，比如汉语教学；其次，还要关注外国传媒对我国散布些什么不利的东西。比如，前一个时期，一些国外传媒对我国生产的食品安全说三道四，在观众中会造成有损于我国出口食品的声誉的影响。中央电视台根据政府相关部门提供的材料和采取的措施，报道我国食品质量安全的总体情况。黄河台可以选择小角度加以配合。比如，以纪录片形式报道山西特产的制作流程、保证食品质量安全的有效措施。

在形式上，更要考虑观众的接受习惯。怎么说，他们才容易听明白。比如，如果介绍中国古代文化、地方民风民俗、手工艺品，事先可以研究一下对象国有什么可以类比的事物，在对比中，能够引起观众的联想，提高他们的收视兴趣。

我特别想说一说解说词问题。近年来，我参加了多次纪录片评选。对画面的评价，评委们分歧不大。对解说词的评价，不时就出现不同意见。尤其是专门用来对外传播的电视片。一些纪录片，解说词引经据典，辞藻华丽，有的还经常引用古代诗人的诗句。有一定文化素养的人听起来，觉得很顺耳。但是，确实不适于对外传播。对外传播，一定要考虑观众的接受能力。我们甚至于要把一些对中国很不熟悉的观众，看作是一年级的小学生。为他们撰写的解说词，必须通俗易懂，一听就能明白。否则，就会产生收听障碍，无形中降低了收视效果。

另外，还有一个节目内外两用的问题。这种做法，看起来节省了人力、物力；实际上，并不可取。对内宣传和对外宣传的根本区别在于对象不同。讲话要看对象，毛泽东主席早在《反对党八股》里就讲过这个意思。很多对内节目用不着说的话，在对外节目里，甚至要不厌其烦地反复说，否则，外国人就听不懂。

这些也都是提高对象意识所要求的。

四、本土意识

本土意识包括两方面的含义。

一方面，指的是要研究对象国，比如，对象国的历史地理、法律限制、风俗习惯、宗教信仰、居民的教育水平、思维方式。当地人喜欢什么？讨厌什么？忌讳什么？传播内容要适应对象国收视群体的需求，传播方式要做到对象国收视群体无障碍接受。这项工作也应该由研发部负责。人手不够，可以聘请研究美国的专家、长期在美国定居的中国人以至来华访问的美国人给大家上上课。

在这方面，我们可以借鉴国外传媒对我国的传播策略。我国对外开放以来，国外实力雄厚的电视公司的头头们经过一段时间的摸索，终于明白了：要想把他们的节目打入中国市场，一是要搞好和政府的关系；二是要实施“本土化”经营。新闻集团董事长默多克就说过：要“以国际化的视野做地地道道的本土化节目”。广电总局批准可以在三星级涉外宾馆接收的30多个频道中，有的全用汉语播出节目；有的加上中文字幕（比如《探索·发现》、国家地理频道），便于我国观众收看。几家电影台（像家庭影院、AXN电影台、CineMax电影台、贺曼电影台、卫视电影台）除了加上中文字幕外，在选片上，还顾及中国政府规定的政治标准和观众的传统道德观念。这些都是实现“本土化”的具体措施。

另一方面，指的是发挥各地的特长。1998年，山西广电厅老厅长江风同志送给我一本书，书名是《山西旅游资源调研文集》。读了这本书，可谓“大开眼界”，原来山西省具有如此丰富的旅游资源。那本书的序言把山西旅游资源概括为三句话：“文物古迹星罗棋布，自然风光雄伟绮丽，风俗民情绚丽多彩。”电视能够全方位地记录这些事物，无怪乎外国同行们非常羡慕我国丰富的视觉资源。这些年，我多次到山西来，到过晋北、晋中、晋南，看到很多别处看不到的景象，不过，都是走马观花，和生于斯、长于斯的地方电视台同行们无法相比。

各地市县电视台的工作人员对本地的景观十分熟悉，对其中的故事、典故、细节、文化内涵十分清楚，完全有条件凭借这些宝贵的视觉资源制作出精彩的节目。不过，一个人在一个地方生活的时间长了，也需要注意克服两种倾向。一种是熟视无睹，一个东西看多了，看惯了，失去新鲜感，制作出的节目流于一般化。另一种是恋乡情结，看本地的东西，什么都好，难免犯“敝帚自珍”的毛病，制作出的节目流于片面化。克服了这两种倾向，就能够制作出角度新颖、评价准确的节目。

除了这四种意识之外，还需要提高导向意识、创新意识、营销意识、制度意识，等等。

总之，只要我们在提高思想认识的基础上，建立起制度上的保障，采取得力措施，我国的对外传播实力将会逐步增强，在国际传播业中赢得和我国国际地位相应的位置。

文献纪录片的力量

中央电视台副台长、中央新闻纪录电影制片厂厂长、纪录片委员会会长　高　峰

我觉得在所有纪录片中间，文献纪录片这个类别有它独特的力量，而且力量很大，足以影响社会发展，足以影响每个人的世界观，足以影响人一生的发展道路。所以在这里我想谈谈文献纪录片的力量。

既然文献纪录片有一个概念定义，我想还是从“文献”出发，来谈谈文献纪录片的力量从何而来。文献的意思是有目的地将分散在各处的知识，经过学术分析，并以一定的方法组织起来，以自己的思维方式去发展，将之运用在我们的影像记录中，就是文献纪录片。它是属于一种主题先行的作品。“文献”分开来看，“文”指的是以文字、影像、声音记载的有形的物质载体，而“献”一般指非物质记载的，包括民间的、口头流传的资料，两者结合起来就是文献。这种文献纪录正是我们文献片的魅力。因为我们不仅能将“文”记录下来，也能把“献”记录下来。这正是文献纪录片比其他记录方式，如文字等，更有魅力的地方。因此，文献纪录片充满了力量。我个人觉得这种力量包括以下几个方面：

首先是理论的力量

因为文献纪录片既然是有目的、有主题的，那么我们必然要将理论和我们的思维方式极力地传达给观众。作者的主观表达应该是文献纪录片很重要的一个方面。这种主观表达从最初的设计到最后的播出，是始终如一的，都是带着作者的主观意图的，所以说，文献纪录片的这种理论的力量和解说词是密切相关的。这种解说词不同于一般的纪录片的解说词。它对画面的叙述有些是可以独立成章的。有时候我们编片子时发觉，让视觉去服从听觉是很有力量的。从语言上来讲，这种理论的力量是很惊人的，是非常美的。这种美感超过对画面的要求。我们读有些理论觉得非常生动，不看画面也栩栩如生。比如说我们看毛泽东的文章，如《中国社会各阶级的分析》、《湖南农民运动考察报告》，文字就可以给你一些画面演绎不出来的东西。另外，语言的节奏美也使我们惊叹。历史上的一些理论文章，如贾谊的《过秦论》，文字节奏产生的那种气吞山河的气势，的确是画面永远也比不过的。尽管是做电视的，是以画面为主，但就文献纪录片来说，这种语言的力量确实是很强大的，补充我们在画面上找不到的价值。

其次是逻辑的力量

什么事情都要顺理成章，要说得明白，不能杂乱无章。特别是在文献纪录片中，这种要求尤其明显。我们在其他艺术片中，完全可以做到一种无序的状态，去表达一种个性化很强的东西。但文献纪录片当中，还是需要一种有序的状态去进行创作。这使我们的状态顺理成章，自然而然地形成一种逻辑的力量，按照这种逻辑的推理，发现一种理

论的价值。有时候这种逻辑的发展标记看似漫不经心，突然在某一个点上爆发，使你感到震动。前不久看过一部俄罗斯的纪录片《安娜》。刚开始的时候觉得是一个家庭录像，现在家庭很容易去记录孩子的成长历程。孩子3岁的时候，拿摄像机拍孩子的活动，问孩子三个问题：你最喜欢什么，你最怕什么，你觉得最痛苦的是什么。3岁的孩子不懂，就回答：我最喜欢穿花裙，我最怕老巫婆，对什么最痛苦孩子就不太明白。在5岁的时候也问这些问题。就像一个家庭录像。孩子15岁的时候，已经长成了一个健壮的大姑娘了。她爸爸又问她这三个问题。这个时候孩子回答说：我最喜欢和同学们一起去帮助需要帮助的人，喜欢一些人的著作，比如《钢铁是怎样炼成的》，她觉得痛苦的是别人比她漂亮。我们可以看到一个俄罗斯女孩的成长。再大些之后，有一天父亲又问她这些问题。女人突然热泪盈眶，不说话了。一个家庭影像的历史价值产生了，因为那个时候苏联这个国家不存在了。突然一夜之间，她的精神寄托不见了。安娜这个孩子从小到大被记录的家庭影像突然在这个时候断裂了。《安娜》竟然就成了一个文献纪录片。如果没有苏联的解体，我想虽然这个片子也是一个俄罗斯女孩一生的记录，也有历史文献的价值，但在这个时候断裂，就是逻辑发展到一个点，使这个家庭录像成了文献纪录片。

第三是真实的力量

当然这是所有纪录片的要求。但作为为历史负责的文献纪录片，更要注意这一点。我在新影厂工作，新影厂有4.2万本胶片资源，折合成分钟就是42万分钟，七八千小时。这些资料很生动。但是这样汗牛充栋的资料你会发现它有些缺失。它记录的完全是这个国家的主体意识的一个群体记忆，很少有对某一个个体的人的内心世界的记录。哪怕是几滴个体因内心痛苦流下的眼泪。如果文献纪录片完全按照这样的方式去发展，肯定是不完整的，是有缺陷的。英国有本书叫《口述历史》，它里面说越是非官方的，口述的历史资料越容易消失。那么口述史就是为了抢救这些非官方的、非政府的、边缘化的对历史的记忆。现在大家都认识到将口述史、胶片和其他资料结合起来去弥补我们以前的偏差。口述史是带着个人情感经历的真实表达，这一点非常重要。所以真实的力量仅限于胶片是不够的，一定要有口述的资料，这样的文献纪录片才是全面的真实。关于情景再现，也是一个必须要面对和重视的问题。我个人认为是可以的、应该的，因为你在表现历史的长河，有很多是没有影像的，限于单一的对空镜头的拍摄，不能加深观众对历史的印象和记忆。纪录片的情景再现和故事片是有区别的。首先传递给观众的是对历史情景上的、情绪上的，而不是真实故事的内容的再现。因为现在有很多情景再现已经向电视剧方式靠近了，有很多人物特写，有生动的对话等。我觉得这绝对不应该。必须要告诉观众这是一种有着隔阂的历史，是一种情景。真实不在于个别的、特殊的方面，而在于对事物本质特征的概括。你用了虚拟，但概括了事物的本质，就是真实。你用了真实的一个画面，但没有概括事物本质的真实，也不能说是真实。

最后是情感的力量

文献纪录片的这个力量是巨大的，也是应该去发掘的。2007年上映的《南京》，这个片子情感的力量非常足。它对南京大屠杀的情感表达是到位的，值得我们去学习。整个艺术手段的处理也非常独特，很不错。面对着这些文字的、图片的资料，当然还有些访谈，导演邀请了美国和其他国家一些非常有名望的演员来重现，但在之前都会告诉观众，这些演员下面进行的是表演，但表演中叙述的是历史记载的真实的文字语言，是当时人物的语言，没有一点改动。它的情感为什么那么深刻感人？是里面充满了人性的表达。它既传递了南京大屠杀的史实，又表现了人性情感，既鞭挞了假恶丑，又颂扬了真善美。所以它显得特别有情感，这种人类的大的情感。

毫无疑问，文献纪录片是很有价值的，特别是中国很需要有这种文献纪录片。我和中央文献研究室的领导讨论过，我觉得咱们中国缺一个频道，一个文献频道。在我的概念里，文献不仅仅是政治的，还包括历史文化的。

中国纪录片年鉴2007

2007 CHINA DOCUMENTARY YEARBOOK

节 目

2007 china documentary yearbook
2007 CHINA DOCUMENTARY YEARBOOK

节 目

2006年度国际选片会

中国纪录片：以独立精神唱响历史篇章

——2006中国纪录片国际选片会带来的思考

李兴国　张贞贞

2006年10月25日至11月2日，“2006中国纪录片国际选片会”作为本年度纪录片领域的最后一次盛会，在四川小城泸州，圆满完成。这是该活动继浙江横店、云南丽江之后的第三次成功举办。

参赛的312部作品来自全国各地电视台、影视机构、环保系统、大专院校以及独立制片人。题材涉及政治、经济、文化、历史等社会生活各方面。正是基于这些来自四面八方，带着各自特殊的身份，有着不同风格的纪录片的聚集，使我们有机会对2006年中国纪录片做一次相对全面的感知，继而也才有了这篇文章诞生的可能。因此，有必要在文章的开始对于“2006中国纪录片国际选片会”作一个简单的描述。

中国纪录片国际选片会举办的起始，是缘于国家广电总局“走出去”的方针，总局领导认为纪录片是最好的宣传中国的方式，是在用世界上各种人都能看得懂的画面语言说故事，使世界了解中国，同时，也让中国的纪录片制作者了解国际化的纪录片制作方法。2004年，在国家广电总局“走出去”方针的指导下，中国广播电视协会纪录片委员会，举办了中国纪录片国际选片会。选片会的评委不仅包括专家、学者、主流媒体的领导、一线编导等，并首次把外国的评委引入到中国纪录片的评奖中，请来了世界著名的电影电视节的主席，带着他们的眼光把中国优秀的纪录片带到世界上去，每次大约请四至五人，坚持奖项现场揭晓的原则，并请国内外的评委现场点评节目。

当然，中国纪录片国际选片会举办的目的，除了鼓励和支持国内的纪录片工作者，为优秀的纪录片提供一个展示的平台之外，更主要的目的是通过一种国际化的视野，为更多优秀作品提供走出国门的渠道和可能性，使中国纪录片一改往日里孤芳自赏的封闭局面，在主流媒体作品统揽国内各种政府奖项，而非主流作品只能通过在国外获奖得到肯定与传播的畸形成长的现实局面下，容许并鼓励更多元化的纪录片创作出现。选片会从定位上注重了全球化、国际化的视野，在奖项的最终评定中，与政府奖的评奖标准相比，不仅更具学术性，东西方评委不同的文化背景、思维方式、纪录片的创作理念，也在这次活动中进行了直接的碰撞与结合。

从参赛作品准入的门槛到活动评委的最终确定，使“2006中国纪录片国际选片会”呈现出了开放的、自由的、包容的积极心态，各种类型、各种表现形式以及各种题材的纪录片在评奖中都有体现，并被给予同样程度的尊重。这一系列的努力所带来的结果是令人欣喜的，在最终评选出的二十部“双十大纪录片”中，许多新鲜、生动的面孔进入了我们的视线，宏大叙事、历史题材的大制作与独立制片的个人化表现方式相得益彰；选片会突破了较为单一的纪录片选题模式，政治、经济、百姓生活等各个层面的题材争奇斗艳。“2006中国纪录片国际选片会”呈现出了一种不多见的中国纪录片的年度全景式展现。

姑且借着这全景式的舞台，对中国纪录片作一次疏理，也对我们，从事着与纪录片相关工作的人，进行一次自省式的思考，并试图在思考的过程中完成对纪录片更加深入的探究。

一、纪录的面孔：“老面孔、新面孔”用影像记录中国

在“2006中国纪录片国际选片会”入选的100部作品中，有许多现象值得我们关注：题材涉及广泛、创作者身份复杂、表现手法不拘泥于传统模式，对历史与现实的观察与表达更偏重于个人化的视角。在这次纪录片的盛会中，“老面孔、新面孔”齐聚一堂。

影像背后：“老面孔”在以新的方式记录；“新面孔”强化了个人影像独立的视角。

影像之内：“老面孔”以新的视角被重新诠释，“新面孔”愈加丰满着这个多元的世界。

以《新丝绸之路》、《故宫》、《圆明园》、《再说长江》为代表的大型历史系列片，依靠国家电视台雄厚的资金供给、先进的技术手段、专业化的人员储备，作品尝试运用数字化的后期制作技术以增强画面效果，呈现出一种创造性的艺术表达形式的同时，也在以另一种独特的视角重新诠释历史——作品中无不渗透着创作者的情感。《新丝绸之路》中拍摄地点的选取；《故宫》中大量三维动画的运用；《圆明园》中突显的情景再现，人物扮演较为注重表情与细节，并大胆选用历史人物日记作为旁白贯穿始终的方式；《再说长江》中采访的深入，无一不渗透着创作者独立的思考及其情感的表达。《新丝绸之路》的总导演韦大军在其导演阐述中坦言：“面对熟悉的沙漠和黄土，想象着陌生的身影和脚步。经常会有这样的疑问，为什么费尽周折来到这里！当一切画面经过筛选、缝合与加工后，前面的疑问依然存在。但是我们总要为忙碌着的行动找一个像样的理由，它听起来至少可以激励自己义无反顾地干下去。”从“为什么”到找到一个“义无反顾”的理由的过程，也正是创作者个人情感的进入与释放。

而这种创作者情感的介入及表达，在极具个人化影像表达方式的《东陵》中，就显现得较为直接。在片子的开始：一个手持铁棒的屠夫在清东陵诡秘的夜色中不动声色地对数头家猪展开屠杀，并现场取出新鲜的猪血。（这个出人意料的场景被一些国外评委评价为太过暴力而难以接受。）这个莫名奇妙的场景牵扯出一个鲜为人知的古代宫殿建筑涂料的古老配方，发酵后的猪血、熬制后的桐油加上研磨后的古砖粉末，混合成用来涂饰宫殿梁柱的泥灰。在清东陵，这个配方正用来修复一些已经颓败的殿宇，同样的修复方法也正用于故宫的修复。随着影像的进一步铺陈，具有符号意味的隐喻浮现出来，恍如昨日的改朝换代的血雨腥风；已嬗变成游乐场的皇家禁地；已成为权力空壳的故宫；沦为照相摊点道具的龙椅；正在化为铁矿粉和烟尘的龙脉上的山石……影像拍摄传

达出作者从一个独特的视角对沧桑世事的凝视。《东陵》全篇没有解说、没有音乐。画面的拍摄也刻意回避了类似客观记录的常态视角，而作品的后期剪辑方式与电影剪辑中的“杂耍蒙太奇”的手法相趋同，具体表现为：清东陵与故宫的交叉展现。由此创作者的主观情感得到了最直接的表达。苏联导演爱森斯坦创造了“杂耍蒙太奇”的画面剪辑方法，安德烈·巴赞在《电影是什么》一书中为“杂耍蒙太奇”的剪辑方法作了大致的定性，即“一幅影像通过与另一幅不必与同一事件有关的影像相衔接来增强含义”。这一手法在纪录片《东陵》中的运用，同样提供给大家思考的余地，编导通过这一电影中常用的剪辑手法是想强调什么样的主观情感？他通过怎样的思考想表达什么样的内容？

众所周知，电影中“蒙太奇”的剪辑手法被纪录片借用已不足为奇，最长见的是“平行蒙太奇”与“加速蒙太奇”，相比较“杂耍蒙太奇”，前两种方式中作者主观情感的表达更为隐蔽，更符合人们认知事物的规律，当然，这并不是指“平行蒙太奇”与“杂耍蒙太奇”更接近客观。实事上，“蒙太奇”的剪辑手法正是电影“创造情感”的重要手段之一。正如安德烈·巴赞对“蒙太奇”的定义：“仅从各影像的联系中创造出影像本身并未含有的意义。”仅从这一点就不难看出，纪录片创作者早已放开了自己情感表达的尺度。

湖北台的《唐山地震三十年祭》，在创作者“天灾还是人祸”的追问声中，唐山地震灾难的始末被全新读解。三十年前，在唐山大地震发生之前，有人曾做出了相当准确的预测，但是最后由于各种原因，没有能够成功地将预测转化为正式的地震预报向老百姓发布。24 万人在这场大灾难中遇害，而离唐山仅 115 公里的青龙满族自治县却得到了预报信息，并最终成功防震，全县 47 万人无一死亡。在强烈的对比中，一件人尽皆知的重大历史事件由编者的独立思考而被重新诠释，从而使作品具有了很高的史料价值。在对 2006 年的纪录片重新疏理的过程中，《唐山地震三十年祭》之所以引起了我们的注意，并不仅仅由于它披露了我们所不知的隐藏在事件表相之后的真相，而是其作为一部历史文献片所运用的记录方式与记录视角、编导本人的介入程度以及他对于事件的重新思考，这思考本身以影像方式呈现的真实带给观者的震撼，恰恰是它的真正价值所在。在这部片子中，我们能够清晰地看到编导的情感对于事件发掘的重要作用，而推动这部纪录片形成并隐喻其中的编导本人的独立思考正是一位纪录片工作者良心的直接呈现。《唐山地震三十年祭》使我们有机会在三十年后看到了事件的真相，终于为一段过去了三十年的历史事件划上了一个句号。

在众多类型的片子中，只有纪录片能够最大限度地呈现历史、传达历史、还原历史事件的真相。毋庸置疑，纪录片工作者则承担着讲述历史事件、挖掘事件真相的义务与责任。而真实是什么？如何能够最大限度地呈现真实？这是每一位纪录片工作者始终思考的问题。在长期的实践中，不同时期的纪录片工作者以影像的方式给予了不同的答案。上个世纪 80 年代末期，大批作品在创作方式上改变了 80 年代初期先写脚本，再根据脚本找画面的专题片制作方式，倡导纪实性拍摄，大量应用访谈、现场录音、长镜头等手段，将创作者个人的视角很好地隐藏于事件的讲述之中，以《望长城》为代表的一批作品在这一时期出现。当纪录片走到了今天，人们似乎已经不再为如何更好地掩饰个人化视角而烦扰，情景再现的拍摄方式、蒙太奇的画面剪辑、三维特技的后期包装，编导甚至直接介入事件本身调查采访。在真实事件的基础上，更多的精力被用来寻找情感的真实与表达方式的真实，面对历史巨大的复杂性，开辟了多重读解历史的空间。

独立制片人作品《躁动》，描述辽宁省某小镇居民捕捞海蛰的生活场景，数千条渔船聚集在一起，船长、大副、水手、捕捞工、船工、装卸工——所有的人怀着躁动的心情焦急地等待着开捕的命令。呈现隐喻其中的，在“躁动”场面背后、在海蛰捕捞获取巨额利润下，创作者对于环境、生命、资源的沉思。《躁动》打破以往中国式纪录片中以记录核心人物为主的创作方式，通过对仪式化事件场面的记录寻找突破点。从前期多台机器同时拍摄，到后期剪接中以字幕代替解说交代背景，无一不是创作者主观思考的外化形式。对此，编导冷淞介绍说：“通过这种方式，试图展示一种真人秀式的、全景式的记录。记录的是渔民群体而非某个人，是集体的一种生存状态的记录。力图寻找一种新的沟通方式——情感上与渔民有一种共鸣，这种共鸣体现在一种开放性的结局中。不同的人会有不同的感触，身份不同关注的内容也会不同。许多人会考虑到环境、资源与人类和谐生存之间的关系，也有人感悟万舸争流的大场面，有人思考的色调会比较灰色——商品经济的浪潮下，一切事务、关系都被蒙上的市场化的黑影，等等。”

纪录片创作是最具人性化，最能体现创作者主观能动性的一种形式。片中的被拍者是主体、本体，而摄影机旁边的这个人则应该是有较高业务素质，较强洞察力，较丰富社会积累和经验，较强审美以及逻辑思辨能力，较强道德修养和为纪录片事业执着投入的精神。在对“2006 中国纪录片国际选片会”以上作品的梳理中我们不难发现，创作者的个人化视角在突现，从选题的触及范围到表达方式的不拘一格，无不渗透了纪录片工作者对于历史与现实独立的思考。在一张张老面孔与新面孔的表达与呈现中，历史事件与现实生活被解构并重新组接。以不同的视角重新诠释，呈现出一种生活的直接、生动和丰满性。事件的真实，情感的真实，表达方式的真实，这三者通过编导独立的思考、自省的意识相互结合，在拍摄的行进中既介入现实也重构历史。由此，编导的独立精神得到认同和强化。

另一方面，选片会也显露出各行各业、各种年龄的人们，无论其是否具有专业的技术支持，都对用画面记录生活的方式充满兴趣，更勇于尝试。用影像记录历史的昨天、今天和明天，正成为一种趋势。尽管用纪录片这支笔来描绘人生，全民关注纪录片的时代还远未到来，现在只是刚刚到达了第一个阶段——机器的普及，但用DV作品来参赛是一个信号，这个信号是非常可喜的，这给予了我们期待：全民关注纪录片的时代通过我们的努力可能出现，当然，前面要走的路还很久远。

在得奖的作品中，高二学生周羽的DV作品《告诉我你的秘密》无疑给观者留下了深刻记忆。十七岁的小编导将DV对准了自己身边的同龄人，由“分数决定命运”的中学生活中引发出了创作者自己及同龄人的困惑、憧憬及忧虑。将这部作品放置于纪录片的类型框架中，它无疑被定位为独立制片作品，而它所引发的意义却超越了创作者的年龄及身份，DV影像作为一种话语权在这部片子中得到了更大程度的展示。

与周羽的作品有相似之处，浙江广电集团选送的作品《咱也拍拍电视剧》，讲述了江西省景德镇市竟成镇文化站站长周元强干的一件新鲜儿事：组织农民自编自导自演自拍自看22部49集电视剧。用周元强的话说，就是用拍电视剧这种方式把农民组织起来，自娱自乐。

老面孔与新面孔，正在用影像记录着中国。当然，这种丰富性、多元性、强化“人”的价值的状况与技术的发展不无关系。

技术的进步，影像的诞生，促使人们认知世界的方式发生了转变，影像对于人们生活的意义最终超越了单纯的文字，人类文明已经进入了一个新的时代——读图时代。人们开始习惯于通过影像认知、思考并表达这个世界。与此同时，DV的介入，网络的普及，非线编辑的大众化，数字手段的后期制作，都对纪录片的传统制作观念产生了颠覆性的影响。纪录片的拍摄成本越来越低廉，技术手段越来越便利，“纪录片”这个专业术语不再陌生与局限，不再由于技术与资金的压力而远离大众，不再神秘与遥远，为普通人的进入提供了可能性。拍摄小人物事件与命运的题材如潮水般涌入，与传统的纪录片制作模式形成互动。

同时，我们也应当看到，当DV成了普通人手中可以随便拍着玩的东西时，当技术革命给我们带来一种新的话语权利时，千万不要轻看了影像，不要因为设备的轻易到手和入门的简单而以为DV轻而易举，甚或主张DV作品就是应该晃动，这样才能保持事物的客观真实，从而在刻意的反叛中走向偏激，而最终脱离了东方文化中最珍贵、最纯朴的东西。将DV与纪录片相衔接，尽管刻意强调了DV的特殊性，但纪录片本身所承担的责任使其必然面对我们之前已经明确的纪录片的三个方面：事件的真实、情感的真实和表达方式的真实。

纪录片的主体始终是人，而不是机器。当我们可以恣意拍摄眼睛所触及到的一切事物与现象时，我们更应该时常提醒自己：我为什么要拍摄？我要表达的究竟是什么？如果不是基于对生活的深厚情感与敏锐动察，没有独立思考的空间与表达的欲望，DV必将成为现代人基于好奇而把玩的“成人游戏机”，其意义不会大过银行的监控器或红绿灯口的交通监控设备。我们所谓的“纪录片的DV时代”决不是指人人都可以拍摄的DV版的家庭录像，是否用DV拍摄只不过是工具的不同，它所应承担的价值不会因此有减弱的可能。

因此，我们有必要将DV家庭录像与DV纪录片作一个简单的区分，并在此基础上为DV纪录片拟定一个相对的标准。在运用DV这一工具拍摄纪录片之前，我们首先要弄清楚三个问题：谁在拍？拍什么？以什么方式拍摄？也许答案可以这样简单地概括：DV纪录片的拍摄内容是平常生活中具有典型性的不平常事件；DV纪录片的拍摄者必须熟悉影视语言并掌握了影视表达的基本方式；DV纪录片的创作者必须对事件本身有独立、深入的思考，确实有表达的必要。当然，这涉及另外一个复杂而重要的话题——DV运动的游戏规则，曾有人对此作过专门的论述，在此，由于篇幅所限，我们只能略微提及，无意于作更为详实的论述。

必须认识到，DV的便携使纪录片与大众产生了一种很好的互动、紧密的关系。选题内容涉及面广、题材丰富，体制内与体制外形成互动，话语权不仅仅掌握在极少数人的手中。纪录片真正参与了历史的进程、记录影像并某种程度地改变了历史的进程。这一开放性的记录格局使表达的内容更加多元化，每一个人，每一类人群，每一个阶层，几乎都可以在题材众多、内容多元、视角独立的纪录片群体中找到属于自己的那一面镜子，由此，纪录片的一种更加强大有力的生命形态得到确立与强化——独立思考出来的对于事件本质的情感。

经过上一段落对“2006年中国纪录片国际选片会”的梳理，我们不难看出，无论是什么样的形式与什么样的主观情感，都是基于对客观事件的呈现与认知。真实是纪录片的本质。纪录片创作者的文化背景、知识架构、价值观的不同必然决定了影像表达的角度和方式的不同。新的题材，要有新的形式，其目的仍然是为了让人更能理解纪录片力求表现的内容，而不是为了让人了解纪录片是如何叙述的。形式最终是为内容服务的。技术的进步使传统的纪录片表述方式被颠覆的同时，新的问题摆在了我们的面前：在纪录片表现形式多元化的今天，如何在主观情感与客观事实之间找到最恰当的表达方式？不同的表达内容是否有着各自最妥贴的形式？

为了回答这个复杂的问题，我们首先需要对中国纪录片的现状作一个大致的分类，并在此基础上探讨其形式的异同。

二、纪录的语言：根据不同的内容寻求最妥贴的形式

我们依据“2006年中国纪录片国际选片会”中参选的作品，根据其题材、内容、表述方式及生存状态的不同，大致分为三个大类：

（1）政府拔款的，有投资的大制作，是中国纪录片一种特殊的生存方式，制作量不大。以《新丝绸之路》为代表。

（2）由公司或者电视栏目出资拍摄的纪录片，在中国纪录片的生存状态中占主体部分。栏目有节目经费，拿节目经费去拍摄纪录片。台长和公司领导，考虑节目整体构成。以《躁动》为代表。

(3) 外国投资、独立制片人作品。以《东陵》为代表。

在此划分的基础上，我们采访了《新丝绸之路》、《东陵》、《躁动》的导演，希望通过展现他们身体力行的实践，为不同类型的纪录片的表达内容与表现形式作一次横向的串联、类比及在此基础上新的探索，并期望通过这一些微小的努力，引起更多人对记录的内容与形式的更加有益的关注。

毋庸置疑，由于篇辐所限，这种简单化的划分只有相对意义，我们把这种划分主要是当作研究问题的假设，而并非断言客观实际就是如此。

为了保证我们调查的真实与客观，我们采用了采访实录的形式，以下为三位导演的观点展示。

《新丝绸之路》总导演韦大军：

1．导演背景介绍。

韦：1987年从北京广播学院毕业至今，我做过广告片、MTV、电视剧和纪录片。我拍过几个纪录片，它们是：《发现曾侯乙墓》、《三星堆》、《一个人和一座城市》和《新丝绸之路》。

2．选择拍摄纪录片的缘由。

韦：1998年CCTV策划创办一个“发现”栏目，让我拍摄试验片。那时我对考古特别感兴趣，觉得这样的片子适合我来干。我拍的是《发现曾侯乙墓》，算是我的第一个纪录片。每一次拍摄的缘由各不相同，比如，我拍摄《一个人和一座城市》是为了给旅行找一个像样的借口。

3．关于《新丝绸之路》的简单阐述。

韦：对历史、种族、文化、版图和个体的人而言，丝绸之路是一个机会。同样，对我们也是。丝绸之路因为对未知世界的渴望而诞生，所以文明并非是孤立发展的。对今天的人来说，还有许多东西有待发现。

4.《新丝绸之路》中，导演的主观情感与客观事实的关系。

韦：对所有记述丝绸之路的作者而言，一切客观事实都经过了情感过滤。拿历险记或学术论文来说，勒柯克是，斯文赫定是，橘瑞超也是。从影像的记述来说，26年前的《丝绸之路》是，今天的《新丝绸之路》也一定是。因为种族、文化背景、政治立场和审美趋向的不同，尽管作者将自己的情感隐藏得尽量深，但仍不可避免地在文字或影像上留下主观的印记。即使是一个固定镜头的景物呈现，透过镜头停留的时间和构图的取舍方式，也依然可以窥见到作者鲜明或隐秘的指

向。主观情感和客观事实总是相辅相成的，很难说哪个影像是孤立的语汇。

5.《新丝绸之路》中，选择了一种什么样的方式来呈现事实、表达情感？为什么？

韦：我觉得只要内容素材选取恰当，表现方式是不受限制的。纪录片是一种表述形式，不是一种要我们去遵守的形而上的精神。也就是说，似乎没有必要去划分各种形式之间的界限。《新丝绸之路》以10个具有典型文化概念的地点分别作为独自成章的每一集，其各自的表达方式是不同的。选择的标准仅仅是考虑到哪种更合适。受到历史遗存所提供的影像限制，有的集纪实的比重很大，而另外几集则需要借助再现提供一种假设的空间。

6．如何把握纪录片的“真实”？

韦：实话说，我挺怀疑纪录片所谓的“真实”。尤其是将“真实”作为标榜的招牌的作品。我们总是能够在许多号称“真实”的影像上发现镜头的操作者制造这种“真实”的手法是多么高明或多么拙劣。真实与否取决于观者的经验与影像之间是否默契。从这个意思来说，世界是真实的，而世界过滤成作品就绝非真实。

《东陵》导演费佑铭、刘硕：

1．导演背景介绍。

刘：这个片子的策划和摄像费佑铭曾经是学油画的，他现在除了拍纪录片仍很勤奋地在画，片中的某些创意跟他的这方面的实践有很大关联。我是在2002年开始关注当代艺术，非常喜欢。经常流连于北京新兴的一些现代艺术空间的各种艺术展览，有的展览也有自己的影像作品。在《东陵》参赛“2006年度中国纪录片国际选片会”之前，我们的Video作品《圣殿》和录像、装置作品《纵深800米》在北京798长征艺术空间展出。当代艺术在潜移默化中给了我们许多启示，不仅仅在表现形式上，更多是对前卫艺术观念的吸纳。这导致我喜欢用一种新的视角来观照惯常的事物，在传统的表象下赋予它新的内核，借此来表述自己的诸多感悟。

2．选择拍摄纪录片的缘由。

刘：第一次到清东陵是因为要陪几位远方的朋友去游玩。那曾经无比奢华的宫殿，苦心营建的陵寝，刻工精美的浮雕，在体味那个刚刚逝去的王朝繁盛的同时，忽然有一种物是人非的感触。这些沉睡在墓穴中的曾经权倾华夏的帝王们永远都不曾料到，在他们的身后是无尽的侵扰，甚至比不过一抔黄土掩埋在山间的平头百姓来得清静。现在的清东陵游人如织，旅游旺季每天都有一万多名游客穿梭于地上宫殿和地下陵寝之间；过去只有帝王棺椁才能经过的神道，如今来往着装满铁矿石的农用车。东陵所在的这片富庶的山地除了物产丰富，更蕴藏了高纯度的铁矿石，过去守陵人的后代现在有很多人在靠开采铁矿为生。这种强烈反差不免让人心生惆怅。这便是我们后来以东陵为题材展开拍摄的缘起。

3．关于《东陵》的简单阐述。

刘：猪血，曾经在久远的历史时序中充当古建筑表面涂层的黏合剂。今天，从故宫到皇陵的修缮，仍在沿用这古老的配方。在地处河北省东部山地的清东陵，这个配方使一些破败的殿宇有限地恢复了原貌。经过发酵的猪血，除了它的粘合作用，人们同时相信从活猪身上取得的鲜血经过炮制用于屋宇建造能够驱灾避邪、纳福延寿。但是，正如人们自古以来在建造庭宅、宫殿以及修筑陵墓时对于古老风水的期许，最终也没有阻止住事物朝风水所指向的负面迅猛回归，猪血起到的作用也同今天廉价的聚酯酸乳胶一样稀松平常了。更大的变化是，从前庄严的皇宫今天成为了人们游玩的公园，皇陵也变成了休闲的人们玩耍的地方。历史在这儿跟权倾华夏的帝王们开了一个残酷的玩笑！而这样的玩笑还在以剑走偏锋般的方式出人意料地在现实中继续。苦苦营建了三百年的皇陵如今几乎成了矿场，因为掩埋着皇帝尸骨的这片美丽的山地皆由高纯度的铁矿石构成，于是当年守陵人的后代在充当修陵工匠的同时，也在陵墓边开挖着矿坑。代价是，不但人皆远去，这片曾经神圣富饶的山川也在渐渐销蚀……

4.《东陵》中，导演的主观情感与客观事实的关系。

刘：我们最初跟拍了一群守陵人的后代，这个独特的群体最引为骄傲的是祖辈们自从降生就享有的七品县令的“官饭待遇”，而如今，他们是马夫、商贩、私矿采掘者、建筑工人，以及只有一两亩土地的农民，更为普遍的身份是被官方严令取缔的“野导”(非法导游)，他们以向游客们讲述祖辈们传下来的清宫掌故并为游客在各陵墓间引路换取导游费补贴家用。生活就在这种不确定的情形中延续，我们的拍摄也在经历了两个春秋交替之后积累到100个小时。原本要循着人物故事结构成90分钟的长篇，但这一次，因为要做一个影像展览，暂且剪出了一个更多影像风格的18分钟的短片。

剪辑时没有遵循惯常的叙事方式，借用了当代艺术中影像的结构形态，《东陵》呈现了我们对世事的困惑，对生灵的关注。

《躁动》导演冷淞：

1. 导演背景介绍。

冷：中国传媒大学广播电视艺术学博士研究生，中国广播电视协会纪录片委员会外联部主任。主要纪录片作品：《伴》(与他人合拍)、《纸觞》、《躁动》。

2. 选择拍摄纪录片的缘由。

冷：有家庭环境影响，也有个人喜好，另外纪录片是贵族艺术，能够制作好纪录片便能够掌握其他一切片中的制作与创作规律。因此，摄制纪录片是一种自我挑战，也是一个艺术梦想实现的过程。

3. 关于《躁动》的简单阐述。

冷：《躁动》是最初盘锦电视台以新闻的形式报上来的选题，通过晃动的镜头，我们比较敏锐地把握到这个题材的独创性和可塑性。

4.《躁动》中，导演的主观情感与客观事实的关系。

冷：对于客观事实的展现没有底线，如果有底线，那么这个底线就是指创作者的良心，而主观的创作者的良心最终体现在一种“展示的平衡”。平衡是展现事实的一个主要方面。人都有多面性，就像事件都有多面性一样。同样是《躁动》中，如果我将渔民在躁动中与警察产生的摩擦作为主题，会制作成一部影响社会稳定团结的题材；如果将海蜇资源的贫乏作为主题，会制作成一部人类破坏环境的纪录片；如果将渔船与渔民之间的矛盾作为主线，会是一部反映市场化的“人与人”之间关系淡漠冷酷的纪录片。但是今天观众看到的是一部名为“躁动”的以心态情绪起伏为主线的纪录片——在心态中维持“平衡”。没有绝对的真实。平衡包括人物个性展示的平衡，时间、空间的平衡，心态的平衡。平民化的视角本身就是一种平衡。平衡最终取决于编导对于被拍摄对象的了解。做纪录片与看纪录片存在着本质的不同。看纪录片是无背景地去感知，而做纪录片则是在全面感知的状态下维持相对的平衡。

5.《躁动》中，选择了一种什么样的方式来呈现事实、表达情感？为什么？

冷：全息性，全知性。真人秀的目的就是摄像机无所不在，机位无处不在。对于瞬间发生的大场面事件，不可能讲述也不可能去搬演重现，因此机会只有一次。《躁动》刻意突出了悬念性，可视性增强。“悬念”是一种影视剧的观念，但应该被多元化的节目共同使用。《躁动》中不断地出现悬念，好像中国传统的评书，引诱观众继续看下去的欲望，不断地告诉受众一些信息，接下去有精彩内容。这是市场化的一个无奈，没有收视率就没有市场。当面对市场的诱惑时，悬念是一种无奈的选择，并不是指一定要用，悬念的设置是为了观众的持续收视与市场的压力，是无奈而必须的选择。

6. *如何把握纪录片的"真实"？*

冷：真实有若干个维度。电视的真实通过摄影机拍摄、编导选择、后期剪辑、解说音乐的若干步骤之后，就变成了"多重假定的真实"，所以人只能无限地接近真实，而永远不能达到绝对的真实。所以说纪录片是"最主观的客观记录"，真实永远要经过编导的再加工，不要刻意地回避主观，那些貌似客观的无聊作品是滑向自然主义的表现。

历史如果用同一视角来审视，就没有了存在的必要。历史拥有无数个诠释的纬度，在不同纬度（不同时代中）对历史的解释迥异，人们由于民族地域、教育背景、审美习惯、性别种族、个人爱好的不同，会拥有不同的观点。所以真正意义上的历史真实是不存在的，纪录片中的真实只能是一种"多重假定的真实"。

在国际上，许多人对于中国的纪录片都曾有这样的感受：镜头好像永远都在两米之外，关注更多的是状态，而不是感受；是一种表现，而不是表达。而从这次选片会所参选的纪录片及三位导演的阐述中我们发现："纪录片"传统的"真实还是虚假、客观还是主观"的区分概念已经过时了。创作者更加看重的是：个体对于世界的认知（自省式的），并通过这种认知方式进而发现其对历史进程自下而上的影响。因此，"老面孔，新面孔"，人作为世界的主体，历史的创造者，顺然又必然成为镜头关注的中心，而创作者本身——作为记录历史、探究历史的主体，则用一个纪录片工作者所具有的认知水平，来表述自己的面孔在这个世界中的表情。不能不承认：在这种意义上，纪录片所表达的"真实"不是绝对的，"面孔"，是别人的，也是自己的。

毋庸置疑，我们要用积极的、包容的、开放的、自由的心态面对纪录片的复杂性与多元性。与此同时，我们需要谨慎的是，形式永远是为内容服务的。在用多元化的形式来表达创作者主观情感的同时，有一些我们争论不休的问题又一次被提及：中国的纪录片风格是什么？我们为什么要做纪录片？纪录片为谁而做？究竟该怎么做？

在阐述这一复杂而至今没有定论的命题之前，我们还是有必要把人们几乎耳熟能详的中国纪录片的行进历程重新作一次整理，纪录片之所以走到今天是与它之前的每一次重大转折一脉相承、不可分割的。而重新整理的目的，不仅仅是为纪录片的现状作一次追根求源的梳理，更是通过一种全新的视角挖掘我们未曾留意的点滴。

三、纪录的脚步：独立思考后情感的呈现与丧失

我国纪录片创作开始较晚，大致可分为四个阶段。第一个阶段，20世纪70年代末至80年代初。以《丝绸之路》和《话说长江》为代表，文化片、风光片大行其道。《话说长江》以后，从《黄河》的制作、《唐蕃古道》的开机，一直到《话说运河》、《万里海疆》，中央电视台纪录片的制作，在当时创下了收视的高潮。第二个阶段，80年代中后期，政论片风行一时。前两个阶段纪录片几乎部部热销，社会影响力很大。第三个阶段，90年代。一方面，建立起对于客观事实多视角的表述与关注，试图通过影像呈现一个多元的历

史，也是一种对于历史阐述垄断的反叛。这一时期，出现了大量的普通人和边缘人题材，像都市里的保姆(《远在北京的家》)、狭窄里弄的居民(《德兴坊》)、渴望新妈妈的孩子(《妈妈不在的冬天》)、马路上维持交通的老人(《十字街头》)、初中生(《十五岁的中学生》)、再婚的老人(《老年婚姻介绍所见闻》)、残疾夫妻(《背个媳妇回家来》)、做好事致残默默忍耐的好人(《好人方俊明》)、大山里的船工(《深山船工》)等。另一方面，由于DV的低廉、门槛的降低，真正优秀的作品淹没在了大多数只注重题材与形式反叛的大潮中，只有一小部分作品在思想上具有深层的剖析与思考。第四个阶段，新世纪初期。国外发行的渠道开放，纪录片的市场逐渐形成，纪录片空前的多元与繁荣。

在电影史上，每当一个社会发生重大转折的时候，往往也是新纪实运动发生的契机，也是纪录片高产优产的黄金时间。中国在加入WTO以后，一段时间内处于一个转型的过渡期，在这个历史时期中，社会方方面面都在经历着变化，我们每一个人都身处其中，情感在不同阶层的人群中有着不同的呈现，个体不只是代表了自己，已成为了这个大时代浪潮中的一只小船，随波飘荡，而它所飘荡的方向、力度，正是这个时代浪潮的回响。从这个意义上来说，每一张个体“面孔”的呈现与表达，都是对于历史真实而直接的阐释。对于纪录片工作者来说，这种阐释更是一种责无旁贷的责任与义务。

与此同时，我们也意识到，在中国纪录片越来越便利地走向国际市场的同时，以市场为主导的以Discovery为模板的纪录片，成为一种可见的趋势。受到国外资金雄厚的大公司影响，部分纪录片强调情节、扮演，刻意追求戏剧性，并以此来拉动收视率上涨。不难发现，当我们尝试用市场化运作来摆脱政治话语权专制的同时，却又走入了市场专制的狭窄境地。刻意追求收视率的主观行为使纪录片的“真实创作”进入了一个尴尬境地。而这之中许多人正是恰恰忽略了国家地理频道的定位。

国家地理频道是有115年历史的、世界上最大的非盈利性科学与教育组织——国家地理学会的分支机构，把它定位成一个赚钱的纯商业机构是一个很大的误解。国家地理频道的终极目标是教育与科研，地理知识、环境，是其最主要的题材，传播地理知识，进行科学教育是它的责任。因此，国家地理频道对于历史只是一种展现，通过各种手法完善画面效果，调整叙述节奏，用“娱乐的方法”来普及知识。对于具有科普教育类型的纪录片，它所开创的表现手法无可厚非。而中国拍摄的大部分纪录片，强调的则是对于人文精神的关注，对于历史是一种审视，并期望通过审视历史进而反思现实社会，触动观者的自省意识。这明显与国家地理频道对于纪录片的定位有很大的不同，那么照搬Discovery的模式，刻意强调情节、用扮演的方式追求戏剧性，这样的方式显然有些不妥。

很多优秀的纪录片，其可贵之处，正在于它所呈现的事实中表达了一种独立精神，而这种独立精神足以影响现实中人们深刻的思考和自省意识，但在电视节目市场化的大潮下，以收视率为评定优劣标准的纪录片，正在面临独立精神的丧失。因注重讨好观众，无视题材与内容，随意戏剧化的倾向越来越明显，纪录片开始与电视剧、商业化栏目比拼“故事性”，以己之短比其之长，要么丧失自己的优势，用故事化的表现手法来代替客观的陈述，要么通过题材的新、奇、特等方式吸引观众的眼球，无论是怎样的竭尽全力，都最终会走向无所适从的尴尬境地。

现在很多纪录片栏目都在进行产业化一条龙的运作模式，集体创作、各有分工、按照模式、批量生产。这无疑会缩短一部纪录片的制作周期、制作成本。但同时，正如某位纪录栏目的主编所坦言：“这种模式让整体节目保持了一个稳定的水准，也无可避免地丧失掉一些优秀的纪录片及编导自身的个性。”我们认为，这里所指的“优秀纪录片”正是那些拥有独立精神，并能引发人们对于社会现实思考从而触及观者及自身反思的纪录片。无疑，这些丧失掉的纪录片才正是纪录片存在并得以延续、传承、发展的基础。“纪录片”是一个大的概念，真正有价值的纪录片会在这条纪录片栏目商业化运作的道路上丢失纯粹性，为追求收视率，而脱离中国社会的现实语境，这，才是让人真正痛心之处。

当然，对于全世界的纪录片创作者来说，这都是一个难以回避的问题。纪录片栏目化生存是必要的，正是通过国家电视台对受众的影响，纪录片才能够最大范围内得到传播，并通过这种传播，更大程度地影响乃至改变历史。而如果我们的纪录片被市场牵了鼻子，失去了自己的声音，最终将失去纪录片的本真。纪录片在栏目化的运作模式中，究竟该何去何从，值得我们认真思考。

而问题的关键是，如何保持纪录片制作的独立思考空间与自省精神，又能在市场的大潮中经受住时间的考验，获得生存与发展的更大空间？我们也许可以为纪录片找到一种最适合的形式，使它穿着最体面的外衣并在最大空间范围内进行传播，吸引更多的受众。

我们也许可以把第六代电影的美学风格与纪录片作一个类比，这不仅仅是因为很多第六代电影导演曾涉足纪录片的拍摄，更重点的在于第六代导演的电影作品在题材、风格、表达方式等诸多方面都与纪录片有着密不可分的有机联系。而第六代电影导演的代表人物贾樟柯对于自己的电影制作有过这样的一个总结：“我越来越觉得，一部电影的好坏不在于这部电影是不是讲述了真理，而在于它有多么深厚的感情。”也许可以把这样的一个评论放进目前既要融入市场的商业化大潮仍要保持独立精神的纪录片身上。我们希望一部纪录片能够具有故事性并打动人心所采用的方法，是需要创作者投入自己真实的情感，通过在现场的拍摄、与主人公长时间的接触与了解，纪录片工作者有责任更有义务把自己受到的触动传达给观众，而这触动本身即是纪录片工作者拍摄此片的初衷，这触动也必然会成为打动人心的一种力量。

在“2006中国纪录片国际选片会”最终评定的“双十大纪录片”与“双十大优秀纪录片”中，一批以栏目形式存在的优秀作品在这方面的努力值得肯定。陕西电视台选送的作品《千里寻母》，编导将镜头对准了一个五岁的女孩瑶瑶，父母自瑶瑶出生后便外出广州打工，本片以瑶瑶与父母的第一次相见为事件线索，表达了隐藏在摄像机背后的，编导对于生存在城市边缘打工者的现实关怀与思考。黑龙江电视台选送的作品《两个人的七天》，作品在占有新闻事实的基础上，回避了事件报道的惯常做法，从两个与事件相关的普通人的七天生活入手，以个人生活的视角去关注2005年被国际环保组织称为人类有史以来的第十四污染事件的松花江哈尔滨污染，这一重大环保事件给普通人生活带来的影响。在叙述结构上以整个水危机的时间进程为背景，逐层展开，记录两个主人公在时间进程中的所作所为、所思所想，自然而然地使片子的主体呈现出来，巧妙地利用了重大事件进程本身所具有的张力，别具匠心却不着痕迹地突现了作者的人文关怀。上海文广新闻传媒集团纪实频道选送的作品《闲着》，讲述了一群生活在社会边缘的街头艺人。老房、石静、小赵、老丁是音乐爱好者，他们因生活所困，陆续走上上海街头，开始了卖艺生涯。他们各有各的经历，各有各的长处，各有各的追求。分分合合，相互帮衬，也互相竞争。他们用歌声寻找自己的尊严，表述着历史和现实，宣泄着快乐和忧愁，祈祷着心中的明天。

另一方面，学者们也开始关注这种市场化倾向明显的“纪录片”现象，并开始身体力行地进行改变。国内与国外的各种奖评的设置，为保持纪录片的真实与客观作出了积极的努力，并最终形成一种良性的趋势：体制内与体制外的纪录片题材与态度更加和谐地互动与补充，为逐渐形成一个多元的影像世界起了推动力量。可以想象以前这些独立的作品参赛与扬名的渠道都是建立在海外的基础上，对于国内的门槛，缺乏准入的途径与方式、平等的姿态，更加缺乏获奖的可能。随着主流媒体对这种个性化表达的评价门槛的降低，学术界对于这种个人表达的认同，与此同时，纪录片的独立精神被逐渐强化。

到这里，我们想说明的问题已经很明确了，所谓纪录片的真实并不仅仅是客观事实，它还包括了创作者情感的真实和表现手法的真实，当然，它所呈现出的最终结果则是价值的真实。

如果允许我们基于上述的论述为新世纪的纪录片做一个大胆的描述，对这个观念的展开与表述是不是可以这样：纪录片，是用活动影像的方式来表达的一种透过事件表象，独立思考出来的对于事件本质的情感。

需要申明的是，我们无意于为纪录片阐述一个所谓“新的界定”，只是希望通过这样一种概括性的描述，强调纪录片中的独立思考与独立情感的重要价值与意义。

四、纪录的意义：从“面孔”到“身体”的关注

《中国电视》1993年第2期至第5期，连续登载了刘效礼、冷冶夫的《纪实论》，共有4章，分别提出了4个命题。电视片成功的背后：是真实；在真实的背后：是纪实；在纪实的背后：是人；在人的背后：是观念。如果允许我们对于《纪实论》中的“观念”作一个阐释，我们是否可以理解为：“观念”既表现为被拍摄者对于事件的认知，更表现为隐藏在摄像机后面的这个人——拍摄者自身通过捕捉这个世界细微的变化进而引发的思索。正是这个隐藏在“面孔”之后的观念，传递着这个时代行进的声音，拓展着我们思考的空间。

社会是多元的、复杂的、生动的且时刻处于行进状态的，而以呈现社会并思考社会为己任的纪录片也在客观规律的驱使下逐渐地接近世界的本真形态。纪录片正逐渐向一种多元的、开放的态势发展。这当然与它的制作者密不可分。每一部纪录片都是一个人，都是制作者在一张张面孔的呈现中表达着的自我。我们幻想中的客观的真实是不存在的，这已经不是一个学界争论的焦点问题。影像本身不等同于被拍摄对象的本体。再去纠缠于客观的绝对化或主观的绝对回避，已经显得苍白无力。

人们已经不再盲目地夸大纪录片本身的客观性。相反，越来越多的因素呼吁并鼓励着纪录片一种更加真实、有力的存在形态：纪录片的独立精神。这种独立精神表现为：对于历史中所发生的过去的、现在的事件有独立的观察与思考，不因为刻意迎合观众的口味，而趋同于一种大众化的、普遍的、人们习以为常的美学原则；也不因为刻意追求与众不同、标新立异而走向另一个极端。纪录片的独立精神应该是纪录片工作者及被拍摄者在事件的发展与拍摄中，通过影像进行的自我建构。

个体的观点、个人化的视角、独立的思考、真挚的情感以及真实记录的方式最终成为了这个时代声音的信号，不同的个体表达则构成并代表了这个多元世界的复杂性，从而构成了一种相比狭隘与垄断化纪录片状态所无法企及的真实。

我们更加期待着越来越多的独立的声音出现，纪录片的独立意义将更多更广泛地得到承认。这种独立不是写在面孔上的，而是一种血液，流淌在我们的身体中，它将促使我们描述一个更加多元更加生动更加复杂的人类历史。

这是一个鼓励纪录片独立精神的时代，这种个体的独立声音表达着这个世界的一张张生动而复杂、绝不雷同的面孔。也正是这一张张老面孔、新面孔，记录着我们时代的脚步，思考着我们走过的历程。

多元发展的交融与独创之路

——谈2006年度中国纪录片

冷 凇

（一）

任何艺术门类的发展都可以看作是一种新有创作范式对旧有模式的合理性颠覆，纪录片也不例外。20年来中国电视领域的发展速度是以翻番来计算的，这反映在资金上的巨额投入、纪录片节目制作、电视市场的深度开掘、技术上的不断更新、观念上的持续突破。但由于宣教式专题片和“纪实主义”对80后90初一代电视人的深刻影响，导致电视纪录片在观念和创新意识上的步伐永远比技术和其他因素都要走得艰难。2006年中国国际纪录片选片会成为2005年度全国优秀纪录片的一次大检阅，其间涌现出无数值得深思与借鉴的新作品。中国纪录片在20世纪90年代后期面临了栏目化、市场化带来的困境之后，近些年终于在独立精神和标新立异的基础上艰难迈出了可喜的几步。

首先在总体表现上，电视频道资源过剩和电视纪录片人文化视野的不断开拓，使得中国纪录片题材选择上继续呈现多元化发展态势。21世纪是电视产品的“生产与传播时代”，许多关于重访历史事件的，关于文物古迹、考古发现的，关于自然灾难、社会犯罪的，关于濒危动物的，关于人文关怀和爱情亲情的，关于生与死、道德与伦理、理智与情感的，等等，角度新颖的题材层出不穷，这些作品的题材包罗万象。2005～2006是中国的考古发现年，纪录片领域表现为探索发现类的题材作品十分活跃；另外由于近年来中国政府不断强调环境与资源保护的重要性以及业内中国首届玉溪“国际环保纪录片周”的带动，使得自然环保类纪录片呈现汹涌趋势，一些沉积多年素材的作品一鸣惊人。

其次，预算额度和精品数量显著提升，引发评判“优秀纪录片”标准的大讨论。选片会上，西方专家学者强调中国呈献给他们的是不同预算不同种类的纪录片。在英美等西方国家，每部纪录片的预算相差不会太多，即使是独立制片，大家也基本处在一个10倍以内的数量级上。但是中国纪录片的制作预算却可能会相差百倍。参评的有《故宫》、《圆明园》、《再说长江》等投资数百万上千万的大型文献纪录片，也有万元以内投入的创意类独立制片甚至学生作品。竞赛的目的是刺激大家去创作更优秀的作品，因此评判规则的改进有利于题材规划和鼓励多样性。

目前各评审权威机构的做法是将所有的片种一视同仁，放在一起来评比。即使有分类也是遵循题材的选择，如社会人文类、自然环保类、考古发现类，等等，并以此扬弃

“预算歧视”。这说明中国纪录片权威评审机构对小制作纪录片拥有一种人文关怀，值得赞赏。当然这种做法长期来看也有待商榷，因为评比纪录片单项奖的时候就会出现问题，如2006中国国际纪录片选片会上，李兴国、冷冶夫、时间、王海平等评委提出单项奖（最佳音效、最佳摄影、最佳制作等）的设置评判标准有待改进。如果按照质量来评，这些单项奖都应该被央视的大制作囊括其中。因为大投入的胶片、高清影视及声效录制设备和视听效果自然比标清与DV等设备的质量要高，这种奖项设置对于小制作来说就处在劣势。西方的做法是设同种类的奖项定位给不同的制作群体，有大学为主体举办的学术学院奖项，也有政府性质的和专门设置给独立制片人的电影节。这次中国纪录片十佳的评选，在评委内部圈发生了一些关于评判标准的讨论与争论，都是围绕着“游戏规则”进行的，因此确立评审标准成为学术界衡定纪录片标准尺度的首要问题。

（二）

受后现代主义思潮的影响，纪录片创作手法百家争鸣，标新立异，编导有意增强反传统的独创性因素，成为今年纪录片创作的一大亮点。考古发现题材及有关历史古迹的大制作，以及一些解构历史形式纪录片的出现，引起了大家的许多关注与讨论，并且创作手法上也出现多元趋势。3D数字动画技术的使用开始流行，不仅仅是《故宫》和《圆明园》，一些考古发现类的纪录片也开始用这种形式去重构历史。对比美国的200多年历史，中国可考的历史古迹题材数不胜数，原始视频资料的匮乏甚至缺失，促使数字技术在实现“历史还原”功能上大展手脚。

再有，许多片子已经开始大量地使用搬演、重现等手法，甚至大张旗鼓地“导演”了。值得一提的是这以前的的许多作品还仅仅停留在尝试与试探的阶段，2005年度随着一些精品大制作的带动，搬演重现已经发生质变，成为实践与学术两界普遍所认可的创作手法，虽有反对之声，但微乎其微。搬演重现手法的流行归因于现在全球的电视媒介都开始试图去融合“纪实”和“搬演”这两种看上去完全对立的电视创作方式。以美国为例，大家最熟悉的几部战争剧、警匪剧、肥皂剧都在大量地使用纪实的手法，比如《兄弟连》、《反恐24小时》、《欲望城市》里，有的采用单一角度的主观叙述方式，或者时实叙述的现在进行时结构方式，摇晃跟踪的纪实拍摄方式，生活化的对白，目的就是营造一种看似真实的戏剧氛围。同样当纪录片缺少第一手影像素材的时候，大家便开始去动脑子、想办法从电视剧中借鉴经验了。许多历史题材的纪录片，对于电视这种读图时代的信息传播工具来说需要用一种“看图说话”的方式去表现。这好像是幼儿园里的儿童识字，说到飞机，图画书上必须要有一架飞机，这样做是必要的。“看图说话”是个看似浅薄的形容词，但是能够把所有的“叙述”匹配上很完美的“画面”并非易事。电视本是一种依靠视觉刺激生存的传播工具，因此在无图可配的情形之下借用搬演重现去表现是具备合理性的。

“国际化语言”的作品增多，中国式纪录片“西化”步伐加快是另一个不容忽视的趋势。此次选片会中外国专家最欣赏的三部纪录片，一部是《唐山地震三十年祭》，一部是《躁动》，还有《董家渡》。唐山地震造成了24万人的死亡，这场灾难的影像资料不少，但是作者表现的却是“天灾”之前由于预测管理工作疏忽所造成的“人祸”。大段对地震预测的叙述缺乏图像素材，编导便使用了“画面表意”这种重现形式，如在说到“报告丢失”这一段的时候，画面是四双大手在墙的灯影下互换文件，有强烈的画面写意意识。

至于《躁动》，一部“真人秀”式的全景记录仪式化事件的纪录片，摄像机的机位无所不在，多方位、全视角地记录下捕捞海蜇的整个过程，展示万名鱼民群体肖像，这也开创了一种思维方式。至于《董家渡》这部具有纪实外宣色彩的纪录片，深受西方评委喜欢，上海百姓、街巷生活和日常生活的细节语言能够唤起西方人对上海的憧憬和回忆。但此部纪录片却遭到中国评委的质疑，因为里面缺乏故事性，且说有违反“中国式原则”的话。

另外，从创作手法上考虑，用“悬念”结构故事，成为学习与借鉴的焦点。在这里强调“悬念”概念的增值目的，是想提高编导讲述故事的水平，所谓的“悬念”好像中国传统的评书，时时留下包袱，以达到吸引观众的目的。“悬念”概念的提出不能不说是纪录片向栏目化、市场化妥协的结果，毕竟“悬念化”了的故事好看，这样的结构不丢观众。“悬念”本是电影大师希区科克的专有名词，后来衍变成编剧用来结构电视剧或者广播故事中的专有名词，但是如果运用得好，在纪录片中一样获得惊人的效果。美国电视剧每一集中都要平均设有6个悬念，这些设置使观众头脑中形成一个一个的亟待解决的问题，有些是当集可以解决的，有些需要等到在以后的情节发展中起到作用，这种创作手法的使用在中国纪录片中已经初见端倪。很多考古发现题材的纪录片编导已经学会了用悬念去结构情节和故事，这在探索发现一类题材的作品中可以广泛地使用。

从“悬念”的概念为中介入手，不难理解强调纪录片与虚构型电视剧创作方式融合的必要性。英国、美国已经有了“纪实电视剧”和“剧情纪录片”两种形式的节目，并且已经经过学术和实践两界的界定与普遍认可。以往对纪录片与专题片的，甚至纪录片和电视剧的，严格的、过激的界定已经被颠覆，西方出现了许多模糊剧种，很难说清楚它到底属于哪一类。只要方式方法运用得当，有助于观众理解，这种融合就都是有益的。

（三）

独创性与主观性的彰显成为本年度纪录片最为期待的理念。“最好的纪录片艺术家应该做他自己”，说的就是艺术的“表现”与“再现”、“写实”与“写意”的关系问题。引起评委们注意的是一部的独立制片作品《东陵》，以及一部高中生制作的考试前生活的纪录片《告诉我你的秘密》，虽略有质嫩之处，但是作者是在强烈“表现”而不是“再现”。再现的艺术并不低级，但是中国在长期被“纪实主义”洗礼过后表现出来的是一种矫枉过正。一时间，长镜头、跟腚拍、同期声的概念被滥用，引起误导与审美疲劳。其实，纪录片这种再现的艺术更需要作者的深度思考，需要表现个人的主观意图，法国FIPA电影节秘书长让－米歇尔·奥赛伊先生谈到“纪录片是一种思考方式”。看来只有凝聚了作者思考的作品才容易引起读者的共鸣。2006年，许多先锋派编导们逐步突破“纯纪实”的自然主义怪圈，大胆地在纪录片中表达自己独特的视角。有学者给纪录片定义，说其是“最主观的客观记录”，不应将“纪实”这种创作手法与“纪录片”的概念完全混淆。再现只是形式，并不是谋篇布局的唯一手法。海德格尔“哲学解释学”与接受美学的观点在电视领域不无借鉴之处，“客观”的标准“仁者见仁，智者见智”，大家由于社会经历、地域文化、教育程度、性别喜好等多重原因各有独自的见解，同样一个题材在不同编导脑中形成的是不同的概念。再经过选择、剪裁、加工，最后呈现给观众的就完全是一部凝聚着作者主观意识的“多重假定”的真实作品了。

另外，业内学术理念的争鸣彼此“和而

不同”，交相呼应。2006年中国国际纪录片选片会高峰论坛上，评委会的时间先生谈到历史的重构问题，他举了《唐山地震三十年祭》的例子，冷冶夫先生在演讲时提出画面语言故事性和悬念化纪录片的构想，李兴国先生以量化分析的方式谈到纪录片多元化发展与多元时空的问题，王海平先生针对评判标准的争论谈到纪实作品鉴赏理解的主体性与个人化问题。这些观点分别从创作、结构、作品理解等诸多层面对目前业内纪录片广泛存在的趋势与问题进行了大胆假设与谨慎求证。

大家争论的范围除了“游戏规则”外，还有一点便是纪录片的界定问题。例如，类似“新闻调查”类的节目是否应该归属于纪录片领域的问题。有些评委认为这不能属于纪录片范畴，因为有主持人手拿话筒出镜了。但是否将主持人的镜头剪切掉换上解说就变成纪录片了呢？纪录片的界定标准绝不仅仅存在于形式。评委们针对这个问题意见非常不一致，有评委认为“一只猫的意外死亡”、“艾滋病同性恋调查”属于新闻节目，根本不应该归属于纪录片范畴；也有评委认为纪录片的范畴应该具有包容性，这样有助于题材的拓展。由于学术界的界定标准不一致引发了一些争论，但西方纪录片电影节似乎均设置有一个单项“调查与当代事务”类纪录片，这个与时俱进的名字颇有“时效”的意味，似乎是一种特殊的具有一定时效性的人文关怀纪录片种，和“新闻调查”很相似。像上届的法国FIPA国际电影节的“调查与当代事务”奖就颁发给了一部制作时间长达8年之久的纪录片，记者以探查的形式推翻了一桩女儿告父亲强奸的冤假错案，从死神手中拯救了一个人。尽管这部纪录片创作手法单一，但由于人文关怀层面的意义重大，因此评委一致通过。有时如果把纪录片的社会效益和时效影响考虑进去，会引发不同的思考。

最后，高峰论坛中西方学者用很大篇幅强调音乐和音效的功用，引起重视。有一部画面语言无可挑剔的风光作品，但是音乐一灌到低，感觉是“强奸”了我的听觉并强烈干扰了我对这部纪录片的理解。对于听觉语言的把握并不是一件简单的辅助性工作，如果邀请专业人士参与进来，效果会好很多。纪录片的音乐创作不是在软件中随便找一段配上，纪录片的同期声音效也不是用你手中便携式摄像机的随机话筒录下现场嘈杂的声音，它需要精心的“录制与创作”。中国纪录片在音乐和音效方面处于明显的弱势，大家在上个世纪七八十年代过度地强调声音说教，强调解说词，以至于纪实主义大旗在90年代竖立起来的时候经历了一些“矫枉过正”。一时间，“同期声、长镜头、跟踪拍摄”成为纪录片的“身份证”。同时，大量新闻、社教类节目的编导与同行转入纪录片领域。大家以前的经历对于题材选择的敏锐度和画面的纪实效果可能很有帮助，但是由于不是电视文艺部门出身，造成听觉语言的“艺术性”话语权缺失。高峰论坛和纪录片选片会上，中央电视台副台长、中广协会纪录片委员会会长高峰先生都数次地强调纪录片的“艺术性”，电视艺术中的“艺术”两个字在西方往往是通过“音乐”形式表现的。以现在美国最火爆的纪实真人秀节目《学徒》来说，对纪实段落的记录中，投入的摄像有19位之多，但是音效和音乐制作的团队达到21位，产品的效果感觉很像是一部“白领奋斗”的立志大片。半个小时的节目，音乐旋律全部为原创，旋律随着情绪和节奏的变化跌宕起伏，同时又有主旋律贯穿始终，时时唤起情绪记忆。

多元，融合，交叉，规则，动画，搬演，重访，悬念，独创……这些组成了2006年中国纪录片创作的关键词，若干年前原本似乎不属于纪录片本体特性的词汇在今天却以崭新的面貌堂而皇之地出现在历史的舞台上。

后现代主义思潮中的反传统、反中心、多元融合与标新立异等理念与视点已经逐渐渗透到纪录片的诸多层面。纪录片似乎正迎来一个“怎么都行”的未来！

2006中国纪录片国际选片会获奖名单

双十大纪录片

《故宫》 中央电视台／故宫博物院
《老胡和金丝猴》 北京电视台
《走进张德高》 泸州电视台
《蜕变》
杨干才工作室／云南千溪影视有限公司
《圆明园》 北京科学教育电影制片厂
《千里寻母》 陕西电视台
《唐山地震三十年祭》 湖北电视台
《梁子岛纪事》
湖北广播电视总台湖北电视经济频道
《新丝绸之路》 中国国际电视总公司
《生命的高原》（《再说长江》第三集）
中央电视台
《躁动》 广东台山广播电视台
《进城》 重庆广播电视总台
《漓江渔火》 广西电视台
《归国者》 山东齐鲁电视台
《十三年的重量》 中央电视台
《阴谋》 中央电视台
《香格里拉女人》 云南电视台
《东陵》 唐山电视台
《闲着》 上海文广新闻传媒集团纪实频道
《拯救》 云南西双版纳电视台

《故宫》资料

节目名称：故宫
节目时长：50分钟×12集
节目类别：人文类
制作单位：中央电视台／故宫博物院
主创人员：总顾问／孙家正
出品人／赵化勇、郑欣淼
总监制／罗明、李文儒、孙冰川、程宏
监制／梁晓涛、苏峰、庄殿军、罗琴
制片人／梁建增、赵微、章宏伟
总策划／赵微、章宏伟
总编导／周兵、徐欢
执行总编导／郑志标
编导／王冲霄、施润玖、陈丽、郑永志、金明哲、毕岳坤、周澜、杨涛周、张越佳、鲍军、刘劲松

编导简介

周兵，中央电视台新闻中心新闻评论部制片人，中国广播电视协会纪录片委员会副理事长兼学术研究院秘书长。

1987年9月至1991年8月，北京广播学院电视系电视编导专业，文学学士；2004年5月至今，就读于南开大学历史学院，攻读中国艺术史专业博士学位。

1991年8月至1993年10月，任兰州电视台编导、摄像；1993年10月，进入中央电视台《东方时空》，任《东方之子》栏目编导；1999年7月，任《记忆》总编导；2000年9月，任中央电视台《东方时空》、《纪事》栏目制片人；2003年5月，任中央电视台新闻中心新闻评论部特别节目组制片人、百集大型系列纪录片《故宫》总导演。

内容简介

12集《故宫》从故宫的建筑艺术、使用功能、馆藏文物和从皇宫到博物馆的历程等方面，全面展示故宫辉煌瑰丽、神秘沧桑的宫殿建筑以及丰富多彩、历经传奇的珍贵文物。讲述不为人知，真实鲜活的人物命运、历史事件和宫廷生活。触摸历史跳动的脉搏，传承源远流长的中华文明。

给《故宫》编导们的一封信（节选）

周　兵

片子（《故宫》）拍到这份上已经进入了一个关键时期，有的人在拍摄，有的人已进入后期，有的人还在为稿子苦恼，在这个时候，大家都各忙各的，但我希望有一个时间能和你们好好沟通一下。会就不开了，写封信希望你们好好看，把我们这一段的创作总结一下，分析一下，希望给你们一些提示。以利于下一步我们会走得更好，避免一些问题的出现。

说到问题，也许每一个编导在你的创作中都或多或少的有一些。我以为有些问题是致命的，会严重影响到我们节目的最终完成；有些问题虽不致命但也会影响到使我们的节目成为优秀之作的目标。我希望在这个时候能和大家一起在快步往前跑的创作路上停几分钟或几十分钟，稳定地思考一下我们面临的问题，并找出解决的办法。

在创作中我们要树立一个共同的创作指导思想。这些创作指导思想来自于哪里，我给你们一些提示和归纳，每一个导演都要依据这个共同的创作指导思想去完成下一步的创作。之所以这样去说，是我担心你们在各自的创作上各自为政。现在有十一个编导在完成这十二集。你们各有各的创作习惯、情趣爱好，性格、为人处世都各不一样，业务成长的经历也多是不同的，水平也参差不齐。但这十二集的创作和播出是一个整体，它只有一个题目叫《故宫》。其中任何一个节目的优劣好坏都会影响到我们整体的形象，整体的创作质

量。为了避免这十二集相互之间水准相差太大，也避免在创作风格和样式上有过多的差异，我们必须在下一步的创作中共同建立一个相同的表达模式和创作手法。

在叙事上我们一定要有一个统一的表达理念，这几年无论是平面媒体、门户网站还是我们电视台都在倡导内容为王。在我们这个节目中对观众具有吸引力的信息展示，我认为是最重要的。信息说通俗点，第一个层面是指知识性。我始终坚持在我们故宫的节目中有三种信息是最关键的：

一是最重要的信息。我们片子中无论涉及到的是历史事件的发生与变迁、建筑的设计制造与诞生、艺术品的收藏与制作，或是宫廷生活和礼仪制度的展示等，我们都要梳理出一些最重要的信息出来，它在我们片子的叙事中是不可或缺的。这些最重要或最有价值的信息构成了我们节目中的主体部分。你们每一集编导心里都清楚你们这一集要表达的最重要的信息是什么，希望在收到我这封信之后三天之内把你们要表达的信息用最简短的话梳理后传达给我。比如我的第一集讲述的是紫禁城建筑诞生的事，那么我的主体信息有这么几个：(1) 迁都之争；(2) 备料；(3) 建设的过程；(4) 被烧毁与修复。再往下细分，比如备料之中我主要展示木材和石料。烧毁中主要展示紫禁城第一次被毁的情景。

二是最新的信息。一个节目中如果出现了闻所未闻的、见所未见的最新信息展示，是最值得鼓励和兴奋的。我认为建筑、瓷、玉、书画、宫廷政务生活、礼仪、宫廷西洋风方面，陈丽、郑永志、刘劲松都必须展示出最新的信息来，并将这些最新的信息进行放大与渲染。比如，毕岳昆的瓷器，哪些瓷器是从来没有在电视上展示过，人们从未见过、听说过的；比如杨涛洲的建筑，哪些是我们广大百姓从未见过、听过的；比如王冲霄和金明哲的政务和生活，老百姓看了会感到很新鲜，很有历史知识上的收获。同样在看到我这封信之后，我希望每个编导能用几个关键词把你们片子中所要展示的最新信息梳理出来报给我。

三是有争议的信息。在我们片子中会涉及到某些历史事件、历史人物或文物存在着一些争议，我们要善于巧妙的利用和编排。比如，第一级中紫禁城建造完成时间长度的争议，关于中轴线变化的争议，杨涛洲那集关于李自成烧没烧故宫，周澜关于某些书画作品真伪的争议，鲍军玉的片子中关于传国玉玺的真假等。这种争议会在片子的叙事中形成一些悬念和冲突，是一定要好好利用的。也拜托大家把各集的争议点用关键词梳理出来报给我。

综上所述，每个编导都要观照一下自己的片子中是否有最重要的信息，是否有最新的信息，是否有最有争议的信息。没有的要补上，有的要总结归纳出来，不清晰的要提炼和放大，这些信息的背后，都会有一些共同的思想理念来支撑。

知识性的展示背后应该有思想，这是信息表达的第二个层面。故宫每集的思想理念实际上经过这么长时间的反复琢磨，我觉得比较容易把握住它的共通性。中国数千年文化传承的核心、理念到底是什么，我分三个方面，这三个方面就是我们十二集片子要表达的思想。(1) 皇权至高无上，个体要服从最高的权力统治。故宫的建筑体现的就是皇权至高无上；故宫的文物收藏和制造的行为也同样体现皇权至高无上；故宫的政务及宫廷礼仪也要围绕这个去展示。(2) 大一统思想是无论从经济、文化、政治各领域都要统起来的做法。玉的制造和开采要统起来。天底下最好的字画也要统进宫里。大一统思想要表达的不仅仅是在某一时期疆土的统一、文化政治的统一，更有一种不论时代怎样变来变去、兴衰沉浮，中国人关于自己文明理念的传承行为，始终不会改变。一个建筑的诞生是举全国之力统筹安排规划。明清两代均是这样。这个建筑所包含的文明信息可以跨越数千年，始终不变，一脉相承。一个礼制制度的传承可以上溯到两千年前，一个玉器制造的行为同样可以维系到两千多年的古人。各集编导要善于在自己各集中去发现这些大一统思想的证明和实例以及这些文明传承的信息和影响表现，这点非常重要。我可以跟你们进行当面沟通，共同去寻找。文物流失这集和字画要点出中国历史演变的一个规律。王朝兴盛则统一，王朝衰败则散乱。兴衰之间中国所有的历代政治领袖都会追求一个大一统，古今不变。(3）礼制天下，这讲的是中国人和人之间的关系，以儒家文化为核心。故宫里的建筑格局处处体现一个礼字，礼制就是等级制度，人和人之间，要在这个礼制的框架上去生存，故宫里的玉和瓷同样也表达一个礼制天下，人分三六九等，政务生活典章制度、宫廷西洋风最能体现礼制天下的理念。以上三点的思想表达希望在建筑、宫廷收藏、宫廷政务、生活典章制度、宫廷西洋风都要有体现。可用解说词，也可用专家采访，笔墨可不多但要精和准确。皇权至高无上、大一统思想、礼制天下，说的是中国人和人之间、人和社会之间、人和国家之间的关系。仅仅展示这些是不行的，这三点有些严肃，板起面孔说事会让观众感到枯燥、无趣，中国人的文化传统中有很多很生动和有趣味的东西，也会有很多险恶、跌宕起伏的东西，中国的政治和伦理思想从来如此，表面一套背后一套。就像吴思的《潜规则》中说的那样，在正面的思想组织理念的背后，有许多鲜为人知的内幕和变数。离经叛道的事在故宫里发生过很多。这是我们片子展现悬念冲突和叙事的很好素材，也是中国政治文化的深层真实面貌。在堂而皇之用儒家文化治理国家的同时，很多幕后行为被中国人称之为“术”，一些古代知识分子称之为“帝王之术”。这些“术”的事例就是发生在宫廷里很多政治斗争和一些神秘事件，这会使得我们信息在思想性之外增加一些趣味性和戏剧化因素。王冲霄和金明哲一定要在这个方面进行进一步的材料开挖，对这些事不能视而不见，观众也许最想看的就是这个。

故宫节目的思想性还有一个可以表现的方面，就是中国人和自然、宇宙的关系。从皇帝来讲，就是君权神授，替天行道；对艺术家的创作来讲，是天人合一，故宫的建筑和设计很多都体现这一点。乾隆之所以要给自己盖一所乾隆花园，无非是追求道法自然、天人合一的境界。故宫的整体布局也体现着君权神授的理念。故宫的藏玉、故宫的典章制度同样可以找到这样的依据和证明。故宫的书画创作都体现着中国艺术的最高追求、理念，天人合一和自然的亲近融合。这点在这两集片子中一定要体现出来。以上说的是叙事中关于信息所拥有的重要价值、最新观点、争议性、思想性、趣味性，你们都可以好好地比照一下，看看你们即将所要剪辑的片子里是否都具有以上所说的一些特征。如果没有，要赋予你们的叙事尽可能拥有这些特征，不然的话，一个播出的节目，让观众感到信息是不重要的，又是被人说过很多次的旧闻，也没有什么趣味，缺乏思想的提炼，这肯定是个失败且平庸的节目。这种可能性在我们很多编导的节目中有这样的隐患和事实，如果听之任之，后果是很严重的。

…………

好了，我说完信息的重要性以后，再啰嗦一点。就是每个片子的情绪和节奏把握也是很重要的。很多人是老手了，在情绪和节奏的把握上我希望大家相互参照。在很多段落里用相同的音乐，形成一些共通的情绪。我们的定点、延时拍摄，在节奏和情绪的变化中，各集在剪辑中也要互相参照，尽量不要重复使用镜头。罗明副台长这么要求我们：第一，一定要把这个节目拍成精品经典之作。这也是文化部长孙家正的要求。我们行吗？第二，罗台长要求我们，要把这部片子拍成一部自豪的片子，要让广大的电视观众看了，让世界观众看了，对中华民族优秀的历史、灿烂的文化生发敬佩之情，让我们自己的人看后感到自豪。我们行吗？第三，罗台长要求我们带着责任来拍摄。他讲得更多的安全责任，但我以为，这个责任里，有对我们自己每个人应该负的专业责任。应该有对中国文化在我们这部片子里是否得到一个很好的传播的责任。对中央电视台和故宫博物院的责任，对支持过和关注过我们的领导和各个部门的合作者们的责任。想到这些责任，大家应该在压力中更有动力，罗台长还要求我们要带着感情来拍摄，对中华民族的感情，对故宫的感情，对悠久文化的感情。我们有没有，够不够？最后，他要求我们要带着信心来拍摄，用21世纪的纪录片的方式，让我们这次纪录要有创新，使我们这部片子能传世下去，在很长一段时间里不会再有人拍了，这是我们应该追求的愿望。

兄弟姐妹们，拜托各位再多用一点心，再多用一点力。我们在一起，把这个创作共同来完成。我希望大家能把这次创作，当作你们一生当中最重要的一次创作。你们在这之前已经付出很多，你们的助编，每一个工作岗位上的人，都为此付出很多，而最终的成果要在你们手中呈现。我们在讲述历史、记录历史的同时，也应该创造点什么，改变点什么。在希望这部片子出来成为经典的同时，我们的努力和付出也是一种经典。你们说呢？

《老胡和金丝猴》资料

节目名称： 老胡和金丝猴
节目时长： 57分钟
节目类别： 自然环境类
制作单位： 北京电视台
主创人员： 编导／赵燕英
摄像／于军、李力
剪辑／田雷、周宏
音效／张素惠
场记／徐悦
编辑／贾建华

编导简介

赵燕英，1983年起至今在北京电视台工作，主任编辑。曾任专栏节目编导兼主持人；英语节目导演、责任编辑；大型竞赛节目及综艺节目导演。1985年开始从事纪录片创作。

《古都新装》、《在中国旅行——北京》、《版画家彦涵》分别获1985、1986、1987年度外宣奖；

《赛场内外》获1991年全国亚运会优秀新闻作品一等奖；

《焦老师的家》获1994年中国纪录片展示赛一等奖；

《西海一家人》1994年赴日本参与中日电视艺术家纪录片交流活动，获牛山纯一先生好评；

《辛娜卓嘎——森林女神》获1995年北京电视奖一等奖，并先后获春燕奖、金鹰奖；

《拨亮烛光》获2001年美国纽约《写真中国》纪录片影展第一名，荣为开幕式影片，并成为2006年出版的《与中国纪录片70位精英对话》的入选作品；

《神农架山鬼》是1997年开拍的大型系列片纪录片，已进入后期制作。

内容简介

《老胡和金丝猴》是北京电视台跟踪十年打造出的一部人与自然类纪录片。

在中国中南部的神农架山区，生活着几大群国家一类保护动物——金丝猴。

在这片美丽的自然家园中，有一户人家与金丝猴做伴儿——主人叫胡振林，人们叫他老胡。老胡和家人及朋友们一起，守护着那几群猴子。几十年来，猴儿们让老胡喜，使老胡忧……

2003年底，老胡被迫告别了他生活近四十年的神农架山岭，告别了与他朝夕相处几十年的金丝猴朋友。面对着大山和无言的猴子们，老胡含泪喊道："猴儿们、崇山峻岭、花草树木、飞禽走兽，你们不能够忘记，人类的贪婪会让你们难以活命的！你们自己要施展你们的求生本领，很好地生存下去！"

老胡下山了，他走后金丝猴的生活会发生什么变化？希望本片的观众能够共同关注神农架山上那1000多只处于危难之中的金丝猴。

《老胡和金丝猴》创作杂谈

赵燕英

《老胡和金丝猴》是大型系列纪录片《神农架山鬼》中的一个故事，是在原名《家园》的多集系列片基础上缩编而成的，该系列片开拍于1997年。《老胡和金丝猴》荣获2006年度中国双十佳纪录片。颁奖典礼之前，主持人柴静曾让我谈谈拍摄过程中的艰辛，我以"不重要"为由婉拒了。晚会上，聪明的柴静让我说说"更重要的"。在现场临时组织语言，又有时间限制，怎么可能高度概括十年的历练？于是我就把最重要的信息告诉了现场观众：希望由于这部片子的获奖和广泛传播，有更多的人走进我的故事，和我、我的主人公一起，共同关注金丝猴的命运，因为，由于经济的迅猛发展和旅游业的开发，生活在神农架的1000多只野生金丝猴面临着巨大的生存危机。

认识老胡才走进金丝猴的社会

1997年初夏，偶然听朋友谈起神农架，

说他手里有5000英尺16毫米电影胶片——那是一个名叫胡振林的业余摄影师花了几年时间，在原始森林里拍摄的野生金丝猴素材，每次拍完，就存放在玻璃罐里，这位朋友上山的时候，便托他带回北京冲洗，而胡振林本人却从来不曾见过自己的作品。不久，我把朋友交给的那几大盒胶片转成了磁带，带领摄制组启程前往神农架。

上山前就听说，胡振林是个“倔人”，他不喜欢媒体，对记者冷漠、防范，就连他家的狗都对生人很凶。这反倒勾起了我的好奇心——他那防范之心从何而来？初见老胡感觉一般——既不太冷漠也不那么热情，彼此客客气气。我们说明来意，并没有急于拍摄。以后几天我们跟老胡一起上山才知道，由于人为干扰，现在要想见到和拍到金丝猴十分困难。近几年来，不少中、外摄制组为了拍摄金丝猴，雇人把猴群往预定好的拍摄范围里驱赶，不惜动用包括鞭炮炸等各种手段，让那些可怜的猴子们受到莫大惊吓，它们从此更加小心地躲避着人类。一谈起这些、老胡就怒不可遏，我一下子明白了他对媒体“冷漠、防范”的缘由，也知道了金丝猴的艰难处境，于是暗下决心——宁可花几倍甚至几十倍的时间去等、去找，也决不采用急功近利、伤天害理的方式拍摄猴群。我的想法感动了老胡夫妇，也感动了北京大学灵长类研究小组长期在山上观察金丝猴的女科研人员严康慧，他们与我们开始真诚相待，在以后的岁月里，我们跟随老胡和严康慧走进深山老林，无数次地等待、扑空，艰难地、缓缓地走进金丝猴的社会。

金丝猴长着一对朝天鼻，因而又叫仰鼻猴，和我们人类一样同属灵长类，是中国独有的国家一级保护动物。生长在四川大巴山、湖北神农架和陕西秦岭地区的川金丝猴毛色金黄（成年猴），眼睛圆圆，雄性猴子脸颊泛着淡淡的蓝色，与毛色暗黑的滇、黔金丝猴相比，我认为川金丝猴是最美的一种。金丝猴是一种叶猴，森林是它们最好的家园，林间各种树衣、树叶为它们提供了丰富的食物。它们特别懂得“可持续生存”的道理，决不会停留在一处把树叶吃到光光再离开，而是不断地从一片山林迁徙到另一片山林。神农架保护区科研所（胡振林时任副所长）和北京大学心理系灵长类联合研究小组（严康慧、老胡的儿子胡云峰都是小组成员）用了十年时间，经过大量的野外跟踪观察得到了充足的数据，出版了《金丝猴的社会》一书，书中详尽地描述了金丝猴的社会组织结构、成员之间的关系以及不同成员在不同时期、不同场合下的行为方式。可惜的是，我们在山上那些年，人为干扰非常严重，金丝猴对人类保持着高度警惕，我们总是与它们“擦肩而过”，只有当我们与猴群的距离足够远或者被山谷隔开的时候，聪明的猴子们才放心大胆、自由自在地活动。无奈之下，我们被迫使用长焦距镜头远距离拍摄，从监视器里看猴儿们相互理毛、搔虱子，母猴呵护着小幼猴，活泼好动的少年猴们在树上嬉戏玩耍，上窜下跳，十分可爱。金丝猴是组织性极强的灵长类动物，群体中心是一个个家庭单元，由一雄多雌的“父母”以及它们的子女组成，外围则是全雄单元，它们当中大部分猴子是终生的“志愿兵”，没有机会进入家庭单元，但是它们恪尽职守，无怨无悔地“保家卫群”——穿越公路时，公猴群分成前卫、后卫两部分，让家庭走在队伍的中间。每当发现“敌情”（如我们闯入猴群活动地带），公猴群会频频报警，护卫家庭单元远离“危险”。一次，我们在晨光中刚刚爬上一个陡坡，就听见一片叫声，那是一个大猴群。老胡和严康慧立刻打手势让我们就地趴下以免惊吓猴子。几分钟后，当我们匍匐前进悄悄接近的时候，猴群大部队已经渐行渐远，只有十几个卫士（公猴）稳稳地坐在树上佯装满不在乎，吃食搔痒，东张西望，有时闭着嘴朝我们发出“咕咕”的声音示威，见我们长时间趴在地上一动不动，有些猴子会张大嘴表示友好，我们学着严康慧的样子也张开大嘴向它们问好。总之，在大部队安全转移过程中，公猴们会在离我们最近的树上坚守，始终吸引着我们的注意力，等众多的家庭单元安全走远，它们才从容不迫地离开。

金丝猴牵动我走过十年

正因为金丝猴如此可爱，才让老胡得以远离人世间的种种诱惑，几十年如一日地与那些“可人疼”的猴子们在绿色家园里共同生活；正因为看到为了保护屡受人类抓捕迫害的生灵——金丝猴，老胡、严康慧在艰难困苦中不懈的努力，深受感动的我才能够耐得清贫与寂寞，不弃不舍地走过十年，完成这部作品。作品之于我，如同腹中孕育的孩子——十年怀胎，无论怎样艰辛，也要让他健康出世！更何况，这作品承载着十年来逐渐形成的我和主人公之间、老胡、严康慧和金丝猴之间丝丝相扣的情感纽带。

十年前，当这部大型系列纪录片开拍的时候，我完全没有想到会遇到后来经费停拨的尴尬局面，更没有想到由于这部片子的“搁浅”，让我这个正值创作旺盛期的纪录片导演经历了体制内的“准失业”状态（不允许做任何新片），加上我家庭（娘家）后来遇到的种种磨难，致使这部系列片拖延了十年。

十年，足够长的时间积淀，反而成就了这部纪录片——神农架自然保护区在巨变：随着旅游的开发，开山炮震天响，通往山上的公路越修越多，越筑越宽，金丝猴的栖息地被分割得越来越碎，它们原先的“天堂”，许多地方已经成了游客们的观光地。由于各种车辆频繁往来，猴群根本无法在山林间自由迁徙——公路俨然成了难以跨越的屏障。不仅如此，由于不法分子跟踪猴群，偷捕偷猎现象日益猖獗，金丝猴面临着巨大的生存危机。焦虑、气愤、无奈，困扰着老胡、刘大姐（老胡的妻子）和严康慧。在山上长期观察猴群的严康慧每天上山要走更多的冤枉路，经常一无所获——为了生存需要变得更胆怯更机灵的猴子们出没无常，让人完全摸不着规律。一段时期，猴群远离了保护区，跑到很远的地方另辟栖息地。康慧打来电话借用摄制组存放在山上的帐篷和睡袋，她必须跟随着猴群在遥远的大山深处露营，才能开展观察和研究工作。我当然毫无保留地满足她的请求，但同时，一股强烈的、不可抑制的酸楚涌上心头。在这之后，又发生了一系列让人震惊的事件——老胡得到了不法分子倒卖野生金丝猴的确凿证据，他和严康慧里应外合，将情报直接递到了中南海。当时，国务院总理朱熔基亲自批示，包括胡锦涛在内的四个副总理联合签署，由国家公安部直接参与办案，在神农架地区一举破获了非法抓捕贩卖野生金丝猴的重大案件（该行动被命名为“一号行动”）；此后，整个神农架林区启动了天然林保护工程，全面禁止砍伐森林。“一号行动”为老胡和严康慧赢得了一段相对安静的研究时间，金丝猴的生存环境也得到了明显的改善。可惜好景不长——开发旅游的思路主导着当地决策者的头脑，老胡居住和工作的地方大龙潭被一家商业公司看中，他们计划与保护区合作，要把那里开发成新的旅游景点。老胡和严康慧再一次尽力反对——湖北省委领导制止了这项开发计划，但代价却是沉重的——老胡被迫离开生活了近四十年的深山家园，离开了曾经在这个家园里与他朝夕相伴的金丝猴，无奈地下山去过退休生活……。十年的经历构成了一部人与自然、人与动物、人与人之间相互关照、相互博弈的悲喜剧，为一部优秀纪录片奠定了坚实的基础。但是作为导演，我的心情却并不轻松！十年来，我的心已经随着主人公老胡、严康慧一起被紧紧系在山上那一千多只金丝猴的身上，为了它们，我可以忍受一切不公平的待遇，抚平一切内心的挣扎，代之以宽容、平和的心态，充满着美好的期待与盼望，但最终的结局却令我大失所望！或许可以理解为，这是人类短期内生存与发展的需要使然？至于长期的“可持续发展”，人究竟应该如何与地球上共生共存的其他物种和谐相处，谁能说了算？此时此刻我只知，在感恩于十年磨难等来的极具戏剧冲突的纪录片素材为我所有的时刻，我的心是痛的！

走进去还需走出来

我国享有国际声望的社会学、人类学大师费孝通先生曾经有过这样的论述：“人类学者能不能研究别的社会依赖于他能不能参与别的社会的实际生活，首先要解决好是个‘进得去’的问题，而以自己社会为研究对象的人类学者能不能研究好却依赖于他能不能超脱他所生活在其中的社会，是个‘出得来’的问题。在这个过程中，研究自己民族的人是最艰难，但也是最有价值的，因为：研究者要从‘自己’中分化出观察者和被观察者两个方面……其实也就是要从‘由之’进入‘知之’的过程。这个分化过程就是超脱。”（——引自《社会研究方法教程》，袁方、王汉生编，北大出版社）。该教程编著者概括说：“就研究者的参与观察来说，不论是本民族的研究者，还是异民族的研究者在认识过程中，都有一个如何参与到被研究对象内部，又如何从客观的角度将自己的认识表述出来的问题。”

我们从事纪录片创作，同样存在“进得去”与“出得来”的问题——如若进不去，你便无法得到最珍贵的第一手素材；如果出不来，你便无法客观地讲述你的故事。

以《老胡和金丝猴》为例：十年，我不仅逐步走进了老胡的生活，了解了有关老胡、老胡一家人、老胡的社会关系、老胡与大自然的关系……的历史与现状，而且渐渐读懂了老胡的内心世界——他的所爱所恨。可以说，在很短的时间内，我与老胡之间建立了很深的信任关系。换句话说作为一个观察者，我没有太费力气就走进了被观察对象的“内部”。然而在创作实践中我感到，真正难做到的不是“走进去”而是“走出来”——当你和被观察者同呼吸共命运时，要想理性地把自己“择出来”需要一番功夫。更糟糕的是，在许多情况下我们完全没有试图把自己“择出来”的主观意识。由于以往所受的英雄主义艺术观的深刻影响，总习惯于把作品主人公塑造为“高、大、全”的英雄。老胡的经历，非常容易使人陷入传统思维的老套——前两次上山，当我对老胡进行了一系列访谈，又跟着他走入原始森林拍摄到许多素材之后，曾一度感到兴奋——老胡为了追寻与自然万物和谐共处的崇高理想，抛家（夫妻分居十七年）、舍业（放弃原先从事多年的职业）、不畏艰辛（一度只有一个人在山野中生活），无怨无悔地从事着连亲人都不理解的野考事业。在三十多年的漫长岁月里，他积累了丰富的野外生存经验，拍摄了大量的野生动植物以及表现大自然之美的影像作品，在此过程中发生过许许多多有趣的故事。在我心里，老胡的形象是崇高和完美的。于是，一个传统的英雄人物故事在我的心中酝酿，并趋成熟。所幸的是，我身边有一位社会学者，他屡屡给我的创作热情泼冷水降温，提醒我不要制造一部英雄颂歌式的片子，一定要从原有的思维定势中跳出来，冷静地走出老胡的情感世界，重新以一个旁观者的身份审视老胡，认真地、细致地分析研究，把他还原成一个有血有肉的普通人，在这样的基础上向纵深处开掘，探索老胡所处的外部环境与他内心世界之间的微妙联系，才有可能展示给观众一个真实可信的人物形象，让观众在接纳这个人物的同时，自然而然地跟随这个人物走进他的世界，与他产生同喜同忧的情感共鸣。

在后几次拍摄以用后期剪辑中，我尝试着让自己与老胡“拉开距离”，甚至在称谓上都做了大胆调整，由初上山时称“胡老师”改为直呼“老胡”。这样的改变起初让我们都感到别扭，但是的确有助于我从“自己”中分化出观察者和被观察者两个方面，用更加冷静的眼光去审视老胡，有时会在心里反复设问，变换各种角度思维，让自己的“触角”探得深一些，再深一些。结果，我的努力没有白费。在越来越深入的交谈中，老胡、老胡的妻子、儿女向我讲述了更多更真实的故事，其中不乏一些感情上的恩恩怨怨；在长期的伴随式拍摄过程中，常人所有的喜怒哀乐在老胡一家人当中渐渐表露出来，并且很自然地被我们记录下来。事实上，当我把那些最真切的内心独白、最真实的场面——有欢喜、有忧愁，甚至有家庭矛盾按照一定的时空逻辑纳入作品的框架之后，老胡这个人物的层次感便凸显出来（这一点在系列片《家园》当中体现得更为充分），我与老胡“拉开距离”的结果，反而使他与观众更加接近。

在结构方式上，《老胡和金丝猴》采用的是第一人称叙事手法，我大胆地让自己作为观察者直接“走进去” ——这在纪录片结构方式当中，是最具挑战性的一种。由于自我介入，一不留神就会或多或少在作品中掺入“私货”，你必须时刻保持警惕，让自己“超脱出来”。正如费老所言这“是最艰难，但也是最有价值的”。事实上，这部片子的客观性并没有因为“我”的介入而打折扣，究其原因恰恰是我有意识地“从自己中分划出‘观察者’和‘被观察者’两个方面”，并“从客观的角度将自己的认识表述出来”。

我历来认为，如同所有艺术创作一样，纪录片的表现手法应当与多元的世界文化潮流同步——各种结构形式都有可能出好作品。或者反过来说，一部纪录片能否成为上乘之作，决定性因素并不在于它的结构方式，而是取决于其形式与内容的完美结合。

兼论创作状态

对于每一个有更高追求的纪录片人来说，自我调整进入良好的创作状态，是好作品问世不可或缺的重要步骤和前提条件。

在长期的创作实践中不断摸索，我把良好的纪录片创作状态总结概括为：平静的心态、理性的思考、有控制的激情迸发。其中，平静的心态是一切的基础，也是最难做到的。

影响平静心态的因素有很多，我认为其中最重要的有以下三点：其一，社会因素——处在社会转型期的中国，经济发展突飞猛进，思想、文化、艺术的多元化进程势不可挡。每个人都会自觉不自觉地在各自的生存空间里谋求个性的张扬以及个人利益的最大化。和所有社会成员一样，纪录片创作者毫不例外地要面对世间无穷的诱惑，而诱惑给人带来的躁动感，对纪录片人所应有的平静心态构成了巨大的挑战。其二，个人因素——包括每个人从身体到精神的健康状况差异以及每个人都会面临从单位到社会到家庭的各种人际关系问题，由此造成的个人不同处境，也会直接影响创作者的情绪。不良情绪如果得不到恰当调节是无法保持平静心态的。其三，作品因素——当创作者全情投入到作品中去的时候，往往会沉浸其中不能自拔，作者被自己作品中的人物或事件感动，很可能让自己处于一种被牵着走的被动局面。

失去了平静的心态，你就无法让自己“沉下去”进行真正的艺术创作，作品追求“短、平、快” ——我认为那是纪录片创作之大忌；失去了平静的心态，你便失去了理性思维的能力，你的作品不免会停留在事物的表层而显肤浅，更无从控制“迸发的激情”，你会放任自己去“煽情”（没有激情的作品便没有味道，但激情的把握却需要智慧），过多地主观参与以至失去客观性——我认为那是纪录片创作之又一大忌。

看了《老胡和金丝猴》之后，我的一位作家朋友打来电话表示祝贺，她用“干净”一词来形容自己的观片感受，因为她很了解我十年来所经历的磨难，此前她最担心的就是在我的作品中流露出那磨难的痕迹。所以她认为这部作品最大的成功在于我能用很平和的心态、以旁观者的客观态度自由地游走于作品内外，让人物的情感在细节与事件中、在与动物的关系中得以展现，分寸感把握得很好，这便增加了作品本身的感人力量。

《走进张德高》资料

节目名称：走进张德高
节目时长：30分钟
节目类别：人文类
制作单位：泸州电视台
主创人员：编导／黄蕾、胡雨
摄像／胡雨、王成
剪辑／黄蕾、王成、胡雨
策划／靳青

编导简介

黄蕾，28岁，中级职称，1996年起从事电视节目采编工作，现任泸州电视台社教评论中心副主任。喜欢安静地用眼观察世界、用心感悟生活，更喜欢通过纪录片来传达自己的感受。部分作品获得过国家、省、市级奖项。

胡雨，31岁，中级职称，1997年进入泸州电视台参加工作，曾先后供职于新闻部和社教部，现任泸州电视台社教评论中心副主任。因爱好纪录片创作而进行了多次尝试，部分作品获得过国家、省、市级奖项。

内容简介

张德高和陈玉兰本来都是泸州的农民，因为爱好文艺走到了一起，十多年来，夫妇俩以带团走江湖巡回演出作为自己的事业。

通过努力，张德高在2004年荣获巴蜀笑星称号，但与此同时，却传来妻子身患癌症的消息。为了满足妻子的三个愿望，2005年底，张德高带着自己的小品冲击中央电视台春节联欢晚会，其间几次接到了妻子的病危通知书……在农村的院坝里，张德高和妻子搭档演出了多年；在生活这个大舞台上，张德高与妻子最后一次“搭档”，巴蜀笑星夫妻“演出”了一场徘徊于情感和事业之间的悲情戏……

生活大舞台上的小演员

——《走进张德高》编导手记

黄 蕾

有人说，认真的人改变自己，执着的人改变命运。在生活这个大舞台上，张德高就是一个认真而执着的小演员。舞台上，他认真地演绎自己创作的剧本，生活中，他执着地扮演自己该有的角色，而他的生活比剧本还要精彩。展现这样一个小人物的人生故事，就是我们创作《走进张德高》的出发点。

张德高是一个土生土长的泸州田坎儿演员，第一次看他的小品大约是在2003年，我们泸州电视台到乡镇搞春节“心连心”文艺演出，张德高作为地方“清吹队”的演员在当地小有名气，他用地道的泸州话演出小品《张三娘相亲》，男扮女装饰演了一位老太太，动作、神态惟妙惟肖，演出效果很好，台下观众笑弯了腰。但是，小品当中很多语言直白得近乎粗俗，我很不喜欢，我认为这是演员一味追求笑声而故意选择粗俗，因此当时我对张德高没有任何好感。

不可否认的是，张德高是个执着而且聪明的人。此后我不时看到他进出电视台，不时从媒体上看到一些关于他的报道：参加泸州的春节联欢晚会演出了、获得四川省“巴蜀笑星”称号了、拜著名巴蜀笑星李伯清为师了……前后不过一两年时间，张德高从泸州的乡间走到了省城的舞台上，从一个在泸州都没几个人认识他的农民演员，变成了一个可以和省内艺术家同台演出的四川省曲艺团团员。我想，张德高是属于运气特别好的人吧！这个时候，我对他仍然没有任何关注的兴趣，也从来没想过选择他成为片子的主人公。

后来，2005年5月，张德高要在我们电视台的演播大厅里搞一场他的小品专场晚会，台里安排我担任晚会录制的现场导演，我带着纯属完成任务的心态去了现场。开场之前了解到，张德高邀请了他的师傅李伯清来助威，晚会中还将安排一场他和妻子的婚礼，当时我甚至有些鄙夷地想：到底是演员，懂得进行自我炒作。结婚是自己人生中的大事，放到演出舞台上进行，是要把自己的生活也变成一场戏演给观众看吗？挺无聊的吧！在后台看到张德高的妻子陈玉兰时，我有些疑惑，这样一个瘦而且老的女人会是张德高的妻子？——她脸上妆痕明显，却怎么也遮不住额头、眼角和嘴角的皱纹。这样一个女人愿意陪着丈夫演一出戏？用自己两口子的私生活来帮着丈夫炒作？可能，在名与利面前，演员的妻子必要时也得是演员吧！我这样想。

直到张德高夫妇上场举办婚礼时，我才知道眼前的这个女人身患结肠癌晚期，我心里有了一些难以言说的惊讶和惋惜。再后来，我跟现场的很多观众一样被陈玉兰的一段话打动："今天看到我老公出专辑我心里真的特别高兴，我自己的病我自己晓得，可能活一天算一天嘛，活不了多久了，我就把张德高现在交给我老师……"陈玉兰说这段话时努力微笑着，可从特写镜头上，我很清楚地看见了她拧在一起的额头上的皱纹和因为极力压抑而微微发抖的嘴角。这一段话和这一个镜头后来在我进行后期剪辑时仍然数次让我落泪。可以说，我最初产生关注张德高的兴趣完全是因为陈玉兰，因为她脸上虚弱而坚强的笑容。我很难想象，这样的两夫妻现在承受了怎样的压力，而等待他们的命运又会是什么呢？

事情的发展有些在我们的预料之中，比如陈玉兰的病情一天天加重，有些出乎我们的意料，比如张德高表演的小品居然被中央电视台春节联欢晚会节目组看中。去北京还是留在家中？要事业还是要家庭？这样的选择横亘在张德高和陈玉兰中间，这样的难题相信随便放在谁身上都不那么好解决。张德高的生活就在这样的左右为难一波三折中继续着……我们的片子也就选择了张德高对事业的追求即冲击春晚作为主线，以其对家庭的眷恋和夫妻间的感情作为暗线，两条线交织着叙事，并且在纪录事件发生发展的过程中，交待了张德高的个人奋斗经历。

当我们费力找到那些几年前张德高夫妻俩在农村院坝里、在简陋的剧场中演出的影像资料时，我真的感慨万千！那真是一对生活在社会底层的小演员夫妻，他们曾经开着大篷车天南海北地流动演出，在文化人眼里他们当时的演出确实不入流、不够高雅，但是可以看出他们在挣钱满足生存需要的同时，也在坚持着自己对于表演和创作的梦想。几年后的今天，丈夫张德高算是出名了修成正果了，可曾经"共苦"过的妻子却无福继续"同甘"了！生活是公平的，它允许认真执着的人改变命运；可生活又是不公平的，它让通过努力感受到成功的人残酷地面对生离死别。但不管怎样，生活的脚步都不会停止，你赶不上它就被它击败，你超过了它也就超越了自己。我想，在陈玉兰最后半年的时光里，他们夫妻就一直在跟生活较劲儿吧。

其实，在陈玉兰逝世后，我们还拍了很多关于张德高生活的素材。登上春晚舞台让张德高真正地在四川省内火起来，演出邀请增多，演出报酬增加，小品专辑也大卖，要说事业，他真的成功了。但是后来成片时，这一段因为没有了陈玉兰的存在而被我们舍弃了，因为没有夫妻间的感情交织讲述，表现这样的成功显得苍白了无生气。

有一点必须承认，我一直非常担心张德高在生活中也带着演戏的成分，因为陈玉兰的病危，让张德高在冲击春晚时成为媒体关注、追逐的焦点，包括中央电视台《东方时空》、《幕后》栏目对他都有专题报道，这种"热"会不会带给一个演员极大的满足感？生活在媒体的镜头下会不会影响张德高的心态？对妻子牵挂的同时是不是难免有作秀的成分？这样的境遇对他而言到底是生活还是一场戏？这些问题一直困扰着我，后来，在采访张德高的师傅李伯清的时候，他说的一段话让我释然："我们都爱说这句话：人生如戏，戏如人生。这社会本身就是个大舞台，都是导演，都是演员，都是观众。我认为这就是生活，哪怕这就是一出戏，那这就是人生当中的应该有的一出戏，只不过他的这出戏呢，由于身份不同，看的人多一点关心而已。比他悲惨的戏也有，只是没有更多人去看，因为别人没有这个机遇，而他这出戏关注的人多一些，就这么一回事。"是的，窥视一个人的内心不容易，我想纪录片的拍摄目的也并不是要窥视别人的内心，我们记录这个人的这一段生活，能感受到他的无奈、牵挂、坚持、奋斗，这就已经足够。

人生如戏，生活就是舞台，演员张德高的这场演出，让我感悟最深的一点还是：最终你相信什么就能成为什么。因为世界上最有力量的两个词，一个是执著，一个是认真。认真的人改变自己，执著的人改变命运。

《走进张德高》在成片过程中几易其稿，包括结构都做过彻底调整，最后一稿是我的搭档、另一位编导胡雨和该片的策划靳青老师一起逐字逐句修改完成的，非常不易。解说词中我们不想刻意拔高人物，也不想刻意强调人物积极奋斗的精神和难能可贵的爱情，只想通过镜头展现，让观者自己感受。因为水平有限，经验不足，片子有很多遗憾。而该片在摄制过程中得到了业内很多老师的关心和指导，心存感激，无以为谢，我们只能争取下一次做得更好。

《蜕变》资料

节目名称：蜕变
节目时长：120分钟
节目类别：人文类
制作单位：杨干才工作室／云南千溪影视有限公司
主创人员：杨干才、王毅

编导简介

杨干才，生于1957年，独立撰稿人、摄影师。从2001年至2005年期间，一直关注、拍摄以阿卡人为主的边缘少数民族，记录他们的生存等状态。

王毅，生于1965年，独立撰稿人、摄影师。与丈夫杨干才一起，从2001年至2005年期间，一直关注、拍摄以阿卡人为主的边缘少数民族，并用文字、图片记录他们的生存等状态。

内容简介

该片讲述了曼蚌小寨的这群阿卡人，从2001年10月到2004年10月，三年来的生产、生活、生老病死、婚丧嫁娶等生存状态。他们从刀耕火种的方式——砍山、烧山、种植旱稻，到开挖水田、种植水稻。从祖祖辈辈居住的茅草房，到住进了新盖的石棉瓦房。从祖先使用“明子”照明，到用电灯照明。他们吃苦耐劳，乐观地面对困难、面对生与死；贫穷却快乐，丑恶却善良。边防巡逻小路开通后，他们的生活发生了翻天覆地的巨变，他们渴望获得新生活，却又对一个个新的事物不知所措、惶恐不安。特别是通电，使他们跨入了“现代文明”。他们在生产、生活上都发生了改变，居住环境也得到了改善。同时，新的文化、思想观念以及生活方式对阿卡人自身的文化、信仰、思想观念、生活方式也产生了巨大的冲击。这让寨老们深感困惑、迷茫。也让我们困惑、迷茫。它让我们反思：现代化进程，是否意味着民族文化的毁灭？特别是边缘民族文化的毁灭？

《圆明园》资料

节目名称：圆明园
节目时长：90 分钟
节日类别：创新类
制作单位：北京科学教育电影制片厂
主创人员：总导演／薛继军
编导／金铁木
摄像／温德光
剪辑／李慧星
音效／乐音飞扬

编导简介

金铁木，毕业于北京电影学院，中央电视台纪录片导演。

作品 1：中央台大型纪录片《让生命永存》(2000 年)，该片获罗马尼亚文化电影节优秀节目奖、中国电视金鹰奖优秀纪录片奖、首届国家音响制品金奖、中国广播电视协会优秀节目奖。

作品 2：大型纪录片《复活的军团》(2003 年)，该片获中国广播电视学会纪录片大奖、中国广播电视学会最佳编导奖、中国电视金鹰奖纪录片大奖、中国电视金鹰奖最佳导演奖、中国电视纪录片学术奖系列片大奖、中国电视纪录片学术奖最佳编导奖、中国电视纪录片学术奖最佳摄像奖、中国电视纪录片学术奖最佳录音奖。

作品 3：大型数字电影《圆明园》(2005 年)。

内容简介

电影《圆明园》大胆地借用了国际通用的制作精良的纪录片方法，全面、客观地再现了一段生动鲜活、鲜为人知的历史。实现了科学性、客观性与可视性、故事性的完美结合，它以美轮美奂的艺术效果、丰富厚重的思想内涵带给观众前所未有的崭新感受。《圆明园》既不同于传统的科教片，也不同于传统的纪录片，是一部独树一帜的数字纪录电影。

影片以大量史实为依据，客观地回顾了圆明园作为世界上规模最大、中国历史上最奢华的园林的成园过程，再现了统治中国两个多世纪的一个大家族、四个帝王真实的皇家生活；通过这座最伟大壮观的园林的兴衰荣辱，探讨了清王朝的兴衰。影片全长约 90 分钟，既科学严谨地展现了这座“万园之园”的艺术魅力和文化价值，又对历史的兴衰演变作了生动的故事化叙述，是一部具有很强的科学性和史诗风格的纪录电影。

《圆明园》创作手记（节选）

金铁木

影片定位

作为一部电影，传统意义上的纪录片既无法完成这个“凄凉”的主题，也根本无法进入电影院。我们得做一部非常态的纪录片。对于未来的观众而言，它似乎很像一部故事片。故事片所具有的人物、故事、悬念和视觉奇观，这部影片都应该有。这应该是《圆明园》的定位：像故事片一样的纪录片；像纪录片一样的故事片！“非牛非马”，“四不像”！宗旨只有一个：好看！

人物设计

一部“伪故事片”首先应该有人物造型。影片的内容是150年圆明园的历史。圆明园的兴建到毁灭，经历过六代大清的皇帝。考虑到内容、篇幅及观众的认知程度，我们抛弃了嘉庆和道光，保留了康熙、雍正、乾隆和咸丰。这四个皇帝将成为影片的主要人物。圆明园的毁灭是影片中的一个重点，那个叫额尔金的“凶手”不能不说，这是第五个人物。对于一部影片来说，五个有个性的人物就足够了，不能再多。剩下的关键问题是要塑造他们，每个人必须栩栩如生。

结构搭建

事实上，该片的第一主角只能是“圆明园”，但圆明园只是一座皇家园林而已。它是静态的，大而庞杂。如何表现、如何讲述一座园林的故事？影片很容易变成流水账式的专题片和科教片。一定要想方设法给它披上艺术和故事的外衣。这个外衣要华丽而缜密，将庞杂而凄凉的圆明园打扮得风姿绰约充满味道。一个颇有知名度的传教士与圆明园的历史正好十分契合。意大利传教士郎世宁经历了三个皇帝（康熙、雍正和乾隆），他本身又参与过圆明园的建设。影片三分之二的内容可以通过这个传教士的旁白结构起来。纪录片有了一个贯穿的人物，又有了这种很“艺术”的旁白，越来越像故事片了。由于有了这样的想法，影片的后三分之一也“照葫芦画瓢”，自然解决了。当年火烧圆明园的英军中有一个牧师，此人写了大量的日记，描述圆明园被毁灭的过程。一个恰当的旁白。传教士郎世宁和牧师麦基，两个“神职人员”以上帝的名义，忠实地描述了他们眼中的圆明园。当然，他们不可能了解圆明园中所有的秘密。在一部纪录片中，“解说”无法不存在，虽然我很讨厌“解说”。我希望“旁白和解说”互相帮助、互相撕扯，使《圆明园》多一些“艺术”和“故事”，少一些“科教”和“专题”，最终朝着电影院的方向凶猛前进。

营造影像

一部电影，如果想在电影院里播放，希望观众掏钱买票的话，你必须得有点东西。对于这部电影来说，选题提供的戏剧化场景很有限，暴力、阴谋、凶杀、爱情这些常规的、但非常重要的东西，影片都没有。这是《圆明园》先天的缺憾，没有办法解决，只能想别的办法。怎么样制造一点波折，制造一点能打动人的影像十分困难。圆明园已经消失了，只剩下残垣断壁。或许，往日的、曾经辉煌的圆明园可以使观众有点感觉，恢复和再现曾经的圆明园应该是影片在影像方面营造的重点。三维或者CG因此变得至关重要。中国在电影级别的CG领域几乎没有成功的案例，我们的资金又不允许去境外制作

CG镜头，只能自己下手。其中的过程十分艰难，更多的是经验和教训。现在看来，最终的CG效果在银幕上还算说得过去。只有CG还不够，纯粹的CG缺乏“人气”。没有“人气”怎么能算电影？必须将演员、将故事放到圆明园中。我们不可能搭建真实的圆明园景观，只能用“合成”的办法解决。演员、故事与CG场景合成。限于后期团队的水准，我们只能做简单的合成。但是，就是这些简单的合成，在调剂和装饰整体比较单调而缺乏生气的影像方面，起到了很重要的作用。无论是纯CG镜头还是合成镜头，都比较“平”，缺乏力度，只有这样的影像还不够。圆明园的毁灭很悲壮，其实是战争的结果。忠实地再现那几场战争是该片唯一有点“冲击力”的场景。战争的场面很重要，它出现在影片的后半段。现在看来，这些场面并不大的战争镜头在影片的整体节奏方面意义重大。

后　记

《圆明园》已经完成了，创作告一段落，正在等待观众的检验。从领导和专家们的反映来看，效果比较理想。但是，更重要的是观众的认可。我们期待市场的反映。

《千里寻母》资料

节目名称：千里寻母
节目时长：20分钟
节目类别：社会报道类
制作单位：陕西电视台
主创人员：李军虎

编导简介

李军虎，毕业于陕西西安美术学院摄影专业，获摄影学士学位。现就职于陕西电视台国际部，任纪录片导演。

2004年，作品《网恋》参加2004中国独立影像年度展；

2005年，作品《陪读》参加亚洲电视节目制作人论坛；

2005年，作品《生于1977》参加四川国际电视节；

2006年，作品《生于1977》参加第28届东京电影节。

内容简介

女孩瑶瑶出生4个月后，父母便离开她去了千里以外的广州打工，把她留给了农村的爷爷奶奶抚养。今年瑶瑶已经5岁了，可还没见过爸爸妈妈。瑶瑶的爸爸妈妈在广州打工，由于担心失去工作，5 年来他们不敢请假回家。忙碌的工作，再加上广州的生活费用较高，他们没有条件把女儿接到广州上学。而小瑶瑶对父母的印象也仅仅停留在相片和电话中。2005 年暑假，瑶瑶的父母托要来广州打工的老乡把瑶瑶带到广州见上一面。5 年时间，足够一个孩童的记忆改头换面，那么，她能不能接受面孔陌生的父母呢？她的父母又能不能克服现实的因素，将她留在身边？

在瑶瑶所居住村里有近 4000 人口，有 2000 人在外打工，主要在广东、浙江和福建，其中有 60% 是父母双方都在外面的，孩子就留在家里由老人照顾。而在我国农村，像瑶瑶这样被爸爸妈妈留在农村家里的孩子有 2000 多万。

写给世界上最坚强的那个女孩

——《千里寻母》导演手记

李军虎

在异常炎热的六月北方，我开始着手拍摄中国农民工子女报告《我是谁》的第五集的计划。先前的调查中得知在我国的 2 亿多农民工子女中，有 2200 万留守儿童（父母双双在外地打工，被迫留在农村同爷爷奶奶生活的儿童）。一种强烈的使命感迫使我想去接近这些孩子，了解他们的生活以及情感。于是我们摄制组来到陕西省宝鸡一带的农村调查。原本想找一些被留在家里独自读初、高中的学生，了解一下他们日后的打算，结果发现这里很少有孩子可以上到初中毕业，更别提高中毕业了，大多数孩子在上初一、初二时，就被常住在村里的招工者，介绍到南方沿海一带去打工。整个村子里仅剩下年迈的老人和年幼的儿童，着实一个空村！不仅一村如此，周围其他村庄也都一样，青壮年人都远离故乡，在外打工。面对这种状况，我不得不改变我的最初拍摄计划，重新选择拍摄对象——10 岁以下的小孩。

实在是触目惊心，坐在小学教室里的孩子，大多都好几年没有见过自己的父母。还有很多，自出生后至今就没有见过自己的父母。了解至此，我发觉肩上的摄像机越来越沉重，我不能责怪那些狠心的父母，因为我知道家家都有一本难念的经。何况他们也是迫不得已。谁不愿意儿女绕膝，共享天伦。可是他们是农民！作为农民，他们除了种完庄稼之外，还要生活，要生活就要花钱，钱从那里来？土地虽能保证吃饱，但不能为其带来可观的收入。外出求财，是唯一的出路。为了让老人和孩子过上好的生活，他们不惜背井离乡，在外从事高强度、长时间的辛劳工作。他们是可敬的！可是孩子怎么办？他们从小就失去了父爱、母爱，亲情和关怀。往后的人生道路该怎么走？爷爷奶奶能教育好孙子和孙女吗？……我陷入了极度困惑之中。直到遇到了瑶瑶！我决定将她的遭遇拍下来，希望能解决我的困惑。

瑶瑶是一个非常天真可爱的小女孩，她看上去似乎总是无忧无虑，满脸的乐观。她不知道世间的残酷，她还小。父母去广东打工时，她只有 4 个月，可以说她的记忆中就没有父母的影子。对她而言父母就是一张照片，一个概念，一个声音。而她看不见、摸不着，更不可能像城里的孩子那样依偎在父母的怀抱。当问起想不想爸爸妈妈，她的回答竟是那么地斩钉截铁，而且她还坚信爸爸妈妈过年就会回来。可小瑶瑶已经等待了整整5年！

在2005年的8月终于有这样的一个机会，瑶瑶的父母可以托同村相好的老乡带瑶瑶到自己身边见上一面。我们一路追踪拍摄，心中设想了无数个母女重逢、泪水横飞的感人场面。而结果又大大出乎我的意料，瑶瑶出奇地镇定，不仅没有哭，甚至连一声"妈妈"都没有叫。她的妈妈见到阔别5年的女儿又惊又喜，热泪直流。而面前的女儿却表现得极为陌生。我们都太理想化了，竟天真地以为4个月大的孩子会有记忆，会与自己的母亲相认，并抱头大哭。没有共同生活，哪里来的感情？事实上却是那个带瑶瑶来广东的年轻同乡，在见到自己的父母后，号啕大哭，死去活来，置周围任何人于不顾。因为他的父母将他在农村一放就是15年。

见不到女儿，相思苦。见到女儿，心更忧。为了这次母女重逢，瑶瑶的妈妈由于在工厂请不到假，毅然辞掉了自己的工作来陪女儿，作为对女儿的补偿。女儿在广东的日子，瑶瑶的父母异常地开心，但开心之余，更多的则是叹息，两人多想将孩子留在身边。这里的生活条件、教育水平等都比农村好，可是他们没有这个能力，就连见女儿这一面也是这么艰难。女儿的去留使他们既无奈又无助。他们能做的就是带孩子在城市的大街上四处转转，逛个公园，给孩子买些衣服而已。而女儿与他们仍旧是那么疏远、陌生。他们不能给予孩子更多的关怀和爱护，没有钱，又没有时间，一切都是空谈。

2005年的9月，瑶瑶和父母结束了长达5年期待后的短暂相见，她又一次离开了父母……这个世界上最坚强的幼小心灵又一次陷入了长久的分离。三个月后我们再次问瑶瑶还想不想爸爸妈妈时，她的回答是：不想！这是意料之中的。她虽然见到了自己的父母，可是多年的分离，短时间的相处，根本无法培养出感情，反而相见倒增加了疏远、隔阂、陌生。

一个家庭的遭遇如此，许许多多的农村留守儿童家庭也大致相同。这样换取生活的代价太大了！外出者不仅要承受在外劳作之苦，还要承受两地分离思念之苦，而他们的收入竟是那么地微薄。在我们的调查中，实际我国沿海一带经济发达地区农民工工资近十年来一直没有多大变化，可他们依旧坚强地支撑着。留守者有的记事后与父母分离，无尽的思念折磨他那稚嫩的记忆。有的还没记事就与父母分别，只能通过想象来判定父母的模样。思念、期待、迷茫、惆怅，什么才是我们要的生活？

"民工潮"提供了大批廉价劳动力，促进了我国劳动密集型加工业的发展，增加了国民经济积累。同时，"民工潮"又是传播先进文化和现代城市文明的重要渠道，促进了农业的现代化。终年风尘仆仆的农民打工族回到农村时，不仅带回了打工的收入，更带回了先进的文化、少生优育等现代文明观念、城市文明的生活方式及生活习惯，引导农民更加关注信息社会的动态，更加注重科技文化知识学习、子女教育培养，推动了中国农村社会由封闭型向开放型转变，农业文明向工业文明、政治文明的跃进。然而，农民工的大量进城也带来了一个很大的问题：子女的受教育问题。据《人口报》调查，我国似瑶瑶这样的农村留守儿童目前有2200多万，18周岁以下的流动人口达1982万，而流动人口中处于义务教育年龄段的孩子9.3%处于失辍学状态，近半数适龄儿童不能及时入学。另外，失学儿童的"童工"问题等比较突出，在失学的12到14周岁的流动儿童中，有60%的人已经开始工作。对一个农民为主要人口的国家，农民工及其后代如何融入城市，如何成功转型，是一项关系城市化进程、保持社会稳定的重大命题。对于现在的民工子女，如果不解决好他们受教育问题，势必将造成新一代的社会文盲，直接影响到城市未来的整体素质和文明水平，甚至关系到整个社会的安全、稳定、发展和繁荣。

影片是短暂的，能记录的内容也是有限的。希望本片讲述的社会问题能引起更多的人关注和思考，来关注那颗幼小而坚强的心灵和那些矛盾中的家庭。祝愿世界上最坚强的那个小女孩瑶瑶能健康成长，祝愿所有的农民工家庭幸福、平安。

《唐山地震三十年祭》资料

节目名称：唐山地震三十年祭
节目时长：57分钟
节目类别：社会报道类
制作单位：湖北电视台
主创人员：编导／王晓清
摄像／李爱民、李治
剪辑／王晓清
音效／鲁勇
策划／王正中、黄海

编导简介

王晓清，1976年出生。

1994年毕业于湖北大学中文系。1994年至1998年在宜昌三峡电视台工作，任《青草地》节目制片人、编导，栏目两次获湖北电视奖一等奖。

1998年至2000年在北京广播学院戏剧与电影文学专业研修班进修。2000年调入湖北电视台工作，任《往事》栏目编导。2001年编导的作品《往事·李仲生求学记》获中国新闻奖广播电视节目二等奖，2002年编导的作品《往事·俺爹俺娘》获中国新闻奖广播电视节目一等奖。《往事》栏目2003年度、2004年度蝉联全国十佳电视公共栏目奖。

2005年底至2006年初拍摄的新片《唐山地震三十年祭》获湖北省广播电视奖长纪录片特等奖。

余 震

——《唐山地震三十年祭》编后手记

王晓清

1

我就出生于唐山大地震之年——1976年。在自己30岁的这一年拍摄《唐山地震三十年祭》，我想，这是一种缘分。

2005年底，一个偶然的机会，看到了唐山作家张庆洲先生的报告文学《唐山警世录》的片段，还有张先生谈这本书创作由来的一段文字采访。这本书的内容在第一时间吸引了我。

它讲述了一段令人震惊的真实历史——唐山大地震前，有人曾经作出了相当准确的预测，但最后由于各种原因，没有能够将成功的预测转化成正式的地震预报向老百姓发布。24万人在这场灾难中遇难。而离唐山仅115公里的青龙满族自治县却得到了预报信息，并最终成功防震，全县47万人无一人死亡。《唐山警世录》通过对多位当事人的访问，一层层揭示出了唐山大地震漏报背后的隐情。

此前，也看过一些关于唐山大地震的书和电视节目，但几乎全部是讲述震后如何抗震救灾、重建唐山的。印象较深的是钱钢先生的报告文学《唐山大地震》，里面不少故事体现了灾难中形形色色的人性。但是，从未有哪一部书或影视作品，是像这本《唐山警世录》一样，从唐山大地震预报的角度进行了全面的调查，而且调查出了令人深思的历史真相。

或许是因为此前我一直在一档以人物命运故事为主的栏目——《往事》任编导，当时，我最感兴趣的，是这一历史事件中每个当事人的故事和感受。唐山大地震，对于绝大多数人来说只是历史课本里的一些文字、一段记录，但对于一个个当事人来说，唐山大地震就是他们生命历程中的一部分，甚至会影响到他们一生的命运。

例如本书的作者张庆洲，唐山大地震时他只有19岁。地震当天，他由于参加一个在天津举行的写作活动离开了唐山，也因此幸免于难。然而，他的姐姐却在这场灾难中去世了，而且极惨烈—她的手被压住了，姐夫为了救她出来，只有用锯子锯掉了妻子的手，然而她还是因为失血过多死去了。这惨烈的回忆，张庆洲一直挥之不去，而许多年后，他终于以写作的方式重新审视那场灾难。这其中的命运感，让我着迷。

冉广歧、汪成民、耿庆国、黄相宁、杨友宸、刘震武……每一个名字背后，都是一段与历史紧密交织、难以分割，同时却又非常个人化的故事。

我想在片中讲述他们在这段大历史中个人化的故事、个人化的感受。怀着这样的初衷，我和同伴们开始了这部片子的拍摄。

2

然而，最终的成片更多地走向了另一个方向——追索那段历史本身的真相。

这样的变化，是在拍摄过程中自然而然一步步发生的。

和张庆洲见面之后，我才得以看到了《唐山警世录》一书的全文。此前在网上转载的，都只是其中的一部分。看完全书，我发现事件的错综复杂超出了我的想象。而事件背后蕴涵的思想层面，也比我最初理解的更为丰厚与深刻。

随着和一个个采访对象的接触，最初由人物命运引发的感性冲动，逐渐变成理性的思考。我们渐渐感觉到：我们必须客观地讲述我们所了解到的唐山地震预报工作的全过程，让更多人了解其中的曲折，而后能客观地思索唐山地震漏报背后的原因。因为这不仅关系到那些曾为地震预报付出过艰辛努力的人们，更关系到30年前那惊心动魄的一夜沉落的24万个生命。

而且，它也许不只和过去相关，也和未来相关。历史无法改写，我们还有可能改变的，只有未来。如何在未来做正确的事情？从历史中汲取经验和教训，应该是很重要的。如片子末尾的字幕中，援引的钱钢老师《唐山大地震》中的一句话：

“我们走近灾难，是为了远离灾难。”

当然，追寻历史真相与讲述人物命运并不是一对矛盾，如果能恰如其分地在片中交融并呈，最为理想。历史，往往也因为其中一个个人物的生动故事而变得更鲜活动人。事实上，在拍摄和制作中，这些人物也深深打动着我们摄制组。冉广歧书记幽默机智的谈吐让我们会心而笑后肃然起敬，而黄相宁真诚哀恸的泪水让我们在剪辑和观看时一次次眼眶湿润。他们真实的表现，比任何镜像、任何语言都更具魅力。看着他们在镜头里的笑与恸，我对纪录片之美也有了更多的感悟。

由于片长的限制，也由于担心过多的枝蔓会遮蔽全片的主干，有些人物的命运没能够在本片中充分展开，颇为遗憾。

这样大的一个历史事件，这么多人的命运和它相连，我们能展现多少？我们能说清什么？在那个冬天，我和工作伙伴们的激情，被这段历史点燃。

我们在唐山拍摄的时间是2005年的12月和2006年的1月。正值隆冬，我还清楚记得唐山的温度是零下10度。拍摄经费不宽裕，需要提高效率，我们常常在寒冷的室外，从阳光温煦一直拍到月光清冷。我生来畏寒，早做了充分的准备，羽绒服里塞了两件厚厚的毛衣，帽子手套一应俱全。而两位摄像师都没有准备帽子，拍摄时为了操作方便，也脱去了手套。这样在室外长时间工作，我都冻得够呛，他们的感觉更可想而知。但是在整个拍摄的过程中，大家都是专注而充满激情的，身体的寒冷自然而然变成了可以忽略的东西。那是一种非常美好的工作感受，我想，也正是唐山这段历史强烈撞击、深深激动着我们的心灵，才让全片的拍摄过程变得如此专注而愉悦。

3

片子制作完成了，如大家现在所见。而还有某些层面的感受，是片子所无法容纳的。

去唐山前，我们在网上查询到的资料显示：当年大地震遗址保存下来的有十处。然而，当我们到达唐山，按照网上下载的地址一一去找寻时，我们发现，现在还能看到的，只剩下两三处了。许多遗址已经在城市建设的大潮中变成了新的楼房、道路、广场……

仅剩下的几处遗址，大多数新一代的唐山人，也都没有去看过。在我们问路时，得到的回答大都是“不知道”、“没去过”。最多也只是“听说过，好像在某某地方”。我们问：“你不想去看看吗？”回答：“没什么好看的。”

我们多次试图和当地人聊聊当年大地震的事儿，想听听今天唐山人怎样看待那段过往。而我们听到得最多的回答是：“都过去这么久的事了，老提它干啥。”或者：“没想过，我们平时从来不说这个。”

当地建的纪念馆，名叫“唐山抗震救灾纪念馆”。里面关于唐山地震的图片、资料只有寥寥几个展台，而其后如何救灾、如何重建、“今日唐山建设成就展”等内容占领了绝大多数的空间。纪念馆所在的广场名叫“抗震纪念碑广场”，广场中心矗立着30多米高的“抗震纪念碑”。上面的碑文如同纪念馆里的展览，以绝大篇幅描绘着抗震重建的宏伟成就：“震后新城，高楼林立，通衢如织，翠荫夹道，春光融融。广大农村也瓦舍清新，五谷丰登，山海辟利，百业俱兴……抚今追昔，倏忽十年。此间一砖一石一草一木都宣示着如斯真理：中国共产党英明伟大，社会主义制度无比优越，人民解放军忠贞可靠，自主命运之人民不可折服……”

异曲同工的还有那天，去保定采访完冉广歧书记后，我们乘长途汽车返回唐山。车进入唐山市区时，正是黄昏时分。车上的乘务员拿起麦克风，开始例行公事地向乘客介绍唐山概况：“说到唐山，您肯定首先想起1976年的大地震，唐山几乎变成废墟。但今天的唐山，百废俱兴，发生了翻天覆地的变化……”

在一句话带过当年的大地震后，乘务员开始用大量美好的词汇描绘今日唐山的盛景，语气却像背书，还略带些疲惫。车窗外，零星的灯光闪烁，一排排低矮的楼房掠过——地震后的唐山丰南区，地质结构已经不适合再修建高层的建筑。远处，矿厂的烟囱和塔楼依稀可见。

乘务员用中文说完，开始换英文再说一遍，发音有些怪怪的。我听着她的声音，胸中翻涌着奇特的感觉。我越过前面一排排随车轮的节奏晃动的人头看她，她脸上是没有任何表情的表情，继续着她的英文简介。

这段画面深深地留在我的脑海中。我一度非常想把这段车上的简介、晃动的人头、窗外的黄昏，作为整个片子的结尾。到今天，我仍然为我没有这样做感到深深的遗憾。

不能忘记的还有那天，张庆洲多喝了点酒，开始给我们说故事。他说到1996年唐山地震二十周年的时候，广场上拉起了一条标语——“热烈庆祝唐山地震二十周年”。作为作家，对这样的用词不当当然更加无法原谅。“他妈的。”他红着脸说。

善于遗忘的，不只是岁月。

善于遗忘的，当然也不仅仅是唐山。

那些陈年往事，真的有人要听吗？我不清楚。

然而，我想我们应该记录。

4

到今天，离这部片子的拍摄已过去了一年多。在这段时间里，与一些朋友的交流，让我得以对自己的片子隔着一定的距离，作一些冷静客观的审视。我渐渐意识到，在拍摄和编辑片子时，我的心中有一个不正确的前提，那就是认为我们揭示的、讲述的就已经是事实真相，是盒子最底部的那层东西。所以，才会有了片中那些武断的旁白，如：“他已经来到了通往真相的最后一扇门前。”然而，这真的是最后一扇门吗？还是我们仅仅推开了第一扇门，而且，还只是推开了一条小缝？我们真的看到了盒底吗？还是仅仅刚刚把盒盖开启？我们推开的是正确的门吗？我们打开的是正确的盒子吗？

面对这样的问题，不自觉便会一身冷汗。历史真实是永远不会改变的客观存在，然而后人往往只能通过比照、拼贴一个个带有主观色彩的记录，来力求客观地还原它的形状。我们可以说是同时做着两件事情：一边试图还原它，一边继续传播它。我们的还原有多少客观？我们的传播有多少主观？当我们记录和传播时，怎样才算是对历史负责？我们会不会在不知不觉间，作出谬误的判断？

到现在，我觉得仍然不能很好地解答这些来自内心的疑问。我只是想：我们或许可以再多一些记录，少一些选择和判断。特别是对历史真相的探究，我想更负责任的态度是说——不断地去打开一扇扇门，并提醒自己：或许，永远不会有“最后一扇门”。

希望有一天，我会看到《唐山地震四十年祭》、《唐山地震五十年祭》，在那里，又有许多新的门向我们开启，以更明亮坦然的姿态。

更愿所有拍摄纪录片的人们，永远行走在无限地向真实靠近的道路上。

感谢唐山。今天，我还时常会想起这座城市，想起夜色中地震遗址上空的一弯冷月。我很庆幸自己在30岁这一年与这一切遭遇。在记录那段历史的时候，它便不知不觉成了我生命中的一部分，或许，它的余震，也将影响到我的一生。

《梁子岛纪事》资料

节目名称：梁子岛纪事
节目时长：58分钟
节目类别：人文类
制作单位：湖北广播电视总台湖北电视经济频道
主创人员：朱杰、张昌旭

编导简介

朱杰，湖北经济电视台特别节目部主任，高级记者，文学博士。先后就读于华中师范大学、武汉大学。从事新闻工作20多年，1990年开始电视纪录片创作。现为中国广播电视学会纪研会副理事长，中国电视艺术家协会纪学会副秘书长，中国电视纪录片中南创作交流中心主任。

主要作品：（1）纪录片《一个人与一支歌》（1993年，中国电视奖一等奖）；（2）纪录片《背个媳妇回家来》（1994年，中国电视奖一等奖）；（3）纪录片《四姐》（1999年，中国广播电视新闻奖一等奖，中国纪录片学术奖一等奖、编导奖）；（4）纪录片《世纪末的起诉》（2000年，中国广播电视新闻奖一等奖）；（5）纪录片《归来》（2002年，中国金剑奖一等奖）；（6）52集系列片《中国名人故里》（2003年，中国广播电视新闻奖二等奖）（7）52集系列片《中国律师》（2004年，中国广播影视大奖）。

内容简介

梁子湖是中国第八大淡水湖，它远离城市，没有污染；湖水可以直接饮用。梁子湖心有个梁子岛，岛上居民2500多人。大部分是渔民，少量人种田或者经商。

多年来，当地政府一直用“武昌鱼的故乡”宣传梁子湖，吸引游客，但成效不大。2001年，新一届领导上任后，转而宣传梁子岛水好、鱼好、空气好的生态环境；称岛上2500人中，百岁老人有14位，80岁以上的有43位，长寿老人在居民中的比例居全国之首。打出了“中国第一长寿岛”的品牌，将梁子镇改名为“梁子岛生态旅游风景区”，并经国家旅游部门评定为三A级旅游风景区。

梁子岛的旅游热，吸引了许多投资者。一位外地开发商与镇政府签定了协议：投资7000万元，新建环岛道路、旅游码头。政府协助开发商将沿湖的两排平房拆迁，建成旅游度假一条街。被拆迁居民共有48家，梁子岛的形象大使百岁老人黄婆婆家也在其中。

本片跟踪拍摄了5年，通过旅游开发所引发的一连串事件，通过两位百岁老人、一位下海开酒店的村支书、一位退休警察的家庭的故事，表现人与自然、经济发展与环境保护的矛盾与冲突，以及给人们带来的无尽思索……

本片共分十七个小段落，大故事里套小故事，环环相扣，层层推进，既从容又严谨，用轻松的笔调讲述一个严肃而沉重的故事，结构新颖，颇有创意。

《新丝绸之路》资料

节目名称：新丝绸之路
节目时长：46分钟×11集
节目类别：人文类
制作单位：中国国际电视总公司
主创人员：编导／韦大军等
摄像／王林、李硕等

编导简介

韦大军，1987年毕业于北京广播学院电视系摄影专业，1998年从事纪录片导演工作。作品：《发现曾侯乙墓》(6集)；《三星堆·消失与复活》(6集)；《一个人和一座城市》(17集)；《新丝绸之路》(11集)。

内容简介

《序篇》　导演：向斌　丁虹　林兵

本集梳理了“丝绸之路”的地理与文化概念，作为一条线索，串联起10个重要的地点。旨在为观众提供一个总体的概念。

第一集《生与死的楼兰》　导演：谷大象

在古代楼兰王国所地处的沙漠腹地，出土了一具具保存完好的古人的干尸，其中令人们惊叹不已的是被称之为“小河公主”的“楼兰美女”。这些古代居民生存在什么年代？他们从哪里来？以怎样的方式生活着？为何突然消失？一系列疑问与假设成为了本集的重要内容。

第二集《吐鲁番的记忆》　导演：韦大军

不同的种族和不同的文化曾经在吐鲁番和睦相处，宗教艺术曾经在这里留下了惊世杰作，这种文化现象是珍贵的世界遗产。尽管我们可以用影像还原昔日的绚丽，但是对吐鲁番来说，巨大的遗憾却是无法弥补的。

第三集《草原石头祭》　导演：丁虹

辽阔的草原一直是北方游牧民族生产和生活的依靠。它一方面养育了一代又一代的草原子民，但另一方面却又不可避免地限制和影响了游牧民族生产力和生产方式的改进与发展。游牧还是定居？也许是草原民族心头上一块永远无法搬走的石头。

第四集《一个人的龟兹》　导演：韦大军

在丝绸之路上曾经有许多僧侣为了信仰舍生忘死，鸠摩罗什是佛教文化东传史上最杰出的人物之一。在龟兹的时空中，功名与寂寞、宏大与渺小如同高山与石子悄然转换。

第五集《和田寻宝》　导演：丁虹

一幅带有玉般微笑的东方美女壁画，引领摄制组进入沙漠腹地——丹丹乌里克，那里曾经是古代于阗国的中心。地处素有玉石王国之称的和田的中心，它是否埋藏着玉石宝藏？在丝绸之路上，东西方价值观的差异体现在和田。

第六集《敦煌生命》　导演：谷大象

莫高窟有1600年的历史，是举世闻名的佛教圣地。其中上万平米精美的古代壁画、彩塑，成为人类珍贵的文化遗产，更是今日敦煌的骄傲。然而，那些壁画却发生着各种病变，一步步走向死亡。如何让这些古代壁画长存于世，关系到敦煌的文化生命是否能够延续下去。

第七集《青海之路》　导演：韦大军

当北方丝绸之路在公元4～5世纪陷于阻塞的时候，东西方的经济贸易是通过什么途径接触的呢？从青海出土的大量丝绸成为“青海之路”的有力证据，丝绸之路的线路图也许需要重新绘制。

第八集《探访黑水城》　导演：张超英

由于丝路重镇黑水城的绝大多数文物文献流失国外，致使这个城市的信息在非常长的时间里沉寂在博物馆幽暗的库房中。当史金波教授破译了西夏草体文字后，黑水城仿佛复活。

第九集《十字路口上的喀什》　导演：刘勇良

喀什自古以来都是丝绸之路上重要的补给城市。地处于中国版图的最西端，它素有丝绸之路“十字路口”的称号。在这里至今仍然保留着很多丝绸之路兴盛时期的建筑和文化。如今的喀什已经成为中国西部边疆重要的开放口岸。如果说从前的喀什为过往的商人们提供了生命的保障，那么今天的喀什则承载起了新丝绸之路复兴的希望。

第十集《永远的长安》　导演：韦大军

唐代的中国拥有巨大的财富，京都长安是当时世界上最大的城市，也是丝绸之路的起点。由于中国文化的巨大包容性，这个城市在280多年的时间里，以大国的情怀接纳并融合了来自异域的多种文化和不同人群。

《新丝绸之路》导演手记

韦大军

说实话，我拍摄纪录片的经验并不丰富，和许多资深的电视人相比，我尚是一个勤恳而孤寂的游士。担当《新丝绸之路》的导演，是基于好学与勇敢的潜质。然而，这部作品所具有的强大挑战是，在26年以前，同名的《丝绸之路》已威震世界。好在漫长的岁月将一个作品沉淀为经典的同时，也帮助我们树立了一点信心——26年，作为时间的礼物，会赠与我们许多难得的话题，它包括对岁月的重新审度。

时间的分割

单从片名上看，这个主题足够庞大，不仅在地理上、文化上，同时在心理上亦如此。是否能以10集的容量将这段起伏的历史表达清楚，或者说，是否能表达得令人们接受，这的确是一个艰巨的任务。毕竟，今天的人们对"丝绸之路"这个名词耳熟能详，我们拿出来的作品与人们的期待值之间究竟有多大距离，不是凭猜测就能回答的。首先，让我们将丝绸之路在时间概念上分成三个段落，它们是：古代的丝绸之路、考古的丝绸之路和当代的丝绸之路。分成三段的目的是为了方便地划分各段在片中的比重，因为在有限的时长中，我们既不能面面俱到，也不能平均分配。我相信每一个人心中都有符合他自己知识、思想与审美的丝绸之路，那条路作为一个视觉的产物，面对受众时一定是片面的，因为无论是谁也无法以自己的判断取代其他任何人的构想。从历史意义来说，丝绸之路是跨越时空无限延伸的时间之路，但从心理意义来说，丝绸之路永远是一条有限的、片面的思想之路。

2004年初，我们与NHK的电视人一同就重拍此片讨论它的结构问题。首先是对地理的划分，也就是计划以10个具有典型文化特征的地点概括丝绸之路，而并非按照路线步步推进。这10个地点包括：西安——丝绸之路的起点和终点；楼兰——史前人群文明的摇篮；敦煌——灿烂的文化艺术；龟兹——佛教东传的演进；和田——东西方文化价值观的比较；吐鲁番——中亚艺术博物馆；黑水城——一个文明的消失原因；青海之路——鲜为人知的丝路故道；草原之路——人类迁徙的印记；喀什——十字路口上的文化交流。其实，当我们介入地理划分时，NHK已经将10个地点标注在地图上了。这个划分也得到了日本和中国研究西域史的学者的认可。作为时间的丝绸之路，NHK和CCTV在各自的完成片中均没有对当代的文化给予足够关照，其比例还不到总片长的10%。原因是，当代文化现象的敏感性迫使我们进行了有意的回避，而另一方面，是由于我们对古代素材由衷的偏爱。

丝绸之路不仅仅是一条通商之路，同时也是文化思想的交流之路。不同的种族、不同的人群在几千年的岁月里往来穿梭，如果以文字表达，它是一部卷帙浩繁的史书，但电视节目无力也不可能将其讲述周全，它只能截取其中的部分段落集中或有侧重地展示，方式应该是通俗的，而且不可避免地要带有创作者主观的想象。既然10集（460分钟）的片长已经如此有限，所以我们的初衷便是以点代面，以一个人或一个事件为主线牵动起其他所有的相关信息。而这个想法在实施时并不容易，常常要受到更庞杂的信息的影响，因此一些故事的轮廓也许并不那么清晰和明显。

近代史的困惑

应该说，对丝绸之路的研究是从近代开始的，具体的说，是从近代西方学术界开始的。当德国地理学家李希霍芬首次提出"丝绸之路"这一文化概念后，瑞典学者斯文·赫定以其惊人的意志深入到新疆腹地进行考察，紧随其后的是来自西方各国的探险家们：法国的伯希和、英国的斯坦因、德国的勒柯克、俄国的奥伦堡以及日本的橘瑞超等。他们出于科学研究的目的来到中国，在一系列考察活动中发现了众多的文化遗存，与此相伴的一个结果是，那些文物被成批地运送出境，如今成为他们所在国的珍贵馆藏。这是每一个西方人都承认的事实，我们不必替他们为那些行为避讳。倘若我们试图在重拍丝绸之路时绕开这些事件，那么历史的链条就一定会失去一环。问题是，我们如何看待这段历史，或者说，我们如何劝说自己在创作过程中尽量保持客观的心态呢？撰稿时，常常因为内心的矛盾而频繁搁笔。一方面，我们欣赏西方学者对待文物的态度和作为：缜密的、严肃的、持之以恒的与富于成果的。另一方面，我们为自己国家文物的流失而惋惜。这种痛感是本能的，反之则一定有病。而具有讽刺意味的是：作为中国人的这种痛感似乎与德国人在面对那些他们费劲周折才得到的、但却在二战中流失到苏联的中国文物感到的痛感是同一种感觉。在这里，也许我们可以用“全人类的遗产”来安慰自己，同时毫无保留地将憎恨和责任全都推给落后的过去。在那个愚昧的、虚弱的、破罐破摔的晚清时代，与其让那些文物烂在地下还不如让有识之士赶紧拿去呢——这是我们听到的最多的声音，它来自西方，也来自我们自己。事实是，当中国境内的文物被任意发掘、切割并浩浩荡荡、堂而皇之地运送出境时，当时的地方政府还以为那是一堆堆破烂，而当地的居民更是热心而殷勤的帮手。直至今天，我们依然可以在自己身上看见过去那些浑浑噩噩的国民的影子，应该责问一下自己，号称拥有几千年文明史的国度，它的民众珍视自己的文化遗产吗？

当我们接近或已经是自虐狂之前，应该为本片制定几项基本的创作原则：

（1）我们在每一集中都不回避有关“流失”的事实。

（2）放弃控诉的语言，但保留探险家切割壁画后留下的伤疤。

（3）用清晰的画面传达这样一个事实：那些流失的文物至今保存得非常完好并得到了认真的研究。

影像的丝绸之路

在体力、财力、兴趣、关系和视力所能达到的极限范围内，我们认真地观察着丝绸之路上的所有景物、人和正在发生的事情。但是，这肯定只是丝绸之路上很少的一部分，绝大多数的魅力停留在过去，也就是说，我们需要尽最大可能去想象。许多声音会提供想象的线索：细沙和风、马蹄和碎石、引擎和钢轨、齿轮和麦粒、农器和土地、砖头和水泥、铁皮桶和流水、草野和草野、翅膀和树枝、牛和叹息、轮胎和柏油路、镰刀和根茎、歌和陌生的语言……这些声音在“现在时”中不停地发生和停止，伴随它们的是鲜活的影像。而那些残存到现在的古代建筑和文化印记则将漫长的、有时是数千年的崩塌过程省略掉，直接以废墟的形式交代了结果。在那期间，每一次的消磨都是闪电般的，即便是这样的一瞬，依然有其完整的起因和经过。我们无力将整个过程记录下来——面对这些千年废墟，用10至30个小时在每一处完成一组记录都会被认为是冗长而奢侈的。这实在是一种急功近利的创作心态，而这种心态普遍存在。因此我对那些用半生光阴完成一件作品的电视人充满敬意。

因为拍摄周期是固定的，我们必须在14个月内完成10集成片所需素材的拍摄，它包括了几百处遗址和几百件文物，而目的地之间的距离往往是以百公里为计算单位。这样的一个现状和条件从一开始就注定了《新丝绸之路》必定会有遗憾。

前面说过，古代时的内容在这个片中的比重非常大，这使我们在取舍素材时必须坚定果断，它包括对每一处拍摄地停留时间的把握。我相信丝绸之路一定有无数种拍法，并且对每一个拍法来说都不存在正确与否的问题。在我们的摄制组，大家在镜头的操作方面形成了一些共同的准则：以从容和谨慎的心态对待每一个拍摄对象，尽管时间、精力、经费和经验都是有限的。在正式拍摄前，我们往往会提早很长时间就在拍摄地做好所有技术上的准备，然后，一个小时一个小时地等待阳光从云层里出来，拍完之后的下一个镜头依然如此。其实不等也可以拍，没有人规定在什么样的光效下你所记录的遗址才是它真实的影像。但是我们好像习惯了在自己所制定的规则下发生的一切，包括对等待的耐性。我们经常在转场的途中看到NHK的同行们也在一些遗址前苦苦地等候，他们望着天，等待厚重的云层慢慢移动。这样的情景也成为此次拍摄途中一个有趣的现象。当然了，并不是所有的镜头都需要漫长的等待，在强烈或柔和的光照下，那些山岭、草原、石窟甚至废墟都会呈现出它们本身的美感，我想面对这些天然的美，我们似乎不需要刻意回避——是不是那些难看的、摇摇晃晃的、阴暗的、模糊不清的、乱七八糟的画面才是自然的真实的呢？

因为丝绸之路更多的故事在过去而不在当下，表达过去的事情需要借助一些情景再现的形式。这个形式起源很早，我们在十几年前就看到别人使用过。影像再现是一种假设，没有人能够负责任地说过去就是这样的。由于它并非是在人们视觉经验之内的，所以大家或许能够原谅它的不确切性。尽管如此，在有文献记载的范围里，我们必须尽力向它原来的真实面貌逼近，这包括对服装、道具、布景和做派的最大程度的考证。影像再现也许能丰富人文类纪录片的视觉看点，帮助我们对古代人物和事件进行多元的表述，但操作不当也可能会构成一场灾难。在本片中，我们试图在各集中都适度地添加人物扮演的成分，比如20世纪初的探险家，或者曾经在一些城堡中生活过的人群。另外在一些古战场遗址中，我们尝试了单纯的声音再现方式，试图借听觉的再现达到对影像的想象力。而电脑特技的使用完全取决于我们所面临的条件。一方面，我们想看到或想拍到的一些遗址已经荡然无存，希望借助电脑特技重构昔日的景象，比如黑水城或于阗寺院；另一方面，我们在一些无法拍到完整场景的地方使用了电脑特技，用以营造出虚拟的视觉空间，比如柏孜克里克千佛洞或克孜尔石窟。而在战争场面上，原先我们对特技寄以厚望并为此设计了一些合成镜头，但由于经费的问题而不得已放弃。

这次的摄制过程从时间上说是急促的。拍摄过程中更多的故事似乎只发生在自己的头脑中——也许在某个时刻，你周围的场景、人群、声音或是气味会让你抑制不住地激动起来，但其实眼前并没有可说的故事，不足以将内心的感觉传达出来。在现实操作的大多数时间里，只有忙碌再忙碌。早在全片的磁带从录机中一一吐出之前，我们就已经知道其中的遗憾是没有办法弥补了，清楚地明白结局不会完美但还要尽力做得接近完美。这是个无奈的也是必须经历的过程。一个人的作品就好比是他的孩子，一旦创作完毕，它就有了自己独立的生命，必须去面对别人的审视，包括一些彻头彻尾的否定。那时，对于我们来说，所有的过程中的艰辛都要默默地咽下去。

《生命的高原》(《再说长江》第三集)资料

节目名称：生命的高原(《再说长江》第三集)
节目时长：30分钟
节目类别：人文类
制作单位：中央电视台海外中心
主创人员：总制片人/刘文
编导/刘文、李近朱、董鑫、黄宁
摄像/史强、陈林聪、刘五洲
剪辑/田源、赵羽中
音效/段文、李宁

编导简介

刘文，安徽芜湖人，中央电视台海外中心专题部副主任，高级编辑。

1984年考入北京广播学院电视系电视摄影专业，1988年毕业留校。1991年调至中央电视台海外中心专题部，历任《中国报道》编导、摄影，《中华医药》制片人，海外专题部副主任，大型电视纪录片《再说长江》总制片人兼总编导，创办《中华医药》、《走遍中国》栏目，曾编导、摄影电视片百余部(集)。

主要作品：

8集大型电视纪录片《香港十年》(总制片人、总编导)；

33集大型电视纪录片《再说长江》(总制片人、总编导)(中国纪录片学会2006年度特别佳作、最佳编导作品、最佳撰稿作品，中国纪录片研究会2006年度十大金奖纪录片，荣获首届中国影视作品“学院奖”视觉艺术大奖)；

大型电视晚会《以长江的名义》(总导演)；

12集大型电视纪录片《香港沧桑》(编导、总摄影、航空摄影)(荣获中宣部“五个一工程”奖、中国广播电视社教节目一等奖，中国电视金鹰奖“最佳纪录片奖”)；

大型电影纪录片《往事歌谣》(摄影)(荣获中国电影金鸡奖“最佳纪录片奖”)；

大型电视纪录片《共和国外交风云》(摄影)(荣获中国电视金鹰奖“最佳纪录片奖”)；

电视纪录片《远在北京的家》(摄影)，(荣获中国四川国际电视节“最佳纪录片奖”、中国广播电视社教节目一等奖)。

董鑫，1969年出生。1995年北京广播学院毕业后进入中央电视台，先后在海外中心专题部《中国报道》、《民族大家庭》、《走遍中国》等栏目担任记者、编导、执行制片人等工作。

主要作品：

1997年作为记者制作的中国报道特别节目《直播南极》获第二届中国彩虹奖三等奖。

1999年作为记者制作的《改革开放二十年》获对外节目最佳编辑奖。

2004年作为编导制作的《一个人和他的时代》获第八届中国彩虹奖专题类节目一等奖。

2006年作为编导制作了大型电视纪录片《再说长江》之《重上江源》、《生命的高原》、《坝梦千秋》。

黄宁，1985年至1987年从事影视制作，1987年至1990年担任中央实验话剧院影视部主任，1990年至1992年就读北京电影学院影视制作系（专业：影视编导）。

主要作品：

中央电视台8集专题片《生命家园》（编导）；

集邮协会10集文献片《中国大集邮》（编导）；

东方华夏公司艺术专题片《王昆的艺术道路》（编导）；

中央电视台48集音乐片《感受交响乐》（编导）；

中国海关、中央电视台四集专题片《边关》（编导）；

文化旅游专题片《五千年文明话运城》（编导）。

内容简介

本片是一部环保题材的纪录片，以自然、淳朴的手法，真实地再现了原治多县西部工委干警为保护可可西里的自然环境和珍稀野生动物，同非法盗猎者和非法采金者进行的艰苦卓绝的斗争，生动地表现了战斗在第一线环保卫士平凡的感人事迹。

以长江的名义，用影像纪录20年巨变

——大型电视纪录片《再说长江》的创作与运作

刘　文

2006年7月16日，33集大型高清电视纪录片《再说长江》在中央电视台一套黄金时间播出。

这是中国电视史上规模最大的一次记录长江的行动……

为了全景式展现长江波澜壮阔的壮丽景象、多姿多彩的人文景观，展现母亲河长江的巨大活力，以强烈震撼的视听冲击力凸现出一条充满魅力的长江形象，中央电视台《再说长江》摄制组用整整两年的时间，行走在万里长江之上，飞越长江沿岸十二个省市，用高清摄像机记录下55000分钟时代长江的最新影像。

作为一个电视人，能率领团队创作《再说长江》这样一部有着巨大的社会命题和浩大的人文主题的的电视工程，无疑是非常幸运的，因为《再说长江》给创作团队搭建了一个竭尽自己的全力报效长江和民族的一个平台，同时也给创作团队的每一个人提供了一个实现自己人生价值的机遇。对于每一个电视人而言，一生中有机会参与一部大型电视片的摄制，都是一个难得的机遇，更是一个巨大的挑战。

2003年8月，大型电视纪录片《再说长江》经中央电视台编委会批准作为重点项目立项。2004年8月1日，《再说长江》在长江源头开拍。本人作为大型电视纪录片《再说长江》的总制片人和总编导，在记录长江的日子里，面临着来自节目创作和节目运营双重的巨大压力。从某种意义上说，这部纪录片能否成功的标志，不是一部大型电视片的最终完成，而是在电视创作上能否实现一些跨越和突破，这对于我们这一代电视人有着极其特殊和深刻的意义。以下我将围绕大型电视纪录片《再说长江》两年多摄制过程中所取得的经验教训，做一个大致总结，希望这对相关的大型电视片的摄制会有借鉴和参考意义。

一、《再说长江》的创作目标

长江，中华民族生生不息的象征，中华文化代代传承的载体。

对于33集大型电视纪录片《再说长江》而言，面对一条自然的大江、文化的大江、经济的大江，创作题材和拍摄对象呈现出多样、多元、多义的特性，《再说长江》全片的创作必须要有一个统一的目标，每一集的分集主题必须要有一个明确的原则。

*“以变与不变”凸现时代巨变

《再说长江》中的“变”，是时代的巨变、社会生活的巨变、人的思想观念的巨变，《再说长江》中的“不变”，是以长江为载体的中华民族千百年来生生不息、自强进取，成就了时代巨变的民族精神。一个“变”字，让我们20年后拎起摄像机再次走向了长江，它是《话说长江》的承接和延续，同时对长江的说与看扩展了思考，也从文化的范畴开阔到生态、人文、发展等多个领域，从而揭示出一个更广阔、更鲜活、更生动也更耐人寻味的新时代的长江。

长江，在20多年发展中，成为中国高速发展的最集中、最典型的地域，这是20年前《话说长江》影像中所没有的崭新的内容。

在《再说长江》中反映变化，就是要以人、以事、以物来看变化，以现在与过去的对比来讲变化。尤其注重的是挖掘与思考长江巨变的缘由，从历史的纵深感和人文的传承性来看这个巨变的深刻意义。

应当说，《再说长江》由于拥有20年前《话说长江》留下的丰富的影像资源，这就提供了一个进行视觉形象对比的优势。这个对比直观地、有说服力地凸现出了长江的变化。对于《话说长江》中还没有出现的新的人、事、物，给予了重点的充分表达；对于《话说长江》中已经表现的内容，通过对比看到了今日发生的变化；对于《话说长江》中典型的、象征性的细节，有了延续性的表达，而形成一脉相承；对于《话说长江》中出现的重要的人文景观、典型人物，在新的采访和记录中，又形成了呼应与对比。

*“以人为主体”反映时代巨变

《再说长江》“以人为主角，以故事为载体，以情感为核心，以真实为灵魂”，这成为《再说长江》在创作上所遵循的一个重要原则。

如果说，20年来长江变了，那么，20年后以电视方式“再说”的长江也要有新的变化。这个变化，实质上是创作观念的变化。《话说长江》中更多的是注重了历史和人文景观，在那个巨变刚刚开始的年代是必要的也是重要的；而在《再说长江》中，我们更多关注的是人。也就是说，长江的变化首先是长江两岸人的变化。

因此，《再说长江》首先确立的是以人为记录主体的创作理念。通过长江沿岸的普通人的生活状态以及情感的变化，透视出大江的变化和时代的变化。而对于人的表现，首先是对于人的真实的故事、情节、情感的表现，通过小故事反映大背景、大主题。

在对于人、对于事、对于情的表达中，最根本的是：真实。真实是《再说长江》的起点与终点。长江上的真人、真事、真情是这部作品的灵魂。唯此才能再现出一条真实的长江。运用纪实的方式深入到江的深处、人的深处，记录到“真实”的人与事，运用多元的叙述方式铺陈出江与人所处时代的与社会的“真实”背景和信息，一个“真实”便使这部作品能够产生巨大的的力量。

二、《再说长江》的创作原则

＊“再说与话说”的同质影像对比

“变”是这部纪录片的主题和灵魂。那么，究竟如何来体现这个“变”字呢？很显然对过去的影像资料的运用，尤其是对《话说长江》的影像资料的运用是尤为重要的，从某种程度上来说，它甚至是我们全片的结构方法或叙事手段。所以，要赋予其鲜明的个性和固定的色彩。在它与现实有勾联的地方，一定要用影像的变化来震撼观众，产生巨大的影响力。

“1982年重庆朝天门，2005年重庆朝天门；1982年上海浦江两岸，2005年上海浦江两岸；1982年武汉长江大桥，2005年武汉长江大桥；1982年重庆少年李曦，2005年重庆青年李曦……”景观、人物、城市、江河，《再说长江》在片中运用大量的20年前后长江沿岸典型的自然地域和城市地标的影像进行对比，镜头的重复、镜头运动的重复、拍摄方式的重复、拍摄角度的重复，直观地凸现出了20年长江两岸人们生活的巨大变化，它的影像的视觉表现力是不言而喻的，极具可视性和说服力，显现出影像巨大的震撼效果。对比意识和在对比中展现时代变迁成为创作的基本原则要求。

＊“宏观与微观”的视角反差

以人物命运见证时代巨变，以两极影像凸现视觉震撼。

江源之上的一滴水，在青藏高原海拔6621米的各拉丹东冰川淌下，它落下的一瞬便开始了一条大江的万里行程，《重上江源》一集中，圣洁的一滴水与20多年前《话说长江》中《巨川之源》的影像重合在一起，亿万年的岁月因此凝固。一条钢铁之路静默地穿过苍莽的“三江源”地区，在《生命的高原》中“青藏铁路”的通车与藏羚羊保护卓见成效为人烟罕至的长江源头带来了无限生机和活力。而《水润锦官城》、《水火山城》又为我们淋漓尽致地展现了成都与重庆这巴蜀之地的两种城市性格，1997年重庆成为中国最新的直辖市，如同当地戏剧绝技中的“变脸”一样，这座性格火辣的山城也以魔幻般的速度生长、剧变着。

考古发掘将青铜器和彩陶美玉和对先民的猜想带到《青铜岁月》、《古蜀沉浮》等集中来。而先民对宗教和艺术的狂热以及精密工艺技术的掌握使得《话说长江》中《峨眉凌云》、《大足石刻》的影像与20年后《再说长江》中《大佛东渐》的影像美轮美奂。

一部波澜壮阔的史诗画卷慢慢打开，一条浩浩大江的光阴故事鲜活浮现。《再说长江》为观众展现了整个长江流域宏大的社会场景和丰富的人文内涵，涉及“文化遗产”、“社会生活”、“重大工程”、“历史与地理”、“科学发现”、“考古揭秘”等政治、经济、人文领域，包括近些年在国际上备受关注的“三峡工程”、“三峡大移民”和“青藏铁路”，这个长江的概念，已经远远超出了狭义长江的范围。

“用望远镜，也用显微镜，宏观与微观并举。”中国传媒大学电视学院朱羽君教授提到了两个感动她的“微观”细节，一个是真实反映三峡移民复杂情感的代表人物56岁的船长冉应福，挥一挥手，作别故园的千重稻菽；鞠一鞠躬，叩别黄土下的祖辈魂灵。冉应福的老家就在长江边上，房子正对瞿塘峡口。300年前，冉应福的祖先随着“湖广填四川”的移民大潮来到四川。300年后，冉应福又按照政策，成为数以百万计的三峡移民中的一员。冉应福在安徽新家的门口贴上了这样一副对联，上联：“清朝兵乱填山川”；下联：“中华建设移平原”；横批：“反正爱国”。另一个就是讲到上海变化的时候，选取上海李惠英夫妇48年来所记的账本，从4分钱的冰棍到3万块钱的装修，从账本变化看到中国人一种务实的生活精神和上海人生活的变迁。其实，在《再说长江》的影像中，在摄制组从长江源头到长江入海口的万里行程中，我们还记录了长江源头的布尕玉一家人、丽江古镇的李实一家、法国人乐家生夫妇、武当山贾道士、南京秦淮河畔的拉琴人、江阴投放河豚鱼苗的郑金来等，寻找到了20年前《话说长江》影像中重庆少年李曦、宜昌葛洲坝操作员李秋菊、南京新街口大街用自行车推着儿子的张静、上海崇明岛挤奶工樊明贵。20多年来，是这些许许多多普通的长江人共同经历、创造并见证了长江的变迁、中国的发展。

三、《再说长江》力求并实现的影像创新和突破

大型电视纪录片《再说长江》——

第一次用高清摄像机记录了长江源头的最新影像；

第一次用直升机航摄记录了海拔5800米的大江之源；

第一次飞越万里长江进行了有史以来最大规模的航摄；

第一次运用真实再现和动画合成演绎长江文明的源流；

第一次运用高清动画和卫星遥感航摄全景展现长江生命脉络。

20多年的时间，只是历史中的短暂一瞬，那亿万年的时光自然造化而成的地理与风物，只是岿然不动地静观这短暂的一瞬。然而，对于世纪之交的长江，它以人力造化而成的崭新标志却使得这短暂的一瞬充满了沧海桑田的意味，而长江，仿若一个巨变中国的投影。那些古老与现代、历史与变革、“亘古不变”与“万象更新”之间形成的巨大张力，使得《再说长江》中用高清摄像机记录下来的这些“长江的最新影像”拥有一种憾人心魄的力量。

＊用高清影像品质和多维视角呈现最新长江影像

这是一次20年后重新记录长江影像的历程。所以，最新的高清影像成为《再说长江》最主要的视觉方式和专业品质，影像带领我们忽而天上纵揽蜿蜒流动的巨龙，忽而潜入水底细察沉睡了多少年的中华古文明，带给我们美的、富有韵律的画面和独特的观照事物的视角，使得本片的影像语言如行云流水，流畅、有节奏感，更具音乐感，富有令人震撼的艺术冲击力和感染力，并使得本片的审美品位达到一个新的高度，打造出一个崭新的、充满魅力的长江形象。

电视摄影技术的突飞猛进，尤其是高清电视摄像机的使用，无疑是我们的编导和摄影师们感受最深的。它改变了我们的视觉观看方式，改变了我们对许多事物的看法；我们可以从任何一个自己感兴趣的角度去观察并且细细地去品味视觉给我们带来的快感和审美享受；我们可以被纯粹的形式美感和优良的画质陶醉。这些，都是我们在《再说长江》中需要的。但是，我们更应该给观众提供的是平时或者是正常状态下，观众的视角无法看到的景象，而这些景象是只有通过特殊的摄影手段才能达到的。比如超长焦距镜头和超广角镜头的运用，这种奇异的景象，都是常人很少能体验的。所以，特技摄影的一些表现方法和手段是我们可资借鉴的。当然，卫星遥感拍摄、航测飞机拍摄、模型飞

机拍摄、水下摄影，等等，都为我们提供比较新的技术和这些新技术带来手段的新颖和创新。另外一方面，崭新的拍摄手段，也为我们在整个的拍摄过程中去抓取最新的素材和即兴创作，提供了必要的技术保障。

＊ **纵横万里，飞越长江**

为了让所有观众能够从天空中俯瞰这条养育了无数子民的大江的全貌，《再说长江》摄制组万里长江的航摄之路，就是从长江之源的姜根迪如冰川开始的。此后的8个多月，历经近300航时，我们从长江源头到入海口，对长江全流域的干流和支流进行大规模的航空拍摄，从空中记录下这条中华民族生命之河的完整影像。

《再说长江》在中国电视史上，第一次使用高原型黑鹰直升机，在海拔5800米的长江源头进行航空拍摄，用高清摄像机记录下生生不息的大江之源和76条巨大现代冰川的壮丽影像。

第一次使用中央电视台自有的直11机型，对长江全流域的干流和支流进行大规模的航空拍摄。

第一次使用A109机型，对长江入海口和世界最大的河口冲积岛——崇明岛进行航空拍摄，用高清摄像机记录下长江口最新陆地的壮观影像。

然而，要给万里长江拍一张"全身像"绝对不是一件容易的事。

我们第一次像鸟儿一样从空中俯瞰长江，从姜根迪如冰川一路走来的长江，它的水或灵动温婉，或澎湃汹涌，它的气息或激扬清澈，或深沉莫测。经过了万里征程，长江在入海口展示出了它最为成熟豁达的一面，宽阔、平静、携裹着百川之水，投入大海的怀抱。在这里，它还给留下了最后一份礼物——冲积岛，上游的泥土与养分被长江慷慨地赠与了这里的子民。当看到这幅壮观的景象时，作为一个出生并生长在长江边的人，我所能想到的，是对长江深深的崇敬和感恩，同时想到，我们每一个人都应该为这位博大的母亲做点什么，让她永远健康地流淌下去。

＊ **高清三维动画展现长江脉络**

为了全景展现长江生命的巨大脉络，《再说长江》摄制组在国家测绘局的支持下，取得了整个长江流域的卫星遥感图。央视数码的制作人员用了大半年的时间，结合高清动画技术，把一幅幅特殊的中国山水图呈现在观众面前。在这些高清山水图中，所有的山峰丘陵，都是根据卫星遥感数据的实际比例用三维动画绘制的，滔滔江水则在其间奔腾穿行，同时也让观众在不知不觉中对长江流域的地理知识有了全面的了解。除此之外，片中还大量采用了真实再现和动画合成的方式，重现了古蜀文化中的三星堆的文明、武当山建筑建设的场景以及长江文明的源流。

四、《再说长江》的运作管理

运用现代传媒的理念来运营和管理一部大型纪录片的生产和销售，对于项目的管理者来说无疑是一次极有意义的尝试，又是一次极富挑战的历炼。

作为中央电视台重点打造的大型纪录片项目，必须要兼顾节目的社会效益和经济效益。节目的最终播出，仅仅是项目整体系统的一个重要组成部分，节目的后续生产、衍生产品开发和影像资源增值利用同样不可或缺。一部大型电视纪录片项目首先应该是一部具有社会影响力的宣传品，还应该是一部经典的艺术品和一部深受观众市场喜爱的产品。

因此，作为一部大型纪录片的总制片人和总编导，不仅要把住创作关，还要把住运作关，不仅要把握节目创作宗旨、结构、风格和表现，还要负责节目整体运作流程，控制经费成本，协调多方关系。在节目开拍之时，就用倒计时的方式制定所有摄制小组节目摄制流程表，将每个阶段、每个步骤都纳入到计划之中，根据各组的计划，合并相关和同类的拍摄，向计划要效率，向时间要成本，始终追求最高效率和最低成本。

《再说长江》从拍摄到播出历时两年多，制定了庞大的摄制计划，设计了复杂的拍摄方案，涉及与长江沿岸近15个省、市以及水利部长江水利委员会、三峡工程建设开发总公司等多个部委的合作，参与的人员先后达几千人次，摄制方式有现场记录、情景再现、三维动画、航空拍摄、水下拍摄等多个类型，拍摄地点遍及长江沿岸12个省市。任务繁多，头绪繁多，任何一个环节计划不周、安排不当，都会影响整体节目进度的完成和创作质量的落实。

在摄制组创作人员的选择上，完全打破门户之见，把目光瞄准国内一流人才。《再说长江》摄制组的创作人员既有中央电视台的同志，也有来自青海、重庆、湖北、安徽、浙江等沿江地方台的同志，还有来自中科院、传媒院校的专家、学者。在数百人的庞大队伍中，倡导“以人为本”，凝聚尊重每一个人的创造性，发挥每一个人的长项，为所有人提供宽松而积极的创作氛围，使其全身心地投入到创作中。

为了使节目播出后进入市场时不留下任何版权隐忧，作为节目总制片人还需要和台内法规版权部门共同起草和审核所有相关合作机构和个人的合同和法律文件，与摄制组所有创作人员及创作资料提供者、创作委托者签订版权协议。大型电视纪录片《再说长江》摄制完成后，以其完备的法律协议、无障碍的版权约定成为中央电视台大型纪录片版权实施成功的范例。

大型电视纪录片项目的实施，必须适应现代电视发展的需求，不能仅仅以节目播出为最终目的，不能局限于一次性的节目制作，而是需要把大型纪录片项目作为一个完整的综合性产品来看待。《再说长江》摄制组在节目方案被中央电视台编委会重点立项后，就对《再说长江》摄制的方案设计、生产、完成、销售、再开发、再生产的每一个环节，都制定出了完整的策划、设计和规划方案，节目的管理者必须掌控、把握节目摄制实施的全部过程。

在《再说长江》开拍之初，中国电视总公司就已经开始在海内外影视节进行预销售，摄制组在长江沿岸进行了多层次、立体的拍摄，记录了大量的高清影像素材，在制作播出版时同步制作出国际版和高清版。目前，已有美国等多家海外电视媒体就购买和改编《再说长江》与中央电视台达成了协议。

在大型电视纪录片《再说长江》播出前夜，摄制组特别制作并在一套黄金时间播出了时长为90分钟的开播特别节目《以长江的名义》。在节目中，白发陈铎和《话说长江》主创人员倾情诉说主持《话说长江》带来的命运转折；词曲作家胡宏伟、王世光首次揭密《长江之歌》创作鲜为人知的幕后；著名钢琴家孔祥东全情演绎一个少年和一个时代的涅槃；《话说长江》总顾问林一山感怀50年三峡梦；李永安深情叙说三峡工程十年辛苦不寻常；三峡移民冉应福追忆《别故乡》；江南绣女钱月宝激情讲述绣花针的梦想与传奇；可可西里热血男儿唱响以生命呵护生命的天籁之音；上海市民李惠英夫妇细说记录48年家庭变迁的账本；五位时代见证人以前所未有的方式启动了《再说长江》的开播。特别节目播出后，在全社会引起了强烈的反响，为《再说长江》的开播营造了强有力的宣传声势和收视期待。

在《再说长江》播出前后，摄制组组织召开了有十几家新闻单位参加的媒体看片会、新闻通气会，和《中国广电学刊》、《现代传播》、《电视研究》共同召开了有刘效礼、朱羽君等北京大学、清华大学、北京师范大学、中国传媒大学的著名学者专家参加的学术研讨会，并应邀在上海图书馆、中国传媒大学等院校举行了"《再说长江》背后的故事"主题见面会。

新华社、《人民日报》、《光明日报》、《经济日报》等150多家媒体共发表专稿文章500多篇，全国共有700多家媒体转载。《光明日报》以"一部振奋民族精神的力作"为题发表专论。中宣部《舆情信息》、广电总局《收听收看》分别以"一部反映时代巨变的力作"、"现代传媒抒写时代见证"为题刊登了专稿。媒体普遍认为："《再说长江》这一精品力作，给亿万观众带来了震撼、感动和清新，给当今充斥浮躁奢靡的电视节目的荧屏带来一种大气、一种精神。"

从7月15日到8月2日止，中央电视台央视国际网站《再说长江》页面累计访问量达到400多万人次，活动总访问量约为450万人次，来自全国各地的网友评论及投稿达6203篇，并创下了该网站纪录片网页访问量的第一。

在前期的充分准备和周密操作下，大型电视纪录片《再说长江》开播之时，该片的DVD和《再说长江》同名解说词专辑图书就同步进入全国图书市场，很快就出现了追捧和热销的场面，《再说长江》图书被上海的专家和市民评为"上海市最受市民欢迎的十大图书"。

面对来自海内外观众和传媒的各种赞扬、褒奖以及批评、不满，我们需要冷静地反思。

回想两年多来摄制组的兄弟姐妹们，用身体付出的代价而成就的一部《再说长江》，我想，一直以来他们的奉献和付出，既不是为了看不到的名誉，也不是为了这一份并不高的稿酬，而是为了一份长江情感的投入，一种人文精神的传承，一种理想信念的坚守，一个电视人应有的社会责任。

感恩长江，感恩时代。感谢《再说长江》给我们带来了一次艺术创作上难得的机遇，也提供了一次提高现代电视节目管理策划能力的好机会。

我们祝愿，在未来的岁月里，长江依然生生不息，依然健康和谐。

《躁动》资料

节目名称：躁动
节目时长：30分钟
节目类别：创新类
制作单位：广东台山广播电视台
主创人员：编导／冷凇
摄像／王斌、孙丽路、李泽新、赵继奎
剪辑／陈华、王博

编导简介

冷淞，北京时代视野影视文化艺术中心副总经理。

1996—1999，就读于北大附中；

1999—2003，就读于北京广播学院；

2004—2005，就读于英国布鲁内尔大学人文学院。

代表作品：《伴》、《假币追踪》、《中国·台山》、《纸殇》。

内容简介

每逢邻近7月中旬海蜇捕捞的季节，辽宁省盘锦市附近的二界沟镇便沸腾起来。数千条渔船聚集在一起，船长、大副、水手、捕捞工、船工、装卸工……所有的人怀着躁动的心情焦急地等待着开捕命令。一时间，百舸争流，万人齐发……一时间，硝烟四起，群网交织……然而，隐藏在“躁动”场面背后的，却不仅仅是海蜇捕捞获取的巨额利润，更多是人们对环境、生命、资源的沉思……

宏大场面的完整记录

——纪录片《躁动》观后

王 博

《躁动》这部纪录片记录的是：辽宁盘锦的大洼县，在海蜇捕捞期，渔民捕捞海蜇的情况。表现了渔民们禁海捕捞时的宁静但又紧张的心境，出海时的繁忙，躁动爆发后的惨烈，渔民们的丰收。然而在躁动的背后，更多的是人们对环境资源生命的沉思。

辽宁省鱼政部门规定休鱼期内禁止渔船从事一切捕捞活动，意义在保护海洋生物资源合理开发和利用。此片就是从等待下达捕捞令开始拍摄几万名渔民聚集在码头上，期盼着出海的躁动心态，因为对他们来说一年主要收成冀予着这一次的捕捞海蜇数量，成败就在这一天，因此当广播喇叭放出开捕令后，顷刻间，码头上一片繁忙景象，早已按捺不住的船工们迅速跳上各自的渔船，鱼网拉上船扔得横七竖八，渔船发出马达的“轰隆隆”声，在狭窄的港湾争先恐后冲撞着开出码头，驰向大海，马达放出的烟雾笼罩着整个港湾，这种气势壮观的场面，没有看过此片，你无法感受什么是惊心动魄。仅仅20分钟啊，万余艘渔船疯狂冲出码头，一会儿海面上仅能看到点点桅尖。

这部影片的纪实性很强，完整地再现了这次躁动的全过程，狂奔的人们，巨大的渔网，蓝色的船体，马达的轰隆声，横七竖八的渔网，船的碰撞声，灰色的甲板，蔚蓝的激荡的海洋，刻满沟壑的脸，捕捞时的人们的呼号声，训斥声，海浪声，风声，一切的一切都在告诉我们这是怎样的一种躁动！画面朴实，没有过多的华丽镜头，但是从质朴的对话中可以看出的是人们的真实。没有奢华，一字一句都是人们的平常话。没有解说，只有一些必要的字幕，给人的感觉是太贴近生活了。是一种实际的美，摄像师跟拍了渔民躁动前后的全过程，其中，有个渔民的话让我印象深刻，他说："自己等着暴动，闲得难受，就发信息，一天就花完了电话费。"我很有同感，一个人寂寞烦躁的时候就是这个样子。实实在在，不遮不掩，真实地展现了这个人的性格特点，这样的例子在片中数不胜数。还有那百舸争流的场面令我难忘，这样宏大的场面被完完整整地记录下来，船与船相撞的激烈，渔民下网时的激情，满载而归的喜悦，加工海滩的热闹，全都饱含在镜头里。用真实的视角，实地的取材，丰满的人物，让人领略到本色的躁动。

这部影片的细节十分地细腻，片子并不是粗线条的叙述，那些多姿多彩的细节正好说明了这一点：片中用太阳的升起暗示着新一天的来临，而不是单纯的用字幕表现，十分地灵活生动。在禁捕期，有的人抽着香烟，有的人看着小说杂志，有的人聚在一起打扑克，还有的人在抓紧修补自己的渔船。这些细节展现了"暴动"前的寂静。渔民们的休闲消遣，却给人一种不安，因为开捕期迫在眉睫，一年的手头的松紧将由这次"战斗"决定。捕捞海蜇的道路前途未卜，可能是满载海蜇的大丰收，也可能是船翻人亡，或者是"颗粒无收"。这是决定命运的赌博，看谁会笑到最后。渔民们的放松，掩盖不住他们内心的紧张。还有躁动爆发的时候，片中采用了一连串的平行剪辑的镜头，表现了出海渔民和他们在海边家中的亲属。亲属们谈论着去年的收成、今年的担忧。其中一位妇女缄默无言，眼神直勾勾地望着大海的方向，似乎是此时无声胜有声吧，她的表情告诉了我们她的焦虑和企盼，焦虑的是今年的收成是否好于去年，今年能收获多少，企盼的是丈夫平安出海，得胜归来。

片尾用了快进镜头，急速地展现了海蜇加工者夜以继日工作的状态，让我们看到了他们工作速度之快和手艺的熟练。不知不觉中将他们与渔民做了个对比，突现了渔民的更不易。结尾，渔船停泊，港口恢复平静，伴随插曲的播放，预示着影片的结束。

《躁动》在音乐音响方面运用得极少。它大量采用天然的音响——自然中所发出的响声，这种天然音乐是任何现代化手段都代替不了的。其中风的咆啸声、海浪拍打水面的声音、渔民们急促的脚步声、船与船的相互碰撞声，相互陪衬，给我们广大观众以身临其境的感受。

《躁动》在剪辑方面也可谓是做到了极致。在前半部影片中，景象突然转换，不仅没有使原影片显得不自然，反而使得影片联系得更加紧密。后半部影片中采用双机拍摄的模式，一面拍摄海上捕蜇的情景；另一方面拍摄岸上家属的焦急等待，之后还加入海蜇加工人员的到来。在剪辑时将海上景象与岸上景象穿插放影，使影片更加具有观赏性。

《躁动》在人物方面没有把某一个人作为重点拍摄。相反它拍摄的人物比较多、比较复杂，有渔民、有海蜇加工者，还有渔政工作人员，虽无重点拍摄，但这种大范围拍摄所带来的是巨大的宏大场景，使得影片更有真实性、故事性，并且令观众易于接受。

《躁动》是真正的惊世骇俗的出海纪实，我非常佩服创作者们的独特视觉和深厚的文化底蕴。创作者提炼了宏大的震撼人心场面，保留了极具历史价值和意义的影像资料。

最后我想起了片中的那段开场白："世界上很难见到的场面，世界上绝无仅有的海上大战。"

《进城》资料

节目名称：进城
节目时长：80 分钟
节目类别：人文类
制作单位：重庆广播电视总台
主创人员：徐蓓、张鲁

编导简介

徐蓓，重庆广播电视总台纪录片部副主任。部分作品及获奖情况：

纪录片《纤夫老李》；

纪录片《细细的小雨》（获中国电视新闻奖二等奖、重庆电视奖一等奖）；

《春秋》（获2005年中国纪录片国际选片会“十佳纪录片提名奖”）；

纪录片《陈小梅进城》（获中国电视“彩虹奖”一等奖、中国电视文艺“星光奖”一等奖、中国“横店影视城杯”纪录片大奖赛银奖、中国电视金鹰奖优秀纪录片奖、第十届中国电视纪录片学术奖二等奖）。

张鲁部分作品及获奖情况：

纪录片《细细的小雨》（获中国电视新闻奖二等奖、重庆电视奖一等奖）；

纪录片《陈小梅进城》（获中国电视“彩虹奖”一等奖、中国电视文艺“星光奖”一等奖、中国“横店影视城杯”纪录片大奖赛银奖、中国电视金鹰奖优秀纪录片奖、第十届中国电视纪录片学术奖二等奖）。

内容简介

农民李珍骜说，我的骜字，意思是：骑在马上，受人尊敬。所以我的名字只能大写。

面对农民工进城打工大潮，李珍骜有过徬徨、有过折腾、有过希望、有过破灭、有过大喜，也有过大悲。他三次进城，最终回到到自己武陵山下故土家园，回到了自由自在的人生路上，他说：“实实在在地说，就是我们这个地方，也需要像我们这样的人留下来，扎下根，不管是对生态也好，还是抚育后代也好，说穿了，还是要我们这些人才得行。”

本片长达五年跟踪拍摄，用朋友的视角，记录下农民进城打工史。从李珍骜一家人这些年走过的轨迹，我们或能看到进城打工大潮中，中国农民的命运与心愿。

《漓江渔火》资料

节目名称：漓江渔火
节目时长：88 分钟
节目类别：人文类
制作单位：广西电视台
主创人员：吴向列

编导简介

吴向列，壮族，1963年4月出生。广西电视台主任记者，现任广西电视台卫视编辑部《大开眼界》栏目制片人、导演。1984年毕业于中国地质大学，曾从事6年地质找矿工作。1991年调入广西电视台，开始从事电视纪录片创作，现在是一位身兼编导、撰稿、摄像等数职的多面手，先后主创有30多件获省部级以上奖励的作品，其中国家级政府奖19个。

主要获奖作品：

《海边有片红树林》（第七届四川电视节"金熊猫奖"）；

《月亮田》（2003年度中国"彩虹奖"一等奖、中国电视文艺"星光奖"二等奖）；

《阿春赶海》（第十七届中国电视"金鹰奖"）；

《循化黑颈长尾雉》（2005年美国阿拉斯加自然电视节优胜奖）。

内容简介

近20年来，生活在漓江上的渔民作为表演者成了风景区的一部分，而给旅客表演自己从前做渔民的生活是他们的主要收入来源。

2005年夏秋之际，漓江少雨干旱，游船断航。阳朔渔业新村的渔民失去了往常给游客表演鱼鹰打鱼的收入来源。在村里老人的组织下，恢复了漓江传统的捕鱼方式。人们又一起出航，捕鱼的收获很丰盛。渔民们暂时回到过去的生活中，忙着造竹排、编渔网，忙着购买和繁殖鱼鹰。

2006年初春，漓江涨水。接着，提前而来的洪水使渔民的收获减少，渔民陷入了困境。渔民要靠买鱼来饲养鱼鹰，鱼鹰成了家庭的负担。而两位年轻的捕鱼能手，展开了争夺"渔王"的竞赛。

2006年春夏之际，漓江通航，大量游人拥入阳朔。年轻人说服老人们放弃捕鱼，卖掉或杀死多余的鱼鹰。

于是，渔业新村的渔民们又继续着为游客表演"自己"的日子。

《漓江渔火》导演阐述

吴向列

鱼鹰，学名鸬鹚，一种水鸟，羽毛黑色，有绿色光泽，嘴扁而长，暗黑色，上嘴的尖端有钩。能游泳，善于捕鱼，喉下的皮肤扩大成囊装，捕的鱼就放在囊中。中国南方多饲养来帮助捕鱼。

主要拍摄对象介绍

花头：一只不会捕鱼的鱼鹰，1 岁。

老一代人物

表叔：黄崇贵，62 岁，渔民新村居委会渔业组组长。

金财爸：黄告化，69 岁，用鸬鹚捕鱼的能手。

黄玉林：73 岁，哺育鸬鹚的能手。

中年一代人物

黄金财：43 岁，原是捕鱼能手，现在是《印象刘三姐》中渔民演出队的队长。

黄仁坤：黄玉林的儿子，39 岁，现在家打鱼，表演“漓江渔火”。

主要情节梗概

从 2005 年 6 月开始，漓江流域少雨。到了 10 月份，依然没有雨，政府组织实施的几次人工降雨也前后宣告失败，形成了五十年不遇的大旱。漓江断航，游船下不来，没有了游人。漓江边上的阳朔渔民只好重操旧业——用鱼鹰打鱼。

今年 62 岁的黄崇贵，很快组织起一个拥有十条船和十多只鱼鹰参加的捕鱼队伍。黄崇贵，初小文化程度，二十来岁时在当时的渔业队当会计，后来当上了渔业队队长。上个世纪 80 年代中期，在政府的统一安排下，渔业队上岸定居，在阳朔江边建立了渔业新村。渔业队改成了渔民新村居委会，他仍当组长至今。黄崇贵个性温和善良，从小到大没与亲人或外人红过脸、吵过架，待人诚恳、热情，口碑很好，村里人都尊称他为表叔。他还记得自己的爷爷当年用 8 只鱼鹰养活全家，还供他上学的往事。表叔一直想恢复集体捕渔、分鱼的热闹。人多力量大，多打上鱼来，每人都有收获。眼下，这样一支队伍已经组织好了，但为了保证有更大的收获，还需要一个有经验的总指挥。表叔想到了黄告化。

黄告化，今年 69 岁。他的父亲是阳朔出名的鸬鹚捕鱼能手，人称“渔王”(有照片为证)，打了一辈子鱼，2000 年才去世，享年 89 岁。黄告化没受过教育，不识字，但继承了父亲捕鱼的技艺，很受渔民们敬畏。因为儿子叫金财，村里人都叫他金财爸。金财爸个性耿直，有点傲气。平时喜欢打当地一种土制牌“天久”，边玩还边哼小调。至今，和老伴一直住在船上。金财爸认为自己完全可以凭借着儿子金财的机动船，用自己的鱼鹰，可以有更多的收获，所以不愿意参加表叔组织的集体捕鱼。表叔很尊敬他，看中他的能力。最终，表叔以诚恳的态度说服了金财爸。

11 月上旬的一天清晨，这支由鱼鹰担任主攻的围捕队伍出发了。因为漓江水已经很浅了，鱼没有很好的躲藏之处。金财爸的鱼鹰很快便发现了一个鱼群。众渔民将渔网散开围成一个包围圈，十余只鱼鹰上下翻飞，赶着这群鱼撞进渔网子里。用渔网和鱼鹰配合是白天打鱼的方法，场面壮观、热闹。这一网下去就有一百多斤鱼，而且是大鱼。每一网都很成功，两位老人配合得很默契。

接下来是一个欢快的场面，所有捕来的鱼在表叔的主持下，公平地分配给了每个参加捕鱼的人。他们已经很久没有体会到收获所带来的喜悦之情了。这个阶段的收获对渔民新村眼前的生活产生了很大影响：男人们又有鱼可打了，妇女们也有事可做了，打上来的鱼由各家妇女去卖，卖不完的都做成了鱼干、鱼排。家家忙着给鱼鹰配对，以求多拥有鱼鹰多打鱼。随之而来的是鱼鹰的价格也很快上涨了。

上个世纪80年代后期，因为人口不断增长导致的过度捕捞以及整个漓江流域环境的污染，两岸的渔民基本不能依靠捕鱼为生了。但生活在阳朔一带的渔民却迎来了一个黄金般的岁月。越来越多的游人慕名而来，渔民找到了一个全新的职业，他们的生产工具渔船变成了游船，他们用鱼鹰捕鱼的方式变成了可以收费的表演，甚至，只是让自己和鱼鹰站在那里让游客拍张照片，便可以现场兑现。渔民们觉得提供旅游服务这种挣钱方式，收入比捕鱼高，而且像玩一样，很轻松。木鱼船很快更新成了机动船，越造越大。一只鱼鹰是否可以训练成一个捕鱼能手，也变得不再重要。鱼鹰成了游客眼中的明星，只要外观造型好看，就依然可以和主人一起出门挣钱。阳朔江边的渔民新村，现有一百多户三百多人，主要依靠旅游业，平均每人的年收入6000余元。比只靠捕鱼为生的80年代，收入增长了十余倍。

2005年11月，鱼鹰进入发情期。公的叼一根草向母的献殷情。渔民为了不耽误捕鱼，将发情的鱼鹰绑在江边的竹排上。鱼鹰们涨红着脸，但却没有办法互相靠近。黄玉林老人也开始给发情的鱼鹰配窝生蛋。黄玉林，今年73岁，是一位哺育鸬鹚的能手。没文化，个性纯朴，爱发点脾气。当兵参加过抗美援朝，打完仗回家打鱼。鱼鹰交配后产下的蛋，是用母鸡来孵化的，俗称“抱蛋”。很快，黄玉林的鱼鹰，产了两窝二十多个鱼鹰蛋。但母鸡孵化出的第一只小鱼鹰死了。小鱼鹰很是骄贵，太热不行，太冷也不行，死了的这只仅仅因为温度低了点。

就在这个时节，总会有一些发情的鱼鹰，会偷得在水中自由交配的机会。一天早上，表叔在江水中发现一枚鱼鹰蛋，并把它打捞上来。这就是一枚鱼鹰自行交配后产下的鱼鹰蛋。表叔拿着这只野蛋，交给黄玉林老人哺育。

表叔日常到市场去买鱼来喂鱼鹰。公的打鱼多就喂9两，母的打鱼少就喂6两。但在鱼鹰发情期，为了让多打鱼，控制的方法就是少喂，仅吃5两。表叔总想买一只打鱼多的上等鱼鹰，他关注着黄玉林老人的孵化工程，并去周围的渔村寻找。

与此同时，金财正在劝说父亲卖掉家中的鱼鹰。金财爸有个绝活，鱼在手里一掂就知道有几斤几两。金财爸为了照顾家里8只训练有素、捕鱼厉害的上等鱼鹰，一直和老伴住在江边的乌篷船上。这条船是阳朔一带仅剩的4条仍有人居住的老渔船之一。黄金财，原是捕鱼能手，从2003年10月开始，他当上了张艺谋导演的《印象刘三姐》中渔民演出队的队长，每月都有固定的收入，加上害了一场大病便不再打鱼。金财觉得自己转型得很成功，经常和公司老板、政府官员打交道，如同父亲一般，身上也带着一股子傲气。金财的老婆在阳朔西街上摆摊卖围巾等旅游纪念品，收入也不错。金财觉得父亲年纪大了，不需要再挣辛苦钱，上岸来好好过几天舒服日子，便一直劝说着老人将家里的鱼鹰全部卖掉。

表叔为了表演用，从金财爸的手中买了一只叫做“花头”的一岁公鱼鹰。花头个头大，很威猛的样子，是金财爸从另外的抱窝人那里花600元买到的。他开始很高兴，训练它，带它去打鱼，但花头只咬人不叼鱼（像填鸭子一样从小喂大就不会叼鱼）。这一天，轮到表叔带鱼鹰到阳朔码头当照相模特，他带着花头去。因为花头咬人，表叔怕它伤着游客，就用透明胶把花头的嘴缠起来。但是这天正好断航，游客很少，没有收入。表叔把透明胶取下，好让渴了很长时间的花头喝水。

2005年11月，一年一度的漓江渔火节照例举行。但这是一届没有鱼鹰表演的渔火节，表演者仅是《印象刘三姐》的演员。大多数养有鱼鹰的渔民没有了往常的表演收入，而金财家的收入并没有受到影响。

2005年12月，黄玉林老人家的鱼鹰孵化工程最后仅成活了4只。4只鱼鹰只有1只是公的，因为母的打鱼少，老人和表叔都很失望。那枚表叔交给老人的野蛋，因为在冰凉的江水中时间过长，结果没有孵化出小鱼鹰。

2006年1月，黄玉林老人家里的4只小鱼鹰羽毛丰满了，就要离家下水。渔民们都过来看。在渔民新村，黄玉林老人家中的成年鱼鹰最多，达到了14只。每只每天要吃1斤鱼，这些鱼几乎全部来自市场（要买10多斤鱼，最便宜的鱼，一般是鲢鱼，每天要30多元），所以，买鱼的负担很重。儿子黄仁坤认为养鱼鹰早已失去意义，建议老人停止鱼鹰的繁殖和喂养，为此，父子俩闹得很不愉快。黄仁坤，当过兵，有修理家用电器的手艺。想以个体的形式表演“漓江渔火”，但不被政府允许。平时好上网，发表一些个人的看法与思考。他想走出阳朔，在省城南宁开一家小的漓江风味的餐馆。

2006年2月，金财爸与表叔谈判，打算把全部鱼鹰便宜卖给他。但表叔觉得一下买8只负担有点重，再说他也不想买这么多。表叔只想要一两只好的。自己年纪也大了，晚上再用渔火打鱼，太辛苦。如果白天打鱼，控制不好鱼鹰又会到处乱跑。表叔越来越觉得养鸬鹚只是个精神寄托，要少而精，负担不能太重。两位老人没谈成。金财也没闲着，正积极地与外地的客人谈判，打算把鱼鹰卖给他们。

赶鸟人黄仁坤与渔王孙子金财是目前漓江上用鱼鹰捕鱼的年轻一代顶尖高手，两人经常在一起比较谁家的鱼鹰厉害，比赛谁捕鱼更多。这三年来，金财晚上在《印象刘三姐》上班，与自己的鱼鹰疏远了，黄仁坤觉得机会来了，他要挑战金财的老大位置。比赛在晚间开始，他们装有探照灯的两条机动船齐头并进，各自分别带着9只鱼鹰上演了现代版的“漓江渔火”。仁坤为了确保赢得比赛的胜利，不仅更换了螺旋桨，还先把自己的鱼鹰饿了两天，因为他信奉饿极的鱼鹰捕鱼才厉害，不仅如此，他还把鱼鹰的脖子用绳子扎个结实，不让鱼鹰吞下一条小鱼，以期在捕获鱼的数量上取胜。

然而，金财毕竟是渔王的孙子，眼看就要输的时候，他的鱼鹰竟然叼上了一条近年来漓江里十分罕见的近两斤重的鳜鱼来，金财又神气了起来。

两位顶尖的竞争对手玩命地对抗了两个小时，共捕获十多斤鱼（小鱼居多），但也仅够这些鱼鹰一天的伙食。漓江的鱼真的很难养活它们了。

黄仁坤帮金财找来了买家买金财家的鱼鹰，买家交了定金，然而当买家到来想提走鱼鹰的时候，金财识破了仁坤的用心，不卖鱼鹰了。

这个月，黄玉林老人终于开始接受儿子黄仁坤的建议，一只跟随了他14年的已不能捕鱼表演的鱼鹰，被用古老的灌酒方法处死，全家人为它举行了一个传统的埋葬仪式。

主题阐述

我们这个时代，正经历着历史上从未有过的巨大的转型。在这样一个过程中，阳朔渔民新村的人们无疑是幸运的。他们没有失去赖以生存的基本条件，客观上人们不用背井离乡、外出打工。过去，漓江的鱼虾养育了他们，现在，桂林山水的风光又将继续关照他们的生活。鱼鹰，过去是他们捕鱼的帮手，现在又成了他们表演的招牌。生活在阳朔的渔民，真可以说是大自然的宠儿。

然而，人永远是社会中的人。社会的转变与发展，总会让人们在得失之间被迫做出一个选择。一些我们不熟悉的生活方式，会成为我们未来岁月中的传统。而现在的传统也会逐步地变化和消亡。就如同鸬鹚，总会有一天彻底地回归到自然中去，仅仅只为自己的温饱飞翔。

实际上，我们是在记录着自己的一个生活片断。我们期望真实地把这一幕留在影像中，留在人类的记忆里。

《归国者》资料

节目名称：归国者
节目时长：86 分钟
节目类别：人文类
制作单位：山东齐鲁电视台
主创人员：张兆良

编导简介

张兆良，当过车工、汽车修理工，当过教师，插过队，更多的时光是当学生，先后取得英语、中文、新闻专业毕业证以及交通学校毕业证。

1977 年毕业到广电系统。1981 年调山东电视台。1984 年开始编导生涯。1985 年主创 15 集系列短剧《青春红绿灯》。1987 年主创 4 集短剧《公仆鉴》。1989 年主持创办法制栏目《道德与法制》（该栏目生存至今）。1995 年调山东电视台纪录片组专事纪录片创作。2001 年调齐鲁电视台做纪实栏目和纪录片至今。

主要电视作品有：15 集系列短剧《青春红绿灯》；栏目《道德与法制》；短剧《神圣的权利》、《王二楞打官司》、《老两口告女婿》；短纪录片《大篷车随录》、《紧急营救》、《江湖大盗掘墓记》；长纪录片《家长》、《再安新家》、《岛人与鹰》、《阳光与罪恶》、《米线米线》。

上述作品皆为全国范围评奖一、二等奖。

内容简介

谨以此片纪念抗日战争胜利 60 周年——

昌凤香，日本名字川添绯砂子，59 年前遗留在中国东北的日本孤儿。由中国人收养长大，与中国人结婚生子。退休前任中国莱西市政协副主席。于 1993 年回归日本居住。日本政府称之为“中国归国者”。在日本，像昌凤香这样的归国战争孤儿共 2458 人。

本片忆述了昌凤香等沦为孤儿和被收养成长的历史故事；记录了归国者们尴尬的生存现状及其对中国的眷恋。揭示了战争的残酷和罪恶；展现了中国人民博大宽容的人道主义胸怀。

未知的记录

——纪录片《归国者》创作谈

张兆良

柳暗花明

纪录片《归国者》摄于2004年。开宗明义："纪念抗日战争胜利60周年。"

为了这部"题材好、下手早、视角独特"的"创优作品"，开拍之初立下"军令状"：在获省一等奖之前，每月扣发千元奖金。

有意思的是，2005年山东省广电奖"评"了个"二等奖"（还排在第四位）！后来参加了五六次国际、国内电视节的纪录片展评，均被通知"入围"、"入围"、"入围"！

终于，在"山重水复疑无路"的2006年出现了柳暗花明！在中广协会纪录片委员会泸州国际选片会上，《归国者》入选法国FIPA电视节，并被评为2006年度全国十大经典纪录片。接着由国家文化部译成十国语言交160个驻外使领馆用作对外宣传；2007年又入选第25届德国慕尼黑国际电影节。这得感谢中国广播电视协会纪录片委员会——正是在这个平台，《归国者》的创作意图终于被人理解。

编导阐述

这是一个特殊群体中的一个女人的亲历亲述——

她的日本父亲叫她"川添绯砂子"，她的中国父亲为她取名"昌凤香"。69年前，她的日本父母随侵华日军来到中国东北生下了她。1945年，她随着日军的败退投降而沦为孤儿，是中国的养父母收养了奄奄一息的她。之后半个世纪，同当时的中国人一样，上学、工作、结婚、生子，后来当了中学校长、县政协副主席。1993年回归日本，面对尴尬的生存现状，她与2458位命运相似的"中国归国者"联合向日本政府诉争维权；为反战，她携子孙参加"长崎原子弹爆炸纪念会"；在日本盂兰节祭奠已故归国者仪式上她呼吁小泉政府："不要将部队派到国外去参加战争！不要再制造像我们这样的孤儿！"怀着对中国养父母及中国人民的感念和眷恋深情，她跪在中国养父母坟前叩拜呼唤……

这就是《归国者》中记录的昌凤香。

本片主人公对其特殊身世的忆述与其目前生存状态的记录交替铺陈，对"归国者"半个多世纪的悲欢人生予以对比观照；以不容置疑的真人实事，揭露日军侵华战争的罪恶；展示中国人民爱好和平和博大宽容的人道主义胸怀。在抗日战争胜利60周年之际，为世界、为历史、为后人留下"中国归国者"这一特殊群体的真实音像。以独特的视角反映战争与和平、人道与人性这一沉重主题。

意外的拍摄

跟踪记录主人公当前的生存状态，这是最初既定的采拍重点。然而能否拍到"有意义"的东西却胸无成竹。因为昌凤香已回归日本十多年，无论是摄制组去日本还是她回中国，拍摄时间都是有限的。最初的国内调查采访所了解的昌凤香，是个从小被善良的中国老太太养大、在中国传统教育下好学上进、比较会处理人际关系的形象。因而设想以此为重点，体现中国文化的感召力和中国人民的善良宽容。曾取片名为《中国养女》、《双重国籍的女人》……

这应该是典型的"主题先行"的老题材，拍摄前案头策划准备工作比较充分。然而始料不及的是后来生活中发生的、实际拍摄的却完全改变了原设想的走向。

从踏上日本见到昌凤香第一眼就发现，想把她拍成一个"由善良的中国老太太教育出来的贤妻良母"大概是不可能了，她似乎更像一个退而不休的社会活动家——现担任着佐贺县"中国归国者会"会长，自嘲是"丐帮帮主"。

"中国归国者"，对于摄制组和大多数国人皆闻所未闻，这是日本政府对几千名像昌凤香这样相似身世的日本遗孤的称谓。他们都是1945年前后日军溃败时被遗弃在中国东北又被中国人救活收养、长大后与中国人结婚生子、中日建交后由中国回归日本。相似的命运、生存的需求将他们联系在一起，在日本各地成立了联络会，曰"中国归国者会"。

摄制组8月6日飞抵日本。8月8日跟拍"'佐贺县归国者会'纪念终战59周年"聚会，在这里，又有几位满脸沧桑、风烛残年的"归国者"进入镜头。他们都没有昌凤香这样的文化水平，六七十岁回归日本，日语不通、思维方式和生活习惯不同，加上日本政府的种种限制，他们在日本处处感受到的是"姥姥不亲舅舅不爱"。他们反复讨论"我是中国人还是日本人"；他们向到会的议员争相倒着苦水，历数当年日本政府强加给他们的灾难和如今对他们的另类待遇；他们在律师团的帮助下向日本政府提起诉讼、向日本首相发出公开《劝告书》。在日本盂兰节（相当于中国的清明节）祭扫"中国归国者之墓"的仪式现场，富冈县和佐贺县的"中国归国者"面对各国媒体呼吁日本首相小泉："反对战争、不要再制造孤儿。"——这群特殊的人、这些新奇的事，来得意外、拍得过瘾。

8月9日，昌凤香又携儿子和外孙女参加"长崎原子弹爆炸祈祷纪念会"，在原子弹炸响的地方，昌凤香向外孙女讲解战争的残酷。在这里，还意外拍到了当时的日本首相小泉。他在通篇"悼念"、"慰问"、"反核"的"和平"演讲中，只字没提日本军国主义发动侵略战争的罪行。尤为意外的是，在散会后的下午一点多，于会场边的小餐馆遇到了两个59年前的今天因为逃学而侥幸躲过原子弹毁灭的长崎老人！这二位每年的8月9日都来这原子弹爆炸地一聚，悼念当年遭灭顶之灾的师生，也为他俩又多活了一年而庆贺。临别前抢先为同是死里逃生的昌凤香预付了餐费。他们的交流被我及时抓拍下来。尽管由于空腹劳累加上长崎的高温湿闷，在几乎中暑的情况下拍得不甚工整，毕竟还是拍下来了！须知，这样的两个活"宝贝"就是打着灯笼也难寻觅，任怎样天才的策划也想象不出这样的细节！再过几年到哪里去找这样的"人证"？再说那个自己跳入镜头似专为本片主题作"注解"的日本首相小泉，也不是我等外国过客轻易就能拍到的，尽管此前根本没想到要拍他。

"解读"与片名

一连串的"意外拍摄"，故事典型真实、细节鲜活新奇，对于解读并深化"战争与和平"这一主题实在是可遇不可求的！它向世人尤其向战争狂人警示：战争对于交战的双方都是残酷的，老百姓总是受害者。正是因为日本侵略者发动吞并中国侵略亚洲的太平洋战争，才招致中、苏、美以及亚太各被侵略国家的群起抗击，才让长崎人尝到美军的原子弹“滋味”。侵略者不仅使亚洲各国生灵涂炭，也殃及自己本国的国民，以至于遗害至今！南京大屠杀遇难的30万中国人如此，眼前这些“中国归国者”日本人也是如此。这些“归国者”对九死一生的童年铭心刻骨、对生不如死的暮年现状尴尬难言。这个畸形群体产生的本身就是对日本军国主义者侵华战争的揭露控诉。

上述近乎大实话的“编导意图”其实已尽含于真实鲜活的镜头语言故事之中，本无须再赘言。然而，遗憾的是，片中还是赘了几段意在“点题表态”的解说，向有的国人表白：“本片主旨在此，作者并非亲日派”。这样做虽明知有低估观众解读能力之嫌，却最终违心为之。实际上的确曾有过异样的声音：“不值得为这群人树碑立传！”“啊哟这片子有硬伤！”——“硬伤”者，原则错误也，此“圈内专业术语”。对于此论，宁信其出于“民族感情”因素，而非“心胸气量”或“解读能力”故。此类闲话插曲，不值重提，权作本片又一“意外”花絮罢。

随着在日本接触、采访的“中国归国者”人数增多，主人公昌凤香已不再是一个个体，而是“归国者”这个群体的代表，是战争牺牲品的一个符号。渐渐地，一直朦胧空洞的“战争与和平”的主题清晰具象起来。本片片名也豁然而生——《归国者》。“归国者”是主人公昌凤香及其群体在“纯正的日本人”眼中的形象和口中的称谓；“归国者”是本片记录的主体，叙述的是“归国者”的故事；昌凤香等“归国者”当年是在日本侵略者败退归国途中沦为孤儿；“归国者”们目前的尴尬人生是归日本国后的遭遇；缅怀中国养父母和生活了半个世纪的这片国土，不定期回中国祭奠养父母和探亲访友，这是又一层意义上的“归国者”；在日本富冈的“中国归国者之墓”里已集中存放着32位已故“归国者”骨灰，而苟延残年的昌凤香们将魂归何国何方？

就用《归国者》作片名！不仅通俗响亮、概括贴切而且意蕴丰富。一经确定，再无他顾。

双线并行

后期剪辑在谋篇布局上颇费了一些思量。《归国者》结构的难点在于，除了顺叙“现在进行时”外，还必须讲述主人公过去的故事（沦为孤儿和被收养成长等经过），而且内容繁多。因而不得不采取了“记录现在”和“忆述历史”双线并行的结构方式。现在正发生的故事自然是跟踪记录，而过去的历史往事则主要靠主人公讲述。

这也是无奈之举。本来按先期策划议定：跟拍主人公回中国哈尔滨等事发地，追忆其父亲母亲三妹一个个死去、她和二妹被救收养的经历，并寻找失散了60年的小妹。在这些寻访追忆过程中，实地拍摄、忆述当年。这样不仅出于作者对“记录过程”的偏爱，更会增加片子真实感。然而事与愿违——主人公在回中国祭奠了养父母并为公公婆婆立碑后突然以健康为由不再配合拍摄。不知是出于对其不光彩的父亲的忌讳还是别的什么考虑。原策划方案随之落空。所幸有预案在先——早在日本拍摄之初已经利用夜晚以讲座形式将“忆述历史”大部抢录了下来。这才有了现在的格局——一个历尽沧桑的垂暮老妪，白天打发着眼前的生计，入夜灯下追忆那远逝的坎坷与辉煌。

“忆述历史”作为“记录现在”的大背景，如影随形，交替并进。时空转来换去，今昔递进对比，叙述完成主人公昌凤香近70年的身世和现状。这样一今一昔，一张一弛，以应接不暇的信息量和接二连三的兴奋点弱化观者的审美疲劳，生发出意想不到的对比艺术效果。缺憾也是显而易见——“主人公说得太多了！”尽管忆述的内容故事生动，仍无可补救地使片子逊色不少。也曾设想动用“情景再现”法演绎忆述的内容，终因非编导之所爱且耗资费时而作罢。并非取巧偷懒，实乃又一次“记录意外”所致。

背景与氛围

好的纪录片应该是精美的艺术品，除将不可撼动的“生活真实”尽可能还原外，还应该动用一切必需的、恰当的艺术表现手段以获取“艺术真实”的最和谐统一的效果。

《归国者》叙述的是跨60年的历史故事和现在故事，又发生在中日两个国度，涉及人物30位之多，时空跳来转去，因而必须将各个事件发生的特定的时代背景、环境叙述清楚。

为使“忆述过去”自始至终笼罩着“日本遗孤”这样一种特定氛围，本片用耳熟能详的弹拨乐日本的《樱花曲》衬着每一段“忆述过去”的主人公讲述，同时将屏幕四角以特技“遮罩”，也起到了使“忆述过去”与“记录现在”显著区别开来的效果。

借助“二战”题材的黑白影像资料，本片开篇便随主人公的“忆述”进入1945年……战火纷飞，飞机坦克，原子弹爆炸，“炸”出片名《归国者》。之后，“记录现在”从主人公在日本家中包饺子开始展开。其间，将芦沟桥事变、南京大屠杀、日军偷袭珍珠港、美军原子弹炸毁广岛、原苏联铁骑横扫日本关东军、日本天皇宣布投降等“二战”期间（主要是1945年）的大事件择其要陆续闪回，俨然一部战争大片！旨在交代时代背景、渲染战争气氛。为后面主人公家破人亡沦为孤儿做铺垫——“账要算到侵略者日本帝国主义者头上”，为全片确定一个基准。

这些历史影像资料选自数十张影视光碟，筛选了一个月，仅花了400多元人民币，办成了租用电影厂或影像资料馆需40万、400万的事！这是《归国者》摄制过程中最为惬意的“成就”之一。

《归国者》涉及中日两个国度，不同的地区各有不同的地理环境和文化氛围。出于内容需要，本片除了将这些特定的环境交代清楚外，还着重注意抓取这些特定环境中的典型细节，对氛围的营造做了一些努力。如，日本基山町电线如蛛网、东洋蝉独有的鸣叫和多次出现的乌鸦、拥挤狭小的榻榻米，反映出主人公在日本的居住条件和环境；“平和公园”内的巨大人型雕塑和“长崎”钟以及忙碌的各路电视台记者、“呼呼扇风”解暑的形形色色的日本人，加上钟声警报声，展现渲染出在原子弹爆炸地举行的“祈典式”的典型环境氛围；15号台风登陆日本“撞入”镜头和难得一见的满街穿和服的日本人欢庆马锄犁节，这是两道意外拍到的风景，及时拍下来并想方设法地巧用于故事中，起到了强化东瀛特色、丰富故事内涵的作用；主人公老两口穿背心吃面条，沉默寡言的丈夫赤膊在阳台上抽烟，就着闷酒拣起一粒粒花生米往嘴里送，包饺子、吃包子、猪头肉拌黄瓜等细节，无一不是主人公在日本生活的真实写照。

与此相对应的是，回到中国的昌凤香大有“衣锦还乡”的派头。在自己两层楼的退休别墅里自豪地介绍：“这是标准的县级干部退休楼！”在养父母家的众位女老嫂中如众星捧月般舒坦：“我觉得她们就是我的亲人啊！”配以暖融融的夕阳、温馨的月湖公园、绽放的月季花、雄伟的大泽山、欣欣向荣的市容、金灿灿的秋叶、烂漫的山花、呢喃的燕子、鸣唱的蝈蝈……人物的个性情态和生存的环境状态不言自明。

在采拍过程中观察到：“归国者”们对中国养父母的确心存感激、对中国大地心存眷恋、痛恨战争、祈祷和平，这些都真实地表现在他们的言行中。主人公在中国给养父母扫墓下跪前一声凄厉的呼唤：“爸爸妈妈，我来看你们来了啊……”三叩首！此时天公作美，浓云密布，雨似下非下，门戈庄村头秋高粱叶瑟瑟，鞭炮齐鸣，黄裱纸和冥钱燃烧，为养父母送去“在阴间花的钱”。此时，中国民族乐器管子突然奏响，哀怨凄美的曲子如泣如诉。坟头的黄裱纸风吹有声，坟前纸灰闪烁，余烬袅袅；田间秋燕翻飞，秋意浓浓；岸边杨柳婆娑，秋风飒飒；湾中芦花摇曳，秋水漪漪。

昌凤香伫立坟前（叠化），金辉洒在高耸的大泽山，昌凤香满怀真情地说：“我觉得中国人就这一条：能把敌人的孩子养大，我觉得是非常了不起的……中国人民那个宽大胸怀，我觉得世界上哪一个民族也办不到！”此时如果泉下有知，养父母昌隆水夫妇该为当年的善举而欣慰……

状物喻人、借物抒情，丰富的镜头语言将情绪推向高潮——这可是活生生的真人实事。

对比呼应

就全片而言，“忆述历史”是“记录现在”的大背景，二者形成今昔对照关系。除此之外，《归国者》中对比呼应之处比比皆是。现罗列大部如下：日本孤儿——中国养女。中国名昌凤香——日本名川添绯砂子。回归日本——再回中国。中国的青岛市和莱西市——日本的富冈市和佐贺市。日本的基山町租住公用房——中国莱西市拥有县级干部退休别墅。蜗居日本无人交流、郁郁寡欢——探亲中国如鱼得水、扬眉开颜。吃日本政府的“最低生活保护费”——享中国政府的县级干部退休待遇。日本的盂兰节——中国的清明节。日本马锄犁节——中国的山会和中秋节。日本富冈大片水泥墓地公祭已故“中国归国者”献花——中国门戈庄墓地给养父母磕头烧香放鞭炮。中国养父母仅存养母身份证照片——日本生父母留下60年前清晰的全家合影。谈到日本生母逃生路上死去时，昌凤香眼含热泪，声音哽咽——谈到中国养母身披厚厚白雪伫立村头等她放学回家时昌凤香热泪双流，大放悲声。日本盛夏东洋蝉聒噪——中国深秋蝈蝈鸣唱。日本基山町台风呼啸——中国大泽山山花烂漫。中国南京遭大屠杀、美国珍珠港遭偷袭——原子弹炸长崎、苏联红军追歼日本关东军。日军败退路上枪杀30多名日本儿童——中国东北人民收养救活了2000多日本孤儿。当炮灰生身父母将骨肉抛在中国——视如己出养父母救活敌人孩子培养成才。长崎街头背贴“反战”牌的游行儿童和餐馆里原子弹下幸存的长崎老人——“长崎原爆祈典式”上绝口不反醒不认罪的“拜鬼首相”小泉及众官僚……

因为故事本身（生活本身）上述种种对比（对应）关系已天然存在，摄制编辑时只需去发现选择并强化运用即成。

这么多浑然天成的对比呼应情节，也是摄制之初未曾料到的。这也算是些意外未知因素吧？人说，纪录片的魅力就在于它的未知性，信然。

《十三年的重量》资料

节目名称：十三年的重量
节目时长：30分钟
节目类别：法制专题类
制作单位：中央电视台
主创人员：编导／崔亚卿
摄像／张利生、张洪亮、高振中
剪辑／崔亚卿
音效／靳松
解说／任志宏

编导简介

崔亚卿，38岁。郑州大学新闻学本科毕业。

工作经历：

2003年至今中央电视台法制频道法制专题部编导；

1996年至2003年河南电视台国际部主持人、编导；

1989年至1996年河南濮阳电视台主持人、编导。

获奖作品：

纪录片《牵引生命》获中国第五届（彩虹奖）二等奖；

纪录片《寻找世纪婴儿》获河南省政府奖播音与主持二等奖；

纪录片《十三年的重量》获最高人民检察院2006年度“金鼎奖”一等奖；

新闻访谈节目《纳米离我们到底有多远》获中科院“星火奖”二等奖。

新闻访谈节目《濮存昕的防艾历程》获卫生部“礼来杯”好新闻三等奖。

内容简介

河南省鹿邑县农民胥敬祥蒙冤入狱13年，主诉检察官蒋汉生奔走8年，以坚韧的毅力为胥敬祥做无罪抗诉，洗清了冤屈。本片真实记录了这一过程，事件曲折感人，胥敬祥的悲怆遭遇和蒋汉生独特的人格魅力，形成鲜明的对比。这起河南省首例无罪抗诉案，成为2005年中国法治进程中难以磨灭的一笔。

支 撑

——《十三年的重量》采访后记

崔亚卿

支撑，须负重，须镇定，须坚持。

如果这个故事有一个封面，封面上是一个雕塑，我想它最好的名字就叫——支撑。

2006年的中秋，我收到一条短信，内容是这样的：

大姐你好！

代我向张老师问好；“十一”来青岛吗？

我在青岛快餐厅给朋友帮忙；请二位来光临！

大姐？少有人这样称呼，接着往下看，原来是采访对象——胥敬祥！

他提到的张老师，是我的工作伙伴，摄像老张。

我告诉胥敬祥：有机会我们一定去青岛看你！

胥敬祥的短信让我长舒了一口气，不禁抬头仰望天空，太阳强烈的光芒，使我眯起了眼睛，一刹那，时间恍惚回到一年前。

2005年岁末，CCTV-12“十大法治人物”的颁奖晚会如期举行，河南省检察院主诉检察官蒋汉生是“十大法治人物”之一。

蒋汉生的故事给人烙下了深刻印记，他为一个冤狱13年的农民做无罪抗诉，执著办案8年。

一个冤狱13年的农民重获自由，带给人们更多的是一种震撼，而充斥我大脑的，是一大串为什么。

是什么让一个农民蒙受不白之冤？

蒋汉生是一个什么背景？竟然如此执著地为一个农民奔走申冤8年？

晚会还在继续，我的眼前晃动的只有胥敬祥那张痛哭流涕的脸，这位农民在罪与法面前的无奈、绝望，让人们看到了一个历经人生苦难的小人物，命运坎坷，承受生命中常人难以承受的悲怆遭遇。

胥敬祥和蒋汉生的故事，就像一幕人生大戏，在大戏落幕的时候，无意间被我闯了进去。

我被两个男人的故事感动了，在我的记忆中，胥敬祥和蒋汉生始终联系在一起，相信这种记忆永远不会消失。

2005年，有三起案件被中国新闻界并称“三大冤案”：湖北佘祥林杀妻案；湖南滕兴善碎尸案；另一个就是河南胥敬祥入室抢劫案。

佘祥林蹲监11年，被“杀”的妻子回了家，媒体哗然，佘祥林无罪释放，国家赔偿累计70多万。

湖南滕兴善因“杀人碎尸案”被判死刑，1989年执行枪决；5年后，“碎尸人”复活；17年后，早已被执行枪决的滕兴善被警方宣告无罪。

河南农民胥敬祥，因涉嫌持械入室抢劫罪，被判有期徒刑13年，证据是一件与被抢人相同的毛背心；这件在集市上购买的毛背心让胥敬祥被囚4730天。

令人欣喜的是，冤案、错案，最终被纠正了！

胥敬祥在刑满释放前15天恢复了人身自由，成为河南省首例无罪抗诉案。

胥敬祥是幸运的，他在出狱的前夜，手捧高检的无罪抗诉书一夜未眠。

胥敬祥自由了，重获自由的胥敬祥面对媒体和至亲，无以言表。

人们说：纪录片是一种态度！

也有人说：纪录片是在记录自己！

还有人说：纪录片需要耐得住寂寞！

我已经很久不说纪录片了，因为，在将近三年多的时间里，我为日常的工作、生活忙碌，脚步时而慵懒、时而急促。

《十三年的重量》让我看到了一个和往常不同的采访方向，在整个采访过程中，摄制组是怀着探寻、敬重、平视、冷静之心，走近采访对象的。

记得和蒋汉生初次见面，是在2005年冬季的一个傍晚，郑州和北京的气温差别不是太大，我们选择了一家火锅店。

采访很轻松，我自顾自地做采访手记；蒋汉生边喝酒边讲案子，他遇到的阻力、苦恼、坚持，娓娓道来。

蒋汉生生在武汉，响亮的名字，取意很简单。

这位当过工人的检察官，是一位厅级干部的子弟，在他幼年，十年动乱使他从父母身上体验到了生命的尊严和活着的意义。

一个农民蒙受冤屈，妻儿的境遇让蒋汉生心绪难平！

蒋汉生和我讲起了河南俚语："信球！"这是他对自己8年为胥敬祥做无罪抗诉的一个简单的工作总结和形容，别人不管的事他管了，别人难办的事他办成了。我把他解释为"一根筋"，蒋汉生默认地笑了。

"君子有所为有所不为"，蒋汉生给人更多的是练达、平静，令人心怀敬重。

拍摄前，除了考虑画面的色调、采访对象之间的反差和镜头的运用之外，更多的是在思考：我要传达什么？

一个人的13年，一个人的8年；13年和8年，人们能做多少事情？能发生多大的变化呀！

在掌握诸多信息之后，我开始注意和采访嘉宾保持适当的距离。

拍摄两条线：横线——事件主体；纵线——发生在两个人身上的故事细节。

注重时空感：地点变换、季节的变换。

镜头中呈现的采访对象的状态，是自然的、真实的、真诚的对话，用眼泪和屈辱填满的故事，用勇气和正义坚守的故事，总是能打动人的。

拍摄中，我们遇到了河南一年中最大的一场冬雪，大雪覆盖了农田、村落，大雪弥漫在河南省第一监狱的上空，大雪和着泥泞的道路，蒋汉生仍在前行；我们一路寻着蒋汉生为胥敬祥伸冤的脚步，从郑州来到开封再到鹿邑农村。

直到今天，我始终不能把《十三年的重量》归为一件理想的纪录片作品，媒体人的职业素养和良心，让我在去探究这一事件的时候，越深入越感到自己的渺小和力不从心。

节目制作完成后，担心能否顺利播出。

节目播出后，忐忑不安地考虑是否有导向问题。

然而，一切都过去了，当我站在泸州2006中国纪录片国际选片会的领奖台时，我找到了职业的认同感和归属感！

从播放的节目片断里，我再次看到了胥敬祥那张充满悲怆的脸；我没有丝毫的兴奋，记得授奖词的大意：充满激情的创作态度和社会责任感！

我不时地反问自己：我该如何认识自己？如何认识所从事的工作呢？我能做多少？还能做什么？

一个有所获的节目是在多种因素的促成下完成的，感谢CCTV、感谢工作伙伴、感谢领导……MV式的感言大家太熟悉了。

2007年3月底，我又收到了老胥发来的短信：

前天我从北京回来，中国律师观察网为我的赔偿做了一个有专家、律师、媒体等人员参加的研讨会，想给你去电话，又怕打扰你！这是我的电话，我在太原打工。

检察机关的存疑不起诉决定与法院的无罪判决具有同等的法律效力，胥敬祥出狱不久，就向有关部门递交了13年冤狱赔偿的申请，至今未果！

13年冤狱，让胥敬祥面对的是妻离子散、父母双亡；46岁的胥敬祥过早地像暮年人一样，头发稀少，腿脚不便！

尝尽人间的酸甜苦辣、悲欢离合后，胥敬祥看上去平和、宽容、知足。

老胥在为赔偿做着努力，尽早得到赔偿就意味着老胥的生活早一天回归正常，对离家在外的妻儿也算有了交待；从青岛辗转到太原打工的胥敬祥，让我看到了一个农民告别曾经灰色的人生，在阳光下对生活永不言弃的背影！

同样，从胥敬祥身上，折射出蒋汉生清晰的人生观和价值取向。

蒋汉生和胥敬祥的采访已经过去一年多了，今天写下这些文字，内心仍是沉甸甸的！

《阴谋》资料

节目名称：阴谋
节目时长：29分钟
节目类别：法制专题类
制作单位：中央电视台
主创人员：编导／闫士涛、王筱磊
摄像／闫士涛
剪辑／汪涛

编导简介

闫士涛，34岁，中央电视台社会与法频道《第一线》栏目编导和摄像。20岁开始接触电视，兼编导和摄像于一身。曾在教育台、北京台、旅游卫视、中央台等单位工作。

王筱磊，《第一线》栏目主持人。

1998年毕业于陕西师范大学国民经济管理专业，获经济学学士学位。

北京大学哲学系美学专业文化产业管理方向的研究生学位班毕业。

1996年在西安人民广播电台从事主持人工作。

1998年担任陕西电视台节目主持人。

2000年主持的《午间新闻》节目获广播

学会播音作品二等奖。

2000年获中央电视台“荣世达杯主持人大赛”优秀奖和最受观众喜爱的主持人奖。

2001年担任中央电视台《为您服务》主持人。

2002年进入西部频道，担任《旅游黄金线》等栏目的主持人。还主持过“西部美食”、“西部民歌电视大赛”、“西部频道春节特别节目”等西部频道特别节目。《旅游黄金线》西部宣传周特别节目获得全国旅游类节目评选二等奖。

2004年获“金话筒”全国百优节目主持人称号。

获“金笔奖”评选二等奖。

2004年担任中央电视台社会与法频道《第一线》栏目主持人。

内容简介

深夜，乌苏里江畔边境小城虎林的工商银行发生了一起特别案件：两位守押员和银行值班员卢刚不见踪迹；银行的卷帘门是被从内部撬坏；营业大厅地面上有点滴血迹，洗手间水池里一把带血的短刀赫然在目……这些似乎都在暗示着，昨夜这里一定发生了不寻常的事！然而，奇怪的是，银行里的人死了，金库和弹药库却没有被盗，凶手究竟为何而来？紧张悬疑的案件中，令人震惊的发现接踵而至！当警方一步步揭开非常命案背后隐藏着的巨大阴谋，精心策划六年的神秘凶手渐渐浮出水面。

就在所有人都以为故事会就此结束的时候，一个更令人啼笑皆非的故事却在真实的现实中以枝节横生的方式开始了……

《阴谋》创作阐述

闫士涛　王筱磊

《阴谋》这部片子2006年8月份制作完成，历时大约两个多月。对于我们法制专题部来说，重大刑事案件的跟踪报道，是我们的工作之一。血腥、暴力、凶杀等刑事案件接触的比较多，暴力刑事案件接触多了，多少对这类事情有点见怪不怪。不过2006年在黑龙江省虎林市的这个案子，确实让我从心里感受到无比的震撼。不仅仅是这个案子涉及“银行抢劫”、“凶杀”、“分尸”等恶性犯罪，更主要的是犯罪嫌疑人对于被害人生命的漠视和残忍。为了达到目的不择手段，朋友在他眼中不过是利用的工具。为了一点点个人恩怨，不惜盗窃本单位枪支，陷害领导。在那几年时间里他精心策划，杀三人，分尸两人，只为了本单位金库的那300万现金，就像我们在片子最后说的那样：“犯罪嫌疑人宋存建认为生活中大家都在赌，只是赌的方式不同，扭曲的心理促使他做出了畸形的选择，他把抢劫银行残杀生命，作为自己人生的最大赌注。在他为了金钱疯狂杀人的同时，也泯灭了他本该善良的人性。”

2006年5月20日左右，我们摄制组计划去黑龙江的哈尔滨市拍摄一个关于6·26国际缉毒日的系列片，在出发前栏目主持人王筱磊提供：在黑龙江的虎林市刚破获了一起银行抢劫杀人案，案子据说很精彩，于是我们决定先到虎林市看看这个选题如何，然后再作决定。

位于黑龙江北部的边境小城虎林市，它隶属于鸡西地区，和俄罗斯接壤，是一个很美的北方小城。人口不多，由于是对外贸易口岸，经济相对比较发达，当地人生活得都很安逸，想不通这个地方怎么会发生如此恶性的刑事案件。

5月23日上午，我们在虎林市公安局看到了这个案子的原始录像素材，素材记录的是案发当天警方在银行搜索嫌疑人、从地库搬出尸块以及审讯嫌疑人宋存建的全过程。一边看素材一边听警方介绍。到这时我们才真正对这个案子有了基本的了解。录像素材里的情景，我可以说绝对是这么多年里我做公安题材看到的最震撼最恐怖的影像。荷枪实弹、小心翼翼搜索的公安和武警战士，一具一具浮现的尸体，有被枪杀的，有被分解的，鲜血和尸块充满整个画面，血腥味四溅，虽然仅仅是看素材，但那种压抑、恐怖还是让人无法正视那些活生生的现实。太残忍了……

在这里首先对案情作一下简单的介绍，这将有助于后面我们对拍摄和制作这部片子总体思路的阐述。

2006年1月16日清晨6点半，虎林市工商银行保安队队长王刚报案，虎林市工商银行里有可疑人员进入，可能发生了盗窃案，5分钟后赶到的警方，迅速对大楼展开了布控。警方当时看到的是大门没锁，卷帘门上挂着一个水桶，两个当晚值班的保安和值班员卢刚不见了，金库门完好无损，300多万现金分文不少，营业大厅地面上有点滴血迹，一楼的洗手间水池里发现一把带血的短刀。枪械库里枪和子弹都不少。经过搜索，值班员卢刚的尸体首先被发现，是枪杀，弹孔遭到破坏，无法查到枪弹型号。警方当时就怀疑那两名保安员作案的可能性非常大，但在不久的搜查中，这两名保安员的尸体在地库也被找到，他们不仅被枪杀，而且两人尸体被分解，分装在18个袋子里。作案嫌疑人另有其人。从尸体的弹孔上警方证实是7.62mm口径，作案用的是一把77式手枪。而巧合的是，银行2000年丢过一把77式手枪，嫌疑人有两个人，但当时没有证据，案件就此搁下。案发后4小时，警方从外围调查的信息中，证实案发前夜该银行的一名职工在一家洗浴中心有异常行为，晚上11点多跳楼跑了。他叫宋存建，银行原保安科长，也是2000年被怀疑盗枪的嫌疑人。很快抓捕了此人，宋存建交待这个案子就是他一人一手策划实施的。

事情好像到这里就应该告一段落了，可是经过我们再次跟警方了解，就发现了在这个案件的背后一些特别有意思的事情。比如说这个犯罪嫌疑人宋存建为作这个案子，里外里花了大约6年时间。

2000年，他因不满刚到任的上级，于是先盗窃手枪，致使当时的四位正副行长全部被免职。幸灾乐祸的他，没事就摆弄那把枪，寻思有了它能做点啥，结果这一寻思，坏了！金库里那300万现金被他惦记上了。用虎林市公安局局长潘奉先的话说："他隐藏得很深，他这个人有两面人生，他给别人的感觉是一个很老实、很勤恳的工作人员，但他的内心是极度扭曲的。"

我们到了看守所，见到了宋存建，他看起来比录像里刚抓他的时候老了许多，头发基本白了，而这也才刚过去4个月，当我们向他问起为什么要作这个案子时，他回答："总觉得这个环境和这个条件好像有这种作案机会，有这种可能性，觉得有作案可能性就开始去想。你能杀人，得着钱，只要是不败，不暴露，你就是好样的，我就是基于这种思想干的。"

从2003年起宋存健开始谋划他的阴谋，陆续购置了一百多样作案工具和器械，并学习了专门的技术。比如：

◇他买了切割机，花了3个月在修车厂里学习切割技术，到最后他可以在30分钟里，切割开相当于金库大门15个公分厚的钢板。

◇他偷配了银行大楼里所有房间的钥匙，把有可能用于作案的各种工具和物品分批藏于这些屋内。

◇当过军人的他，自己花了半年时间研制了简易消音器和收集弹壳的袖套，警方后来拿它的“作品”进行了实验，效果相当的好。

◇为了顺利分解尸体，他专门去内蒙古学习屠宰技术，刻苦学习的他，能熟练地在20分钟里分解一头牛，并且他经过计算，在30分钟里他绝对可以分解两具尸体。

◇在案发前半年，他就在银行大楼地下管道里，提前挖好了藏尸地。

◇在他的计划里，早定好了所谓“杀三不杀四”，也就是他觉得可以杀三人，但杀四人，按他的计算就没有时间来处理了。

◇在案发一年前，他有意在一家洗浴中心认识了一位按摩女，为他作案时寻找不在场的证据。

◇如果盗窃成功，300万现金他也想好了怎么处理，首先他不会把钱带走，而是藏在银行顶楼楼梯间的暗格里，那里只有他这个银行老保安科长才知道。钱放在那里，他随时想拿就拿。

◇在作案时间的选择上，他更是处心积虑。(1)一定是在冬天，因为东北的冬天昼短夜长，便于作案。(2)必须是星期天，因为那天人少，职员下班早。(3)必须是卢刚当班，因为他们的关系最好，杀他别人不会怀疑自己。(4)那天夜里还必须是银行的一个副行长当班，因为他知道这位副行长喜欢打牌，晚上一定擅离职守。这几个条件结合起来，于是就有了这惨暗的一天，2006年1月15日……

刚才所说的这些事情，在我们的片子里相当一部分没有涉及，原因很简单，有教唆犯罪的嫌疑，中央台是不会让播出的。虽说这个案子最终破得很快，但平心而论，宋存健的计划设计得确实很周密，按警方的说法：如果不是因为那天晚上宋存健走背字儿，又碰到那么多意外，最后给警方留下了线索，否则还真不好破案，即使能破也要花相当长的时间来调查。

按照宋存健盗窃银行设计的路线，我们重新完整走了一遍，体验他在那一晚的心境。可以说他那一晚遇到了太多意外：

◇作案时险些被人看到。

◇分解尸体的刀子找不着了。

◇洗浴中心定好的房间被别人住了。

◇当晚想和按摩女发生性关系，以证明他不在场，可是按摩女月经来了。

◇下楼时被狗咬。

◇跳楼时因为怕人发现，大冬天在房顶趴了一个多小时。

◇掩埋尸体的地下通道是全大楼供暖主管道，闷热难耐。

◇将近六十的他，已经没有体力了。

这一切，让他不仅金库没撬成，作案线索却留下一大堆。

当时在设计拍摄方案时，我们考虑尽量利用好警方提供的素材，然而素材有限，预计的拍摄量还是很大。于是，我们的想法是，在拍摄中的构图、角度、色调上，区别索性就大一些。色调偏蓝，构图中后焦调虚，只有全景、近景和特写，没有中景。因为资料少，模拍不可能那么真实，不如更强调镜头里的气氛与整个案情是否合拍，多拍空景和写意性的镜头。不可避免地要有人物出现，让他虚化，不给中景这样叙述性的镜头。这些就是要告诉观众，画面虽然是再现的，但故事是真实的。

在故事的编辑过程中，采用正叙和倒叙相结合的叙述方式。先讲一遍故事的梗概，把一个又一个套儿都留着，到后面再倒过来重新讲一遍。随着一个个套儿被解开，哦，原来如此！因为这个故事真正有意思、好玩的是后面，也就是故事背后那些警方都不知道而当事人遇到的所有尴尬的事情。

如果这个片子还能算成功的话，那么我

们认为有两点做得不错。第一，我们把一个“银行持枪抢劫”、“杀三人”、“分尸”这样一个血腥、暴力、残忍的故事讲到最后，成了“喜剧”效果。第二，在片子里我们并没有着力体现公安干警的英勇、无畏，而是更多地表现犯罪嫌疑人的厉害、狡猾。我们认为只有把罪犯表现得够厉害、够强大，才越能够衬托出公安干警的“机智过人”。不管怎么说，这部片子从开始的紧张、恐惧、残忍，到最后的哭笑不得。我们认为还是基本实现了我们对这个真实故事的最终看法：“天网恢恢，疏而不漏，终有报！”

《香格里拉女人》资料

节目名称：香格里拉女人
节目时长：41 分钟
节目类别：人文类
制作单位：云南电视台
主创人员：编导／张丽
摄像／张志强
剪辑／冯滔

编导简介

张丽，资深电视人。1960 生于云南昆明。1984 年就读于北京广播学院，1979 年进入云南电视台工作，1980 年开始电视专题片创作，1990 年至今转向纪录片创作。

主要获奖作品：

专题片《西南第一山——狮子山》获全国二等奖。

人物专题《吴肃霜》获“五个一工程”奖。

《刀美兰》获全国二等奖。

电视散文《云南雪》获全国一等奖。

10集系列纪录片《走进香格里拉腹地》中的《风雪牧人》获全国二等奖、省级一等奖。《经幡》、《玛尼堆》、《理塘赛马会》获多项省级奖。

纪实性纪录片《寻访香格里拉岩画》获全国二等奖。

纪录片《寻找普洱茶》入围2005年度“中国纪录片国际选片会”，获省级一等奖。

内容简介

自古以来，藏族人民生活的地域环境大都在海拔3000多米以上。相对恶劣的自然条件和崇山峻岭的阻隔，使得外面的文化很少能进入藏区。千百年来藏族人民的生活主要依靠种植青稞。

一个陌生人的到来，改变了布格家族和许多香格里拉藏族人的生活，几代人种植青稞的土地，一时间变成了蔬菜种植的大棚，这无疑动摇了他们千百年来维系家庭和牧场生存的“基石”。青稞的不再种植，意味着格

2007 CHINA DOCUMENTARY YEARBOOK

桑卓玛和她的家族与生俱来的生活方式，在她们这一代人身上悄悄地改变了。

《香格里拉女人》摄制组通过三年的拍摄，向你讲述了在香格里拉布格家族里，当家女人格桑卓玛在一年四季生活中的经历与艰辛，同时也通过如诗如画的美丽画卷，衬托出一位顽强成熟的藏族女性形象。

走进香格里拉女人

张　丽

在我的一生中有30年的光阴是在云南电视台与电视为伴走过的。平时总会有人跟我说，你们做电视的人太幸福了。这话应该怎么理解呢？每个人都有着各自不同的幸福观。

我觉得电视行业的幸福在我身上的体现就是要真正地付出，要舍才能得。在我的工作中天天谈的都是拍片选题，时时吃的都是盒饭。身上穿着朴素的休闲装，常常穿梭于香格里拉、临沧、版纳等云南省的东南西北，与当地的官员、同行、乡亲喝酒交心，释放着自己真实的情感，我觉得这种职业的奔波与真实就是一种幸福吧。

其次是走进一望无垠的大自然，徒步跋涉在山川河流之间，经常被快要落幕的夕阳感动，一顿农家饭留住了忘不掉的口味，驱车踏雪，经常在凄风寒夜里睡在农户家晒粮食的屋顶上，数着星星，听着狗叫，这时我也会感到幸福。

人们常说绚烂来自于寂寞。在《香格里拉女人》获奖之后，我更多想到的是，张丽啊，你为什么这样为难自己。三年多的拍摄，每次从香格里拉回来，都是拖着浮肿的身躯，长满黑斑的脸蛋，可还没等身体恢复过来，又背起行装出发了。在那时，我失去了一个女人特有的爱美的天性，取而代之的是一种执著、投入和坚守。为完成一部理想的纪录片，我把身心裸露在大自然当中，我感悟到了天地万物的美，真真正正接触到了本真，努力把一种人们认为高雅的纪录片艺术穿越高度负重的大脑，把每一幅感人逼真的画卷捕捉下来，传递到百姓人家，去为别人发现、挖掘、展示这个世界的美妙与神秘。这对我来说就是最幸福的了。

我是一个女人，也是个纪录片工作者，我有我悲天悯人的情怀，因此，我关注当下，关注平凡生活。

香格里拉是人们向往的美丽天堂，走进它的人都感慨万千，是雪山、草甸，还是寺院、僧侣，还是那纯朴的民风，让你如痴如醉？每一个人所处的地域环境不同，所以对事物的理解也是不同的。在2003年当我第一次走进香格里拉松赞林寺，我感到了藏传佛教的威严，走进藏民家里，我感到佛依然存在，我感到佛在香格里拉的释放与包容，它给虔诚的藏民力量与和善以及一种民族信仰。所以这里的人们温婉善良，心像明镜似的透彻，像雪山流淌下来的雪水那样清纯。

香格里拉对我来说是一个梦，我有种“一朝如梦，终生不醒”的感觉。作为电视人，我用自己的方式记录了大量的梦境。多年来我做了关于香格里拉的许多节目，包括这部《香格里拉女人》。

香格里拉的真实、清澈、明艳、柔软让我找到安抚我灵魂的圣地。在都市的喧嚣与倾轧间惊慌失措地奔走，常常有身心俱疲的无奈，而香格里拉，它让我安静、从容地审视自己和周围的一切。在那片净地我常常有一种欲哭无泪的感动。有一次我们到牧场准备拍摄母牛生小牛的镜头，牧主很快同意了。这时陪同我们的当地人告诉我们，这儿的人有一种禁忌，认为刚出生的牛犊被陌生人看了便会死去。我知道一头牛对他们来说意味着什么。最终，我们还是放弃了这次拍摄。像这样很小的细节，我在拍摄中遇到很多，处理好这些细节也就意味着对当地民族的尊重，慢慢地我也找到了我生存的空间，自然地融入到他们的生活中。

有人说记录不需要思想。我不同意这种观点，我一直想通过精心选择一些具有典型代表意义的生活片段，通过记录浓缩的真实生活，融进自己的思考。所以在拍摄《香格里拉女人》时，当格桑卓玛他们世代沿袭的传统生活方式将被现代文明冲击时，我想的更多的是这个家族能否在以后的日子中一如从前那般生活得快乐、幸福。我想表达的是：人类应该考虑保持文化的多样性，现在的实际情形是强势文化都在影响少数民族文化。因而，我力图通过格桑卓玛一家的经历，显现出他们民族在这一阶段痛苦、矛盾、迷惘的心路历程。让更多的人走进他们的真实生活，关注他们的生存和发展，从而尊重他们的习俗和文化。

在和格桑卓玛的接触中，我观察到，这个叫布格的家族中，女人是一家人的主心骨，也就是我们通常说的当家人，格桑卓玛的大姑妈邓主卓玛是家族的大当家，她颇得家族成员的尊敬与爱戴，我还发现格桑卓玛作为一个家庭的当家人，在家里有着极高的地位和荣耀。但另一方面，这位说话不多的女人身上同时也具有中国传统女人隐忍、奉献等诸多品质。令我料想不到的是，这部名为《香格里拉女人》的纪录片一拍就拍了三年多。

Ruzicka 认为，纪录片应该保留生活中的陌生感和神秘感，而不是去说出来。在香格里拉，大年初一凌晨，当家的女人就要到神山脚下背回第一桶水，我们隐约觉得这样的事有特殊的意义，我们就踏着深及小腿肚的积雪一路跟随格桑卓玛“挪”到神山脚下取水处，又“挪”回家中，直到格桑卓玛将神龛上的花瓶和屋里的水缸换上新水。为了拍摄这个过程，我们整夜都没有合眼，目睹了藏族妇女对佛的虔诚，背回来的圣洁的山泉水，将给一家人来年带来吉祥和幸福，我们用摄像机记录了这一年当中最美的时刻。

就我个人的理解来说，新闻报道与纪录片的不同在于，纪录片是以个人观点为视角，从这个视角出发，能够发现一种重现理解和重新思考的必要性。正是这种必要性才使纪录片得以实现。比如人与媒介的面对面。而人都有了解别人的需要，纪录片成为满足这种需要的途径。在纪录片中人们能够了解到别人在同样的时光下是如何生存的，以及他们是如何面对困境的。

我基本上是个内向的人，换句话说我更喜欢的是观察、倾听和思考。因此，我的作品中没有喋喋不休的说教，有的只是平淡、平静的记录手法，让我有更多的精力去关注作品本身所蕴涵的分量。当我第一次走进香格里拉，那是2003年的冬天，香格里拉一片银色的世界，香格里拉女人头上的、男人身上穿的、僧人身上披的夺目的红，那是一种让人赏心悦目的又说不清楚层次的红，我把它叫做“香格里拉红”，它在皑皑的白雪上移动，有一种如梦如幻的效果。在《香格里拉女人》拍摄冬季牧场的过程当中，我试图用画面来展示特殊环境里的特殊效果；而在拍摄夏季牧场的时候，我又无意中发现男人和女人头上都变成了绿色。他们说，顶着绿色的头巾在草甸上放牧，天上的雷公便找不到他们。这时我们才明白，这些顶着绿头巾的女人早已融入了自然，从颜色的选择开始，谁说这不是一种与自然的和谐？

这些年来，我一直在找一种自己用纪录片手法来表达事物的方法。《千年深红普洱茶》和《香格里拉女人》两部片子做下来，我想我该是找到我的方法了。那便是见心见性，遵从心中的感情，敬重身边的人和物。

吴文光先生说，镜头像自己的眼睛一样。我想纪录片工作者的眼睛和心灵首先要干净，做到一尘不染，才能把握作品的厚度与高度。说到底，还是句老生常谈的大实话，先做人再做事。做纪录片也一样。我主张纪录片工作者应当学会在平常生活中去找故事，而不是想当然地去“编故事”。留心、用心，我们的生活中不乏震撼人心的事件。

2005年初，一位操一口白族味很浓的汉话的陌生人闯入布格家族。格桑卓玛他们当时并不知道，这位不速之客的到来会给他们与生俱来的生活方式带来一场根本性的变故。这位热爱、看上布格家族土地的人叫杨润伍，他是大理的蔬菜商。

杨润伍到格桑卓玛家来的目的十分明确，他想让世代以放牧和种植青稞为主要生存方式的布格家族放弃青稞种植，改种反季节蔬菜。杨的想法一摊开，顿时在布格家族中炸开了锅。首先站出来反对的人是布格家族年纪最大、德高望重的邓主卓玛——格桑卓玛的大姨妈。她的理由十分充分：“我们藏人从来不吃蔬菜也不种菜。如果不种青稞，人的口粮、牲口的饲料从哪里来？再说，蔬菜种不出钱来的话，我们的人可以去要饭，我们的牧场咋个整？”总之，邓主卓玛认为不种青稞种蔬菜是件十分危险的事。

铁了心的杨润伍软磨硬泡，他知道在这片净土种植反季节蔬菜的诸多好处，比如这儿因气候寒冷不存在病虫害，这样，农药就跟这儿种植的蔬菜沾不上边。布格家族水泼不进的态度让一筹莫展的杨润伍决定出次“血”，他忍痛出钱邀请格桑卓玛和她的姐妹们到大理蔬菜种植区参观考察。

从大理回来的格桑卓玛心事重重，她很矛盾。一方面是“大家长”大姨妈立场鲜明的反对态度；另一方面，在大理的所见所闻让她着实见了世面，一亩蔬菜的经济收入是一亩青稞的三四倍。最终这位说话不多的二家长格桑卓玛拿出了自己的主见，说服家族成员种植反季节蔬菜。

收获的季节来临，格桑卓玛他们种植的无公害蔬菜大获丰收。怀里揣着大把钞票的格桑卓玛和族人笑逐颜开。

又一年收割青稞的时节到来，格桑卓玛面对空空如也的青稞架怅然若失。也许她知道，布格家族数代人的生息方式改变了！

纪录片是缘于倾心所爱的表达。拍摄《香格里拉女人》期间，我与我的拍摄对象、环境融为一体，我陷入一种爱的漩涡中心，我爱格桑卓玛，爱她身边的所有人，爱她家牧场里的牲口，爱她家种植出来的蔬菜……我的爱感动着自己，我当然也希望这样的爱能感动别人。

《东陵》资料

节目名称：东陵
节目时长：15 分钟
节目类别：创新类
制作单位：唐山电视台
主创人员：编导／费佑铭、刘硕
摄像／费佑铭
剪辑／刘硕
音效／刘硕

编导简介

费佑铭，独立制片人。1963 年生于中国唐山。毕业于中央民族学院美术系。2005 年，纪录片《台阶》入围第十八届法国 FIPA 国际电视节创新纪录片竞赛单元；2006 年，Video 作品《东陵》、《纵深 800 米》在中国北京长征国际艺术空间展映。

刘硕，独立制片人。1978 年生于中国唐山。毕业于河北理工大学外语系。2005 年，纪录片《台阶》入围第十八届法国 FIPA 国际电视节创新纪录片竞赛单元；2006 年，Video 作品《东陵》、《纵深 800 米》在中国北京长征国际艺术空间展映。

内容简介

猪血，曾经在久远的历史时序中充当古建筑表面涂层的黏合剂。今天，从故宫到皇陵的修缮，仍在沿用这古老的配方。在地处河北省东部山地的清东陵，这个配方使一些破败的殿宇有限地恢复原貌。经过发酵的猪血，除了它的粘合作用，人们同时相信从活猪身上取得的鲜血经过炮制后用于屋宇建造能够驱灾避邪、纳福延寿。但是，正如人们自古以来在建造庭宅、宫殿以及修筑陵墓时对于古老风水的期许，最终也没有阻止住事物朝风水所指向的负面迅猛回归，猪血起到的作用也同今天廉价的聚酯酸乳胶一样稀松平常了。更大的变化是，从前庄严的皇宫今天成了人们游玩的公园，皇陵也变成休闲的人们玩耍的地方。历史在这儿跟权倾华夏的帝王们开了一个残酷的玩笑！而这样的玩笑还在以剑走偏锋般的方式出人意料地在现实中继续。苦苦营建了三百年的皇陵如今几乎成了矿场，因为掩埋着皇帝尸骨的这片美丽的山地皆由高纯度的铁矿石构成，于是当年守陵人的后代在充当修陵工匠的同时，也在陵墓边开挖着矿坑。代价是，不但人皆远去，这片曾经神圣富饶的山川也在渐渐销蚀……

关于实验纪录短片《东陵》

费佑明　刘　硕

纪录片之《东陵》

2006年末，在四川泸州举办的中国纪录片国际选片会上，18分钟的实验纪录短片《东陵》被活动的组织者——中国纪录片研究委员会安排作现场放映。耐人寻味的是，这部低成本的由独立制片人创作的实验短片被安排在制作精良、叙事恢弘的主流纪录片《圆明园》之后放映，这一精心设计的排序，无意间暗合了作者在短片中所做的实验——在叙述结构上的由信息延宕或压制所产生的信息断点派生出新的叙事意义。

短片以纯客观的手法拍摄记录了以清王朝陵地以及故宫为场域展开的发生在普罗大众身上的众多当下行为，剪接上更多地运用长镜头的剪辑理念，使镜头与镜头之间并不产生剪接本身所指向的蒙太奇意义，尽管某些镜头时长很短，但我们着意控制，使各个短镜头之间仍然依循长镜头的叙事方向依次接续。这样做的结果是让我们绕过使观者按常规心理期待直接进入一种单向度的情节接收，而将部分阐述的空间留给观者，即叙述的过程包含了事件、情节断点以及观看者对情节断点的即时建构等若干相互连接的环节。

可能正是出于对这一探索方向的认同，促成了2006年末泸州放映现场，两部风格迥异但内容相关的纪录片在放映次序上做出巧妙设置，这与作者所期待的观者对本片的解读路径不谋而合。《圆明园》中详实的对昔日宫廷奢华生活的描述正是对短片中缺省的浩瀚、庞杂的相关史实以另一种方式的补充。而类似的过程也在发生在不同观者身上，一些人在观看影片之后更多述及被影片细节所牵连出的对于片中未涉及事件的回望与感受，在这里，由叙述情节派生的新的阐述被不同观者依着自己的解读方向创建起来。

我们把解读看成观者从情节作出的一种建构，叙事就像生活，其表意游戏是永远开放的。把建构故事的工作交给感知者，这不仅使个体感知的故事之间的比较成为可能，而且可以直接面对故事在个体感知过程中的发展和变化的不稳定性。同时，个体对从不稳定的连续故事中感知到的事件的阐释是变化多样的，这从多个角度使解读变得富有创造性并丰富多彩起来。

《东陵》无意展开对一个完整的现实事件的叙述，但它所引用的细节却完全真实，借用这些真实的元素并非欲达成一种隐喻，而是要建立一个与观者共同审视的现实框架，从个体角度进入事物，正如埃歇尔依据严密计算的数学逻辑绘制出的版画，对于真实物象的精确描绘也同时创建出未被描绘的真实，无论哪种物象，都在现实中。

荷兰艺术家埃歇尔的基于精确数学计算绘制的版画《第45号平面规则分割》

风水之"东陵"

猪血，曾经在久远的历史时序中充当古建筑表面涂层的黏合剂。今天，从故宫到皇陵的修缮，仍在沿用这古老的配方。在地处河北省东部山地的清东陵，这个配方使一些破败的殿宇乍看起来修葺一新，但古建筑的灵魂从此将再也无迹可寻，最主要的原因是建筑与配方以及使用配方的人原有关系的解体。但配方延续了一个寓言，它指引我们找寻到权力系统相对于时空的边界，在边界的两端，物是人非，世象被完全颠倒过来。而经过发酵的猪血，除了它的粘合作用，人们同时相信从猪的活体上取得的鲜血经过炮制后用于皇家陵墓与宫殿的建造能够驱灾避邪、稳固政权。但是，这一发生在人与动物之间的不对等权力关系最终也遭受报应。正如弄权者对于权力系统的疯狂构筑，修筑陵墓时人们对于神秘风水的期许，最终却让世事朝风水所指向的负面迅猛回归。从前森严的皇宫今天成了人们游玩的公园，皇陵也变成休闲的人们戏耍的地方。权力的操控者被历史开了一个残酷的玩笑，苦苦营建了几百年供自己身后安寝的陵墓在今天被矿场包围；掩埋着皇帝遗骨的这片美丽的由高纯度的铁矿石构成的山地，引来四面八方的开矿人，当年守陵人的后代在充当修陵工匠的同时，也在祖辈的主子的陵墓边挖掘着矿坑。早先的禁地，曾经山明水秀并且蛮荒的原始山地如今充斥着赤膊的游客、重载的汽车、喷薄黄尘的烟囱以及炽热的化铁炉……从前的曾经照见故人威仪的明月在这一年的中秋之夜，浑圆地从神道边再次升起，皇权却远无踪迹。明月无语，只在预言着再一次的轮回……

《闲着》资料

节目名称： 闲着
节目时长： 92 分钟
节目类别： 人文类
制作单位： 上海文广新闻传媒集团纪实频道
主创人员： 张伟杰

编导简介

张伟杰，上海电视台纪实频道《纪录片编辑室》编导、主任编辑，中国电视艺术家协会会员、中国纪录片学术委员会会员、上海广播电视学会会员、上海电视艺术家协会会员、第六届上海市文学艺术界联合会代表。

1963 年出生，1987 年毕业于华东师范大学。自 1992 年起从事纪录片创作，多部纪录片获中宣部“五个一工程”奖、中国广播电视奖、全国少数民族题材电视艺术骏马奖、上海新闻奖等大奖。2002 年，纪录片《干妈》

获亚洲电视奖人文类纪录片大奖、上海国际电视节“白玉兰”奖纪录片评委会特别奖。

内容简介

老房、石静、小赵、老丁是音乐爱好者，也是生活在社会边缘的街头艺人。他们因生活所困，陆续走上上海街头，开始了卖艺生涯。他们各有各的经历，各有各的难处，各有各的追求。他们分分合合，合合分分，相互帮衬，也互有竞争。白天，他们聚集在虹口公园，义务教人唱歌、拉琴；夜里则出没都市霓虹灯下卖艺，为各自的生计奔忙。他们用歌声寻找自己的的尊严，表述着历史和现实，宣泄着快乐和忧愁，祈祷着心中的明天。

《闲着》导演阐述

张伟杰

一、总　述

近些年在上海街头出现了不少靠卖艺为生的人，他们有的是辗转各地的流浪艺人，有的就是乞讨者，还有少数是一些下岗或者退休的市民，他们因生活困难，靠卖唱来补贴生活。

老房曾是大型国有企业的老工人，数次被评为先进生产者，因为原单位破产兼并而下岗失业，曾经因为贫困、失业而心理受挫自杀，后来靠街头卖唱维持生活；山东寡妇石静本是乡村民办教师，失业后到上海当保姆，后来为了供儿子上大学走上街头卖唱；老丁原是苏北乡团委书记，后来到上海建筑装潢公司当经理，被老板辞退后为了供女儿上大学也开始卖艺；青年农民工赵红明从国企失业后也加入了他们的街头卖艺行列。他们分分合合，合合分分，在街头找到了自己的欢乐，找到了自己的尊严。他们各有各的经历，各有各的难处，各有各的追求。白天，他们聚集在公园，义务教人唱歌、拉琴；夜里则出没都市霓虹灯下，为各自的生计奔忙。但是家庭和社会并不认可他们这种生存方式，他们为此陷入两难的境地。

一年来，这些小人物在窘困潦倒的生活中顽强地挣扎，用歌声寻找自己的的尊严，表述着历史和现实，宣泄着快乐和忧愁，祈祷着心中的明天。

中国近现代史以来，小人物们获得身份和追求解放的过程曾经以不同的“革命”名义被指认，它在中国辽阔的城市与乡村之间展开，绵延至今。不幸的是，每一次革命的成本都由小人物们承担了。

处于“转型期”的中国，在一轮轮“产业结构调整”、“股份制改革”、“国企改制”的浪潮中，失去土地或者工作的小人物在他者的空间里流浪和被放逐，他们成为没有主体身份的客体存在。主体身份的虚无意味着其背后政治和经济力量的空缺，失去身份的人同时失去了话语权。他们流浪的踪迹和主体的碎片中可以辨认的唯有痛楚。

痛楚作为存在的证明，其前提是他们肉体与精神的巨大创伤能够被放在人的尊严的位置上，即作为“人”的痛感体验可以被揭示和认同，否则那些无声的痛楚的呼号就只能如孤魂野鬼，在我们的城市里梦魇般飘荡。

在普遍的痛楚中，我格外看重向上的故事。

看重它们就是看重人性，看重人的尊严，看重生活本身，看重获取自由的信心。卢梭说："人生而自由，却无时不在枷锁中。"我宁愿把它倒过来——人，生而枷锁，却无时不在向往自由。

马克斯·韦伯将权力划分为法理权力、习俗权力和人格权力三种类型。事实上，这四名街头艺人正是以他们各自的言说方式，用生命之火点亮着尊严的光辉，为小人物们争取这种苍天赋予的人格权力！

在上海迈向国际化大都市的进程中，城市面貌日新月异，气象万千，光彩照人，但是一些不起眼的小人物就这样被遮蔽在城市公共符号的光辉下。尽管如此，他们用那一代人特有的坚韧意志和向上的生活态度，顽强地生活着，诗意地栖居着，以证实自己没有被巨大的城市浪潮所淹没。

他们的确不是这座城市的精英，但是他们的确在这座城市存在着，是这座城市不可分割的一部分。

把镜头沉到社会的底层，以饱含内省的社会责任感记录当下小人物，关注现实，直指民生，直面社会——这本来就是中国"新写实纪录片"运动的集体责任，也是我们这部纪录片的立场。

二、主题、片名和记录方法

（一）故事主题

在社会边缘寻找人生的尊严。

（二）片名

我们这个符号化的社会里，没有"正当职业"的人历来被称作"社会闲杂人员"，本片片名《闲着》，其实就是取自于这个意思。英文译作Idle People in Society（社会闲杂人员）或者Butterflies（蝴蝶）。

（三）记录方法

对于一个纪录片人而言，只要你端起摄影机，就无法回避关于"真实"这个大而无边的命题。

镜头前面是"他们"，背后是"我们"——用人类学家的话来说，就是被研究者的自我（客观的真实）以及研究者的自我（主观的真实或内心的真实）。

本片的记录，我希望结合人类学田野作业的客观观察，并艺术地融入作者的价值判定和主观感受，消解主观的语言与客观的画面之间的对立，消解影像内与外的区别，甚至进一步消解"我们"和"他们"的界限。

办法只有跟他们长期相处，共同生活，共同流浪。只有我和他们共同经历了一桩桩事件之后，彼此才可以借助自己的个人体验，观察对方，从而通过情感的交流获得某种认同，跨越"研究者"和"被研究者"的鸿沟。

三、叙事、结构、风格

主线

将两支街头卖唱乐队街头卖艺活动平行剪辑，记录他们在街头的存在状态，记录他们在街头与城管、保安的冲突，记录他们分分合合、坚持或者放弃的过程——这些矛盾的发生、展开与解决，构成本片主线。记录方式采用直接电影式的客观观察法。

副线一

公园里休闲式的集体活动以及冲突，与各自朋友、家人的交流和冲突等。记录方式同上。

副线二

四名街头艺人各自对自己前史的回忆以及对于现实中一些事件的主观感受。用主人公各自的旁白表现，记录方式采用相对的主观介入式。

风格

这是一部典型的城市题材的纪录片。城市光怪陆离的景色以及特大城市象征超级规则的视觉符号，同这些小人物生活的游离状态以及被遮蔽的内心欲望之间将构成巨大的反差。

对于前者，我会以十分工整的画面和严肃的态度去表现，如同新闻和专题的风格；而对于后者，我将把摄影机尽可能逼进拍摄对象，用足特写甚至大特写，以此去捕捉他们细微的情感变化和内心的挣扎。

声音也是这个片子重要的元素，电视广播庄严的的声音、城市杂乱巨大的喧嚣、小人物家中的安宁沉寂以及歌声表达出的激昂虔诚，都是本片重要的符号，它们将在情绪的渲染和意义的相互消解方面起到重大作用。

四、若干重点人物场景的拍摄方法和意义

（一）关于公园

公园是老房休闲的场所，在那里他是个受人尊敬的人物。他带着很多歌迷演唱经典老歌，如痴如醉。

在我看来，唯有街头的霓虹灯下、家里昏暗的日光灯下才是当下小人物生活的常态，而公园的自然阳光下反而属于一种类似于集体催眠的非正常状态。正是这种对催眠效应的主动追求，串联起了“过去”和“现在”，营造出梦幻般的迷境。在经典歌曲扬起的语境记忆里，“底层”老百姓重新回到作为社会主体存在的时代，模糊了彼此间微妙的差别。

然而，“卖艺身份”却成了一个警示信号，歌友们在信号的呼唤下很快结束催眠，回到现实生活。而现实生活的“底层”居然也存在着难以逾越的“次阶层”现象——这对于老房，无疑是致命的一击。

而遭到重击之后的老房，只要他还活着，只要他还能走上街头拉琴——其性格的坚韧、生命力的顽强也就不言而喻了。

公园里歌友的一组特写镜头，是对意大利导演帕索里尼晚期“生命三部曲”狂欢风格的模仿，也是我对这位后新现实主义大师表示敬意的方式。他用丑恶“污染”神性的护佑，我用模仿消解公园里“经典歌曲”营造的神圣气氛，隐指我在摄影机背后的焦虑和内省。

（二）关于街头与城管和警察的冲突

事实上，街头艺人经常会遭到城管和警察的驱赶。这样的冲突每天都在发生着，甚至一天会发生多次。

就我拍到的镜头而言，他们遭遇的每一次驱赶事件都各不相同，“颇有特色”：有长时间的对峙、有利用语言陷阱的智斗、有大量市民介入的据理力争、有影像冲击力很强的“武斗”。因为街头拍摄必须隐匿电视台导演身份，好几次我也和他们一起被粗暴地“请进有关部门”进行盘查。

在我的初剪版里，这样的驱赶出现了六次：对峙在构图和节奏上带来一种张力；智斗表现出老丁的生存智慧；市民阻止管理人员驱赶表现出老百姓对街头艺人以及对“有关部门”的态度；至于对老房的强行驱赶则多少让人看了心里不是味道。

这些带有冲突的场景段落一般总是精彩的，但是很容易把问题导向街头艺人这个特殊群体与行政管理部门之间的矛盾——事情如果真的这么简单倒好了，一个相关的立法提案就能解决问题。可这不是我要表达的，也不是纪录片的使命。

《闲着》并不仅仅是一部关于街头艺人的纪录片，它的指向是整个社会底层的小人物，关注的是闪现在普通老百姓身上的人性的光辉。

基于这样的考量，我毫不犹豫地删掉了其中“最为精彩”的四段，只留下了两段有关驱赶事件的段落。

（三）关于老房与两个儿子的观念冲突

老房跟两个儿子关系很僵，儿子们不理解他，甚至鄙视这位卖艺的父亲。

老房的儿子一个为官，一个为商，算是处在“金字塔的中产阶层”。他们能有今天，

都是靠这个当工人的父亲甩着一个一个响当当的榔头硬生生地供出来的，在老房工作过的车间里，在那个陋室墙上扎眼的保险箱里，人们不难想象这两个大小空间如何寄存着一位社会底层的小人物望子成龙的渴望。中国社会底层有多少这样的父母，哪怕把自己放在火上烤、在油里煎，也要奋力把子女“顶上去”。

在当下中国，“顶上去”的途径之一就是读书。然而，一个现代中国读书人可能是这样生存的：从小学一直读到博士，几乎大半辈子都封闭在语词和书卷里——那里有英国公式而没有中国农民佝偻的背影，有美国概念而没有中国工人汗渍的气味，有某种学术规范所要求的大堆图表、引征、注释以及索引，却永远没有中国田野和集市里的惊讶、迷惑以及叹息。十余年后，当子女们真的完成了这样的“阶层跃迁”，汇入“主流”，他们的价值判定却与自己的父辈们渐行渐远，最终连语言系统也无法互通——这是一种怎样的悲哀啊。

我相信，若是仅仅从物质层面上论孝道，老房的儿子们绝不会输给任何人——这一点，在拍摄的一年间，在老房那间出租屋昏暗的灯光下，老房不止一次地跟我提过。但是“精英们”或许不知道，或许不屑于知道：他们靠卖唱为生的老父亲，心底真正企盼的是精神层面的认同和尊重。

电影画面具有单义性的特点，任何具体影像都是对个体的指认，我不想让一个普遍的真相被个案所遮掩，于是我删去了关于老房儿子们的所有影像，宁可让他们成为仅存在于语言里而没有具体形象的“戈多”。

因此，老房蹒跚的背影就变得特别重要——在老房佝偻的背影里，我分明看见一把把明晃晃的尖刀，不停地凌迟着这位老工人的精神。

这里不必忌讳我的主观介入，我用一只眼神无限悲悯的猫的大特写反应镜头，来代替我的存在，表达作者情感。

我希望，这个画面能够成为符号学家罗兰·巴特所说的刺点（punctum），引起观众的共鸣与思考。

（四）关于小赵人物形象的意义

小赵，是全片的重点人物，也是上苍赐予我的不可多得的人物形象，我在他的身上寄予了太多的个人情感。

《闲着》采用部分直接电影“墙上的苍蝇”式的理性观察方法，但是可以试图让作者的自我“注入”这个影片里。我希望让小赵成为我的影子，或者说就是对中国纪录片人的直接指认。

小赵对传统既有继承又有反叛，对于老丁的商业化生存手段既依赖又不满，毅然脱离为包工头打工的农民工生涯却又留恋着那份作为城市工人的自豪，一边为街头卖艺状态寻找现实的理由一边却也经受着“当一名酒吧夜总会乐手”的诱惑，在城市和农村之间他用《回家》表述着身份认同的困惑、在困顿沮丧中用“婴儿的第一声哭喊”说出他对人生阶段的哲理思考……这是一个在现实和理想之间徘徊的人物，时刻饱受着内心矛盾的煎熬——这，不正是当下中国纪录片人的生存状态和心理状态的写照吗？

“上海这个城市我没白来”——一如纪录片人给自己鼓劲的口号，谁都可以听出这句话里的自我欺瞒。他和纪录片人一样，只能用精神的迷幻欺骗自己苦苦支撑下去。在这个日趋商业化的世俗社会里，所谓“自觉”也只能为自己徒增循环往复的烦恼。

小赵、纪录片人，他们都无力改变自己悲剧性的命运，只能够在这样无休止的困惑和矛盾之中，完成自我救赎之路。

（五）关于结尾

我将结尾选择在2006年除夕。

除夕对于绝大多数中国人来说都是一个

特别的时刻，新桃旧符，季节交替，时来运转，万象更新……在这些充满希望的新年语词面前，社会结构中的每个阶层、每个家庭、每个个体之间达到了一种有时效的高度平等，这种平等的表现就是普天同庆、全民狂欢，而每年一度的“春节联欢晚会”更是成为这种平等的符码。

于是，购物中心大屏幕上的“春晚”，与高楼下的卖唱构成了一种奇妙的关系：“春晚”的虚拟性和老房们的街头存在；“春晚”官方的话语和老房们百姓的言说方式。他们依存于同一个空间里，产生了一定的逻辑关联，却又彼此消解，在不断地间离中达到一种集体狂欢。正是这种微妙的关系构成了张力。

我试图通过这种张力使主题在结尾处能够得到深化。

《拯救》资料

节目名称：拯救
节目时长：41分钟
节目类别：自然与环境类
制作单位：云南西双版纳电视台
主创人员：编导／刁佳顺
摄像／刁佳顺、黄国生
剪辑／刁佳顺
音效／赵玉红

编导简介

刁佳顺，彝族，主任记者，现为西双版纳电视台副台长。

从事电视工作十多年来，一直在云南西双版纳这块神奇、美丽的土地上跋山涉水，用影像记录生活在这里的各民族的风情习俗和发展变化、记录栖息在西双版纳这块绿洲里的各种动物的生存状态。在偏远的边境线上、在“金三角”毒源种植区、在幽深凶险的热带雨林中，都留有采访和拍摄电视节目的足迹。

主要代表作品：《希望之河》、《绿色禁毒工程》、《民族之江》、《密林中的野象》、《救象记》、《玉吨和她的家人们》、《波双传艺》、《人象之争》、《拯救》。

1995年至2006年采访创作的36件新闻、专题片、纪录片作品获省级以上奖，其中，2件作品获中国新闻奖二等奖，1件作品获中国广播影视大奖提名奖，13件作品获云南新闻奖一等奖和云南广播电视政府奖一等奖。

内容简介

西双版纳是中国境内的野生亚洲象的栖息地，在西双版纳自然保护区内，一头只有三岁的小象被盗猎者的捕猎夹夹伤，小象的生命危在旦夕。

当地保护区的管理人员和森林公安民警闻讯后紧急出动，开始了一场惊心动魄的救援行动：一边是救援人员竭尽全力去营救小象的生命；一边是愤怒的象群守护着受伤小象，不允许救援人员靠近……人们采取措施把受伤的小象从象群中抢出，解除了夹在小象脚上的铁夹子，然后为小象治疗伤口。与此同时，小象的母亲和它的家族成员锲而不舍地穿梭在西双版纳自然保护区及周边村寨，寻找被人类“劫”走的孩子……

不同的方式，同样的心思——人类与野象都要拯救受伤的小象。

纪录片的魅力如何凸现

——纪录片《拯救》的创作阐述

刁佳顺

在中国广播电视协会纪录片委员会举办的2006年度中国纪录片国际选片会上，西双版纳电视台拍摄制作的纪录片《拯救》被评为“十大纪录片”之一。在此之前，《拯救》还荣获首届“中国·玉溪国际环保纪录片周”的三等奖、云南省广播电视政府奖一等奖。此片也曾先后在中央电视台《绿色空间》、中国教育台《国视DV》、云南电视台《经典人文地理》等国内多家电视台的栏目中播出。《拯救》以引人入胜的故事、惊心动魄的场面、感人肺腑的真情、富有创新的剪辑，给广大观众留下了极为深刻的印象。

《拯救》成功之处，在于节目制作中始终遵守和贯穿一个重要理念，就是要把节目做得“好看”。事实上，无论是自然与环境类纪录片，还是人文类、历史文献类纪录片，一个共性的要求和主旨就是“好看”。要“好看”，关键是纪录片的真实性、故事性、可视性、艺术性的巧妙结合。

一、纪录片的真实性

纪录片是以纪实的拍摄手法对真人真事进行客观记录的一种影视节目。它是从人类社会现实生活中或从自然界的真实现象中选取素材，经过提炼主题，真实地表现客观事物，用影视形象展现一个特定时期的社会或自然状态。纪录片是现实生活的见证，是历史的客观记载，是自然现象的真实记录，以真实性和独特的艺术魅力，去影响、激励和启迪观众。不论是人文和历史类纪录片还是自然环境类纪录片，创作的基本手法是真实的记录，而不是扮演。

纪录片《拯救》讲述的是一个真实却又罕见的故事。在云南省西双版纳自然保护区内，一头野生的小亚洲象被盗猎者的捕猎夹夹伤，生命危在旦夕，从而引发了一场复杂交错的惊心动魄的救援行动：一方面是当地保护区的管理人员和森林公安民警组成的救援队竭力地抢救；另一方面是愤怒而惊恐的象群死守受伤的小象。双方为同一个目的相互对峙、冲突、周旋。最终，人们成功地把小象从象群中抢出，解除了它脚上的铁夹子，后续的治疗工作得以进行，小象的生命得以保存。与此同时，小象的母亲和它的家族成员依旧锲而不舍地穿梭在西双版纳自然保护区及周边村寨，寻找被人类“劫”走的孩子。

摄制组冒着生命危险，对这个充满惊险、冲突的事进行半年多的跟踪拍摄。其事态的发展起伏跌宕，是人们无法杜撰、表演和预料的。因此这一选题的唯一性、真实性，决定这部纪录片备受青睐。

现在有一些纪录片从头到尾都是摆拍或表演，观众看了之后觉得很假，这样一来，使纪录片在观众心中的地位大打折扣。作为纪录片的拍摄者，必须对事实负责、对历史负责、对观众负责，要去拍摄反映社会、反映生活的真实事物，而不能去杜撰、捏造。特别是历史文献类纪录片，过多运用扮演来再现历史，留下的影像画面几经流传，对大众来说难于判断其真实性，这就可能成为欺世的影像资料。

纪录片的真实性，决定不能用虚构和表演的手段来拍摄节目。当然，在对真人真事的拍摄中，对一些已经无法重复的情节可适当做片段的再现，但这在片中决不能占过多的比重。否则，那就不是纪录片了。作为大众传播的影视节目，根据传播规律和观众的收视心理，可以在节目的剪辑和音响处理等制作中注入艺术性元素，但这必须在遵循真实性的原则下进行艺术加工。

二、纪录片的故事性

故事性是纪录片吸引观众的重要因素。纪录片要有好的故事、动人的情节，才能把观众的心紧紧地抓住。而故事的讲述又要有技巧，不能平铺直叙。要注意故事结构的安排、悬念的设置，根据事态的发展变化，不断推出兴奋点，将观众牢牢地吸在屏幕前面。

纪录片《拯救》讲述的故事起伏跌宕：有人报案称在勐养自然保护区的野象谷发现一头小象受了伤。纪录片中提出的第一个问题是“此事是非属实”？紧接着纪录片展现公安民警赶赴现场核实情况的过程。当调查组到达野象谷时，已经是晚上了。此时，一头小象躺在河中，身边有几头成年象围着。目击者说，那就是受伤的小象。调查人员还没有看清楚小象是否真的受伤，象群便在夜幕的掩护下撤进密林里。第二天早晨，由公安民警和保护区管理员组成的调查组走进原始热带雨林，尾随野象留下的足迹搜寻受伤的小象。调查人员发现了一个行踪异常、叫声不断的象群，其中一头小象确受了伤。到这时，纪录片才以真实的影像证实小象受伤的事实。事态此时也发生变化，察觉到有人跟踪，象群匆忙躲进密林中。保护区内树冠稠密、藤蔓交织，在原始森林中不用说是捕捉受伤的小象，就是跟踪野象也十分艰难、十分危险。从观察到的情况看，铁夹子牢牢地夹在小象的脚上，仅凭野象的本能是无法取下来的。或许通过人们的救助，还能使小象转危为安。人们能不能帮小象取下铁夹子呢？纪录片又提出了一个悬念。在发现小象受伤的第三天，有关部门经过研究，决定捕捉受伤的小象，并派出打麻醉弹的射击组进入密林追踪象群，寻找机会对受伤的小象实施麻醉。发现有人靠近，几头成年象机警地围住了受伤的小象。与象群周旋了几个小时，一直没有机会打麻醉枪，射击组只好从森林中撤离出来。受到人们的惊吓，象群向保护区核心区走去。象群如果到了核心区，就不知它们会到哪里，拯救受伤小象的行动更难实施，小象随时可能丧命。该怎么救小象呢？纪录片又给观众留下一个悬念。营救人员决定再次进入密林追赶象群，射击手抓住有利时机，成功地向受伤的小象射出一枚麻醉弹。被麻醉的小象倒下了，可是护犊心切的大象们紧紧守住它，寸步不离。抢救组能不能从象群中抢出昏迷的小象？营救人员鸣枪驱赶开象群，迅速解除夹在脚上的铁夹子。正当人们控制住小象，对小象的伤口作初步的清洗、消炎处理后，发怒的象群返扑回来，所有人员不得不撤出森林。小象已被麻醉，如果不及时打解除麻醉的针，小象可能会永远醒不过来。小象的命运将会怎样？

纪录片把观众的心紧紧地抓住。紧接着，纪录片又展现出惊心动魄的一幕：营救人员冒着生命危险冲进森林中，连续向空中鸣放防暴枪，驱赶象群，趁着象群离开，迅速将小象从森林中运出来。按照麻醉剂量来算，对小象的麻醉时间不能超过一百分钟。此时，小象已经被麻醉了九十多分钟，如果不及时解除麻醉，将会危及小象的生命。万分危急的情况下，来不及把小象运到更安全的地方，就地在森林边的一块空地上，麻醉师迅速给小象注射了解除麻醉的针水，小象很快站了起来，营救人员才松了一口气。观众看到这里，悬着的心也才落下来。然而，事态没有到此结束。经过一晚的休息，历经劫难的小象初步恢复了活动能力。寻找小象的象群来到安置受伤小象附近地区不停地发出吼叫。谁也没有想到野性十足的小象竟逃进密林中，去寻找象群。新一轮的围捕行动开始了。营救人员向小象打了一枚小剂量的麻醉弹，再次将其捕获。《拯救》展现的这个故事本身一波三折，在对故事的讲述中，环环相扣的悬念紧紧地吸引着人。

纪录片的叙述更要避免叙事时空的单一，避免直线式的叙述、平铺直叙，要有横向和纵向的对比，增强时空交错对比，这样才能保持观众的兴奋与兴趣。纪录片《拯救》在故事的讲述中，以两条故事线索交叉进行：一条是人们如何去想办法救助小象，帮它治疗伤口；另一条是象群在失去小象之后的状态以及小象从与人对抗到与人开始友好相处的态度转变。

在《拯救》的拍摄中，摄制组还对失去小象的象群进行长达半年的跟踪拍摄，其事态的发展同样让人不可思议：为了寻找小象，小象的母亲带着象群穿梭在勐养保护区野象谷一带，不断发出寻找小象的悲伤的呼唤。象群还跑到野象谷附近的村寨寻找小象。没有小象的音讯，象群明目张胆地吃起村民种植的粮食作物，并向村民发出挑衅。小象的母亲不小心掉进了村寨旁的池塘里。池塘里的水有两米多深，心力交瘁的母象随时可能会被淹死。纪录片到这时又把人们的心抓住。发现这一情况后，公安民警和保护区的工作人员开始救助母象，人们急忙挖沟开水塘排水。母象从挖开的地方爬了出来，然后与象群汇合，继续返回茫茫苍苍的密林中寻找小象。在半年多的时间里，象群不断返回野象谷一带，悲切的呼唤告诉人们，它们在寻找它们的宝贝。纪录片把动物的爱心展现了出来，让人为之动情。

小象能否配合人们的治疗呢？这是人们关注的问题。纪录片《拯救》就把小象的治疗过程一一向人们展现。小象最初不配合人们的治疗，而且还攻击兽医。后来，人们拿来香蕉和芭蕉叶喂它，渐渐地，小象消除了戒备心理。通过一个月的科学治疗和精心饲养，小象的伤势有了明显的好转。随着时间的推移，小象对人的的态度慢慢地开始改变，人去摸它的鼻子，它也不再发怒。半年之后，小象的伤口已经痊愈，和兽医、饲养员也相处得十分融洽和亲密，已经看不出有任何野性了。到纪录片拍摄结束时，还没有具备把小象放归保护区的条件，小象还被人工饲养着。但纪录片提出了让人去思考的问题：假如小象放回到保护区，它还能适应野外生活吗？它的家族成员还能接纳它吗？

不管以后怎样安置小象，看过《拯救》这部纪录片的人，会被纪录片中所体现出的人类的爱心所感动，会被纪录片中所展现出的人们的勇敢所振奋。人们也会萌生一个感叹：当小象迈着它的痊愈的脚，有力地行进在大自然的安全怀抱里时，这些勇敢和关爱的情景不再出现，这些人类和动物冒着生命的危险，互相对峙互相抵抗互相伤害的情景不再出现，让那份勇敢和关爱全都体现在人与自然友好和谐的现实之中，这是一个多美好的境界。

三、纪录片的可视性

随着电视网络的发展，在有条件的地区，一般都可以收看到几十个电视频道。花样繁多的电视栏目、异彩纷呈的影视剧，使观众眼花缭乱。纪录片要在影视节目的激烈竞争中凸现出来，关键是在观众看到纪录片的第一时间，以精彩的画面吸引住受众，认观众继续看下去。可视性在影视节目中十分重要。

纪录片的传播、表述语音主要是画面语音，是通过画面的真实度、画面信息、画面细节等共同组成视觉语音展现所记录的人或事。不论多精彩的故事也要靠画面来承载，靠画面来维持吸引力。这要求拍摄中要注意抓精彩的细节、内容、真实场景。在拍摄《拯救》时，十分重视对展现内容的画面的拍摄，对公安民警跟踪象群核实情况、捕捉小象的过程作了全面、完整的拍摄。在拍摄时十分注意抓细节，抓拍具有吸引力、冲击力的画面。一部好的纪录片必须有一些具有震撼效果的精彩画面。这种画面不是指艺术性极强的唯美画面，而是具有信息传递、有张力的画面。在《拯救》中，营救人员与野象相互对峙的场景是无法用再现或表演来替代的，在拍摄中用双机拍摄，同时记录下双方紧张的状态。那种真实场景是难于想象的，只有真实地拍摄才能捕捉到。

纪录片要用事实说话，这就要求拍到事实。而事实要由丰富的画面信息、画面素材来说明，保证画面叙事的完整性。在《拯救》中，对人们的营救活动——在森林中跟踪受伤小象到捕捉小象再到后来的治疗——完整地进行了半年多的拍摄。与此同时，对失去受伤小象的象群的活动摄制组也进行了跟踪拍摄，对野象的活动规律、生存状态进行了客观的记录。这些丰富内容和画面信息组构成了一个精彩的故事。

纪录片的内容讲述最终还要通过对画面的剪辑来实现，独特和流畅的剪辑会增强纪录片的吸引力。在《拯救》的剪辑中按两条线索平行剪辑，因此，不时采用了双视窗的剪辑特技，把发生在不同空间的信息在同一时间内立体地展现出来。

在纪录片中，除了真实的纪录之外，可以适当运用三维动画或少量的情景再现，这样可形象地交代事件发生的空间和无法拍摄到的情节。

四、纪录片的艺术性

纪录片是把视觉、听觉传播元素艺术化结合的创作，一部好的纪录片在音效的处理上是一种再创作，音响效果的处理可根据不同内容和拍摄到的素材情况来确定。有人认为，纪录片是对拍摄对象及其活动的纯纪实，在节目中不该加音乐及解说，这种观点只能说是不同创作手法中的一种。事实上，纪录片要做得好看，除了要有精彩的画面来叙述内容之外，还要把同期声、解说、音效等传播元素充分运用起来，这样才能凸现纪录片的张力。

解说词在纪录片中有着重要的作用，解说是对画面无法交代的信息进行补充，在画面传递的信息模糊、容易产生歧义时，通过解说词加以说明和提炼。在内容、背景、情节无法靠单一画面表达清楚时，必须通过解说来讲清。恰如其分的解说词可把观众吸引到内容之中，起到画龙点睛的作用。精彩的解说是对观众思维的启迪、是知识的传递、是画面信息的延伸，纪录片的解说词切忌对内容再重述和说教。

纪录片中尽量用同期声，不要过多地解说配音。但是同期音响和同期采访的运用也要适可而止，不能过多过烂。如果纪录片主要靠人头接人头采访来完成对人或事的叙述，那样看电视就变成听电视。

音乐不是纪录片的主体，亦并非不可或缺的部分，但在纪录片中恰如其分地加配音乐，是对故事情节和气氛的渲染，可增加节目的感染力。音乐灵光会使人更深地融入到作品所要表达和营造的意境之中，更易加强对节目内容的理解、联想和感悟。在纪录片《拯救》中，根据情节的需要有时用紧张、激烈的音乐，有时用悠远、神秘的音乐，有时用凄美、感伤的音乐。例如：在工作人员出发准备捕捉小象时，配进紧张、激烈的音乐。这样一来，把观众的心情也提了起来，更关注事态的发展。在表现小象伤情时，用了一段较为凄美、忧伤的音乐，使人的情感从紧张转到伤感，对小象的怜惜之情油然而生。通过音乐烘托与渲染气氛，可使纪录片的叙事变得生动细致，情节变得更生动、更有感染力，可把画面无法涵盖的意境在无形中呈现出来。

总之，人们的需求不断改变，纪录片创作理念也要不断创新。不管用什么样的创作手法，关键要把纪录片做得好看，有吸引人、感染力。

2007 法国 FIPA 国际电视节

法国FIPA国际电视节概况

一、法国FIPA国际电视节在世界影视业中的地位

FIPA 全称：Festival International de Programmes Audiovisuels。

FIPA 以其严格的参赛、评选过程和最广泛的影片入选范围成为国际电视制作最高水平的象征。迄今为止，FIPA 在加拿大（美洲）、拉丁美洲、阿根廷（南美洲）、非洲各地均设有分支机构，是世界上规模最大、水平最高的大奖赛之一。

二、FIPA 简介

1. 参赛过程

FIPA 电视节在每年度下半年由全世界各地的分支机构挑选参加初赛的节目，在11月举行初赛，通过初赛的节目才可以真正入围角逐各项大奖。FIPA 对初赛节目的挑选极其严格，淘汰率一般为15：1至30：1。参加初赛的节目一般在2000部至3000部，初赛后，入选100至200部，在初赛举行后，于次年1月对上一年度的节目进行评奖。

2. 参赛作品资格

FIPA 之所以成为水平最高的电视节，并且能发现影视创作中的新趋势，在于它对参赛作品有严格要求。它要求每一部参赛作品必须是上一年制作的，并且没有在任何媒体中播出，没有参加过任何其他电视节。这就保证了FIPA 电视节的水平和其作为世界最高水平之电视节的地位。

3. 评委会制度

在世界上有多种专项电视节，大都只设1至3个陪审团，FIPA 设置了6个陪审团，是世界上陪审团最多的电视大奖赛，这6 个陪审团涉及电视制作的各种可能题材和所有的拍摄方式。

FIPA的陪审团（评委会）成员来自不同国家、不同流派，以保证对参赛影片多方位、多角度的选评。

4．具体参评方式

FIPA电视节对每一部入围作品的具体参评方式大致分以下4步：

（1）首次专场放映，观众为特邀的各界人士和所有评委，专场放映范围较小；

（2）第2场放映为普通观众观看，该类奖项陪审团（评委会）参加；

（3）第2场开场前，由创作人员阐述影视作品，看片后，由主创人员回答观众就影片所提出的各类问题；

（4）最后由陪审团（评委会）裁定。

FIPA的参评方式主要依靠陪审团的意见和鉴定，但陪审团亦要广泛地接受观众对影片的反应和反响程度，以其做出更客观更公正的评判。

FIPA电视节设有电影、电视连续剧、创作及探索类纪录片、短片、近期事件的报道、艺术演出等六大类奖项，每类分别设大奖1个，特别奖1个。

5．FIPA的宗旨

FIPA组委会主席德罗认为：电视制品是人类生存历史积淀下的文化财富和电视作者智慧的结合体。FIPA的宗旨就在于帮助人类享受积累的文化财富。FIPA的理想是：鼓励最具有创新意义的作品，并使电视创作更富有开拓精神，FIPA力图在现代社会商业化的背景下，防止商业对影视艺术的破坏，推动电视艺术的发展。

三、FIPA在中国

中国广播电视协会纪录片委员会自2003年8月开始与法国FIPA国际电视节组织选片活动展开合作。在这之前（1996年至2003年），均是个人行为，各地电视台纪录片编导自己送节目参赛。从2004年起，根据总局的精神指示，我们与FIPA国际电视节开始合作（2003年10月，田进副总编会见了FIPA国际电视节秘书长奥赛伊先生，并嘱托学会组织好活动，把好送片关）。2004年6月，法国FIPA电视节主席、秘书长应纪录片委员会之邀了参加了中国纪录片评选活动。2005年1月，在第18届法国FIPA电视节上，双方成功举办了颇具影响的“中国日”活动。双方于2005年达成协议，建立在中国选片的合作伙伴关系，同时在中国成立FIPA电视节亚洲办事处，负责对亚洲地区的联络、组织交流工作等。

自2003年以来，中国广播电视协会纪录片委员会与法国FIPA国际电视节合作组织选片活动，征集来自全国各地的纪录片节目，通过由国内外专家、法国FIPA国际电视节主席、秘书长等组成的评委会评选出获奖节目以及入围法国FIPA国际电视节的节目，《海路十八里》、《台阶》、《俺爹俺娘》、《幼儿园》、《井底村三姐妹》等一大批优秀的中国纪录片都通过选片活动参加到法国FIPA国际电视节。

中国纪录片入选2007法国FIPA国际电视节参赛单元名单

《在北方》　上海文广新闻传媒集团纪实频道

《蜕变》
杨干才工作室／云南千溪影视有限公司

《躁动》　广东台山广播电视台

《中国已远——安东尼奥尼与中国》
独立制片人

《千里寻母》	陕西电视台	《闲着》	上海文广新闻传媒集团纪实频道
《董家渡》	上海文广新闻传媒集团纪实频道	《祈雨》	陕西电视台
《漓江渔火》	广西电视台	《北京来的保姆》	广西河池电视台
《归国者》	山东齐鲁电视台	《麦客》	陕西电视台
《东陵》	唐山电视台		

《在北方》资料

节目名称：在北方
节目时长：62 分钟
节目类别：人文类
制作单位：上海文广新闻传媒集团纪实频道
主创人员：编导／陈磊
摄像／王锋、杨晟
剪辑／陈磊
音效／倪瑾
灯光／孙鹭

编导简介

陈磊，1979 年出生于上海，2004 年获得影视专业硕士学位。现任上海电视台纪实频道《纪录片编辑室》导演。主要作品有：《飞机场与小提琴》(30 分钟，2003 年)、《我们做错了什么》(55 分钟，2004 年)、《在北方》(62 分钟，2006 年)

内容简介

这是关于一个男人的故事。他叫小振，曾经是一名瘾君子。他很脆弱，面对毒瘾十年无法自拔；他又很坚韧，2001 年他决计抛弃过去的一切，离开生长的繁华都市上海来到中国北方的偏僻山沟独自生活。为了在那里生存，他可以放下尊严吃泔脚，也可以透支所有的体力，他哭泣，他纵饮，但是他依然坚持。小振的哥哥也是一个吸毒者，他现在仍然在上海的戒毒所接受强制戒毒。手足情深的兄弟俩有着相似的命运，他们都曾因为毒品斩去了自己的一根手指，而小振的断指里包含着一段他与前妻之间伤心的往事……

慢慢地，小振在中国北方的山沟里安身下来，他在这里重新找回了尊严，也重新获得了爱情。农村姑娘小华不顾父母的反对嫁给了小振，并给他生了个女儿。小振的父母希望他们能回上海，小振却不愿离开。不久，父亲病重的消息传来，小振的心情又沉重起来。

《在北方》导演阐述

陈 磊

缘 起

2004年11月，我在拍摄纪录片《恶之花》，“恶之花”一词取自法国诗人波德莱尔的诗集，用来象征毒品之源罂粟，为了了解吸毒者真实的心态，我和摄制组采访了上海各层次戒毒机构的戒毒者上百人。其中一名被采访者龚黎振的名字让摄像王锋老师似曾相识，五年前导演王小龙也拍过一个戒毒题材的纪录片——《戒毒者说》，其中有位采访对象叫龚黎明，两个名字仅一字之差。一问，果然两人是兄弟。从龚黎明口中我们得知，为了彻底摆脱毒品，他弟弟三年前从戒毒所出来后，离开了上海，到北方的山沟里生活。我们立刻被这个故事吸引，第二天就买了飞机票去北方寻找龚黎振。

刚到大连郊外的这片山沟时，正值冬天的第一股寒流袭来，我们这些生活在南方的上海人对东北的寒冷很不适应。所以，当龚黎振衣着单薄地走来时，我丝毫没有认出这是一个上海人，直到他开口时一口上海话才打破了这份陌生。

一开始我们对小振的生活不了解，所以就先拍一些日常生活场景。慢慢熟悉了，我们被他的故事感动，被他的爱情感动，也被他现在的生活感动。我发现他虽然识字不多，却是一个很诗意的人，从艰难的生活中他能找到乐趣，在他的内心中充满了对美好的向往，对一个曾经毒瘾深重的人来说，这是多么弥足珍贵。他给孩子取名，叫龚雨婷。他说因为吸毒，给家庭带来这么多年风风雨雨，现在到了雨过天晴的时候，该见到灿烂阳光了。在他身上与毒魔抗争的不只是毅力，还有这种对美好的向往。一个曾经的瘾君子，一个现在的山野村民，也许有人觉得他活得卑微，但是在他身上我看到了一种伟大的忍耐，一种生活的勇气。

主 题

这部影片的主人公是一个戒毒者，但是这不是一个关于戒毒的故事，而是关于一个男人的故事。一个男人可能很脆弱，比如说当他面对毒瘾的时候；一个男人又可以很坚韧，坚韧到可以抛弃过去的一切，离开生长的地方到北方的穷乡僻壤独自生活。虽然小振几乎是一个中年男人了，但这仍是一个成长的故事。从崇拜哥哥而学着吸毒到远走北方重建生活，他超越了他所崇拜的哥哥。作为一个瘾君子，他是让父母失望痛恨的不孝子。按照中国传统观念，不孝有三无后为大，当他有了女儿也就完成了从不孝到孝的转变。前妻和小华两个女人都为他奉献，从对前妻的愧疚到对小华的照顾，他学会了怎样去爱一个女人。吸毒对身体会产生巨大的伤害，这使小振和他的家人对生儿育女没有什么奢望，但是上帝也眷顾他，给了他一个健康可爱的女儿。成为父亲意味着责任，当这份家庭的责任真正建立起来时，他也就真正完成了人性的回归和人格的完整。

影片的主人公龚黎振生长在上海，“北方”意味着与当下的生活有距离感的一个地方，不论他是想远离喧嚣隐居于平和之中，还是想让艰苦的生活洗涤过往的堕落，只有在“北方”他做到了。如果他重回城市，他还能这么好地生活吗？在影片中，小振面临过回不回上海的抉择，今后他还会面临这样的抉择。小振的故事让我们也不禁发问：究竟在哪里我们才能生活得更好？城市还是田园？

伴随着工业化发展起来的城市文明为人们提供了丰富的物质，同时也产生了许多社会问题，毒品问题也许是现代文明所带来的各种社会问题中极端的一个例子。小振在逃避毒品，也可以看作是在逃避现代文明，在简单、纯朴的田园生活中，一个心智迷狂的瘾君子重新回归了正常的人性。肉体上的辛劳和物质上的匮乏反而使心灵获得了平和。在这个意义上，这不仅是一个戒毒者面临的问题，也是我们每个人面临的问题。我想把这种悖论在影片中呈现出来，让观众能够感受。

形式与风格

《在北方》这个故事在叙事上还是遇到了一些难题，因为这不是一个正在发生和即将发生的故事，可以靠跟踪拍摄记录故事的发展，这个故事大部分是过去的内容，是一部个人的历史，现在的生活只有在和过去的对照中才会让人感动。没有过去，现在的内容将毫无意义，为了表现过去的内容，采访是必要的。过去的历史只能靠他本人讲出来才是最真实、最有力量的。但是最让我感动的是小振现在的生活，所以，影片中大量笔墨用在呈现他日常的劳作和生活琐事上，对过去的讲述与现在的生活并置在一起，从而让观众在对过去与现实的相互观照中体会到更多的意义。

在《在北方》中，我想追求的是在平静中蕴含力量的、东方气质的、诗意的风格。片中没有出现直接的吸毒镜头，所有罪恶的、阴暗的内容都不作直接的呈现，只是隐隐地让人感到它的存在。不追求戏剧性的事件和极致的情绪状态，而是在平淡的生活中捕捉感人的细节，人物情绪含而未发的状态反而能让人体会到内心的挣扎和忍耐。

北方、上海和戒毒所三个地点，我们在影像上尝试作了风格化的区分，三个地点不只是一种地理上的区分，而是代表了三种不同的存在方式。北方的环境想要拍出诗意来，既要有田园的恬静温暖又要有北国的寒冷萧瑟。戒毒所想拍出对称、封闭、单调的空间构图。这里的生活是小振的哥哥现在的生存状态，也是小振曾经的生活。上海具有都市的特征，它是喧嚣、纷乱、容易令人迷失的。在结构上，通过剪辑将三个空间连接起来，三个空间之间的对比体现出不同生存方式之间的差异。

影片没有用解说词，一方面想让影像自身得以充分的阐释。另一方面，作为拍摄者，我们是闯入者，面对小振这样的生活，我们没有权利打扰，更没有权利评判，就让我们静静地看、静静地体会就好。

《中国已远——安东尼奥尼与中国》资料

节目名称：中国已远——安东尼奥尼与中国
节目时长：99 分钟
节目类别：人文类
制作单位：独立制片人
主创人员：刘海平

编导简介

刘海平，北京电影学院摄影系本科毕业，学士学位。

主要作品：

2000年7月～11月，拍摄35毫米纪录片《支撑》(获2000年度华表奖最佳纪录片奖)。

2001年12月，赴青海拍摄人文探索类电视片“於菟”——古羌遗风。

2002年1月～10月，担任28集大型电视纪录片《清宫秘档》编导和主摄影。

2003年8月，赴上海、南京拍摄发现之旅《隐蔽战线——龙潭三杰》(中央一套播出)。

2004年7月，举办刘海平摄影展。

2004年8月～11月，赴意大利拍摄世界著名电影导演安东尼奥尼、贝尔托鲁齐。

2004年11月，拍摄意大利使馆文化处、北京电影学院“安东尼奥尼电影作品回顾展映”。

2005年4月～8月，赴意大利拍摄拉蒂纳省宣传片，采访安东尼奥尼、卡罗迪卡罗、卢奇亚诺·都沃里。

2006年5月，独立制作纪录片《中国已远——安东尼奥尼与中国》。

出版图书《安东尼奥尼与中国》。

内容简介

这是一部向大师致敬的纪录片。中国与意大利甚至欧洲的交往史上，只出现过为数极少的几个人：马可·波罗、利玛窦、朗士宁，以及现代的安东尼奥尼。前三位已作古，唯有安东尼奥尼至今还健在，唯有安东尼奥尼为中国留下过影像资料。我们也为他留下了一部名为《中国已远》的纪录片。出于对大师的崇敬，近几年来，我们独立制作了这部纪录片，我们刻意要独立制作，为的就是想做得更自我与纯粹，亦如他的《中国》。安东尼奥尼拍的纪录片中，唯《中国》最能在其作品中乃至世界大师级作品中称为典范。这一切，基础来源于他的修养、沉稳与理解。大师说：“对于中国，我尊重，然后热爱。”《中国》是他一部极理性的作品，当然他的任何作品都极理性，包括他最后一部，不为人知的近乎于100年前默片的《米开朗基罗的凝视》。安东尼奥尼在晚年已淡出了媒体的视线之外，专心于绘画。他的画与中国传统的山水画有着莫名的相似，画中的风景与中国的山山水水是那样的相同。他总是怀念中国的山，这些景色让他想着中国。“我现在到过中国，我明白他所指的了。”安东尼奥尼一生的好友，代表他来中国办完安东尼奥尼回顾展映，回到罗马后对我们说。其实，中国是安东尼奥尼的另一个梦，是他电影梦中的梦。我们为安东尼奥尼留下了影像，这些影像在拍完后就变得异常珍贵，因为在这几十年来唯有我们记录了他。在世界大师级导演中，他是唯一记录了中国那段历史的人。当下的中国，急速发展的大社会背景下，许多东西都变得不重要了。大师也不再是原来人们的话题与崇敬的对象。另外的东西代替了他们在公众灵魂里的位置，只有极少人栖息在大师曾为他们营造的梦境里，而久久不愿离去。大师通过一部纪录片向我们走近时，《中国》离我们亦越来越远。

《董家渡》资料

节目名称： 董家渡
节目时长： 50分钟
节目类别： 人文类
制作单位： 上海文广新闻传媒集团纪实频道
主创人员： 编导／周洪波
摄像／聂运兴
剪辑／郝玉
音效／陈建强

编导简介

周洪波，1971年生。

1996～1999年，就读于北京电影学院导演系故事片编导专业，1999年获得导演硕士学位。

1998～1999年，拍摄电影《A Fish Who Wants to Fly》；2000年，该片获邀参赛戛纳电影节电影基金会组(Cinefondation Section)竞赛和韩国釜山短片电影节(Pushan Shot-film Festival)。

2001～2005年，从事纪录片导演工作，拍摄有三十多部纪录片。

2002～2003年，获第一届Discovery亚洲新锐导演计划新锐导演奖，并为之拍摄纪录片《绛洲锣鼓》(Drumming Girl)，该片在全世界播放，广受好评。

2003年，担任上海电视台DV新青年大赛评委。

2004年，《绛洲锣鼓》获亚洲电影节优秀奖。

2004年，担任Discovery第二届亚洲新锐导演计划终审评委。

2005年，担任Discovery中国高校巡回演讲讲师。

2006年，拍摄完成电影《董家渡》；同年，《董家渡》参加上海电影节影院展映和参加荷兰阿姆斯特丹电影节。

2006年，拍摄纪录片《泥土》。

内容简介

一对在理发店相依为命的兄妹，一个像流浪汉却能讲流利英语的老人，一个每天忙碌的水果摊年轻人，他们生活在中国上海一个叫董家渡的小地方。他们彼此都不认识，却常常擦肩而过，然后为自己的生活奔波。

这里是一个渡口附近的生活区，这里有旧的工厂、最老的教堂、地下的戏院，有长长的街道和古老的房子，这里是上海的一部分。

纪录片《董家渡》向我们展示了在变化中的现代中国，人们日常生活中精神上的快乐和痛苦。

《董家渡》编导阐述

周洪波

有一阵子，我完全地对拍纪录片失去了信心，每天无所事事地上班，和同事聊什么选题的片子才能好看。其实我也知道，有些想法虽好，却是自己最不想去拍的，而自己想要拍什么，却没有方向。从北京来上海也好几年了，突然有了水土不服的感觉。

于是去做责任编辑，编辑全国各地同行拍摄的纪录片，一星期看五部，其实是有偷师的想法。半年时间没拍片子，就是看。半年后，我完全失控，听到纪录片身上就会起腻，甚至有一种反感。什么是好的纪录片，什么是欺世盗名的好纪录片，我大概能够很快地看出来，有那么几种选题、有那么几招、有那么几个叙事套路，只要能够用得好，就可以全国乃至满世界地跑了。如果换成我拍，大抵也是如此，那么既然别人也能拍，别人比你更有热情，还需要多个你干什么呢？

我真想转行，因为我知道，再这样下去，我就是一个纪录片的混子。然后我没有混纪录片，却又成为上班的混子样，和同事谈着我所不喜的纪录片或者看着我所憎恨的纪录片。我完全悲哀于自己无能为力的现实状况。

我计划逃离，逃离上海。这个城市满眼都是人，都是纪录片的选题，我们纪录片编辑室曾经以拍摄这些人的生活而闻名，我也曾对他们充满了兴趣，而现在我却因为我是其中的一员而痛苦，我没办法对待自己就好像我没办法对待他们一样。纪录片是一个不好的咒语，让我对人失去了兴趣。

浙江的一个山里面，我住在小吴家，一年前因为拍摄真实再现认识了小吴而成为朋友。小吴在景点开饭店，他的家在一个叫郜岭的村子里。郜岭，本地话和牯岭差不多一个读音，我喜欢，因为我喜欢一部叫《牯岭街少年杀人事件》的电影。从小吴家的楼房看出去，两岸青山，下面是蜿蜒展开的竹林和村子。我和小吴的爸妈生活了近一个月，有时和他们一起去山上挖笋，有时小吴爸带我去看传说中山上的古迹，或者看书。我也很喜欢小吴爸爸，他曾经对我说，这个虫子，你不要说它是害虫，有时候我们农民还很需要它保持农作物生长平衡。我也听佛法说过大千世界，莫非佛之法身。

有一天我想回来了，不知道小吴他们家给了我什么，回来的路上，我有种喜悦的感觉。

我没有去想再拍纪录片的事，却有了拍摄《董家渡》的机缘。

投资商同意我用胶片拍摄董家渡，费用不多，但我已经非常感激。

董家渡也是上海的老城厢，一条老街，住着密密麻麻的人，现在以布匹市场而中外闻名。投资商是华润集团下属的房地产公司，他们将要拆掉这个地方，建上新的房子。既然拆迁不可避免，他们也想拍个上海老城厢生活的片子做纪念。

我在这个地方转悠，这条街不长，接着黄浦江上的码头，有很多的巷子汇通过来。每个巷子都细细窄窄而去，先是不知所踪，却突然地在哪里开阔，再绵延奔去，兴致刚刚好起来，却撞到了外面的摩天大楼。

天刚刚亮，这条街就一点点热闹起来，先是做买卖的，然后是送货的；接下来是上学的学生和去教堂的信徒；再晚一点，是买菜的居民和上班的人。等到天大亮，整条街就开始堵塞，游客、生意人、打工工人还有本地居民都挤上了街头。一开始去，我就被整条街的噪音给炸蒙了。这条街那么乱、那么杂，它和我在山里的生活完全两样，我不知道它的节奏是什么，它想要告诉我什么。

天天坐在水果摊前的凳子上喝茶，认识了店老板阿伟。阿伟胳膊上刺了青，还生了三个孩子。他说他十年前家里种麦子的时候出来闯上海，干了很多行当，大女儿成绩好，老三最调皮，没时间教育，就放老家给爷爷带了。嗯，这样的题材我拍过几个，还有呢？你看，对面的小理发店，是姐弟俩开的，别看它小，大早起来就有人来排队，好多是迁走的人坐公车过来的，弟弟还是哑巴。街角那个摆饭摊的，是上海人，他妈妈做菜，都是小锅菜，他妈妈老是不记得要收人家多少钱。还有呢？还有，隔壁布匹市场那些人啊……

都是他告诉我的吗？我真不记得了，因为的确在那里耗了好多天，我们在巷子里四处走动，像动物一样警觉。有条巷子里有一个简陋的小厂房，据说最好的印泥就是从那里生产出来的，红红的印泥，多好看啊，但是我和助手被灰溜溜地赶出来，人家怀疑我们要窃取工业机密。

这个地方，董家渡，它开始对我好了起来，我没有完全认识它，但是它的气味我渐渐熟悉。我于是想，董家渡是穿着不太体面却过得自得其乐的傻姑娘啊。有那么片刻，我明白了自己为什么对纪录片失去兴趣，也许是因为我只想着纪录片本身的事了。

我和投资商商量，舍弃某单个人的故事穿凿附会，而用寻找董家渡生命的方法去抓取燕泥鸿爪，用未知的实验态度拍摄。所谓实验，就是见到就抓。投资商同意。

事实上，我们的拍摄经费的确太少，用胶片拍，刨开机器的租赁费最多买40本胶片，也就是160分钟，相当于高清磁带4盘。4盘磁带，对于我们用惯了摄像机的人来说，也就是拍一天吧，但是要完成60分钟的片子，3比1不到的片比，难了点。摄影师聂运兴是我的好朋友，他对这个片子的信心增强了我的信心。有时候我就奇怪，风险那么大的片子，他哪里来的信心呢？我们商量，虽说是抓拍，也不能瞎抓，还是要心里有才行，比方说什么环境是一定要拍的，什么人是我们感兴趣的；哪些应该白天拍，哪些应该晚上拍；怎样才能抓到最原生的状态。后来，我们决定，这个片子最重要的是在这里生活的人，所以先定环境，人的问题留给现场。

胶片和磁带的不同就是胶片是一次成像，一本带子只有4分钟，拍不好就算废了，无法抹掉重来，风险很大。为了增加正式拍摄时成功的几率，我预先用DV机把将要拍的地方先拍了一遍，一方面是自己有底，另外一方面也是让这里的人熟悉我的机器。拍的时候还故意把摄像机放到很显眼的位置。弄堂里的人对我不错，没有砸过机器，我想，机会该成熟了。

定下拍摄期为7天，一天最多拍20分钟，预算刚好够。正式拍摄的时候，大部队集齐，尽管做了压缩，人数还是多得超乎预料。摄影部门4人、录音1人、副导演1人，加上我，至少7人必须在拍摄现场。每拍一个镜头，摄影师测光、调焦师要量焦点，然后导演喊开始，摄影开机，副导演还要跑到镜头前打同期板，等打好板正式拍的时候，拍摄对象早就不见了，镜头前围了一堆好奇的看客，天！几个镜头后，我们就成为了街上所有人的焦点。

我们撤退到一个角落，重新商量，结果是：一，将大部分的固定机位改成肩扛，游走拍摄，以避免长时间在一个地方引起关注。二，组里面的同事无论工作还是休息状态都不能高声说话，和拍摄所在地的人交流只有导演有资格。三，将要拍摄的地方，摄影和调焦师先偷偷去测光和估计焦距，然后才正式拍摄。更重要的，是我们在狗急跳墙之时确定了片子的美学风格：摄影机存在于拍摄画面之内，但目的不是为了耸动，而是平等。这很重要，它确定了我们拍的时候可以无所顾忌。于是拍摄重新开始。

拍摄变得顺利起来，我们不躲闪，镜头里的人竟然也不躲闪我们，一切像水融于水一般，按部就班地下来。

我们每天都在街上晃悠，见到了什么，便架起了机器。

冲印转磁剪辑声音，我不知道是在哪一天，这部电影完成了。

我喜欢有人叫它资料片，虽然它不是，至少它有资料的价值。我得意的不是我们拍摄时凌波微步的武功，而是我们真正地拍摄到了在这里的人，他们生活着，流逝着，他们把我们的片子引向了董家渡这个生命之地。有些人，他们的故事远比我们所拍摄的富有戏剧性，但是我们没有要，我们只要了他们的一个面容、一个动作或者一句无意义的话，而这些在我看来是最美的东西，它超越了个体，承载了一切生命的意象。

事实上这个片子对我的意义重大，佛说不生不灭、不垢不净、不增不减，董家渡和浙江那个遥远的郜岭村，它们有什么样的区别呢？

《祈雨》资料

节目名称： 祈雨
节目时长： 66分钟
节目类别： 人文类
制作单位： 陕西电视台
主创人员： 编导／张文庆
摄像／张文庆
剪辑／朱靖

编导简介

张文庆，主任编辑，本科学历。现任陕西电视台国际部纪录片编导。主要作品：《乙肝防治》、《体育俱乐部》、《残缺的群雕》、《我的爸爸——记民办教师张文学》、《最后的皮影》、《三弦情结》、《雪花的故事》、《科教兴陕》。2001年参与央视《大黄河》系列纪录片的续集《黄河又春分》的陕西部分创作。

内容简介

祈雨，早在中国西汉时期历史就有记载。是一种民间活动，是中国农民生活的真实写照，反映了人们在恶劣的自然生活环境中，渴望美好明天，创造美好生活的一种期盼行为，它真真切切地想把“地上没有天上求”的思想变成一种理想现实！

我国北方地区常年干旱无雨，人们为了生存和生活，就烧香祷告，祈求上天使威生云、生雨救民。2005年，我们在陕北一个叫拓家畔的村子里拍摄了这千百年来一直流传的民间活动，时值夏季，拓家畔吃水的河里已断流了，人们为生活用水在等在抢。村里打的水井已是第二口都没有水，在打第三口井的时候按照传统祈雨开始了。拓家畔的祈雨是很讲究的，祈雨时10岁以上的女人是不能看的，人们扛着神龛，在烈日下光着上身，赤着双脚，上山下山，见沟过沟，疯狂了的人们为了庄稼能有收成，为了能让老天降雨，人们哭喊着："龙王老人家，下点雨哟，救万民！"这正是人们在追求与自然的和谐当中心理的反映，是人面对自然悲壮奋进的写照。

《祈雨》导演阐述

张文庆

我拍摄纪录片五年来，走遍了西部的大部分地区。拍摄《祈雨》纪录片的前一年，我在陕北的南部山区看到了这感人的一幕。我国北方地区常年干旱无雨，人们为了生存和生活，就烧香祷告，祈求上天使威生云、生雨救民。人们扛着神龛，在烈日下光着上身，赤着双脚，上山下山，见沟过沟，疯狂了的人们为了庄稼能有收成，为了能让老天降雨，哭喊着在山间奔跑。这就是我看到的祈雨活动，它震撼了我，让我下决心拍一部这个题材的纪录片。

翻阅中国历史农业文化的很多资料，祈雨的历史可谓是源远流长，同时也是中国龙文化中的重要部分。在中国龙文化当中，龙的另一项功能就是司水布雨。南宋诗人陆游所作的《龙湫歌》勾画了湫龙行云施雨的壮观场面：

环湫巨木老不花，渊沉千尺龙所家。
爪痕入木欲数寸，欢者心掉不敢哗。
去年大旱绵千里，禾不立苗麦垂死。
林神社鬼无奈何，老龙欠伸徐一起。
隆隆之雷浩浩风，倒卷江水倾虚空。
鳞间出火作飞电，金蛇夜掣层云中。
明朝父老来赛雨，大巫吹箫小巫舞。
词门人散月娟娟，龙归抱珠湫底眠。

这与龙的原型有密切的联系，也与远古的农业经济息息相关。我们知道，龙虽然是由多种动物的形体结合，并经过艺术的夸张和变异而成，但这些动物大都是与水有关，如鱼、鳄、鲵、蛇等，某些与龙的起源有关的自然现象，如云、虹、闪电等，也与水或雨有密切的联系。这样，龙很容易被远古的先民想象为一种下可潜于渊、上可腾于天、行有从云雷电、可影响川泽云雨的神兽。《易经》中就认为云从龙，风从虎。东汉的学者王充说："龙听到雷声而起。龙起必有云相伴随，夏季则多有雷雨，龙多登云，乘云雨而行走。"

从上述传说中可以看出，布雨还不是应龙所独有的功能，因为蚩尤也请来了正规的神祇——雨师。但应龙有布雨的本事则是无疑的。据说黄帝战胜蚩尤后，由于应龙不能再上天，所以先民们用土造出一条状如应龙的"土龙"，同时施以巫术，才使得上天降下了甘霖。于是以"土龙"呼风唤雨就成了祈雨的必不可少的内容。而且，虽然上古时代的雨师有多种名目，但随着龙崇拜的普及，其他雨师的形象乃至名称都弱化、模糊了，只有龙的布雨形象日益强化，所以龙也就成了雨师。

龙的司水与布雨形象的鲜明，又与祈雨巫术的发展有关。中国是世界上最早进入农耕文明的国家，在远古生产力十分落后的情况下，天气的阴晴旱涝、雨雪冰霜都对农业生产有着决定性的影响，而农业收成的好坏，又直接关系到先民们的命运，所以祈雨就成了最重要的巫术。在上古的祈雨活动中，虽然离不开龙，却不以龙为主角，因为上古时期龙是沟通神与人的工具，是天神的助手，本身还不是神，所以在祈雨巫术中，龙还只是布雨的工具。

那么，上古祈雨是什么样子呢？

据文献记载，上古祈雨巫术主要是焚人祭天。当作牺牲而被焚烧的是两种人：巫和魍。巫在原始宗教中是天神的使者，所以要用火焚死，使其能升天向天神介绍旱情，求天降雨。魍是一种残疾之人，据说身躯矮小、腹部高耸，总是仰面鼻孔朝天。天哀怜这种人，怕下雨雨水流进魍的鼻孔，所以不肯降雨，造成干旱。这样，魍就成了一名召致旱魔的不祥人。所以要在巫术中焚烧魍，是因为在远古先民看来，既然上天哀怜其病不肯降雨，自然也会哀怜其被焚而降雨人间。

到了春秋战国时期，由于文明的进步和人文精神的兴起，上古时那种残酷的焚人祭天的祈雨方式有了重要的变化，不再焚人，而改为曝晒。担任祭司的巫和作为牺牲的魍要在炎炎烈日下曝晒数日。但这种做法也已受到怀疑和指责。《礼记》记载说，有一年大旱，鲁穆公召见县子商量。穆公问道："天久旱不雨，我想准备一场祭天曝晒的仪式，你以为如何？"县子回答说："天不下雨，您却去曝晒残疾之人，如此施虐，是不可以的呀！"穆公又说："那么我举行祭天曝巫的仪式是否可以？"县子说："靠巫这种愚蠢的妇人来祈天降雨，难道不是自己的疏忽吗？"这段对话显示出，在春秋战国时期，曝晒巫和魍这种求雨巫术也已受到冲击，被视为是虐待和愚人之术。

战国以后，祈雨的仪式更多地转向用龙，并将阴阳五行的内容融进了仪式之中。如在汉代，春旱求雨时，地方官要选择水日祭祀社稷山川，不得斩伐山林名木。在城邑的东门外建四通之坛，坛方八尺，周围树立八面黑旗，以水官之神共工为神主。祭祀之时，用八条生鱼和玄酒（一种用来祭祀的清水），并准备清酒和大块的肉脯。用洁净善言的巫人主持祭祀，要连续三天举斋。巫要穿黑色衣，先向神主祭拜，然后念祝词，祝罢再拜。祝词是："上天生五谷用来养人，现在五谷受到旱灾的危害，难以成熟结出果实。诸神享受清酒与肉脯，拜请神灵降雨。雨降而大地湿润后，我们就奉献牲物再表感谢。"在水日作一条 8 丈长的苍龙，置于中央，作 7 条 4 丈长的小龙，龙头皆向东方，各相距 8 尺。再选小童 8 人，食斋沐浴 3 日，穿青衣而肃立。把祭祀土神的"社"与闾外的沟挖通，用 5 只蛤蟆放在社中央方 8 尺、深 1 尺的池内，注以水。然后再准备清酒肉脯，斋戒 3 日，穿上黑衣向神祝祷。用 3 岁的公鸡与雄猪，将其作为祭神用的炙肉，在四通神的供室中炙烤。谕令百姓关闭南门，门外放置盛水的容器，开北门，村内放一口雄猪，北门之外的集市里也放置一口雄猪，听到鼓声响起后就炙烤猪尾。周围如有未掩埋的骸骨要埋于地下，沟峪有草木壅塞的，用火将柴草烧掉，如河沟已被桥道堵塞，要疏通。求得雨后，向林献一口猪及酒、盐、黍等物。作龙必须要在水日，必须要用洁净的土。还要在庚子日令吏民夫妇同居，以取阴阳调和之意。在汉代的祈雨仪式中，龙的地位与作用已与远古时期有了差别，汉代祈雨用龙，主要的不是用龙来通神乞雨，而是因为龙本身就可以招云，云从龙，有云自然易于降雨。

后来，由于中国道教的兴起又使祈雨有了新的变化。中国道教形成于东汉末年，它是在中国上古原始宗教的基础上吸收了春秋战国时期阴阳五行说和升仙思想发展而来的。因而，上古的鬼神观念和龙的观念都被道教所摄取。上古神话中龙是通天神兽，是升仙的坐骑，道教对此说全盘继承。道教中的神仙也多以龙为脚力，道教的法术中有一种为“乘峤”，即乘坐神兽飞行于空中，与神仙往来，所乘的神兽有三种，即龙、虎和鹿，分别称为龙峤、虎峤和鹿峤。三种之中，以龙峤为最上，因为龙能上天入地，穿山潜水，能助修炼之人混杳冥而通大道。据道教经典所说，乘龙断者游洞天福地，一切邪魔精怪都不敢侵犯，无论到何地，都会有神祇出迎。早期道教尽管不否定龙的施云布雨的功能，但为龙所规定的基本职责是供得道仙人驭乘。那么，为何道教后来特别重视龙的施水功能，以致后来也出现了龙主这一“神”呢？这主要是因为早期道教与佛教曾有过激烈的竞争，这种竞争，一方面是双方争相拉拢封建君主以取得政治上的支持，另一方面就是尽量附和民众心理，取得民众的认同。所以，当佛教关于龙王的内容日益渗入中国文化之中、产生社会影响后，道教也奋起直追，把道教中的龙也附会为王，而且后来居上，名目的繁多超过了佛教，主要有四海龙王：东海敖广、南海敖闰、西海敖钦、北海敖顺；五方龙王：青帝、赤帝、白帝、黑帝、黄帝。此外尚有清净、大地、法海、日月、星宿、天宫、龙宫等各种名目的龙王数百位。上古原始宗教中的龙虽有神性，但并不占地一方，但道教的龙则均有守土之责，诸天有龙，四海有龙，五方有龙，三十八山有龙，二十四向有龙，渐至凡有水之处，无论湖海河川，还是渊潭池沼，甚至井、泉之内，莫不有龙王驻在。

由于道教是本土宗教，道教的龙也就更为中国化，比佛教的龙更为世俗，更适合中国民众的心理。道教的龙不但能降雨除旱，而且还可救火，当龙降临时，还可以在祈雨的同时捎带提一些其他方面的要求，如求福、长生、官职、疾病、住宅凶吉等，“无有不吉”，大有包打天下的气概。道教中龙的施雨也更有人情味和传奇色彩。《太平广记》曾记有一位名叫释玄照的人在嵩山修炼讲法。听众中有三位须发皆白、相貌奇异的老者从无缺席，虚心听讲。一日，三老叟谒见玄照，称三人皆为龙，得闻大道，非常感激，无以为报，请玄照指使。于是玄照说：“今天下久旱，如能行云致雨，润万物而苏民困，功德非浅。”三老叟回称：“施雨不难，但天帝雨禁森严，擅自行雨，于系非小，恐有杀身之祸。不过有一方法可行，我等闻听少室山处士孙思邈德高望重，仁德无量，其所传《千金翼方》惠济万世，其名已录仙籍。如得孙处士一言相庇，定保我等安然。”于是将相庇之法告诉给玄照。玄照即赴少室山孙思邈处，请庇护三龙，使龙能召云致雨。孙思邈问以何法，玄照答以三龙降雨之后，即避于思邈居室后的池沼中隐蔽。如有异人拘拿三龙，请思邈劝谕释三龙之罪。孙思邈允诺。于是三龙行雨一昼夜，千里雨足。

故事中的孙思邈为隋未唐初名医兼名士，有千金方传世，当时颇有名气，被道教牵扯入内，反映道教不仅能使龙致雨，还能救龙之命，龙与神仙的感遇富有人情味。在今天的长安古乐的乐曲当中就仍流传着一首《赞长安》，其中就有唱到孙思邈的故事。

佛、道两教对龙的争相宣传，刺激了民间对龙的崇拜，传统的龙也由一神兽而成神。于是大江南北，龙王几乎无水无之。封建帝王也对龙神发生兴趣，唐代就有祭五龙之制，宋大观二年（1108年），宋徽宗下诏封天下五龙神为王爵。明清两代帝王也有封龙为王之举。帝王的褒扬，抬高了龙在中国文化中的地位，这也是今天在中国无论南北方农村到处都有龙王庙的原因。在中国民间，龙成为一种信仰最众、独立于佛、道之外的神祇。各地龙王庙林立，龙王庙与城隍庙、土地庙成为中国到处可见的祠庙，在我们拍《祈雨》的拓家畔，就有两处龙王庙。

当第二年我去那个村子拍摄《祈雨》时，

那个村子里的人告诉他们今年已经不祈雨了，后来找了很多地方均没有找到还有这种活动的地方。在第三年我拍摄另外一部纪录片《无花果》的时候，走到了拍摄成《祈雨》的这个村子。当时村子里正在打井，时值夏季，吃水的河里已断流了，人们为生活用水在等在抢，村里打的水井已是第二口都没有水，其实我当时是想拍摄一部关于水的故事的纪录片，在拍摄的过程中得知他们这儿今年天旱时可能会祈雨，这些当时真的出乎我的意料，我想那就把打井和祈雨放到一起做一个关于水的纪录片，在打第三口井的时候按照传统祈雨开始了。祈雨分七祈，每祈分大祈和小祈，大祈一祈为七天，小祈一祈为三天。今年的祈雨为小祈，因为有一部分人要打井，更多的年轻人都出去打工去了。祈雨是很讲究的，祈雨时10岁以上的女人是不能看的，人们扛着神龛，在烈日下光着上身，赤着双脚，上山下山，见沟过沟，疯狂了的人们为了庄稼能有收成，为了能让老天降雨，人们哭喊着："龙王老人家，下点雨哟，救万民！"这正是人们在追求与自然的和谐当中心理的反映，是人面对自然悲壮奋进的写照，是中国农民生活的真实写照，反映了人们在恶劣的自然生活环境中，渴望美好明天，创造美好生活的一种期盼行为，它真真切切的想把"地上没有天上求"的思想变成一种理想现实！

然而，拍摄《祈雨》的过程中，女人们是不允许出门的，在传统的祈雨过程中，女人只能和孩子呆在家里，不出院门，时常是男人们在庙里祈雨时，女人和孩子们在院子里打着雨伞，拿着脸盆，在等着天上下来的雨，她们同样也在祈盼着雨的到来……

祈雨后的第三天，下了一场冰雹，所有的庄稼都被打成了光秆。拍了很多年纪录片，见过太多太多的情感场面的我不愿意再拍下去了。全村的人也哭了，这个年轻人都出去打工只留下了三十个年老幼小的村子，人们用信念无奈地守护着村庄，我没有办法去记录和再做下去了。后来村长让人杀了六只鸡，说村里打井感激我出了4000块钱，要不吃水都成了问题。就是在这种背景下我做完了《祈雨》，我一直在想，要是《祈雨》这部纪录片能得奖了，我要把所有的奖金给他们村子，让那里的老百姓能吃上自来水，因为水是他们生活中最想的问题。

让我们像《祈雨》中的老百姓一样虔诚地祈祷让祈雨成为过去，让他们不再为生活、不再为明天发愁。

《北京来的保姆》资料

节目名称：北京来的保姆
节目时长：31分钟
节目类别：社会报道类
制作单位：广西河池电视台
主创人员：袁俊袖

编导简介

袁俊袖，现为主任记者，河池市广电局副局长。喜读书写作，以拍纪录片和电视散文片为乐事。曾获“星光奖”、“金鹰奖”、“骏马奖”、“纪录片学术奖”。

关注方向：人文类题材纪录片、电视散文编导（兼摄像及后期编辑）。

主要作品：

《水车悠悠》(2005)，获2005年度中国广播电视奖纪录片提名奖、2005中国电视文艺记录片入围奖；

《失败者之歌》(2003)，获第十届中国电视纪录片学术奖二等奖；

《闽桂千里情》（1999）、《人·鬼·情》(2001)、《壮戏班祖马永全》（2002）、《生死营救》（2003）、彩调情结》（2004）分别获当年广西电视纪录片一等奖；

《祖屋》（2002）获第九届全国少数民族电视艺术“骏马奖”三等奖；

《粘膏树》(2002)获第十九届全国电视“金鹰奖”文学节目提名奖、中南六省（区）电视艺术“金帆奖”电视文学节目二等奖；

《女人河》(2002)获广西电视文艺优秀作品文学节目类一等奖；

《挂在瑶山的画》(2004)获第十届全国少数民族电视艺术“骏马奖”一等奖；

《奇石无言》(2005)获广西电视文艺优秀作品文学节目类一等奖。

内容简介

一位年轻的女教师，带着幼小的女儿，从北京来到广西东兰县一个偏僻贫穷的大山上，在中国主流教育之外，进行着一个关于小孩精神、灵心、身体健康的灵性义务教育活动。三年过去了，母女都融入了当地少数民族农民的生活，过得十分清苦。然而，村里人对“北京来的保姆”以及她所从事的免费教育并不在乎……

《北京来的保姆》导演阐述

袁俊袖

《北京来的保姆》能在第三届“中国纪录片国际选片会”拿奖，并入选第二十届“法国FIPA国际电影电视节”和德国“慕尼黑国际电影电视节”，那是沾了萧望野的光。

这部片子，从编导、摄像到制作，都是我独自完成的。当时我在大山里跟踪记录一个德国人——卢安克，他在做中国教育最需要但却很少有人做的农村素质教育实践。

在拍摄当中，卢安克对我说：其实，你不必老跟着我拍，和我做同样的事的中国人也有，她叫萧望野，是一个女的，从北京来，就住在山上，还带着自己很小的女孩一起来，她很让我很感动。

我问：这是真的吗？能带我去见她吗？

卢安克说：只是，她和我一样拒绝任何媒体的宣传。

卢安克给我留下萧望野的邮箱和一段他哥哥拍的DV资料。

回到台里，我打开DV资料。屏幕里的冬天，落叶的老枫树，一个破旧的黄泥土屋，黄泥土屋里三根小竹竿架起粉红色的布，几个幼儿，一位文静的女老师，我被特殊的氛围触动了。但和我一起看的人感觉不同，他们看到了"女巫"。

感触的不同，拉开感悟的距离。我想我只能独立去拍这个纪录片了。

我给萧望野老师发邮件，我说：我是一个小电视台的记者，热衷于纪录片，我想记录你的教育实践过程。

很久才收到萧老师的回信，她说：你可以来，但只能呈现我教育，而我在片子中是要被观众忽略的。如果观众受媒体的影响关注人物比关注事情还重要，那就事与愿违了。

因为感动，我想用手中的摄像机记录这位可敬的老师和母亲的言行；

因为赞赏，我想记录下这个故事，希望让更多人去关注那些因为父母外出打工而缺少母爱、缺少教育的留守儿童；

因为责任，我想让更多的人来看这部纪录片，让他们了解中国的农村教育改革所面临的困难，认识到多元的教育方式对于孩子的未来是多么重要。

那天司机在傍晚的时候把我送到萧望野教学的高山上，就连夜打道回府了，我就住在村长的家里。晚上村长把萧老师找过来，我发现萧老师比DV资料里显得瘦小，她语气很轻，但十分坚定。

她说她忌讳个人宣传，提出的条件比较苛刻：一，只能记录，不能摆布；二，只能拍她的教育活动内容，不能拍她的其他生活细节。我想既来之，则认之。我把从城里带来的一件牛奶让她带给她的女儿，她说声谢谢，走了。

第二天一早起来，发现这里很美，高山朝阳，枫林梯田，小寨人家。而且小村就叫"那美"，不过换一个现实的视角，这里却是封闭与贫困。

清早见到了萧老师和她的女儿芭蒂叶，她带着女儿从北京到那美这地方，那个时候女儿两岁半，现在五岁半，要不是一口标准的普通话，看上去是绝对的山里妞。

萧老师说她让女儿喝了我带来的牛奶，女儿说她喝出了幸福。我打内心感叹，我女儿已经高二了，喝牛奶都是被逼的。

这天早上，我还意外地见到了萧老师的爱人。他在一家国外慈善机构供职，从事中国贫困母亲扶助工作，为了萧老师和女儿，他也从北京转到广西南宁工作，这几天专门请假来和萧老师及女儿团聚的。可惜萧老师有约在前，我不能拍。

拍摄是从萧老师和女儿芭蒂叶上门去迎接孩子们上学开始的。她们捡养的一只小狗"丢"紧紧地跟着，遇到凶一点的狗，小狗就前去讨好。

这里的小孩基本上都是留守儿童，他们的父母都是到广东打工的，他们长期缺少母爱。上学路上，一个个叫萧老师抱，叫萧老师背。我很担心如何让同龄的女儿芭蒂叶怎么从情感中让别人分享妈妈，但我发现她已经融入并接受了这样的生活。

老枫林下遮掩着一间灵性学校，在这里萧老师和孩子们在中国主流教育之外，进行着一个关于小孩精神、灵心、身体健康的灵性教育。这几个孩子是幸运的，因为他们又开始了真善美的一天。

萧老师和孩子们在经过老枫林时，构成一幅极美的画，为了变换景别，我移动了机位，因为移动了机位，中断了他们唱的歌声。我对萧老师说，我跟不上，没拍好，能再唱一次吗？

萧老师说：不行，那会破坏孩子们养成的良好意识，明天的这个时候再拍吧。我的心一沉，这样的拍法，我跟得下去吗？但又只有耐着性子拍。

孩子们进入教室，就像回到自己的家一样，宝宝在摇篮里，摇篮在粉红的帐篷里，帐篷在温暖的黄泥土屋里，黄泥土屋在几百岁的老枫树的怀抱里，几百岁的老枫树在亿万年前的山脉里，山脉在亘古的苍穹里，万物皆在智慧里。孩子们把各种可用的都利用得很好，桌子上放着篮子，篮子里是他们合作做买卖的物品。他们的生意因为他们建立起来的有次序的、人与人之间的亲切、友好的关系而进展顺利。因此，他们展现出比平常人更多的自信。孩子们在他们自己的世界里的时候，他们就是他们世界里的主人。萧老师坐在一个固定并能关注全局的地方。就好像一个母亲或一个奶奶一样微笑地在旁欣赏她的小孩通过自己的意志学会走路一样。这种固定在无形中让孩子们感到安全和爱的指引。我在一旁静静地取景、构图、记录。

这一部片子看起来好拍，其实很难，因为主人公对媒体宣传的抵触和曲解，一些本来很正常的组织拍法，甚至正在发生的事情，她觉得与她个人有关、和教育无关的，她都拒绝配合。比如，从北京到广西东兰壮族农村，她和她的女儿一起去捡柴火煮饭，一起去拾牛粪种菜，清明节和山民去上坟，与山民不同的语言交流，与山外电脑信息的沟通，都不能拍，更不能补拍。她只希望人们关注她的教育，而不是关注她。

我一直耐着性子拍，就当作一次挑战。

我想重要的是：我能拍什么？它会有多重的分量？作为纪录片人，在客观记录的同时，我还是尽可能蕴涵自己的思想感情，对所拍摄的画面，追求一种艺术情趣和艺术氛围，触发观众想象的空间。我注重用“摄像机的眼睛”去识别记录，这种识别就是发现，就是在尊重客观事实的原则下的选择和寻找。好在拍摄的过程中，我还是抓到了一些故事。

萧老师和孩子们画水彩或蜡笔画。和孩子们做游戏，玩土，爬树，摘果子，种上野花。给孩子们足够的意志上的自由。我采用的是生活化的场景编码方式，选择重要场面与典型细节进行展示描绘，营造一种与人物环境相吻合的特殊氛围，力图表现人物更加深沉的内心世界：或执著、或向往或失落。

此外我还注意“影像”符号在片子里的作用，抓住一些既能反映事物本质而又具表现力的意象加以表现，选择典型的细节和意象加以表现、渲染，如老枫树、黄土屋、小狗“丢”，等等，特别是春夏秋冬不同季节阴晴雨露的老枫树，由小长到大的小狗。它们都是片子的一个具象与符号。

在镜头处理上采用固定机位，摄影用光全部采用自然光线。静止的画面，封闭式的构图，山村特有的光线气氛，全片期望从视觉上营造一个符合人物心态的外部空间。

在景别的处理上，以全景为主，中景、特写为辅，希望给观众造成一种远远观察近距离感受的视觉体验。色调上根据人物心理变化为依据，在后期调色处理上，加重了冷色调的成分，以期传达一种青涩的感觉。

开始家长对萧老师的义务办学很高兴很感激，一下子送来十六个孩子。孩子们听不懂她的话，萧老师就请村里一位村姑来帮忙。她把城市里的朋友捐的钱和自己的积蓄，用于每个月给她发300元的工资及学校的所有支出。村姑与萧老师和得很好，但在一个月以后，犹豫了很久，她终于很小声地说，她也要去广东打工。

让萧老师为难的是，来上课的小孩子一天比一天少，我第一次去拍摄时，加上女儿芭蒂叶，只剩六个了。

有人从很远的城市坐飞机到广西，他请萧老师去加盟他的教育事业。她谢绝了，来人说，有什么能帮你的吗？萧老师说：需要一个自愿者。

萧老师将需要自愿者的事公开到网上。不久，一位叫江伟伟的大学生自愿者，在春节期间，果真从北方城市来到了南方的大山里。

大学生自愿者只呆了一个月，就觉得没多大意思，他买了山里的一匹小马，说要去周游全国，不过他还没有走过两个乡，就把小马卖了，想法也结束了。

剩下的孩子，有的因为要带更小的弟妹不愿来，有的因为只剩下一个男的也不肯来。萧老师拿着孩子们的水彩画去家访。结果，孩子们的父母只关心她吃饱了没有，并不在乎她的教育，他们感激她能从北京到这里当他们孩子的保姆，不收他们的钱。

枫树林一天比一天绿，但最老的那棵枫树真的已经枯死了。

让萧老师郁闷的是，来上课从不间断的欢和玉都被接到县城的亲戚家，送进有电视、有认字卡、有电动玩具、有围栏的幼儿园。一下子，灵性教室里，只剩苗、小骄和巴蒂叶三个孩子。

没过多少日子，玉从县城回来了，她在县城的幼儿园老是哭。

又过了些日子，欢也回来了。

很多自愿者都说要来协助萧老师，但终究没有人来成。

六一儿童节到了，萧老师想让孩子们过一个快乐的六一儿童节。这是他们第一次过儿童节，她想利用这个儿童节做个活动，请他们的家人来感受一下学校和教育。村民们都答应要好了，但到六一这天，大人们一个也没来。

萧老师上门去请，只来一位身前抱着弟弟身后背着妹妹的叔叔。

这个六一儿童节，孩子们过得很高兴。为了使这一天更有意思，萧老师、孩子们在教室前翻土种芋头。教室门口的地，村民说什么也种不出来，就因为，它是被人放弃的，萧老师就对它特别有兴趣。她说，她的教育还只是一个翻土的季节，而她要做好的是翻土的工作，还不能着急地去想着收获。

有人说萧老师做事情不现实，不是市场的，是做不下去的。

果真，六月的几场大暴雨，把年久失修的那美黄泥土教室冲成了严重的危房，孩子的家人不敢再让孩子来了。

有人以为萧老师要走了，就偷偷地把她捡养的小狗“丢”吃掉了。

我本来想再长时间跟拍下去的，但那美灵性学校结束了，结束得比我想象的要早得多。

片子后期制作，我写好稿子让萧老师自己解说，散文化的言语，诗意的表达，她想说的就说，她不愿意讲的就删。好歹编出来了，我不是十分的满意，但萧老师却说还行，她说：你这人很执著，早知道这样，也就不难为你了。我说：可惜晚了。

没想到，《北京来的保姆》入选第三届“中国纪录片国际选片会”，还拿了“最佳摄像奖”，入选参加“法国FIPA国际电影电视节”和德国“慕尼黑国际电影电视节”。

拍《北京来的保姆》让我对过去拍纪录片的思维进行了一次深刻反思。我们过去拍人物片都在关注人物的本身，而且或多或少都在考虑宣传的意义。这一次我被动地拍，却无心插柳，柳成荫。我们曾经有一种认识，就是纪录片的故事一定要“好看”，“好看”才能吸引观众，所以为了“好看”就不惜抓拍对象生活的“嚼头”，记录对象生活“出彩”的事。如果仅仅是这样，那么纪录片有没有独立存在的价值？今天，很多纪录片人都在思考，发展至今的中国电视纪录片如果仅仅停留在讲述个人的故事上，会不会不够？纪录片该不该关注一些大的事情、大的问题和中国的现实问题？比如中国素质教育可不可以拍纪录片？实际上是可以的，卢安克、萧望野等一拨在中国推行素质教育实践的过程与状态等类似的东西。如果记录下来，这是一段宝贵的历史。在此，纪录片所显现出来的历史价值或许比人物猎奇更为客观真实。

电视毕竟是遗憾的艺术，《北京来的保姆》因为萧老师对个人宣传的抵触，我想拍东西她不配合，比如她与外界的网上交流，因为她不愿意让我拍，在后期制作时只能辅以大量字幕，这在纪录片里是不严谨的，所以能拍的场景我就尽可能地拍得“精美”、“好看”，追求意境的营造。没想到，有的评委老师看了片子，认为诗意的、唯美的画面构图，倒反觉得有摆拍的可能，正所谓业内人士所说的“把真的拍成假的”。

这是拍摄制作上的遗憾，正是有这些遗憾，才有我们纪录片人的艺术积累，才激发我们纪录片人更多地去思考创新。

好了，片子不是说出来的，每个观众看了自会有自己的理解，其实，已经与我无关。我这个阐述谈不上是什么阐述，也只是一些心情罢了。

《麦客》资料

节目名称：麦客
节目时长：48 分钟
节目类别：人文类
制作单位：陕西电视台
主创人员：张文庆

内容简介

这是一部记录中国西部农业史上有一百多年历史的农业现象“西部麦客”的纪录片。

每年陕西关中麦收时节，童占海和来自于西海固贫瘠地区的农民，跋涉千里，到富庶的关中地区帮人收麦挣钱，形成了一种特有的“麦客”现象。

宁夏西海固，是1920年海源大地震的中心，发生地震时，山崩地裂，顷刻间23万人丧失生命，那时中国有4亿人口。这次地震被称为世界第四大地震。地震后的一百多年来，人们处于一种艰难的自然生存环境。

童占海，是这一带有名的麦客。童占海家里有40亩山地，这是童占海全家生存的根本。然而，这40亩地的收成全凭靠天吃饭。

童占海有两个女儿，一个上小学，一个将要考大学，她们是童占海最大的心事。

在西海固，有很多孩子因为家里贫穷而不能上学。童占海一直期望能让子女离开西海固，但每年只有等到麦收的时候他才能挣到钱给孩子们交学费。

在上个世纪80年代之前，西海固的麦客们都是徒步翻越六盘山，跨越三省跋涉一千多里，到达陕西关中。麦客们过去步行要用十来天的时间才能走到陕西关中，现在坐车一天多时间就可以到了。收割机的大量出现也使割麦子挣钱的天数越来越少。原来赶场割麦子能有一个月的时间，现在也就只有不到二十天的时间了。

麦客们每天早上从7点开始到晚上8点，一天每个人可以收割一亩。麦客们割一个月的麦子，现在让收割机一上午就割完了。早在十年前，麦客割麦子每亩要30元钱，现在割一亩麦子只有20元甚至少到17元。叫麦客割麦子的人越来越少了。麦客在整个麦收时节从关中东部到西部，历时将近一个月，行程近千里，最后回家的时候挣到的钱好的会有二三百，不好的几乎身无分文。人们之所以当麦客就是因为割麦子能拿到现钱。童占海拿着从亲戚朋友那里借来的学费，把大女儿又送到了县城去上学。第二年的夏天，童占海为考上大学的女儿凑足3000块钱学费，又无奈地卖掉家里唯一的一头耕牛。

又是一年柳絮飞扬的时节，村子里只有童占海一个人唱着他最爱唱的宁夏花儿《站在高山望平川》去关中割麦子了。

《麦客》导演阐述

张文庆

说到纪录片《麦客》，我们先从麦客的历史谈起。

每年关中麦黄，又是一个六月艳阳天，一个成熟的季节。

在宁夏西海固和甘肃天水一带贫困地区，成群的麦客告别家乡的妻儿老小和出苗、返青、抽穗的麦田。操起镰刀背起行囊，走出沟壑梁峁中的乡村、窑院，喊着“到关中‘赶场’去”，成群结队的人们坐着火车、汽车拥向陕西关中。

麦客是地处黄土高原的陕、甘、宁三省区特有的农业经济“生态现象”，尤以陕西关中为甚。麦客大多是来自甘肃陇东、宁夏西（吉）海（原）固（原）地区，人们外出被雇佣割麦均已有较长历史，最远的历史记载已有一百多年，可见其时间之长范围之广。随着社会经济的发展，麦客现象也逐渐减退，到关中“赶场”的人也越来越少。

麦客们将外出被雇割麦叫做“赶场”，易地待雇叫“转场”。关中宝鸡、成阳、西安、渭南、铜川等地区，是陕甘宁地区麦客最早、最集中的“赶场”地以及密度最大的“转场”区。与之交界接壤的关中西北部的长武、陇东平凉和宁夏固原等地，则随着麦客的“转场”回程，密度递减趋于分散。关中中部诸县，“雇”麦客现象也较普遍。至于宁夏固原麦客从关中东部潼关一直“转场”到甘肃平凉，甘肃西部的麦客从户县、周至“转场”至宝鸡、凤翔，就更不稀罕了。关中渭南地区渭北平原之所以麦客较少，一是由于其地处渭河、黄河的“黄渭泛区”，历史上曾是盐碱沙地，不涝即旱，不宜于小麦生长；二是20世纪60年代后虽经治理形成现今的大面积产麦区，但垦殖权属国营农场，一直用机械化收割，难有麦客用武之处；三是麦客恪守东进西退、南下北回的“赶、转场”时限和习惯，很少绕行关中东北。故此，麦客多流徙于关中东部，临潼至潼关诸县，渭河两岸及河川塬上。如果把陕西麦客比作“地方部队”，那么，甘、宁两省区的“野战兵团”赶场的路途之遥、转场区域之大，实在超乎寻常！整个陇东南和宁夏固原地区都是麦客的“大本营”。每到关中麦黄之际，南最远有甘肃康县、成县、徽县等地麦客沿宝成铁路北上，与西沿宝(鸡)兰(州)铁路而来的西和、礼县、武都、天水、甘谷、陇西、定西、渭源、秦安等地麦客汇流于陇海铁路东进，集结成分流于“八百里秦川”的中间地带；西北方有甘肃灵台、庄浪、张家川、庆阳、镇原、同心等地麦客，或沿银(川)平(凉)公路辗转宝鸡，或沿西(安)兰(州)公路以及各支线公路南下咸阳、西安，与陕西本地长武、淳化、旬邑等地的“麦客自行车队”交织并行，形成整体覆盖关中平原的态势，再逐渐向西北收缩回拢；更有陕南麦客南来北上于西安附近和关中东部。麦客们人手一镰，真可谓“千军万刃进关中”。麦客们一般出不了潼关，20世纪90年代后这一“历史界限”已被超越，甘、宁两省区已有麦客东进河南三门峡、洛阳、巩义等市县，唯陕西麦客仍不出省域，这也是自古以来陕西人固守本土的一种习俗。所有的麦客都循序返乡的回路，当西、南各路麦客相继回程时，西北各路麦客仍在“赶、转、退割”之中，直至割进甘、宁两省区的家乡麦田。麦客们全靠脚力、体力、耐力。白天“赶场”顶烈日，晚上“转场”披星戴月，几十里路不在话下，再远些就以车代步。而半个世纪前，则要靠双脚走出黄土高原、秦岭、陇山的沟壑梁峁。从西和、定西、固原诸地翻越六盘山走到关中再走回故乡，往复一千余公里。年复一年的麦客现象形成了黄土高原独有的“农业生态现象”。麦客们尤如候鸟，自然地随时间随气候来往回返。

除去陕南外，出麦客的地方多是黄土高原，风多雨少，水涸地竭，生态恶劣。甘、宁省区的陇东南、固原诸地，寒期较长，海拔亦高，许多地方是以小秋作物为主，产量广种薄收，只能靠天吃饭；这些地区的农作物像小麦的成熟期都比关中晚一个多月，这也是麦客能够有足够的时间到关中被雇割麦的原因之一。秋种后是较长时期的农闲期，一直到来年的六月初。相形之下，佣雇麦客的关中平原地带，泾渭(河)气候相宜，地平势坦，一年秋、夏都有种即收，薄种厚收，被称之为关中粮仓。

麦客不像传说中的那样富于浪漫但却于承传中恪守其生存节律，紧跟着现实变化。1949年以后随着交通条件的改变，他们再也不千里“脚踏实地”步行了。20世纪以后的麦客，将背篓换成了“尿素袋子”(编织袋)，许多人腕上戴着手表，挣钱后先买一架时髦的录音机，随着流行音乐的歌声乘火车、坐汽车回家。尤其20世纪80年代中期，各种乡镇企业对农吸纳及外出打工者的分流，使陕西以及西北比较富庶的地区成了农民大显身手、冲脱贫困的“新天地”。这些年的六月初到六月下旬，从宝天（宝鸡天水）铁路线上，常见整列整列扒满麦客的货车西来东往。关中几个较火的麦客集散地如宝鸡、咸阳、西安、高陵的车站、街道、集镇，麦客出出进进。比之刚刚兴起的收割机来，麦客们更适应一家一户这几行、那几畦的责任田。那些年来陕的麦客也有十几二十多万！这是麦客历史上的“黄金时段”。随着“联产形式”的出现和机械化收割优势渐强，由盛及衰的相持阶段出现了。20世纪90年代前期，手拿镰刀的传统麦客与机械化收割的现代麦客可以说是“平分秋色”；中后期后者已把前者压缩到机械化难以“规模经营”的西安、宝鸡间有限的地方，并已将渭河以北、关中平原大面积的平坦区“占为己有”。麦客们仍然按着既定的路线“故地重游”，仍然坚守着自己还能坚守的势力范围，仍然循序着“生存节律”，候鸟似的来来去去，或夫妻同行，或兄弟父子爷孙相携，以同村乡亲相随最为普遍。他们有的“出入”(收益与支出)持平，有的略有“盈余”，有的则完全“负亏”。对多数人而言，赚个把月的“口粮”，还能挣些工钱就很满足了(在关中地区形成了雇麦客必须管饭的规矩和传统)。用麦客的话说：“‘肘肘’

(镰刀)挣钱难，混个肚肚圆——逛世界哩！”对大多数不达温饱或已近温饱，又不具备“打工仔”条件的麦客，这“逛”是艰辛的。“就是下苦人。”这句麦客常说的话中，饱含了他们离乡背井的失落、自卑、懦弱、寄人篱下的全部感受，虽然他们习以为常。最让他们受不了的是当下的“人心坏了”，老辈农民善待麦客的传统古风正在淡化。每遇争执被欺、被辱、被打骂，多是忍气吞声。甚至十几个汉子不敢与一两个“敌手”对阵，只求息事宁人。自然，麦客也在变，变得并非昔日那么朴实憨厚，也学会了按照市场法则“随行就市”攀抬场价。

在进入新的世纪后，社会的发展使麦客这一农业“候鸟”现象日渐消失，很多解决了温饱问题的麦客不再愿意在盛夏炎热当中去关中被人雇用割麦，只有少部分的农民依然伴随着现代的收割机行走在关中平原，同时在关中一些地方，由于当地农民养牛养羊，机械收割机所收的麦草不能喂牛羊而不得已而雇用麦客，大面积的麦收已被收割机代替。公元2007年，随着铁路线的提速，很多麦客去往关中已是“无路可走”(铁路线在很多小站已不停车)，铁路公路票价的提升等因素也使麦客和收割机竞争时不再具备优越条件，以前在关中各个火车站随处可见的麦客踪迹全无，只有一些三三两两的麦客可见，这种变化也是我们一直计划拍摄和记录麦客的原因，因为它是对中国西部农民经济生活变迁史最具代表意义的记录。

我们的纪录片历时三年，拍摄选择了最穷困的宁夏固原地区，故称“西海固”。在固原地区的西吉县，我们找到了这一代有名的“麦客王”童占海，一个普通农民，纪录片就从童占海一家发生的故事开始了我们的纪录片拍摄。

宁夏西海固，是1920年海源大地震的中心，发生地震时，山崩地裂，顷刻间23万人丧失生命，那时中国有4亿人口。这次地震被称为世界第四大地震，地震后的一百多年来，人们处于一种艰难的自然生存环境，这也是西海固盛产麦客的主要历史原因。在童占海的家乡会家套村就流传着这样一句顺口溜：“会家套住着一帮穷鬼，守着一块好山水。”人们就是生存在这贫瘠而美丽的西海固。

童占海，是这一带有名的麦客。童占海家里有40亩山地，这是童占海全家生存的根本。然而，这40亩地的收成全凭靠天吃饭。

童占海有两个女儿，一个上小学，一个将要考大学，她们是童占海最大的心事。

在西海固，这个中国最大的少数民族回族居住的地区，几乎每家都是五六个孩子，计划生育也是从2003年才开始实施的。有很多孩子因为家里贫穷而不能上学。对童占海来说，五个孩子上学时无一不是这样过来的，但童占海一直期望着让子女能离开西海固，而每年只有等到麦收的时候他才能挣到钱给孩子们交赊下的学费。

在上个世纪80年代之前，西海固的麦客们都是徒步翻越六盘山，跨越三省跋涉一千多里，到达陕西关中。麦客们过去步行要用十来天的时间才能走到陕西关中，现在坐车一天多时间就可以到了。

麦客最怕的是雨天，在天气好的日子里割麦子每天挣到的20元钱很快就会花光，雨天，对这些来自异乡的麦客们来说是最艰难的日子。

收割机的大量出现也使割麦子挣钱的天数越来越少。原来赶场割麦子能有一个月的时间，现在也就只有不到二十天的时间了。

麦客们每天早上从7点开始到晚上8点，一天每个人可以收割一亩。麦客们割一个月的麦子，现在让收割机一上午就割完了。早在十年前，麦客割麦子每亩要30元钱，到现在只跟收割机的价钱一样了；割一亩麦子只有20元甚至少到17元。然而，叫麦客割麦子的人却越来越少了。

麦客在整个麦收时节从关中东部到西部，历时将近一个月，行程近千里，最后回家的时候挣到的钱好的会有二三百，不好的几乎身无分文。人们之所以当麦客就是因为割麦子能拿到现钱。对童占海来说，这二三百块钱比别人更为重要，孩子们上学考大学是这里的人改变命运的唯一途径。

从关中割麦回来的童占海拿着从亲戚朋友那里借来的学费，把大女儿又送到了县城去上学。第二年的夏天，童占海为考上大学的女儿凑足3000块钱学费，又无奈地卖掉家里唯一的一头耕牛。

第二年的夏天，又是一年柳絮飞扬的时节，村子里只有童占海一个人唱着他最爱唱的宁夏花儿《站在高山望平川》去关中割麦子了。

2006中国玉溪国际环保纪录片周

环保牵手纪录片

——《瞭望》新闻周刊访贡吉玖先生

日前，纪录片委员会常务副会长兼秘书长贡吉玖接受了《瞭望》新闻周刊记者陈泽伟的采访：

环保牵手纪录片

9月1日至5日，“2006中国玉溪国际环保纪录片展映周”活动在云南省玉溪市开幕。此前，此次活动已经在北京进行了参评节目的初评，85部中外作品从354部环保题材的参评纪录片中脱颖而出，获得了前往玉溪展映的资格。

中国广播电视协会纪录片委员会常务副会长兼秘书长贡吉玖说，关于环保题材的纪录片评奖及展映，在中国还是第一次。

推动纪录片发展

中国纪录片界举办如此大规模的环保纪录片展映，一方面希望藉此为环保鼓与呼，另一方面也希望以大型活动引起国人的注意，扭转中国纪录片目前的颓势，推动中国纪录片事业的发展。

贡吉玖说，纪录片是电视节目中一个重要的品种，具有记载历史、讲述现实、传播知识、弘扬民族文化、加强对外传播的作用。但从总体上来说，中国纪录片目前不大景气。原因在于，目前全国各地的电视台都在抓收视率的提高。娱乐节目和电视剧充斥屏幕，纪录片基本是在深夜播出。江苏、浙江、山东等电视台，干脆把纪录片的栏目撤销。很多纪录片编导只能改行干其他业务。

面对严峻的局面，中国广播电视协会纪录片委员会有责任做一点事情。贡吉玖说，组织这样一个大规模的活动，可以引起国人的注意。而在题材选择上，环保是一个很合适的主题。近些年来，全球范围内的环境问题日益严重。不断增长的人口、全球气候的变暖、森林减少、城市污染、沙漠化日益严重，等等。用影视的手段、纪录片的样式，把环境保护的方方面面向公众展现出来，以提高国民的环保意识，会是一个不错的选择。

注意到民间的关注力量

贡吉玖介绍说，根据国际上通行的惯例，一般把纪录片分为三类：第一类是社会报道纪录片，对事件进行深层次的调查、报道，比如美国的《911》。第二类是人文类纪录片，包括风土人情、传统文化、法制、经济、文学艺术等。第三类就是自然与环保类的纪录片，包括人与动物、自然环境、科技、农业等，例如法国人拍摄的《迁徙的鸟》。

在中国，自然与环保类的纪录片在数量上和质量上都比较薄弱。以这次参评的作品来看，外国节目明显好于中国节目。与外国参赛作品相比，中国作品在硬件方面——制作投入、图像质量等，软件方面——信息量、知识面等，都还有很大的差距。

但是，中国纪录片界并非忽视环保题材。贡吉玖说，中国纪录片从业人员大多是新闻记者出身，他们对现实生活抱有强烈的责任感，环保这样一个关乎国计民生的题材，他们绝不会视而不见。近年来，中国也有过很优秀的环保题材纪录片。例如浙江卫视拍摄的《农民陈法庆》，反映了浙江一名普通农民陈法庆个人的环保意识。这部作品获得了2005年“十大纪录片”称号。但整体来说，中国环保题材的纪录片仍然是力量薄弱。

目前，国际上有一二十个环保专题的纪录片评奖、展映活动，但中国还没有。贡吉玖说，下一步，中国广播电视协会纪录片委员会筹划每年举办一次这样的活动，把这个“国际环保纪录片展映周”办成在国际上有一点名气的国际环保纪录片节。

关注环保工作者

此次参评的354部环保纪录片，涵盖了环境保护的方方面面。环境问题、环保工作中的人与事以影像的手段展现出来，直击人心。

据了解，参评的354部中外环保题材纪录片，包括中央电视台、各省电视台送来的100多部，各地、市、县级电视台送来的近200部节目，独立制片人送来的60多部。特别值得一提的是，一些地方环保局拍摄的环保纪录片也参加了这次展映活动。此外，英国BBC、日本MBC国际著名的影视机构也送来了作品。

贡吉玖告诉《瞭望》新闻周刊，这些纪录片会让观者对环保有一个新的认识和了解。首先，明确传递出一个信息——环境保护刻不容缓。这些纪录片中反映出来的环境问题，让人触目惊心。比方说，海南电视台拍摄的《潜水十年》，就反映了南海地区珊瑚礁的保护问题，因为一些非法开采、人为的破坏，珊瑚礁正慢慢地萎缩。这些影像展现在人们面前的时候，每个人都会为之动容。

其次，这些作品展现出了环保工作者的劳苦艰辛。他们顶风冒雪、贡献青春，甚至牺牲家庭、牺牲个人的生命。在参评作品中，可以看到长年在神农架深山中保护金丝猴，直面非法盗猎者的年轻人；背井离乡，在内蒙古单枪匹马治沙的山东老人……看了这些片子，才知道一线的环保工作者殊为不易。

最后，这些环保纪录片还展现了环境保护在中国取得的成就。比如《抚仙湖》，这部作品记录了玉溪市保护抚仙湖的历程。抚仙湖的美丽，从一个侧面反映了中国的环保成就。此外，苏州河的治理、青藏铁路的修建，都考虑到环保的因素，这些在纪录片里都有所表现。

2006中国玉溪国际环保纪录片周获奖名单

组委会特别奖

《Can We Save the Planet? 》(《我们能够拯救地球吗? 》) 英国BBC

《抚仙湖》 玉溪市环保局/玉溪市广电局/玉溪千溪影视有限公司

一等奖

《潜水十年》 海南电视台

《卡瓦格博》 云南电视台

《三江源》 中央电视台/青海省委宣传部

二等奖

《今年春天在哪里》 浙江卫视

《Pacific Mangrove》(《太平洋红树林》) 哥伦比亚

《农村妇女韦东英》 杭州电视台

《水下环保人》 独立制片人

《海豚"保护神"》 广东台山广播电视台

三等奖

《神农架山鬼——家园》 北京电视台

《又见海鸥》 云南电视台

《老人与鸟》 上海电视台

《我的那片江湖》 重庆电视台

《拯救》 云南西双版纳电视台

《天堂里的家园》 浙江广播电视集团浙江卫视

《驯化黑颈长尾雉》 广西电视台

《北鲵妈妈》 新疆电视台

最佳导演奖

《泰晤士河的治理》 成都电视台

《水的故事》 陕西电视台

《两个人的七天》 黑龙江电视台

最佳摄影奖

《为了告别》 吉林电视台

《雷鸣之夜》 北京科学教育电影制片厂

《生命的守护》 湖南郴州电视台

最佳制作奖

《拯救敦煌》 甘肃酒泉电视台

《留民营——"生态"我先行》 中国农业电影电视中心

最佳创意奖

《农民陈法庆》 浙江卫视

最佳音乐奖

《与鹤共舞》 江苏卫视

"国际环保纪录片周"活动组委会邀请的国内外环保和纪录片创作方面的专家、学者对分获"组委会特别奖"和"一等奖"的5部作品进行了简短评述：

1.《Can We Save the Planet? 》(《我们能够拯救地球吗? 》)

英国BBC拍摄的以反映温室效应对大气、森林、海洋以及人类居住环境影响的节目，可谓资料详实，气势宏大，一气呵成。导演对全球经济发展对环境的影响有较深的研究。因此，制作出来的节目，表现形式上有所创新，能够从理论和实践的结合上，并娴熟地运用画面语言，叙述温室效应对全球的影响和危害。不足之处是在剪辑上，东方人看了在时空上有些混乱。

2.《抚仙湖》

以保护生态环境为核心的《抚仙湖》，从大自然生态的理念出发，用一个个鲜活的人物和事件全方位地展示了玉溪人用汗水和艰辛实现“生态立市，天人和谐”的誓言。作品画面精美，剪辑流畅。节目中知识性、科学性较强，但故事性明显不足。

3.《潜水十年》

本片通过一对夫妻纪录片人陆续十年的潜水拍摄，真实地展示了中国海南三亚海域的珊瑚礁保护现状。用纪实、写意及第一人称的叙事方式，使该片不仅有深邃的思想性，而且具有相当的艺术感染力，从而引发人们对开发与保护以及对人类整体命运的思考。不足之处是解说词还有压缩的余地。

4.《卡瓦格博》

《卡瓦格博》讲述了人并非都能胜天、人不能随便改造自然的道理。片中使用了1991年和1996年中日联合登山队攀登卡瓦格博的珍贵影象画面，通过对山难幸存者的访问，讲述了屡遭失败的故事。不足之处是叙述有些长，画面语言明还不够简洁。

5.《三江源》

大手笔大制作的《三江源》，从自然科学和社会科学的视角，将历史的时空和科学的分析结合起来，用唯美的画面语言，表达了对中国高原大陆地理——三江源的生存环境和人类文化的思考。该片不但在架构上气势宏大，而且对三江源的地质构造、地形地貌、动植物群落都进行了较详细的分析和探索。有很强的知识性。其不足是受题材的限制，故事性弱了一些。

《Can We Save the Planet?》（《我们能够拯救地球吗？》）资料

节目名称： Can We Save the Planet?
（我们能够拯救地球吗？）
节目时长： 59分38秒
制作单位： 英国BBC
主创人员： Jeremy Bristow

编导简介

Jeremy Bristow，生于1956年1月29日，伦敦经济学院理学士，1988年起加入BBC工作。2002年10月加入BBC自然历史部门。主要作品有2006年创作的两部60分钟纪录片《我们在改变地球吗？》和《我们能拯救地球吗？》、2005年创作的《Portillo Goes Wild in Spain》、2004年创作的《对虾的价格》、2003年创作的《沙丘》。另有作品《鲸鱼杀手》、《猿类杀手》、《历史的俘虏》、《大马哈鱼的价格：自然的警告》等。

内容简介

温室效应对地球大气、森林、海洋以及人类居住环境的影响很大，现代人们的活动极大地加速和促进了温室效应的发展。导演希望观众认真面对这一日益严重的问题，提出了如何在人类日常生产、生活活动中减少导致温室效应气体排放的方法和意义。

《抚仙湖》资料

节目名称：抚仙湖
节目时长：19分钟
节目类别：自然与环境类
制作单位：玉溪市环保局／三溪市广电局
云南千溪影视有限公司
主创人员：编导／付永康、万肖良
摄像／付永康、冷凇、王斌、耿卫
撰稿／冷凇
监制／张耀力

编导简介

张耀力，1982年在玉溪师范学院物理系毕业后，从事文秘工作，曾任中共玉溪地委办公室副主任、地委副秘书长，中共江川县委书记。现任玉溪市广播电视事业局党组书记、局长，云南广播电视信息传输网络股份有限公司副总经理、玉溪分公司总经理，云南千溪影视有限公司董事长。

内容简介

在辽阔的滇中大地上，闪烁着玉溪这颗璀璨的高原明珠，而纯洁的抚仙湖便是镶嵌在这颗明珠上的碧玉——养育着无数的玉溪儿女。在瑰丽多姿的抚仙湖背后，是玉溪人"生态立市，天人和谐"的发展理念。数百年来，从政治、经济、文化诸多领域到工农商学的各个层面，玉溪人用汗水和艰辛去保护抚仙湖的生态，并由此引出了一个个感人肺腑的故事和无数鲜活的人物……

和谐语境下的绿色之思

——评环保纪录片《抚仙湖》

张金尧

构建社会主义和谐社会，是以胡锦涛为总书记的中共中央于2004年9月提出的重要执政理念。"人与自然和谐相处"是建设和谐社会的重要目标之一。在和谐语境下，电视人正以前所未有的热情投入到环境保护中去。通过他们的电视艺术作品展现人与自然的现实生态，反映着人们的精神世界，引领着人们的精神生活，为建设和谐社会营造着良好的舆论环境。环保纪录片《抚仙湖》就是这样一部比较优秀的电视作品。

一、命题与选择

当下，环境恶化的现实表现可谓多矣。土地沙漠化、水土流失、森林草地退化、江河断流、湖泊萎缩、生态系统失衡、城市环境污染等一系列生态环境问题日益突出，正在引起全社会的高度关注：我国人均能源资源占有量不到世界平均水平的一半，石油仅为十分之一；人均水资源仅相当于世界平均水平的四分之一。在过去20多年，我国能源消费总量增长了2.6倍。2003年，我国消耗了占全球31%的原煤、30%的铁矿石、27%的钢材以及40%的水泥。粗放型经济增长方式的一个直接后果是生态环境的急剧恶化……①

在这样的时代大背景下，环保纪录片《抚仙湖》的命题选择就有着重要的现实意义。此片以云南省玉溪市创建生态型城市为背景，以整治抚仙湖、星云湖环境为叙事重心，全方位多视角展示玉溪人的环保意识。《抚仙湖》的命题选择有着地域独特性。

纪录片是真实叙事。所叙之事，足见电视人的价值取向。玉溪市在构建和谐社会的时代语境下，有着丰富多彩的时代生活，值得表现的东西实在太多。但是，玉溪市在建设生态型城市的进程中更有大手笔，尤其是整治抚仙湖更是成果斐然，所以摄制组最终选择了玉溪市在构建和谐社会进程中的环保主题。在选定环保题材后，自然就必须根据当地的最突出的环境问题，从最成功的治理案例的角度入手。《抚仙湖》的镜头对准了玉溪市众多的环境整治成果之一的湖水整治。这种角度带着一种理性思考，是和谐语境下的绿色之思，正如片中所说："人类诞生以来，总是择水而居，一旦失去了水，文明便会衰竭。可以说，在当今世界，谁有了水资源，谁就拥有竞争力，谁就会拥有美好的明天！"

玉溪自古以来以其美丽、富庶闻名，素有"高原明珠"的美誉。而作为中国的第二大深淡水湖泊，抚仙湖以其碧玉般的特质，使玉溪这颗高原明珠显得更加璀璨夺目。"当中国和世界各地的旅游者，在这片碧玉般的净土上流连忘返、尽情欢娱的时候，却很少有人注意到玉溪人保护抚仙湖所付出的艰辛和汗水……"

可以说，水资源的利用与保护是人类生存与发展的永恒命题，而作为人均水资源仅相当于世界平均水平的四分之一的中国，每年就有近230亿吨工业有机废水，仅西部地区就有1000多万人口吃水长期困难。抚仙湖整治工程是当地政府建设和谐社会的有力举措，环保纪录片《抚仙湖》将镜头对准"水"，找准了具有地域性的环保命题，体现了电视人的现实忧思和"采事"策略。

二、《抚仙湖》的叙事策略

有了具有现实意义的命题与选材外，还必须有高超的叙事策略，才能完成艺术作品美学的与历史的两条标准的检验。《抚仙湖》并非单纯说教，也并非为政府作歌功颂德似的政绩成果展示，而使用了大量事实、数据和评论来表现主旨。

政府"命题作文"的电视艺术成品很容易发生这样一些偏差。其一，如果过多地融入行政理念，就会减少趣味性，"载道"有余而"动俗"不足，过多地图解政策，就会形成画面加解说式的宣传品。其二，如果过多地将抚仙湖的秀美英姿展现在观众面前，就达不到唱响"环保"主旋律的效果，起不到宣示人在环保中具有能动性的作用，从而只是一部"风光片"，可能反而会显示出人们的一种无能为力。如果这样处理，就是一种"纯自然主义"的"无为意识"。其三，如果过多地展示玉溪市在环保过程中的战天斗地的场面，就不能突出火热行动中的冷思考，降低科学性，实际上就是降低了一种理性思维。过多地强调人的主观能动性，有可能在环保的过程中形成新的环境破坏。正如曾永成先生所说："只有大自然和自然规律才是迷路的人类的北斗。纵观历史，人类的主体性的每一次片面高扬，都在凯歌高奏的同时面临危机。”②

《抚仙湖》没有发生上述偏差，达到了纪(现)实美与艺术美的较好融合，首先是在“采事”上用心良苦。作者熟稔“冷热调剂”之法，既采选了宏大“出流改道工程”、“人造湿地工程”，又采选了黄金万老人16年如一日默默捡拾垃圾和小生意人张致禹含泪舍弃机动船等老百姓的小故事。这样选材，既体现了“科学技术是第一生产力”的环保途径，又体现了这一方水土养育的这一方人自觉的环保意识。

在纪实宏大的“出流改道工程”、“人造湿地工程”时，体现了一种豪迈：“今天，在中国玉溪出现了一个人类的奇迹：下游一类水质的抚仙湖开始倒流星云湖，从此抚仙湖不仅不再有来自星云湖的污染，而且还治理了星云湖。可以说，玉溪的出流改道工程，是人类进行环境保护和生态建设的又一个奇迹！”“这些在抚仙湖、星云湖附近建成的22块、规模达3000多亩的大小不等的人工湿地和湖滨带，是玉溪人实施的一项利用水生植物处理污水，遏制农业农村面源污染的工程。现在，这些湿地日处理污水能力已经达到了66.77万立方米。经过几年的运行试验，湿地出水的水质已经由处理前的劣五类或四类变为三类水质。今后几年，抚仙湖边还将建成更大规模的人工湿地。”

在纪实农民、市民这些小人物时，更是多了一份感动：“这位叫黄金万的老人，家住在著名风景区明星村，今年76岁了，他在抚仙湖义务捡垃圾已经有16年的历史了。从晨曦乍现到落日徐徐，他每天都这样往返不停地行走着……”“抚仙湖附近的许多居民也养成了随手‘捡宝’的习惯，这样既清洁了湖岸又回收了废品。我们在玉溪抚仙湖周围的20多个旅游景点里，很难看到不洁的物品。据不完全统计，抚仙湖沿岸有上千人，每天不计任何报酬地这样工作着……”可以说，抚仙湖周围的市民、农民的血液就是抚仙湖的支流，他们童年时的记忆、中年时的创业、过世后的安息，都离不开抚仙湖。抚仙湖就是他们的母亲湖。

更可贵的是，本片的政府行政“大事”与百姓“小事”呈“双螺旋”式交替展示，使得本片具有一种趣味性、厚实感和感染力。从叙事学角度来说，这是为了使观众能够在有限的时间里获得不同的视觉信息，从而始终保持一种欣赏冲动的有效性。“双螺旋”式交替展现这种“冷热调剂”之法在中国古典戏曲创作法当中十分常见，这就是所谓的“苦乐相参”，这种叙事技巧的好处就是叙事节奏疏密有致。所谓纪录片“节奏”，应当是纪录片有限的文本中纪实信息和情节展示的密度。虽然《抚仙湖》片长只有20分钟，但是观众在整个纪实审美的过程中并不觉得枯燥乏味，就是因为此片节奏疏密有致又具有一定量的信息内涵。

三、《抚仙湖》的叙事审美特征

人们在纪录片审美时，总是根据片名或者是频道选择的“最初一分钟”假定一种审美期待，这种审美期待往往需要一定的“情理之中、意料之外”式的审美遇挫来激活兴趣。如同此片，既有宏大工程的再现也有温馨自然的表现，使得观众的审美期待并不在一种单一的叙事平面上完成，从而使本片具有了一种政府与市民齐心合力的立体环保行动的展现功能。

从叙事方式上看，虽然本片一共出现了50余个数字，但是并不让人觉得枯燥。一个重要原因是能够化繁为简。虽然动漫、航拍、水下摄影等镜头叙事技巧的充分调动增强了此片的趣味性、直观性，也增强了本片的科学性，在介绍两个宏大工程——“出流改道工程”、“人造湿地工程”时，必须要用一些枯燥的数据来介绍工程的巨大，可创作者还是仅用两个动漫画面就将极富科学性的现代工程介绍得一清二楚，给人留下深刻的印象。在介绍“出流改道工程”时，用动漫形象地描绘了抚仙湖倒灌星云湖的环保工程，使人想起这是现代版的李冰父子的都江堰工程！环保工程的匠心独具和纪录片的巧妙叙事在《抚仙湖》中得到完美结合！

纪录片是“对新闻素材进行创造性处理的故事片”（约翰·格里尔逊语），至于怎么进行“创造性处理”，就取决于创作者的艺术修养和叙事方法。正如冷冶夫先生所提倡的那样，纪录片是与故事片相对的一种电视节目体裁，如果说故事片相当于文学中的小说，那么纪录片就是报告文学。纪录片和报告文学的选题一样都来自于生活现实，它不需要虚构故事情节，也不需要对事件进行过度的渲染，好的纪录片甚至只是生活原生态的一种自然记录。那么，为什么面对同一事件，有的人讲得绘声绘色、兴致盎然，有的人却讲得平淡无奇、味同嚼蜡？关键就在于结构方式与叙事技巧的不同。在纪录片创作中，叙事的技巧和结构的方式不仅是对素材进行选择和处理的过程，更是创作者通过素材的挑选和组合，来表达自己对生活的认识和感受的过程。也就是说，叙事结构是创作者赋予素材以意义和解释的手段和形式。

相比其他一些同类作品，本片还有一个特点，就是在政府“命题作文”的创作要求下，创作者能够做到“眼睛向下”。当下，纪录片有一种倾向，就是在完成此类纪录片，在解说加访谈叙事过程中，总是能够看到一些政府官员高屋建瓴似的“意义”、“全局”、“思想”的空泛图解，而且，职务越高，越是安排在叙事的“压轴时段”上，缺少一种“百姓声音”。此片一共出现五处访谈，有三处都是把镜头对准黄金万、张致禹、耿卫等为代表的老百姓身上，增强了老百姓参与性的说服力。另外两处是对环保专家的访谈，增强了本片的环保意识宣示的科学性。

一部纪录片艺术质量的高低和思想意义的深浅，不仅取决于纪录片拍摄到的内容，也取决于对于这些内容的剪辑与组合。剪辑组合得导体，原本好的内容可以变得更加精彩，某些一般的内容也能发挥得较为出色。相反，剪辑组合不当，就有可能糟蹋原本非常好的素材，使十分精彩的内容失去应有的效果。所以，叙事和结构对于作品的意义，在某种程度上要甚于素材本身。

《抚仙湖》除了上述政府号召与群体行动交替叙事、大工程与“小事情”印证生辉的立体表现以外，还有一条十分清晰的叙事脉络。可以说，在众多素材的围裹之中没有一条清晰的叙事脉络是不行的，其重要性“在某种程度上要甚于素材本身”。片中的叙事脉络有两条，一条是从古至今的历时性向度：人类文明靠水而生→世界现代大都市河流比较→云南省水资源→玉溪的抚仙湖→孤山岛→经营湖岛旅游者的环保意识→政府整治抚仙湖重大工程。这是一种历时性向度，各个单元具有一定的说理逻辑，这种逻辑次序和环节一旦被打破，便会产生不知所云或支离破碎之感。另一条是视域广阔的共时性向度：抚仙湖整治→经营者放弃燃油机动船经营→湖水倒灌工程→湿地保护工程→一般市民的环保习惯→编制教材教育下一代。内容各个要素在叙述顺序背后有着内在关系：那就是重大工程与市民行为交替叙事，形成一种行动上的逻辑关系，即抚仙湖的美好是整个玉溪人共同努力的结果。这样，通过表层的历时向度和深层的共时向度叙事，完成了故事结构复杂化，因为适度复杂化的故事结构可以给声画阅读带来更多的乐趣。

四、《抚仙湖》的社会价值

经济的可持续发展，说到底还得依靠人的可持续发展。环保纪录片《抚仙湖》在结尾时就体现了一种这样的理念。2003年，为把玉溪建成全省第一座生态城市，实现“创建国家环境保护模范城市”的目标，玉溪市教育部门组织二十多位环保专家和一线教师，共同编写了玉溪市中小学地方教材《环境教育》读本。玉溪市的中小学，从这一年起，开设了自然生态环境保护课程，教育学生关爱大自然，培养学生对环境友善的情感与价值观，引导学生选择有益环境的生活方式。结尾的解说词就这样写道：“这是玉溪市有计划组织的一次环保万人签名活动，其声势可谓宏大。但这绝不仅仅是一种形式，玉溪市对环境保护的宣传已经普及到了全市760多所中小学。”（画面提示：小学生《美丽的抚仙湖》朗读声起……字幕：生态立市，天人和谐。）

纪录片这种期待式结尾，可以给观众带来一种完整感，又同时产生了一种社会意义的延伸性：生态立市并不能毕其功于一代人，它需要玉溪人一代一代地传承，那稚嫩的读书声就代表了一种希望！电视作品的选题体现电视人的思想境界，也体现现实语境下的叙事重心走向。这两者互为驱动。现在，环保主题理当作为电视人的表现主题。可以说，现在环保意识使人们正在确立一种新的生态道德、文化研究显学和文明发展模式。人类正在以前所未有的理性姿态审视自己的所作所为，并思考着自己创造财富时是否在透支着子孙的幸福。从艺术的角度来说，这种结尾方式增强了纪录片的表现张力，观众可以在更多的延留当中留下更多的想象空间和启迪内涵，也印证了片中所说的玉溪人的环保理念：“公民环保意识的强弱往往对环境质量的优劣起着决定性的作用，环保教育和宣传已经成为衡量一个国家、一个地区发展进步和文明程度的重要标志。”以对孩子的环保意识的教育结尾，就是强调公民环保意识世代相传的较好的艺术方式。

可以这么说，对人的生态观照将是今后很长时期人类自省的表现，自然也是电视人的长久命题。人与自然的关系是否和谐？这个问题从来没有像当下这么清晰地摆在人类面前。人与自然的和谐相处，有着严肃的哲学学理，《抚仙湖》就宣示着这样的思考：马克思曾说“人是人的自然”、“人直接地是自然存在物”、“历史是人的真正的自然史”、“只有自然主义能够真正理解世界历史的行动”，[③]他认为未来最美好的社会是“人与自然、人与人的矛盾解决了的社会”。社会和谐是中国特色社会主义的本质属性，是国家富强、民族振兴、人民幸福的重要保证。这就是这部纪录片的社会意义之所在。

当然，这部纪录片在叙事精当、结构精妙、剪辑精准的同时，还是有一些不尽人意的地方。比如，在20分钟片长中，解说词就有3600余字，有声画各为其主之感。虽然此片通过赵忠祥先生极富特色的声音进行解说，显得更加大气，但是平均每秒钟就有3字的解说速度，反而使本片显得急促有余而舒缓不足，使得解说加访谈式纪录片的弱点就更加暴露。另外，由于新闻片与纪录片有一个最大区别就是新闻片要素是“3W”（When什么时间，Where什么地点，What什么事情）即可，而纪录片的要素是“4W”，即在上述“3W”的基础上增加了“Why”，即“为什么要发生这一切”，[④]就要找到发生事件之间的原因以及事件内部之间的联系。在此片中，对“Why”处理得似乎弱了一些。如果此片有一些环保工程取得成果的前后对比，或者进行一些必要的搬演重现，这种今昔对比更能在“Why”上做足文章，更能增强故事性和画面冲击力。尤其是搬演重现，是纪录片重要的叙事技巧，正如冷凇所说："其实，在不影响纪录片故事真实性的前提下，对一些情节性不强的地方不妨使用类似电视剧的拍摄和剪辑方法，有助于提高片子的收视率。"[⑤]当然，这只是求全责备的置评。对一部只有20分钟片长的纪录片《抚仙湖》来说，已经具有纪实性、参与性、艺术性，实属上乘之作！

注释：

①数字来源于陈至立2005中国科协学术年会讲话。

②曾永成：《文艺的绿色之思——文艺生态学引论》，前言第7页，人民文学出版社，2000年版。

③《马克思恩格斯全集》，第323页、324页、326页，人民出版社，2002年版。

④据李佐丰《纪录片声画结构研究》（北京广播学院出版社）归纳。

⑤冷淞：《中西方电视文化比较研究》，第278页，中国戏剧出版社，2006年版。

《潜水十年》资料

节目名称：潜水十年
节目时长：59分钟
制作单位：海南电视台
主创人员：编导／方燕妮
摄像／方燕妮、马小钢
剪辑／方燕妮
音效／方燕妮

编导简介

方燕妮，1954年生人，蒙古族。曾在杂志社、海南日报社工作，现任海南电视台外宣部《阳光无限》栏目总制片人。副高职称。

马小钢，1953年生人。从事广播电视工作30年，原内蒙古电视台电视剧部导演，现海南广播电视台外宣部主任；系中国广播电视协会纪录片委员会副理事长。

十多年来，共同在海南电视台摄制《海南潮》、《环球采风》、创办《中国有个海南岛》、《周游天下》、《中国纪录片》等栏目。

1994年起潜心纪录片创作，共同摄制的纪录片多次获奖。如《心灵的肖像》（1999年）获中央电视台"中国人"系列片中（全国50部）的一等奖、中国广播电视新闻奖电视社教类节目特别奖；《水羊年·纳木措》（2005年）获世界华文媒体奖最佳电视纪录片奖、中国十大纪录片奖、第八届四川电视节国际纪录片"金熊猫"奖评委特别奖等。

2003年，马小钢被评为省"德艺双馨"优秀艺术家。

2004年，方燕妮被评为省优专家。

2004年，马小钢被评为全国百佳电视艺术工作者。

在《中国电视》等刊物共同发表《纪实与神秘主义》、《纪实与长镜头》、《纪实与诗》等多篇论文。

内容简介

在56平方公里的三亚国家级珊瑚礁自然保护区里生活着一百多种海底珊瑚和物种非常丰富的海洋生物。

有两个喜欢潜水的电视人，在十年间连续跟踪拍摄了这个保护区里两个海岛和海域水下发生的事情——上个世纪八九十年代，渔民炸鱼炸珊瑚、大量贩卖珊瑚或采挖珊瑚烧石灰，使珊瑚礁像热带雨林一样以令人惊恐的速度消失；这个世纪初，蜂拥而来的潜水旅游热潮使珊瑚礁再次受到致命的摧毁，与此同时渔民为此付出生命的代价。金钱搅动的海洋残杀中，渔民和海底的珊瑚一样受到伤害。两个电视人在日记中写道——

羊水是胎儿的摇篮，海水是人类生命的起源。

人类需要发展。但是，如果这种发展是以失去自己的母体为代价的话，人类就等于是在自杀。

《卡瓦格博》资料

节目名称：卡瓦格博
节目时长：63分钟
制作单位：云南电视台
主创人员：编导／吉喆、陈敏
摄像／黄宬程、曾涛、阿福
剪辑／吉喆、陈敏
音效／吉喆

编导简介

吉喆，生于1978年12月26日，2002年毕业于云南师范大学信息传播学院新闻传播专业，同年进入云南电视台做纪录片编导至今。主要作品有：《讲武堂的故事》、《勐吧拉娜西》、《三江并流》、《卡瓦格博》、《血脉中国》、《捕鹤记》、《记忆的伤痕》。

陈敏主要作品：《勐巴拉娜西》、《三江并流》、《血脉中国》、《高原之光》、《卡瓦格博》。

内容简介

这是一个讲述人与自然怎样和谐相处的故事。

这是一个有着东方式神秘色彩的“人与雪山的故事”。

卡瓦格博是藏传佛教的八大神山之一，在当地的文化里，他已不仅仅是一座雪山，而是一尊有着生命和神力的神！有着不能染指的圣洁。

然而，在外人尤其是登山者的眼里，卡瓦格博只不过是一个6740米的海拔高度。1991年1月3日，中日联合登山队在攀登卡瓦格博的时候神秘消失，17名队员突然间杳无音信。山难震惊中外，成为世界登山史上的第二大山难。然而故事远没有结束，1996年11月，中日联合登山队再次攀登卡瓦格博，最后还是以神秘的原因失败。

本片通过对山难幸存者的访问以及当时拍摄的珍贵影象画面，讲述中日联合登山队两次攀登卡瓦格博惊心动魄的过程以及登山者与当地藏民之间的文化差异、文化冲突，故事真实感人。

卡瓦格博的启示

吉 喆

1991年发生在卡瓦格博山脚下的那次山难曾经轰动一时，而那个时候我还小，只有12岁。在我的印象当中，我只是隐约记得在那几天的新闻中都在不停地播放前方营救的信息。我还记得那天在宣布登山队员失踪的时候，我们全家都很难过，尤其是热爱登山运动的叔叔。可是我当时在陪着大人难过的同时，在我内心对山特别是雪山开始产生一种敬畏之情。当时的媒体都把失踪的17位登山队员都称做17勇士，因为他们是为了征服一座山而英勇牺牲的。勇者大无畏也，为了自己热爱的事业而不顾一切，这也是我一直所推崇的精神。所以对那失踪的17位登山队员，我始终怀着一种可望而不可及的崇敬之心。因为有了17位队员的失踪，让我第一次知道了梅里雪山，这座从来没有被人登顶过的雪山。随着时间的推移，这件事情在我的脑海里也渐渐淡却。

2002年，我大学毕业之前要交毕业的摄影作品。听说香格里拉是个非常漂亮的地方，所以我只身来到了那里。这是我第一次到到藏区，一到那里，我就被我身处的环境惊呆了。一往无际的青稞田、满山遍野的格桑花、蓝得有些发黑的天空翱翔着雄鹰；黑白分明的喇嘛寺，身穿红色僧袍的喇嘛穿梭其间，随风飘起的经帆，还有手握转经筒的藏族阿妈正慈祥地看着你微笑。我当时觉得自己仿佛身处梦境。也就是那次香格里拉之旅，让我第一次看到了美得足以让你跪下的梅里雪山。这种美丽真的无法形容，因为它不是单一的，而是在随时变幻着的。也就是这次旅行让我第一次知道梅里雪山还有一个名字，一个属于当地藏民的名字——卡瓦格博！翻译成汉语就是河谷里险峻雄伟的白色雪峰。我还看见许多的藏民面向卡瓦格博虔诚地磕着长头，因为卡瓦格博是他们心目中的神山，一座给他们带来一切的神山。在卡瓦格博山脚下，一座纪念碑有些孤独地矗立在那里。就是为了纪念1991年攀登卡瓦格博死去的17位登山队员而修建的，很多人都会在纪念碑前默默站立。当我站在纪念碑前时，我突然间感觉到这座纪念碑和卡瓦格博比起来真的实在太渺小了。卡瓦格博就这样印在了我的脑海里，无法忘记，因为这座山的美丽，因为这座山的神秘，还有藏民对这座神山的顶礼膜拜。

2004年，《经典人文地理》栏目成立，我有幸成为这个优秀集体的一名编导。更为幸运的是，我接到的第一个选题就是关于卡瓦格博，关于1991年那次山难的纪录片。我和同事曾涛从西藏开始了这个片子的拍摄，在拉萨我们采访了当时参与营救的西藏登山队队员。我第一次见到了世界著名的登山家，被人称作“小愚公”的仁清平措先生。长期的登山生涯让他的心脏受到了很大的伤害，右手的指头因冻伤而被截去。和他握手时感觉有些不习惯，因为我是直接握住他的手掌。谈到十几年前的那次营救，他仍然觉得后怕。因为作为营救人员的他们也差点永远留在了卡瓦格博山上。对于仁清平措先生来讲，一方面他是崇拜神山的藏族，而另一方面他又是需要不断征服高山的职业登山家。但他把崇拜和事业分得很开。我至今还记得他说的一句话：“总有一天，我们中国人会登上这座山的，也许一年两年，也许十年八年，这只是时间的问题，登不上去是不可能的。”而当时的仁清平措已经退休在家，这个梦想是无法靠他自己来实现的了。其实早在2000年，当地政府已经明令禁止任何形式的攀登卡瓦格博的行为。

为了制作这部纪录片，我再一次来到了香格里拉，来到了卡瓦格博山脚下。在马背上颠簸了几个小时后，我和同事来到了一个世外桃源般的村子，卡瓦格博山脚下的雨崩村。这个村子的人世代和神山卡瓦格博相依相存，在他们看来，要去攀登心中的神山是一件不可思议的事情。他们把神山称作“阿尼卡瓦格”，“阿尼”就是爷爷的意思。把一座山称作是“爷爷”，可想而之卡瓦格博在他们心目中的位置。当地的藏民自己崇拜卡瓦格博，同样也不允许任何人染指它的圣洁。这就是为什么当年登山队受到当地藏民百般阻挠的原因。用现在的观点来看，藏民对山、对水、对大自然的崇拜是非常环保的。而这些崇拜对于藏民来说则具有更为现实的意义，因为他们的生存就是靠大自然的给予。藏族诗人扎西在看待登山的问题上言辞更为激烈，他说，“大山就是人类的母亲，人类为什么要爬到自己的母亲头上去？”学者郭净博士在谈到藏族转山时曾说：藏民转山的时候是在平行的绕一座山，是没有极限的。而登山则是为了去超越一个极限。

回到昆明，我们采访了当时遇难者家属。十多年过去了，家属对亲人的怀念没有丝毫的减退，悲痛的记忆似乎就像是发生在昨天。登山爱好者高家虎为了缅怀死去的17位登山队员曾专门谱写了一首歌曲。有一句歌词是这样写的：爱人窗前弄发稍，宝贝孩子长得比我高，可惜大家再也见不到。在家属哭泣的讲述中，我对生命的理解也有了新的认识。同时也油然而生对死者家属的崇敬，因为在他们的讲述中，从来没有半句对卡瓦格博不尊敬的话语。在去卡瓦格博山脚下祭奠亲人时，他们也被神山震撼了。虽然人类存在着不同的文化背景，存在着不同的信仰，但是有一些东西是相通的，那就是我们应该对大自然心存敬畏。人是永远无法征服大自然的，因为我们人类本身就是大自然的一员。

2006年，我和朋友去香格里拉旅行。我们来到了位于卡瓦格博山脚下的一家名为“梅里往事”的酒吧。发现很多游客都在专心地盯着酒吧里的电视机，里面放的片子正是《卡瓦格博》。一种自豪感油然而生。老板是当地人，每天晚上他都会在酒吧里播放这部纪录片。老板说，很多游客在看了这个片子后，都要买几碟带走。因为他们觉得通过这个片子能够让人感到来自大自然的前所未有的震撼。卡瓦格博的力量成就了《卡瓦格博》这部纪录片，而自然的力量同样也成就了我们人类对于自然的觉醒。

《三江源》资料

节目名称：三江源
节目时长：44分钟×2集
制作单位：中央电视台／青海省委宣传部
主创人员：编导／李虹、包为民
摄像／包为民、刘冬、谢勇
剪辑／韩颖
音效／张社生

编导简介

李虹，中央电视台社教中心社会专题部副主任，高级编辑。

20世纪90年代拍摄的纪录片《寻找亲人》、《茅盾》获国家政府二等奖；《阿婆王时香》获政府一等奖(社教类)。所主持的栏目《地方台50分钟、30分钟》多次获星光优秀栏目、优秀编辑奖。

30集《中国家庭》、50集《中国人》获全国社教类特别节目奖；60集大型系列节目《与湖泊对话》第一次对国内众多湖泊作了梳理和电视拍摄，具有独创性。

包为民，中央电视台文化专题部《绿色空间》栏目主编，在该系列片中担任编导、总摄影。

曾制作专题片《梦圆西沙》(获广电部外宣一等奖)、科教电影《集雨灌溉》(获2000度政府华表奖)。

内容简介

作为地球上最年轻的高原大陆的核心地区，三江源在地质构造、地形地貌、山脉河流的发育形成、动植物群落等方面具有典型的代表性。该地区生态环境的状况，不仅决定当地的自然秩序和社会发展，甚至影响着全球。三江源的保护已经成为中国生态安全战略的重要步骤。

8集系列片分别为《山宗水源》、《源头何处》、《血脉千年》、《生命如歌》、《敬天惜地》、《同乳共生》、《古风神韵》、《源远流长》。从自然科学、社会科学的视角将历史的时空感、诗意的生活味和充分的科学性结合起来，通过多学科的交叉、互融和补充，表达对大自然、对人类生存环境和人类文化的深刻反思、人文关怀和理性探索。

2006 第十二届上海电视节

时代感·真实性·震撼力
——第十二届上海电视节"白玉兰"奖提名纪录片综述

朱贤亮

近几年的上海电视节，每届都有300部左右的纪录片参赛，今年更是达到了360部。无疑是一次中外纪录片的盛会。精彩纷呈的各类纪录片齐聚"白玉兰奖"，让"白玉兰奖"散发出更为迷人的芬芳。

今年的"白玉兰奖"在纪录片的奖项设置上作了一些调整，共分为四个奖：最佳纪实类纪录片奖、最佳历史文献类纪录片奖、最佳自然类纪录片奖和最佳亚洲纪录片奖。每个奖项都由专业选片委员会在参赛片中选出五部纪录片作为提名，在上海电视节期间，将由国际评委在二十部获得提名的纪录片中评选出四部最佳纪录片。

社会类纪录片：表现社会现实多，艺术水准高

综观今年的参赛纪录片，纪实类的纪录片最多，大约有近200部，这些纪录片的共同特点就是都能深刻表现社会现实，而且在纪录片的创作手法和艺术上也达到了很高的水准。欧美的一些纪录片强国继续演绎着传统的精彩和创新的潮流，如美国、英国、德国的一些制片公司选送的纪录片，无论在选题、内容、拍摄和制作上，都体现了其雄厚的实力和精湛的艺术，仍然处于世界纪录片创作的主流地位。与此同时，我们也看到，一些国家特别是亚洲一些国家的纪录片创作，也取得了可喜的进步。在这次送评的纪录片中，波兰、以色列、伊朗、韩国等国家的纪录片作品，有一些令人难忘的佳作。纵观前几届这些国家的选送作品，我们可以清楚地感觉到他们在纪录片创作上发展的势头。这次中国选送的参赛纪录片数量比较多，看得出，现在很多电视台和制作公司都对纪录片非常重视。

在这些参赛的纪录片中，德国和以色列合拍的《胜过千言万语》非常精彩。它用两年的时间跟踪拍摄了战地摄影记者兹夫的工作和生活。纪录片一开头就用一组急促快速的短镜头表现兹夫带上各种摄影装备准备出门工作的情景，通过局部夸张的构图、快节奏的组接和现场音效的渲染，就像看到一个突击队的战士快速带上武器准备冲上战场的情景，观众们马上就被带进了紧张的气氛中。全片分三条线索来表现这位不畏艰险，辛勤工作并极具敬业精神的战地记者：一条线是记录兹夫的紧张而危险的工作，这里充满了战火、暴力和剑拔弩张的政治斗争，许多重大的政治事件和战争场面都在其中有所表现；另一条线是记录兹夫在一所大学讲课的情景，表现了这位记者如何用自己的摄影镜头冷静而客观地记录现实的；第三条线叙述了兹夫的家庭生活，兹夫的妻子是一位时装模特，在这条线索中我们看到的是妻子对丈夫的柔情和担忧，以及五光十色的时装表演场景。这样三条线索的不断推进和交织，

使得人物形象丰满，主题开掘深刻，资料翔实珍贵，色彩强烈丰富，让一部一个多小时的长纪录片极具可看性。而另一部很具可看性的纪录片是伊朗的《总统坎巴先生》。一位75岁的伊朗农民是个理想主义者，他的理想就是要做总统。纪录片忠实地记录了这位老农民孤身一人骑着自行车周游全国各地，进行竞选演讲，散发竞选纲领，筹划着自己的内阁成员，并每天计算着自己可以得到的选票。创作者非常纯熟地运用了追踪纪实的手法，特别是对细节的刻画深刻独到，使得人物的形象非常生动。虽然全片表面上充满着唐吉珂德式的喜剧色彩，但正是通过对这样一个小人物的记录，从一个侧面，较为深刻地反映了伊朗社会和伊朗人民的真实现状。特别值得一提的是这部纪录片有一个非常精彩的开头：在一望无边的田野上，一个老农孤单地骑着自行车慢慢前行，一辆电视采访车追上来靠近他，要采访他，但遭到老农拒绝，采访车上的人不断地说服他，自行车和采访车并行着慢慢远去……拍摄者在远处的高地上，用一个固定俯拍的大全景和长达几分钟的长镜头记录了全过程，构思巧妙大胆，令人难忘。另外，波兰的纪录片《复活》采用严谨而又具新意的叙事结构叙述了一个波兰小城市的居民生活；德国的《迷失的孩子》从一个独特的视角直面乌干达内战血淋淋的残酷现状；加拿大的《抗命》独到地把三个不同国家的士兵反对战争的信念及命运变化综合在一起叙述，都具有很高的艺术性。

《抗命》（加拿大）

历史文献类纪录片：视角独特，极具震撼力

历史文献类纪录片的参评作品虽然不多，但大多具有较高质量，获得提名的纪录片都各有特色。一些作品视角独特，资料丰富，极具历史震撼力。波兰的《肖像摄影师》，记叙了一个在二战时期曾被关进奥斯威辛集中营的摄影师，在集中营里拍摄了大量的囚犯和纳粹党卫军的肖像。今天，侥幸逃生的摄影师看着这数百张肖像照片，回忆往事，每张照片都有着生的呼唤和死的残酷。纪录片的创作者用这样一个特别的角度来表现二战的历史，揭露纳粹的罪恶，可谓别具匠心。当现在的电视观众面对着这些黑白陈旧而又略带模糊的肖像照时，相信每个人的心灵都会受到震撼的。法国的《为和平而死》详细追叙了印度独立之父甘地被暗杀这一历史事件，用生动的细节，翔实的资料，着力表现了甘地的思想和一生的一些重要活动，今天回头来看这段历史，仍对我们有很多启发。还有如中国的系列纪录片《去大后方》，表现的是抗日战争时期，沦陷区的爱国志士经过曲折艰辛的路程到大后方参加抗日斗争的故事。这个题材以往的影视作品很少涉及，而这部纪录片的场面悲壮，故事感人，资料生动，表现手法也较为新颖，给人以强烈的冲击力。

《肖像摄影师》（波兰）

自然类纪录片：功力非同一般

欧美国家的一些大制作公司，历来在自然类纪录片中占有领先地位。这次他们制作并获得提名的两部自然类纪录片《南极企鹅》和《树女皇》，依然延续了以往一贯的画面精美、制作严谨的风格。前一部表现的是南极企鹅如何充分调动生命的潜力，在恶劣的环境中生存的故事，对企鹅生活中的大场面和小细节都有出神入化的描述。后一部说的是非洲的无花果树与其树上小动物的故事，用整整一小时的篇幅来讲述一棵大树的故事，而且讲得曲折生动，充满了戏剧冲突，显示了创作者在自然类纪录片制作上非同一般的功力。另外如奥地利的《活着的墓园》也有着很独特的视角。维也纳的中央公墓因为安葬着贝多芬、勃拉姆斯、约翰·施特劳斯等著名音乐家而成为欧洲最重要的墓地，但此片却把镜头对准了在墓地中活动的小动物们，并通过动物的眼光展示了人类在墓地里的各种活动，全片构思巧妙，情趣盎然。

亚洲纪录片：强烈的时代感和真实性

本届电视节“白玉兰奖”的纪录片奖项中，新增加了最佳亚洲纪录片奖，旨在鼓励亚洲各国的纪录片创作，五部纪录片获得了此项提名。亚洲的纪录片近几年发展很快，虽然在纪录片的规模、投入和后期制作上，与欧美一些大国相比还有一定的差距，但亚洲国家纪录片的共同特点是关注社会，深入生活，具有强烈的时代感和真实性，在强手林立的世界纪录片舞台独树一帜，取得了引人注目的成绩。以色列的《墓地俱乐部》是一部意味深长的作品，一群老人自发组织了一个墓地俱乐部，经常聚集在以色列最大的国家公墓里讨论历史、文学、战争以及生命的意义等。这些老人中既有着前国家政要、政府官员，也有普通士兵，他们都经历过国家和民族的苦难。此片从老人们的活动中，折射出处于巴以冲突中的以色列社会现状。韩国的《世纪科学欺诈案》，把引起全世界关注的黄禹锡科学欺诈案搬上了荧屏，此片详细记录了这个科学欺诈案被揭露的全过程，新闻性和可看性都很强。获得提名的两部中国纪录片是《大家庭》和《在北方》。前者讲述了一个四世同堂的农民大家庭在改革开放年代所发生的观念变化、矛盾冲突以及亲情、爱情、友情交织在一起的故事；后者则表现一个上海男人为了戒毒，只身来到北方的农村，在冰天雪地中洗刷自己的灵魂，在简单的生活和辛勤的劳动中开始了自己新生的故事，显示了创作者独特的视角。

2006第十二届上海电视节获奖名单

最佳社会类纪录片

《总统坎巴先生》（《President Mr Qanbar》）（伊朗）

最佳历史文献类纪录片

《易北河上的佛罗伦萨》（《The Drama of Dresden》）（德国）

最佳自然类纪录片

《树女皇》（《The Queen of Trees》）（英国）

最佳亚洲纪录片

《墓地俱乐部》（《The Cemetery Club》）（以色列）

评委会纪录片大奖：

《大家庭》（《The Big Family》）（中国）

《总统坎巴先生》资料

节目名称：总统坎巴先生
英 文 名：President Mr Qanbar
节目片长：67 分钟
制 片 国：伊朗
制作公司：Royabeen Media International
提名奖项：最佳社会类纪录片

剧情简介

坎巴是个来自伊朗边远村庄的憨厚村民。已经 75 岁的他一直想成为伊朗的总统。在接受记者的采访时，他提出了自己的政治纲领。当代的唐吉珂德为了实现理想，骑着辆破破烂烂的自行车，车前挂着面小红旗，去其他村庄拉选票。在身体有残疾的“竞选班子”的帮助下，他还拿着扩音器向村民宣传，分发传单。尽管已经失败了几次，但“总统先生”依然执著。

《易北河上的佛罗伦萨》资料

节目名称：易北河上的佛罗伦萨
英 文 名：The Drama of Dresden
节目片长：89 分钟
制 片 国：德国
制作公司：Teamworx
提名奖项：最佳历史文献类纪录片

剧情简介

正好一天一夜。只要一天一夜就能完全摧毁在几世纪内建立起来的一切。德雷斯顿被称为易北河上的佛罗伦萨，曾是巴洛克艺术风格的汇集地。这个城市在二战中很长时间都未遭受大面积的炸弹袭击。但就在短短 36 小时里，这座古老的大都会被淹没在废墟中。超过 35000 人在这场灾难性的浴火中遭遇了厄运。纪录片将观众带到过去，亲历德雷斯顿最后的 36 小时。

《树女皇》资料

节目名称： 树女皇
英 文 名： The Queen of Trees
节目片长： 52 分钟
制 片 国： 英国
制作公司： Flat Dog Productions Ltd
提名奖项： 最佳自然类纪录片

剧情简介

关于非洲无花果树及其与微小昆虫伙伴的特殊关系的奇妙故事。无花果树与无花果黄蜂在体积上相差数十亿倍，但互相都离不开对方。他们的特殊关系是共同进化的顶峰，也是动植物之间互相依存的复杂关系网的基础，这张关系网小到蚂蚁大到大象。每个无花果实都是一个微观世界——是一个为了生育、交配与死亡而设的舞台。在这个舞台上，“小演员”们为了完成它们的使命而与掠食者和寄生物斗争。这是自然世界中最神奇的故事之一，是一个戏剧与阴谋的传说，是关于壮丽的非洲及其野生生物的传说。

《墓地俱乐部》资料

节目名称： 墓地俱乐部
英 文 名： The Cemetery Club
节目片长： 91 分钟
制 片 国： 以色列
制作公司： Norma Productions
提名奖项： 最佳亚洲纪录片

剧情简介

在以色列赫茨尔山上辽阔的墓地林中，墓地俱乐部的老人们展开一场场关于文学、政治、历史和生命的对话。参加聚会的人们是一些曾经直面国家、民族苦难的老人。在他们智慧豁达的回忆和热烈的讨论中，我们看见的是死与生的相聚、历史和现时的沟通。

《大家庭》资料

节目名称：大家庭
英 文 名：The Big Family
节目片长：83 分钟
制 片 国：中国
制作公司：中国广西电视台
提名奖项：评委会纪录片大奖

剧情简介

主人公周智的大家庭在当地农村小有名气。作为现在这个四世同堂家庭的一家之长，周智在家里独断专行，说一不二。上个世纪 80 年代，颇有经济头脑的周智办了个砖厂，成为村里首先富裕起来的农民。后来，周智承包了荒山种水果，却欠下几十万的债务，大家庭由此走入经济困境，并诱发了早就潜伏在这个大家庭内部一连串的矛盾。三个女儿各有不同的生活道路。周智在经营大家庭中显现的亲情、爱情、友情令人回味。

2006 中国（广州）国际纪录片大会

2006 中国（广州）国际纪录片大会概况

中国（广州）国际纪录片大会已经成功举办四届，是目前中国纪录片业界最具影响力的专业国际盛会，在全球纪录片行业和相关产业中声誉斐然。2004 年，大会首创纪录片交易平台，引入了目前国际通行的纪录片 Documart 交易形式，让制片人与买家直接面对面销售，同时采取预售拍摄方案(Project Pitching)的方式，使买卖双方通过探讨得出可行的制作方案。这种方式，不仅为国内制作人提供了资金方面的支持，使得到资助的纪录片成品更容易为海内外市场所接受，大会也因此成为目前国内唯一的国际纪录片交易平台。

近年来，中国（广州）国际纪录片大会在推动中国纪录片走向国际化、市场化和产业化方面取得瞩目成绩。大会把中国题材的优秀纪录片分别推荐到世界著名电影节，如波兰克拉克夫纪录片节、德国莱比锡国际纪录片短片电影节等国际电影节中举办《中国日》影展专场，构建了让世界了解中国历史和文化的展示平台，成功地架起了中国纪录片通向世界的桥梁。为进一步促进中外纪录片交易平台的发展，将中国优秀的纪录片、纪录片导演和制片人推向世界，促进中外文化交流，从2006年开始，大会已经成功资助和组织中国纪录片制作人代表团前往加拿大Hot Docs电影节、德国莱比锡国际纪录片短片电影节、新加坡亚洲野生动物电影节、法国阳光纪录片电影节等参加国际电影节交流活动，让中国制作人能够直接接轨国际纪录片市场，大大开阔了眼界，提高了应变国际市场复杂情况的实战能力。

2006年，中国（广州）国际纪录片大会评优活动以“关注贫困”为主题，有来自49个国家的169部作品参加了本次大会的评优活动。凭借大会搭建的强势平台，Discovery亚洲电视网启动的2006年度Discovery中国“新锐导演计划”收到了前所未有的效果，共收到400多个纪录片方案，这在国际市场上是罕见的。中国目前最大的国际纪录片专业活动和纪录片导演新秀选拔活动的强强联合催生了更宽阔的舞台，是中国（广州）国际纪录片大会开拓多元化合作的标志。

附：中国（广州）国际纪录片大会与国际著名影视节合作名录

德国莱比锡国际纪录片短片电影节
波兰克拉克夫纪录片节
加拿大Hot Docs电影节
加拿大Doc Talk电影节
法国阳光纪录片电影节
荷兰阿姆斯特丹国际纪录片电影节
德国AG—DOK电影节
美国罗德岛观望纪录片节
新西兰纪录片节

2006中国（广州）国际纪录片大会获奖名单

GZDOC 2006 大奖
《何库勒闯世界》（波兰）

评审团奖
《房子》（中国）

最佳导演奖
《科帕斯·克里斯蒂》（波兰）

最佳短片奖
《用餐时间》（亚美尼亚）

最佳报导奖
《邻居维奇诺》（德国）

最佳思考奖
《舞熊公园》（保加利亚）

中国制片人奖
《月缺》（中国）
《城》（中国）

特别贡献奖
导演让－米歇尔·盖赫（法国）
导演班忠义（中国）

《何库勒闯世界》资料

片　名：何库勒闯世界
制片国：波兰
导　演：利迪亚·杜达
奖　项：GZDOC 2006大奖

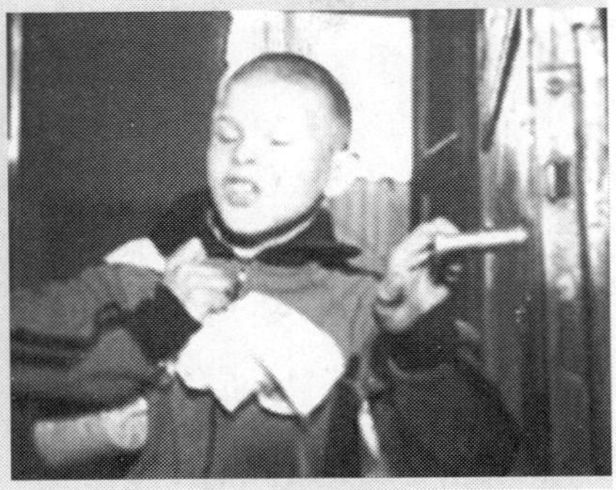

所有评委一致认为这部片子是本届大赛中最好的片子。导演为我们讲述的是一个贫穷家庭的故事。因为家庭的困苦和父母对生活的绝望，智障的何库勒（他们的儿子）不能接受教育，但是何库勒顽强的意志和强大的动力是改变家庭困境的唯一希望。这部片子仔细地分析了三个主人公之间的关系，也展现了热心的外界人对何库勒的有益影响——如何帮助他摆脱对家人的依赖，从而使他过得更开心。故事结束时，何库勒似乎甚至想带领他的父母摆脱困境。在故事描述、拍摄和编辑等方面，导演表现出精湛的技术，足以体现他是个现代纪录片制作大师。

《房子》资料

片　名：房子
制片国：中国
导　演：李林、郑晓蕾
奖　项：评审团奖

一次水灾，一个家庭，一个故事，记录了岭南阿亮一家，在当地政府的关心下建房的故事。《房子》这个作品通过大量的电视语言和娴熟的纪实手法，真实地将阿亮一家在建房过程中的辛酸苦辣呈现在观众面前。故事一波三折，细节震撼感人，音乐应用得体，剪辑叙事流畅。尤其是卖狗的故事情节，作者捕捉到了最撼动人心的一幕。纪录片《房子》的成功，得益于该片的导演对生活的了解和对事态的不断追踪，得益于作者坚持用影像叙述叙事的功夫，得益于后期较好的音乐把握和较为娴熟的剪辑艺术。

《科帕斯·克里斯蒂》资料

片　名：科帕斯·克里斯蒂
制片国：波兰
导　演：亚当·西科瓦
奖　项：最佳导演奖

《科帕斯·克里斯蒂》捕捉了一个波兰住宅区令人压抑的悲惨生活。住在这个区的居民很穷，没有工作，他们悲观绝望，宗教并不能真正安慰他们。导演亚当·西科瓦用极为敏感的方式在一些短暂的片断里向我们介绍了一些家庭，孩子和老人。他的介绍非常亲切而且温暖，不给他的对象带来任何尴尬和隐私的侵犯。评审团希望特别提一下亚当·西科瓦的镜头运用，优秀的拍摄令这部影片成为一部感人而且非常专业的艺术佳作。

《用餐时间》资料

片　名：用餐时间
制片国：亚美尼亚
导　演：艾伯特·巴贝扬
奖　项：最佳短片奖

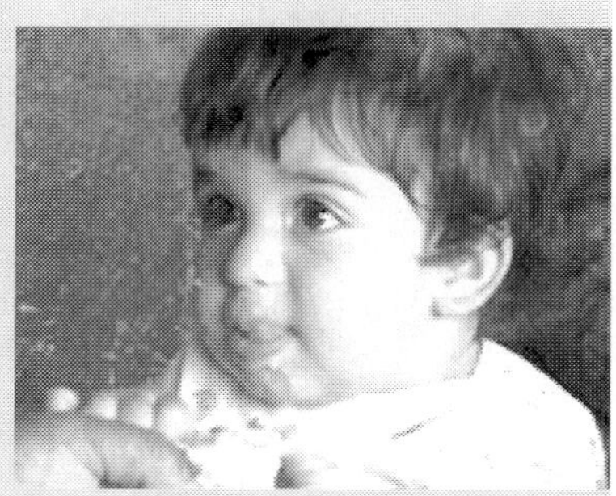

一个家庭和对饥饿的恐惧。因为本片能够仅用三分钟来讲述什么是贫困，因为其对声音、音响高度有效的运用，我们将最佳短片奖颁发给《用餐时间》。这个奖也是对新一代的导演的欢迎，因为本片的导演年仅18岁。

《邻居维奇诺》资料

片　名：邻居维奇诺
制片国：德国
导　演：罗温·来克
奖　项：最佳报导奖

两个不同的阿根廷阶层。富人在他们人造的围墙内，害怕犯罪的发生；外面穷人们在他们贫穷的角落里，期盼生活能好一点。我们把最佳报导奖颁发给《邻居》，因为导演对这两个世界的观察冷静而细腻。本片画面优美，结构严谨，并警告我们现在的世界贫富的两极分化正日益严重。

《舞熊公园》资料

片　名：舞熊公园
制片国：保加利亚
导　演：埃辛·弗拉迪米洛夫
奖　项：最佳思考奖

这部影片记录了在街头杂耍卖艺的熊被解救保护之后，失去了生计的养熊人绝望的困境。影片通过穷人认为在那里做人还不如做熊的结论，深刻揭示了今天人类面对许多棘手问题时的尴尬与无奈。

《月缺》资料

片　名：月缺
导　演：姚国发、叶青、徐智福
制片国：中国
奖　项：中国制片人奖

出于被一位盲人农民的坚持带来的感动，导演姚国发、叶青、徐智福跟随了他们的拍摄对象6年。和主人公的坚决与坚持呼应，导演们创作出了一部充满悬念并最终展开为一部有着强烈感染力的影片。影片告诉人们，对残疾人和健康人来说，战胜生活的困难是同样的挑战。

《城》资料

片　名：城
制片国：中国
导　演：李军虎
奖　项：中国制片人奖

故事发生在贫穷的中国农村。一个父亲竭尽全力挣钱供他的儿子在城里读大学。儿子希望毕业后可找到好工作。评委说："任何一个国家都可以找到这样的故事。"城乡之间的矛盾已经是一个老话题。无论是城市还是农村，各有优劣。《城》分析了与移民和全球化息息相关的当前问题，并表明我们的世界是个"地球村"。

获奖导演让－米歇尔·盖赫资料

作为法国著名的电影制片人，让－米歇尔·盖赫在25年内编剧和导演了51部电影。教育、监狱、卖淫和精神病等主题成为他电影生涯的探讨对象；只要是有关人类生存的题材，他都很感兴趣。他用电影这门艺术来刺激人们的感官，进而影响他们。他的电影主题富有感情，具有文化性、社会性和政治性的特点，和我们每个人都息息相关。随着时间的推移，他的电影风格有了很大的改进，但是电影主题却没有改变。他的电影获得了不少的奖项。2004年拍摄的最新作品《克斯克，波涛汹涌中的潜水艇》，是一部惊悚侦察纪录片，在全球超过二十多个国家播放。《普京体系》正在制作中，将在法国二台、NDR、加拿大电台和其他六个国家播出。他的其他电影作品有 *Alertez les Bébés, Charbons Ardents, Femmes de Fleury, Les Trottoirs de Paris, Sur le Fil du Refuge* 等。

获奖导演班忠义资料

和斌文："只要人人都献出一片爱心，世界将会变得更加美好。"

——我家住在云南省玉龙山区的特困地区的奉科乡。在我小的时候，爸爸就患上了精神疾病，丧失劳动能力。为了养活一家人，妈妈每天都要到很远的山上砍柴，靠卖柴维持家里生活和我和弟弟学费。在弟弟读到小学四年级的时候，母亲突然病倒，弟弟不得不辍学接替妈妈的工作，供我一人上学。家里为了我读完初中，把家里值钱的东西几乎都变卖掉了，还是难以支撑我读完初中。就在我担心辍学的时候，我校来了一位陌生的人。在他的帮助下，我读完了初中。而后考上了云南丽江师范学校，并在这位老师所在的慈善机构的帮助下读完了师范中专。在学习期间，不管在学习还是在生活中，都受到了这位陌生人的关心和照顾，以后才知道这位好心的陌生人是班忠义老师。学业完成后，在班老师的鼓励下，我参加了我市事业单位录用教师的考试，并考到了教师类招录的第二名。被分到了玉龙县特困山区的一所小学任教。参加工作后，在各位领导和班老师的鼓励支持下，渡过了各种难关，并在工作之余，参加自学考试，即将取得本科文凭。同时，在班老师的影响下用自己微薄的工资力所能及地帮助贫困学生，并教育他们："要努力学习；虽然我们家乡困难，但我们绝对不能因此而泄气，只要有信心，任何困难都会过去的。"从我校小学毕业升初中的两名家境贫困的学生又在班老师的帮助下，重返学校安心上课。我希望社会能出现更多的"班老师"，多关注我们贫困山区的孩子，关注他们的学习，关注他们的生活，同时，我也会力所能及地帮助身边的孩子，为他们早日走出落后的山沟沟而贡献自己的力量。

2006中国电视纪实专题节目论坛暨中国电视纪录片优秀作品赏析

2006中国电视纪实专题节目论坛暨中国电视纪录片优秀作品赏析活动概况

2006年9月21日，“2006中国电视纪实专题节目论坛暨中国电视纪录片优秀作品赏析”活动在乌鲁木齐举行。本次活动由中国电视艺术家协会电视纪录片学术委员会、新疆电视艺术家协会主办，新疆电视台、新疆兵团电视台、中纪学影视文化传播中心承办。自1994年开始，中国电视艺术家协会电视纪录片学术委员会每年举办一次全国性的学术理论研讨和观摩活动，是及时了解国内外纪录片发展趋势与动态、促进中国电视纪录片发展的重要渠道。

这次论坛主要是探讨纪实专题节目和纪录片的核心竞争力，同时进行大型纪录片创作、社会人文类纪录片创作、自然动物类纪录片创作、栏目的创新与挖潜、栏目管理与规范、国际电视节目创作与交易六大主题的探讨。

活动邀请新西兰自然历史公司的总裁史明达先生就《如何根据国际市场需要调整自然类纪录片的创作》作了主题发言。

在该活动开幕上，对本年度中国优秀纪录片进行了表彰，总共有长片“十佳”、“十优”，短片“十佳”、“十优”和系列片“十佳”、“十优”等不同单元，各单元还评选了最佳编导、摄像、录音和撰稿。

2006中国电视纪实专题节目论坛暨中国电视纪录片优秀作品赏析获奖名单

中国电视纪录片十佳名录

长片十佳

《胡杨》 新疆电视台

《雷鸣之夜》 北京科学教育电影制片厂

《名画大追踪》 中央电视台

《好医生华益慰》 中央电视台

《236麋鹿·孤独者的故事》
视点文化传播有限公司

《万隆1955》 上海文广新闻传媒集团

《第十一世班禅额尔德尼》 中央电视台

《大家庭》 广西电视台

《刘雪庵》 重庆电视台

《为了胜利》 中央新闻纪录电影制片厂

短片十佳

《归来，殉难亡灵》
山东电视台／枣庄电视台

《螳螂的一生》 中国农业电影电视中心
《迟来的割礼》 新疆电视台
《"地狱"神兵商亮》 中央电视台
《孤岛蛇国》 北京科学教育电影制片厂
《梦圆春晚》 开滦电视台
《早春之惑》 哈尔滨电视台
《天山恩情——汉族孤儿拜合提亚的悲喜人生》 广东电视台
《杨贵·愚公移山》 吉林电视台
《印在人民币上的女拖拉机手》 新疆兵团电视台/新疆电视台

系列片十佳

《新丝绸之路》 中国国际电视总公司
《邓小平与上海》 中共中央文献研究室/中共上海市委/上海文广新闻传媒集团
《百年小平》 中共中央文献研究室/中央电视台
《爱新觉罗·溥仪》 辽宁电视台
《八路军》 河北电视台
《我的太阳——创新360》 中国教育电视台/中国视协纪学会/中国传媒大学
《郑和下西洋》 南京电视台
《魂牵梦绕二人台》 内蒙古电视台/山西广播电视总台/河北电视台/陕西电视台
《陈毅》 中国欧盟协会/中国人民对外友好协会/爱浪(国际)文化产业集团/仲弘国际时代文化传播(北京)有限公司
《黑豹特警队》 中央电视台

中国电视纪录片单项最佳作品

长片单项

最佳编导
《雷鸣之夜》 北京科学教育电影制片厂
最佳摄像
《胡杨》 新疆电视台
最佳录音
《大家庭》 广西电视台
最佳撰稿
《名画大追踪》 中央电视台

短片单项

最佳编导
《归来，殉难亡灵》 山东电视台/枣庄电视台
最佳摄像
《螳螂的一生》 中国农业电影电视中心

系列片单项

最佳编导
《再说长江》 中央电视台
最佳摄像
《我们新疆好地方》 新疆电视台
最佳录音
《新丝绸之路》 中国国际电视总公司
最佳撰稿
《再说长江》 中央电视台

中国纪录片年鉴2007

2007 CHINA DOCUMENTARY YEARBOOK

论 文

2007 china documentary yearbook

2007 CHINA DOCUMENTARY YEARBOOK

论文

概论

纪实的思考

冷冶夫　刘新传

纪录片平民理念的思考

（一）纪录片平民化创作理念的萌发

1994 年，中央电视台创办了一档收视率高达 30% 左右的节目《生活空间》，直到今天，这个栏目在中国老百姓中仍广受欢迎并拥有较高的信誉度。原因是什么呢？平民理念的运用是成功的重要因素。《生活空间》也是中国早期以纪录片的形式关注普通人生活，以尊重个体生命的存在价值为基本出发点，以平等、理解的视角与百姓沟通交流的节目。这可以认为是纪录片平民化创作理念的萌发点。今天看来较易理解的平民化观念在当时的转变却是相当不容易，形式虽然不能决定一切，但纪录片的形式至少保障了为当时的中国建立一个平台，在这里以平视的视角对待观众，在国家意识形态的中心建立了一个与普通老百姓交流的空间，中国的普通人第一次真切地关注着屏幕上的故事，每个人都开始相信也许有一天他们也会走向屏幕讲述自己的故事，接受别人的关心与问候。而这一切都与纪录片所具有的交流、沟通的功能是密不可分的。

新媒介的出现带着新时代的意识来到普通百姓家中，纪录片依旧成为大众共同关注的焦点之一。在中国非职业化民间影像运动中，普通大众从认识到掌握 DV 纪录片的过程，就如同人们认识和掌握照相机和电脑的过程一样，是一个始发于平民视觉直接把握的影像记录历程。因此，资深摄影家陈帆在《中国纪录片初期发展白皮书》中这样写道：纪录片涌动于民又逐渐扩大化地使用于民，最终回放于民的现状，使之成为一种极具平民色彩的文化概念，它的鲜明特征首先是大众视觉的直接参与、真实观照与互动交流的平民化。因此，纪录片以其独特的个人话语成为反抗主流的工具的同时，纪录片创作的民生理念也伴随着纪录片影像作品的问世而逐渐萌发。

（二）纪录片平民化创作需要“三平”视角

大量的纪录片作品在以平民化理念的创作过程中，尽管层面不同、视觉各异、画质与技术条件参差不齐，但主要都是自己熟悉的生活或者感受最深的生活经历，而不是从宏观概念性任务出发去寻找的题材，他们的作品眼光平视，视角独特，生活气息浓厚。但是尽管如此，审美欣赏品位日益提高的电视观众仍未显示出我们所期望达到的热度及反应，原因何在？为此笔者在大量的拍摄和研究实践中总结了当今平民化纪录片创作需要的“三平”视角：平静——平视——平实，与学界、业界的专家学者一同交流。

1．平静的创作态度

平静是一种态度。纪录片作品是作者主观情感的真实吐露，带有创作者的个性、文化及审美特征，所以要想让作品心态平静首先应该是创作者的心态要放平静。这种平静，是一种出乎其外的表现，而入乎其内的是高度的社会责任感和对生活的极大的热情。也就是说，我们要以热情来发现问题、分析问题，以犀利的洞察力找出一个个关键点逐个击破，或者是找出一个个情绪点逐个展现。但在开机之后，要将热情与激动转化为一种平静，不能处在个人情绪化的创作状态中跟着感觉走。观众思想与情感的形成过程是自觉的、水到渠成的而不是某个人的思想倾向和主观臆断或情感渲染所能决定的。主观色彩浓厚的片子会使观众感觉被牵制、被影响，从而失去与观众心灵的契合。所以，拍摄、采访、撰稿的创作者不要以偏激的热情影响纪录片的情绪点，而是应当平静地拍摄，忠实记录过程，把价值评判交给观众。比如获奖纪录片《躁动》就是这样一部成功作品，它没有将渔民在躁动中与警察产生的摩擦作为主题，这样会制作成一部影响社会稳定团结的题材；它没有将海蜇资源的贫乏作为主题，这样会制作成一部人类破坏环境的纪录片，而是一部以心态情绪起伏为主线的纪录片——在心态中维持“平衡”。平衡包括人物个性展示的平衡，时间、空间的平衡，心态的平衡，平民化的视角本身就是一种平衡。

2．平视的创作角度

平视是一种角度。以平视的视角去记录，是创作者选择的能与观众平等深层交流的最佳表现角度，充分体现了创作者对观众的理解与尊重。平视客观，表达情感是创作者完全站在观众最能够接受的立场上摆事实、看问题、说道理。观众感受到的是真切和坦诚的语言和口吻，以这种方式记录生活和表达情感的纪录片，其负载的宣传及教育功能是容易被观众领会和接受的。这类片子当中没有编导的痕迹和个人观点以及“高大全”的人物形象，质朴自然，完全是开放式的理解与尊重。

平视的记录要求用画面说话，很少使用带有引导或总结性的词句，这要求纪录片观众在一种自然的欣赏中品味个中滋味：或喜或忧、或赞同或反对、或同情或憎恶。独立的思考辨析和情感的凝聚与升华都是自然而然发自内心的，是任何直白的语言和口号所不及的。例如大型纪录片《毛泽东》的拍摄，编导们以平视的视角展示了毛泽东“是人不是神，但也决不是普通人”的个性魅力。他们把蕴含丰富的毛泽东思想、性格和行为以及与其有关的情节细节从历史的长河中找出来，让毛泽东的后代、朋友、部下、身边的工作人员在现实生活中去谈、去介绍、去追忆，观众是在一种真实感人的氛围中走进了节目、认识了这位伟人平凡普通的一面和独具魅力的气魄。在这部纪录片中，就连解说词也是开放客观、真实地记录的方式，如说到毛泽东的游泳姿势时，这样写道：“毛泽东游泳一贯随心所欲，想怎么游就怎么游，怎么舒服就怎么游，这大概是因为他太熟悉水的特性，驾轻就熟地掌握了水的规律，所以他显得那样自由自在。”没有一句激昂的言语，完全是真实平静的记录，然而观众已经能够理解和领会到编导者深谙的道理。

3．平实的创作境界

平实是一种境界，是纪录片创作者放平了自己的心态，在尊重客观事实的基础上以一种平实的理解记录下的真实情感。要使作品达到平实的境界，就应该采用最朴实的手法和真实的情感以及详实的语言。纪录片的创作者与观众之间的关系就是传达与接受的关系，因此作品的语言和心声是创作者本身的情感与心态的体现。要让作品具备平实的风格，创作者必须懂得朴实地尊重和反映生活，详实地记录过程与细节的原貌，用真实的情感换取观众的认同和回应。这样的纪录片作品才不会使观众产生距离感和排斥心理，才是成功之作。

现在，如果回过头来看纪录片中存在的一些使观众产生厌倦情绪的遗漏和问题，我们就不难发现，产生这种问题的原因就是因为远离了平静、平视、平实的平民化创作视角，违背了人们生活和行为的规律。纪录片的任务就是记录，记录的内容是客观世界的存在、人的存在、人的思想、意识、行为的延伸轨迹和人类文明发展的进程。用陈汉元先生的话来说，就是记录有声有色的历史。所以纪录片的创作不应当是创作者一种急功近利的自我个性展示和作品个人主义的塑造，也不应当违背或偏离人的思维、思考、思想的规律与原则。虽然纪录片中的真实只能是一种“多重假定的真实”，但是纪录片最深沉、最完美和谐的境界就是还原真实、记录真实。

（三）纪录片平民化创作需要娱乐

当纪录片越来越平民化的时候，创作者们发现纪录片的“可视性”非常重要。于是纪录片有没有“看点”成为业内人士议论的话题。那么怎样才能使节目好看呢？广大纪录片爱好者在创作中发现：“纪录片的娱乐化”可以大大增加节目的“可视性”。

1．纪录片中的人物与故事本身具有娱乐性

众所周知，一部纪录片是否好看取决于很多因素：如故事情节、矛盾冲突、拍摄环境、画面构图、音乐音响、制作精良等。但是如果选拍的人物很有特性，很适合画面表现，或者被摄者很愿意在镜头前表现自己，那么这部纪录片一定好看。《安娜与“猴王”》记录的是一个在连云港工作的叫安娜的法国人，为了帮助中国申办奥运，并使“美猴王孙悟空”能够成为奥运吉祥物，整天拿着孙悟空模型，走街串巷进行宣传。这部纪录片最有“看点”的是，她把自己打扮成孙悟空耍给群众看。很胖的外国女人，本来就与孙悟空毫不相干，当她硬把自己打扮成孙悟空模样的时候，观众自然会长时间捧腹大笑。

另外，娱乐化的纪录片与选材有很大关系，一部纪录片的故事本身具有一定的娱乐因素，那么其在同等节目中就更具有可视性和竞争力了。比如《阮奶奶征婚》，表现的是安徽一位82岁的阮奶奶，在报纸上刊登征婚广告的故事。广告刊登后，阮奶奶家几乎每天都有“有心人”来访。这些“男士”带着不同的礼物，穿着不同年代的服装，怀着不同的心情来到阮奶奶家征婚。节目中出现的第一个征婚人，是个知识分子，而阮奶奶直人快语，把自己以做咸菜卖为生的家境和找老伴的条件，在见面不到5分钟的时间里一股脑地说出来了。阮奶奶在见另一位她认为“比较对心思”的“对象”的时候，则把话题转到了身体上，她向对方不止一次地表白自己身体如何好，每天能干多少活。最后阮奶奶相中了75岁、家住南京的李伯伯，而且当天就跟着“老李”去了南京……观众是在欢乐愉悦中观看这部15分钟的纪录片的，节目结束的时候观众还有意犹未尽的感觉。

2．纪录片后期剪辑成娱乐化故事

在纪录片创作的时候，每个纪录片创作者都想拍到好看的故事。可是有的时候，拍到的却是一些好看的故事“碎片”。这个时候就只有通过创作性的剪辑，形成娱乐化的故事。比如《刘雁宝的故事》就是成功的一例。纪录片里的主人公是一只被人从公共汽车上以300元的价格买回来的大雁。当农民黄丽杰把这只受伤的大雁抱回家的时候，就给它起了个人类的名字“刘雁宝”。雁宝在农民家一天天长大，再也不愿意离开黄丽杰家。可是一只大雁，每天的活动就是吃食睡觉，再怎么拍也不会有多少故事，于是纪录片创作者就把摄像机对准了人与大雁之间的关系。几天过去了，摄像师拍到了大雁“迎接主人”、“与人亲嘴”、“展翅跳舞”、“与鹅结婚”等镜头。虽然这些画面都不能成为一个完整的故事，但作者在后期剪辑时，有意识地把这些好看的“碎片”，编辑成一组拟人化的很搞笑的情节，看后令人忍俊不禁。另外，《快乐的手工匠》更是一部娱乐化的纪录片。片子的内容很简单，表现的是一群退休老人闲着没有事，用一些已经或正在消失的手工匠工具（补碗棒、磨刀剪、弹棉花）来创作打击乐。虽然片子中的故事和情节显得很不连贯，但能看出作者把记录下来的“片段”剪辑成了一个完整的“乐曲创作过程”。在这个创作过程中，展示了人间百态；而各种工具发出的各种古怪的声音，经过长时间的“磨合”，终于创作出了一部打击乐。在这中间我们看到了从没见过的手工匠工具，看到了为了“和曲”而走火入魔的老人，看到了一部“四不像”乐曲的整个诞生过程。

3．把严肃题材纪录片做得娱乐化

纪录片的选点很重要，运用超常规的思路可以将严肃的题材娱乐化制作以吸引受众。纪录片《灭树升官》反映的是某单位的一位领导，一心想升官。可是上级考核了几次都没有他，于是这个领导就找来算命先生给自己算了一卦。算命先生说，没有被提拔的原因，主要是门前的那几棵大树长得不正，冲了“上风上水”。于是这个领导就开始打算砍树。本来这是一个很严肃的毁林题材，如果按常规创作，这个题材应该从法律的角度或者从环保的角度去做节目，可是作者没有这样做，她从纪录片的可视性出发，通过拍到的大量的搞笑的镜头，用娱乐化的手法制作了这部纪录片。节目的开头，是摄像机抓拍到了一名清洁工，她每天都要偷偷摸摸地定时在树下干些什么。当编导问她的时候，回答是“没干什么”。可是人们发现她在用一种药水慢慢地杀死这棵树。那么她为什么要毁掉这棵树呢？单位的领导知道吗？紧接着画面编辑了某领导躲避采访、另一名清洁工慌张逃跑、单位职工窃窃私语、退休人员告诉记者领导爱算命以及单位门前的四个大字——廉洁奉公。片子的题目也起得很搞笑，叫《灭树升官》。一个严肃的题材，就这样制作成了一部风趣幽默的娱乐化节目。

4．纪录片娱乐化也要讲究“度”

纪录片的娱乐化，在现今已经成为许多纪录片作者提高节目“可视性”的一大法宝。然而，纪录片的娱乐化创作毕竟是真实类节目的旁支，现实生活中很难找到那么多的可作为娱乐的“笑料”，而且也不是所有的题材都适合娱乐化的记录。纪录片的娱乐化固然能吸引部分观众，但也容易造成节目（故事）本身的事实模糊。在电视节目内容日趋多元化的今天，节目中的娱乐因素已经成为各类栏目、节目以及媒体的一个重要功能。纪录片作品需要健康的娱乐，受众也需要娱乐的轻松，但并非一切内容都是可以娱乐的。纪录片的适度娱乐是能够提高节目的可视性并愉悦观众的，但是我们绝不能把娱乐随意化、妖魔化。

纪录片平民化理念从萌发到现在经历了十多年的发展，社会给予的关注越来越多，但是平民化理念绝不是空的口号，在具体的实践中，它既要求“三平”的创作视角也要求有一定的娱乐性，让观众真正感受纪录片的独特魅力。

纪录片艺术审美的思考

纪录片的平民化理念为纪实提供了一种思考角度，纪录片的独特魅力还在于使观众能获得一种关于现实世界和自我真实感的审美体验，这种审美体验来自于纪录片创作者对诸元素的深刻挖掘并通过影像声音得以展现。本文将从纪录片艺术审美的价值与艺术审美的纪实化两个审美层面对其进行探讨并结合部分纪录片作品进行简要分析，以期有助于提高纪录片的艺术审美品位与价值。

（一）纪录片艺术审美的价值

随着DV技术的成熟与普及，DV纪录片创作主体多元化，纪录片的审美价值受到质疑。有人认为：DV纪录片是民间人拍摄的，其受众是老百姓，所以它的艺术性自然降低，其审美价值也可以淡化。笔者不同意此观点，并且针对纪录片艺术审美的价值做了如下思考。

1. 审美体验与审美价值

回顾影视领域的百年演变，任何一种影视创作新范式的出现都是以独特的审美经验作为最终的动因。纪录片创作的初始阶段，我们会欣喜地发现一些富有创造精神的纪录片创作者们，他们中的许多都是没有受到过专业影视制作培训的，这些先驱者心中郁积了许多新鲜、独特的审美体验。他们没有主流纪录片制作者的功利思想和精英纪录片艺术家们的名利思想，因此轻易地突破了意识形态和大众审美规律的束缚，并且在西方纪实观念的冲击下，创造出一种突破旧有纪录片模式的新范本。如果抛开纪录片的记录基础功能不谈，仅仅讨论纪录片的创作，那么作为一种影像表现手段和艺术创作的纪录片审美，便至少要包涵两个主要特征：独创性和体验性。

审美体验是审美创造的开端，同时也是贯穿着审美创造的全过程。没有审美体验，就谈不到艺术创作，充其量只能是一种“制作”。审美体验是审美主体与审美客体融合的过程，具有高度的独创性和个性化特征。从西方哲学的意义上来说，体验是一种跟生命活动密切关联的经历，它最根本的特征就是类似“直觉”的那种体验直接性，它要求意识直接与对象同一。纪录片的创作不需要强大系统的制作班底，不需要策划、撰稿、录音、灯光，甚至不需要专职的摄像，成片不需要刻意地符合某个播出平台的标准，编导融摄、编、剪于一体，这种纪录片独有的创作现象恰好将审美体验的独创性、直觉性和体验性特征发挥到了极致。体验的主要特征是个体性。体验是一种跟生命活动密切相关的经历，再现了生命的整体意义，因而，体验必须带着主体的个性化特点。体验也并非纯粹的主观性，所谓体验，必须是由体验对象所引起的。纪录片创作不能拿起来就拍，要讲求“悟”，这种“悟”必须是个体性的直接体验，是主客一体的浑然之境。纪录片创作的审美体验如果靠理性的思维方式，靠固定的传授模式，虽不能断言毫无用处，但是不能达到审美独创性与体验性的终极目的。严羽《沧浪诗话》中关于审美艺术创作的名言指导了一代又一代的艺术创作者，这些规律在今天看来对纪录片仍旧拥有巨大的指导价值：“夫诗有别材，非关书也，诗有别趣，非关理也。”这种别材别趣，说的就是艺术创作中独特的审美体验，这种体验更多的依赖于感性而非理性，依赖于内心的体验而非对前人作品的临摹。纪录片作品的妙处，正在于摆脱了前人功利束缚的藩篱，将作者的独特感受倾注到创作中。另外，纪录片创作体验性与独创性的体验还总是伴随着随机性的特征，纪录片创作是在拍摄的随机情境中得到开悟，而不是依靠预定的传授或模式操作。

2. 创作水平与审美价值

由于纪录片影像（电影和纪录片）在国际影坛的声誉趋升，甚至如法国FIPA这样的顶级国际电影节也开始逐渐接纳该类作品参加竞赛。数年来，笔者作为评委参加过近百次大大小小的纪录片节目评奖活动，发现纪录片在自己的节日得意狂欢的同时也面对了难以名状的尴尬。由于技术、资金、经验和专业知识的匮乏所造成的影像叙事技巧的粗糙和幼稚，在面对真正的学院派作品时异常脆弱、不堪一击。在参赛的众多作品中，很难发现一部非专业纪录片或剧情片可以在影像叙事技巧和制作水准上与学院作品进行真正同一层次的抗衡。因此当非专业纪录片创作者的作品与学院派作品混合在一块儿放映的时候，那种对比之下的粗糙与稚嫩就更加地明显和不能容忍，甚至产生哄笑。这种参展作品的水平惊醒无数纪录片的支持者和研究学者：对集体话语权、主流意识形态束缚突围的结果，难道就是镜头和内容的粗制滥造吗？纪录片的独创之美，是不是应该更多地融入一些工整的影像叙事技巧和制作水准的提高！

当然，大胆的想象、令人激动的创新以及在劣质条件下所表现出来的对纪录片的热爱都是值得肯定的。但是在宽容的背后，我们要对非专业纪录片所表现出的种种令人失望的状态有清醒的认识——并不是说我们就可以用“纪录片”这个旗号来容忍粗制滥造。无知并不等于个性，关注纪录片的人应该冷静地认识到，在国内这种缺乏影像叙事技巧和摄影编辑训练的环境下，仍然有这么多纪录片的热爱者去敢于用他们所热爱的影像方式来表达个人对生活的感受和内心体验。这种精神本身是最难能可贵和值得鼓励与倡导的，但今天我们痛心地发现不少纪录片爱好者在对纪实形式的盲目崇拜下失去了超越模式化的能力和自我的表现手法，许多人误认为“纪实”就等于个性和独创。殊不知近年纪录片话语的独创能力和审美体验已经被“纪实”手法的滥用所窒息，艺术审美自然也就荡然无存了。纪录片本身是有缺陷的，但是缺陷也预示着生命和原创力，要善加利用原创力创造更加完美的影像、剧情、声音效果。

纪录片的审美体验与创作水平使其审美价值得以实现。今天我们不妨大胆地将纪录片创作定义为：用工整的纪实画面语言来表达创作者对生活的独特审美体验。这里面所强调的正是“独特”与“体验”，强调的是独创性和体验性。工整的纪实画面语言是前提条件，任何纪录片作品成片之后都会或多或少地诉诸于欣赏者的审美体验。优秀的纪录片作品之所以可以流传而不朽，就是它凝结了人类某些共同的情感体验，并且通过完美的影像、声音得以广泛传播。

（二）纪录片艺术审美的纪实化

马克思主义美学原理认为，所谓美就是人的本质力量在客观世界的感性显现。纪实就是有主体投入的一种实录，纪录片创作的发展始终伴随着纪实理念成长的步伐，互相影响、相互依存。纪录片在中国最初的十个年头里发展迅猛，其真实地表现事物发展过程的同时给电视观众一种其他艺术美难以替代的审美享受。但是，当真真假假的纪实理念泛滥成灾，当盲目跟踪、无故摇晃、无意义长镜头的消耗性使用已经成为“纪实”的伪标签，而不再具有任何先锋意义的时候，作为纪录片的艺术性与审美性也在此得以消解。因此，今天的纪录片艺术审美的纪实化要求为其注入新的元素，使其焕发新的生命力。

1．纪实与艺术审美

纪实主义理论的源头是巴赞的电影美学理论、克拉考尔的“电影的本性——物质现实的复原”理论和马契列特的纪实电影理论。作为一种美学观念，纪实主义追求的是艺术作品一种未经人为雕琢自然形成的美，它强调生活的原生态记录，用摄自生活的场景素材表现生活本身。在自然形态的生活中，那些日常现象之中往往蕴藏着深厚的美。纪实主义很重要的一点就是通过忠实地记录生活，再现平常生活之中的“生活美”。纪录片影像艺术作品的创作可以较好地实现纪实主义，它的本质就是强调影像所具有的“照相本性”和“物质现实复原性”。

著名的电影理论家克拉考尔认为，现实生活的存在是一种含义模糊的存在，在影片中也应具有一些含义模糊的镜头，以便去“触发各种不同的心情、情绪和内在的思想活动”。这“不单纯限于交待情节纠葛，并且还能抛开它，转而表现某些物象，使它们处于一种暗示性的模糊状态”。[①]这种暗示与触发是为了给观众提供体验的可能性。这种体验又可以去引发想象，可以以本能的认同去诱发心理的认同。所以从创作者的角度来讲，纪录片影像艺术纪实要通过对生活素材的选择与处理，升华出一种情思。现实生活是丰富多彩的，它本身蕴含着美。纪录片创作者在对生活美进行认识时，需要体悟。于是，有些体悟了，甚至感触颇深，有些则忽略掉了。当纪录片创作者的这种情感态度运用于创作时，他们必然全身心投入到创作对象中去感受，去比较和鉴别，然后选择那些寄托了自己情思的材料来进行表现。从纪录片创作客体的角度讲，纪实要从对现实对象的描绘中呼唤出一种更为丰富的艺术意味。从观众的角度讲，纪实要从镜头内的和镜头之间组接产生的含义感受和发现某种东西。纪录片影像艺术包括语言、风格、题材、视角、叙事方式等多方面的问题，纪实主义在纪录片中，意味着和现实世界一种最直接的联系，通过生活的典型形式反映生活，表现生活本身的多样性和丰富性。也就是说，纪实主义是要建立在“真实”的基础上，但又不能完全等同于真实。纪实主义的目的就是要在形式表达、内容意义和美学价值之间建立一种特殊的和谐关系。

2．大众视角与艺术审美

纪录片作品中“纪实”手法的使用必须有一个“度”，一个符合基本传媒形态和一般受众审美规律的基本尺度。DV 纪实作品的创作不论是从其内容还是姿态，以及方式本身来说，都是社会文化的有机构成部分，这原本无可厚非，但若纪录片的创作步入大众传媒，尤其是在媒体中播出，就不得不考虑如何使这种随意化的、个性化的、边缘化的“纪实”创作手法，与大众传媒的规则方式和要求相吻合。当然，这并不意味着应该用大众传媒特别是主流媒体的一般性标准去约束DV 的纪实创作发展，而是如何在二者之间找到某种契合点与平衡。毕竟，当“长镜头”的长变成毫无意义的冗长，当“同期声”的滥用变成“嘈杂声”，当过量的“跟踪拍摄”演变为“无意义”的跟拍的时候，这种“纪实”概念的消耗性使用和歪曲性滥用，最终使纪录片的艺术美感荡然无存。

目前，在纪录片纪实作品中，我们看到的节目往往是：采访多，画面少；展现多，内涵少；外在多，透视少。这就是有些创作者对生活的“纪实”往往偏于点、细节和局部的记录，突出表现了生活纪实中的个别性。但从大众欣赏的观点看，从长远的发展看，还是应该注意兼顾记录点和记录面、记录细节和记录过程、记录局部和记录整体的关系，追求适度的社会普遍性，将“纪实”的广义概念做足做透，而不仅仅局限于“纪实”手法的形式使用。纪实创作还应该注意寻找合适的背景，在特定的时代、阶层和地域等大背景中，捕捉生动的人物，情节和故事，同时要记录相对完整的生活流程，在相对完整的生活流程中捕捉细腻生动的话语、情绪与动作，把主题事件化——事件故事化——故事人物化——人物细节化——细节画面化。注意将特殊的、偶发的生活内容与常规的，普遍的生活状态相结合，从而达到对生活本身纪实的相对生动丰富和完整。

另外，DV 纪实作品的创作者喜欢从个人自发的、随意的视角出发来“纪实”。它的特点是：(1) 平民视点。(2) 多元化主题。(3)

个性化的拍摄。(4) 即兴采访的手段。(5) 理想化的作品。这种强调独创性的纪实理念虽然值得鼓励，但有时会与社会的、公众的、审美的或媒体的态度相悖，所以作为出现在大众传媒上的新的创作形式，还应注意处理好个人隐私——社会道德规范、边缘心态——主流价值、个人情感——公众群体、个体角色——媒体角色的关系，兼顾个人、媒体与社会三者的统一。纪录片的纪实创作还应该注意在社会所能普遍接受的层面寻求思想情感的独创，同时还要注意个性化的价值取向与媒介的地位、性质与身份的协调。过于脱离媒介要求和社会规范的取向既断绝了自身在主流媒体播映的可能，也很难拥有众多的欣赏者。笔者近5年来，在各地参加过上百次有关纪录片的评奖、教学和创作策划活动，观摩了近千部纪录片作品，发现：大部分作品的选材都是平民化，创作都是个性化的，有的还在“纪实”创新上想了很多点子，创作出了一批优秀作品，比如《铁路沿线》、《琴童》、《躁动》等。但也不无遗憾地发现，有些转型期的作品所表现出来的“纪实”使人难以理解：镜头乱晃，构图散乱，画面无主体，对话无意义……实际上，当纪录片的“纪实”(放弃使命感和责任感) 滑向生活表象与感观的满足时，必将会带来深度精神意义的缺失和审美追求的消解。

总之，回顾中国纪录片的发展历程，我们发现纪录片审美范式的突破与新纪录片范式的创立之间是不断交替的过程。艺术的本质在于展现生命力，人的审美情趣则从人的本性上要求艺术回归本真。作为纪录片创作者个体来说，它在创作中所兴发的审美体验，应该是独创性的，否则就不具有创造价值和先锋性，但它同时又要求是普遍可传达的，表达人们的某些共同情感历程，纪录片必须采用符合大众普遍审美规律的创作手法，方能具有接受的可能——一位具有使命感和责任感的纪录片爱好者应该致力于使两者水乳交融地凝聚为一体，纪录片的艺术审美便得以诠释。

纪录片社会文化的思考

在漫长的人类历史演进中，人们一直努力尝试用形象的方式表达对这个世界的理解。进入20世纪，影像已经成为当代人类社会生活中不可缺少的重要话语元素，作为一种独特的影像记录方式，纪录片进入影视文化已经成为20世纪人类重要的文化现象之一。美国社会学家丹尼尔·贝尔指出：“当代文化正在变成一种视觉文化，而不是一种印刷文化，这是千真万确的事实。”②今天，越来越多的人习惯于用包含了语言和图像在内的影像的方式解读文本、表达观念，因此，随着技术的发展、视觉社会的到来，人类的阅读习惯已经由文字时代向读图时代转变。此时，我们怎样才能真正理解纪录片何以能形成一种社会文化？我们将如何对待这种社会文化？纪录片影像的发展将对我们的社会文化发展具有怎样的意义？

对于纪录片社会文化的思考必然要涉及到器物、制度与观念这三个文化研究无法逃避的层面。纵观纪录片发展脉络，如果要对号入座的话，胶片、磁带、DV影像所代表的技术，政治化、人文化、平民化和社会化影像所代表的制度，国家阶级、民族集体、百姓个人、市场社会责任影像代表的意识形态，这三点恰好就对应了纪录片影像社会文化的三个层次。那么，本文将以上述三个层次为纬度，从纪录片影像个人、社会、人类学以及文化四个方面的意义作一个简要的分析，以期望对纪录片影像在社会文化层面有一个更深的理解与认知。

(一) 纪录片的个体意义

在中国近半个世纪的纪录片发展过程中，上世纪90年代后半期，随着话语权的转移为主要特征，纪录片的个体意义得到普遍关注，此时纪录片的话语权由国家绝对统一、群体化的话语权转移到个人化的话语方式。这种转变的原因是多方面的，按照著名传播学家麦克卢汉“媒介即讯息”的观点来看，数码摄像机DV技术的发展在这场转变的过程中起到了革命性的作用。这种转变使纪录片中的个体成为主角，纪录片的创作者从群体模式中分离出来，题材由宏大变得具体真实，一个小人物、一个普通的家庭成为影片的主题，居高临下的审视变得平等真实，这呈现出的就是一种个人化的话语方式。

在这场变革之中，吴文光曾经发表过关于DV影像的主张：“DV这种方式，我想它是最代表个人写作或者叫民间立场的一种方式。最重要的是一个人可以拿起来自己拍，它会变成一个可以看到的现实——怎样把影像从体制，从一群人或者一个团体的手里边解放出来，成为一种真正个人的东西。”他一语道破了DV纪录片对个体的意义。DV提供了进入私人空间的视觉真实，就像优秀的纪录片《姐妹》、《老头》、《我不要你管》等，它把私人空间放置于公共的空间中被视觉直接审视，从而使“个体”得到的直接关注成为可能。真正的个人不是公共领域中的个人，而是私人领域中的个人，只有在这个领域中，个人才能真正体现出自身的性质，也只有在这个视角下才能为个人的自由发展提供必要条件。作为影像文化里的一次革命，DV纪录片显著的意义表现为打破了“业内人士”和媒体机构的设备优势，赋予了更多普通人以真正意义上影像创作的权利，第一次使民间的声音透过影像的方式进入了正史的范畴，客观上使民间影像得以相对自由的创作、发展。

为了更清晰地了解DV纪录片对个人的真正意义，笔者花费近两年的时间完成了对DV纪录片的调查研究，希望通过具体的访谈、案例得来的结果使读者对纪录片的个体意义有一个较为全面的认识。通过调查发现，在300名接受调查的纪录片创作者中，有82%的人用DV拍片是为了自我展示和欣赏。他们觉得自己的作品能在小众范围内传播或在校园里获奖，就会得到莫大的满足；16%的人是以DV为生存基础的，也就是说他们靠DV挣钱，拍DV是“为我所用”；还有2%的人以DV为终身所爱，他们视DV为自己的生命，为了DV一切皆可抛……从调查中我们也可以清晰地发现，纪录片的个体意义得以关注，社会文化的因素亦不容小觑。从传播形态来看，我们处在一个互动化的社会中；从精神层面来看，我们处在一个张扬个性的时代，个人纪录片也就在这种社会文化的氛围中完成了一次返璞归真的洗礼。

（二）纪录片的社会意义

纪录片的个体意义通过记录者和被记录者的个性化特征得以体现，那么，纪录片如何记录社会？怎样进行选择？纪录片的社会意义又如何实现？这些都是摆在无数纪录片爱好者眼前亟待解决的问题。为此，笔者将从以下两个方面进行简要的阐述。

第一，记录普通人体现纪录片的社会意义。DV技术的出现与普及成为民间纪录片得以膨胀的重要技术基础，带来了整个记录方式或者书写方式的改变，导致纪录片现实题材作品的大量增加，以纪实为主的纪录片逐渐成了主流，普通人逐渐从影像的边缘走到了中心。此前，纪录片的社会意义主要靠纪录大片彰显，如《毛泽东》（耗资800多万）、《布达拉宫》、《故宫》（各耗资500多万）等，这些重大的题材，如领袖伟人、历史性建筑等，其社会意义的确重大，但是在艺术民主化概念不断深化的今天，我们会发现普通人的故事同样感人，普通人的家庭住所一样发生着扣人心弦的矛盾纠葛，这些人的社会价值意义也许会逊色于历史伟人和故宫等，但他们的价值同样拥有被保存的权利与价值。

DV纪录片恰好方便地承担了这个使命，这些创作者把自己的眼光投向主流媒体和精英纪录片创作者所没有凝视过的地方。这些地方有的是被官方历史所遗弃，有的是根本没有精力去顾及，而这些地方又恰恰是历史和社会价值的一部分。记录历史、记录社会只靠官方的影像部门是远远不够的，因为历史和社会的组成本身，就是由无数个年代和无数个家庭组成的，没有对社会普通人的记录，就不会有相对完整的社会记录。所以纪录片的价值不仅仅在于它会给人们以欣赏、思考、娱乐、品味、记录、储存……它还是我们了解社会、认识社会、建构社会的重要参考。今天记录过的，明天就是历史。这也许就是纪录片会在不远的将来，在影像积累和海量储存上超过官方影像的原因和价值。

第二，真实影像决定纪录片的社会价值。我们探讨真实和社会之间的关系，更多的是需要每个纪录片爱好者坚守这一底线，这也是唯一能够保证纪录片作品拥有“真实价值”的权威保证。否则，我们就会丧失对纪录片的最基本的信任。当纪录片面临严重的信任危机和合法性危机的时候，纪录片的社会价值便会荡然无存。

我们探讨纪录片纪录的真实性和探讨纪录片作品的社会文化价值是一致的，就在于我们是要对观众建立信任感。纪录片人面对拍摄对象，要用一种谦虚、敬畏的态度，对真相负责。当然这并不排斥创作者的主观筛选、提炼、加工和再创造，否则将会滑向自然主义和无意义的深渊。我们应该明确这种记录只是个人的，它所记录的只是某一个局部视角下的社会文化价值，并不代表绝对意义上纯粹的社会文化价值，我们的影像并不能去穷尽这些价值。换句话说，并不是谁用纪录片记录社会，谁就会拥有对这个社会文化价值的权威的解释。事实上当一部纪录片成片之后，主创者的权威身份便消解了，纪录片作品的更多社会文化意义的链条需要在一代又一代的欣赏者和接收者中去充实、完善。可见，我们对任何社会价值的诠释都仅仅是当代的一种诠释。时过境迁，同样的纪录片作品会在不同时代的人们头脑中显现出迥异甚至完全相反的社会文化意义。因此，我们可以说不同历史时期所囊括的多义性、多元性内涵，也是纪录片记录社会文化价值的一种体现。

（三）纪录片的人类学意义

纪录片的人类学功用起源于影视人类学，影视人类学所关注的是影视手段如何应用于人类学研究。人类学纪录片是影视人类学中的重要组成部分。它横跨科学和艺术两个学科，把本来属于艺术范畴的纪录片手段用到了人类学研究的科学领域，这使它一开始就面对一系列难题。两个学科的交叉，不是人类学和纪录片的简单相加，不是机械地结合，它要求从事这方面研究和工作的人努力从纪录片的角度来思考人类学的问题，或从人类学的角度去思考纪录片问题，这是一个与纪录片和人类学基本原则不同的全新境界。作为影视人类学家的卡尔·海德（Karl G.Heider）也说：“事实上，由一位很博学的人类学家拍摄出来的纪录片，很可能在人类学方面并不成功。在制作人类学纪录片时简单套用人类学原理是无济于事的，除非它被电影形象所吸收。”③可见，作为一种新的影像传播手段，纪录片在承担人类学影像传递中有它自己独特的使命与方式。

对于播放的这些人类学纪录片或者更贴切地说叫做纪实片断，大家看后虽然没有《故宫》和其他诸如《埃及：永恒之路》、《北极冰源》、《黄石公园》等国家地理频道的纪录片那样刺激，但是同样在观众群中产生了震惊的效果。原因是什么？是时间的跨度，是时代的变迁，这就是人类学纪录片的价值。英国皇家人类学电影协会会长苏珊娜女士在放映上世纪70年代末中国南方农村那部短纪录片的时候，里面出现了一个新婚青年用自行车带着新娘回家的镜头，大家对比起现在的迎亲车队接送和大吃大喝都感觉很可笑，看到每个家庭的家长对家里的每件鸡毛蒜皮的小事情都要开“家庭会议”，画面中的人们看到中国“市场经济”的前沿阵地“小卖部”的成立，感觉充满着好奇。但是那些记录的确实是统领一代人的生活方式和意识形态。它尽管粗糙，不工整，也没有那么多的戏剧化矛盾冲突，但是若干年后我们普通观众去审视它，会发现当时的许多闪光点，而学者和专家去审视它，会发现更多的研究人类的历史文献价值——这些史料价值是活生生的，并不是刻板、枯燥的文字，而是生动鲜活的影像。事异时移，历史有惊人的相似之处，今天的纪录片爱好者们历尽艰辛地记录周围的人，正是若干年前英国的人类学组织千方百计用胶片所做的事情。

我们不妨展望一下人类学纪录片的前景。对比写作，人类学纪录片提供给观众一种全新的知识，就像微观的电子和中子对于自然科学家至关重要一样，视觉技术特别是纪录片完全可以成为当代人类学研究领域的领头羊。人类学纪录片又是一种跨文化的传播，对比文字语言和口语，它的理解力更为宽泛，它以一种更为多样化的形式在世界广泛地流传。人类学纪录片同时提供给人们一种超越学术范围束缚的、可供分享的人类学。纪录片是发现的艺术、是等来的真实。纪录片对于人类学和人文精神的贡献，便在于实现纪录片“发现”和“等待”的愿望。人类学有助于增进各民族之间的了解和团结，有助于人文类的科学研究，小小的纪录片一样可以积沙成塔，成就一番事业。

（四）纪录片的文化意义

在探讨纪录片文化意义的时候，首先要对“文化”有一个较为全面的观照，古今中外的思想家、理论家对“文化”的内涵有着不同的界定。在西方学者对文化的各种界定中，美国文化人类学家A·L·克罗伯与K·克拉克洪在1952年发表的《文化：一个概念定义的考评》论著中提出的定义为现代许多学者所接受。他们在分析和考察了一百多种文化定义后，把文化概念界定为：“文化存在于各种内因和外显的模式之中，借助于符号的运用得以学习与传播，并构成人类群体的特殊成就，这些成就包括他们制造物品的各种具体式样。文化的基本要素是传统思想观念和价值观念，其中尤以价值观最为重要。”④笔者认为这个概念明确了文化有形的物质性和无形的精神性的内涵，同时也较为清晰地揭示出文化是人类传播活动中的产物。纪录片作为影像传播活动的重要内容，此概念在其领域中同样适用。

回顾纪录片发展史，我们清晰地发现中国电视纪录片的文化形态的演进与中国社会的思潮及技术发展历程一脉相承，虽然在局部的走向有所偏差，但是就整体而言是具有一致的，大致经历了主流文化形态、精英文化形态、大众文化形态和边缘文化形态。透过纪录片形态演变，我们还是不得不面对这样一个事实：在这种演变的过程中纪录片的大众化与小众化成为两种固有的文化矛盾。在一个多元文化共生的环境中，这两种文化的恰当处理才能使纪录片获得长足的进步与发展。众所周知，相对于其他影视形式而言，纪录片文化应该是小众的，具有类似精英文化的意味，这与纪录片在主体行为模式上具有个体主观指向性的特点密不可分，尤其是DV纪录片的迅猛发展，这种个性化表达、文化自由得到充分的彰显。

与此同时，作为与电视这种大众媒介紧密相连的纪录片始终需要大众媒介进行传播，若没有大众媒介的渠道，纪录片便可能因缺乏经济支撑而举步维艰。因此，纪录片天然的小众化与生存的大众化便导致纪录片的整体精神文化的冲突与蜕变。关于纪录片的文化定位，笔者认为：纪录片文化需要在大众文化与小众文化之间找到平衡点，一边保证纪录片生产的速度和规模，使纪录片在这种大众文化主导的社会中得以生存、发展，一边坚守精英品位，自觉抵制商业社会大众文化中实用主义和功利主义的侵蚀、消解，在这种多元平衡的纪录片生态中发展创新，纪录片的文化意义便得以更好的实现。

纪录片商业化制作的思考

中国电视纪录片的发展已有近半个世纪的历史了，经历了政治化、人文化、平民化和社会化四个时期。尤其是改革开放以后，随着电视业的迅猛发展、纪录片理论与实践的提升，纪录片以其独特的魅力吸引了越来越多的观众。尤其是随着《话说长江》、《望长城》、《丝绸之路》等大型纪录片的摄制，纪实手法的运用掀起了纪录片的热潮。然而，上世纪90年代中后期虽然仍有不少作品在国际上捧回大奖，但大众收看纪录片的高峰已经转入低谷。怎样走出低谷，发挥纪录片本真的潜质，摆在了所有纪录片人的眼前。笔者在考察了中外纪录片发展历史并结合当今中国纪录片生态现状后认为：纪录片商业化制作将是一条出路，也将为中国电视纪录片走向世界带来新的机遇。

（一）纪录片商业化的背景与原因

中国电视纪录片要想重新崛起，必须充分认清当今纪录片发展的时代与市场背景、纪录片商品化的内在要求，为此，笔者将从以下两个方面进行阐述。

进入新世纪，市场化和全球化浪潮成为不可逆转的历史潮流，中国巨大的市场吸引了全球的关注。与此同时，随着中国与国际接轨联系愈加紧密，中国也需要更多地了解世界。在传媒市场化改革不断深化的今天，这为中国电视纪录片的商业化提供了难得的发展背景与历史机遇。当今，文化传播能力成了一个国家软实力的象征。纪录片作为一种文化传播形态，在国际传播中具有强大的生命力。中国的纪录片选题内容丰富：广博的自然资源、悠久的文化遗产、淳朴的民情风俗等，都将成为纪录片创作的题材，同时这也是向世界展现中国文化、传播华夏文明的纽带，只有让中国电视纪录片商业化才能逐步占领国际传媒市场，进而获得社会效益和经济效益的双丰收。在这个背景下，纪录片的商业化趋势是无法阻挡的。其实，纪录片的商品特性与其承担的使命感是二元对立统一的关系。商业化在一定程度上会侵蚀其责任感、使命感，但是二者又是相互促进的。正如中国传媒大学何苏六副教授所言：“市场化的终极目标并不仅仅是金钱回报，而是促使纪录片在一种理性状态下多元发展，在一种良性健康的机制中走向繁荣，让更多的人享受自己喜欢的纪录片。这是中国纪录片走向成熟的又一段必经之路。”

如果没有商业化的运作，纪录片的发展将受到巨大的制约，制作资金缺乏、传播渠道单一、传播受众流失。因此，时代与市场都要求纪录片要在一定程度上进行商业化运作。纪录片走商业化道路，在国际上早已形成气候。欧洲的一些商业电视台通常设有专门的纪录片频道，或者有专门的纪录片播出时间，而且大多是黄金时段。现在中央电视台及各省市台播出的《探索·发现》、《动物世界》、《自然奇观》等大都是买进的节目。这从一个侧面体现了中国电视纪录片走商业化道路的必然性与紧迫性。

此外，在市场经济条件下，纪录片的市场分为评奖市场、学术市场和商业市场，商业市场的纪录片不仅是一种节目形态、纪实艺术，就其本质而言也是一种商品，具有价值与使用价值。这部分纪录片进行商业化运作既符合其内在属性也符合市场规律。清华大学陆地教授认为："人文价值和历史价值是纪录片的基本价值，经济价值是纪录片的延伸价值；人文价值和历史价值是经济价值的基础，经济价值是人文价值和历史价值的物质表现形态。有重大人文价值和历史价值的纪录片一定有很高的经济价值。"[⑤]纪录片的基本价值和经济价值告诉今天的纪录片的创作者应该具备纪录片的商品意识，在创作时必须考虑它的制作周期、制作成本和投入产出。

（二）纪录片商业化的现状与问题

回顾国内纪录片商业化的生态现状，我们清晰地发现：虽然中国电视纪录片近年来也有大制作在国际上获得大奖，但是对比其他电视栏目，其商业化程度还很低。目前，纪录片创作者被人为地分为体制内与体制外两种类别，前者的纪录片大多具有较浓的政治化色彩，企图以"真实"的名义图解政治，后者的纪录片创作者大多怀有孤芳自赏的心态，幻想以"真实"诠释艺术；前者拥有播出平台，后者难于寻找播出渠道。若此两种类别是中国电视纪录片多元形态中的两种倒是无可厚非，但是他们目前几乎代表着中国纪录片的整体，这种体制与当今的市场化潮流背道而驰。众所周知，体制是一个非市场的概念，而在中国市场化逐渐完善的背景下，作为市场主体的纪录片创作者应该享有平等的制作、播出权利。所以从这个意义上来说，只有像西方国家那样用市场的标准来要求，才能打破目前这种各自为政、相互封闭的经营状态，才能推动中国纪录片获得新的发展。中国电视纪录片商业化主要由融资、制作、营销等几个关键环节构成，但这几点恰恰是制约现在中国电视纪录片发展的瓶颈。

1．融资方式单一

兵马未动，粮草先行，融资是中国电视纪录片商业化首先必须面对的问题。目前我国纪录片创作的融资渠道主要有两种：一是以央视和地方台为主的官方媒体投资；二是各种影视传媒公司的企业投资。此外，由于中国纪录片的节目收视率低、销售难、广告收入少等原因很难吸引国外投资。在仅有的投资中，与其他类型的节目相比，资金仍显得捉襟见肘。实力最雄厚的中央台，其投资一部30分钟的纪录片，最高预算据说不会超过6万元。传媒公司等企业投资更是希望少投入快产出，但是由于纪录片自身周期长、风险大等特点都直接影响投资。除了国内的资金外，外资公司的资金开始进入中国纪录片市场，但只是处于一个摸索性的尝试阶段，中国的纪录片创作者由于不熟悉商业化的运作流程，导致这些资金很少使用。

2．制作脱离市场

在创作纪录片时，从选题、策划到制作都要着眼于市场的需求，脱离市场的孤芳自赏终将被市场淘汰。选题准确是先决条件，创作者注意选题时必须从过去的高雅文化的惯性中解脱出来，把纪录片看作是大众文化。选择那些和我们的生活密切相关，记录发生在生活中的具有历史意义和社会意义的事情。只有在选题上适应观众的需求，才可能拥有最大量的观众群。例如，2006年普遍获得好评的纪录片《躁动》就是这样一部成功的作品，讲的是渔民捕捞海蜇的故事，这种题材因为关注了普通百姓的生活，通俗易懂，容易被各种层面的人接受。可见，选取具有市场潜质的题材，是获得纪录片营销成功的关键一步。

商业化需要优质的商品，工整精良的纪录片就是优质的商品。澳大利亚著名纪录片制作人克里斯·麦可黎曾经指出："中国纪录片要在海外寻找市场，必须达到一些基本的要求，首先是技术质量，所有的电视节目都必须达到国际普遍认可的技术标准。"回头看看我国的纪录片，的确有一批上乘之作，可是在国际节目交流洽谈会上，往往由于图像清晰度低、音频信号不稳定等问题，失去了买卖和交流的机会。此外，纪录片的制作与播出不分也是制约期商业化的重要一关。因为体制的缘故，电视台的纪录片人自己选题、制作纪录片，目的仅是满足本台播出需要，这种“自给自足”的自然经济形态显然不符合纪录片的商业化要求。

3. 营销环节缺失

纪录片的融资、制作、营销是一个完整的商业链条，缺一不可。对于目前的中国纪录片现状而言，营销环节缺失成为纪录片商业化的最大瓶颈。熟悉商业化运作的专家都明白，营销是其成功与否的关键一环，作用不容忽视。在经济学中，好的营销机制往往能拉动投资。在纪录片行业，多元的播出渠道也要靠营销机构来开拓，至于题材的把握、制作的方式是否符合市场规律，营销可以进行适当的协调；当纪录片的创作与市场发生脱节时，营销可以进行适当的引导；营销是生产与播出之间的纽带，体制在一定程度上也将逐渐松动。因此，建立一个相对健全的纪录片营销体系迫在眉睫，很多现实问题可以得到解决。

（三）纪录片商业化的建议

目前中国纪录片虽然处于低谷中，但是面对商业化趋势，笔者提出以下四点建议希望对纪录片的发展有所裨益。

1. 树立纪录片的商品意识

纪录片不仅仅是纪实艺术，它还是商品，制作人在创作时必须考虑它的制作周期、制作成本和投入支出。因此，纪录片的创作者应该确立这样一种意识。这样可以带来下面几个好处：首先，在创作者的组合上，就要考虑到编导的品位，考虑创作者驾驭的能力，这是一个脑力的支出，同时还要考虑经济上的收入和产出的均衡，也就是说，要考虑有没有利润空间，要改变过去那种由电视台出资，创作者只管把片子做出来，能否具有收视率，有多少观众爱看，能否销售出去，作者一概不管的状况。这里关键的一点是，如果把纪录片当作一个商品去运作的话，我们就可以在选题前主动进行市场调研，看看观众爱看什么样的节目，什么样的节目有市场前景，制作什么样的节目节省经费并能打入国际市场。笔者在2004年和2005年先后拍摄《伴》和《蜘蛛人》，分别卖到几十万，并且还在销售，延伸其价值。这两部作品的成功离不开成功的商业化运作。

2. 建立纪录片的“方案预售”机制

中国唯一一家专业纪录片代理商零频道有限公司的负责人郑琼认为：“国内独立纪录片制作人的生存状态比起外国同行要差许多。”这归因于中国纪录片仍没有建立起有效的方案预售机制，同时又没有来自国家、社会的纪录片基金。目前，纪录片的“方案预售”(Project Pitching)形式是欧洲比较流行的融资方式，即制片者首先把自己的计划和构想，向一些投资商展示，通过进一步的游说和洽谈，把部分版权等利益出售给投资商，从而从投资商那里获得一定数量的资金，使拍摄的资金更为充足，这种方式将纪录片的投资风险大大降低了。但中国的纪录片通常是制片者先去拍，然后再考虑市场和推销问题，这就降低了前期题材规划的市场化程度。2004年广州国际纪录片大会初步尝试这种“预售”的方式，建立了中国纪录片专业交易平台，拉近中国制片人和国际买家的距离，经过三年的发展，大大促进了纪录片的资金流动和投放。

3. 工整精良的制作与创新

纪录片要想成功持久地进行商业化运作，创作者必须把节目的技术质量视为生命。在前期摄像机、灯光、录音、特殊效果镜头的配备上下功夫，也要舍得用最好的摄影师；同时拍出画面工整、色彩讲究并具有故事化的镜头；在后期的剪接、非线编辑、三维动画、电脑制作、录音合成上，都要精心制作。在这方面我们可以借鉴西方同行人的做法，比如说对那些具有吸引力的画面和场景，进行重点突出，可以用稍长一些的时间，用可以突出主体的景别，或者进行烘托等手段，尽可能地把观众吸引到电视机前来。在叙事手法、硬软件指标上，国内导演要进入国际市场都首先要了解、学习和接纳一些新的更严谨的规则。

此外，还要运用高科技手段进行创新。通过电视技术帮助观众理解、记忆、进行思考，并藉由观众对节目进行再传播。对有些“过去时”的故事，也可以用“情景再现”、模拟重演等方式进行可视性加工。像美国《国家地理杂志》频道制作的节目，可以说在技术上是无所不用其极。从画面上我们就能看出其影像别致而工整，多处使用超大广角、显微镜头、航拍、水下摄影和高速摄影等手段。我们国内近些年出现的《祖屋》、《沙与海》、《伴》、《纸殇》、《悬棺》等，都属于这种画面工整、灯光考究、故事化强、制作精良的作品。

4. 寻求国际合作与多次营销

中国纪录片要走向市场、走向世界，就必须要走国际市场。走国际市场就必须了解国际上需要什么，什么样的纪录片能打入有关国家，用什么方式拍摄纪录片更受欢迎等。在这方面，尝试国际合作拍摄应该是个与国际接轨的好办法。所谓国际合作，就是在共同承担制作费用的情况下，共同制作电视纪录片。也有由外方出资、我方拍摄、利益共享的拍摄方式。其实，不管采用哪一种方式，都是宣传中国，都是了解和学习外国的电视文化艺术。在这里，中西方不同的创作观念与创作方法在一起交汇；不同的文化意识和思维模式得到碰撞。可以说，国际合作本身，就是中国纪录片走向市场、走向世界的一条捷径。中国纪录片的商业化运作，不仅仅是把纪录片变成商品，更有促进国际文化交流、增进民族了解的意义。

纪录片不像新闻节目是一种“易碎品”，因此，在营销方面可以根据购买商的要求重新改编和包装，进行多次营销。同时，对精品纪录片建立相关的营销产业链，可以进行多次开发。虽然纪录片收回成本需要的时间比较长，但是随着时间的推移，纪录片作为一种高品位的视听文化产品，在国际化的市场环境中将会蕴含着无限商机。就在近几年国内各大电视节上，国内纪录片向境外输出的节目量都达到了数百万美元，可见纪录片营销的前景无限。现在自然类和动物类纪录片，已经成为中国内地输出节目的主要片种，环保类和人文类也开始大面积向国外辐射。一个充满挑战与机遇的中国纪录片大市场正等待着充满热情与梦想的纪录片创作者披荆斩棘、勇往直前。

注释：

①〔德〕齐格弗里德·克拉考尔：《电影的本性——物质现实的复原》，中国电影出版社，1981 年版。

②〔美〕丹尼尔·贝尔：《资本主义基本矛盾》，三联书店，1989 年版。

③〔美〕卡尔·海德著，田广、王红译：《影视民族学》，中央民族学院出版社，1989 年版。

④《中国大百科全书·社会学卷》，中国大百科全书出版社，1991 年版。

⑤陆地：《重新认识和发掘纪录片产业的价值》，《视听界》2006 年第 2 期。

纪录片的理性思考与积极探索

——2006年纪录片理论文章热点综述

单亦砺

2006年，围绕纪录片的理论文章所讨论的热点问题主要在纪录片相关概念的界定、纪录片的创作理念、纪录片的市场、中国纪录片的国际交流等方面。本文通过粗线条、多点式试图反映出这些文章的观点比较集中的问题和层面。

纪录片概念界定的目的是，有利于纪录片的系统研究，彻底摆脱难以区分专题片和纪录片两个称谓的尴尬。纪录片创作中大胆使用不同的表现手段。便于以共同的语言和国外同类创作人员开展交流。(刘习良)以观察的角度不同，得出的结论也不同：在纪录片里面，有两种最基本的分类：作为文化工业的纪录片和作为艺术、个性展示的文艺纪录片。(张同道)在我国电视界存在“电视纪录片”、“专题片”、“专题(性)节目”三个名称。专题性节目形式多样，既包括纪录片，也包括访谈、座谈、讲座等。(刘习良)有专家将电视节目分之为非虚构和虚构，即新闻与艺术两大类。而在二者之间的中间地带，还可以生发出许多节目样态，纪录片就是其中之一。(张振华)纪录片是集政论、新闻、小说、报告文学、散文为一体的综合体。(孔解民)

对于纪录片的真实性问题，更集中在对“可信度”、“参与度”的探讨上，其实质是对纪录片史料性价值的忧虑：如果固执地纠缠于传统纪录片的“真实性”不放，不从多学科和跨学科角度去拓展和深化，我们的纪录片理论研究就会显得苍白而无力回答时代提出的问题。(侯洪)对纪录片真实性追求应该通过何种方式去表达。从再现真实到真实再现，纪录片“非虚构”的宽容度越来越高。(丛丽娜)“真实再现”或“情景再现”这种手段的使用，几乎可以说是和纪录片与生俱来。而产生疑问的根源更多出自于这种手段使用的“度”的把握。(倪祥保)

纪录片的创作理念上，体现现时社会发展的观念和特点：纪录片创作者对现实世界进行探究和反思应建立在哲学的思维方式和哲学的态度上。表现在对人的生命的认识和尊重，对人的生命意义的探究，对人性的探索和挖掘。(王益民、吴益)纪录片实现人文关怀，把目光转向创造各种文化现象的人，关注人的生存、发展，人的现在和未来。(王旭雷、刘波)纪实的回归说到底是人性的回归，在人性回归的文化氛围下，纪录片的创作不再公式化、概念化。(杨昂)

纪录片的创作手法上，注重学习西方纪录片探索精神和关注国际流行趋势：提倡纪录片题材的多样性、风格手法的多样性。严肃、纪实的纪录片要赢得观众，还必须善于运用娱乐元素。(张振华)美国国家地理频道不管做任何题材的节目，都很注重科学性和深度，制作社会类纪录片，会请社会学家跟摄制组合作，人文类纪录片是请人类学家合作，制作自然类纪录片必须请自然科学家跟他们合作。(孙剑英)悬疑式纪实节目的兴起是我们所处时代的一个文化表征。它的兴起是在受众中心的传播语境和娱乐化、消费时代背景共同作用下所形成的一种故事化理念。(赖黎捷)“搬演”理所当然是纪录片的“真实再现”，在纪录片的创作中几乎可以不加限制地使用。(倪祥保)所谓国际纪录片中的写实作品，就是拍摄者在摄影过程中，通过各种技术手段把故事和画面拍得更加直观、真实、感人。所谓写意作品，就是拍摄者按照自己的主观意愿进行拍摄和创作，使故事和画面具有较强的主观倾向。（冷冶夫）

对国内纪录片市场现状，有基本一致的认识：设立专门的纪录片频道是必要的。目前纪录片市场仍未脱离封闭状态，融资、制作、营销等环节机制不健全、渠道不畅通、规则不规范是不争的事实。（张振华）纪录片的商业前景为什么在中国往往不乐观？这是否说明，我们更多地把纪录片的拍摄看作是文化行动，而忽视了它作为商业行动存在的社会价值。（丛丽娜）

国内纪录片的生存方式，作为目前占主导地位的体制内创作的纪录片主要依托于各级电视台和国家宣传机构，创作和传播的主要途径是固定的纪录片栏目和大型纪录片两种方式。体制外的纪录片更多地体现出个人化的创作路线。（郭大轮）纪录片栏目化实际上就是商品化。（薄义群）栏目化带来的好处是规范长度，形成流水线生产，易于控制制作流程、时间和成本。（伍学标）大多数纪录片栏目的节目来源是“自产自销”或“统购统销”。纪录片从栏目化走向频道化是电视发展的必然。（李国强、谢衍良）频道购买纪录片比自制纪录片划算得多。（郭春）中国纪录片市场的培育有两个因素：如果制作水平提高，同时专业频道运营成功，观众就会慢慢对纪录片产生兴趣。（史达民）

对纪录片国际市场的关注度比国内要高，侧重信息交流：国际独立制作公司的影片资金来源主要有三种：合拍、预售、销售。（井水清）政策法规方面，中国政府对纪录片的管理比较宽松，这为中国纪录片制作者们与国外同行携手合作提供了便利条件。（孙晓丽）许多欧美国家政府都以多种方式对具有高度文化价值的纪录片创作大力扶持。常见的做法，一是制订规则，规定电视台必须播放一定比例的独立制片人制作的影片；二是设立基金会；三是减免税款。（江耘）纪录片用画面语言说话完全是正确的选择。问题在于收看对象。如果节目想卖出去，观众定位是不同国家和地区的人，那我们制作纪录片应该想到“外国人”能不能看懂。（冷冶夫）国外习惯是把同主题的不同故事制作成一个系列，每一集是单独的故事，对观众的吸引力更大，收视率会更高。纪录片的制作生产全过程应该实行标准化，这也是国际上通行的。（孙剑英）

国际交流主要在于外国专家如何看待现时中国的纪录片——

访英国皇家人类学电影学会会长苏珊娜（采访者：冷凇）：人类学纪录片的价值不在于商品和盈利，而在于资料的存储特性。在2006年国际纪录片高峰论坛上我带来的几部人类学纪录片是和中国有关的，大家可以看到我们的的风格与国家地理频道不同，我们记录的内容是婚丧嫁娶甚至“开会”等中华民族人类群体的仪式，创作手法是“原生态”记录，尽最大可能隐藏摄影机的存在，尽可能避免主观倾向性。现在来看，同样在观众群中产生了震惊的效果。原因是时间跨度，是时代变迁，这就是人类学纪录片的价值。

访世界自然与野生动物电影节主席哈里特·尼莫（采访者：冷凇）：我们从另一个方面看到了中国环保与自然纪录片与西方纪录片创作方式截然不同的一面。首先是题材的重复性，而且同样的题材创作手段极为相似。我强烈地感觉到，这些片子不是以一种平等的心态与观众交流，很像是居高临下的教材。在英国，大部分纪录片作品都是基于环境事件和动物群体的，很少有像中国这样聚焦人物的纪录片，大家的目光很容易从对环境和动物的思考转到了对人物的思考上了。

访美国国家地理频道常务副总裁史博恩

（采访者：冷凇）：纪录片在西方本身就是“娱乐”产业的一部分，不像在中国，大家总是把纪录片归于严肃类节目。我们也制作大量历史纪录片，历史类纪录片也必须融入娱乐因素，这样才能让历史变得“鲜活”，就像去年我们投资拍摄的《郑和下西洋》，采用了搬演、再现等方式，甚至聘用演员去表演，剪辑上讲求的也是戏剧化处理。我们提倡“积极的娱乐”，就是让观众在轻松、愉快地收看节目过程中获得知识，获得精神上的愉悦和高层次的心理满足。

今天的“人文”纪录意欲何为？①

吕新雨

一

看了以“人文纪录片”进行自我定位的《江南》、《徽州》、《徽商》等创作群体的系列作品，让我有强烈的回到20世纪80年代的感觉——这既包括一种理想主义的追求，那种似乎更多是80年代的情怀，也包括这些片子处理影像的方式。

“人文纪录片”如何定义？我们今天为何要用“人文”来命名纪录片？80年代没有这个词，那时候叫专题片。所谓专题片，简单地说，就是因为中央台有一个部门叫专题部，由它所生产出的节目就叫“专题片”，其基本使命是完成国家意识形态任务。80年代专题片的繁荣，既和当时知识精英的文化寻根热有很大的关系，也是新的改革时代国家动员的需要，这导致了一大批以《话说长江》为代表的大型系列专题片的出现，祖国的大好河山风土人情成为重新审视和建构新的中国认同和中国意义的资源，“爱国主义”是这些由国家电视台播出的系列节目的主旋律。最具有民族象征意义的地理空间概念成为最有影响力的专题片的内容，而《丝绸之路》、《唐蕃古道》之类专题片则对应着这个国家“开放”的合法性。但是从80年代初对母亲河的颂扬：你用甘甜的乳汁哺育各族儿女，到80年代末对另一条悠久历史河流作为中华文明衰落象征的悲悼，文化寻根以一种内部断裂的方式完成了自己的历史使命。它对应着这个社会和时代的断裂，在惊心动魄的断拆声中分娩的是极不寻常的90年代，一个市场经济的时代。在间隔二十多年之后，怎么样来重新理解我们纪录片观念的改变？这些改变是否应该和怎样进入到今天纪录片的理解和创作中来？它是否说明了对今天这个时代的理解并无捷径，正是因为那个创伤性的断裂，以至于我们仍然不断地有回到80年代的冲动，不为了回到过去，而是为了回到今天。今天已经出现了重拍80年代系列片的热潮，从80年代的《紫禁城》到今天的《故宫》；《再说长江》正在热播，《南方周末》在报道中借用吴文光的话说，二十多年前的《话说长江》，你看了二十多集，能记住一个人吗？而今天制片人的理念是，二十多年后的《再说长江》没有人，这集就不能成立。从底层和个人的视角来建立中国影像是新纪录运动的成就，它已经深入人心，也深入体制。把两个片子中关于长江的地理版图一叠印，就成为国家改革开放的成就展。

但是变化在于，除了对具有全民族象征的人文地理遗产进行影像表达的国家叙述，地方影像正以80年代所没有的意义开始凸现，它体现在这一系列的片名中：《江南》、《徽州》、《徽商》、《晋商》……“打捞失去的商业文明”，这句口号可以看成是这些人文纪录片在今天的意义。它们是透过市场经济的视野去回顾历史，并通过对中国历史地理的再次回溯，呼应着史学界关于中国资本主义萌芽的讨论。今天它们的名字叫“人文纪录片”，文化是80年代的关键词，人文则是90年代“人文精神大讨论”以来一直到今天的关键词，与“人文精神”失落的焦虑相反，今天的人文／地理类纪录片正在成为中国电视产业的一大热点，人文地理也是方兴未艾的中国旅游产业的热点。这个时代正在建构一种怎样的“人文”话语呢？

二

所有这类人文／地理类纪录片首先需要处理的是时间和空间的关系，空间是地理，人文则需要时间／历史来体现，也就是在特定的地域概念里去处理时间、与人的历史的关系。构建怎样的时空关系，直接体现了怎么样去理解历史和现实的联系。比如《故宫》的第一个镜头，是从皇帝的宝座上拉出，穿过宫殿，进入殿门，大门洞开，现代游客从门外涌入，镜头从游客中穿过，并在拉升中显现出中国的地理版图，镜头依然不断拉升，直至中国融化在旋转的地球中——这样一个用现代电子特技制造的、采用内部蒙太奇方式的长镜头，它所叙述的时空关系非常自觉地把不同的历史和现代连接在了一起。这正是《故宫》创作群体的追求，我们可以清晰地看到新纪录运动对这部片子的烙印。

“江南”和“徽州”都是空间性的存在，而空间不仅仅是一个自然地理的概念，它本身包含着次序，也是“礼”的概念，因此，空间、历史和人文是纠缠在一起的。这个关系怎么用影像去表现出来？镜头用什么样的方式进入和建构这个空间？这都是首先需要追问的问题。但是《江南》、《徽州》创作群体想做的似乎恰恰相反，他们刻意排除了现实的纬度，把影像变成了抢救性的拍摄—从现实中抢救出来。他们希望能够把那些过去的“物”的存在纪录下来，就像出版社在90年代初开始热卖的老照片，把所有可能要消失的或者正在消失的东西用影像的方式挽留下来。但是这样一来，我们却看不到时间的流变对这些“物”的影响的过程，也看不到当下的社会政治脉络对文物的改变，只剩下“物”的刹那间的存在——表象性的存在，它依赖于镜头对物的抚摸和迷恋，镜头的抚摸感非常细腻，可以说让人非常感动，但是也让人迷惑。让人惊讶的是，在《江南》和《徽州》这两部片子当中，我们基本上看不到人，摄制组总是赶在早上5点没有人的时候去景点拍摄，以保证游客不出现在镜头中。我相信这也是非常自觉的一个追求，要刻意把现代具有破坏性的因素都清洗干净，只留下那些象征和代表传统人文美好、温馨或者说可以寄托精神家园的“物”的遗存，所有的现代因素都被理解为一种干扰。“文化”很难固定，如大江东去生生不息，但“人文”却可以固化为“文物”，灭菌、消毒、隔离放在博物馆保存。但是我的疑问是：“物”的意义就是这样被超时空地凝固住，从而成为精神顶礼膜拜的存在吗？纪录影像的目的只是为了打造一座影像的“博物馆”让游人（只能）观看吗？近百年来血与火的历史被抽空为水晶玻璃，通过这样的玻璃去看历史，历史也就只能以文物的形式出现，以非功利的审美方式去观看了。

三

对以文本来推动影像的叙述方式的质疑，是我们在80年代末首先对专题片进行的反思。在这个过程中我们反思的问题是：我们是谁，我们怎样叙述，我们为什么要叙述？

因此，“人文纪录片”的主体性问题值得

再谈。除了解说词和特定的专家，我们还有没有可能开放出不同的话语？有没有可能让这些精英的文人的纪录片，也开放出不同的视角，让不同视角都能够进来，让小人物或者百姓的生活进入历史的叙述呢？叙述视角的问题不仅仅是技术的问题，而是历史观的问题，今天更需要把历史打开，把理解历史的多样可能性打开。过去我们曾经把历史封闭，今天又要把历史供奉到一个非历史的高度，这可能同样都是有问题的。徽州和江南都是活着的历史和现实，是现世的百姓的生活世界，村子和城市在日渐变化，他们用自己的生命年轮参与着这个过程，他们的理解和生命感受是否值得重视？当镜头跳切了百年的历史和变迁，今天的江南还是江南吗？或者今天的徽州它还是徽州吗？所谓“徽州”和“江南”，片子中并没有给出明确的地图显示，上海这个城市甚至没有被放在江南的概念里面，因此，怎么来定义“江南”或者“徽州”？在哪些层面上，我们去定义它？这个问题并没有在片子中被自觉讨论。

四

80年代后期专题片衰落，90年代新纪录片运动全面崛起，中间有十几年现实的“人道主义”的题材更受到关注，而那种宏大的国家叙事则受到个人叙述的强劲挑战。但是今天国家叙事以新的面目复活，既意味着新一波的国家认同动员的开始，政府开始支持和扶持历史文化传统类的纪录片，比如“中华民族精品工程”，它在体制内所占据的空间正在扩大；也意味着这种动员与中国媒介市场化发展的结合。由于西方“发现”频道、“国家地理”频道对中国电视产业的刺激，我们在很大程度上是在模仿他们的叙述——那种封闭式的叙述模式。如果说中国纪录片的春天，就是指这样大投资、走市场的国家、半国家或者“民间”行为的专题／纪录片，这是否意味着我们只是迅速地把一大批类似于像书摊上已经泛滥的中国历史通俗故事、文物鉴宝、传记、传奇、野史之类予以影像化／“再现”化而已呢？这就是今天中国“人文”纪录片的意义吗？

一个凝固了的、等待着被弘扬的历史和人文到底有没有什么意义？就好像我们今天看到很多空洞的文化符号不断地被生产出来，也许有市场的意义，但却封闭了历史的生动和丰富，封闭了历史和现实之间生生不息的流动性。这就是我们为什么要打破市场和国家双重话语垄断权的原因。今天由国家支持的文化产业要走国际路线，要学习好莱坞和“发现”频道这些跨国媒体。而跨国媒体的逻辑就是普世价值，所谓爱情、探险、科学这些抽空了政治和历史脉络的东西才能在全球市场上销售。它肯定是要简化复杂的现实性和地方性的，只有简化才能获得商业利益。但是代价是封闭了历史的复杂性和非因果性。“发现”频道的自我定位就是娱乐性纪录片，它可能极大地满足了我们观看的愉悦，但牺牲掉的却是历史的真实性。这种商业性娱乐片特别能迎合中国电视市场化的需求，因为它能以简单的方式满足我们的欲望，所以才需要更加警惕。今天中国电视纪录片追求封闭式的故事化的叙述模式，明显来自市场动力，是从西方诸如“发现”、“国家地理”频道学来的。它构成了大众传媒的专制逻辑，要排斥掉多层性和复杂性，只留下线形的因果模式。当大众传媒对历史意义的封闭与某种国家叙述对历史意义的封闭相结合的时候，我们到底指望今天中国的“人文纪录片”做什么呢？

今天，任何社会中的大众传媒都未曾停止过制造它的国家话语。民族国家作为一个现代产物，它的意识形态认同其实需要征用和转换传统的认同资源。“徽州”、“江南”讨论的其实都是地域认同的问题，而这种地域认同怎么转化成今天的国家认同，是需要仔细分析的。“徽州”和“江南”之所以成立，其实是包含了传统中丰富的地缘、血缘、宗族以及文化认同的成分的，这种地域认同不能简单等同于今天全球化背景和民族国家背景下的地方认同，但的确存在着转化的可能性，“徽商”和“晋商”就被上升为民族传统中“商业文明”的代表，导演的目的就是要以此探讨中国的现代化问题：政治、经济、文化的现代转型，而这两个名词在地方政府看来更多是旅游经济的象征。因此，不仅仅是这些片子本身，更是片子背后关涉的那些具体而现实的社会、政治、经济和文化的脉络决定了我们的注意力。在这样的情况下，单纯地强调“个人”、“民间”或者“体制”都不能有效地解释问题的复杂性。民族国家的崛起，既全方位瓦解了传统认同资源的结构性存在，也制造出现代人在认同问题上的结构性匮缺，所以尼采说现代人总是饥肠辘辘，总是寻找着古人的残羹剩炙。而这样的匮缺是需要填补的。今天，我们看到的是大众文化和国家意识形态都在乘虚而入，传统的认同资源也因此不断地被政治和市场转换为新的符号生产。问题是，在这两者已经构成垄断性话语的空间里，人文纪录片能否开辟出新的可能性来占领一个自己的位置？——既是抵抗的位置，也是建设的位置。

在这个意义上来说，形式的意义，恰恰不是形式本身，而是为了打开了不同的话语叙述的可能性。我们对解说词、叙事本身以及叙事者位置、摄影机位置等等的反省，都是为了打开历史和现实的空间，反抗封闭和专制。新纪录运动的一大贡献是强调影像独立建构的功能。这既包括摄影机自身的暴露，以此来说明它对影像建构的基础；也包括刻意隐藏镜头的叙述，来表达更“客观”的价值判断。今天很多新生代导演的创作都打破了影像内外的界限，让自己成为被拍摄对象——这种所谓“表演式”的方法，他们不一定从理论上知道，但因为表达的需求，他们在实践中做到了。这样的思考还应该包括利用电脑、动画等新技术与纪录影像本身的建构结合的问题。所有这些都是希望中国的纪录片能够对历史和自我认同开放出更多的视角，开辟出更多的可能性，来反观我们自己身处的位置，并以此来建构我们对今天的理解。

五

《江南》、《徽州》的解说词被认为是文学的，太文学了。这使得文学性与电视的关系再次成为话题。但其实这是一个老话题，我们曾有过文学和话剧、文学与电影的争论。关键是我们怎么去理解文学，文学不仅仅是语言的华彩，更重要的是我们能否把文学建构成一种视野，一种解释世界的视野。中国传统社会对文学的理解，从来都是着重它的功能性；西方古典社会也是如此，所以柏拉图要从理想国中把诗人放逐出去。西方启蒙时代之后，文学才开始获得它的非功利性和独立性。所以，我们也需要把文学本身放在历史的脉络中讨论，中国古代典籍中的“人文”指的是“诗书礼乐” ——文学本来就内在于“人文”。“江南”的概念，在很大程度上是由唐诗宋词建构出来的，但是，从唐诗宋词的视野里眺望，叠印的却满是文人政治理想的失意、外族的入侵、社会的动荡和山河的破碎。在这个意义上，“人文纪录片”应该是通过人文的视野，让我们看到“心事浩茫连广宇”的中国士大夫阶层与“天下”的关系，“观乎人文以化天下” ——那种心灵和人的世界息息相通的感应方式，其实就是文学。

注释：

①本文系作者参加2006年7月7～8日由中央电视台和《读书》杂志社在北京主办的“中国人文纪录片之路”研讨会的发言，节本发表于《读书》2006年第10期。

电视纪录片的双棱镜

——记录历史、反映时尚

李　澜

纪录片以阐释历史为己任。那么，什么是历史？哪些才最接近历史真相？纪录片首先要面对的是怎样为人类选择尽量全面的历史，因此，它需要把以前人们没有注意到的重新挖掘出来，同时，尽量全面地关注当下新鲜的历史，这样，当"当下"被时间所淹没时，我们的后代可以得到更多更完全的信息，因而有更大、更自由空间来思考我们现在的生活，而不至于被片面蒙蔽。

一、过去的时事就是当下的历史

随着人类思想的不断进步，对"历史"的看法产生了颠覆性的变化，以新历史主义为代表的新理论，认为所谓宏大的、政治的、人类的历史不过是一面之辞，同一段历史在不同的眼睛里留下的记忆都是不同的，甚至是完全相反的。那么，真正的历史从理论上说应该是每一个个体记忆的总集合。然而，每一个记忆的个体毕竟都是主观的，他们很容易受到当下生活环境，包括政治、经济、思想各方面的影响，他们怎样回忆历史，也必然受到了这种种要素深刻的影响。那么，他们所记忆的历史从某种意义上说，已不再是历史的真相，而是受到当下思想状态过滤的历史。也就是说，一切历史都是当代史。

那么，纪录片随即面临着一个问题，它究竟怎样才能最大限度地反映出历史的真实？因此，中国电视纪录片自觉地进行了思考与尝试，主要表现在逐渐从最初的政治性、人类性的宏大叙事走向了多面、多棱的"微生态"历史，也就是个人化叙事。更进一步地，由于以往官方记载的大历史处于主流地位，个人小历史一直被排斥，因此个人化叙事必定是产生于当代的，也即面临着以当代思想过滤历史记忆的问题。这些新时期的新特点尤其突出地表现在了上个世纪90年代之后的某些作品中，如上海电视台的《纪录片编辑室》。

《纪录片编辑室》栏目自1993年2月开播以来，成功推出了很多有影响的纪录片，如早期的《半世纪的乡恋》、《魂归何处》、《忠贞》，近年来的《海上浮沉》、《去大后方》等不同题材的片子在国内或国际电视节上获得过大奖。13年来栏目编导始终遵照着"聚焦时代大变革，记录人生小故事"的定位，从一个微小的切口进行深度挖掘，往往能收到激昂的大历史语调所收不到的良好效果。

《半世纪的乡恋》记录二战中被迫沦为"慰安妇"的韩国妇女李天英在中国生活半世纪的故事。二战是个世界性的历史记忆，军国主义的残酷、战争对所有美好梦想的摧残、战争中仍然闪耀着的人类本性的光耀，等等，是所有以二战为题材的电影或纪录片竭力表达的共同主题。对于中国人而言，二战意味着国共两党的分分合合、日本侵略军的"三光"政策、烈士的忠贞以及中国老百姓的善良与勇敢。这些题材虽然始终存在着震撼人心的力量，但由于复述过多而显得平面化、模式化。

"慰安妇"是二战中一个受到极度创伤的特殊群体，比普通百姓有着更为惨痛的过去，对于二战有着更为深刻的体会。正如编导在该片引言字幕中所写的，"每一个'慰安妇'都是一部历史"。通过片中李天英老人回忆的那段屈辱不堪的历史，观者无不感觉到：个人是渺小的，但个人隐忍的感情比高调的感情更能引起普通人的同情与共鸣。李大娘对亲人的怀念、其养子为了母亲骨瘦如柴的样子、她在中国救命恩人坟头上的哭泣、回韩国后面对亲人已逝的悲伤，等等，无一丝造作。整个片子无一处对战争的控诉，却处处在控诉；无一处对人情的歌颂，却处处在歌颂。

同样地，《魂归何处》选取的也是一个二战中的特殊群体——“日本开拓民”。在上个世纪三四十年代，一群日本穷苦老百姓受到政府的欺骗，来到中国东北抢夺中国人民的土地耕种。而在日本投降之后，这些开拓民则变成了日本天皇的弃民。在饥寒交迫之时，中国东北方正县的老百姓竟然自发地去收养日本难民的孩子。二战刚刚结束，中国人民对刚刚遭受到的蹂躏记忆犹新，他们竟然能在激烈的民族情感之下，认识到一个侵略政府与政府统治下的人民的区别，以一颗平常心看待受难的日本开拓民，就像片中被收养成人的开拓民遗孤所说的，只有善良的中国人民能做到，放在日本或者别的国家，这都是不可能的。所谓的善良，不是做平常人都能做到的事，而是能做平常人做不到的事。就像文学中的作品，以乐景写悲，反而更见其悲。片中日本孩子与中国母亲唇齿相依的温暖、日本丈夫与中国妻子相濡以沫的深情无不让人更深地体会到，战争是怎样对人类造成了无法愈合的创伤，而人类美好的天性却是超越一切的。

《去大后方》不以战役、战场为叙事焦点，而是围绕战时普通人向西南及西北后方的撤退与迁徙为核心事件，通过对不同社会阶层、不同社会身份的西迁亲历者的访问，展现战时中国的日常状态。其间，“去大后方”的西迁历史涉及民族工业实力的保存、中国文化血脉的延续，也昭示普通个体顽强坚韧的生命诉求，让我们看到鲜活的历史图景。在南怀瑾先生看来，该片策划人杨麟可以看作是“中华民族的孝子”，因为“他做了一件人人都能做，但是却没人去做的事”——这就是让中华民族的后辈子孙“知道这段历史”，也让“世界知道这段历史”。

历史学家希望让历史借助现代传媒记录历史，从而达到振兴历史学的目的。然而纪录片工作者却以此为契机，改变时事报道式的纪录片生态，使纪录片真正成为“活的历史”和“人的历史”。国际口述历史学界权威、英国埃塞克斯大学社会学教授保罗·汤普逊这样评价“口述史学”的功绩：“它给了我们一个机会，把历史恢复成普通人的历史，并使历史密切与现实相联系。”

二、今天的时尚就是明天的历史

在中国，“纪录片”和“记录片”两个词是通用的，但是在生活和工作中，人们常常倾向于用前者来表示这个特殊的片种，而后者则不时出现在了对小学生进行纠错训练的试卷里。从词源学意义上说，“纪”在我国古代为时间单位，十二年为一“纪”，在现代甚至用来表示更长更久远的时间，如用于“寒武纪”之类地质年代划分，一纪有几千万年。这一简单的现象其实很能说明问题：纪录片从一开始移植到中国时，就已经被认定是深沉的，它反映的对象只能是一段漫长的有厚度的时间。但是当下，电视纪录片的发展已超越了它的指定领域，以一种新的短、平、快的形式出现。

《看见》当时在上海是深受观众喜爱、完全原创的纪录片栏目，2005年元旦改版为每天一档，每档20分钟，成为当时全国第一家日播纪录片栏目。如果把《纪录片编辑室》的片子比喻成一道丰盛的大餐的话，那么《看见》的片子则是一道精美的小食。对于老百姓来说，既要有大餐也不能缺了这道小食。而无论是记录历史还是反映时尚的题材，“真实”是它们的共同点，真实的人物、真实的事件——也许这就是纪录片不同于电影和文艺片的魅力所在。

（一）前瞻性与历史性同在

这种新新纪录片在长度上有些类似于一般家庭自娱自乐拍的DV小电影，但是它主题更为明确，具有一定的针对性，反映的内容不会是流立账式的娱乐记事；虽说记录目标是新鲜事物和独特个人，但它仍然反映了一定时期一类人或一类现象的共同特点，具有一定的代表性甚至是前瞻性，与网络或家庭上私密化或个人化内容又大为迥异。

《“拼车的”上班族》讲述的是上海白领顺搭私家车并承担一定的费用这一现象。我们拍摄的对象比较有代表性，他们都是工作了几年的白领，有的在外企工作，有的是公务员，他们家住浦西上班都在浦东，对他们来说，挤地铁公交人太多，打车又太贵，买车吧，暂时似乎还不具备这样的能力，因此，每月花费三四百元去“拼车”上下班是比较经济合算的一种方式。“拼车”的生活不仅让他们节约了时间，而且因为年龄相仿还成了朋友。

拼车的费用是怎样算的呢？万一发生事故，责任又将如何界定呢？纪录片不仅意在挖掘一种新现象，而且当这种新现象确实有着发展潜力时，纪录片又成了一种推广的方式，而它所关注的问题必然就被观众所关注。确实，拼车的好处不仅体现在缓解城市交通压力，提高私家车的使用效率，而且有专家分析，这一现象还将丰富和改变现有的城市人际关系构架，因为搭车的人多半居住在附近，一种新型的邻里关系或许也将随之产生。

这个题材非常具有时代特色和城市特色。私家车目前已在中国有了生长的土壤，但是它离遍地开花还有一段距离，这种“发展中”状态与中国目前经济的发展状况是十分相称的；上海一直立志建立成国际化大都市，因而培养了“白领”这一所谓城市“小资”阶层的消费群体。而流动人口、外来人口的涌入造成了城市交通超乎寻常地拥挤。片中的当事人和环境完全是特别年代下的特殊产物。那么，此时纪录片就不仅具有当下的时尚性，还具有了特定的历史意义。正如一位有识之士所认为的那样，“纪录片把现在的事记录下来，就成为将来的历史”。

（二）个性中寓有普遍的人性

在题材选择上，《看见》这种纪录片栏目确实与新闻有所交叉，但是就相同内容的小纪录片和普通新闻来比较，后者受时间的限制，无法展开，而一般性没有复杂人物或事件关系的内容又并不适合作深度报道，此时，前者的优越性就充分地展现出来。最重要的，纪录片纵然是记录“事”，终究也是记录“人”。展现“人”的才称得上是艺术，这是纪录片与其他一切形式、题材相近的拍摄类别的最根本区别。

《大约在冬季》这部片子记录了上海这座大都市里年轻人的求婚经历。在一般人眼里，“求婚”似乎过于传统、正式，是爷爷奶奶辈的人曾经做过的事。现代都市年轻人生活节奏快、压力大，崇尚自由，追求前卫，一定不屑一顾。其实不然，据“求婚策划工作室”统计，恋爱中的情侣有六成左右觉得求婚这个过程非常必要，浪漫的求婚不仅可以庄重地表达求婚者的意愿，还可以作为双方年老后一段美好的回忆。

当时笔者偶然听说在上海出现了第一家“求婚策划工作室”，专门帮助相爱的人策划求婚方式，以求给对方莫大的惊喜，于是经历周折，终于拍摄到了一次轰动性的“地铁求婚”。26岁的吴佳杰性格内向，两年前在地铁衡山路站和吴子婴相识。2004年12月19日周日的晚上，当吴佳杰的女友在衡山路站看到迎面而来的列车上竟然挂着“吴子婴嫁给我吧”的大红字横幅时，激动地扑向男友的怀抱。此时，受到感动的不仅是当事人，也有我们摄制组的所有人，更有镜头外的观众。因为镜头里记下的不仅仅是一次新奇的事件，而是一种人类对于爱情亘古不变的向往，具有动人的强大力量。

（三）可视性

电视纪录片毕竟以电视这一大众媒体为载体，“每天出现在亿万中国老百姓的家庭之中，已经成为老百姓日常生活的组成部分，它有着和中国社会现实和百姓的血肉联系，它的崛起正建立于此，这也决定了它不能也不应该被供奉在艺术的宝座上让人瞻仰”①，必须同时注重艺术性与收视率的协调。

在拍摄《大约在冬季》这个片子时，因为我们是介入“地铁求婚”的第一家媒体，所以事先拍摄了很多第一手资料，例如对男主角求婚前和求婚后的采访，让观众了解他的心理动态。因为女主角事先完全不知情，所以整个过程充满了悬念，就像事后女主角在接受采访时说的那样，觉得自己在演一部没有剧本的电影。在后期剪辑时我们也以说故事的方法进行了剪辑，这样，片子就会好看。纪录片要吸引观众，首先是要好看，不好看，观众就会换频道。

“谈论纪录片创作中的难题时，最感兴趣、探讨最多、也是最无奈的就是怎样才能发现一个好题材。我们每天面对着一个繁杂、多元、充满矛盾与活力的世界。万事万物都可以收罗到我们摄像机的镜头之中。但是要从这些包罗万象、丰富多彩的生活现象里寻找到一个主题深刻、内涵丰富，具有历史价值、人文价值和社会价值的新鲜题材，创作出一部与众不同的纪录片精品，实在不是一件简单容易的事情。”②而合适的时尚题材不仅深入生活，及时捕捉到生活的新状态，而且更能为收视率注入一剂强心剂。

其实类似于《看见》的这种纪录短片样式在上世纪90年代中期就出现过，名为“纪录片20分钟”，当时只是作为《纪录片编辑室》的分身，去应付有着指令性要求的急就篇。由于短纪录片自身存在的必要性没有引起足够的重视，编导们没有真正地把它当作一种艺术样式去经营，这个小栏目只支撑了一年就关闭了。十年之前它的死亡是必然的，而它在十年之后的今天重新生长起来却也是必然的。经济飞速发展，生活节奏加快，信息需求多样化，实际生活中交流受到阻碍，自由生活给予人们更多自由的思想，媒体在大众中影响力提高，人们对大众媒介越来越熟悉和信赖，种种因素都必然导致短纪录片裹着“时尚”的外衣再生。它顺应时代而生，是这个时代的产儿。

三、结论

“历史本身是一条黑暗的历史长河，在这当中无数的东西会沉沦下去，而摄影机的工作就是把光投到黑暗的地方。在某种意义上，纪录片决定了什么东西沉沦了，什么东西被打捞上来，什么东西成了历史，什么东西没有成为历史。”③

纪录片从一诞生起就注定与历史捆绑在一起，但历史与现实是同一条河的上游和下游。而上游，永远都必须要经过下游；下游，永远都不由自主地变成上游。纪录片的价值不在于为记录历史而记录历史，而在于思考怎样将历史变为现实的食粮。“纪录片真正要人们欣赏的并不是真实本身，而是那些创作者们在‘真实’原则上进行的那些创造性活动；通过题材的选择、摄影、剪辑等手段来实现的那些凝聚着心血的劳作；通过思索、发现来传达自己对于现实的认识。”④因此，在一个完整的历史意识下，怎样用现实去观照历史，怎样用现实去创造历史，已经成了当务之急。一句话，恰恰不是历史，而是“当下”承载着纪录片的全部意义，而只有最终意识到自己记载的只有“当下”时，纪录片才能更自觉地承担阐释历史的责任。

注释：

①吕新雨：《纪录中国：当代中国新纪录运动》，第310页，三联书店，2003年版。

②王维：《电视纪录片题材的发现和挖掘》，《纪录片空间》2005年第9期。

③吕新雨：《纪录中国：当代中国新纪录运动》，第296页，三联书店，2003年版。

④高宏丽：《中国纪录片创作观念的变迁探析》。

纪录之魂

孙　杰

至少在现在试图给纪录片下一个准确的定义是不明智的，就好像人们对于文化有上百种解释一样，很难有一个圆满而统一且皆大欢喜的定论。

曾经有一段时间，纪录片研讨会的一个主要内容就是给纪录片下定义，包括它的题材、它的形式、它的表现手法，等等，人们似乎热衷于给纪录片一个较为规范的样式，其实这等于是扼杀纪录片。正所谓水至清则无鱼。

纪录片是一门非常个人的艺术，很多人对这句话有一些误解，以为“个人”意味着不考虑观众，随心所欲。其实“个人”仅仅代表着对纪录片个人的理解，包括它的个性化的表达方法。每一个人对纪录片的理解都是不一样的，表现手法也是千姿百态。不能简单地说那部片子不是纪录片，或者说谁的手法不是纪录片的表现手法。关键在于片子有没有值得记录的意义。纪录片所记录的其实就是一段历史，英文documentary的词根就是档案记录。它仅仅是利用现代手段来记录真实世界，并解释真实世界，进而交流对世界的各种各样的解释。“意义”与“解释”尤为重要。

有人说，纪录片是文化人拍给文化人看的，这话虽然有些绝对，但不无道理。好的纪录片总能给人极大的思索空间。我就比较喜欢透过纪录片来琢磨其中的一些理性的思考。这种思考也许是不稳定的、非线性的，但它一定是耐人寻味的。

一、纪录之眼

1988年，我有幸看了BBC拍摄的一部系列片《童年》，它选取了不同国家的几位儿童的成长过程。中国儿童出场的镜头令我极其难忘。是什么呢？广播体操，非常整齐的、规矩的、百人一势的广播体操。我非常佩服编导的观察力以及他的良苦用心。他们往往在我们司空见惯的现象中发现有价值的素材。正所谓纪录之眼。这也是我们长期以来被忽略的作为纪录片的要旨。我们太多地关注现象本身，缺乏透过现象看本质的思考。我台一位曾参与该片拍摄的摄影师说，几乎他认为好的镜头一个都没用，用的都是他认为拍得不理想的镜头。当时我们只是觉得不可理喻，没有深思。现在明白了，我们缺乏纪录之眼，从而导致了我们多数时候太注重构图的美感，忽略了镜头自身的表现力和张力。这也许只能怪我们平时思考得太少，我们过于平静，过于客观，忽略了一切的平静、客观都应建立在深思熟虑之后。现在想想，我过去的一些拍摄思维十分幼稚，比如拍摄一个县城的外景，20世纪80年代，我会选择拍摄反映县城古朴的景观，四处找古宅，而对现代化的建筑极力回避；90年代中期，会选择拍摄反映县城现代化的景致，唯独忽略了这座县城正在经历着历史上不稳定的变革时期，这样的镜头随处可见，但往往被认定“乱”而摈弃。可以说那时候我没有起码的“纪录之眼”。

我非常喜欢康建宁的《阴阳》，他的镜头百分之九十九是固定的，没有动感，如果你了解当地农民，了解中国农民的思想，你会理解他的用意，他不是别出心裁，刻意追求稳定，而是必须选择这样的拍摄手法。这源于他的观察，他的深思熟虑之后。很多人反映《阴阳》冗长而无故事。可是生活中我们究竟有多少故事，我们更多的时候又是处于一种何种状态。没有太多的故事，又何必去等待，去集中故事素材，不知道那样是不是当地农民的基本状况。一切都需要足够的沉淀，足够的推敲和提炼。敏锐的观察力以及深刻的思想，应该是纪录片编导的基本素养。所以，好的纪录片不会仅仅关注现象性的事件，而在乎你的观察、思考能带给人们多少有价值的内涵及外延。

罗伯特·E·舍伍德在评价《北方的纳努克》时指出：“它是无与伦比的，其他影片望尘莫及。在当年或以后几年的电影中，在最优秀影片的总目录中，如果没有它就不能说是完整的。”一部纪录影片可以长青永驻，除了它的创作手法和内容之外，我们还应注意到影片作者的创作态度与他看待世界的视角。如果仅只出于猎奇的目的，《北方的纳努克》是否可以辉煌至今？弗拉哈迪眼中的爱斯基摩人或许已不再“新”、“奇”，作为探矿者、勘查队员的他已经感到了成为爱斯基摩文化的“破坏者、入侵者”的烦恼，这种迷惘的心绪我们不难在他的电影中发现。弗拉哈迪说：“我并非是想拍摄白种人对未开化民族的所作所为……白种人不单破坏了这些人的人格，也把他们的民族破坏殆尽。我想在尚有可能的情况下，将他们遭受破坏之前的人格和尊严展现在人们面前。”

法国导演让·维果曾说：“如果我们能够根据社会的一次纯物质表现而显示出一个社会的精神，那么，我们就达到了纪录片的目的。”

让·鲁什（法国）是真实电影运动、人类影像学的倡导者与实践者。1961年，他与埃德加·莫兰合作的《一个夏天的记录》，在一个摄影机镜头可以捕捉到的场景中，人们被手持话筒的女记者问到一个相同的问题：“你觉得幸福吗？”那个年代，法属殖民地与世界其他地区的殖民地人民同样为独立展开了艰苦卓绝的斗争，大战已经结束，但战后的经济、种族、教育、殖民地等被战火硝烟统统笼罩起来的问题，此时凸显了出来。这是一个人们各有所思的年代，以往的光荣与勇敢被现实的生活琐事追赶得无影无踪。面对这个普通得所有人都难以言尽的问题，有人置之不理，有人驻足沉思，也有人百感交集地流出眼泪，当然，还有人侃侃而谈。让·鲁什就这样将巴黎人在20世纪60年代的幸福观忠实地记录、传达出来。他认为，“要用心去发现真实”。

一切都取决于我们的“发现”。而“发现”又取决于我们平时的积累，历史的、文化的、哲学的以及对社会的、对人生的、对自然的各个方面的学习、观察、思考的积累。我不太喜欢那些把历史的题材时代化，把自然的题材拟人化，把社会的题材表面化的片子。纪录片制作人应该有自己独特的思考与独特的视角。

“在纪录影片工作者里面有人提倡‘客观性’。这像是一个否定解释作用的说法。这种主张也许来自战略上的需要，但完全是没有意义的。纪录影片工作者和使用其他任何手段的传达者一样，可以进行无限制的选择……这种选择不管是有意识的抑或是无意识的，不管他承认或者不承认，都是他的观点的表现。"纪录片工作者"通过对自己所发现的东西进行选择和并列而表现他自己。这种选择实际上是一种意念表示。作为观察者、年代史编者，或采取其他某种立场，他都不能避免自己的主观。他要对世界提出自己的解释"（埃里克·巴尔诺：《世界纪录电影史》，中国电影出版社，第281～282页）。

二、纪录之心

很多时候很多人都会问你，你这个片子想说啥。领导也会问你片子的主题是什么。过去我们的确深受主题先行论的迫害，以至于我们常常听说这片子没主题，后来就有人说纪录片是散射的、多意的、无主题的。它的好处是让观众自己去思考，这没有错，问题出在，你为什么去拍他，也就是说，你对片子的思考。这是关键，这比主题更重要。没主题可以，没思考绝对不行。

1996年，我去拍一部有关皮影艺人的片子。当时的确是带着主题去的，我在当时的编导阐述中说明了拍摄这个片子的要义：

"早在摄影、电影和电视发明的一千年前，作为一种奇妙的光影艺术——皮影已经给中国人带来了无尽的欢娱、梦想和希冀，而如今全世界各地的皮影戏大多走向没落，残余的道具也成了博物馆的珍藏品，但在中国的乡村，这种最古老的光影艺术依然陪伴着人们度过一个个难忘之夜。如今大多数艺人都已进入古稀之年，皮影戏的前景令人担忧。难道皮影戏真的会成为后人咀嚼历史的一个奇妙的梦境？也许本片就是要为今人营造一个梦，为后人圆一个梦。"

可以说，最初我是带着"抢救"意识、带着对民间艺术的忧患意识去拍的，但在拍摄当中，由于和皮影艺人越来越熟悉，我发现了许多新的有趣的现象。改革开放以后，皮影戏可以出国了，于是各级领导关心的多了，参与的多了，特别是围绕出国，艺人和有关领导的矛盾、隔阂也多了。于是艺人一直憋着想成立一个皮影协会，我觉得这是艺人的一个进步，一个不小的觉悟，而且它极具时代感。再想想，如果十年前，我拍这样一部反映民间艺术承继关系的片子，也没有问题，而现在的状况却是十年前不可能出现的。我不敢说这个皮影协会对艺人有多重要，也不敢说它有多大的进步意义，但我深信它绝对是有时代价值的、有纪录价值的。于是我在拍摄中开始调整思路，重点关注艺人在新的时代出现的所有新的想法和做法，摈弃了最初对民间艺术的忧患意识。

上海电视台拍摄的纪录片《重逢的日子》，说的是一位国民党老兵回大陆寻找过去的妻子并由此带来的一系列错综复杂的故事。故事讲得非常好看，引人入胜。后来日本一家电视台把这部片子重新编辑了，加入了大量的有关当时的背景资料。结果，一部讲述个人坎坷命运的故事，变成了揭示人与战争、人与政治关系的纪录片，扩展了片子的内涵与外延，增强了历史厚重感及思索空间。

比利时导演亨利·斯托克邀请伊文思拍摄《博里纳奇》时说：我们几个布鲁塞尔电影俱乐部的成员想拍一部反映博里纳奇现状的纪实片，让全世界都了解那里矿工们的处境，帮助他们从中解脱出来。拍摄此片的初衷可谓一目了然。可是，当伊文思来到矿区之后，在他目睹了矿工们的生活之后，对于《博里纳奇》的只限于"反映博里纳奇现状的纪实片"风格发生了动摇。"仅仅在几个月前，我们在布鲁塞尔计划来博里纳奇矿区拍片的时候，只想拍一部关于当地悲惨情况的真实纪录片，然而，现在我们和这里的人民已经打成一片，建立了非常密切的关系，以致如何改变现状的问题成了十分迫切的问题。这样一来，影片的整个构思便提到了一个新的高度。每当回想起当初来这里时只想拍摄事实时，我们就感到惭愧。”（《摄影机和我》，尤里斯·伊文思著）。伊文思认为，他的这种转变与梵·高的创作过程是殊途同归，梵·高的看法：“坚持下去，坚持下去，一定要坚持下去。你可能会问：你的确切目的是什么呢？这个目的变得越来越明确了，将缓慢而肯定地显露出来，靠着严肃的工作，靠着认真思考那些起初十分模糊的想法，思考那些在你脑海中一闪而过的想法，直到它成形。就像一张草图逐渐变成一张素描，一张素描逐渐变成一幅图画一样。”

纪录片是经过了编导“选择”了的世界，它为电视观众提供的不仅是一个司空见惯的现实表层，而是通过对于表层现实的展示，体现内在的“真实”。

“有一种现实……它只是一层外衣。电影的奇迹就在于它好像只提供了一种表面现象，而实际上，这种表面现象却是一种魔法的符咒。”（亨·阿杰尔《电影美学概论》，徐崇业译，中国电影出版社，第 8 页）

三、纪录之形

其实，纪录片是无形的，但我们曾经在对纪录片的理解上有一些误解，结果我们把纪实性当作是纪录片唯一的表现手法，于是，诞生了许许多多的跟腚式片子。我就曾经非常拒绝摆拍，拒绝补拍。尽可能是在事件中去抓拍，作旁观式的记录。但后来我渐渐发现这样的片子缺乏厚重感，也显得很粗糙。对形式的刻意关注，直接导致了我对片子深层次的思考。我们究竟要的是什么样的真实？我们曾经太多地注重形式的“真实”，而忽略了纪录片本质上的真实。应该说，一切对形式上“真实”的关注，而忽略纪录本身的真实都应算是伪真实。

1998 年，我在陕北拍一部反映当地农民法律意识的片子，我第一次开始主动性的拍摄。为了拍摄的效果，我把本来应在室内的内容，改在外景拍摄。对正在发生的一些事件也作了相应的组织，农民并没有感到不自在，拍摄效果也相当不错。在一次中央电视台组织的会议中，放映了这个片子。下来就有人问我，你的片子中哪些是组织的，我当时觉得这个问题没法回答，就只好直言，一切都在进行中，一切都是真实发生的。他很怪异地笑了，接着就是沉默，他的眼神告诉我，我在回避。我当时很尴尬，但我坚信一点，我不可能组织一场官司，我更不可能去组织他们的言谈举止，我应该没有错。后来另一位编导对我说，看了你的片子，很受启发，原来纪录片也可以这样拍。我觉得当我们牢记真实的时候，一切都会变得非常简单。而一旦我们把真实当成表现形式的时候，我们反倒束手无策。其实我们已经干预了他们的生活，我们不是隐身人，我们有充分的时间，为什么不可以让拍摄对象在我们认为合适的地方谈他们想谈的事情，我们不能为了追求真实，而忽略了我们本身就是在记录一段真实的事情，这本身就足够了。

有一次在上海台组织的纪录片研讨会上，一位日本纪录片制作人说，他从来不会考虑灯光效果，因为他认为那样做会影响拍摄对象，产生不真实的效果。而法国的一位纪录片评委反问他，你为什么不去等待，等待他们适应了灯光以后再去拍呢？的确，既然我们记录的是真实的事，手段应该可以灵活运用，不应该把对真实的理解表面化、概念化。

著名的纪录片大师伊文思在拍摄《博里纳奇》时遇到了一件为后人津津乐道的事情。他曾这样解释：

“为了表现工人们的斗争的策略和情节，我们又碰到了重演的问题。例如，我们想表现矿工家庭怎样被赶出公司住宅，工人们又用什么方法去反抗。当一个被列入黑名单的矿工交不起房租时，公司就派一名警察来把工人的家具搬走卖掉。矿工们一听到这件事，大伙立即跑到出事人的家里，往所有的家具——桌子、炉子、床、椅子——上面一坐，警察是奉命搬家具的，而不是搬人，所以只要矿工们耐心地坐上几个小时就行，直到警察由于害怕在这个气氛紧张的窄巷里引起公愤而最后离开为止。我们要在影片里表现这件事，唯一的办法就是把当时的情况重新排演一次。”

这位世界级纪录片大师、法国“真实电影运动”的倡导人之一，以他自身的创作实践与创作理论，阐明了纪录片的真实与现实的真实之差异。

而被奉为“纪录片之父”的罗伯特·弗拉哈迪在其成名作，也是行家们认定纪录片经典之作的《北方的纳努克》中，那些著名的片段——猎捕海象、建造冰屋都是被“制造”出来的，被“演”出来的。但弗拉哈迪恪守的信条是：结果的真实。

绝对的真实是追求不到的。纪录片是在再现真实。既然这样，那么在不违背纪录片真实原则的基础上，只要再现出来的真实与现实中的真实相符，我们所使用的再现手法为什么不可以多种多样呢？

如同纪录片的多意性一样，纪录片本身也是很难三言两语说清的，一人一个拍法，一人一个说法。这恐怕正是纪录片的魅力。

与纪录片相关的几个基本概念的文化辨析

林少雄

一、历史与历史叙述

如果从人文科学的角度看，一般意义而言，纪录片实际上是运用影视设备，对已经过去的历史和正在发生的现实的一种叙述，无论是历史还是现实，一旦被摄入镜头，都将会体现为对历史的记录与叙述。从这个意义上说，一谈到纪录片，首先面临的一个问题便是“历史”及其“历史叙述”的问题。

在华夏文化中，我们的先民们很早就注意到了“历史”的重要性，因此华夏民族最早对于世界的文字表述，就是对以“历史”为核心的社会生活记录与叙述、还原与重构，所以在汉语中，“历史”一词包含了丰厚的文化底蕴，华夏民族后来的文学与艺术，莫不遗留下从“历史叙述”脱胎而出的痕迹，正是在这个意义层面，所谓华夏文明史，其实就是一部华夏民族表述自己的历史观念、进行本民族独特叙述的历史。因此汉语中的“历史”，首先包含的是自然界及其人类社会发展的过程（当然也包含某种事物的发展过程或个人的经历），同时还包含有对于过去事实的记载与叙述，其中理所当然地蕴藏着人们对客观事实的观点与看法。

如果我们将目光移向异域，也许会得到同样的启发。在德语中，“历史”的含义有二：一是指真正发生的事件，即Geschichte（历史）；一是指对这些事件的报导和描述，即Historie（历史叙述）。黑格尔认为，历史结合了具体事件的客观和主观方面，既指对“已发生行为的叙述”，也指“该行为本身”。一般意义而言，我们今天所言的“历史”，仅仅是一种对已经逝去的事实的叙述，而非这种事实本身。因为随着时间的流逝与空间的转移，随着叙述者观察与思考问题的角度限制，永远不可能有真正意义上的一种“历史”，而只有“历史叙述者”，如果套用一句名言，那么我们可以说：有一千个“历史叙述者”，就会有一千种“历史”。仅此而言，我们每个人舍其毕生精力，也只能是一个对事实的“描写者”与“叙述者”，即使使尽浑身解数，也永远无法成为一个历史的复原者。人类的这种宿命，从消极的态度看，也许意味着人类自身所有努力的最终徒劳；而从积极的一面看，也许为人类不断发现与了解自然与社会，提供了前所未有的机遇与绵绵不绝的永恒动力。

由此反观纪录片，其含义也应有二：一是人类文化中各种具体的文化现象；一是纪录片学者对这些文化现象的叙述与记录。由此可见，所谓“纪录片”，它包含了两个方面的基本内容：以人为主体的人类自然与社会的客观化、具象化了的事实；基于这一事实基础之上的叙述与记录。

因此，对于纪录片创作来说，“事实”和“叙述”之间的差异产生了两者之间的张力，这种张力使得纪录片拍摄制作者在从事研究工作、拍摄他所探讨的对象时，既要严谨认真负责，又要充分发挥自己的能动作用。

对于“历史”，不同的人在自己的不同学术体系中对其有着不同的界定，在黑格尔看来，历史结合事件的客观和主观方面，意指“已发生行为的叙述”，也指“该行为本身”。而史学家迪特尔·拉夫则认为，历史是过去、现在和将来的事件，是揭示出人类共同生活中各种生存条件的内在联系和变化的事件，也是对这些事件的研究和描述。

从以上观点，在本书中我们也可给“纪录片”下个定义，即是通过反映人类共同生活中各种生存条件的内在联系和变化，并对其进行研究，努力描述其事实真相，并力图以充满个性的眼光，揭示人类生存状态、发现人类心灵奥秘并加以解释的艺术作品。

二、现实与真实、虚构与非虚构

对于纪录片的研究，“真实性”问题成为了无法逾越的一个重要概念，什么是“真实”，纪录片如何才能做到“真实”，始终是众说纷纭、见仁见智的问题。我们认为，就人类对外界的认识而言，有三个概念是值得重视的，即“现实”、“真实”与“纪实”。

一般而言，所谓“现实”，指自然界及人类社会客观存在的事物或状态。之所以称其为“现实”，就在于人们普遍认为其客观存在、不需要证明也无法改变。从某种意义上说，“现实”表现在我们对世界的感知阶段，因而有时它是与个人生活其中的特定时空发生着密切联系的。

所谓“真实”，有广义与狭义之分。广义的“真实”，是指被人类所指认的与客观事实相符合的一种存在。狭义的“真实”，是指人类所特有的学科—哲学—所探讨的问题，它既是哲学的出发点，也是哲学的最终归宿。一般而言，“真实”是人类认识世界时所力图达到的一种境界或状态，它在一定程度上反映着现实的本质特征，但由于人类的视阈及思维的拘囿，人们永远无法达到或拥有“真实”。

“虚构”即凭想象营造出来的事实，在人类社会中，“虚构”之得以成立，不仅取决于思维主体想象力的丰富与否，同时更为重要的是取决于社会及人心所需要的程度。“非虚构”作为一个与“虚构”相对的词语，并非对“虚构”的消解，也并不完全等同于“真实”或“纪实”，它只是表明了与“虚构”相对的一种方法、立场或观点。“虚构”或“非虚构”在艺术创作或欣赏中并不存在高下雅俗的价值判断。

纪实是人类的天性，也是纪录片的本质；“真”含有以具体可感的生活场景代替抽象的理论思考；或者说对理论思考的形象表达，构成了纪录片的本质特征。

三、记录、纪录与纪实

这里实际上首先涉及到的问题是对于“记”与“纪”的词义理解与辨析的问题。在最新的现代汉语词典中，在记录、记载的意义上，两者可以词义互换，常常通用甚或混用，因此词典中是这样解释的：“纪录”同“记录”，“纪录片”同“记录片”，“纪录片儿”同“记录片儿”。①但是，在中国文化中，汉字除了其较为固定的含义之外，其词义尚有约定俗成的一面，因此尽管在词典上两者可以互换，但实际上在日常生活中却有较为严格的界限，如司马迁开创的以人物传记为中心来叙述当时史实的史书体裁“纪传体”就不能写作“记传体”；同样，作为记载历史事件的中国文化中特有的一种史书体裁“纪事本末体”就绝对不能写作“记事本末体”；同理，“纪念”、“纪事”、“纪行”、“纪要”等皆不能作“记念”、“记事”、“记行”、“记要”。因此在影视艺术研究中，“记录”与“纪录”的界限十分清楚，而“纪实”就更不能写作“记实”。

在汉语中，“记”与“纪”虽然在大多数情形下皆用作动词，但两者之间仍然有细微的差别：“记”主要偏重于具体的动作，而“纪”则更偏重于动作的过程，由最初的理出散丝的头绪，引申出整理等含义，并由此引申出一套纲常与有序的概念。因此，汉语中“记”基本上局限于客观地描述人物的动作，而“纪”则除了客观地表现人物动作之外，更强调一种主观的施动过程。

无论在中国还是世界文化中，以前是没有纪录片这个概念的。正如“蒙太奇”、“电影”等词源于电影的故乡所使用的语言——法语——一样，今天我们据以翻译的“纪录片”(documentary films)的“纪录”(documentary)一词，起初源于法语的documentaire，意为“具有文献资料学性质的”。据电影史家乔治·萨杜尔考证，大约在电影发明不久，欧洲的一些电影小发行商为了商业利润，就在电影海报上用这一词招徕顾客，然而影响面有限。第一次将其作为一个名词明确提出并进行系统阐述的，公认为是英国电影工作者约翰·格里尔逊。1926年，弗拉哈迪拍摄的反映南太平洋玻利尼西亚群岛土著生活与现状的影片《摩阿那》在美国公映，当时正在美国的格里尔逊于2月8日在纽约出版的《太阳报》发表了文章，认为“这部影片中对一个玻利尼西亚青年的日常生活事件所做的视觉描述，具有文献资料(纪录)的价值”。随后，他对这一词义的指称范围作了进一步的界定：所谓“纪录片”，是指那些“对时事新闻素材进行了创造性处理”的影片，而“自然素材的使用”是“至关重要的区别标准”，这种观点随后被看作对纪录片的经典定义。“用‘纪录’而不是‘记录’，或多或少表明了中国人对‘纪录片’的认识从一开始就不等同于单纯的记录，即纪录片绝不是用胶片、磁带记录人们原始的生活场景，它一定是通过记录者的思维活动发现、选择、采访、结构而创作出的艺术样式。在概念上，纪录涵盖了整理择取、讲道叙纲，也就是有主题、有阐释、有选择、非虚构地讲述生活中的真实。它不是被动地、机械地记录动作，是受制作者的主观意识、审美情趣、道德标准、知识结构、文化视野等因素控制的一种创作活动。”②其实就影视艺术而言，“记录”一般总是或多或少地与客观、被动，甚至消极、机械相联系，其十分注重客观、准确、理智的科学性。而“纪实”的含义则要广泛得多，它通常情形下指记录真实情况的行为本身，以及用来记录真实情况的一切方法（无论文字或图像），它不仅要求尊重客观现实，同时更需要发挥主观能动性；在创作理念上，是积极、主动而充满灵活性的，其时时充满了个人的主观作用、必须具备富有感性的艺术内涵。

四、客观与主观

对于纪录片创作与批评中的“客观”问题，在长期的创作与实践过程中，可能已经形成了一种约定俗成的共识，即它是纪录片中一个十分重要且处于核心地位的问题。从纪录片的拍摄与研究的角度看，迄今为止一般都特别强调创作者的客观态度。因此，“客观、客观、再客观”一度被从事纪录片工作的影视工作者奉为创作的最高圭臬，即使有人谈到“主观”问题，也是在“客观”前提下的“主观”。这种观念，固然注意到了纪录片与其他虚构影片的本质区别，然而一旦将这种观念加以特别的强调，那么也许就会过犹不及，走向人们愿望的反面，产生一种消极的影响。因此，我们有必要对纪录片的“主观”问题进行新的审视，以期为我们的研究提供一种新的思路。

现实世界丰富多彩，不同的人与事，总会给我们以不同的感受与启迪，即使同一个人或同一件事，由于观察者自身生活阅历、文化素养、审美情趣、道德观念的差异，对其感受与评价会迥然相异。因此，在一部纪录片中，如何观察、采访、记录客观生活现象，固然是一个十分重要的问题，甚至在某种程度上决定了影片的成败，然而从更高的层面看，一部纪录片的成功与否，更取决于从业人员的主观努力及其所达到的客观效果。所谓主观努力，即通过各种方法将某一种观念贯穿始终，并力图构建出一种相对独立、完整的价值观念，而这种观念，在最大程度上和最可能的范围内更加接近生活的本质；所谓客观效果，即从业人员在纪录片的拍摄中所持观念、所使用的方法以及通过其所建构的理论体系，在最大可能性上更加符合当下人们的认识和观念，得到社会绝大多数人的认同。这可以看作是人对生活本质的理解与当下时代文化精神之间的张力。

这两者之间的张力，使纪录片工作者对现实生活的观察与研究既是合规律性的、严谨认真的对生活生命本质的不断探讨过程，又是合目的性的、充满睿智的对既往人物与事件的当代解读。由此可见，影视工作者在纪录片的拍摄制作过程中，既处于“现实”和“叙述”的张力之中，又处于“规律”和“认同”的张力之中，这两者之间的平衡稳定与谐和共振，是纪录片得以构建和成为可能的前提与保证。

正是在这个意义上，纪录片的创作过程，实际上也就是一个富含创作者主观意念的开放体系的构建过程。我们之所以认为纪录片是这样一个多元开放的体系，主要是基于以下两个原因：首先，从理论上讲，无论是对现实生活的观察与思考，还是纪录片的拍摄，应该而且能够包含观察者与创作者观念和方法上的无限可能性，这就使得纪录片的创作呈现出一种多元的趋向。当然，如果落实到具体实践之中（如某一部具体影片的拍摄），却只能有一种可能性，也就是说，在一部具体的纪录片当中，创作者只能通过特定的方法，将自己的某一种艺术观念贯穿其中，而不能是多元观念的齐头并举，否则就会显得庞杂零乱。另一方面，我们说纪录片的多元观，还包含了这样一层含义，即在纪录片中，从观念层面上可以有多种探讨，如政治的、伦理的、宗教的、经济的、美学的，等等，当然，在具体的创作中，这必然会涉及观念上的价值判断问题。

其次，纪录片是一个开放的体系，虽然一般意义上说它是以特定的社会现实生活为对象，这种对象的规定性决定了创作者对其价值评判的相对一致性，然而另一方面，进入了影片拍摄者视阈的人和事又是经过了创作者的选择取舍、个性叙述和独特展示的生活现实，所有这一切，就使得影视工作者在观察或创作时，不可避免地带有观察者与创作者具有鲜明个性的主观取舍标准。而观察者与创作者的取舍标准，又是受其不同时代的政治意识形态、社会思潮、伦理观念、宗教信仰、审美情趣、民俗风情以及艺术家个人的性情爱好等的影响，也就是说，不同时代有不同的观念，因而也就会采取不同的方法，拍摄出不同的作品，从而形成不同的流派甚或构建起不同的理论体系。所以，就纪录片来说，无论是存在形态，还是其观念与体系，永远不会有统一的标准和最终的模式，它将永远随着人们认识的深化而不断发生变化。正是在这个意义上，纪录片可以说是一个开放的体系。

由于纪录片观念和标准的多元与具体作品中某一观念的确定性，因此在纪录片的创作中，就需要一个统一的、能够贯穿始终的观念，这就呼唤着纪录片价值标准的出现。一般意义上来说，纪录片的价值标准取决于当时人们的价值观念，而价值观念的产生，又是受到每一个不同时代社会发展和人们认识水平的深刻影响的。

从纪录片的发展和纪实观念的演进来看，对不同的自然与社会现象，因时代、地域、民族的不同而有不同的价值标准，所有这些价值标准都无不受到其不同时代、不同文化背景的制约与拘囿，故无论是从纪录片的发展，还是从纪实观念的演进看，都需要有不断发展的、新的观念出现。这种观念的出现，并非以新生的人和事为表征，而是创作者如何能够在叙述客观的人和事时，能够最大程度地发挥自己的主观能动性。当然，在纪录片中，这种主观能动性的发挥，并非天马行空式的无羁无束，亦非赶迎某种潮流的应时之举，更非背向生活的向壁虚构，而是较少受到外来因素的影响，最大限度地更加接近生命的存在状态，更加符合生活发展演变的规律。

在此情形下，从人性的角度出发，尊重人的生命存在，关注人的生存状态，探索人的心灵奥秘，就成为纪录片的重大课题。因为从中外艺术发展史上看，艺术本质，在于对人的生命存在的叩问与对人的生存状态的关注。作为人类所特有的创造，优秀的艺术创作，总离不开对人性的描述和表现，它不仅是对主观人性的客观记录，同时也是对人性的倡导和张扬；在艺术的具体演进和艺术史的观念中，不仅艺术的发展与人性的发展相一致，而且艺术史上在对艺术进行价值判断和对艺术作品进行取舍时，人性成为较为科学、较为客观的标准。因为用人性的观点去研究艺术和统摄艺术史，从目前来看，不仅较少地受到外在因素的影响，而且能够较为完满地解决作为纪录片所应当解决的一些基本问题，如描述和勾勒出人性发展和演进的基本轨迹和总体特征，较为独特地吸纳各个时代艺术作品的成功经验，较为深刻地揭示出艺术发展演化的外部动力和内在规律。可见，用人性的观点研究和拍摄纪录片，并将其贯穿始终，可以说是一种十分重要的尝试。

毋庸置疑，一部纪录片的创作，需要在尽可能的范围内对客观现实生活进行较为独特的叙述，然而任何一种观念和方法，在其充分展示其自身内在逻辑的同时，总不免又受到自身视阈的拘囿。用人性的观念阐释和寻绎客观现实生活的规律，有两点值得引起我们的注意：一是范围的界定，因为迄今为止人类所有的文化现象，都可以用人性的观念加以阐释；二是这种观念在具体操作上的难度性，即如何将这一观念融进和贯通于一部具体影片创作的始终。这不仅是一部纪录片所要解决的难题，更是全新的纪实观念和更加系统、科学的艺术史出现的新的契机。

五、影响纪实的诸要素

纪实作为人类所使用的文化策略之一，在影视艺术中是一个十分重要的问题，然而在事实上，纪实并非自然而然就可以实现的一个过程，恰恰相反，它却要受到各种因素的影响与制约。这些因素主要表现在以下几个方面：

其一，事件发生的连续性与记录工具的无法延续性之间的矛盾。作为身处三维世界的人类，我们的认知决定了我们对于事件发展的过程，只能指认为线性的连续性过程，因此在纪录片的拍摄制作中，对于一天之中发生的事情，我们绝对不可能、也没有必要用24小时长度的胶片或内存去记录，因为一方面我们的技术无法满足无限制记录的要求，另一方面我们也没有必要点滴不漏、事无巨细地记录下事件发生发展的所有过程。

其二，记录者在场与不在场之间的矛盾。作为记录者的人，它首先是一定时空的存在，这就决定了当一件事情发生时，他永远无法保证在第一时间出现在现场。当然，是否在现场，也未必就与对事件观察与把握的客观、科学或艺术有着必然的联系，然而不可否认的是，“在场”确实成为“纪实”的重要因素甚或第一要素。

其三，作为事件的旁观者在场观察视阈的束缚与矛盾。同一事件、同一场景，由于观察角度及立场的不同，会得出不同甚至截然相反的看法或观点。记得有一次在朋友家聚会，大家不约而同地注意到了挂在朋友家墙上的一只牛头形花篮，但对于花篮中到底插着几支花，坐在花篮对面的人们发生了争论，有人说是5支，有人认为是7支，另外五人分别认为是8、9、10、11、15支。在座的七个人有七种不同答案，因为每个人都从自己所处位置的角度去观察，于是结果便大相径庭。对于简单的花篮尚且如此，而对于复杂的社会现实，甚至隐藏无数奥秘的人的心灵世界，由于个人文化、伦理、知识、审美、信仰及所从事职业的差异，注定了个人观察、体验与感悟的不同，这在无形中会影响到对事件的把握与判断。

其四，记录者表述方式的选择（风格）会直接影响到事件的性质。同一件事，由于记录者艺术风格的差异，对其记录与表述也会截然不同。如第二次世界大战中，同样的影像资料，却被同盟国与轴心国的不同电影工作者编辑，用来表达截然相反的观点。德国著名纪录片女导演里芬斯塔尔的代表作《意志的胜利》中被认为歌颂希特勒及其纳粹的相关影像，被运用在别的导演的影片中，却成了反纳粹的影像画面语言。之所以会如此，是因为随意截取的画面，无法完整地表达事件的全部过程。正如一位纪录片工作者引用国外传媒学者举过的一个例子所言：“同样的一个单个镜头，配上不同的解说之后，观众接受到的信息是完全不一样的。镜头是一个人没有表情地在街上行走。当这个画面被配上‘麦克下班回家’的解说时，观众看到的是麦克一副轻松的样子；当这个画面被配上‘麦克今天加薪了’的解说时，观众看到的则是高兴的神情；同时这个画面当被配上‘麦克今天贪污公款的事泄露了’的解说时，观众看到的是麦克满脸的愁容。”③这充分说明，对于任意截取的画面，不同的解说会决定其不同的性质。

其五，摄像师镜头的选择融入了导演出于表达需要而预设的对事件的内容及形式的选择，同时也表现了摄像师本人独特的审美趣味。我们所看到的，仅仅是影片主创人员所拍摄到或者是其所愿意让我们看到的影像。在影像的选择上，不仅仅有艺术上的考虑，同时也夹杂了意识形态、审美情趣、宗教意识、伦理观念等诸种要素潜移默化的影响，而所有这一切，最终将通过摄影机的镜头体现出来。单就影像而言，看到什么或能够看到什么，其实早在一部影片被制作完成时就已经成为无法更改的事实。影片的内容，早在其完成之初，就已具有了质的规定性，我们所能做的工作，无非就是在我们所能看到的影像基础上进行充满个性化的阐释与解读。

其六，剪辑师的后期工作，不仅影响到了导演思路的具象表现，甚至影响到了事件的性质。如电影艺术工作者广泛使用的所谓“蒙太奇”，对不同的影像进行剪辑组合，在客观效果方面实际上严重地改变了事件的性质。当两个或多个互不相干的镜头被剪辑师联系起来后，有可能产生一种新颖神奇的因果联系；同样，两个或多组关系紧密的镜头，也有可能通过剪辑而成为毫无关系的构件，相信这种情形过去、现在、将来都会在电影艺术中不断反复地出现。

其七，被拍摄对象当他面对摄像机镜头时，有可能“怯镜”或激发出其“表演欲”，甚或被拍摄对象不愿表现出自己的真实状态，这样就会使其脱离开日常的生活状态而进入到一种假定状态，这会造成被拍摄对象心态或表情的不真实，因而也就影响到了影片对真实状态的记录。这方面有许多事例可举。如毛泽东晚年行走已经很吃力，需要人搀扶，然而一旦他走到门口，就在大门将要打开，即将面对无数照相机的闪光灯和摄像机的镜头时，突然间似乎有一股神奇的力量，促使他用力推开搀扶他的人，一下子挺直了身子，微笑着面对镜头，于是出现在记者面前的毛泽东便与日常生活中的毛泽东判若两人。这一事例充分地说明了被拍摄对象一旦面对镜头，其当时状态就会与日常生活状态产生疏离，这同时也就对纪实片的真实性提出了质疑。

其八，音乐的配置也在一定程度上影响到人们的情感与价值取向，因之在客观上也就或多或少、或深或浅、或隐或显地影响到了事件的性质。不仅虚构类的故事片是这样，非虚构类的纪录片更是如此。在那些优秀的纪录片中，音乐对于影像的强化、渲染与烘托是十分明显的。另一方面，采录自事件发生时或现场的同期声，会对影片的纪实性有着进一步的强化与凸显作用。音乐如此，解说更是如此。对于同一个画面，不同的解说会赋予其完全不同的内涵，这方面在前引事例中有很具体的说明，这里不再赘述。

其九，摄像中随不同镜头变化（如远、中、近、特写、运动、静止等镜头的运用）而形成的光线明暗的变化、色彩浓淡对比的变化、构图取舍的变化，都会影响到受众的审美判断，激发其不同的情感，因而也就同时影响到了其对所表现对象的真相的判断与感受，这也就影响到了其真实性。

六、纪录影片、专题片与纪录片

关于纪录影片，国内外不同的学者有许多不同的界定。在美国《电影术语词典》中，纪录影片被界定为“一种排除虚构的影片”。“它具有一种吸引人的、有说服力的主题或观点，但它是从现实生活中汲取素材，并用剪辑和音响来增进作品的感染力。”④而在一般中国人的观念中，纪录影片亦即纪录片：“纪录影片，对某一政治、经济、军事、文化生活或历史性作系统、完整纪录报道的影片。纪录影片所拍摄的内容必须是生活中真实存在的事实，不容许任何虚构。这种影片都在现场拍摄，一般不再事后补拍。由于题材和表现方法的不同，可分为时事报道、文献、传记、自然和地理等纪录片。”⑤

而关于专题片，则只有国内的界定：“电视专题节目是指主题相对统一，能对主题作全面、详尽、深入的反映，与综合节目相对应的一种电视节目。”

“在电视三大支柱节目——新闻节目、专题节目、文艺节目中，专题节目兼有新闻节目的真实性和文艺节目的艺术性；内容上包罗万象，涵盖大千世界；形式上广收博取，集电视各种表现手法、技法之大成；功能齐全，被称作‘信息窗、知识库、百花园、服务台’。总之，电视专题节目能充分发挥电视优势，极具电视特色，是荧屏上主要节目形态之一。”⑥

在西方纪录片中，相当一部分纪录片在表现历史事件时，都采用了大量搬演甚至扮演的手法。美国著名频道Discovery Channel（发现频道）中，相当一部分纪录片都采用了这一方法，如《推理探案》中播出的影片，几乎都是用搬演或扮演来还原当时的场面，但所不同的是，这些画面在色彩、背景音响、播放速度、画面大小上都与非搬演的纪实镜头有着明显的区别。而由中央电视台引进译制的节目《失落的文明》中，在阐释人类文明史上几个重要的文明消失之谜时，运用了大量搬演与扮演的方法。所有这些特殊方法的使用，不仅没有破坏纪录片真实性的原则，同时在纪录片新观念、新方法、新技巧等方面探索到了一条切实可行、行之有效的创作规律。

从人类文明的发展来看，电影包括纪录片成为了人类创造的重要文化形式之一，而所谓文化，“本身是为人类生命过程提供解释系统、帮助他们对付生存困境的一种努力，他们来源于所有人类面临的生存环境，不受时代的限制，基于意识的本质：例如怎样应付死亡，怎样理解悲剧和英雄性格，怎样确定忠诚和责任，怎样拯救灵魂，怎样认识爱情与牺牲，怎样学会怜悯同情，怎样处理兽性与人性间的矛盾，怎样平衡本能与约束”⑦。纪录片也应该有同样的功能，即对人类生命过程及生存状态的展示与解释，对人类本能的平衡与约束。因此，为了实现这一目的，纪录片就不应有固定的框框或模式，而应该提倡观念多元、手法多样、类型多变、意蕴多解。纪录片的发展历史，也证明了这一点，即没有一种固定的一成不变的模式。

不仅不同的艺术家有自己不同的手法、观念与风格，即使是同一艺术家，其不同的作品也会体现出不同的风格。伊文思的《桥》、《雨》等分别把一座铁路桥和雨中景物的造型表现得淋漓尽致，在先锋电影对拍摄对象造型美的探索方面做出了巨大的贡献，从而表达了自己对大自然富有诗意的发现。然而他的另外的影片如《博里纳奇》、《西班牙的土地》、《早春》中却一改这种风格，深入反映和歌颂了工人阶级即被压迫人民的社会斗争。在这之后的影片中，伊文思的创作手段更显多样化。美国“直接电影大师”怀斯曼也曾说过：“我找到了一种方式，能够表达更为复杂的理想和观念，这可以算是一个变化。它使我的作品之间的相似性越来越少，作品的风格更复杂多样。”⑧

正因为如此，所以在对纪录片的研究中，常常会出现一些争论，如电影纪录片与电视纪录片的差异、纪录片与专题片的异同等，甚至还出现了“情节”与“非情节”、“虚构”与“非虚构”等概念的争辩。

七、电影纪录片与电视纪录片

我们今天所谈论的“纪录片”，既包括电影的纪录片，也包括电视的纪录片。然而由于称谓的统一性，我们常常注意到了两者的相似之处，特别是在许多文章或教科书中，人们往往以“影视”并称，结果常常是忽略了两者之间的差异。其实，如果我们了解了电影与电视这两种传媒的异同，也就对以这两种传媒为载体的纪录片的异同有了基本的了解。我们可以从以下几个方面进行简单比较：

其一，技术层面。电影与电视是现代技术的产物，这是电影和电视区别于其他艺术形式的最本质的东西，没有现代科学技术的发展就绝对没有电影电视。但其他的艺术形式就不是这样，比如说绘画，人类在原始社会就用那些工具在进行绘画，到现代社会还可以用原始人的工具进行绘画，比如说素描，技术上的因素是很少的，尽管现在有计算机绘画，但是传统绘画还可以并存。电影和电视对于现代技术的依赖性却非常大。电影拍摄用胶片，在技术层面上不仅仅是一个用的是胶片一个用的是录像带的差别，更重要的是胶片颗粒的细腻性和对色彩的还原度。相反地，电视的录像带就要粗糙得多。另外，胶片是一次性使用，而录像带可以反复地拍。在现代数字技术发展的情况下，电视和电影有一种重新融合的趋势，但是两者在技术上是不一样的。

其二，现实层面。电影和人们的现实生活是一种疏离的关系，而电视和现实生活有一种亲和力。你要看电影的时候，必须在一定的时间、一定的地方，通过一定的形式，比如买票，然后再去看。在电影院完全是一个封闭的空间，灯光全部暗了，在黑暗中通过一块银幕观看。因此，对于观众而言，电影有一种疏离化的艺术效果，它把每个观众从现实生活中拉出来，使其与现实生活产生一定的距离。而电视恰恰相反，电视是摆在家里客厅、卧室或其他地方，任何时间都可以看，而且在看的过程中可以干各种事。电视讲求实效性，报导的新闻就是你现实生活中时时处处所发生的事情，所以电视有一种亲和作用，甚至在某种意义上，电视成了人们现实生活的有机组成部分，这一点上电影正好相反。

其三，意识形态层面。电影和意识形态的距离相对远一些，政府对电影内容在控制上少一些，但电视对意识形态的依赖性就非常大。电影具有相对创作的自由空间，具有相当大的自由。比如说被称作电影之父的英国导演格里尔逊，当时所有拍摄电影的机构都是政府设立的，拍电影的资金也是政府投资的，他在拍电影的时候却有相当的自由度。但是电视就不可以，比如说，美国成立了美国联邦传播委员会，专门管理电视，负责宣传内容。

其四，题材内容选择。电影和电视在题材选择上有很大的区别。电影在选材上可以说无所不包，但电视就有一定的选择性。比如说，一些暴力镜头在电影中可能被允许，在电视里就不一定被允许。

其五，美学层面。如果说电影侧重于全景式的、大场面的，那么电视则侧重于近景式和特写这种形式。电视擅长于表现近景特写，特别是善于表现人的面部丰富表情。一部电影如果特写镜头用得比较多的话，观众会产生一种眩晕之感，但电视相反，如果常用全景式的镜头，效果一般不会太好。正因为有如此的区别，电影在视觉的效果上更适宜于拍摄一些震撼人心的大场面。电影和电视的区别还表现于场面画面，电影擅长展示场面调度镜头，所以导演的作用非常大，而在电视里面近镜头更多的是通过剪辑来完成的，所以说电视剧里的剪辑非常重要。还有在镜头运用上，电影在长镜头运用上可以取得非常好的效果，有一种非常好的美感，但电视多用近镜头，更多的是表现人的情感和投入。

其六，生态层面。电影经过一百多年的发展，已基本定形，基本形成了自己独特的美学。而电视是正在发展中的艺术，在中国的发展才有二十多年，正在发展过程中，理论往往滞后于实践，需要一个总结的过程。所以说，电影美学理论相对比较成熟，而电视的美学理论相对较弱。

注释：

①见中国社会科学院语言研究所词典编辑室编：《现代汉语词典》，第597～598页，商务印书馆，1996年版。

②焦小惠：《纪录片的再现与表现》，《电视研究》2001年第10期，第36页。

③陈晓卿：《少一点汉字，多一些民族精神》，见姜依文主编：《生存之镜》，第210页，

北京广播学院出版社，2000年版。

④转引自任远：《电视纪录片新论》，第271页，中国广播电视出版社，1997年版。

⑤《辞海》，第1153页，上海辞书出版社。

⑥高鑫、周文：《电视专题》，第1页，中国广播电视出版社，1997年版。

⑦丹尼尔·贝尔：《资本主义文化矛盾》，第136页，三联书店出版社，1989年版。

⑧雷蔚真：《访美国直接电影大师弗里德里克·怀斯曼》，《电视研究》1997年第9期，第35页。

电视纪录片意义检讨

夏倩芳

我国纪录片目前的创作和营销瓶颈，源于对纪录片意义的认知偏差。纪录片意义包含工具性、目的性和自由意志，形成纪录片不可替代的本质特征。由于多种原因，我国纪录片规避大主题和主流生活，注重表现层面而忽略探讨层面，这些都与纪录片本义不一致，导致了纪录片的边缘化。在商业化环境下，纪录片需要转换思路，建立和适应市场运作机制。

与其在媒体和观众中的反应趋冷相反，20世纪90年代至今，纪录片一直是国内电视界研讨的热点。业界人士和研究者们对纪录片的讨论，可以归结为两点：一是纪录片的本质；二是叙事技巧。纪录片的创作技巧取决于对纪录片本质的认知。流行的观点认为，纪录片的本质应该是真实性，也有说纪实性的，这就难以区分纪录片与新闻性深度报道类节目的差别，特别是模糊了它与电视专题片的界限，于是很难把握纪录片的独特创作方法。需要特别关注的是，这种界定未能揭示纪录片作为一种独立的类型所必须具备的独特性和不可替代性，导向已经出现的创作和营销瓶颈。

我们认为，上述认知偏差主要源于对纪录片意义探究不足。纪录片的意义说白了就是纪录片的传播价值，它是纪录片的特性所在、本质所在，但它并不是一个单纯的理论问题，而是对纪录片的制播实践起着十分具体的导向和规范作用。

我们检讨纪录片的意义，意在对我们以为熟悉的纪录片进行再认识，在此基础上，对目前的纪录片创作做一番检视，并试着讨论商业化环境下我国纪录片的出路。

一、纪录片意义：工具性、目的性和自由意志

纪录片出现在上个世纪20年代的欧美，先是弗拉哈迪引导的风光纪录影片风靡一时，把人们从虚构的电影故事带到了陌生遥远但真实的世界，影视制作人第一次领悟到了真实的魅力。接着，一批有识之士便把镜头对准社会现实，使猎奇性的风光纪录片迅速衰落。这一转变昭示了现实所具有的震撼人心的力量。此后，这类纪录片一直居于纪录片创作的主流，构成纪录片流派中分量最重、最体现纪录片类型特点的部分，也是纪录片一直存在的理由。

从本源上看，纪录片是西方中产阶级知识分子用来探讨社会的武器，它不以观赏和消闲为目的，而是以反映社会、探讨现实为己任。因此，纪录片意义包含这些因素：首先，它具有鲜明的目的性。它应该比任何其

他电视作品更深切入而不是避开社会现实；它需要积极介入社会主流，参与社会生活，而不是在边缘浅吟低唱。第二，它具有明显的工具性。纪录片本来是一种探讨的方式和思维的方式，渗透着理性精神和科学精神，它决不仅仅是照相式的反映和记录。国内业界奉为圭臬的纪实性只是纪录片的记录方式，并不关涉纪录片意义本身。第三，它强烈地体现作者的自由意志。也就是说，纪录片必须展现作者自己的视角，阐发自己的观点，发出自己的声音——哪怕是另类的声音，必须让观众听到作者的独立思考。这也是纪录片区别于深度报道类节目的地方，前者追求更自由状态、更个性化、更少意识形态束缚，而后者始终不能脱离主流意识形态的规范。

西方纪录片虽然经历了风格模式的不断变迁，从最初的格里尔逊式到真实电影模式，到访问谈话模式、“反射”模式等，发展到今天风格流派多元并存，但是，每一步探索都是对纪录片把握现实的方式或者说探讨方式和思维方式的调整，而纪录片的意义本身从未受到挑战。

在此，我们回顾纪录片发展史上的三个特殊“时段”，以更好地把握纪录片意义。一个是上个世纪30年代欧美的以纪录片为工具的反主流影像小组。他们的作品专门触及敏感的社会问题，所呈现的内容和观点同主流媒体大相径庭，因而引起了社会各界的瞩目。另一个是六七十年代的美国电视新闻性纪录片。当时美国社会动荡不安，问题迭出，弥漫着失望的情绪，人们希望寻求解答，而电视上一般性的新闻节目不能做到这些，于是一些精英电视人摄制了一系列的新闻纪录片，像《水门事件》、《国防部》、《耻辱的丰收》等，主题涉及政治、历史、经济、军事、妇女、宗教等问题，直接触及社会疑难杂症。这些纪录片不仅造成了极大反响，产生了高社会效益，还带来了高收视率。迄今为止，这些纪录片仍具有标杆意义。另外值得一提的是台湾80年代末90年代初的纪录小组。台湾解禁前后，一批以社会运动的记录者、弱势群体的代言人自居的知识分子组织影像媒体小组，著名的有“绿色小组”、“第三映”、“萤烛映像体”、“台湾报导”、“南方纪录小组”等，他们的纪录片涉及三大主题：政治运动、社会运动以及台湾本土历史文化纪实。多数作品只能在当时尚处边缘的有线台播放，但依然产生了很大的社会影响力。

上述事实似乎告诉我们：纪录片的传播效应依赖特定的社会环境，越是非常时期，纪录片越有市场，而在社会发展比较平稳的阶段，纪录片便自然萎缩。这只是事实的表面。事实更关键的层面是，纪录片从未停止过创作，即使在所谓的非常时期，也有更大量的纪录片“养在闺中人未识”，不能引起注意。而得到社会关注，甚至引起轰动效应的无一不是那种深度触及现实的作品，那种大气的、张扬的作品，那种体现着自由意志的作品，那种极具目的性的作品，总之，是那种淋漓尽致地彰显纪录片意义的创作。

我国纪录片创作开始较晚，从20世纪80年代初到90年代末，大致可以分为三个阶段。第一阶段，80年代初，以《丝绸之路》和《话说长江》为代表，文化片、风光片大行其道；第二阶段，80年代后期，政论片风行一时。前两个阶段纪录片几乎部部热销，社会影响力很大。第三阶段，90年代初开始，出现了一大批纪实性纪录片，如《望长城》、《远在北京的家》、《德兴坊》、《老年婚姻介绍所见闻》、《马班邮路》、《毛毛告状》、《十字街头》、《壁画后面的故事》等。一般认为这才是真正意义纪录片的开始，以前阶段是纪录片的启蒙，因为那类纪录片基本沿袭了传统专题片的做法，从理念到叙事方法都与现在的纪录片有本质不同，特别是，主观性强，不纪实。第三阶段纪录片创作方法有意识地与国际接轨，同时，纪录片制作队伍逐渐形成，作品数量稳定。

客观地看，90年代初纪录片兴盛应该归因于两方面：一个是纪实主义的表现方式，主要是长镜头、过程叙述、未经修饰的画面，由跟拍方式造成的故事结构的开放性、未知性，给观众带来了从未有过的新鲜感。一个是大量的普通人和边缘人题材，像都市里的保姆（《远在北京的家》）、狭窄里弄的居民（《德兴坊》）、渴望新妈妈的孩子（《妈妈不在的冬天》）、马路上维持交通的老人（《十字街头》）、初中生（《十五岁的中学生》）、再婚的老人（《老年婚姻介绍所见闻》）、残疾夫妻（《背个媳妇回家来》）、做好事致残默默忍耐的好人（《好人方俊明》）、大山里的船工（《深山船工》）等，带来的亲切感、逼近感，消解着电视的陌生、神秘、高雅和远距离。但是，由于纪录片创作群体没有意识到纪录片的意义，我国纪录片创作普遍缺乏对目的性、工具性和自由意志的追求。因此，一旦纪实手法和普通人在各类新闻和社教节目多起来后，纪录片便失掉了新鲜感优势，呈现困境。

二、纪录片整体轻松与意义失落

国外纪录片题材广泛，历史、政治、经济、文化、人类学、妇女问题、儿童教育、环保、科技、宗教等，对社会生活多方面进行探讨，触及主流问题，因而纪录片整体赋有历史使命感和厚重感。而当今我国纪录片最明显的不足正是缺乏多样性和大主题。于是，作为一种最讲究自由度和主体性的类型，纪录片却呈现出与其本性不协调的同质化和模式化，造成纪录片的“硬伤”——整体轻松。

普通人主题被我国主流电视节目长期忽略，纪录片当时的这种缺省定位的确是明智的，令人耳目一新。而且，规避主流问题可以使纪录片获得更多创作自由，更少意识形态羁绊。这无疑是纪录片在90年代初得以逐渐崛起的原因。以《远在北京的家》为代表，普通人纪录片一度十分看好。中央电视台《东方时空》栏目1993年开播，开新闻杂志类节目之先河，其子栏目《生活空间》影响最大(《生活空间》后改版为《纪事》栏目，百姓故事精华版）。这个8分钟的短纪录片栏目，破例将题材定位在那些名不见经传的普通人、小人物身上，反映他们的喜怒哀乐、生存状况。栏目提出口号“讲述老百姓自己的故事”。节目的影响力却对整个纪录片创作产生了意想不到的影响，促使纪录片创作更有意识地围绕普通人主题，甚至对许多制片人造成误导，以为纪录片就应该反映普通人和边缘人，应该为新闻节目拾遗补缺。

我国纪录片总体而言，普通人、边缘人题材占了大半，造成题材单一。历年纪录片评奖，也不由分说地偏爱普通人题材。近年来得到业界和专家推崇的几部片子，如《芝麻酱还是慢慢调》、《妈妈不在的冬天》、《深山船工》、《背篓影院》、《费杰日记》、《丽江的故事》等，都讲述普通人的故事；《最后的山神》、《远离的愿望》、《飘逝的江船》、《神鹿啊，神鹿》、《舟舟的世界》、《亚心和牧羊人》等，讲边缘人和边缘文化。与此相对照，国外代表纪录片成就的是这样一些作品：《被强暴的妇女》描述战争、种族骚乱中遭遇强暴的妇女，剖析和批判这一反文明、反人文的普遍现象的深层原因；《队伍中的老鼠》（澳大利亚，1997年）展现发生在市长办公室的政治事件内幕；《冷战》（1998年）解析冷战时期的重大事件以及冷战对今天国际政治的影响；《被审判的纳粹》（英国BBC，2000年）反思德国纳粹的生长历史；被锁住的时间》（德国，1990年）回顾在柏林墙推倒前，作者自己的一段受迫害的政治经历；选择与命运》（以色列，1995年）对二战时期纳粹大屠杀的幸存者的回顾；《低语》（韩国，1995年）关于“慰安妇”问题；《高中》（美国，1994年）关于美国公立中学的教育问题；《第三个清晨》（日本，1997年）记述神户大地震；《被消失的女人村》（日本）反省日本军国主义的殖民侵略……我们确实还没有堪与媲美的作品。

并不是说普通人和边缘人主题就违背了纪录片意义，普通人本来就是社会最基本的构成，社会各层面的问题最终都将反映在普通人身上，问题是：为什么记录普通人和边缘人？怎样记录普通人和边缘人？国外许多成功的纪录片也反映普通人生活，例如，纪录片《被强暴的妇女》、《高中》、《黑色收获》（澳大利亚）、《时代》（德国）等，都是记录发生在普通人身上的事，却透视社会深层问题，探讨普通人生活中的主流问题，主题是沉甸甸的。

国内普通人题材纪录片则存在这样的缺陷：首先，满足于记录个体的表层生活形态，恰恰回避了普通人生活中制度层面、社会层面的问题，绕开普通人遭遇的主流问题，如失业、教育、司法、政治、社会保障、犯罪等；流于描述外在的真实，而内在的、本质的真实被忽略或规避了，使主题轻薄，并导致纪录片的边缘化趋势。其次，纪录片缺少对复杂性的挖掘、对模糊性的展现、对多义性的探究、对联系的透析，使之厚度不够。有些纪录片甚至把玩、放大普通人生活中某些细枝末节的旨趣，例如《芝麻酱还得慢慢调》，专门让你看一个老头儿的平常生活，他的两个爱好一个兴趣：爱好唱京剧、看足球，他家的芝麻酱必须慢慢调8遍。这样，纪录片违背其宗旨变得轻巧起来，休闲起来。

国内纪录片从90年代初开始把普通人和边缘人作为主要表现对象，主动避开对重要历史、现实问题的记录，对主流社会生活和敏感问题的思考，造成大题材失落。因而，纪录片整体显得不够大气和厚实。虽然不断有人获得国际奖项，并不能掩盖纪录片整体缺乏使命感和厚重感。

国内纪录片创作的另一道“硬伤”是缺乏自由意志或个体意识的表达，总是约束在既有的主流意识形态框架里，显得僵化有余而灵性不足。即使一些选题较好的片子，也往往简单化处理，而损失了味道。当然，有时这也出于无奈。例如我们拍的《四姐》，讲述湖北鄂州一个普通下岗女工的故事，主人公正是作者的姐姐，这种拍摄视角本身就非常特别。摄制组跟随四姐一家两年，记叙其生活的艰难、挣扎的历程，其中涉及当前国内许多问题，如高考制度、教育收费、女性就业、父子关系等，从一个家庭切中中国经济改革的大主题、大代价、大艰难。但在片子即将结束时，四姐却由于说不清的原因当上了酒店经理，于是一切问题都迎刃而解，变成了一个普通的自立自强的例子。前面对制度和社会因素的检讨，到这里又归结到个人层面，即个人自强不息问题就能解决，不幸镶嵌在主流意识形态的再就业宣传框框里。

由于上述原因，国内纪录片正在不可避免地失掉观众，呈现出边缘化趋势。纪录片越来越演变成圈内人的互相观赏，或某一小群人的品物，甚至有许多纪录片作者以获奖为主要目的。毫无疑问，这偏离了纪录片的本来意义。作为一种有活力的节目类型，纪录片必须介入社会，介入主流，介入大话题，必须有历史感和厚重感，必须到达足够的观众。这里，社会的言论尺度、政治气候固然重要，但最重要的是纪录片制作者们自己必须摆正位置。即使在目前环境下，纪录片也不是只能去“讲述老百姓自己的故事”，事实上，许多新闻性节目和社教节目比我们走得更远，说明并不是没空间，而是没有用足现有的言论空间。

三、纪录片技巧误区与意义认知

国内业界和理论界对纪录片的认知，从一开始就不恰当地强调其审美功能。如，1993年中央电视台研究室组织全国电视专家所作的专题片界定，认为纪录片是“以摄影或摄像手段对政治、经济、文化、军事等题材所做的详尽报道，并具有审美愉悦功能的影视作品”。该权威界定对纪录片的特殊认知价值或者意义未置一词。同时，一些获全国大奖的纪录片在技巧上都很见功力，像《沙与海》、《藏北人家》、《远去的村庄》、《龙脊》等，画面都极为讲究，客观上鼓励纪录片制作人偏重技巧。技巧本来是从属于和服务于纪录片意义的手段，纪录片意义才是目的，一旦认知不明确，创作误区便在所难免。这样归结当前纪录片创作和营销瓶颈，并不过分。

当前国内纪录片创作技巧误区，主要有以下倾向：

一种是过分追求技巧，甚至把玩技巧。有些编导把纪录片当成表现个人艺术品位的东西，当成实验电影来拍，精心雕琢，形式大于内容，唯美倾向突出。片子过度追求摄影效果、结构安排，作者想展示的似乎已不是纪录片的内容，而是技巧本身。

特别需要指出，有些编导者正是借助技巧来掩盖思考的贫困和探讨的缺乏。但诚如前述，纪录片从来就不是纯艺术，从来就不以唯美和观赏为目的，它有着明确的认知价值，具有强烈的工具性和目的性。在当今电视高度商业化和娱乐节目的冲击下，唯美倾向、追逐技巧只会加快纪录片的边缘化速度。在社会艰难转型、问题迭出的时期，纪录片如果关起门来，故作高雅，蜕变成一群所谓“精英”们的掌中玩物，无疑是自甘堕落。果真如此，在节目多样化的今天，纪录片真的没有存在的理由了。

一旦失落了意义，再精美的纪录片也不过是小家碧玉的闺中吟唱。所以，我国纪录片制作人只有“大腕”，没有大师。只有大腕级作品，尚没有大师级作品。

另一种是拘泥于技巧。我国纪录片表现手段比较单一。国外纪录片风格多样，技巧从属于纪录片的表现需要，没有硬性设限，因此灵活、丰富，甚至在特定时候不拒绝扮演、动画特技等手法。像系列片《历史的转折》，叙述人类历史上有里程碑意义的几次重大转折，多处运用扮演，显得很自然，不仅没有损害纪录片的真实性，反而使它更形象化和更易理解。国内业界却惯于用某些常规技巧来规约纪录片特性，形成模式。最普遍的例子就是认为纪录片必须跟拍，否则就不纪实。如《毛泽东》等人物传记片也大量运用跟拍来发现故事、串联细节，就显得不必要。自从《望长城》引入跟拍方式以来，这种拍法似乎已成为框框，然而，跟拍并不是纪录片的必然要求。如果我们从纪录片的意义来认识技巧，除了真实性外，没有什么是绝对的。

不拘泥于技巧并不是说纪录片的创作没有规范，或者干脆不讲究技巧。恰恰相反，纪录片之所以被称为艺术，纪录片的制作被称为“创作”，原因之一就是纪录片的创作非常讲究技巧，但必须是“无痕迹”的技巧，那种“不着一字，尽得风流”的技巧。纪录片向观众展示的应该是思考和探讨，技巧的运用必须有利于更好地表达主旨，因此，任何纪录片，如果技巧突兀，都是偏离纪录片本义的，是失当的。

四、商业化环境下的纪录片运作

我们常听到一句话：纪录片作者要“耐得住寂寞、守得住清贫”。言下之意，纪录片可能带来鲜花，但带不来金钱。其实，纪录片并不必然与经济效益冲突，好的纪录片不仅具有社会价值，还应有好的经济效益。例如美国的《冷战》、中国的《我们的留学生活》都在电视台黄金时段播出，光盘也销得好，说明纪录片并不必然与商业化不相容。眼下，电视正走向窄播，观众开始分化，体制上，制播分离初步实行，纪录片应有更好的生存环境。特别在娱乐节目充斥、电视节目克隆成风、节目趋同的情况下，纪录片的发展空间不仅不应缩小，反而应该更大，当然这有赖于纪录片创作者们自己开拓。

我们认为，要在商业化环境下求发展，国内纪录片需转变思路，逐步建立市场运作机制，制片人必须适应和掌握市场规律。

首先，纪录片要讲营销策略。

纪录片队伍似乎最不善吆喝，在电视节目的炒作声中，只偶尔听到几部政治宣传作品的声音，大多数纪录片好像还在沿袭当初实验电影的运作方式——不讲发行量，孤芳自赏。现在我们既要得奖，又要争票房。纪录片《我们的留学生活》提供了一个借鉴，这部未获任何奖项的片子在全国多家电视台热播，形成久违了的轰动效应，除了片子本身内容外，商业化操作功不可没。剧组在北京等地召开新闻发布会和研讨会，前期和后期都作了宣传，同时媒体对编导张丽玲也作了报道，并同步出版相关书籍，一时吸引众多注目。

除了传统媒体外，还可以运用网络、举办活动等多种方式，对一些纪录片进行炒作，重新包装，树立纪录片的整体形象。

同时，纪录片应拓宽发行渠道，建立发行网络，不仅在电视台播得好，还要考虑制成录像带、影碟，在市场上销得好。下一步尝试选拔优秀影片进入院线，扩大纪录片整体的社会影响力。

其次，纪录片应有效益核算。

现有体制下，纪录片创作一般由电视台出钱。编导只管拍摄和获奖，无须考虑经济回报。这与其他类节目的运作方式大为不同，好处是可以少受经济干扰，保持纪录片创作的独立环境；坏处是助长了纪录片编导玩高雅、玩边缘的倾向，使纪录片远离现实大主题，远离观众。因此，电视台应明确投资方身份，建立效益核算机制，促使制片人进行成本核算，争取投资回报。此外，逐步采取内包与外包结合方式，形成良性竞争。

再者，采取双轨评价机制。

现有评价机制对纪录片制作人普遍只用得奖来衡量成绩，陷入了一个怪圈，往往那些在圈内叫好的影片，圈外毫无反应，更没有收视率，这是十分有害的。投资和制作机构应该用两个尺度来评价作品：一个是社会价值，一个是经济价值（前者可以用获奖来表示），分别核算。真正好的作品应该可以二者兼得。另外，播出机构应给纪录片提供宣传条件，助其实现经济价值。

参考文献：

《诱惑与回响》，洪民生、臧树清主编，中国广播电视出版社，1992 年版。

《电视纪录片：艺术、手法与中外观照》，石屹著，复旦大学出版社，2000 年版。

《西方历史纪录片的发展》，lexis—nexis 数据库。

《纪录片冷战创作谈》，lexis—nexis 数据库。

《电视研究》，1993～2001 年度，中央电视台编。

《世界广播电视参考》，1999～2001 年度，中国国际广播电台编。

中国纪录片创作理念分析

王冬冬

我们不知道该怎样评价进入21世纪之后的中国纪录片的处境才算恰切。一方面，在以收视率为重中之重的电视媒体竞争日趋白热化的当今，曾经在上个世纪90年代的国内各电视媒体上风起云涌的纪录片、纪实类节目纷纷偃旗息鼓：中央电视台的纪录片栏目《见证》的播出时间一再后移，由过去的一套23时15分播出推至午夜时分；当年创下36%的收视率、比电视剧更火爆的上海电视台《纪录片编辑室》，如今收视率已暴跌至7%～8%；《东方时空》的《百姓故事》也不复当年的盛景；各地方台的纪实类节目内容如不涉案也难逃被调整、改版的命运。另一方面，随着DV在纪录片拍摄中的广泛应用，越来越多的非电视媒体专业从业人员开始涉足这一领域，他们不仅改变了纪录片创作的许多固有观念，而且为电视媒体提供了丰富的节目源和受众资源。随着纪录片成了一种很多年轻人的生活方式或是时尚，"新纪录片"的热潮在社会上已经广泛兴起。加之近年来中国导演的纪录作品入围国际影展的规格越来越高，成绩越来越好，纪录片与国际接轨、进入国际市场产生收益渐渐成为了体制内、外的导演们新的激励。繁荣与隐退，中国纪录片的矛盾处境造成了它的创作理念、表现手法的多元并存，尽管这些林立的派别都有自己的理论依据，在创作实践中又都有可行之处，但是掩盖在纷争的雾霭身后的由于中国纪录片界对纪录片的本体属性把握的失位，而遭遇了创作的困境却是不争的事实。换句话说，造成目前这种纪录片选题枯竭、形式单一，观众越来越少的现象的主要原因，就是我们没能在实际工作中从正确的纪录片本质属性出发，树立创作理念、寻找表达方式。事实上，纪录片的创作理念决定其表现手法，而表现手法又是创作理念的直观呈现。我们在探讨纪录片创作规律时，首先应该从其表现形式入手，因为这是创作者与受众交流的接口。

一、中国纪录片两种表现手法的特征

目前，中国大多数的电视纪录片主要采用两种基本的表现手法：一是依靠解说词表达主观意图、渲染情绪，画面的作用主要是为解说词提供更直观的印证；再就是所谓的记录原生态，"纯纪实"拍摄。这两种表现手法的代表作品《话说长江》、《话说运河》以及《望长城》、《东方时空》的《生活空间》都曾经为中国纪录片在观众中赢得很好的口碑，获得了收视效果的极大成功。当然，也正是我们在追求对这两种路径的熟练最大化、程式化运作时，渐渐地将多姿多彩的纪录作品变成了规定套路的生产线性纪录片产品，也因此失去了自己固有的阵地。

画面加解说词直抒主观意图的纪录片表现手法的主要特征：(1) 解说词、背景音乐和当事人一对一式的访谈是构成全片的最主要因素，他们形成闭合的系统可以完成叙述事件、感染情绪、传达主题的纪录片能旨；(2) 画面要与解说词对位，往往以一组镜头为基本单位，蒙太奇跳跃很大；(3) 主题表达直接，单位时间的教化效率较高；(4) 给观众留有的回味空间小，灌输色彩浓重；(5) 贴近性、真实感较差。

由这种表现手段的主要特征可以看出，在作品解说词形成以后，编导者只需根据文本提到的点次实地拍摄几组镜头，由于对现场同期声没有要求，因此现场摆拍成为可能，作品的真实感无法保证，但片子的设置周期会很短。如果编导者对其所操作的选题理解较深刻，又具有较强的现场调度能力和想象力，这种表现手法的作品也可以达到与观众引起共鸣的目的，并获得成功。当然，再具有想象力的导演在生活面前也是苍白乏力的，生活的莫测性所产生的戏剧效果和沧桑感往往是导演无法想到的。一般的规律是当我们放弃跟拍、等拍时，我们也就失去了事件中最具魅力的部分。

"客观纪录式"的表现手法的主要特征：（1）注重以同期拍摄的情节构成全篇的重要因素，解说词只起背景交待的作用；（2）突出作品的开放性，作者的主观意图比较含蓄，强调作品的多元化理解；（3）画面要与同期声保持一致性，以情节段落为单位，段落间画面的蒙太奇跳跃很小；（4）由于同期速度的限制，一般说来篇幅都较长；（5）作品的情绪传递更多依靠片子的剪辑节奏和镜头的运动速度（包括通过景别的变化控制镜头内物质的运动速度）；（6）作品的贴近性强，更具平民视角。

采取这种表现手段创作的纪录片，其叙述的目的不在于直接表现内容的含义，而是要使内涵融于正在展开的生活画卷中，成为现在进行时的生活的有机组成部分。情节化的叙述还表现在事件发展的连续性和整体性上。连续，即过程化，有因，有果，有发展，有高潮。完整的情节不是虚构，而是靠完整的跟拍得来。在叙述结构上多由一个或几个主要对象、一个故事、一个主题构成，充分体现叙述对象的个体化，深度开掘主题，增强所展示的事件、情节的可信性。越是自觉表现个体，越能使作品符合人们的认识规律，越具有生命感和亲近感。因此，编导者必须在实际操作中拥有足够的拍摄时间去与拍摄对象磨合，关注事态发展，走进人物内心世界，从而获得结构片子所需的情节。当然这种方式最大的风险还在于，我们跟拍了很长时间的故事有可能没有结果。中国纪录片在其经历了上个世纪80年代后期和90年代中期的纪实主义浪潮后，开始走下坡路，各种电视纪实栏目的收视率急遽下滑的原因也正是由于这种"纯纪实"的创作忽视引导，忽视主观作用，导致创作遁入自然主义的表现。"有事没事都跟腚拍摄"，最终让纪录片变成了乏味的素材堆积，当然要失掉观众。

通过对纪录片的表现形式的分析，我们可以大致勾勒出决定这些呈现形态的理念。在实际工作中，也只有明晰了创作理念，才能创作符合时代要求和纪录片艺术规律的优秀作品。

二、对中国纪录片创作的三种基本理念的剖析

梳理中国纪录片的创作理念，大致可以看出其主要脉络：

在上个世纪的60年代至80年代，中国的纪录片和专题片似乎还没有太大的分别，其主要功能是宣传教化，因此也就决定了它主题先行的创作理念。爱森斯坦所说的"在纪录片中，不仅是感性形象可以直接表现在银幕上，抽象概念，按照逻辑表达的论题和理性现象，也可以转化为银幕现象"，是这一理念的重要依据。在这种理念的指导下，导演们往往在实拍前先立论，再根据想要拍摄的主题组织、结构能支持论题的素材进行拍摄。片中的旁白、解说和访谈等是构成全篇的主要因素，同期情节只是起锦上添花的作用。我国的第一部电视纪录片《英雄的信阳人民》（孔会铎、庞一农，1958年）、第一次在全国造成强烈反响的电视纪录片《收租院》（陈汉元，1966年）、系列电视纪录片《丝绸之路》（孔今铎、屠国壁，1981年）、《话说长江》（戴维宇、王化南、乔广礼，1983年）、

《话说运河》（戴维宇等，1986年）等，都是因循这一理念创作出来的。一般来说，这种主题先行的纪录片具有以下三个特征：（1）重视文本，根据作品要表达的思想和主题，事先设计完整的"文本"，作为拍摄的基础；（2）依赖解说，通过解说词，将作者思想直接灌输给观众，实行话语霸权；（3）由于解说词的绝对优先级状态，所以对纪录片中的同期声基本没有要求。

到了上个世纪80年代至90年代，客观记录开始在中国的纪录片界大行其道，作品呈现出声画并茂、同期声大量运用的特点。这一时期的纪录片作者以巴赞所说的"记录镜头，摆脱我们对客体的习惯看法和偏见，清除了我们蒙在客体上的精神的锈斑，惟有这种冷眼旁观的镜头，才能引起我们的注意，从而激起我们的眷恋"为理论基础，其创作理念也开始以主观为起点沿着指向更为客观的路径滑行：有许多导演在实际工作中采取了先进行实地拍摄，然后根据拍摄的内容确立主题的操作模式。获得"亚广联"纪录片大奖的《沙与海》（康健宁、高国栋，1991年）、《最后的山神》（孙增田，1993年），获得四川电视节"金熊猫"大奖的《藏北人家》（王海兵，1991年）、《深山船家》（王海兵，1993年），获得中国纪录片学术奖的《嫁给中国》（沈蔚琴，1995年），入围国际影展的《远去的村庄》（王小平，1996年）、《三节草》（梁碧波，1997年）等作品以这一理念为创作基础而走向了世界，同时也开创中国电视纪录片最为辉煌的时代。"客观再现"的理念使电视纪录片本身体现为一种过程的再现，即以时间为顺序跟踪拍摄进行中的、未知结局的生活过程，展示主人公或核心事件内在的矛盾冲突，凸现细节、刻画人物，但对真实的生活，不做太多的雕琢，不做太多的粉饰，尽量保持生活的原汁原味，记录带毛边的生活，以体现生活的原生形态。相对于"主题先行"的纪录片，这一时期的作品最显著的特点就是声画并重，作品中出现了大量的有源同期声（包括当事人的现身说法、"现场声"），并以同期声情节为作品的主干，解说词退居补充说明、交代背景的地位。这一转变不仅使以客观记录为己任的纪录片更加逼近"有声有色"的客观世界，而且给观众们留有前所未有的想象和思考的空间，让观众们根据自己的生活经验去理解、体会作品的内涵和作者所要表达的思想。

从上个世纪90年代后期至今，中国纪录片中以"主观与呈现"为创作理念的作品越来越多地呈现在我们的面前，同时也在理论界引起颇多的争议。在这类节目中，符号语言（画面）被大量运用，故事化、戏剧化更加突出，个性化创作的风格被认证。该理论可以从英国纪录大师格里尔逊所说的"纪录片是对真实的创造性的诠释"中找到最初的依据。台湾纪录片研究者李道明所说的"纪录片一般是指用个人观点去诠释世界的，以实有事物为拍摄对象，经过艺术处理的影片"诠释了这种理念。张以庆在上个世纪90年代中期开始了在这一方向上的探索，他创作的《舟舟的世界》（1998年）、《英与白》（1999年）、《幼儿园》（2004年）以及李汝健的《海路十八里》（2002年）、费佑铭的《台阶》（2004年）和我们摄制的《成长》（2004年）等这种风格的作品目前频频在国际纪录片节上入围。从某种意义上讲，在"主观与呈现"理念的指导下，中国纪录片作品体现出了强烈的主体意识，创作者主观的思想感情、观念意识通过屏幕展现的客体存在阐释出来。创作者这种寓自己的主观思想于所选择和记录的事物之中，是个人判断被印证、被阐述的过程。而作品中赋予客观存在的事物的深刻含义，具有了较强的可读性，也能进而激发观众的联想，引发观众再创作的能力。

需要说明的是，我们对纪录片创作理念

进行历时态的梳理，并不意味着它们没有共时态的共栖状态。也就是说，在从上个世纪90年代后期至今的这一时期里，前面谈到的三种纪录片创作的基本理念是同时存在，只不过是哪种理念更占主流而已。事实上，现在的中国纪录片界更多的人仍旧推崇“客观再现”这种创作理念，甚至将之推进到极致。尤其是随着DV在纪录片创作的广泛应用以及独立制片人的力量日益增强，对原生态呈现的无比狂热成了与“主观与呈现”作品相匹敌的重要势力。《八廊南街16号》（段锦川，1998年）、《铁西区》（王兵，2002年）、《在一起的时光》（沙青，2003年）、《白塔》（苏青、米娜，2004年）、《淹没》（鄢雨、李一凡，2004年）等作品都在国内外产生了重要的影响。而在这些作品中，我们仍能看到两种主要创作理念的融合和借鉴。不过，这并不让人觉得有什么矛盾和费解，相反，我们认为这一现象的存在是一种纪录片创作发展的必然。因为在实际工作中，我们很难说哪种理念已经完全过时了，对于不同的题材，在不同的制片目标下，创作理念的效率是不一样的。很多时候，我们发现自己在创作过程中仍在遵循“主题先行”的创作理念。这不仅仅指在政论片、文献片，比如《故宫》（中央电视台，2005年）、《复活的军团》（金铁木，2004年）等作品的创作过程中，也包括在许多作为栏目播出的纪录片创作过程中。只不过解说词的叙述语气变得平和、贴近而已。其中的原因恰如北京师范大学于丹所说的“受电视传播特质及时间的限制，栏目的纪录片不可能长时间的跟踪一个过程”那样。

在此，不妨借鉴一下管理学研究中的权变理论，我们把某一具体情境下的纪录片创作理念作为目标函数，把三种具体的创作理念作为变量，参考不同题材、创作目的、拍摄对象、资金条件、拍摄时限确定各变量的权值系数，最终达到选定最优创作理念，使自己创作的作品达到最佳效果的目的。

三、基于权变理念的纪录片创作策略分析

应该说，目前的中国纪录片大多是为电视台播出需要的电视纪录片。无论是电视台的专职创作人员、栏目记者还是独立制片人，他们的作品若想在国内的市场上体现价值、获得收益，还需通过电视台播放实现经营，这与国外的许多纪录片制片人创作的作品是针对影院放映的还有所不同。为电视台播出制作的纪录作品对拍摄周期、作品节奏、镜头长度都有一定的技术要求和限制，因此虽然“十年磨一剑”可以作出精品，但客观条件的限制和满足日常播出的期望水平，决定了我们在日常工作中还须权变地应用上述创作理念，因事制宜，灵活运用。

在此，我们可以根据前面的叙述得出以下权变公式：

$$N=aX+bY+cZ$$

其中，N代表创作某一特定纪录片所需持有的理念；X表示“主题先行”的创作理念；Y代表“客观再现”的创作理念；Z代表“主观与呈现”的创作理念；a、b、c分别代表三种理念的加权系数，其取值在0～1之间。这三个系数的取值与决定因素的关系如下表：

趋势	题材	创作目的	拍摄对象	资金条件	拍摄周期
	文献—典型人物、事件—意念表达	栏目播出—影院播出—创优	内敛—外向；有冲突—平缓	紧张—充裕	短—长
a取值趋势	渐弱	渐弱	渐弱	渐弱	渐弱
b取值趋势	弱—强—弱	渐强	渐强	渐强	渐强
c取值趋势	渐强	渐强	弱—强—弱	渐强	弱—强—弱

需要说明的是，上面的公式是一个拟定量公式。我们在创作理念剖析之后提出它，意在关注编导者在具体情景下，拿到选题之后的思考方式，这将决定他将采取什么样的方式去完成任务。仅作决策判断的参考。实

际上，这一公式在谈到呈现效果和表现手段时也使用，只不过对于实践而言，对这两者进行如此分析的意义没有在创作理念部分提出时的大。

这一拟定量公式提出的只是在纪录片本质属性和作品特征的框架下的思考方法，对纪录片的基本创作规律不具有颠覆作用。我们认为，尽管本着具体问题具体分析的态度，构建了上述模型，但在拍摄过程中仍旧应该沉淀到底层的生活中去，更耐心和平等地接近被拍摄者，捕捉最真实、最有质感和最有意味的生活场景。更直接，更客观，更接近生活的原汁原味，挖掘出生活中那些因为司空见惯而被忽略了的问题，而不是像在水面上飞过的蜻蜓，浅尝辄止。当上面的公式中的某些条件与这一态度发生矛盾时，应根据这一绝对优先级加以修正。比如，一个不错的选题纵向发展的时间真的过长而无法满足我们的拍摄时间的限定时，我们应本着这一原则变换角度，抓住事件的横断面与转折点，以使其张力最大化，形成多元化的价值判断。张以庆在拍摄《幼儿园》时，是想表现一个成长的主题，但一个人或一群人的成长是需要很长的时间才能度量的，作者巧妙地将纵向记录变成横向的展示，在一个时间的断面做文章，达到了创作目的，同时作品的开放性也增强了。

总之，美国的怀斯曼和日本的小川绅介的作品以及他们的拍摄实践值得中国纪录片人认真地思考和借鉴，我们或许能从他们那里明白什么是真正的纪录片以及对现实应该持什么样的态度，并在此基础上，根据具体情况确定创作理念，吸收各种理念的长处，争取中国纪录片在实践中的突围。

女性和纪录片

刘莉　戴艺

多少万年之前，当上帝在创世纪后制造出了亚当与夏娃后，人世间不论是虚构的文学艺术和电影，还是具有真实性的影像记录，就不断地演绎着男人与女人的故事。从20世纪60年代末期开始，随着世界人权运动的发展，女权运动与女性主义意识的觉醒也开始萌动，于是一批影视专业或业余工作者开始关注女性问题。1971年，一批颇具女性意识的纪录片的出现，标志这第一代女性主义纪录片的诞生，也就有了女性影像作品。女性影像作品，并不单纯指女性导演的作品，或是以女性为主角的作品，而是指由女性执导、以女性为题材并带有明确女性意识的影视作品。由于女性比男性对于女性问题有着更直接的了解与更深刻体会，所以女性编导的相关题材的纪录片就更具有优势。

一、为女性的命运呐喊

纵观历史的发展，社会资源主要在男性手中，成就也大都是归于男性。女性虽然占据社会人口总数的一半，却没有得到相对的资源，在家庭和社会中，往往被放在次要的位置。而从社会学的观念而言，婚姻暴力与父权文化有着密切的关系，在父权文化的循环运作下，就出现了男尊女卑的意识形态，尤其在婚姻家庭的结构中，女性失去了自重权，成为男性的附属品和拥有物；在历史上男人可以娶三妻六妾，而女人却为了男人必须守住自己的贞操……到了1949年，中国解放了，政府提出了“妇女能顶半边天”的口号，在各级政府官员的努力下，中国妇女的地位有了很大的提高，在发达地区，特别是在上层领域基本上做到了男女平等。直到上世纪80年代，中国社会又面临着一个巨大的社会历史转型时期，社会关系的微妙变化，各种全新价值观念的诞生预示着一个新时代的降临。“从混乱到有序”是一切“转型社会”的必然性表征。由于社会转型带来社会体制、法律秩序、生活方式、行为规范和道德观念的变化，这些变化从不同的方面在不同的程度上冲破了原有的规范体系，而新的规范体系尚在建设中，由此产生了矛盾和冲突，出现种种失调现象和社会问题。（见雷洁琼：《中国社会发展报告》）在此大背景下，作为正处于发展中国家的中国，由于地广人多，贫富悬殊差别较大，一些处在贫穷地区、文化层次低下的农村妇女，其地位原本就卑下，残存的封建传统观念与社会的制约仍然像一个无形的大网死死地将她们套在网内，使得她们遭遇了各自不同的悲剧人生，大部分的因果都是与男性有关，甚至是由男性引发造成的。因此，所遭受命运的坎坷和冲击所承受之重，就远远超出了凡人所能想象的程度，虽然她们一次次地与命运抗争，试图挣脱，冲出大网，但是她们显得是那样的弱小和无力，一次次的努力换来的却是一次次的失败，最终成为社会的牺牲品。

也许正是这些跌宕起伏的人生命运注定了女性永远是文学艺术作品中重要的角色，不论是小说、电影这些虚构的艺术作品，在追求真实的纪录片创作中更是如此。近年来，我们时常能看到一部部以女性为主题的优秀纪录片，例如：纪录片《神鹿啊神鹿》讲述的是生活在大兴安岭的鄂温克族的女孩柳芭，考取了中央民族大学学习美术，毕业后到呼和浩特一家出版社当了一名编辑，她一直是家族的荣耀。但是有一天，柳芭却回到了山林，与姥姥、母亲一道开始游牧变迁的生活。后来，柳芭成了一位宣传鄂温克民族传统文化的使者，但是挣扎在她心里的那个有关神鹿和山林的情结，似乎从来没有解开。几年后，柳芭醉酒后淹死在他们家旁的那条河里，死时42岁。这条河，在纪录片中出现过多次。该纪录片通过一个少数民族女画家的命运，展现了少数民族所面临的文化消失的痛苦和灵魂的漂泊，同时，这也是当代人面临的困惑。纪录片《三节草》讲述了这样一个故事：四川女中学生肖淑明54年前离开故乡远嫁来到美丽的泸沽湖畔，成为摩梭族土司夫人；如今，她的孙女，一位与她当年同样年轻的姑娘却要离开这里，去向繁华的都市，祖孙两个女人的命运在时空的交错中发生了碰撞。纪录片《爆炸》中的黄明珠因丈夫嫖娼染上性病传染给她后对发廊、酒店不满，在她认为写匿名举报信没有结果的情况下，采取了实施爆炸手段，最终走上了犯罪的道路。纪录片《代价》中的小雨和小珍，两位花季少女在遭到强暴时，以跳楼的方式“勇敢”地保住了自己贞操。在社会各界人士爱心的帮助下，一位站起来了，一位却永远瘫痪在床。在“贞操”与“生命”的选择中她们都付出了沉重的代价……看着这些沉淀在影像作品中，不同经历、不同命运的女性人物，我们可以强烈地感受到她们的命运和人生轨迹无不衬托在中国历史变迁的大背景下。

著名的纪录片导师约翰·格里尔逊说：“社会责任感使我们的现实主义纪录片成为一种费心的和困难的艺术，尤其是在我们所处的这个时代。相比之下，制作浪漫主义纪录片容易得多，因为高尚的野蛮人已经是浪漫的形象，四季更迭的诗歌中早已开始被人咏唱，这些事物的基本特性早已经被人再三宣告过了，拾人牙慧总是容易一些吧，这是谁都不能否认的。可是，现实主义纪录片面对的往往是城市、街道、平民窟、市场、交易所、工厂等等，要把这些东西搞出诗意来，要在诗人从未涉足过的、跟艺术几乎不沾边的地方挖掘出诗意来，就不仅需要有鉴赏力，还要有灵感，也就是说要有勤奋的、深刻的洞察力，要做出真正扣人心扉的创造性的努力。”

现实题材的纪录片，其魅力不仅在于它将对人物命运的关注延伸到对社会发展的关注、对生存环境的关注，还更具有独立人格、自由精神和艺术诉求；它追求的是非常个性化的创作，在题材的选择和创作手法的应用上都表达了创作者多年的生活阅历和对历史、社会、生活、情感的体验和感悟。

二、性别决定了角度的差异

以上所述的优秀纪录片中，有男编导创作的，也有女编导创作的，所以不能绝对地强调女性题材的纪录片只是女性编导的专利。但是在有些作品中，由于性别不同、地位不同，所以拍摄出来的片子就有不同的角度和观念。例如前些年拍摄的一部纪录片，讲的是：在第二次国内革命战争时期，有一对结婚才三天的夫妻。当红军的丈夫随军北上临行前，倾其所有买了一面镜子送给她，并要求妻子：“你等我，十年不行，二十年，二十年不行，三十年、四十年……革命成功了我一定会回来接你。”可不久丈夫就被叛徒杀害，妻子始终不相信丈夫已经牺牲（摘抄网站内容简介）。这是一部男性编导拍摄的女性题材的纪录片，从片中能够感受到这位编导的本意是将这位女性放在主旋律的背景下，例如：“从此，她天天面对着老镜子，从满头青丝梳到一头白发，寂寞、委屈都不曾动摇她生命中的信念，这面镜子在妻子的心中始终撑起着一个红色的思念，这思念如日、如月、如歌……”（摘抄网站内容简介）虽然片中也记录了一些年轻人对其行为的不理解和困惑，但是从片中可以看到赞美这种“坚守牌坊”的成分还是占多数。难怪这部作品后来曾被多位男性学者所赞赏。作为一名女性编导来看，“为了革命坚守牌坊”这种行为虽然有着其历史根源，但是是否就能成为今天我们赞美的榜样呢？如果换成我们女性导演来拍摄这部作品，那么，在记录真实的过程中，我们会用更多的篇幅从人性的角度去讨论或反思“坚守牌坊”的行为是否符合人道，因为我们今天正处于一个变革的时期，几千年来传统观念正在受到改革开放的冲击，我们不能再用几千年或是几十年的眼光来审视历史，毕竟时代正在往前走，今天的女性不再是男人的附属品，他们应该摆脱几千年的枷锁，追求自己独立的人格和幸福生活。

为什么我们女性纪录片导演会这样看待这个问题呢？如果说摄像机也是一双眼睛，那么，一名女性纪录片编导就是通过这双眼睛在观看女人的同时也看到了自己，当我们走进了她们的生活时，所担负的角色不仅仅是代表了媒体，更多地在她们的眼里，找到了倾诉的对象。虽然二者所处的地位不同，但是同是女性，使得我们在记录挖掘她们内心深处的情感和悲痛的过程中，在找到共鸣并体味了她们的人生悲歌的同时，用手中的摄像机去记录下她们对社会及体制在意识形态上的不公平压迫进行的批判、反抗与呐喊！

男女编导不仅在观念和理解上不同，在接近被拍摄者的同时，更直接地走入她们的内心世界，异性编导也有许多不方便之处。例如纪录片《姐妹》，这是一部很优秀的女性纪录片，不论是编导执著的追求和记录到的人物命运都深深地打动了许多观众，但是唯一不足的就是，在片中曾出现过许多次被拍摄对象排斥编导的镜头。在夜深人静时刻，在家中，被拍摄者休息的时刻，也许是因为编导是一个男性，所以拍摄出来的镜头感觉并不是很舒服。片中许多女性内心世界的独白和更深层次的感情流露，许多都是由解说完成的，使得这部片子也留下了许多遗憾。或许编导也意识到了这点，所以《姐妹》的续集现在由被拍摄者——片中的姐姐去完成。反之，女性编导在接触男性的作品时同样也会遇到问题。

男性在拍摄同性纪录片中也不乏优秀的作品，最成功的莫过于蒋樾拍摄的纪录片《幸福生活》。它讲述了发生在郑州火车站内两位男性的故事，片中之一的主人公傅建生自从前妻死了以后就生活在个人的回忆之中，虽然后来他又结婚了，但是对前妻的思念和对儿子成长的关注成了他未来人生的精神追求，其中最使人震撼的是这个男人对着镜头（男编导）前讲述，当年由于妻子去世时，儿子还小，为了照顾还在吃奶的儿子，丈夫不仅承担了照顾儿子的责任，甚至扮演了妻子的角色，给孩子“喂奶”。有一次在乘坐火车时，当看到别的孩子在吃奶的时候，幼小的儿子竟然在公众场所提出了吃奶的要求，幸亏是冬天，尴尬的父亲只好用军大衣裹住了幼小的儿子，满足了儿子的要求……当我们看了影片，不得不承认，正是由于编导与被拍摄者同性别的优势和编导的真诚与理解打动了当事者。试想，一个历来被认为坚强、高大的男人怎么会面对一个女性编导讲述这样的故事？当然在现实生活中，我们不能片面地说所有的男性都是强者，而所有的女性都是弱者，其中有普遍性和个性的不同。但是相对而言，大多数女性还是处于弱势。

也有编导克服了性别的差异，制作出优秀的纪录片作品。由中央电视台编导孙增田拍摄的纪录片《神鹿啊神鹿》就是其中一部，片中女主人公的诉说和命运曾经打动过多位女性观众。在上视纪实频道的《经典重访》中，孙增田说，这个片子他们跟拍了很长时间，是和柳芭生活在一起了。片子中很少地让人感觉到柳芭之外的其他人——她自己在镜头前陈述，或者用画外音讲述着。这是一个缓慢的忧郁的女声，配上那种黄色山林的画面，已经带给旁观者忧伤的感觉了。这个长相普通的女人能够那么坦然地讲述她的故事，描述心中的痛苦，那种穿行于城市与山林间的痛苦，听得人很感伤。她画中的内容总是鹿、鹿群、山林，或有人烟。神鹿是他们的神，但是在难产中死去，神鹿的死意味着她将彻底告别游牧的生活。摄像机很真实地拍摄着痛苦挣扎中的白鹿，忙碌的柳芭及其家人，可是谁也没能救活这只鹿。

仍然很清晰地记得片子最后的一个场景——傍晚的山林中，柳芭一个人渐渐远去的身影，在镜头中越来越小，她的狗跟在她的身后，绕着步子。那是一个美轮美奂的长镜头，美轮美奂的秋天的山林。但逐渐远去的身影在夕阳里充满忧伤。从镜头中，你能感受到拍摄者与被拍摄者已经融为了一体。纪录片的魅力就在于真实，而真实以真诚为基础。

众所周知，在各门类的影像作品中，可以说纪录片是最赋予挑战性的，编导们的付出要远远大于创作其他类型影视作品时的付出，所以说纪录片创作是一个以男性为主的领域。在每年举办的全国纪录片研讨会上，来自全国纪录片行业的同仁中，男性占据了大多数，而在选送的纪录片中，以男性为主题的纪录片也居多。本来就很稀少的女性纪录片编导就更应该有责任去关注女性问题。所以在2007年初，在大家的倡导下，中国广播电视学会纪录片研究会就专门成立了女导演俱乐部，其宗旨就是为了更好地发挥中国女纪录片编导的资源，为中国女性纪录片发展创造更好的条件。

如何提高女性的地位，改善女性的生活水平，多年来一直是社会高层、学术界、艺术界都很重视的话题。甚至有越来越多的国家每年还专门举办女性影像作品的电影节或纪录片节，目的就是为了能通过这些作品提出自己的女性观点，对男权社会提出质疑，在发出问题和解决问题的同时，唤起社会对女性问题的各种思考。随着震撼人心的女性影像作品的不断出现，今天在世界各地的纪录片领域中，越来越多的女性编导投身到这个队伍，她们为了能早日改变女性的生存、地位、环境、命运，一直在孜孜不倦地追求着。

市场与产业化

历史题材纪录片营销策略探析

朱　宏

一、产品策略

纪录片和电视台播出的其他节目一样，是为观众而制作的节目。在节目的生产方面，国外专业制作公司提供了可资借鉴的产品策略，这些策略可以概括为以下八个方面：

（1）精选的话题，建立的选题体系。

（2）娱乐化创作。

（3）采用“情景再现”的表现手法。

（4）集约化、规模化生产，扩大市场经营，降低成本。

（5）把握数字科技的有利优势，采用计算机、三维动画等现代科技手段。

（6）注重设置悬念，采用揭秘的方式。

（7）改变叙事方式，学会讲“故事”。

（8）节目制作要精良，技术指标高标准。

二、品牌策略

品牌是从经济领域引入的一个概念，它是指企业产品经营过程中某种产品与服务的名称与标识，用以同竞争的同类产品或服务相区别。优秀的品牌不仅意味着产品在质量、服务、信誉、市场占有率和市场回报率方面均有优异的表现，也标志着一种高于普通意义的品位和文化层次感。品牌并不是新鲜的概念。在其他产品市场，它已具体而微到公司的战略和策略里。但对中国电视媒体来说，它才刚刚在观念层面被认识到。

上海文广新闻传媒集团（SMG）纪实频道成立于2002年1月1日，是我国目前唯一一个真正意义上的纪录片专业频道。2002年和2003年，纪实频道广告收入均为2200万元，2004年增长至2500万元，2005年实突破性地实现广告收入4800万元，同比增长近一倍。纪实频道2005年全年成本支出约在3700万元左右。显而易见，在连续三年亏损之后，纪实频道终于走出困境实现扭亏为盈。并且培育了一个良好的、高质量的纪录片受众群。

2006年，纪实频道改频道呼号为“真实频道”。确立弘扬优秀文化为宗旨、传播科学知识为己任、追求真实（非虚构）为特点，做精品、走市场，创立“传播知识与文化”的形象。而其明确的目标就是要打造“中国最具文化品质和知识含量的传媒品牌”和“中国纪录片重要的生产基地和内容提供商”。据了解，2006年“真实频道”以“包盘”方式交由社会公司经营的硬广告指标是6800万元（多家广告公司竞争），预计全年收入将超

纪实频道（Documentary Channel）观众构成[①]

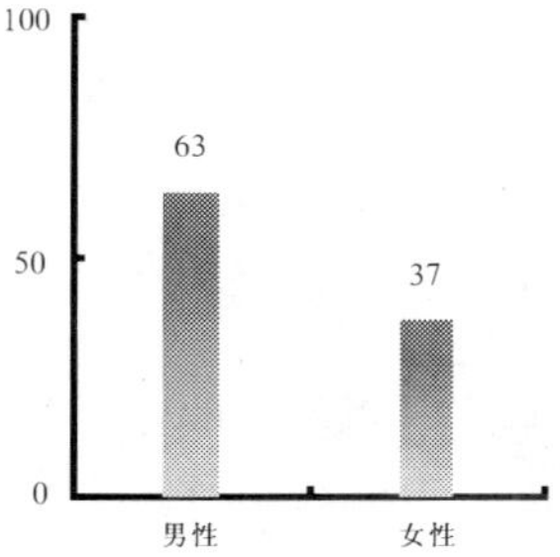

收视人群性别构成分析

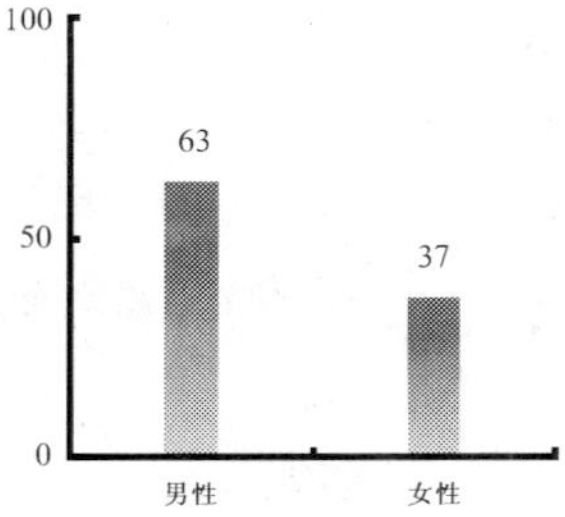

收视人群收入构成分析

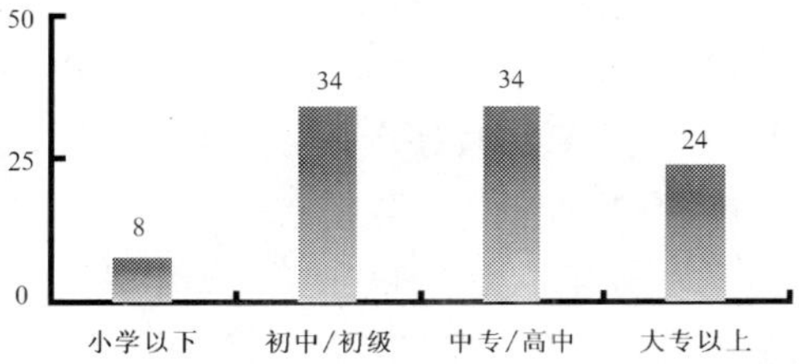

收视人群学历构成分析

过7000万元。频道希望确立“真实”品牌以后，可以推出相应品牌产业链，如“真实影院”计划、“真实中国”导演计划、“真实中国”DV计划和“真实中国”校园计划，等等。希望这个媒体品牌的建立对历史题材纪录片的市场起到积极的作用，为上海乃至全国培育一批优质的纪录片观众，同时以自己的核心品牌为基础，建立起自己的产业链。

三、国际合作策略

应该说，与国际媒体合作，可以使我们的历史题材纪录片成就几何级成长。纪录片可能是目前中国电视节目最大的可开拓市场，可以说是中国影视产品进入国际市场的敲门砖。

以往纪录片的国际合作交流多是被动型、单兵式的，并不是真正意义上互动式、全方位的合作型交流。

事实上，中国纪录片国际化有两层意思：一是走向海外华人社会，二是走进意识形态、文化背景和中国完全不同的西方主流社会。后者才是我们国际化市场运作策略的最终目的，这些共同合作制作的优秀纪录片才最有可能在国外主要电视媒体上播放，让世界了解中国。此外，通过国际合作促进产品质量的提升，也是华语内容走向国际市场的有效手段。

（一）目前国内主要纪录片制作机构国际合作现状

中央电视台纪录片目前的发展策略就是要打“国际牌”，加强国际合作，实现市场份额的最大化。据了解，近期有这样一些国际合作的历史题材纪录片项目：中央电视台和越南、柬埔寨及南亚几国联合制作的《湄公河》；央视与日本、韩国合作的《重访丝绸之路》；与日本合作的《再说长江》；与美国合作的《秦始皇》和《黄河》，等等。

凤凰卫视目前也在利用国外资金，与国外电视制作机构合作生产纪录片。

尽可能地拓展纪录片的海外市场，是纪录片收回成本的一项重要措施。

上海文广新闻传媒集团（SMG）纪实频道总监应启明认为，纪实频道要突破上海地域的限制，至少要制作出全球华人爱看的纪录片。加强国际合作，与国外电视制作机构合作是中国纪录片走向国际市场的一条捷径。双方共同投资合作的产品，国外的制作机构才会积极寻求全球主力媒体播放，而我们在合作过程中可以控制制作，做好把关。

2005年纪实频道制作的15集《去大后方》，是与海外资金合作联合出品的，其海外播出版权的销售情况较好，据了解美国HBO电视台也购买了节目的播出版权。频道目前正在和加拿大多家电视制作机构、韩国NBC、日本NHK等机构洽谈合作事宜。

（二）中国纪录片国际合作可以尝试的新形式

在国际合作中，“投资预买”是西方各台普遍采用的一种形式。在每年12月举行的阿姆斯特丹国际纪录片电影节上，有一项重要活动是FORUM（论坛），吸引了众多的纪录片制作人。在FORUM现场，影片制作人在预交900荷兰盾取得申请资格后，用5分钟的时间向欧洲最重要的12家电视台纪录片负责人当面陈述自己的计划，这几位负责人围坐在马蹄形桌边，当场讨论，当场定夺。当影片制作人的申请被某家电视台接受以后，就可签合同，获得投资开始拍摄。当然，影片版权也归这家电视台。据电影节提供的资料，这项活动每年的成功率在70%左右。目前，已连续在广州举办三届的广州国际纪录片大会也引入了这种新的交易方式，它是由加拿大人W·帕特森·费恩斯在14年前发明的。其具体做法是：在活动现场，众多买家（buyers）（纪录片购买者、投资者）坐在台上，听卖家（制片人）在台下推介自己的影片或制作计划，观众席（参加会议者和国际评审团）分设在两边。每个卖家都有8分钟时间通过图像和语言直接回答买家的问题（pitching）。一旦买家认可了你的“方案”（production plan），买家将为纪录片提供资金，并共同商定和监制纪录片的拍摄和制作，以确保节目日后市场营销的成功。

而目前在中国国内，每年12月份在广州召开的国际纪录片大会已经吸引了一批在国际市场上颇具声望和实力的国际买家，我们的纪录片工作者如果能很好地利用这类机会，那么与国际合作，尽快让我们的纪录片走向国际市场，绝不仅仅是一句空话。

四、产业链策略

纪录片是一种文化产品，进行产业化运作、占领文化市场份额是其扩大影响、创立品牌的必由之路。除了单纯的扩大制作队伍、投入资金进行制作和播出之外，还应该尝试规划生产、收购、播出、出售（播出权或版权）。在操作层面上，产业化运作与产业链的形成不是一蹴而就的，需要分阶段逐步实施。逐步形成“生产、收购、片库滚动、出售播出权（或版权）”再循环的产业链和可控性的规模化生产。

除了衍生产品的销售外，积极开创历史纪录片的新的赢利模式，也是纪录片市场策略的一个方面。比如，建立纪录片电影院，尝试把故事性较强的纪录片放在电影院播放。目前国外有些地区已经开始尝试了。比如英国BBC电视系列片还制作了超大屏幕版，在博物馆的IMAX电影院播放。

日本每年也会有10～12部纪录片在电影院放映，选择一个城市的一个100～150座位那种的小型影院放映，档期也在4个星期左右。②

法国也有由政府资助的专门为电影院放映而制作的纪录电影，从每张电影票中提取一定比例的票款返还给影片的制作者用于投资下一部影片。

目前SMG纪实频道有意向与卢湾区政府联合，利用卢湾区所属位于“新天地”的一家电影院开办专门播放纪录片的电影院，区政府将给予政策上的优惠（比如免税）。频道还想通过“真实”这个品牌推出相应的品牌产业链，如“真实影院”计划、“真实音像”连锁店等。

五、整合营销策略

整合营销是现代市场营销学的一个新领域和一种新观念，是现代营销环境发展的必然产物。美国西北大学（Northwestern Univ.）麦迪尔新闻学院（MedillSchool of Journlism）唐·E·舒尔茨（Don E.Schultz）教授最先提出了整合营销传播（IMC）的概念。整合营销传播是指公司把传播目标与企业目标结合起来从而能够加速回报的过程，这一概念起源于20世纪80年代景气时期。③

世界著名营销专家菲利普·科特勒认为：企业所有部门为服务于顾客利益而共同工作时，其结果就是整合营销。传统的市场营销策略的基本观点是以企业为中心，围绕着企业的需求和可能，从对企业最有利出发来决定企业生产什么产品及生产多少，指定什么水平的价格，选择哪些分销渠道对企业最方便，以及采取何种促销方式最有效，等等。而整合营销策略的基本观念是突出企业的一切活动都必须适应消费者，并且由消极、被动地适应消费者的需要转向积极、主动地适应消费者的需要，以实现企业和消费者的顺利沟通和交换。整合营销观念改变了把营销活动作为企业经营管理的一项职能的观点，要求所有活动都整合和协调起来，努力为顾客的利益服务。④

历史纪录片的“整合营销”策略，应当学习国外媒体的经验，建立一个整合型的平台，采用多种销售手段，实行跨媒体合作。传统的、单一的只依赖终端和硬广告的营销模式已经结束了，而整合营销则会打通各个屏障，将信息最大化地传递。

2005年的历史题材纪录片市场营销中，由中央电视台、中国国际电视总公司与美国国家地理频道合作，共同拍摄制作大型系列电视纪录片《故宫》是一个很好的整合营销的案例。

第一，《故宫》是一个非常成功的国际合作、多方合作的项目。《故宫》是作为中央电视台所属的中国国际电视总公司与美国国家地理频道协商，在中央电视台强大的制作队伍中加入来自美国国家地理频道的制作人员，与故宫内外近百名专家通力合作共同打造的作品。美国国家地理频道优秀的节目制作人针对国际版提出符合纪录片国际潮流的建议，以便纪录片在开机之初就能以国际视角进行拍摄。同时，由于考虑到海外不同观众的欣赏需求，特将12集每集50分钟的版本改编成两集每集60分钟的国际版特辑向海外发行和播映。美国国家地理频道将拥有这部片子国际版特辑的海外独家发行代理权。

第二，整合力量，打造精品工程。据悉，纪录片《故宫》的拍摄历时两年，故宫出动了上百名专家，央视则抽调了精兵强将，并邀请了曾获奥斯卡最佳音乐奖的苏聪（影片《末代皇帝》作曲）、曾获奥斯卡最佳摄影提名的摄影师赵小丁（影片《英雄》、《十面埋伏》摄影）、日本著名摄影师赤平勉等大腕加盟制作。《故宫》还运用了很多电脑动画设计的3D制作的效果，还有对历史场景的真实复原。国内顶尖的两家动画制作公司——北京水晶石数字科技有限公司、好莱坞（中国）数位艺术研发中心协作动画的后期制作。对于一个纪录片来说，这或许又是一次“开山之作”。纪录片全部采用用高清摄影机拍摄，使之接近于电影的品质。音乐、音效是采用了电影的方式制作的，力求完美。

第三，垄断资源，用电影理念拍摄历史题材纪录片。制作单位利用其在中国独一无二的优势，使纪录片垄断了很多珍贵资源。央视和故宫的相关领导都表示此次拍摄“不敢说绝后，但一定空前，而且估计20年之内不会再有”。央视从近4万分钟的素材中编辑了12集、每集50分钟的精华版，包括《肇建紫禁城》、《盛世的屋脊》、《指点江山》、《礼仪天下》等在2005年10月播出。在这部纪录片中，观众将首次看到紫禁城建造的过程、清代登基大典的全景盛况以及深藏于太和殿内部的神秘浮板、溥仪盗宝的历史档案等诸多以往难以看到的史料。可以说跟以往的纪录片最根本的差别，是用电影的理念来拍摄电视历史题材纪录片。

第四，节目衍生产品的开发也非常成功。由中国国际电视总公司代理发行的音像制品在节目播出后短短两个月的时间里就销售了7万套。纪录片制作机构还在积极筹划拍摄素材的营销，等等。

第五，节目的宣传传播利用了“跨媒体”合作的手段。利用平面媒体、互联网等传统媒体和新媒体联合互动，跨媒体宣传传播节目的各类相关信息。建立《故宫》节目专用网站，并且在网上登载纪录片的解说词，介绍有关节目拍摄中的花絮故事以及一些宫殿的维修过程，等等。

目前，《故宫》播出12集，每集50分钟来看，报账1000多万人民币（节目制作经费的使用）。国际市场销售价格平均每集5至6万美金，整体回报50万欧元／集。加上7万套音像制品（DVD）的发行，利润率多达400%。⑤另外，中国国际电视总公司拥有《故宫》完全版权，国家地理频道对此进行了再剪辑，分为两集，新版本由合作方发行。由于故宫有几个殿正在维修，尚没有拍到，他们将继续拍到2008年，届时将编出100集，每集15分钟的系列片。

可以说2008年北京奥运会是《故宫》的巨大市场，它所讲述的内容都将是世界了解中国历史文化的绝佳内容，加上《故宫》在制作中考虑到海外观众的欣赏需求，用电影的理念来拍摄历史纪录片，所以有理由相信《故宫》系列片的版权销售、素材销售以及衍生产品的市场至少可以延续10～20年。正如全球管理权威之一达文·波特曾在其畅销书《注意力经济》中写道：“在新的经济下，注意力本身就是财产，金钱将与注意力一起流动。”⑥

《故宫》对历史题材纪录片的市场化来说绝不是个简单的节目，它是一种现象、一个品牌。就像1991年的《望长城》成为中国纪录片创作中一个划时代的具有里程碑意义的作品一样，《故宫》对于处于市场经济时代的中国历史题材纪录片来说也同样是一个新的里程碑。

总之，历史题材纪录片作为纪录片的一个分支，在时代大潮涌动的当下环境中，也必须要面临变革。所幸，如果将历史题材纪录片兴起的时间和整个时代相比，无疑是非常短暂的时间，于是历史题材纪录片所面临的变革相对也要容易一些。重要的是，如何将原先“作品”的观念和市场化的“产品”观念两相结合，探索出历史题材纪录片新的符合市场需求的制作生产模式。

注释：

①由上海文广新闻传媒集团（SMG）下属真实频道办公室提供。

②引自〔日本〕藤冈朝子（Fujioka Asako）2004年6月23日在山形国际纪录片电影节的讲话。

③〔美国〕唐·E·舒尔茨（Don E.Schultz）、海蒂·舒尔茨（Heidi Schultz）著，何西军、黄鹂、朱彩虹、王龙译：《整合营销传播：创造企业价值的五大关键步骤》，第3页，中国财政经济出版社，2005年版。

④〔美国〕菲利普·科特勒（Philip Kotler）著，俞利军译：《市场营销》，华夏出版社，2001年版。

⑤该数据由SMG五岸传播公司市场部提供。

⑥〔美国〕托马斯·达文波特、约翰·贝克著，谢波峰等译：《注意力经济》，中信出版社，2004年版。

造就纪录片高清新机遇

应启明

上海电视台纪实频道是目前全国唯一以纪录片播放为主的频道，也拥有一支较为强劲的创作队伍，但在对高清电视技术的理解、掌握和运用方面，还处于起步阶段，所以经验和理解有限。本文抛砖引玉，期待与同仁共襄探讨。

历史文化题材纪录片

目前中国所制作播出的高清节目主要是电影、电视剧、纪录片、体育赛事以及重大庆典活动。上海文广新闻集团在近几年建成了高清演播室、高清转播车，但高清设备主要还是用于制作电视剧和为数不多的重点专题节目。纪实频道大量采用高清拍摄纪录片，主要基于两方面的考虑：一是与国际发展趋势接轨；二是高清接近胶片的品质，有利于产业化运作。而实践后的感受是，高清技术的运用，为纪录片生产或创作提供了一种向高品质转化的动力。

纪录片一般分历史文化题材和现实社会题材两种，前者格调沉稳，以固定镜头和慢节奏画面为主；后者多使用跟踪拍摄手法，纪实的风格更为浓烈。但由于长期以来队伍建设不尽人意，磁带不如胶片显得珍贵，电视的记录手段因电子化而过于轻便，因此电视长期以来被视为快餐式消费，在很长的一段时间内以粗糙、杂乱、不讲语法著称，甚至有人以垃圾和弱智称之。

日常生活中，“影视”似乎已合二为一，成为一个词组被相提并论。事实上，电影和电视之间，在严谨程度、艺术涵养、创作手段上由天壤之别，而这种差距只有在少数电视剧和纪录片中得到弥补，但这仍然不能扭转电视的整体形象。纪录片置身于这样的整体环境中很难一支独秀，至少总体质量并不很高，而高清的诞生和运用将是纪录片产生蜕变的一个绝好契机。

首先，高清电视提供了可以和电影媲美，至少是接近的画质效果。高清设备出色的性能和丰富的功能设置，将整体画面的细腻度和层次感提升到一个新境界，尤其画面明暗对比的表现力，是标清所无法比拟的。2006年纪实频道推出的《大师》系列文化精品工程，全部用高清拍摄，计划用三年时间拍摄100位20世纪先贤，这是他们的浩荡情怀和人生传奇，高清画质使这种震撼力更富有质感、具体而微。

标清画面很难有电影画面的效果，即便有也只能个别镜头达到，但高清却提高了整个节目的画质效果，与电影相媲美的画质往往能够增强电视从业者创作的兴趣、热情。

高清提供了高品质的视听效果，也对从业人员的综合素质提出了新的要求。比如，由于高清毫发必现，任何一点瑕疵都会一览无余，这就要求无论是前期拍摄还是后期制作都不得有丝毫马虎，电视从业人员首先要具备电影从业人员那样的专业技能，而且更加认真、严谨。虽然是被动为之，但终究是进步的动力。

其次，电视和电影一样也是光的艺术，但电视对光效、光比、影调的掌握和追求层次较低。而高清对光的要求比标清高得多，这就迫使我们按这种要求来用光。历史题材纪录片风格沉静，拍摄中也比较容易追求高画质，有可能按电影的要求进行布光，于是我们在人物采访中，基本上都按4～6个光源布光；拍摄真实再现部分就更复杂，人员建制和设备要更完整。高清提供的丰富表现力成为编创人员的大舞台。

另外，高清16:9的画面构图与标清的4:3画面完全不同。前者的视野更为开阔，也能涵盖更多信息，其与高清的画质一起，对创作者的影像控制能力提出了更高要求。纪实频道在用光、色调、构图、运动等多方面做了大量培训和业务探讨，以提升编导高清影像的控制力。

高清技术提供的画面色彩的丰富变化为历史片的影调提供了多种可能，这就需要创作者更多地来了解技术的可能性，把技术和艺术更好地结合起来。总之，高清将是队伍建设和提高业务能力的契机。

现实类社会题材的纪录片

现实类社会题材纪录片多采用跟踪运动拍摄，由于空间狭小，因此给高清设备的使用，特别是体积较大、分量较重的HDCOM900F的使用带来不便，因此摄影师多使用HDCOM750F。HDCOM750F低照和宽容度较好，便于表现暗部层次；HDCOM900F高光部分表现力非常强，能单独录4个声道，兼容电影格式，而且是全制式，便于国际交流。《在北方》就是一部完全以纪实手法拍摄的纪录片，使用HDCOM900F拍摄。

DV的诞生，使个人拥有摄像机参与纪录片创作成为可能，其既丰富了节目素材，也使创作手法产生了很大变化——DV带来了一种更贴近拍摄对象的方式，一种更生活化的交流方式。虽然DV的影像质量无法与广播级设备相比，但是它以更近的拍摄距离与更私密的拍摄方式弥补了影像质量的粗糙，这是以牺牲画面质量换更近距离和更私密化的纪录状态。高清技术的发展将纪录片的创作带向了另一个相反的维度，高清格式的高分辨率图像对摄影提出更高的要求，无论是1920×1080的分辨率还是16:9的画面比率都更接近电影。高质量的画面使得曝光和焦点上些微的失误都显露无疑。比如在DV甚至标清摄像机上可能被忽略的技术失误，在高清上将被放大而令人无法容忍，因此摄影师必须小心翼翼地完成每个画面的拍摄。DV的风潮也许一度产生了使纪录片创作注重真实记录的现场感，而忽视画面影像塑造的倾向，当高清技术被运用到纪录片拍摄后，画面影像的塑造将重新被重视。

《在北方》是我们第一次用高清拍摄纯纪实形态的纪录片，虽然节目在高清的影像美学上还处于摸索阶段，很多地方不成熟，但它至少证明了高清技术不但能在专题类（历史人文类）纪录片中大有作为，在捕捉生活细节的纯纪实影片中也有广阔的应用天地。当影片决定用高清设备拍摄时，摄制组就确定了精致、沉稳、电影化的影像风格，充分发挥高清格式细节丰富、视野宽阔的优势，力求将更多表现环境与人物关系的镜头放入影片中，这些对表现影片主题都起到了重要的作用。摄影师在拍摄时并未由于高清较高的技术要求而束手束脚，摄像机只是创作影像的工具，摄影师要做的是掌握新技术的特性，让其为表现影片主题和创作者的思想服务。

高清技术取代传统标清电视是必然趋势。高清DV的出现使DV与广播级的电视设备从一条直线两端的点开始互相靠近。我们不难想象，更多新技术的发展将推动纪录片创作者不断学习勇于创新，在新技术的推动下不断丰富纪录片的美学和创作坊法。

高清设备野外拍摄

2006年纪实频道推出的另一部大型系列纪录片《生死罗布泊》也是用高清拍摄。影片讲述了上个世纪后半叶的英雄科学家彭加木和探险家余纯顺的故事，2006年摄制组和专家来到罗布泊古道，力图揭开两人的失踪、生死之谜。《生死罗布泊》的风格不同于《大师》和《在北方》，场景更为广阔。它通过故事发展的悬念作为叙事的内在推力，而高品质的画面无疑为这类题材所需要的叙事气氛增色，使其更逼真更扣人心弦。

应该着重指出的是，由于高清制作过程、手段、观念的变化，将为纪录片的产业化实现带来巨大的推动力。事实上，高清拍摄的纪录片在国际市场上的价格比标清高出很多，另一方面，它也为纪录片走进影院开启了方便之门。高清电视在世界上已经成为纪录片发展的主流，如著名的DiscoveryHD、Biography Channel、History&History Intl. Channels都是完全用高清播出的纪录片频道。

目前世界上有2860万台高清电视机，其中1500万是高清节目的订户。截至2005年底，全球约有50套高清频道，每周播出1000小时。高清设备在纪录片领域的使用，不仅是一次技术革命，而且同样会引发艺术领域和市场领域的革命，我们应该抓住这样的契机，推动中国纪录片的全面发展。在使用高清的过程中，会碰到这样和那样的困难，但这是任何新技术在探索和初用阶段都会遇到的问题，如果能坚持下去，突破一个个瓶颈，前方将是一马平川。

论中国自然类纪录片加快国际化进程之策略

孙剑英

自然类纪录片在国际影视界占有重要的位置，无论是从专业制作机构、制作人的角度，还是从市场运营的角度，以及从大众的收视喜好来看，自然类纪录片在我们的生活中占有不可替代的特殊地位和影响，它永远是我们最爱看的电视节目种类。不论电视节目观众的口味变化多么无常，眼光多么挑剔，自然类纪录片就像大自然中的常青树，永葆生命力和魅力，永远有着自己最忠实的追随者。下面，我将就自然类纪录片在国际国内的发展现状及趋势作一简单的概述，供同行们参考。

一、自然类纪录片在国际影视界的地位

自然类纪录片在国际评奖、国际市场发行、国际传播、国际制作等各个方面都独具优势，这类节目在制作人、播出机构、电视观众中拥有不可替代的位置。不管在过去、今天还是未来，它都具有永恒的电视艺术的生命力。下面，将就相关方面进行介绍。

1. 国际评奖的概况

据我们的不完全统计和调查，目前在全球的各类国际影视节评奖活动中，有自然类纪录片评奖奖项的电影电视节大约有40多个，举办国有22个，其中，欧洲地区有自然类节目奖项的影视节来自13个国家，它们分别是：法国、德国、英国、波兰、匈牙利、奥地利、比利时、意大利、丹麦、葡萄牙、瑞士、荷兰、西班牙；北美地区有自然类节目奖项的影视节有加拿大、美国；南美地区的有巴西；亚洲地区有自然类节目奖项的分别是：中国、日本、新加坡、印度；北非的摩洛哥和南非也有专门的自然类电影节。举办国的分布地区可以从一个侧面反映出，以野生动植物和自然、环境保护为拍摄内容的自然类纪录片，在当今受到许多经济与文化发达国家的重视。例如，法国举办同类型的影

视节有8个，加拿大有5个，美国有4个，德国有3个，日本有2个。这些国家的自然类国际影视节目评奖不仅有效地促进了本国的这类节目制作和市场销售，另外，在满足了观众收视需要的同时，对社会也发挥了很好教育功能。

2．国际市场的交易概况

从世界各国举办的国际影视节目交易的成交情况统计，自然类纪录片的销售行情比其他类别的纪录片更好。自然类纪录片中，有关野生动物生存状态的纪录片一般都比人文类、社会类纪录片的销售价格高。单集的纪录片虽然可以销售，但是以一个主题组成的系列片（每集故事独立成章，系列片的内容发生在不同国家或地区）更好销售，价格也更可观。节目的销售价格的主要依据还是取决于品质保证，只有优质才能高价，用我们的行话来讲，一般的节目市场规律是：高投入的大制作才能赢得高收视、高回报。

3．国际传播的收视概况

自然类纪录片由于它的题材和内容一般不涉及宗教、信仰、文化、政治、经济、语言等差异，因此，该类节目在传播上不受地区、国家的限制，又由于自然类纪录片（尤其是有关野生动物、植物的节目）的收视人群较广泛，不同年龄、不同文化层、不同性别的人们一般都有喜爱大自然、喜爱动植物的心理和情结，因此，在世界各地的电视台播放该类节目都有着稳定、固定、忠实的观众群。美国国家地理频道在全球的149个国家播出，其中，有不少节目就是自然类的纪录片，这些节目是国家地理频道赢得高收视率的观众保障。因此，国家地理频道每年不惜重金，雇用世界各国的高水准专业人士为其制作自然类纪录片，以保证自己的品牌形象和市场优势。

4．国际制作的现状

自然类纪录片的一般制作规律是投资大、周期长、水准高、成系列，因此，目前国际影视界流行的主要做法是：

（1）盛行联合：联合投资、联合制作，市场发行后按投资制作比例分成。

（2）预售或委托制作：制作人本人的资格、诚信、业务能力得到投资方的认可，同时，制作人的文案得到投资方的认可后，由投资方出资拍片，节目版权为投资方所有。投资方的构成可以是：节目播出机构、基金会、政府部门、金融机构、制作公司、发行商、出版商等。

（3）独立制作、委托发行：由影视制作机构或制作人独立投资制作，版权归自己所有，委托专业发行公司负责国内及国际市场的发行。需关注的是：寻找有诚信、有经验、有发行渠道和网络的正规公司作为代理发行商或自主发行。

二、自然类纪录片在中国电视界的地位

近几年来，我国的自然类纪录片在制作、参评、播出、发行等各个方面的发展虽然不平衡，与国内人文类、社会类的纪录片创作相比，在数量上显然存在很大的差距。但是，已经开始凸显出令人可喜可贺的业绩及光明的发展前景，自然类纪录片在艰难的创作成长道路上、在国内外取得了令人瞩目的不可替代的地位。

1．国内评奖的现状及发展

近几年来，“中国制造”的自然类纪录片在国内外的各个影视节和专业学术评奖活动中频频夺得大奖桂冠。四川电视节“金熊猫”奖国际纪录片评选活动为了推动和扶持自然类纪录片的创作发展，在2001年至2005年的三届评奖活动中，专门为“自然及环境类”纪录片设立了9个不同的奖项。送评节目的国家来自世界不同的区域，送评节目的质量大多是当年度的精品，获奖节目在国际国内

该类节目创作中具有代表性、权威性。2001（第六届）“金熊猫”奖自然及环境类参评节目95部，获奖节目7部，分别来自中国、英国、法国；2003（第七届）“金熊猫”奖自然及环境类参评节目175部，获奖节目7部，分别来自中国、英国、美国、新西兰、日本；2005（第八届）“金熊猫”奖自然及环境类参评节目113部，获奖节目10部，分别来自中国、奥地利、法国、印度。广西电视台、四川电视台、大连电视台、北京科学教育电影制片厂、中国农业电影电视中心湖南工作站制作的自然类纪录片《猴王》、《海边有片红树林》、《度过生命的危机》、《萨马阁的路沙》、《蛇·鸟·蛇》、《鸟的王国》、《老三》、《雷鸣之夜》、《峨眉一日》、《虫虫的生活》在三届评奖中分别获过12个不同的大奖。这些节目不仅在中国举办的国际评奖中为国家和各自的机构赢得了荣誉，在中国自然类节目的创作中也具有代表性。以上节目也纷纷在国际评奖中为中国赢得了荣誉，抱回了奖项。中国的自然类纪录片除了在四川电视节“金熊猫”奖上频频获奖之外，还在国内举办的“金鹰奖”、“彩虹奖”、“中国电视纪录片学术奖”等不同的国家级、全国性专业评奖活动中频频取得优异的成绩。比如：四川电视台创作的《峨眉藏猕猴》曾获第19届中国“金鹰奖”最佳摄像奖；四川电视台创作的《袁扁的鹭鸶》曾获得第20届中国“金鹰奖”最佳摄像奖和优秀作品奖；新疆电视台创作的《回家的路有多长》获得第21届中国“金鹰奖”最佳摄像奖和优秀作品奖；四川电视台创作的《萨马阁的路沙》获得第22届中国“金鹰奖”短篇最佳作品奖和最佳摄像奖；大连电视台创作的《蛇·鸟·蛇》获得第22届中国“金鹰奖”优秀作品奖。在2006年中国电视纪录片的评选活动中，参选长纪录片的自然类纪录片比往年多，在评选出的10部最佳长纪录片中，自然类纪录片就占了十分之三，这三部优秀的自然类纪录片分别是新疆电视台制作的《胡杨》、北京科学教育电影制片厂的《雷鸣之夜》、视点文化传播有限公司的《236号麋鹿·孤独者的故事》。

从以上举例可以看出中国自然类纪录片已在国内电视专业界取得了令人刮目相看的业绩，该类节目制作的质量和产量已在逐年提高。

2. 自然类纪录片的制作、播出及市场交易之现状

由于自然类纪录片周期长和高品位要求制作机构对其投资较大、人员专业素质要求高、设备要精良，这类节目的播出及市场发行也需要相对的成系列、规模化，才能赢得较好的收视率和较好的市场回报。因此，自然类纪录片的创作发展更需各电视机构的决策者，以前瞻性的发展眼光和打造培养精品品牌的战略思维去进行扶持，自然类纪录片的创作者更是要以非常的敬业精神和专业素质，沉下心来，坚韧不拔地走下去，为电视观众回馈更多更好的自然类纪录片。

这些年来，北京科学教育电影制片厂、四川电视台、新疆电视台、广西电视台、大连电视台所制作的多部自然类纪录片在国际国内的评奖中取是了优异成绩，节目的播出收视率表现不俗，市场发行优于人文、社会类纪录片，可以说是基本上达到了名利双收的效果，这也是在这些机构的决策者和实践者共同的努力下取得的。希望有更多的电视机构能重视自然类节目的制作。

三、中国自然类纪录片如何加快国际化进程的策略

现阶段自然类纪录片在中国及亚洲的多数国家的制作、评奖、市场发行尚处于初期培育成长阶段，而海外经济发达地区的国家（主要是欧美国家）的影视机构在制作、评奖和市场发行上处于较为成熟的阶段。因此，

中国的自然类纪录片要加快发展，也可借助国际参评、国际市场发行、国际合作制作等各领域的外力帮助，通过借势、顺势达到上市的目的。借势，即借创作观念、借专业人才、借制作资金；顺势，即顺应市场发展的规律和国家扶持纪录片“走出去”工程的政策发展趋势；上市，即最终把“中国造”的产品销往国内外市场。为此，我们必须认真研究、学习、借鉴国内外同行成功的品牌培育之策略、市场营销之策略和投资制作管理之策略，“以外促内”，从而加快中国自然类纪录片的国际化进程，实施好“走出去”工程。

1. 关于品牌培育之策略

当今时代，在人们生活的各个领域，都存在“品牌消费”的理念和事实。作为影视文化消费产品的自然类纪录片，必须运用“品牌培育”之策略，寻求生存及发展之路。根据我十几年来从事纪录片国际发行、国际合作、国际评奖所积累的经验和市场的信息反馈，我认为以下方面可作参考：

一是要培养具有高度敬业精神、国际创作理念和专业水准的创作团队（由复合性人才组成）；二是要有较高的制作资金的投入以保证精品的品质（自然类纪录片是一种高投入、高回报的精品工程）；三是要有与国际市场发行所适应的精良专业设备为技术保障；四是多送节目参加国内外举办的各种自然类专业评奖，获奖有利于“品牌形象”的塑造和推广；五是多参加国内外的节目市场交易活动，市场是“试金石”，以市场的一线信息反馈来指导自然类纪录片的选题和创作，针对市场需求“以销定产”，避免盲目投资；六是走资源整合的多赢之路，大力开展中外合拍，以项目制和市场化的规范方式开展节目的合拍、协拍、委托制作，以寻求更多的经费、人才、设备投入节目制作。

2. 关于市场营销之策略

目前，自然类纪录片的经济回收主要是依靠国际市场的发行。而国际市场的发行又讲究节目自身的高品质保证以及制作机构或发行机构的“品牌”效应。市场营销策略可以从以下几方面着手：一是自主销售。需要培养懂国际市场发行规律和有经验的销售人员，利用参加国内外节目交易市场的机会拓展客户关系，让客户认识和信任你的产品，这需要5～10年的培育周期。如：四川电视台在90年代初进入国际市场搞发行时较为困难，这几年，因为有了“适销对路”的产品，有了固定客户关系和渠道，有了“品牌”知名度，经常就会有客户找上门来询问有无新节目，找上门来谈合拍。二是在各种媒体上做推广、打广告。四川电视台多年来一直利用国内外举办的各种国际电视节展在各种刊物上做平面广告，进行“品牌推广”活动。三是与有实力、有经验、有品牌影响的国际媒体合作。将可以利用的节目素材进行再包装编辑，用外国人的眼光来包装中国的内容，也是一条成功的捷径。央视的《故宫》和新疆台的《野马回故乡》就是分别与国际著名的媒体“国家地理频道”和“新西兰自然历史公司”合作，由外方进行节目内容的重新编辑和包装而顺利进入国际市场的成功案例。但是，前提是原始的拍摄素材一定要保管好，镜头的数量和内容可以重新利用。四是在国际市场上寻求有信誉、有经验、有实力、有网络的发行商代理发行，便于进入国际市场和取得合理的回报。

3. 关于投资制作管理之策略

由于自然类纪录片的精品力作所花费的周期长、经费高、设备好（尤其是拍摄野生动物类节目和拍摄系列片），国内一般的地方电视机构和独立制作人在投资上较困难，这是阻碍国产自然类纪录片发展的“瓶颈”问题。解决这个问题的策略之一是走合作之路。实际上近几年来，国际上已流行多机构、跨地区（国家）的合拍，以弥补制作经费不足，降低制作成本。就合拍而言，要想寻求中外投资机构的“青睐”，必须按市场规律和行情办事。我接触到国内一些同行，本来有好的“选题计划”，但因在操作上不规范、太粗糙而丧失了招商的机会。建议在自然类纪录片“文案”招商时注意几个方面：一是要有知名的自然类科学家作为节目的科学顾问，以增强节目的科学性和可信度；二是要有可供操作的详细拍摄大纲；三是要有市场分析报告；四是要有合理的国际标准的发行后利益分配的意见；五是如果合拍要办理国家有关主管部门的批文以保障合作顺利。策略之二，是按市场营运的模式搞好节目的成本核算，在节目的制作周期和人员配置上，进行科学的调度和掌控，应该要先写拍摄脚本再开拍，努力改变长期以来电视台摄制人员在创作上过于“个性化”，忽视“市场化”，过于随心所欲，缺乏计划性的“粗放式”生产方式，精品就是需要对生产的全过程的每一个环节进行精细化、规范化、科学化的管理。我们应提倡在节目的风格上尽量鼓励主创人员的艺术性，在节目的制作流程中尽量做到规范化管理。

关于纪录片栏目化的思考

彭武华

近十年来中国电视纪录片和纪录片栏目经历了路途回转、吐故纳新的发展历程。虽然它的一个高潮现在已经过去，但今天纪录片和纪录片栏目依然有着众多的忠实观众，依然有着广阔的发展空间和宽广的市场前景。

纪录片栏目化的发展状况

在不同的时代背景下，纪录片有着不同的发展阶段及其表现形式，尤其在纪录片走进栏目化后，纪录片有了新的发展和新的内涵。栏目化的发展为纪录片在体制内赢得了合法的存在，使纪录片更加贴近和关注人民的生活状态，为纪录片在中国的发展奠定了最广大的群众基础。

进入20世纪90年代，从吴文光的《流浪北京》，尤其是《望长城》的出现，“纪实主义”的精神把中国纪录片人创作的激情和爱好纪录片的电视观众的观赏热情进一步带到空前的高度。

中国的纪录片由来已久，可以说中国的电影史就是一部纪录片史。但纪录片真正开始市场化是以1993年在北京和上海几乎同时办起的两个栏目《生活空间》和《纪录片编辑室》为主要标志。上海电视台《纪录片编辑室》曾经创下36%的高收视率，并涌现了一大批规模巨大、内容深刻、制作精良的纪录片。

栏目化是纪录片在大众传播时代的一种生存策略，《生活空间》与《纪录片编辑室》的开播，标志着中国纪录片栏目化的开始，之后电视纪录片栏目便风行全国。这些纪录片栏目之所以获得较高的收视率，是由于以下几个原因：一是，20世纪90年代初正处于改革开放的初期，中国的变革使民众的意识发生着前所未有的改变，观众提出了对精神产品的迫切需求。二是，纪录片栏目化给观众最大的感受就是纪录片的平民化视角，观众通过这些节目看到了身边的人和事，这些形象使观众感到亲切，并透过镜头对身边的生存与发展开始了反思。第三，纪录片栏目吸引了一大批优秀的创作者，制作出一系列的精品节目，打造出一系列的品牌，形成了较大的号召力。比如：1993年中央电视台《东方时空》的开播，“讲述老百姓的故事”这个每天播出的电视纪录片栏目，曾一度深入人心。

然而在20世纪90年代中后期，中国纪录片的创作逐渐进入低谷，这是由于随着社会的发展，人们的生活方式、审美习惯、价值观念、生活节奏都起了很大的变化，在紧张的工作之余，对电视节目的类型也产生了不同层次的需求。而同时，受市场规律驱使，电视节目娱乐化的倾向也越来越重，电视剧、综艺娱乐节目几乎占有了所有频道的黄金时段。而作为影视中蕴涵深刻文化积累的纪录片，则逐渐被冷落，纪录片的市场规模和收益一直在缩水。为了扭转这一局面，使困境中的纪录片继续生存发展，加强栏目化运作是解决这一问题很重要的一个环节。

纪录片栏目化的优势所在

纪录片栏目化是纪录片与电视联姻后的主要生存方式，也是纪录片在电视中的必行之道。经过十年的磨合、历练，其优势愈发彰显出来。

首先，纪录片栏目化更贴近新闻性且周期固定，使其拥有固定的收视群体。纪录片栏目化，改变了从前的十年磨一剑式的创作方法。相反那种制作时间较短，注重新闻性和时效性的纪录片更能引起观众的兴趣。同时栏目化的纪录片时间持续、周期固定、定位明确、观众容易收看，而且会形成一定的收视习惯。栏目化的纪录片在一段相对集中的时间里，甚至可以像新闻节目一样形成更具广度和深度的报道。

其次纪录片栏目化更贴近百姓，使受众群体看到了身边的人和事。纪录片栏目化后，摒弃以往纪录片过度的官方意识，更加注重人文关怀，注重贴近平民，这种节目样式被普通的中国老百姓所接受。栏目化将纪录片这一“精英文化”推动到普通人家，讲述了老百姓的故事，讲述了他们身边发生的事。中央电视台制片人陈虻经常讲的一句话：我们要为小人物留下一部由小人物构成的历史。

中央新闻纪录电影制片厂的编导也将镜头的视角转向了普通老百姓，用真实、生动、感人的情节向观众讲述了一个个鲜为人知的故事。如：2002年《纪录片之窗》栏目拍摄的节目《与生命签约》，讲述的是山东泰安一名患上了骨髓增生异常综合症的下岗职工，选择了一条常人不敢想的路，与自然抗争、与病魔抗争的故事。2003年拍摄的《盲女的故事》，讲述了一个盲女敢于向命运挑战，最终成为一个优秀的盲人钢琴调琴师的故事。

再次，中国的电视节目制作在整体水平上与国际水平是有差距的，栏目化却给中国的纪录片提供了一个良好的发展平台，尤其是中国的纪录片在国际上频频获奖这一事实，更使人们看到纪录片的发展空间。

总之，纪录片栏目化这种特有的节目样式，已经被老百姓普遍接受了，人们开始关心纪录片，这对中国纪录片的发展，起着绝对的积极作用。栏目纪录片在中国电视市场上能站住脚，广泛的群众基础也是它的优势所在。

纪录片栏目化的运作理念

近年来，纪录片在栏目化的运作形式下取得了长足的发展，这是有目共睹的事实，而电视作为一种现代产业，它不仅要生产高质量的节目，同时也要关注市场的需求，在这个大背景下，纪录片栏目化的运作理念也产生了新的变化。

第一，纪录片栏目化符合电视产业化发展的需要，栏目播出的纪录片要按照市场化的要求进行运作。所谓市场化的纪录片就是观众喜欢的纪录片，是收视率高、经济效益好的纪录片。如果说市场研究的是消费者，那么电视市场研究的就应该是电视观众。在这里，市场占有率被代之以节目收视率，观众对电视节目的喜好程度成为电视栏目策划者与经营者最为关注的指标。观众喜欢听故事而不是听说教，所以对于讲故事的人来说，怎么讲故事及讲故事的方式很重要，此外还有故事背后的思想性的、思考性的内涵。故事电影是虚构的，纪录片是非虚构的。目前不少纪录片导演在学习电影讲故事的技巧，可以说，这些导演故事讲得越好，我们的栏目也就越有看头。栏目化的纪录片就要研究观众喜欢什么样的选题，想听什么样的故事，欣赏什么样的作品风格，接受什么样的节目形式。因此，有人总结说：电视的市场化过程就是艺术的大众化过程。这里确实不同程度地存在着在市场化的前提下，艺术必须向市场做出某种妥协。

第二，栏目化纪录片的节目要系列化。这种系列化趋势已显现出多方优势。从市场概念来讲，从投资人市场回报角度来讲，节目要尽量系列化。近年来我厂参与制作的《见证·亲历》栏目推出多部系列节目如：《滇缅路上惠通桥》（3 集），它选择了一个对抗日战争的胜利起过极其重大的作用又很少宣传的主题，还原了历史的本来面貌，使人们对抗日战争有了更全面的认识。我参加拍摄的《战海南》（3 集），就向人们讲述了在55年前的春天，在中国南方的琼州海峡，曾爆发过一场大规模的渡海登陆战役。《1953：归乡之路》（5 集），此片重心就是从日侨归国说起，从而为我们提供了一个新的视点来观察中日两国关系的大趋势。还有《中国战鹰探秘》（4 集）、《二十五年流行语》（6 集），等等。这些系列节目给人的总体印象是选题大气、主题鲜明、内容翔实，对历史和现实生活都有较深的挖掘。同时，结构比较严谨，各集的重点都较突出，且又相互关联，层层深入。系列节目以其最大的优势来全方位地反映和讲述故事的方方面面，从而使事件和故事以立体的方式提供给广大的电视观众。然而从市场的概念讲，这种系列化的做法，也会起到降低成本、提高收益之目的。

第三，纪录片栏目化生产的管理一定要品牌化，要有特色。没有品牌、没有特色，就没有生命，就没有市场。如：《见证·亲历》这个栏目既回顾历史，也关注现实，是用现代人的眼光去重新发现与解读往事。这种发现与解读，就是挖掘历史事件的来龙去脉，讲述人物的命运与感情。中央电视台的《探索·发现》栏目是一个大型的自然地理和人文历史纪录片栏目。它以科学探索的态度，讲述中国及世界的历史、地理故事；发现和诠释自然地理和人文地理所蕴含的自然规律和文化内涵；探索生命与自然相互依存、和谐统一的关系；介绍中国和世界博大精深的文化遗产。每个栏目都有自己的定位和特色，这一点非常重要。让观众一看，就知道这个栏目主要是讲述什么、突出什么、强调什么、宣传什么。突出特色、突出个性，是区别其他栏目不可忽视的一个重要原则。只有打好特色牌，才能在众多的栏目中站稳脚。

纪录片栏目化值得注意的问题

其一，栏目化纪录片中单个节目与系列化纪录片相比，存在深度不够的问题。在纪录片创作领域有这样一个规律，那些获奖的优秀纪录片一般拍摄时间都比较长。有些纪录片甚至拍摄几年、十几年，这些纪录片的深度很大程度上得力于它们的拍摄时间。而栏目纪录片缺乏的就是这样的周期。因此，单个节目的深度不够是栏目纪录片最大的缺憾。

其二，当前纪录片栏目出现滥用纪实手法的倾向，并且纪录片故事化的“极端”发展，是纪录片向追求视听刺激娱乐化的倾斜。这些做法使纪录片的纪实主义的理性精神被一点点消磨。而这一切相信绝不是纪录片栏目化推动者们的初衷。

令人担心的是，纪录片栏目的发展在一定程度上掩盖了经典纪录片创作疲软的现状，而观众在讲述老百姓自己的故事与挖掘人类深刻思想主体的精品之间进行选择的过程中厚此薄彼程度的加深，将造成人们艺术鉴赏力的简单化与模式化，正如好莱坞电影在带给人们感官上的强烈刺激的同时，丢弃掉的却是思想的沉淀与理性的火花。这说明在电视产业化发展的过程中，存在着电视节目的栏目化与市场化的结合所造成的精品艺术空洞化的危险。

其三，纪录片张扬的个性与栏目化纪录片整齐划一的风格也存在矛盾。纪录片的生命在于不断地探索创新、在于鲜明的个性特征。风格的多元化和形式上的灵活性对于纪录片的发展至关重要。可是，纪录片要想在栏目中生存又必须去适应栏目对风格统一的要求，这对矛盾一直困扰着纪录片创作者。

另外，纪录片栏目化导致的题材狭窄是一个不容回避的问题。

综上所述，我认为纪录片的栏目化既为纪录片的发展带来了前所未有的优势，也给纪录片的创作带来了一定的局限。这需要随着纪录片栏目化的不断发展、不断调整来不断完善。希望我们中国的电视纪录片栏目的发展之路越走越宽广，纪录片的理论发展也随着创作实践的深入而越来越活跃。

中国电视业目前的规模及主要成就

朱　虹

经过多年的建设和发展，中国电视业已具备相当的规模和基础。根据国家广播电影电视总局的统计，目前全国共设立电视台302座，广播电视台1932座，教育电视台50座，共开办电视节目2279套，全年播出电视节目1283万小时，全国共有电视发射台和转播台4.8万座，微波站2400多座，微波线路超过10万公里（微波目前主要作为备份手段），卫星收转站120万座，使用4颗卫星29个转发器转播84套电视节目；全国电视有线网达240多万公里，连通1.26亿户收视家庭，电视人口综合覆盖已达到95.81%。2005年，电视总收入约为800亿元，其中电视广告收入为397亿元，有线电视收视费收入为151亿元，付费数字电视收入为3亿元。

此外，在目前全世界拥有的10亿电视用户中，中国占3.2亿户；在全世界14亿台电视机中，中国约占4亿台；在全世界30亿电视观众中，中国占12.4亿。中国已成为颇具影响的电视大国。

1. 电视节目更加丰富多彩

目前，全国共开办经济、影视、体育、少儿、生活等专业化、对象化定位的电视频道560余套，批准开办数字付费电视节目120套，其中80套已经开播，初步形成了门类比较齐全、内容比较丰富、形式多样的专业电视频道体系，极大地丰富了荧屏。

2. 电视节目制作健康有序发展

近年来，国家出台多项优惠政策，降低准入门槛，进一步向社会开放广播电视节目制作业务，积极鼓励社会资本和外来资本投资、资助电视节目制作。据初步统计，目前全国共有各类广播电视节目制作经营机构1944家、制作公司1200余家。全国各类制作机构注册资金总计接近150亿元人民币、固定资产接近80亿元人民币，全年制作电视节目接近300万分钟，电视剧产量为1.5万余集，动画片产量为110部4.2万分钟。已经初步形成了以电视剧为核心产品，其他节目异彩纷呈，市场化运作逐步拓展的节目制作产业体系，并在整个文化产业中占据越来越大的比重。

3. 数字电视和新媒体业务迅猛发展

从2003年起，国家广电总局以有线电视数字化为突破口，制定了"三步走"的发展战略，颁布了向数字化过渡的时间表，全力推进广播电视数字化。目前有线电视数字化已由点到面全面展开，全国共有41个城市和省区启动了电视转播模式的整体转换，进入了开展多种业务、拓展服务领域的新阶段。近年来，中央和地方电视机构纷纷开播了网络电视、付费电视、手机电视、移动电视和视频点播等业务，并取得了良好效益，成为电视产业新的经济增长点。

4. 对电视普遍服务、支持和投入进一步加大

近年来，国家大力实施了广播电视村村通工程和"西新工程"。从1998年到2005年，中央财政和地方配套累计投出资金共34.4亿元，基本解决了全国已通电的11.7万个行政村和8.6万个50户以上自然村共9700万农民群众听广播、看电视的问题。

走国际化、专业化、市场化之路

——中国（广州）国际纪录片大会发展模式浅析

付　岩

中国（广州）国际纪录片大会，由国家广电总局和广东省人民政府联合主办，它的前身是广州电视台发起创办的广州国际纪录片学术研讨会。经过三年的发展，目前，它已经成为中国唯一国家级的、享有国际交易功能的纪录片盛会。作为以推动中国纪录片市场化、产业化、国际化为宗旨的中外纪录片交流平台，中国（广州）国际纪录片大会（以下简称大会）的知名度和影响力与日俱增；它的举办，有力地推动了中国纪录片产业的发展，成功探索出一条以纪录片大会形式推动纪录片产业链构建的"广州模式"。

一、在"文化走出去"战略的背景下应运而生

1. 中国纪录片产业发展现状及困惑

中国纪录片曾经辉煌过，曾经诞生过像《沙与海》、《话说长江》这样的名作，但是它并没有像电视剧产业一样，完全实现了产业化，处于有生产没有出路、有成品没有商品的现状。由于缺乏对外沟通的有效渠道，造成了产业化进程的缓慢。虽然，每年都有为数不少的中国纪录片参加国际各种电影节和纪录片节，然而这种参与并不是以市场化为主要目的，它主要有两个方面的不足：一是评奖意义大于商业销售意义。参展中国纪录片更多地是以获得各种奖项为第一目的，而把商业销售放在了次等位置。二是缺乏产业的拉动性。更多的是个体性和零散性，缺乏在国家有关机构宏观组织下产业化的整体行为。

因此，中国纪录片过分依赖会展参加销售，缺乏政府性、宏观性的对外联系、交流渠道，从而制约了中国纪录片的产业化、市场化和国际化进程。

2．“文化走出去”战略要求中国纪录片走向国际化和专业化

党中央高度重视文化产业走出去工程。2003年12月5日，胡锦涛总书记在全国宣传思想工作会议上的讲话中就指出要“大力发展涉外文化产业，积极参与国际文化竞争”。李长春同志也强调，要支持和鼓励我国文化产品的出口，形成一批对外文化交流的文化品牌，不断扩大我国文化产品的国际文化市场份额。党中央和中央领导同志的重要指示，为我国“文化走出去”战略指明了方向。在全球化的今天，文化要素也随着经济要素一样，在全球范围内获得了广泛流通的自由，并由此产生了庞大的文化消费群体。“文化走出去”战略的更深层次意义在于充分发挥中国文化深厚的历史积淀，通过文化产品的出口打破西方文化中心主义，抵抗西方文化的殖民入侵，因此，它的实质是中国文化的产业化、国际化和市场化。

在各类文化影视产品中，纪录片具有重要的对外文化交流与对外宣传功能，具有国际化和专业化的特点。相对而言，由于受文化背景和意识形态的限制，新闻、电视剧等影视品种在国际市场发展空间较小。进入别国市场并为观众所接受，历史环境、文化心理、审美习惯、政治气候等诸多因素起着较大的影响。但是，纪录片可以跨越文化传统与意识形态的差异，较为便捷地进入西方主流社会。同时，纪录片的专业性非常强，欣赏人群往往是精英阶层，在西方社会能够产生更大的影响力。因此，中国纪录片可以不断拓展国际市场，成为“走出去工程”的重要载体。特别是中国五千年的历史进程创造出了博大精深、辉煌灿烂的中华文化，我国还有着大量珍稀物种和多样性的自然资源，都为中国纪录片走向世界提供了丰富的创作资源。

3．纪录片大会中的交易功能是走出去的有效途径

所谓产业化，是指形成一个产业的过程，其核心内涵是生产的连续性、产品的标准化和生产过程的集成化。而实现上述要素的关键，又在于以市场需求带动整个产业体系的良性发展。实现中国纪录片“走出去”战略的核心，在于建立完整的外向型纪录片产业体系，搭建面向国际市场的纪录片交流、交易平台。

纪录片大会是目前国际流行的纪录片组织形式，内含的交易功能能够有效推动中国纪录片产业化进程。交易会这种形式由来已久，它在欧洲资本主义发展过程中起到了重要的推动作用。交易会以古老的以货易货形式发展而来，作用是突破普通交换的狭隘范围。法国年鉴派历史学家布罗代尔指出，交易会推动了商品流通。“大商人把交易会当作工具而加以完善，使之成为做大买卖的场所。”①实际上，从古老的香巴尼交易会到现今伦敦、纽约、法兰克福的黄金、证券、谷物等各类交易所，它们的作用都在于将某类商品集中于一地，形成了以它为中心的产业循环，商品、货币和信贷无不参与这些循环运动。至于纪录片产业，目前国际交易也主要以交易会为主，形成了以德国莱比锡国际纪录片短片电影节、法国阳光纪录片节、波兰克拉克夫纪录片节等为主的七大纪录片节，成为推动各国纪录片发展的强大动力。

4．“广州速度”印证了中国纪录片组织策划层面的创新力度

2003年广州国际纪录片学术研讨会的举行在于打开声誉并获得国际和国内纪录片界关注，探索推动中国纪录片产业化、市场化和国际化的有效途径。2004年改名为广州国际纪录片大会，这说明通过第一年的举办，广州电视台已经了解到大会形式是国际纪录片市场发展的主流并且能够适应中国纪录片产业化的发展。在这一届还引进了DOCUMART（纪录片市场）的交易平台，触及到中国纪录片产业缺乏下游对外交流、交易链条的实质，因此它虽然只是地方性的专业活动，但引起了国家政府部门的高度重视。到了2005年它就发展成为目前唯一的国家级纪录片活动，影响深远，并且将在宏观层面承担起推动中国纪录片产业发展的重任。

从2003年大会由非官方主办，到2005年大会升格为国家级大型专业活动，短短三年，完成三次大跨越，这和大会坚持走专业化、国际化道路是分不开的。中国（广州）国际纪录片大会的发展历程可以概括为纪录片文化领域的“广州速度”，2005年中国（广州）国际纪录片大会交易活动负责人帕特·费恩斯先生就认为，广州国际纪录片大会发展如此迅猛，说明中国政府充分认识到了纪录片的意义和价值，并在组织策划方面走上了一条正确的发展之路。

二、成为促进中国纪录片走向世界的桥头堡

三年多来，越来越多的国际电视机构和国际著名影视节通过大会不断加深对中国主流纪录片的认识，并对购买中国主流纪录片和合作拍摄纪录片产生了浓厚的兴趣。

1. 成功探索出专业性的纪录片产业展会模式

首先，它的专业性体现在得到了国家和省市主办单位的高度重视，凸显出专业化的产业政策支持，这是国内其他纪录片节（活动）所没有的。国家广电总局将由此进一步加强政策引导，建立相关产业发展的政策法规体系，利用中国（广州）国际纪录片大会平台，认真学习借鉴国际优秀纪录片的各种经验，共同打造出具有中国文化特色又具有国际市场竞争力的国家级的影视文化品牌。广东省和广州市政府也将大会列入省、市“十一五”规划当中，认为大会的举办将为广东省、广州市建设文化大省、建设文化广州注入新的动力，有力地推动经济社会和相关产业的发展。

其次，它的专业性还体现在成功构建纪录片市场投资、销售和交易平台，成为中国纪录片走向世界的一个重要国际平台。这个交易平台是通过DOCUMART的交易方式，由中外买家见面与国际纪录片需求的介绍、纪录片成品推介、纪录片成品交易和纪录片预售方案交易组成。DOCUMART交易方式采取的是主持人先对买卖方进行初步培训，并与双方进行直接的沟通和交流，从而使主持人进一步了解买卖双方的需求，最终起到一个穿针引线的作用。每年大会举办前，都会向国内外有实力的买家发出邀请，有兴趣的纪录片制作人、导演都可以通过网上报名或电话报名的方式参加大会。可以参加纪录片成品交易，题材不限，拍摄方案甚至是的创意都可以在预售环节中推介。加拿大Doc Talk电影节代表哈里·沙法兰先生就称赞广州国际纪录片大会是目前世界上最有吸引力的市场，把纪录片产品和市场结合得很好，对国际著名纪录片节的代表非常有吸引力。

第三，它的专业性还在于形成了影片评优—影片观摩—产业研讨的一体化内容，使纪录片从前期策划到成片到后期发展连成一个整体。从2003年到2006年，中国（广州）国际纪录片大会先后选择了“文化传统和祖先的故事”、“少年儿童的故事”、“今日女性”和“关注贫困”为主题，参展国家和影片不断增加。同时，在每届大会上，大会都面向大众进行了目前国际知名纪录片节流行的特定国家影片展播和纪录片产业研讨，来自中国及国际相关部门的管理者和知名电视机构的代表等开辟了涉及中外纪录片的转型方向、投资方式、市场拓展以及具体制作等方面的专题讲座和论坛。这些研讨活动对于进

一步加强政策引导，建立促进相关产业发展的政策法规体系将发挥建设性作用。

2. 体现出鲜明的国际化展会特点

——运作层面引入国际惯例

大会在设立之初，广州电视台就瞄准国际市场，对国际知名纪录片活动进行调研和考察，在运作上引入国际惯例，提高了大会规格和影响力，更好地推动了中国纪录片产业发展。一是在对外宣传上体现国家形象，推荐、宣传中国纪录片。为了更完备地做好国家级纪录片活动各项工作，大会执行机构广州电视台一般从当年年初就开始会议筹备，制定详细的宣传计划。大会先后参加了多个世界知名纪录片节，并举行名为“中国日”的中国优秀纪录片展播活动，向国际社会大力宣传中国优秀纪录片、宣传中国（广州）国际纪录片大会。二是以大会为窗口，向国际纪录片界宣传中国丰富纪录片资源。体现在议程安排上，将中国悠久历史文化与纪录片活动紧密结合，让国际纪录片界了解和感受中国深厚的历史文化，从而引起他们对中国文化、中国纪录片以及拍摄中国文化题材纪录片的浓厚兴趣。三是在大会的具体细节上，全面与国际接轨。安排的各项活动中，展播影片全部翻译成英文，现场讲座配备同声翻译，并联合相关部门解决从版权到与会人员出入境等一系列问题，从而为国内外电视制片人、电视媒体工作人员们搭建了一个沟通和交流的平台。

——交易层面采纳国际通行做法

2004 年，大会首次引入了国际通行的纪录片DOCUMART 交易方式，这是大会执行机构广州电视台在对国外纪录片节进行访问、考察学习、交流时借鉴、引进的。DOCUMART 交易方式最大的好处就是可以让作为卖家的导演、制片人与买家直接进行面对面的销售，但主要是拍摄方案的预售，而不是成品的销售。DOCUMART 交易的最大优势就是比一般设摊位的传统做法更加节省时间、更能增进相互间的了解和需求，交易效果也好很多。中国纪录片要想走向世界，除了策划拍摄、叙事方法等手段外，在销售上也必须与国际接轨。大会专门把这种方式引进到纪录片大会中来，目的就在于让更多的中国纪录片的导演和制片人不仅有机会参与这种国际通行的交易方式，而且能够进一步了解和熟悉当今国际上纪录片最新的发展、流行的话语方式及表现形式，从而拉近中国纪录片走向世界的距离。在2004 大会上，就分别进行了中外买家见面与国际纪录片需求介绍、纪录片成品推介、纪录片成品交易、纪录片制作方案交易，取得了良好效果。在2005 大会上，为了使国内纪录片制作机构熟悉这种方式，还邀请创始人帕特 · 费恩斯先生在北京开办培训班，推介纪录片交流、销售的方式和方法；并开设了三次纪录片制作方案预售培训以及 8 场市场交易活动。正是大会采用与国际接轨的交易方式，突显出它无可比拟的国际化、专业化优势，得到国际纪录片行业的充分认可。

——参与层面体现国际化合作

大会充分利用了广州开放的区位优势以及外国领事馆众多的特点，并积极联系联合国等国际组织，从而使大会具有突出的国际合作特点。联合国儿童基金会北京联络官查尔斯 · 雷克洛夫特先生就表示，2005 大会选择“今日女性”作为主题，表明大会正在从事与联合国儿童基金会一样的事业，他对大会给予最好的祝福，对于大会所做的工作和努力表示感谢。同时大会还充分利用了广州的对外交流优势，得到了驻穗领事馆的积极参与和大力支持。2005 年大会举办期间，波兰、德国、加拿大等国领事馆就配合大会主题举办了本国的专项活动，收到良好效果。

——交往层面融入国际知名纪录片圈

由于影响力不断扩大，大会已经成为国

际纪录片活动中亚洲重要的组成部分，成功融入国际知名纪录片圈。在2005年的大会上，享誉世界的其他七大纪录片节的代表聚首羊城，共同寻找合作机遇。它们包括：德国莱比锡国际纪录片短片电影节、法国阳光纪录片节、波兰克拉克夫纪录片节、加拿大Doc Talk电影节、加拿大热门（Hot Docs）纪录片节、澳大利亚AIDC国际纪录片大会和荷兰阿姆斯特丹国际纪录片电影节。各电影节代表交流了各自电影节成功举办的经验，对中国政府大力支持纪录片产业发展及举办本次大会给予了高度的评价，并提出了很多富有建设性的建议。同时，大会还以其中国特色，得到了国际纪录片界的赞扬，他们纷纷学习借鉴大会的许多成功做法。波兰克拉克夫纪录片节的巴巴拉·奥利兹女士就表示，中国（广州）纪录片大会设置的市场交易环节非常值得克拉克夫纪录片节借鉴，他们明年也准备引进市场这个活动，邀请国际买家到波兰来参与推广波兰纪录片。

三、推动了中国纪录片产业发展

中国（广州）国际纪录片大会经过三年的发展，已经成为具有广州特色的唯一国家级纪录片盛会。它的举办，有效地建立了中国纪录片产业链下游对外沟通、交流、交易渠道，总共有100余部中外纪录片成品和拍摄方案参加了推介，有近20部中国纪录片拍摄方案获得了国际知名传媒和制作机构以及国内投资方的认可。

大会也引发了对中国纪录片产业化、市场化、国际化的思考。其中，纪录片市场的培育问题是中外业界人士谈论的一个中心议题。目前从央视到省市电视台都相继开播了一些纪录片栏目，特别是像云南、四川、新疆这样纪录片制作资源丰富的省份，纪录片成为其电视制作中一个显著特色。但是，播出平台日渐减少、纪录片栏目收视普遍下滑和民营机构的发展受到限制这三个方面直接影响到了中国纪录片产业链的形成和发展。为此，大会通过产业研讨，为中国纪录片从“成品”走向“商品”探寻了有效途径，提供了三方面的可借鉴经验。

第一，引入纪录片市场化培育体系。首先，建立政府支持的公共播放平台至关重要。以加拿大安大略省为例，在该省众多的频道之中，教育性质的国有电视台承担了公共播放平台的作用，它向所有该省公民提供免费的地面频道，政府承担了70%~80%的运作资金。正是在政府支持下，这个公共播放平台运作非常有效。由于其公共服务性，因而较少受商业因素的干扰，这就为播放纪录片创造了条件。其次，是政府及公共机构给予财政支持。例如美国公共广播服务公司承担了公共播放平台的功能，它本身是一个非赢利性的播出机构，在349个电视台开辟一定时段提供播放服务，遍布美国各地。它的运作资金主要来自于各个会员电视台每年缴纳的会费和联邦政府支持。纪录片体系中的制播分离也很关键，即公共电视台主要提供播放平台，而独立制片人及专门制作机构提供成片。这样能使制作方更加低投入高产出，并支持本国纪录片制片人的发展。

第二，重点资助中国制片人走向世界舞台。大会成功搭建起的纪录片交易平台，使中国制作人有机会向国际媒体、电视机构展示自己的制作和策划能力，并成功地推销产品和创意。2006年5月，由大会组织的首个中国纪录片制作人代表团就参加了北美最大的纪录片节——加拿大Hot Docs，取得较大收获。包括参加纪录片方案预售培训班、与加拿大合作和联合制作案例分析及多伦多纪录片方案预售会等19项活动，开阔了视野，提高了中国纪录片制作人在国际市场上的实战能力。以后，大会还将资助中国纪录片制作人走向国际舞台，包括每年组织和资助一批优秀的中国纪录片制作人参加世界多个有影响的纪录片节、选出最具国际市场销售潜力的纪录片制作方案向与会的20多名国外主流媒体的实力买家展示、组织中国纪录片参加世界知名纪录片节的中国纪录片展播活动等。

第三，加速中国纪录片市场化的理性思考，与国际市场直接对话。包括：

——改进中国纪录片的内容产品形式

在主题内容上，中国纪录片应该展示中国人自己眼中的中国，而不是外国人眼中的中国，更多地记录生活中光明、美好的一面，更多地弘扬人与自然和谐、人与人和谐的主题。在宏大的历史背景下进行深刻而冷静的思考，提高纪录片的文化含量与历史价值。在表现技巧上，应该注重故事性。大会评选委员会主席米歇尔·诺尔先生就指出，纪录片是讲求故事性的，应该如实地把一个故事的思想内涵表达得生动而完整，中国的纪录片就应该讲求表达技巧。

——建立销售有效渠道

中国纪录片需要有针对性地进行销售。进一步明确国际纪录片市场的需求，了解国际观众的欣赏口味和特点，针对不同国家和地区的市场特点，通过大会的交易平台，与有经验、有实力的地区分销商合作，建立从策划到制作到销售再到反馈的销售渠道。

——建立纪录片产业发展政策整体框架下的公共播放平台系统，并鼓励民营机构的成片进入到公共平台中来

具体地说，就是要建立起制片方、播出方和销售方之间的产业联系。从宏观上说，要确立国家级的纪录片公共播放平台系统，国家通过建立纪录片产业基金进行一定财政补助等。微观上而言，则是进一步明确频道播出职能，通过制播分离将电视机构自身的纪录片创作队伍以创作室形式或公司形式推向市场。挖掘最利于栏目成功的核心因素，着力培育三秒钟核心竞争力；从个性化识别系统建设、个性化内容选择与个性化叙述方式三方面确立纪实栏目的个性，构建与时代相吻合的人文话语。

——国家政策的有效倾斜

目前国际上一些纪录片大国对于公共播放平台的建立都有着政策上的相关保障。从目前中国纪录片市场发展看，中国纪录片发展正处于市场化的跃进阶段，迫切需要国家及主管部门在政策面上的支持。我们欣喜地看到，目前国家正在准备出台支持中国纪录片发展的政策措施，设立政府性质的纪录片频道，这些都将在政策层面极大地推动中国纪录片产业发展。

中国（广州）国际纪录片大会已经走过了三年的发展里程，虽然具体执行机构广州电视台目前暂时还不是纪录片生产制作大台，但却愿意为全国同行、为中国纪录片走出去搭桥铺路。正如中视协电视纪录片学术委员会主任刘效礼将军评价，广州电视台这三年本着为中国制作人提供服务的姿态，为国内纪录片制作人走出国门创造了很多机会，大会建立的交流和交易平台，将为帮助国内纪录片制作人拓展新的思路、寻找新的合作伙伴和销售渠道做出贡献。

注释：

①布罗代尔：《15至18世纪的物质文明、经济和资本主义》第二卷，第74页，三联书店，2002年版。

探索纪录片的市场

孙　旭

由于目前电视台的过分商业化运作，片面追求收视率，纪录片在还没有来得及适应市场时，就被踢出了各台频道的黄金段，被大众化的娱乐类、法制类和民生新闻类节目所取代，成了市场的弃儿。当初纪录片栏目百花齐开的盛况如今早已不再，取而代之的是各种娱乐性节目。

以央视－索福瑞的媒介研究为例，在2005年的11月，在全国的12个主要城市电视收视率排行中，除了新闻联播和天气预报外，这些城市的收视首选都集中在电视连续剧、有各地特色的民生新闻节目、各种形式的晚会及娱乐节目等。在上海地区的收视排行中，前三位都被民生新闻类节目占据：《新闻透视》、《STV新闻》、《观众中来》，这三个节目都来自上海电视台新闻综合频道，其中《新闻透视》的收视率高达13.9%。

在这个排行中，我们看不到纪录片的位置。在电视台都以收视率为衡量电视节目的最重要标准的今天，许多电视台的纪录片栏目不是改版压缩，就是无法维持，淡出了大众的视野。纪录片的市场逐渐萎缩，离观众越来越远。

作为纪录片的局外人和一个有市场化经验的电视节目制片人，我正在探索一条纪录片与当今电视市场共同发展的路径。

大型电视系列片《留学生》，是我在多年的海外节目时间的基础上策划的一套反映当代社会热点问题“留学”的大片。我们将在3年内，走遍全球10个主要留学国家，拍摄200集，把一个个生动的故事、一个一个真实的现场带给中国观众，充分反映在中国历史上最大的一次留学浪潮中中国学子们的真实生活状态。在他们当中，既有成绩优秀者，又有失败堕落者；既有坚持求学追逐梦想的人，又有彷徨失落理想破灭的人。《留学生》它将是一部当代留学生的众生像。为了使其更有时代价值和历史价值，我们还将每隔五年拍摄一次，争取追踪每个人物20年。这样，这部片子将在中国纪录片史上和中国留学史上留下浓浓的一笔。在电视节目早已市场化甚至商业化的今天，我们深知，只有好的内容或者重大的题材意义并不能确保节目的成功。如何使电视节目适应市场化的要求，是我们每一个电视人都必须要认真面对的问题。早在《留学生》的酝酿阶段，我们就力图使这个节目以电视市场为导向，运用多种手段对资源进行充分利用、对市场进行深入开发。具体说来，我们从以下几个方面保证《留学生》节目适应电视市场的要求。

1．热门题材，大众口味

随着我国经济实力的持续增长，人民生活水平的不断提高，出国留学早已成为许多人教育经历的一部分。出国留学机会的增多必然使更多的人关注这个领域。于是许多观众会想要了解留学生在国外的生活和他们的心路历程。同时，由于留学生已经不再是以前的“少数人”，而是越来越多地来自普通家庭，因此留学生这个题材与观众生活息息相关，观众关心，但由于客观因素却没有办法完全了解。

我国的纪录片创作已经走过了原来单纯的“精英视角”阶段，题材太过边缘化，或者以高高在上的姿态创作纪录片，是不可能得到观众的认同的，只有创作与大众口味一致的纪录片，才能博得观众的喜爱。

2．采用纪实方式，保持原生态

《留学生》的绝大部分将在海外实景拍

摄，真实地记录海外中国留学生生活的状况，把留学生放到他们生活的社会背景中，而不是把他们抽离出来。这样做使观众不仅更多地了解到国外的风土人情，更重要的是使观众能对片中人物的故事有更具体、更深入的了解和感知。人物形象更加饱满可信，节目的质量也才能得到保证。

3. 产业化生产

我国纪录片创作现在陷入了一个两难境地，一些纪录片需要大量的投入，但是由于生产周期过长，市场不够广阔，播出之后甚至不能收回成本，于是对纪录片的投入已在缩减，从而严重影响了纪录片的质量，纪录片的市场也继续萎缩。这样一个恶性循环形成的根本原因，就是没有实现纪录片的产业化、规模化生产。

在这部系列片的制作中，我们坚持走“规模产生效益”的道路。我们计划在三年内拍出200集纪录片。在如此短的时间内，以如此大的规模创作同一题材的纪录片，这在纪录片、专题片创作领域都处于国内领先地位。这样的规模给节目带来的益处也是显而易见的。我们可以降低生产成本，同时不丧失市场先机。

（1）降低单位生产成本。由于坚持海外实景拍摄，投入的人力、物力和财力相对于国内拍摄的纪录片都要高一些，因此相对来说成本就比较高。我们解决这个问题的办法就是在短时间内一次拍摄。前期有人员在国外负责素材的收集、采访人物的联络等，摄像和编导可以在一段很短的时间内集中拍摄这些故事，提高了效率。这样可以有效地降低成本，提高节目的核心竞争力。

（2）大规模占领市场。大规模的生产能够形成留学题材领域的资源优势，提高节目的竞争力。

（3）利用资源的优势积累资源。经过十多年的电视外宣工作的锻炼，我已经积累了个人经验、素材、人脉、公共关系网络等一些列资源。在《留学生》的制作中，这些资源都得到了充分利用，同时以此为基础，能如滚雪球般进一步地积累资源。

4. 全国栏目化发行，占领题材市场

现阶段全国电视节目的总体状况是播出资源泛滥，然而重要题材少、优秀节目少。全国现在有2000多个频道，可是频道和节目都出现了同质化的倾向。好多电视台不能用发展的眼光看问题，看到别的台个别节目收视率高，就一窝蜂全上，做出的节目大同小异，观众很快就会“审美疲劳”。节目的收视率下跌，继而可能就会被裁掉。

在这种大环境下，我们坚持节目制作的可持续性发展，选择“留学生”这样一个生命力强、内容丰富、社会意义重大的话题。我们要用这部系列纪录片覆盖全国的相关频道。从制作系列片开始，再有足够的片源之后，我们将力图把“留学生”栏目化，使其成为一个周播甚至日播栏目，打造一个以留学生内容为核心的播出平台。如果进一步拓展的话，还可以在此基础上制作与留学相关的专题节目，比如关于留学的法律问题、留学的旅游问题、留学的就业问题、海归人员的问题等一系列节目，形成长期性的以内容为主导的资源优势。

5. 多媒体运作，积极开发衍生产品

“仅仅依靠卖片子，根本不可能收回成本，更不要说盈利了。”凤凰卫视有限公司节目副总裁钟大年如是说。无论是美国探索有限公司，还是美国国家地理，都非常注重相关图书与DVD等音像产品的推出。从这里我们可以看出，电视节目的市场，还有一个很重要的步骤，是多层次、多角度地开发产业链的下游产品。

在系列纪录片占有信息资源优势和市场优势之后，我们会对这些资源进行再开发，打造“留学生”的品牌，开发相关的媒体产品，如手机电视、网络电视、移动电视、地铁电视、平面媒体诸如报纸连载、书籍出版等，力图使我们成为留学题材多媒体视频内容供应商。

6. 搭建网络平台

在全国性电视播出平台形成的基础上，我们要搭载宣传“留学生网”。在这个网站上，我们将提供包括视频点播、留学热门国家的生活信息、信息交流、交友、网上交易以及求职等各种互动服务，努力把它打造成有公信力的、涵盖各国留学生活动信息的全面的网络平台，成为家喻户晓的留学专业网站。

总之，电视的市场化早已是一个不可回避的问题。由于体制的原因，纪录片创作的市场化比别的电视节目形式要来得晚一些，但是我相信，作为电视节目的一个重要而独特的类别，通过对已有资源的利用、以市场为导向并对市场进行充分开发，纪录片也能在激烈的竞争中为自己赢得一席之地。在制作精良的节目与适应市场要求之间求得一个平衡点，我希望《留学生》能为这种探索作出自己应有的贡献。

天堑与通途

——中国纪录片的对外交流战略

冷　凇

重要性与现状

业内关于纪录片创作方式、创作理念的探讨层出不穷，却少有人用国家发展战略的眼光来看待纪录片的国际对外交流问题。在喧嚣与浮华的背后，纪录片在对外交流和外宣领域中树立中华民族形象方面的重要性尚未引起国内专家学者的足够重视。

纪录片兼具艺术美与社会美的特质，是建设一个国家或地区物质文化、制度文化和精神文化建设中不可或缺的重要组成部分。纪录片文化是人类文化创造中最具时代活力、国际传播意义，社会影响最大的文化样式之一，其特点是同属于大众传媒系统与艺术创造系统，也属于广义的社会文化系统。纪录片不是最为盈利的商业电视行业，但其不仅在传媒文化、艺术文化、审美文化的几个系统中，占据着不可替代的扛鼎的地位，而且对政治、经济、文化、社会、科技乃至外交、经贸等各个领域都产生着直接或间接的重要影响。

中国纪录片的外宣和对外交流工作为什么重要？因为一个社会或民族的各个群体、阶层乃至每一个个体，会有怎样的道德伦理判断、是非判断、心理心态流向、思维方式与行为方式的选择，纪录片的传播对此实际上承担着相当大的社会责任。换句话说，纪录片是世界了解中国和中国了解世界的一扇至关重要的窗口。外国人看到怎样的中国纪录片，就会对中华民族和精神文明与物质文化拥有何样的印象。

纪录片的发端与影视的诞生发展紧密相联。19 世纪末、20 世纪初的电影，从最初的“工厂大门”、“火车进站”、“水浇园丁”等胶片纪实段落，直到世界上第一部真正意义上引起轰动效应的纪录片《北方的纳努克》。国内的《开国大典》纪录片段、《话说长江》、《望长城》、《毛泽东》、《邓小平》等纪录片贯穿影视技术与艺术发展的脉络，在对世人展现中国人文与领袖风采的同时，赚取大笔外汇。百余年来，纪录片在历史人文领域以其光彩夺目的银幕影像产品，构筑了人类大众文化审美相当重要的领域。进入90年代初期，纪实主义的大旗竖起，以纪实创作方式为核心的内容产品批量出现，直接拉动影视生产方式、传播方式的革命，此时纪录片又从崇高走向平凡，以与人类日常生活相伴相随的独特优势构筑着社会主义精神文明的坚实地基和上层建筑。

然而，当计划经济体制转为市场经济浪潮后，中国电视的宣传事业属性日渐淡漠，电视的商品消费属性被一批经济利益至上的电视人唤醒，刹那间娱乐风、选秀风肆虐，活动造势、海选赚钱已经成为无处不在、披荆斩棘的赢利方式。频道专业化的浪潮为新闻、体育、经济、娱乐、电视剧均开设了绿灯，然而缺少了政府资金扶持的纪录片、专题片，却黯淡无光，踱步徘徊在文化市场的边缘。

影视文化在对外交流中时常扮演双刃剑的角色，以电影为例，得天独厚的传播载体使其在外宣与对外文化交流上成绩斐然。然而在显示中国气派和大国品格的同时，中国电影的出口也时常传播着容易引起误导的信息。从70年代李小龙武打电影的风靡，直到今天成龙、周润发、李连杰等打星在海外影视圈地位的确立，都曾一度使很多外国人误认为中国是一个崇尚暴力和武力的国家。无独有偶，90年代后期清朝历史剧的出口，给西方造成“中国古人都是光头留辫子”的误解。

2006年，中国贸易出口总额9691亿美元，但是与民族精神息息相关、与国家文化安全环环相扣的影视文化产品出口的额度，恐怕连出口总额零头的零头都赶不上。至于纪录片的对外交流，更是凤毛麟角。抛开经济利益与资本价值的得失不去计较，纪录片在外宣与对外文化交流上也扮演了极为重要的国家价值符号，这一点是与电影的地位旗鼓相当的。由于纪录片的概念界定日趋宽泛，纪录片制作的门槛又较低，因此纪录片创作遍地开花。从DV发烧友，到体制内主流媒体的大师级导演，无一不在搞纪录片创作。由于纪录片播出不需要像电视剧一样通过国家广电总局相关部门审查取得播映许可证，因此民间纪录片创作量巨大，但是由于创作粗糙，缺乏精品，因此对外出口寥寥无几。

许多纪录片独立制片人在主流媒介得不到肯定，只有通过外销作品给国外电视台以及参加国外电影节等地下传播方式来获取名利。从80年代后期开始，西方传媒领域对中国文化、中国政治的误读就来源于中国目前的影视出口产品中的鱼龙混杂，这其中也包含了大量的纪实作品，“伪文化”、“愚昧文化”、“极端文化”、“边缘文化”等见不得阳光的格调，占据了相当一部分地下出口市场比例。而别有用心的少部分西方传媒却舍本逐末，对一些顺从阴暗的“角落文化”敞开“关怀”的臂膀。“偏见色彩”构建的海外择片体制使许多对中国形象不利的纪录片流通海外，此类“街头作品”的出口反过来刺激国内制作人改变自己的主流创作形式，舍本逐末，迎合边缘。

笔者在英国留学期间，曾目睹BBC播放过的“中国纪录片周”，是有关环境恶化的，有关行为艺术的（吃死婴儿等令人发指的内容），有关吸毒卖淫的，有关同性恋者的，有关个别社会底层边缘人士在精神痛苦中苟延残喘的，有关打工子弟留守儿童心理畸形的，有关个别城市中社会群体性事件等不和谐因素的，等等非主流的作品。这种变特殊为普遍，以个别置换个性，用非典型案例偷换社会一般生存规律的文化现象，使西方世界看到了一种“非常态”的中国。久而久之，中国在世界人民面前的形象就会形成极大的误导，甚至会留下国家文化精神安全方面的隐患。

潜力及策略

众多的节目形态中，为什么需要大力扶植纪录片参与国际交流互动？不妨从节目样式的角度逐一分析：

新闻节目的出口大多是被海外西方新闻单位以原始素材的形式进行买卖。由于中国地方新闻的党宣政宣色彩浓重，因此成品新闻节目与西方媒介平台的公共属性很难匹配，采购量微乎其微。而许多正面宣传的影像素材被西方购买后重新编辑，重塑立场包装后就变了味道，变成一种批判意识浓重的西式“客观报道”——这样的素材出口不仅不利于外宣，相反还会起到歪曲真实的反作用。

国内的娱乐选秀（真人秀）节目虽然遍地开花，如火如荼，但其出口可能性及贸易额度更是近乎为零。这首先归因于娱乐节目的资本运作规模、制作队伍素质都与国外的水平相差一个甚至几个数量级。其次国内娱乐节目的创意手法80%以上是全部或部分克隆西方的，完全不具备对外交流资质。许多节目不被国际版权组织诉讼侵权就已经是万幸了，更不要想得到任何机会走入国际文化市场的舞台。

2008奥运为中国体育节目的对外交流带来巨大机遇，中央电视台体育节目中心也成为近年最大的一块蛋糕与国外争相合作。体育节目的海量出口有助于增强中国的整体荣誉感，但是这种交流仅仅限于体育健儿和竞争精神的表面繁荣，球场和田径跑道无法令世人了解中国传统文化和当代中国人的物质精神生存面貌。

或许剩下唯一有可能在物质、精神双重属性上打翻身仗的就是国产电视剧了。《三国演义》、《水浒传》、《环珠格格》等都曾经打破国内出口售价纪录，在亚洲市场风靡一时。然而，如果给电视剧的进出口“买卖”算一笔总账，分母坠上国内进口的种类繁多的日韩剧和午夜时段的美国剧，电视剧的文化产业出口却是1比7的巨大逆差，换句话说，海外电视剧市场在以7倍的数量将他们的意识形态和文化产品倾销给中国。由于国产电视剧依靠“对白”、言语交流等为矛盾冲突的主要结构方式，因此中国电视剧出口的市场也多局限于中国的周边或华语地区。语言的障碍使得国产电视剧难以真正进入国际电视剧市场的大循环。国内电视剧市场泡沫繁荣的背后，是在国外电影电视节的失语和缺席。而中国的纪录片主流及独立制作人导演却在缺乏政府背景和资金支持的基础上，在国外的纪录片电影电视节上频频获奖。

从某种程度上看，纪录片在对外交流上的潜在优势要超过新闻、娱乐、体育甚至电视剧。纪录片是画面语言的艺术，即使是一部没有任何解说甚至对白，仅仅通过字幕介绍背景的实验纪录片，依然可以彰显文化，唤起情绪、情感上的共鸣。虽然纪录片具有传承文明、凝聚历史人文价值的社会功效，但由于中国在纪录片外宣领域的投入与重视严重不足，未形成规模，难以得到国际市场的重视。“中学为体，西学为用”，百年前晚清张之洞在大搞洋务运动时的心得，在今天对国家影视对外策略的制定依然有所启迪。当“探索发现”、“国家地理频道”等机构的纪录片以科技和教育为手段渗透，蚕食国内纪录片的残余时段时，国内纪录片也终于开拓思维向西方学习策划系列化、制作模式化、营销工业化的精品战略——我们欣喜地看到央视等媒体的纪实与专题栏目已经开始用“娱乐的方式去教育受众，用悬念的方式结构故事，用故事的方式传播信息”等国际化制作方式进行大胆尝试。

当夜晚时间的卫视、电脑网络、盗版市场上泛滥着境外电视剧时，有志之士不能眼睁睁地看着守望精神家园的国内纪录片市场再被境外节目活生生占领，隐藏在世界节目市场的激烈竞争背后，是发达国家、强权政治的文化利刃。这场不见血的“文化战争”早已登陆中国。中国纪录片的对外交流之路今后该怎么走？成为每个纪录片人应该思考的问题，也是不可推卸的历史责任。

中国作为年经济GDP增长率两位数的世界第四大经济实体，其影视文化产业总值却不及国土面积只有我们的万分之一的卢森堡大公国。中国的影视文化对外交流逆差严重，但纪录片的对外策略制定应区别对待，不能用经济利益作为唯一的衡量标尺。此中进行一些学术性的、公益性的、免费的或者置换形式的贸易未尝不可。此类经济上的少量亏损，可以换来与中国大国地位相衬的国际影视地位，这种价值并非能用金钱来衡量。

针对中国文化领域的实际地位与其国际政治地位极不相符的现状，选择一些构建和谐、创意性强、本土化民族特色浓重的精品纪录片向外推广是纪录片对外不可推卸的责任与义务。近年来纪录片领域的对外活动、评奖、交易表明上看起来繁荣蓬勃，实则杂乱无章。纪录片爱好者虽然积极性很高，但是仔细品味会发觉大部分民间、企业和院校的纪录片组织处于一种经验闭门造车、学术近亲繁殖、喧嚣大于价值的状态——原因便是缺乏官方权威的评判与组织机构作为平台，节目或得不到西方精英阶层的指点与建议，同时缺乏与西方传媒学者近距离的学术交流与沟通。

对比其他学术或民间纪录片组织，中广协会纪录片委员会具有得天独厚的优势。首先是国家广电总局下属的政府背景作为交流基础，拥有全国范围内的有关于纪录片的政令、建议和监督、交易、活动、学术、评奖的权力、责任与义务。作为业界和学界最值得信赖的纪录片平台，中广协会纪录片委员会每年举办的活动支持率屡创新高，吸引大量的著名纪录片编导为会员、理事以及大量的国内外纪录片作品竞赛、评奖、交易、交流。其次是业界和学界名人云集，支撑起良好的学术与商业气氛。纪录片题材的特殊性决定了其创作内容范畴广，题材多，开掘社会力度深，需要大量电视及民间各领域的知名人士支持与参与。

纪录片委员会通过7年左右的外联发展，已经将中国大部分知名业内导演、高校学者、各中央、省、市级电视传媒机构纪录片主管领导发展入会，建立了庞大的行政信息支撑网络体系，保证了消息的畅通，交流的活跃与频繁。这项优势为外联事宜的发展带来许多信誉，以国有唯一官方权威纪录片机构的名义，从2003年开始，纪录片委员会陆续从美国、俄罗斯、法国、英国、德国、意大利、日本、巴西等西方电视传媒发达国家邀请到50余位电视传媒机构高层领导，驻外国际纪录片交易机构总裁、主席，各大国际电影电视节主席、会长、秘书长访华并担任评委、选片会主席等角色。更重要的是邀请到各国驻华大使馆文化教育参赞，顶级大学知名教授、博导、学者进行学术和外交方面的战略交流，参与全国性评奖、国际学术研讨会、大型活动策划等。通过纪录片委员会的平台，诸多理事和业界导演、编辑与国外建立了广泛的联系。

纪录片委员会还抓住国际交流的良好契机，先后与国外9个国家建立了影视评奖、交流和联合摄制的平台，并屡次率团出访国外，与法国FIPA国际电影节的德罗主席、世界自然与野生动物电影节哈里特主席、英国皇家人类学电影协会苏珊娜会长、德国广播电视管理局驻华机构、卡塔尔半岛电影节驻华机构等签署了不同方式的合作协议，成为多个国际知名电视机构驻华指定纪录片代理战略合作伙伴，打开了中国纪录片“走出去”

的窗口。

以广东台山电视台为例，台山市委宣传部抓住本土“中国第一侨乡”的资源，借助纪录片委员会的海外交流平台，制作了大型台山历史人文系列片《魅力台山》、《中国台山洋楼》、《百年宜禧》，并积极筹划《飞虎队》、《海外台山人》等纪录片创作，这些作品在欧州获奖，在北美展映播出，参加国际纪录片学术交流活动，并陆续出版发行馈赠外宾。纪录片的对外交流和外宣工作不仅锻炼了该台电视节目制作队伍，更有力地配合了台山对外开放的招商引资，形成产业经济上的联动效应。

在“请进来”的同时，纪录片委员会还应邀派出纪录片委员会副会长冷冶夫先生担任第19届法国FIPA国际电影节和第25届英国世界自然与野生动物电影节的终评评委。纪录片委员会在两大电影节均召开了“聚焦中国”的纪录片研讨会，在世界舞台上展映了部分中国纪录片和环保类纪录片，并介绍了中国纪录片的发展状况。纪录片委员会还与BBC自然历史部建立起了业务联系。据不完全统计，近年来通过纪录片委员会走出去参加各类国际奖项的节目有200多部，其中17部纪录片获得法国FIPA国际电影节、世界自然与野生动物电影节、阿姆斯特丹电影节、东欧国际电影节、意大利国际民族电影节、卡塔尔半岛电影节等奖项，另有45部纪录片在国际12个电影节上入围或获得展映。

纪录片题材博大精深，故其对外交流不应局限于影视圈。从创办伊始，纪录片委员会立足公益，得到了文化界、环保界、美术界、宗教团体、慈善机构、社会名士的鼎力支持与赞助。

全球化浪潮中，中外影视文化交流与传播的力度日益加大，纪录片的建设面临着前所未有的机遇和挑战；面临着国内影视生态格局的复杂建构与整合，也面临着“文化帝国主义”和“美国化”的侵蚀与困境。2006年的几部央视经典系列纪录片和一些独立制片的国际奖纪录片崛起，形成了一股纪录片对外交流的高潮，令人欣喜。但在理论与实践两个方面对纪录片外宣与对外交流形式的研发与深度探讨依然稀缺。当然，所有对外交流的目的只有一个，就是为中国纪录片构建一个和谐、顺畅，充满绿色生态的中西方传播环境，让中国影视文化走出国门，拥抱世界。

数字纪录片农村市场的发展前景与数字电影技术新时期农村市场需求分析

王　杨

农业是国民经济的基础，近年来，农业、农村、农民问题越来越受到国家和社会的重视，新农村建设、和谐文化建设为我们推动农村电影发展提供了一个很好的机遇，也提出了很高的要求。农村电影放映工程已经纳入国家“十一五”发展规划和文化发展规划纲要，纳入公共服务和财政预算体系，这项惠及几亿农村群众的文化建设工程已经成为电影全系统的重中之重的硬任务。按照中央和国务院领导的要求，落实好国家“十一五”规划纲要和国家广总局的部署，全力抓好落实。关注三农问题的研究很多，这篇论文就是从数字电影角度，研究农村电影的市场发展趋势，希望通过数字电影在农村的普及，为农业和农民服务，促进农村经济发展和电影产业的进步。

纪实性电影的纪录片形式在农村电影市场有着非常广阔的发展空间。9亿农民在解决了温饱问题后的需求，更多的应该是精神文化生活的满足，除了报刊、广播之外，电影是进入农村市场最早的和最受欢迎的精神文化媒介，是广大农民喜闻乐见的娱乐形式。纪录片形式的电影更容易被农民接受和喜爱，因为它更多呈现出来的是真实、贴近人民群众生活的作品。

首先，纪录片记录的必须是正在发生的真实历史。也就是摄像机的磁基记录与故事的发生是同步的，只有客观的记录，而没有主观的导演。其次，就创作者而言，他既是旁观者又是见证者，由于他的参与与否，决定了纪录片创作者将在纪录片的拍摄中扮演特殊的角色。第三，纪录片事态发展趋势的难料性。第四，纪录片可选题材的局限性。纪录片的这些不同于其他电视艺术的特点，也就决定了构成纪录片要素的特殊性。

中国乡村差不多就是一个微型的城市，这还不仅在于它们的内部结构类型，而且，在乡村的外部也有一个类似于城墙的围墙。乡村生活对于大多数农民来说都是单调、枯燥、乏味的，中国的一个个村庄无论在实体上还是精神上都是能知天下事。看电影在大多数农村居民心中仍是一种很好的休闲活动。61.1%的农村居民承认看电影主要是为了娱乐消遣，另有49.5%的人是为了打发时间。同时电影还充分发挥着信息和资讯传播的功能。51.2%的人想通过电影受到学习教育，36.2%的人是为了获取信息。可见，在戏剧、爱情影片等消遣影片之外，信息量高的科教类影片以及纪录片类影片在农村有非常大的发展空间。

1962年出品的纪实电影《李双双》就是以纪录片的形式，用真人真事的记录手法表现了那个时代所鼓励的浪漫主义精神，它歌颂的是普通老百姓的美好人生。

我国的纪实性故事片、纪录片，大致应划分三类：

（1）模拟纪实。典型影片：张艺谋《秋菊打官司》、《一个都不能少》。

（2）批判性、选择性纪实。典型影片：贾樟柯《小武》。

（3）再现生活原貌。典型影片：侯孝贤作品。

据调查，五年以来我国的城镇居民和农村居民的人均可支配收入持续显著的提高，恩格尔系数不断下降，也就是说我国居民个人可支配收入中，用于食物等生活必需品的支出比例不断地下降，文化娱乐等精神消费支出比例不断上升。当然，我国城乡差别依然存在，但是就目前来讲，农村居民的人均支配收入也有一个很好的发展趋势。农民生活水平的提高有利于农村题材纪录片在农村市场的发行。

党的十一届三中全会以来，农民物质生活水平有了很大提高，但由于多方面的原因，近年来“农民看电影难”的问题十分突出。

2005年是“农村电影服务年”，国家加快了实施农村电影放映“2131工程”，进一步活跃了农村电影市场。2005年的农村电影工作取得了明显成效，据各地统计，2005年全国农村放映电影365万场，观众人数13亿人次，比2004年有所提高。“2131工程”的资助范围已扩大到全国31个省区。广电总局加大了对农村电影的资助力度。“十一五”期间确立了农村电影发展思路，即：政府推动、财政支持、社会参与、企业经营、市场运作、有偿服务。同时大力推动农村数字电影的发行放映。

数字化技术创新进程加快，不仅强有力地拉动了产业升级，而且带动了体制机制的创新，促进了国有企业创新能力和实力的不断增强，数字特技制作水平再度提升，数字中间片技术开始逐步推广，也增强了纪录片在农村地区的发展。

从技术载体上看，纪录片有两种形态：纪录电影和电视纪录片。很多人都认为纪录片发展到今天，应该说纪录片电影是大势已去，只剩下电视纪录片一枝独秀了，其实不然。

近几年，谈论纪录片的人越来越多了。中国纪录片电影仿佛从一个尘封的角落里一下子跳了出来，开始在一些重要的国际电影电视节上频频获奖。纪录片在中国并非完全陌生，人们都知道过去曾经有一种被叫做“新闻纪录片”的东西，一直被当作正剧放映前的“加片”。这种“新闻纪录片”曾经有过辉煌，担负着“党的喉舌”的使命，只是因为电视媒体的普及，才使它渐渐被人们遗忘。然而今天被谈论的纪录片却和过去不太相同。首先是作者的姿态放下来了，过去纪录片像一个高高在上的说教者，而今天更像一个和我们平等的观察者。再就是纪录片的面孔也改变了，过去那些一本正经的“典型形象”变成今天的一张张普通百姓鲜活的脸；就连过去一直精致、呆板的画面也变得粗糙而生动。过去人们说纪录片最重要的是能够反映时代的强音，就连列宁也说过：它是一种具有强大力量的宣传工具。而今天人们却是在谈论纪录片要如何如何客观，不能采用组织拍摄、重新搬演等类似故事片的手段，要记录历史、再现真实。的确，今天人们谈论的和我们过去记忆中的纪录片已经不是一回事了。

为什么人们今天忽然对数字纪录片产生了兴趣？分析起来觉得原因大约有如下几点：其一是今天的纪录片让我们见到了过去不曾见过的真实而有活力的影像。过去我们很少能看见普通人的生活在屏幕上被细腻地表现。那些操着家乡话向我们敞开心扉的陌生人、那些情感的流露、那种强烈的临场感，都让我们感受到从未有过的震撼。再就是纪录片向我们展示了我们平常无法了解的世界。那些山林中的人们是如何生活的？他们和我们有什么不一样？那些被人们羡慕的留学生们在国外究竟过着什么样的日子？等等。

纪录片的魅力还不止这些。一些从不走进电影院看电影、甚至在家也不看电视剧的人却津津有味地看起了纪录片。为什么？因为纪录片是让每一个人都必须认真对待的影片。它不同于故事片，它所展现给你的画面都是现实中真实存在的。根据社会学和传播学的调查，人们随着社会阅历和受教育水平的增加，对传播媒介的信赖程度会降低。而纪录片这种“眼见为实”的媒介相对而言让人们更加信任。

我国首部高清晰数字纪录片《茶马古道——德拉姆》在昆明首映。大型史诗数字纪录片《圆明园》在各地区上映，该片利用数字技术以及三维动画的形式，展现了圆明园毁灭前的全景。这是最早运用数字电影技术和纪录片相结合的形式拍摄的影片，这种数字技术与纪录片形式的结合在农村市场是可以大量发展的。

在东北地区、中西部地区和内陆地区内地省份的农村，这些地区的经济条件、现代化程度不高，相关基础设施的建设也不完善，发展数字电影的条件尚不成熟。在黑龙江、吉林、辽宁、河北、四川、云南、贵州、安徽等内地省份的广大农村地区，要解决的仍是能否看到数字电影的问题。在农业人口众多的河南，各个地区农村的情况差异很大，像这样的地区只能先选一些经济发展比较好、居民生活水平高一些的村镇作试点，等到时机成熟后再做全省的推广。在内蒙古、新疆、西藏的大部分地区，放映设备仍以16毫米放映机为主，这些地区的电影放映仍然还要以胶片为主。但是数字电影放映取代胶片放映是电影放映的发展趋势，为了促进这些地区数字电影事业的发展，国家和广电总局为“西新工程”投入了大量的资金和精力，在做好胶片拷贝的放映保证当地农民有电影观看的同时，也在为发展数字电影做着积极而有效的准备工作。

在我国经济较发达的农村地区，正在进行着数字电影的试点和推广工作。在东南沿海地区和东部等经济较发达的地区，那里人口相对密集，公共设施建设比较完善，交通便利发达，现代化程度相对其他农村地区比较高，大多数农民收入稳定，生活比较富裕，有很多的闲暇时间，对精神文化需求很高，这些都为数字电影的发展和普及提供了相当充分的条件。

上海、浙江、广东等地区的农村地区的情况都基本相似。上海市各级政府将要提供一批专项资金来扶植数字电影设备的购置，从而满足这一地区农村居民对电影的消费需求。

目前，国家广电总局在上海金山地区做数字电影推广试点工作。浙江台州的农村数字电影放映国家试点也已经正式启动，放映工作已经全面展开。截至2006年2月20日，台州市已放映数字电影10992场次，吸引观众近3200万人次，每场观众平均达2000至3000人，农村数字电影放映工作成绩显著。2006年2月27日至3月2日在台州市召开的全国农村电影改革发展试点工作现场会对这一“台州经验”作了总结。

在广东，电影数字化进程也很迅速，佛山市同台州市一样，是国家广电总局设置的又一个农村数字电影发行，放映点。佛山市有常住人口近600万，仅流动人口就有200多万，这些来自其他省市农村地区的打工者们已经成为电影观众中的弱势群体，他们没法享受到来自家乡的文化政策的关怀，又不能得到当地的文化享受。但他们大多为年轻人，又有固定的闲暇时间，有着强烈的文化娱乐需求，为数字电影的发展留下了空间。

由此可见，在农村地区，只要经济条件成熟，农村对数字电影技术纪录片形式的影片的需求是大量的、广泛的，而且有很大的发展空间。纪录片形式的电影可以吸引农民的观赏欲望，因为它们真实并且贴近生活，而数字电影这一技术也帮助了纪录片电影在农村的放映，所以想要更好地发展农村电影市场，就要从电影技术与影片形式上着手，做好数字电影技术的广泛运用，同时也推进纪录片在农村市场的进程和影响，更好地体现出两者在农村电影市场的真正价值。

参考文献：

《2005～2006年中国电影产业年报》。

国家广播电影电视总局电影数字节目管理中心网站。

银海网。

纪录片的经营策略

徐　娜

很多人喜欢看纪录片，因为它是真实的，真人真事，不唬人，不把观众当傻子，看着亲切。

很多人不喜欢看纪录片，因为它是真实的，真人真事，我也是这样地生活，看他不如看自己。

看来，真是“成也萧何，败也萧何”。同样是“真实”这一特性，不同的对象的眼中，得出不同的结论，收到完全相反的效果。由此可见，纪录片的确制作播出也是要讲究策略的。在这一点上，纪录片人要向广告商学一学，学一学经营，学一学战略。

一、消费时代的电视商品与电视消费

在这里的电视商品并非指在链式反应里直销或者做广告出售的商品。

产品（Product）是用来满足人们需求和欲望的物体或无形的载体。产品一旦进入流通，拿来交换，就成了商品。而产品被购买并使用的过程就是消费，消费又分为生产消费和个人消费。在商品社会里，商品可以用来界定任何使用在生产和消费过程中的物品。电视节目和它的物质载体电视机一样都是由一个单位或部门生产制作出来的产品，所不同的是，前者是精神的，而后者是物质的。电视节目由影视公司生产出来出售，就成为了商品。对于电视台来讲，当电视节目由电视台生产，在电视台播放，而观众又通过付费和其他间接付费（播出机构、广告商品，社会公益事业）的方式收看（使用），这时候是一种生产消费。所以，电视节目也具有商品的属性，被电视观众消费（电视节目、观众、收视率，与广告的关系虽然较复杂，但是并未超出大致的范围，故这里不另作论述）。纪录片作为电视节目的一个品种，它也就具有商品的属性。

既然电视节目可以作为商品，用来消费，那么，我们就可以在生产、销售和消费等各个环节运用战略进行控制，也就是平常所说的经营。

二、纪录片经营策略

有道是“不见兔子不撒鹰”。看公众想看什么，再按照公众的需要制作节目，这样一来就不怕产品滞销（节目没人看）。找到市场再做产品，是一个聪明的做法。但是迎合大众品位，导致的直接后果是电视节目质量的下降，这对一向属于精英文化的纪录片来说，损失更加严重。于是在纪录片人面前就出现了两大课题：如何利用观众喜欢的形式表现自己要做的内容，如何提高观众的审美趣味。

应该看到，这种调和太过依赖市场（受众），是被动的，受大众品位的影响和牵制。所以纪录片人要学会引导消费，既然纪录片具有一定的商品属性，也可以用来消费，那么纪录片人就应该能引导消费，而消费的走向将决定市场的需求。引导消费的有效手段就是更新消费观念，它不同于刺激消费的各种手段，不再跟着消费者后面跑，而是树立一种全新的观念，让消费者追随自己，虽然它的基础仍然是消费者的消费心理。比如，“送礼送健康”、“脂肪燃烧”、“绿色环保”等观念，都是树立新的观念，引导消费的成功案例。所以纪录片人不妨把纪录片当作商品，把受众看作消费者，自己尝试一下像广告商那样在受众中树立一个全新的收看纪录片的理念，收看“你的”纪录片的理念。其实在一些纪录片或其他电视节目中已经成功地打出了自己的广告，比如“讲述老百姓自己的故事”、“说出你的故事”等。

刺激消费也是纪录片人在推销自己的产品——纪录片时可以大做文章的一个方面。就是在还没有能力引导观众的时候，为纪录片做广告，刺激、吸引观众收看自己的节目。一般是在节目播出前很长时间就开始，用经典的画面和洗练的语言，介绍作品的内容、看点、制作时间和意义。用时间换空间，长时间地介入，争取更广泛的收看群体。高密度播出，强势轰炸，给观众留下深刻印象，进而发展到关注，再形成心理期待。比如《故宫》播出前的运作，比如《山里的日子》播出前的广告攻势，都验证了这一方法的有效。当然这种方法只适用于高投入、题材重大、制作周期长、实效性不很强的包括文献纪录片在内的"大制作"。

从现在开始来谈谈纪录片本身，也就是这一商业运行的起点——产品生产。之所以把纪录片的生产放在最后来谈，原因在于，产品质量也就是纪录片的质量是最重要的问题。从大的范围讲，电视节目生产是电视产业经营的根本，小而言之，纪录片的制作是纪录片经营的基础。甚至可以这样说，如果你的作品好，后面的经营运作的效果如何，问题都不大。如果所有的节目都达到《探索·发现》的水准，都能像《鸟迁徙》一样成为经典，那么我们纪录片人完全可以不必做或者说何以不必自己来运作。所以，对于纪录片和纪录片人来说，经营运作是必要的，但是工夫还是要用在片子上。

第一，在文化产品非常丰富的今天，一个节目让男女老少都叫好，是不大可能的。所以明确节目的定位是节目制作前非常必要的一项工作。这包括给节目定位，定位收视观众，换句话说就是确定做什么样的节目，给谁看。节目的定位决定了节目的样式、基调、风格，做给什么人看将影响片子的品位。同样一个题材，给不同的群体，有不同的接受方式、接受习惯。俗话说"看人下菜单"，认准了人，认准了菜，下一步就要开工了。

第二，策划的重要性不仅仅体现在电视栏目、电视节目制作上。每一部纪录片都要做足案头工作，准备尽量充分。不要以为纪录片跟着事实走，发生什么拍什么就可以了。看过《船工》有一个很深的印象，这部人文类纪录片就做了大量的案头工作，进行了周密的策划。作者盘点了现有的资料，确定了整部影片的风格，准确地掌握了三峡大坝工程进度……这样，整部影片的拍摄保持了统一的完整的风格，主题和风格完美和谐。选取了特定的时间拍摄，从容自如。策划未必就出好片子，但是没有策划绝对出不了好作品。

第三，制作。可以这样说，一部好的纪录片是"做"出来的。很多人不喜欢看纪录片，因为它是现实真实记录，要遵循现实发展的进程，（和电影、电视剧比较）矛盾不够激烈，情节不够紧张，元素不够丰富。后期的制作中，可以在一定程度上弥补这方面的不足。纪录片发展到现在，已经有很多种样式了，表现手法也不拘一格，三维动画介入，已经能够被观众接受。而且特技、动画的使用，并不影响纪录片的真实，不仅如此，具有时代特点的技术还会给纪录片带来时代的情趣，更有时代的气息。

为了保持纪录片的品位和纯洁性，水平参差不齐的纪录片栏目应该撤销，集中专门的力量去做纪录片。在中国，纪录片的创作队伍不可谓不庞大，但是作品水平却不尽如人意，这也是有中国特色的纪录片生产现状。大部分的纪录片工作者隶属于电视台。而这大部分的制作力量，支撑着各自的纪录片栏目。在这样的制作方式下，节目质量就可想而知。为了让纪录片保持在精英文化的高水平上、高品位上，严禁劣质纪录片的生产。集中力量制作优秀纪录片，培养大众高层次的审美情趣，从而引导大众对纪录片的接受，培养自己的观众群。那么，没有了自己的播出阵地，纪录片的播出怎么办呢？可以提前炒作，广告宣传，为纪录片的播出制造浓烈的气氛。播出后组织一些相应的后续活动，造成余韵悠悠，绕梁三日的效果。

总之，纪录片的生产和播出应该宁缺毋滥，这关系到一个社会的审美水平的问题。

创作探讨

当前电视纪录片创作需要思考的几个问题

胡智锋

近几年，中国电视纪录片的生产、创作和研究，在数量和质量上均有相当大的提高，获得的国际、国内奖励日益增多，电视纪录片的技术与艺术水平也有了相当的进步，相关的评奖活动、学术研讨也非常活跃。与此同时，我们也不得不正视客观存在的一些现象：在电视传媒竞争愈演愈烈的今天，纪录片尽管可以获得较好的美誉度和较为广泛的社会效益，但是长期“叫好不叫座”、曲高和寡的现象，使主流电视媒体越来越不想增加投入，由此导致电视纪录片在主流媒体中的位置趋向边缘化。2005年底，中央电视台播出了12集大型电视纪录片《故宫》，该片赢得了观众和专家的普遍赞誉，在艺术创作和市场开发上都做得比较成功，给有些萎靡的纪录片带来一线生机。然而，如此凤毛麟角的优秀作品，并不能从根本上使纪录片生产走出低谷。因此，很有必要对当下中国纪录片涉及的一些重要问题加以宏观的审视与思考。

一、目标问题

纪录片创作究竟要达到什么样的目标？冲击现实还是诉求未来？“生前事”，还是“身后名”？

如果是针对现实，那么它大多紧紧追踪现实和历史的重大事件和人物，按照宣传的主题要求，去发现选题、组织素材，并予以时代化的创造性处理。其中许多重大的题材，一般是得到上层、高层认可的，比如《毛泽东》、《邓小平》；或者是满足大众口味和多种需求的，如去年热播的纪录大片；或者是行业主管部门的选题，如《中华之剑》、《香港沧桑》；再如科技类的，如关注“三农”、教育、国企相关题材的纪录片。

如果其目标是“未来”，那么它强调的是一种创作者的个人探索，纪录片成为一种对于影像语言纪录和表达的可能性的探求，是一种思路、方式、方法的艺术化探索，其着眼点是追求影像历史上的全新的视听语言方式，追求思维的突破，其内容未必是当下主流的或大众认同的，它往往带有记录者强烈的个人体验、价值判断和审美倾向。在题材的选择上，可能是边缘性的或者被人遗忘和忽略的，这类诉求未来的纪录片体现的是创作者在艺术思考上的独特发现，是以个人书写的形式存留具有先锋、实验精神的影像历史，尽管它们可能对当下未必产生强烈的影响。一些典型的作品比如边缘群体的纪录，例如流浪者、乞丐、胡同里的老者、艺人、艾滋病患者等等都成为片子的主角。再如，一些非专业、非主流的实验性作品，其中一些作品在国际获奖，比如雎安奇1999年制作的《北京的风很大》（入围第50届柏林国际电影节青年论坛单元）、杜海滨2001年制作的《铁路沿线》（日本山形国际纪录片电影节一项特别奖）、陈为军2004年独立制片并担任导演的《好死不如赖活着》（第63届美国广播电视文化成就奖），这些纪录片很多至今尚未在国内主流媒体播出，它们获奖可能是意识形态上的因素，也有可能是异域文化的胜利，但是它们却未必是现实的胜利，市场并不与之呼应。总体来看，在现存的宣传、市场、意识形态条件下，它们不占据主导地位。

到底追求什么样的目标，对于纪录片创作是非常尖锐的问题。要生存，选择前者，但是要探索，要想藏之名山，传之后世，留下惊世之笔，就要选择后者。前者有压力无风险；后者既有压力又有风险。前者可以得到现实的满足，名利双收；后者可能有名利，但更多的是一种个人技术、艺术上的满足，是创作本身的一种快感，是非功利的方式获得的功利性。在这个问题上何去何从，是一个很大的命题。

二、效果问题

墙内开花还是墙外开花？国内认可还是国际认同？许多纪录片在国内获得好评，但由于种种原因在国际上反应平平，甚至不能为外国人所理解。毕竟，语言、文化是一堵墙，中国民族文化的视角和异域文化视角、语言方式、表达效果还是不一样的。当然，国内认可和国际认同并不是必然矛盾的，但要做到同步，毕竟是相当困难的事情，总有重点放在何处的问题。随之而来的问题是，如果面向国际创作就有一个转变创作观念的问题，就有一个妥协和调整表达习惯的问题。

中央电视台制作的《复活的军团》不仅获得第十届中国电视纪录片学术奖中的系列片大奖和最佳导演奖、最佳摄像奖、最佳录音奖，而且在2004广州国际纪录片大会上，赢得美国媒体公司的青睐，CCTV与美国签订协议再次投资和改编制作《复活的军团》，中美双方分别拥有中华区和欧美的发行权，可谓“国内认可、国际认同”。

中国纪录片要走向世界，就要了解外国观众的审美心理和欣赏习惯，需要解决许多问题。

首先，中国纪录片要走向世界的首要困难就是正视文化差异。面对这种差异，正确的态度应该是不迎合，但不固守，想方设法多介绍文化背景知识，让西方观众从我们的文化出发而不是从他们的文化出发看问题，或许能最大限度地克服文化障碍。

其次，中国纪录片在题材选择策略上也存在着一定缺陷。反映边缘、弱势群体、少数民族等题材的作品过多，表现中国农村和城市人民生活的影片则付诸阙如。如今，随着中国在世界地位的提高，西方人对中国发展的现状可能更感兴趣，向世界展示一个更为真实的、全面的中国也该摆到新的重心位置。

再次，大众文化的发展向中国纪录片提出了新的诉求。平面化，拒绝深度，兼顾其娱乐审美功能的提升，是西方观众普遍的审美倾向。因而，在中国土壤中生成的纪录片要走向世界就必须重视西方大众文化的现实，中国纪录片应在重视纪录片“纪实”方面认知功能的同时，注重可视性、故事性、趣味性。这就涉及到创作手段的革新，比如Discovery亚洲电视网制作总监维克兰·夏纳先生谈到中国的纪录片时认为，中国纪录片在拍摄的角度、拿捏人物情感和细腻表达上，都有独到之处，但往往节奏缓慢，因此他们购得的中国纪录片，往往要重新剪辑、组接，增强了故事性之后，才在他们的频道上播出。

影响中国纪录片走出去的因素还很多，如制作方式、创作手法等技术问题以及资金问题等，这属于器物方面的因素，有些不能强力而致，但只要认清形势，更新观念，调整战略，再借助一定的交易平台，中国纪录片走出去其实并不遥远。

三、文化取向

（1）个性化路线。以“精英”自居，以“精品”示人，以“精神”自励。创作者倡导的“精神”是艺术的原创和突破，他们不是把纪录片当作谋生手段，而是把它看作神圣的事业，为此他们不辞劳苦，潜心创作，在喧嚣浮华的世界中，默默找寻、发现和开掘那些常常被人遗忘的角落和人物，为我们搜寻、整理、记录下一段段独特的、新鲜的、感人至深的影像故事。

（2）追踪时代主流。“主流”，意味着占据统治地位的文化取向和话语方式，与“宣传”紧密相关，这些纪录片的使命在于纪录重大历史时刻难以忘怀的时代记忆，或者是对过往历史的全新“追忆”，当然这种“诠释”和“追忆”是粘附着主流意识标签的。在主流化路线的创作中，存在两支相辅相成的创作姿态：一支是配合重大宣传任务，以讴歌和歌颂为主调，另一支是以积极的入世状态，去反思、去干预、去批判。不论是采取哪种姿态，主流化路线的从业者所秉持的原则是一致的，那就是唱响“主旋律”，为历史留下重要的影像记录。

（3）大众化选择。在电视传媒市场化程度不断提高的现实状态下，一些纪录片创作者采取“大众化”的文化策略，让纪录片从艺术化、个人化、个性化的创作状态中走出来，从带着高雅艺术光环的殿堂中走出来，面对大量的、日常化的当代社会和生活情状，组织批量化、规模化的生产，以应付栏目化、日常化的播出需求。

精英化的文化取向在探讨电视纪录片的内容与形式的丰富性、生产与创作的多元性、思想与情感的深刻性方面有着不可替代的价值与作用；主流文化的取向承担着中国电视传媒不可推卸的重要职责，它在宣传正确思想、引导舆论导向、弘扬先进文化、教育广大群众以及推进社会主义物质文明、政治文明和精神文明建设中发挥着重大的作用。大众化的文化取向对于保持纪录片在电视中的主流地位、开拓纪录片的生存与发展空间、贴近广大观众的日常生活等方面，同样是不可忽略值得重视的。

四、审美取向

（1）营造声像奇观——表层：追求视听语言符号的冲击力，比如骇人耳目的场景、扣人心弦的悬念、令人激动的场面、个性独特的人物、超出常规的体验、惊奇神秘的自然社会、人文奇观等，是一种表层的满足和追求。为了达到视觉的冲击力，创作人员常常在电视元素上大做文章，比如真实再现，比如扮演或搬演，比如电子特技，等等。

（2）开掘情感世界——肌理：以人文关怀为依托，对人类内在的复杂、微妙、敏感的情感的感染力的追求。当然，这种情感是一个多纬的、多层的世界，有浩然磅礴的民族国家之情，有缠绵悱恻的爱情，有血肉相连的亲情，有温馨动人的友情等，它们使纪录片灵动并富有感染力，成为电视人性化、人本化传播的重要支撑点。

（3）探究哲理发现——内核：通过审察人与自然、人与社会、人与人、人与命运的多重关系，从中寻觅丰富复杂的哲理蕴藉，体现出对于社会、历史的深层次的带有反思、批判意味的哲理思考，往往具有思想的震撼性。他们认为，纪录片之“真”，乃是真理的显现与发现。

把纪录片作为静态的文本，分析其审美取向，我们可以大致发现以上三个层面，当然三者并不排斥，可以相互交融和依存。从现实的创作看，大多数作品会侧重其中某个层面，能够同时占据三者的作品，由于受各种条件的限制为数不多。

五、创作取向

(1) 创作方法：经过若干年“音配画”的政论片、专题片之后，封闭的记录模式受到上世纪90年代“新纪录运动”（有人说是“纪实主义”）的冲击，这种纪实主义对中国纪录片创作影响巨大。从90年代初发展到现在，今日中国纪录片与传统专题片相比，电视的纪实观念发生了很大变化：从主题先行到主题后行，从摆拍导拍到跟拍抓拍，从记录结果到记录过程，从抓取情节到捕捉细节，等等，这些突出特征成为业界专业者自然而习惯的方法。但是，最近几年情况出现微妙的变化，记录者有意渗透个人主观感受、主体体验、个人思考与发现的方式，可以视为新一轮表现主义的抬头，这种方式甚至走到前台成为主导潮流。“表现主义”的形貌特征，与传统专题、政论片在某些方法上颇为相似，都带有强烈的主观色彩、主体体验，带有强烈的自传体色彩、强烈的自我意识、突出的个性和显著的个人化思考，但二者在表现技巧（一显一隐）、话语方式方面等又有不同，它是经过十几年的积累，在成熟基础上的超越，不是重叠，而是螺旋式上升的结果。

在具体技巧上，对原生态的无节制的纪录和抓取现场的迷信逐渐让步于真实再现和口述，这与电视大的潮流相吻合。对真实的追求，对事实的记录没有人怀疑，但是如何记录事实特别是记录那些无法捕捉现场的、消逝的历史的真实在纪实主义那里得不到令人满意的答案。于是，“真实再现”和口述手段的出现，在相当大程度上解决了这个问题，无论是《东方时空》的《记忆》，还是大型纪录片《邓小平》、《孙中山》，这些片子都大量采用真实再现的手法对许多重要场面进行处理。口述历史从《重庆大轰炸》到常规性栏目《讲述》，直到《百年小平》，可以说技法娴熟、炉火纯青。需要指出的是，真实是无法再现的，“真实再现”并不是对于“真实”的再现，而是对于已经消失在镜头前的“真实”提供影像叙述的可能性。

当然，创作方法要为创作的最终目标服务，为创作立意、主旨服务，不是独立呈现的，不能为方法而方法。另外，任何方法都不是绝对的。不论是纪实还是表现，原生态或者真实再现，应该是相互配合、相互补充的。对于争议较大的真实再现与口述，是电视之“真”与电视之“秀”的辨证关系在电视纪录片创作方法上的表现。“真”未必就一定“美”，既要“真”，又要“美”，就要把“真”与“秀”有机地结合起来，离开真实的前提，没有“真”为基础的“秀”是做秀，是虚假；仅有真实，缺乏荧屏表现的“秀”，就会弄真成假，产生不了艺术魅力，也就谈不上美的产生。要真，要好看，就要“真”、“秀”结合，具体到创作方法也是如此，为方法而方法，失之做作和刻意，仅有自然主义的呈现，没有表现的和加工处理的真实再现和口述，也未必有“美”，未必获得“真”的魅力。典型的个案，可以比较2005年中央电视台生产的两部大型纪录片《郑和下西洋》和《故宫》，后者由于对二者关系把握更有分寸，因此比前者获得更为广泛的认可。

（2）语态问题：语态作为一种语言状态实际上对应的是形态。在市场化、产业化的进程中，当今中国电视节目的整体创作心态普遍趋于浮躁，从呈现的语态来看，表象化的、庸俗的、轻狂的、居高临下的姿态都有不同程度地存在。与此比较，纪录片在整体的电视创作群体中相对严肃，心态平稳、沉着、理性，语态也同样呈现出这样一个状况。如果说，常规上的电视娱乐、电视谈话节目中浮躁的心态和语态更为普遍的话，纪录片的语态则是另外一种情况：过于沉稳，过于深沉。纪实主义的潮流不仅在方法上而且在创作心态与语态上将中国纪录片人的心态普遍地推向精英化与贵族化。在貌似新奇、有个性、深沉的表述中流露出深藏不露、隐约其辞的居高临下的精英化与贵族化的优越感。在貌似低调、平静、平民化的旗帜下其实走的是带有相当优越感的精英化贵族化路线。表面上脱离宣教，却又走上了另一种状态的教化。由于语态上与现实、世俗、大众缺乏互动，纪录片整体呈现出脱离大众的倾向。当然，在纪录片的技术、艺术探索中，要做到雅俗共赏是一件非常困难的事，新的陌生化的语言方式和表述需要一定时间的沉淀才能被大家熟悉。

语态问题，可以用“深”和“浅”两个字眼来表述，至少有四种情形存在于我们的纪录片创作中：一种是“浅入浅出”，这是指那些相对通俗、相对明朗、接近专题性的纪录片，无创新手法，无深明大义，创作水准一般。第二种是“深入深出”，蕴涵深刻的思想，哲理发现表达得也很深刻、深沉，但是由于过“深”而不容易被一般观众所接受，这种纪录片在科技、人文含量较高的纪录片中有所体现。第三种是“浅入深出”，本身并没有太多的新的发现，但却故作姿态，一副深刻、深邃的架势，以晦涩的表达来吓唬观众，这类片子失败的原因或者是由于创作者功力有限，无法消化和理解内容的精髓，或者是迫于各种原因，无暇深究细磨，仓促上阵，敷衍了事，匆匆出台。这种倾向值得提防，是我们最反对的做法。这种现象，在初涉纪录片创作的从业者中较为普遍。而应该推崇和倡导的是“深入浅出”，能将较为深刻的发现和内容通过加工、处理、提炼转化为普通大众能够接受的语言加以表述，在那些普遍叫好又比较叫座的纪录片那里得到了较好的印证。

在语态问题上，有一种纪录片值得关注，探求大众话题，以精英视角、大众化的表述，将新奇、另类、陌生化的语态通过大众化的内容、大众化的表达方式呈现出来，具代表性的有中央电视台的《社会纪录》，应该说这个栏目在雅俗共赏努力上做得较为成功，它尽可能将大众、精英取向融合起来，这样的探索颇见功力，颇具影响力和代表性。

最后，我们还应该对于纪录片的“定位和属性”加以考量。纪录片究竟属于传媒、宣传、市场、艺术中的哪一个？四种属性如果兼有或者以哪一个作为其主要的属性？相对应的问题就是纪录片的定位。如果以传媒为其主要属性，那么信息数量与质量上的突破是最重要的，在传播的单位时间里有效信息提供得如何将成为评判其价值的主要标准。如果以宣传为主要属性，定位应是宣传品，评价标准则是导向功能和宣传效果。如果属性确认为艺术，对应的是作品，那么纪录片在内容、形式、技术、艺术上有没有突破将成为衡量标准。如果主要属性是市场，对应的是产品，其评价标准就是效益，主要是经济效益，即能否带来足够的市场利润、商业回报，包括广告、投资的拉动、成本的回收、市场价格的实现，等等。“定位与属性”的思考，可以明确我们的评价标准，从而使我们的创作目标更明确，因此这个问题的思考不是纯粹“形而上”的，具有很强的现实意义。

以上几个问题是我个人就中国纪录片当下面临的较有普遍意义的问题的看法，这些问题目前还在思考和探索之中。有人说，纪录片是时间的艺术，解决纪录片的这些问题同样有待时日。总的说来，中国纪录片目前的态势与中国电视的整体状态是相吻合的，各种诱惑、各种压力同时并存，纪录片的创作队伍，无论是个人还是群体都面临着种种困惑，当然我们也欣喜地看到，总有一些优秀的记录人，“戴着镣铐跳舞”，不断地闯过各种难关，给我们带来新的惊奇与震撼。但不管怎么说，依托深厚的五千年的文化积淀，立足现实的社会土壤，面对当代中国人的最真切的需求，打造出具有民族特色、本土风味的纪录片，为时代和未来留下宝贵的影像记忆，这应该成为中国纪录片人毫不动摇的目标追求。

电视纪录片形态之我见

孙宝国

电视纪录片来源于电影纪录片，是电影纪录片概念、思路、手法在电视上的引入和应用。电视纪录片的出现，构成了电视屏幕上以真实地记录现实生活为己任的电视节目形态。

一、电视纪录片的概念界定

电视纪录片是指运用现代电子、数字技术手段，通过非虚构的艺术手法，真实地记录人类社会生活，以现实生活的原始内容为基本素材，经过创作者的选择、重组、集中、强化，结构而成的一种完整的纪实性电视节目形态。

电视纪录片的内容保留着鲜活、真实的生活信息，具有极强的真实性、客观性，供观众观察、体验和思考，而在选择和结构过程中，则有隐性或显性的创作者主观的对生活的认识、理解、兴趣、爱好的介入。“电视纪录片是客观生活与主观认识的一种留有较大空间距离的结构。它既能将真实的生活物化成为一种可以复制、保存、传播的形态，留给人们一段活的历史，又能给观众提供一个创作者对生活的独特的、个性化的视角，供观众评介和欣赏。”①

早期的电视纪录片探索可以追溯到20世纪20～30年代，当时一些图片摄影记者进行了一些类似于电视纪录片的创作。真正意义上的电视纪录片始于1946年，美国记者默罗首开哥伦比亚广播公司（CBS）的电视纪录片先河，其主持的新闻节目《See it Now》中播出了大量从世界各地采访而来的电视纪录片。

20世纪70年代以来，许多电视机构纷纷投资制作大型电视纪录片，并将其视为自身实力的标志。专业的科教电视纪录片频道Discovery更因在电视纪录片上的成就而成为全球十大知名品牌中唯一的媒体品牌。Discovery利用15颗通信卫星，每天以24种语言向全球160个国家和地区播放探索节目，内容涵盖了科技、自然、历史、探险和文化等诸多领域。1997年，联合国教科文组织授予Discovery“人类探索特别贡献奖”。

二、电视纪录片的基本元素

电视纪录片作为一种独特的电视节目形态，主要有以下4个基本元素：

1. 真实元素

电视纪录片必须以真实作为灵魂。电视纪录片“要求反映未经修饰的自然和社会，记录当事人的真实语言”②。电视纪录片最能打动观众之处，正在于其中的真实元素。电视纪录片的真实元素要求创作人员必须深入到事件的中心，对于所反映的事件应当找到全面的“证据链条”，而不能是道听途说的“孤证”。有些时候，创作人员还要查阅大量的历史文献，旁征博引，以求最大限度地贴近真实。

2. 故事元素

电视纪录片不是零星资料的堆砌，而是经过了主创人员精心的编排。对于反映历史事件的电视纪录片来说，整部片子应当围绕着事件的前因后果，叙述一个完整的故事。即使是以传播知识为目的的科教电视纪录片，从头到尾也需要贯穿一条明确的逻辑线索，使观众感觉到似乎在倾听一位现场亲历者讲述的故事。

从受众接受的角度上讲，优秀的电视纪录片应该同时让受众在心扉和大脑、心理和生理、感性和理性方面都产生愉悦的感觉。电视纪录片的内容往往是理性的，但必须要通过感性的形式来表现，通过这种途径被人们记忆、产生共鸣。

3. 艺术元素

电视纪录片是对真实世界的艺术再现。电视纪录片的艺术元素体现在对画面精致的拍摄、对素材流畅的剪辑、对音乐恰当的选择等方面。在电视纪录片中，创作人员大量地使用电影中的成熟艺术手法，通过蒙太奇、镜头的拉伸、色彩的应用等，构造出一部精美的艺术作品。

4. 娱乐元素

电视纪录片在西方本身就是娱乐工业的一部分。中国电视纪录片虽然大都主题深刻，内容真实，制作精良，但往往留给人呆板乏味的感觉，形成了说教灌输式的风格。观众对这类电视纪录片不感兴趣。只有融入了娱乐元素，用娱乐化的方式和形式去制作电视纪录片，将知识融入其中，观众才会在享受娱乐盛宴的同时不知不觉地接受了电视纪录片所传播的东西。如美国国家地理频道投资拍摄的电视纪录片《郑和下西洋》就采用了搬演、重现等方式，甚至聘用演员去表演，剪辑上讲求的也是戏剧化处理。

三、电视纪录片的记录方式

电视纪录片形态的记录方式可以分为参与式记录、旁观式记录、超常式记录、再现式记录4 种。

1. 参与式记录

即拍摄者参与到所记录的事实当中，摄像机和被记录对象之间形成一种亲密的关系，发掘事件的真实面貌，推动事件的进程，并将整个参与的过程拍摄下来，作为纪录片的有机组成部分。参与式记录是电视纪录片的主要工作方式之一，可以运用在各种题材的纪录片当中。其长处在于记录者可以尽可能地去探究表象之下的真相，对表现内心世界、过去时空以及赋予记录戏剧性情节性上非常有效，但由于是以对生活的介入而激发出一些非常态的东西，掌握不好，就会在一定程度上改变生活的原生态。

2. 旁观式记录

即在对生活的纪录中采用的是一种旁观的方式，也就是摄像机与被拍摄者之间保持一定的距离，最理想的是争取把摄像机对被拍摄者的影响降到最低，剪接时强调一种连续性，从技术的角度就尽力避免表露作者的感情色彩和道德取向，尽量完整地真实地表现人物与事件的本来面目。电视纪录片《八廓南街16 号》就是这样一种旁观式的记录。镜头对准了西藏八廓南街的一个居民委员会，摄像机在一种紧张的状态中，观察着这个职能机构以及与西藏人民的交界面，等待着事件的发生。对于片中在审讯小偷段落所采用的唯一一次双机拍摄，导演在成片后还叹其为缺憾，认为破坏了单机固定镜头对事件的等待。其他像《重逢的日子》、《龙脊》、《山洞里的村庄》、《影人儿》等也是在沉静的观望中，解剖了一个家庭、一个山寨、一个村庄的方方面面，同时也物化了一段历史。

旁观式记录的目的是要对现实作直接的观察，从而让观众对现实有个直接的了解，其长处在于充分地还原了生活的原生态，保留了更深度的心理真实和观众自由诠释的空间。与此同时，旁观式记录在表现人物内心活动、情感及非现实时空等方面有许多不便，观众在接受过程中也可能因为那种强烈的不确定性而无所适从。

3. 超常式记录

即以超常的视野、特殊的手段，去记录人文世界、自然世界和精神世界的活动。

人的本质力量常常会辐射在各方面，人与自然、人与动植物、人与宇宙星空都能对话，电视纪录片的题材范围也越来越宽广，已深入到人的科学活动、野生动物、地理生态等层面，对历史、心理、生命等进行科学探索。

如瑞典科技工作者拍摄的《爱的凯歌》，就是将摄像机同一个深入人体的、直径只有1毫米的内窥镜连接在一起，拍摄了从精子的产生到受精，从胚胎的形成到胎儿生长的过程，既真实又神奇；美国的《大白鲨》是将小型摄像机放在冲浪板上，绑在长竿上，在水中近距离接近鲨鱼，还将遥控摄像机绑在鲨鱼的背上，进行水下摄影，获得了一个类似于鲨鱼自身的主观视角，拍摄了一部既真实又有趣的纪录片；在英国的野生动物纪录片《洞穴里的狮子》中，创作者把摄像机放在一个可以遥控的玩具中，人远远地操纵摄像机追随狮子的足迹，拍摄它的日常起居、捕食、游戏等；我国的《神奇的绿色之火》、《朱鹮》、《西藏的野生动物》、《雾海绿洲》等自然生态题材的电视纪录片也较多地采用了超常式的记录方式，取得了良好效果。

4．再现式记录

即在大量的实拍和历史素材中，运用情景再现，表现某段无法实际拍摄获得的内容，营造某种情景氛围，增强视觉的感受，形成一种特殊风格的电视纪录片。

再现式电视纪录片大多在表现旅游风光、文化遗产、历史人物的内容之中运用这种手法，像曾在《东方时空》栏目的《记忆》系列中播出的《梅兰芳》、《瞎子阿炳》等，就是这样的电视纪录片。

此外，现在也有人对完全真实的素材按照自己的需求进行组织、摆布拍摄，使人难以用电视纪录片这一概念来概括。对于这些新形态，需要根据实践的发展来进行定位和正名，认识到不同名目所蕴含的不同属性，既不能忽略这些新品种独有的生命力，也不能因此而对电视纪录片的认知产生偏差。

需要强调的是，不论出现何种新形态，不论什么手法，对于电视纪录片而言，它的基本特征是素材来自真实的生活，保证素材的原始状态、历史资料的真实性。即使是有扮演的段落，或电脑制作合成的内容，也应明确显示出来，以便使观众认同。

四、电视纪录片的基本类型

电视纪录片原则上可分为电视短纪录片、电视长纪录片、电视专题片、电视系列片等4个基本类型。

1．电视短纪录片

电视短纪录片原则上是指时长在15分钟以内，通过非虚构的艺术手法，直接从现实生活中选取典型形象和音响素材，加以客观展示的电视纪录片形态。

电视短纪录片因容量所限，不可能进行大跨度的时空记录，只能如实反映现实生活的一个存在、一个片断、一个流程。它要求以现实逻辑为起点，充分呈现现实中的人物和事件以及时空顺序，客观记录生活的本来面目。

2．电视长纪录片

电视长纪录片原则是指时长在15分钟以上、50分钟以内的以声画合一的现场实景为表现主体的1～2集电视纪录片形态。

与电视短纪录片相比，电视长纪录片因有足够的容量，所以除用来记录内容丰富、信息量大的现实生活题材，还可以用来表现历史、文献、考古、风光、科技等领域时空跨度较大的题材。

3．电视专题片

电视专题片作为中国特有的电视纪录片形态，是指以解说词阐述某种理念、观点作为主要结构方式，附以画面、音乐等元素进行说明、写意、升华的电视纪录片形态。

电视专题片中不乏精彩的纪实段落，但主旨是说明某个特定的主题。③电视专题片的纪实性要求创作者不得随意想象，不得虚构情节，不得任意拔高，只是一般不强调时空的同一性，充许穿插闪回，渲染情绪，引申抒情。因此，有研究者称其为写意型电视纪录片。

需要指出的是，目前，国内电视学界和业界通常把电视专题片和电视纪录片看作相并列的两种电视节目形态。2004 年 5 月在广州举行的中国广播电视新闻奖 2003 年度电视社教节目奖，把电视纪录片和电视专题片作为两种节目形态参评，并明确界定：电视纪录片是指以声画合一的现场实景为主体拍摄的纪实风格的电视节目；电视专题片是以声画对位的解说词为主要表达方式的议叙结合的电视节目。④然而，也有研究者认为："'声画对位'和'声画合一'只是创作手法不同，'议叙结合'为主和'现场实景'为主只是表现方式不同，均不足以科学地分清'专题片'和'纪录片'之间的本质差别。"⑤这种质疑是颇有见地的。

4. 电视系列片

电视系列片是指内容上或逻辑上有承接关系的 3 集以上的电视长纪录片或电视专题片构成的电视纪录片形态。

电视系列片与单集或上下集的电视长纪录片和电视专题片相比，容量更大，常用来反映重大事件、历史人物、社会变迁、文化现象、科学发现等大型题材。电视系列片取材于客观现实，以真人真事为拍摄主体，内容丰厚，场面宏大，人物众多，事理复杂。创作手法上常常主观与客观并用、表现与再现共存、纪实与写意同在。

一般而言，比起电视剧，电视纪录片缺少扣人心弦的故事情节；与电视娱乐节目相比，电视纪录片缺少欢快幽默的娱乐元素；与电视新闻节目相比，电视纪录片缺少新鲜快捷的信息资源。但电视纪录片具有记载历史、讲述现实、传播知识、弘扬民族精神、加强对外传播的文化品质，是可以长远流传的文化产品。

注释：

①朱羽君：《对电视的生命感悟——朱羽君自选集》，第 171～172 页，北京广播学院出版社，2004 年版。

②唐世鼎、黎斌主编：《世界电视节目荟萃》，第 21 页，中国传媒大学出版社，2005 年版。

③刘春：《高举专题片的手》，《南方电视学刊》2004 年第 5 期，第 88 页。

④郭宝新主编：《中国广播电视新闻奖 2003 年度社教佳作赏析》，第 451 页，新华出版社，2005 年版。

⑤刘习良：《电视纪录片辨析》，《中国广播电视学刊》2006 年第 3 期，第 72 页。

新闻采访是新闻纪录片的一种表现形式

贡吉玖

为什么说新闻调查类节目属于纪录片范畴？得先从关于纪录片的界定说起。许多年、许多人、许多观点，大风车式地讨论着。不外乎在专题片、纪录片上纠缠不清。资深的广电领导，长年从事理论研究，多次担任各种节目（特别是纪录片）评委会主任的刘习良同志在一篇名为《电视纪录片辨析》的文章里说得好："以镜头为主、解说为辅，真实记录自然、社会和人类活动的电视节目形态，宜统称为'电视纪录片'。真实是指纪录片的内容，至于表现形式，则不必拘泥于一种固定格式，提倡走多样化的道路。传统的、探索的、表现的、再现的、各种结构、无解说词，等等，均可运用。”

因此，纪录片的分类可按题材、规模、风格、样式进行细分。有新闻纪录片、文献纪录片、人物纪录片、风光纪录片、环保纪录片、民俗纪录片，有短篇、长篇系列纪录片，等等。

新闻事件和重大活动的纪录片式节目与新闻节目的根本区别在：新闻节目即短新闻，讲求新闻价值，注重时效，大多是与新闻事件同步或尽可能让受众在最快的时间获得新闻信息，它有一套自己的规则在运作着。而这里要说的新闻报道式的纪录片，一般是指新闻事件和重大活动的社会报道，要求真实的客观准则，节目随着事件的发展按时序流动。它注重认识价值，同时又要有欣赏价值。对现实事件、大型活动、时代潮流、社会风尚、风云人物作完整透彻的记录。时间上会比新闻消息慢一点，一般是事件结束后做出纪录片，比如众所周知的美国新闻类纪录片《华氏9·11》这类新闻类型的纪录片，调动了多种表现手法，围绕事件穿插历史背景，运用特写、调查、现场寻访、同期声、音乐、对话、资料、图表、动画等多种表现元素来烘托，诠释主题，灵活地安排结构、细节，使其更具有立体感和艺术效果。中央电视台获2004年纪录片大奖的新闻类纪录片《非凡二十一小时》也是一个典型例子，用不太长的节目时间，记录表现出我国第一次载人卫星上天的重大新闻事件。和当时的短新闻、现场直播不一样的是，它更加引人注目。这种记录重大事件、赛事、战争冲突的优秀纪录片的兴起，弥补了新闻片的不足。大家知道，电视新闻尽管是一个极重要的节目门类，但稍纵即逝，俗称“易碎品”，而新闻类纪录片时效上不占优势，却具有持久的生命力，令人百看不厌。新闻调查式的纪录片是新闻类纪录片的一个组成部分。目前许多优秀新闻调查式的纪录片，讲求细节，结构、表现手法多样，引人入胜。选取一个典型事件作为调查对象，比如山东电视台拍摄的《我的学籍哪里去了》，纪录片详尽地披露了这一触及社会热点的重大问题，层层剥笋式地调查推进，通过许多情节，围绕一个问题调查出一个青年学生从上高中起就被莫名地卷入学籍事件，成了丑恶的社会问题的牺牲品，提醒人们要对社会问题加强关注。很显然，一条“关于××学生丢失学籍”的短新闻与一个《我的学籍哪里去了》的30分钟纪录片，作用是完全不一样的。调查性纪录片集中许多资料，寻根问底，找着问题所在，引到轰动效应，引起了诸多方面的关注，也敦促了问题的解决。

中国广播电视协会纪录片委员会对新闻类纪录片的提倡和推动，基本上形成了新闻调查类纪录片的风格样式，这种优秀的新闻类纪录片与国际上的同类节目有一拼。它们同样是重大社会问题的题材，在节目中以情节结构为重，把它展现到极致，让观众如同目睹一件件真实事件。这些故事不仅仅让他们触目惊心，而且呼吁社会舆论行动起来，寻求解决的办法。让这类纪录片真正地发展起来，将会得到大多数观众的青睐。

纪录片的客观性横向思考

黑　子

目前我们把一切拍摄自然素材的影片都归入纪录片范畴，但纪录片这个称谓只应留给更高层次的影片使用的。纪录片应该具有强大的认识功能，是极富有启发性的艺术门类之一，具有其他艺术和片种无法取代的独特魅力。就当今的电影、电视而言，制作或播出、播放的纪录片水平的高低已经成为衡量其节目水准、作者品位、拍摄水平制作能力的重要标志。

与国际横向地比较一下，我国在发展纪录片方面还不能达到一定高度，也没有真正引起政府部门的重视和专业从业者的极大兴趣。导致纪录片工作者放慢前进的步伐，其原因是多样的。比如，在拍摄和制作纪录片的过程中经常被指责是“有倾向性的”，这其实是在暗指“有错误的倾向性”。经常被告知、被嘱咐要“客观”但实际上这种嘱咐是没有意义的，因为纪录片人自始至终都面临着无穷无尽的选择；题材、人物、环境、景物、镜头、角度、声音、剪辑、组接、监制、访谈、话语，等等。每一种选择都表达着一种观点，表达着一种看法，隐藏着一种或系列的动机。

当然，不管人们有没有意识到，不管你承认不承认，任何以客观性相标榜存在的纪录片人、纪录片团队都不过是在坚守这样的信条。它的诸多选择都特别有效，都能够为每个人承认和接受。即便是在最初的选择主题、选择定位的背后，同样也隐藏着一种或一系列的动机。还有人认为，主题中蕴涵着需要阐明的东西，如果记录者能够全面纪录下所阐明主题的证据，那么纪录片自然就会显露出有益于理解、关注、认同或行动的东西。

一个合理的虚构＝总体真实。

人们还经常以客观性为由严厉谴责“个性”纪录片人，指责他们是在“自我宣传作秀”。

惯性思维里蕴涵着反讽。当纪录片以不公正的态度对待观众的时候，以胡编乱造的内容惹得观众大发雷霆、骂声四起、强行向观众灌输某种东西时，人们自然而然地就容易动用“宣传”、“作秀”这些词汇。所谓反讽当然是指，当一部纪录片没有起到宣传效果时，人们恰巧也喜欢使用“宣传”一词。只有当纪录片作者的选择博得人们的欢心时，人们才不提这些字眼。

纪录片的宣传作用无疑是存在的。人们无法想象纪录片、故事片和任何种类的传播作品是没有宣传作用的，所有的作品无不试图或有意识地传播某种世界观，要求认可、理解和改变人们的一惯观点。当然纪录片不可能是“真理”，它是证据，是陈述。各种各样的证据和陈述都是民主进程的核心，也是纪录片一直长期存在的必然。

既然纪录片有宣传的特征，这是一个高贵的字眼，那么就应该被看作一种很难驾驭的宣传媒介，因为它公开面对人物、公开面对事件、公开证据内容、公开陈述过程、公开阐明主题，因此也就特别容易招惹批评。其实，更有效更有说服力的宣传媒介，现今流行的倒是通俗。因为它能被人当做某种别的东西加以接受，这种别的东西我理解为“娱乐”，这是一个与放松相联系的字眼。正如一些纪录片人和业内人士所说的那样，娱乐被构想成某种与“记录信息”无关的东西。娱乐的背后总有未表达出的前提，可是我们甘愿接受这些前提，甘愿分析这些前提，甘愿遇到这些前提。

多年来，“我们”的故事都被作恶多端的“敌人”包围，但是这些“敌人”在使我们陷入混乱之前定会暴露其邪恶的本性。许多纪录片没有被表达出一些前提，也没有必要这样做。这正是“通俗”的宣传力量所在。

于是，有关社会的种种设想和神话通过程式化的故事形式，包括政治演说和广告在内的其他媒介形式，不断地循环着，以至于观众已经不再也不去关注这些设想。我们可以把别人的看作宣传，别人也可以把我们的看作宣传，人们从中得到的东西就是娱乐。

我们说，故事片之所以令人着迷，一个重要原因就在于它描绘了一个理想化的有意思的世界，也就是说它有前因也有后果，能够自圆其说。故事片描写的世界与许多纪录片表现的世界恰恰形成鲜明的对比，纪录片的世界可能是一个充满矛盾和混乱的世界，关键是一个总没有明确结局的世界。

这种情况无疑加重了纪录片工作者面临的困难。因为他们的工作与编造美丽神话的行为背道而驰。以编造神话为生的政客完全有理由认为纪录片工作者的作品具有颠覆的作用。纪录片确实是一种颠覆，一种基本的颠覆，一种艰难的颠覆，一种痛苦的颠覆，一种个性使然的颠覆。

虽然纪录片工作者时常招惹仇恨，可是他们依然坚定不移，奋力前行，且队伍还在不断壮大。他们为能耐得住寂寞而感到欣慰，他们为这样一项艰难的使命而感到自豪；展现足够的证据，陈述足够的话题，改变人们的看法，改变人们的观点。

纪录片人看到的往往是一个动荡不安、充满争斗、令人困惑的立体的多面的世界，他们看到自己的工作颇有成效，而且自得其乐，每天都迈着艰难而坚定的步子记录着某些人和事。纪录片工作者如今越来越关注记录历史和媒介的种种意义。他们熟知先驱者们的作品，前者的告诫对他们仍然具有很重要的启发作用。

路易·卢米埃尔——希望“当场”捕捉生活。

（波兰）布莱斯络·马泽尔斯基——在东欧传播卢米埃尔论点：（1）“一种新的历史资料”；（2）“变化中的形象面貌”；（3）“让说谎者哑口无言”。

前苏联剪辑大师艾瑟苏伯——“到生活中去”。

纪录片先驱认为纪录片不是教导，不喜欢使用解说。他们的这些思想惠及后世的试验者，在世界各地都得到了继承和发展，这些试验者的影片通过亲身经历记录了人类标本的生存状态及其风俗习惯，独立性和多样性使人们看到了纪录片的前途。

真正的纪录片人对于自己通过画面和声音发现的东西拥有无尽的激情，对他们来说，发现始终比发明更有意义。他们可以去发现，都不去当发明家，与制作故事片的艺术家大不同，他们避免发明创作，而是通过选择和组织自己的发现表达自己。事实上，这些选择本身就体现了他们的基本见解。不管是采取什么样的立场，理论观察家、作者、画家或任何立场，都无法避免自己的主观性，无法避免表达自己的世界观。

纪录片人在否认发明创造的同时，实际上也束缚了自己的手脚。于是，一些人从纪录片转向故事片，因为他们感到拍故事片可以更加接近真实，当然是他们自认为的真实。另一些人则从故事片转向纪录片，这种现象已出现很多。因为纪录片能使欺骗显得更加合理。能言善辩，无上权威，这是纪录片的特征，抛开动机，也是吸引纪录片工作者的魅力所在，同样也是进行启发或欺骗的根源。

不管纪录片人如何拍摄制作，但有一点是不能变的，它是纪录片的原则，那就是真实，因为纪录片的宗旨就是记录现实，记录生活，而唯有真实的现实才是最有价值的。所以说真实是纪录片的基础，是纪录片的生命之源，是纪录片的灵魂。无论纪录片是被作为传达国家、政府意图的工具，还是表现作者个人的视点，总而言之，要想达到目的，要产生预期效果，就只有建立在真实的基础之上，立足于自然的生活流程当中。只有当观众相信你的纪录片一切都是真实的，才会接受你的立场。如果他从中看出了表演或任何人为的痕迹而质疑“是真的吗”，那么被否定的将不是那一个镜头画面，而是整部纪录片的真实价值，严重的后果则是纪录片所体现的内容也必然受到株连，而一切东西将化为乌有。所以真实性永远是第一位的，容不得半点虚假。故事片导演的创作过程可以说是一个发号施令的过程，对于生活而言他是一个组织者、一个命令者。然而，纪录片人的主要工作是和生活交朋友。“在生活面前，在真实面前，一切从眼见的真实开始。”

纪录片既是一种“理念”、一种“精神”，同时，也是一种“方法”。作为一种方法，它从来不是固定的一成不变的东西。在不同的历史时期这种方法都在不断地在发展、变化着。

纪录片作为一种“理念”，它永远以自己特殊的视角和方法观察、描述、记录这个世界。它既有对社会弱势群体、边缘群体的关注，也有对我们今天飞速发展和变迁的社会和文化的记录与关注。纪录片“理念”的核心，在于它永远维护“非虚构事件”的真实性，拍摄者与被拍摄对象永远在“平等”之上进行平视的对等的交流。纪录片作为一种“精神”，它既包含着制作者对苦难的关注以及制作者对苦难的忍受，包括在险恶环境中怎样适应环境，怎样与你拍的文化和被拍人融为一体以及与被拍摄者一样思维、一样呼吸、一样喜怒哀乐，也包含着制作人对社会的责任和执著所需要付出的代价，这种代价包括可能无法或者无需收回的投资。所以，纪录片应当是一种崇高而神圣的事业和理想，而不仅仅是一种功利的事情。

纪录片可以说是一个国家国民人文教育的一部分。从理论上说，所有严肃的人文观念都是需要普及的，这个普及的过程也是培养观众收视习惯的过程。如果说新闻是一个社会非常态的真实写照，那么，纪录片则是这个社会常态的真实反映。也就是说，纪录片是非新闻化的、日常的、静态的、过程式的、讲述普通人生活的、可以有观点的电视作品形态。正因为如此，纪录片的真实和其他形态作品的真实给我们的感受是完全不同的。

在纪录片中，主观的色彩越少越好，越客观，越真实。纪录片的真实，倒是尽量让观众忘记纪录片工作者的存在，换句话说，观众是通过摄像机这个眼睛去看纪录片中的人物和事件的。

在这一点上，我国的纪录片总体上与西方纪录片的差距是相当大的。

我一直认为纪录片也是高深的艺术门类，是极富有启发性的艺术门类之一。但就今天的纪录片作品横向地对比一下，我们应该清醒地认识到一定程度上还存在着作品品位的差距，当然这些差距是纪录片作者水平的差距造成的，所以纪录片的纪实本性，不应该成为某些人贫乏与懒惰的保护伞，更不应该成为某些人投机取巧的借口。纪录片作为一种时代所需要的艺术表现形式，应该以自己对于人的责任感、使命感，以自己对现实的态度和深厚的文化底蕴及哲学精神，使自身上升到一种思维的品格，并以此确立自己在各种艺术表现形式中的地位和尊严。

纪录片的终极目的与价值，便在于充分利用自己的先进技术手段，真实地展现现实生活和现实世界，促进人对世界和自身的认识，并最终借助于真实的现实生活去探究、解答生活之谜、生存之谜、生命之谜。

纪录片对于思维品格、审美品格的追

求，必须建立在纪实的本性与品格之上。因为丧失了自己的本性，纪录片将失去自己作为一种独立艺术表现形态的根据和意义，将失去自己的优势和灵魂。

从广义上说，人类的各种文化艺术样式都是源于对世界和人自身认识的渴望，只不过每一种文化艺术样式都有着自己的独特方式。但是我们要清楚：

艺术高深不等于崇高。美是低于崇高的东西。

英雄、暴力与流血牺牲也不是纪录片表现中道德的崇高表现。如果还有人这样认识的话，我认为是一种哲学意义上的粗俗。

因此我们更应该明白，不要把原始欲望的满足以及与这种满足紧密相连的虚荣混淆于作为想象的存在的人所拥有的尊严。

人们不可只有活跃的道德感，而缺乏积极的审美感，还需要它那种在一定高度之上的对人类的责任感和使命感。

纪录片应该成为而且能够成为对世俗潮流的抗拒与挽救。

经纬历史　坐标现实

——谈纪录片与纪录片人的责任

李家岭

纪录片，无论是哪一种样式的，都是对现实的真实记录，是对现实的截取、集中和提炼。纪录片本身就是一种记录历史的手段，纪录片作品就应当是历史资料。在若干年之后，提供认识和解读那一段历史的途径。所以，每一个纪录片人都是历史的记录者。对现实而言，纪录片除了具有一些新闻宣传共有的意义和作用外，纪录片还用普通人的生活记录为公众提供了一个真实的参照，通过它人们可以观照生活，找到自己的坐标，给自己一个相对客观的定位。所以在这个意义上，纪录片人就是社会建设的“监理”或者社会工程的描图员。纪录片要真实，纪录片人要追求真实。

从远古的结绳记事起，人类就开始了记录的历史。随着文明的进步，记录手段和水平也一直在提高。无论是《荷马史诗》还是《死者之书》都为我们展现了一段波澜壮阔的岁月。现在世界上的很多民族都有自己的史诗。在中国，记录历史的传统源远流长，史官是出现最早的官职之一，左史记言，右史记行。为前代修史也是每一朝代文治武功的一项重要内容，虽然目的并不单纯是为了记录历史。于是，五千年的文明，缩略为二十四史，可置于书案，可藏于高阁，可读可品，可以揣摩可以想象。从史书上，我们这些生活在公元2000年以后的人们，可以知道2600多年前的秋天的夜晚哈雷慧星拖着长长的尾巴从人们的头顶匆匆划过，也知道大概1300多年前有一个青年发动兵变杀死了自己的兄弟，当了皇帝……五千年的岁月似乎不那么遥远，也不那么缥缈。摄影技术和器材的出现，把人物、历史的一个瞬间一个场景凝固成照片，于是历史的记录突破了文字的苑囿，有了形象。翻翻有意无意留下的老照片，一幅幅连缀成了一段段的时光，照片在当事者本人或许只是当个纪念留给自己，而留给漫长时空的则是历史的证明。照片配合了留存的历史文献，更形象、更生动也更直接地向后世的人们展现历史的样貌。甚至在一些时候，照片对于历史的证明比文字的更有力量。历史在影像的记录里少了些疑惑、也少了些陌生。

电影机的发明，使记录“活”的历史成为可能。最早的两部电影，说是电影不如说是纪录片更确切。纪录片之于被记录的对象，较之文字历史记录，前者只是一次光化学转换或是电磁信号转换，后者是从现实到认知到思维再落实到文字；前者是从形象到想象的转换，后者是从形象到抽象转化；前者是一种从物质到物质转换，后者是从物质到意识的转化。所以，前者应该更接近真实，较之图片记更完整、更连续也更鲜活。对于接受者来说，文字记录的历史是“过去了”的、“死了”的，是死无对证，随你怎么说；而影像记录的历史则是铁证如山，这就是事实，不容辩驳。

今天的记录就是明天的历史。每一位纪录片人都应该有这样的历史责任感。肩负着记录历史、留下历史的真实面目、让后人看到真实的历史的责任，纪录片人就做真实的纪录片，记录真实的历史，真实地记录历史。记录真实的历史达到历史的客观真实，真实地记录历史达到历史的主观的真实。作为一个纪录片人，记录真实的历史，让历史在自己的作品中呈现客观真实，取决于记录者的专业水平、职业修养。真实地记录历史，达到历史的主观真实，就要看记录者的职业道德和社会良心了，这一点对于纪录片人是非常重要的。纪录片再真实再客观，它都毕竟是一种记录，不是历史本身。这种记录受技术水平、认识能力、拍摄时的自然条件、剪辑时的镜头取舍等因素的影响。举个简单的例子，纪录片《白家家事》(蚌埠电视台摄制)中，为了小妹注册了白家的品牌，兄妹几人吵了一架。就在吵架这一场中，在原则上作者应该中立，不偏不倚才能客观公正，一场家庭矛盾，观众自己去判断是非。作者在解说，同期声的剪辑等各方面都体现了这一立场，这场架吵得非常激烈，作者拍得非常真实。但是吵架现场小妹的近景镜头多于其他人，让观众很容易地认为小妹是主角，尽管最后小妹摔门而去，观众还是会认为作者是站在小妹一边的。这是纪录片真实记录不可避免的问题，因为镜头的使用在景别、角度、长度上不可能绝对平均、绝对对等，不可能在双方对峙总给一方3个特写，另一方也对应3个特写；一方的一句话10秒钟，另一方也要对上10秒钟。但是在8：9这样的一个矩形框定的区域内，任何一个内在的或外来的因素的改变都会影响它的表述。所以说历史的绝对的客观真实是不可能达到的，我们只能无限地接近，但是它永远是纪录片人努力的方向、追求的目标。

真实地记录历史，达到历史的主观真实，是纪录片和纪录片人能够做到也应该做到的。中国史家有着秉笔直言的传统，孔子认为“书法不隐”，这就是历史的良心。“……赵穿攻灵公于桃园。宣子未出山而复。大史书曰：赵盾弑其君。以示于朝。……”(《左传》)在这里，史官并没有因为晋灵公是昏君，赵盾是晋国的正卿、出名的贤臣，并且他的堂兄弟赵穿刚刚发动兵变，掌握着国家的实际权利，而隐讳不记。在这一点上，历史的记录者是要有绝对的职业道德的，摒弃个人的恩怨好恶，甚至这与个人的品质无关。司马迁应该是与汉武帝有着深仇大恨的，作为一个给当朝统治者作传的史家，他相当平和而公允地记述并评价了汉武帝“孝武纂极，四海承平。……疲秏中土，事彼边兵。日不暇给，人无聊生。……”在李陵事件中他以事实为根据，坚持维护历史的真实，尽管为此付出了惨重的代价，“……而单于以兵八万围击陵军。陵军五千人，兵矢既尽，士死者过半，而所杀伤匈奴亦万余人。且引且战，连斗八日，……陵食乏而救兵不到，虏急击招降陵。陵曰：无面目报陛下。遂降匈奴。……”今天翻开这一页，尤其让人肃然起敬。下面，是另一个真实的故事：杜甫谏房琯，肃宗召三司推问。三司者，吏部尚书韦陟、崔光远和颜真卿，其时，唯颜真卿不加附和，对杜甫未加宽宥。杜甫对于此事，郁郁于怀。后来“安史之乱”爆发，时任平原太守的颜真卿在敌后孤军做战，撑起“大唐”的旗帜。战乱中杜甫颠沛流离，感时伤事作诗万言，有“诗史”之誉，却没有一个字提及颜真卿和颜真卿组织、领导的“平原抗战”。而且在艺术上，杜甫突出“瘦硬”，以针对玄宗倡导、颜真卿等人效法的“肥美”。如果让杜甫做史官，以“诗史”作历史的话，留给后世的将会是怎样的历史呢？我无意说古人的是非，只是想证明孜孜矻矻于个人恩怨，并不影响一个人成为优秀的人，但他绝对不够资格去记录历史。所以，胸怀宽广，公正无私，具有强烈的历史责任感是史家的，也是纪录片特有的素质。纪录片人以记录历史为责任，放开个人的、小集团的恩怨纠葛利害冲突，不为权势溢美，不为寇仇恶言，追求客观真实，记录一段段真实的历史。

今天我们拍摄的纪录片，不管是大题材还是小事件，不管是伟大人物还是升斗小民，不管是高投入还是低成本，都要带着这种历史的良心去对待，因为在明天的眼睛看来，今天就是它们记录的各个样子，它们就是历史。在我们之后的历史就是由这样一段段的记录，串联并证明的。

纪录片对于历史的作用是长远的，对于现实，在很多时候它有着立竿见影的作用。

作为大众传媒的产品，纪录片有着这大众传媒产品共有的属性和作用。比如，它也传播信息、宣传和教化民众、愉悦心灵、舆论监督、引导社会生活，等等。在这里重点谈及的是纪录片的一个突出的功用——在现实社会中提供真实的参照。这是其他任何一种大众传媒产品所不具有的。

生活是真实的，但生活并不能证明生活本身。人是真实的，人也不能证明自己。就是说，我们总是要通过什么来观照什么，来确认什么。而能够提供这种参照的“他者”就必须不同于自身并且与自身有一定距离。就像照镜子，我们通过镜子里的镜像认识物质的自我。文学艺术也能提供这个“他者”，因为它们源于生活又高于（不同于）生活，用文学作品或艺术作品中的生活、思想情感观照现实。但是文学艺术虽然源于生活，但毕竟是一种创作，在生活原形上集中、抽象再虚构，和现实的真实已经相去甚远。我们从中看到的是生活的影子而不是生活的像，得到的是审美愉悦，是一种人文关怀或者说终极关怀。但人们不能从中得到一个参照，来定义现实。就好像看《红楼梦》，你可以为宝黛爱情悲剧泪流满面，看《罗密欧与朱丽叶》感慨万千，但是我想不会有人以此为根据得出结论：我们今天的恋爱和婚姻是多么的幸福啊！

但是纪录片就完全不同，它是现实生活的真实记录，它是客观事物、现实生活的像而不是影，经它关照到的社会人生是真实的、确定的。所以我们能够用纪录片做参照定位自己的生活。看过《结婚》（成都电视台摄制），你可以感叹自己的爱情缺乏浪漫。看过《风妹》你会教育孩子珍惜自己的学习条件。看了《台阶》你会说生活就是这样的。欣赏梵高的《一双鞋》，你的灵魂会因作品表现出来的苦难和坚韧而震颤。而德国纪录片《等一下》却明明白白地告诉你，在那里有那样一些人艰难而屈辱地生存，你可以得出结论，世界还是不平等的，或者对自己说我们过得还不错。

这也应该是纪录片带给民众最直接的影响。有一位女大学生得了艾滋病，她失去了生活的勇气，但是当她看到了《文楼村》以后，她坚定了活下去的信念，医为，她知道了她并不时最不幸的，还有人比她惨。纪录片就起到了这样的作用，提供一个参照，让观众找到自己的正确的坐标，给自己一个准确的定位。简单地说就是：你惨有人比你还惨，你强有人比你还强。这样每个人都会珍惜现在所拥有的，追求未来更美好的。

当然，定位是否准确，要看参照物是否恰当。所以，作为现实的参照物的纪录片，一定要真实。真实的才是可以相信的。现在电视台、影视公司的竞争已经形成了，为了争收视率、争市场或者是宣传的需要，一些纪录片人背离了真实的原则夸大其词或断章取义，甚至用套路套。比如拍摄搞科研的或者痴迷于某种兴趣爱好或追求艺术的人物，一定要把主人公的妻子（或丈夫）拉出来当反面角色，又吵又闹，然后主人公在重重反对之下一意孤行、坚持战斗。一个，两个，观众还觉得有意思，可看多了，全这样，观众就闹不明白了，怎么那么优秀的人物，都找这样的妻子（或丈夫）啊？

现在纪录片的样式已经是多种多样，记录的手法也层出不穷，电脑动画片等技术的融会贯通，也加速纪录片的发展。我们这里一而再、再而三地强调的真实早已经不是20世纪90年代初我们执著的跟腚派和自然主义的真实。一定范围内的真实再现（演历史），不失为一种对缺失记录的很好的补足方法。我看过一部美国的纪录片，讲一位摄影家在“9·11”事件中的经历，有一段讲他从工作室的窗户看到远处世贸大厦被飞机撞了，他赶往现场，画面是他在昏暗的楼梯上奔跑，镜头摇晃并做了抽帧，配以粗重的呼吸的效果声，很显然这是一段真实再现，是事后补拍而且是摆拍出来的，但是再现当时的情景并且很好地再现、渲染了当时的混乱、慌乱的气氛，并不给人虚假的感觉。但原则是所“演”内容应该是过去确实发生过的，至于那些可能、应该、不确定发生的事，或者不是此人此地发生的事情，还是不要拿来混淆视听了吧。现在有的纪录片人为了片子好看，有卖点，人为地编造情节，制造矛盾。或者移花接木，或偷天换日，认为：“片子好看就行，谁知道真的假的？”但是，我们历史的良心呢？社会的良心呢？作为纪录片人，我们纪录片的良心呢？

历史是生动的，生活是丰富的。少些功利和浮躁。抓住你截取的那一段，盯紧您选择的那个人，总能找到有价值的东西。只有在尊重真实的前提下，拍出来的纪录片才能不被历史淘汰，不被社会厌弃。只有这样，纪录片人才能担当起历史的责任、社会的责任。

情感介入的艺术：平衡、贴近和自律

——浅谈纪录片创作中的人文关怀

黄步东

情感是实现纪录片审美的基本因素，对人的情感正确把握，体现了纪录片的基本价值。成功的纪录片都是创作者用自己的心来自由创作的过程，比如在著名纪录片大师费拉哈迪的几乎每一部纪录片中，都含有若干充满作者所特有的爱心、温情和感伤情绪的叙事场面，这正是其作品的精华所在。作为观众，如果不能正确地体会作者浸透于其中的情感，自然就无法透彻理解其作品的艺术内涵。而作为创作者，就必须考虑纪录片中的人文关怀问题。

一、造型与纪实是否平衡是把握好情感介入的关键

情感介入，与纪录片兼具真实性和艺术性的特点有关。

没有一部纪录片是不经过某种程度的艺术处理就可以摄制成功的，任何纪录片，不管其目的如何，都是倾向于表现现实的。纪录片的主题，确切地说是创作者人文关怀的思想，总是通过作品中具体的艺术形象即一定的艺术造型来实现的。当拍摄者为摄影机选位的时候，实际上对影片的艺术造型就已经开始了。

真实并不等于对生活的“素材”采取自然主义的创作态度，因为没有纯粹意义上的客观。纪录片是艺术的真实而不能等同于生活的真实，创作者所表现的是他所认为的真实和所感受的真实。纪录片表现真实，采取含而不露的做法：记录生活但又高于生活。

具体地说，纪录片的这种真实首先包括形象、影象的真实，通过形声一体化的结构表现出来的、但是经过创作者思维重新组合的真实，当然创作主体意识在其中要尽量淡化。正因为纪录片不等同生活本身，而是靠近了艺术，所以要有提炼，有时要把细节“放大”成为情节。

因此，纪录片中的真实与生活的真实并不是一回事，同时又与故事片的真实有别，其艺术造型与故事片是不同的。故事片表现的是意念和感情，“生活应该这样”；而纪录片是再现生活，“生活就是这样”。把生活中的人塑造成银幕形象，是再创造的过程。纪实作品不排斥戏剧性，因为生活中本来就有大量的戏剧因素存在。只不过在纪录片中，这种戏剧性是真实的“坚强外壳”。

比如影视中的“摆拍”，是操作行为，是故事化的要求，是艺术造型的需要，摆拍是一种特殊的情感介入，前提是尊重事实。所以不能一概反对摆拍，要反对的是把假的变成真的，真的变成假的。如《南京大屠杀》之类的作品，不补拍，怎样更形象地表现历史的真实？又怎样表达一种久违然而却是真实的情感？纪录片《山里的日子》真实地记录了四川西部大巴山区农民的生活，其中有一组这样的镜头：夏夜，乡民们在自家门口的土场上整理白天割下的谷物。虽然为了节约电力，乡民们是在黑暗中干活，不用灯光的。为了拍摄造型的需要，摄影师使用了人造光源。这是创作者情感的外化表现，而这并不损害纪录片的真实性。

再比如纪录片中的剪辑，也不仅仅是把一个个片段拼凑在一起就算了事，而是创作者的“情感剪辑”。《为了世界和平》是一部优秀的纪录片。为了拍摄好这部反映第一次世界大战的成功之作，6 名片中的摄像师牺牲。其中，有一个段落突然中断了，画面暗下来，摄像机摇晃不定。导演并没有把这一段“出了毛病”的胶片剪去，因为它正说明摄影师牺牲在拍摄现场，这实际上也就是导演对战争“情感剪辑”的特殊表现。

从人的心理状态上分析，一个纪录片导演总是希望自己的思想能及时清晰地被观众所理解和认同，这种企图因此就不可避免地带上创作者的主观色彩，而纪录片观众又更认可具有严格意义上的现实主义倾向的作品。由此，一部优秀的纪录片应该在现实主义的和造型的倾向之间处于“临界点”的平衡状态，使创作者思想表现的欲望在强度上将与其作品现实主义的倾向几乎不相上下，从而不违背视觉艺术的特性要求。优秀纪录片《沙与海》表达了“人在哪儿生活都不容易”这一深刻的主题，是通过一户牧民和一户渔民在不同空间的具体生活场景来表现的。纪录片《神鹿啊神鹿》也是通过一个鄂伦春族女大学生从都市回归森林的具体过

程，来表达传统农业文明的价值以及在现代工业文明浪潮冲击下的尴尬境地。

“艺术创作中的主客观”与“创作手法上的纪实和造型”是一对矛盾。纪录片在结构情感的方面，是含蓄地向人们暗示某种程度上的真实性和可信性。纪录片所包含的情感是冷静和客观的。当然，如果创作者的主观情感表现得过于强烈（所谓“用力过猛”），就会导致造型的冲动脱离现实主义纪实的倾向，使这一对矛盾的倾向之间的平衡状态被打破，作品就会不可避免归于失败。

由此看来，问题不在于情感要不要介入，而在于何时介入和怎样介入，而这种介入的成功与否又往往与影片在艺术造型上怎样处理的结果密切相关。情感介入的临界点，就是造型与纪实的平衡点。

二、一个会流泪的、能真诚面对被拍摄者的导演才是好导演

情感介入也涉及电视的各种视听技巧，而其中最重要的是编导者传递感情的方式。一个会流泪的导演、一个能真诚面对被拍摄者的导演才是好导演；一个能在与被拍摄对象之间进行零距离拍摄的创作者才能得到他想要拍摄到的一切。创作者必须在创作过程中，真正深入纪录片的主体——人的内心世界。

优秀纪录片《家在上海》有一个非常感人的镜头：在东京街头，男主人公笑着和前来探望他的家乡人告别后，向前走去（跟拍）；突然，他停住了，然后慢慢回过头来（跟拍），眼里充满泪水（推，脸部特写）……事后摄影师回忆当时的心情时说：“我认为这个人就是我弟弟，他的生活一定很艰难，他一定会回头的。”

我们拍摄的纪录片《骨肉情》讲述了一个动人的亲情故事：为了挽救患尿毒症的哥哥，弟弟主动要求捐出自己的一只肾脏移植给哥哥，此举得到了全家人的全力支持和帮助。片中有这样一段情节：男主人公（弟弟）上了手术台，妻子、女儿和其他兄弟姐妹在手术室外焦急地等待着，年老的父母则一步不离地守候在电话机旁。三个场面用蒙太奇交替转换。在此处，我们加进去一段不间断的心电图的音响。与其说这是以一种“心理时间”来烘托紧张的气氛，不如说这是我们在一起和被拍摄对象共同体验一种特定的心理感受。

情感张力的准确与否直接影响和制约了影片的真实感和感染力，在情感介入上不能有丝毫的欺骗心理和行为，既不能冷漠同时又不能虚伪矫情。

我们拍摄的另外一部纪录片《第二次下乡》真实地再现了一对老知青夫妇重新开始创业的艰难历程。他们在下岗以后，不甘向命运屈服，回到农村，办起了牛场。片中，我们录到了一段女主人公陈世芳给产后的母牛挤奶，与母牛和小牛温情“交谈”的场面：陈世芳（给产后的母牛挤奶）：别站起来嘛，朋友，这样就不好给你挤奶了。（给小牛喂奶，对小牛说）你要活，这个（指奶粉）一小时之内你就要吃下来，吃吧，吃嘛……

选择和牛“对话”，其作用不仅是为了舒缓一下节奏，以别出心裁的手法达到戏剧性的收尾效果，更是为了表现女主人公对牛丰富的情感，对生活的热爱。而这一组镜头的获取，得益于我们与被拍摄对象在长期接触和合作过程中所培养出来的互相了解和创作默契。

纪录片再现生活的真实，创作的观念渗透在对生活的表现中去，揭示生活本身所具有的内涵和意义，其成功与否有赖于被拍摄对象在思维中“再创造”，所以它首先是在情感上与被拍摄对象的有效共鸣。纪录片必须有许多地方使作者和观众对题材产生感情的共鸣，这样的效果要由最富激情的有现场感的镜头表现出来，而这样的镜头的获取，来

自于创作者与被拍摄对象之间一定深度的共时体验——优秀纪录片正是拍摄者与被拍摄者成功地进行共时体验共同创作的结果。

三、道德自律是情感介入时最有价值的东西

纪录片本质上不是一种技巧，而是一种情感的宣泄，是创作者对人文主义精神认识水准的体现。从人类学的情感角度看西藏，看到的是文化价值，是人与生活的关系。带着文化优越的情绪看西藏，看到的却是落后和野蛮。因此，必须特别强调的是，在许多情况下，创作者的情感是否介入以及情感介入的时机掌握和方式，其本身就是对创作者自身道德意识的评判。

由于众所周知的原因，长期以来，国内的一些纪录片中在涉及情感题材时，往往出现过多的编造痕迹，片中的人物被类化：虽然表层上记录是某个个人，但在个体的潜意识中却潜藏着一种虚假的“群体意识”，是为了向观众传达某种特殊的概念或符号，某种高不可攀的思想或观念。其结果是，在记录事件时忽视人，在记录人物时漠视情。为了捕捉到“生动感人”的、能刺激观众感官的细节而不择手段，却漠视了被采访对象作为正常人应有的尊严和隐私权利。

有一部反映弱智青年生活的电视纪录片，在记录主人公恋爱过程时，有意重点刻画其与人交往时暴露出来的可怜又可笑的性格。还有一部纪录片，描写一位乳娘含辛茹苦地养育自己从小抱养的女儿。虽然女儿身有残疾，母女俩感情却很好，但记者采访时偏偏故意说：有人要抱走你的女儿，引得乳娘放声大哭……在一部宣传教师扶贫帮困助学的电视纪录片中，记者在众目睽睽下，对一位父母离异后的女孩发问：“你妈妈不要你了，你还想你妈妈吗？”直说得女孩子伤心流泪。此时，电视镜头“适时”推了上去，来了一个残酷的大特写！

为了达到某种拍摄目的而不择手段，此种行为缺乏基本的新闻道德意识。而如果一个创作者自身缺乏起码的人文关怀，又何以能使自己的作品真诚感人、充满艺术魅力呢？

我们创作的长篇纪录片《太湖人家》真实记录了渔民周方保一家艰难的水上生活，其中主人公的女儿在乡村医院生孩子是一场重头戏。由于是破腹产，气氛紧张，场面很有动感。但在拍摄过程中，我们尽量用中景、远景和侧面，灯光稍带暗淡。如果需要拍摄近景和特写，也尽量讲究美观，避免过分刺激的镜头。吴文光的纪录片《江湖》长达两个半小时，真实记录了生活在社会最低层的一群民间艺人（甚至连“艺人”都称不上，只能称其为流行歌曲爱好者）4 个多月流浪卖艺的“大篷车”经历。这 4 个多月中，作者与拍摄对象们同吃同住，目睹他们许多不为人知的隐秘生活，甚至记录了一些比“三点式表演”更刺激的内容。但是在成片时，作者并没有把这些暴露镜头夹杂在其中。

在拍摄长篇纪录片《第二次下乡》中，我们曾经多次与不错的故事情节相遇。比如，上大学的女儿在学校里被查出患了肺病，面临休学，作为母亲的女主人公心急如焚，后来方知是校医误诊；女儿回家夜遇车祸，被路人送进医院急救，肇事者却逃之夭夭；农村来的帮工在马路上撞伤了人，女主人公赶到交警队拿钱息事宁人……这些情节都能拍出很理想的感情戏，出于尊重被拍摄对象的意愿我们全部放弃了。

纪录片《关爱》记录一名下岗女工用自己真诚的母爱挽救病危女儿的亲情故事。曾经有这样一件事：女主人公为了患病的女儿筹集医疗费用而日夜奔波，最后晕倒在病房外的楼梯过道上。当时我们正好在拍摄现场，此时没有片刻犹豫，马上叫来医护人员把她扶进医生办公室休息。因临时救助拍摄

对象而与一组很有可能煽情动人的镜头失之交臂，不能说没有一丝遗憾。

有失才有得。正是因为我们在“放弃”中表现了新闻工作者应有的道德自律，也由此赢得被采访对象的充分信任，为顺利完成后面更艰苦的采访拍摄任务奠定了扎实的基础。

在创作者的心中，道德自律应该是纪录片情感介入中最有价值的东西。

纪录片是什么？确切地说，是一种能震撼人的心灵的视觉艺术品，纪录片无论采用何种语言和结构，最终的目的就是为了表现某种真实的、能反映普遍和共性情感的东西。也许我们应该更多地从这个角度来认识纪录片创作时的情感介入问题，才能更好地把握纪录片人文关怀的本质。

编导意识对纪录片创作的影响

杨兴泽

独眼看世界，三足定乾坤。电视纪录片面向社会生活寻找题材，但是，面对这纷繁复杂的大千世界，记录什么、为什么记录、怎样记录，这些核心问题贯穿在记录过程的始终。

在艺术创作中，就艺术与现实生活的关系问题而言，记录即是一种对原始素材进行检筛与整理的过程，从这个意义上讲，要在平凡、平实甚而是平淡的日常生活中进行深入、深刻、深邃的心灵体验并不容易。

一、创作前期编导应关注生活

严格地说，近年来中国纪录片渐渐失去观众。纪录片编导以风雅自命，指责大众没有文化品位，当然，观众也埋怨当今的纪录片晦涩、枯燥、沉闷，故作高深。就拿时下创作中嚷嚷得很欢的纪实风格来说，一味讲述老百姓自己的故事，抓取一组走马观花的影像，配以解说即成纪录片。在“一片生活”的背后，纪录片离观众越来越远。

到底是观众抛弃了纪录片，还是纪录片背离了观众？

目前我国纪录片的现状是城市题材少，社会矛盾题材少，关注个体心灵情感的更少。老少边穷题材一度泛滥荧屏，似乎这才是文化品位，然而过度地关注弱势群体，往往容易陷入猎奇与投机的嫌疑，已经让观众产生了排斥的情绪。其实，转型期的中国有太多问题值得关注：人口迁徙、制度变革、上岗下岗、情感困惑、观念更替以及这些问题背后的心态，等等，记录这些问题的作品都可能为社会所关注。

与普通电视节目相比，纪录片依赖的不是题材猎奇，而是对题材的深入开拓与细腻捕捉，认真观察与耐心等待是纪录片拍摄的基本条件。然而通讯、交通、时间、经费等问题的存在，让随时抓取生活里的细节变化成为一种空洞的想象。

《我们的留学生活》、《老头》、《舟舟的世界》都是身边的纪录片：拍摄身边的人和事。免去舟车机劳顿，免去经费挤压，随时抓取生活里的细节变化。（从这一层意义来说，非职业化似乎更符合纪录片特性。）当然，这些片子的成功也为我们留下这样的启示：不要感叹观众抛弃纪录片，也许，纪录片制作者应直面生活，介入矛盾与冲突，介入情感与心灵，而身边的生活无疑最为熟悉。毕竟，纪录片的故事不是编出来的，更不是导出来的，而是记录出来的。

二、创作中编导的介入：编辑意识的前移

任何类型的电视节目创作过程都有前期和后期之分，前期制作主要是选取题材、收集相关材料、确立主题、整体构思，等等。接着便是假以时日的现场拍摄，而后期制作阶段主要的工作就是编辑了。虽然电视编辑的具体工作是在后期完成的，但是编辑思维却是渗透在在纪录片创作中的各个环节中。编导在节目采录到播出的整个流水环节中都起着不可或缺的作用。从某种角度说，电视编导应是电视全才，有过电视新闻采制、拍摄、编辑的经历，这样从事编导工作才有一定的基础。一位编导，他不撰稿时，要与文字人员进行沟通，然后修整文字。当他不兼作摄像时，他要与摄像沟通，尤其是一些运动变化的镜头，如何去表现预期的风格与主题。这些沟通是细致而繁琐的，有时甚至要通过争论、商讨来完成。

由于纪录片拍摄对象的行为、状况及其周围环境等因素的不确定性和不可预知性，创作者往往会拍摄到意料之外的画面，同时也常常会由于客观原因而无法完成先前的构想，这样，最后成形的纪录片可能会偏离前期确立的主题，于是，编导在思考怎么拍、拍什么的同时，也被附加了另外的问题：拍了之后怎么编。优秀的创作者在拍摄过程中，都没有中断对后期编辑的思索。这样形成的编辑思维，又反过来决定拍摄对象的选择。前期决策、拍摄行为与编辑思维的相互作用与融合，使得片子在后期制作中得以顺利完成，而不致出现无法编排、没有主题的尴尬局面。类似的例子有很多，比如梁碧波拍摄的《三节草》，在时间很仓促的情况下，拿到选题直接奔赴现场，在拍摄的过程中建构框架、选取素材、提炼主题。这些片子的成功，是与创作者在拍摄中形成并坚持的编辑思维分不开的。

三、创作后期编导的艺术水准：纪实与虚构的统一

纪实既是一种节目形态，又是一种创作形态，用专业术语说，是“对生活原态的一种美学把握”。在某种意义上来说，它是对生活的重构，具有生活真实和艺术真实的双重品格。但是，长久以来，许多人认为纪实就等于现实，虚构就是虚拟，笔者认为，这是思维逻辑的误解。纪实，应是多维真实的混合，纪录片追求的就是最大限度地逼近真实。要达到这一目的，纪录片就不应当拒绝富有创造性和表现力的各种手法，一部优秀的纪录片往往就是纪实与虚构的最佳配置。

为了维护真实，之前若干“不许”成为许多纪录人不可逾越的游戏规则：不许扮演、不许专业照明、不用音乐、不用蒙太奇组接技巧等。如此多的“不许”形成了一代纪录片工作者对维护真实性的良苦用心，构成了独特的风格。人们担心属于表现范畴的蒙太奇，会影响纪录片记录生活的原生态，从而动摇其真实的本性。但是，笔者认为，把一系列不同时空拍摄的镜头联系起来的技术蒙太奇，仅仅是从视觉上使镜头之间的组合更趋合理，更自然流畅，而富于表现手段的艺术蒙太奇则是通过镜头组合产生的冲击，从心理上加强作品情绪的感染力。

“话说类”纪录片的声像构成及叙事策略

王庆福

以画面加解说为视听形态的纪录片，其代表之作为上个世纪80年代拍摄的《话说长江》、《话说运河》，由于作品采用男女两个播音员配音的解说形式，电视理论界便把这类纪录片命名为话说体纪录片。1983年，中日合拍的长篇纪录片《话说长江》在中央电视台播出，创造了万人空巷的收视效果，此后的《话说运河》、《黄河》、《唐蕃古道》等形成中国纪录片中的“话说热”。然而，自从上个世纪90年代中期后，“话说”便成为“纪实”性纪录片的对立面而被讨伐，“话说”被称为一种陈旧的纪录片文体，话说体纪录片在当年的热播也被归结为不发达的电视事业中的一种特别现象。但在实际创作中，一些最新制作的大型电视系列片《故宫》、《再说长江》依然保留话说的影子。话说体的兴盛果真是不发达的电视事业中的一种特殊现象吗？理论和实践的矛盾要求纪录片研究必须以新的角度重识“话说”。

一、话说：来自戏曲的传统

话说，一种来自中国古代的说唱传统，它积淀在中国文化里，形成一种特有的艺术形式。话说最早出现在中国古代的勾栏瓦肆，说书艺人为了提醒观众的注意，也为了引起下文，每次开场用“话说”二字，后来小说家采用章回体结构作品，每章也以“话说”二字开始。借助话说，小说语言实现了口语化，在小说中，话说形成了一种叙事形式，通过语言的张力推动故事的情节进展。小说中，话说仅仅以文本的形式存在，在戏曲中，话说则以视听结合的方式，形成综合性的剧场效果，戏曲从来没有话说二字，但在戏曲表演的每一个环节，无不隐藏着话说的因素。为了便于比较，让我们找出纪录片《话说长江》和古典戏曲《牡丹亭》各一段。

这是《话说长江》中的一段：

（画面）长江流水、岷江水流、都江堰……

解说为长江介绍、历史典故、李冰治水的故事……

这是元杂剧《牡丹亭》的一节：

剧场内，莺莺和张生互诉忠肠。

（张生唱）料想春娇厌拘束，等闲飞出广寒宫……

（莺莺）料得行吟者，应怜长叹人……

似乎为两人对答，实则隔着一道墙，是唱给观众的。

这是两种完全不同的艺术形式，可是你只要仔细观察就会发现其中共同之处，《话说长江》这段，介绍李冰父子治水，画面上出现的并不是真的李冰。

《牡丹亭》中张生和莺莺的对唱，其实是唱给观众听的。因为没有直接的冲突，演戏成了说戏。从表面上看来，话说类纪录片采用的是国外格里尔逊纪录片的叙事方式，其实在中国早已有之。中国戏曲讲究唱、念、做、打，一招一式都给人以极强的美感，正是这种注重美感的表达方式，让中国戏曲的人物话语与动作分离。中国戏曲来源于评书，观中国戏曲的一些名作，无论是元杂剧《牡丹亭》、《窦娥冤》还是明传奇《桃花扇》，抑或是京剧《三岔口》，人物所有的唱词都是在面向观众诉说，绝少剧情内的对话。由于缺少了对话，剧中人物之间的关系就缺少了现实的存在依据，而成为一种象征性的关系。所以，中国戏曲的语言是一种叙述性的语言，中国戏曲的动作语言只具有象征意义。在《牡丹亭》中，莺莺和张生互诉衷肠是隔着一道墙进行的，与其说给对方，不如说给观众；莺莺的母亲拷问红娘本来有了对话的可能，但上下的尊卑关系，只能使红娘的话语成为一种应答。同样，戏曲的背景也不必讲究逼真，观众听戏，看的是动作，品的是唱腔。所以，在戏曲中声音的分量被加重，其余如动作、服装、道具就成为一种辅助。追寻戏曲和评书的联系，可以看到，在评书里，说故事与演故事由一个人完成，说书艺人说戏，一定要声情并茂，一起步可以代表万里，到了戏曲，增加了角色，一人变为多人。但根本原则未变。从评书到戏曲，中国说唱艺术的语言结构分别在两个方向拓展：一是唱腔的形式变化无穷，语言优美；一是舞台动作程序化、舞蹈化，动作可以独立出来，单独欣赏。

话说类纪录片呈现的是长卷式浏览的节目构成形式，一部《话说长江》二十五集，从长江入海口到长江源头，长江沿岸的山川地理、名胜古迹、风土人情以及两岸人民的生活得到全景式的展示。在表达方式上，《话说长江》设置两个主持人，娓娓道来，主持人在这里的作用实际上承担了导游的角色。在《话说长江》中，主持人类似戏曲舞台上的演员，而画面就是舞台上的动作，因为解说和画面之间并不是严格的一对一的关系，画面可以呈现解说内容，也可以不呈现解说内容。画面与解说这种若即若离的关系类似于古典戏曲中的人物语言与动作的关系。

《话说长江》第十一集《壮丽的三峡》展示三峡的自然地理，用饱含深情的笔墨赞美祖国壮丽的河山。长江最险在三峡，三峡本来有许多故事、许多传说，其实每一个故事与传说都可以作为一个点深入挖掘下去，比如巫山神女的传说、屈原的故事、孔明碑的来历。但《话说长江》没有从点上切入，而是采用知识概述的方式，如数家珍。《壮丽三峡》的画面语言是湍急的江水、陡峭的石壁以及碑文、题刻等各种各样的文物古迹。为了增加文字的说明性，在画面上还增加了古人赞颂长江的诗文，在这一集的开头，标有三峡位置的地图叠加在画面上。《壮丽三峡》的所有画面语言都指向一个目的：用镜头呈现长江的神韵，让这一条大江更美些。与画面语言相对照，《壮丽三峡》的解说作为一种叙事语言，更多地承担了叙事之外的功能，叙事人时而扮演导游的角色，介绍景物；时而作为一个诗人，发思古之幽情；时而又是评论者，点评岁月风云的变迁。这是一种杂文性的文体，今天的观众已经很难接受这种遍地开花式的解说形式了，但对于当时的人来说，刚刚从文化的荒漠中走出，人们更需要一种理性的光辉照耀，《话说长江》就满足了人们的这种心理。《话说长江》的视听语言可以做多种解读：可以听解说，如同听一篇篇美文，如同听一场传统的戏曲；可以看画面，如同观赏传统戏曲的表演。《壮丽三峡》的画面语言与解说词各自承担着不同的功能，构成话说类纪录片特有的语言范式：话说，是一种以叙述性的解说为主，以长卷浏览的方式结构画面，具有中国传统的审美机制的纪录片文体。

但毕竟是两种不同传播途径的艺术，话说体纪录片的传播途径是电视，中国戏曲是剧场。电视和戏曲都要求参与，但因为收看环境不同，参与的性质也就不同。戏曲的唱腔、动作虽然是表演给观众的，观众只是作为剧场外的旁观者存在的，很少有剧中人物与观众直接对话，所以戏曲中的叙事人仅仅是剧中的一个人物；对于戏曲，参与是演员通过演技与观众对话，演员的演出为观众创造一个假定性的审美空间，观众对这一空间的痴迷又直接激发演员的表演兴趣，这是一种无功利的审美参与。话说类纪录片则不同，在话说类纪录片中，叙事人是电视机前观众的代言人，它代替观众游览名山大川，想观众之所想，电视播出是一种日常化的参与，由于这种参与同观众的现实生活直接联系在一起，因此具有一种现实功利性。为了增加观众的参与性，《话说运河》还增加了运河知识竞赛活动。而节目的内容也可以根据观众的要求调整。从叙事的功能来看，话说类纪录片的叙事人扮演的是观者的角色，它是作品与观众之间交流的媒介，而戏曲中的叙事人扮演的是一个被观者的角色，角色之间正反功能的差异恰恰反映了电视纪录片和戏剧两个完全不同的特征：前者尽量和生活接近，追求节目的日常化，后者营造梦境，追求艺术的陌生化。观中国古代戏曲《窦娥冤》，窦娥一声唱腔，感天动地，五月下雪；《牡丹亭》中柳梦梅梦中与死去的爱人相见，生者可以死，死者也可以生。戏曲作为一种剧场艺术，通过演员的表演和唱腔展示剧情，在有限的剧场时空内营造了无限的戏剧时空，这一点是话说类纪录片所没有的，这是媒介特性使然。

二、从"听"到"看"：话说类纪录片的发展脉络

借助中国传统戏曲的审美张力，《话说长江》创造了中国电视纪录片史上的轰动效应，《话说长江》连同后来播出的《话说运河》、《黄河》、《唐蕃古道》、《上下五千年》、《让历史告诉未来》、《万里长城》等，形成上个世纪90年代以前中国纪录片中的话说系列。初期的话说体普遍采用画面加解说的方式，优美的解说词、动听的音乐、万能的空镜头画面是这类作品共同的特征。随着报纸、杂志、书籍等更多获取知识途径的出现，人们开始有了甄别、评价、分析的眼光后，就不满足于仅仅在在电视上进行一些走马观花式的风光浏览了。面对优美的音乐，面对电视上只张嘴不说话的人物，他们会问：这是真的吗？20世纪90年代以后，随着中国纪录片纪实热的出现，话说类纪录片的创作沉寂下来，取而代之的是一种新的表现形式——新话说体。

新话说体纪录片以《故宫》、《新丝绸之路》、《再说长江》、《唐之韵》、《千年书法》为代表。

《故宫》展示一座宫殿600年的历史变迁，《新丝绸之路》再现丝绸之路曾经有过的辉煌，《再说长江》展示长江20年来的变化，《唐之韵》以唐诗为线索，追寻唐朝诗人的人生足迹，展示唐朝文化特有的气象，《千年书法》则在中国两千年历史的浩大时空中，展示书法的魅力。从《故宫》、《新丝绸之路》、《再说长江》、《唐之韵》到《千年书法》形成一种新的纪录片范式—新话说体纪录片。

新话说体是一种经过改造的话说类纪录片。新话说体纪录片的声像构成依然是画面加解说。它与旧话说体的不同之处在于节目中出现了采访、再现和扮演。新话说体纪录片借助高科技手段，影像的可视性大大增强。与此同时，纪录片的制作观念也在改变。旧话说体纪录片以地域风情、历史、景物的介绍为内容，很少切入到某一点上讲述故事；新话说体直接进入历史，以大量类似剧情片的画面，呈现历史事件的复杂过程。同为历史题材，如果说，旧话说体关注历史的总体，那么新话说体则关注历史的细节。同时在新话说体中，作为画面主体的人有了开口的机会，不同于旧话说体只把人作为符号性的表现，新话说体中的人是作品的中心，由人的关系支撑起的社会结构，形成今人对于过去历史的文化想象，这是新话说体纪录片的制作基点。

新话说体纪录片的声像构成大致可分为再现性的场景、多视点的叙事、伸展自如的时空处理三个方面。

首先是再现性场景。

制作历史题材纪录片一个最大的障碍是图像资料的缺乏，不像现实题材，影像素材

完全可以由跟踪拍摄人物的活动获得，历史题材纪录片可供选择的只有人物访谈、历史的遗物、遗迹。影像的单调影响到历史题材纪录片的感染力。为打破这种枯燥沉闷的局面，英国纪录片《失落的文明》采用了真人扮演的方式表现历史。在《失落的文明》中，由真人扮演的场景搬演了业已消失的历史场面。这是一种基于历史事实基础上的真实再现。中国的话说体纪录片进一步把再现的范围放大，不仅有真人扮演的历史场景，还有用电脑合成的建筑景观、人物活动。代表性的作品如《故宫》。

纪录片《故宫》的第一集《肇建紫禁城》开端：

（A）晴朗的夜空下一组流星划过，镜头由天空快速摇下穿过云层，然后出现中国北方华北平原的地图。

地图上标有北京的位置，依次显示五千年来北京的行政区划。

由清朝北京全景图推进，依次呈现北京的古老街道，越过前门和2005年的天安门广场。

镜头继续推进鸟瞰整个故宫的空间布局。

这是一组由三维动画合成的镜头，电脑数字特技在展现北京城历史变迁的同时，给人以强烈的视觉冲击力。

（B）同一集中，朱棣击败建文帝，在南京当上皇帝后，有一次上朝时，差点被御史大夫景清刺杀，这件事情过后，他经常做噩梦。画面是景清被武士推出斩首、朱棣惶恐不安的眼睛特写，解说为同一历史事件的叙述。

所谓“再现”，是通过技术手段对某一历史事件或场景的复原。“再现”已经不同于“记录”，因为，对于纪录片来说，无论主观性多强，也无论在拍摄时怎样改变了对象（包括拍摄角度的选择、光线的运用、对人物行为的干预），其制作过程都有客观的事实依据，“再现”则是在影像画面缺乏的情况下，根据相关的文字资料对历史事件进行的一次搬演，如上面的（B）。甚至是完全凭想象对抽象的历史时空的具象化呈现，如（A）。再现手段已经越出了纪录片创作的一般原则，而进入了虚构的范围。纪录片创作之所以能够容忍这种手段，是因为历史题材纪录片画面天然的局限性，因为你无法记录几百年甚至上千年以前的事情，而影视艺术又是一种追求画面效果的视听艺术，由于画面的缺乏，纪录片在表现过去的历史时就必然出现断点，通过“再现”弥补断点，既可以丰富作品的画面内容，又可以产生叙事的张力。

同时也应该看到，纪录片的“再现”不同于故事片中的剧情表演。故事片中的场景是一段完整的情节，有冲突、有对话，而纪录片的“再现”则是对历史场景做写意化的处理，如同中国戏曲中的动作、舞蹈，画面的意义在于让人产生联想。目前，纪录片理论界把历史题材纪录片中的“再现”手法称为“真实再现”，乍一看，是一个矛盾的说法，其实，它是从两个方面揭示了这种手法的内涵。“真实”是从解说词或字幕语言上说的，纪录片对历史事件的叙述必须是有依据的，其真实性也是无庸置疑的。“再现”是在历史事件总体真实的情况下，所进行的一种虚拟或扮演的手法，能够产生纪实画面所达不到的视觉效果和情感冲击力。通过“再现”手法，纪录片形成一种新的声画关系，这种声画关系的实质正如维廉姆斯所说，是一种新的“虚构化”。莱兹曼认为，不存在只是简单复制的“事件”或呆板记录“发生了什么事情的纯粹纪录片”，为了讲述真实，绝对需要创造，必要时将事件复活（relive），简言之，就是“搬上舞台”，因为过去的事件不会重复，人们无法在真正的事发场地捕捉事件。纪录电影的这种虚构是“富有创造性的，显示了非凡的魅力和想象力，能够产生真正的幻觉，将现实与想象的边界完全融为一体”[①]。

在新话说体纪录片中，“再现”是一个普

遍的现象，典型的如《故宫》中的故宫修建、大木出山、巨石运输、顺治进京、故宫大典，《新丝绸之路》中壁画重现、以真人扮演印度僧人鸠莫罗什，《唐之韵》的盛唐乐舞，再现性场面让画面语言作为一种独立的叙事体系进入作品。中国的旧的话说类纪录片的叙事功能更多地是由解说来承担，画面只是作为一个补充性的说明，由于旧话说体的拍摄对象是江河湖海、名胜古迹，其画面语言只是作为一种地理风光的展示出现，而与风光相联系的历史内容由于影像资料的缺乏就成为一种缺席的在场。在文体上，旧话说体更像游记、像百科全书，而不是小说，因为小说需要讲故事，需要在情感上打动读者，在中国纪录片的历史上，旧话说体曾经让观众产生情感上的共鸣。但那是一种特定时代的情绪反映，而要维持这种情绪，就必须在人的潜意识中寻找动力，新话说体的场景再现，让历史的情景复活，通过画面营造氛围，让观众在获取知识的同时，产生情感上的撞击，取得更加丰富的视听效果。

其次，新话说体另一个重要的特点是多视点叙事。

视点是叙事性作品的叙事角度，为了更好地讲述故事，叙事性作品的作者一般要设定不同叙事角度。如全知视角、旁知视角、纯客观视角。全知视角又称零度焦点视角，叙事者无固定视角，像一个全知全能的上帝，洞察一切。这种视角的优点在于灵活自如，具有拓展时空跨度、深入人物内心、直接加入主观看法的功能，缺点在于它具有比较强的虚拟性和主观性。限知视角又称内焦点叙事，它是以纪录片文本当中的人物视角展开叙事的，它的叙述要受到叙述者视阈的限制，即只能叙述他自己的所见所闻、所感所想，不能叙述别人看到或听到的而他自己没有看到和听到的事情，更不能介入别人的内心世界。纯客观视角又称旁知视角，叙事者像一台摄像机一样只记录所看到的情景，叙事者对对象只做客观记录，不做任何评价。新话说体纪录片一般表现的是具有时空跨度的重大题材，单一叙事手法很难达到要求，就需要从多种叙事角度结构作品，如《故宫》。故宫是现今世界上规模最大的宫殿建筑，从建成到现在，时间跨度600年。面对这样一座浩大宫殿建筑群，有许多未解之谜。如故宫是怎样建成的？它里面都有哪些文物珍藏？故宫的主人们是怎样生活的？故宫的建筑布局怎样？故宫建成后，它又经过多少次大修？王朝的更替给故宫带来的命运如何？按照旧话说体的拍法，故宫建筑富丽堂皇，通过精美的画面解说词可以组合成一部电视系列节目，这是一种由解说统揽作品的全知视点。但新话说体不同，较之旧话说体，新话说体关注的事件的过程，而不是现成的结论。为了充分展现过程的魅力，新话说体引入剧中人物视点，在新话说体纪录片中，作为客观叙事的全知视角、旁知视角的剧中人视点、纯客观视角的专家采访和正在进行中事件的纪实拍摄组成一种多视点结构，共同完成故事的讲述过程。比如《故宫》第二集《盛世的屋脊》，开端画面是茫茫的大地上入关的清朝军队，年幼的顺治皇帝进入紫禁城，节目的叙事完全按照故事片的手法，以一个外来者的视角揭开这座宫殿的面纱。当描述一个孩子眼中的高大建筑时，解说词是充满情感的，这并没有背离纪录片的客观原则，因为，作为旁知视角的顺治所见都是他视界内的。但作品并没有让这种视点一直延续下去，在交待完顺治的进京后是对清初年紫禁城状况的介绍，引出李自成进京烧紫禁城一件事，接着是纯客观视角的专家采访，专家采访让观众从一个故事中走出，用一个客观的态度看待历史。专家之后依然是旁知视角讲述顺治眼里的故宫，因为有了专家的判断做基础，解说就可以对当年顺治的所见进行大胆的推测。接着是顺治命运的介绍、清朝初年故宫一场火灾的描述，这依然是一个全知视角，故宫的又一次火灾为康熙年代它的又一次大修做了铺垫。故宫大修是这段的一次高潮，节目对大修中的一系列问题分别设置疑点，并通过专家采访解决，大修中许许多多细节通过再现的方式得以展现，通过全知视角和旁知视角，观众领略了这次大修的整个过程。而对大修过程的一系列描述都是为了烘托正面的主角——故宫辉煌的建筑景观。从顺治进京到完整的故宫建筑群出现，《盛世的屋脊》的视点转换可以描述为如下过程：旁知视点——纯客观视点——旁知视点——全知视点——旁知视点——全知视点。

而画面组接则为：再现画面（虚构）——纪实性采访（真实）——再现画面（虚构）——空镜头画面（真实）——纪实性采访（真实）——再现性场景（虚构）。

可以看出，由视点的转换所推动的画面组接始终在虚构和真实之间转换，最后推出一个今天的人能够目睹的真实情景。这是一个有着强烈的故事性的叙事结构，因为有了前面不断的悬念设计，后面以全知视点对故宫宏伟华丽的叙述就有了存在的依据。事实上，为了不让观众产生视觉疲劳，《故宫》的叙事视点总是不断游移转换的，即使是对整个故宫建筑景观的描述，也要在总体全知视点的基础上插入旁知视点。视点的游移，改变了传统纪录片平铺直叙的讲述方式，为节目增添了趣味性。

旧话说体纪录片解说由解说员一贯到底，是一种全知全能的单一视点；新话说体解说、采访、再现各自承担不同的功能，这是话说类纪录片文体的解放。

最后是伸展自如的时空设计。

由于采用了场景再现和多视点叙事，新话说体纪录片的时空就获得了充分的自由。新话说体纪录片的时空有三个：摄像机所能够拍摄到的正常的现实时空、由高科技技术合成和真人扮演构成的历史时空、经过压缩处理的艺术时空。

现实时空在《故宫》里是专家的采访、故宫的大修活动、故宫的建筑景观和各种各样的文物陈列，在《新丝绸之路》中是沙漠中的戈壁、古城遗址，在《再说长江》中是长江两岸人的生活和今日长江沿线的自然、地理风貌。由于纪录片的本质在于真实，在现实时空内，那种不事雕琢的人的生活往往是最具魅力的部分。因此，新话说体纪录片对现实时空给予了格外的关注。在有的纪录片中，现实时空甚至是声像世界的主体。比如《再说长江》的节目定位为记录长江20年的变化，在现实时空内，长江源头的自然景观、茅台酒厂的酒香、中国最大的直辖市人的生活、长江三角洲农民的商业意识等得到一一展示。根据纪录片关注的对象不同，现实时空的作用也不同，在一些以过去的历史为主体的纪录片中，现实时空只作为一个线索引出历史故事。如《故宫》里对故宫进行大修时在一个大殿的脊梁上发现了经文，验证中国文化儒、释、道合一的思想。

历史时空为纪录片所涉及的那段历史的特定时空。传统的话说体片纪录片只是通过文物、遗址、遗迹、文字资料再现历史，同一资料往往被不同的作品运用，成为一种万能的画面。在传统纪录片中，真正的历史时空往往是缺席的。新话说体纪录片采用当年的影像资料、电脑动画、人物扮演的方式重现当年的历史场景。对于历史时空来说，真实的影像是第一位的，它所带来的是一种见证的魅力。《再说长江》的构思基础就是来源于《话说长江》，是因为有了当年的《话说长江》的影像，才有了今天与昨天的对比，观众得以借助影像目睹长江20年来的变化。

艺术时空是借助特殊的技术生成的时空，它是一种虚拟的时空。它通过一种独特的时空体验，为人带来一种超越常态的艺术感受。在《故宫》中，为了展示四季的交替，让同一棵树在几秒钟内花开花落，经历雨雪风霜。为了表现时光流逝，让白云、日影以可以察觉到的速度运动。同样是《故宫》的开端，用一组长达一分多钟的三维动画展现了5000年北京历史的变迁，动画合成给抽象的历史年代更替以形象的展示。在《新丝绸之路》中，采用实拍和动画合成的方式让已经消失的古龟兹壁画复活，使观众重睹古丝绸之路当年的风采。

现实时空、历史时空、艺术时空相互作用，共同构成新话说体纪录片整体的时空结构。而时空之间的互相转化又拓展着纪录片的审美空间，多重时空带来的审美感知让人们重识纪录片的功能：纪录片不仅具有科学的洞察力，还应具有情感的穿透力。

从“旧话说体”到“新话说体”，话说类纪录片实现了从“听”到“看”的转变。

注释：

①单万里：《纪录电影文献》，第16页，中国广播电视出版社，2001年版。

从《河之南》看纪录片的社会功能与其实现

陈熹　陈焱玲

一、《河之南》播出的背景分析

众所周知，近年河南、河南人在全国人民心目中的形象地位有明显下降。自2000年以来，招工单位拒招河南务工人员；四川全国糖烟酒会议期间，参展商打出“拒绝河南骗子”、“不与河南人做生意”等标语；深圳警方挂出条幅“坚决打击河南籍犯罪团伙”……诸多关于河南的负面新闻屡见报端。在民间，“防火防盗防河南人”、“十亿人民九亿骗，河南人民是教练，总部设在驻马店”等说法不一而足。

究竟这是对河南人民的妖魔化还是真实反映，河南人民难辞其咎还是别人落井下石，并非本文讨论的范围。总之，自负面报道出现的那一天起，河南政府及人民对自身形象的挽救和重塑的努力就没有停止过。2004年12月原中宣部副部长、广电总局局长徐光春上任河南省省委书记，更是充分发挥其在新闻传播界的人际关系和影响力，对河南形象进行了大力改造。

我们看到，徐光春多次邀请海内外媒体访问河南，并把宣传河南的海报贴到了北京、深圳等中国政经要地的公共场所；中央电视台自2002年主办的“感动中国年度人物”评选，河南人年年榜上有名，如中国民间艾滋病防治专家高耀洁等；2006年3月，俄罗斯总统普京到河南少林寺参观访问，对提升河南“形象”有所帮助；2007年1月，徐光春在访问香港时曾专程参观考察香港《大公报》、《文汇报》以及凤凰卫视等媒体，表示河南“需要媒体朋友的鼎力相助和热情关怀，及时把一个真实的、生动的、发展着的新河南呈现给世人”。

从而，此次《河之南》在中央电视台的播出则更像是徐光春又一次努力的成果。不管此说是否成立，《河之南》片要肩负某些文化整合的责任是不言而喻的。

二、为什么是纪录片？

《河之南》一片所体现的纪录片的社会功能主要集中在以下两个方面。

首先，政治功能，或曰，意识形态性。一般认为纪录片的政治功能突出表现为两点：当它代表社会主流意识形态时，它具有文化整合功能；当它在主流意识形态的范围内对其进行反省、批判，意图改良时，它具有社会监督功能。《河》片所体现的政治功能主要集中在前者。

"作为中央台参与制作并且在中央台播出的片子，当解说词说'我们'的时候，我们很清楚它的基本的国家叙述的立场"[①]；再关照如前所述《河》片播出的背景，《河》片具有鲜明的意识形态性几乎是不言而喻的，只是这种由上至下的教化如何能无声无息地"泽被万物"而不致产生逆反则颇费考量。

前些年，平面媒体相继有一些关于河南的正面报道：如河南农民一家三代收养失忆日本兵47年，哺育培养日本的孩子成长，送她读大学而忍心让自己的亲生骨肉沦为文盲等。报道用生动的细节进行刻画，旨在展现河南人民的"大爱"与"大义"。然而事与愿违，国人显然并不买账，有网友指责说这种所谓"以德报怨"是"变态的自虐"，是"缺乏基本的伦常观念"，想用河南人的"大爱"、"大义"挽回失落的形象的做法显然弄巧成拙。

而《河之南》的播出这一举措显然高明得多。它利用当今社会如火如荼的传统文化热，因势乘便，将所要传达的上层意识寓于其中。从易中天到于丹的走红，从儒藏的整理到祖国各地的"汉服热"、"读经热"，传统文化的复兴已是不争的事实。利用这种趋势与潮流，加之以全民族的自豪感和荣誉感去打动人心，不再利用直白的新闻报道和"大爱"、"大义"的宣教，也不再正面纠结于"河南人到底惹了谁"、"为什么全国人民都在歧视河南人"的口舌之争，这在引起广泛的深刻的认同方面也就显得棋高一着。

另外，以国内最大最具影响力的媒体中央电视台为依托，也是使传播效果达到最优的主要手段。此前，余秋雨等文化界名人相继应邀前往河南出席文化活动，余更是在黄帝故里拜祖大典上讲到，误解河南人，是对中华文化的误解。以余之影响力加上媒体的大力报道，其影响与此次《河之南》的播出仍不可同日而语。

其次，是纪录片的文化功能。历史文化这张牌其实并不是《河之南》第一次打出的，无论网络无休止的口水战还是官方的区域营销策略都早有提及。在对这一资源的运用和开掘上，纪录片显示出了巨大优势，其他媒体、其他节目形式恐难望其项背。

从纪录片与文化的关系来看，在中国，一般认为，"纪录片是最有品位最有魅力的电视作品。纪录片体现着一个电视台的综合实力和品位"[②]。在国外，理论界也认为，"纪录片仍然是电视广播中一个有威望的领域，并为制片人和电视机构赢得荣誉"[③]。当电视业作为文化工业的主力，生产方式已经高度规模化、标准化、快餐化时，纪录片仍强调作者的独立制作、个人诠释和时间打磨；当电视业主要讲究感官满足和娱乐时，纪录片仍强调人文精神和审美价值。可以说纪录片在追求和守护着一种精英文化的品格。

纪录片正是因此赢得了令名，这种良好的声誉也加深了观众对纪录片的信任和认同。如《河之南》一类的纪录片，秉承了纪录片作为精神产品和高级文化的阳春白雪的先天优势，使观众产生了自主的信赖感；又因为其表述方式平易（其文学性不比《江南》等片）及其内容对观众而言较为熟悉只是不甚系统，而实现了某种意义上的曲高合众。简言之，纪录片文化，作为一种区别于政治经济的精神文化，其自身的精英与高端内涵，具有天然的说服力和感染力；即使"重言"如余秋雨之"误解河南人就是误解中国文化"，或是网络上有再多网友疾呼要为河南正名，都显得鞭长莫及。

三、为什么是《河之南》？

这就要从文本本身的题材内容来讲。旨在扭转和重塑形象的《河之南》与央视此前同为表现区域文化的人文纪录片《江南》相比，内容选择的侧重和表达大相径庭。

这是《江南》的一段解说词：

在这里，流水和流水，不就是江南翻飞的水袖吗？不就是把江南舞动得风姿绰绰、灵秀飘逸的水袖吗？

在朴实无华中超凡脱俗，在超凡脱俗中返璞归真，这水做的江南，这江南的流水啊。

“小桥、流水、人家”，这是江南最灿烂的风花雪月，这是江南最根本的从前以来。

…………

就在乡村的人们为划灯忙碌的时候，日本人迈着整齐的步伐向上海而来，他们肩上的枪炮直截了当地告诉中国人，我们不是来做客的。而这样的蛮横无理，自然地引起了中国人民的反感和对不速之客的阻止。这一仗因东洋人的疯狂和中国军民的英勇顽强而惊心动魄。

消息传到距上海数百里的乡村，不少人觉得，划灯的事就算了吧，也有人不同意。正在这当口，国民党元老叶楚伧回乡省亲。这一件事传到他耳里，老先生想了想说，还是搞，日脚照样过，让小日本看看中华人的精神……

“江南”的概念，很大程度上是从唐诗宋词而来，《江南》一片，消解了充满张力的历史，更多地表现了风花雪月、轻歌曼舞的文人情怀，国难家仇似也典雅别致。《江南》之于江南，无疑是锦上添花。《河之南》则不同，它从大历史着眼，倾大笔墨，对华夏文明进行探寻，并在追溯的过程中进行反思与叩问。

《河》片的总撰稿人、诗人杨晓民系河南人，他用饱含深情的笔，勾画出数千年中州大地的辉煌，历数了诞生或活跃在这片土地上的诸多响当当的名字。《河》片正是发现并开掘了河南这种特有的可以让亿万华夏子孙产生共同的归属感和荣誉感的东西，并以之感染人、教育人；也唯有这种共鸣能破除偏见，从而使共同拥有它分享它的人们精诚团结，不再相互鄙夷和谩骂。

河南省社科院历史研究所研究员、原所长程有为说：“这时候挖掘厚重的历史文化，宣传河南，也是中原文化自信的表现。”从这个意义上讲，《河之南》之于处在上述现状中的河南，无疑是雪中送炭。

四、《河之南》在文化整合功能实现方面的借鉴意义

在当今，电视消费已越来越多地呈现出快餐化的趋势，在“趋闲”的消费心理的支配下，人们很难静下心欣赏需颇费些思考的电视节目；而随着观众的欣赏水平日益提高，简单的宣传教育很难吸引人们的眼球，更遑论起到深入人心的作用。从而，宣传教育类的节目应如何做是个亟待解决的问题。

《河之南》的播出能否成为达到宣传教育的目的，成为扭转人们意识的关键一步尚有待考量，但其中固有值得借鉴之处。它以改善和重塑地区形象为目的，却并不像某学者专门著书《河南人惹了谁》那样纠结于事实本身，而是如前所述开掘并展现了能够让亿万华夏子孙都产生归属感和自豪感的东西，让观众皆心有戚戚，这种以情动人、引发共鸣的方式无疑更具效力。

注释：

①吕新雨：《今天，“人文”纪录片意欲何为》，《读书》2006年第10期。

②石屹：《电视纪录片：艺术、手法与中外关照》，第324页，复旦大学出版社，2001年版。

③大卫·麦克卢恩：《理解电视》，第116页，华夏出版社，2003年版。

试论解说词写作的开合之道

吴　煜

电视解说词的写作，从创意构思、行文撰写到表现形式，与其他艺术形式的创作有相通、相融、相同之处，但也有许多个性特色和与众不同之点。

电视解说词是电视节目的重要创作手段和表现元素。它为电视节目的总体构思而写，为编导要表述的主旨与创作意图而写，为配合电视画面的表述功能而写。我们要考虑电视语言的综合性、兼容性、多元性，同时还要注意电视视听双通道的传播特性，在解说词写作中，充分发挥有声语言的优势。

我们通过与画面水乳交融又声画一体的解说词创作，让电视观众在收看电视节目时，自然而然地将听觉信息，与眼前的视觉信息连缀起来，进而顺畅地进入声画世界，领悟到声音与画面之间、画面与画面之间的逻辑关系。只有这样，我们的解说词才能达到为“看”而写、为“看”而听的目的。

在声画兼容的电视视听空间里，画面的主体性是毋庸置疑的。但声音语言，特别是解说词的作用也是不可替代的。

解说词在电视节目中的作用可以归纳为：延伸画面广度，补充画面不足，开掘画面内涵，扩大信息含量。同时还可以交代事件背景，渲染环境气氛，升华节目主题，衔接画面结构，点化细节，传递知识……总之，协调电视片的综合效果。

文有文眼，诗有诗眼，题有题眼，这是历来文学艺术创作的经验之谈。解说词写作也自有其创作之道，重视开题、开篇、开笔是至关重要的。同样，合拢、收讫之笔也别有意味。“凡起句当如爆竹，骤响易彻；结句当如撞钟，清音有余。”①由此可见，开头与结尾都具有特别重要的意义。我们着重研究解说词写作的开合之道、收讫之理，即开篇与收尾的创作规律，自然就有格外重要的意义了。

解说词写作，首先要明确解说词与画面的血肉与共的整体关系。解说词不能独立成篇，不能游离于画面，必须与画面紧密配合，才不会出现声画两张皮的现象。在撰写解说词时，要尽力拉近观众的心理距离，引导他们观看画面并思考节目内容。

解说词创作，应该注意整体布局与结构，并充分调动声画艺术各元素的表现力与创新力，使电视节目声画诸元素顺畅组合，融为一体，开合自如，气韵贯通，就能形成声画一体的电视节目架构，这就是我们创作的目的。

一、精心设计开头

古人结构文章往往讲究豹头——猪肚——凤尾之道，或称之为突起——纡行——峭收。可见，凡作文者，均特别重视开头与结尾的点化作用。撰写电视解说词虽有其特殊的创作之规，但其写作之道也是有规律可循的。

万事开头难，写文章、写解说词都一样。开头落笔有神，则事半功倍；反之，则事倍功半。文学大师高尔基曾说过：“开头第一句是最困难的，好像在音乐里定调一样，往往要费很长的时间才能找到它。”戏剧大师曹禺先生曾用“一刀就开出个瓜瓤来”的名句，指出开头的神来之笔的妙用。

“开手笔机飞舞，墨势淋漓，有自由自得之妙，则把握在手，破竹之势已成，不忧此后不成完璧。”②李渔之高论证明，写作之起势必定要笔机飞舞，最后才能完成美玉般的作品。写解说词重视起笔与发句，同样是非常重要的。笔者在研读不同形态的电视片中，参悟出解说词写作的不同的开篇之法，并一一列举如下，以请教于同行。

1. 抓住要害　落笔生辉

撰写文章者，构思开篇之时，必定熟知历朝历代相关的名家名句，如“首句标其目，卒章显其志，诗三百之义也。”③关于文章的开头写法，自古以来研究者众，我们只是借鉴诗人的名言，悟出写解说词的开头之法，要“首句标其目”或是“起句当如爆竹”，才能亮出作者的创作意图及所要传达给观众的最重要、最新鲜又最有趣的信息。如《画家韩美林》的开头：

憨厚的小猴向我们深情地注视。机灵的小猫，流露出警戒的神情。可爱的小熊猫，你为什么回头张望？聪明的小鹿，你为什么低头沉思？这一张张生动有趣的动物画，都是出自韩美林之手。

该片在采访画家韩美林先生时，用镜头摇过墙上挂着的一幅幅憨态可掬又生动有趣的画作，加上此段活泼生动的解说词，将最鲜活、最引人、又最具本质特性的信息表现出来，一下子就将观众带进艺术家的创作情境中。此段借用开门见山的习常写法，从具体入手，写到抽象；从纪实出发，写到理念，就能产生落笔生辉、别有情趣的表达效果。

如《走近毛泽东》的开头：

他是诗人，又是革命家；他是战士，又是统帅；他指挥千军万马，自己不曾开过一枪；他缔造人民共和国，自己不当大元帅。

《走近毛泽东》则用非常独到的视角，提纲挈领地概括介绍伟人毛泽东特立独行的个性特色。解说词一开头就抓住人物最要害又鲜为人知的信息，可谓别开生面。

2. 生动幽默　情趣盎然

电视解说词的生动幽默，带给观众无穷的情趣与乐趣，进而会油然而生种种理趣，这就是解说词创作中的妙趣。如《雕塑家刘焕章》的解说词（画面：一个满脸长着胡子的中年男子，正在奋力劈木头，凿石头）：

俗话说，外行看热闹，内行看门道。有人说他是木匠，有人说他是石匠。然而，他不做家具，也不砌墙。是啊，他从少年时代开始就同木头、石头打交道了。起初，大概是因为好玩儿，后来却成了他拆不开、放不下、棒打不回的爱好和职业了……

这段幽默风趣的解说词，与画面交相辉映、相得益彰，向观众自然亲切地介绍了雕塑家刘焕章，给人留下亲切、平实的好印象。幽默生动的开头不是装腔作势、故弄玄虚、伪装幽默，而是因地制宜、因时制宜、因片制宜，巧妙地借助画面内容，进行机智风趣的解说词创作，让观众轻松愉快、会心微笑地走进电视片中。

3. 写景状物　烘托气氛

如前所述，“首句标其目”固然是写作解说词的首选之法，但采用其他写作方法，同样会收到奇效。如烘云托月之法就是一例。创作者从写景状物开始，先创造出一种气氛、一种氛围，乃至一种境界，此时再推出全片的核心之人或中心之事，也会收到妙不可言的艺术效果。如《青春与太阳一起燃烧》就是成功案例。

创作者写景状物时，为观众展现出一幅气象万千、大气磅礴的情境：一轮红日冉冉升起、跃出地平线时，管弦乐《东方红》骤然响起，此时出现了竖行书写的字幕与旁白：

还记得《东方红》里是怎么唱的吗？共产党，像太阳，照到哪里哪里亮。如果每一个共产党员都能像雷锋那样献出自己全部的光和热，都能让自己的青春与太阳一起燃烧，那么，我们伟大的党就永远是一轮不落的太阳！——引自本片主人公的话

喷薄欲出的红日，冉冉升起，刹那间雄浑有力的旋律在耳边盘旋，再顺势录入映照

景物的解说词，构成了视听和谐统一的声画艺术场景，令观众陶醉而引人入胜地走进那青春与太阳一起燃烧的意境。这就是解说词烘托气氛的妙用。

4. 引诗为文　抒情写意

千古流传又耳熟能详的名诗名句已深入人心，它的艺术魅力已广为人知。在撰写解说词时，如能恰如其分地借用著名诗句做开头，既能抒情写意，又能起到以一当十、四两拨千斤的传播效应。

《寻》记录从台湾来福建定居几十年的庄梦花女士，一生苦苦寻找台湾亲人，并在改革开放后，赴台与九十高龄老母团聚的故事。那份寻觅亲情的长久期盼，那份血浓于水的骨肉团聚，感人至深，催人泪下。

该片开头借用辛弃疾《青玉案》中的名句，“梦里寻他千百度，蓦然回首，那人却在灯火阑珊处”，极为贴切地表述了庄梦花寻觅亲情的心境与期盼，让观众亲切地感受到两岸民众浓浓的情意和深深的骨肉之情。

又如《中国民工潮》的开篇气势壮阔，吞吐天地。片中画面是波涛汹涌、壮观无比的钱塘江潮和一泻千里、气吞万里如虎的黄河壶口瀑布：

（字幕）钱塘江潮：浙江八月何如此，涛似连山奔雪来。这是李白描写钱塘江潮的名句。

（字幕）黄河壶口瀑布：黄河万里触山动，盘涡毂转奉地雷。这是诗圣赞叹黄河的诗章。

大潮奔涌，一泻千里；惊涛拍岸，浪击飞石。这是何等壮观的场面！然而，20世纪80年代，随着改革开放的深入发展，在神州大地上悄然兴起的另一股大潮，来势之猛，规模之大，同样不亚于八月钱塘，奔腾黄河。这就是中国特有的民工潮。

此处引出诗仙李白、诗圣杜甫的诗句，来形容民工潮席卷全国的壮观景象，这种相似联想，激发了观众极大的收视热情，表现出撰稿人过人的开笔之思，可谓神来之笔也！

5. 设置悬念　引人入胜

悬念的未知性和难以预料性，是吸引观众、牵引观众的法宝。文学作品中的悬念式结构，吸引了多少追踪成瘾、欲知后事如何的读者，让他们寻根问底、欲罢不能、一追到底地阅读作品，关注作品中的故事发展和人物命运。电视解说词借用这一写作技巧，设置悬念，作为开头的引子，以吸引观众的眼球。如《普救蟾声》：

现在的蒲州镇里，有个普救寺。电视机旁的诸位看官，且听小女我说说发生在这古寺里的两个传奇故事……刚到此地，便发生怪事一桩……看来这金蛤蟆还真的不好找。而奇怪的事又发生了……

今日普救寺到底发生了什么怪事，有着好奇心的观众，被解说词的开头紧紧抓住，追踪而下，直到真相大白。这就是悬念式开头的巧妙，它像吸盘一样吸住了观众的视线和收视兴致。

6. 有感而发　直奔主题

情感是创作的核心，也是创作的动力。编导在拍摄与后期编辑和撰写解说词时，面对纷纭复杂的社会现实，或深深被感动，或深深被激怒，或深深地关注，或奋起而疾书。总之，情不能自抑。这里流露出来的或是激情澎湃，或是忧思深广，或是忧患重重之情。如《中国农业六大主题之一·万世根本》的开头就是深有感触、奋力书写、直奔主题的精彩开篇：

生活在城市里的人，对住宅的狭窄和生存空间的拥挤有着切肤之痛，常常寄希望于未来，又为生活在未来的子孙们的命运而忧心忡忡……然而，未来最大的威胁其实不是狭窄的住宅和拥挤的街道，一个更大的、更不易于解决的危险正步步向我们逼来，这就是我们赖以生存的土地，准确地讲，为我们提供食物的耕地正一天天缩小。

7. 提出问题 调动参与

文无定法是至理名言。解说词开头的写法也千姿百态，异彩纷呈，它随节目内容的变化而变通。用设问句提出问题，引人注意，引发观众极大的兴趣，调动观众的参与热情，这也是颇有实效的开篇之法。例如《唠唠咱的庄户曲》就是实证：

你说说，俺们这疙瘩的二人转有啥出奇的，不就是一男一女搁地当腰那么一转悠嘛！可你说，它咋就这么稀罕人呢？咋还一转悠就小二百年呢？咋乡亲们一瞅见它就迈不开腿，挪不动步，迷了窍，勾了魂呢？我说这里哇准有啥门道。

啥门道，咱庄稼院里土生土长的玩意儿呗！跟俺们对撇子、对心思、对味儿、对脾气儿。那正儿八经的是北大荒词，北大荒调，北大荒的禀性老烟炮啊！

二人转在东北黑土地转了二百多年，它咋就那么勾魂摄魄，让百姓如醉如痴？答案自在百姓心中。此篇以提问开笔的解说词写作，可谓别具一格，又很有乡土情和乡土味。

8. 先声夺人 一语中的

解说词写作要简洁明快，高度概括，力争精炼浓缩，才能一语中的。撰稿人下工夫创作才能别出心裁，有所创新。我们深知："如果在一部纪录片中，解说词占了一大半，那么这部纪录片，无论是解说词还是影片，都是极不成功的。"（伊文斯语）《扬州第九怪》开篇打出的片头语，就精警到位，先声夺人，令人为之一震：

（字幕）一切奇缘、机遇、怪异等等，仅仅是成功的表象，成功的内核永远是坚韧不拔地穿越人生的撒哈拉大沙漠（推出片名：扬州第九怪）。

不论是天生奇才，或是聪明之人，还是资质平平者，要想成就一番事业，做出一番成绩，都必须具有坚韧不拔的毅力、穿越撒哈拉大沙漠的勇气和不达目的誓不罢休的意志，这才能创造奇迹、创造人生辉煌。该片开头，可谓一语中的，一石三鸟，将电视画面难以言表的精神内涵，用解说词准确地表现出来了。

9. 远远道来 反差对比

开门见山是常见的开篇之法，令古今中外的创作者借此法而成就美构佳篇。但从另一角度出发，远远道来也别具一格，自有其不可言状之妙。如《毒祸》一片，本是揭露、暴露吸毒丑恶现象的专题片，但开头一反常态，从广州城的祥和、繁荣入手：

珠江潮水拍打着南中国的大门，广州城看上去一如以往的繁荣与祥和。吸毒活动在一些地方从过去单个隐蔽发展到三五成群，聚众吸食。

这段解说词的开头，造成强烈鲜明的反差对比，让观众在繁荣的背后看到污秽；在平静和谐生活中看到丑恶与罪恶，并从女青年吸毒沦落的悲剧中，省悟到毒品对个人生死、对家庭幸福、对民族繁衍、对国家未来都是极大的戕害。该片用铿锵有力又语重心长的解说词告诫吸毒者，告诫世人，吸毒是条不归路。与吸毒、贩毒者的斗争，是我们国家长期而又极为艰巨的任务。

10. 情境再现 启发联想

电视专题片中画面为尊的位置是不可动摇的，但解说词之美也是绝不可忽略的。声画之间是相互连动又互相依托而相得益彰的。电视解说词写作高手陈汉元先生，上世纪60年代从《收租院》的解说词创作开始，已出版了多部有关解说词的专著。他每每写作，多为大手笔，确实难有人出其右也。

陈汉元先生撰稿的系列专题片《话说运河》第一集《一撇一捺》中的解说词开头，采用情境再现的手法，启迪观众的联想和思索，确乎有惊人的创意和过人的笔墨：

我们从地图上粗略地看，长城跟运河所组成的图形是非常有意思的，它正好是我们中国汉字里一个最重要的字眼“人”，人类的人，中国人的人……巍峨的长城，是我们祖先用自己的骨和肉铸造的；深沉的运河，是我们祖先用自己的血和汗灌注的……阳刚的一撇是万里长城；阴柔的一捺是京杭运河，这才是一个顶天立地，有血气，有温情的中国人。

这段经典的解说词开篇，将长城与运河的形象、意韵及其阳刚之美、阴柔之美结合得如此完美。将二者刚柔相济的风范展露无遗，引发观众去体味画外之意、画外之境、画外之理，真是“状难写之景如目前，含不尽之见于言外”，收到言有尽而意无穷的艺术效果。

由此可见，解说词开篇的写作是因片而异、因作者而异，才能呈现出千姿百态，各具特色的创作态势，才能与画面珠联璧合，形成最佳的声画艺术传播效应。

二、巧妙构思结尾

解说词的写作开头是“首句标其目”，结尾处当然是“卒章显其志”。正如俗话所说：编筐编篓，重在收口。可见收口之功并非一日可就。开篇，是突起，应响如洪钟；收尾，是峭收，应戛然而止又余音袅袅。

由此可见，结尾是文章也是解说词写作的点睛之笔。如果结尾有“凤尾”之美，那解说词就能为电视片增光添彩，让其灿然若春花；反之，如果结尾是败笔，那解说词不仅是蛇尾之作，亦是狗尾续貂，都是失败的。笔者认为，我们的电视编导应竭力写好解说词的合拢之笔，让声音艺术发挥其补充画面、延伸画面、提升画面品位之作用。我们研究揣摩解说词收尾的写法，可以归纳出最为常见又行之有效的多种表述形式。

1．卒章显志　深化主题

《唠唠咱的庄户曲》：

虽说这么个，那些个现代音乐呀，通俗歌曲呀，大伙都挺乐意听的，可俺们是真稀罕二人转那股子不隔心、不隔调、不隔音的乡土味儿。是真稀罕那股子走哪转哪没拣没挑不外道的乡土情儿。你瞅瞅，都二百来年了，可它照样活灵着俺们庄户人的血脉，活灵着俺们黑土地的精气神……

结尾处顺其自然地将电视片的主题显现出来。告知观众东北二人转之所以火爆二百年，历久不衰之道，就在于它的乡土味、乡土情，其中还渗透着庄户人的血脉，活灵活现地展示出黑土地的精气神。全片的主旨到此戛然而止，留给观众评品的余味和余音。

这种卒章显志的写作方法，是文学艺术创作中司空见惯的手法之一，但电视人拿来后，稍加调整和发挥，就变成如此贴切地与画面融为一体的生动活泼、惟妙惟肖的解说词结尾。

2．展示未来　鼓舞人心

电视作为大众传媒的佼佼者，它不仅要传递信息、娱乐百姓、服务民众，而且要有明确的喉舌意识、宣传意识、导向意识、审美意识。这就需要我们在撰写解说词时，有意无意地将导向渗透到字里行间，既不显生硬与牵强，又带几分亲切感和人情味，这才能成为优秀的电视解说词。

展示未来，鼓舞人心是电视专题片的重任，也是解说词要在结尾处明示或暗示观众的任务。如《中国民工潮》在这方面就有其独到之处：

好风凭借力，送我上青云。前进的道路不断拓宽，在党和政府的关心、支持和积极引导下，民工潮正在成为建设中国特色社会主义道路上一道壮观、美丽的风景线。

对民工潮的看法与评价，各有己见。不管什么见解都可以独立一词，但千百万民工对城市建设、城市繁荣所做的巨大贡献是铁一般的事实，创作者在专题片结尾处，深情赞叹农民工的贡献与创造。他们是“一道壮观、美丽的风景线”。这一结尾真实、动人又感人。它确实反映出人民百姓、电视编导和政府机构对美好前景的乐观自信和对农民工的高度评价。

3．饱含哲理　发人深省

哲理，就是对宇宙人生的原理的深刻认识。这种认识必须通过对事物敏锐的观察、对生活深刻的感悟、对社会人生深度的洞察，才能迸发出思想火花，并熔铸、升华出一种理性的思考与认识。解说词哲理的智慧之光，对观众认识社会、领悟人生真谛、提升思想品位有所启迪。电视解说词的结尾，能运用饱含哲理的语句，将是开启发人深省的钥匙。

《雕塑大师刘开渠》：

作品，是他生命的一部分，是他精神的寄托，是他形象的再现。雕塑大师的作品，他的理想、志向、情操，都融合在其中，这就是雕塑大师的雕像。像泥土一样质朴，像石膏一样洁白，像白玉一样坚贞，像青铜一样永恒。给历史造碑的，是人；给人造碑的，是历史！

这部《雕塑大师刘开渠》的解说词结尾，充满哲理意味，读之隽永含蓄、余味无穷、启人心智、引人深思。让观众看片时观之有所得，听之有所悟，进而去思考、领悟历史与人生、人生与历史的深层互动关系。

4．委婉含蓄　余韵悠长

清新淡雅、委婉含蓄，是诗词歌赋创作极力追求的一种技巧、一种境界，也是一种艺术追求。含蓄，即用最有限的语言去追求无限的意趣。在解说词写作上，特别是结尾收官处应用委婉含蓄的笔法，就会营造出余韵悠长、言有尽而意无穷的传播效果。如《庐山之“不识庐山真面目”》的结尾：

他们仍然“不识庐山真面目”。其实，庐山美就美在看不清它的真面目。人们总是特别钟情于云中看山，雾里看花，月下饮酒，酒醉吟诗，这些朦朦胧胧迷迷幻幻的意境。

庐山留给人们的，正是让人品尝不尽的朦胧美。

朦胧美、意境美，是所有艺术创作共同的追求。电视解说词写作并不刻意追求此种表现手法，但借用它的表述方法，恰到好处地撰写出庐山美景之真谛和庐山魅力久存人间的奥秘，别有一种韵致与风情，令人耳目一新。艺术创作是一脉相承又一脉相通的，解说词结尾的写作之法同样千差万别，千人千面，这才是富有个性的创作之法。

5．首尾照应　浑然一体

电视解说词的写作应尽量弥补画面的缺撼，在结尾处更要观照前后，气韵贯通，用首尾照应、水到渠成之法，让整部作品回转圆通，一气呵成，浑然一体，给观众留下深刻难忘的印象。

如前所述，陈汉元先生撰写的《话说运河》的开头是如此之精彩和美妙，到结尾处，即31回《另起一行》中解说词不但紧扣画面，紧扣主题，而且回应开头，首尾圆合，上下贯通，行云流水般地开掘出运河人、运河事的内在美：

长城这阳刚的一撇和运河阴柔的一捺，组成了一个伟大的“人”字。为了对得起先人，为了对得起后人，为了对得起生活在运河两岸的今人，让我们都来尊重“人”，维护“人”，都不要愧对这个顶天立地的伟人，一切都在于人。

解说词在结尾处反复赞叹长城和运河组成的大写的“人”字，可谓一叹三咏，有着强烈的感染力和感召力。创作者的生花妙笔，将《话说运河》的人文美与人性魅力表现得感人至深。解说词和画面的有机结合，视听语言的和谐统一，留给观众久久的回味和思考。“收处作回顾之笔，兜裹全篇，恰与起笔倒入者相照应，最为整密可法。”④

6．画龙点睛　拓展思路

电视解说词结尾处要概括和升华主题，要挖掘出电视画面的内在含义和节目的含金量，就必须要有点睛之笔。“尾声以结束一篇之曲，须是愈著精神，末句更得一极俊语收之，方妙。”[5]

在创作构思解说词的结尾时，要精心策划，反复推敲，精彩落笔，才能真正写出有水平、有品位、有格调的画龙点睛之笔。如《中国人的饮食世界之二〈亲亲合欢〉》的佳构妙言：

在其乐融融的氛围中，沟通、理解、信任、友谊都得到催化和升华。中国人饮食世界的凝聚力和亲和作用，才是中国饮食文化的真谛和精髓。

中国人的美食讲究色香味俱全，可谓秀色可餐，但中国饮食文化的博大精深，画面是很难表达的，就得靠解说词来点化、点题。点睛之笔在这里起到了拓展观众思路、传递有效信息的作用。几句平实质朴的话语，一语道破饮食文化的真谛和精髓，真有“文似看山不喜平”的峭收之妙。

7．留下悬念　引发思考

在各类电视节目中，编导千方百计要抓住观众的视线，扣住观众的收视兴趣，必须刻苦钻研观众的收视心理和收视状态，有的放矢地在结尾处做足文章、做好文章。各种各样的收官之笔，可谓各臻其妙，独有其招，而留下悬念，结下扣子，吊起观众的收视欲望，让观众在节目进程中，一一破解其中之悬念，一一解开其中之结扣，岂不兴味盎然？这种解说词的撰稿方法不失为最佳选择之一。

《商战》之《烽烟突起》：

就在六大商场打得热热闹闹不可开交的时候，郑州一批中小商场、专业商场也竞相加入竞争行列。郑州商界由此陷入了全面的公关大战、价格大战、服务大战、环境大战。欲知公关大战如何？请您继续收看连续报道《商战》。

《商战》每集的结束语，均借用章回小说的手法，引领观众欲知后事如何，且听下回分解，以此牢牢抓住观众视线，让他们欲罢不能，放弃不舍。在追循声画之踪时，自然而然地进入深层的同步收视，启发观众的参与、思考，使观众获益良多。

8．诗文作结　简洁凝炼

解说词写作必须遵循准确、简洁、凝炼的原则，注意其配合性与非独立性，才能长驻视屏。在创作中，调动一切可利用因素，去挖掘画面内涵，交代画面尚未交代或不善于交代又必须传递的信息，才能真正为电视节目的精品制作服务，这是解说词的生存发展之道。

电视解说词为观众提供画面之外的大量鲜活有用的信息，起到美化、扩充、延伸画面内涵，深化、升华、概括画面主旨的作用。而利用以少胜多、内涵深广又广为传诵的诗词歌赋的经典名句，作为解说词的结语，那是妙不可言的。例如《毒祸》：

今天，中国政府销烟禁毒的决心和措施，正在续写着中国近代禁烟史的新篇章！借问瘟神欲何往，纸船明烛照天烧！

专题片借用诗文作结，显示出其高度浓缩、简洁、凝炼的风格。在这里重复啰嗦和喧宾夺主都是观众所摒弃的，我们力荐解说词写作，尤其结尾之处，能借用名家大师之言为我所用，起到以少胜多、以一当十的传播效果。当然这一切都应围绕画面来铺开，不然就是陷入掉书袋的泥坑。

9．言简意赅　精辟透彻

解说词写作要求精炼、精到，进而达到言简意赅的水平。因为解说词写作具有很强的交流性、对话性，可以说是面对面与观众进行各个层面的信息交流、情感互动。这就要求我们在撰稿时要有很强的传播意识，力避自以为是、盛气凌人，必须亲切随和，又尊重观众，才能使信息传播链条畅通无阻地到达目的地。

《和平：使沙漠变绿洲》：

因为两个生活在沙漠里的民族都有着一个共同的寓言，这个寓言是他们的祖先留给他们的寓言，这就是——战争能够使绿洲变成沙漠，而和平将使沙漠变成绿洲。

《八千里路云和月 · 风土》：

热河不长，它是我国最短的河，但遗恨很长，源远流长，直到现在。

上述两例都是言简意赅、意味深长的解说词结尾之佳作，真正做到了“意则求多，字惟求少”的语言表述准则。这里传递出的信息内涵无比丰厚深刻，又精辟透彻。

10．着眼写人　情深意长

镜头对准人，对准普通人，是当今电视创作的指南。而解说词写作也必须对准人，对准人的生活、生存、生命，因为每一个人都是一部活动的现实生活影像，也是一部活动的历史。

电视媒介在人们心中有极为重要的作用，主要一个原因，那就是：人。它写人，影响人，关注人，而且通常只有当它对人有影响时，电视屏幕才能活起来，才能立起来。我们在撰写解说词时，同样把焦点对准人，着眼写人，这其中编导的情感与思想的渗入，是至关重要的。例如《长征—生命的歌 · 大别山之魂》就用浓墨重彩写人，写红二十五军政委吴焕先烈士：

吴焕先走了，什么也没有留下。他没有亲人，他所有的亲人都死在那难忘的岁月。他更没有财产，因为连他自己都属于人民。但是，他留下了自己的名字，留下了一条用鲜血浸透的道路和一座永存千古的大别山！

解说词的结尾处，英烈吴焕先的崇高心境、灵魂光辉，在观众眼前熠熠发光。编导融情于叙，在人物身上融进情感和思想，把观众带进情深意浓的思想境界、艺术境界和审美境界中，感受到内心的强烈震撼与感动。

“词起结最难，而结尤难于起。结有数法：或拍合，或宕开，或醒明本旨，或转出别意，或就眼前指点，或于题外借形。”[⑥]由此可见，结尾之重要，之难写。笔者的归纳综述不过是抛砖引玉之论。上述论证的开头与结尾之法，只是开合之道的探讨，是笔者的粗浅之见，难免挂一漏万。

文无定法，解说词的创作往往要入乎其内又要出乎其外。入乎其内，是每位创作者均需进入画面内，进入特定情境中，融入主旨里，才能写出好词佳句；但又须跳出画面，走出画框，才能进入创作的自由空间，才能为观众提供视听联想与声画想象的平台，才能激发观众的收视欲望，才能使节目达到最佳传播效果。

解说词的开篇与结束，可谓千变万化，千姿百态，各有绝招，各有千秋。编导往往在有限的创作空间，挥洒有声语言的魅力。或是别出心裁、出奇制胜；或是不着痕迹、无招胜有招。总之，解说词写作学问之大、之深，有待我们今后继续研讨。

解说词写作要讲究语言文字的技巧，要努力锤炼语言，反复推敲语句，尽力开掘语言文字的表达潜能、潜力与潜质，为电视节目服务。在撰写解说词时，要充分调动有声语言的立体感、节奏感和表现力；要展示有声语言的修饰美及其口语化、大众化、生活化的个性魅力，只有下工夫把语言学好，才能写出声画俱美的电视解说词精品之作，以飨观众。

撰写电视解说词，要注重电视声画语言的综合性与完整性。不但要尽力调动语言文字的表达功能，而且要让音乐、音响、同期声和字幕找准自己的最佳位置，一一尽其所能，与电视画面完美结合在一起，创作出声画俱美，又有品位和品质，既能吸引观众、引导观众，又能愉悦观众、享誉观众的精品之作。

“乔梦符吉博学多能，以乐府称，尝云：作乐府亦有法，曰凤头、猪肚、豹尾六字是也。大概起要美丽，中要浩荡，结要响亮。尤贵在首尾贯穿，意思清新。苟能若是，斯可以言乐府矣。”⑦

这段名言启示我们撰写解说词时，开篇与结尾既要美丽，又要响亮。所谓“起乎贵突兀”，而结句则“如截奔马”，戛然而止。所以，我们在解说词写作中，除遵循电视语言的创作规律之外，解说词写作高手的文本范例以及古人论写作的经典范论，也是我们的借鉴引用之列，并将他山之石服务于我们的解说词写作的开合之道中，作为攻玉之利器。这就是本篇论文之主旨。

注释：

①谢榛：《四溟诗话》卷一，转引自《古人论写作》，吉林人民出版社，1981年版。

②李渔：《闲情偶寄》卷三，转引自《古人论写作》，吉林人民出版社，1981年版。

③白居易：《新乐府序》，转引自《古人论写作》，吉林人民出版社，1981年版。

④施补华：《岘佣说诗》，转引自《古人论写作》，吉林人民出版社，1981年版。

⑤王骥德：《曲律》卷三，转引自《古人论写作》，吉林人民出版社，1981年版。

⑥沈祥龙：《论词随笔》，转引自《古人论写作》，吉林人民出版社，1981年版。

⑦陶宗仪：《南村辍耕录》，转引自《古人论写作》，吉林人民出版社，1981年版。

“无用”之用

——借一双智慧的眼睛，兼论纪录片的创作状态

赵燕英

应纪研会之约结合我的获奖纪录片《老胡和金丝猴》写一篇理论联系实际的文章，一时不知从何下笔。说起来，无论是在拍摄、剪辑的实践中，还是在结构故事、设计看点的过程中与大师“对话”、碰撞“火花”、激发灵感，从而形成一些创作理念上的“经验碎片”，这部“十年磨一剑”的作品都为我提供了空前广阔的天地。但不知是对自己过于苛求，还是本性就“特立独行”，总觉得仅仅在“实用”的层面上说事儿太不过瘾，何况又是在高手云集的纪录片创作圈儿内，谈那些众所周知的浅显“理论”还要冒“班门弄斧”的风险。于是，我决定顺着心路，找寻十几年来为创作纪录片在“两界”之间出入，为精品孜孜以求的那条线索。

那么，何为“两界”？又为何在“两界”之间出入？

记得1994年，我曾在宁夏举行的中国纪录片研讨会上直言不讳，批评当时的国内纪录片精英们做了十多年的纪录片，还不厌其烦地在纯技术的层面原地踏步，全无对更高境界的追求，想必得罪了不少人。其实，那番肺腑之言与其说是给别人敲响警钟，不如说是对自己下的一剂猛药。从那以后，我沉寂了许多年——如果没有境界上的提升，仅仅当一个匠人般的多产纪录片创作者，我无法满足。于是便有了“要超越自己”的念头以及“寻找源头、另辟蹊径”的探索。

话说到这里，意识到我给自己出了个难题。我有足够的能力来概括“两界”吗？但我还要试一试，看能不能把自己十几年来在“两界”之间探索的体验表述清楚并与大家

分享那过程中的收获与欢乐。

走在颐和园的长廊上，你会为无数精美细致的画面所吸引，那是许许多多的匠人经年累月辛勤劳作的结晶。不可否认，画匠们个个训练有素，堪称工艺精湛。他们都熟练掌握了胜任此项工作所必备的“有用”的技艺。但是，他们永远只能是画匠而不可能是艺术家，因为他们不了解、更不可能掌握和运用“无用”之用，即哲学、宗教、艺术、科学……这些并不一定“实用”、“有用”，但却是人类最高层次的智慧。

我所说的“两界”大致是说，你在现实世界中追求俗世的一切需要（包括基本生存、社会地位、事业成就……），而在理想世界中，在精神或心灵深处、形而上领域寻找更高的价值——那些让你为之敬仰、振奋、折服，具有崇高之美的大真大善大智慧。当你为着某个很实用的目的（比如构思一部作品）偶然闯入了那个“天国”，你仿佛有种登高望远、俯视群山的感觉——站得高，所以看得远，所以眼界宽广、胸怀博大；你会随之超越自己个体的有限生存——由于我们每个人对于每个问题都会有个人见解，这种出自个人极其有限的阅历、经验和眼界，和个人的利益、偏见、偏好、情绪情感夹缠不清的“意见”，与经过系统的科学方法的专门训练所得出的“真理”，完全不是一个层次上的东西；你在那里暂借一双智慧的眼睛，透过现象看本质，寻找事物的内在规律。然后你回到现实，尽你所能利用人类智慧之结晶，继续你的创作。这时候你发现，因为超越了你自身，所以你的思维有了新的高度、广度和深度，你的作品也有了大师气象——也许只是一点影子，但在你却是极大的飞跃。如此在“两界”之间往来穿梭，你享受着极大的、无穷的乐趣。

在另辟蹊径的路上，我有幸认识了被誉为“人本主义心理学之父”的大师马斯洛。走入一个“无用”之界，我收获了最精辟的思想并为我所用。

马斯洛把人类行为的动机（“需求”的满足）分为五个自下而上逐级递进的层次：生理需求（衣、食、住、行）；安全需求（免于恐惧和无保障，免于无常命运和无序社会的任意摆布）；爱与归属的需求（对朋友、亲情和归属一定群体的需求）；尊重和荣誉需求（对于自我的高度评价以及他人的尊敬）；自我实现的需求（“成为你所能够成为的那个人”，把人的潜能最大限度地发挥、实现出来，成为“优秀”的、“卓越”的人）。前四个层次属于“基本需要”，自我实现则属于“成长性需要”，是人类人格、精神和心理发展的最高层次、最高境界。

“基本需要”之所以基本，首先表现在如果它们得不到满足，就会使人烦恼、愤怒和不快，所以必须加以排除（加以“满足”）。否则就会产生紧张、焦虑，甚至心理病态。而基本需求的四个层次当中，越是低级的，就越是“基本”、越是首先必须得到满足，而一旦满足它就不再成为需要，就会产生高一层次的需要，直到第四层次需要的满足。值得注意的是：第四层次的基本需求满足之后并不能自动产生更高层次的、自我实现的需求，还必须受到某些为此人所追求、探索并甘愿为之献身的价值观的激励。

马斯洛发现，“自我实现者无一例外都献身于一项身外的事业、献身于他们自身以外的某种东西。他们专心致志地从事某项工作、某项他们非常珍视的事业。他们从事命运以某种方式安排他们去做的事，他们做这些事也喜爱这些事，因而工作与娱乐的分歧在他们身上也就消失了。他们往往能和他们的工作打成一片，并使工作成为他们自身的一个规定性特征，成为他们自身的一部分。在他们的意识中他们为之献身的任务似乎可以解释为内在价值的表现或化身（而不是作为外在工作本身目的的一种手段；也不是作为功能上自主的工作）。对这些任务他们是热爱的（是内射的），因为他们体现了这些价值。也就是说，他们最终所喜爱的是这些价值而不是工作本身。”（引自《马斯洛人本哲学》，九洲出版社）。马斯洛把自我实现者所珍视的这些“自身以外的价值”称之为“存在性价值”，人之作为人的真正本质的“本质性价值”；对这些价值（真、善、美等共15种）的需求就叫做“成长性”或“超越性”需求，它们永远不会真正得到满足，而且，这种“不满足”并不会令人烦恼、焦虑不安，而是令人愉快；它们的满足（只能是部分的满足）不是“排除”掉产生需求的动机，而是产生更多的动机——它们是永不餍足的。更奇妙的是，它们不是像“基本需求（需要）”那样带有排他性，相反，它们的成果具有极大的可共享性——蛋糕吃掉就没有了，书籍读的人再多，其中的知识智慧也丝毫不会减少；并且，比起物质需求的满足来说，高级需求的满足耗费的自然资源要少得多。显然，人类只有努力往高级需求的方向成长，人类社会的发展才是可持续的。

大师的话让我倍感亲切，使我明确了自己孜孜以求的那个“境界”，它正是我自身的“成长性需求”，而我们纪录片工作者无一例外都或多或少意识到自己所肩负的社会责任。正是这份责任，在我个人追逐从低级到高级的“需求满足”之路上，形成了决定性的“价值观激励”，逐渐走上了“自我实现”的道路。

以上谈了很多与纪录片创作看似没有直接关联的“无用”的“境界”问题，现在，让我们回到纪录片创作上来，看看“无用”是如何成为“有用”之用的。

《老胡和金丝猴》是十年前开拍的大型系列纪录片《神农架山鬼》中的一个故事，是我从事纪录片创作以来所经历的时间跨度最长、磨难最多、拍摄难度最大的一部片子。1997年我首次进入神农架之前，当时的中国纪录片学术委员会会长陈汉元先生曾为我的“壮士远行”发了不少感慨。当年10月，我在山里拍摄时不慎摔断脚踝，曾打着石膏与汉元老师通话，打哈哈地埋怨说，都是他为我戴的那顶“壮士”帽子惹的祸。没想到之后的数年，这句玩笑话竟成了现实——由于种种复杂原因，这部系列纪录片几度“搁浅”，我被拖进了从未有过的磨难岁月。直到2006年9月，《老胡和金丝猴》在四川泸州获奖（2006年度中国双十佳纪录片），我才从创作低谷中走出来。2007年春末，中央新影“老故事”传媒与纪研会联合举办了赵燕英纪录片作品展映研讨会。会上，不少学生好奇地问我：是什么力量让您为一部作品坚持十年？当中您从没想到过放弃？我回答说：“那是一个新生命，就像我孕育的胎儿，我怎么可能放弃？”这话说得简单直白，也很感性。但实际上支撑我坚持下来的根本原因，与上文所述的“超越性”或曰“成长性”需求不无关系。更重要的是，在若干年的“磨难”中我得到了许多新的体验、感悟、知识，乃至“灵性”，使我找到了一种纪录片的创作状态。我个人认为，对于每一个有更高追求的纪录片人来说，自我调整进入良好的创作状态，是好作品问世不可或缺的重要步骤和前提条件。

你平心静气地学习、思考，有时感到自己仿佛与现实世界暂时隔绝，脱离了世俗的诱惑与纷争，如饥似渴地在人类智慧的宝库中吸吮着养分（也许在外人眼里，你是在浪费时间做“无用”之功）；在进行创作的时候，你全神贯注于作品之中，忘却身边琐事，忘却收视与评奖……当你完全超脱并进入了一种宁静状态，那些日积月累的“无用”之功便会奇妙地发挥功效，让你有了一个个“灵光一现”的瞬间，你抓住它并将其融入自己的作品，你便有了“无用”之用的体验——那是一种极大的享受，一种最丰厚的回报！

回首往事的时候，总有一种感恩的情愫温暖着我——太多太多的事要感恩——摄制经费停拨的那些年，我被限制不能接做任何片子。于是，向朋友借钱买了台PD-150，玩起了DV，练就了我日后非常需要的专业技能。后来再去神农架拍摄，我已经身兼导演、摄像、录音数职，能够熟练使用手中的DV，用最少的费用，拍摄了大量好用的素材；在等待经费的那些年，我作品中的主人公命运发生了重大改变，每次再去都有新的故事，我把它们一一记录下来。如同老汤的味道更浓一样，漫长的被动等待，客观上反而十分符合纪录片的创作规律，成就了这部作品。随着时间的推移和知识的积累，在借用了其他学科的方法论特别是社会学分析工具之后，自己的思维方式也发生了很大改变，许多过去认为是“败笔”的素材，在新的故事结构中成了“宝贝”！我欣喜地发现，自己在用一种与以往全然不同的方式将原有的素材重新排列组合，同样的素材被不动声色地赋予了新的意义，真是太棒了！我常想，如果当年台领导一步到位，把总预算给了我，这部片子一定会在短短两三年内交差，既不会有后面故事的追踪（不是所有的决策者都能为好故事做风险投资），也不会为我提供那么好的打造机会，结果可想而知——一部在技术上还不错、专业上尚可的系列纪录片问世并播出了，或许会在影视节上拿几个奖，我顺利地完成了任务，得到正高级职称（凭我的实力和资历当年完全有机会评上高级编辑，因经费问题无法完成并使作品获奖而错失职称晋升的良机），接着继续做一些纪录片“产品”，工作——赚钱——享受生活……在公众眼里，这很正常，也很好，但那不是我所要的。所以我想说，感谢苦难！感谢挫折！陷入“逆境”虽是意外，但如果没有这些年的“逆境”，我便没有机会摆脱平庸，没有机会认识那些开启人类智慧之门的大师，让我在艺术创作生涯中成功地登上一个新的高度；没有机会更深刻地了解人性，感受最最真挚的友情、亲情、爱情（在相对艰苦的生活和工作状态下，我的父母、丈夫、儿子、兄弟姐妹以及许多了解我的同事和领导给予我极大的理解、支持与帮助），让我感受到博大而温暖的爱。

也许你仍然觉得我讲得很“虚”——“净说些没用的概念”？殊不知，这个世界吊诡之处在于，最短的路径往往不是直线，直接的方法往往不是最有效的方法。于是，越是执著于“有用”，就越是得不到那个“有用”的东西。没有古代希腊人的理性哲学和“宇宙背后有一套神所造的秩序，这秩序或规律是人的理性可以发现的”这样一种信仰，就不会有科学，没有科学就不会有化肥、电力和拖拉机，于是，也就不会有足以供养当今世界如此众多人口的“最有用”的粮食。

真诚希望中国的纪录片创作队伍健康成长，涌现出更多大师级的艺术家，而不是“颐和园长廊上的画匠”，让更多一流的好作品承载着大变革时期的重要信息百世流芳！

观念与价值

——谈国外优秀纪录片的创作

戴 艺

在欧洲、日本和美国许多发达国家，纪录片栏目在电视节目里始终占据着很重要的地位。每年在世界各地大大小小的电影节上国际纪录片评奖就占据了600多个，能有机会参加这些活动，已成为国内纪录片编导最大的愿望，有幸的是从2000年起，我参加了三次不同的欧洲国际电影、电视节，还有在国内几次举办的国际优秀纪录片研讨会，观看了多部获得国际大奖的纪录片，收获匪浅，在此想谈谈个人的一些感受。

一、故事片与纪录片

上个世纪70年代，在中国电影人的眼里，纪录片所占据的地位远远没有电影那么高贵，所以很少有电影导演去从事纪录片创作，后来即使在中国电影不景气的年代里，由于大量的电影导演苦于没有拍摄电影的经费，于是就转入电视剧的拍摄，他们宁可去拍摄一些俗不可耐的、毫无艺术价值的电视剧，也不肯去拍摄吃力不讨好的纪录片。

与中国不同的是，当我们翻开国际著名电影导演的档案时，就会发现在国际上许多知名的大导演，都是从纪录片起步，例如曾创作出《红、蓝、白》三部曲的波兰著名电影导演基耶斯洛夫斯基，日本著名的导演大岛诸、今村昌平等。至今有的电影导演在拍摄电影的同时，还担负着拍摄纪录片的创作，例如著名的导演斯皮尔伯格、印度的女导演、伊朗的导演和奥斯卡最佳外语片《无人地带》的导演，等等。在威尼斯电影节上，英国著名导演迈克·李导演的反映现实题材的故事片《维拉·德雷克》再度获得大奖。作为大师，多年来他体察入微的观察力与从不循规蹈矩的个性，使关注真实生活与表演质量的观众心驰神往。他的影片不仅愉悦观众，同时还启迪人们认识自己的生存条件和与生俱来的力量与弱点。

从上述导演在国际获奖的电影作品中可以看到许多纪录片的元素，真实无疑是作品成功最重要的特点。你看他们的电影时如同你在关注周围人们的日常生活、他们的所思所想以及所遇到的各类问题。由此可见，即使是虚构的优秀电影作品，也离不开生活的基础，

电影艺术能够借鉴纪录片手法，纪录片创作也离不开电影艺术，我们这些电视领域出身的中国纪录片导演更应该向电影学习，特别是对镜头语言的应用和如何讲好故事等。

西方现代美学家卢卡契曾说过：“艺术的任务是对现实整体进行忠实和真实的描写。因而真正的艺术总是向深度和广度追求，它竭力从整体的各方面去掌握生活。这就是说，它竭尽可能往深处突进，去探索隐藏在现象背后的那些本质因素；但它并不把它们从现象中抽取出来、与现象对立来描写。相反，它恰恰要去塑造那些生动的辨证过程，在这个过程中本质转化为现象并在现象中显示着自己。真正的艺术从而总是通过塑造这些因素的运动、发展、展开来表述人类生活的整体的。”优秀的纪录片编导也正是遵循这个原则去完成他们的创作的。与电影不同的是，纪录片是建立在作者对现实生活的观察、捕捉和发现能力的基础之上。在2001年的四川国际电视节上，一位来自西安

电影制片厂从事纪录片创作的编导对我说："我参加了多次国际电影节，在那里我最敬佩的不是电影导演，而是纪录片导演，因为纪录片的创作比电影难得多。"

二、艺术性和思想性

"真正的艺术以其作品能勇敢真诚的干预时代的紧迫核心问题而作用于人们。它以丰富的色彩与印记表现善与恶的复杂辨证的斗争……未来恰恰是属于具有深刻思想性的电影。"（艾特玛托夫《什么是电影语言》，见《世界电影》1998年第2期）。

在2000年第十三届法国国际影像节上，我看了一部获得纪录片金奖的俄罗斯影片《俄罗斯的先驱者》。它讲述的是苏联十月革命时期，一群具有绘画天才的艺术家们，满怀喜悦，以为能施展自己的才华，但是后来在历次的运动中他们都遭受了不同程度的迫害。片子主要是拍摄俄罗斯一个古老的绘画艺术馆，其中包括这些艺术家创作的绘画作品和当年他们的照片、一些书信手稿。

这部片子无论从摄影、声音、灯光的运用、剪辑等都非常精致。虽然它采用的手法比较传统，解说加音乐，也就是我们常说的专题片的手法，但是我所感受的是它之所以能获得大奖，除了编导丰厚的艺术修养和底蕴，更关键在于片子本身的思想内涵，导演在追求艺术创作的同时，没有忘记对历史的思考和审视。

参赛作品中，原先我最看好一部由瑞士女导演拍摄的纪录片《老仆人》。它讲述了一位从十五岁就开始做仆人的老妇女，在一位百岁的老音乐家生活的故事。作品跨度十年，一直拍到主人去世后她离开，回到自己旧居向人们介绍她童年的趣事和物品，访问少年时的伙伴等。片子镜头制作精美，真像一部故事片，而且片子寓意耐人寻味，可最后还是落选了。从中我们可以看到评委们在评判得奖的片子时，还是将天平向作品的深度倾斜。

今天，我们看到能在国际上频频获得大奖的作品，几乎都离不开全人类所共同关注的焦点话题：情感、战争、灾难、环保、命运、情感、人性，等等，这些作品包含着对历史的思考以及对这个时代所发生的事件和人物命运的反思，也就是我们常常说的作品的深度和震撼力。

三、开放性的思维

和其他类型片一样，纪录片历经了不同的阶段和时代，不同的国家和地区拥有自己不同的纪录片传统和风格，例如欧洲大陆和拉美的纪录片制作人青睐主观直率的表达方式，而英国和北美的纪录片人更重视客观观察的方式。虽然创作艺术手法是多样化的，但理念是相同的，正如著名的纪录片导师约翰·格里尔逊说的："纪录片人的理念，终究来说，就是把我们时代发生的事以各种可以激发想象力的方式，并通过比原貌更丰富一些的观察后搬上银幕；一方面它的视野是新闻式的，但它也可以提升到诗和戏剧的层次。换言之，在清楚叙述事实中，美学的品质自可应运而生。本着这样的理念，在不太起眼的平凡题材中去寻找戏剧效果。"

但是由于中西方不同的政治、文化背景，造成了某些性格和思维方式上的差异，所以到国外参加国际纪录片节，最大的收获也就是通过观摩学习，能够打开眼界，拓展我们的思维空间。

2002年在第八届国际环境电影节上，一部由瑞士人拍摄的纪录片《动物城市》获得了大奖，它讲的是印度西北部城市拉贾斯坦邦首府斋浦尔里，在这座12世纪建立的古国中心的城市里，处处都能看到驴子、大象、眼镜蛇、牛、猴子、山羊等活蹦乱跳的各种动物漫步在城市的街头，穿梭在人群之间，有时候还在马路上横冲直撞，非常霸道，就连过往的车辆行人都要为它们让路，同时它们随地拉屎拉尿，给这座城市造成了许多污染。但是人们却不时地将这些动物作为自己生存的交通工具，在大街小巷里，到处都可以看到超负荷运载货物的动物，在人们的鞭笞下，迈着缓慢的步伐向前走着……

这部片子对我震撼很大，它使我想到了同样都是讲述人和动物之间的关系，多年来在国内我看到的绝大多数这类片子，都是思维单一，将人类装扮成是动物们的上帝，阐述的都是人类怎样在拯救动物、关爱动物，可是为什么就没有认真思考过，是谁造成了地球上许多动物将要濒临灭亡的问题，为什么就没有用哲学辨证的思维，去探讨人和动物之间的关系。此时我不得不佩服这位导演的开放性思维和在题材上的把握。

2002年在罗马尼亚国际短片电影节上，我看到了一部片子很有意思，是罗马尼亚导演创作的片子，27分钟，名叫《简单真实》，全片分三部曲，第一段就是一个人在树林中行走；第二段在理发店剃头；第三段深夜骑着自行车在一条长长的街上缓慢地行走，再配上一位女高音演唱的古典歌剧。每个部分就是一个长达9分钟的长镜头，手法真是无比单调，搞得全场都鼓掌喝倒彩。但是最后它获奖了。在颁奖会上，导演走上台时对观众们说了声："对不起。"全场顿时响起笑声，并且给予热烈的掌声。这部片子获奖的原因就在于导演真是准确无误地抓住了片名《简单真实》，用最简洁的创作手法，巧妙地、准确地表现了主题，同时我也看到了国际评委和外国观众们的宽容和理解。

在放映的最后一天下午，组委会专场放映了近年来在欧洲各国电影节上获得大奖的影视作品，给我印象最深的有两部作品。一部是动画片，讲的是两只蚯蚓在地里来回穿梭，在身后留下了各种不同花纹的线条，构成了一幅幅斑斓绚丽的画面，真是使我看得目瞪口呆。另外一部是是瑞士制作的剧情片，讲的是在一个路边公共汽车站上，一群在等车的人们被路边三个修马路的工人手中敲打石头地上的节奏所吸引，渐渐地陆续加入，手舞足蹈地利用身边所能敲打的道具，有用脚踩的，手敲的，嘴里吹的，就连身上穿的衣服拉链也成了道具，各式各样的敲打声，组成了气势宏大的音响声。看到这里，全场的观众随着铿锵有力的节奏声发出了热烈的掌声。后来公共汽车来了，人们上了车，随着远去的汽车，节奏声逐渐减弱，最后在一位旅客手中拿着的气球的爆炸声中结束了影片。

虽然这是属于一部虚构的短片，但给我的感受是编导对音乐、节奏的把握是如此的高明，并且运用到现实的生活中去，给观众的感觉这情景就发生在我们的周围。

如此丰富的想象力、新颖的创意、开放的思维、奔放的情感、娴熟驾驭镜头和声音的手法以及对各类作品无比的宽容……从以上所述的国外优秀纪录片中可以看到，从手法到内容都具有编导们独特的风格和独到的见解。与国内形式单一的电影节相比，我们的思维空间和创作手段真是还有很大的差距。

四、中西方的差异

回顾中国纪录片走过的二十多年历史，在题材选择、创作手法和观念上是比较封闭的。从事纪录片创作的十多年中，我参加了国内多次的学术研讨会，在会上人们老是喜欢纠缠在形式和手法上，例如要不要解说词、要不要音乐以及真实再现，等等，最可笑的是直到今天，还将追求生存和收视率的电视纪录栏目化的作品与在国际上的纪录片电影节和电视节获奖的纪录片相提并论，搞得有些纪录片编导们不知所以然。

与国际获奖的优秀纪录片不同的是，近

年来在中国的纪录片领域中，具有深刻思想内容的获奖纪录片很少，评委们似乎一直在回避一些敏感的选题，在观念上还不如中央电视台的《新闻调查》和《焦点访谈》。所以在国内和国际的纪录片节上，这类纪录片就遭遇了截然不同的命运，国内连初评都上不了，而在国外就能入围，甚至获奖，而在国内获奖的纪录片，连国外入围都进不了，当然其原因是多方面的。

其实此现象不仅在中国有，国外也是如此，但那是在上个世纪初。今天在国际纪录片领域中，人们在观念上已经取得了重点的转变，而这种转变的背后，恰恰是西方文化背景中的一种深刻的对人类理性进行质疑和反思的社会思潮，以及由这种思潮所带来的美学观念的变化。

不久前，一位纪录片独立制片人给我发来手机短信，上面这样写道："在中国缺的不是纪录片编导和摄像，而是有思想和观念超前的优秀纪录片编导。"有人曾这样问我："一名优秀的纪录片编导必须要具备的什么样的素养？""什么是素养？它和知识有着极其关键的差别。知识是外在于你的东西，是材料，是工具，是可以量化的'知道'。必须让知识进入人的认知本体，渗透他的生活与行为，才能称之为素养。人文素养是在涉猎了文、史、哲学之后，更进一步认识到，这些人文'学'到最后都有一个终极的关怀，对'人'的关怀。脱离了对人的关怀，你只能有人文知识，不能有人文素养。"（龙应台《百年思索》）

我参加了2004年北京国际纪录片展。会上放映了多年来在国际大型纪录片节和电影节上获大奖的纪录片，其中有些作品不愧其大奖的称号。大会还邀请了大师们来现场交流，从他们的作品中，我看到了我所想要了解的一切，看到了人文关怀。

与其他门类的艺术相比，纪录片创作追求的是个性化，在题材的选择和创作手法的应用上都带有不同编导多年的生活阅历和对历史、社会、生活、情感的体验和感悟。"电影可以学，但不能教。这是一门更多地建立于运作方式之上而不是技术之上的艺术。这是一种完全个人化的表现形式。这种东西就是你，就是你的观点，就是你自我表达的方式。导演技法是一种个人经验；应该自己去发现电影语言，应该通过这种语言发现自我。如果想要学电影，一位心理学家可能比一位教授更有用。"（阿尔莫多瓦《电影首先是一种探险》，见《世界电影》1999年第6期）

没有剧本、没有专业的演员，一切故事都是在等待中去寻找、去发现，纪录片为创作者提供了更广阔的空间去施展个性，也显示出它的无限魅力。虽然直到今天，在中国纪录片的评奖中，许多获奖的作品还保持着不变的风格，对于纪录片的艺术和真实，不同的观点还在撞击着，但是随着全球化的发展和观念的变化，在中国的纪录片创作者们的努力下，真正具有历史价值和思想性的纪录片以及在创作手法上显示出多样性的作品，已经不断地出现在中国和世界的优秀纪录片舞台上。在2007年的中国纪录片国际选片会上，我已经看到了。

导演札记

《情感树》的感性理解

吕 翔　陈 丽

在江苏盐城，提起《情感树》这个电视栏目，许多观众仍然说不清它的全称，常常把它叫作“亲情树”或者“感情树”什么的，但这并不影响大家对这个栏目的喜爱和关注，并且把它作为地方电视媒体的一块品牌来看待。那么作为一个以情感打动观众的地方台专题类节目，《情感树》这块沾着泥土气息的璞玉是如何被业内专家看好的？它又有哪些不为人知的实力和品质呢？我们先来个自我剖析。

长纪录片《家园·月圆》在《情感树》栏目播出，该作品以三峡移民杨明玖的创业经历为主线，以杨明玖的爷爷——百岁老人杨祥国的生活情感为辅线，以每年的中秋节为切入口，通过对杨家办工厂、建房子、养兔子、养蜜蜂、生产挂面等细节的展示，真实记录了杨明玖一家从重庆移民到盐城大丰后长达七年的生存状况。

在作品的选题上，《家园·月圆》显得十分专业和老到，具有一定的洞察力，切中了时代的脉搏。凡做媒体的都知道，三峡水力发电是举世瞩目的一项浩大工程，百万移民的安置必然是重大的现实题材，它的分量、历史意义和时代价值是可以预见的。《家园·月圆》选择的这个家庭不仅是一个五代同堂、53口之众的大家族，而且是首批远离故土的山民，这本身就充满了戏剧性，是一个不可忽视的新闻点。为了挖掘这个移民家族的故事，《情感树》栏目组以少有的耐心和毅力，坚持七年跟踪拍摄，使得这个家庭的故事得以记录和延续。也正是通过这个故事，让我们感受到了中国老百姓忍辱负重、舍小家顾大家的质朴情怀，也看到了他们为了生存和发展，百尺竿头、从头创业的不屈不挠的精神。

《家园·月圆》中有多条线索并驾齐驱，平铺直叙。表面上看，这部作品记录的内容是松散的，琐碎的，不连贯的，所涉及的人物也是杂乱的，各种情节错综交织，脉络时断时续。比如在片中，既有家人与台湾的三爷爷通话的片断，也有孙媳妇吴德兰学习做月饼、骑自行车的细节，有杨明玖的弟弟杨明福学习种油菜、杨明玖夫妇学种大蒜、养兔子的事情，有杨明玖的父亲杨宏祥老人迁来蜜蜂的对话，也有杨家人建房、跑运输、搞加工业的内容，还有孩子们上学、老家班竹园在三峡蓄水期时的情况，等等，似乎是支离破碎的。但正是透过这种生活气息十分浓厚的细节，让观众感受到了一段真实的生活画卷，具有强烈的感染力和视觉冲击力，从而彰显示了创作者忠于现实的胆识和勇气，更反映出编创人员驾驭拍摄素材的深厚功力。

《家园·月圆》在表现方式上，完全用白描的手法，洗尽铅华，拙中透细。拍摄场景未做任何选择和布置，记者全部靠现场抓拍，无法预知故事情节的发展，甚至无法使用三角架。话筒记录的同期声是地道的重庆山区的方言，在拍摄时我们还不能完全明白他们在讲些什么。也正是因为天然去雕饰，作品才具有了真实的力量。

其实，电视界的许多专家、领导都在不同的场合和著述中，对纪录片的作用和价值给予了充分肯定。中国广播电视协会副会长、纪录片委员会名誉会长刘习良先生多次讲道："纪录片不是'易碎品'，而是真实记载人和自然和谐相处、人类前进脚步、人民生活变化、社会进步变迁的片种。"中国广播电视协会副会长、纪录片委员会顾问张振华也强调："较之新闻，它更厚重，更具知识品位、文化品位、思想品位和历史品位，更具历史、文化、哲学的纹理感与质感；较之艺术类节目，它更真实、更客观、更严肃，更具理性、思辨力、说服力及原生态的美感和震撼力。"在《家园 · 月圆》创作实践中，我们深深体会到了纪录片拍摄的艰辛苦涩，同时也品尝到了成片后的无穷乐趣。

当然，作为一个以生产情感类专题节目见长的创作班底，能拿出《家园 · 月圆》这样的作品，并不是偶然的，而是长期积累、持之以恒的结果。作为江苏省第三届广播电视"十大名牌专栏"，盐城台的《情感树》节目一直保持着结构和样式上的突破创新。从早期以第一人称配音解说加音乐的模式，到后来让老百姓自己主持自己的节目，再到后来纯纪录片的节目样态，《情感树》始终不渝地进行着探索和实践，坚持情节的故事化和生活原生态纪实手法，努力从细节上挖掘动情点，制作播出了一个个感人至深的作品。像《生命在爱的接力中诞生》，用DV拍摄方式讲述了列车上一位打工孕妇提前分娩、得到列车上众多旅客和列车乘务员全力相助的故事。《远山的呼唤》则在第一现场拍摄了一位被父亲遗弃8年又重归故里的男孩的故事。这些短纪录片的初步尝试，为栏目能够出优秀作品、出精品埋下了良好伏笔。

但是，我们也知道，优秀电视纪录片的创作之路是漫长的，付出的劳动绝非证书和金钱所能衡量的。在纪录片目前"有场无市"、"有市无价"、"叫好不叫座"、"可爱又可怜"的迷茫状态下，作为电视人，我们有义务、也有责任为纪录片的发展尽一份力。正如资深专家说过的那样，在一定意义上说，电视纪录片的兴衰代表了电视业的兴衰，电视纪录片制作水平的高低，是衡量一家电视机构业务水平和经济实力的标尺。

关于民生纪录片的探讨

王雪松

近年来，民生新闻在各地方电视台风起云涌，并逐步占据一些地方台中心位置。大打民生新闻牌、发挥电视媒体传播信息、引导舆论、关注民情的独特优势，是中国电视业今后及未来发展的一大趋势。然而，在民生新闻的发展过程中，在民生新闻越来越受到普通民众关注，并以之作为上情下达、反馈沟通的桥梁时，民生新闻在发展过程中，也不可避免地出现一些失误及误区。这些失误和误区有些是因为发展速度过快，理论研究没有跟上造成的，有些则是急功近利，片面追求数量，一味讨好受众造成的；还有一些，更是因为民生新闻界限模糊，受新闻时间性、时效性这些特质局限，深入不够造成的。

本文无意探讨中国民生新闻的缺失及弥补，本文讨论的重点是继民生新闻以后，民生纪录片的发展趋势、走向、特点。

何谓民生纪录片，它是否是与民生新闻相对的一种新型的纪录片形式？事实上，对于民生新闻的定义，目前众说纷纭，且没有给出一个令人信服的解释。有一种看法认为，民生新闻本身没有定义，因为它本身也不过是众多新闻定义之一。民生新闻的提法，不过是数十年来中国电视界忽视普通受众的一般要求以及近年来要求传播者与受众增强双向互动，而出现的一个特定语义词汇。中国电视界民生新闻目前快速膨胀的发展，也不过是中国新闻界几十年来对这方面欠账的弥补。

这种说法有一定的道理。但是，就像任何一种现象的出现，必定会引起理论、学术界的反思一样，对民生新闻的反思目前仍然方兴未艾。那么，民生纪录片目前又应该是一个什么样的位置呢？

对于笔者的这种提法，或许有些人不会认同。因为纪录片反映的就是原生态的生活，它的主角就是普通的社会大众，民生纪录片的提法，本身就是多此一举。

事实果真如此吗？创办于吉林市电视台的《非常记录》栏目，将镜头伸向了社会的最底端，甚至是最边缘的人群，反映他们的喜怒哀乐，他们的某一段人生遭遇，家族与家庭之间的恩怨情仇，家庭与家庭之间的情感交错，人与人之间喧嚷杯葛。以哭、闹、打、骂贯穿，以眼泪、微笑、离别、伤感结束。近三年的尝试，证明这种以放大情感交织，对事件追踪始终，主要以纪录片手法为元素的节目，是受到观众欢迎的。

或许会有人提出质疑，《非常记录》栏目的片子制作方式、制作手法与一般纪录片差异不大，为何又要冠以“民生纪录片”的称谓呢？这种说法成立吗？

首先，让我们来看《非常记录》栏目一般的制作方式。《非常记录》采用的是追踪报道的手法，紧紧跟踪事件的发展，以纤毫毕现的方法，展现事件的来龙去脉，展现人物情感的变化。在这里要说明的是，跟踪报道的手法以往多见以于新闻，把这种手法引入纪录片，本身就是一种大胆的突破与尝试。从方法上来看，它更像是消息、新闻的扩而大之。但从风格与手段上来看，它又的确是纪录片。如何界定这种手法在纪录片中的运用，它是否符合传统纪录片要求，这是一个值得探讨的问题。

其次，对传统纪录片中，解说词中评论性语言的运用，是有着相当严格要求的。但是，从吉林市电视台《非常记录》栏目播出的一些片子，特别是收视率颇高的一些节目来看，编导在片中对评论性话语毫不隐讳地使用，从而从一开始就明确地表明自己的爱憎、立场，使自己站在大多数受众的一边，确立片子播出的导向，从而激发起受众更大的感情震荡。

另外，从《非常记录》栏目叙事方式来看，平实、朴素，娓娓道来，讲的是一个故事，一个正在进行中的故事。因此用模拟的场面充当倒叙，以不厌其烦，更似专题片风格的大段解说词的运用，来交待背景、人物性格，为冲突埋设伏笔，为故事的进一步发展充当由头。甚至在一些片子里，我们还可以看到深入报道和解释性报道的手法。在此我们看到，这是一种完全摒弃传统纪录片规范束缚、大胆运用综合元素的创新，目的是为了耐看、受看，使观众看懂、看好。

从以上的叙述中我们可以看出，和民生新闻相比，民生纪录片对事件的反映更加真实，更加细微，也更加深入。特别是它对情感的开掘、事件的连续，更是一般新闻节目所无法比拟的。和传统纪录片相比，民生纪录片选材的指向性强，方式灵活，风格多变，纪实风格突出。

现在，一些城市电视台也在尝试这类节目的制作，从市场反映来看，受众反响颇好。

这说明，这类节目有市场、有观众，虽然，它们也都存在着一些共同的缺陷，比如，过于拖沓、冗长，有时为了追求受视率，甚至有意地导演情节，追求矛盾的发展，但毕竟瑕不掩瑜。从民生新闻在中国的发展来看，民生纪录片在今后的电视发展业中，必将占有重要的一个位置。

论文要目

《电视研究》纪录片论文要目

中国人文纪录片发展之路——访中央电视台副台长高峰（伊尔·赵荣璋《电视研究》2006/10）

《再说长江》享受文化视觉大餐（万伟《电视研究》2006/10）

中央电视台推出大型文献纪录片《中国工农红军》（《电视研究》2006/10）

从电视纪录片《新丝绸之路》看创作观念的变化（从丽娜《电视研究》2006/09）

中外纪录片市场对比研究（冷冶夫《电视研究》2006/06）

从《体育人间》看体育纪录片的现状及发展（李彤、钟玉《电视研究》2006/05）

纪录片中的背景音乐分析（李亚军《电视研究》2006/05）

浅谈纪录片中声音的纪实功效（曹东、章颖凌《电视研究》2006/03）

中国纪录片导演首次当选法国电视节评委（贡吉玖《电视研究》2006/02）

以虚拟还原历史的真实——纪录片《去大后方》创作访谈（李晓《电视研究》2006/02）

从《故宫》看当代历史影像的文化意义阐释（肖平《电视研究》2006/02）

西方纪录片创作的美学追求——观摩国际获奖纪录片有感（冷冶夫《电视研究》2006/02）

试论中国纪录片走向国际市场（孙晓丽《电视研究》2006/01）

再现故宫600年历史—大型历史文献纪录片《故宫》（周兵《电视研究》2006/01）

《现代传播》纪录片论文要目

“四期说”：一种纪录史观的建构——读何苏六《中国电视纪录片史论》（徐帆《现代传播》2006/06）

纪录片边界理论三题（肖平《现代传播》2006/05）

纪录片故事化的叙事者角色（段晓明、袁立本《现代传播》2006/04）

“对话”显露答案——跨文化交流语境中的中国纪录片浅探（戴永《现代传播》2006/04）

流淌的记忆——评《再说长江》（尹鸿《现代传播》2006/04）

“再说”之“再” ——评大型电视纪录片《再说长江》（沈卫星《现代传播》2006/04）

历史记忆与现代感悟——从《话说长江》到《再说长江》（朱羽君《现代传播》2006/04）

以长江的名义，见证20年中国巨变——大型电视纪录片《再说长江》的创作构想（刘文《现代传播》2006/04）

记录时代　不辱使命——关于《再说长江》的对话（张长明、胡智锋、顾亚奇《现

代传播》2006/04)

栏目化背景下纪录片关注视点的变化(许行明、马明国《现代传播》2006/02)

纪录是一种态度——访钟大年教授(钟大年、朱冰《现代传播》2006/02)

背景重建:挑战纪录片与剧情片的界限——从《庞贝古城》看纪录片的新发展(江逐浪《现代传播》2006/01)

经典文化的经典传播——中央电视台大型纪录片《故宫》研讨会综述(赵曦《现代传播》2006/01)

《中国电视》纪录片论文要目

古丝绸修复的荧屏魅力——简析电视纪录片《唐代丝绸复原记》(任庭义《中国电视》2006/12)

浅析近年台湾纪录片迅猛发展的原因(陈燕华《中国电视》2006/12)

守望纪录片的精神家园——访英国皇家人类学电影学会会长苏珊娜(冷淞《中国电视》2006/11)

《留学生》为纪录片闯出一片天(孙旭《中国电视》2006/10)

试论纪录片创作中的哲理追求(韩燕君《中国电视》2006/10)

永远的丰碑　英雄的史诗——评电视连续剧《陈赓大将》(杜莹杰《中国电视》2006/10)

影像事件:从电影启蒙到边缘形态的纪录片——纪录片边界理论三题之一(肖平《中国电视》2006/10)

《再说长江》的"再说"之道(牛慧清《中国电视》2006/10)

口述历史在《见证·亲历》中的应用(胡永芳《中国电视》2006/10)

外宣纪录片节目的国际化标准研究(赵鹏华、颜匀《中国电视》2006/09)

摄像机背后的空间对纪录片的影响(余辉《中国电视》2006/07)

重视长镜头中的信息价值——试论纪录片的长镜头与信息量之关系(赵伯平《中国电视》2006/07)

对纪录片力量的诠释——2005年度中国电视纪录片创作发展综述(赵曦《中国电视》2006/06)

儿童纪录片的探索(王达非《中国电视》2006/06)

《中国广播电视学刊》纪录片论文要目

中国第一部纪录片年鉴首发(中广协会纪录片研究委员会《中国广播电视学刊》2006/12)

纪录片《大家庭》的美学追求(黄灵平《中国广播电视学刊》2006/10)

长江的巨变与中国的巨变——看33集大型电视纪录片《再说长江》(路海波《中国广播电视学刊》2006/09)

《再说长江》记录中国二十年巨变(张长明《中国广播电视学刊》2006/09)

如何让纪录片更好的走向市场(卜庆萍《中国广播电视学刊》2006/08)

情感,纪录片的重要元素(邢月《中国广播电视学刊》2006/07)

"2006中国·玉溪国际环保纪录片展映周"拉开帷幕(陈富清《中国广播电视学刊》2006/07)

中央电视台推出大型纪录片《再说长江》(陈富清《中国广播电视学刊》2006/07)

繁荣电视纪录片市场的路径(朱爱武《中国广播电视学刊》2006/05)

谈纪录片公共播放平台的构建(李耿晖、朱鑫《中国广播电视学刊》2006/05)

电视纪录片辨析(刘习良《中国广播电视学刊》2006/03)

构建中外纪录片交流的发展平台——2005中国(广州)国际纪录片大会综述(李耿晖、刘佳音《中国广播电视学刊》2006/01)

浅析纪录片的纪实与艺术（石晶、徐中学《中国广播电视学刊》2006/S1）

《南方电视学刊》纪录片论文要目

《高三》：用成长造句——纪录片编导周浩访谈（刘洁《南方电视学刊》2006/06）

博客里的纪录片人（朱鸿召《南方电视学刊》2006/05）

《毕摩纪》：直抵心灵的情绪穿越——纪录片编导杨蕊访谈（刘洁《南方电视学刊》2006/05）

足球，隐喻之妙——从西部纪录片领悟现实与真实（华国栋《南方电视学刊》2006/05）

侧与影：文献纪录片的视角——以《一个时代的侧影：中国1931－1945》为例（谢勤亮《南方电视学刊》2006/04）

守望纪录片的精神家园——访英国皇家人类电影学会会长苏珊娜（冷凇《南方电视学刊》2006/04）

《留学生》：探索纪录片的市场化路径（孙旭《南方电视学刊》2006/04）

纪录片的栏目化生存与市场发展探索——兼及云南卫视《经典人文地理》的运作（陈勇志《南方电视学刊》2006/02）

随中国纪录片“走出去”的所见所思（江耘《南方电视学刊》2006/02）

《梦游》弥散着荒诞的世像——纪录片编导黄海文访谈（刘洁《南方电视学刊》2006/01）

怎样认识纪录片的虚构（洪国舫、姜鸣红《南方电视学刊》2006/01）

浅论体现在新闻和纪实性节目中的人文关怀（黎建力《南方电视学刊》2006/01）

其他媒体纪录片论文要目

从纪录到实验——“真实”观念在后现代主义作品中的流变（赵曦《青年记者》2006/12）

由《伊万的童年》和《镜子》看塔科夫斯基电影的纪录思想（薛澈《美与时代》2006/12）

艺术与真实的神话——解读莱尼·里芬斯塔尔的电影纪录片《奥林匹亚》（葛文治《电影评介》2006/24）

我们缺少什么？——从“经典纪录”看当代纪录片的缺失（朱玲、谷昊《电影》2006/10）

现存最早的长征纪录《二万五千里》（启峰《神州》2006/10）

《再说长江》：纪录片故事化的成功范例（唐承群、董杨慧《传媒观察》2006/10）

看新生态纪录片《变形记》（李小寅《当代电视》2006/10）

解读我国人文类纪录片从平民化到社会化时期的变迁——以张以庆的纪录三部曲为例（庄明《电影评介》2006/15）

尼古拉·菲利贝尔的纪录影像（李崇《电影》2006/07）

关于纪录片美学的若干思考（黄灵平《广西社会学科》2006/07）

纪录片就是一个国家的相册——2006法国纪录电影展侧影（高媛《大众电影》2006/14）

纪录片中的纪录与诠释（李建华、包鹏程《理论与创作》2006/06）

真实纪录生活的片断（大卫《人像摄影》2006/06）

我的纪录历程：心灵深处的探险令创作者豁然开朗——纪录片《亲爱的》导演创作谈（顾亚平《北京电影学院学报》2006/06）

再论“虚构”的纪录片——兼论纪录电影叙事的本质（周振华《江苏广播电视大学学报》2006/05）

纪录生活习俗　纪录内心世界——纪录片《最后的山神》浅析(柳邦坤《黑河学刊》

2006/05)

纪录的缺失——纪录片创作低迷原因探寻（万小菡《视听界》2006/04）

后纪录时代的纪录片——观大型纪录片《故宫》有感（张斌《声屏世界》2006/04）

论纪录片的“真实纪录”（张枚《东南传播》2006/04）

应该努力为纪录片定义（倪祥保《苏州大学学报》2006/04）

纪录本性·艺术真实·艺术表达——纪录片基本理论问题的新思考（刘如文《贵州大学学报》2006/03）

《纪录的魔方——纪录片叙事艺术研究》简介（《浙江师范大学学报》2006/03）

纪录是对现实的隐喻（黎小锋《电影艺术》2006/03）

电视主题性、典型性报道中切入点的原生态纪录（胡一民、徐达青《视听纵横》2006/03）

电视纪录片的拍摄理论和方法（沈清伟、潘礼红《东南传播》2006/03）

法国电影的纪录奇观——2006法国纪录电影片预览（单万里《当代电影》2006/03）

兰帕德：跟着纪录一起飞（邀月《当代体育》2006/03）

《华氏911》：纪录电影真实性的局限（《吉林艺术学院学报》2006/03）

烽烟凝成的影像——解放前中国军事题材纪录电影的发展（张宗伟《解放军艺术学院学报》2006/02）

纪录电影的叙事策略与风格回望（韩君倩《电影艺术》2006/02）

《铁西区》：纪录电影的新标杆（猫兜《电影艺术》2006/02）

论纪录精神（黄灵平《广西社会科学》2006/01）

用镜头纪录《和风西送》（邱桦《视听纵横》2006/01）

抗战时期纪录电影对民族精神的塑造（邬阳波《军事记者》2006/01）

中国纪录片年鉴 **2007**

2007 CHINA DOCUMENTARY YEARBOOK

人物访谈

2007 china documentary yearbook

2007 CHINA DOCUMENTARY YEARBOOK

2007

人物访谈

直面马戏人生

——访《马戏学校》编导郭静、柯丁丁

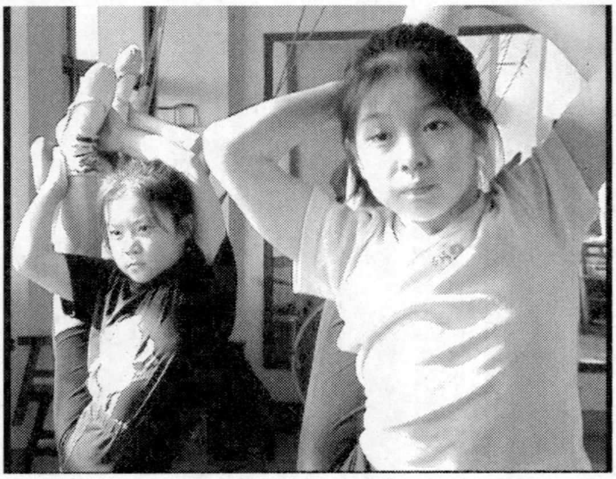

作品：《马戏学校》

片长：103 分钟

类型：人文类纪录片

编导：郭静、柯丁丁（上海电视台纪实频道）

摄像：柯丁丁

编导简历：

郭静，女，1976 年生于上海。1998 年于复旦大学新闻系毕业后担任导演。

柯丁丁，男，1965 年生于上海。1988 年毕业于成都电子科技学院电子工程系。1995 年开始担任摄像和导演。

代表作品及获奖情况：

《盛夏的果实》（*Fruitful Summer*，2003 年，147 分钟）

第 26 届法国真实电影节国际竞赛单元，伊文思奖（2004 年）

第 2 届葡萄牙里斯本纪录片电影节国际竞赛单元，最佳处女作奖（2004 年）

第 15 届瑞士 BLACK MOVIE 纪录片电影节国际展映单元（2005 年）

《马戏学校》（*Circus School*，2006 年，103 分钟）

第 29 届法国真实电影节国际竞赛单元，SCAM 奖（2007 年）

加拿大 Hot Docs 纪录片电影节国际展映单元（2007 年）

第 13 届上海电视节纪录片单元评委会大奖（2007 年）

梗概：

《马戏学校》讲述了一个有关竞争和生存的故事，表现一群孩子如何学会飞翔，一个男孩如何撑起自己将来的生活。

该片历时三年得以完成，记录了马戏学校飞人组和倒立组的孩子为了参加全国比赛而经历的艰苦训练。然而，在巨大的压力下他们却有完全不同的结局：飞人组的孩子们在经历种种麻烦后英雄般地获得冠军；倒立组却因为厌倦而放弃比赛。同时，十三岁的蔡勇与自己的体重艰难地竞争，屡次退缩后，他惊人地完成了首次完美演出。

纪录片通过一系列故事，发现其背后的深刻含义，在呈现了令人叹为观止的华

丽演出的同时，也记录了光鲜背后不为人知的辛酸。

双刃剑：竞争与生存

记者：《马戏学校》这部片子的题材首先就是个亮点，大家只在剧场、电视观看过马戏，至于马戏的训练过程，恐怕知道的人寥寥无几。更多的人会认为这些孩子原本就有天赋，就像一些有着特异功能的“奇才”。你们是怎样想到拍摄这样一个题材的？

柯丁丁：1999年，我在文艺频道参与制作一档《星期五档案》的栏目，其中有一集叫《上海马戏史》，需要拍摄些有关马戏的素材，于是很意外地发现了这所学校，这些孩子如此艰苦的训练方式和学校的氛围让我们震撼，当时就决定要拍摄一部有关这所马戏学校的纪录片。但当时我们还不知道要说什么，只是有这样的冲动，有这样的愿望，仅此而已。所以后面的几年，我们都没有去拍，直到有一次，我们在讨论时，重新说起这个话题，才整理出要从四个方面着手拍摄，这时已经过去了三四年。

记者：哪四个方面？

柯丁丁：其实我们的本意并非要通过这部片子展示马戏学校排练艰苦的过程，我们是想研究人类的一种生存状态。这种状态并非只有在马戏学校里存在，如果在一所普通的学校，我们同样可以看到竞争与生存的问题，只是形式不同而已。我们在拍片的前期也一直在思考我们要说什么，最后得出了四点：

第一，他们的生存状况让我们非常震撼，马戏人的能力可以说是人类的神力，他们不仅仅展现美丽的演出，在精神层面上也鼓舞着我们更进取地生活。

第二，我们想说，这一切高难度的动作又是毫无意义的，他们为此失去了快乐的童年，最后换来的可能只是一身伤痛，因为马戏人最后可能无法获得高质量的生活。可以说，他们做出了巨大的牺牲，但换来的仅仅是生存而已。

第三，这些孩子是毫无选择的。他们一开始学习舞蹈，学习体操，但是他们被这些行业淘汰。从决定进入学校学习马戏开始，就决定了他们不是胜出，就是失败。虽然这个社会是丰富多彩的，但是我们的选择并非如此，机会非常小。其实我们生来就只能做一件事情，比如说我，要么做个好摄影，要么被淘汰下来，什么也做不了。

第四，我发觉我们和这些孩子遭受的境遇其实是相同的。一个孩子，他说要获得冠军；一个成人，他说要升职，或者获得成功(其实质都是相同的)。因为全世界的冠军只有一个，并不是每个人都能做到最好，我们大多数人都是普通人，但是我们都对自己有一定的要求。再拿我打比方，希望自己能做一个最好的摄影师，郭静可能希望能做出最好的纪录片。这些要求都是非人的要求，如果这些非人的要求占据了我们的生活，那整个人生可能就会变成一场灾难。我们必须承认我们是普通人。

记者：正是马戏学校凝聚了这些潜在的问题，你们才选择了它。

柯丁丁：是这样的。在马戏学校，我们可以看到这些问题的方方面面，能在这些方面获得证据。但是我相信，你在普通的学校同样也能获得这样的证据，只要你愿意花时间，有足够的耐心，再加点运气，都是可以做到的。问题不在于马戏学校，问题在于整个社会都是这样的。千百年来，我们整个民族对于孩子的期望，其实是有问题的。我们通过这部片子，其实就是提出了这个问题，没有回答我们可以怎样解决这个问题，解决问题可能在我们的能力范围之外。所以，我们尽可能展现这些问题的方方面面，它有积极的一面，也有惨痛的一面。作为编导，我们尽了我们的所能。观众在看了这部片子之后，他可以做出他的理解，可以更加热爱马戏，也可以憎恨马戏。我们只是提供了一个信息，仅此而已。

是故事选择了我们

记者：怎样来确定拍摄对象的？

柯丁丁：实际上不是我们确定他们（作为拍摄对象），是他们确定我们（的拍摄重点）。

郭静：我们刚到学校的时候，是完全没有方向的。本校学生有70～80人，他们被分成很多节目组在不同的练功房（练功）。当时，由于我们还在适应阶段，学校校长让我们先跟着郑老师（学校的业务科长）带的跳板登人组，称他是金牌教练，他带的组都是拿世界冠军的。我们就想从这个组开始，同时我们也在关心其他组的情况。

在学校待了一两个月之后，我们发现飞人组十分有意思，因为飞人组的教练是四位男老师，非常粗鲁（笑），但是老师和学生的关系又很融洽。我们想这里面也许会有我们想要的东西，所以拍摄重点就渐渐转移了。在拍飞人组的第一天，我们就遇到了措手不及的事情——孩子跑了。

记者：在片中可以看出大家都混乱了。

郭静：是的，我们到达学校的时候已经是下午三四点了，训练时间即将结束，而这件事早已发生。

柯丁丁：当时，我也乱了，因为这部片子没有解说，没有采访，只有镜头，缺失了故事前段的记录，怎么能把故事讲明白、说清楚呢？也管不了那么多，我和郭静决定能记录多少就记录多少。之后在后期制作中，我们发现原来片段可以构成整体，就算错过事件的某个段落，只要坚持拍摄，零散的镜头也能把故事叙述完整，最终的剪辑证明了这一点。

记者：又是怎么发现蔡勇这个孩子的呢？

郭静：过了几个星期之后，快期末了，有一天，我们无意中在走廊听到蔡勇的老师在训他，态度十分严厉，就像片中展现的这样。我们询问原因，老师说这个学生很有天赋，却总是不上心，喜欢乱吃东西。我们顿时发现这个孩子也很有意思。后来，我们去看了他的训练，十分震撼，他的动作难度不是一般的高。为何能练成这样？于是我们对蔡勇也开始关注起来。所以，许多拍摄对象的确定更多来自于一种巧合，是他们的故事选择了我们。

记者：进入拍摄之后，故事对于你们的引导性是否更大？

郭静：可以这么说。比如一开始，我们比较注重拍摄的是和比赛有关的东西——飞人组和三人倒立组，因为那段时间，校长正在决定是否让他们参加比赛。有段时间，蔡勇的情况多变一些，我们的重心就往那里放一点。这个很难说，没有一个公式、原理可以套用。

节奏感来源于故事本身

记者：郭导，很多人评价《马戏学校》的叙事节奏紧凑、有力，你是如何把握叙事节奏的？

郭静：在后期剪辑的时候，或许是我的能力有限，很难把所有的故事包括飞人组和倒立组的参赛、蔡勇的训练交叉剪辑在一起，后来得到启发，采用小说格局的方法——分段描述，才把握住了故事的节奏感。虽被分为两段，但所叙述的还是一个整体，故事线索十分清晰。

记者：我们可以在片中看到，徐璐的故事中有蔡勇的镜头，蔡勇的故事里也同样会出现徐璐的身影，很有意思。

郭静：这样做就是为了使这部片子还是处于一个完整的结构中，而且当时他们所处的困境其实是相同的，当有些人已经试图要放弃，而徐璐还在坚持练习的时候，为了强调这种氛围，于是穿插了蔡勇练习的镜头。又比如，当倒立组已经退出比赛、蔡勇的父母被请到学校的时候已经入冬，可我们却看到胡亚敏的伤还没有好，心理问题还没有解决，实际上胡亚敏的伤到冬天应该好了才对，为何这样剪？就是想把交代个人的命运的细节放在一起，让故事有个结局性的因素。

记者：把故事叙述得如此顺畅，让观众在看片的时候不用动任何脑筋，时间的些许错乱根本已经不重要了，故事本身已经把大家吸引住了。那如何来划分故事段落的呢？

柯丁丁：第一部主要叙述的是飞人组和倒立组参赛，表现了压力的传递——校长对老师、老师对学生，以及每人在压力下的命运；第二部讲的是蔡勇与自身体重抗衡的训练过程，揭示了压力产生的原因——家庭的欲望与学校的欲望。

我们只有一个原则——诚实

记者：《马戏学校》没有采访，没有旁白，完全靠镜头的运用来叙事，靠巧妙的抓拍来反映人物性格，怎样抓拍到如此真实的校长、老师和学生的呢？

柯丁丁：这有个心理的缘故在，谈到这点，我想说下自己拍纪录片的初衷。那时，发现很多纪录片其实并不是真正意义上的纪录片，因为它缺乏叙事。如果你把一部片子的解说去掉，就无法明白片子在说什么，镜头、画面、剪辑和故事无关了。我们就是想让镜头、画面成为故事本身，让故事来传达我们的想法。我们一直在尝试，能不能做成像剧情片一样的纪录片？最重要的是不给自己后路——让解说词来弥补镜头的叙事漏洞。这样全身心地投入到镜头的捕捉上，事情也会变得事半功倍了。现在，证明这完全可以做到，如果你一开始就放弃运用画面叙事的手段，要用旁白，首先心态就不对了。关键问题在于你要去做，你不去做，肯定做不好。

我们非常强调镜头本身要叙事，音乐、解说、采访只能作为辅助手段，我们并不拒绝这些手段，但它们不应该是叙事本身，只能起一个帮助的作用。这两部片子做得都比较极端，也是因为想做这样的探索。

郭静：当你的注意力完全放在叙事上，事情完全是有办法解决的，你更多的会注重声音的表达、镜头的运动，还有如何让镜头起到最好的叙事功能。

我们并不是排斥采访、解说，我们只是追求真实，当一部片子需要我们采访，需要加解说，我们当然会去用。我们只有一个原则——诚实。

柯丁丁：真实的原则我们很难界定，正因为我们总是在讨论什么是“真实”，才会给“不法之徒”有机可乘，所以我们只需要谈诚实，因为诚实是内心的东西。

记者：这是个态度的问题。

郭静：是的，所以纪录片人是否诚实，观众一眼就会看出来。

柯丁丁：其实我一直在想，我们做纪录片到底是怎么一回事？我们强行地进入他人的生活，就像一个男人追求一个女人，就意味着他必须强行地进入她的生活，但真正的过程并非是强行的，就像从相识、相知到相爱一样，之后就变得自然、柔和。实际上，拍摄纪录片的后续过程应该是十分柔和的，就像我们平时和人交往一样。如果明显遭受到他人的拒绝，那你的这部片子肯定是不成功的，就算你坚持，你强行取得的素材也不是事实。所以，纪录片最主要的问题就是你怎样进入被拍摄者的生活。

记者：看来，纪录片也是一种和人交流而建立起的艺术，特别是人文类纪录片更应是如此吧。

压力的实质：私欲

记者：上海电视节的评委对这部纪录片的评语是这样的：这是一个关于竞争和生存的故事，作者从小演员琐碎的日常生活中，捕捉到细密的人性体验，并折射出时代匆匆的脚步。你们怎么看？

郭静：其实我们并不觉得这部片子与时代有所关联。

柯丁丁：反而更多的是对过去的思考，因为马戏学校的教育方式是一种传统，整个马戏是如今国际化的大都市仅存的还保有着人类生存传统的地方。远古时期，我们人类和其他动物是平等的，人类如何能在一个漫长的进化过程中，在和自然、其他物种的竞争中脱颖而出，成为整个生物界的主角？正是因为我们有这么一个生存的传统法则——胜者为王，败者为寇，优胜劣汰。而如何胜利？如何生存？只有艰苦地磨练自己，使自己拥有超越他人的能力。

但问题是，人类社会已经发展到如此高的水准，现在我们谈的是所谓的人权，是我们生存的权利，是我们享受的权利，但是我们忘却了我们的祖先是这样过来的——他们秉承了这样一个传统，艰苦磨练过来的。马戏这个行业提醒了我们，这是我们最初的生存方式，马戏唤起更多的是我们对于过去的记忆。

记者：有中国评委说，看了这部电影，他想到了自己的童年，甚至他的孩子也在受着同样的教育。可见，这部作品也影射了中国的教育问题。我们小时候，同样是在父母的望子成龙、望女成凤的期望上，在老师吃得苦中苦、方为人上人的教导中成长起来的，和马戏孩子们的区别只是一个是精神上的压力，一个是肉体上的压力，但背后的教育体制仍是相同的。你们如何看待这个问题？

柯丁丁：这部片子有这方面的隐射，就是最后蔡勇的故事，我们探讨的也是导致压力的原因，为何这个压力会被放大到如此惨烈的程度？即使是成年人，最后也会崩溃。其实，我们这部片子触碰了相关的事实，说到底是学校的利益，或者说是行业的利益，和家庭的利益不谋而合，当这两方面的利益完全一致的时候，整个压力就会变本加厉。

所以，我们发现这是中国的教育问题，归根到底是家庭、社会对于儿童的“过大”期待。这不单单是马戏行业的问题，而是我们整个社会氛围的问题。不仅是中国，就连其他国家的理解力较强的观众也会告诉我，看到最后一场美丽的演出，他也似乎看到了他童年的影子。

这样的评语，我们是很感动的，问题是为何在中国，这个问题会被放大到如此程度？我们私底下也常讨论，在中国爱和教育的旗帜下，多多少少隐藏着成年人可疑的私欲。这个问题在这部片子的部分内容中已经展现出来了。也就是说，当一个人生活在中国的家庭中，他从小就必须承担家庭的责任，这个情况是和西方家庭的观念完全不同的，你的成功与否，完全和家庭今后的生活质量有关。当然，我们完全可以说，这是家庭对于子女的期待，但也是有某种私欲，现在养一个孩子，我们总说要去投资他，投资是什么？投资是需要回报的，一个孩子怎么回报家庭？就意味着他必须成功。在这样一个情况下，中国儿童的状况变得非常糟糕，每个机构都会有生存的欲望，而所有的压力都最终会压在孩子的身上，同时没有一方力量会站出来叫停！

记者：其实，《马戏学校》也从侧面揭露了成人社会对于儿童的一种由欲望引起的压迫这样一种现象。

柯丁丁：是的，问题在于我们的文化，而不在于这个学校，这个行业。中国的儿童已经被这种方式教育了上千年，所以由这个校长或者这个老师来承担责任是不公平的，他们也是这样被教育过来的。如果你从这个角度来看，每个学校都有这样的现象，都是一样的。

记录是种学习、自我成长的过程

记者：我知道两位从事纪录片工作不久，郭导原本来自新闻娱乐频道，柯导则曾是文艺频道的，现在都已经成为纪录片工作者，觉得纪录片和你们曾经拍过的片子不同之处在哪里？

柯丁丁：拍摄纪录片是一种学习的过程，我们曾经做的片子是反过来的，首先是我们对拍摄事物有个观念、看法，然后到那里去寻找，而纪录片是主旨在教育我们。

记者：两部片子的成功对于两位刚踏入纪录片领域的人是个很大的激励，但是当表扬过多，成就过大，奖项过重时，会不会也会有一种迷茫感，不知道自己还有多大的进步空间？

柯丁丁：其实我们并不在乎片子的好坏，做的不好也没有关系，只要表达出我们想说的就行。

郭静：每一部片子都像是我的孩子，也是一种不同的经历，是自己成长足迹非常重要的见证。为什么要拍《马戏学校》，就和我们现在所处的社会环境有关。不同的心态，拍出来的片子也是不同的。

记者：你们更注重的是拍摄的过程，而不是结果。

柯丁丁：《马戏学校》已经结束了。我和郭静也讨论过，我们总是把片中人物的性格发展得如此真实，其实我们并没有刻意去做，比如王笑身（《盛夏的果实》主人公）的性格，她就是你的朋友，她就在你的身边。还有朱阿姨的性格、校长的性格。马戏学校的孩子虽然没有对着镜头说过话，但观众都能看到他们的性格。问题在于，我们从来没有讨论过如何发展人物的性格，但有些我们自己都预见不到的方面最终都可以展现出来，这是个很奇怪的现象。

郭静：实际上，关键在于你让他做自己，而不是把你想看到的他强加在他身上。

柯丁丁：所以，我们一直坚持要放弃归纳，放弃总结，第二部纪录片绝对做不出第一部纪录片的样子，总结和归纳起不了任何作用，还不如放弃。

记者：就像没有相同的两张树叶一样，还一切于本来的面目，也许这正是纪录片的魅力所在。

《开国元勋的夫人们》：人性角度呈现重大题材

——彭辉访谈录

拍摄一部纪录片耗费近7年的光阴，这在中国纪录片界是罕见的。7年之后，我们来听听作为总导演、总摄像、撰稿和剪辑的彭辉怎样说《忠贞》。

记者：1999年经国家广电总局批准立项，全国妇联、中共中央党史研究室、中共中央文献研究室欲以当时仍然健在的16位开国元勋的夫人为题，拍摄大型文献纪录片《开国元勋的夫人们》。当时找到你，要你执导这样一个重大的、充满革命意味的纪录片，你当时是什么反应？

彭辉：事情来得很突然，让我措手不及，那个时候我还在可可西里拍摄《平衡》。

对这样一个似乎始终离不开“革命”二字的题材，在我这样一个当时刚满31岁、并不十分懂得历史的纪录片人心里有两个担心：一是我能拍到什么？二是我能拍成什么？

冲动、犹豫，但更多的是兴奋。天性热爱挑战的我，更愿意为截然不同的选题去付出更大的努力。在翻阅了大量的相关历史资料后，1999年11月，《开国元勋的夫人们》在北京开机。随即，国家广电总局将该片确定为“中国重大革命历史题材影片”。2001年底，因原片名使用不确切，我提议改名为《忠贞》，获得通过。

记者：我们知道，《忠贞》讲述了16位当时仍然健在的老一辈革命家夫人伟大而坎坷的人生历程，每人两集，每集40分钟，全片共32集。为了这21个小时，你们花费了7年的时间，你们在做怎样的努力？

彭辉：一开始我并没有想到会拍那么久。但是不久我就发现，等候，是我拍《忠贞》期间鲜明的主题：等安排，等夫人，等子女，等资料，等衔接，等设备，等身体状况，等生活状态，等社会活动，等季节变化，等审查，等意见，等等等等。这些夫人地位特殊，又都是八九十高龄的老人，具体拍摄时间只能听从中央办公厅和秘书、子女的安排，拍摄周期我们根本无法掌握，非常被动。此外，我收集整理家庭录像、老照片和审片，就花了两年半时间。2004年10月27日，32集全部制作完成。但突发事件的发生又需要及时补充到片子里去，如夫人、子女、丈夫去世，等等。

在这部大型纪录片里，我一方面让夫人们动情地追述在开创共和国前后，特别是她们与丈夫相濡以沫、甘苦与共的那一段段不平凡的经历中刻骨铭心的感人故事，让许许多多鲜为人知的历史在她们的娓娓讲述中重回现实；另一个重要方面，我着重采用了“真实记录”的手法，长时间跟踪拍摄这些夫人的家庭生活和社会活动，客观、生动地记录下这些伟大女性们如今的生活状态和社会形象。在这些老人质朴的生活片断中，我们能够近距离地体会她们特有的坚强与温柔、杰出与平凡相融会的人格魅力，这是本片不同于其他文献片的、独特的创作手法，也使本片显得极为珍贵。

纪录片的魅力在于真实，在于表现时空的张力，只有在大跨度的时间和空间里才能体现出纪录片的艺术感染力。对于《忠贞》这样一个特殊题材，我不可能有更多的想象空间，只有靠时间的累积来弥补我与夫人们之间陌生的缺憾。

她们身上有着许多与普通女性相同的生活状态，但由于她们的特殊身份，再普通的生活本质出现在她们身上，也就显得不太寻常。我试图通过人们对这些家庭的神秘预期与普通现实间的巨大反差，把这些老人以一个平平常常、端端正正的“人”的形象展现在受众面前，还原神秘红墙后的平常与朴素。

我坚信，能记录下她们的酸甜苦辣，这部片子就成功了。因此，“长时间”的关注与记录，是我创作这部大型而特殊的文献片的基本特征。以时间换空间，在《忠贞》的创作上显得极为突出。

记者：你说过，拍《忠贞》是艰难的，也是幸运的，因为在这些特殊女性和特殊家庭的配合下，一些极为珍贵的史料、家庭录像得以在《忠贞》里首次公开，尤其是夫人们面对摄像机长时间的真情讲述，赋予了本片不同于其他纪录片的文献价值，那么在近7年的拍摄当中，你印象最深的是哪几件事情呢？

彭辉：很多事情都让我终生难忘，就举几个例子吧：

在拍摄“邓小平的夫人卓琳”时，卓琳不顾年事已高，在镜头前讲述了近3个小时，许多鲜为人知的往事在卓琳动情的讲述中备感真切。其子女邓林、邓楠、邓朴方、邓榕都积极地接受了录像采访。多次陪同我们来到小平家采访的中央文献研究室“邓小平研究组”组长龙平平，激动地对我说：“你真是太幸运了！卓琳同志这么高的年龄还如此配合你的拍摄，这些子女们平时工作都很忙，现在还专程赶回来接受你的采访，你真是很幸运。”

拍摄“王光美访谈”是在王光美家的客厅里进行的。那天北京公布的室外气温为42℃。为减少噪音，王光美执意关闭了客厅的空调。在4000瓦聚光灯照射下，客厅的气温可想而知！我只好决定每拍15分钟后暂停，开15分钟空调，再接着拍……在这样的条件下，王光美接受了近4个小时的录像采访，其间还一直鼓励我说：“我没事，一定要按照你们的标准拍好。”

当我们第一次走进中南海陈云的居所时，陈云的夫人于若木握着我的手说：“太谢谢你们了！”老人幽默地补充道：“其实军功章里也应该有我们的一份嘛。”随后，于若木派警卫员给我们送来了几箱水果，让我们感动不已。在以后的采访中，于若木特地打开陈云的办公室，让我们随意拍摄。这间办公室已尘封多年，其所有陈设都完全保持着陈云去世前的原貌；办公桌上的台历是陈云最后一次离家住院的日子，从那以后，陈云再也没有回到家里。这里是于若木怀念丈夫的私人空间，也是温柔的于若木最为伤感的地方。陈云去世后，没有任何摄影人员进到过这个房间，但是她让我们进去了。

记者：拍摄完《忠贞》，相信你对开国元勋的夫人们有了更深刻的理解，你怎么概括她们的精神内涵？

彭辉：“忠”和“贞”，是对这些特殊女性最直接、最深刻的总结。

16位夫人，16种人生，16个态度的人物传记片。几年来，我渐渐感受到了刘少奇、邓小平、彭真、罗荣桓、贺龙等16位共和国元勋在荣誉背后妻子的那份坚定的付出；感受到他们叱咤沙场时刚毅、冷峻背后强大的温柔；感受到他们在遭遇政治生命低谷时，身边那份坚定的援助和那道依依不舍的目光……

也许，以往人们的目光里总是这些夫人们和她们丈夫表面的荣誉；也许，人们更愿意用别样的心理去判断红墙内的神秘，但人们不容易看到的是：杨成武、宋任穷、任弼时等家庭，在战争年代失去了一个个骨肉；王稼祥、张闻天等家庭，为了工作放弃生育；王光美在秦城监狱一关就是整整12年，等她出狱时，丈夫刘少奇已经含冤去世了10年；晚年的王光美为了救济中国的贫困母亲，把拍卖祖传文物的50万元无偿捐献给“幸福工程”，可同样作为母亲，已经80岁高龄的她还要照顾昏迷多年、已成植物人的大女儿；在邓朴方遭受迫害、摔断双腿时，母亲卓琳差点哭坏了双眼；王树声大将的夫人杨炬，在几年内失去了丈夫和两个儿子，最后一个大儿子也在距婚期仅有4天时突遭车祸，造成高位截瘫，最后因病去世；罗荣桓因肾癌不停地尿血，但仍坚持坐在担架上指挥战斗，妻子林月琴强忍揪心的疼痛，紧紧陪伴在丈夫身边，给予丈夫最大的安慰和最细致的照料；还有贺龙、陈云、罗瑞卿、彭真、习仲勋、谢觉哉、徐向前……每一个家庭，每一位夫人，都有许许多多鲜为人知的快乐与痛苦，幸福与磨难。她们是平常的，更是伟大的。

我努力用平视的目光，从人性的角度去叙述一个个真实的“人”，通过《忠贞》让人们看到神秘背后的平常，荣誉背后的泪水。

所以，我这几年的辛苦和辛酸已不重要，重要的是，与她们对话是光荣的，为了这份光荣，我诚实地从31岁拍到37岁，这其间，北方院落的积雪融化了6次。

我为这种光荣幸福着。

记录阿卡

——杨干才、王毅访谈录

贡吉玖：你们好，很高兴有机会采访你们二位。纪录片界认识你们，是从你们2006年拍的长纪录片《蜕变》开始，请你们谈谈拍摄这部片子的情况。

杨干才：我们把原来做的公司卖了后就四处游历，途中碰巧到了这个叫做曼蚌的寨子，就想停下来看看自己不熟悉的另一种生活和文化，结果成了曼蚌的一部分，曼蚌人也教会了我们重新看待生活的本质，我们寨子是个很有意思的地方。

曼蚌小寨是个哈尼族寨子，自称阿卡，属云南省西双版纳州的勐海县，紧靠中缅边界。寨子离村委会有14公里，离乡政府有45公里，离勐海县有97公里，勐海县离昆明有741公里。不久以前，这个与世隔绝的寨子还过着游耕的生活，烧一片山种一片地，森林烧光了再搬一个地方。1994年寨子里一个妇女生了一对双胞胎，这是阿卡人传统中最可怕的忌讳，于是全寨人抛弃老寨，迁移了4公里，1996年在政府的帮助下重新建寨定居。这是一个几乎完整保留着古老生活方式的民族。寨子由八个姓氏组成，遵从“万物有灵”的原始宗教，宗教头领和八个姓氏的代言人——寨老们组成“寨老议会”，负责人与神灵的沟通、寨子的农耕礼仪和各种祭祀。“寨老议会”与现代体制下的政府行政管理机构曼蚌小寨村民小组共同管理寨子。虽然攀车是全寨选举出来的村民小组长，但他也是阿卡世袭的头人。

贡吉玖：你们在谈到“我们的寨子”时非常有感情，在那里生活了四五年了吧。

王毅：我们说个小情节，当初进寨的时候，跟头人攀车解释，我们是来看看阿卡人怎么种谷子，怎么织布，怎么过日子的。攀车跟寨里人解释，但没有用，我们连照相机都不能拿出来。只要拿出相机，男人就拿弩对着我们，妇女们就骂，娃娃就躺在地上大哭。他们从来没见过照相机，不知道这两个汉人拿这黑匣子对他们有什么企图。

他们不跟你往来，不晓得你来干什么，你说什么都不相信。他们对汉人的成见是根深蒂固的，连吓唬娃娃都说“腊伯来了”，意思是汉人来了。

我们的小木屋坐落在一片原始雨林的边缘，隔着一条路，下面就是曼蚌寨子。站在家门口，就可以俯瞰整个寨子一幢幢杆栏式的茅草屋、那远处连绵不绝的群山和缅甸的南摩寨子。

一天，一股浓烟从寨子中间的一座茅草屋升起。对用茅草和木头盖的房子，又逢干旱季节的村寨来说，一户失火，那就意味着整个寨子面临灭顶之灾。我们连比带划向寨里喊叫：着火了，着火了。但没人听懂我们喊什么。直到一个稍懂一点汉话的汉子跑出来，看见浓烟才知道失火了。火被扑灭了，寨子得救了，从某种意义上来说，也救了我们。寨老和头人轮番上门道谢，寨里的男人女人、老人和孩子眼里也有了我们的存在。

贡吉玖：你们什么时候开始拍摄、记录他们的生活和思想上的变化的？

杨干才：我们开始用心了解阿卡人的文化，尊重他们的习俗。下雨天不干活，我们请来老人边喝酒边唱古歌，在火塘边一字一句地翻译。也是从那时开始，我们决定用摄像机记录这个寨子的生活史，记录这个处在变化时期的民族的生活历程。

远离城市的曼蚌，几乎没有什么医疗条件，疟疾和伤寒一年到头都有，小伤小病天天都会发生。得了病就靠嘴玛、巫医撵鬼，要么是自然痊愈，要么慢慢等死。王毅在寨子里几乎充当了半个医生，单说寨里认定要死的人，她就救了七个。就说第一次免费发给孩子衣服的事，由于数量分配不均，遭到一些妇女围攻。那一次，吵得最凶的一个女人，在很长一段时间里跟我们都有隔阂，后来她得了副伤寒，在寨里遇到这样的情况是必死无疑的。王毅去看她，给她吃了十来天的药。病好了以后，这位妇女用手工织的土布做了一个包，花了四个月的时间在上面绣满了花送给王毅。

王毅：寨里人逐渐把我们当作自己人，我们也敬重这些贫穷而善良的人们。杨干才做过公司，也见过一些家产上亿的城里人，但在曼蚌，物质层面的东西并不是人们最看重的，这常常让他心生感动。这个极其贫困的寨子，一年的收获只够吃四个月，其余的时间就靠采集野菜、加工野生芋头度过。贫困使得人们常常被外界的罪恶所利用，但并没有影响他们的道德良知。寨里有一位妇女，丈夫因为帮人背毒品被抓了，她到县里探监，没有路费就带了250克鸦片，结果被逮着了。头人攀车坐牢回来的那年，寨里有个孤儿，生下8天母亲就死了，父亲成天吸鸦片也管不了，这位妇女与丈夫走了好几天，把家里唯一的一头牛赶到县里卖了，700多块钱全部买成奶粉背回来，收养了这个孤儿。700元在他们的生活里几乎是一个天文数字，而他们还有自己的孩子。

头人攀车是曼蚌寨子的灵魂人物，他第一个在寨子里开梯田，种水稻，种蔬菜，还把新型茶苗带进寨子。他还自己琢磨着用传统的旱谷和讨来的水稻谷种杂交出来了适用于当地种植的杂交水稻。他如此见多识广的原因却源自一个黑色幽默——坐牢，因鸦片而坐牢。攀车老婆怀孕了，想吃点好吃的，他只好出去帮人背鸦片，背了几次，赚了1200块钱，结果判了10年刑。在牢里他学会种水稻，种蔬菜，还学会了说汉话写汉字。那一年，两个公安来抓他，没有路，坐不了车，是走着路进山来的，他还杀了一只鸡请两个公安吃了一顿饭。

我们与寨里人一样过着简单的生活，跟着他们种旱谷、养鸡。在寨子里赢得了大家的尊重，各家的狗也都熟悉得不再理我们，娃娃们都叫我们“照相阿皮、照相阿波”（即爷爷奶奶）。我们成了曼蚌寨子的一个姓氏，杨干才成为寨老，只是有参会权，没有丢包谷的权力——投票权。

贡吉玖：拍好素材后怎么样？

杨干才：拍片子条件很艰苦，当时寨子没有电，得靠自己发电，没有水，洗澡很困难，总之吃了不少苦。

从2001年到2004年中，我们住在曼蚌的绝对时间是两年零九个月，一共拍了两万多张照片、170多个小时的录影带，记录了几千行的史诗和古歌，还有100余万字的日记。

贡吉玖：我是看过你们这部片子的，最令人惊讶就是其中的专业性。因为你们俩既不是民族学人类学家，也不是拍影片的行家里手。如此客观的方式拍摄“阿卡人”的日常生活，没有猎奇，没有学者们自以为是的理论，用两年多的时间如此细致深入地观察一个民族，也是浮躁的研究者们所不可能做到的。

杨干才：2004年在我们离开曼蚌、出来编片子时，全寨人盛装出来送行，每家人送两个鸡蛋，那是最高的礼遇，头人攀车说，等于是每家送了你们两头牛。有一个失明的老奶奶，有一次她得伤寒要死了，是杨干才开车送她到村委会，找医生救了她。老人从寨子里摸着走上来，两个鸡蛋递到王毅手上的时候还在烫手。嘴玛一边哭一边说：你们刚来的时候不敢理你们，现在你们两个是汉人中的阿卡人。他们给我们的荣誉，就是把我们当作自己人。

此前，我们从没有拍过电视，那年从香港买了一部索尼的PD150P，买了一本叫《DV宝典》的书，翻着说明书开始拍摄了。拍完以后，我们把素材带到北京，花了10万元请专业的后期公司做剪辑。片子出来了，画面很漂亮，衔接很顺溜，符合影片剪接教程的任何原则，但是曼蚌日常生活的灵魂只剩下了一个空壳。于是我们自己买来剪接设备，再一次买书来边看边剪。一年半之后片子出来了，接下来的日子里，片子获得了“2006中国十大纪录片奖”、“东欧媒体震憾国际电影节最佳长纪录片奖”，入围阿姆斯特丹国际纪录片电影节和意大利萨丁国际民族电影节。

从阿姆斯特丹电影节回来，我们俩带着刻成光碟的纪录片回到曼蚌，买来一头牛，杀了请全寨人高高兴兴喝了一整天的酒。那天那张碟轮回放映了整整24小时，全寨人守在电视机前看了一遍又一遍，他们第一次作为“旁观者”，看他们世世代代一脉相承的生活，惋惜着那些几年前还履行着的神圣祭仪。很多人都保留了一份光碟，哪怕没有机器看不了，他们也要留着。

片子的名字叫《蜕变》，记录着曼蚌寨子从游耕到定居，从与世隔绝到通电后的变化。它备受关注的焦点是阿卡人的传统生活变迁。南亚热带雨林里的曼蚌的阿卡人一直过着传统的生活，纪录片拍摄期间，正是他们千百年来的生活发生本质变化的时期。

贡吉玖：《蜕变》这部片子比较长，很真实，我认为是一部沉下去精心制作的好纪录片。

杨干才：我们只是想让他们讲自己的生活。整部片子没有一句解说。事件在进行着，人们在争论着，生活在悄无声息地发生着变化。纪录片把曼蚌阿卡人生活最本质的一面展现给观众，真实而令人震撼。整部片子都是曼蚌寨子这群鲜活的人们真实的生活，我们只是旁观者。

变化是随着定居生活发生的。2003年是曼蚌的阿卡人最后一次砍倒森林放火烧荒，嘴玛最后一次履行他向大地的主人祈求谷子丰收的职责。那一年林业部和公安部联合下令距国境线十公里之内不允许再砍伐森林。早先他们一直在中缅边境上过着游耕的生活，砍一片山种一片地，种几年之后再搬家。随着人口增加，原来12年砍一轮变成8年、5年砍一轮，森林砍光了。此前，林业部门为寨子里修了一个水泥蓄水池，鼓励他们定居下来，县规划局专门来人为寨子做了规划，路留多宽，在哪里栽电杆，在哪里埋水管，还帮他们把茅草屋顶换成了石棉瓦。森林不能砍伐了，头人攀车就把他家的山地改造成梯田，从此，不断有人家跟着他家的田沿着山坡修了下去。刀耕火种的旱谷产量是100斤左右，种水稻大概可以到200斤。这对于一年的粮食只够吃4个月的阿卡人来说，是一个革命性的进步。此前，各家养的牛都是用来做祭祀的，但攀车已经用牛来犁他新开的水田了。他拿了几块拖拉机钢板给铁匠打犁耙，可铁匠没有见过犁长什么样，他只会打砍树的斧子，那斧子和在陕西博物馆里看到的汉代的斧子大致一样。于是铁匠打了十几把菜刀绑在木架上当犁使。

表面上看，曼蚌生活的变化是伴随着刀耕火种的消失而失去了原始的山地农耕祭祀。但生产生活方式的改变，打破的是这个古老寨子亘古以来的平衡。收入的不均、贫富的悬殊在悄悄地侵入阿卡人的生活，渐渐影响着村寨内部结构关系的变化。

2003年下半年，寨子发生了一件偷人家老婆的事情。有一个姑娘嫁给了寨老的一个儿子，这一家因为盖房子，经济上与别人拉开了距离。结果女的没有离婚就跑到了本寨那个有点经济实力的男人家，并提出离婚。这在寨子里引起了轩然大波。

阿卡人婚姻都由寨老作主，请寨老喝完酒，寨老宣布说：行了，你就可以结婚了；或者可以离婚了，然后两个人就没有关系了。女人没有离婚就跑到了别的男人家，这是开天辟地所没有过的。为这事寨子召开了四次寨老会议，前三次讨论的结果是要她回到丈夫家，哪怕是死也要死在丈夫家。按照寨规，如果寨老会议不允许这个女人嫁到对方家，而原来的男家又不要她了，那么娃娃生下来两边都不落，女人将会被永远赶出寨子，没有人敢收留她。因为哪个寨子收留她就要打冤家了。第四次讨论的结果参考了我们的意见，同意这个女人离婚，但要按照寨规进行处罚——杀一头猪，请全寨子吃一顿饭。头人宣布说："以后再发生这种事，偷走人家的婆娘，就不是杀一百斤的猪，要杀两百斤的猪了。"一头猪对一个家庭来说已经是相当重的经济处罚了。

这个事件的发生到最终的处罚是一个妥协的结果，我们看到了寨老们的权威已经开始受到挑战。

最明显的变化莫过于通电了。2004年，云南省政府要解决十万贫困山区的通电，曼蚌被列入其中。历时九个月，一条10千伏的高压线，接到了山上的三个寨子。当电灯第一次亮起来的时候，娃娃们被吓得哇哇大哭。那是一个历史性的时刻，通电那天晚上，全寨经历了有史以来意义非凡的热闹。头人攀车搬出他早已买好的电视机和VCD，接上电源。音乐响起，人们跟着随机附送的光碟唱起了《东方红大联唱》，还有的年轻人跟着拉电线的工程队员跳起了迪斯科。而寨老们坐在主席台前很是生气，他们中有人在喊："不要唱这些歌，唱阿卡的歌。"但没有人听见，那曾经代表着力量、权威和祖规的声音，淹没在电磁波这更为强大的力量之中，只留在了离他们最近的杨干才的摄像机里，连同他们沮丧的神情。

通电之后，寨里看的第一部电视剧是《还珠格格》，不久，全寨的娃娃就会用汉话说"老佛爷"。

我们给攀车家装了部电话，大灵通，用天线的。我们的纪录片在法国参赛的时候，还接到他们打来的电话，他告诉我：村委会带他们到大渡岗茶厂参观，还去了思茅，说思茅那个"寨子"太大了。

当初拉电线的时候，我协调着三个寨子的劳动力，砍树抬电杆苦干了几个月。但提到通电之后的变化，我们变得有些失望：曼蚌在变，变得没有了根。短短几年，在这个民族历史上只是一瞬间，但许多东西就消失了。我并不是反对他们改变，我们坐抽水马桶，不能反对他们用抽水马桶，电灯也是这样，只是他们没有准备好，或者说没有人帮助他们做好接受这些东西的准备。现代文明不仅仅是让形式的东西进去，而应该是教育，尊重和保持传统的教育。人们急于向前发展的时候，往往是盲目的。我们认为，年轻一代所受教育有限，而他们第一次接触到外界的新东西大多是汉文化里的垃圾。电视机，表面上是文明的象征，但不是文明的本质。

贡吉玖：你们的片子成功了，阿卡人也很信任你们，下一步有什么打算？

王毅：从人文学的角度对阿卡人的记录需要继续，这是一个人类发展的真实记录，这里面还要更加深入地探索人在高速发展变化的本质。另外寨子吃水需要到寨子外背水，为了提高生活质量，解决饮水问题，我们准备帮助寨子铺设管道引水进村、到户。

当然我们并不是采用“输血”式的扶贫，而是帮助他们把寨子里最生态、最绿色的茶叶做成普洱茶产品，介绍到外面，有一定收入后再来完成“饮水工程”，帮助他们脱贫致富，有一个长期稳定的收入。如果这个目标能够实现，还可以切断境外毒品对他们的影响。这需要很多爱心人士的支持和帮助，首先就需要得到您的支持和帮助。

贡吉玖：这是个大工程，把水引进来会不会像引电一样，产生大的轰动和变化？

杨干才：我也在想这个问题，把现代的东西引入这个原始的寨子，到底是发展还是破坏。另外我们还思考一些新的选题，准备拍摄围绕曼蚌寨阿卡人新的纪录片奉献给观众。

贡吉玖：谢谢。谢谢你们讲述了这么精彩的故事，也谢谢你们这么多年来辛勤的付出，预祝你们取得新的成绩！

《化蛹为蝶》：一种挣扎的美丽

——纪录片编导王冬冬访谈

作品：《化蛹为蝶》(Growing Up)

片长：55 分钟

类型：人文类纪录片

导演：王冬冬、常瑜

摄影：王冬冬

梗概：在中国杂技界，黑龙江杂技团是比较有影响的。“地圈”、“叠罗汉手绢”和“空中软功”是他们的保留节目。团里的一部分人常年在外进行着商业演出，而另一部分人则是学员班的孩子们。这些从几岁到十几岁的孩子们每日的训练不仅辛苦而且危险，同时他们还得面临着命运的无情选择——那些能在比赛中获得好成绩的学员才能留在团里做演员。在“全国少儿杂技比赛”前夕，一部分学员有幸能够参赛，但他们常常也会因为在训练中受伤而不能如愿；而那些不能参赛的孩子，显出了深深的无奈。孩子们表现出的更多的是超乎年龄的成熟与懂事。当然也有人因为“不懂事”而付出了代价。一天又一天，排练厅里几乎看不出时间的变化，这恰似杂技团里单调、枯燥的生活。而这种看似平淡的生活却又恰似我们的人生。本片以冷静的纪实手法，表达了创作者对人类普遍的生存境遇的关怀。

【访谈背景】

一个攻读自动控制专业的人却有着一种天然的诗情，在缜密与疏放之间，这两种思维方式与感知情绪竟交结出了一种生命的和谐。这种和谐，又那么自然地交融在他的纪录片里。王冬冬就是这么一个人。

记得2004年的6月，在北京华北饭店举办的“国际纪录片展”中，我和王冬冬相邻而坐，观看了法国著名导演克劳德·朗兹曼、

尼古拉·菲利贝尔以及日本著名导演土本典昭等大师的纪录片作品。在影像流转的光影之间，我分明感受到了王冬冬的那份专注。那时，他的纪录片《拉着老母走天涯》正在好多家电视台热播。

后来，在中国纪录片委员会选送到"法国第18届FIPA国际电视节市场单元"的名单上，我又看到了王冬冬的《化蛹为蝶》。一种直面当下生命境遇的强烈表达，反复地呈现出了他的纪录片作品的基调。这使我在接到他寄来的诗集《如水的心事》、《王冬冬诗选》的当口，竟生出了一种突兀的落差。但是，慢慢地，随着那些延伸到各种想象空间的语言的挑绕，从眼前"中午的街上"到"旭升街"的流民图，从"温暖着一河的心事"到"蝶"在涅槃中的两种归宿——一是俗世，一是传说……我的诧异平复了，这无疑是一种生命的共振，融和着一同指向对生命的关注。

于是我不再诧异一种生命个体的独特融和了。生于上个世纪70年代的王冬冬，1993年7月毕业于哈尔滨工业大学控制工程系自动控制及惯性导航专业，同年分配到黑龙江电视台从事电视采编工作。他说："数学，干净、简洁、严密，它和诗一样，都是很美的。"缘于这种美的通感，王冬冬一边做着黑龙江省作家协会会员，一面又做着哈工大管理学院的博士研究生。也是缘于这份对美的通感，从纪录片《沉重的崇高》、《薛厦三日》、《苗青家的幸福生活》、《舞台》、《玛利亚索家的冬天》、《抗拒孤独》，到《拉着老母走天涯》、《化蛹为蝶》、《远去的专用铁路》……王冬冬就这么走来。

在《化蛹为蝶》的导演阐述中，王冬冬写道："我们无法回避一个人在成长及融入社会的过程中所产生的变化。当我面对那些过早地为了自己的前程而独自走入社会的孩子们的种种表现的时候，在心灵震动之外，开始反向观照自己，其实这是我们每个人在社会不同层面的融入过程的缩影。几年前，我们在黑龙江杂技团的所见所闻，就在这种震撼中深刻地烙在我的印象里。"

喜欢命运挣扎中的一抹温暖

刘洁：从你的纪录片《拉着老母走天涯》、《玛利亚索家的冬天》到《化蛹为蝶》，很明显地看出这里面贯穿着一种对生命的困惑感，同时又好像有一种要努力测量、纪录下一种"生命韧度"和"生命宽度"的使命感。好像你始终想通过这样的方式来表达你的感受？

王冬冬：对呀。我比较满意的片子还有一个叫《苗青家的幸福生活》，当时获得"全国残疾人事业好新闻"奖。讲的是一对盲人夫妇带一个孩子在艰苦中快乐生活的故事，非常温暖。我非常喜欢普通人的温暖，喜欢普通人在命运的挣扎中给人带来的温暖。

刘洁：《化蛹为蝶》正是纪录了这种挣扎？

王冬冬：嗯，我想是这样的。片子是1998年开始拍的，那之前我经历了在我个人看来最不走运的一段时间。不过也正是这段时间让我集中地把好多感受都经历过了，它改变了我的很多观念，也改变了我的方向。所以，总想找一种方式，找一个叙事"模型"去描述自己，对自己做一种观照。于是，找到了杂技团里的孩子们。

刘洁：你是先有一种表达的想法，才去找到那些杂技团的孩子们？还是遇到这个选题后，才找到一种表达的对应的？

王冬冬：当时，我做了一个专题类的节目，叫《薛厦三日》，得了一个金童奖。片子是借别人的事来激励在困境中的自己的。呵呵，凭着这个片子，我找到了一个媳妇。这个片子是她帮我一起做的，算是助手吧。可能就是片子里表达出的这种激励意识，让她觉得我这个人值得终身托付吧。她当时在做少儿文艺节目。有天，我爱人常瑜去杂技团拍少儿杂技，回来就告诉我说那些小孩儿挺苦的，他们半年后就要参加一个重要的全国比赛，这个比赛决定着他们未来的命运。听完我马上就意识到，在大赛前的这种超压训练极端状态下，恰恰就把普通人可能要经历一生的跌宕起伏、命运的不可知性都浓缩到一个点上了。这恰恰映射了一个人一辈子的变化。

刘洁：你忽然在这些孩子身上看到了浓缩的命运。纪录过程中，有些什么触动吗？

王冬冬：是直觉让我选定了这个题材。1998年过完年，2月末的时候，我和我爱人开始进入了前期工作。杂技团的这些学员其实都是一些很平凡的孩子，他们有的家里条件比较好，有的就比较困难，连学费都交不上，像赵丹丹，她是个哈尔滨“道外”的孩子，没有得到参赛的机会，但她还是留在团里等待着机会。

刘洁：是在第一段采访中出现的小女孩？

王冬冬：对。当我问她有没有节目、能不能参赛时，你看她撇嘴的样子，她说话的那种神情，似乎是看明白了所有的事，有着出人意料的成熟，真不像十来岁孩子的表达。但是这些孩子干净、真纯。当我跟赵丹丹交谈下去的时候，发现了她内心对于进入节目组的渴望。第一次触动是在那个时候。

刘洁：孩子的内心承受着许多东西。

王冬冬：为了能让老师留下自己、争取到参赛机会，他们得要老师喜欢，得要自己去努力，还得要有运气，同时他们还得不受伤，还得有点天赋……但是就这样，他们还不一定都能成。他们那种既有着孩子的单纯，又有着出人意料的成熟感，真正触动了我。有一次，拍完片子，我爱人常瑜约这些孩子星期天到我们家来玩，后来他们没来。常瑜问他们，他们说：我们到你们家楼下了，后来想一想怕到你家不方便……

刘洁：哟，这些孩子！

王冬冬：大概到了8月份，这些孩子们正在忙着考核，特别严格，不及格是要挨罚的。因为那会儿我们要去拍抗洪，设备得撤回去。有个孩子看见了，于是所有的孩子都跑了出来，也不顾考核的事了，他们以为我们拍完要走了。没纸，就伸出手，呵，喊着常瑜姐姐、冬冬叔叔，让我们签名。你看那种极其真诚的目光，现在我们仍然觉得非常感动。包括杨亮后来因为跟老师争吵，被开除了，我们到他家去采访他，怎么问，他都说那是他的错，绝不说老师的不是。当时我们还背靠背采访了其他孩子，问杨亮怎么了。他们都回答说杨亮受伤走了，绝不提开除的事，包括那些跟杨亮打过仗的人都不说。

刘洁：这让人有一种一时间用语言说不清楚的感动。

王冬冬：有一次，我们到他们寝室去，孩子们刚刚训练完，一个个像泥猴似的，浑身上下又是汗、又是土的。等他们洗完澡，你会发现这些孩子长得都特别漂亮。

刘洁：《化蛹为蝶》，片名很贴切。在片头，你用了这样一段话——“谨以此片纪念我们共同的成长岁月”，你想通过这些孩子们的一段非凡经历，表达一种什么样的共同认知？

王冬冬：这些孩子连同我们自己不都是

些平凡的“蛹”在挣扎着！好的还能成个“蝶”，不好的就成了个“虫子”。我的汉语版曾经有过一个题记：“在汉语里，描述成长过程的词还有一个叫做‘长大成人’，选择‘化蛹为蝶’只是一种愿望。”也就是说，选择“化蛹为蝶”这个词不过是我对每个最普通的人挣扎状态的尊重。对于整个社会世俗评价来讲，你可能就是一个虫子。但是，实际上所有的人在自己的心目中都是可以成为“蝶”的，只要你对自己是认真的，不管命运把你抛向什么地方，你是什么状态。

刘洁：这里面好像有种很无奈的感觉，但也有着一种挣扎的超拔？

王冬冬：生活本来就是很无奈的。你只有执著过，才能淡然、超拔。如果你连执著都没有，那就无从淡然。比如像僧侣，念多少经，才能修成后来的通灵、通达、淡泊？其实那是个执著的过程。我们也是一样，只有挣扎，你才能有资格去谈超拔，你才能说我爱这个世界，或者不爱。从另一个方面去观照“蛹”和“蝶”、“虫”和“蝶”的意味，那些孩子都在努力挣扎着；如果我们还想认真生活的话，我们不也都在努力挣扎着。或许，你会说：我们一行动，上帝就发笑了。但是，我觉得上帝没有权力对那些认真生活的人耻笑！

成熟就是一种不刺眼的光芒

刘洁：《化蛹为蝶》纪录了一种生命状态。片子的结构很明显，由主线和辅线交织构成，主线用“日记体”的方式，纪录了将要参加9月份“新苗杯”全国少儿杂技比赛的孩子们的训练生活；而辅线则纪录了那些没资格参加比赛的孩子们的心理感受。你是很自然地找到这种反衬手法的吗？

王冬冬：接触到赵丹丹时，就想好了。在快拍到一半的时候，也就是3、4月份，赵丹丹突然闯进我们视野，因为她愿意跟我们说话。那时，杂技团老师不允许孩子们跟我们多接触、多说话。还有个叫蔡文的小姑娘，她也没有参赛的资格，后来剪片时发现她没法结构，就没用。一段一段的“日记体”是一种表达方式，我觉得前期我们拍到的内容很充分，当时拍了70多本素材带。

刘洁：Betacam带，一盘30分钟？

王冬冬：全拍完，大概35分钟。素材是很充分的。当然，根据情节需要，个别地方有时间上的变动，组与组之间的变动，但从总体趋势看这是符合整个事件发展规律的，细节变动是正常的。包括《拉着老母走天涯》也有细节变动。

刘洁：《化蛹为蝶》的主线是围绕着将要参加比赛的三个组——“叠罗汉手绢组”、“地圈组”和“空中软功组”展开的……

王冬冬：其实，当时拍了四个组。后来，“空中顶技组”没用。那组里有个小孩，跟其他孩子一般大，但特别会来事，她能跟老师把关系处理得很好。杂技团里规定不允许养动物，她就能养个小宠物，老师也不说。只要有节目她肯定都能上，她就有这本事。

刘洁：感觉她好像世故一些？

王冬冬：前几版，我都把她剪进去了，是作为一种反衬其他人的“对比”角色。后来想想，不忍心，她才十几岁，干吗呢？作为电视编导，你对你的拍摄对象首先应该宽容。于是，我在成版的时候把她拿掉了，觉得没必要拿她做“对比”。

刘洁：这点是非常重要的。有的人只注意自己的表达，为了“好看”，甚至把拍摄对象捏变了形。

王冬冬：因为我要尊重我自己的感觉。现在看来，那种刻意的对比是很蠢的。《化蛹为蝶》我没用我的嘴告诉别人任何一句话，虽然解说词有我的感情成分，但大多数都是依着事实的背景介绍。

刘洁：我感觉“叠罗汉手绢组”和“地

圈组”表现得饱满一些，有故事、有情绪起伏、有节奏，而“空中软功组”表现得单薄了一些，为什么？

王冬冬：事件本身就比较单。

刘洁：跟拍的时间，这几个组一样吗？

王冬冬：是一样的。从2月跟拍到8月末。因为“空中软功组”没有那么多东西，我不想去编造。纪录片是我的作品，不是像栏目那样的产品。所以，我奉行的原则一个是呈现，呈现你和这个世界之间的状态、关系；一个是表达，表达你对这个世界的理解。如此而已。作为一个集体呈现，比如呈现的值是N，等于AX+BY+CZ，不管权值相不相同，最后表达的N值饱满就可以了。“空中软功组”着重纪录了刘思宇，她身上有很多那个时代的东西，比如她生活在单亲家庭，她家是下岗人家，跟赵丹丹一样是交不起费用的。虽然显得单薄些，但我觉得她表达出的分量是你没法回避的东西。

刘洁：“叠罗汉手绢组”的女教练刘晓云老师很有个性。

王冬冬：这人本身就有个性。

刘洁：她手里总拿个小教棍，对犯了错的孩子抬手就敲打，还会训斥诸如“贱皮子”一类的话，孩子常常含着眼泪进行训练。那个小梁丽，倒立在第二个人的头顶上，手脚还得转着大手绢，没转好，就挨了打。后来，在彩排中，那个当“底座”的胖胖的姑娘赵霞，因为脸上没有表情，也挨了刘老师的打。

王冬冬：一开始我不喜欢刘晓云，觉得她是一个恶人，说话也很张扬，她说：“我就是冠军教练，那几个著名的杂技演员都是我带的！”后来，我们改变了这个想法。那次我们拍完她打赵霞之后，又拍了点别的。正在收拾机器准备离开，一回头，发现她正在帮赵霞揉肩膀，做放松按摩。

刘洁：我在片子里面看到了。

王冬冬：你说刘晓云这种极端的方式不也是为孩子好吗？就像当年我初三时的一个老师，他对我们特别“残暴”，我那时候是哈尔滨九中的中等学生，经过她“残暴”之后，我就成了学校里的好学生，我现在特别感谢她。生活本身就很残酷，你可以从残酷中体会温情，但不能不承认这种残酷。与其将来在残酷面前缩手缩脚、放弃，甚至气馁，还不如一开始就面对残酷。当你知道这个世界的残酷时，你也就简单了。只有残酷才能提炼你的执著，增加你的承受能力。这么多年，不管我倒霉还是走运，我都坚持了，所以我敢说我的人生爱得很彻底。

刘洁：你在这个老师身上看到了残酷背后包含着人的温情。

王冬冬：一种爱。世界上有很多看似冷酷的东西，本身是很温情的。

刘洁：这个老师不避你的镜头吗？

王冬冬：我为什么要选比赛前这半年去呢，她想避都避不了。装一天行，不可能天天装。那段时间，我和我媳妇在场，这已经成为他们生活的一部分。国外很多编导都强调好片子首先要有工作量，别的东西都可以回避，这工作量是回避不了的。有一些人说你拍到了“打孩子”这个情节，老外喜欢这个，他们认为真实、刺激。其实这种说法挺蠢的。我在国外的几个电影节，也跟很多人交流过，我感觉大家关注《化蛹为蝶》没谁是为了看前面说的这些，大家更多还是关注孩子们的命运走向，并且都能理解片子传达的情绪和影像传递的编导主体意识的表达。我觉得，在经历过许多事情之后，自己对生活的认识和看法是比较成熟的，成熟应该说是一种不刺眼的光芒。尽管，将来我可能还会嘲笑这种成熟。我为什么要去刺激谁呢？

刘洁：嗯，老子说的“光而不耀”的境界。

王冬冬：温暖的东西是不刺眼的。你可能说这里有悖论，比如刘晓云打梁丽、打赵霞，本身就是刺激点，但这只是情节的自然发展而已。如果没打，那这个情节也会发展下去的。整个画面，强调的不是那种刺激的东西。

刘洁：其实，我们也看得到，教鞭的敲打倒不会太疼，只是心理压力大。

王冬冬：对这些孩子来说，天天脑袋上踩着三个人，比打疼多了。她们是怕老师生气，怕自己的节目成不了，怕这饭碗没了，谁都能理解那个“挨打”。我记得1995年去拍过一个花样滑冰训练课，有个小孩，两周跳没过去。就跑去跟教练说，您打我两巴掌吧。教练啪啪给了两巴掌，小孩啥也没说，一下子就跳过去了。下课后，旁边的家长冲上来了，说教练你为什么打他不打我儿子？！打就成啊，在这个行当里，只要出成绩就成，这是现实。

按照自我认知表达一种个性

刘洁：你分别采访了几个孩子，使得片子在纪录状态的同时，有了“点”的“切入”感。如采访那个没有资格参加训练的赵丹丹，那个给不识字的小学员念故事的高亦萍，还有因冲撞老师被处罚停训离队的杨亮等，你好像有意不采访老师、家长，为什么？

王冬冬：70本素材带里没有老师和家长的任何采访，我觉得没有必要。这不是互证能够解决得了的东西。

刘洁：你只想表现这些孩子的状态？

王冬冬：对。跟这个没太大关系的事，比如说团长让我们跟着一起去跑跑学员们的参赛费用，我都拍了，但是我没用。的确，这是真事。没有这笔费用，学员就得自己掏钱，或者参加不了比赛。但这是个背景性的东西。

刘洁：你的选择很明确、很自觉？

王冬冬：的确很自觉。这还是我说过的“干净”。我宁可用解说词作为背景来讲，至少从表达来看，非常干净。把附带的东西去掉，这样相对更简洁。而且不容易把别人的思维往外牵引。这件事很重要，和数学定理是一样的。

刘洁：干净、简单、美。

王冬冬：对。表现孩子们状态的东西已经这么丰富了，我用不着这些旁枝。

刘洁：我在你的一篇论文（访谈整理后补：《基于纪录片〈拉着老母走天涯〉背景下的纪录片主导变量的权变分析》）里看到一句话：“做纪录片的时间长了，就越来越感到表达的困难。……换个角度讲就是总觉得一部作品完成了，可自己却没用上全力，总有一种有劲使不出来的感觉。” 从表达方式来看，《化蛹为蝶》用了一些比较常规的手法，“画面＋解说＋同期声＋采访”，现在来看，你对这种表达方式满足是吗？

王冬冬：我觉得做纪录片最根本的是要考虑到整个情节构成的效率。这可能跟我学工科有关系，一般会考虑很多指标。比如你做新闻，可能会考虑单位时间能够传播信息量的多少，而我做纪录片，要考虑的是单位时间能够对心灵震撼的程度。可能你不爱听，文科思维常常只强调一方面，而把其他方面都忽视掉了。学工科的绝对不会这么做。我们的目标是要构建最终优化的指标，你做一个系统，没有最佳策略，只能考虑最优方案。比如我们做一个控制系统，必须在“超调量”和“响应时间”之间找一个实践中可以满足要求的、都能接受的值。其实，做纪录片也是一样的道理。

刘洁：你的意思是，找到最后，这种方式适合自己的表达，就是最优的。

王冬冬：如果我不用一句解说词，就能把这个故事都交代得特别明确，那我当然不用。但是，这些背景怎么交代？与其用采访他人去表达，或者把小孩儿组织起来，让他们自己议论，你觉得这样就很真实吗？或者我无限期延长拍摄时间，但是超过一定时限，大家还会看吗？这都是问题。怎么解决？看来只能用这种方式。

刘洁：尽管是一些纪录片的惯用手法，但这种方法更能表现你的这个题材？

王冬冬：当然，对表达方式的选择，肯定和拍摄中的遗憾也有关系。我曾反省，是不是什么东西我没拍到，但后来又想，拍到又能怎样，你拍到的东西不也舍弃过很多吗？如此一想，遗憾也就不多了。

刘洁：我读了你的诗集《如水的心事》和你后来发给我的新诗，非常喜欢你的文字，你语言的表达力非常强。只是感觉你的诗是情绪大于哲理，而纪录片《化蛹为蝶》却是哲理大于情绪。片子里更多地强调了你对生命挣扎过程中的种种感悟。你同意这种说法吗？

王冬冬：差不多。有人认为片子的不足也就在这儿。

刘洁：当然，这不是说纪录片不能体现主观感受，只能用冷静如铁的那种方式来表达，这是两个话题。也就是说，感觉你在片子里“说理”的冲动更大一些，好像特别急于去表达你对生命的认知。

王冬冬：如果表达的痕迹有些明显的话，应该是一个毛病，但不算太大，这个我得承认。表面很冷静，内里却能透射出一种温情，那是件非常漂亮的事，我也希望能这样做。但是，如果我达不到呢？

刘洁：当然，我依然觉得解说词的韵味和文笔都特别好，我特意记下了你在结尾处的一段文字：“孩子们终于第一次踏上对他们来说至关重要的旅途，他们期待着、憧憬着，但没人能知道结局，因为杂技的意外实在太多，他们无法绕开这种成长过程中‘蛹’的挣扎，孩子们知道这个过程。这个过程没有结局，只有开始；没有失败，只有收获——恰似他们注定不会平坦的人生。”

王冬冬：这其实是说给我自己的。

刘洁：或许就是因为文字太讲究，在看片子的时候，总会有一种文字与画面“跳脱”的感觉。也就是说，画面的韵律感没有文字的强。你同意我的看法吗？

王冬冬：如果你承认纪录片不是产品是作品的话，那它应该有个性。不是说我不尊重观众，我觉得我喜欢这么做，这是第一点。第二，从画面和文字来看，你用其他方式也不敢保证它一定不跳脱。第三，我觉得那是水到渠成的表达。前面已经做了那么多铺垫了，我总可以说句话吧。我始终觉得，你再强调客观，选择和不选择之间你已经有观点，那你干吗还要回避直接表达，去做出一种貌似真实的样子。

刘洁：我同意这种说法。纪录片强调客观性，这是一种风格的体现，但本质上仍是一种主观表意的方式，从来都不能超越主观。这里我说的“跳脱”，主要是指片子里有些地方的“语言讲述”大于“影像纪录”了，显得影像的表达力比较弱。比如，解说词说训练钻地圈的那些男孩子把7月16日看成是“阴暗的一天”，杨亮和老师争吵，被处罚停训离队；王军在即将比赛前摔成了重伤。这些几乎是片子的高潮点了，但我们都没“看见”，只是“听见”。是因为没拍到吗？

王冬冬：王军的事，没拍到，那时候我们在小排练厅。杨亮吵架的事，现场我们拍到了，但后来考虑后，没用。那些事是同一天发生的，我是单机拍摄，得同时纪录四个组，不可能每件事都纪录到，但是这些事却又不能回避。说那是“阴暗的一天”，现在看来主观色彩是过强了些。但是，你怎么从文本的角度把事件接续下去？这个事情已经发生了，补救也只能这么补救。没有拍到现场画面，但是我通过解说传递了这些信息。面对所有情节和过程的取舍，你肯定会有自己的判断，这就是我的诠释和判断。可能一些人觉得这是一个败笔或者失误，那你就得认啊。

意尽则止让纪录的意味延展

刘洁：呵，我这么追问，是不是有些咄咄逼人了？

王冬冬：我非常珍惜这样说话的机会，因为你平时跟谁说这些事呢？

刘洁：我喜欢这个片子的结尾方式，孩子们登上了南去贵州的火车，无论成功与失败，都是结局，也都是开始。意尽则止，让人回味。

王冬冬：话说尽，就没意思了。

刘洁：前期，你跟着他们去贵州拍摄比赛了吗？

王冬冬：去了。他们怎么准备比赛、怎么参加比赛以及幕后花絮，我都拍了。

刘洁：结果怎样？

王冬冬：一金，两银。“叠罗汉手绢组”得了金牌。

刘洁：刘晓云带的那个组？

王冬冬：对。在剪片子的时候，就觉得把一金两银这结果说出来，前面的铺垫就没味道了。得奖与不得奖，对片子要表达的意义来说是不重要的。不过，我还是考虑了很久，因为毕竟那些素材拍得也很好，从跟踪人物的命运发展的进程来说，拍到那些东西应该是完整的，从表面意义上说是没有遗憾的。

刘洁：我感兴趣的就是你把“结局”舍弃掉的这种想法。

王冬冬：这个结局必须要舍弃掉。就像《拉着老母走天涯》，我们将王一民和他母亲去海南的部分也舍弃掉了，最后是在山路上结的尾。什么东西说尽了，这事就没意思了。《化蛹为蝶》如果再加上一金二银的结尾，皆大欢喜或者是告诉人们一个什么样的结果，那前面铺垫的那种命运的不可知性，还能这么震撼吗？如果要追结局，那这个片子还得往下拍，那就没完了。

刘洁：现在这些孩子咋样？那个赵丹丹呢？

王冬冬：在美国，表演杂技呐。

刘洁：哦！这算是比较欣慰的事了。得了金奖的这些孩子，都留在团里了？

王冬冬：没有，还有人主动退出。2004年初，我去饭店吃饭，一个小姑娘，很漂亮，不断地在看我。呵呵，我这样还有人看我呢。她上前来问我还认不认识她，呀！是“叠罗汉手绢组”的高亦萍。我说1998年到现在这么多年了，还在杂技团吗？她说不在了，她在一个民办大学学英语呢。我说为什么不练杂技了？她说：没出息！这恰恰就是一种命运的莫测。

刘洁：这也是纪录片的魅力！它真的是跟当时的时间和生命长在一起了。而且，你纪录了别人的同时，也纪录了你自己。

王冬冬：见了高亦萍之后，我才开始思考很多事情，才有了勇气重编这个片子。当然，改动不是太大。有一件事，挺遗憾的，当时过于强调纪录拍摄对象，我放弃了纪录我们自己。那天剪片子时，我偶然在一段素材里，突然发现了我爱人常瑜，当年她大学刚毕业，那么年轻。6年之后，当年那个“洋溢着青春光晕”的我媳妇，已经成了一个4岁孩子的妈妈……

刘洁：的确，片子本身有着时间之于人的那种流逝的沧桑感。

王冬冬：作为当年的介入者，我们在镜头内外纪录了人的变化。当时真想做一个片子，就叫《我的1998年的冲动》。在这一年，我和常瑜结婚了。之后，这个世界又发生了什么变化呢？高亦萍离团了，杨亮反倒当了杂技演员，赵丹丹没资格参赛却出国了，白雪、刘思宇这些孩子还在干着这一行……可惜，那时对我们自己的纪录几乎没有。

刘洁：总是有遗憾的。我在看《化蛹为蝶》时，感觉色调比较偏暖，那是有意调的？

你想表达一种什么样的感觉？

王冬冬：柔和、温暖。在生命的挣扎中，

暖色让我表达出一种感动的温暖。这是开始拍的时候就想好的，否则那就是偏色了嘛。

刘洁：片子拍完，隔了多长时间剪出来了？

王冬冬：两三个月吧。

刘洁：那是第一版。

王冬冬：2005年再剪时，变化也不太大，只是做了一些调整，基本上就是去找一些最恰切的表达。1998年到现在快10年了！面对着当时的情景，面对着庞大的素材量，用什么、不用什么，怎样才能表达得更确切，又怎样去结构……就像我在那篇论文里说的，总觉得没法用尽自己的全部力量，因为我找不到这个东西到底在哪。可是我知道，每走出一步，我就会靠近它！

【访谈结语】

近些日子，王冬冬几乎每天都被他负责的栏目《百姓的日子》裹缠着，在我们交谈的时候还不时有工作电话打入。事无巨细，他给一些刚出道的新手总结出了一些结构模型，他清晰地意识到，一个栏目要生存，就要去激励核心竞争能力，按照适应观众的要求去演化，这样栏目才有持续的稳定性。产品就应该当作产品来做，但是要有一种创作作品的虔诚态度。

王冬冬总能在严谨与随意之间，在嘈杂与纯净之间，在挣扎与美丽之间找到他的平衡点，就像纪录片《化蛹为蝶》中融和着的那种气质。

中国纪录片市场在广州的当下与未来

——广州电视台台长李锦源专访

李锦源，广州电视台台长。致力于通过电视媒体和产品推广文化。他以纪录片为他的工作和研究对象之一。2003年以来，在他的倡议和推动下，举办中国（广州）国际纪录片大会，为中国纪录片打入国际市场以及拓展国内市场提供了思考和实践。

我与纪录片的关系

曹辉：李台长，您能和我们谈谈中国纪录片的事情，谈谈您是如何思考纪录片的？

李锦源：本来，我应该有一个理性观点的文章，谈这些年来我和纪录片的关系。我的思考至少有这几方面，首先，担任台长以来，我认为，在我的工作领域和职责中，我有责任思考经济发展和文化发展的配合问题，这不仅仅因为广州电视台是一个拥有近千万观众的主流媒体。还有我亲身体会和意识到的，经济和文化发展不平衡，将会给社会带出若干问题，对此，媒体将承担重要的责任。其次，让我思考的问题是：纪录片是否可以承担文化发展的角色？纪录片在承担文化发展任务的时候和大众的关系如何？具体说，如何导入社会和大众的生活中，为他们所接受，产生共鸣并能够启发他们的思考。这不是一个简单的为观众提供需要的课题。最后，在我的工作中，也包含了向国际推介中国、广东和广州。我是带着以上的问题和思考，和大家开始了一个求证和实践的过程，举办中国（广州）国际纪录片大会就是这个过程的开始。

中国（广州）国际纪录片大会

曹辉：中国（广州）国际纪录片大会已经举办了四届，作为实质主办单位的广州电视台是怎样走过来的？

李锦源：2003年以前，我了解到我台属下的一个制作公司，热衷于纪录片制作，走了一段市场，经济上很不成功，最后停止了业务。后来，我发现，同样的例子也不少，包括电视台和民营公司。那时，我来广州电视台才一年多。而这个时期，其他电视媒体和电视节目发展是处于上升状态。我认为，纪录片是高端的文化产品，在一定程度上体现着电视台的专业水平和实力，是媒体乃至人民文化生活中一个重要的组成部分。但是，我遇到的事实告诉我，纪录片在中国是个冷门。包括一些资深的电视文化工作者也善意提醒我这点。

冷门，就说明它有空间，尽管还处于低谷。

当时，我也对国际纪录片的情况做了调查。在所有经济发达国家，都拥有一个或者多个纪录片频道，拥有众多的纪录片制作人和观众。他们是通过纪录片保留历史，认识世界，观察今日，思考未来。

我确定，应该给纪录片一个发展的可能与空间，并赋与它相应的文化的责任。我作为台长，应该倡导文化建设，同时必须抓专业建设，不抓专业发展，不是一个称职的台长。

曹辉：你们是从哪个地方着手进攻的？

李锦源：中国纪录片市场这个冷门的现状，要想改变它，从哪个方面着手改变？生产，交易还是播放？一般认为，作为电视台台长，自然会考虑从播放开始。但是，我本人根据中国目前的情况，则选择了从组织交易平台入手。核心的思想是：正视产品生产过程，培养和发掘人材，这是一个专业的课题。它确保了产品的质量和播放市场需要的一致性。有观众接受的产品，播放机构才能够产生影响和作用。交易平台，更能够发现问题和找到解决问题的路子，是启动中国纪录片发展的有效契机。这个构想，很快得到专业人士、广电总局外事司领导的支持。总局领导还希望它能够承担中国文化走出去工程的任务。

这样，就诞生了中国（广州）国际纪录片大会。

举办过程，经历了不少事。大家对大会有不同的看法，现在看来都是可以理解和合理的。

例如，首先来自广州电视台自己的疑问：办这个活动是要投钱的，哪来的回报，何时有回报？这是一个普遍的问题，也很合理，尤其在当今社会崇尚经济效益的背景下。

我的观点是，文化的建设，肯定不是立竿见影，肯定不是吹糠见米的事，一定要有个培育的过程。一个收视人群的建立同样是这样。纪录片是文化产品，首先是认同，其次才能产生需要。必须是先有专业后有产业，商业是它的最后结果。我们现在还处于解决产品专业问题的阶段。

中国的中产阶层力量随着经济发展、教育普及而成为中国的主流社会，他们教育程度高和独立思考能力强，导致了他们对纪录片产生特殊的联系，这也是一个重要的媒体争取的市场。这是我的个人判断。

当初还有人开玩笑说："广州搞国际纪录片大会和纪录片活动，我们都没有思想准备。"对此，我不知应该如何回答。他们觉得纪录片大会应该在北京、四川、云南或者上海搞，在广州搞，好像不可理解。但是，4年后的现在，我已经没有再听到类似的话语了。

曹辉：纪录片大会是国际性高规格专业性很强的活动，现在已经名声远扬了。这就有一个名声和效益的关系问题，作为投资方的广州台，你们的效益好吗？为什么？

李锦源：如果认准了纪录片的存在和发展，而且操作得好，回报是会随着它的逐步成长而显现出来的。人家还不知道你的产品是好是坏，愿意来投钱吗？必须是先有专业后有产业。这是我的个人判断。所以，先把专业平台搭起来，让人家认可你的质量和水平，同时，能够为他们提供条件和服务，他何乐而不为呢，他会来花钱的。目前国内的市场，非行业内的企业对纪录片的认可度，还有差距。所以说，这个培育过程我们必须要做好。市场起来了，钱就来了。事实在逐步证明我这个判断是对的。

但是，我的立足点和出发点，绝不是办会议经济，不是出租摊位，替别人投资。我们搞文化这行，首先把文化产品搞得正宗一点，搞得纯粹一点，才拿出来给市场。这也要有社会条件，就是说，市场的培育要同步成长。我们正在研究，办纪录片大会的同时，引申出一个事业的链条，产业的链条。

曹辉：现在的运作已经开始有起色了？

李锦源：我们办纪录片大会，是借助国际市场，利用广州对外开放优势，打国际牌。广州有很多外国领事馆，请他们来推介自己国家的优秀纪录片和工作者，来参加我们的活动。其实，他们也是双赢，既帮了我们的忙，他们也做了对外文化交流。其中，当时领事团的团长、澳大利亚驻广州总领事馆的总领事和他的夫人，起了很大的国际推动作用。借助外国人，以外交的途径，找联合国，找外国纪录片行家，这就引来了一圈一圈的国际朋友。第一届13个国家送片来，第二届26个国家，第三届45个国家。你看，这增长幅度多大！这说明，国际上认可了中国纪录片跟各国纪录片文化交流这种方式。所以，往前看，总体上还是乐观的。

大会解决的核心问题

李锦源：4年来，我想我们已经向着目标前进了。

2004年总局外事司批准我们搭建一个交易平台，我们就开始尝试将我们的想法付诸实践。我们建立交易平台的核心思想是：重产品生产过程，培养和发掘人材。因此，确保了产品的质量和播放市场需要的一致性。我们引进了国际纪录片交易市场上的一种纪录片的交易方式。他们称为documart，中文应该解释为纪录片制作方案预售。这是一个非常着重过程的纪录片交易。买卖双方面对面，互相展示，买方需要方案和制作能力，卖方需要资金和市场。因此，你拿方案来，对方认可，就投资，或者跟你联合注资，或者是整个方案购买。这样的操作方式，共同为市场创造价值。这样的做法改变了我们过去只摆摊位看成品的交易方式。制作人获得的制作资金有了明确的市场的来源。

开始，中国制作人对于这种方式并不适应。2005年，我们制作人参加大会制作方案预售活动的十来个方案，最后被国际市场认可并有合作意向的仅一个。但2006年，就有十几个方案获得包括探索频道在内的国际市场的不同程度的合作，中国制作人非常优秀。大会组织工作也初见成效。为了达到以上目的，我们还举办了若干培训班和出资让中国制作人参加其他国家的国际交易市场。这些活动，对中国纪录片制作人生产和销售纪录片都有深远的意义。包括中国国家级的纪录片生产机构和外宣传机构，都将考虑调整相应的制作和推销方式。制作方案预售活动本身很有意思，是人与人交流的最好示范。如果每个纪录片制作人都使用个中的道理和观众沟通，我想我们是不愁没有收视的纪录片产品的。我建议你有机会参加广州大会并参观制作方案预售活动，相信你会受到启发的。

我们所面对的困难

曹辉：在推进纪录片市场的进程中，有那些方面的困难？

首先，目前国内纪录片市场仍处于低靡状态，反映在播放和制作之间的专业分工不清，电视台纪录片制播合一的情况还是相当普遍。我们广州台也是这样。当然，这有历史原因。但这是一堵围墙，极度影响了纪录片产品和制作人员的发展，是相当不利于纪录片市场发展的。

其次，也许受到以上的原因影响，前两届参加活动的人不多。2006年，国内参加大会的有20个省40个城市的广电系统代表，民营企业也有31个单位，是历届最多的一次。但很多人依然对发展纪录片持怀疑态度，动摇了信心，这是我们在国内组织大会的最大困难。

中国纪录片制作人对国际市场需求的认识仍有待提高，包括国际运作方式。过去，广州大会的努力，已经缩短了这个距离。

最后，就是资金了，没有流通，自然不会产生资金。我们的制作人得不到资金的支持，他们的想法得不到实现。电视台播放的产品质量不保证，观众对此也会失去兴趣。

这是我们将会继续面对的困难，我期望加快克服这些困难的进程。但我深知这是不容易的，真的需要时间。

走出困境的措施

曹辉：面对种种困难，您有具体措施吗？

李锦源：急不得，要循序渐进。我们办纪录片大会有“三规”。一是规格高，所谓规格高，是指它起点的国际性。国际性不是随便拉两三个外国人或外国公司就叫国际性，要有一定规模和比例的国际力量参加。二是规范运作，借鉴国际纪录片专业活动的运作方式和国际办会的方式。比如，我们不搞国际搭台经济唱戏，经济搭台文化唱戏，明确这是纪录片商业行为，而它确定的议程、形式，又体现出专业特点。三就是适度规模。绝不为了做影响，为了凑庙会拉人。我们邀请来的，必须是这个专业里有成就的，很关注或是很热心于纪录片发展的朋友。

第二届，我们出资邀请国内的几十个纪录片制片人、导演参加。花钱请他来认识这个平台。2006年，我们还全程资助了两批人出国。一是组织了包括中央台、五洲传播中心、上海文广集团，还有民营的十多人，参加加拿大在多伦多举办的大规模纪录片交易活动。二是资助一批人参加有45年历史的莱比锡纪录片专业活动。为什么资助他们？就是要在国际的平台上，推介中国纪录片资源的方案，直接让我们的人感受并认识国际纪录片市场的需求和发展走向。再者，由他们引进先进理念，带动国内同行，逐步地推动广州纪录片市场的国际化。我觉得，在国内，这是绝无仅有。那天我跟广电总局领导开玩笑说，这个事本应政府来做，我媒体做了。其实，这跟我台的利益能有多少？但是，它对推动纪录片事业有好处。

曹辉：广州纪录片大会已经打开了国际的通道，在国际大环境中，我们有哪些特点？

李锦源：我们的牌子越来越被更多的国际纪录片专业活动认可，许多国家甚至把参加广州大会作为国际活动的最后一站。所以我们的会期定在每年12月，不变。

曹辉：时间上也有讲究？

李锦源：有讲究。因为在12月之前，新加坡有个新纪录片的培训班，那里一结束，国际朋友就来我们这里，随之，一年的活动就结束了。我们这是最后一站。一年里，4月份戛纳纪录片节，5月份法国阳光地面节和波兰的活动，10月份阿姆斯特丹大型国际纪录片活动和德国莱比锡的活动，11月戛纳电影电视剧活动，这些布局我们已经摸准了。当然，美国还有很多活动，我们也要打进去，但是不容易。我们定在12月，也是跟国际行家沟通过的，他们赞成。

曹辉：您说了这么多国家，都在办纪录片活动。那么，广州大会在其中占有什么样的位置？

李锦源：这个问题精彩了。为什么我们要办这个大会，它能否成为有国际地位的活动？首先，中国是个大国，有着丰富的纪录片资源，这些资源不仅是中国的，同时也是国际纪录片资源不可或缺的重要构成部分，我看这不夸张吧。其次，中国日新月异的变化，在国际上不断提升的影响力，是被越来越多的国际朋友所自然认可的事实。这也不会是夸张吧。第三层，中国越来越强大的发展以及在国际上的地位，使更多国家来关注中国的变化。我看，这个逻辑关系一点都没问题。因此，我们在广州办中国纪录片大会，就是要以此来展示中国的纪录片资源。这是一个窗口，或者说是桥梁，用它和国际上的纪录片对接。再者，回过头来看，中国的纪录片发展，也非常有必要引进国外纪录片市场的运作经验，引进国际上不断发展的纪录片生产、制作的先进理念。所以，我们贡献的平台首先是立足于我们中国，我们不可能办成外国一半中国一半的活动，一定是办成以中国为主的。如果这个平台上没有中国的产品，你还不如去戛纳算了，还不如去德国、波兰、法国算了。

曹辉：国外纪录片的发展现状如何？在制作、市场化运作等方面有哪些特点值得我们借鉴的？

李锦源：可借鉴方面很多。美国、加拿大、德国、法国、波兰，这些国家的公共播出平台上，在黄金时间段播出的，基本上是纪录片。那就是说，人家所追求的，已经是真实的社会记录的故事文化。而我们国内，正在热火演绎着人为编造的故事。为什么我说真实的社会记录，又说是故事文化呢？纪录片在记录过程当中，要告诉人们的，不仅仅是记录，它必定有故事情节的展示，是有过程、有结果的，因而它吸引观众。所以，外国专家对我们的纪录片工作者说，要学会向外国人讲故事，就是这个道理。不是要你瞎编乱造，而是要用纪录片工作者敏锐的眼光，用逻辑的构思和独特的视角去展示社会现象。不久前，我看了荷兰的一个片子，讲四川某公司，怎么样吸收外来工。打工者离开了很穷的山村，到工厂以后，解决了温饱问题，他们如何满足，这是一个事实。同时，片子又平行地展示了美国某些人正在为市场的萧条、失去了许多福利而埋怨。他在这个纪录片里进行对比。这是人为地造成一个故事，但是，这个故事是真实的。这种比较，能产生思想共鸣，这就是纪录片的效应。外国的这种真实的故事文化，有着比较广的受众面。在中国，也应该发展这个层面，只是现在还没达到这个阶段而已。随着人民群众文化修养的提高，纪录片必然会走入大众化的受众群体。从政治角度看，就是更广泛地满足人民群众的电视文化需求。如果我们的纪录片只是拍来播放，播完一次算了，或是为获奖而拍，那么，不仅成本不划算，更主要的是和专业发展规律、市场规律相违背。我们要改变纪录片只为播出和获奖这种状况。

要办出中国特色

曹辉：广州大会与西方纪录片活动比较，有哪些创新？

李锦源：国际纪录片活动有多种形式，交易的，专业的，集社会资金而后进行评奖的，既评奖又展播的。德国的莱比锡，原来是没交易的，现在借鉴了我们的做法，也有了交易。广州纪录片大会经过几年摸索实践，形成了评优、交易、展播、论坛同时并举的四项活动方式，并且成为国际上比较流行的纪录片专业活动。创新呢，可以说我们是国内目前唯一的纪录片专业综合性活动。北京、上海、四川，有电视节，或电影节，或博览会，只是其中有一块纪录片。而我们广州，是专项的纪录片大会。省局副局长刘红兵说，这不是落户广州的问题，而是原创。

四年来，我们从一个研讨会发展到大会，是以专业活动来发展的。当然，专项的纪录片活动也可以生长出相关的其他活动。我们正在摸索办会的经验，比如纪录片的评优，我们每年设计一个主题，一步一步走。虽然，片子数量会减少，但却可以使不同类型的纪录片工作者在同一个平台沟通，也根据内容来挑选不同方面的国际评委。从长远看，今年是这类的工作者，明年是那类的工作者，无形中越来越多的人知道了我们这个平台。这是很务实的打法。这种打法体现的是专业水平，专业质量。

概括地说，我们有几种做法：在运作层面引入国际惯例，在交易层面采纳国际通行做法，在参与层面体现国际化合作，在交往层面融入国际知名纪录片圈。就是说，依照总局的意思，我们努力打开交易之门，推出一个交流交易的平台，使中国的资源和国际的资源碰撞交流，把中国的产品推向国际，通过纪录片宣传中国的文化，宣传中国社会发展。

曹辉：中国纪录片打入国际市场有难度，为什么？好像在国内也不太卖座？

李锦源：从内因来说，我们还没有接受国际的先进做法和理念，那就是，拍纪录片是要讲故事给老百姓听的。我们很多纪录片工作者没有这个概念，更没有树立纪录片走市场的概念，或树得不牢。所以，老是埋怨老百姓不看纪录片。老百姓要通俗易懂的，没错。纪录片就这么高端？就这么难懂？记录一个社会现象，一种社会性的东西，老百姓就看不懂吗？那就要问问我们纪录片工作者自己，有没有在这方面下工夫了。

曹辉：您这一问，问得好。

李锦源：现在纪录片的表现形态有很多。国际市场需要什么呢？需要看得明白的。这要求不过分。我们现在拍故事片，拍连续剧，你都知道让老百姓看明白嘛！有个片子《一个城市与一个人》，讲人在城市的感觉变化，你用“三反”、“五反”的事，外国人看得懂吗？什么叫“四清”，人家就要思考一下了，一个城市经过这么多政治运动，短时间很难反应过来。所以，你的片子要拿到外国去，就要有一个坐标：外国人能看懂么？这就牵涉到表现的方式、手法，而不仅是内容。和观众沟通，要深入浅出。

2006年一个德国片子《赢家输家》，讲中国发展石化工业，为了省钱，购买了德国淘汰的工厂设备。本应该是德国工人拆这设备，运到中国来。但工厂主认为划不来，德国工人4000欧元一个月，而中国工人，4000人民币都不用，他就雇了一批中国工人去拆设备。这样，工厂主也省了钱。你说，谁是赢家，谁是输家？这很现实。通过主观构想统在一起，引起人们的思考，这就是纪录片哪！

曹辉：如何看广州的纪录片市场？在推进市场的发展上有哪些打算？

李锦源：纪录片走向市场，是件好事。但目前，这种走市场还形不成气候．还没有一个与国际上很顺畅的链接环境。我们搭建这个平台，就是要形成合法的能够跟国外纪录片交流的专业活动和市场，营造顺畅沟通的渠道和桥梁。

广州的市场还是处在培育期。虽然我们搭起了一个平台，但这平台还不高，只不过是有那么一帮热心人推动着纪录片事业一步步在走出低谷。他们之所以奋力前行，是因为他们心中的目标和肩上的重任。市场的成熟，要看几个方面，第一，国际活动在广州的顺利开展；第二，制作队伍的成熟与壮大；第三，受众文化层次的提高；第四，不好说是全社会，也要有50%的社会关注，以期带动企业的经济支持。我们现在所做的，就是要促进市场的成熟发展。说得远一点，就是要在今天的基础上，把这个平台搭建成国内权威的乃至更广泛地吸引国际同行来和我们交流交易的平台。在条件具备的情况下，也希望建立一个纪录片播出的平台。总之，这是一个上升的事业，曙光显露，而后必然是朝霞满天。

访《纪事》栏目制片人刘鸿彦

刘鸿彦，《纪事》栏目制片人。1993年，进入《东方时空·生活空间》任编导。2000年进入《东方时空·纪事》组。

《纪事》栏目简介：

CCTV新闻频道《纪事》栏目是目前新闻频道唯一的长纪录片栏目，每期45分钟。每周日上午11点10分在CCTV新闻频道首播。《纪事》一直秉持作品的理念，坚持以纪实影像关注体现时代变革的社会热点事件，关注事件中人物的命运，用多种手法描摹时代印象，在对事件复杂性的描述中完成对时代的深度记录。栏目着力做社会忠实的记录者、冷静的观察者、认真的思考者，努力揭示并剖析当下社会的真实性与复杂性，展示一幅幅中国社会变革的生动画卷，打造“行进中的影像中国”。

贡吉玖：纪录片的生存方式之一就是栏目化，你做纪录片也好多年了，作为《纪事》栏目的制片人，请谈谈这个栏目的生存状况。

刘鸿彦：纪录片的栏目化生存是一直在困扰我们的问题，栏目化后的纪录片不强调单个作品的个性，在更大意义上是为栏目而存在的。而纪录片作为独立作品来讲恰恰最需要艺术性的创作和个性化的表达，这些特质与栏目化在一定程度上是互为消长的。长久以来，中国的纪录片工作者们都在寻找一种栏目化的生存途径，力求在二者之间寻求一种平衡，而这种求全的思路衍生出的节目难免处境尴尬，《纪事》也在两年的困境中逐渐摸索。

1993年，我来到《东方时空·生活空间》工作，十多年来我经历了中国纪录片从繁荣到寂寞的过程，这个过程是非常痛苦的。冷静反思，这种变化固然有外部环境的影响，但与创作者也有着密切关系，那么，是什么使纪录片的路越走越窄？究其根源，我以为是对纪录片功能的理解和创作观念上发生了偏差，我们一再强调纪录片的艺术价值和历史价值，却忽略了它的社会功能，而社会功能恰恰是纪录片的重要属性。

卢米埃尔公司曾经制作了一部讲述纪录片发展的影片，它提出“艺术家们应该努力用作品来更好地理解时代，并且为政治和社会的变革发挥作用”，它认为这代表着纪录片的未来。而作为纪录片栏目来讲，《纪事》发展的方向是什么？我认为应该是：不去躲避，而是拥抱生活，在历史中激情洋溢地诉说它的存在，做时代变革的观察者、记录者和思考者，让纪录片融入大众，在成为留给后人的历史之前先被现实中的大众广泛接受并对社会有所作用。我们不知道这种探索会对纪录片的发展起到什么作用，但我们试着去改变。

贡吉玖：《纪事》在纪录片界乃至电视圈内的栏目中，搞得比较好，收视率也比较高，纪录片的栏目化，听你说来还很不容易的？

刘鸿彦：纪录片走上栏目化的道路后，首要的问题是，题材从众、手法多元、追求观赏性等。栏目化的宗旨就是在妥协中坚持，这既是栏目的要求，也是纪录片的要求。纪录片是社会艺术，也就是说它最终意义的实现是在观众观看后的思考上，是创作者与观众共同完成的，因此从这个意义上讲，对收视效果的追求不可或缺。

在栏目内，加强主题系列节目的策划，这种系列节目能够在某一领域做深、做透，容易产生社会关注度，力争以成功的策划和系列播出的累积来提升栏目的影响力。

同时，我们也强调收视率，我们对收视率的追求更多是体现在对45分钟纪录片栏目创作规律的探寻上。

大多数的收视行为都是随机收视，这也是纪录片栏目化生存的最大障碍，而这样一个电视传播的特质，我们无法改变它，这样我们就要向大众传媒妥协，要求自己的纪录片做得更有爆发点。如果说一个从容的大纪录片是一个线性的流程，我们栏目的纪录片就需要很多点状的爆发。也就是由故事／冲突等构成的兴奋点，这是对于节目内在的要求，而与时段特点相结合就使编导在创作时清楚什么时候需要什么样的控制和节奏，掌握这种规律使观众一旦流入就无法离开，将游离观众变成稳定观众。

对于纪录片创作者来说，很容易强调艺术情结，而缺少媒体情结，这也是我们的纪录片越走越窄的原因之一。《纪事》身处新闻频道，栏目的纪录片定位与频道新闻属性应该如何协调，也是我们研究的课题。

我认为，纪录片的新闻性应该体现在对新的社会问题的揭示。对于中国转型期出现的社会现象及社会问题进行关注，发现其中的新问题，挖掘出新的思想，这就是纪录片新闻价值的体现。比如《纪事》2005年播出的《小区故事》，拍摄某小区普通百姓维权的过程，揭示出中国城市的民主进程。

对于可预判的新闻事件或重要纪念日加强策划，提前运作，在操作中寻找不同于其他媒体的切入角度，追求一种新闻纪录片的尝试。这一想法在记录连战大陆行的作品《共同的心愿》中体现得尤为明显，该片以民众的情感为主要关注点，视角独特，并创下收视新高0.51。

对于缺少主持人的栏目来说，形式的独特性是增强栏目标识性的一个重要手段。在坚持纪实影像的基础上，尝试新的表现形式，将多机位拍摄和多视点叙述引入到纪录片的创作中，形成栏目更为鲜明的影像风格，探索新的视觉语言。同时继续探寻增强栏目标识性的形式和手段。

贡吉玖：大众对于纪录片的概念比较模糊，认为只有那些以传统文化、人文为主题的节目才是纪录片，其实纪录片的涵盖面很广，很多非虚构的电视节目，都应该属于纪录片的范畴，比如你做的新闻类纪录片就是一大类。请你谈谈纪录片如何在新闻频道中找准自己的位置。

刘鸿彦：目前，中国的纪录片仍处在不温不火的状态，这是因为纪录片节奏会比较慢一些，在激烈的媒体竞争当中，在电视上就会显得有些闷，容易失去观众。

在电视上做纪录片首先要放弃一定的艺术追求，先要满足了大众的传播需求，只有更多人看，才能够实现作品的艺术理想，如果传播都成问题其他就更谈不上了。

因此，《纪事》栏目在定位上立足于打造新闻纪录片的样态，在选题上注重并强调题材与时代之间的关系。之所以这样定位的理由是，因为《纪事》栏目是在CCTV新闻频道里播放，那么其新闻性特质是无法回避的。首先它是一个新闻频道里的栏目，其次才是纪录片的栏目。从另一个角度来看，目前一些纪录片离现实太远，离生活太远，这样做的结果就是迫使观众远离纪录片，使纪录片成为一种小众艺术。而当今在西方，纪录片正在蒸蒸日上，甚至进入院线上映，取得不俗的票房。若是那些纪录片也走偏离大众视野的航道，它们是不可能取得这样的成绩的。国内纪录片创作的萎缩，还有一个原因就是纪录片市场的缺席，使得纪录片拍摄之后只能送到国际上去赢得奖项，得奖成了创作的动机，得奖又反过来刺激创作，这使得国内的纪录片离观众渐行渐远，形成恶性循环。这些，都成了《纪事》栏目坚持自己理念的理由，希望为国内的纪录片创作做出些探索。

贡吉玖：前面提到了新闻纪录片这个概念，在国外的定位就是纪录片，其中不乏优秀的获奖作品，属于社会类的纪录片。《纪事》栏目是如何用节目来界定新闻纪录片的？当新闻事件发生的时候，《纪事》栏目如何通过自己的视角来进行记录和观察？

刘鸿彦：《纪事》栏目关注紧扣时代的大事件，关注当下生活，而且比较强调它的可视性，使观众乐于接受。其对重大新闻事件的记录，既强调独特的视角，又体现出纪录片艺术手段丰富的魅力，效果是新闻消息与专题片所无法达到的。比如，在对神舟六号飞船的发射、飞行、返航等热点报道中，《纪事》栏目既不回避这一重大事件，又不跟在新闻后面炒冷饭，而是另僻蹊径，将镜头对准负责此次神六发射的天气监测部门，制作了有独家视线的《飞天前奏》，展现气象监测部门在恶劣多变天气面前面临巨大压力而细致工作的动人故事。在2005年5月连战、宋楚瑜访问大陆的时候，《纪事》觉得在这样的大事上不能缺席，同时又要做出具有纪录片品质的东西来，经过认真策划，选择了从连宋二人来大陆的情感角度入手，特别是从大陆民众的情感视角来观察二人，节目及时播出，取得了很好的收视效果。

在2006年世界杯期间，媒体上下一派热闹非凡的景象，话题几乎全部是围绕着世界杯的。栏目在6月11日播出了一期《我和世界杯》，从普通人的视角出发，寻找那些因世界杯而改变了自己生活状态的普通人，通过他们的故事从侧面来反映世界杯。

《纪事》努力记录改变人们生活的事件，让观众从故事中看到人物的变化，从变化中看到时代的变迁。如反映四川省丹巴县甲居藏寨居民就开展生态旅游进行努力的《格玲德雅》，通过村民为了保护有限的生态环境与为了增加收入需要接纳大量游客之间的矛盾，投射出农民群众环保意识苏醒。节目播出后得到了所在省、州、县有关领导的重视，丹巴县委、县政府还为此召开了常委扩大会议，组织各级干部收看节目，研究甲居藏寨的生态旅游解决之道。

中国的经济飞速向前发展，社会正处于急速转型期，而身处其中的人们，正在被时代的潮流裹挟着往前行进，由此而来的各种心理问题、社会问题也与日俱增。栏目没有忽略我们所处的社会现实，而是带着关怀用镜头去捕捉和记录，如关注心理健康的《自杀——不必要的死亡》、《他们的心理》、《远离别斯兰》，如表现人们对待情感婚姻的《现代围城》、《中国式结婚》，如反映网络对青少年影响的《少年网游成瘾事件》，等等，都是紧扣住时代的脉搏，通过各种角度来关注和记录着我们所处社会的变化。

除了在新闻事件中寻找适合拍摄的选题外，栏目还进行了根据时代背景、社会现实所最关注的方面进行主题策划，从中筛选出独家视角的选题。如反映农民工讨薪艰难历程的《赤脚讨薪路》，透视现代人因生活、工作压力而产生心理压力的《抑郁症》，展示了现代都市人利用网络书写自己情感、兴趣、生活的节目《你博客了吗》。

为2008年奥运会，栏目2007年还启动了几个系列节目的制作，有大时代下小人物的命运变迁，也呈现大背景后不为人知的故事。同时计划用一种连续播出的方式来探索栏目化纪录片新的播出模式。

贡吉玖：作为一档周播的纪录片栏目，《纪事》的播出压力很大，除了常规节目外，在纪录片艺术表现形式、题材方面做了哪些新的尝试？

刘鸿彦：作为一个在新闻频道播出的纪录片栏目，《纪事》不能回避新闻性、时代性这样的特征，但同时，作为一个纪录片栏目，我们又不能放弃对个性、表现形式等方面的探索。

在2006年2、3月间，栏目推出了一组风格新颖的实验纪录片《交换》系列，其中包括《郭家有儿初长成》、《山与海》（上、下）、《大话校园》。这组《交换》系列纪录片，选择在父子、城乡、师生之间存在沟通、理解等方面问题的人物，通过编导前期主动介入，促使他们在一段时间里互换位置，让他们站在对方的角度和立场上思考问题、处理问题，从而达到彼此间的理解和沟通。这种形式新颖的节目播出后，引起了强烈的反响，不少家长、老师纷纷来电来信就涉及的家庭、学校教育问题进行交流、探讨、寻求帮助等。

在2006年底，栏目组推出6集年终特别节目《最好的时光》，分别在2006年底与2007年初播出。《东方时空·生活空间》在多年的播出中积累了大量宝贵的纪录短片资源，时至今日，已经过去了十多年，并横跨两个世纪。这十几年里，中国社会发生了日新月异的变化，经济飞速发展，人民群众的生活不断提高。当我们再次回顾当年的故事和影像时，让人百感交集，在历史的长河里，这点时间算不上长，但这十多年的跨度，却让寻常百姓的生活发生了很大的变化。栏目从《生活空间》的纪录片资源中寻找素材，从今天的角度观察当时的生活，重新确立主题，再次拍摄当年的主人公现今的生活，构成对历史和现在的再发现。

贡吉玖：这是关注普遍个体的命运，这样和前面所说的关注大事件、重大的政治经济生活的内容会不会有矛盾？

刘鸿彦：关注当下，关心普通人物在大时代变革下的命运，这二者并不矛盾。《纪事》努力记录改变人们生活的事件，让观众从故事中看到人物的命运，从命运中看到生活的变迁。如反映小区居民维权这样凸显城市民主的《小区故事》。如《走出阴影的村庄》反映河南省直机关干部进驻艾滋病高发村，进村干部的生活工作情况，艾滋病患者的治疗与现状，都在镜头面前真实出现，这些节目的视角是别的媒体所忽略了的，但又是时下中国社会生活的真实面貌。如《始于7月13日》记录了那忠和他的乡邻，为了2008北京奥运会，离开生于斯长于斯的故土，那种朴实的牺牲精神直指人的内心。小人物的悲欢中也有时代的影子，《纪事》着力于关注小人物的命运，关注时代投映在他们心里的喜怒哀乐，从他们的变化中看到时代的背影。《变形记》系列中的张静和郝璐璐的整容，引发了中国人的爱美风潮，此后“人造美女”在全国各地如雨后春笋遍地开花。这部系列纪录片在媒体的争先恐后浮光掠影的报道中不动声色，以沉静、细腻、敏捷的眼光和独到的视角，剥离掉主人公的面罩，还原人物的心态、状态，同时，将媒体纳入整个事件中，作为一个观察角度，让人们看到主人公在媒体的进入过程中，一步步脱离事物原来发展的轨迹，揭示出媒体的浮躁。《挣扎》中有民工律师之称的周立太如今却要无奈地站在原告席上将民工告上法庭、引发国人对性骚扰这一丑陋行为关注的《证据》、表现忙碌的都市白领一族感情快餐的《爱情工场》、10岁的孩子考上大学之后展示教育分歧的《家有神童》、《遭遇梦想》中的王思思一举成为观众推举的明星后何去何从。

在常态的生活下面发掘人物的非常状态，显现出生活的斑斓多彩，同样也可以看到这个时代的特质。《毕业生》中的陈志勇作为扩召之后第一批毕业的大学生，他怀揣一颗不平常心，想选择一份如其所愿的工作，梦想是美好的，现实是残酷的，雄心百倍走出校门，在彷徨中铩羽而归。梦想虽然破灭了，但他终于踏上了现实之路。《一种农民》展示了进入城市寻梦的农民工的生活状态、《北方的沉浮》中的劳模欲拍卖五一劳动奖章的窘境揭示老工业基地就业形势的严峻、《折断的翅膀》中显示家暴已由寻常百姓家进入到知识女性的家庭中。

当下中国人的生存状态、精神面貌也是我们所关心的，《纪事》推出调查式的随机访问纪录片《你想要什么》、《幸福在哪里》，让人们看到当下国人的所思所想，看到他们的生存状态。

距离越远，有些记忆却越让人无法抹去，时间越久，有些事却越让人无法忘怀。有些人虽然已经远去，但历史无法淹灭他的背影，因为他本身就是一段丰厚的历史。《祖国》这部纪录片记录了五十多年前志愿军战俘的心路历程的辛酸和苦难。

说到《纪事》视角，那什么是《纪事》视角呢？一是具有纪录片特质的行进性，这一项包括两个层面：鲜明的时代特征和丰富的社会意义。

贡吉玖：《纪事》栏目制作播出了许多精彩的纪录片，我们期待你们做出更多更好的节目。这会起到多种作用，一是抵制那些低俗的娱乐节目在电视屏幕上的泛滥；二是展示我们这些思想、文化、艺术品格比较高的节目；三是探索中国纪录片的出路。还能说出很多，总之任重而道远啊。

刘鸿彦：是的，当下的中国社会正处于转型期，《纪事》敏锐地捕捉到时代变革特征，通过对变革中个体命运的记录来揭示社会，因此所选取的题材强调首先具有典型的时代特征，直观地说就是具有不可替代性，是这个时代特有的，同时蕴含着多意性，内涵丰富。

正是抱着对时代的关注，对时代变革中人物命运变化关心的理念，以行进中的影像中国为目标的《纪事》，将努力做社会忠实的记录者、冷静的观察者、认真的思考者，努力揭示并剖析当下社会的真实性与复杂性，为观众展示一幅幅中国社会变革的生动画卷，为未来留下当下社会的历史影像。

贡吉玖：《纪事》是纪录片的中坚力量，你们应该为纪录片多做贡献。谢谢你抽出时间来接受采访。

刘鸿彦：我们会努力的。

陈晓卿：纪录片还没到高潮

——央视《见证》栏目制片人接受专访谈栏目发展历程

■人物名片

陈晓卿，1989年毕业于北京广播学院电视系摄影专业，获硕士学位。同年分配至中央电视台工作。

1991年开始拍摄纪录片。

代表作：《远在北京的家》、《龙脊》等，

多次获国际、国内电视节奖项。1996年开始制作文献纪录片，为《朱德》、《刘少奇》、《百年中国》总编导。目前为中央电视台高级编辑。《见证》栏目制片人。

■相关链接

《见证》原名为《纪录片》，栏目诞生于2000年11月，是中央电视台第一批30分钟的纪录片节目。栏目创作播出过《百年中国》、《发现曾侯乙墓》、《外国记者眼中的中国风云》、《一个作家和一个城市》等电视纪录片。栏目播出一年多之后由于收视不理想全面改版，节目名称变为《见证》，将原来《纪录片》中纯粹的纪录片改为以制作播出商业纪录片为主。

往商业靠是大趋势

记者：《见证》可以算是央视最早一批的纪录片栏目，你们那时打算要做什么样的纪录片？

陈晓卿：最一开始，我们是想做严格意义上的纪录片，就是人文纪录片，最重要的功能就是记录，但那个时候观众不买账。纯粹的纪录片投入太大了，我们做了一年就做不下去了，太耗钱，后来才做成了现在这种商业纪录片。做了几期之后，发现我们的时间不够，制作周期不能保证播出，纪录片最大的魅力就在它未知的部分，老拍它已知的部分，导演自己都会很快觉得没意思。

一般一个纪录片的拍摄周期应该在半年以上，从成本计算根本不可能。以前一个编导带着摄像机经常一消失就是半年，他出去拍摄一天的全部花费就是2400元，这样半年要几十万。现在我们规定编导最多只能出去15天。

记者：这种往商业上靠拢的选择是你们自愿的吗？

陈晓卿：往商业靠是大趋势，毕竟电视台是有运作成本的。拍摄周期缩短，文案部分加大，因为它不牵扯到出差、机器费用，基本上一个导演的文案应该可以让我看到片子完成60%的情况。

记者：后来《纪录片》改名为《见证》之后，节目定位上有什么变化吗？

陈晓卿：《见证》比较明确做历史纪录片，大家做的就是变迁，就像大家都做一个“牛肉牌”牛肉，它的品牌就不会特别清晰，你要做“灯影”牛肉，或者“平遥”牛肉，大家就知道这个是什么东西。

记者：这样定位是清晰了，但是想传达东西是不是受到了限制？

陈晓卿：还好。我们把更多东西做在了前期，比较鲜活的情节更多是个人生命史的内容，像《现象1980》、《甲子》。

个人化的表达太多了，一定会影响到节目整体的定位风格，从大众传播的规律来讲，这样是会丢失掉观众的。

记者：但是纪录片本身不就是应该多拍摄吗？加大文案部分合适吗？

陈晓卿：这是国际上操作的趋势，包括国际上专业的纪录片频道也是这样，都是成本的压力。

个性化的东西更多来自民间的DV青年

记者：从《纪录片》到《见证》，你觉得节目本身的进步在什么地方？

陈晓卿：更多是技术手段上的。从自己

的手段来说，让人更安静了，《纪录片》更多重视的还是个人化的东西，《见证》还是要和整体节目风格相统一，更像类型片，应该有兴奋点，明白在什么地方。

记者：这样会不会太抑制了个性的发挥？

陈晓卿：对社会现象的反映，个性化的东西现在更多是来自民间的DV青年，（先进观点的纪录片在主流媒体里是不大能看到的？）对。其实这是特别背离的东西，我们没有办法做这种人文纪录片，因为它的魅力一个是非主流话语的观点，一个是个人个性化的表达，这和公共电视台的定位确实有冲突。

记者：这种纪录片本身小众化的样式与大众传播媒体之间存在的矛盾可以解决吗？

陈晓卿：欧洲人、美国人吃饱了会更多关注人文方面的内容，中国人温饱刚刚解决，生存压力大，更喜欢轻松、娱乐的电视节目。目前中国纪录片最大的困难就是大的背景环境。大的环境使得一些带有观念性的、比较深刻的东西不适合在主流公众媒体上播放。中国人还是太需要休息了，和欧美人闲着没事想关心一下世界不同。但是我们的音像制品发行非常好，有非常固定的观众群。（*你们有没有专门研究收视人群？*）我们花了很多精力做这方面的研究，但是最终结果还是语焉不详，我们收视取样的范围太小了。

记者：我们现在与国外纪录片主要的差距在哪里？

陈晓卿：首先是我们大的环境还不是能够特别准许个性的发挥，尤其是作为主流媒体，你担负的不仅是个人责任，还有媒体责任，你自己承担起这个责任之后，就必然会损失个性。还有从画面语言的制作上，我们还落后国外很远。有人总是把“纪录片”写成“记录片”，其实在中国很多“纪录片”就是“记录片”，它里面拍摄的东西不会主动站出来说话，用了很多的话外音，我来给你讲，给你介绍这是什么东西。国外的纪录片里一个动物或者一个人，他会自己在画面中表达出导演想传达的东西。国内同行在交流的时候也往往忽略这一点，大家重视的还是立意的表达这些形而上的东西。

全国纪录片的发展
没有大家想象的那么好

记者：其实纪录片的“记录”功能也应该是很重要的，因为它录制下的毕竟是当时能被记载下的最接近真实的状态……

陈晓卿：对，我们更多的是在摆事实，对这种事实的选择背后站的是我们的价值观。2001年做的很多东西到去年还在香港的亚视播出，它的效果不是短期的，是长期的。有卖音像制品的人问我，是不是你们的片子做得越来越差？以前的片子卖得很好，新的片子反而不行。我说不是，纪录片的隐性价值是大过它的显性价值的，它的价值是恒定的，变化非常少。

记者：现在很多比较高端的节目都有“娱乐化”的倾向，比如《百家讲坛》这么专业的节目也向大众靠拢，你认同这种做法吗？

陈晓卿：这不是我认同不认同的问题，这是大的趋势，我不认同肯定会被淘汰。你如果在主流媒体里做，这个认同是必须的，如果把我们节目放在晚上8点半播，那我肯定是也要做这些方面的改造。每个游戏都有它的规则，参与进来就要遵守规则。

记者：即便这样做了，有人说你们节目过于通俗，你也能接受？

陈晓卿：我可以接受，我也可以解释，也并不是说通俗的节目就一定不好。《百家讲坛》再通俗也通俗不过《幸运52》吧。

记者：最近央视《大国崛起》等几部纪录片的反响都很好，你认为这是一个纪录片的小高潮吗？

陈晓卿：不是高潮，只是按部就班地向

前走的过程。只有有量才能有质，现在这个量还远远达不到。因为前几年纪录片确实比较凋零，很多省级电视台几乎取消了纪录片的创作，因为投入大，但是出来钱的速度还慢。央视现在对于纪录片栏目的保护力度还是很大的，这些节目的权限要比娱乐节目宽松得多。其实全国纪录片发展的总体情况并不是像一些官方机构或者大家想象的那么好，在经费、媒体的扶持方面，甚至不如过去几年。

《沙与海》：超越影像范畴的人文关怀

——康健宁访谈录

访谈嘉宾：康健宁（纪录片《沙与海》编导，原宁夏电视台副台长）

《沙与海》简介：

本片主人公一个是生活在内蒙古与宁夏交界处沙漠地带的牧民，另一个是辽东半岛一个孤岛上的渔民。虽然两个家庭的生活环境截然不同，但是他们的生活内容和本质却又是非常相似的。

制作年份：1990 年夏

原片长度：50 分钟

原片出品机构：宁夏电视台、辽宁电视台

获奖情况：第 28 届亚洲太平洋地区广播联盟大奖、1992 年中国电视文艺最高奖——“星光奖”特别奖。

主要是想拍生活在一个特别封闭环境中的人们是怎样对待生活的

柳遐：康导，中国的纪录片从 20 世纪 90 年代初开始，无论是拍摄形态，还是拍摄主体，都开始悄悄地发生了一些变化。《沙与海》的拍摄制作背景是怎么样的？

康健宁：要说背景呢，我觉得离不开思想解放运动。20 世纪 80 年代中期的时候，我发现在我们的电视节目中，普遍存在的状况是画面加解说，很主观，包括新闻报道也很少让当事人出来说话。当时拍片的时候，我们脑子里并没有很清晰的念头：我们是在拍纪录片。我们就是想说话，想表达一下自己的思想感情，觉得用这么一种方式，约束可能比较少。和新闻片、专题片比起来，我们可能会通过纪录片的拍摄发掘出一些什么。

柳遐：你们最初想拍点什么呢？

康健宁：就《沙与海》这个片子来说，主要是想拍生活在一个特别封闭环境中的人们是怎么对待生活的，特别是怎么对待长期封闭带给他们的一种状态。这里面有家庭的关系，有人和环境的关系。最早主要就是这么考虑的，就选择了一个沙漠里面的人家，一个孤岛上面的人家，都和封闭的主题有关。

柳遐：无论是沙漠也好，海岛也好，生活环境都是非常艰苦的。你为什么会对这种极致的生活环境感兴趣呢？

康健宁：选择这两户人家并不是因为他们生活艰苦，严格说，他们的生活不算艰苦。主要是关注环境，关注封闭给人造成的深刻影响。因为那个时候中国改革开放时间并不是很长，我感觉打开国门并不是那么简单的，而是非常沉重、非常费劲的事。我也是在这个封闭环境中长期生活过的，我觉得应该找一个载体把思想感情放进去。什么样的载体比较容易传达这种思想感情呢？当然就想到生活环境非常封闭的地方，哪儿封闭呢？就很自然地想起沙漠、孤岛这些地方。

你下骆驼之后就不会走路了，就像尿裤子似的

柳遐：《沙与海》是一部合作的纪录片。你当时是宁夏电视台的编导，而这部纪录片的另外一位编导高国栋，是辽宁电视台的纪录片编导。你们当时是怎么来合作这部片子的，又是怎么分工的呢？

康健宁：《沙与海》这个选题跟我们两个人的友谊有关。早在1987年我们就在一起共事了，合作搞过一些东西，关系处得非常好，我俩就琢磨说既然好就应该在一块儿拍片子。那怎么才能在一块儿拍片子呢？你是那儿的，我是这儿的。想来想去，就《沙与海》吧，沙漠是我这边得天独厚的地理条件，海岛又是他们那边很有特色的地理条件，咱们两人合作拍不就实现了嘛。

柳遐：两地很远，选题一旦确定之后怎么样合作呢？

康健宁：选题确定了以后我们就分头找拍摄对象。他在丹东、大连庄河那一带找；我呢，就跑到沙漠，在内蒙和宁夏交界的地方找。

柳遐：片子当中说到刘泽远一家远在宁夏和内蒙古沙漠交界的地方，你是怎么找到的呢？

康健宁：找得特别费劲。我过去也拍过一些和沙漠有关的片子，知道沙漠里面大概会是一个什么样的状态。我们开着车，能开到什么地方算什么地方，完了以后再换骑骆驼，在里边转。骑骆驼一天走不了多少路。它是个庞然大物啊，这么宽的脊背，骑一二百米玩一玩还可以，骑上四五个小时，你下了骆驼以后就不会走路了，就像尿裤子似的。特别痛苦！

柳遐：找到这户人家，前后花费了你多少时间？

康健宁：前后找了差不多有十五天，像没头苍蝇似的来回乱找，都没有结果。后来找到一个当地很著名的摄影师，这个人长年骑着骆驼在沙漠里面转，他告诉我在什么地方有一户什么样人家……我们就把车开到沙漠边缘，换上骆驼再往里面走，就找到了刘泽远家。

只要在一个封闭环境里，它们都会对人造成很近似的影响，想突破这种环境，需要很艰苦很漫长的一段时间

柳遐：功夫不负有心人，从片子的影像效果看，这户人家是使这个片子成功的很重要的一个因素。康导，在那样的地方拍片子其实是一件很艰苦的事情，你现在再想起当时的工作状况，是一次愉快的回忆呢，还是一次寂寞的经历？

康健宁：既说不上寂寞，也说不上愉快。我觉得当时自己的状态，跟刘泽远差不多，除了那几个固定的人以外，再没有任何其他的交流。没有电视，没有报纸杂志，真感觉到一种压抑窒息！

柳遐：那你每天拍片当中感觉最愉快的是什么事情呢？

康健宁：感觉最愉快的就是吃面条，就那么简单。我们进沙漠的时候带了三十多斤麻花，还带了很多小咸菜，天天就那么吃。老刘家呢，生活也很简单，弄个馍，煮一点白菜土豆。所以做一锅面条，那就是非常大的改善，所以吃面的时候觉得特别愉快，一堆人围着抢。

柳遐：在这种快乐过于简单的时候，你有没有改变过你的拍摄想法？

康健宁：生活上的艰苦不会动摇拍摄计划。拍摄中最痛苦的是拍摄对象之间不交流。拍纪录片的时候，我们特别希望拍摄对象善谈，能够很好地表达思想，这样我们才有得拍呀。但这家人可能一天都不说一句话。

柳遐：但是在片中他们最终同你交流了，而且说出了很多很知心的话。

康健宁：这费了很大的劲，处了很长时间。你可以在片子巾看到，我拿着话筒在那儿没完没了地、穷凶极恶地一个劲地问。比如说，我问他的大女儿：“你结婚了没有啊？”她跟我说：“还没有。”“找对象了吗？”她说：“找了。”就两个字完了。

柳遐：采访到他们心底的话，能够表达他们真正思想情感的话的时候，是不是也是你在整个拍摄当中最快乐的时候？

康健宁：当拍到这样的镜头的时候，我心想它终于出现了。

柳遐：康导，我觉得这个片子脉络特别清晰，形式感很强，两家人交叉记录，交叉剪辑。这样一种形式你是在纪录片开拍之前就设想好的呢，还是在拍摄过程当中慢慢地形成的？

康健宁：在拍摄前就想好的。因为这两家人在片子中是并列关系，虽然一个在沙漠里面，一个在海岛上，但我们是并行往前介绍、推进的。不管他们的生活环境怎么极端，我们还是力图在里面找到共同之处。两家人距离这么远，互相又不认识，也没有通过话，但你会发现他们很多方式是一样的。

柳遐：我觉得在你这样一种看似平淡的推进当中，不仅仅表现了人与自然之间的矛盾，还突出表现了两代人之间——父辈和子辈之间思想上的冲突。这种冲突和矛盾是不是也是你这部片子特别想表达的一个主题？

康健宁：对，毫无疑问。按我的想法，我特别希望看到的是他们的后代对外面世界有一种热切的向往，想冲破这种封闭。但当年拍的时候，有些孩子是希望出去，有些孩子是不希望出去，并不是我们想象的那样，他们都特别渴望着集体冲出去。

我在旁边一直说：不要停，不要停……

柳遐：《沙与海》这部纪录片采用了一种原生态的记录手法，很多时候它的镜头节奏是比较缓慢的。我觉得这种镜头节奏跟当地人的生活节奏比较切合。在你长期跟踪拍摄的过程当中，你镜头取舍的标准是什么呢？

康健宁：这是一个特别大的话题，就是在现场的问题。比如说拍打沙枣的镜头，我在他们房前房后转悠，看到那几棵沙枣树光不溜秋地结着一些沙枣，我回来就问他们，这个沙枣没有人收吗？他说要收啊。当时我就感觉到这打沙枣是非常重要的一个场景。

柳遐：是。

康健宁：那是我为数不多的几次对摄影师的指挥调度，我让他必须摇拍。地上就这么几粒沙枣，刘泽远和他儿子几乎是跪在地上捡。但是那一跪，我觉得意义不同凡响。

柳遐：我们在另外一个地方也看到一个跪着的镜头，就是刘泽远的小女儿去沙堆上玩，她也是一路上跪着的，从画面的右面慢慢进入画面中央。

康健宁：这个镜头是我们耐力和运气的结果。当时我们是在拍沙漠上一堆骆驼的白骨，这时，右边出现了一个小女孩，她一个人在沙梁上跑。高国栋的摄像能力很强，我要他转过来，不要停，慢慢跟拍，他就一直跟着。小孩顺着沙梁过来了，她远远地看了看我们，突然就把两只鞋往下一扔。镜头就到了鞋上了，接着这小孩又从沙梁上爬下来，又进人画面了。

柳遐：这是最生动的时候。

康健宁：对，镜头始终没有动。我在旁边一直说：不要停，不要停……

柳遐：我觉得你的这部片子当中长镜头运用得特别淋漓尽致。除了这一组镜头，还有刚才说到的刘泽远带着儿子打沙枣的那组镜头，有五分钟的长度。你为什么用了那么多的长镜头呢？

康健宁：我们当时拍的时候，多少是有

些不太守规矩的，就是想冲破一些什么。镜头的长与短的根据是什么呢？是内容啊。没有内容，长就是不当，只要有内容在里面，长是求之不得的。

我要来拍摄他的时候，这个人物就是我生活内容的一个组成部分，不是单纯的利用关系，而是真正的交往

柳遐：据我们所知，你在拍摄《沙与海》之后和刘泽远一家还一直保持着联系。你为什么会对这一家人情有独钟呢？

康健宁：这家人特殊。环境特殊，人物性格特殊，给我留下的印象也特殊。他们走出来难，我们走进去也难。记得1995年分手的时候，刘泽远哭了。在那样的地方能够生存、建家立业的人，是一个多么坚强的人啊！这样的人居然在你面前流泪了，我也特别难过。他最后说了一句："你们把我当人了！"这是他对我说的最后一句话：七八年以后，我已经是站在他的墓前了。据说我们走后不久，他就去世了。我在他墓前鞠了好几个躬，跟他说了一会儿话，又给他点了根烟，插在他的墓上。

柳遐：康导，你在《沙与海》之后又拍摄了一系列的纪录片，而且取得了很出色的成绩。你觉得《沙与海》这部作品对你以后的创作有什么样的影响？

康健宁：最大最重要的影响就是我和被拍摄对象之间建立起了一种关系。它不是单纯的拍摄关系，而是真正地在交往，是你生活的一个部分。过去我确立了一个选题后，头脑里只有完成计划、完成片子。而现在我感觉这是我的一段生活，也就是说，当我对这个片子产生了兴趣，对这个人物产生了兴趣后，这个人物就是我生活内容的一个组成部分了。这一点我觉得是《沙与海》给我的重要启示。

柳遐：康导，跟你谈话我真的觉得收获很多。无论是沙漠中的刘泽远，还是孤岛上的刘丕成，他们所拥有的是同样艰苦的生存环境和同样的勤劳品格。纪录片编导真实地记录了20世纪90年代初期中国普通老百姓的生活以及社会转型阶段人们的矛盾和选择。

《家在向海》：人与自然关系的思考

——程捷访谈录

访谈嘉宾：程捷（纪录片《家在向海》编导）

《家在向海》简介：

向海，是我国吉林省一个国家级的自然保护区，那里风景秀丽，民风淳朴，每年春天都会有上万只候鸟从南方飞到北方，栖息繁衍。祖祖辈辈生活在向海的人早已习惯了那里的生活，他们也同那里所有的生灵一起和谐地共处着，燕子窝垒在向海人家的屋檐下，方圆数十里的芦苇荡里有无数候鸟们安的家，向海特有的草原红牛和千姿百态的蒙古黄榆构成了向海又一道风景，神秘、古朴、幽静、原始……在向海，人和动物共同拥有着一个美好的家园。

制作年份：1990年春至1990年7月

原片长度：20分钟

原片出品机构：吉林电视台

获奖情况：第5届意大利桑迪欧自然纪录片国际电影节评委会主席特别奖、国家荣耀资格奖、女性特别奖，第4届挪威国际电

影节特别奖，全球十佳自然纪录片（1992年，委内瑞拉）

向海是所有生灵共同的家园，也是人的家园

柳遐：程导，看完了纪录片《家在向海》，片子当中的美景真是如诗如画，向海这块地方好像真有一种养在深山人未识的味道，你当初是怎么会注意到它的呢？

程捷：实际是一个非常偶然的机会，1990年的时候，中央电视台有一个国际电影节的参赛机会，问我们有没有可能拍一部关于自然的纪录片。1991年初开始策划，本来是要拍我们吉林省的长白山。4月份的时候我们到长白山一看，那里一片绿色，可捕捉到的有生命的东西非常少，这样我们又去了我省的湿地向海，我们当时被向海的那种原始古朴的生态环境所吸引和震撼。成群的天鹅和野鸭，成群的鹤，成群的草原红牛，到处可见只有向海才有的蒙古黄榆，这些生动的景观坚定了我们的信心。就这样，我们果断地决定在向海完成此片的拍摄工作。

柳遐：《家在向海》是一部自然类的纪录片，但是它不是简单的对自然的记录，而是充满了人文关怀。我们印象非常深的是这样一组镜头：在河中，鹤同人在游戏：牧童躺在草地上，一手拿着书，一手在喂着丹顶鹤，人和自然非常和谐。你当初对这个片子定位时，主题是什么呢？

程捷：片名《家在向海》就是本片的主题。向海这个地方包容的是所有的生灵。向海是鸟类、动物和所有生灵的共同家园，也是人的家园。在向海这个地方，人和自然是非常和谐的，人和大自然是共存的。我到了向海之后，就决定本片要在“家”字上下工夫，于是刻意地拍了那些燕子窝、蚂蚁洞，还有鸟的巢穴、苍鹭的窝，细腻地寻觅各种生灵的“家”。并用准确的镜头语言再现了生灵与“家”的关系和感情以及生灵与人之间的亲情。

柳遐：你在前期拍摄的时候就对人文因素有考虑吗？

程捷：对。要注意发现动物与人的亲情，同时，也要创造一种亲情。这个片子不是一种单纯的原始的记录，镜头要营造出人与自然、人与动物、人与生灵的一种超自然的伟大情感。这种情感你在向海随处可见。可以说，在向海只要摄像机能够捕捉到的东西都是很生动的，它会给人们一种意境和联想，我们紧紧围绕着“家”这个主题，镜头不仅仅停留在对这些美好景色和精彩瞬间的展示上，更是要对每个镜头赋予一种生命，赋予一种精神，赋予一种境界。我们希望人们在看这个片子的时候，面对每幅画面都有身临其境、融于自然的亲切感觉，并产生对地球、生命、爱情的联想。

出外景要什么也不怕，什么也不顾

柳遐：程导早年是一个文艺节目的编导，连续五届获得了星光奖。你为什么在文艺节目已经做到炉火纯青的时候，转行去拍摄纪录片呢？

程捷：应该说，我选择了电视，是选择了一个非常残酷的职业，它甚至让我来不及衰老。我把电视看成我生命中很重要的一部分，我热爱它。所以我要尝试拍不同题材的片子。

柳遐：但是纪录片的题材也有很多种，你为什么要把你的目光从星光灿烂的大舞台转移到自然类的纪录片的拍摄上？

程捷：自然这个舞台要比五彩缤纷的星光舞台大，当你置身大自然，你会感觉到你的灵魂都在净化；接触大自然，你会忘掉很多烦恼；你会感到自己有一份责任，有一份使命，保护自然、保护生态。作为一个电视工作者，我要把对生态的忧患意识，刻不容

缓地告诉给广大观众。

柳遐：程导，你在意大利的电影节上获得了女性特别奖，这个奖项是不是特别表彰你在《家在向海》这部纪录片的拍摄中，作为女性的特殊贡献？

程捷：或许评委觉得，作为女性，搞电视工作已经很不容易了，拍摄自然纪录片，更艰辛、更难。所以这届评委会把女性特别奖的殊荣给了我。我在拍摄《家在向海》的时候，每天早晚要在沙丘上工作十多个小时。每天凌晨两点多钟就起床，恨得摄制组全体同仁都叫我“周扒皮”，就连当地的老乡也叫我“周扒皮”导演。每天在沙丘上走，鞋里灌进沙子，后来连袜子都不能穿了。向海6月的蚊子特别特别多，像小蜻蜓似的，小咬也很厉害，每天晚上看样片，背后用手一摸，全是蚊子咬的大包，所以拍完《家在向海》之后，我的脸整个脱了一层皮。当电视编导就要吃得起苦。在家里女人是母亲，出外景的时候就要像个男人似的，什么也不怕，什么也不顾。

《家在向海》应该是一个生命的畅想

柳遐：正是因为你们摄制组付出了那么多艰辛，所以你的片子给我们留下了非常深的印象。比如说片子的开头先是几声鹤鸣，然后丹顶鹤翩然飞来，到片子的结尾也是先是鹤鸣，然后再是丹顶鹤翩然飞去，首尾呼应得特别好。你当时剪辑的时候，是不是就有特别的考虑？

程捷：一个片子开头的第一个画面非常非常重要，所以我对我的每一部片子的开头和结尾都很在意。我听向海人说，每年有大批的候鸟从南方回来。《家在向海》片头的两只鹤是黎明拍的，那是一个长镜头，镜头十分耐心地等待两只鹤飞入画面，它们俩飞得特别合拍儿，后期制作的时候，我选择了一段写意的电影音乐与镜头相配合。片子结束的时候恰恰是鹤要回南方去的时候，我用七天的黎明等待鹤对向海的最后告别，等到了片尾鹤在向海湖畔做燕式平衡的那个动人姿态。

柳遐：程导，在你的纪录片当中全部采用了同期声，让我们有身临其境的感觉，但是你这当中没有对人的采访。我相信作为一个编导，你有你自己独特的思考和安排。

程捷：纪录片往往都要有采访，可以在情节和内容上使片子更生动。但是这部片子，它追求一种诗画的风格，原始、古朴，营造一种意境和氛围，我没有刻意地采访谁，就镜头而言，本身画面就会说话了，语言就是多余的。

柳遐：程导，在你的片子当中有个镜头给我们的印象特别深，就是有一群孩子在水中嬉戏，那镜头非常欢快，声音也非常好听，但镜头一旦转切之后，呈现给我们的却是一个非常宁静的大自然，声音的落差非常大，你当时为什么要这样处理呢？

程捷：剪辑处理的时候，我想《家在向海》应该是一个生命的畅想。动和静，要造成一种强烈的反差。片中一群向海孩子在向湖中喧嚣，戏耍野浴，这就是动，这组镜头长达两分多钟，营造了一种生命的交响。而后面恰恰是十分静谧的向海湖面和静静流淌的溪流，动静分明。当时录音师合成这个段落的时候，他就很不理解，说：“您前边那个声音开那么大，然后到这里就什么声音都没有了，让人感到很别扭，你稍微让声音过渡一下。”我说：“不，一点声音都不让它过渡。”因为马上就是一个向海湖的长镜头，一个全景摇的镜头，我认为多一点声音都是多余的，会破坏意境。向海本来就是这样宁静的。

柳遐：程导，在你的片子当中，你讲述的三只鹤的故事也很感动我们，但是应该说在纪录片中这种传说性的东西是很难表现的，很多导演都会回避掉，你当时为什么还是把它放进去了？

程捷：因为当时我没有单纯地认为那是三只鹤，我把它们看成是有生命、有血脉、有亲情的三个人。你看鹤蛋让大水冲跑了，然后它们又赶紧孵化，孵化出来的小鹤刚刚出生，鹤妈妈和鹤爸爸教它练飞。等待秋天到了的时候，它们带着小鹤迁徙到南方，它们不能像人一样抱着小鹤宝宝走，只能带着它飞翔。可是因为鹤宝宝是晚出生的，学飞学得还不够好，最后，鹤爸爸、鹤妈妈不忍心扔下鹤宝宝双双飞走，所以为了鹤宝宝，为了一个完整的家，它们一家三口就留下来了。万没想到的是，它们遇到了暴风雪，那年的暴风雪来得很早，就这样，一家三口被暴风雪淹没了。我想这个故事里有父母之爱，有亲情，有很浓的人情味，虽然它是一个非常凄楚的故事。但是这个片子如果没有这个荡气回肠的故事，我觉得缺少了深邃，缺少了震撼。所以最后我还是用画外音的形式讲述了这个故事。

柳遐：我们感觉你的镜头语言表述得很好，而且你的整个片子的色调都非常统一，是一种非常温和的橙色，有一种家的温馨感觉。

程捷：我想“家”本身就应该是温馨的。我们之所以要选择清晨和傍晚拍摄，就是为了追求一种氛围，这种色调渲染了一种情调，孕育着一种情结。一个片子声音也好，色调也好，它都是情节的一部分。

十年后的向海，沙化日趋严重，令人担扰

柳遐：如果说《家在向海》是一部优美的散文化的纪录片，那么十年以后，程捷拍摄的《又回向海》，它的表述方式更加纪录片化了，比如说在开头的部分加入了向海的背景交代，还跟踪记录了一窝小苍鹭从嗷嗷待哺到展翅欲飞的生长过程。这组镜头拍得很见功力，你给我们说说当时拍摄的经过好吗？

程捷：拍人物，你可以摆拍，你可以告诉他如何说，如何做，你可以规范他的行为动作，可以把意图交代给他。可是拍自然、拍动物就不同了，动物不会听你指挥的。编导需要有足够的耐心去捕捉，去等待。我记得当时寻找了很多苍鹭的巢穴，从它孵蛋开始，到它从蛋壳出来，然后大苍鹭再给雏鸟喂食，全都要跟拍。苍鹭筑巢一般都是在芦苇草荡里面，有的地方有一人多深，进到里边去得划小船，可是划船接近巢穴容易有声音，怕惊了它，影响孵化，所以进芦苇荡里拍摄，有的时候就得穿着“水叉子”。

柳遐：什么是“水叉子”？

程捷：就是连着靴子的防水裤子，特别高，一直到胸部。要会穿“水叉子”。过去保护局有一个人，水进到“水叉子”里头去了，水一直没到人的脖子，然后人就沉下去了。很危险。另外，拍正在孵蛋的鸟巢的时候，要十分小心，不能触摸它，因为正在孵蛋的鸟只要感觉到人触摸了它的蛋，它就会弃巢，丢下已经孵化多日的那几枚蛋。这样损失就比较大了。所以我们偷拍的时候非常谨慎，十分小心。我们摄制人员为拍小鸟孵化出壳要等上好几天，要搭帐篷，把自己隐藏起来，甚至我们的吉普车在离鸟窝将近一百米左右就得隐蔽起来。我们隐藏在帐篷里面，不能惊动它，等早晨慢慢地再把帐篷的缝拉开，再把机器头一点一点地探出去。

柳遐：这些生动的镜头其实是你们这些有心人，经过长期的等待和准备，才抓拍到的。

程捷：是，很不容易。

柳遐：程导，我们在《又回向海》当中看到了和你第一部片子《家在向海》一样的和谐美景，但是从中我们也看到了一些不和谐的景象，比如沙尘暴。

程捷：沙尘暴是我们赶上的，因为那天正好是暴风骤雨到来之前，整个天空变成黄

色，沙尘刮得人睁不开眼睛，我们照样把夹克紧紧地包在摄像机上拍。当时那个景观非常奇特，有一条路，路左边的植被是好的，沙尘小；路右边却是光秃秃的，沙尘刮得厉害。片子里大白天骑摩托车还得开着灯，对面都不见人，乌烟瘴气的。然而十年前，这个地方是个芦苇荡，如今却看不到一滴水，环境恶化得非常快。这是我拍摄《家在向海》十年后的向海。向海的沙化日趋严重，这令人担忧。十年前拍摄《家在向海》的时候，当时保护区的门前就是一个很大的向海湖，片中船老大划船的镜头就是去那儿拍的，如今那里成片的房屋，堤坝和湖水早已无影无踪。人多了，牲畜多了，鸟儿少了，如果核心区的老百姓不搬家，候鸟们就没有安身之地。这个问题很现实，很严峻。

【现场交流】

柳遐：环境确实是我们面临的一个很严峻的问题。今天请来了几位对环境非常有研究的专家和教授，我们想听听他们看了这个片子以后的感受。

陈振楼（华东师范大学教授）：向海湿地是被列人我们国家七个重要国际湿地名录中的一个。湿地号称地球之肾，它具有很多特殊的功能，比方说它可以保护水资源，可以储蓄水，它也可以作为生物多样性的一个储藏库、基因库，所以湿地里面生物资源的种类特别繁多。另外它还可以抗洪，可以排涝，所以它的功能非常多。湿地保护是我们国家面临的最大问题。一是围垦，因为大量的围垦导致湿地面积大幅度锐减；另外一个就是我们现在污染比较严重，我们往往把湿地当成一个消解污染物的化粪池。其实它的能力非常有限，如果我们不加控制往里面排污的话，湿地会很快消失。我觉得大家要重视起来，把我们的湿地保护好，保护好地球之肾，也保护好我们自己的环境。

苏文（博士，环保提倡者）：对向海来说，向海人是它的主人，但是并不是唯一的。那边的丹顶鹤，那边的每一个生灵，包括蒙古黄榆，都是那边的主人，那边的一分子。他们是平等的，没有哪个是主宰者。但是到了第二部《又回向海》，人已经开始破坏这一切了，这不得不引起人们的思考，人类是在保护它，还是在损害它？我们的家都在地球，向海这样了，地球怎么办？想想看，从生物多样性的原则看，湿地和热带雨林是生物多样化的摇篮，也可以说是我们人类的摇篮，如果我们人类可怜到连这么几块地方都不能保护的话，以后我们怎么办？人类在发展的同时，不要做两件糊涂的事情：第一，不要牺牲同伴的生命，乃至他们的权益；第二，人类为了生存，更不能牺牲或者透支我们子子孙孙后代的权益。《家在向海》里有一句话非常高明，大致说的是祖宗的古训告诉我们，这是一个生物链，要爱护动物，大家谦和一家，等等。但我们现在变成了这样的状况：动物以前见人是不怕的，现在见了人就跑，人类已经变成同伴的对立面了，变成敌人了，这是一个很可悲的问题。我们的祖先给我们创造了灿烂的文明，也给我们留下了这么美好的家园，我们不能透支子孙后代的资源，让将来子子孙孙骂我们。

葛日刚（嘉定环保局局长）：这个片子意味深长，开始第一部非常优美，第二部开始出现焦虑，充分反映了我们国家目前的环境保护的现状。我每次乘坐飞机，总是希望能够俯瞰祖国的大地，但是我们国家生态环境的情况非常令人焦虑，失去了大片的森林，很多湖泊都干涸，江河断流，沙尘暴一直影响到我们上海地区。破坏环境是非常容易的一件事情，可能就几年时间，甚至一瞬间就破坏、毁灭了，但是要恢复它，可能要经过几代人，几十年，几百年，甚至上千年的努力。有些人为了局部的利益、个人的私利，用牺牲环境来获取，代价太巨大了。所以这种情况一定要改变，因为我们只有一个家。

柳遐：今天我们重访这部纪录片一个很重要的意义，和程导当初拍摄这个纪录片的初衷是一样的，就是希望通过这个电视纪录片能够呼唤人们更加珍惜自然、热爱自然。

《藏北人家》：纪实中的写意

——王海兵访谈录

访谈嘉宾：王海兵（纪录片《藏北人家》编导之一）

《藏北人家》简介：

辽阔的藏北草原地处海拔4500米以上的高原，自然条件的艰险和路途的遥远筑成了一道厚重的屏障，使今天的藏北文明得以保持同几千年前基本相似的形态。牧人措达家有老人和孩子，还有将近200只绵羊和山羊，40多头牦牛和1匹马，在藏北属中等水平。他们长年生活在海拔4700米的纳木湖畔。

本片向观众详细介绍了牧人措达一家人在藏北草原的生活。反映了藏民在与大自然的抗争和适应中建立起的一种和谐关系。

制作年份：1990年6月至1991年5月

原片长度：47分钟

原片出品机构：四川电视台、西藏电视台

获奖情况：首届四川电视节“金熊猫”奖最佳纪录片奖

王晓玉：神秘的藏北有着无数美丽的传说，有念青唐古拉山的雄伟，有纳木湖的柔美，有世界上海拔最高的草原，还有世世代代生活在这片草原上的勤劳乐观的牧民。对于我们这些生活在平原上的人来说，藏北是神秘的。藏北的牧民，他们的生活更是充满了传奇色彩。1991年，有一部纪录片把镜头对准了藏北和生活在藏北草原上的人们。用独特的视角和诗一般的语言，为我们展现了藏北草原神奇的魅力。这就是至今还为我们所津津乐道的《藏北人家》。

人要有多大的的勇气才能到这儿来旅行，要有多大的毅力才能够在这个地方生存下去

王晓玉：王导，我知道你是比较早拍摄有关西藏题材纪录片的纪录片人之一。通常拍摄西藏题材的纪录片，大多都是从风土人情，也就是说从风光或者民俗这两方面着手的。但是当我看完你的片子后却感到它的视角很独特，你是从牧民生活这个角度来切入的。你怎么会选取这么一个切入点的？

王海兵：我们进藏之初，就被广袤的大自然所吸引。当你面对一望无际的草原、终年不化的积雪和长年不息的西风时，你在感受神奇的自然风光的同时，会真切地感觉到人的渺小。而正是因为感觉到人的渺小，你才会重新发现自己。人要有多大的勇气才能到这儿来旅行，要有多大的毅力才能够在这个地方生存下去。所以我们想，就把镜头的焦点对准那些顽强地生存下来的牧民。

王晓玉：我们为生活在这块土地上的藏北牧民的毅力所感动。你为什么不采用大风、大雪来展现险恶的环境，却总是把镜头对准了雄伟的念青唐古拉山、柔美的纳木湖？

王海兵：首先是因为我们拍摄的时间比较短，没有遇到大风暴、大雪这样一些恶劣

天气。但这不是主要原因，主要原因还是在于我们对藏北牧民的生活、生存方式的理解。作为外来人，我们刚开始进去的时候，看到他们处在那么恶劣的环境里，总觉得他们在受苦受难。但是时间长了以后，当你真正从人的本质出发去理解他，你就不再这样认为了。一个人能不能生活得愉快，并不在于他拥有多少物质，而在于他的内心感受。他们能够在这么艰难的环境下生存下来，是因为他们在和大自然的抗争中找到了一种最能和大自然和谐相处的生存方式，这种和谐是非常重要的。一个人只要能够与自然和谐，与人和谐，与社会和谐，那他就能找到他的快乐。这也是我们从藏北牧民身上获得的生活启示。所以我没有刻意去寻找那些很艰难的场面，就是展示在这个海拔高度上的生存环境，很直观，一看就能清清楚楚地感受到。

一开始对它的艰难是有所准备的，但是没想到会那么艰难

王晓玉：藏北高原的自然环境非常险恶，可以想见到这样一个环境中去进行拍摄会面临巨大的困难，你有过思想准备吗？

王海兵：我们在西藏拍片的时候，一开始对它的艰难是有所准备的，但是没想到会那么艰难。纳木湖湖面的高度是4700米，那就意味着我们拍片的地方就在4700米以上，快接近5000米了。

王晓玉：海拔4700米的概念是什么？

王海兵：差不多有三个泰山绝顶那么高。在那样的环境下，空气中的氧分就很少，可能只有通常环境下的40%到50%。人坐着就相当于站着，站着就相当于走路，走路就相当于跑步，非常艰难。

拍片时为了保持镜头的平稳，开机的时候要憋一口气，免得抖动。如果在平原的话，你憋个三五秒，哪怕是十秒钟都无所谓。可在那个地方你憋三秒，就相当于在平原上憋十秒、二十秒。我经常是拍完一个镜头就把机器往地下一搁，人就顺势躺在地上喘气，喘上半天再拿起机器，拍第二个。就这样一个镜头一个镜头拍出来的。

这个片子里有大量的镜头是拍帐篷里的牧民生活，那个帐篷本身就比较狭小，三脚架在里面摆不开，摄像机就得抱在身上，随时守在那儿拍。那个帐篷里头又总在烧牛粪，有很多烟，藏民都很习惯。但我们不行，烟熏得我们老想掉泪。我们摄制组的人经常是在里边坐一会儿，受不了了，就出去一会儿。但我不能出去，我得一直守在里头。

王晓玉：就在这样的条件下拍出了这部片子。现在看来，到藏北去拍摄《藏北人家》，不但需要有构思，有想法，有题材，有主人公，还要有勇气和毅力。

要让我们的镜头像头像生活一样自然地流动，这是我们所追寻的

王晓玉：王导，我感觉到这部纪录片除了在题材上比较特殊外，拍摄的手段也很独特。因为一般情况下，这样的纪录片都比较讲究故事情节，但是你恰恰就是不太讲究故事，也不太讲究情节，片子从头到尾都没什么很突出的事件。那么，你是怎样确定你的记叙流程的？

王海兵：我们拍片的时候，1990年，还很少有纪录片人关注普通的百姓，也很少有人拍这种现在进行时的片子，都是做专题式的纪录片。当时我们就定在一户人家，用一天的时间流程来做这个片子，就是想努力把观众带到一个真实的环境中去，通过大量的生活细节来表现这一家人是怎样在草原上生活的。确定展现一天的时间里的生活场景，是片子结构上的需要，也是从电视制作的技巧方面考虑。

王晓玉：以一天的时间来浓缩藏北牧民世世代代的生存方式，应该说还是很难的。

你是怎么做的？

王海兵：我们通过大量的生活细节来结构片子。有些生活细节是我们事先就知道的，因为我们在西藏酝酿了三个月才开拍。比如说，我们知道他们怎样在早上起来打酥油，怎样去放牧，怎样用乌尔朵打石头，打出多少米远，等等，这些情况我们都清楚。但是也有很多生活细节是我们不知道的，像早上起来用酥油做美容，等等，这些细节我们拍摄之前就不知道，是在拍摄当中偶然拍到的。但是我们有一条原则，就是不要去干扰拍摄对象，就在一边抓拍。我们在追求画面的审美效果的同时，首要的是要让所有的一切都非常真实，非常自然，完全的原生态，要让我们的镜头像生活一样自然地流动，这是我们所追寻的。

我对纪录片的认识，到现在都认为还是应该追求主客观的结合

王晓玉：在这个片子里面已经有相当多的同期声了。在十多年前，中国纪录片的制作还处于起步阶段的时候，你已经开始注意用同期声了。

王海兵：我想拍一个实实在在的表现西藏牧民生活的片子，而不是像过去那样，镜头东一下，西一下，只能靠解说词来连接完整。我要改过来，要有生活的实景，要反映藏民一天的生活。声音在纪录片中是一个非常重要的元素。除了讲究画面的完整性，我也很讲究声音的完整性，声像结合才是一个实实在在的有真实感的纪实作品。但是在当时的情况下，我们只是很注重同期声的采录和编辑，并没有把它作为一个推进情节发展的要素。对同期声的认识还没达到现在这种高度，这是一个认识的阶段性的问题。

王晓玉：片中除了大量铺陈一些生活细节之外，我还发现了很多写意的表现，比如说永恒不变的唐古拉山的镜头，我觉得这里面也有很多意味深长的东西。

王海兵：这个也是我创作的一个特点，或者说是我追求的境界。我认为一部好的纪录片，它不仅仅要有写实的东西，还应该要有一些写意的东西。我觉得镜头分两类，一类是记录性的镜头，写实的；还有一种镜头，是可以说出镜头之外的东西的，它是写意的。这种镜头我是很注重捕捉的。比如早上起来，藏民们要打酥油，一大早，那个声音就一直在耳边响。我觉得一个人能够费这么长时间来打酥油，生存的毅力真是太强大了。怎么来传达这种感觉呢？当时我就把机器拿出来，退到帐篷之外，离得远远的，用了一个全景——背景都是黑的，帐篷撩起来一个角，从里面透出亮光，一个人在里面打酥油。一个剪影在那儿活动。虽然在黑的画面当中，她不起眼，就那么一小点，但那一点正是亮点，是整个画面的支撑、画面的灵魂，表达的是人在天地之间的渺小与伟大。

王晓玉：这种画面的确让人产生联想，但是一般说来，纪录片主要着重表现客观的真实，而写意的镜头似乎包含更多的主观性，这两者之间会有矛盾吗？

王海兵：我对纪录片的认识，到现在都认为还是应该追求主客观的结合，就是结合客观记录和主观表现。东方文化和西方文化有很大的差异，差异中很重要的一点就是，东方人比较追求含蓄，含蓄地表达一些东西，表现一些意念。而当我们接触了西方的一些纪录片后，就把自己原本的东西都丢掉了，丢掉以后，在创作当中又觉得很别扭，我就有这种体会。所以后来我就力图在创作中恢复一种感觉，一些属于气韵上的东西。我的创作就是想走这么一条主客观结合的道路。

我自己觉得在我的创作当中感悟比较深的就是创新，就是不走前人走过的路

王晓玉：《藏北人家》应当说体现出了你

的这种追求，它并不完全是对生活的一种直接的记录，而是体现出了你对生活的思考，特别是对藏北地区边缘文明的一种思考，蕴含了相当深的思想含义。你觉得你的创作为中国纪录片的发展提供了一些什么东西？

王海兵：我觉得我们比较早地做了纪实的探索，它在中国纪录片纪实风格的形成上可能起到了一定的可供借鉴的作用。还有一点就是，我自己觉得在我的创作当中感悟比较深的就是创新，就是不走前人走过的路。我追求创新的意识，要找到一种新的思考角度，如果大家能够在这当中感悟到创新的价值和意义的话，我就很满足了。

王晓玉：纪录片《藏北人家》用平实的纪实风格，在记录牧民的真实生活和表达编导深刻的思考之间达到了和谐，达到了相互的呼应。更重要的是，这部纪录片不但给我们提供了一幅藏北牧民真实的生活画卷，还和《望长城》、《沙与海》等纪录片一起成为我国纪录片制作中纪实风格兴起的标志。十多年以后，当我们再次回顾这部纪录片的时候，依然能够深深地感受到它的魅力，这就是所谓的经典。

《飘逝的江船》：社会转型期的渔民生存状态

——沈蔚琴访谈录

访谈嘉宾：沈蔚琴（纪录片《飘逝的江船》编导）

《飘逝的江船》简介：

在浙江丽水有一条瓯江，是浙江第二大江。渔民孙会兴在这条江上已经生活了四十年。一条渔船一个家，孙会兴的四个儿子成家后也都在江上捕鱼为生，年复一年。改革开放之风吹到了瓯江，孙会兴和他的四个儿子对未来的生活也开始做出不同的选择。有外出打工的，也有留在江上继续打鱼的。但无论是出去的，还是留下来的，生活依然艰辛。

本片展示了瓯江的美丽，展示了孙会兴一家人善良朴实的内心世界，以及这个变化着的社会给他们带来的影响。

制作年份：1993 年 8 月

原片长度：30 分钟

原片出品机构：浙江电视台

获奖情况：首届中国电视纪录片学术委员会学术奖短片一等奖、1993 年全国电视外宣节目优秀奖

这部片子并不是表现渔民一种非常简单的追求，它是多义性的

王晓玉：沈导，这部纪录片应当说是你比较早期的作品。

沈蔚琴：对，到现在已经十年。

王晓玉：在此之前，你对瓯江是否了解？

沈蔚琴：对瓯江并不是非常了解。因为以前做记者的时候，经常往温州这边走，路过瓯江，觉得这条江非常美。但对瓯江上渔民的生活却不是特别了解。我在拍这个片子之前，也没有对他们进行很多事先的了解。因为渔民很朴实，他不会对你描述很多东西。只有在跟他们一起生活的过程中，你才会发现。

王晓玉：那你怎么会把目光投注到瓯江上，拍这么一部纪录片呢？

沈蔚琴：这是一个非常偶然的机会。我原来想拍一部反映一个在丽水、瓯江边长大

的摄影师的片子，瓯江上渔民的生活是他摄影的主要内容。这位摄影师跟孙会兴是特别要好的朋友，跟他家的几个儿子也非常熟悉。这位摄影师朋友向我介绍了孙会兴一家，他觉得通过一年四季来反映渔民的生活是很有意思的。

王晓玉：最初的时候，你还只是为瓯江的美丽和朴实所吸引。

沈蔚琴：瓯江本身就美，渔民这一家子人又非常的朴实，生活在这么一条诗情画意的江边，有一种和谐的美感。但是这种美呢，是一种表面上的美，后来我发现，渔民的内心其实也是有矛盾的。从客观上来说，他们本来过着一种田园式的自给自足的生活，但是后来瓯江上游建了很多水电站，使瓯江的水温发生了变化，鱼就少了。加上环境的污染，比如一些造纸厂的废水排放，周边的居民用电炸鱼，等等，导致了整个生态系统遭到破坏，鱼越来越少，他们每天在江上漂着，日子越来越难过。另外，当时改革开放的风也吹到了江上，城市生活对他们并不是没有影响、没有诱惑力的。特别是他家几个儿子，年纪轻一点，文化高一点，就想到岸上去，寻找一种适合他们的生活。虽然这是一种陌生的、新的生活，但是他们憧憬这种生活。

王晓玉：你怎么来理解孙会兴的三个儿子都很执著地想往外走的情况呢？

沈蔚琴：我觉得这是一件好事，因为人总是要往高处走。社会在进步，人人都想过好日子。我觉得这应该说是一种进步，也是这部片子的积极意义所在。

王晓玉：可是他的二儿子却留在了瓯江，他的收入不高，而且也不是很有保障。

沈蔚琴：他的几个儿子总体来说，都是非常朴实的，但性格有差异。小儿子可能最机灵，新的观念最多。老二呢，就是兄弟中比较老实的一个，也没文化。但是他，包括他的妻子，关于自己的孩子说过一段话，我印象特别深。他说：我们没办法了，只能在这个江上漂泊了。但是女儿呢，我是要让她去读书的，一定要让她去过一种新生活。所以他也非常清楚，自己没有文化，这辈子可能就在船上，跟着爸爸打打鱼了。而孙会兴呢，我觉得他是一个既朴实又不保守的人。他觉得自己年纪大了，对瓯江有一份眷恋，已经离不开瓯江了，但是孩子们要走出瓯江的话，他是坚决支持的。

王晓玉：90年代初期的时候，正好是社会的转型时期，这种转型时期的变化，给我们纪录片人带来了很多拍摄的素材。

沈蔚琴：我觉得这部片子并不是表现渔民一种非常简单的追求，它是多义性的。渔民们想离开瓯江，这是对新生活的追求，是一种积极进步的东西，体现了社会的发展。而另外一方面，瓯江上原来有很多渔船，是江上一道美丽的风景线，但是船慢慢地消失了。对逝去的事物，人可能都会有一种依恋之情。所以渔民们的心态是很复杂的。

王晓玉：沈导，渔民的生活日复一日、年复一年，是比较单调的，你是怎么跟踪拍摄的？你不觉得这种单调的生活给你的拍摄带来困难吗？

沈蔚琴：在我看来，渔民的生活并不是我们想象中那样单调的。一方面，瓯江四季的景色变化是很大的。另一方面，渔民在瓯江上生活，他的捕鱼方式、捕鱼地点都是有变化的。所以拍摄中我没有觉得特别的枯燥。

王晓玉：一条船的船舱也就这么大，这么狭窄的空间，你的摄像机运作也会比较困难吧。

沈蔚琴：对。船上工作起来确实不是太容易，特别是船摇摇晃晃的时候。船上就我和摄像师两个人，因为不可能容纳太多的人，我自己就兼着录音。对摄像师，我要求他能够找到最佳的角度。有时候拍一段镜头，到岸上一看，不行，还得重来。可能作为女性来说，在观察社会的过程中，她的思维、她选择的镜头、她表现的方式都会比较细腻一些。

王晓玉：我看你这个片子，听你的解说词的时候，觉得好像在读一篇很优美的散文诗一样。

沈蔚琴：它是一种娓娓道来的方式，这个片子的叙事过程是比较平实、比较自然的，就像跟朋友讲话一样。所以我想这个解说词的风格也应该是平实的，就像是在表达我自己的感受。

王晓玉：我还注意到你用了慢镜头，在整部纪录片最后结尾的地方用了慢镜头。

沈蔚琴：我编到这里，就觉得我必须要用慢镜头。其实孙会兴的年纪并不是很大，四十八岁，但他的外表和他的实际年龄是不相符的。他那张经年在江上被风雨吹打的脸，饱经沧桑，而且渔民的特征特别明显，很有雕塑般的质感。所以我的慢镜头用得很足，包括那个撒网的镜头也非常漂亮。我在拍的时候就有一种沧桑感，一种很悲壮的感觉。

他们身上有种非常朴实的东西

王晓玉：有一个镜头，就是他们的渔船搁浅了，船主人的儿子在岸上帮着拉纤，整个船就在非常艰难的状态下往前进。我当时看的时候，有一种受到冲击的感觉。

沈蔚琴：当时我看到这个景象，也很震动。当时的情况也是突发的，船开了，到一个地方正好搁浅了，如果你不及时处理的话，船的马达可能就会被打坏，因为下面都是砂石。他的妻子二话没说，马上就在那里撑船，孙会兴在后面推，他儿子在前面拉，我觉得这个场面特别壮观。渔民并不是在风和日丽的时候打打鱼啊、撒撒网啊，很轻松的样子，他们会碰到一些意想不到的情况。这些情况可能会给他们的生活带来很大的影响，但渔民表现得很坚毅。所以当时我们也马上跳下来，站在水里及时地拍下了这个场景。

【现场交流】

观众：我看到渔船搁浅，一家人跳下去。妻子、孙会兴，还有儿子，大家一起努力地把船拉上来。就好像他们的生活一样，遇到困难之后，大家就很努力地、齐心协力地一起度过。

沈蔚琴：对，因为那艘船吧，有一种家的感觉。家是每一个人的避风港湾，不管你成功了也好，失败了也好，都会回到这个家里来。他们在船上遇到困难时的相互配合，就是他们的一种默契，多年形成的，不需要语言，共同渡过难关。

观众：沈导，您拍了这部片子之后，您自己有什么感受?

沈蔚琴：渔民的生活我本来是不了解的，很陌生。通过和他们相处，我和他们成了朋友，对我的人生来说，我觉得是一种丰富。在和他们的相处中，我也发现了人生中原来没有注意到的一些美德。比如当时拍这个片子的时候是夏天，渔民三四点钟就起床了，生活应该说是非常非常艰苦的。但是他们呢，真是无怨无悔。他们没有什么豪言壮语，但是他们身上有种非常朴实的东西。

就像十年以前的生活，依然还处在那种矛盾、冲突、变化、磨合的过程中

王晓玉：时间已经过去十来年了，我们很想知道，现在瓯江上这些渔民的生活怎么样了？

沈蔚琴：我前一阵子还和他们有过联系。他们这一家也是有变化的。孙会兴和他的几个儿子都有手机了。我是通过手机和他们联系的，所以我也很高兴，连孙会兴都用上手机了，说明这个社会的变化非常快。

前几年，他们一家还开了个船上餐厅，据说还可以。但是后来，瓯江经过一些整治，

把这些船上餐馆都取消了，所以他们也就开不下去了。孙会兴还在江上捕鱼，老二也在江上捕鱼，老大在丽水开了一家餐馆，他已经融入了城市生活。

王晓玉：那么最小的老四呢？

沈蔚琴：老四有时候也去找找工作、开开餐馆。混不下去了，又回到船上，跟他爸爸一起打鱼，还是来来去去。就像十年以前的生活，依然还处在那种矛盾、冲突、变化、磨合的过程中。

王晓玉：也许现在的瓯江上，我们已经很少看到渔船的踪影了。越来越多的年轻人，他们向往着更加现代的生活，或者说更加文明的生活。我们很难说他们的选择是对还是错，正像这部纪录片的结尾所说的，我们每个人都有权来选择自己的道路。感谢我们的编导用诗一样的语言给我们再现了瓯江上渔民的生活状态。让我们知道，除了我们的城市生活之外，还有这样一种富有诗意的、自然纯朴的生活。

《最后栖息地的朱鹮》：自然纪录片中的情感流露

——王渭林访谈录

访谈嘉宾：王渭林（纪录片《最后栖息地的朱鹮》编导，现任陕西电视台副台长）

《最后栖息地的朱鹮》简介：

在我国陕西省秦岭境内，有一种非常珍稀的鸟叫朱鹮，它曾分布在亚洲东部的广大地区，后来逐渐消失了。1982年，专家们终于在秦岭南麓的洋县山区又重新发现了这种鸟，当时仅剩下七只，这也是世界上唯一的朱鹮野生种群。纪录片《最后栖息地的朱鹮》就是以一对野生朱鹮在孵化期的活动为主线，真实记录了朱鹮赖以生存的自然环境。

制作年份：1993年4月至1993年8月

原片长度：27分钟

原片出品机构：陕西电视台

获奖情况：第2届世界野生生物电影节环境保护奖、亚洲大洋洲地域奖、地球奖

再不记录，恐怕就要消失了

王渭林：在拍摄这部纪录片之前，我从来没有见过活的朱鹮。看到活动的朱鹮也是因为我们台里原来有一个叫刘忠长的老记者，他在1983年拍了七只野生朱鹮活动的画面，当时是用16毫米的电影胶片拍摄的，拍摄了大概不到十分钟。其实这也比较符合朱鹮作为一种珍稀动物的特性，难觅芳踪嘛！

柳遐：那么当你看到这个用胶片拍摄的朱鹮的影像资料之后，你的心情怎么样？

王渭林：那时候没有太多的环保意识，只是觉得又一种动物快灭绝了。

柳遐：就像你片子当中说到的，在秦岭一带，珍稀动物非常多，比如说金丝猴、大熊猫等，那么你为什么会选择朱鹮来作为拍摄对象呢？

王渭林：秦岭被称为中国南北气候的分界线，这是一座非常雄伟的山脉，连绵好几百里。在秦岭有国家一类保护动物四种，就是大熊猫、金丝猴、金毛牛角羚和朱鹮。为什么选择朱鹮作为一类保护动物？有几个原因：第一就是它已经几乎濒临灭绝了。对于一个物种来说，只剩七只，几乎已经不具备继续扩大繁衍的生存数量了，差不多等同于灭绝；另外一个更重要的因素，是因为朱鹮在中国人的传统观念中是一种吉祥鸟，尤其

是当地的老百姓非常喜欢它，把它视为吉祥的象征。我们片子最后的一个画面就是"愿吉祥永存"，这是人类对大自然的祈愿。还有一种说法，在鸟类的学科里朱鹮被称为东方宝石，因为朱鹮具有独特的外形——红顶长嘴，到了交配季节，洁白的羽毛下面呈现粉红色，非常漂亮。它飞翔的姿态也很优美，所以亚洲很多国家都把这种鸟视为神鸟。我们拍摄的目的是想把这种被人们视为神鸟和吉祥物的动物，它最后的生存环境、生存状态通过影像告诉世人。

柳遐：你刚才讲到，在1983年的时候已经有记者关注过朱鹮，为它留下了一些影像的资料，当时仅剩七只，应该说史料价值是比较大的。而你到了1993年再来拍摄朱鹮，还有那么大的价值吗？

王渭林：我们在1993年选择这么一个主题来拍摄，有很多原因。1983年，中国的工业化进程还处在萌芽阶段，整个的环境危机也没有那么严重。据我们了解，上个世纪五六十年代，距西安不到五十公里的周边，就在渭河的湿地，经常能看到朱鹮的活动。仅仅二三十年，朱鹮就在人们的视线中消失了。今天的渭河周边地区，不要说朱鹮，连麻雀都找不到。在这种情况下，我们得知在发现了仅有的七只野生朱鹮之后，十年间，在人工培育和当地老百姓的保护下，它奇迹般地没有灭绝，而且逐渐繁衍了一百多只。我们觉得这不仅仅是一个保护野生动物的问题，也是人类和自然如何相处的问题。我们是从这个角度去拍摄的。

柳遐：就是要为朱鹮多留一些影像资料。

王渭林：我们认为这部片子应该是以朱鹮为主题，同时展现它的最后生存环境。所以我们当时的片名就叫《最后栖息地的朱鹮》，有一点悲壮的色彩，好像已经到了最后的时刻。但是现在经过人们的努力，整个人类对环境的认识不断提高，就朱鹮而言，它现在的生存状况应该说还比较乐观。从我们拍摄这部片子到现在，也就是从1993年到现在（2003年），又是十年了。朱鹮的数量在两百只的基础上，又翻了一番，将近五百只。朱鹮现在已经成为中国的形象使者，中国政府经常把它作为国礼，送给友好国家。

拍摄是一个煎熬和期待的过程

柳遐：拍摄这样的自然类纪录片，是不是事先要做很多的案头准备？

王渭林：拍摄之前，我们对当地老百姓进行了实地的采访，还采访了科研人员，林业部门也给我们提供了很多的帮助，比如提供资料和介绍保护朱鹮的一些措施，等等，这些对拍摄来说都非常必要。

柳遐：你们所能了解到的朱鹮的资料，是不是也很有限？

王渭林：非常有限，当时也没有网络，所以我们看到的就是一些科研文章、当时种群活动的地域范围和朱鹮一年一季孵化的大致时间。

柳遐：你这部纪录片主要是跟踪记录了一对野生的朱鹮在孵化过程当中的生活习性。这个例子你是事先就知道，还是开拍了以后，慢慢知道的呢？

王渭林：因为每到孵化保护季节，朱鹮保护站的工作人员都要跟踪朱鹮的繁育地。在这之前，为了更好地追踪朱鹮在野生状态下的生活情况，科研人员有意在野生朱鹮的脚腕上置埋下一个跟踪器。在纪录片中，细心一点的观众可以看到，老鸟的翅膀上有一根天线，它就是为了研究人员能够追踪到朱鹮，否则你没有办法控制它。

在幼鸟快要孵化的季节，研究人员会提供一些信息给我们，比如当年快要孵化的朱鹮会在哪一带活动。于是在他们的引导下，我们才进驻洋县一个叫余家沟、三叉河的地方。

柳遐：你的镜头很仔细地表现了小朱鹮

出壳的过程，能不能给我们说说当时拍摄这一段的情形？

王渭林：这个小朱鹮是在余家沟出壳的。我们与朱鹮保护站的同志从它们做窝开始就一块在那儿守候。雌朱鹮和雄朱鹮轮流守窝、互相照顾，直到第十一天，我们才拍到了小朱鹮出壳的过程。这个孵化期，我们一共等了二十一天。

柳遐：你们在哪儿守候呢？

王渭林：在一个山顶上，距朱鹮孵化的那棵树冠大概有两百七八十公尺的距离。

柳遐：在山上你们怎么生活呢？

王渭林：我们这个摄制组一共是六个人。这二十多天里，我们一直住在一户老乡家里，这个老乡我至今记得还很清楚，姓焦。我们买了四十多斤面粉、二十多斤大米，带了一些方便面，还有饮料进去的，老焦的老伴每天为我们做两顿饭。然后我们轮班，这拨人上去拍摄，换那拨人下来吃饭。晚上没有夜视镜，也没有红外仪器，没法拍摄，所以晚上回到老焦家住宿、吃饭。

这组镜头是鸟遂人愿

柳遐：你们在山里面住着，等待小朱鹮的出生，大家心里面是不是特别着急？

王渭林：确实如此，虽然朱鹮保护站的同志给我们当向导、当顾问，但是谁也说不清朱鹮到底哪一天能够破壳，破壳那一刹是白天还是晚上。所以没有办法，总是在猜测。当时的拍摄设备又非常有限，我们用的是M2的松下摄像机，电池都老化了，山上又没有供电，又不能用交流附加器，所以也不能总开机，因此频繁地观察。那几天人的眼睛好像都是直的，总是盯着三百公尺外朱鹮孵蛋的那个窝，不知道什么时候它就出壳了。但是有一条原则，只要雌雄朱鹮起身就一定要开机。

柳遐：就像拍摄足球比赛，不知道这一轮进攻能不能进球，但是一定要开机，否则进球了就没有办法补救了。

王渭林：对，时刻准备着，等待着蛋能够孵化出来。我们预计今天可能有希望了，大家聚精会神地等着，然后等朱鹮起身一看，依然是一只完好无损的蛋，那个时候真是各种感觉都有。好在最后终于是鸟遂人愿，应该说运气很好。那一天，我们记得是上午10点多钟，从镜头中看见蛋上有一个小孔在笃笃笃地往外啄，当时我们全都非常激动，赶快看，赶快看，今天有希望，今天有希望。就从小鸟啄壳的那一刻开始，我们几乎没有停机，一直到小朱鹮破壳而出。

柳遐：这过程大概有多长时间？

王渭林：将近三个小时，我们中途有两次换磁带的间隙，我们就怕把最精彩的一幕给漏掉，还好，所有的破壳过程几乎都被拍下来了。野生朱鹮第一次在野生状态下的孵化过程被拍摄下来，这是第一次。当时大家觉得所有的等待都值了，后来我们另外一位编导马希麟先生到东京领奖回来说：评委会说，就凭这一组镜头，你们获得这三项奖就当之无愧。

柳遐：你们拍摄这个片子总共耗时多久？

王渭林：前前后后、断断续续将近两年时间。

柳遐：为什么要那么长时间呢？

王渭林：因为要拍孵化的过程。1992年我们去拍的时候，没有拍到孵化出壳的镜头。如果没有这组镜头，这部片子就没有灵魂。

拍完的时候，我们就有些遗憾

柳遐：王导，拍小朱鹮出壳那组镜头的时候，作为观众，我们特别希望你把镜头推得再近一点，让我们看清楚小朱鹮的模样，但是没有做到。我想你当时拍的时候心里面肯定也有这样的想法。是不是当时受到拍摄器材的制约，所以才留下这样的遗憾？

王渭林：遗憾很多。当然有器材上的原

因，我们是用了四十倍的镜头，四十倍是当时我们能够拿到的最好的器材。但是因为它倍数大，镜头的折光率也非常高，所以推上去的话，即使我们的光圈已经打到最大，画面还是很暗，实在没有办法。还有当时在山坡上拍摄，脚架很老旧，没有办法很好地支撑，导致画面不断地抖动，好像有人在搅动池水一样。

说老实话，我们当时还几乎看不到国外Discovery这样的纪录片，仅仅能从中央电视台的《动物世界》中领略一些国外同行拍摄野生动物的经典镜头。无论从器材上，还是从我们的理念上、我们的拍摄经费上，都远远不能达到国外的水平。

柳遐：我们看你这部纪录片，还有一个感觉，就是你对与朱鹮相关的人物几乎没有涉及。如果有机会让你再重新拍摄一部这样的纪录片的话，你会不会把人物也作为你的拍摄对象？

王渭林：其实拍完的时候，我们就有些遗憾。我们觉得在拍摄的过程中，几乎把百分之一百的注意力，甚至是超过百分之一百的注意力，都集中到了那两只鸟的身上。不敢有丝毫的懈怠。可是拍摄完毕后，我们忽然想到老焦这一家人，其实是跟朱鹮几乎同等重要的拍摄对象，而我们却忽略了。这是一对非常善良的老人。秦岭山中因为天气变化很大，几乎两三天就要下雨。每当下雨天，老焦都要抱着被子到朱鹮的树底下。他搭了一个窝棚，要去看护朱鹮，他害怕下雨刮风鸟巢掉下来。但是这些细节我们当时居然都忽略掉了，没有同时记录下这一对山里老人的生活状态。我觉得他们为朱鹮所做的一切，是极其可贵的，尽管我们要表现的主体是朱鹮，可是这一家人，我们不应该忽略。当时如果记录下来，编成两个不同的版本，一定会比现在的信息量更大。所以，当初我们对纪录片的思考和认识，还有很多不成熟的地方。今天如果再让我们去拍，我一定会多角度、多视点地去表现朱鹮，它和当地人的关系、和老百姓的关系、和科研人员的关系、和政府的关系，可以提供更多更丰富的信息。

它有一种人文关怀的主题

柳遐：你在片头用了相当多的镜头来表现秦岭的自然环境、地理环境。在1993年的纪录片当中，很少有做得那么好的，是不是你们当时已经在有意识地学习借鉴一些国外的纪录片的制作手法？

王渭林：我们这部纪录片，因为记录的对象是野生动物，所以我们也有一些困惑，就是怎么能够使野生动物表现得让人喜欢。因为它不像人，有命运的纠葛，有人与人之间的关系。但是又不能像科教片一样去结构它，因为它还有一种人文关怀的主题。所以大家看到，汉江边上那些非常优美的景色，也出现在画面当中。

柳遐：这部纪录片的解说词同样是非常的优美，充满诗情画意的，但是我们也听到一种质疑的声音，说这样优美的解说词，使得你的这部纪录片不可避免地带上了一点专题片的色彩。

王渭林：似乎纪录片编导们都追求那种原生态的表现方式，我个人认为不同类型的纪录片恐怕要区别对待，不能用一种模式来要求所有的纪录片。纪录片也包含编导自身一种情感的抒发，对片中被拍摄主体来说，它是被倾注了情感的。这部片子的解说词的主笔是马希麟先生，他对朱鹮倾注了非常多的情感，虽然它是一种鸟，但是它所代表的愿望是非常美好的。

柳遐：事隔十年，当我们今天重新看到这部优秀纪录片时，依然为之赞叹，尤其是刚才通过对王导的访谈，更加让我们感受到勤奋质朴的中国纪录片人，对纪录片创作孜孜以求的精神。

《茅岩河船夫》：内在精神力量的挖掘

——宋继昌、李晓访谈录

访谈嘉宾：

宋继昌（纪录片《茅岩河船夫》编导）

李晓（纪录片《茅岩河船夫》摄影）

《茅岩河船夫》简介：

老船夫金镇举和他的儿子金宏章一直居住在中国湖南省一条叫茅岩河的河边的一座村庄里。从20世纪70年代末开始的中国经济改革浪潮，也逐步影响到了这座小山村，老金和他的儿子小金在价值观念和生活态度上发生了剧烈的冲突。这种冲突随着一次大水以后父子俩驾船到茅岩河上游去挖沙的艰苦跋涉而表面化了。

制作年份：1993年10月

原片长度：28分钟

原片出品机构：上海电视台

获奖情况：第5届上海电视节“白玉兰”奖最佳短纪录片奖、记者奖、摄影奖提名

后来我拍老金父子去上游挖沙，与风浪搏斗的过程，实际上是更深入地体现了人跟自然之间的关系，不单是那么静态的、和睦的，而是有冲突的，但冲突之后，又归于更高层次的融合

柳遐：茅岩河在中国的湖南省西部，它长约五十多公里，是一条布满急流险滩的河流。但是即使是这样的河流，在中国也是很多的。那么宋导，当年你是怎么认识那么远的茅岩河上的老金的？

宋继昌：那是1992年吧，夏天，我跟李晓几个人一块儿去参加在湖南张家界召开的一个中国纪录片研讨会。会议期间，主办单位让我们去茅岩河漂流。快要结束的时候，到了下游，有一个节目就是茅岩河的两边男女唱山歌，在对情歌，你一句我一句，当时好像哪个电视台是在录音的，所以大家鸦雀无声，都是静静地在自己的游艇上，在听、在看。这个时候，上游突然传来一声吼叫，我想怎么回事啊？原来是一个人在船上唱山歌，远远看过去，就是一个大胡子、很剽悍的汉子，驾了一条木船“哐”地冲下来：因为是漂流嘛，落差比较大，冲下来很快就消失了，这个时候大家都呆了，怎么搞的，很好的一个节目被他冲掉了。但是他这个山歌，我听了感觉比组织的那个山歌唱得有味道。后来，我就又回到了茅岩河边，找到了这位姓金的大胡子船夫。

柳遐：那么李晓，你对茅岩河留下的是什么印象？

李晓：茅岩河印象，我当时想拍个风光片不错，加点音乐，弄点解说，再弄俩女的一指，啪，出来一山峰，完全和现在的这种感觉不一样。

宋继昌：茅岩河是不平凡的一条河，我很喜欢沈从文的小说，沈从文讲的是沅水，茅岩河是澧水的上游，它实际上和湘西的风景一样，给我一种很开阔的想象余地。然后我就马上打电话联系，李晓他们一个摄制组就赶到了茅岩河边。大概是他们把东海龙王也请过来了吧，当天晚上就下大雨，暴雨，连下了好几天，茅岩河涨水，那是一次前所未遇的大水，这个大水把大庸市都淹了。我们的拍摄计划全部作废。因为我们想象当中老金跟那条茅岩河，是一个人跟自然和谐相处的关系。结果一发大水，我们就根本接近不了茅岩河。

柳遐：那么最后当面对的是这样的茅岩河的时候，你是不是改变了纪录片定位，改

变了你的片子想讲述的一种东西？

宋继昌：当时出乎我意料之外，发大水了嘛，原来的山清水秀变成混沌一片，原来人跟自然的和谐变成了人跟自然的冲突。我说我们的片子带有很大的偶然性，其中一个意思就是我们没办法事先构思，只能随着事件推移，不断思考、不断抓拍。后来我拍老金父子去上游挖沙、与风浪搏斗的过程，实际上是更深入地体现了人跟自然之间的关系，不单是那么静态的、和睦的，而是有冲突的，但冲突之后，又归于更高层次的融合。我想老金为什么喜欢茅岩河，就因为茅岩河给他提供了这么一个用武之地。

柳遐：是上还是下，是拍还是不拍，是坚持还是放弃，好像每一个镜头都是对你们的一种考验。李晓，这样一种经历，是不是也给你留下了很深的印象？

李晓：因为过去我拍摄大部分在上海的弄堂里面，大都是婆婆妈妈的事情，到茅岩河这样的一个地方拍摄，真是平生第一次。怎么拍？实事求是讲，我当时很茫然的。下雨，我恨不得它天天下，因为什么，我就怕开机，我都不知道怎么去拍，我从来没有经历过这样的事情。以至于我在拍的那天，我还跟老宋讲你是不是能换一个人拍，叫我拍我可能达不到你的要求，因为我知道自己的功力，你叫我拍里弄没问题，我拍了《德兴坊》，拍了《毛毛告状》，拍了《重逢的日子》，拍得人家眼泪一把一把的；但是拍这样的东西，确实我个人能力有限，我觉得驾驭一种强大的东西，要有非常健康的体魄，要有艺术的高水平来把握它，但我没有这东西，挺害怕的。所以我和老宋不一样，老宋说怎么又下雨啊，我说怎么能不下。

柳遐：那次拍摄对你来说挺难的。

李晓：有两种恐惧，既是对片子拍摄上的一种恐惧，还有就是人对自然的一种恐惧，怕急流险滩。

宋继昌：李晓当时还有另外一种压力，就是我在旁边老是骂他，我这个人比较“残酷”，因为画面不断地出现，我眼睛比他转得快，这东西我看到以后喊快拍，他转过来以后没有了，我就说怎么搞的。

柳遐：李晓的速度要和宋导的眼球比赛，还要和飞快的小舟比赛，是吧？

李晓：那个船是晃动的，我拍的镜头不能是晃动的，我尽可能随着船晃动来制造某种平衡。摄像机挺重的，一直扛在肩上，像扛着个炮弹一样，很累很累。那天晚上，可能8点多钟吧，差不多到了目的地了，宋继昌说我们休息休息，晚上再拍。这目的地也就是一个湖滩，全是鹅卵石，就铺了一块塑料布，然后我和灯光师傅说，我们先休息一会儿，谁知道我们就睡着了，就这么躺在鹅卵石上睡了一晚上。

这部片子不以情节取胜，而着重于挖掘内在的精神力量。片子要写实，还要写意

柳遐：《茅岩河船夫》讲述的是一对逆流而上的父子挖沙的这样一个生活片断。其实宋导，在我看来，你这部片子在当时纪录片的创作上也是有点逆潮流的，因为同一时期的《纪录片编辑室》创作的大量纪录片，关注的是城市当中小人物的生活和命运，而且已经得到了比较好的社会反响。为什么在这时候，你却选择了这样一个远离城市喧嚣，注重人和自然关系的片子来拍？

宋继昌：看起来这部片子出于偶然，但仔细想想，也不尽然。我心里面一直有这个想法，随着市场经济的发展，有些很好的东西在丢失，特别是在人的内心世界，大家都忙于赚钱，娱乐活动就是卡拉OK，这个我感到非常单调，人生不应该是这样的。我始终感到高山大河荒原上面有我们要找的东西，生活在那边的人有我们要学习的地方。老金

是一个在身体和精神上都非常强健的人，我们在上海里弄里很难碰上。所以我在茅岩河一边拍一边跟上海作对比。两下一比较，对城市的东西看得更加深透了，同时对老金父子的生活和性格也更加理解了。

柳遐：那么李晓，你当时拍了比较多的城市片，甚至是城市悲情片，你介入到《茅岩河船夫》里面来了以后，你是怎么看的？

李晓：我对这茅岩河是一步步走近的，我们摄影的思考，更多在扛着摄像机的时候。我就觉得我过去在上海做片子，关注那些不幸的人、痛苦的人，要让观众献出爱心，但时间长了，我觉得这里面有矫情。一看到老金，我就觉得那是一个健康的肌体，他是在同自然抗争，所以我的镜头大部分都是一种非常贴近的，贴近他的肌肉，撑篙的时候肌肉绷紧的那种力量，带有很多的创作成分在里面。我觉得我这片子拿回城市，能给人一种力量，一种信心！

柳遐：宋导，我还有种感觉，《茅岩河船夫》和我们以前重访过的一些片子有一个很大的不同，就是它的叙事手法上和表现风格，我们既像在看一幅很壮美的山水画，又像在读一首很优美的散文诗。当时是怎么给这个片子定位的？

宋继昌：这部片子不以情节取胜，而着重于挖掘内在的精神力量。片子要写实，还要写意，茅岩河的精灵，包括石头、波浪、瀑布，还有船、船桨，船桨上停的蜻蜓，还有天上的飞鸟，好像形成了一个统一的整体。我在想，老金这么喜欢茅岩河，为什么？他一定是体会到一种我们城市人体会不到的幸福。久而久之，我感到老金本身也是其中的一部分，是自然界的一个有机组成部分，浑然一体。

中国纪录片已经走过了两个时期，一个是神话时期，即宏观叙事时期；一个是纪实时期，纪录片从天上下到了实地。我觉得我们这部纪录片更多的是精神的东西，给人的感觉是它画面背后还有一种语言，我并不是仅仅告诉你画面语言，我把背后的语言也暗示给你。

柳遐：我知道李晓是一个非常有激情的摄影师，往往灵光一闪就会有惊人的表现。这部片子当中是不是就有你的激情镜头，或者说你拍完回来以后看这部片子，觉得有什么镜头是你特别得意的？

李晓：有几个段落，我觉得渲染得还是不错的，包括武溪村那个段落。武溪村是老金的家，老金在犁地，我觉得这段是比较满意的。当然我觉得更多的还归功于导演，将他的思想赋予我的镜头。

【现场交流】

柳遐：这里有几位纪录片的爱好者，请大家讲讲对这部纪录片的印象，好吗？

石曙萍（复旦大学中文系博士）：我看了这部片子以后，感觉摄像或者摄影比文学在某种程度上更具有表现力。（20世纪）30年代的时候，沈从文写了《边城》，那时候知识分子的视角是高高在上的。但是我看了这部片子，能够感觉到导演就把自己放低到和老金和小金这些民间的人物同一个水平、同一个层次上，来进行交流和对话。正因为有这样的立场，所以这部片子能够给观众一种新的精神启示。

柳遐：对，导演说他对老金抱着一种景仰的态度，他是健康的、向上的、带着力量的，一种纯自然的生命的象征。

石曙萍：对，中华民族之所以能历经很多艰难生存下来，很大的原因是中国底层的老百姓，在他们的身上具有像老金一样的一种精神力量。他们的生活很艰难，但是他们很乐观很单纯，并且在面对艰难的时候，有着自己的力量，有着自己的幸福。所以我们看到老金也会唱歌，他的歌声是很纯粹地发自内心，来表达他对生活的一种热爱、一种感受、一种快乐。

程福财（上海社会科学院青少年研究所学者）：老金长期以来生活在农村，中国农村相对来说是一个稳定的社会，老金们世代定居，生于斯、长于斯，还准备死于斯。但小金不这样，小金他年轻，受到传统的约束少，这个时候他可能更有闯劲，老金当时反对小金出去，是说外面赚不到钱，他觉得他在当地就已经能够获得足够的生活资源，我觉得老金如果这几年当地的沙子挖不到了，又看到小金在外面赚到了钱，他的观念可能也会变，这个代沟可能就会慢慢地填平了。我们可能看到一幅画面就是老金积极支持，在火车站送小金出去……

柳遐：我们的纪录片导演是非常可贵的，记录了中国发展特定的历史时期当中人的生存状态。确实，走出大山大河，走向城市，这是现代文明一个标志，也是人口流动一个不可遏制的趋势。这种人口的流动，对乡村，对城市，都带来了很大的变化，这种变化影响到我们每个人的生活。但是宋导，人们都进城了，老金的山歌不但没人会唱了，可能以后连在山里面听歌的人都很少了，这可怎么办呀？

宋继昌：唉，拍摄过程中我是有这个忧虑，山歌实际上是我们民间一个非常有价值的文化形态，没人唱了以后，城里面大量泛滥卡拉OK，卡拉OK是舶来品，它是一种文化的消费，这两者之间我感到显然后者是绝对代替不了前者的。

柳遐：老金的山歌，久而久之，随着生活方式的改变，跟其他一些好的东西一道像流水一样流掉了。我们经济是发达了，但文化却空虚了。“现代人丢失了他们的草帽”是复旦大学历史系教授顾晓鸣写的一篇文章的题目。现代人在走向现代的过程当中，得到了什么，又丢失了什么，我们来听听顾教授的说法。

顾晓鸣（复旦大学历史系教授）：年轻人认为草帽是草帽，它那里有什么，有哈利波特的帽子，三十元钱五十元钱的，充满了诱惑，充满了神奇。但它们都是复制的，不仅是复制的，还是商业炒作。小金逆流而上到城里面去挖“沙子”，艰难程度不亚于茅岩河，但是绝对没有它那么美丽。我们突然发现我们脱离了大地，我们住在高楼里面，我们感觉不到那种踏实的泥土的感觉，我们的城市人要更关心整个大自然，更关心我们的农村。在新一轮的农村开发和西部开发过程中，还是两条腿，一个就是离开这个地方去发财，但是更多的应当像老金那样，换一个眼光，换一个价值观，重新打量自己的乡村，在这里边创造财富出来，让乡村和财富携起手来。上海今天报道，2020年上海将有30%的森林，因此这个潮流也就是上海城市的标志，使上海越来越接近于茅岩河。

柳遐：其实小金最后是走出去了还是没有走出去并不重要，小金的故事在我们今天城市的很多外来青年身上正在发生着。现代社会每个人都有选择自己生活的权利，每个人也都有选择的充分理由。老金在茅岩河上拼了一生，他说还要和茅岩河拼一世；小金呢，他说他是一定要走出去的，要过自己真正的生活。其实他们在挑战自然的同时，都是在向自己的极限进行挑战。正是这种超越的激情和渴望，使我们人类的发展拥有了今天，也正是这点，使《茅岩河船夫》在主题上拥有了一种永恒。

《第二次生命》：感动的力量

——张洁、胡劲草访谈录

访谈嘉宾：张洁（纪录片《第二次生命》编导，现任《新闻调查》制片人）

胡劲草（纪录片《第二次生命》编导，现任《新闻调查》编导，执行制片人）

《第二次生命》简介：

这是发生在北京城里一个家庭的特殊故事：女儿张玥琨从六岁开始就患了尿毒症，无数次地经受了生命垂危的抢救。当小琨二十一岁的时候，负债累累的父亲和母亲决定与命运作最后一次的抗争，那就是捐出母亲的肾去挽救女儿的生命。这个家庭将会面临怎样的抉择，他们的命运又会走向哪里？

制作年份：1999年3月

原片长度：45分钟

原片出品机构：中央电视台《新闻调查》

获奖情况：第36届亚洲太平洋地区广播联盟奖多元文化贡献奖

一个母亲为女儿捐肾，背后一定有故事，我们直觉到故事会非常的厚实

柳遐：我想问一下，1999年的时候，有关这个选题，你们两位是怎么发现的？谁最早发现的呢？

胡劲草：张洁。

张洁：行，选题我来说。我们是在拍另外一个节目的时候，发现了这个选题，那期节目名叫《眼球丢失的背后》。当时正好请一些专家来讨论器官移植存在的种种问题。在会上，北京朝阳医院泌尿外科主任管德林说到器官移植的供体稀缺的情况时，介绍了他当时正要做的一例亲属供肾的手术，是一个母亲给女儿捐肾。他认为这是一种解决供体紧张的方法。当时听到这句话的时候，我跟摄影王小鹏都在现场，我们眼睛一下就对到一起了，第一个感觉什么呢？有戏！一个母亲为女儿捐肾，背后一定有故事，我们直觉到故事会非常的厚实。

柳遐：一开始是不是因为这个选题本身具有一种煽情效应，所以特别吸引你？

张洁：说实话，当初还真没有想到煽情这两个字，当时想到的可能就是一种牺牲。在没有开拍之前，我们并不知道能不能把这个情给煽动起来，但是这种牺牲是会让你很感动的。根据大夫的介绍，不是每一个父母，每一个兄弟姐妹都能够做出这种抉择的。所以这种牺牲和奉献让我们感到震撼，这个特殊事件的背后包含了一种亲情、一种母爱。另外，纪录片也要有悬念，要能够吸引观众往下看，而这部片子本身具有的天然的悬念就是手术成功与否，母亲的肾捐出以后能不能在女儿身上存活。那我觉得，凡是坐在电视机前的观众都会被这个悬念吸引。

尽管这个选题让我们觉得千载难逢，但是如果我们的制作过程真的有可能对他们造成伤害的话，那么我们会停止拍摄

柳遐：片子往下看的时候，可能有些观众会觉得挺容易拍摄的，无非就是跟着事件进展的顺序走。其实我感觉到并不那么容易。因为即使是这样的家庭，也有很多不愿意完全展露给外人看的东西。你们摄制组当初进入的时候，是怎么做到和这个家庭特别融洽地相处，打消他们的顾虑，使他们能够将内心深处的一种感受、把他们家庭中的窘境都暴露在镜头面前的呢？

胡劲草：这期节目1999年做的，到现在已经三年多的时间了。而我们摄制组第一次

跟这个家庭接触的很多情景还历历在目。当我们一厢情愿地决定要去做这样一个题目的时候，他们的确有很多顾虑。记得我们摄制组王志、张洁、还有我，我们三个人第一次去拜访这个家庭的时候，他们正处于非常窘迫的状况。一般情况下，人们都非常不愿意外人这么近距离地进入自己的生活，尤其是当我们表示还要近距离跟踪手术全过程的时候，她父亲的第一个反应是拒绝。他有非常充足的理由，在我们之前，北京有个别媒体已经介入过这个家庭了，而后果是使得他们的生活更加困窘。

柳遐：那个时候，你们采取了什么样的一种方式或者态度呢？

张洁：其实拍节目和做人是一回事，拍纪录片其实是一种与人交流的艺术，这话怎么说呢？因为当初从想到这个选题，第二天报题，第三天就跟他们家沟通，第四天基本上就开拍了，所以我们跟他家沟通的时间也就两天，特别那天到他们家听她父亲这么一说了以后，我们自己心里也挺悬的。但是我们跟她父亲先把我们的目的说清楚了，那就是拍这个片子是为了让更多的人知道亲属供肾这么一种选择。另外，我们再三向他保证，如果我们的拍摄一旦对他女儿的治疗或者对他们家庭产生影响的话，我们随时终止拍摄。尽管这个选题让我们觉得千载难逢，但是如果我们的制作过程真的有可能对他们造成伤害的话，那么我们会停止拍摄。为此，我们做出了非常庄重的承诺。

那时候我突然有一种联想，我觉得这个手术台是一个神圣的祭坛，母亲躺在那儿牺牲、奉献

柳遐：看这部纪录片的时候，所有的观众都会有忍不住想掉眼泪的感动。在整个拍摄过程当中，你们是不是也经常会有特别受感动的时候？

胡劲草：我刚才坐在这里把片子又重新看了一遍，我还是好几次忍不住要掉眼泪。说实话，在现场的时候，倒来不及考虑这些。因为在现场我们很多的精力在考虑要拍什么，在采访、记录，等等。最让我感动的是她的母亲，面对这么大的一场人生选择，她的那种坦然和淡定，我觉得真的不是一般的母亲能够做到的。她有一句话特别打动我，她觉得这是在她人生中的一次搏，她说我们一定能搏胜的。在这种未知的状况下，她的自信让我特别感动。

柳遐：那么张导你呢？

张洁：听她母亲的某些语言表述以后确实很震撼。我记得有一天正好王志没在现场，我一个人在房间里把机器开着。她母亲就说，你知不知道是切左肾还是切右肾？她说要切右肾就麻烦了，因为床铺位置的关系，她就要往右转，没法看着女儿，切左肾比较好，她就能看着女儿。哎呀，当时她说这话的时候，我真是特别特别感动。一个做母亲的，她已经牵挂到这个地步了，我的手术部位，我希望你能切我的左肾，完了方便我看我的女儿。

我还记得手术那天，她母亲躺在手术台上，大夫正准备给她做麻醉，我们拍了她一个特写，大家在片中可能看见了，她当时躺在手术台上非常安详、宁静。那时候我突然有一种联想，我觉得这个手术台是一个神圣的祭坛，母亲躺在那儿牺牲、奉献，这种感觉特别强烈。最后大家可能也看见了，她的肾被取出以后，她在麻醉和痛苦中全身发抖，那时候她还不忘问身边的小草那边怎么样了，小草告诉她说挺好的。我们觉得这种母爱是超常的，非常令人震撼。

适当地用一些比较有刺激力的的镜头，能够深化这个片子想要传达的主题

柳遐：这个纪录片在艺术特色上也有很

多话题可以拿出来谈一谈。片子中特别注意细节的积累，比如说孩子从手术室出来以后叫了一声妈，孩子对一个母亲的感激和牵挂，都融化在那一声叫唤当中了。还有，你们对她妈妈采访之后，把镜头摇到桌上的一个小铜牌上，上面写着“爱永无止境”，这个细节也是把母亲深沉的母爱和博大的胸怀都表现了出来。你在抓这些有价值的细节上，有些什么样的思考？

张洁：你刚才举的这些例子恰恰都是通过摄像机的镜头，通过我们的摄影师完成的，也就是说，在整个节目的创作过程中，是创作群体对这个故事的把握。如果摄影师不能跟你有同步的观察和思考，那真的是要大打折扣了。有一种说法，在现场摄像就是导演，因为他拍什么就是什么，他要是拍不着，你回来就没办法把片子编出来。我们这次为了使摄像对事物的理解能够达到跟我们同样的程度，我们特别注意交流。片子要拍什么，有可能拍到什么，我们都做了很多设计。

柳遐：还有一个细节，就是她父亲提出女儿在情绪不稳定的时候，喜欢摸着他的耳朵。

张洁：对，他说是每天在她睡觉的时候。但是在手术签字的关头，摄像非常用心，抓住了这个很感人的摸耳朵的细节。这个细节是我们的副摄像拍下来的，把我乐坏了，这一个镜头就功不可没了。记者采访的时候，我们要求摄像必须戴耳机，必须听着对方说什么，然后他可以在画面上对语言进行一种延伸，显然他当时把这个细节听进去了。

柳遐：我也有一个小小的困惑，就是片中有些镜头细部的处理太细致了。比如说手术过程，很多纪录片就可能一笔带过，但是你花了很多的笔墨记录手术过程，甚至有一长段的近景，连打开的腹腔都清晰可见。我不知道你当初这样做是出于一种什么样的考虑？

张洁：这一段要让胡劲草剪，肯定不是这个样子。

胡劲草：对，全删掉。

张洁：但是我为什么要这么剪？说实话我就想表现那种牺牲的悲壮、惨烈。你看肾脏移植到小孩体内以后，放开动脉，放开静脉，肾脏就红了。我想通过肾脏变红的镜头来象征母女俩的生命已经融会在一起了。当时有一句画外音，管大夫说：你看，肾脏变红了，和她妈妈的肾脏一模一样。所以我觉得适当地用一些比较有刺激力的镜头，能够深化这个片子想要传达的主题。

柳遐：我想大家可能特别关心这家人现在的命运怎么样了，能不能给我们做个介绍？

张洁：先给大家看一张我带来的照片，拍摄于手术一年以后。

柳遐：就是2000年的3月。

张洁：对。她这个手术非常成功，但是这其中也比较有戏剧性，这个戏剧性体现在哪儿呢？就是片子里面交代是手术成功了，来尿了，来尿就意味着她的肾功能恢复了。但是特别奇怪，就是当天来尿以后，第二天尿就开始中断了。

柳遐：这种情况延续了多长时间呢？

张洁：延续了四个星期，这在管德林大夫的手术里，也算是比较长的了。管大夫也特着急，天天到病房里摸她那个肾，每天都来摸。他就跟我说，他说最晚的也就是一个月以后来尿，这个小孩四个星期，正好是在这个极限。当时我们正在做后期剪辑，每天都跟他们家通电话，她父母已经又被这个新的情况折磨得不行。其实按说做纪录片那个时候应该跟下来，但是我们想，这比较残酷，一个是她父母经受了这个手术之后，真让你不忍再去用摄像机干扰他们；另外，医院也很尽心尽力，我们要再去的话，他们也会很紧张。所以我们为了避免给他们造成干扰，尽量保持在一种平和的状态下，让他们进行一些预后的治疗。到第四个星期，我这个片子剪辑出来的前一天，她爸给我打了个电话说，管大夫今天来了，说明天来尿。我当初还想，神了，这大夫那么厉害啊，结果真是这样。第二天我片子剪完的时候，她爸跟我说来尿了，四千多毫升。哎哟，那个时候说实话真是，“来尿了”这三个字在我们办公室里回荡不已。因为我们摄制组其他人，只要一回到办公室，就要凑到我的编辑机上来问：来尿了吗？小琨来尿了吗？天天问。

柳遐：这句话也成了你们整个办公室的一个佳音。

张洁：对，对，对。后来播出的前一天，我到医院去了。到医院她爸就跟我说，说来尿那天，小琨哭得一塌糊涂，说：爸，我终于会撒尿了。哎呀，这种生命得到复苏的感觉，我特别感动，我真的觉得冥冥之中是上苍在保佑着这个家庭，真的是第二次生命。

柳遐：其实我们还特别关心那个妈妈，肾被摘了以后，对她的生活带来了什么样的影响？

张洁：我们手术完了，过一个多月去看她的时候，感觉最大的变化，就是她变得又黑又瘦。手术之前因为要加强营养，保持体能，所以状态比较好。但手术完了以后，对她还是有一定影响，很快变得又黑又瘦。重体力劳动只能她父亲来干了，就像他在片子中承诺的。她母亲现在身体恢复得非常好，也没有对他们的家庭生活造成很大的影响。

柳遐：我想有一点是肯定的，就是这个家庭一定是更加融洽了。

张洁：对，亲情是更加浓郁了。

柳遐：通过你这样的一种解读，观众不但会觉得触目惊心，而且会深受感动。当初送评亚广联大奖的时候，可能就你本人制作的节目中就有比这个更好的，你们选送这个节目去国际参赛，是看中它的什么东西？

张洁：其实这个奖不是给我们的，是给这一家人的。因为这家人的行为太伟大、太超常。这种东西感动了我们，我们把它记录下来，然后这些东西又感动了国际评委。这部纪录片反映的正好是我们今天社会转型时期精神层面上的稀缺资源。一种奉献、一种牺牲、一种爱。它会使人感觉到在这个社会、在这个世界生存特别温暖，因为我的同类是这样一个人群。对于西方人来说，他能从这种东方人的人伦、人情故事里面，感受到人类的一种崇高的精神力量，我觉得这个片子的价值在这儿。

柳遐：从总体来看这部纪录片，不难发现它在总体结构的架设、气氛的营造、一些细节的雕琢和后期编辑的技巧上都有很多独到之处，由此我们也可以看出这两位编导的特殊的艺术才能和独具匠心。

记录中国农村的变迁

——梁碧波访谈录

访谈嘉宾：梁碧波（纪录片《三节草》、《婚事》、《冬天》、《二娘》编导）

作品简介：

《三节草》

泸沽湖畔七十岁的老妇肖淑明一生的曲折传奇。肖淑明出生在四川成都一个国民党中校军官家庭，后随父母迁居四川雅安读中学。她被摩梭人土司喇宝成看中，带回了泸沽湖畔，成了摩梭人山寨的压寨夫人。在那里，她学会了骑马打枪，生了两双儿女，成了摩梭人。解放时，喇宝成参加了解放军，参与了平定叛乱。

数十年间，肖淑明经历了从贵族到干部夫人再到普通农民的变化，直到54年后的1996年，她才有机会回到阔别已久的故乡，肖淑明百感交集。她知道，她已经回不到这个城市了，于是，她萌生了一个强烈的愿望，一定要把她的孙女拉珠再送回到城市中……

制作年份：1997年5月至1997年11月

原片长度：60分钟

原片出品机构：中央电视台、成都经济电视台

获奖情况：第20届法国国际真实电影节特别奖、第4届中国电视纪录片学术委员会学术奖、第7届全国少数民族题材电视奖"骏马奖"

《婚事》

出生、结婚和死亡，是人一生中的三件大事。中国自汉朝以来，实行"七礼之婚"。从提亲到结婚，要经历七个程序。

秦岭山区的一个村子里，十八岁的建娃子和琼女子好上了。建娃子的邻居姑娘玉娃子一家要招一个上门女婿，提的是邻村的赵忠。这两对年轻人都托五十四岁的老汉张新喜做红爷。从春天到冬天，张新喜穿梭游说于这四个家庭中，一个程序又一个程序，竭力要把婚事促成……

制作年份：1997年1月至1999年11月

原片长度：80分钟

原片出品机构：成都经济电视台

获奖情况：2000年匈牙利国际视觉艺术节大奖、第5届罗马尼亚阿斯特拉人类学文献纪录电影节大奖、第5届中国电视纪录片学术委员会学术奖长片一等奖

《冬天》

四川省都江堰市虹口乡漆树坪，位于横断山脉南麓，2300多年前，古蜀人便从这里进入了成都平原，开创了灿烂的巴蜀文明。如今，这里还生活着十二户农民，他们在这里劳作、淘金、选人民代表和生儿育女，日子过得有滋有味。

本片记录了漆树坪的乡亲在一个冬天里的生活状况和他们的内心世界。

制作年份：1995年11月至1996年2月

原片长度：30分钟

原片出品机构：成都经济电视台

获奖情况：第15届中国电视金鹰奖最佳短纪录片奖、最佳纪录片摄影奖，第3届中国电视纪录片学术委员会学术奖一等奖、最佳摄影奖

自然背景和社会背景，它只能作为背景，我就把重点放到了肖淑明个人的命运和历史相交织这一部分

柳遐：《三节草》的开头很大胆，是让肖淑明老婆婆一个人对着镜头摆"龙门阵"（四川话：闲聊），而且这样的镜头几乎占了你片子中一半的比例。当初你在结构片子的时候，为什么有这样的自信，觉得观众能够接受这样一种方式？

梁碧波：怎样去表现老太太54年前走进泸沽湖这一段生活，是我非常犯愁的一件事。因为纪录片不像虚构电影，它可以找人来演。（按：1997年，"真实再现"尚未成为中国纪录片常规的手法）；所以，唯一的表现方法就是让她自己来说。我运气非常好，这老太太特别能说，她什么都知道。我到了她家以后，第一个星期我什么也没拍，就跟她聊天。

柳遐：四川人好像天生喜欢摆"龙门阵"。

梁碧波：对，特别擅长说话。这个老婆婆有出类拔萃的表达能力，我觉得要充分利用这个优点。于是我脑子里一闪，干脆就让老太太直接对着观众说。以前，都是被采访者对着画面外一个看不见的记者在说，好像

观众成了旁观的第二三者。现在我把观众放在被采访者对面，就直接让她对着镜头说。

拍摄的时候，我用了一个办法。每天我就请她坐在她家的门槛上：婆婆，请你坐在这儿，给我讲讲你过去的事。她家门槛后边就是客房，客房没有窗户，看上去黑糊糊的，那种深沉的历史感反而出得来。我就选在每天上午9点半到10点半这段时间，架好摄像机后，太阳光刚好照过来45度角，光线非常好。

一开机，老太太就给我讲她的故事。但她的左边脸上是阳光，右边的脸就可能变黑，咱们拍电视的都知道，这样的话，光比就太大，怎么办呢？当时的条件也差，没有反光板，我的助手杨益，就把他那件白色的T恤哗啦一脱，蹲在婆婆的面前，把T恤当反光板，把她另一半脸上的光给补上，这是咱们拍摄中唯一做了一点技术处理的地方，就一件白色的T恤，因陋就简。

柳遐：《三节草》这部片子，其实很容易拍成一个商业味很浓的片子。美丽的泸沽湖风光，神秘的走婚制度，还有，肖淑明当年嫁给土司，其实是二房，她上头还有一个正房。但是在你的片子当中，我觉得几乎就没有表现这些东西。泸沽湖风光是几个镜头带过的，走婚制度和二房的事情也只是在肖淑明的讲话当中偶尔提到。我相信这是你作为一个编导，有意识地这样取舍的，你是怎么考虑的？

梁碧波：为什么我没去拍那个地方的风光和风情？我觉得谁都会这么拍，而且我在想，自然背景和社会背景，它只能作为背景，我就把重点放到了肖淑明个人的命运和历史相交织这一部分。

每个人都有一个自己的点，只有到了那么一个点，那么一个环境下，自己才能气沉丹田，心才能静下来

柳遐：你是从农业转行搞电视的，真可以说是个一百八十度的大转弯，那么，这个弯是怎么转的？

梁碧波：我生长在四川北部的一个县城里，父亲是一位水利水电工程师，母亲是一名中学语文教师，我的爷爷奶奶都是农民。上大学时，我考的是四川绵阳农业专科学校，在大学里学的是农学。我们的专业课有《栽培学》，就是怎么打高产；《育种学》，就是怎么培养优良品种；《耕作学》，就是在一块田里，一年里先种什么、后种什么，怎么间作、怎么轮作，才能达到最高的经济学产量和生物学产量。还有专业基础课，如《遗传学》、《生物化学》等，要学四十多门。我们学校不是名牌学校，但它培养了我特别务实的性格。

柳遐：虽然很务实，但是跟电视不沾边，是吧？

梁碧波：完全不沾边。毕业后，我被分配到四川省农业科学院搞水稻栽培。

柳遐：难怪你的片子始终都没有离开过农村，没有离开过农民的生活。除了《三节草》，还有《二娘》、《冬天》、《婚事》，整个一个“乡村系列”。

梁碧波：其实，我是真正喜欢拍农村，这也是别无选择的事。我师傅、四川电视台的王海兵就这么跟我说，作为一个纪录片人你别瞎拍，你不懂的东西千万别去拍。我想，我自己懂什么？我从高中毕业到开始拍片，十五年的时间里有十二年脑子里面想的是农村，一天到晚在农村，我真正熟悉的生活也是农村，所以我就去拍农民，我想这应该是我自己主要关注的重点内容。

柳遐：我发现你的纪录片当中有一个有趣的现象，你说到时间的时候，一律用的都是阴历，你计算时间的方法都像农民。

梁碧波：农民的生活本来就这样。时间概念就是节气概念。这也是我知识结构的一部分。从心里来说，我觉得我还是一个农业

技术人员。乡亲们觉得我既是一个拍电视的，又是从乡上来的一个农业技术员。他们的玉米、水稻长到什么程度，生了什么病，我都能给他们诊断。我实实在在地帮他们做了很多事，帮他们买种子、买药，不仅是作物用的药，连鱼药我都帮他们买过。

柳遐：看来，你对乡村不仅仅是熟悉，还挺有感情的。

梁碧波：这种感觉很难表述，就好像每个人都有一个自己的点，只有到了那么一个点，那么一个环境下，自己才能气沉丹田，心才能静下来一样。

我曾经有过一次经历，是拍《冬天》的时候。当时，我一直待在农村，和农民同吃同住。中途我们成都有一位市委副书记访美，我被叫回去跟他随团采访。

柳遐：美国生活和你乡村的生活有很大的落差。

梁碧波：很大的差别。我总感觉这种生活是不真实的，不属于我的。回来的时候，我从洛杉矶起飞，三天内马不停蹄，经香港、深圳到成都，再经都江堰到虹口乡，最后到漆树坪的农民家里住下来。从地球的西半球到东半球，围绕地球转了一圈，回到了农民家里，我才觉得，啊，放松了，我这口气到了丹田，我才静下来了，才开始倒时差。我想，很少有人有这种经历，这种经历让我觉得，我就属于这个地方，到这儿，我才觉得自在。

不关注镜头表面的好看与否，而要通过表面的观看感受到内心的冲击，这种画面，我觉得才是更高的境界

（《冬天》场景一：漆树坪的村民们正在投票，选举人民代表）

梁碧波：当时我想，这事可能是个程序性的事，结果，突然就有人闹起来了，而且说的那个话，真是让我很震动。一个很普通的农民，他要求他的选举权，他觉得他的选举权受到了忽视，他有这么强的政治参与意识，一下让我非常激动，我当时就拍下来了。从技术的角度讲，我拍得比较匆忙，不是特别能够静下来抓拍，不过还好，基本上把那件事拍得比较完整。

柳遐：如果没有这样一个人，这一段就会显得比较平淡。

梁碧波：从思想性的角度来讲，就更平淡了。

柳遐：初拍纪录片的年轻人会很困惑，他的摄像机往往会漏掉精彩的东西，这一点你是怎么做的？

梁碧波：我感觉，拍摄者和被拍摄者如果真相处成朋友了，他就不会有表演感了。我采取的办法是，不管拍什么片子，第一个星期，就叫我的助手扛着摄像机，既不挂磁带也不挂电池，就扛着这东西到处玩去，让大家习惯这东西，习惯了以后他们就不大注意了。

像《冬天》里的“选举”那个场景，那天也就是想去看看农民朋友，有的住得挺远的也来了，那是一个农民扎堆的时候，跟赶集差不多。

柳遐：结果却拍到那样精彩的过程。

（《冬天》场景二：一户农家的婆媳俩因为卖猪盖房子的事情，激烈地争吵）

柳遐：《冬天》这部纪录片获得了“金鹰奖”的短纪录片最佳摄影奖，我觉得画面非常讲究，很精致，也有很成功的抓拍。你对纪录片摄影上的这个两极怎么看？

梁碧波：电视的六个要素，声音、画面、解说词、同期声、特技、字幕，其中很要紧的是画面，画面是语言，是字词句。从不会拍、瞎拍，到拍得很好看是一个过程，《冬天》基本上就是拍得很好看的一个过程。但是，从好看再到不好看，也就是说，不关注镜头表面的好看与否，而通过表面的观看能感受到内心的冲击，这种画面，我觉得才是更高的境界。

柳遐：《冬天》里吵架的那一段，抓拍得非常显功力。

梁碧波：在农村，婆媳吵架好像从古到今都有。我住的那个叫漆树坪的村子，有那么一家确实爱吵架。我第一次没拍着。我刚听见他们吵，冲过去，他们就不吵了。第二次我又去，他们又在吵，谁都不愿意让咱们拍吵架，觉得家丑不可外扬。所以我去了以后，第一反应就是找机位，当时媳妇在房子里，婆婆在院子外面，她们两点之间的连线就是主要的轴线，于是我就把第一个机位架在婆婆的后面，主要的视角就有了。

还有一个镜头非常要紧，就是里面的媳妇的反应。于是我就进去，只能扛拍了。里面是个厨房，黑糊糊的，看不大清楚。但我想，这个时候看不大清楚不是最重要的，重要的是把她们的情绪反应和吵架的场景拍下来。我也不看寻像器，因为我一看寻像器，她们俩就知道我在拍。于是我就这么瞎拍，反正就凭感觉。我就站在旁边，有时候还插两句：别吵了！别吵了！其实，心里面恨不得她们继续吵下去。（笑）然后，我看见那个老公公站在旁边叹气，他老婆和儿媳妇吵架，他也没办法，只能站在旁边叹气了，我就一下把镜头转过去，拍下了这个镜头。

纪录片的生命点就在于它的真实

柳遐：我们现在回过头来看，应该说，除了《三节草》，《婚事》才是你真正的大片。在这个片子里，你完全跳出了对一个人的特殊命运的记录，而是画卷式地表现中国农民的生活。

梁碧波：开始拍纪录片的时候，想的是怎样讲一个故事，让观众觉得没见过没听过。换句话说，选题的眼光还有猎奇的成分在内。后来，我反思自己，我觉得我犯了一个错误。我没有关注农民的主流生活。中国农民占了中国人口的绝大部分，他们的生活却被极大地忽略了。

柳遐：那你觉得中国农民的主流生活是什么呢？

梁碧波：方方面面都有。《冬天》这个片子里就有他们的经济生活、政治生活、业余生活，他们对生与死的各种各样的看法。要尽可能地关注主流的、农民的社会生活。所以，刚开始拍的时候，是拍一个一个的人，后来就逐渐感觉到不够，觉得自己心里面那种冲动特别特别的厉害，就想逮个机会，拍一部长卷式的、能反映农村方方面面生活的片子，尤其是反映我所熟悉的四川农民的生活的片子。

拍农村生活的画卷，最容易遇到的问题是什么呢？农民长年在田里干活，很难表现。我就想找到一个切入点，能包含大量的社会活动，从这个点进去，就能够表现出他们的社会性。所以，我就想到拍结婚，拍农业社会的婚姻大事。

柳遐：在《婚事》里，有两对青年要准备结婚，应该说他们是事件的主角。但是，在你的片子里面，他们的内心、他们的独白，我觉得表现得不是很分明，相反，他们的父母和媒人倒站到了前台。你为什么这样拍呢？

梁碧波：最初，我是想当然的，有点想拍成像电影《咱们村里的年轻人》。待的时间越长，我就越觉得不对劲，好像不是那么回事，农村的恋爱婚姻不是高高兴兴地一会儿去摘苹果，一会儿去唱歌，而是有着粗糙和坚实的质地的。于是，我带着这些问题，去找了四川省社科院的社会学家李东山。他研究农村婚姻已经有十五年了，他给了我很多书让我学习。

柳遐：你已经发现，事情不那么简单，还有社会问题在后面。

梁碧波：对，它有它的社会学意义。最后，我认识到，农业社会的婚姻有两大特点：第一，它是家族事务，与当事人无关；第二，婚姻是交易，与爱情无关。认识到这两点后，我感觉内心非常震撼，这跟我们城里的生活相距太远。农村的相亲，就谈几双袜子、几斤面、几斤肉，就是双方的父母谈，当事人都站在旁边看。我感觉内心很冲突，应该这样吗？但是我相信，纪录片的生命点就在于它的真实。

柳遐：我现在明白了，你是为了表现这样一种真实的婚姻状况，才采用了这样一种表现的方式。我们看到那两对青年，要么就是站在一边，要么就是在那儿说悄悄话，都不是很自在，你的镜头语言表现得很好。

梁碧波：事情本来就是这样，真跟谈判一样。红爷张新喜坐中间，赵忠的父亲坐这边，玉娃子的父亲坐那边，然后他们三个人就谈。真正要结婚的两个当事人——赵忠和玉娃子，一个在房间里边，一个远远地站在一个柱子那儿，就那么看着，充满期待地看着，但是自己一点没有发言权。于是，我就用了一个长焦镜头。前景，是他们谈判的三个大人；远景，远远地看见玉娃子，最后，我还走到她的面前去补了一下近景。令我非常震动的是，她的眼睛里面放射出那种充满期盼又不知所措的光芒。

柳遐：通过这样一个镜头，事件和人物都得到了很好的表现。所以，我觉得你的《婚事》中的人物，都像棋盘上的棋子，任务不同、各司其职。

梁碧波：对于在秦岭山区生活的中国农民来说，他们一直就遵循着一个“礼”字。实际上，在中国的传统文化里，从汉朝开始，就叫“七礼之婚”，从提亲、过礼、看人户，一直到结婚，有七个程序。我们城里人的结婚大礼现在已经很简化了，可是，据社会学研究，不仅仅是四川农村，在中国很多的农村，还都是这样，我就想真实地反映它。

柳遐：你的片子中，用了很大的篇幅，来渲染这种婚礼的隆重性和程序的庄严性。但是，除了这个“礼”以外，我感觉到那些农民，他们有一种非常强烈的、像火焰一样燃烧着的生命的力量，比如说，在大雪当中吃喜宴那个场景，就给我们很强烈的感受。

梁碧波：在雪地里面吃喜宴的那个场景，真是天助我也。娶亲是最后一道程序了。建娃子他们家带着队伍，扛着东西到了琼女子家，他们要住一晚上，第二天就要把琼女子娶回建娃子家。第二天早上，我起来一看，哎哟，乡亲们已经开始吃了：因为来的客人很多，席一次坐不完，就得坐三轮。这一拨吃完，走了，下一拨又来。我到那个院子里一看，下着大雪哪，乡亲们还在吃！吃得呼儿嗨哟！一点不在乎漫天大雪，吆喝着，哎，喝酒！喝酒！当时，我非常感动，眼泪都快流下来了，我感觉这些农人的生命的力量，像火焰一样燃烧着。

把中国农村的变化记录下来，给以后的人看，我觉得我这一辈子做的事就比较值了

柳遐：如果让你现在再拍纪录片的话，你想拍什么样的题材？

梁碧波：还是农村。我想我这辈子其他的也闹不明白，我还是继续关注农村，以后争取能够把农村的事拍好。因为不关注中国农民，对中国社会的了解仍然是不够的。

柳遐：你的纪录片获得了这么多奖，你觉得它们给你的生活带来了什么样的影响？

梁碧波：从1995年拍纪录片到现在，我觉得它们改变了我生命的轨迹，给我这辈子找到了一个值得去奔的目标。我肯定不是那种高人，没法对社会历史的进步起到多大的推动作用，但是，我想，如果能够用我自己的努力，对咱们这一段社会历史作一个记录，不一定是全景式的记录，就是把中国农村的变化记录下来，给以后的人看，我觉得我这一辈子做的事就比较值了。

《流年》：道法自然的命运

——陈大立访谈录

访谈嘉宾：陈大立（纪录片《流年》编导）

《流年》简介：

这是一部以剪纸为载体、介绍传统文化流向的纪录片，讲述了四位年逾花甲的剪纸老人的故事。

似水流年。一些剪纸老人作古了，他们的剪纸艺术也开始异化了。这些艺人和他们世代相传的手艺会走向何方？本片以此为叙事脉络，结构了一个丰富的故事。

制作年份：1995年12月至1997年8月

原片长度：60分钟

原片出品机构：北京电视台

获奖情况：第4届中国纪录片学术委员会学术奖长片一等奖、1998年蒙特卡罗国际电影节评委特别奖

剪纸在窑洞中以活化石的形式生存

柳遐：陈导，你是北京电视台的一名资深编导，当时为什么要去拍陕北的剪纸呢？

陈大立：说起来，还是被剪纸的人物故事所感动。最早是北京师范大学艺术系的一位教授，跟我讲了这样一个故事：有一个叫白凤兰的住在延安市安塞的老人，在临终的时候要求自己的子女把她生前所有的剪纸全铺在炕上，她要躺在自己的作品上故去。子女就按照她的要求，大概是这么厚的一摞剪纸（做手势），生前剪的，全部铺在炕上。剪着剪着，她自己倒在剪纸上去世了。我听到这个事情非常感动，不用看，不用到现场，当时一想就觉得这种告别人世的状态非常凄美。

柳遐：你的片名叫《流年》，是什么意思？

陈大立：似水流年嘛，水总是从源头下来，总有它的流向。剪纸也好，人生经历也好，就是如此。不管做什么努力，它总是朝着固定的方向流下去。

柳遐：陈导，你表现的是剪纸，为什么在片子开头部分花了很多的篇幅去表现黄河、表现黄土地？

陈大立：有两点考虑吧。一点是黄河、黄土高原作为剪纸的诞生地，它孕育了独有的文明。另外，千沟万壑的黄土高原阻隔了与外界的联系，正是由于这种特有的地貌、地质特点，使得唐朝就开始没落的剪纸可以在窑洞当中以活化石的形式生存了一千多年。

柳遐：所以，我们看到你拍摄的黄河和千沟万壑的黄土地都觉得非常有张力，而且是一种符号，有很多想说的东西在背后。

作品体现的一定是创作者性格当中最本质的东西

柳遐：陈导，你表现的主题为什么要从白凤兰开始？白凤兰应该说是一个空缺的主角，一般纪录片的导演都不敢轻易从一个已经故去的人开拍。为什么你不可以从第二个老人白凤莲开始呢？

陈大立：我是这样想的，希望白凤莲和白凤兰这两个堂姐妹之间有一个比较大的反差。因为白凤兰是十几年前故去的老人了，她去世的时候之所以对剪纸有这么炽烈的爱，我个人理解，除了剪纸本身的艺术魅力以外，与她闭塞的生存环境有关。白凤兰当年的生存环境非常封闭，公路没有通，没有报纸，没有电视。所以她在那个环境里面唯一的寄托，也是唯一跟她心灵呼应的，就是剪纸。以至于她到弥留之际，要求躺在自己的作品上。我觉得她用这种非常浪漫、近乎凄美的方式告别人世，好多诗人恐怕都想不到。

与白凤兰生活的环境相反的，是她的堂妹白凤莲。白凤莲门前的公路开通了，生活条件富裕了，剪纸的刀功也就精细了。但是有很大的工匠色彩在里面了，比起白凤兰的作品，显得匠气了。当我第二年再去的时候，白凤莲已经到延安的清凉山去卖剪纸了，而且还有一个经纪人为她吆喝。姐妹俩之间这种非常巨大的反差，我想作为一个特例拿出来，能说明一定的问题。

柳遐：陈导，那么在这段当中，我们看到高凤莲的剪纸风格和前面两位又有很大的不同。这和她的性格有关系吗？

陈大立：非常有关系。用他们当地的话来说，高凤莲是个非常不安分的人，所谓不安分就是说她这人非常有想象力。比方说在她家里面，她跟她丈夫发生矛盾时，她永远是占上风的。她还当过妇女队长。所以你看她的剪纸有一个非常大的特点，她剪的那个牛的腿可以到背上去，非常张扬的个性，这跟她的性格非常有关系。所谓艺如其人，作品所体现的一定是创作者性格当中最本质的东西。高凤莲家门前有条非常崎岖的盘山道，我觉得她的剪纸的纹路、线条，跟她门前那个盘山道非常像，粗粗细细，盘过来，转过去。这真是一方水土养一方人，这方水土反映在她的作品当中，也是这样的一种风格。

传统剪纸逐渐走向衰亡是不可避免的

柳遐：我们看你的片子，拍库淑兰的时候能够明显看得出你的感动。你觉得这当中最打动你的是什么？

陈大立：最早见库淑兰的时候是1995年的冬天，在渭北高原。第一次见到她的时候，突出的印象就是她那双眼睛，我们见了那么多陕北的剪纸大娘，库淑兰的眼睛真是让人非常难忘，她的眼睛里面好像蕴涵着一种东西。

库淑兰本身经历也很复杂，据说她曾经上过三年洋学堂，后来是穿着过去那种土布的学生服嫁到富村来的，嫁过来的时候还吹着口琴。一个非常清纯的女学生嫁到富村，谁想到几十年间，岁月磨炼一下子就－变成这个样子了。她的老汉是个非常粗鲁的庄稼人，动不动就挥拳打她，但是她由于对剪纸的痴迷，被打以后难受要掉眼泪的时候就剪纸，剪纸时就唱歌，逢剪必唱，她心里的那些苦楚的东西，随着剪纸全排遣掉了。我们觉得，她已经把剪纸作为她知心的伙伴，她有喜有乐有悲有哀的时候，都对剪纸倾诉。

好多年前她曾经花尽了心思，把她自己最漂亮的剪纸都贴在她的窑洞里面。我听文化馆的人讲，当时她那个窑洞装饰得金碧辉煌，简直像一所宫殿，里面全是她的剪花娘子。这个窑洞后来中央美院把它复原了，供讲课用。如果我们去中央美院，还能看到这孔窑洞，但她自己实际用的这孔窑洞已经破败了。我们去的时候正赶上文化馆的人送台湾出版的《剪花娘子》给库淑兰。库淑兰看到那本书就想到去窑洞，我们就跟过去了。片子最后那一段落就记录了这一幕。窑洞里面存着那种粗粗长长的木头，还有石灰。剪纸颜色也掉了，破败了。老人一进去，感觉就不一样了，在那之前她和我们有说有笑，一进去，她就进入自己的情境当中了。她几次躲我们的镜头，偷偷擦眼泪，用手抠木头，一丝一丝地把木头上的木纤维撕扯下来，那是她内心的挣扎，是她难平的思绪。她心里有说不出的话，又很怅惘和无奈。她说你看我那剪花娘子在那儿流泪呢，在那儿受罪呢。

柳遐：你镜头表现得很好，把这些东西丝丝入扣地都表现了出来。这当中我也可以看出你作为一个编导，对剪纸这样一个民间艺术的感情和对片中人物的感情。《流年》已经播出那么多年了，陈导，也许当初你没法在片子里面过多地表现你对这样一个古老的、流传至今的民间艺术的态度，你在今天能不能给我们讲讲你对它现状的一些态度？

陈大立：从镜头中应该能够感觉到库淑兰对窑洞的惋惜，甚至绝望，作为拍摄者，我已经深深地被库淑兰的情绪所感染。随着现代经济的渗入，随着人们商品意识的增强，剪纸，尤其是传统剪纸逐渐走向衰亡是不可避免的了。正像我开始谈到的，流年似水，人的命运也罢，感情也罢，是有它自己流向的，不是人力能够左右的。这也印证了道家的那段哲语：人传地，地传天，天传道，道传自然。

柳遐：这是一种正常的社会更替，在人类社会大的轮回更替的过程中，一些艺术品类消亡了。另一些艺术品类悄然诞生了。这既是自然法则，又是艺术此消彼长的衍生法则。我们认识领会了艺术运转的走势，面对剪纸的流向，或可不必那么悲天悯人。

2007 CHINA DOCUMENTARY YEARBOOK

机构与团体

2007 china documentary yearbook
2007 CHINA DOCUMENTARY YEARBOOK

机构与团体

中国中央电视台

中国中央电视台是中华人民共和国国家电视台，1958年5月1日试播，9月2日正式播出。初名北京电视台，1978年5月1日更名为中央电视台，英文简称CCTV。

中央电视台是中国重要的新闻舆论机构，是党、政府和人民的重要喉舌，是中国重要的思想文化阵地，是当今中国最具竞争力的主流媒体之一，具有传播新闻、社会教育、文化娱乐、信息服务等多种功能，是全国公众获取信息的主要渠道，也是中国了解世界、世界了解中国的重要窗口，在国际上的影响正日益增强。

中央电视台现为国家副部级事业单位，内设16个副局级中心（室），包括办公室、总编室、人事办公室、财经办公室、机关党委、新闻节目中心、海外节目中心、社教节目中心、文艺节目中心、广告经济信息中心、体育节目中心、青少节目中心、网络传播中心、技术管理办公室、技术制作中心、播出传送中心；有3个直属处级单位，包括监察室、审计处、中国电视报社；以及新台址建设工程办公室（临时机构）。

中央电视台的直属单位包括：中国电视剧制作中心，1983年10月18日成立，国家级电视制作专业机构；中央新闻纪录电影制片厂（中央电视台新影制作中心），1993年划归，拍摄制作纪录影片，并为台承担节目制作；北京科学教育电影制片厂（中央电视台科影制作中心），1995年划归，拍摄科教影片，并承担台节目制作，生产动画片；中国国际电视总公司，1984年成立，为中央电视台全资公司，业务包括影视制作、节目销售、网络传播、广告营销、旅游开发、市场调查、实业开发等；中央卫星电视传播中心，1995年成立，负责卫星加扰电视运营；中央数字电视传媒有限公司，2003年成立，负责中央数字付费电视平台运营，负责中央电视台付费电视频道的市场化运营；中国爱乐乐团，2004年划归，为国内一流乐团。

此外，中央电视台开办有“央视国际”网站、《中国电视报》和面向全国公开发行的刊物《电视研究》、《现代电视技术》等，拥有国内最大的广播影视音像资料馆（与广电总局共建）。

中央电视台目前已初步形成以电视传播为主业，电影、互联网、报刊、音像出版等相互支撑的多媒体宣传、广告经营和产业拓展的多元化经营格局。

CCTV-1（综合频道）

中央电视台综合频道于1958年9月2日正式播出，通过亚太1A、鑫诺1号卫星覆盖全国，是中国中央电视台开办最早、影响力最大的综合频道。为满足广大观众的收看需求，促进电视事业的发展，充分体现和确保“综合·精品”频道的定位，2004年9月1日起，中央电视台一套综合频道进行全面改版，2005年9月12日，再次实施微调。目前，CCTV-1（综合频道）栏目总数由原来的53个调整为46个。最新调整后，早间时段：6：00～6：30安排《早六点新闻》直播节目，与新闻频道并机播出；06：33《法治在线》。午间时段：上午的《精选剧场》由每天两集改为三集（周六周日两集）。午后时段：原每周七天上午播出的《走近科学》改为周一至周五下午播出。周一至周六下午继续安排《中华民族》、《当代工人》、《健康之路周刊》、《人与自然》、《军事天地》、《中国人口》等栏目。晚间时段：每日18：13至19：00，《东方时空》综合频道首播。央视热播的7个精品栏目分别安排在周一至周日每晚22：39首播：《新闻调查》、《大家》、《艺术人生》、《幸运52》、《曲苑杂坛》、《同一首歌》、《开心辞典》。

CCTV－10（科教频道）

中央电视台科学·教育频道（CCTV－10），是因应国家“科教兴国”方略，以提高国民素质为宗旨，以教科文题材为内容的专业电视频道。自2001年7月开播以来，始终坚持“教育品格、科学品质、文化品位”。经过几年改进、提高、推广，频道树立“服务社会、服务大众”的理念，正在走向以“专业频道品牌化建设”为核心的发展之路，已经成为中央电视台一个特色鲜明的专业频道。

CCTV－12（社会与法频道）

中央电视台12频道——社会与法频道的成立，是中央为了落实“依法治国”、“以德治国”的治国方略和建立“和谐社会”的目标而采取的重大举措。

“公民、公正、公益”是“社会与法”频道的核心理念和诉求。

社会与法频道以稳定社会发展、化解社会矛盾、构建和谐社会为己任，适应党和国家建设与发展的需要、适应公民社会生活的需要。社会与法频道将努力做到贴近实际、贴近生活，努力做到好看、有用。它将依托中央电视台长期积累的传播资源，以社会、道德、法律等为主要内容，以新闻、专题、访谈、现场直播、电视剧等多样的节目形态树立频道生动活跃的形象，保持频道引人入胜的魅力。

CCTV－新闻（新闻频道）

中央电视台新闻频道于2003年5月1日起试播，7月1日起正式播出。节目传送采取通过亚太1A卫星C波段12B转发器覆盖全国，与中央3、5、6、8套加扰节目共用一个转发器，同一个传输流，加扰传送，免费收看。地区各有线台、网接收该节目只需增加与3、5、6、8频道接收同类型号的解码器。电视用户可通过当地有线电视收看中央电视台新闻频道的节目。

新闻频道全天24小时播出，全天24档整点新闻。整点新闻将以最快的速度向观众提供第一手的国内国际新闻资讯，突出时效性和信息量，实现滚动、递进、更新式报道。整点新闻后，分别安排了各分类新闻，主要有财经、体育、文化、国际四大类。新闻频道的专题节目包括新闻背景、新闻评论、新闻调查、舆论监督、民意调查、法制等各种节目形态，是对整点新闻和分类新闻的补充和深化。每日播出的专题有六个：《新闻会客厅》、《央视论坛》、《法治在线》、《国际观察》、《社会记录》、《共同关注》；每周播出的专题节目有：《每周质量报告》、《面对面》、《中国周刊》、《世界周刊》。

目前中央电视台第一套节目中的《新闻联播》、《焦点访谈》、《新闻30分》、《晚间新闻》、《新闻早8点》在新闻频道中与第一套节目并机播出。

《新闻调查》

一、栏目整体情况介绍

《新闻调查》栏目是中央电视台最具深度的调查类栏目，时长为45分钟，每周1期。它以记者的调查行为为表现手段、以探寻事实真相为基本内容、以做真正的调查性报道为追求目标，崇尚理性、平衡和深入的精神气质。截至2007年7月19日，共播出节目509期。

1．栏目创办背景

上世纪90年代以来，中国电视媒体的发展呈现出三大趋势，对此专家用三个走向进行了概括：走向娱乐、走向财经和走向调查。而“走向调查”的标志则是以1996年5月17日中央电视台《新闻调查》的创办为标志的。

如果说1993年5月，《东方时空》的问世是中央电视台新闻改革的第一步，那么1994年4月1日推出《焦点访谈》，则是中央电视台进行新闻改革的第二步。而《新闻调查》的创办则是第三步。逐步走向深入的新闻栏目改革，标志着中央电视台正向国际大台迈进。

正是由于这个栏目的重要性和特殊性，所以对于从业人员的要求也就特别高。

1996年年初，当时的评论部主任孙玉胜找到了时任《焦点访谈》一组制片人的张步兵和《东方时空·音乐电视》的制片人王坚平来担纲重任。很快，中国电视界最优秀的一批电视人逐渐会聚在《新闻调查》的大旗之下：

张洁：从《东方时空·东方之子》加盟《新闻调查》，编导的节目《生命》获第36届亚洲—太平洋地区广播联盟特别奖，2003年起任《新闻调查》第四任制片人。

夏骏：1996年加盟《新闻调查》，《改革开放20年》总导演，1998年任《新闻调查》第二任制片人，曾任民营银汉电视公司总经理。

赛纳：1996年加盟《新闻调查》，2000年任第三任制片人，2003年创办《面对面》并任首任制片人，现负责新闻评论部的节目研发。

王利芬：1996年加盟做出镜记者和编导，代表作《透视运城渗灌工程》、《跨世纪的握手》，后创办《对话》、《经济信息联播》，曾任CCTV广经信息中心资讯节目工作室主任。

刘春：1996年加盟《新闻调查》，曾任执行制片人，编导了《山顶上的希望》、《成克杰腐败案》等，现为凤凰卫视中文台副台长。

钱钢：著名报告文学作家，1996年9月加盟，任记者、策划，后任《南方周末》主编，现任上海大学和平与发展研究中心学者、香港大学新闻及传媒研究中心“中国项目”负责人。

王志：1996年加盟，任出镜记者，代表作《与神话较量的人》。现任《面对面》出镜记者和第二任制片人。

…………

2．关于栏目形态

《新闻调查》到底要做成什么样？刚刚会聚到一起的这个团队并不是特别清晰。

后来，时任新闻评论部主任孙玉胜和副主任袁正明明确提出：我们要做中国的《60分钟》。大伙明白了要干什么，并由此自然而然地构想出未来节目的形态。

《60分钟》是美国哥伦比亚广播公司的王牌节目，是美国历史最悠久、收视率最高的10个节目之一，曾经连续22年高居全美收视排行榜前10名。在分析研究《60分钟》节目的过程中，确立了把《新闻调查》做成调查类节目的共识，并提出用调查的方式来做这种深度新闻节目的设想，对理想中的节目形态做出了初步界定。比如采用纪录式的双机拍摄方式，使用专任出镜记者，节目既是拍摄采访对象，也是拍摄记者的活动，这在当时的中国电视界是开创性的。

第一期开拍的节目：《西古县村纪事》

1996年4月，中央电视台对晚间9点段实行竞标，共有十几个栏目参加招标。为了迎接这次竞标，制片人张步兵确定了两个选题作为样片开拍，一个是《西古县村纪事》，一个是《宏志班》。《宏志班》由夏骏负责，《西古县村纪事》由张洁负责。

在张洁带领摄制组出发前，制片人张步兵交待了三句话：《焦点访谈》的题材、《东方之子》式的采访、《生活空间》的拍摄方式。

但是诞生于1996年的《西古县村纪事》，她的命运注定是多舛的。

由于节目涉及上访，涉及三农，涉及基层民主这些尖锐的矛盾，并且当时还出现过类似节目播出后成百上千的人上访的现象，所以《西古县村纪事》在当年未能播出也就不奇怪了，更重要的是它使《新闻调查》不得不转换路数。

首播节目《宏志班》

《新闻调查》开拍的第二个祥片是《宏志班》。

节目讲的是北京市广渠门中学为救助北京地区成绩优秀而经济困难的学生，将这些学生编在一个班里，学校免全部学费，并在高中三年每年给予1500元的生活补助。几个月以后，《宏志班》节目面世，制片人张步兵和王坚平意外地发现，节目比他们想象的要好。

《宏志班》这样一个小的题材，做出了特殊的味道，让人感到很丰富饱满入情入理，不乏情感和故事，更闪现出理性的光辉。这给《新闻调查》的创作提供了一种思路：小选题也可以从理性的角度进行多层次透视。而这种多层次的深刻理性，又可以通过一些细节和故事来表达和展开。

紧接着，《宏志班》作为《新闻调查》的样片参加中央电视台晚间9点时段节目竞标，以排名第一的成绩脱颖而出，夺得周五黄金时段。

1996年5月17日，《新闻调查》正式开播，首播节目《宏志班》。开播时栏目打出的口号是“正在发生的历史，新闻背后的新闻”。由于《宏志班》强烈的形式感，从形式到内容上呈现出的独特形貌，所以这个节目一面世就奠定了《新闻调查》的基准节目样态：双机拍摄、记者现场采访、现场评述，对事件多角度分析、递进式探究。这种节目形态一直沿用至今。

3．栏目的理论探求

2003年《新闻调查》旗帜鲜明地打出调查性报道的口号，但是当时国内关于调查性报道的理论研究还不是特别深入，大多是在舆论监督的语境下进行的理论探讨。因此，在进行调查性报道实践的同时，《新闻调查》对于调查性报道的理论进行了较为全面和深入的梳理和研究，形成了自己的操作理念。

《新闻调查》认为，一个选题能否算得上调查性报道，必须具备三个条件：第一，调查的内容是损害公众利益的行为；第二，这种行为被掩盖；第三，调查是记者独立展开的。只要符合这三个要素，就是调查性报道。

而电视调查性报道是调查性报道中的一类，从实现的过程来看，电视调查性报道有四个特点：

第一，独立的电视媒体调查。是电视媒体自身进行的调查，并非报道他人的调查行为和调查结果。借助司法或者是纪委的力量所做的大案要案属于调查节目，不是调查性报道，因为它不是独立调查。

第二，个性化的调查记者。对于电视调查性报道来说，出镜记者的表现尤为重要，既是调查行为的主体，同时也是一个节目的结构元素，他是调查行为的实施者、调查过程的表现者，是栏目的外化标志和品牌形象。

第三，深入的独家发现。强调的是调查记者必须有新的独家发现，这种发现对揭示事实真相具有推动的作用，能够深化节目的主题。

第四，完整的调查过程。就是记者作为调查行为的主体，他的行为贯穿节目的始终。记者在调查当中，提出问题，求证问题，得出结论或者判断。得出结论完整地揭示真相是调查性报道的最高境界。

4. 运作机制

为了追求节目的高品质和职业化，《新闻调查》设置了最专业化的细致分工，有制片人、记者、编导、摄像、录音、策划、秘书、制片、统筹、后期制作等工种。一个节目的完成，需要这些工种分工合作。制片人负责栏目的整体运作和日常管理，栏目实行制片人负责制。记者，专司采访，编导整体把握结构故事，摄像实现内容的影像化，录音负责声音的纪录和表达，等等，每个人都把自己的专业特点发挥到极致，以确保这个栏目的高品质。

在专业化分工的基础上，为保证节目生产运作的效率，从2003年开始，《新闻调查》在中国人民大学人力资源专家的帮助下，在中国电视界首次引入资源管理的概念，建立了一整套有效的管理机制。包括绩效评估体系、调查性报道的风险机制、记者中心制、积极借助外脑，等等。

5. 生产流程

《新闻调查》的节目生产，从立项到完成整个传播过程，一般有七个流程，选题遴选——选题申报——前期调查与拍摄——后期制作——样片送审——节目播出——总结评价。

选题申报：每周一、周四栏目定期召开选题会，栏目组成员将自认为符合选题标准的信息提交选题会筛选讨论，经制片人认可后，按照栏目规定的统一格式撰写选题报告，交制片人审阅，然后呈送分管台领导审批。批复后的选题报告是制片人安排拍摄任务、编导选择题材的依据。《新闻调查》选题遴选的标准有三个：第一是调查性，第二是故事性，第三是命运感。调查性一方面是指事件与公众的利益密切相关，观众十分关注，另外，调查性还特指选题具有调查的空间，必须要有等待揭示的真相。

前期调查：为保证节目的真实深入，立项的选题在摄制组进行前期拍摄之前，往往都要进行先行调查，称作前期调查。一是弄清事情的来龙去脉，确定哪些人可以在镜头前接受采访，选择调查方式和路径等。

前期：摄制组赴新闻事件发生地进行拍摄、采访。开机拍摄前，摄制组应该召开会议，就策划案的内容进行充分沟通，就调查重点、影像化方案和可能遇到的问题做好预案。

后期剪辑：后期剪辑是调查成片的关键环节。编导需要组织起画面、声音和语言等元素，重建事件的逻辑、展现调查的过程、突出调查重点。

6. 节目营销

为了扩大栏目的影响力，提高节目传播效果，从2003年开始，《新闻调查》逐渐形成了一套节目营销的理念和体系。确立了单期节目的营销、栏目的营销和重大活动营销等多种方式。就单期节目的营销来说，包括节目播出前的预告、节目播出后的二次传播、与观众的互动交流等。节目预告主要渠道是通过央视新闻频道《相约新七天》和每日滚动的导视以及综合频道的导视等窗口进行。另外，《新闻调查》与多家平面媒体和网络有合作，优秀的节目会被一些平面媒体和网络再次传播，形成舆论热点。如果时机适合，还会组织节目的主创人员和网友交流。再者，每年《新闻调查》还会把优秀节目结集出版，形成文本方便读者长久阅读。

为了提升栏目的影响力，《新闻调查》还开展了多次校园行活动，与在校大学生交流新闻理念和职业理想，并就栏目实践中遇到的问题与专家学者共同研讨。2003年12月12日，在北京广播学院举行了第一次校园行活动——电视调查性报道暨《新闻调查》栏目发展高级论坛。2004年6月10日，在北京师范大学举行了第二次校园行活动——“调查性报道”暨《新闻调查》栏目研讨会。2004年11月，又在复旦大学、上海交通大学、浙江大学、南京大学、南京师范大学等华东地区的高校举行了第三次校园行活动。

7．节目播出时间

2007年7月15日的播出时间为：

首播：中央一套每周一 22：39

重播：新闻频道每周二 14：10

新闻频道每周三 14：10

新闻频道每周六 23：15

新闻频道每周日 04：10

新闻频道每周日 21：30

新闻频道下周一 03：15，11：10

8．主持人

敬一丹、王志、董倩、长江、杨春等中央电视台著名主持人均曾服务于《新闻调查》栏目，目前《新闻调查》的固定出镜记者是柴静和古兵。

9．历任制片人

首任制片人：张步兵、王坚平

第二任制片人：夏骏、王坚平

第三任制片人：赛纳、张洁

现任制片人：张洁

二、栏目发展阶段和具体定位

从1996年至今，随着中国社会的发展进步，《新闻调查》也经历了从多样化探索向调查性报道的飞跃，大致可以划分为三个阶段：

第一阶段（1996年至2000年）——多元探索时期。当时分管《新闻调查》的央视新闻评论部副主任袁正明提出“从现实到理想”的“三步走战略”：主题性调查——事件性调查——内幕调查，在以主题性报道为主的同时，也对多种类型的节目进行了探索。

从1996年到1997年，是主题性调查占据主流的阶段。所谓主题性调查，就是先宏观立论然后找素材印证。选题多是关乎国计民生的重大社会热点问题，比如《国企改革备忘录》、《明天怎么看病》、《公交能否优先》、《铁路面临重大改革》、《买房：梦想还是现实》，等等，后来还触及到相对敏感的干部人事制度改革，比如北京公开选拔副局级干部。

经过前面两年的探索和人员的磨练，1998年年初，《新闻调查》在栏目定位和节目质量上进行了认真的分析、总结和调整，逐渐确立了进军新闻主战场的栏目定位。对此，栏目的宣传词做了这样的表达：“重大新闻事件背景调查全面深入，国计民生改革热点话题难点疑点解惑，大时代背景下的新闻故事一波三折。”

1998年，《新闻调查》在重大新闻事件的主战场上取得了丰硕的成果：克林顿访华、政府机构改革、抗洪等重大历史事件历史时刻，《新闻调查》都有充分而厚重的表现，播出了《跨世纪的政府》、《面对分流的公务员》、《大国的握手》、《保卫荆江》、《荆江：第六次洪峰》、《钢铁八连》、《江总书记到安徽》等很有影响力的节目。

进军新闻主战场也使得《新闻调查》的收视率在1998年有了显著提高，平均收视率一直名列中央电视台9点时段前茅，80%的节目进入当年全台收视率排名的前15名。这一年，《新闻调查》迎来了第一个丰收年，逐渐成为中央电视台的著名栏目。

另外，在这一阶段，《新闻调查》也进行了多种类型节目的探索，有舆情性调查，比如《一言难尽择校生》、《安全套进校园》；有历史揭秘调查，代表作是《恢复高考二十年》、《探寻东方马其诺防线》、《羊泉村记忆》；有纪录式调查，最著名的是两部获得国际大奖的作品《大官村里选村官》和《第二次生命》；还有心理层面调查，《从市长到囚犯》、《贪官胡长清》、《少年凶犯独白》、《戒毒者自白》；也有标准的调查性报道，即当时所谓的内幕调查——《透视运城渗灌工程》，对于探索时期的《新闻调查》来说，这期节目显得弥足珍贵。

第二阶段（2000年至2002年）——发展时期，提出“探寻事实真相”。

从1996年开播到2000年，《新闻调查》进行了多元探索，不断拓展新的空间和领域，制作了一系列反响强烈的节目。但同时，也给人们留下了包罗万象的印象。如何解决《新闻调查》的栏目收视期待问题，解决节目内容个性化问题，这也是困扰《新闻调查》多年的一个问题。

要解决观众的收视期待，解决栏目的个性问题，就必须把《新闻调查》与同类新闻评论节目、深度报道节目、专题节目区分开，就必须要有一个明确的节目诉求。于是，《新闻调查》开始思考放弃一些东西，提出了“探寻事实真相”的创作理念，并对真相做了解释和界定：“真相就是正在抑制或被遮蔽的实施。有的真相被权利遮蔽，有的被利益遮蔽，有的被道德观念和偏见遮蔽，有的被集体意识遮蔽，有的被狭窄的生活圈子和知识技术遮蔽。”而《新闻调查》的任务就是要通过记者的调查揭示真相，要挖掘出被一个机构或被一部分人遮掩的事实真相，挖掘内幕。

这个定位清晰后，主题性、话题性的选题逐渐淡出，突出的是对事件背后黑幕的调查，比如南丹矿难调查、山西煤矿的矿难调查、海登神话的背后、“东突”恐怖势力揭秘，等等，《新闻调查》的品质越来越纯粹。一大批叫好又叫座的节目得以问世，如《行贿日记》、《少女董书君》、《黑色交易》、《温岭黑帮真相》、《绛县的经验》、《海登神话》、《行贿大公家》、《范李之死》、《远华大案》（上下）、《艾滋病人小路》、《南丹矿难内幕》、《黑哨内幕》、《药品回扣内幕》、《向农民道歉》、《与神话较量的人》、《揭密“东突”恐怖势力》，等等，《新闻调查》迎来了历史上的第二个高峰。第一个收视高峰是1998年，由第一季度的《从市长到囚犯》、《大官村选村官》，到年中的抗洪系列报道，再到年底的《透视运城渗灌工程》，形成了《新闻调查》历史上的第一次收视高峰。

但是，“探寻事实真相”的道路，并不好走，从节目播出的现实情况来看，只能达到50%的播出率；尤其在2002政策年中，“有真相被隐藏的地方就应该有新闻调查”就变得更为艰难，有十多期节目被毙，那一年类似《揭秘“东突”恐怖势力》、《与神话较量的人》这样能够代表《新闻调查》品质的标志性节目，仍是凤毛麟角。竭尽全力调查真相的《新闻调查》发现，“一期一个真相”在当时的环境下几乎是一个不可能完成的任务。

第三阶段（2003年至今）——成熟时期，提出做真正的“调查性报道”，解决了栏目的核心竞争力问题。

2003年，《新闻调查》的生存环境再次发生变化。2003年5月8日，中央电视台第一套节目改版，《新闻调查》的播出时间从周六晚21：15改为周一的晚间10：35，播出时间的改变，造成了《新闻调查》两千多万的观众流失。和《新闻调查》处于同一时段的还有《实话实说》、《艺术人生》、《幸运52》、《曲苑杂谈》、《同一首歌》、《开心辞典》。与这些娱乐性很强的名牌栏目同台竞技，竞争非常激烈。

其次，2003年5月1日新闻频道开播后，出现了很多新的新闻评论节目，共同争夺受众市场，尤其在央视实行末位淘汰制之后，收视率变得前所未有的重要，成为栏目生死攸关的参考因素。面对市场的压力，《新闻调查》作为一档高品质的新闻栏目，如何既坚守品位又能抓住观众，避免被市场淘汰，成为不得不考虑的问题。

而由《新闻调查》创办的大型新闻人物专访《面对面》于2003年1月11日正式开

播。《面对面》开播以后，《新闻调查》由《从市长到囚犯》开创的被证明屡试不爽的一对一专访的节目样式，被剥离了出去。而这个被动的放弃，恰恰从另一个角度促使《新闻调查》的定位必须更加单一和明确。

这一时期，不仅中央电视台的小环境发生了变化，国家宣传政策的大环境也有了比较大的变化。首先是十六大顺利完成了第四代领导人的交接，新一届领导人创造了更为宽松的政治环境，提出的“贴近生活、贴近实际、贴近群众”的三贴近原则，在新的时代背景下给舆论监督指引了明确的方向，使得《新闻调查》做调查性报道有了更广阔的空间。为此台、中心、评论部各级领导要求《新闻调查》加大舆论监督力度，增加刚性报道，做真正的调查节目。而从开播那天开始，《新闻调查》人对于调查性报道的天然追求就一直没有停息过。

2003年4月，《新闻调查》在居庸关召开会议，新上任的第四任制片人张洁明确提出调查性报道将作为栏目发展的终极追求目标，把调查性报道作为《新闻调查》在电视市场上进行竞争的唯一优势。如果说2000年提出“探寻事实真相”解决了栏目的观众期待，那么提出做真正的调查性报道，则最终彻底解决了一个电视栏目的核心竞争力问题。此后，《阿文的噩梦》、《“非典”突袭人民医院》、《农民连续自杀调查》、《张润栓的年关》、《派出所里的坠楼事件》、《无罪的代价》、《迟来的正义》、《命运的琴弦》、《山阴的枪声》、《钟祥投毒案再调查》等产生极大社会影响力的节目相继诞生。在历经7年多的探索与实践之后，《新闻调查》终于得以把调查性报道作为栏目终极追求目标和核心竞争力。

调查性报道的全面推行，使得《新闻调查》栏目的收视率明显上升，在中央台一套精品时段的排名中名列前三名，在2003年全台所有栏目的综合排名中，名列第七，其中专家评价一项名列第一，并被评为中央电视台优秀栏目一等奖。另外，据央视公众资讯统计，自2003年第三季度起，《新闻调查》的观众会员量名列榜首。2004年，在中央电视台所有栏目的综合排名中，满意度居第六位。

三、主要获奖情况

1996年　中国广播电视新闻社教政治类二等奖《宏志班》；

1998年　第36届亚洲—太平洋地区广播联盟（亚广联）特别奖《生命》；

1998年　第39届蒙特卡洛电视节纪录片类女神银质奖《大官村里选村官》；

1999年　第四届“杜邦杯”环境好新闻奖《首钢如何面对首都天空》；

1999年　中国广播电视学会第十二届优秀播音与主持作品奖二等奖《国企最大破产案》；

2000年　第40届蒙特卡洛电视节提名奖《藏羚羊之死》；

2000年　中国广播电视新闻奖社教长片类一等奖《戒毒者自白》；

2001年　中国广播电视新闻奖电视社教类节目二等奖《左肾未探及》；

2001年　第39届亚洲—太平洋地区广播联盟（亚广联）电视信息类大奖《婚礼后的诉讼》；

2001年　中国广播电视学会2001年度优秀电视评论节目一等奖、中国广播电视新闻奖2001年电视社教节目类一等奖《厦门特大走私案》；

2002年　全国法制好新闻一等奖《范李之死》；

2002年　2002年度全国电视评论类节目一等奖《与神话较量的人》；

2003年　中国广播电视新闻奖社教长片类一等奖《揭秘“东突”恐怖势力》；

2003年　第六届“杜邦杯”环境好新闻

奖《红豆杉》；

2003年 “礼来杯”抗击非典好新闻奖《北京非典阻击战》；

2006年 中国广播电视大奖之优秀纪录片奖《幼童》；

2006年 中国影视“学院奖”之中国影视作品叙事艺术年度大奖《以生命的名义》；

2006年 2006年度全国电视评论类“十佳节目奖”《地贫患儿死亡悬疑》；

2007年 中国广播影视大奖之优秀纪录片奖《天价住院费》。

《见证》

2000年11月27日，《纪录片》开播。

2003年5月8日，《纪录片》栏目改版为《见证》。

《见证》致力于提供当代中国现实社会的深度写真，通过纪录片的独特观察方式，描摹中国改革时代的历史画卷，客观、平实、深入地为转型期的中国留下一份珍贵的影像志。

在西方，“见证”（witness）是一个和“敬畏”有关的宗教词汇，它的神圣感无法回避，我们选择这个词作为一个纪录片栏目的名称，煞费苦心。在子夜时分，我们愿意用心灵去贴近那些仰望夜空的孤独的思想者。

鲁迅先生说：“无穷的远方，无穷的人们，都和我有关。”当我们选择一个手印作为栏目标识的时候，我们愿意再次重复这句话。我们崇尚普通，我们崇尚真实，我们不回避任何一种目光，我们愿意用我们的真实面对你的真实。

触摸改革大潮的呼吸与心跳。

感受人们生活的顽强与希望。

寻找社会经济文化的关节点。

探寻现实变迁的历史纵深感。

建立历史与现实的沟通桥梁。

《见证》致力于纪录片的栏目化生存，致力于变革中国的深度写真。我们是带摄影机的忠实记录者，为您见证那些不动声色而又惊心动魄的变化。当见证者的镜头无处不在的时候，我们有理由相信，若干年之后，当子孙们好奇地观赏着我们今天的面孔，这些影像见证的价值和力量将会被加倍地显现出来。见证，是我们唯一的出发点。真实，是我们唯一的目的地。

《见证》栏目分为三个板块，分别为《见证·影像志》、《见证·亲历》、《见证·发现之旅》。其中，《见证·影像志》板块节目为《见证》栏目自制节目，《见证·亲历》板块节目由中央电视台新影制作中心制作，《见证·发现之旅》板块节目由中央电视台科影制作中心制作。

《见证·影像志》定位：深度记录变革中的中国，周一至周三23：25播出。

《见证·亲历》定位：从目击者的角度解密中国重大历史事件，周四23：25播出。

《见证·发现之旅》定位：以科学的态度和视角进行各种科学揭秘，周五23：25播出。

《讲述》

1. 栏目时间

首播：10套每天21：00

1套周一至周五1：40

4套每天播出两次

重播：10套每天10：35，17：19

2. 栏目时长

25分钟

3. 栏目定位

《讲述》是献给所有关注人们命运的观众的电视节目。《讲述》每天为您讲述一个真实生动、曲折传奇、充满悬念、给人启迪的人生故事。

4. 栏目宗旨

一段终身难忘的经历

一份刻骨铭心的情感
一片魂萦梦绕的土地
一个激荡灵魂的身影
一种催人奋进的力量

5．栏目口号

讲述平凡人生中不平凡的故事
讲述开启心扉　真实震撼心灵

6．栏目简介

情感的力量是无形的，但又是巨大的，一个个平凡的或是不平凡的人都满怀着时而静谧时而澎湃的情感生活着、努力着。这许许多多真实的感情倾诉出来，就汇聚成一个以情动人、以情慰人、以情励人的充满温情的栏目——《讲述》。

《讲述》以强烈的故事性、细腻丰富的情感，打造了CCTV的一档口述体纪录片日播节目。它展现了普通人精彩的人生故事，给观者以人生启迪。它以洗练的形态，来承载最恢弘的人生百态，以一种特有的人文关怀为那些珍视人性的真善美和人类价值的人们，守护着生命的源头和灵魂的中心。

《探索·发现》

《探索·发现》是中国电视史上第一个大型人文历史与自然地理类的纪录片栏目，于2001年7月9日开播。《探索·发现》栏目以纪录片的手法，讲述以中国为主的历史、地理、文化的故事，探寻自然界的神奇奥秘，挖掘历史事件背后鲜为人知的细节和人物命运，展示中华文明的博大恢弘，是“中国的地理探索，中国的历史发现，中国的文化大观”。

《探索·发现》倡导“娱乐化”纪录片的理念，采用讲述精彩故事，设置引人入胜的悬念，运用生动的电视声画手段，向观众呈现出一部部既有较高文化品位、知识内涵，又有很强观赏性和娱乐性的电视节目。

“在未知领域努力探索，在已知领域重新发现”，是《探索·发现》的栏目宗旨和始终如一的追求。

《探索·发现》开播四年多以来，制作和播出了1000多集节目，其中有一大批节目受到了观众的喜爱。

如大型系列节目《考古中国》（45集）、《世界遗产之中国档案》（30集）、《秘境追踪》（38集）、《极地跨越》（148集）、《走进非洲》（102集）、《丧钟为谁而鸣》（7集）、《历史不容忘却》（53集）等；

两台大型直播节目：《古文明·新发现——埃及金字塔考古行动》和《嘿！火星》；

常规节目形成了以《滇缅公路》、《北洋水师》、《解放战争》为代表的“战争调查”系列，以《三星堆：消失与再生》、《濮阳星图之谜》、《发现虞弘墓》为代表的“考古发现”系列，以《照片背后的故事》、《发现大熊猫》、《东方红卫星传奇》为代表的“历史揭秘”系列，以《红柳的故事》、《寻找滇金丝猴》、《“外星人”遗址揭秘》为代表的“自然探奇”系列。

《探索·发现》开播以来，有三部作品荣获国际电视节目奖：《红柳的故事》获2002年法国儒勒·凡尔纳电影节“科技与社会奖”；《寻找滇金丝猴》获2002年英国自然银幕电影节“TVE”大奖；《楠溪江》获2002年联合国国际环境、自然和文化遗产电影节“评委会大奖”。

扩版后的《探索·发现》栏目，将在保持原有的品质基础之上，开拓新的题材领域，在选题的时效性和贴近观众的兴趣点上下工夫，使节目更具观赏性。

联系方式：
电话／传真：(010) 68230730
栏目信箱：tsfx@163.net

《探索·发现》栏目每日在中央10套播出，每期42分钟。

首播时间：21：25

重播时间：次日09：48，16：35

《探索·发现》栏目周一到周五在中央4套播出，每期30分钟。

首播时间：7：10

重播时间：16：30

《探索·发现》栏目每日在中央1套01：57播出，每期30分钟。

《走近科学》

《走近科学》栏目1998年6月1日开播，是中央电视台第一个大型科普栏目。2001年7月9日中央电视台第10套节目科教频道开播，《走近科学》作为主打栏目进入10套在晚间黄金时段播出。九年来，《走近科学》生产了大量优质的电视科技节目，在各类节目评奖中屡次获奖，多次受到党和国家领导人的表扬，已成为中国电视科普的一面旗帜。

1．栏目人员

制片人：张国飞

执行制片人：王宁

栏目主持人：张腾岳、丁丁

监制：刘民朝、李福成、王晓斌

2．播出时间

首播：20：30～20：58

重播：次日09：00～09：28

3．播出频率

周一至周日每天一期

4．播出频道

10套、1套、9套、7套

5．栏目宗旨

发扬科学精神；宣传科学思想；提倡科学方法；传播科学知识。

6．栏目定位

生活中的推理故事；热点、疑点的科学解析。

《重访》

由中央新闻纪录电影制片厂制作、中央电视台10套科教频道播出的全新栏目《重访》于2006年1月1日隆重推出。

《重访》是一档40分钟的带有纪录片元素的历史类专题节目，从2005年8月开始着手筹备，栏目的定位立足于新影特色，即以新影大量的老的影像资料为前提，把镜头对准原影片中曾经拍摄过的人、事、物、景，重新记录当年的纪录。栏目名称决定了节目的内容，即对过去老影像的重访。重访的形式多种多样，节目将把老影像中那些未展现的内容、可延展的空间、镜头背后的故事讲述出来，通过我们的追寻，让曾经的人和故事更加丰满起来，将其原有的状态和几十年间的变化真实地纪录下来。相信我们的这些纪录不仅仅是对前一次的补充，更将是新的发现——一种站在新时代的背景下对离我们最近的历史的详细了解。这样，它就不仅仅是回顾、是对比，而会成为未来人们眼中关于我们这个时代以及我们所纪录时代的一部影像史。

新栏目的内容将侧重于生活化的、趣味性强的、个体的、具象的和典型性的选题。每期一个话题（或一部老影片），将老影片原汁原味地展现。我们亲临故事的发生地，走访当事人、当年的拍摄者、亲历者等，并以主持人（或出镜记者）作为串场。老胶片，新纪录，将是《重访》节目很好的看点。

首播时间：每周六14：30

重播时间：每周日11：00，24：40

《人物》

探求科学知识，传播文化观念，共享生命阅历，自由交流体验。

中央电视台科教频道大型栏目《人物》，以独特的视角、新颖的理念，关注现当代文明进程中那些显现出智慧光芒、卓越创造力和非凡品格的人们；关注富于奇思异想、敢于超越常规、勇于挑战极限的人们；关注重大事件的亲历者、目击者和为我们珍藏文化与传统的人们；关注在某些领域做出过特殊贡献却鲜为人知，而他们的创建正改写着我们的生存状态与思想方式的人们。

天才们奇特的灵光闪现，思想者深邃的心境物语，发现者执著的迷离幻梦，先行者坚韧的身形步履。让我们去接近、去触摸这一个个性格迥异又极具魅力的中外人物，进入他们的生命旅程、思想轨道与情感世界，感受和领悟他们的存在对时代生活及文化变迁所施加的影响。

栏目以纪录片为主体形态，加入后期演播室包装，利用人物口述、丰富的影像资料和适度的细节再现等多种拍摄手法，形成生动、平实、不矫饰、有深度的栏目格调。沉稳、大气、学者型的主持人风格，在节目与观众之间搭建起有机的沟通平台。

扎实的栏目制作班底，开放新颖的创作理念，保证了自拍节目的质量与品位。与全球相关电视机构的密切合作，大规模引进海外高水准的人物纪录片，是节目的另一重要来源。

本栏目自2001年7月9日起在中央电视台第10套节目中播出。

日常节目每期30分钟，每次推出一个人物，逐步形成相对固定的播出脉络。成系列的精品节目将集中重点播放。

定期聘请嘉宾参与，促进主持人、观众与栏目中人物的交流与互动。对文化热点人物、全球年度封面人物，本栏目将制作特别节目，在中央台1套中播出。

央视调查显示：公众对《人物》有很高期待，潜在观众的比例高达78.6%，并以知识阶层为主要对象，包括高校师生、都市白领、政府官员、企业领导、教科文领域里的从业人员。该观众群普遍拥有较高的学历、较高的收入，年龄层在25～55岁之间，代表社会的中坚力量。

秉承科教频道宗旨，作为目前中国最具专业水平、规模最大、播出密度最高的《人物》栏目，是求知者探寻知识的窗口，普通人领略世间万象的舞台，实业家把握商机、体现人文关怀的捷径。

与海内外传媒、知识界与实业界通力合作，打造全球视野的科教文类节目，亚洲最具实力的人物专栏！

《第一线》

诞生：2004年12月28日。

定位：《第一线》是中央电视台社会与法频道推出的一档在黄金时间播出的大型警法人物栏目。节目全面聚焦奋战在执法一线的公、检、法、司行业的典型人物，表彰他们无私无畏、公正执法、勤政为民的高尚情操。通过罪与罚的交锋、正义与邪恶的较量，展现出主人公的大智大勇以及第一现场的惊心动魄。

品格：淡化静态的传记因素，强化动态的故事因素，选取人生的横断面，选择适当的“矛盾切点”，以特殊的事件拉动情节发展，营造叙事高潮。充分压缩叙事时空，以案带人，以事带人，在事件的进程中塑造人物、表现人物。

叙事策略：《第一线》运用叙述、访谈、议论相结合的手法，将人物丰富的内心世界与刀光剑影、扑朔迷离的故事情节交织起来，最终在观众面前展现出的是一幅警法战线上穿梭奔波、无私奉献的人生画卷。

一线故事：周一至周五播出（曾经发生的和正在进行的，现场告诉你一切）。

传奇对话：周六版（传奇人物的传奇经历，走进现场的非常交锋）。

独家探访：周日版（鲜为人知的事实真相，独家深入的特别访谈）。

《道德观察》

1. 宗旨和定位

《道德观察》是中央电视台第一个系统、

全面、深入报道中国道德生态的电视栏目。

《道德观察》并不是一个教训人的节目，不是一个每天定点开庭的道德裁判所。我们观察的是世间百态，感受的是人情冷暖；我们带给观众的是一个又一个活生生的社会道德案例。

《道德观察》以记者的视角调查在现实生活中发生的、值得我们关注的涉及道德伦理和行为规范的事件和人物，主持人在演播室对记者调查的事件和人物做深刻剖析和评述。

《道德观察》每天上演着关于爱、恨、情、仇、恩、责、义的人间悲喜剧。这是一个个发生我们在身边的故事，这就是我们的真实生活——纷繁复杂，千姿百态。关注我们身边的每一个人，关注我们心灵的环境，共同树立我们良好的道德风尚。观察了别人，也就发现了自己。

我们不是真理在手的圣贤。甚至我们自己身上存在的不道德不文明的毛病一点儿也不比别人更少。

我们只是有一个信念：当我们都学会自律，学会承担责任，当我们都真心向善时，我们会和每一个人一样受惠。

我们的原则和信念使我们不会虚妄到认为自己可以教化大众。

我们不能狭隘，我们更不能恶毒、尖酸。

当我们文明地对待和处理不文明时，当我们以道德的方式纠正不道德时，我们就和观众一起踏上了成为合格公民的道路。

2. 播出时间：

周播：1套（首播）每周六14：45

10套（重播）每周日20：00

日播：12套（首播）每日18：30

（重播）次日8：35，12：45

3. 联系方式

电话：(010) 68579889转831

通信地址：北京市海淀区复兴路65号中央电视台法制频道《道德观察》栏目

邮编：100038

《忏悔录》

《忏悔录》是社会与法频道开播后，首批推出的重点栏目之一。

这是一个以“心灵的焦点访谈”为最终定位和品质追求的周播节目，推崇“没有反思的人生是没有价值的人生”和“吾日三省吾身”的价值观。力图在与犯有重大过失的人物的深度访谈中，通过他（她）对于自己心路历程的观照和再思考，以忏悔的方式完成自我人格的升华，并给予观众深刻的启迪。

在《忏悔录》中，记者将深入我们这个社会的各个角落，与那些具有深刻自省意识的人面对面，在倾听、交流中，体会他（她）曾有的焦灼、痛苦和挣扎及其人性最终复苏的全过程。

通过每期40分钟的深度报道，《忏悔录》将宣示“人性的光辉，忏悔的力量”这一永恒主题。

播出时间：

首播：周日20：45

重播：周一10：50，14：40

联系方式：

电话：(010) 68130550转256

地址：北京市复兴路11号中央电视台社教中心法制专题部《忏悔录》栏目

邮编：100859

邮箱：chl20041228@163.com

《搜寻天下》

制作单位：中央电视台《搜寻天下》栏目组

播出频道：中央电视台7套（农业频道）

播出时间：周二至周六23：15，13：45

收视人群：以25～44岁观众为主体，男性观众接近三分之二；大学以上文化程度的观众收看兴趣最大。

收视率：平均收视率为0.09%

负责人：荣韦菁

主创人员：郑磊、农田诗、江源、王石峰、毕春生、张彬彬、谢妍、段聪、王雅龙等。

栏目简介：

《搜寻天下》，立足人文地理，以独特的视角和纪录片的形式，关注自然生态、人文历史，捕捉沧桑变幻，体察世间冷暖。探寻团队的实地采访，突出亲历亲为、原汁原味的基本风格。是一档将活动与传播高度结合，融知识性、趣味性、体验性于一体的全新栏目。代表作品：《承德，半个王朝的故事》、《珍藏的红色记忆——长征轶事》、《我们的战场——抗战记忆》、《决战前夜》、《行走在诸神的花园——高黎贡散记》、《细品秘方》、《金丝猴探寻之旅》、《太行山大峡谷》、《假日丽江》、《天地千岛湖》、《乡土体验》、《米轨往事》等。

联系方式：北京市顺义区滨河小区观潮园7号　王霖林（电话：13581548049）

上海文广新闻传媒集团

上海文广新闻传媒集团隶属于上海文化广播影视集团，是一家集广播、电视、报刊、网络等于一体的多媒体集团。集团是在2001年整合上海人民广播电台、上海东方广播电台、上海电视台、东方电视台、上海有线电视台等单位的基础上组建而成的，有5000多名员工。2005年，传媒集团被中国传媒产业年会评选为"中国最有投资价值的传媒机构"第一位。

集团主营广播电视媒体及相关传媒娱乐业务（包括演艺、体育、技术服务与研发、传媒娱乐投资等）。旗下的广播电视媒体包括12套模拟电视频道、11套模拟广播频率，其中电视日播出量258小时，广播日播出量214小时，同时开办数字付费电视、宽频网络电视、手机电视和IPTV业务；集团还主办和参股经营《每周广播电视》报、《第一财经日报》、《竞报》、《上海电视》、《哈哈画报》、《OK！》等报纸、杂志和新闻网站以及音像出版等。此外，集团还管理或控股上视女足、东方男女篮球、东方男女排球、男女沙滩排球等7支体育运动队。

2005年，集团顺利完成了电视新闻资源、广播新闻资源、娱乐资源整合，组合成立了电视新闻中心、广播新闻中心、综艺部、音乐部、大型活动部。集团的广播节目在上海地区的市场占有率为90.6%，黄金时段达91.1%，电视节目在上海地区黄金时段的市场占有率近70%。2005年集团总收入达37.5亿余元，比2004年增长24%，其中广告创收31.16亿元，增长21%，占总收入的82.9%，广告收入所占比重下降，创收结构进一步优化。集团下属东方卫视在国内已覆盖所有直辖市、省会城市和计划单列市，覆盖人口超过5亿，并且在日本、美国、澳大利亚、澳门等国家和地区落地播出。

集团的传媒娱乐产业群正在进行全方位拓展，包括节目版权销售、品牌衍生经营、新媒体业务开发、艺人经纪、购物电视等内容。同时，集团也致力于通过资本运营的方式发展壮大。集团积极遵循融入全国、服务全国的发展战略，面向市场服务受众，寻求伙伴加强合作，正努力实现从为播出而制作转变成为市场而制作，从地方广播电视播出机构转变成面向全国乃至全球华语世界的内容提供商、发行商和服务商。

纪实频道

纪实频道成立于2002年1月1日，是中国第一家纪录片专业频道。

纪实频道拥有强大的纪录片制作队伍，每年有多部作品获得国内外一系列重要奖项，在观众中享有良好的声誉。

2006年，纪实频道21个栏目实行了优化编排，格式化播出。《纪录片编辑室》深入反映社会中普通人物的情感和命运。《往事》用记忆唤起对往事温馨的回溯。《文化中国》深入浅出讲述前人在博大精深的中国文化中发掘出的智慧故事。《档案》打开封尘的历史，解读世间的沧桑。《大师》反映各界著名人物在各自的领域创造的辉煌业绩以及他们的人生经历和心路历程。《经典重访》以访谈的形式，追述国内外优秀纪录片中鲜为人知的故事。《DV365》以市民视角，反映家庭生活、社会公德，注重情趣。《鲁豫有约》、《传奇》、《神奇的地球》及《探索》等节目，将开拓更多的精彩内容，提供更多的动人画面。频道还定期推出大型系列纪录片。

纪实频道每天播出20多个小时的节目，其中首播节目近8个小时。自开播以来，从各种渠道收集的反馈信息显示，节目受众特征明显。据尼尔森、索福瑞等收视调查机构提供的资料统计，目标观众多为大专文化程度以上、月收入在1500元至2499元及以上、年龄在25岁至59岁的人群。这三个群体在纪实频道观众中所占的比例大大高于上海12个频道收视群的平均比例。伴随上海高学历、高收入人口的增加，纪实频道节目的收视率将有较大的提升空间。

传承文化，传播知识，传达真实的力量。纪实频道将努力打造中国最具文化价值和知识含量的传媒品牌，成为我国纪录片重要的生产基地和内容提供商。

纪实频道栏目

《纪录片编辑室》

集中国一流纪录片，展上海纪录片原创。坚持纪实风格，关注现实、注重故事，弘扬人文关怀，讲究文化品质。每集26分钟，周一至周五20：30首播。

《往事》

以大量珍贵的历史影像资料为依托，通过选取和二度创作，纪录上海乃至中国在20世纪的精彩瞬间、历史故事及当年轰动一时的新闻。以知识性、历史感勾起人们温馨的记忆。每集23分钟，周一至周五20：00首播。

《文化中国》

深入浅出地向观众介绍中国文化的精华，尤其注重讲述前人在博大精深的中国文化中发掘出的智慧故事。每集20分钟，周一至周五19：00首播。

《档案》

历史题材的系列纪录片。搜集历史档案，追寻人物命运，发掘旧闻轶事。一个好看的故事，一段历史的真实。每集25分钟，周六20：00首播。

《经典重访》

遴选国内外在学术上或社会上有深远意义的优秀纪录片，以演播室访谈的形式，叙述纪录片制作人和片中主人公在作品背后鲜为人知的故事和感受。每集50分钟。周日20：00首播。

《DV365》

DV节目，社会征集。市民视角，注重情趣。以反映家庭生活、社会公德为主要内容。每集5分钟，每天19：25首播。

《大师》

反映我国科学界、学术界、艺术界顶级著名人物在各自的领域创造的辉煌业绩以及他们的人生经历和心路历程。每集27分钟，周六20：30首播。

《探索》

汇集自然、科技、历史和探险活动，带领观众深入洞察我们周边世界的内在奥秘，由世界上最大的纪录片供片商提供。每集48分钟，每天21：00首播。

《传奇》

追寻人间奇迹，再现历史风云，感受科

技魅力，融知识、趣味和故事于一体。由14个国家44家制作公司联手拍摄。每集48分钟，每天22：00首播。

《神奇的地球》

原野生态、科学新知、自然地理、人文风俗。每天一个专题，集科学与故事为一体。大制作、高品质，由美国国家地理频道供片，每集50分钟，每天17：30首播。

《说出你的故事——鲁豫有约》

节目寻访拥有特殊经历的人物，一起见证历史，思索人生，直指生命的体验与心灵秘密，创造一种新颖的谈话记录。每集60分钟，周一至周五23：00首播。

《动物星球》

近距离展现动物千姿百态的生活习性和各显其能的生存方式。高投入，大制作。每集27分钟，每天18：30首播。

《生灵的呼唤》

展现大自然中多姿多彩的野生动物，反映它们的生活习性、生存危机以及人类为拯救生态环境所做出的种种努力。每集50分钟，周六、日23：00首播。

《真实影院》

佳作系列纪录片连续播放，故事性强是其首选标准。每集60分钟，周六、日10：00首播。

《健康》

从《探索》健康频道节目中遴选出适合中国观众观看，可供参考借鉴的精彩节目。一集一个关于健康的话题，每周七集共七个话题。每集50分钟。周六、日11：00首播。

《社会故事》

追求在第一时间、在事发现场展示和追踪突发事件，以纪实手法对当事人作深度开掘，重在时效，重在思辨。每集30分钟，周一至周五12：00首播。

《读书有用》

中国电视读书节目的知名品牌，时尚、趣味、新锐、实用，分“访谈”、“给你好看”和“新书报一报”三大版块。每集20分钟，周六19：00首播。

《东方之魅》

以生动的叙述和详实的资料揭开中国五千年来留下的无数的寓言、传说中的谜团，探索古代文明的来源和逐渐走向衰败的缘由。每集25分钟，周日19：00首播。

《法制专栏》

每集30分钟。19：30首播。

周一《东方视点》：

在法治中国的前导下，锐意求新的电视栏目《东方视点》通过“法眼”聚焦社会，对影响社会的大案和重案做出深度报道。

周二《终极对话》：

这是一档新型的法制类谈话节目。通过对这一特殊人群的心灵对话，突出重案发生后人们的理性思考，探索犯罪个体作案前后的心路历程。同时，对专家和检察官进行采访，以案释法，起到普法和警示的作用。

周三《法律与道德》：

以纪实手法再现案件的发生过程、发生后的法律解决办法和引起的思考，着重对各类案件和社会事件背后故事的调查和深度报道。

周四《第四焦点》：

由上海市公安局交警总队和上海电视台联合创办，主要对重、特大交通事故进行剖析；报道优秀交警、先进驾驶员的感人事迹；提高市民出行安全意识。

周五《社会方圆》：

由上海市法制宣传教育领导小组办公室、上海市司法局、上海电视台联合创办。讲述发人深省的案件，剖析复杂的法律关系，通过案例展示人性中的美与丑。

周六《廉政风云》：

通过反腐倡廉案例，宣讲我国政府反腐成就，揭露腐败分子的违法轨迹，颂扬反腐败风云人物。节目内容来自执法机关的权威发布。

周日《防范宝典》：

介绍居家或出行的安全防范小窍门和小招术。这些防范小窍门或小招术，既有警方多年来与犯罪分子作斗争的经验和体会，也有市民在长期的生活中形成的保家防身智慧结晶。

北京电视台

北京电视台成立于1979年5月16日。2001年6月，原北京电视台与原北京市有线广播电视台合并，成为中国最具影响力和竞争力的主流媒体之一，节目覆盖北京、国内、北美和亚洲地区，国内总覆盖人口超过2.5亿。

北京电视台现有13个频道，分别为BTV-1北京卫视（覆盖全国29个省市和亚洲部分国家地区）、BTV-2文艺频道、BTV-3科教频道、BTV-4影视频道、BTV-5财经频道、BTV-6体育频道、BTV-7生活频道、BTV-8青少频道、BTV-9公共频道、BTV-10动画频道，两个数字付费频道（电视剧频道和电视购物频道），另外还有覆盖北美和亚洲地区的卫星频道。

北京电视台地处首都，尽享政治、文化中心的优势。北京深厚的文化底蕴和国际大都市的影响力，形成北京电视台独有的优势地位。近年来，北京电视台勇于面对激烈竞争，合理资源配置，优化频道结构，丰富节目内容，拓展多元盈利模式，不断增强自身实力和市场竞争能力，实现了全面、协调、可持续的发展。

强大的内容生产能力是北京电视台参与媒介竞争的核心优势。一批影响广泛、交口赞誉的品牌节目，赢得国际、国内新闻和广播电视奖的多项大奖。

北京电视台拥有世界先进水平的技术设备和设施，节目制作、播放和传输已基本实现数字化，初步形成办公自动化管理体系。正在建设中的北京电视台新址，技术系统将全面实现“数据化、网络化、智能化”。北京电视台作为2008年奥运会的体育比赛转播机构，届时将向全球提供多项高清晰度电视信号的精彩赛事。

北京电视台的发展目标是建成全国一流、亚洲领先、世界前列的电视台，并实现人才一流、节目一流、技术一流、创收一流、管理一流。

1998年1月1日，北京电视台一套节目通过亚洲卫星2号向亚太地区播出，覆盖19个国家和地区，以新闻节目为主体，同时汇集全台精品节目，全面展示北京电视台的整体风貌，立足北京、面向全国、走向世界。2006年，实现24小时播出。

《纪实天下》

播出时间：

首播：BTV-1 周一至周五 13：05

重播：BTV-1 当日 15：50

BTV-1 次日 06：30

收视人群：节目的受众以有一定文化品位和知识层面的观众为主，同时能够贴近普通百姓。

收视率：节目的平均收视率在1以上，最高收视率达到2.5以上。

负责人：吴玮、李孜、武玲、吕军、李蓓

主创人员：

编导：刘颖、蔡璐、黄炜、林斐、蒋俐、王洋、段静欢、白钢、祝贺、董龙斌、高月、商晓艾、张卫宁、任朝、陈扬、郭宇、宋宏良、孙宁

责编：段静欢、魏斯佳、马戈、丁小晴、钱丽华

摄像：李力、冯帆、朱欣翔

解说：董龙斌、姜华、穆尼热、罗旭

制片人：吴玮、李孜、武玲、吕军、李蓓

监制：陈大立、杨东

总监制：华艺

代表作品：

《五环连友城》、《跨国情缘系列》、《北京印象系列》、《外国人才艺大赛特别节目》、《春晚人物系列》、《华尔街的中国女人》、《成龙慈善系列》、《爱你没商量系列》、《阿尔法·成长之路》、《盲女陈燕：耳边的世界》、《一个人的音乐长征——耿莲凤》、《关牧村：一支难忘的歌》、《伦敦地铁大揭秘》、《香港立法主席·范徐丽泰》、《阳光·圆梦》等。

联系方式：(010) 68429608

传真：68421138

栏目简介：

《纪实天下》是海外节目中心推出的一档国际化题材的纪实性专题节目。它是在不断创新的基础上，用国际化的视点讲述社会、历史、文化、人物和事件的故事，宣传先进的文化和人文精神，给人以知识教益和启迪，提升文化的品位和力量。

《纪实天下》节目每周一至周五13：05在北京卫视首播。节目的受众以有一定文化品位和知识层面的观众为主，同时能够贴近普通百姓。我们根据所处的舆论环境和播出环境，结合《纪实天下》自身的优势，进行了客观的判断和评价，制定了关于《纪实天下》的定位和追求：我们把“以海纳百川的胸怀，用中国人的眼睛看世界，以全球的视角看中国” 作为通档栏目的定位。突出北京特色，题材独特，强调国际化视野下的选题故事。紧紧围绕国际化大概念下的“人与社会”和“开放”两个核心。在具体运作中我们关注那些在全球范围内人类的共同命运和不同文化之间的“同与不同”。在运用技巧上，我们强调手法创新，表现时尚，力求实现纪实（话题）故事化，故事纪实（话题）化的呈现方式。我们力求打造全球高品位的纪实节目。

获奖情况：《纪实天下》栏目在第一届“纪录·中国”评选活动中荣获金牌栏目。

《这里是北京》

播出时间：

首播：BTV-1 周二 22：05

重播：BTV-1 周三 11：05

重播：BTV-9 周日 18：05

联系方式：(010) 88465401，zlsbjnb@163.com

栏目简介：

探寻古都风物　传承人文风情，北京台唯一一档本土文化栏目。她将带领观众用独特的方式探访北京的人文古迹、巷陌民风；用独特的视角反映北京的历史、文化、名人、掌故。

在变化中看传统的北京，在变化中看现在的北京。探寻老北京的人文精神，留住易逝的文化根脉，《这里是北京》——一幅北京精神地图。

《探索》

播出时间：

首播：BTV-5 每天22：35分

重播：BTV-5 每天17：05分，6：05分

联系方式：(010) 62112480，68419922转7811

栏目简介：

《探索》栏目来源于Discovery探索频道。该频道是美国Discovery传播公司的旗舰电视网，从1985年开播起，即致力于打造全球最高品质的纪实娱乐节目，力求成为电视荧屏上最富活力的电视网之一。到目前为止，探索频道已经发展成为世界上发行最广的电视品牌，到达全球160多个国家和地区的3亿零600多万家庭，以35种不同语言播出。

2007年，《探索》更是制作严谨，视野恢

弘，将陆续推出一系列全新的大制作。史诗巨篇《列国图志》，将带领观众环游世界三十个国家，借助卓越的摄影画面、优质的制作和先进的高清技术，前往全世界最古老、最多元的部分国家，聚焦当地丰富多样的文化、地理和自然现象。丰富的科学知识和恢弘的视觉美感，让系列专辑《列国图志》成为Discovery传播公司的最新全球巨献；新系列专辑《X档案大调查》，以全新方法切入一个流行电视话题，将尝试再度激发或再度重现一起特殊的神秘事件，以复制有关的证据和曾经发生过的真实结果，在视觉效果上绝对刺激；《新季科技先驱II》是一部前所未见的科学电视节目，融尖端的科学成果和创新的拍摄技术于一体，以寓教于乐的形式将科学与观众联系在一起。每集节目都会锁定某个看似简单的主题，如颜色、记忆、时间或触觉……但其背后的科学却并不简单，观众将会了解到最新观点和科学突破。

《故事汇》

播出时间：

首播：BTV－9周一至五21：17

重播：BTV－9周二至六19：00

栏目简介：

《故事汇》是一档对已有的事件类电视素材进行重新整合、二度创作，以全新角度阐述故事的日播栏目。

节目内容讲述古今中外真实的、精彩的、具有广泛社会意义的、鲜为人知的故事。从形式上节目将突破纪录片与专题片的界限、突破纪录片与社会报道的界限、突破纪录片与故事片的界限、突破纪录片与文艺片的界限，一切为故事服务，采取一切合理的手段、手法整合故事。为观众讲述一个个完整、细致、跌宕起伏的故事，如同一部部真实的电视剧呈现给观众。

天津电视台

天津电视台于1960年3月正式开播。电视信号覆盖天津市和北京、河北、山东等省市部分地区，可收视人口超过2000万人。自办3套节目，每周播出近300小时，日均制作节目超过10小时。

1998年12月28日，以“展天津风采，创美好未来”为宗旨的“天津卫视”，从策划、筹备到实施整整经历了一年时间终于上星了。它的定位是“立足天津，面向三北，放眼全国，走向世界”；让世界更好地了解天津，让天津进一步走向世界。“天津卫视”的节目将通过新建的天津地球卫星站发送到亚洲二号卫星，同海内外的广大观众见面。

现分为“卫视频道”、“文化娱乐频道”、“体育频道”、“少儿频道”、“经济生活频道”、“都市频道”、“科教频道”和“公共频道”。

2006年，天津电视台对卫视频道进行了开播以来最大规模的改造。强档栏目领衔，王牌主持加盟，重金剧场亮相，全新的卫视频道将给您带来震撼的感受。频道将秉承“关注新世界关注新生活”的理念，体现频道前卫、时尚、国际化的风格。

2006年元旦，卫视频道全新改版。七档全新的真实娱乐栏目，在黄金时间形成“美丽人生”通栏，带您进入领先全国的“真实娱乐”大看台；五档明星主持担纲的“美丽世界”谈话通栏，与您心灵愉悦交流。此外，刘仪伟、胡可、林栋甫、丁篷、尹畅、李强等天津台及国内著名的节目主持人加盟卫视频道。超级强档栏目，绝对明星主持联袂出击，成为天津卫视最大看点。2006年，天津卫视每晚10点重金打造《金牌剧场》，激情演绎都市人生命运大戏。

作为龙头的新闻节目在卫视频道中的宣传规模与力度也得到了增强。每天早、中、晚、夜四大新闻时段及每天21：30新闻评论节目，可使观众天天都能获得及时深入的新闻资讯。

《中国人》

播出时间：

科教频道：周三21：50首播

周四23：25重播

卫视频道：周日00：30重播

收视人群：35岁以上

收视率：0.5左右

负责人：李安

主创人员：姜红、路树强、崔亚正、王琳、苑笑冬、张依琳、周念念、刘力、邓金圣、王志国、邓子君

代表作品：《数学之美——陈省身》、《敦煌守望者——樊锦诗》、《奥运追梦人——何振梁》、《杂交水稻之父——袁隆平》、《龙梅和玉荣的故事》、《人民记者——穆青》

联系方式：(022) 23601852（办／传真）

13821551258（手机）

T6chinese@163.com

联系人：李安

栏目简介：

《中国人》是天津电视台全力打造的一档以人物纪实为主要创作风格的纪录片、专题片类节目。

《中国人》栏目以介绍全国有影响、有特点的人物为主，或历史的、或今天的。每个人物的经历都记录着一段历史，每个人物的追求都讲述着一段故事。我们力求引导观众沿着人物的踪迹，去探索社会的变革。透过人物百态，去寻求人生的真谛。

在创作上，《中国人》栏目以“情”为切入点，通过人性、人品、人格魅力的挖掘与弘扬，用电视人特有的视角，记录下这一段段可歌可泣的感人故事，给历史和未来留下一份真实的记录。

回顾多年来的创作历程，我们的足迹几乎遍布全国，从冰天雪地的大庆到风光旖旎的海南岛，从青藏高原拉萨到中原大地河南，从彩云之南到内蒙古大草原……我们面临过困难，也遭遇过挫折，但心中神圣的使命感让我们勇敢面对，每一期节目的背后是一件件感人至深的故事……

《天津故事》

播出时间：

首播：科教频道周六、周日19：45

重播：科教频道周一、周二21：10

栏目简介：

《天津故事》是一档挖掘近代天津历史文化、讲述城市故事、寻踪名人轶事的全新栏目。走进《天津故事》，您会看到一个关于天津的崭新世界：追根溯源，探求“天津”得名之谜；千里寻根，讲述天津话的由来；走访名家，揭密大观园的津门原型；回顾历史，追忆天津名人往事。鼓楼、炮台、铃铛阁中不为人知的古老传说；静园、王府里惊心动魄的风云变幻；大悲禅院深藏的神秘灵骨；乾隆皇帝巡幸天津的奇闻轶事；末代状元一波三折的赶考经历……《天津故事》将为您一一讲述。

重庆广播电视集团（总台）

重庆广播电视集团（总台）于2004年11月18日正式挂牌运行。集团（总台）由原重庆人民广播电台、重庆电视台、重庆经济广播电台、重庆交通广播电台、重庆音乐广播电台、重庆都市广播电台、重庆教育广播电台、北京广播学院重庆函授站、重庆音像资料馆9个事业单位撤消独立建制后合并组建，保留重庆人民广播电台、重庆电视台的呼号。下辖重庆广播电视技术中心、重庆音像出版社、重庆广播电视报社等直属事业单位。

由集团（总台）出资组建的重庆广播电视产业有限责任公司，是重庆广播电视行业的产业经营平台，其全资或控股的实体有重庆有线电视网络有限公司、重庆重视传媒有限责任公司、重庆广电实业发展有限责任公司、重庆歌舞团有限责任公司、大足石刻影视旅业公司、重庆广电移动电视有限责任公司、重庆汇金置业有限公司等。

重庆广播电视团（总台）是党的新闻宣传机构，由市委宣传部领导，市广播电视局依法实施行政管理，为正局级事业单位。主要负责办好广播频率、电视频道和有线数字电视、移动电视业务；负责全市广播电视有线传输骨干网、无线广播电视传输网和主城区有线电视用户网的建设；负责广播电视节目的传输覆盖；负责全市广播电视实体的业务指导。

重庆广播电视集团（总台）现有员工3800余人，其中，博士4人，硕士71人，大学本科以上学历1350人，高级职称353人，党员1200多名。现有广播频率5个（新闻频率、经济频率、交通频率、音乐频率、都市频率），日均播出116小时、自产节目110小时；电视频道11个（卫视频道、影视频道、新闻频道、科教频道、都市频道、娱乐频道、时尚频道、生活频道、青少频道、公共频道、国际频道），日均播出214小时、日均制作节目950分钟；广播、电视在本土的覆盖率分别达到92.26%、94.3%。1998年10月1日广播新闻频率和电视卫星频道上星传送，2003年2月以后广播经济频率、交通频率、音乐频率、都市频率上星传送，实现了全国35个中心城市、69个地级城市、2000多个县级城市和香港、澳门地区以及海外部分国家的落地覆盖。近年来，培育了《驾驶员俱乐部》、《早间新闻网》、《经广好吃狗》、《雾都夜话》、《拍案说法》、《龙门阵》、《生活麻辣烫》、《冷暖人生》、《巴渝人家》、《重庆新闻联播》、《天天630》等一批收听收视率较高的品牌栏目以及“爱心车队爱心送考”、“微笑大使”、“娱乐星工厂”、“多谢四方众乡亲”等大型品牌活动。直辖以来，制作了《突出重围》、《邓小平在重庆》、《新华方面军》、《今夜无人入睡》、《一双绣花鞋》等一批优秀电视剧以及《移民县长》、《移民乡官冉绍之》、《半个月亮》等一批优秀广播剧。2006年，广播本地市场收听份额在75%以上，电视收视份额保持在50%以上，重庆卫视综合排名在全国省级卫星频道中居第五位、媒体竞争力和观众美誉度全国排名第二，是全国最具实力和影响的媒体之一。

集团（总台）成立后，积极推动事企分离，搭建了产业经营平台重庆广播电视产业有限责任公司，并按照“归属清晰，权责明确，保护严格，流转顺畅”的原则，理顺了公司内部关系，完善了法人治理结构，启动了大足龙水湖影视基地、“时尚之都”文化（传媒）创意产业园区、动漫基地等一批重点项目。

集团（总台）积极构建集团（总台）和谐文化，提出了建设“国际知名、中国一流、西部第一”的广播电视传媒集团的发展目标，“艰苦奋斗，创新求精，忠诚团结，永争一流”的集团（总台）精神和“使命高于一切，成功在于专业，个人成于集体，收获源于付出”的核心价值观，不断打造集团（总台）的核心竞争力，为事业产业发展提供强大的智力支持和精神动力。

《人文天下》

播出时间：

首播：科教频道每天00：50

重播：科教频道周二至周六08：25，周日至周一07：30

代表作品：《帝国商行》、《与天抗争——飓风弗洛伊德》、《死亡日记》

联系方式：

电话：(023) 68626527

传真：(023) 68621480

地址：重庆市渝州路68号重庆电视台人文天下栏目组

邮编：400039

E-mail：rwtx@ccqtv.com

栏目简介：

《人文天下》是重庆卫视的品牌栏目，从2003年元旦开播至今已有四年。《人文天下》是一档电视杂志化节目，周一至周日13：00卫视首播，每期30分钟。《人文天下》栏目是一档充满人文关怀的节目，是集人文、风情、旅游、娱乐、科技、时尚、环境等资讯为一体的综合性电视杂志栏目。2004年，央视－索福瑞公司调查显示：在重庆卫视7：00～18：00的白天时段中，《人文天下》收视率和收视份额居于领先地位（收视率居于第二位，收视份额居于第三位）。

《人文天下》节目多次在全国评比中获奖。在中央电视台组织的2003年至2004年全国电视异地采访活动中，《人文天下》栏目摄制的电视片连续三次获得全国评比二等奖。2004年初，国家人事部和国家广播电影电视总局授予《人文天下》栏目“全国广播电影电视系统先进集体”光荣称号。

《巴渝人家》

播出时间：

首播：科教频道17：57

重播：科教频道19：22

　　　公共频道07：52

主创人员：

制片人：吴镝

制片助理：金洁

摄像指导：金朴实

编导：马自立

选题策划：何永红

摄像：洪志映

代表作品：

《张家父女》获2000年度中国广播电视新闻奖社教类二等奖；

《寻找双枪老太婆》获2001年度中国广播电视新闻奖电视社教类长片三等奖、2001年度重庆广播电视新闻奖社教类长片一等奖；

《龚滩古韵》获2003年度中国广播电视学会第五届百家电视文艺节目展评活动奖铜奖；

《团年》获中国广播电视新闻奖2002年度电视社教节目奖短片二等奖、2002年度重庆电视奖社教类短片一等奖。

联系方式：

电话：(023) 68638559

传真：(023) 68639685

地址：重庆市渝州路68号重庆电视台巴渝人家栏目组

邮编：400039

E-mail：byrj@ccqtv.com

栏目简介：

《巴渝人家》始创于1994年10月1日。至2004年5月，播出达到1000期。深度记录重庆历史和重庆人的生存状态，在具有浓厚码头文化和山地文化传统的族群中有着广泛的情感认同和审美认同；俗中见雅，讲究格调，形成鲜明的叙事风格和表现手法。据央视－索福瑞和AC尼尔森调查，《巴渝人家》月平均收视率在重庆所有社教类节目中位列前茅。周平均TVR稳定进入重庆地区可收视节目（含中央台及上星卫视）前50位。

福建省广播影视集团

福建省广播影视集团于2004年2月8日正式挂牌成立。按照中央的有关精神和省委、省政府关于文化体制改革、解放和发展文化生产力的指示要求，根据管办分离、精简高效的原则，集团实行扁平式管理，直接管理到频率、频道、中心及其他所属单位。集团拥有新闻综合广播、东南广播公司、经济广播、交通广播、都市生活广播、音乐广播6个广播频率和电视综合频道、东南电视台、东南电视台国际频道、公共频道、新闻频道、电视剧频道、都市时尚频道、经济生活频道、体育频道、少儿电视频道、准视频点播节目部等11个电视频道，以及电影制片厂、一报四刊、音像出版社、传输发射中心、广告公司和网络公司等，是一个以广播、电视、电影、传输、网络、报刊出版和互联网站宣传为主业，兼营科技开发、影视艺术、广告经营等相关产业的综合性新闻传媒集团。

东南卫视

历史上的东南八闽大地，是中国最早对外通商开放的地域之一，也是中西方文化最早交融的地域之一。

今天的东南卫视，以围绕“海峡概念”展开的新闻资讯、精致的综艺节目和纪实、独特的文化类节目跃入中国省级卫视主流媒体行列。

从1997年起，由于首创与台湾制作人合作推出《银河之星大擂台》、《开心100》等高收视节目，1998年东南卫视成为首家在台湾落地的省级卫视；2001年东南卫视首推大陆第一档报道海峡两岸时事、民生、文化的新闻资讯类节目《海峡新干线》，极具影响的台海综艺和极具权威的台湾资讯，让东南卫视连续五年成为最受观众喜爱的五大省级卫视之一。

2006年东南卫视继续强化台海特色，明确提出了“欢乐海峡”的频道定位诉求，创办了“欢乐海峡”栏目带，强档推出了由台湾主持人吴佩慈、吴淡如参与制作的两档综艺节目。独特的定位、高品位的节目、鲜明的品牌形象与核心竞争力使得东南卫视获得“全国十强电视品牌媒体”称号。

2007年东南卫视再度起航，丰富“欢乐海峡”的内涵，实施精品化改版，全新推出以传达慈善公益理念的《海峡传情》、展示海西企业文化的《海西点将台》，构建起传达海峡两岸爱心的桥梁，充当着海峡两岸的爱的摆渡者。东南卫视正在向“立足东南、服务全国、走向世界、追求卓越”的目标挺进，正在为“建设海峡西岸经济区的主流媒体、独具品牌特色的精品频道”而努力。

《发现档案》

播出时间：

东南卫视每周二21：30

栏目简介：

《发现档案》是集团的重点品牌栏目，它是一档揭示我们身边正在不断出现与破解的历史、自然、科学之谜的节目。与别的栏目相比，《发现档案》有很强的差异性与独特性，在此之前这样的节目福建没有，在全国也极少见。《发现档案》已成为业界的一面旗帜，不仅在内容选材上深入人心，而且在风格上也得到了全省观众的普遍认同。它已牢固树立了自己的品牌，取得了良好的经济效益和社会效益，在全省广电事业中拥有举足轻重的地位。自2002年节目开播以来，以其独特的当代视角和文化品位，牢固地“侵占”了观众的心灵。屡次创造了福建电视台资讯类节目收视新纪录，创造了6.8%、6.4%的收视历史新高。它连续四年荣膺全国一等奖、两获全国政府一等奖，2006年，《无脑娃》、《永不消失的电流》、《网络心魔》分别获得中国广播电视协会科技教育节目系列片、专题片、文化教育类节目三等奖；《红崖天书》获得中国纪录片协会主办的“中国十佳纪录片”提名；2006年，栏目还获第十一届福建省电视艺术奖社文类栏目类一等奖。

2006年12月，《发现档案》主持人郁莉当选为福建省青年联合会委员。2007年，《发现档案》获得集团金鼎奖的“最佳社教栏目奖”。

《纪事》

《纪事》栏目成立于2005年，隶属福建省广播影视集团电视新闻综合频道，是一档大型纪实类通栏节目，也是该频道目前唯一的纪录片栏目。

作为纪实类栏目，《纪事》坚持以真实的影像记录身边的奇人逸事。以正在发生的事件为基础，讲述奇人逸事背后鲜为人知的故事，突出事件的真实性、故事性和趣味性，从中展现身边不同人物群体的人性魅力、精神风貌以及故事背后深刻的社会意义，向人们传达一种积极向上、乐观宽广的精神风貌。

《纪事》栏目的定位以逸闻、奇趣类题材为主，用纪实的手法，精心选取全国各地的奇人、奇事作为拍摄题材，通过跟踪拍摄、真实再现，以轻松、幽默的叙述手法，讲述奇人奇事。《纪事》栏目与福建广播电视协会联合，已经成功主办了两届福建省DV大赛，参与者有在校生、医生、工人及各地市的电视台记者，具有很高的社会知名度，由这些民间摄影师拍摄的DV作品也给栏目注入了一股活力，进一步丰富了栏目的题材来源和内容形式。

栏目长度：15分钟。

播出时间：

电视新闻综合频道周一至周五黄金时间19：15分首播，次日17：00重播。

收视率：

周平均收视率均可保持在5%以上（央视－索福瑞）。

收视人群：

CSM福建省网收视仪对《纪事》收视人群的调查统计数据显示，收看《纪事》的女性观众较多，占52.9%；从年龄分布来看，15～24岁的年轻一族是我们栏目的主要收视群体，占26.1%。

主持人兼栏目制片人：黄土

栏目执行制片人：叶闽武

主创人员：

目前栏目有编导14名，摄像6名。我们用独特的视觉去展现与传统纪录片不一样的节目，不段探索和创新节目的种类和表现的手法，经过两年的努力和不断学习充实，我们的创作水平正在不断地飞速上升。良好的收视表现，体现了栏目主创人员的整体制作实力，同时优秀的作品，也令我们在业内获得了很高的评价。

代表作品及获奖情况：

（1）《纪事》栏目获第一届“纪录中国”评选活动铜牌栏目奖；

（2）《天下无贼》获2006年中国纪录片国际选片会入围奖纪录片奖；

（3）《执子之手》获第13届中国人口文化奖（广播影视类）电视专题片优秀奖；

（4）《生命的重量》获2006年度中国电视纪录片短片提名奖；

（5）《血缘》获第九届福建人口新闻奖三等奖；

（6）《手语心愿》获第四届福建省残疾人事业好新闻奖三等奖；

（7）《和你在一起》获福建省广播影视协会社教类一等奖。

联系方式：

通信地址：福建省福州市新权南路金福商厦705室《纪事》栏目组

邮编：350001

电话及传真：（0591）87113282

邮箱：fs705@126.com

酒泉电视台

酒泉电视台创办于1986年，共有综合频道和公共频道两套电视节目，每个频道每天播出14小时，办有《酒泉新闻》、《新周刊》、《经济生活》、《收视导航》、《消费时尚》、《健康家园》等多个固定栏目。新闻和专题节目共获国家级奖项9个、省级奖项50多个。关注自然，解读文化，着墨于人与自然和谐相处的八集电视纪录片《大河西流》，首开全省市州级电视台摄制大型系列专题片的先河，播出后引起了一股《大河西流》热，专家和普通观众好评如潮，并荣获2006首届中国玉溪国际环保纪录片周颁发的最佳制作奖、省广电学会颁发的二等奖。

《新周刊》

酒泉电视台《新周刊》栏目创办于1996年6月，原名《今日阳关道》，2002年改版，每周六晚19：50播出。是由酒泉电视台专题部主办的一档地方文化专题栏目。2006年被国家广播电影电视总局授予“全国优秀文化（文艺）栏目”荣誉称号。

《新周刊》的栏目宗旨是：关注文化艺术现象，展示飞天故乡风采，打造具有敦煌特色的电视文化精品。

《新周刊》以纪实手法为主，选题广泛涉猎丝路探秘、古迹考察、自然地理、环境变迁、文化人物、社会纪录等。

10年来，栏目推出的30多部纪录片分别在全国、全省的各类评比中获奖：

1998年，纪录片《寻访干海子》获甘肃省首届“五个一工程”奖。

2002年，纪录片《驼铃声声》在中央电视台经济频道播出，并获最佳摄影、最佳音乐奖和甘肃省敦煌文艺奖。

2005年，纪录片《寻访敦煌古城》获第四届中华荟萃三等奖。

2006年，纪录片《拯救敦煌》获首届中国玉溪国际环保纪录片周最佳制作奖。

2004～2006年，《新周刊》栏目组创作播出酒泉第一部大型电视纪录片《大河西流》，在中央电视台名牌栏目《探索·发现》中播出，引起较大反响，该片荣获甘肃省敦煌文艺奖、首届甘肃电视金鹰奖、最佳编导奖。

栏目主编：秦川

制片人：卢永曦

责任编辑：安秋

编导：秦川、安秋、卢永曦、郭程、袁金荣

制作：吴延霞、李晓晨、石有斌

主持人：安秋、李凯

总制片人：秦川

监制：贾洁、魏江清、张凡

地址：甘肃省酒泉市

邮编：735000

联系电话：（0937）2618239

E–mail：dhqc007@sina.com

广东电视台

广东电视台成立于1959年，是我国建台最早、发展最快、最具有影响力的省级主流媒体之一。最初是以广州电视台的呼号用二频道试播黑白电视节目，1960年7月1日正式开播。1974年12月26日开办第二套节目，以八频道试播彩色电视节目。1976年二频道也改为彩色电视节目，1979年1月1日改名为广东电视台。

47年来，广东电视台以其深厚的民族文化内涵和强烈的岭南地方特色，吸引着庞大的受众群体。

广东电视台坐落在美丽的花城广州市。如今已拥有7个电视频道，分别为广东电视台卫星频道（简称广东卫视）、广东电视台珠江频道、广东电视台体育频道、广东电视台公共频道、广东新闻频道、广东电视台移动频道和广东电视台数字电视频道。

广东电视台卫星频道

广东电视台卫星频道简称“广东卫视”，以新形象、高品位、大视角和贴近生活、服务大众为宗旨，使用普通话及少量广东省方言和英语，全天24小时不停放送。广东卫视通过“亚太1A”卫星和地面粤东、粤西、粤北微波主干线传送，形成强大信号覆盖网络，全球覆盖人口为20亿以上，在澳大利亚、新西兰、新加坡、马来西亚、印度尼西亚、泰国、菲律宾、斯里兰卡等国家，广东卫视已成为当地华侨观众的首选。

广东卫视借助泛珠三角区域合作与发展的东风，以“立足广东、贴近港澳、面向全国、辐射海外”为宗旨，于2004年6月28日隆重推出国内第一家凸显财富特色的综合卫星频道，以全面宣传广东形象、体现南粤风采为主，以新闻纪实类、财经资讯类、综艺文化类、影视剧场四大节目构建起主流频道的媒体平台。新闻纪实类栏目《广东卫视新闻》一直以来为我省最具高度、深度和权威的电视新闻品牌；创办16年的《社会纵横》是我省最权威的电视舆论监督栏目。此外，一批鲜活、亮丽的节目脱颖而出：融合欧美、日本、港台的益智、竞技、娱乐节目等多种元素的大型娱乐益智栏目《赢遍天下》，由五位以茉莉、杜鹃、玫瑰、牡丹、百合命名的绝色美女定位主持，以绚丽的色彩和贵气的服饰包装，独具一格的内容和形式散发出时尚色彩和逼人的光芒。为有着2000万外来人口的广东而特别打造的大型人文类纪实专栏节目《人在他乡》，聚焦“新客家人”，以纪录片的形式对人物命运进行状态的描述，发掘人类为了改变自身生存状态不懈奋斗所表现出来的美好善良的愿望，揭示人在生存过程中所透射出来的本质力量。该栏目推出后，立即引起巨大反响，收视在省内外迅速扩大。影视新人的大型节目《明日之星》、国内最早的大型真人秀节目《生存大挑战》和超过30个国家参加的世界顶级水准的专业模特赛事《国际超模大赛》等节目，以耀眼的阵容成为家喻户晓的品牌节目。

影视剧场则以《百姓剧场》、《女性剧场》、《开心剧场》、《金色剧场》、《子夜剧场》、《午夜剧场》、《周末剧场》和介绍电影资讯的《电影大排档》网罗全天，构建起最炫耀精彩的影视平台。

国内最权威的央视－索福瑞收视调查公司的调查显示，广东卫视改版后的总体收视和市场占有率都比改版前成倍增长，成为广东省最强势的上星频道。2005年CSM媒介研究的数据显示，在全国40多个省级卫星频道中（不包括中央级的12个频道），广东卫视的市场占有率排名第13位，在全国排名榜上遥遥领先。

《人在他乡》

2004年，广东电视台成立“马志丹工作室”。同年6月28日广东卫视改版。

“马志丹工作室”负责创办的第一个栏目《人在他乡》于2004年7月3日首播，为周播栏目。在台领导及广东卫视频道总监、主管主任的正确领导和大力扶持下，经过两年的经营运作，在电视节目制作、卫视频道播出、宣传推介等方面取得了令人满意的成绩，并逐步成长为广东卫视重点品牌栏目。目前已播出100期。

《人在他乡》是社会人文范畴的大型人物纪实节目，以纪录片的形式，以人物命运走向、生存状态特征、思想情感流露以及人生价值观的呈现为四大内容主体。

一、以精品意识打造品牌栏目，重视质量，重视口碑，创办百年老店

精品栏目的创办有赖于精心的策划、拍摄、采访和制作。《人在他乡》每一期节目从选题到策划，从拍摄到制作，制片人、总导演都全程负责，亲临一线指导，既体现了集体创作的意识也保证了高质量的创作品质，高立意的精品意识始终贯穿节目创作的全过程。

二、关注需求，扩大收视

社会的发展和进步，使电视观众对关系到自身利益的生活环境或与生活有关的方方面面的变化自然会投入更多的关注。电视作为进入亿万平常百姓家的最主要传媒，观赏电视节目又都是在家庭生活氛围中进行的，所以，反映百姓生活、贴近百姓生活的节目理应主要以寻常百姓为服务对象。

《人在他乡》选取的都是从外省来广东打工或创业的普通阶层，他们的生存状况和命运走向，自然得到广大观众的认可。形式也罢，内容也罢，只有贴近观众、反映生活、传达百姓真实的情感，得到受众的认可，才有存在的价值。

三、收视率

中国国内最权威的央视－索福瑞收视调查公司每周一次的收视调查报告显示，《人在他乡》栏目推出以来，有以下收视强势：

（1）收视率常常稳居广东卫视所有栏目的前三甲。四分之一以上节目位居广东卫视所有栏目在广东地区、广州地区收视第一名，位居广东卫视 7：30 新闻之前；位居中央电视台新闻联播和广东卫视天气预报之前。

（2）2005 年 4 月，央视－索福瑞媒介研究发布的《广东地区城市每日节目报告》（监测频道为广东地区所有落地频道，包括境外频道）及《广州地区城市每日节目报告》（监测频道为广州地区所有落地频道，包括境外频道）中，《人在他乡》栏目进入广东地区及广州地区所有落地频道（包括境外频道）所有播出节目的前三十名。2006 年 6 月，连续三期节目的收视达到 2.0 以上，其中《人在他乡》特别节目《怀念郭昶》收视达 3.009。

（3）央视－索福瑞媒介研究发布的最新资料表明：在全国所有电视频道，同一时段播出的人文类专题片，广东卫视《人在他乡》是收视率最高的节目。《人在他乡》栏目同时为广东卫视全国电视观众收视到达率的第一位。

四、为广东卫视培养了一批年轻的渐趋成熟的人文纪录片编导和制作人员，为广东电视台储备了一批专业人才

刻苦、上进、虚心、互助是《人在他乡》栏目倡导的品质。栏目成员来自五湖四海，大多都在经历着“人在他乡”的人生，出于对电视共同的热爱，让这群大多是二十几岁的有理想、爱做梦、视电视为生命的年轻人聚在一起。

建造平台吸纳人才。在栏目经费相对紧张的情况下，《人在他乡》不是用高薪引才，而是建造一个高品质的纪录片创作平台，吸纳一批有创作激情、愿为华语纪录片执著奋斗的年轻电视人。

制作精品培养人才。在节目的拍摄和制作过程中，制片人、总导演始终坚持高标准、严要求的创作准则。随着一期期节目的拍摄、制作、播出，栏目培养出了一批年轻的编导、编辑、记者和后期制作人员。每一个工作人员在业务水平上都有了不同程度的提升，栏目在建设的过程中声名鹊起；同时，《马志丹工作室》也为广东卫视培养了一批年轻的渐趋成熟的人文纪录片编导，为广东电视台储备了一批专业人才。

共创未来留住人才。制片人、总导演定期组织节目策划研讨会，组织栏目全体工作人员进行业务学习，让每一个栏目成员从一个电视爱好者逐步转型向专业的电视人发展。栏目中严谨的工作流程和始终如一的精品意识，不仅打造出了一支精英团队，也提高了栏目的凝聚力和团队精神。用文化品格留住了一批热爱电视事业的年轻人与栏目共同成长，走向成熟。

五、登高始见林莽，弄潮方知水深

2006年，广东卫视《人在他乡》栏目将继续高举人文精神的理想主义大旗，在全球电视竞争激烈的形势之下，稳中求进、阔步向前，用青春和激情记录时代前进的足音，用作品和故事见证中国社会转型期的人物群像。他乡之人用辛勤的汗水、生命的足迹印证了广东改革开放的历程；他乡之人同时也分享了广东改革开放的经济成果、文化成果。创建和谐社会的人文缩影，尽在广东卫视《人在他乡》。

《人在他乡》栏目制片人、总导演马志丹说："希望社会各个阶层的观众继续忠诚地热爱《人在他乡》，给予更多关注、更多支持。是你们源源不断输送的热诚，给《人在他乡》栏目注入了蓬勃的生命元素：热血、细胞、骨骼和肌腱。于是，我们便有了取之不尽的素材来源；便有了越拍越好的《人在他乡》的故事。"

期待我们走得更远，期待《人在他乡》早日成长为中国电视人生类节目知名品牌，期待《人在他乡》成为中国电视著名十大品牌之一……

播出时间：

广东卫视周五22：00首播

周六7：35重播

广东新闻频道周六19：33首播

周日11：28重播

广东电视台公共频道周六18：11首播

周六10：10重播

广东电视台移动频道周四12：32首播

周日00：37重播

负责人：马志丹

主创人员：王洋、张权华、姜中星、张楚鸿、邱孟浩、黄剑虹

《纪录片地带》

《纪录片地带》是采集汇编播出国内外优秀纪录片的专栏，内容多为以纪实手法和风格制作的大量新鲜有趣的现代生活题材，包括各色人物故事，典型事件追踪纪实，社会经济文化生活趣事趣闻，还包括旅游风光、社会风情、历史文化等方面的主题，题材涵盖面广泛，是现代社会生活不同侧面真情实感的记录，是社会人生的影视之窗。《纪录片地带》栏目定位于较高品位，崇尚写实、高雅的风格和舒缓的节奏。主要观众为中高文化层次人士，同时兼顾普罗大众。片源小部分为自拍节目，大部分为外购节目。外购节目主要选取中外经典纪录片、获奖纪录片（含纪实片和系列片）以及国内有一定知名度编导的作品。

播出时间：

首播：周日13：05

南宁电视台

南宁电视台现拥有新闻综合频道、都市生活频道、影视娱乐频道、公共频道四个频道。南宁电视台的四个频道在2006年南宁市完成数字电视整体平移之后，均进入南宁电视收视市场的七个基本频道之列，同时以数字信号模式与模拟信号模式传输。南宁电视台努力发挥城市电视台的优势，精心制作了一批有特色的自办栏目。《南宁新闻》、《新闻夜班》、《关注》、《故事》、《家住绿城》等栏目经多年打造，已经在观众中形成影响。为着进一步实现贴近性、创新性、本土化、高收视的目标，南宁电视台在2006年又推出了《有话日日倾》、《今天看我的》等本土性、贴近性、互动性强的栏目，近期还在酝酿推出《都是生活》、《公共资讯报告》等新栏目。

《故事》

南宁电视台纪录片工作室所办的《故事》栏目于2001年7月20日正式开播，至今已有六个年头，这段时间里，我们总共拍摄

了近百部纪录片。

《故事》栏目的定位是："不虚伪，不矫情，不粉饰生活，也不居高临下或愤世嫉俗，关注普通人的命运，关注他们的生存状态与生命意识，忠实地纪录生活的本质，从普通人身上发现美、发现真、发现善。"作为一档常规性的都市台纪录片栏目，首当其冲的是在节目定位上选准方向，方向选得对，节目再跟得上去，收视率才有可能上得去。从2005年《故事》栏目的平均收视率6.286%来看，《故事》栏目的定位是可以肯定的。

栏目筹备伊始，我们就提出了"注重前期策划，讲究系列化生产，避免东一榔头西一棒子，打一枪换一个地方。通过系列化的节目，集中反映某个特定社会群体的生存状态、特定社会时期内某些带有本质特征的社会学内涵"的工作方针，五年来，我们先后围绕市委市政府的中心任务，拍摄制作了一批既有时效性又有可观赏性的纪录片作品，如反映2001南宁大抗洪的纪录片《我是一个兵》、《危情12时》、《亭子人家》；反映抗"非典"的纪录片《在小汤山的日子》、《和你在一起》等；此外我们还拍摄制作了一批忠实地记录生活的本质、关注普通人的命运的作品，如《好人覃文千》、《牵手》、《母亲》、《母爱》、《毁灭》、《赶马帮的女人》、《天使的微笑》、《相伴》、《高管教》、《老袁》、《一起走过的日子》、《最后一场演出》、《伸出你的手》、《一路有歌》等；再比如我们拍摄制作的大型音乐纪录片《伦格飘贝》、《温瓢贝哲》、大型历史类纪录片《远去的硝烟》等。节目播出后，不但受到电视观众和业内人士的好评，更是多次在国内、国外评奖中获得各种奖项。

播出时间：

首播：周日22：25分（南宁新闻综合频道）

重播：周日12：58分（南宁新闻综合频道）

周一20：30分（广西公共频道）

联系方式：(0771) 5621865

主创人员：

制片人：侯长明

副制片：杨昭

编导：顾铁流、农丹、徐海斌

摄像：陈敏

湖南卫视

湖南电视台是湖南省最权威的电视机构。1997年1月1日，湖南电视台第一套节目正式通过亚洲2号卫星传送，频道呼号"湖南卫视"。

湖南卫视上星播出之后，推出了《快乐大本营》、《玫瑰之约》、《晚间新闻》、《新青年》、《音乐不断》等一系列名牌栏目，确立了娱乐传媒的强势品牌地位。2001年10月28日，湖南电视台迁移至长沙市金鹰影视文化城金鹰大厦，实现了全数字化、全硬盘化、全网络化和全天不间断播出。2004年，湖南卫视秉持"快乐中国"的核心理念，率先提出全力打造"最具活力的中国电视娱乐品牌"，这也是国内所有电视媒体中，对自身品牌进行清晰定位与形象区隔的第一家。

截至目前，湖南卫视在中国内地所有省会城市实现完全入户，中心城市入户率位居省级卫视第一。2006年底，湖南卫视在中国内地全范围的有效覆盖率超过60%，覆盖人口已达7.6亿。在全球，湖南卫视进入日本和澳大利亚普通家庭，更是唯一进入美国主流电视网的中国省级卫视。2006年，湖南卫视的金鹰剧场创收超过3亿，成为中国国内价值最高、经营最成功的电视剧场。中央电视台发布的权威市场调查显示：2006年，湖南卫视综合竞争力仅次于CCTV的三个频道，居全国第四；2006年，湖南卫视的主持人汪涵、何炅、李湘入选中国十大节目主持人；2004年至2006年，"湖南卫视"和"超级女声”连续位居娱乐类的中文网络搜索及媒体报道量榜首。

从2003年开始，湖南卫视进入到了频道运营和品牌高速发展的黄金时代。在频道运营上：2006年湖南卫视上星十周年，广告创收突破10亿，创收能力稳居全国省级卫视第一，全国所有卫视第三，仅次于中央台的一套和五套；2006年，湖南卫视的“超级女声”节目创收超过3亿元人民币，创造了中国内地单一电视活动营销的最高纪录。在频道影响上：湖南卫视收视率已连续4年位居省级卫视第一，连续两年被评为“中国最具投资价值的媒体”，连续两年入主“中国品牌500强”。可以说，通过十年的开拓发展，湖南卫视已从一个地方区域性电视媒体成长为一家在海内外都具有广泛影响和传播价值的强势媒体。

《乡村发现》

1995年5月创办的《乡村发现》栏目，作为湖南省唯一一档主讲农业、农村、农民的节目，一直以奔跑的姿势和兴奋的状态不屈不挠地见证着乡村大地十一年间的巨变。

《乡村发现》就像一部编年体的史书，真实地记录着十一年来湖南乡村乃至全国乡村的变化，且它的记载有声音有画面，真实客观。

过去十年，《乡村发现》一直是以亲和力、贴近观众见长的栏目，大大小小的、国内省内的奖获过无数：中国新闻奖、中国神农奖、全国农村栏目金奖、湖南新闻奖、湖南广播电视奖，等等。栏目主持人也荣获过范长江奖、金话筒奖等国家级大奖。但我们最引以为自豪的却是两项最致高无上的奖——“观众青睐奖”、“农民信赖奖”，这应该就是行话所说的影响力和口碑吧。

因为要与湖南卫视频道的快乐定位相符，2004年1月，《乡村发现》被要求停播改版；2004年2月，《乡村发现》改为七分钟周一到周五与众见面；两个多月后又再次停播改版。2005年5月8日恢复播出的《乡村发现》栏目，采取“边走边发现”的形式，在行走中给人带来美好的感觉、信心和目标。台总编室公布的结果是：全年平均收视份额《乡村发现》栏目排在所有栏目第三。且2005年10月底，在全国几十个同类节目评比中，《乡村发现》囊括了两个金奖——栏目金奖和节目金奖。

2006年，《乡村发现》正在做的事：

建设新农村——心随“乡”动、奔赴边远：招募大学生，走遍湘边区各村，实地调查了解乡风民情，直接与县委书记对话，透彻分析建立社会主义新农村的丰富内涵。举办“慈善交流会”，为需要帮助的乡村找到资源，为乐于善举的企业、企业家或其他机构和个人找到出口。

建设新农村——看谁做得好：寻找国内国外典型，分析它、解读它、借鉴它。实地拍摄新农村建设运动源头——韩国；在国内，对有一定基础的村进行经验分析、问题剖析，三个月后，设置“新农村先锋榜”，大家来评选。

手机中的新农村：目前手机的拍摄、剪辑功能已经被开发利用，中国的第一步手机电影已经成功，人手一支的手机已经是最普及的拍摄工具，它应该为电视所用。《乡村发现》正在掀起手机电视运动，号召有手机的人用自己的手机随时随地拍摄下眼中的新农民（农民工）、眼中的新乡村，用手机剪成一两分钟的短片或两三个画面配文字在节目中播出，让所有的人参与到新农村的舆论中去、建设中去……

主创人员：

主持人：李兵、何娟

制片人：余淑君

摄像：唐天斌

责编：滕慧

办公室：陈年安

编导：杨盛桢、周波、徐正茂、吴勇飞、谭开元、陈竞、李婷

地址：湖南电视台《乡村发现》栏目组
邮编：410003
电话：(0731) 4801355，4801319
传真：(0731) 4801355
E-mail：xcfx355@sina.com

湘潭市广播电视局

湘潭市广播电视局是湘潭市委、市政府履行行政职能的局级事业单位。其主要职责为贯彻党和政府关于广播电视方面的方针政策，把握正确舆论导向，指导和监督全市广播电视媒体的新闻宣传工作；研究起草广播电视管理的地方法规，制定全市广播电视事业发展规划；监督和管理广播电视节目的传输。具有行政审批和行政执法职能的部门主要是局社管科和湘潭市广播电视信息网络中心。

《身边》

《身边》是2006年3月开办的一档民生纪实性专题栏目，时长20分钟，内容专注“人间真情”，记录“普通人的情感传奇”，每周制作播出五期，节目以讲述老百姓身边的人和事、反映社会民生、倡导人文关怀为主旨，栏目以纪录和讲述为表现形式。开播以来，节目以平缓的语气、平民的视角赢得了特定的收视群体，央视－索福瑞收视率调查表明，在中国电视较为发达和集中的湖南长沙、株洲、湘潭地区，收视率平均保持在1.5以上，实属不易。在2006首届“纪录·中国”评审活动中，《身边》栏目被评为铜牌纪录片栏目奖。

策划人：丁海波

制片人：熊羿军

吉林市电视台

吉林市电视台是我国第一个地市级电视台，开播于1960年7月1日。现有工作员工400余人，大专以上学历占90%，其中高级职称46人，中级职称116人。吉林市电视台现拥有两个无线频道、三个有线频道和一家报业，自办五套电视节目，每天播出100小时的节目。

吉林市电视台人才专业化、设备数字化、办公自动化。自办节目以清新悦目的主持风格、灵活新颖的编排特色及丰富多彩的节目内容，在众多媒体中脱颖而出，深受广大观众的喜爱。全台共有新闻、经济、文艺、科教、法制等栏目30余个，每年都有一批电视剧、电视片和大型晚会面向全国和国外观众播出，有百篇作品在国家级和省级的评奖中获奖。

吉林市电视台纪录片创作室

吉林市电视台纪录片创作室成立于2004年，现有编创人员25名，6个摄制组。是国内城市电视台中不多见的一支纪录片创作队伍，他们游走于城市乡村之间，亲历法律和道德的冲突。

他们是一群为理想而奔波的电视纪录片人。

期待与同行、电视媒体、影视制作单位、独立制片人进行合作交流。

播出栏目：《非常记录》，片长20分钟，每周七天。

播出频道：吉林市电视台生活频道

播出时间：20：00

重播时间：8：30

《非常记录》

《非常记录》是一个以新闻的实效、纪实的手法、章回体的结构进行同步近距离拍摄

的纪录片栏目。栏目特点是与事件发展同步，真实、客观、及时地跟踪拍摄，一个拍摄主题，不断设置悬念，连续剧的播出形式。《非常记录》承载的是不一般的百姓故事，它是生活中存在的，但决不是大众的、常态的，它符合大悲大喜、传奇色彩、边缘状态、生离死别、惊心动魄、至爱真情等特点，因其具有特殊震撼力，所以吸引力和关注度非同寻常，收视率在吉林市电视台栏目中始终名列前茅。

获奖情况：

中国广播电视新闻奖：

《最后的民师》

《生命因你而美丽》

《雪域情怀》

中国广播电视学会奖：

《淞花情》

《六姐妹闯市场》

《公仆 人民 生命》

《走近冯泉》

《逍遥游》

《以史为鉴——伪皇宫》

《水界三叠醉崂山》

联系方式：吉林省吉林市电视台生活频道

地址：吉林市重庆路28号

邮编：132001

联系电话：(0432) 2434567，8686999，8585999，13331608678

E-mail：fcjl.jlctv@163.com

江苏卫视

江苏省广播电视总台（集团）成立于2001年6月。下设广电新闻中心、电视传媒中心、广播传媒中心、广电技术中心、影视中心、网络中心、报刊中心、后勤服务中心和教科中心九大事业部。

江苏广电总台（集团）已开播9个电视频道，分别是江苏卫视、城市频道、综艺频道、影视频道、公共频道、体育休闲频道、国际频道、少儿频道和靓妆频道。

在广播方面，江苏省广播电视总台（集团）开播新闻综合、经济、文艺、音乐、交通广播网、健康、金陵之声、旅游专列等10套广播节目。

除广播电视以外，总台拥有电影、报刊、互联网站、音像出版发行等媒体业务，几乎囊括了当今大众传媒的所有业态。

江苏省广播电视总台（集团）人才济济。现有3000多名员工，具有高级专业技术职务者近300人，硕士研究生以上100多人。江苏省广播电视总台（集团）拥有相当规模并具有世界先进水平的技术设备和设施。目前共有100～800平方米电视演播室10多个，各种型号的广播电视转播车、卫星新闻直播车7辆；广播电视节目制作和播出设备数字化改造已经完成，数字硬盘播出系统全面启用；建筑面积13万平方米以上、现代化、数字化的“江苏广电城”项目正式启动。

《人间》

《人间》是江苏广播电视总台卫视频道推出的一档全新事件类栏目，每周一至周五晚间21：30至22：30在江苏卫视播出。该栏目是在卫视频道原有的“情感地带”栏目群的基础上整合、创新而成，节目核心是呈现一个有悬念，有戏剧冲突，正在发生的情感故事。《人间》从栏目创办之始起，就以“和谐社会、和谐人间”为宗旨，关注百姓生活与情感，弘扬人间真善美，倡导社会和谐理念。它以人文的视角观察生活中各类情感事件，并以可看的方式，展现种种化解矛盾的努力及由此带来的趋向和谐的结果。

《人间》秉承了江苏卫视传统的情感特

色。大胆、率真地表白自己的真情实感、生活经历，使每一个《人间》参与者从中获取释放自己、展现真我的乐趣；聆听他人的经历、对比自己的生活，又使每一个《人间》受众从中获取分享人生经验、谋求情感共鸣的乐趣。《人间》提供的情感就是通过事件的记录、故事的倾诉、心理的体验从而达到疏导和慰藉的快感和共鸣。

《人间》开播后，受到业界及观众的广泛好评。央视－索福瑞的调查显示，开播第一周，《人间》节目就成为全国所有卫视频道的同时段、同类节目的双料第一；播出三周后，更是持续成为全国所有频道（含央视）的同时段年度累计第一名。节目开播近一年来，已被打造成一档极具影响力的品牌栏目，并得到了国家广电总局的高度认可、业界的瞩目和受众的支持，其社会意义尤为突出。其"正在发生的事件"的概念，被认为具有"中国电视里程碑"式的贡献。

联系电话：(025) 85487000

总制片人：赵军

制片主任：王卫军

制片人：黄斌、赵丹军、唐嘉

常熟电视台

常熟电视台建立于1984年。20多年来，常熟电视台从无到有，从小到大，不断发展。目前，每周自制新闻、专题、文艺等各类节目600分钟。自办节目坚持正确的舆论导向，坚持贴近实际、贴近生活、贴近群众，力求办出常熟特色。20多年来，常熟电视台在全国、省、苏州市获奖500多项，其中有中国电视奖、江苏省、苏州市的政府奖和省、市的"五个一工程"奖等。每年有数百条消息和专题片被中央台、省级台录用，向海内外播出，连续多年荣获"江苏电视新闻繁荣奖"、"电视外宣繁荣奖"。

《纪录常熟》

播出时间：

首播：新闻综合频道周一、周五18：10，21：25；周二、周六11：42

重播：琴川频道周二、周六20：30

主创人员：许军、章敏辉

代表作品：《茶担传人徐荣铭》、《沈月英和她的老器物》、《从绣花针到"中国芯"的跨越》等。

联系方式：(0512) 52811755

栏目简介：追寻历史烟云，贴近时代脉搏，关注冷暖生活，讲述真实人生。

盐城市广播电视局（台）

江苏省盐城市广播电视局成立于1979年，是盐城市人民政府主管全市广播电视事业建设与发展的工作部门，正处级行政机关。盐城广播电视台，由原盐城人民广播电台、盐城电视台、盐城有线电视台、盐城广播电视报社等单位于2001年合并组建而成，与盐城市广播电视局合署。盐城广播电视台自办三套广播节目、三套电视节目，综合覆盖率为100%，人口覆盖率为120%，实现了广播电视发射主机全部固态化和节目硬盘播出，可传输有线电视（数字）节目97套，完成了村村通数字广播电视工程建设，全市有线电视用户达120万户。数字电视建设是国家总局确定的全国33个试点城市之一，现拥有数字电视用户4万户。

盐城市广播电视事业创立近30年来，在上级党委、政府领导下，在上级主管机关的指导下，经过全体干部职工共同努力，先后有多部作品荣获中国新闻奖、飞天奖，电视自办节目《情感树》，被评为全省十大名牌栏目；广播节目《政风热线》、《普通话聊天室》、《农村有线广播网》、电视节目《新闻七日》、《交流》被评为全省十大名优栏目，对外宣传工作连续四年名列全省广电系统第一，上级台用稿连续七年位于全省前三名。法制教育与宣传成绩突出，被国家广电总局授予全国广电系统“二五”、“三五”、“四五”普法工作先进单位称号。2005年被省人事厅、省广电局联合表彰为全省广播电视系统先进单位，2006年被盐城市委、市政府表彰为“三个文明”建设综合先进单位。2006年，经营创收收入达亿元。拥有高级职称40名、中级职称164名，具有一支政治强、业务精、纪律严、作风正的高素质人才队伍。

《情感树》

《情感树》影视工作室是以全国十大银牌栏目、江苏省十大名牌栏目《情感树》为基础成立的一个纪录片生产部门。作为盐城广播电视台的强势栏目，《情感树》以真人真事真情为创作基础，以平民化的视角寻找普通百姓生活中的动情点，以纪实的手法真实地再现了亲情、友情、爱情、乡情、恩情等人类最美好的情感，颂扬了人间的真善美，因此她走进了观众的心里，在喧嚣中收获了平静，在平凡中蕴含了伟大。

近年来工作室生产的节目多次在国家、省、市等各级节目评选中获得很好的成绩。2005年创作的《盐城——神奇的海滨湿地》节目荣获“2006中国·玉溪国际环保纪录片周”入围奖；2006年度工作室生产的系列纪录片《走近盐城籍将军》、长纪录片《家园·月圆》都获得江苏省政府一等奖；2007年，《情感树》栏目凭借选送的长纪录片《家园·月圆》在首届“纪录·中国”颁奖庆典上，被中国广播电视协会评选为全国广播电视十大银牌栏目。

镇江电视台

镇江电视台建台于1984年，发射塔耸立在市郊九华山之顶，塔最高点为海拔300米，发射和传送中央一套、中央二套、江苏台和自办节目。其中新闻综合频道、影视剧频道发射功率为5千瓦，信号进入有线电视网，覆盖本市和所辖县（市）以及苏北的泰州、泰兴、姜堰、江都、扬州、仪征，南京的溧水、江宁，常州的武进、金坛等县市，安徽天长、广德等地区也有收视，覆盖地区总人口达千万，辐射苏北及皖东部分地区。镇江有线电视网拥有用户近30万户，是厂商播发广告信息的理想媒介。

镇江电视台新闻综合频道以新闻类栏目和电视剧为主，自办栏目有《直播镇江》、《晚间报道》、《看镇江》、《英语新闻》和大型综艺栏目《明天有约》等，晚黄金段收视率一直保持在15个点以上；镇江电视台影视剧频道以电影、电视剧为主，主要栏目有《经典剧场》、《影视快讯》、《影视剧》和《港台·海外剧场》等，晚黄金段收视率基本稳定在10个点左右。镇江电视台娱乐频道以体育、娱乐、休闲和消费时尚等栏目为主，主要栏目有《体育界》、《娱乐现场》、《时尚看看看》、《音乐风云榜》、《娱乐大搜查》以及融车市、房市、金融股市、商品信息于一体的大型消费类栏目《都市生活》等。

《咱老百姓》

播出时间：19：15，21：30

收视率：7.44%

负责人：周宜一、赵丽江

代表作品：《“猴”奶奶》、《观音手》、《人生当歌》

联系方式：周宜一（13906103269）、赵丽江（13775555511）

山东电视台

山东电视台是中国最具价值、最具影响力的省级电视机构之一，1960年10月1日开播，由卫星频道、齐鲁频道、体育频道、农科频道、公共频道、少儿频道、收藏天下付费频道、读书付费频道八个频道和北京基地、上海基地、山东电视台网站等单位组成。

山东卫视于1994年1月1日通过亚太-1A卫星发射，实现全国及周边国家的覆盖，并于当年成为全国第一家24小时不间断播出的卫星频道。2002年10月30日开通亚洲-3S卫星数字信号发射，同时实现广播、电视信号的双星发射，标志着山东电视台卫星发射进入数字化时代。山东卫视覆盖全国663个市地及周边国家和地区，2006年在全国可接收总人口达7.786亿，名列全国省级卫视第一名。据国内最权威调查显示，2006年山东卫视在全国覆盖可接受总人口、全国电视观众总规模、全国有线电视总户数均为全国省级卫视第一名。

多年来，山东电视台坚持正确的舆论导向，主动担当社会责任，立足山东，面向全国，致力于打造自身的核心竞争力，致力于在全国乃至世界范围内发出自己的声音，塑造具有影响力和竞争力的主流媒体品牌。

山东卫视是以新闻为主的综合频道，以“情深似海　义重如山”为频道定位语，立足山东省，面向全国，走向世界，在全国的收视份额居省级卫星频道前列。

山东电视台，舆论宣传的主流阵地，品牌传播的权威平台；以真诚打动观众，用真情感动中国。

《数风流人物》

2001年12月21日，《数风流人物》栏目正式开播。栏目原名《中华儿女》，2004年1月更名为《数风流人物》。

“与时代同行，与祖国同声，与领袖同步，与团队同心。”

用影像记录历史，纪念并永存那些在中国历史上曾经光耀四射的人生。《数风流人物》栏目是山东电视台一档属于人文类的电视纪录片节目，以颂扬卓越人物的优良品德和高尚情操为宗旨，反映他们的家国情怀，全面、系统地展示人物精神风貌，激励后人为当今中国的建设和发展而奋斗。栏目一直坚持用真实、朴素、细腻的节目风格感动受众。

【“开国共产党人的亲情家事”系列】

《数风流人物》栏目制作的系列片“开国共产党人的亲情家事”，在全国电视界拥有特殊的地位，采访拍摄了大量老一辈革命家和我党领袖及高级领导人的亲属子女，制作超过上百部纪录片。该片无论制作规模还是采访人物层次都堪称全国首创，从电视创作角度来看这在全国也是独一无二的。赢得了中宣部的领导和专家的高度赞誉。获得2003年度中宣部“五个一精品工程”奖，连续两届获得“山东电视奖”系列片一等奖，获得中国纪录片奖三等奖。

采访的人物包括：毛泽东的女儿李敏，刘少奇的夫人王光美、儿子刘源，朱德的女儿朱敏，陈毅、贺龙、刘伯承等将帅的家人。现已制作播出一百多位开国共产党人的纪录片。

【知名学者与科学家系列】

2004年，《数风流人物》栏目将拍摄对象扩大至学术界、理论界的知名学者和科学家，他们是各领域独领风骚的杰出人物。感受他们特有的爱国情怀，展现他们与众不同的大师风采和非同寻常的性格品质。

让生命绽放一次灿烂，让感情澎湃一次潮汐。

让思想散发一次光芒，让信念穿透一次时空。

制作拍摄过为我国作出突出贡献的科学

家：华罗庚、钱三强、钱伟长、陈景润、邓稼先等；知名学者：季羡林、周汝昌、冯其庸等；文学家：老舍、朱自清、闻一多、贺敬之等；文博大师：朱家溍、徐邦达、张伯驹、杨仁恺等；书画家：徐悲鸿、华君武、武中奇等。

获全国纪录片学术奖、业界最高奖“中国广播影视大奖”、“中国电视纪录片十佳作品奖”等数十个国家级奖项。

【大型系列片】

栏目在制作日常节目的同时还策划并制作了多档特别节目及系列片：反映青藏铁路建设前后及建设者风貌的《天路纪行》（上部、下部）；反映创建群众满意工程，贯彻先进性教育活动精神的《让群众满意》；展现三峡工程建设者群像的《亲历三峡》；纪念中国电影诞辰一百周年的《流光岁月》。其中《天路纪行》（上部、下部）实现了全国省级媒体对青藏铁路二期工程格尔木至拉萨段的首次报道和采访，有力地配合了中央对西部大开发的标志性工程的宣传，节目一经播出赢得了全国各界的热烈反响，收到了很好的社会效益。

《天路纪行》（十集大型纪录片）：国内电视媒体首次穿越青藏高原，记录青藏百年筑路史。

《流光岁月》（七集系列人物纪录片）：见证中国电影百年的艺术探索路程，展示中国电影史上的华章异彩。

《亲历三峡》（四集系列片）：记录三峡工程的亲历者。他们平凡，却是英雄……

《长征——永不褪色的记忆》（五集纪录片）：关于长征的记忆烙刻在不同人群的心中，而一种精神慢慢沉积为民族的性格。

栏目以宣扬先进文化、塑造年轻人精神世界为已任，许多优秀节目成为各高校及单位党组织、团组织的爱国主义教育宣传片。节目富于感染力和教育意义，与高校提倡的为国家民族作贡献的精神相一致。栏目曾陆续与清华大学、山东大学等国内知名院校联合举办展映周活动，《永远的怀念——郭永怀》、《生命追求——邓稼先》、《老舍先生》等优秀节目更是反复播放，受到学校师生的普遍关注。校领导号召学子们：要向节目中的令人景仰的前辈学习，献身于民族复兴的伟大事业。

栏目创办六年来，连年被评为“山东电视台优秀栏目”，并获得多项国家级、省级奖项。包括全国“五个一精品工程”、业界最高奖“中国广播影视大奖”、全省精品工程及全国纪录片学术奖等数十个省级以上奖项。2001年制作播出的百集系列片《开国共产党人的亲情家事》，荣获国家最高奖——中宣部第九届“五个一精品工程”奖及第七届团中央精神文明建设“五个一工程”奖。2007年，栏目又获得国家广播电影电视总局颁发的全国优秀电视文化（文艺）栏目称号、国家广电总局科技创新科普作品奖二等奖；另外，还获得首届“纪录·中国”电视评选银牌纪录片栏目等多项国家级、省级奖项。

播出及收视情况：

2001年到2002年年底播出时间为周日晚间19：40。2003年年初调整到每周日中午12：00。2004年1月至7月，栏目播出时间为每周六晚间21：30；从2004年7月1日起，栏目改为节假日集中播出。栏目自创办以来收视率与同时段其他栏目相比收视率保持第一，平均收视率为4.87%，最高收视率达9%。在全国范围内赢得了一批忠实的观众。收视人群主要是35岁以上的高学历人群。

栏目负责人：

总策划：韩国强、祝丽华

策划：郭战平

总监制：韩国强、祝丽华

监制：郭战平

主创人员：

制片人：董雅丽

副制片人：朱新征、贾曼

编导：董雅丽、贾曼、秦岭枫、李娟、刘培、韩信等

摄像：朱新征、邱栋林、郝瑞等

非线编辑：李娟、张超等

责任编辑：古芬珍等

统筹：张小静、魏莱等

联系方式：

通讯地址：山东省济南市经十路81号山东电视台

邮编：250062

办公电话：(0531) 85852731

传真：(0531) 82955516

E-mail：zhenlm2002@163.com

网站：www.sdtv.com.cn

《天下故事》

凤凰涅槃——《道德与法制》变身《天下故事》

公元1986年，《道德与法制》诞生；公元2006年，《道德与法制》将为自己的电视传奇翻开崭新的一页……

20年一路走来，《道德与法制》取得了可喜的成绩，多次获得中宣部精神文明建设"五个一工程奖"、"中国新闻奖"、"金剑奖"、"中国广播电视奖"、"全国社会治安综合治理奖"，成为全国法制节目的领军之作，连续多年受众满意度第一，收视率节节攀升，成为山东电视台最受观众欢迎的品牌栏目。

2004年，《道德与法制》率先提出"故事化"节目形态，并且提出了"说法理故事，品百味人生"的定位语。随后，连续故事《婚姻内外》、《妈妈，你在哪里》、《我的兄弟姐妹》、《我的金三角岁月》等广受观众好评的节目纷纷出炉；创新节目形态，积极探索讲故事的新形式，《大墙内外》、《爱的陌路》、《寻亲记》、《出轨》等节目让人眼前一亮；2006年国庆黄金周期间，独创的栏目情景剧《居委会的故事》更是炫亮荧屏，取得了惊人的收视效果……

经过两年的实践探索，《道德与法制》的"故事化"探索日渐成熟，为了突出栏目的品牌效应，满足观众的收视需要，《道德与法制》栏目又做出了一个大胆而充满前进锐气的举动，陪伴了观众朋友20年的栏目名称《道德与法制》告别荧屏，2007年全力打造中国电视第一故事品牌，《道德与法制》21年升级版《天下故事》——汇天下精彩故事，说人间冷暖悲喜，古今中外，不同地域，不同类别，无所不包，国外的故事也照样为我所用。《天下故事》不再是普通的法制类节目，它以故事为主体，含有道德与法制的原理，"道德与法制"是其提炼出的视点所在，是以"道德与法制"为最高点打造的最新战略品牌。

横空出世——《天下故事》打造故事饕餮

2007年，《道德与法制》精心打造的21年升级版《天下故事》，时刻关注着社会转型期的人和事，讲述新闻和事件背后曲折动人的故事，展现人物玄妙莫测的命运，一幕幕最真实的人间悲喜，一场场扣人心弦的情感历练，一个个精彩动人的真实故事，让我们的生活有情有义有滋有味……

情感故事——人间冷暖悲喜，亲情、友情、爱情，情字当头！情与利、情与欲、情与情，纷繁复杂的情感面前，他们究竟作何选择又该如何选择？《天下故事》一网打尽天下情感，2007与您一起经受情感历练。

传奇探秘——这是真的吗？这是真的吗？这真的是真的吗？这就是真的！2007《天下故事》传奇探秘，讲述不可思议的真实传奇，与您一起拍案称奇。

谜案追踪——重重迷雾一波三折，真相似乎就在一层窗纸之外却总是难以触及，谜案背后究竟隐藏着怎样的故事，真想又将如何浮出水面，2007《天下故事》与您一起追

踪谜案，寻找真相。

《道德与法制》21年升级版《天下故事》，打破传统电视节目主持常规，主持人崭新亮相，为观众带来惊喜不断。主持人不再仅仅是一个栏目元素，他们诙谐幽默，智慧中还有那么点狡黠，用自己丰富的人生体验为观众讲述精彩的人生故事。“黄金搭档”纪鸿章和王乐斌吸收美国经典节目形态“真人秀”概念，自如打造“中国本土真人故事秀”，定会让您眼前一亮。

播出时间：

首播：11：37

重播：次日17：37

联系方式：

E-mail：tianxiagushi@sdtv.com.cn

电话：(0531) 82953456

济南电视台

济南电视台成立于1984年12月，现有17个部门，职工800余人，在全国率先实现了“网台分营”、有线台与无线台的合并。全台中层干部实行竞争上岗聘任，全面推行频道专业化管理，对人员实行全员聘用合同制管理，对节目进行动态管理，实施全面的广告代理制，大力推行成本核算，全台的综合实力得到显著提高。现有新闻综合、都市、影视三个无线频道，娱乐、生活、商务、少儿四个有线频道。各套节目定位明确，形成了不同的收视热点，无线频道的整体收视率在济南地区名列前茅。

济南电视台从1994年起实行制片人制。新闻类节目《济南新闻》、《今晚20分》、新闻评论类节目《今晚特别点击》、纪录片类节目《正在进行》、谈话类节目《泉城夜话》、电视故事《真实再现》等，一直保持着较高的节目质量和稳定的收视群体，成为济南地区的名牌栏目。

《正在进行》

《正在进行》栏目创办于2000年1月31日，是一档以现实中正在发生的真人真事为拍摄对象的纪录片栏目。每集净长度为20分钟，年平均收视率在15%左右，最高收视率为33.46%，多年居济南地区收视率榜首。

七年间，我们把镜头对准平民百姓，淋漓尽致地展示他们生活的丰富性与复杂性，用最真实、最客观的手法，以正在进行式同步跟踪拍摄。同时，它又极像是一部电视连续剧，有跌宕起伏的故事情节，有戏剧化的矛盾冲突，有丰满复杂的人物形象，有巨大的故事悬念，有电视连续剧的播出形式……它把一切原汁原味地展现给观众，与观众共同期待故事的发展与进程。

七年的跟踪拍摄，倾力打造1200多集闻所未闻的故事；中国社会最原始的人文生态；民间最富传奇的平凡人物；持续跟踪的纪录片栏目。没有导演的人为干预，却有震撼的记录过程；没有雕琢的真实生活，却有轮回的生死博弈……

播出时间：

新闻综合频道首播：每周一、三、五 22：10

重播：每周二、四、六 17：30

生活频道首播：每周二、四、六 19：30

重播：每周三、五、日13：00

栏目负责人：王鹏

主创人员：共有编导8人（平均年龄25.5岁）

代表作品：

《秧歌乡的十五》获2000年度山东电视奖一等奖；

《生命如歌》获2000年度山东省电视奖二等奖；

《妈妈再爱我一次吧》获2001年度纪录中国铜奖、山东省长纪录片三等奖、济南电视奖一等奖；

《找回远去的家园》获2001年度山东电

视奖二等奖；

《光明飞翔》获2001年度山东电视奖二等奖；

《生死之谜》获2002年度山东省长纪录片三等奖、济南市广播电视新闻奖电视节目三等奖；

《一个女人的爱恨情仇》获2002年度济南广播电视新闻奖电视节目二等奖；

《从头再来》获2003年度山东电视奖三等奖；

《为了活着》获山东省第十五届优秀电视艺术奖纪录片类二等奖；

《回家》获2004年度济南市广播电视社教类三等奖；

《飞人没有翅膀》获2005年度济南市广播电视二等奖；

《福家女儿要出嫁》获2004年度山东省广播电视新闻奖长纪录片一等奖；

《家有旦夕祸福》获2005年度山东省广播电视新闻奖长纪录片二等奖、2005年度济南市广播电视社教类二等奖；

《我有一个梦》获2006年度济南市广播电视社教类二等奖；

《渴望》获2006年度山东省广播电视三等奖、济南市广播电视一等奖；

《生死惊情》获2006年度济南市广播电视新闻奖三等奖；

《有么说么的"小甜沫"》获山东省第十九届电视艺术"牡丹奖"纪录片类二等奖。

联系方式：(0531) 85652580、85652581、85652457、82957543

《真实再现》

《真实再现》节目创办于2001年2月13日，每周二、四、六晚间10点在济南电视台新闻综合频道播出，开播以来，收视率稳居本台自办节目前三位，最高收视率达15%；在济南有线生活频道播出的最高收视率达5%，名列前茅。作为济南电视台社教中心（生活频道）全力打造的重点节目之一，《真实再现》本着"源于生活，再现真实"的创作理念，游走在纪录片和电视剧的边缘。它选取生活中发生的真实事件，运用纪录片与电视剧相结合的手法，真实再现事件的来龙去脉。每年生产156期节目，目前已经生产了400多期，栏目长度为25分钟。

播出时间：

新闻综合频道首播：每周二、四、六22：10

重播：每周三、五、日 11：23

生活频道首播：每周一、三、五19：30

重播：每周二、四、六13：00

潍坊电视台

潍坊电视台成立于1984年，利用无线发射和有线光缆传输覆盖整个潍坊地区和周边部分地市，覆盖半径达85公里，直接受众1000余万人，其中有线电视用户110万户。我台坚持改革创新和正确的舆论导向，以鲜明的地方特色和丰富的节目，架起了沟通时代、地域、观众的电视桥梁，一大批新闻、社教、服务、文艺类自办节目及电视剧深受观众的喜爱。我台技术力量雄厚，现有演播厅5个，配有六信道广播级直播车等先进公共设备和计算机管理系统，采用大洋非线编辑网络及先进的数字播出系统。

潍坊电视台现拥有新闻综合、公共、生活、科教、娱乐五个专业频道，制作的新闻、专题、文艺等各类节目多次在全国全省获大奖。2003年6月30日起，潍坊电视台与国内规模最大、最具有权威性的专业从事收视率调研的央视－索福瑞媒介研究有限公司（CSM）合作，开始对潍坊地区的电视媒体进行收视调查。据收视数据显示，潍坊电视台各频道收视表现十分突出，收视率及市场份额稳居潍坊地区各频道前列。

《聚焦》

《聚焦》是潍坊电视台评论部主办的一档评论栏目，每天一期，每期8分钟，每晚新闻综合频道19：30首播，重播4次。自1996年创办以来（原名《周末聚焦》，该栏目先后荣获“山东省电视名专栏”、“山东省十佳电视栏目”，获2000年中广学会栏目评比一等奖，获得过“山东省五个一精品工程”奖，是“国家级优秀青少年维权岗”。《聚焦》采制的大量作品有70多部集获全国新闻奖、电视奖、专家奖。《聚焦》是观众投票推选的“最喜爱的栏目”，2006年平均收视率9.8%，收视峰值达到14.1%。《聚焦》栏目的三名记者被评为“潍坊市十佳记者”，制片人被选为“全省十佳记者”。

《聚焦》经多次改版，目前形成了“故事性、人物化、做连续、做悬念”的栏目形态，形成了“以主持人为核心”的栏目体制，形成了“平平静静说理，轻轻松松交流，严肃话题轻松来做”的栏目风格，以“有用、有趣、重大、连续的事件性”作为选题标准，形成了“线性流程、点状爆发”的栏目结构，力争使每一期节目做到“有故事、有背景、有分析、有观点”。

栏目负责人：刘敬尧、杜传深、马良

播出时间：

首播：19：30

重播：22：55，07：25（次日）

中国黄河电视台

中国黄河电视台是1991年经国务院新闻办公室和广播电影电视部正式批准成立，由山西省广播电视局具体承办的专业广播电视播出机构。中国黄河电视台的办台宗旨是：传播中华文化，向世界介绍中国，让中国了解世界。

中国黄河电视台于1991年正式开播，拥有国内国外两套节目。国内以“黄河电视台”为呼号的节目覆盖山西全省及周边地区，收视观众3000多万；国外以“中国黄河电视台”为呼号的教育文化节目，通过美国SCOLA卫星教育电视网的三个频道，每天以华语播出29小时中国新闻、汉语教学、专栏、专题及综艺和电视剧节目。节目覆盖北美地区和中南美洲部分地区，进入全美400多所大学、7000多所中小学和40多个大中城市教育有线电视网，固定观众1500万。其中，教育教学节目与教育部、国家对外汉语教学领导小组办公室合作，播出最权威的汉语教学节目，在美国共同推广开展汉语水平考试（HSK）并颁发中国政府承认的汉语水平资格等级证书；专栏、专题和综艺电视剧节目来自中国黄河电视台理事会180个省、市、县成员台。中国黄河电视台理事会是经国务院新闻办公室和广播电影电视部正式批准，于1994年成立的全国地方电视台节目联合体。

2004年6月成立中国黄河电视台国际台，拥有一套商业化运作的国际卫视频道，2004年10月1日与中央电视台和北京电视台、上海东方卫视、广东南方电视等强势省级电视台以及香港凤凰、亚视等电视台一起在美国洛杉矶中文电视“长城平台”落地开播，覆盖北美地区。中国黄河电视台在美国设有工作站，在国内拥有北京、华东（苏州）、上海、西南（昆明）、西北（西安）五个记者站。

《黄河全记录》

《黄河全记录》栏目是中国黄河电视台国内台的一档纪录片栏目。栏目创办于2005年2月，原名为《民生全记录》。改版前每周五期，每期节目时长15分钟，曾创下本地区中央和省级电视专题节目收视率第一的佳绩，被评为“2005年度山西广播电视奖十佳栏目”。后于2006年8月改版，更名为《黄河全记录》，每周一期，每期节目时长30分钟，于每周四晚20点45分首播。改版之后的栏目以更强的悬念感、更优的文化性及更美的欣赏性获得观众与专家好评，拥有较稳定的收视群体，是山西省唯一一档高品位的以科学精神为重、人文关怀为主的文化纪录片栏目，被评为“2006年度山西广播电视奖十佳栏目”。

2006年1月2日至8月17日，改版前的《黄河全记录》，也就是《民生全记录》，精心制作了162期脍炙人口的原生态纪录片，涌现出了一批优秀作品：其中的《羊》获“2005年度中国纪录片十优作品”，实现了山西省纪录片栏目获国家级大奖零的突破；之后《我要当村官》获“2006年度中国纪录片十优作品”；《蜘蛛人》、《寻找目击证人》、《怀胎十月》、《女人梦》等十多部作品获中国纪录片提名奖；还有多部纪录片获得省级奖项。

2006年8月18日，栏目精心挑选了经验丰富、特点突出的编导组成了工作效率很高的新团队，对栏目进行了全新的定位，以“探寻风物典故迷踪，见证黄河人文传奇”为主旨，更名为《黄河全记录》。

《黄河全记录》是一档大型的有关山西本土自然地理和人文历史的纪录片栏目。栏目采用调查式或体验式的方式来结构故事，也就是要抱着探询的态度切入，之后以悬念设置来步步展开情节，每个情节段落的递进都要以一个悬念的揭开和另一个悬念的产生相交叠，步步推进，直至真相大白。改版后的第一期节目《寻找董永》，在频道内进行样片评审时就得到领导和专家的好评。栏目正式播出后，收视率单周排名在全省专题类节目中稳居第一，节目的文化性、科学性、趣味性也受到了观众和专家的一致认可。

改版后的栏目进行了大量的探索与实践，弥补了纪录片在栏目化运作后，由于时间紧促带来的思想性减弱的问题，一年来播出的纪录片受到观众、专家、同行的普遍好评。栏目目前已经培养出稳定的收视人群，基本上属于城市中高收入人群。

2006年，在山西省广播电视局开展的“每周业务回头看”评选中，连续八次排名第一。从题材内容上看，可分为：考古发现类，如《神秘的封土堆》、《古堡疑云》；传说印证类，如《寻找董永》；本土文学作品原型推断类，如《解密“小二黑”悬案》；文化追忆类，如《消失的亨升久》、《笔走千年“祭”》。经过近一年的运作，栏目对一些题材的选择和加工，有了较成功的尝试与探索。编导对一些类型的题材，在创作上也积累了自己独特的探索经验和艺术观点。

在此基础上，栏目相继策划并推出了反映“晋阳古城”2500年间历史变迁的五集系列纪录片《昨日之城》、反映山西“民间老手艺”的六集系列纪录片《手艺新世界》等，均取得了良好的社会反响及收视效果。

2007年，《黄河全记录》栏目被确定为黄河电视台国内频道的重点打造栏目。

负责人：宋沈平

主创人员：张亮、谢华、李安、周峰、李峰、王琛

代表作品：《羊》（2005 · 中国电视纪录片十优作品）

《蜘蛛人》（2004～2005年度中国电视纪录片入围作品）

《我要当村官》（2006 · 中国电视纪录片十优作品）

《十月怀胎》（2006 · 中国电视纪录片提名作品、中国人口奖二等奖）

《寻找目击者》（2006 · 中国电视纪录片提名作品）

《女人梦》（2006 · 中国电视纪录片提名作品）

《嘿！我有妹妹了》（2006 · 中国少儿艺术电视金奖）

《小鬼当家》(2006·中国少儿艺术电视银奖)

《为烈士寻亲》(2006·山西广播电视奖长纪录片一等奖)

《穿越库布齐》(2006·山西广播电视奖系列纪录片一等奖)

《赵氏孤儿》(2006·山西省第15届电视艺术奖文艺专题一等奖)

《古塔密藏》(2006·山西省第15届电视艺术奖纪录片一等奖)

《探秘之旅·宁武国家地质公园》

联系方式:(0351)4190612,8302204,13513639777

《倾诉》

黄河电视台《倾诉》栏目,是山西电视界唯一的一档私人情感访谈栏目,于2005年2月12日开播,每周六、周日20:45首播,次日13:10重播,片长30分钟。

栏目负责人:郝江涛

主创人员:郑李斌、葛丽娜、颜江波、姚丽菊、贾敏、姚丽、李翔宇

关注情感话题,拨动百姓心弦,倾诉世间真情,感悟生活真谛,是《倾诉》栏目的宗旨;《倾诉》以对话的方式,深度挖掘普通民众的内心世界,反映百姓生活的酸甜苦辣。通过主人公情感的真实流露,与观众达到心灵碰撞、产生共鸣,从而体现出人性中至真、至善、至美的一面,以此弘扬中华美德,构建和谐社会。

开播两年多来,《倾诉》在保持原有风格的基础上,也在不断地探索和创新。首先突出了栏目的"系列化",相继推出了五集纪念抗战系列片《路程》、《责任》、《使命》等;情感系列片《当爱已成往事》、《爱的代价》、《神秘新娘》;忏悔系列《守望》、《冲动》、《沉沦》、《股祸》和毒祸系列《毒悟》、《毒梦》、《毒泪》等。再者,选题上注重了对人们"小情感"的挖掘,一大批涉及私人情感的作品,如《有多少爱可以重来》、《陪你变老》、《爱已不在原地》、《无言的结局》、《走过婚姻》等开创了山西电视界私人情感采访的先河。同时也关注社会上人与人之间最真挚的情感,如《漂亮妈妈》、《老师带你去上学》、《捐髓女孩》、《让我做你的儿子》等一系列作品,反响强烈,得到业内人士的高度评价,收视率也节节攀升,屡创台里收视新高(如:《黄河的倾诉》收视率为4.7;《雪莲花开》收视率为3.0),同时拥有了一大批固定收视群。

《倾诉》以其独特的选题、丰富的艺术表现手法、精良的编辑在业内赢得了良好的口碑。由于栏目的成员有着较强的编导能力和较高的业务素质,所以台、频道领导委以重任,2005年7月,《倾诉》栏目拍摄并制作完成了特别节目——十五集大型口述历史纪录片《人证》。《人证》是迄今为止国内电视媒体最详实、最完整的关于日军侵华期间性暴力受害者的纪录,她们中的许多人都是首次接受电视媒体的采访。《人证》每集时长30分钟,于7月22日起在黄河电视台20:30播出,引起了强烈的社会反响,创下了同一时段较高的节目收视率。许多家电视台购买了该片的播映权。

从2005年《倾诉》开播至今,共播出150余期,其中有许多作品获奖:

《人证》:获2004~2005年度中国电视纪录片入围奖、2005年度山西广播电视奖一等奖、2007年中国文献记录片二十年提名奖。

《申妈妈和45个孩子》:获2005年度山西新闻奖一等奖、2005年度山西广播电视奖一等奖、2006年度中国纪录片短片提名。

《爱过之后》:获2006年度中国纪录片短片提名。

同时《倾诉》栏目也荣获以下奖项或称号:

2005年度山西广播电视"十佳栏目";

2006年度黄河电视台广播电视“十佳栏目”；

2005年度新闻媒体反腐倡廉“十佳栏目”；

2005年度“爱心媒体”。

一个故事感人至深，一份记忆尘封已久，一种情感难以释怀，一段经历刻骨铭心。带着你的感动，走进《倾诉》；敞开你的心扉，让我们共同感悟……

负责人联系方式：13934203255

办公室电话：(0351）4062290

中国纪录片年鉴 2007

2007 CHINA DOCUMENTARY YEARBOOK

DV 影像

2007 china documentary yearbook
2007 CHINA DOCUMENTARY YEARBOOK

DV影像

DV纪录片的欣赏与创作
——冷冶夫访谈

顾国宁：在我们身边，手拿DV机拍摄的人越来越多了，在电视上也经常能够看到DV拍摄的纪录片作品。说不定您的家里就有一部DV机，或者您就是一位DV高手呢？那么到底什么是DV，什么又是DV纪录片呢？今天我们很高兴地请到了这方面的专家——中国广播电视协会纪录片委员会副会长冷冶夫先生。

冷冶夫：大家好。说起DV，相信大家都不是很陌生，在座的各位可能有人就使用过DV，至少是见别人使用过。DV的一个最大特点就是崇尚个性，它要求用平民视点观察和拍摄平民生活。与其说DV的这种理性开辟了一种全新的纪录片采集方式，倒不如说它选择的是一种立足民间的个性化创作态度。这种态度主张把镜头对准社会底层，以平等的眼光、平静的心态、平和的意识，平实地记录普通百姓的生活细节和生存状态。这种“独立思考”的个性选材方式，打破了过去一些电视媒体把国家大事、英模人物、重大事件作为纪录片创作准则的框框，更多地融入了“平等记录”和“客观纪实”。

顾国宁：那么什么是“平民视点”、“个性化创作”呢？

冷冶夫：平民化实际上是一种创作思想和思维品质。即：用平民视点观察生活、观察社会，具备大众意识，创作出观众喜闻乐见的无愧于我们这个时代的作品。而个性化创作的结果，也决不是在社会底层寻找“另类”，而是指创作者的视野更开阔，作品更具有独创的风格，更贴近人民群众，更能融入我们这个社会。

对DV纪录片平民化创作风格的思考：(1) DV题材作品创作不应该忽视艺术审美的大众化。(2) DV创作对故事发生场景的生活化选取应有严格价值取向。(3) DV作品艺术创作风格应追求画面语言的工整和好看。

顾国宁：冷老师，目前国内DV创作的现状如何呢？

冷冶夫：有这样几组数字，基本可以说明问题：

据不完全统计，全国有130多家地市级以上的电视台使用了部分DV制作的节目；

有200多家电视台使用了DV摄像机进行新闻和纪录片创作；2007年全国在各地举行的各种花样翻新的DV大赛就有50多次。征集作品最少的是56部，最多的是中央电视台，有几千部。

现在全国有100多所学校设立了主持人专业，有300多所大学新设立了新闻传播学院和电视编导专业。这是一个什么概念呢？这些学生的实习可能都要使用DV机。

2004年，印度办了一个电影节，中国送去了30多部DV作品；2005年的法国电视节，全世界有90多部DV作品参加了最终的评奖和影展；2006年中国走向世界的参加国际各类评奖的100多部纪录片中，有一半是DV人创作的。

所以我认为，DV的出现给纪录片创作观念带来了全新的变化，DV作品不论是在小范围研讨传看，还是在主流媒体中播出，都必将实现传播者的大众化（话语权），而这正是传播史上最具有里程碑意义的一次革命。

顾国宁：冷老师，那么您认为DV在我国为什么能够发展得这么快呢？

冷冶夫：DV兴起的原因和背景：（1）个人使用的传播技术的进步与普及。（2）受众主动参与的需求和欲望空前高涨。（3）猎奇报料人和网络博客的崛起。（4）大专院校和社会非正式化的小众传播。（5）社会各种评奖活动的推动。

顾国宁：冷老师，根据您的研究和实践，您认为DV纪录片的出现给我们带来了哪些新鲜的创作理念呢？

冷冶夫：（1）DV纪录片应该是“等”来的真实（轻便、高待电量电池、低成本磁带更便于等待）。（2）DV纪录片是用影像发现的艺术。（3）DV纪录片是作者对被摄者的人生感悟。（4）DV纪录片是最主观的一种客观记录。（5）DV纪录片记录的是人的生存状态和人对生活的态度。（6）DV纪录片是“原生态”记录、创意性编剪。（7）DV纪录片是用世界（画面）语言叙述故事。（8）不要赋予DV作品过重的功利色彩。

顾国宁：那么您认为什么样的才能够算作一部优秀的DV纪录片呢？

冷冶夫：DV节目要解决的是“看点”问题：（1）这部DV片要表现什么？（2）这部DV片表现了什么？（3）拟定DV片给观众看到什么？（4）观众能不能看得懂你的DV片？（5）看懂了以后还能不能继续看下去？（6）看了好不好看？（7）它的看点在哪里？（8）观众会对这个DV节目怎么看？

一流的纪录片看画面；二流的纪录片听声音（听同期）；三流的纪录片画面贴声音。

顾国宁：如何来看待DV纪录片的价值呢？

冷冶夫：我写过一篇文章——《DV影像价值论纲》，有十二讲，分别是：DV的记录价值（基本价值是素材的积累）；DV的纪实价值；DV的审美价值；DV的娱乐价值；DV的传播价值；DV的社会价值；DV的自我价值；DV的新闻价值；DV的技术价值；DV的文化价值；DV的市场价值；DV的人类学价值。

还有DV的法律价值、DV的见证价值、DV的偷拍价值，等等。

DV创作实际上是：（1）记录生活；（2）引入思想；（3）倾注情感；（4）传送体验。

顾国宁：DV纪录片在表面繁荣的背后，也确实存在着一些不容忽视的问题，从而制约着DV纪录片的进一步发展。

冷冶夫：DV纪录片创作是存在不少问题，大体上有几个方面要注意：（1）原生态记录不是什么都录；（2）“讲故事”不是全程讲述（采访）；（3）纪录片可以多种手段并用；（4）纪录片也要讲究“节奏”（不能太拖）。

DV创作目前存在的问题：（1）节奏慢，三五分钟还没有进入故事（情况）。（2）不会设置悬念，平铺直叙。（3）解说词太多，宣传味太重，思想表达太强烈，主观太重。(4)出镜人员讲话太多，故事用同期声叙述。(5)阴暗面展示（表达）得太露骨，没有解决办法，只是一味地揭露。(6)画面拍摄得不工整，构图太随意，没有特写。(7)声音噪杂，音乐不协调。(8)导拍太重，假的成分超过了真实性。

还有个人的原因有两条：(1)有个别人拍的选题有些“另类”(吸毒者、妓女、同性恋，等等)。(2)大部分DV制作不够工整（设备的影响、对影视摄制技术掌握得不够)。

顾国宁：除了创作者自身的原因，还有没有外部的一些障碍，在制约着DV纪录片的发展？

冷冶夫：当前制约DV发展的四大障碍：(1)观念性障碍（认为DV是民间的，会议上用DV就觉得不重视)。(2)体制性障碍（主流媒体在技术审查方面就枪毙了)。(3)政策性障碍（提出用DV创作是得不到经费的)。(4)利益性障碍（同样一部纪录片价格差距大)。

顾国宁：那么，我们如何才能创作出一部优秀的DV纪录片呢？

冷冶夫：DV创作需要明确的八个问题：(1)创作理念上：平民化、个性化、不是随意化、自由化。(2)题材选择上：好人好事不等于故事；应该做的事也不是故事。(3)追踪拍摄上：记录了过程不等于拍到故事（只是素材的积累)。(4)创作观念上：话筒采访的故事不等于画面语言的故事。(5)记录手法上：画面晃动不等于纪实。(6)创作思维上：警惕纪录片创作的“导演现象”。(7)受众观赏上：要关注观众的耐心（不能太拖)。(8)电视播出上：要给DV节目一点宽容。

以上八个问题拿捏好后，DV爱好者就要为如何拍好纪录片思考了。(1)必须拍到好看的故事。(2)选择更有生动性的素材。(3)会用画面组合故事。(4)会用声音结构情节。(5)会利用重复和重复中的变化演绎故事。(6)知道：画面语言是多义的，所以纪录片的主题就是多元的（多义)。(7)知道：纪录片最终记录的是作者的思想。

我想纪录片的创作过程是这样的：(1)开机前：确定关注的方面。(2)拍摄中：用摄像机拍故事。(3)剪辑前：根据对所拍故事的理解去选择素材。(4)剪辑中：形成一条主线（发现和发生主题)。

我总结出纪录片的创作手法是：

主题事件化－事件故事化－故事人物化－人物细节化－细节画面化

节目故事化－故事戏剧化－戏剧情感化－情感人性化－人性细节化

拍摄记录化－记录故事化－故事细节化－细节镜头化（画面化)

剪辑故事化－故事画面化－画面细节化

采访背景化－背景故事化－故事细节化

最新又提出故事“悬念化”创作趋势。必要时用“悬念”结构故事，是一种拉收视率的方法，是面对市场化的妥协。

顾国宁：您如何看待近两年的DV纪录片创作？

冷冶夫：2005～2006年度出现大量后现代主义纪录片作品（地市级电视台及独立制片人选送作品)，表现为平面化、零散化、无意义、无中心、无深度——淡化意识形态。播出没有问题，但是观众理解有困难。

这种趋势对纪录片创作是有利还是有害？

本人的观点，纪录片的发展伴随着一种新的创作范式对旧有范式的突破（之前是画面配解说宣教式的，后来讲述老百姓故事以及一系列精英纪录片的出现树立起来了纪实主义的大旗，但是今天纪实主义被过多地滥用)，因此只要是形式上的突破就都值得肯定与鼓励，但是发展处于螺旋式上升的阶段，有些片子显然在下旋阶段。这些后现代作品滑向自然主义，需要改进。

纪录片对于后现代的态度应该是“和而不同”。

顾国宁：您如何看待DV纪录片的前景？

冷冶夫：我们可以确信，无论是DV人还是DV作品，总有一天会从社会的“角落里”走出来，并融入主流媒体。当然，这需要全社会都来认识DV存在的价值，用一种全景式的视角，用对创作的理解，去客观冷静地对待DV纪录片和DV人，使这种“边缘”纪录片，更能体现一种人文精神和终极关怀，并使DV最终融入社会，融入主流媒体，登上大雅之堂。

从“贵族”走向“平民”

——论DV与人文电视纪录片的新发展

黄步东

近几年来，DV 以及由此衍生的电视栏目在各地的发展方兴未艾，千百万老百姓参与电视的创作，诞生了一种新的电视文化。从“精英”走向“平民”——DV的勃兴给人文纪录片的发展提供了新的契机：2004年8月下旬，国家广电总局、中国广播电视集团在北京举办规模盛大的2004年中国国际广播影视博览会，“DV电视2004：我们的影像故事”DV电视作品征集与评选活动，引人注目地成为博览会上四个重点项目之一。官方首次正式举办国家级的DV电视作品征集活动，被业内人士认为标志着“无疑为电视台开辟新的节目模式、新的节目形态”；2004年9月至11月，索尼（中国）有限公司主办“影像新生力”HANDYCAM全国青年DV大赛，到11月30日截稿，共征集DV作品689份；2005年6月27日，中国传媒大学与中国广播电视工业协会数码影像委员会在北京联合举办了“对话DV2005”影像文化论坛。在这次论坛上，国内众多知名专家、制片人与学生们进行了广泛的交流，当地传媒称：“专业电视领域的最高学府和致力于数码影像的专业机构牵手，使得这次论坛具有广泛的高度和深度。”

一、人文电视纪录片的困境及其原因探究

人文电视纪录片是纪录片的一种。就表现形式而言，它以人物活动或事件的发展为中心线索，通过人物与所在环境（自然或社会）的一定（平淡、丰富、离奇或复杂）关系来展示人物形象；就内容而言，它着重表现人类的生存方式、道德情感、生活态度，等等。人们曾经目睹过中国人文电视纪录片的“繁荣”，从最早获得亚广联大奖的《藏北人家》、《沙与海》，到2004年6月上海国际电视节上获得“最佳人文类纪录片创意奖”的《幼儿园》，在国际国内许多影响较大的电影电视节获奖名单上，中国人文纪录片的名字可以排出长长的一列。每年国内各种级别的电视节目评比中，人文纪录片是十分受关注的一个片种。但是“繁荣”背后却是步履艰难的窘境。其标志是，作为电视业的金字塔“底边”的地方电视台数量最多，但与一些实力强劲的大台相比，不仅获奖数量少，获奖的级别也不高。如2003年9月，共有长短纪录片10部获第21届中国电视金鹰奖电视纪录片奖，其中中央电视台以及与其他中央级单位合作的作品有5部，省级电视台5部，地

市级电视台为0。

20世纪90年代初，人文电视纪录片栏目曾经有过在黄金时段"遍地开花"的黄金时期。北京电视台《纪录》开播，首播时间放在上星频道晚8点50分的黄金时段，在与电视剧的拼杀中收视率稳步攀升；1993年上海电视台创办《纪录片编辑室》，曾经创下36%的收视率，超过了热播的电视剧，但是这段历史现在已经是电视人的"美好回忆"。许多名牌纪录片栏目消失了，或者被兼并成某一"杂志"型栏目的附庸，能顽强且完整地坚持下来的，多数也退出黄金时段，见表1。

表1　部分电视台纪录片栏目播出时间

台名	栏目	首播时间	重播时间
中央电视台1套	《见证》	（周一至周五）23：25	
中央电视台10套	《见证》		（次日）14：03
中央电视台2套	《地球故事》	（周一至周四）23：00	
		（周六）0：05	
			（周一至周五）9：40
中央电视台10套	《纪录片之窗》	（周六）17：55	（周四）10：15
北京电视台	《纪录》	20：50	
上海电视台	《纪录片编辑室》	20：30	
	《新生代》	20：00	
东方卫视	《东方全纪录》	（周六）22：40	（次日）13：06
浙江电视台	《纪录》	22：00	
江西电视台	《多彩DV》	12：25	
广州电视台	《唐人街》	23：15	

从表1中可以看出，在所列出的纪录片栏目中，除了北京、上海电视台的纪录片栏目外，即使是像中央电视台《见证》这样久负盛名的纪录片栏目，也不在黄金时段播出。人文纪录片的困境是由以下几方面的原因造成的。

（一）人文纪录片在技术上无法适应栏目化的要求

是否栏目化，是电视节目的形态是否成熟的标志之一，是电视业发展到一定水平后必然出现的结果。从技术上，栏目化意味着内容、时间、长度的固定，这三者缺一不可。但是人文电视纪录片内容和制作时间的不确定性，决定了节目片长的不确定，甚至很难事先确定素材与成片之间最合适的比例。表2为无锡电视台一批获全国省级以上奖的人文纪录片有关数据。

一定的周期是优秀人文电视纪录片创作的前提。陈晓卿的《龙脊》、王海兵的《山里的日子》、康健宁和高国栋的《沙与海》，拍

表2　无锡电视台获全国省级以上奖的人文纪录片相关数据

节目名称	素材长度	毛片长度	成片长度	素材与成片之比	拍摄时间	后期制作
《太湖人家》	410分钟	45分钟	30分钟	13：1	10个月	一个半月
《第二次下乡》	600分钟	35分钟	30分钟	18：1	一年	一个月
《远望神舟》	2400分钟	105分钟	50分钟	48：1	80天	一个半月

摄时间分别为大半年、一年半、三年。而中国第五代电影导演彭小莲用日本纪录片大师小川绅介生前拍摄的素材完成《满山红柿》，拍摄期长达10年。用如此长的创作周期来应付必须连续定期播出的纪录片栏目，这在地方电视台是无法想象的。

（二）资金紧缺使人文电视纪录片难以为继

人文电视纪录片栏目化的窘境还有资金投放的考量。比如，耗时4年制作成功的法国纪录片《迁徙的鸟》，动用包括17名世界上最优秀的飞行员和两个科考队在内的600多人参加拍摄，景地遍及50多个国家和地区，总投资4000万美元，2003年获得奥斯卡最佳纪录片奖提名。当它进入中国影院热播时，上海电视台《纪录片编辑室》投资约10万元的12集人文纪录片《婆婆妈妈》也在播出，而这部作品的拍摄制作时间只有前者的1/4。

制作能力、制作周期，尤其是资金投放，两部纪录片在这些方面的巨大差距，就是中国和西方发达国家在纪录片上巨大差距的缩影。

（三）经济发展导致人们的收视指向趋于大众化

随着经济成为社会生活关注的中心，人们价值观念、行为方式和文化态度趋于世俗化——大众化。电视日益商业化的结果是，高收视率成为电视生存和发展的基础。20世纪90年代中后期，中国电视业开始体制改革，1998年有83.9%的媒体已基本实现自主经营，其中67.7%完全摆脱了财政拨款。在这种情况下，人们难以回避中国电视观众以中低文化层次观众群体为主（也是中国电视的市场主体）这一事实，眼光指向更大众化也更快餐化的新闻和影视娱乐节目。

本该充满平民意识的人文纪录片，在诸多因素的作用下，越来越异化成为少数人孤芳自赏的精英文化、贵族文化。

二、DV给人文电视纪录片的勃兴带来希望

然而，DV开始改变了这一切。

（一）日益膨胀的“DV创作人群”培养了人文纪录片的“人口基础”

普通的DV电视爱好者。这一层面的人群基数庞大，其作品数量繁多，题材广泛。拍摄时随意性强，制作水平参差不齐，低端作品较多。但“朴素的纪实”却是DV作品创作的主体，其中也有一些惊世之作，如《老头》就出自一位游离于体制之外、拍片前对DV作品一无所知的业余创作者之手。

各高校（主要是一些影视系）的学生。全国有320所高校设有传播系、传媒学院，学生的电视作品有99%是用DV机拍摄的。目前在高校经常自发地举办 DV大赛。如北京大学电影节专设DV作品竞赛单元；湖南高校学生自己组织 DV大赛；重庆高校学生组织的DV大赛，参赛作品91部。学生作品的缺点是：缺乏社会生活的基础，过多地流于个人情感的表白，题材往往游离于社会主流

之外。但是学生作品专业性强，讲究技巧，能够把握DV 作品个性化的本质特点。

独立的纪录片制片人。1990年，吴文光完成《流浪北京》，标志着新中国纪录片的民间创作的开始。至2000年前后，全国各地出现了一批较有影响的个人工作室：北京现象工作室、上海101工作室、广州缘影会（2003年举办“独立日：珠三角影像展”）、南京后窗看电影、沈阳自由电影、昆明电影学习小组，等等。其中不少民间独立影像，多次在国际电影节或电视节上获奖。如1999年，杨天乙的《老头》和北京电影学院朱传明的《北京弹匠》同获日本山形纪录电影节“亚洲新浪潮”奖；2002年2月，《北京的风很大》获柏林国际电影节青年论坛单元大奖。民间影像工作者拍摄纪录片，在筹措、运作拍摄资金上有相当的责任和权力，创作上没有商业和播出的压力。

专业的电视工作者。DV 设备在电视台的运用越来越广泛。根据《DV@时代》在全国广电系统所作的DV 发展现状最新调查，100家地市级电视台平均每家拥有DV摄录机9.8台，占同类型机器的34%，并且45.55%的电视台有增购计划。有57%的电视台使用DV设备采制节目，占栏目内容的38.5%。使用DV 制作的栏目数量平均为3.2个，占同类型节目总量的43.5%。

（二）固定的纪实性DV栏目以及相关组织的出现，为纪录片构筑了新型阵地

开办较早的香港凤凰卫视的DV 栏目《DV 新时代》，曾经播出一些根据栏目要求剪辑的DV作品，如《老头》、《群众演员》等，后来虽然因故停播，但其成功的实践带动了各地电视台一批有影响的DV 电视栏目的诞生。目前周播的DV 电视栏目中有中央电视台4套的《DV看世界》、中央电视台10套的《讲述》、上海电视台纪实频道的《新生代》等。而江西电视台已经有日播栏目《多彩DV》。有的电视台除了开设专门的DV 电视栏目，还组成了DV 电视协会、俱乐部等作为后盾的群众性组织。如安徽电视台的DV俱乐部，拥有200多名以高校学生为主的固定会员；江西电视台“DV之家”，拥有200多个 DV爱好者，最大70岁，最小10多岁。各地的DV栏目，培养了一大批DV 电视的爱好者，为人文电视纪录片的重新崛起作了人才的储备。

（三）理论上对DV作品的探讨研究，还有商业因素的加入，为纪录片提供了新的武器库

为了进一步促进DV 电视的发展，中央电视台已经出版专门的DV 电视刊物，开设了 DV电视中国网站，拥有3万名会员，分布在全国40个城市。2002年，中央电视台举办中国纪录片论坛，DV 作品是热门话题之一。

在技术装备方面，出现了DV 电视厂商联盟，成为DV 电视作品发展的幕后策动者和商业推动力量。

三、DV电视发展的动因与人文电视纪录片的出路

近两年来，人文纪录片出现了回归的趋势。在央视近两年的观众综合指标调查报告中，中央电视台的《探索·发现》栏目连续获得“观众流入率”指标的第一名，“栏目满意度”在央视300多个栏目中，排名连年居于前10位。中央电视台10套的《讲述》栏目，开办后一直位居该频道的前列。纪录片的“名牌效应”仍然不可或缺，经济实力的增长提高了人们对人文纪录片的欣赏能力。中央电视台的《见证》、《讲述》，浙江卫视的《风雅钱塘》，东方卫视的《东方全纪录》等应运而生。回归后的纪录片栏目有个共同的特点，就是从“精英”走向“平民”，更加强调满足高收视群体观众的欣赏要求，追求电

视作品的可视性、情节化、快节奏。这些正好构成了起源于大众的DV作品的优势：节目形态上的贴近性、节目内容上的贴近性、传输方法上的贴近性——被业内人士称为“电视业的三贴近”。于是，DV电视作品，为陷于“精英”泥潭的人文纪录片提供了新的出路。DV电视作品发展的动因：大众化、个性化、本原化，这些恰恰是人文纪录片所追求的终极目标。

（一）DV技术的进步，给人文电视纪录片创造了新的发展平台

DV在技术上破除了电视摄像装备的垄断性，使之走向大众化。小巧便捷的DV摄像机逐渐不再是昂贵的奢侈品，而能够广泛地走进大众的日常生活，使老百姓能够用自己的视角，原汁原味地记录自己在生活中的观察和经历以及对社会独特的体验和认知，体现大众的生存状态和情感追求。DV在记录了生活的本身的同时，也记录了社会，记录了历史。

DV摄像机的普及，也使更多独立制片人如吴文光、段锦川的作品进入纪录片市场。这些纪录片导演注重商业上的运作，创作理念更加贴近观众，在纪录片市场上起到了示范作用。

DV技术的发展，事实上正在引发一场电视领域的革命。

（二）DV的个性化特色拓展了纪录片的生存空间

人文纪录片最珍贵的是用自己的心来自由创作的过程。DV使传播淡化了以往人文纪录片的官方立场，将其化为一种纯日常化个人化的东西。DV的个性化记录实现了拍摄者与被拍摄之间真正意义上的“零距离”，把纪录的真实发挥到了极致，实现了真正意义上的“原生态纪录”。DV作品的出现，标志着“个人影像时代”的开始。电视创作一旦成为每个人都能触手可及自由表达的影像书写，那么DV作品所阐述的纪录片语言就有了无穷的丰富性及无限的生命力。

（三）DV作品的创作原生态，更符合人文纪录片的故事化要求

DV创作者的创作常态是现在进行时，面对未知的、无法预料的“下一步”，这就使DV作品往往成为许多悬念的集合体。DV作者与被摄物体的零距离拍摄，势必更容易捕捉到细节和人物的矛盾冲突，而细节和人物的矛盾冲突正是构成人文纪录片的主要单元。也正是在对悬念的不断解剖、对细节的不断刻画、对人物的矛盾冲突不断展示中，凸现出人与自我、自然或社会等深层次的复杂关系，人的生存状态及深层的思维和精神状态，揭示出社会生活中一系列本质和规律，产生人文纪录片特有的审美价值。

（四）DV的发展使电视回归本原，体现了电视的基本表现手法

DV带来了贴近、随意、灵活的特点，使之最大限度地回归了生活的本来面目。从理论上说，电影的起源就是DV的本源，剧情片就是纪录片的翻版，DV电视的出现标志着电视回到纪录片的原点。

北京电视台播放的DV作品《我的大爷的小屋》，作者是一位18岁的小学教师，作品配音全部是现场配音。纪录片的创作原则首先是真实，强调现场同期声。DV在形式上的这种“创新”，实际上是最大限度地体现了电视声画音一体化，这也正是纪录片的基本表现手法。

另外，观众对于专业电视台制作的人文纪录片出现审美疲劳，而真正来自老百姓的DV电视影像，使电视活动变成老百姓生活的本身，能更充分体现电视媒体满足人们对自由、多元情感的表达，如丈夫拍自己的妻子生孩子之类。DV电视作品源于生活和深入生活的程度，是通常的专业电视人做不到的，表现了人文纪录片的本质，这也是DV电视中多纪实作品的重要原因。

（五）DV 展示了人文纪录片发展的关键问题：市场化运作

纪录片的真正兴旺，取决于纪录片节目在市场化运作中实现有效的市场价值，其标志就是良性体制下的制播分离，而DV电视作品目前所达到的程度已经显示出真正意义的制播分离。

DV使人文电视纪录片时效差的弱点反而转化为优势。DV作品的生产量大、周期短、题材广，电视台作为有选择权的买方，可以用最小的代价，根据观众需要购置播放最必需的节目，使题材更加丰富，面对受众的针对性更强，保证了栏目化运作的片源。

DV投入小，比如经常使用民间DV作品的中央电视台4套《讲述》栏目，每档节目的制作成本一般在万元以上，而使用一部同样长度的DV作品，支付给DV作者的稿费最多不会超过2000元。凤凰卫视中文台的《DV新时代：中华青年影像大展》以播出平台的身份与体制外DV爱好者合作，栏目播出的作品多而活，栏目投入低，购买作品的播出权每期只用1500～2000元人民币。

DV作品来自于民间，使媒体与制作方更方便地在契约下进行市场化合作。市场因素的加入，能够充分调动各方积极性。一些电视台的纪录片栏目已经在尝试新的运作途径，除了为DV商家打广告外，还与合作方寻求更加紧密的合作形式，比如用广告时段换股权、换销售提成，等等。DV电视使人文纪录片的市场因素“催化发酵”。

四、如何唱好主角：DV电视的问题和前景展望

DV作品正在从人文纪录片栏目中的“配角”逐渐变成主角，显示了DV电视的基本优势。不过目前各地DV电视的发展仍然处在萌芽初始阶段。要让DV作品栏目化，使之在人文电视纪录片中真正持久地唱好“主角”，现实中有许多矛盾需要解决，理论上也有许多问题需要加以探讨。

（一）问题

1．本土化与栏目化的矛盾

电视形态是否成熟，栏目化是其中的标志之一。而栏目化是否具备长久的生命力，本土化又是必要的前提。DV作品具有浓厚的地方特色，其中蕴涵了能够与本土观众深层心理积淀相契合的独特文化，可以使栏目与观众建立亲情般的关系。目前的困难是，除了上海、北京等特大城市拥有较大的DV作者群体，其他地区的DV作者群体较小，DV作品的数量往往满足不了栏目化的要求。而如果外购太多，则又会丧失栏目的本地化的特色。

2．定位与品位的问题

作为一档电视栏目，必须有自己的独特定位，是同质要求下个人化作品的有机集合。DV电视具有庞大的群众基础，因此也就有了普及与提高的问题。电视一旦工业化，就必须把要求向“专业”方向上提高——这个“专业”不是指身份而是指作品的艺术水平的要求。DV作品讲究纪实性、个性化、平民化、大众化，但是绝对不是随意性。纪录片不等同于生活本身，而是靠近了艺术，有艺术性指标，有对DV电视美学特征认同的考量。

3．主题的政治性和创作的个性化的问题

直到现在，中国人文纪录片创作在主题选择上仍然有过分强调媒体宣传和教化功能的痕迹。其结果是在记录事件时忽视人，在记录人物时漠视情，作品缺乏艺术再现的生动过程，片中的人物被类化：虽然表层上记录是某个个人，但在个体的潜意识中潜藏着一种集体的意识，是为了向观众标识某种特殊的政治符号，传达某种思想或观念。DV作品是个人影像权力表达的回归，DV作品中

有较多的对现有主流意识的某种对抗性。纪实性的DV作品在创作中如何把握主题的政治性和艺术上的个性化，这是一个难题。比如1996年北京电视台接受了松下公司给的一批DV摄像机，辅导老百姓搞DV电视，组织了200多人，创办《百姓家园》，但是有关领导认为太“低端”，办了两年之后停播了；云南艺术学院影视系2000年准备搞独立影像展，因为题材问题而终止；2001年9、10月间，北京大学举办以同性恋为主题的电影节，中途被停掉。独立制片人拍了许多作品，涉及妓女、同性恋等题材，如胡遮的《我不要你管》反映三陪女的生活。这些作品无法在主流媒体上播出。因此，纪录片的个性化在本质上与“另类”不是一回事，个性化不等于背离中国的国情。

（二）展望

如何应对人文纪录片从“精英”走向“平民”这样的新变化，笔者认为以下几个方面是今后一段时间的努力方向。

（1）现在的DV并不缺乏优秀的作品，但体制的隔绝和影视界的冷漠造成了DV理论的缺失，因此要加强在理论上对DV电视与人文纪录片关系的探讨和研究。

（2）制定在DV纪实性作品采制中的有关政策和管理条例，坚持在导向上的正确性。

（3）研究建立一套与体制外的纪录片创作者合作的新型运作体制。

（4）解决DV纪实性作品征集和使用中版权与播放权的问题。

（5）建立DV电视人才库，为DV电视的大发展做前期的准备。

有三句话在目前的电视界颇为流行：“DV电视没有家，DV电视需要家，给DV电视安个家。”DV电视的发展，让人文纪录片从“精英”走向“平民”，使人文纪录片从理论到实践，都到了一个新的历史发展阶段。这本身说明，DV正在成为人文纪录片发展的新平台。因为21世纪，知识经济、信息社会逐渐成为现实，电视台的功能将会从传递信息、提供娱乐逐步转向传播知识、传承文化。不像新闻节目有强烈的政治性，也不像文艺节目有很大的局限性，因此，以真实、客观、高品位为特征的人文纪录片，既是衡量制作单位实力的标尺，也会成为电视节目市场的热门货，有着广阔的发展前景。

从DV艺术的发展看艺术向生活的回归

——试谈DV艺术和生活的审美关系

佚 名

导论：DV之美在何方？

眼下，DV已经成为非常时髦的词，网站、流行杂志报刊、大学校园内也流行着“今天你DV了吗？”的问候语。这里所说的DV已经突破了digital video（数码摄像机或数码影像）的原始定义，已经具有了包括名词、动词、形容词在内的广泛含义，甚至还是一种时尚和潮流的代称，内涵上呈现出思想的异质性和艺术的前卫性的意识精神领域。“DV是一种生存状态，是对生活原生态的接近真实的记录。DV让人们找回对生活久违了的天真和热情，让人们换一个视角去观察习以为常的一切；DV是一种权力，是将用影像表达自己的权利从少数垄断者手中归还给大众的一把利剑……”

1996年，DV摄像机在日本问世，最初被用来拍摄家庭影像。但是短短的几年间，随着机身性能的改进以及电脑配套设备的开发与研制，“能轻巧、价廉、自由地干事”，DV机已经成为当前个人影像制作甚至专业媒体都非常喜爱的一种摄像设备，尤其是世界各地的年轻人都选择DV进行自己的影像表达。“Dogme 95”宣言的提出者之一、丹麦导演拉斯·冯·提尔（Lars von Trier）的《黑暗中的舞者》（Dancer in the Dark），获得第53届戛纳电影节最佳影片金棕榈奖。DV在中国也有着迅速而大规模的发展，甚至要比国外的DV制作更有热情。DV传入中国以来产生了不少的优秀作品，在观影群体中都是尽人皆知的代表作品。而青年导演贾樟柯用DV摄像机拍摄的电影曾在国际上获奖，成为中国DV影像的骄傲。

DV一词被炒得沸沸扬扬，DV的轻便和便宜使传媒家电化，DV成为人们观察生活、体验生活、表达思想的一种方式，代表着一种新的生活方式。DV等数字艺术的发展在对传统艺术冲击的同时，也受到各方面的质疑，尤其是在审美价值上颇有争议。DV给了人们影像权利的同时也破坏了影像艺术的高贵和经典，“每个人都是一位艺术家”，开机关机太容易了，影像能否承受DV之轻？“首届独立影像节”也被形容为“考验观众体能的‘视听盛宴’”，没有审美的愉悦可言，DV到底是以怎样的一种身份介入影像艺术之流的，DV的美在何方？

艺术的本质在于展现生命力。生活是最大的艺术之源，美正是来源于生活中人的本质力量的对象化。作为民间影像的力量，DV比任何其他影像艺术更接近生活。DV在诞生初期只是为了提高家庭录像的声画质量，当DV成为人们的家用品也就是最大程度地回归民间，承担起反映民间的使命，甚至会在不自觉中最大限度地贴近生活的真实。DV的艺术性固然来源于对胶片电影在表现手法上的继承和发展，然而其技术的特性与独立性使其艺术性也具有特殊性。DV在技术层面上的轻便和经济层面上的便宜促进了DV创作主体的下移，人们都不满足仅仅生活在其中，都有了自我表达的欲望，创作主体多元化的同时，创作的内容更加平民化、生活化，DV在本质上更倾向于民间，倾向于生活。

DV记录着芸芸众生的常态生活：《铁路沿线》的流浪汉，《高楼下面》的外地打工者，《老头》中的迟暮者……平常的人伦亲情和家长里短无不感动着我们，无论是在DV镜头后面，还是镜头里面，我们看到的都是生命力的展现，都是人的本质力量的体现，到处都是美的展示。DV的美，正是在于对生活的回归，从某种意义上来说，它实现了人类的假说：艺术的生活化，生活的艺术化。

DV，能承受生活之轻

美无处不在，只是缺少发现美的眼睛。DV这只眼睛，发现了更多朴实无华的东西，让生活中更为感人、更为真实的东西，无论丑还是美，都坦然地呈现在镜头中。DV的平民化从纯粹个人的角度对普通人喜怒哀乐的表达、对底层老百姓命运的关注、对人的个体或群体的原生状态的真实记录，正是DV创作与生俱来的特点。因此，如果你在一个凌乱不堪的菜市、一个灰尘弥漫的建筑工地或一个破败清冷的老街看到手持DV拍摄的人，你完全无须诧异，因为他就正是在以DV人的独到视角，去捕捉周遭生活最平常、最质朴、最细小的片段。如西南师范大学学生创作的《最后的铁匠铺》，它所抓取的就是渝北静观场里的一家小打铁铺，那里曾是打铁很发达的地方，后来因为农业机械化的发展，铁器在生产生活中逐渐淡出，不少打铁铺都歇业了，这对父子却在他们长期的作息惯性里，维持着冷清的铺面。从中，我们看到的是新旧生活交替过程的一个缩影。类似的又如重庆大学美视电影学院的《棒棒军》，在纪实反映重庆“棒棒”在城市边缘不乏困苦的挣扎时，也折射出他们离开故乡和土地流向城市的希望与梦想。在这里，社会底层小人物的生活状态与我们这个大都市的发展变化形成了寓意丰富的对比。《歌者》也是这样一部反映平常及社会边缘人生活状态的DV作品。该片导演兼编剧郑正运用电影的方式和手段，将眼光投向重庆民间的“死人板板”乐队，讲述了一个女子到外地寻找失踪几年的丈夫，为生存进了一个丧事乐队。在对找到丈夫已经绝望时，她爱上了乐队的组织人，却又在一次演出中，意外发现死者正是她要寻找的丈夫。片中对小人物命运的表现，凸显出一种平民化的审美视角。杨天乙则是看到城墙根下的老头好玩，于是动了要拍摄的想法，《老头》中展现的是一群地道的北京老人，他们操着纯正的京腔，在墙根下晒着太阳，天南海北地聊着。他们中有的已经口齿不清了，但是他们在人生的最后阶段依然显出轻松自然，就连身边的老哥哥去了，他们谈论起来似乎也要像老北京喊台一样地叫上一声“好”。这一切自然地从影片中流露出来，像是一杯滚茶在慢慢地往下沉，缓慢而有节奏。一切就如生活一般亲切自然。《北京弹匠》的导演朱传明，是在偶然的机会里结识了一位来北京弹棉絮谋生的湖南农民，从而引发了他拍摄此人生活际遇的想法。《铁道沿线》的导演杜海滨（朱的同班同学）则是在他家乡宝鸡的火车站附近发现了一群以拣垃圾、拾破烂为生的来自中国各地的流浪汉，于是力图切入并记录这群被视为“贱民”的人真实的生存状况，DV用镜头关注平常百姓的日常生活。“一部影片最重要的部分应该是人的生活，而不应该是剧情，脱离生活的剧情是经不起琢磨的，而我之所以喜欢纪录片也正是出于对这方面的偏爱。人类的行为标示着一切，如果你用心观察，你会发现许许多多生活的细节，而正是这些细节组成了我们复杂的生活，并暗示着已经发生和将要发生的一切。”

在DV作品中，拍摄者不仅仅通过镜头来观察生活，而且是切身体验着镜头下的生活，与其说他们在拍别人的故事，不如说他们拍的就是自己用心去感受到的生活。盛志名拍《心－心》时说：“当我回到北京的时候，是冬天，特别累，就开始玩儿，到酒吧之类的地方。玩儿的过程中，就看到我电影里那些小女孩的形象。有一天我从酒吧出来看到三个女孩儿晕在地上，就送她们到另外一个地方，然后就跟她们认识了。她们的生活给我的触动特别大。我觉得我是真实地把她们的生活放在那里了，我没想作任何的遮蔽。这可能和我对生活的认识有关，我没看到那么残酷的东西，我觉得大多数人的生活没那么传奇。”萧狼在《苦乐打工妹》的创作手记中写道：“我是在农村长大的，应该说小时侯也吃过不少苦；贫农的阶级成分的原因吧，长这么大的20多年里，我接触得比较多的是人文关怀者们所谓的‘弱势群体’，我们宿舍楼旁的小炒部的那些打工妹于我毕竟是亲切的，我们之间有共同话语；我想这是我们能够沟通，因而我能顺利完成这个小片子最重要的原因。她们对于拍摄、采访、DV、纪录片等等这一切都是完全陌生的，也并没有去想她们会从自己日常看到的电视屏幕中出现；所以面对着摄像机，她们真是不会做秀，一切反而都如平常一样自然。在很短的时间里，我们成了真正的朋友。我也在凌晨4点起床，看她们做包子、煎鸡蛋；然后我可以安心地去睡觉，让她们午餐前给我打电话起来继续拍摄——拍摄成了我们共同的工作。”与其说是共同的工作，不如说是一种生活。杜海滨在《高楼下面》接近片尾的部分，出现了全片中唯一一个使用三角架拍摄的段落：除夕之夜的地下室的宿舍，一个中全景的画面，阿毅蹲在地上剥葱和蒜；此时作者从画面右侧出现，和阿毅一起剥蒜、洗菜，他离开、又回来，准备他们的年夜饭……当作者从摄像机背后走出来，他使自己也成为一个被拍摄者。吴文光在拍完《江湖》后，对"远大歌舞团"的关注也没有结束，他有时仍然会出现在那个在穷乡僻壤流动演出的歌舞大棚里。虽然大棚的演员换了一茬又一茬，但在他们当中，这个"戴眼镜、肯帮忙、还给他们做饭吃的吴老师"已经成了传奇人物。这次经验似乎完全改变了吴文光以往的拍摄立场，他在一次访谈中说道："我是在一种悲喜交加的感情中拍片，我甚至觉得不是在拍一种另外的生活，而是我以什么眼光看他们，甚至我是在拍摄自己的生活，是在拍我自己的自传。我不知道为什么会有这种奇怪的感觉，这种感觉真好，也许我没有达到，但是的确拍他们就是拍我自己。我不能确定拍了这个团就像拍了全中国的团，但是我能确定拍的是我的生活。"仲华也说道："几年前我曾经在武警部队里当兵，做了好几年的电影放映员，所以《今年冬天》有种半自传的意味。再回到部队拍这个片子，这是我呆过很多年的地方，这是我的地方，电影中四个不同的方式也是在完成一种电影的形象。使馆的镜头能看出来，那几乎是一个镜头一气贯成，那里边是我呆过很多年的地方，那儿的一切我都非常熟悉。"把家用摄像机对准被遮蔽的现实与生活的时候，对准可能要遗忘的过去的时候，可能就完全是出于一种感性冲动和一种对同类人的理解。朱传明在创作手记中写道："我常常被生活中这样的场面感动：火车站疲惫而卧的人群，集市上拥挤的人流，马路边吆喝生意的摊贩，建筑工地脚手架上的民工……他们的呼吸像暗流一样汹涌，被裹挟而去。"而杨天乙与她所拍摄的老头之间，也产生了"他们成了我的生活，而我成了他们的念想"那样亲密的关系。DV拍摄者以一种人文关怀的心态为底层呐喊。生活中的轻贱无所遮蔽地坦露在DV的镜头中，故事、演员、导演都来自生活，最后构成同一个艺术。

DV，能承受艺术之重

DV作为艺术的革新工具不仅在于拍摄客体的草根化，更在于创作主体的身份出现了多元化的可能，DV的出现，打破了"业内人士"和主流媒体的设备优势，模糊了昂贵的"专业影像"与便宜的"家庭录像"之间原本不可逾越的品质差异，从而赋予了更多普通人以真正意义上影像创作的权利。因为DV使用的低成本，因为其主要使用者是社会各阶层的普通百姓和爱好者，所以从DV问世至今，它一直都体现出很平民化的色彩。曾在峨影厂执导多年、后又到西南师范大学文学院任教的余纪教授告诉记者："以前搞电影电视的，的确多多少少都有些'贵族感'。由于它很强的艺术性和专业色彩，对普通老百姓来说，甚至它整个的摄制生产过程都显得较为'神秘'。但随着我国社会经济的发展，百姓生活水平的提高，DV越来越普及，使得老百姓用影像的形式来自由表达自我成为可能。DV作为一种新兴的话语权力的载体，正在被泛化和更多地采用，并影响和改变着我们这个社会这个时代。"重大美视电影学院副院长唐泽芊教授对此也有深刻体会："艺术领域的影像创作，离不开相应的技术装备。随着科技、经济的发展，后期制作功能的简便化，使原来停留在专业领域的影视艺术走入了寻常家庭。就像卡拉OK一样，影像艺术正在成为一种家庭化的艺术、平民化的艺术。"DV为我们提供了一种新的自由，一种思想和创作的自由，DV具有配合先进的剪辑器材进行非线性剪辑的优点，并且采用了数码信号的方式把作品传到网上，

"DV最主要的优势对我而言在于真正的低成本，你不需要在创作前就担心市场，担心钱怎样收回，担心制片人给你压力，哪怕作品卖不了，也不会使我债台高筑，创作进入真正自由状态"，技术的发展从形式上改变了艺术的发生，技术门槛的降低和操作的私人化使越来越多的人拥有影像话语的权利和自由。

DV不仅仅是一种设备，而是一种新的对待电影和对待生活的方式。当代中国比较著名的DV导演，除了吴文光以外，其余几部DV作品的导演全都是二十多岁的青年人，而且都是第一次拍摄纪录片。这些年轻作者的创作初衷大都介乎自发与自觉之间，没有谁在拍摄之前就对纪录片的本体或价值有一个明晰的认识，但每个人在举起摄像机的时候，都满怀着真诚表达的强烈愿望。吴文光认为自己是使用先拍后制作的工作方式，他说："拍的时候完全不知道这东西拍来干什么，以后有什么用，只是觉得非常有意思。不去制作一个惊人的作品，它是一个更私人的东西，它想表达什么东西，想说明什么东西，它肯定是属于我的。DV代表了一种真正个人的表达方式。""DV在一定程度上可以成为作者的自来水笔，影像技术的进步可以使更多的人拥有一种表达自己的手段，一种语言。"DV承受生活之轻的同时，也承担起艺术的重。创作客体下移的同时，创作主体的下移、创作的自由和私人化使艺术更有活力。虽不说人人可以玩DV，但至少它已不再是主流的特权。DV家电化的趋势，使DV艺术成为一种生活态度，DV着，艺术着，生活着。

影视是一门高深的艺术，如果你拍一部电影，必须有专业知识，必须有设备，更主要是最好有个几百万。看《英雄》就可以知道了，光那些著名的演员的出场费就不是普通人可以承担的，DV就完全不同。当然你也可以像《黑暗中的舞者》一样，动用100台DV，但那毕竟不是我们要走的路，真正的DV，有一个DV，有一腔对生活的热情，有一帮朋友就可以。"DV影像工作站"第三期的推荐作品是杨天乙的《老头》，这部片子至今让人们津津乐道的是，这是一个之前跟影视毫无关系的女孩；第一次拿起DV机；第一次拍摄纪录片；耗时过两年；一切自费；拍摄的是一群被忽略的北京退休老头，虽然有点粗糙但不失原创性和艺术性。清华同学自编自导的《清华夜话》，画面的晃动、声音的生硬也无损于大家对它感兴趣，它是那样的生动活泼，荡漾着对生活积极的热情。萧狼在拍摄《苦乐打工妹》时，他镜头中的主人公甚至抢过摄像机拍起他来，让他说他的故事。拍摄的对象和主体都已经融入到生活融入到拍摄的快乐中去了，他们用自己的方式表达着对生活的理解。从2000年9月起，云南省德钦县的几位藏族农民在一家基金会的资助下，拍摄了《冰川》、《茨中圣诞夜》、《酒》、《黑陶》等几部DV纪录片，这个"社区影视教育 "项目负责人郭净博士在项目宗旨中写道："照相机、摄像机和电脑变得如此便宜，促使普通人产生了自己制作影像的欲望，当城市里的年轻人到茶馆为朋友的第一部短片助兴，当乡下的制陶师傅开始用摄像机记录村民选举的场景时，多样化的声音便在影像中出现了。"从专业的角度而言，最近的DV作品都不同程度地存在着视听方面的缺陷，但这些新纪录片人却以影片内容的真实性与原创力震动了国际影坛：杨天乙的《老头》获2000年法国真实电影节的评委会奖，朱传明的《北京弹匠》获1999年日本山形纪录片电影节"亚洲新潮流奖"，而雎安奇的《北京的风很大》则在澳大利亚国际独立电影节上获得了"最高喝彩纪录片奖"。这些奖项不仅仅是对这几位纪录片导演的褒奖，更重要的是，它传递了这样一种信息：一个普通人可以通过他的才华、毅力、对生活的热爱以及简陋的摄影器材，成为一位“真正”的纪录片导演。因此，DV 更深刻的力量是一种对普通民众的影像启蒙，是贩夫走卒（只要他愿意）都可以掌握并运用的记录工具，是无数双眼睛对我们这个社会的多元观察和描绘，DV 带来了“民间影像”的灿烂前程。DV 也不会因为其承受生活之轻而损害电影艺术的重，相反，越是民间的越是艺术的，越是生活的越是深刻的。DV 是最具平民意识的，一切平民化的东西都是有生命力的，只要人们对这个世界保持经常观察、表达思考的习惯，每个人的眼睛都会更锐利，感觉更灵敏，思想会更开放，艺术也将更具生命力。

审美的生活化

DV 从一种技术手段开始对艺术创作主体起了深远的影响，进而对艺术内容的生活化起了催化作用，如果说技术带来的艺术的生活化是一种外在的手段，那么审美情趣的生活化则是艺术生活化的本源。

美来源于人的本质力量的对象化，“对象性的现实在社会中对人说来到处成为人的本质力量的现实，成为人的现实，因而成为人自己的本质力量的现实”，面对“人化的自然”，人们“不仅像在意识中那样理智地复现自己，而且能动地、现实地复现自己，从而在他所创造的世界中直观自身”。因此受众在艺术批评和欣赏中，有一个“期待视野”，他们期待艺术对生活的亲近，真实成为中外视觉艺术作品接收和欣赏的衡量标准。它是在人类几千年欣赏描写现实的文艺作品的过程中和几十年接收写实风格的影视作品过程中形成的，从柏拉图“模仿乃是艺术之根本特性”起，至中国“千古文章，传真不传伪”，无不要求艺术的真实性，唯有真实才能引起受众的真正共鸣，受众也才能透过艺术作品反观自身。受众代表的就是生活，DV 反映的也是生活，受众的生活又呈现出艺术的状态，我们在看 DV 的同时我们也就是在看自己。当我们看到《不快乐的不止一个》中的家庭问题，《心－心》中的绝望中的希望，《苦乐打工妹》中艰辛又充实的日子，《清华夜话》中的学生生活，我们本能地感到亲近，立刻意识到，这就是我们周围的生活，这就是我们自己的生活。这些镜头真实记录的酸甜苦辣就是我们自己的酸甜苦辣。巴赞、克拉考尔多次指出，纪实电影与真实的生活有一种亲近性，正是电影与观众的亲近性引起了观众对电影的亲近性。DV 更是如此，它的兴起在很大程度上是它的题材对生活的贴近。在权威调查机构 AC 尼尔森调查中发现观众喜欢收看的纪录片类型的节目却是《生活空间》这样的节目和一些专题片，显然“讲述老百姓的故事”是很多观众关心的话题。人们期待纪实性的作品，是因为人们希望看到自身。“纪录片，尤其是更多的民间创作，创作者的角度可能是相对小众的私密的，但他们所揭示出的空间，却是大众共通的。”《京华时报》记者在北京电影学院等艺术院校和北工大等非艺术院校的学生会均进行了调查，学生们对纪录片显示出的极大热情，让记者很是意外，其中的几部纪录片是学生们屡屡提起的，比如关于农民巡回演出的《江湖》、讲述一群迟暮老人生活故事的《老头》，还有弹棉花的农村青年在都市中的遭遇和生活的《北京弹匠》等。吴文光讲：“虽然乍一看，这些拍摄对象都不是社会的主流，但从片子中，大家能看出许多人性中相同的东西，而这些恰巧是普通人不愿显露的，却是人人都有的，大家喜欢的原因就是这种大众化激起了心底的共鸣。”学者黄集伟认为：“文字阅读中，那种以虚构为能事的传奇已是最靠不住的东西，‘非虚构’的加入，正显出了无上魅力，开始成为我们阅读生活中的核心期待。”文字如是，影像岂不一样，DV 中真实的生活，让我们更大程度地反观自身，艺术的生活、美的生活产生了。

仅仅生活其中，仅仅观看他人或者自己的生活也不能使我们满足，我们又有自我表达的渴望，于是在欣赏别人的作品、别人的故事同时，我们也拿起了DV拍摄自己和周围人的生活，于是有了《清华夜话》，我们一边卧谈，一边拍摄，一边看着我们的DV哈哈大笑；于是有了《冰川》、《茨中圣诞夜》、《酒》、《黑陶》，我们在生活的同时把它记录下来，同时我们又成为自己的第一个观众。创作与审美在生活中融为一体。艺术的审美，得到的是一种共鸣。拍摄对象的生活唤起了审美主体的某种相似经历的记忆，看到的是自己的本质力量的对象化，因此艺术更真实更具感染力；当审美主体成为创作主体兼创作客体的时候，这种人的本质力量的对象化也就更为深刻，前者是反观自身，后者是直面人生。审美的需求也促使艺术创作的生活化。艺术的生活化、民间化从内容上改变了艺术的发生，生活主体的艺术化从形式上改变了艺术生成；DV改变了艺术，也改变了我们的生活。导演、演员还有我们都生活在这个社会，我们都在别人的故事中演着自己的故事。今天我出现在你的镜头中，也许明天你将会在我的镜头里。“我站在桥上看风景，看风景的人在楼上看我，明月装饰了你的窗子，你装饰了别人的梦”，DV沟通了艺术和生活，沟通了你和我。我们期待着在DV中的我们，以此反观现实中的我们。

美在生活

“人是诗意的栖居的”，生活和艺术本不可分割，人类走了一个循环，艺术自从劳动中生活中脱离开始就有一种回归的冲动，这也是纪录片经久不衰的原因。在工业化的现代，人们更渴望一种高科技高情感完美结合的生活，DV给了我们这样一个工具，给了我们这样一个希望。与其把DV当作一种媒介、一种设备，不如把它当作一种生活态度，DV并不同于过去的“作者电影”，它不仅仅是“个人的表达”，它还是一种个人的生活。真正跟DV态度有亲缘关系的是维尔托夫的“带摄影机的人”。DV不仅使制作电影成为一种个人的事情，它的欣赏也成为个人的事情：我们在自己家里观看DV作品，我们把DV作品装在上衣口袋里随身携带，赠送朋友……DV，代表了一种新的生活方式：独立的艺术生活。或者说DV就是生活本身。它是生活中的一个全新的要素，一种生活习惯或习俗；它在我们的手上，在我们的生存之中；在它的面前，生活没有一个外面，它无法从外面来观照生活；它就在生活的里面，是我们个人生活和身体的一个组成部分，面对它，我们就是在直面我们自身。

席勒在《美育书简》中谈道：“人对美只应是游戏，而且只应对美游戏。……唯有当他是充分意义的人的时候，他才能游戏，唯有当人游戏的时候，他才是完整的人。”如果说DV产品的产生和发展从技术上促使艺术回归生活，人的审美情趣则从人的本性上要求艺术回归生活。美是自由的，就像我们的生活一样自由，DV给我们自由艺术自由表达的权利。艺术更重要的是参与性和互动性，游戏的艺术不仅仅是自由的，更是积极的。我们都在参与这个美的游戏，游戏中处处体现了人的本质力量的对象化，生活中处处展现着人的生命力，在对象化的现实中我们反观自身，在富有生命力的生活中我们观照自我，从而得到审美的愉悦。“美在生活”，艺术在生活，美和自由不可分，艺术和生活也不可分，DV在走进生活融入生活的同时，也就从艺术起点回归到艺术的终极。回归是人们的审美理想，只有在生活中艺术，在艺术中观照生活，这才是完整的人。

参考书目：

章柏青、张卫：《电影观众学》，中国电

影出版社，1994 年版。

杨慧林编著：《西方文论概要》，中国人民大学出版社，2003 年版。

张秉真、章安祺、杨慧林：《西方文艺理论》，中国人民大学出版社，1994 年版。

陆贵山、周忠厚编著：《马克思主义文艺论著选讲》（修订本），中国人民大学出版社，1999 年版。

王秋凡：《西方当代新媒体艺术》，辽宁画报出版社，2002 年版。

别误解了原生态的涵义

冷冶夫

DV 纪实作品是属于非虚构类的影像作品，它的创作原则只有两个字：真实。于是原生态纪录，便被部分 DV 爱好者作为真实纪录的一种普遍方式来使用。有这样一个 DV 纪实作品，片名叫《镰刀王》，作者在片中反映一个几十年以打铁铸镰刀为生的农民，今天是怎样维持生计和生活的。这部纪录片的完成版是 77 分钟，可是纪录的素材只有 89 分钟，也就是说，几乎是 1：1 的片比编辑完成了《镰刀王》。

现在，在 DV 作者中，对“原生态纪录”有两种不同的理解和解释。一种认为，既然叫原生态纪录，那就必须严格尊重现实，有什么录什么，录了什么就必须编辑什么。另一种认为，原生态是相对的，开机的时候是“有选择的原生态纪录”，后期剪辑的时候更是创作性的。笔者认为，如果现在讨论哪种观点是正确的，哪种观点是错误的，恐怕几年甚至十几年也不一定讨论得清楚，目前只能从“受众”的角度去分析和认识 DV 的原生态纪录的问题。

我们都知道，DV 纪实作品是拍出来供人们欣赏和愉悦的，所以它的一个基本作用就是要“好看”或者“有看点”，那么 DV 人在创作的时候，就应该把握这一原则。像上述 89 分钟的素材剪辑出来的 77 分钟的作品，会有什么“看点”呢？观众只能看到抻长的（2 分 47 秒）烧火流程和 4 分钟多钟不停的打铁过程……这样的原生态是不会有观众的。因为，原汁原味的环境，原汁原味的人物，原汁原味的同期纪录，只是 DV 影像创作素材的积累，而素材罗列是不会给观众以“情节化”和“故事化”的感觉的，而非故事化的纪实作品是不会有观众的。即便是自娱自乐的作品，抻长的、无意义的、反复重复的画面也会给人以厌烦的感觉……

笔者认为：(1) 原生态纪录不是什么都录；(2) 原生态剪辑不是不加选择的素材堆积；(3) 原生态纪录还应该考虑受众的需求；(4) 原生态纪录不是画面纪录得越长越像纪录片。

DV 纪实作品，说到底是门艺术，既然是艺术就应该更加关心观众的热情和参与。而现代的观众越来越挑剔，更缺少耐心，几乎看十几秒甚至几秒就要换频道……一旦节目出现间歇，或者节奏慢，观众都会自动换频道。当然了，有些 DV 创作仅仅是用来“自娱自乐”的，即便是这样，DV 作品也应该“看故事”而非“素材”。

那种对生活有闻必录、有录必编的做法是对 DV 纪录片的误解。在“以受者为中心”的今天，电视观众，包括 DV 爱好者的家人，仍然希望所看到的“节目”是凝结着 DV 创作人员智慧和思考的作品。

中国纪录片年鉴 2007

2007 CHINA DOCUMENTARY YEARBOOK

国际

2007 china documentary yearbook

2007 CHINA DOCUMENTARY YEARBOOK

国 际

创作国际化内容的纪录片
——访瑞士尼翁真实电影电视节主席吉恩·佩雷特

冷 凇

吉恩·佩雷特（Jean Perret），1952年出生于瑞士。电影剧作家，在瑞士多所大学任教，是符号学、美学、社会学、电影学等方面的专家、教授。吉恩·佩雷特同时担任瑞士“真实电影”纪录片组织总经理，1995年创办瑞士尼翁真实电影电视节（尼翁真实电影电视交易市场）至今，任主席。曾于2001年造访中国，任第六届四川电视节“金熊猫”奖国际纪录片评选委员会委员。

冷凇：佩雷特先生您好！请问您是第几次参加法国的FIPA国际电视节？

吉恩·佩雷特：您好。法国FIPA电影电视节已经创办了19年，更换会议举办城市后举办也有10年了。我以前曾经代表我们的组织和电影节与FIPA进行过纪录片的交流，也曾经作为制片人带片参赛，但是担任纪录片评委还是第一次。

冷凇：您认为这次第19届FIPA国际电视节举办得是否成功？原因是什么？它留给您哪些印象？

吉恩·佩雷特：除去一些接待上的细节，这次电视节总体来说办得很成功。首先FIPA的品牌在欧洲是做得很响亮的。在法国大家都知道要参加电影的盛会必是戛纳，而参加纪录片、短片、系列片等电视节目的节日便必是飞帕（FIPA）了，这两大节已经成为法国影视文化品牌的支柱。因此，就品牌影响力而言，这一点可以说做得比许多其他的电影电视节要好，也包括我们的瑞士尼翁真实电影电视节。其次，FIPA电影电视节显示了公正和公平，至少在形式上在做这方面的努力，我们二十几人的评委团里，有来自欧洲的、美洲的、非洲的、亚洲的、澳洲的不同种族的著名纪录片导演、专家、主席、学者、作家、音乐家、制片人、影视集团总裁等不同文化职业的人，特别是FIPA首次请了中国著名的纪录片导演冷冶夫先生担当“调查与当代事务”类纪录片的终评评委，这是东亚评委在FIPA的首次亮相，这对促进FIPA电影节的公平竞争，增进不同文化地区的理解和影视交流力度，是大有益处的。最后，FIPA选中比亚里茨（Biarritz）这一度假胜地作为电影电视节的主办城市也是成功的主要原因之一，毕竟电影电视节的举办不仅仅是放片子、看片子，还有接待、旅游、交流、互动。我们可以把任何电影电视节都定义为一个“超大party”。这些都需要在一个美丽、良好、安静的环境里举行，并且必须得到市政府的大力支持，就像比亚里茨的市长和官员们，他们全力支持FIPA，每天的花费是100万欧元，7天就是700万（相当于人民币近7000

万）。

冷淞：我知道您除了自己是瑞士尼翁真实电影电视节主席之外，还担当过许多其他电影电视节的评委，特别是2001年，您参加了四川国际电视节，担任“金熊猫”国际纪录片大奖的评委会委员。请问您对中国纪录片的印象如何？您觉得两国之间的纪录片创作分别有哪些特点？

吉恩·佩雷特：对，我是四年前参加的四川电视节。中国是个与欧洲有着完全迥异文化的地方，是东方的奇迹，我很感叹于中国国内有那么多纪录片的爱好者。谈到中国纪录片，我最想说的还是当时在四川参加会议时说的那句话：中国纪录片的长处就在于编导们用了很多时间来与片中人相接触，描写不同的人。缺点是精品优质品的比例严重失调。瑞士是个很小的国家，面积还不如中国的半个省，因此我们的题材、可选择的范围相对来说小得多，但是我可以说瑞士纪录片的精品却不比中国少，近些年我们许多纪录片在国际上频频获奖，比如大家熟悉的《路易·赛特》，作者叙述的主人公是一位历经坎坷、生活中充满不幸的老年女画家。为了能够细致入微、准确到位地表现出女画家丰富敏感的内心世界，编导运用了大量的写意镜头。我想很多中国业内的人都知道这部纪录片吧。

冷淞：是的，《路易·赛特》这部纪录片在中国学术界是很有名气的，不少谈及纪录片写意创作的理论文章都举了这个例子，中国传媒大学的胡智锋老师在著作中还专门为该片写了评论。它多样化的创作手法和大量写意镜头的叙事运用都很值得借鉴。

吉恩·佩雷特：另一部片子在中国和世界上的影响也很大，就是获得奥斯卡纪录片奖提名，同时获得贵国第七届四川熊猫节社会类最佳长纪录片奖的《战地摄影师》，我们从这部片子中可以看到两国纪录片在题材选择上的差异。中国人的纪录片选材习惯是关起门来，讲述中国自己的人和故事，关注国内的情况，而我们由于国家太小，所有的纪录片制片人和编导都必须要走出去，当然我们很方便地走入他国，这也与瑞士一直是中立色彩有关系。《战地摄影师》的导演曾经说过这样一句话，“如果你拍得不够好，那么是你离得不够近。”这部片子就是走进战争和灾难最深的一部纪录片，编导深入了科索沃、雅加达、拉马拉、刚果，这些地方的战乱给人们带来痛苦和仇恨。这类纪录片的题材选择是非常国际化的，任何一个国家和地区都有可能经历过，甚至正在经历战乱的痛苦，不管大家是什么地方的人，大家的文化和生活习惯有多么不同，对于战争灾难的感受是一样的，这就是为什么像这样国际化题材的片子容易获奖、容易引起高收视率的原因。

冷淞：的确，中国的纪录片创作显得广而散，很多纪录片停留在低水平，多数核心部门也没有集中财力去打造少量精品。我在英国留学期间发现BBC制作的纪录片也大多是国际化题材的，像这次参展的调查类纪录片《别斯兰的孩子们》，讲述的是车臣恐怖分子绑架别斯兰幼儿园儿童的事件，但是却是由BBC的纪录片导演摄制完成的。英国只是一个岛国，和瑞士拥有同样的题材困境，也许恰好是这样的不利情形反而促进了编导们走出去的决心。

吉恩·佩雷特：是的，拍摄纪录片就是要走进去，拍到过程，这样才有故事性，这点我和冷冶夫评委的观点完全一致。这次我国有一部纪录片参加FIPA，讲述的是调查伊拉克石油换食品计划中的腐败，里面用到了大量的采访、表格、符号、数据比较和过多的评论，我和中国评委冷冶夫先生，还有比利时的菲利普，都认为这不是一部真正意义上的纪录片，没有真实过程只有分析，这样的片子是很难有人爱看的。相反，获得我们瑞士洛迦诺电影节奖项的瑞士纪录片《大佛》却是一部拥有记录过程的纪录片，制作者邀请阿富汗电视人假扮作塔利班，偷偷拍下巴米扬大佛被炸毁的镜头——不是一次，而是六七次爆炸，那是对观众魂魄的反复震撼。

冷淞：我们中国的传统是把纪录片归为艺术的，强调纪录片的审美愉悦和精神田园。您作为欧洲的美学学家，如何看待纪录片与美学之间的关系？作为评委，您是如何评判一部纪录片的？

吉恩·佩雷特：当然有关系，而且是重要的联系。一个不理解美和不知如何创造美的人是无法拍摄出优质纪录片的，对于纪录片的评判和鉴赏也是一样的道理。我们几位评委刚刚接受过来自欧洲17个国家的中学生代表对纪录片的提问，我们对“您在评判一部纪录片之前，要如何做准备？”这一个尖锐问题的回答方式上可以看出“接受美学”的作用，也可以看到我作为美学学者和其他评委评判纪录片标准不一样的地方。这个问题冷冶夫先生和其他评委的回答总结起来是：要充分地了解一个国家、地区的文化背景，了解编导的文化背景，同时拥有大量的纪录片审美经验，这样才能很好地评判一部纪录片。而我的回答似乎却令学生们失望了，但我坚持我的观点，我说：“评判一部纪录片，甚至看一部纪录片之前——什么都不需要准备。”因为，我提倡一种第一时间直觉和直观的美感触动，我相信灵感，如果一部纪录片在第一时间观赏时无法给我感动和共鸣，我相信那不是我心目中的优秀作品。我评判纪录片的标准是很主观的。

冷淞：我同意您的观点，接受美学的重点就是仁者见仁，智者见智，不同的观众有着不同的阅历，欣赏纪录片自然会持有不同的印象。但是正如您所说，有一点是重要的：就是必须要能引起共鸣和触动。请您谈谈瑞士纪录片的创作和播出情况好吗？如果在瑞士制作一部52分钟版本的纪录片，预算一般是多少？

吉恩·佩雷特：很显然，瑞士对纪录片的制作能力不足以支撑一个纪录片的专业频道，我们毕竟是一个小的国家，生产能力有限，所以我们的公共电视台里面没有本地的纪录片频道，欧洲的很多其他国家也是一样的。但是数字频道里面我们有美国的国家地理杂志频道，有探索发现频道。不过当一部优秀纪录片问世的时候，我们的电视台会把最好的时段留给它。我们都知道纪录片是艰辛的创作，通常在瑞士制作一部纪录片从预算划拨之日开始，至少要6至8个月甚至一年才能完成。前期的报批过程就更长了。制作一部52分钟版本的标准纪录片，我们通常的公共预算是20万到30万欧元，这在欧洲大陆相比是很高的。

冷淞：瑞士毕竟是世界上人均收入最高的国家之一，能有这么高的纪录片制作预算说明纪录片在贵国是受到很大重视的。这次参展的很多纪录片都用到了搬演导演手法，包括调查类的纪录片，这似乎也是近年来纪录片界的一个趋势，搬演导演手法的运用在中国国内一度是一个热门话题。您如何看待这个问题？

吉恩·佩雷特：搬演导演问题，我们几个评委也一直在讨论。这种手法是好还是坏，取决于怎样运用。这次参加FIPA的调查类纪录片《Tranquility Bay》，讲述的是美国一所收费性质的工读学校牟取暴利的同时还虐待学生的问题，里面用到了搬演，甚至导演。这让这部调查类纪录片的真实性大打折扣，令我无法信服这部纪录片是否真实。片尾主人公之一，在工读学校呆了4年的17岁学生在岩石上写上自己对学校的仇恨，很牵强，片中很少有工读学校内部虐待学生的真实镜头，只是通过一个又一个受害者的讲述来完成，这种导演和搬演对纪录片来说是降低了真实性和可信性。另一部你曾经提到过的BBC拍摄的《别斯兰的孩子们》在片尾处也运用了搬演和导演：一个在那次车臣恐怖人质劫持中失去双亲的小孩，每天在纸上画上恐怖分子的图像，然后点燃纸张烧毁。这个情节是真实发生的，是孩子们的一种宣泄方式，每天、每时都在发生，导演用艺术的方式重现了这个情境，把它艺术化了，焚烧的火光给人以触动和启迪，我赞成在真实前提下的这种运用。

冷淞：最后，您能给我们中国的纪录片导演和爱好者们一些建议吗？

吉恩·佩雷特：首先我欢迎广大的中国纪录片爱好者带着他们的纪录片作品来参加我们的电影电视节，当然我更希望大家带来的是优秀的作品。我的建议是不要拘泥于设备，我们瑞士尼翁电影电视节虽然看重电影，但是不排斥低档次设备，HDV、DV都没有问题，只要片子质量好。最后，我想说的是，我希望中国的纪录片导演要和世界各个地方的纪录片人经常进行交流，并且倾听，倾听是一种最好的学习方式，听听别人怎么说，怎么看，也许你会得到更多，就像我们现在的采访，对我来说对你来说，都是一种倾听和学习。

纪录片是一种思考的方式

——访法国FIPA国际电视节秘书长让－米歇尔·奥赛伊

冷　淞

冷淞：法国FIPA电视节的举办宗旨和目的是什么？是为了选拔优秀作品，还是推荐优秀的纪录片编导？

让－米歇尔·奥赛伊：FIPA首先是一个视听节目的平台，同时也是富有创意的杰作。它所涵盖的影视作品体裁多样，除纪录片之外还包括故事片、电视剧、通讯报道以及短片等。也就是说，纪录片只是它的一个组成部分，却并不仅仅局限于此。纪录片是为了向观众和从业人士证明，视听节目同样可以是一种创作成果，无论这一创作成果来自于中国、日本、英国，还是美国、德国、荷兰、南非，都有吸引观众的可能。在中国抑或其他国家，目前的情况是，电视台播放的大多是国产纪录片或故事片，很少看到外国片子。人们并不知道是由谁决定购买哪些外国片子以吸引公众；但如果观众没有机会看到别样的东西，我们就无从得知他们会不会喜欢。

冷淞：在您的概念中，法国电视人对纪录片的定义与您所理解的中国纪录片的定义有何异同？如何理解纪录片真实的概念？

让－米歇尔·奥赛伊：何谓纪录片？对我而言，纪录片首先是一种观点，一种看法，一种对于某种问题、某个人物、某一状态所持的看法。这就是纪录片。它并不仅仅是对于现实的再现，那只不过是信息资料而已。纪录片应当对题材进行深入挖掘，应当持有一种观点，一种纪录片编导对于某一主题应当持有的观点。正是这种观点具有吸引力，这种对于所处理的题材所持的批判性观点。强调一下，只是对于题材的观点，一种批判性的观点。这就是我对纪录片的定义。在有文字手法的同时，因为总会有脚本的，以方便我们知道将要处理哪些题材；我们还要有电影风格，纪录片就是通过镜头和画面来表现自己的风格的。的确，我们看到，亚洲片子和欧洲片子是有差异的，大家的制作方式不尽相同。关于亚洲片子，以中国为例，很多都是学院派的传统类型，并未对题材深入探讨，追根溯源，将自己的工作进行到底。总是有这样那样的某种保留。我有这样的一种感觉，编导们太过急于让别人接受自己的观点，于是就采取那种易于被大多数人接受的普遍看法。然而，一部片子的价值在于表达个人的观点。如同我们读文学作品一样，我们读的是某个人的观点，并非大多数人所持有的普遍看法。作者的文笔好坏，那是另外一回事，但一定要有自己的观点。我认为这对于纪录片尤为重要。近年来法国出品了许多具有世界影响的纪录片作品，《迁徙的鸟》和《帝企鹅》都是其中颇具盛名的，这两部纪录片都是自然动物类，这是否意味着法国在制作此类纪录片的技术和观念上都更胜一筹呢？您认为这两部纪录片的成功之在于何处？

冷凇：在于画面。它的画面实在是太美了。成功是什么？这是很神奇的一件事情。正如您刚才所举的例子《迁徙的鸟》。我认为它的成功还在于它是一部简单的片子，片中展示了一些鸟儿，没有对白，没有语言，没有太多的人为的观点，制作得非常精美。片中好看的镜头随处可见，但却转瞬即逝，我们面对这些画面的时候不由得惊叹，因为实在是太漂亮了。我想这是它获得成功的原因。

让－米歇尔·奥赛伊：但是纪录片的成功是没有窍门的。纪录片的成功是什么？是所选用的题材成功地吸引到了尽可能多的观众。那么为什么这样或那样的题材就能吸引到观众，有的就不能呢？因为我们知道，用何种手法去处理题材非常重要。这就是我们经常说的风格，或者叫创作手法，这是我一直强调的。这个很重要。不论是何种类型的节目，纪录片也好，故事片也罢，都是对其他人或事物的观点、看法，或许是一种批判性的观点，对于我们喜欢的或不喜欢的事物的观点。应当具有独特的意义和价值，我指的是独特，并非新颖，或许那些事物是人们司空见惯的，但我们用一种独特的手法去处理，去用一种新的风格去表达。人们会说：啊，是的，确实是这样。

纪录片也是一种思考的方式。一种发人深省的思考，一种态度鲜明的个性观点，这就是纪录片的意义。但没有什么窍门。如果说在纪录片或者其他片子的成功中有窍门的话，如果谁知道成功的窍门这一秘密的话，所有的制作人就都成亿万富翁了，都发家致富了，但事实并非如此。制作人还并不富有，甚至是很穷，在欧洲甚至会穷死，从来不可能靠这种职业发大财。虽然他们也想赚钱，但实际上是不会有所谓的秘诀的。这是不可能存在的。现在唯一的秘诀就是，为了不赔钱，尽可能地为片子打广告。通过电影、电视、广播等各种手段，使公众知道这部片子要放映了，然后他们就会去看。但这是另外一回事，另外一个领域了，这并非影片创作范畴内的事情，与影片制作的质量好坏无关。

冷凇：据我所知，法国的电视机构与中国有些地方相似，多为国有公有，在这种体制下制作出来的纪录片是否占很大比例？

让－米歇尔·奥赛伊：事情并非如此。在法国，并没有所谓的政府电视台。这并不存在。我们有公共电视台，有三家，这些电视台依靠纳税人缴纳的税款运转，也就是消费者购买电视机时缴纳的使用税。但这不是政府台。除此之外，还有三家私营电视台，我指的是全国性的，因为还有许多不同等级的地方台，其转播范围很窄。但绝对没有政府台，这与中国是迥然相异的。他们有一定的自由权，做他们想做的事，比如选片或者播映之类的事情。的确，在法国，有国家公共电视台，从事纪录片的制作或者组织制作大量纪录片。同时也有很多纪录片独立制片人，但他们都需要借助电视台来完成其影片的制作。因为如果他们拿不到和电视台也就是发行方的合作协议，他们要想完成拍摄会遇到很多麻烦的。这对他们而言也可以说是一种帮助，即使是很小的一种帮助。法国的国家台和中国是大不相同的，和中国相比，法国是个小国，中国有数百家电视台，但对于中国这几百家电视台而言，比如中央电视台，我想实际上只有一个组织有权决定购买哪些片子播映，甚至地方电视台也并没有权利去自由选择播放什么片子。这其实是一种遗憾。尤其是对于制作者而言，他们就没有更多机会卖出他们的片子。其实对独立制片人而言，有更大的空间将自己的片子卖给更多的电视台，对他们会更有利，可以促进纪录片制作更加迅速地发展。

冷淞：法国在纪录片选题制度的审批上有哪些要求？目前创作的主流趋势是哪类纪录片？

让－米歇尔·奥赛伊：法国制作的纪录片，很显然首先会对在法国生活的人们感兴趣，对他们的麻烦，对他们所处的独特境遇，对政治效应或社会效应，等等。这是大多数法国纪录片所拍摄的对象。同样，也会关注学校、医学、政治、政治人物、当权者，金融界以及商界要人。总会有他们不为人知的一面，比如他们的行事方式、他们领导管理公司的方法等。同样也有陈述政治体系或者是关于行贿受贿腐败问题的以及类似的相关问题。还有关于大公司的合作协议之类，普通人的日常生活。法国纪录片的题材大体就是这些。实际上，确实（纪录片的题材）相当多是关于政治的，因为政治的确和法国人甚至欧洲人的日常生活紧密相关，所以人们需要关于政治方面的批判性的材料，纪录片迎合了这方面的需求。当然，也有为数不多的编导拍摄动物题材的纪录片，但仅仅是少数而已。

冷淞：法国有深厚的历史文化底蕴，法国纪录片创作者是如何保护法国的独特的文化地位的？

让－米歇尔·奥赛伊：法国自古以来就有这方面的传统。法兰西共和国成立之前，也就是王国统治时期，自从路易十四时起，中央政府就注重对历史文化的保护，这是法国文化创作的源泉。这种状况一直延续至今，也就是政府当局对于文化创作采取支持和保护的政策。这是法国的传统。也正因为如此，在法国，文化部是极端重要的的部门，掌握相当多的资金。实际上，对于文化创作，一直都有一种持久的普遍保护。涵盖各个领域，诸如绘画、建筑、电影、歌剧、舞剧，等等。政府的资助和支持，指的是政府不审查题材，比如你这部电影要拍什么，他不关心，他支持的是创意和想法，从不越俎代庖在艺术上做取舍。从不。这是不允许的。文化部无权这样做。文化的生命力也因而历久弥新，其地位也愈发重要，人们也愈发珍惜其生存环境。在法国有这样一种观点，文化是人类的组成部分，如同食物一样，文化对于人类起源和发展也同样不可或缺，人们可以据此得知自己从哪里来，自己到底是谁，这对于每个人来说，这都是存在的基础。文化是人类得以生存的最基本的东西。没有文化，人类将不复存在。没有文化的国家终会灭亡。

冷淞：您多次担任中国国际纪录片选片会的评委了，请问您觉得中国纪录片在创作上有哪些不足和缺陷，最需要改进的是哪些方面？

让－米歇尔·奥赛伊：首先对我而言，中国纪录片吸引我之处，在于可以通过这种方式认识和了解中国人，因为它们正是以中国发生的问题为题材的。它们中间，很多展示的是一些底层人艰难的生活处境，但却不去揭示原因。不过，原因肯定是存在的。凡事有果必有因。我不太赞同中国片子的一点是，似乎从不在片中说明原因，似乎那些结果是理所当然、自然而然的；但我们知道种种情况并非正常。正如雷电带来暴雨，暴雨会引发洪灾一样，任何事都会有起因。我觉得中国的片子教育性太强了，我这样说是就整体而言，而不是针对哪一部片子。可能这是对现实的一种反映，可能是因为中国有独特的国情，国土面积巨大，人口众多，因而中国的纪录片承担了相当重要的对广大国民的教育功能。因为画面和镜头最易于理解，即使人们不识字也无妨。人们可以用画面来做这些事情。但是在用摄像机拍摄一个镜头的同时，旁边没有被摄入镜头的地方又在发生什么呢？镜头应当忠实全面地记录全程，这具有另外一种意义。

冷淞：法国是纪录片创作的"大国"，法国的民间纪录片创作情况您能给我们介绍一下吗？特别是民间纪录片创作人是否能拍出精品？

让－米歇尔·奥赛伊：法国有很多做纪录片的独立制片人，甚至可以说太多了。正如我刚才所说的，这些所谓的独立制片人也都是和电视频道签有合作协议的。否则，他们就无从获得资助，也没法做片子了。也有一些大型独立制片室在组织做纪录片。其中不乏在全球取得成功的例子，尤其是一部讲美国发生的一起诉讼的片子，抱歉的是我不记得名字了，展示的是在美国一场官司如何进行、法官如何审判以及美国的司法审判制度是如何运转的，给人以很深印象。这支拍摄组在美国追踪拍摄了三个多月，拍摄到了整个诉讼进程。正如众所周知的，纪录片就是应当针对具体的一个素材，细致地跟踪拍摄，当然后期还有剪辑、合成。因为纪录片不仅仅意味着拍摄嘛，还应当能够吸引观众。重回到独立制片人的问题上来，的确，法国纪录片能发行到海外、能卖到国外的很少，在欧洲也仅有很少一部分，欧洲情况比较特殊，因为欧洲电视台很少买邻国的片子。总之，法国纪录片很少卖到国外去，这对独立制片人而言是一个大难题。不过这在很大程度上也取决于电视台，它们需要地位更加独立以拓宽影片的购买市场。

冷淞：您认为法国的艺术氛围特别是巴黎艺术之都的地位与法国纪录片是一种什么关系？法国电视台有没有专门的纪实栏目和纪录片播出平台？

让－米歇尔·奥赛伊：不，我认为并非如此，一点也不。关于纪录片的播放情况，这取决于不同的电视台。比如法国电视5台，就成天放纪录片，尤其是下午。法国电视2台，从晚上10：30开始放纪录片。法国电视3台，有时候会在晚间的前半时段放纪录片，比如20：30或者20：45。主要就是这几家播放纪录片。也有一些私营电视台，不过它们放的应该不属于纪录片范畴，而是一种专题栏目。

冷淞：有很好的收视率吗？

让－米歇尔·奥赛伊：当然，毫无疑问。纪录片取得了很大的成功。同时，法国的电视台从8年前发现观众很喜欢纪录片，就开始安排纪录片节目并且取得了巨大成功，并且一直希望继续下去，以保持收视率。不过，纪录片的制作播放对于电视台而言需要时间，于是对纪录片进行了一些变革。有一些就被变型为专题栏目，专题栏目可能没有纪录片那么深入，但却能节省时间，成功的起点在于对进度的放弃。在法国和欧洲，一部纪录片不可能两三周就能做完，它需要很长时间，否则的话，就不叫纪录片了。

冷淞：您最喜欢的是哪一部中国纪录片？

让－米歇尔·奥赛伊：我自己都不知道。我想起我看过的一部拍得很棒的片子，很独特，那部反映中国渔民生活的《海路十八里》，我比较喜欢。片子里面没什么话语，是一部具有很高的创作价值和视觉效果的片子。片子反映的主人公以及表现手法都很棒。

冷凇：您从商业的角度上看，什么样式的中国纪录片最有可能有国际市场，获得赢利？

让－米歇尔·奥赛伊：没有固定模式。我看了一部片子之后，只能说我喜欢它或者不喜欢它，但我不喜欢的片子也有可能获得成功。不存在固定的模式或者所谓的窍门。否则，谁都能拍片子了。

冷凇：最后，能否给我们广大的中国纪录片导演们一点建议？

让－米歇尔·奥赛伊：如果说我能给点儿什么建议的话，那就是，学习拍片子的最好的方法，就是首先多看片子，在任何领域都一样。对于中国的纪录片工作者而言，最好的学习方式就是首先尽可能多地看纪录片。

用幽默的态度和方法创作纪录片

——访比利时著名纪录片导演菲利普·杜提尔

冷　凇

菲利普·杜提尔（Philippe Dutilleul），1951年出生于比利时，社会传播学毕业。菲利普从业的大部分时间都在比利时国家广播电视台，他首先成为本地的一位报道记者，之后制作了著名栏目《脱衣舞》。在这个栏目里，他先后导演指导了40多部调查类纪录片，这些纪录片中的多部作品被选入法国FIPA电影电视节播放，包括《报纸头版的高超水平》、《老鳄鱼与小雏鸡》。近年来，他与刚果的电视组织合作，成功地制作了调查报道类纪录片《报答“比利时伯父”》，获得成功。目前，菲利普正精心筹划一部反映比利时政治革命的故事类纪录片。

冷凇：杜提尔先生您好！很高兴能在FIPA电影电视节与您不期而遇。请问您一共参加过几次法国FIPA电影电视节？对此次节日的印象如何？

菲利普·杜提尔：您好，很高兴认识中国朋友。FIPA我每年都会来，带片参加过许多次了，我都记不清楚了，但获奖只有一次，就是去年的《报答“比利时伯父”》，获得FIPA调查类纪录片大奖，当选评委今年是首次。谈到FIPA的印象，从这么多人参加就可以看出来，规模是隆重的，也是成系统的，毕竟它已经举办了19次了，在比利时我们就没有如此成规模的电影节，我们的国力和民族的复杂性使得这些成为一个遗憾。另外我想谈的是一个电影节的成功与接待大有关系，这几天我们可以看到每位评委都有顶级的雷诺专车接送，我们评委住在拿破仑三世的宫殿里，酒店的总经理告诉我这里只有5%的法国人才住得起，我的工资和收入是无法期望住在这里的。还有昨天的那些来自欧洲的学生们，高中生、大学生，他们也都是被FIPA邀请来的，FIPA给他们报销来回的交通路费，本地的比亚里茨市政府提供免费的宾馆，这样大家都会觉得自己是FIPA的一分子，感觉受到了重视，自然也会尊敬FIPA的每项活动了。

冷凇：是的，FIPA的组织人员热情、好客，大家都有这种感觉，因此也很容易能够融入电影电视节的氛围。相对比其他外国纪录片导演，中国的许多纪录片爱好者对您的作品并不陌生，2005年在中广协会纪录片委员会举办的国际优秀纪录片观摩研讨会的大

型活动上，我们中国国内的很多纪录片导演都看到您的《老鳄鱼与小雏鸡》了，能否谈谈这部片子的创作情况？

菲利普·杜提尔：这部片子很多中国朋友看过？这我没有想到，感谢你们组织播放我的片子，这部片子的立意也并不是每个人都知道，因为在中国不存在种族的问题，中国人都是一种肤色，而在欧洲不是的，种族歧视比比皆是。我们记录了一个半残疾的白人老人和一位年轻的黑人女性的联姻，经过许多困难他们终于能走到一起，这是很难的，其中是有许多艰辛的。但是我没有用一种悲惨的遭遇和痛苦的过程来反映情况，而是用一种幽默和轻松的方式，我们看到无论是那位黑人女孩生活的环境还是白人老人生活的环境，大家都是乐观的。同时我在纪录片中大量地运用拍摄到的幽默情节和故事，包括一些幽默的对话。这种创作方法和态度对于我带来说是放在首位的，这也许与其他的纪录片创作者不同。

冷淞：您在2005年FIPA获奖的片子《报答“比利时伯父”》，许多中国纪录片爱好者没有看到过，可否谈谈这部作品的情况？

菲利普·杜提尔：这部片子是在刚果（金）摄制完成的，这部片子讲的是历史问题，因为从1908年到1960年刚果曾经是比利时国王的“私人地”，这部片子里面说的“比利时伯父”就是用幽默的口径来阐述两国的关系，换句话说就是殖民地。半个世纪的联系使得两个国家血脉相连，刚果在1960年时独立了，但是连年的内战、外战以及政府领导者的腐败问题使得刚果（金）满目疮痍，百废待兴，比利时外交部经过会议讨论决定派驻200名军队到那里去“维护和平”，并训练刚果新政府的军队，殖民精神不复存在，取而代之的是伙伴关系。这部片子里，我仍然运用一种幽默的导演态度和创作方法，即使是有反对政府的章节或映射现政权腐败的问题，我也是用“黑色幽默”来表现的，也就是用幽默的纪实性画面，用幽默的解说词，用幽默的音乐来表达。有的时候我的这类纪录片问世后，会引起轩然大波，虽然是幽默的方式，但是毕竟有批评我们国家政府政策的情况出现，许多报纸都会批评我，但是我习以为常，因为批评的同时也代表着别人关注你，说明你的片子影响力是大的。

冷淞：您在对自己作品的评述中已经多次谈到“幽默”、“乐观”这类的词语了，您觉得这种态度和创作方法在纪录片制作中非常重要吗？

菲利普·杜提尔：是的，非常重要。对我来说，“幽默”、“乐观”的创作方式在纪录片中是首要的。我的观点也许和许多其他的纪录片导演不同，如果说到一般的纪录片或者纪实性作品，使用幽默和乐观手段或者还能被人普遍理解，但是我是专门做“调查类纪录片”的导演，这就让许多业内人士不能理解了。昨天和前天我们几个评委，包括你们中国评委，都看了有10部长纪录片，可以说所有的片子无论内容还是态度都是沉重的。第一部片子是日本作者带来的《孤独死》，讲述日本社会老而无养，最终导致许多老人没有职业、没有妻子且没有子女赡养，最终死在家中几十天都没有人知道的惨剧，虽然最后片子表现了孤独死防止中心的努力和杜绝这种现象的希望，但是这部作品看完后给我的感觉是心里非常阴暗。还有那部反映中国和日本战后孤儿问题的纪录片，被中国抚养大的孩子长大成人后回到日本，很多人不再来看救他们命的中国老人，这些人很孤独地度过残生，我观后很悲伤。冷冶夫先生和佩雷特先生也告诉我他们有同感。其他的诸如《印度尼西亚的性交易》（幼童被卖到印度尼西亚当性奴隶）、《等待》（印巴克什米尔地区战争）等纪录片看后都是一样的感觉。为什么悲剧性的纪录片就一定要做得凄凄惨惨呢？我在纪录片界提倡一种平衡，一种心里的平衡，如果我们创作的某一部纪录片是反映社会阴暗面的，让人们观后心情糟糕，心里不舒服，这会让人们感觉人生和世界没有希望了。这不是纪录片创作者的初衷。纪录片人是应该有责任感的！

冷凇：的确，纪录片应给人以希望和启迪。您的这个观点很新颖，我们也确实看到，您的《老鳄鱼与小雏鸡》以及《报答“比利时伯父”》等片，都是用一种幽默的态度和方法来选择题材和创作节目的。您能否再谈谈在比利时电视台播放纪录片的情况？

菲利普·杜提尔：比利时的国情其实很复杂，我们靠着法国、德国、荷兰，是处在一个十字路口的位置。首都布鲁塞尔是欧洲之都，因为北约和欧盟两大军事和经济组织的总部都设置在我们国家的首都。比利时是王国，我们有国王也有首相，传统和规矩也很多，比利时实行世袭君主立宪的联邦制，国王和议会共同行使立法权，和政府共同行使行政权，实权在政府，政府对议会负责。我们国家分为说法语为主的瓦隆大区和说弗拉芒语为主的弗拉芒大区。民族的复杂性促成了比利时电视台的本土化现象，两个独立的电视台分别受两个区政府管辖。在比利时观看十几个公共电视频道都是免费的，不像英国那样只看5 个频道还要收取观众的执照费。公共电视台主要依靠政府的拨款，我拍纪录片也是花费公共组织的钱。另外比利时的经济特别是原材料高度依赖于外部的进口，所以我们和外国的关系很密切，这就是为什么我们的纪录片导演习惯于走出去的原因之一吧。我们在数字频道中有专业的纪录片播出频道，这里会播放来自世界各个国家精挑细选的纪录片。

冷凇：如果在比利时申请拍摄一部52分钟标准版本的纪录片，一般预算会有多少？要经过多长时间的过程去制作完成？

菲利普·杜提尔：比利时虽然是发达国家，但是经济状况对比法国和其他欧洲国家并不是特别好。我们的预算是比较低的，一般来说10万欧元左右（约100万人民币），低于这个数字就没有人能接拍了。因为要出国，也许要去非洲，去亚洲，交通、食宿，每走一步都是钱。而且这10万欧元是包括了所有的费用，我的工资，我的下属的工资，所有的制作费用，这很紧张的。我们纪录片的审批过程非常漫长，要多半年甚至一年，通常来说超过纪录片的制作时间，因为我们花的是政府和公共电视台的钱，要把选题做新颖，得到批准并不容易。

冷凇：在比利时有多少纪录片的爱好者和导演？

菲利普·杜提尔：由于DV的大量普及，就像你手中所拿的DV 一样，我们的爱好者很多很多，但是能够有能力很耐心地去制作一部纪录片的专业人士非常少。我们的国家很小，有一千多万人口，但是真正的纪录片制片人只有30多个，可能35个左右吧，而纪录片导演只有50个以内。这样算下来，按照一部纪录片从申请到拍摄编辑完成两年周期算，就算大家不停地去拍纪录片，每年产出的也只有20多部，不到30部，但这些纪录片是高质量的，是能够获奖和收回成本的。我们比利时的纪录片市场还很有待开掘。

冷凇：您此次FIPA之行担任的是“调查类纪录片”终评评委，能否谈一下您对优秀调查类纪录片的评判标准呢？

菲利普·杜提尔：我个人是记者出身，我喜欢调查，喜欢用事实说话，喜欢去看事件背后的秘密和真相。就是顺延着这个兴趣，我才最终当上了纪录片导演，并且专门是从事调查类纪录片创作的。我们几位评委这几天谈论过标准问题，我们在FIPA给片子评分的时候使用的标准是双分叠加，“形式” + “内容”，每个最高5分，最低0分。“形式”

在我看来的评判标准是新颖与否，结构清晰完整与否；而对于“内容”我看得更重，这也许和其他几位评委的观点很不一样，我最看重的是一部调查类纪录片是否具有“调查性”以及调查的“实际意义”，而不是在于它拍得是否好看，矛盾冲突是否强烈。

冷淞：您的标准似乎和其他人都不太一样，能说说理由吗？还有您认为在这次参展的片子中哪部片子是优秀的？

菲利普·杜提尔：比如，我给了这次参赛的两部纪录片很高的分数，一部是调查一个女儿告父亲强奸的冤假错案的，一部是讲我们比利时首相选举的。从画面的精彩程度和视觉冲击力上来看，它们并不是最好的。另外两部《别斯兰的孩子们》（车臣恐怖分子袭击幼儿园事件）、《可怕的偌先生》（阿根廷自由运动领导人的事件）都有很强的视觉冲击力，其他评委，还有你们中国的冷冶夫先生，都给了很高的分数。但是我认为这是“调查类纪录片”的评奖，《别斯兰的孩子们》与《可怕的偌先生》的调查性不强，事实对于这两部片子是很清楚的，没有什么可值得去深入调查的。而我谈到的两部不同。一部用4年多的时间调查拍摄，挽救了一个父亲的生命，避免了牢狱之灾，可以说没有这个纪录片的导演的调查，这个冤案很可能就石沉大海，这是非常人道主义的。另一部是我的同事制作的，我知道整个过程，但是请相信我评价这部片子优秀没有任何偏见。对于比利时新当选的首相，有很多人辱骂他是个种族主义者，这部纪录片客观地用许多细节阐述了首相选举整个过程中他对种族的看法和观点，十分客观，很真实，对于描述清楚真相很重要。我们看到首相候选人面对一些指责和发难时坚定的信念，大家可以从中理解他和他领导的政府。我们几位评委在争论的时候，有人认为伊拉克石油腐败的那部纪录片不能算做纪录片，对此我也有异议，我知道这部纪录片采访过多、分析过多，但是我还是尊重这是一部调查类的纪录片，至少他的调查性是很强的。

冷淞：最后能否给我们广大的中国纪录片创作者和爱好者一些建议？

菲利普·杜提尔：社会是“沉重”的，纪录片创作者的创作也是“沉重”的，所以要学会用幽默去观察社会、了解社会、记录社会、创造社会。另外，一个好的纪录片导演未必是一个好记者，但是成为一个好的记者就大有希望能够成为一个优秀的纪录片导演，新闻记者是纪录片导演的摇篮。因为一个有深度的长新闻如果好好创作便是一个调查类纪录片，很多纪录片的题材都是从新闻里来的。可以说欧洲的观众们最感兴趣的就是调查类纪录片，因为它有起因、经过、结果，节奏快，适合电视欣赏。我期望中国的记者们拿起摄影机去拍纪录片，用幽默的态度和手法创作纪录片，特别是调查性纪录片。

FIPA·印象·启示

王伟平

比亚里茨市位于法国西南部，是一座美丽、古老的海滨城市，这里历史上曾经是拿破仑三世的王宫所在地。今天，这座古城在现代气息中显得格外的宁静和悠闲。2006年1月24日至29日，第19届FIPA在这里举行，FIPA（Festival International de

Programmes Audiovisuels）是“国际视听节目节”的法语缩写，它是与戛纳、洛桑、柏林等著名国际电影节齐名的国际纪录片影视节。它1987年由法国电视界颇负盛名的米歇尔·米特拉尼创立，1996年受比亚里茨市政府的邀请从戛纳移师到这里。

我作为2005年中国纪录片国际选片会“中国十大纪录片”大奖获得者（作品《农民陈法庆》）参加了本届FIPA。2月23日，我随着中国纪录片代表团来到了比亚里茨。2月的欧洲大雪纷飞、天寒地冻。大概由于FIPA的举行和大西洋暖流给地处南欧的比亚里茨带来的温暖气候，这座只有3万人的小城涌进了2.5万名纪录片“朝圣者”，其中向大会正式注册的专业影视工作者就达2500多人，他们中不乏如CNN、BBC、国家地理、France 5等电视台的领军人物，来自中国的冷冶夫先生是唯一的亚洲评委。

东道主似乎对来自中国的同仁格外客气，我们刚到达，FIPA主席皮埃尔－亨利·德罗和秘书长让－米歇尔·奥赛伊就盛情宴请了中国电视纪录片代表团。大概是我会说点英语，被有幸安排在FIPA主席德罗先生对面就座，德罗先生在席中介绍说，FIPA是欧洲最重要和国际化的电视纪录片盛会，影视节的目的就是推动和嘉奖全球高质量的电视纪录片，FIPA以合作精神为宗旨，力求视听语言的革命。德罗先生似乎是那种极其热爱自己文化的传统法国人，他对中国同仁说：FIPA不仅是一个视听节目的平台，它的另一功能“就是要制衡美国人的话语霸权”。他的这种观点正好印证了法国文化部要建立“欧洲数字图书馆”的想法，法国人反对他们的孩子只在美国文化和思维主导的环境里成长，他们似乎在用自己的方式进行“欧洲人的反击”，让人们更好地了解欧洲的智慧、历史以及文化科学遗产，并保护文化的多样性。

在为期五天的电视节期间，比亚里茨到处散发着纪录片的芳香。除纪录片专家、制片人、营销商以外，还有许多DV和纪录片爱好者也在这里欢聚一堂。正如著名纪录片人、中国国际评委冷冶夫先生所说的：“就连出租车里议论的也是纪录片，这使比亚里茨这个海滨城市真正披上了‘纪录片的盛装’。”

FIPA始终带着创始人“独立性与高质素”并重的初衷，致力于弘扬、发展并提升创造性的视听作品。FIPA自创始之日起就一直起到了影视创作风向标的作用。它所涵盖的影视作品体裁多样，除纪录片之外还包括故事片、电视剧、通讯报道等，具体分为剧情剧、连续剧及系列片、艺术纪录片、新闻报道及纪实片、短节目、音乐艺术片等六个评奖单元，同时它还拥有欧洲最高质素和最重要的节目交易市场。

在FIPA的影视作品中，纪录片、故事片和DV作品之间，并没有严格的区分，也就是说，对于影视作品的介质是用BET磁带、电影胶片还是用数字DV拍摄，并没有太大区别，事实上本次获奖作品也有不少是用DV拍摄的。如：获创新类大奖的以色列纪录片《Sisai》(《西赛》)；获音乐艺术类大奖、由法国和加拿大合拍的纪录片《Glenn Gould》。

本次电视节，共有来自48个国家的146部作品在比亚里茨一比高低，除以色列一部纪录片外，其余大奖均被奥地利、意大利、瑞士、法国、加拿大、瑞典等国家夺得。

应该说，世界各国的纪录片是有差异的。除文化背景不同之外，各自的制作方式及风格也不尽相同。作为世界电影诞生地的法国纪录片，在形式上追求艺术感，报道世界上发生的重要事件，追求创新、自由，导演的态度是开放的、好奇的、谨慎的，如：纪录片《Les Années Mao》(《毛泽东年代》，法国)。在20世纪六七十年代，毛泽东曾对西方社会产生过巨大的影响，而这部纪录片则用影像重现了那个年代法国社会的毛泽东热：在报刊头版上、在街头的示威游行队伍中、在校园里、在演讲舞台上都能看到这些“毛主义者”的身影。在文学、艺术和戏剧电影上，都能看到有关辩论。从哲学家萨特到电影导演高达，从作家让·热内和后现代哲学家福柯到“滚石乐队”的摇滚乐手都曾是毛泽东的忠实追随者。该片拍摄时，导演运用了大量的原始文献资料，再现了毛泽东对西方特别是对法国文学艺术等领域所产生的深远影响。

艺术类纪录片《Les 1001 Vies de Lia Rodrigues》(《莉娅的1001个生命方式》，法国）再现了巴西最具影响力的舞蹈女编剧莉娅的人生旅程。作为一个充满激情的母亲和具有独立精神的知识分子，莉娅虽然受到巴西社会的排挤，但她仍然执著地追求她的艺术理想。她的创作融合了孩童的荒诞行为，建立起一种渗透着陌生的美丽形象，创造了一种新的艺术表现形式。影片一开始就是莉娅脸部的一个大特写，她仰天躺在地上，若有所思的眼神中透出一种忧郁，她娓娓道来，像是自言自语。伴随着她的叙述，影片的情节也不断地推进。片子以莉娅的叙述为纵线，中间穿插对莉娅和她身边人的采访。以舞台排练为横截面，展现了莉娅舞蹈设计的理念以及她坎坷的人生。隐喻人之间相互作用、相互影响的关联性。导演透过一幅幅生活中万花筒般的人物肖像，展示了被痛苦、风险、爱和死亡所震动的个体和国家的命运。

荷兰和德国的纪录片偏重理性思考，且具有很强的穿透力，以短片见长。《Brommermeisjes》片长只有9分钟，影片讲述了两个女友开着小摩托车，每天在同一个地方，观察着周围的世界。她们不仅使用相同的交通工具（小摩托车），吃着相同的食物（汉堡包），而且吃东西的动作、时间也是同步的。影片以简洁的画面语言，表达了现代工业社会中，人的异化以及人对客观事物渴望亲眼目睹、了解生活本真的强烈欲望。

在短片中，还有一部以色列纪录片《Don Quixote Be' Yerushalayim》(《堂·吉珂德在耶路撒冷》）非常耐人寻味。这部片长只有5分钟的纪录片，讲述了2004年的一天，两个七十开外的以色列老人堂·吉珂德和桑丘·潘沙，他们来到分割以色列和巴勒斯坦的那堵大墙的地方，两位老人观察了他们的目标。最后，堂·吉珂德决定要进攻。他穿上盔甲，骑上战马，手舞长矛，神情肃穆，紧锁着眉头，伴随着一声吼叫，堂·吉珂德冲向那堵大墙。接下来的画面是墙的近景，一两秒钟的静场后，有一声人撞墙后倒地的声音。这时画面上出现了一群年轻人，有说有笑地沿着大墙下面的台阶，轻松地向前走着。篇幅很短，塞万提斯《堂·吉珂德》的现代寓意却相当深刻。

以色列的另一部纪录片《Sisai》则颇具宗教色彩，片子讲述了一位名叫Sisai的青年寻找生父的故事。影片开头讲述了主人公Sisai的生父还活着，养父建议他去寻根。在寻找的过程中，一个个的问题引发观众思考：什么把我和我们的父母联系在一起？什么把我和我自己的社会身份联系在一起？是因为他们把我们养育长大还是他们把我们带到这个世界？这是一种来自心底的关注，该片同时获得耶路撒冷国际电影节奖。

加拿大的纪录片也很有特色，《Burnt Toast》(《烤面包》由8个小片段组成，在每一片段里发生的故事场景各不相同，它描述一种浪漫关系的不同阶段。这是一部系列小型喜剧歌剧片，主人公幻想了在生活中出现的暧昧或恋爱关系的各个阶段：邂逅、相识、相恋、求婚、结婚、回归。幻想着激情以及想去毁灭这种幻想的意愿。

此外，爱沙尼亚的《Äraoldud päevade

summa》不失为一部纪录片佳作。影片由不同的交响乐章构成，导演充分调度各种画面和音乐语言，把在舞台上表演的一部交响乐表现得淋漓尽致。影片通过乐曲编织了爱沙尼亚著名作曲家爱德华·图宾（Eduard Tubin）生活在两个风格截然不同国家的生存画面。爱沙尼亚是他的祖国，在那里他长大成人并成为一名著名的作曲家；瑞典是他的流亡地，在那里时刻担心再次被逮捕。他的交响乐反映了他内心的痛楚，当他在斯德哥尔摩散步时，他找到了内心的平静。

总的来说，FIPA 纪录片涉及的领域非常广泛：社会问题、科学探索、历史、环境、经济、艺术、文化、宗教、妇女问题、儿童教育等，主题丰富、类型多彩，对社会生活的各个方面进行探讨，纪录片赋有历史使命感和厚重感。

与国际影视节的纪录片相比，目前中国的纪录片还有较大的距离。对此，冷冶夫老师做过专门采访。除拍摄资金明显不足、选题论证不够严谨等原因外，我认为中国纪录片还存在以下三个方面的问题：

第一，从选题立意看，中国纪录片缺少厚重感和穿透力，缺乏关注“社会主体现象”的意识。近年来，我们的纪录片已经开始表现“小人物”的生活形态，但很少介入性、反思性、分析性、穿透性地关注普通人生活中如教育就业、社会结构、贫富差异、心理问题、司法犯罪等方面的重大社会问题。因此，我们的纪录片显得比较肤浅，只满足于描述外在真实，在表现力上显得有点“蜻蜓点水”或者“隔靴搔痒”。纪录片应该挖掘本质真实，善于对重要的历史和现实问题做出思考，这样才会使作品产生厚重感。当然，这并不表明“小人物”就不能表现“大主题”，我们生活中的“小人物”、“普通人”构成了社会最基本的组成部分，很多重大的社会问题最终都将体现在他们身上。事实上，这次FIPA 很多优秀的纪录片都是表现这些人的生存状态的，例如，纪录片《西塞》（以色列）、《巴尼威廉的余生》（加拿大）、《体现》（西班牙）、《老人院》（德国）等，都是通过“小人物”来折射社会深层问题，主题十分厚重。

第二，从叙事技巧看，中国纪录片表现手段比较单一。要么是以倡导“真实性”、强调“原生态”的纪实主义表现方式，主要运用长镜头、同期声、写实的画面、跟踪记录过程等，形成结构的开放性、未知性，吸引观众的眼球。要么就是过分追求技巧、过度强化画面构图和摄影效果及影片的结构安排，纪录片创作的目的似乎不再是记录内容，而是技巧本身，这样做恰恰给人一种印象，似乎创作者是在把玩技巧，深邃的主体思想或是显得贫乏，或是因此而无法得到彰显。这次 FIPA 上展出的国外优秀纪录片风格多样，表现手法与表现内容结合得天衣无缝，体现了形式服务于内容的原则，甚至在特定时候不吝采取扮演、计算机特技等故事片手法。

第三，与这次 FIPA 的国外纪录片相比，中国纪录片表现出缺乏“独立思考”的特征。编导在纪录片创作中显得过多地受意识形态桎梏，说教味较浓。即使一些选题较好的片子，也往往出于这个原因而不被看好。对此，FIPA 秘书长让－米歇尔·奥赛伊在谈到纪录片创作时特别强调“观念”的表达。他认为中国的纪录片承载了太多的教育功能。而纪录片首先是一种观点，一种看法，一种对于某种问题、某个人物、某一状态所持的态度。纪录片并不仅仅是对于现实的再现，它应当对题材进行深入挖掘后，由纪录片编导表达出来一种独特的观点，正是这种观点具有吸引力。

总之，从 FIPA 来反观中国纪录片现状，使我们感觉到我们的纪录片缺乏对社会人文主题的深度开采，也缺乏对图像语言多义性的探究以及对关联性的透析，使得我们的纪录片在整体上缺乏厚度和广度。

以上只是我个人的一点初浅体会，难免会有失偏颇。无论如何，打开眼界、明目扩胸、增强嗅觉，学习和借鉴国外优秀纪录片的创作方法，对中国纪录片更快、更好地走向国际舞台是非常有益处的。

中国是具有五千年历史的文明古国，又是一个人口众多的大国，现代化在高速发展中，社会形态和人们的生活形态及内心都随之巨变。许多国家的观众不仅想了解中国的历史、文化、风光，更想深入了解当今中国的现状，比如：中国人怎样理解工作？人与人之间的关系怎样？中国人有什么娱乐、度假、休闲生活？生存的意义是什么？还有就业、读书、医疗、法制、城乡差别，等等，这些都给纪录片创作者提供了广阔的空间。对此，中国纪录片同仁们充满信心。

今年的欧洲非常寒冷，在我们离开的前一天，平常冬季里一直温暖如春的比亚里茨竟然飘起了雪花，大概是热烈的FIPA就要结束了，纷飞的雪花来为我们送行，让我们永远记住比亚里茨，记住2006年的FIPA。

广州·法国·纪录片

米歇尔·诺尔

时光列车缓慢但执著地驶入了2004年的终点。回顾、评估这猴年到底带给我们什么的时候到了。该反躬自问了，当机会赐予我们的时候我们做得究竟怎样，当遭遇挑战时我们又是如何面对。

2004广州国际纪录片节于12月7日至11日在广州成功召开，这5天的聚会，给了我一个与中国及世界的纪录片专业人士分享智慧撞击的机会。

回顾2004年，我认为有三种趋势浮出水面：第一，很明显，以真实为基础的电视节目在世界各地的节目单上占据了更多的领地；第二，在纪录片领域，两种新的流派引起了特别关注；第三，一种新的制作方式为纪录片添加新色，并且这种新形式为将来成为面向大众的真正的电视节目铺平了道路。

以真实为基础的娱乐节目的收视率近年来上升的速度令人吃惊，并在2004年达到顶峰。这种情况的法国表现，在一个叫“明星学院”的节目（由观众参与的娱乐秀）上可见一斑，它是从芸芸众生中精心挑选并制造出“音乐明星和歌星”。这个真人秀节目在星期天晚上的黄金时间播出，是收视率的常胜将军，因此在节目表中始终保留它的位置。

在这种大的背景下，非常有趣的是以真实为基础的节目正在将电视剧挤出节目表。这些“秀”的的确确是在黄金时间播出的，这个时段曾经是电视剧集的家园。然而同样令人关注的一个现象是，那些期望开创更有竞争性的以真实为基础的节目，以此来扩张这类节目在节目表上的版图的努力都以失败告终。结论似乎很清楚：强大而时尚的“真实风”，使这种类型在节目单上牢牢占据了固定的份额，但是决不包括纪录片这种“真正”以真实为基础的节目。相反，纪录片也逐渐变得流行，并慢慢向更长、更好的播放时段——“傍晚时段”——迁移。这种普遍的趋势让我们发现，以真实为基础的电视节目很大程度上促成了以虚构为基础的剧集在电视节目中的下滑，这样，电视正不可避免地向它作为社会的镜子的真实角色接近。

在纪录片领域，2004年有两种新的流派让人眼前一亮：科学解释类和政治历史类。我们的世界一天比一天更复杂，新的科技不断融入我们的日常生活，这使得人们需要更多的对大千世界的解释，而这正是科学类节目带给观众的：解释复杂的自然界或者神奇的现象，这些知识是我们从传统方式无法获得的。

这也同样适用于相互依赖越来越强的世界政治：观众感受到全球化的影响越来越大，他们需要知道这些纠纷、事件源头到底在哪里、事情到底发展到什么地步，这些变得非常重要而且急需解释——历史节目应运而生，它让我们更好地理解过去的人、社会和经济的发展。

到目前为止，观众可以看到的纪录片主要是自然界的历史或野生动物、社会问题和时事三大类。现在，历史题材和社会题材的节目不断征服观众，也逐渐获得好的播出时段。除了上述三种传统的流派，这两种新流派将在未来几年里保留在节目单上。值得注意的是，这些纪录片并不因为是以故事推动情节或者以人物推动情节（人物传记）而有所不同。

随着这些新流派出现了一种新的纪录片制作方式。在2004年，我们在国际纪录片市场上看到了越来越有探索研究性的纪录片。这些纪录片的叙述不再仅仅基于分析和观察的手法：片子的叙述是基于一步一步地解开谜底，而观众则跟随片子叙述的步伐直到获得满意的答案，或者至少是片子给出一些线索帮助观众得出自己的结论。

随着迈克尔·摩尔的《华氏911》在今年戛纳电影节上获得金棕榈奖，特写长纪录片被认可成为纪录片的新格式。这些片子的放映时间从75分钟到120分钟不等，从社会、政治或者自然的维度分析复杂的问题。我们看见它们疯狂地出现在电视节目单和电影院里，并且迅速成为观众的至爱。通常情况下，纪录片类别向电影类别过渡的形式被称为纪录电影，这种过渡形式让人们更好地理解这种发展过程。此外，3D和其他电脑科技也帮助片子更好地阐释主题。

最后，DVD技术为纪录片制作提供了一个新的、非常好的工具，它也许会更多地用于纪录片的销售。毋庸置疑，这将极大地增加纪录片的深度和质量，同样包括纪录片制作本身的精确度和透明度：在未来几年这将主要影响实际的规划和它的市场销售。

总之，2004年对电视纪录片是非常重要的，这在2004年广州纪录片节上也十分明显。在不同的会议中，在播放当中和讨论中，甚至是在由陈汉元率领的评判委员会的工作内部中，参会的专业人士越来越清楚地认识到纪录片的新的时代即将到来。

应纪录片节组织者的要求，我带了一些法国新的片子到广州来，非常高兴能与代表们分享这5部片子，它们很好地诠释了上述的所有趋势，包括《智人》这部1月份出版的新版法国特写长纪录片。纪录片组织者主动提出扩大法国纪录片的播放范围，在广州新大学城还播放了一部探索研究性的纪录片，讲述的是曾经是比利时殖民地的刚果独立后第一任总理被暗杀的事件。在兴趣盎然的学生观众的要求下，我有机会评论这些纪录片。

在这个构架下，由产业领军人帕特森·费恩斯组织首次纪录片产销会议当然非常恰当。准备充分的节目展映和市场论坛为最后的会议成功奠定了基础，中国制片人和国际与会者将会看到，新的独立制作产业虽还有点儿羞答答但已坚定地出现在中国。而好的独立制作的产品和分区销售体系，正是中国应对全球化的电视市场的新挑战所需要的。

正如广州电视台台长李锦源在闭幕辞中

指出的，这次纪录片节不仅仅是有更多的中国代表来参加，更为重要的是，组织者将世界各大洲的片商和专家吸引到广州来，包括从拉丁美洲和非洲来的朋友，这给纪录片节一种独特的国际风格。市场上、纪录片节的获奖名单上都以获得大奖的张以庆的《幼儿园》为一个新的开端。

我们在法国有一个传统，就是去反省、去探讨、去挑战当我们作为个体、作为一个小团队、作为一个民族时，我们应该做什么。发人深思的纪录片正是可以非常出色地做到这一点：反省、探讨、挑战，让现实变得更好。

在这4天广州纪录片节上的讨论中，看着中国纪录片的制作者和发行者与国际同行们分享他们的观点和经验以及未来几年的挑战和机遇，我经常不由自主地微笑，不止一次感到回家的感觉。这些微笑是对一年圆满结束的满足，是对来年的前景充满希望——新的时辰即将开始。

罗伯特·弗拉哈迪小传

一位浪漫的摄影师，一位电影大师，历经两次世界大战，可他的影片中却丝毫没有半点硝烟的痕迹。远离自己的国土，在遥远的北极，他记载了人类生活的另一种存在状态，引领我们认识了身边以外的另一个世界。他开创的独特艺术表现手法影响了一代又一带纪录片工作者。他把一个崭新的电影名词“纪录片”带给了我们。他就是今天被称为世界“纪录片之父”的美国导演罗伯特·弗拉哈迪。

1884年2月16日，罗伯特·弗拉哈迪生于美国密歇根州的铁山地区，是家里七个孩子中最年长的一个。19世纪中期弗拉哈迪的祖父从冰岛移民至此，在这里，弗拉哈迪同家人度过了一段快乐的童年时光，之后便随父亲到世界各地探险。父亲和他本人都是爱尔兰新教教徒，母亲则是德国天主教徒。在这样的家庭氛围中，弗拉哈迪接受了各种文化的熏陶，美国人自由、民主的个性在他的血液里流淌。童年时期与父亲一起探险的经历让弗拉哈迪看到了美国以外的精彩世界，也逐渐培养了他热爱生活、崇尚自然的纯真个性。今天我们所看到的、听说的有关弗拉哈迪的一切故事，都是他作为纪录片导演的身份呈现。然而，弗拉哈迪在他第一部电影《北方的纳努克》放映时已经38岁。次前，他一直在世界各地进行探险，负责矿产的开采工作，与电影的第一次亲密接触也是由于探险的机缘。在他以后拍摄的所有电影中，探险精神始终贯彻其中，探索人类与自然的和谐、矛盾始终是他关注的主题。

1907年至1910年，弗拉哈迪在一家辛迪加小矿产公司做事。他本人说：“遇到威廉·麦肯齐先生是我一生中重要的转折点。那时，麦肯齐先生正负责修筑从大西洋到太平洋横跨加拿大的一条铁路。听说那里会有铁矿，便问我是否愿意去探险并做个报告给他。那里的条件非常艰苦，我住的帐篷外边都是雪，有几个印第安人与我同行。我与几个爱斯基摩人一起生活，我只会说几句他们的语言。比如：冷吗，远吗，我饿了之类。”与爱斯基摩人的密切交往为以后弗拉哈迪拍摄《北方的纳努克》打下了良好的基础。第二次采矿之旅历时19个月，由于没有良好的装备加上恶劣的天气，弗拉哈迪没有达成心愿。1912年，弗拉哈迪在麦肯齐先生的建议下带了一台摄影机开始了第三次探险之旅。然而，人们在看完他拍摄的爱斯基摩人影片的拷贝之后，都认为这是一些零散的毫无关联又没有什么线索的碎片。弗拉哈迪和妻子弗朗西斯·哈宾达想了很久，最后他们意识到为什么这部片子是糟糕的。弗朗西斯回忆说："我们如果回到北方，去拍一些我们生活了八年的地方和人们，去拍一个典型的爱斯基摩人家庭，有什么能比一个人物生活传记更有意义呢？去拍一个生活在与世隔绝地区、比世界上任何人都缺乏资源的人种。他们的生活就是与天气作斗争，与饥饿作斗争。"经过8年的努力，1921年，《北方的纳努克》终于完成。之后的几年，弗拉哈迪为一些杂志撰写探险游历的系列文章，并在妻子的协助下，于1924年出版了《北方的纳努克》一书。弗拉哈迪在他的书中记录了爱斯基摩人在北极的日常生活习惯和在拍片过程中的种种趣事。

影片拍完后，第一批观众就是当地的爱斯基摩人。弗拉哈迪在书中这样描绘："他们（爱斯基摩人）一直向后看放映机的光源，就像看银幕一样，我以为这次放映不会成功。突然一个人大喊：'抓住他，抓住他。'他们以为海象真的会跑掉。当时屋子里一片混乱。爱斯基摩人在胶片中看到了自己和同伴的影子，他们开始互相耳语，脸上露出了神秘的笑容。忽然之间，他们仿佛理解了我所做的一切。"合作是愉快的，当然他们也遇到了很多困难。妻子弗朗西斯·哈宾达回忆了弗拉哈迪拍摄过程的经历：为了获得捕熊的镜头，他们离开驻地8周，途中两条猎狗由于没有食物饿死了。这次旅行极不走运，天气恶劣，碰不到猎物，作为人和狗的食物的海豹连一头也碰不到。由于饥寒交迫，他们停了下来，盖了一间"伊格鲁"（爱斯基摩语"雪屋"）。鲍伯（弗拉哈迪的昵称）用水袋把自己严严实实地裹起来，狗群在"伊格鲁"狭窄的通道上挤作一团，动动身子的空间也没有。纳努克和同伴为了猎物四处奔波。日子一天天过去，他们每天都空手而归，连空中飞翔的海鸟也冻得硬邦邦地死在冰面上。纳努克他们开始变得无精打采。每天早晨，鲍伯都把自己带的食物让给大家，但他们没有一次伸过手来。终于有一天夜里，随着雪被踏实的"咯吱、咯吱"的声音，他们狩猎回来了。鲍伯很快从脚步声里明白了他们带回了什么：那是他们梦寐以求的海豹，而且是一头身躯巨大、带着威风的前须的家伙！先喂饱了狗，再轮到人，饱餐后沉沉睡去。按鲍伯的话说：那一夜，热气从暖和的纳努克们（指代爱斯基摩人）的身体中冒出来变成水蒸汽，在周围寒冷的空气中打着旋儿。第二天，他们又恢复了元气，继续上路了。

一天晚上，纳努克们正在盖雪屋，突然下起了夹冰的雪。纳努克们费了九牛二虎之力才盖好小屋，当鲍伯终于可以和他们一块爬进去避难时，只差一点儿身体就快要冻僵了。紧跟着进来的纳努克点亮蜡烛，由于过度寒冷，空气中的水也冻结起来，用鲍伯的话说："眼前的一片空间好像撒满钻石一样美丽动人，闪闪发光。"这时的纳努克全身沐浴着美丽的光辉映现在鲍伯眼前，看着鲍伯嘿嘿地笑起来，得意地说："怎么样，干得不错吧！那些白人的家再好，也没有这么棒吧！"

捕海象的拍摄是最动人心魄的一幕。海象在距离他们居住的海岸25英里的地方，夏季时会有许多海象聚居在那里。他们等了三天，弗拉哈迪说："我们看见20头雌海象被2头雄海象守护着。慢慢地我推到了一个大海象的特写镜头。这时，它们并没有察觉。待我们准备好拍摄后，纳努克带领大家拿着鱼叉冲上前去。到晚上时，我们的船上载满了海象肉和象牙。纳努克从来没捕到过这么多的海象，我也从没像这样在海象岛上拍片。那天我们大家都很兴奋。"

20世纪早期，已经有一些带着摄影机去

探险的人，他们拍下了世界各地的许多风土人情。20年代前后，是探险电影的一个繁荣阶段。安德烈·巴赞在《电影与探险》一文中这样描述当时的探险电影：第一次世界大战后，影片《永恒的寂静》向观众展示了美妙的极地风光。随即这种类型的影片纷纷问世，并且获得成功，弗拉哈迪完成于1922年的《北方纳努克》一直是其中的杰作。那时，美国的纪录片工作者们拍摄了大量赞美西部生活的电影，同时也远涉非洲和世界各地。在这些带有冒险精神的纪录电影中，写意与写实共在，浪漫与纪录并存。弗拉哈迪在这些探险影片的创作者中树立了自己独特的艺术表现手法和个人追求：以人与自然的关系作为主题，始终把人作为电影的中心。弗拉哈迪的足迹遍布天南海北，无论是人迹罕至的加拿大北部冰川世界，还是南太平洋风光秀丽的塔希提小岛，无论是工业繁华的大英帝国，还是美国南部神奇宁谧的路易斯安那州。

《北方的纳努克》之后，弗拉哈迪又先后拍摄了《摩阿拿》、《亚兰岛人》、《路易斯安那州的故事》。人们把这几部电影结集在一起，称为弗拉哈迪的四部"自由"电影。这些影片的共同之处在于继承了《北方纳努克》中寻找"一家人"的传统。

在《摩阿拿》中，一些重要场面的拍摄都是事先安排好的。刺青场面出现之前，字幕告诉我们："每一个波利尼西亚人都必须通过一种仪式以使其赢得'男人'的称号。"但在片中扮演要角的塔·艾坞勒说，如果不是弗拉哈迪事先安排好是决不会去刺青的。仪式前的舞蹈庆典和化装活动也都是弗拉哈迪按照地区民族古老的风俗习惯搬演的。

在《摩阿拿》的拍摄过程中，弗拉哈迪开始尝试使用摇镜头去跟拍一个主题对象，当时还没有人用过这种拍摄手法。不仅如此，长焦镜头和特写镜头在他的影片中也同时被使用。这在刺青一场有所表现。当针扎进男孩的身体时，弗拉哈迪用特写镜头记录下了他脸上的痛苦神态并把摄影机摇到他身边的母亲，把母子间的亲情在一幅画面中表现得至真至善。

《摩阿拿》是弗拉哈迪为好莱坞拍摄的第一部电影，所以他很清楚，制片公司为了票房收入，期待的是刺激性的事件和冒险。他曾听到一段引人入胜的对话，有人看到像鲸鱼般巨大的八爪鱼，它的触角在海面上四下扩散，活像可怕的怪物。等船靠岸后，鲍伯就立即对八爪鱼的传说开始调查，可结果却是：这种东西根本不存在。

弗拉哈迪拍片有一个特点，就是毫不遗漏地记录下他感受到的一切，拍摄《摩阿拿》时，他的素材已经达到14万英尺。但他并不在乎，只要他的灵感在，那么他的机器就不会停止。他们还修建了地下洗印车间，雇用当地的少年帮助制作样片。样片出来了，少年们欣喜若狂，一边高喊着一边手捧胶片绕着村庄奔跑，让大家欣赏他们的"杰作"，然后才把它们像祭奠的贡品一样摆在弗拉哈迪的脚下。

拍完的素材弗拉哈迪会不时地拿给村民们看。有一次，他们在椰子树上绑起银幕，放映工作样片，全村的居民都热情高涨地来和他们一起观看刚刚完成的电影。看完后，岛上的居民立即把感想告诉他们。特别是那些还记得岛上古老仪式和生活习惯的长老们，不仅帮助弗拉哈迪再现往昔，又来检查他们的片子是否有错误。

之后的《亚兰岛人》同样遵循了《北方的纳努克》和《摩阿拿》的拍摄原则。1932年秋，他们来到英国南部的亚兰岛：一个有着300英尺高的灰色断崖，寸草不生、面海而立、没有现代文明侵入的海岛。那里没有土地，人们过日子要先从运土造地开始，海藻是最好的肥料。

初到这里，人们对他们非常疏远，以为

他们是来“汤化”爱尔兰人的。17世纪中叶克伦威尔时期，英国新教军队进攻爱尔兰时，宣称要把爱尔兰人从饥饿中解救出来，便向他们发送一种汤，作为交换条件，爱尔兰人必须放弃天主教。虽然弗拉哈迪的姓氏是爱尔兰的姓氏，但他们无法证实他们不是新教教徒。那时当地人谣传：鲍伯的口袋里装着一个盛有液体的瓶子，如果液体洒到谁的身上，谁就立刻变成新教教徒。但是，弗拉哈迪的友好和善让他们很快就与当地人建立起了友谊。妻子弗朗西斯·哈宾达也经常到周围的邻居家聊天，并送给他们食物和日用品。一个名叫玛姬的当地女人，主动找弗拉哈迪要求做演员。由于玛姬家里太穷，孩子吃不到牛奶，弗拉哈迪就送给她一头母牛，可她却惊慌地说：“这怎么好啊？如果孩子们喝惯了牛奶，牛又死了，那该怎么办呢？”圣诞节到了，玛姬看到弗拉哈迪家里的圣诞树，马上划起十字架，原来，她还以为美丽的圣诞树是一夜之间长出来的。

《亚兰岛人》在伦敦的放映获得了巨大成功。片中所有的角色都参加了放映会。看完电影后，在观众热烈的掌声和喝彩声中，站起来的却是活生生的银幕上的真人。这部电影把他们的生活、情感和生存环境展示给了世界各地的人们。

1946年，弗拉哈迪开始拍摄《路易斯安那州的故事》，他把自己理想中的电影模式发展到了极致。对于石油，弗拉哈迪是外行，他经常对妻子说：“给我三个月，我要研究石油。”石油公司也很慷慨，为他写剧本提供了种种方便。当他们对石油的调查快要结束时，一位石油管道检查员热情地邀请弗拉哈迪跟他转一圈。妻子回忆说：“那一天多么可爱啊！春天刚至，密西西比河流域的洪水还未退去，树枝和残碎的东西都被洪水吞噬，乌龟和鸭子也浮在水面漂流。当我们仰望天空时幻影出现了：银色的井架被太阳映得闪闪发光，它们那‘整齐地排列在无边沼泽上空细长的身影’似乎也在漂移！司空见惯的风景发生了吃惊的变化，那是由‘洋溢着万物之爱的律动’构成的世界。就在那一刹那，我们的影片脱胎而出。鲍伯立即给公司写信，告诉他们影片已经有了头绪。”

《路易斯安那州的故事》塑造了一个迷人、优雅而敏感的卡琼男孩，随着画面上男孩的出现，一个近乎幽灵般的声音对我们耳语：这个男孩依然相信海里有游动的精灵、人鱼传说，依然相信魔法！男孩出门时绝不会忘记带上装着盐和青蛙的袋子——他是不会那么大意的，因为他知道这是保护自己的最好方法。

弗拉哈迪是一个天生的故事家。在伦敦拍片的时候，朋友们就经常聚集在俱乐部听他讲故事，呆到那里打烊了，就到附近的餐厅；餐厅也关门了，就换一家酒吧，一直坐到天亮，只为听鲍伯讲故事。弗拉哈迪在讲故事的过程中时而微笑，时而忍俊不禁：“喂，先生们，可不要误会，这是我自己杜撰出来的，可是也许是真的，嗯……不妨说是真的吧，反正都是一回事。我把我遇到的事情编成了故事，就是这样。”

弗拉哈迪所有电影中最为人津津乐道的就是《北方纳努克》，它也是弗式影片中最具代表性的一部。但是1932年，他与英国纪录片导演格里尔逊共同拍摄了一部反映英国当时工业化发展状况的纪录片《工业化英国》，却是他的电影中最不具有个人特色的一部。1932年，帝国海外电影市场与高蒙公司合作发行了六部电影汇集在一起的“帝国六步曲”，其中就有这部影片。《工业化英国》这部电影在全英国及海外获得了很大成功，也给弗拉哈迪带来了巨大的荣誉。

1938年，妻子弗朗西斯确信世界大战即将爆发，他们决定回到美国过一段宁静的生活。但事与愿违，不久，弗拉哈迪开始了他下一部影片的拍摄。这是弗拉哈迪与帕尔·罗伦兹为美国农业部合作拍摄的一部片子。弗拉哈迪在55岁时第一次有机会接触到美国人民的生活。弗拉哈迪像个孩子一样重新发现了美国的壮美、友善和能量。妻子弗朗西斯时常这样形容弗拉哈迪：他天真直率，好奇心强，仿佛永远活在少年时代，从来不曾长大。他的口头禅是“真棒”，在他眼里，一切都是值得赞叹的。此时，欧洲战争已经爆发，他非常迷惑和痛苦，一直不知道这部片子要表达什么。1940年，弗拉哈迪雇用了一个在当时纪录片领域非常著名的专业剪辑师——海沦·范·唐琴，她曾于1928年与伊文思一起拍摄制作了《桥》、《雨》、《飞利浦收音机》等。当海伦看到弗拉哈迪拍的75000英尺胶片而没有一点思路时着实吃了一惊。她向伊文思写信抱怨说：“弗拉哈迪每天上午谈战争、机器和文明，下午又是同样的素材。”伊文思回信说：“观察、多看、多听，你就会找到他想要的东西。”最后，从弗拉哈迪谈论的关于战争、摧毁、机器的话题中，海伦获得了她想要的东西。海伦的剪辑技巧在《土地》所获的成功上起到了不可忽视的作用。影片展示了一个令政治家感到很窘迫不安却又是现实存在的美国在大萧条冲击下产生的一系列社会问题。《土地》的真实使它没有获准在电影院公映。

1942年，著名好莱坞导演卡普雷负责战时电影的部分工作。他认为弗拉哈迪的电影经验会对他们拍片有很大帮助。弗拉哈迪来了之后，没有人知道该让他做些什么，弗拉哈迪又不能与他的摄影师和睦相处。此时卡普雷本人也遇到了很大的麻烦，9个月的工作并没有让他完成一部电影。因此，他决定放弃新闻片和弗拉哈迪。此后的几年，弗拉哈迪生活很拮据，不得不带着影片在身边以便出售。他把《印第安那男孩》卖给了奥逊·威尔斯。据弗拉哈迪的弟弟大卫说，交易是在电话中进行的，威尔斯付了12000美元给弗拉哈迪。

晚年，弗拉哈迪对摄影机“还原”绘画产生了浓厚的兴趣。1949年，弗拉哈迪开始拍摄毕加索的著名壁画《格尔尼卡》。直到1951年去世，这部片子仍没有完成，成了弗拉哈迪作品中令人期盼的“遗憾的艺术”。但是弗拉哈迪对电影执著的理想信念一直为我们所称赞、颂扬。真正的艺术家从来都是崇尚自己的信仰和追求，他是不会为舆论和潮流所左右的。弗拉哈迪让我们从他的电影中探测到了一位艺术家的优秀品质，他是一位以感觉来工作、使用眼睛而不是测光表、凭借直觉而不是创作规律的纪录电影导演。

浪漫主义的电影在故事片中经常可见，但对于以记录现实生活为准则的纪录片来说，它却是少之又少的。从弗拉哈迪的影片中我们看出了弗拉哈迪心中所深藏的热情和执著的浪漫主义精神。从人迹罕至的北方到遥远的很少有白人涉足的南部，他要的就是人类古老文明的美妙之处。美丽的小岛、自然的风光、和谐的家庭，这样的天堂王国促使弗拉哈迪的电影更接近自然的原生状态，让影片的浪漫主义情绪散发得淋漓尽致。我们可以从弗拉哈迪的镜头语言中看出他传达出来的对于生活、对于人类、对于这个世界的无限热爱与关怀。他的影片没有涉及战争、混乱的主题，我们甚至看不出一点儿工业文明的影子。从一个工业发达国家走出的导演怎么可能舍弃他们引以为荣的“文明”而倾向自然？我们从他的作品中看到的只有对机器拒之门外的执著和对工业侵入的无奈。

纪录片大师伊文思全案

1898年11月18日，伊文思出生于荷兰的尼梅格城。

1911年，13岁的伊文思在家人的协助下拍摄了影片《茅屋》，这是他的第一部电影习作。

1917年，伊文思中学毕业，入鹿特丹市高等经济学院。时值第一次世界大战期间，尽管荷兰当时是中立国，但是伊文思仍然被征入伍。

1920年，伊文思复员后继续在高等经济学院学习，他一面上学一面经营父亲的照相器材商店阿姆斯特丹分店。其间，他还参加学生运动，担任过荷兰“学生联合会”主席。

1922年至1924年，伊文思从高等经济学院毕业后，入德国夏绿丹大学攻读照相化学与照相技术，开始接触当时在德国出现的各种政治与文艺思潮。

1924年至1925年，伊文思入德国德累斯顿市的“伊卡”和“欧纳曼”工厂实习与工人阶级接触后，明确表示自己“站在工人一边”，不久转入“蔡斯”工厂实习。

1926年，伊文思回到荷兰，担任“卡比”公司技术部主任。由于经常同荷兰知识界接触，他开始对电影感兴趣，并看到了被荷兰当局禁映的苏联影片《母亲》，很受启发。不久，他在荷兰创立第一家电影俱乐部“电影联盟俱乐部”，并从此广泛接触电影技术。

1927年，伊文思在荷兰的一家小酒吧拍摄了短纪录片《齐迪奇纪事》，表现醉汉的神态。

1928年，伊文思第一次赴巴黎，试图探讨摄影机的表现可能性，并在那里拍摄了一部4分钟的短片《对运动的研究》。不久，他又回到荷兰，在一位工程师的建议下，经过长期观察与周密准备后，用3个月时间完成了长10分钟的纪录片《桥》，获得普遍好评。

1929年至1930年，伊文思拍摄《礁石》，以纪录片形式表现了一个失业渔民的生活。同期，他用3个月在阿姆斯特丹市完成了充满诗意的短纪录片《雨》，是“城市电影”中最富诗意的一部作品。《桥》和《雨》以其深邃的诗意和清新的风格被公认为欧洲先锋电影的代表作，是这个时期实验电影中最具持久生命力的纪录片。

此后，应荷兰建筑总工会之请，伊文思摄制了大型纪录片《我们在建设》，并根据此片的素材编成了一批短纪录片：《打桩机》、《新建筑》、《青年的一天》等。伊文思为荷兰共产党机关报编辑了宣传片《毁与建》。同时，伊文思开始拍摄反映荷兰填海造田的纪录片。由于此片开始后不久伊文思忙于访问苏联和筹备拍摄其他影片，女剪接师海伦·范·唐琴根据伊文思拍摄的部分有关填海造田的素材编辑成了两部影片：一部是介绍填海技术的教学片，另一部是扼要介绍填海工程的进展情况的影片，取名《苏德海》。

1931年，伊文思应苏联著名导演普多夫金的邀请赴苏联访问了3个月，他在那里做了几十次演讲，并放映了自己的影片，也观看了杜甫仁科等苏联电影工作者的作品。

回荷兰后，应飞利浦电器公司之请，伊文思拍摄了宣传片《工业交响曲》(又名《飞利浦收音机》)。他不顾厂方严格的限制，在影片中揭示了高度机械化劳动对工人的身体和精神造成的损害。

同年，应国际化学处理木材协会之请，伊文思在波兰、荷兰、比利时、德国、法国拍成介绍用木馏油涂木材的加工处理工艺的纪录片《木馏油》。

1932年，伊文思再次应邀赴苏联，并应有关部门之请，在钢铁工业中心马格尼托哥尔斯克拍摄大型纪录片《英雄之歌》（又名《共青团》、《青年人的话》），颂扬共青团在苏联社会主义建设中发挥的重要作用。伊文思的几次苏联之行使他的创作兴趣发生了转变，拍出了堪称那个时期最优秀的战斗电影的纪录片。

完成《英雄之歌》之后，伊文思返回荷兰，由于对两年前拍摄的反映围海造田的影片不满，继续跟踪拍摄工程进展。

1933年，比利时西南部博里纳奇煤矿工人举行大罢工，伊文思应比利时进步纪录电影工作者亨利·斯笃克之请，不顾当局迫害，利用布鲁塞尔的一个电影俱乐部——“银幕俱乐部”提供的资金秘密地拍摄了纪录片《博里纳奇》，表现了煤矿工人的悲惨境遇与互助团结精神。影片完成后，有关当局禁止在比利时和荷兰上映，可是它在许多电影俱乐部巡回放映了。伊文思在1934年访问苏联时，曾经专门为苏联重新剪辑这部影片，加进了表现乌克兰煤矿工人的生活和劳动以及莫斯科建造地下铁道等镜头，使这部有声的俄文版的《博里纳奇》有了新的内容。伊文思本人及评论界都认为《博里纳奇》是伊文思创作生涯的一个重要转折点。

1934年，伊文思完成了表现围海造田的纪录片的拍摄工作，在编辑时将它做成了有声片，并在结尾出加进了表现经济危机的新闻片镜头，使影片有了新的思想内容。为了区别于1930年由海伦·范·唐琴编辑的《苏德海》，影片最后改名为《新的土地》。由于影片最后一部分表现了经济危机，荷兰、法国和其他许多国家都以“作者过于残酷地表现了现实”等借口而禁映了这一部分。

1935年至1936年，伊文思与当时流亡苏联的德国进步戏剧家冯·范根海姆合作撰写关于季米特洛夫的电影剧本《战士》，后因故停笔。同期，应邀赴美国讲学，并为美国洛克菲勒基金会摄制了一部教育短片。

1937年，西班牙内战爆发，伊文思明确表示支持共和派，并与海明威等一些美国知识界人士创立“今日历史电影公司”（后改名为“当代历史电影公司”），奔赴西班牙拍摄《西班牙的土地》，这是伊文思的第一部表现人民反对法西斯主义的大型纪录片。伊文思当时使用了三台摄影机拍摄，海明威为影片写作并朗读了解说词。《西班牙的土地》在当时对世界产生了重要影响，是伊文思的重要作品之一。

1938年，日本帝国主义入侵中国，伊文思表示坚决支持中国人民的抗战。在“当代历史电影公司”的赞助和华侨的资助下，经过周密准备，与《西班牙的土地》的摄影师费诺和卡巴，经香港到达汉口，拍摄记述中国人民抗日战争的纪录片《四万万人民》。在华期间，宋庆龄女士向伊文思介绍了中国人民的生活和抗日意志。伊文思不顾蒋介石政府的百般刁难，亲赴前线，拍摄了收复台儿庄的镜头。在汉口，伊文思第一次与周恩来会见，并拍摄了八路军召开重要军事会议的镜头。由于蒋介石的阻挠以及其他原因，他未能按原意赴延安拍摄。在西安停留期间，他拍摄了西安人民抗日游行等镜头。为表示对中国人民的敬意，伊文思通过周恩来、叶剑英等人的安排，将自用的那架“埃姆”摄影机及数千胶片赠交给中国革命的电影工作者（该摄影机现存于中国历史博物馆）。

1939年，《四万万人民》在美国及法国上映，起到了一定的宣传作用。

1940年，应美国农业部之邀，伊文思赴美拍摄宣传农业电气化的影片《电力和土地》。同年，应“斯罗昂基金会”之请，在纽约大学资助下，筹备拍摄纪录片《新的疆界》，表现美国南部学校生活，后因资助人破产及美国准备参战等原因，未能完成影片的拍摄。

1941年，应美国南洛杉矶大学之请，伊

文思在该校文艺科学系任教。同年，赴加拿大拍摄新闻片《警报！》，报道为运送战争物资而定期航行于加拿大与英国之间的船队的活动情况。

1943年，第二次世界大战全面爆发。应美国纪录电影工作者卡普拉之邀，伊文思为美国国防部特种任务局摄制大型纪录片《我们为何而战》中的第一集《认识你的敌人：日本》。由于伊文思对待日本天皇的态度与美国国防部的观点相左，伊文思拒绝最后完成该片。同期，为纪录性故事片《一个美国大兵的故事》担任技术顾问。

1944年至1945年，伊文思与法国进步电影工作者合作，着手摄制反法西斯纪录性故事片《海之女》。由于女主角嘉宝在政府压力下拒演，影片的拍摄工作半途而废。同期，荷属东印度政府任命伊文思为即将独立的印度尼西亚的电影专员。伊文思在澳大利亚邀集一批纪录片导演，用了6个月时间，准备拍摄表现印度尼西亚人民进行民族解放斗争的纪录片和一系列教育用短片。不久，印度尼西亚宣布独立。荷兰政府对年青的共和国实施封锁政策，不准伊文思等进入印度尼西亚领土。伊文思指责政府的行动违背民主传统，与他本人信念不符，愤而辞去“电影专员”职务。

1946年，伊文思在澳大利亚逗留期间，在悉尼的码头工人协助下，秘密拍摄《印度尼西亚在呼唤》，记述澳大利亚码头工人拒绝为荷兰船只卸装运往印度尼西亚的武器等情况。荷兰当局不仅禁映这部影片，而且借口护照问题，对伊文思采取了进入国境的“惩罚性措施”。

1947年，伊文思应邀赴捷克斯洛伐克访问，拍摄表现波兰、保加利亚、捷克斯洛伐克、南斯拉夫等社会主义国家建设成就的大型纪录片《最初的年代》。后因政治原因，南斯拉夫部分未编入影片。

1950年至1951年，伊文思应邀赴波兰，在罗兹电影学院讲学，拍摄反映华沙“世界和平会议”的纪录片《和平一定在全世界胜利》。同期，与苏联电影工作者合作拍摄纪录片《世界青年联欢节》，这是伊文思的第一部彩色片。

1952年，应东德和波兰当局之请，伊文思摄制表现业余自行车比赛的《华沙—柏林—布拉格和平赛车》。

1953年至1954年，应苏联作为发起国的世界工会联合会之请，伊文思在32个国家的电影工作者协助下，以密西西比河、长江，恒河、伏尔加河、尼罗河、亚马逊河等六条河流为线索，拍摄了记述沿河人民生活境况的《激流之歌》。影片运用了细腻的编辑手段，以地球上的六大河流为线索，通过表现反抗压迫的斗争，将全世界的劳动者联系在了一起。它既具有史诗般的恢弘气势，又充满了典型的伊文思的抒情细节，更为引人注目的是它明确地预言了第三世界的大团圆。此片被译配成28种语言发行，为全世界的数以亿计的观众所观看。

1955年，伊文思获“世界和平奖”。《激流之歌》在中国上映，受到观众的热烈欢迎。

1956年，应世界民主妇联之请，伊文思拍摄分别表现巴西、中国、法国、意大利、苏联妇女生活的纪录片《五支歌》，中国部分的编剧为李思杰，摄影师为吴国英。

同年，以民主德国德发电影制片厂艺术顾问的身份，伊文思参加该厂纪录片《我的儿子》与故事片《传奇英雄》（与法国合拍）的拍摄工作。年底，应邀抵达中国访问。

1957年，伊文思继续在中国访问，受到了刘少奇委员长的接见。郭沫若、沈雁冰分别会见了他。被聘为“中央新闻电影制片厂”的顾问，向中国电影工作者授课。离开中国前，他在记者招待会上宣布，将在中国拍摄纪录片。

同年，伊文思回法国巴黎，根据法国电影史学家乔治·萨杜尔提供的创意，拍摄纪录片《塞纳河畔》。此片并不是关于塞纳河的风光片，也不是关于河流两岸的名胜古迹的纪录片，而是"一首颂扬城市风光的造型诗"。正如影片的原文片名所表现的那样，他表现的是巴黎和塞纳河的相会，这里有着强烈的对比：老年与爱情，豪富与赤贫，懒散与勤劳，幸福与绝望的孤独……影片"表现了伊文思对社会主义人道主义的坚定信念，处处洋溢着巴黎温暖和煦的阳光"。《塞纳河畔》荣获当年的法国戛纳国际电影节纪录片"金棕榈"奖和美国旧金山电影节的"金门奖"。

1958年，伊文思再次访问中国，受到周恩来总理、陈毅副总理的接见。他在中国的一些地区访问，原拟以"电影通讯"形式，拍摄一系列短片，定名为《中国来信》，后将在内蒙、南京、无锡等地拍摄的表现我国北方、南方农村的社会主义建设和人民的劳动热情与昂扬的精神面貌的三部短片合编成一部影片，原名《雪》，后根据夏衍的建议定名为《早春》。

1959年，伊文思回到欧洲，应意大利国际氢化碳公司总裁马泰依之请，为意大利电视台拍摄电视纪录片《意大利不是穷国》，表现了意大利发现石油资源后，使原来贫困的波河、威尼斯、拉威纳地区以及西西里岛人民的生活发生了变化。由于政治原因，意大利电视台拒绝有关西西里岛的部分，要求已经离开意大利的伊文思进行大量修改。伊文思拒绝修改，并要求电视台在正式播放时将他的名字删去，但是马泰依设法在播放时加上了"意大利电视台取材自伊文思的影片"等字样，而且将伊文思的原版拷贝保存了下来。

1960年，伊文思首次赴非洲大陆，为独立不久的马里共和国政府拍摄表现非洲人民觉醒的纪录片《明天在南圭拉》。影片受到非洲观众的欢迎，但在欧洲却没有获得应有的好评，一方面是由于影片没有找到良好的发行渠道，另一方面是由于欧洲评论界"还不理解这种影片样式对于发展欧洲电影事业的重要性"。

1961年，伊文思来华，受到周恩来总理的接见。同年，应古巴电影艺术与工业学院之请，赴古巴讲学，与古巴电影工作者合作拍摄纪录片《旅行日记》（又名《古巴纪行》）和《武装的人民》，表现了猪湾事件之前古巴人民投身祖国建设的生活以及时刻警惕美帝国主义入侵的军队生活场面。

1962年，伊文思应智利的圣地亚哥大学实验电影研究所之请，拍摄抒情纪录片《在瓦尔帕莱索》，表现了智利海滨城市瓦尔帕莱索的风光和人民的生活。同年，应荷兰电影资料馆及荷兰电影科学院之请，回荷兰主持"伊文思回顾展"，在阿姆斯特丹机场受到群众的热烈欢迎。在记者招待会上，伊文思重申了他作为进步纪录电影工作者的一贯立场。

1965年，经长期准备后，伊文思在法国南部拍摄以风为主题的纪录片《西北风》，由于制作人的限制，影片未能按他的原意表现出应有的气势。同年，越南战争不断升级，伊文思赴越南拍摄纪录片《天空和土地》。赴越南途中，他在北京受到周恩来总理的接见。

1966年，被迫侨居国外20余年的伊文思被准予回到祖国荷兰，他决定拍摄一部反映港口城市鹿特丹的影片《鹿特丹——欧洲之港》。伊文思在影片中没有像一般纪录片那样表现鹿特丹港的繁忙景象，而是以荷兰民间传说"飞翔的荷兰人"为主线，表现了一个具有叛逆性格的荷兰的形象。另外，他在祖国逗留期间，荷兰文化大臣拟向伊文思颁发荣誉奖金，伊文思本人拒绝接受。

1967年，伊文思与一批法国电影工作者合作拍摄纪录片《远离越南的地方》。同年，与法国电影工作者罗丽丹合作完成反映越南"非军事区"居民生活的纪录片《十七度纬线》。

1968年，伊文思与罗丽丹一起赴老挝，在当时的老挝解放区拍摄纪录片《人民和枪》，影片由四个片段组成：“人民军队武装人民”、“枪杆子里出政权”、“人民是万能的”、“没有武器，人民就没有力量。”

1969年，伊文思在越南拍摄纪录片《会见胡志明主席》，受到胡志明主席的接见。同年，伊文思自传《摄影机和我》出版。

1971年，伊文思与罗丽丹一起访问中国，受到周恩来总理的接见，他提出要在中国拍摄大型纪录片，得到周恩来的大力支持。

1972年至1975年，伊文思与罗丽丹在中国拍摄大型系列纪录片《愚公移山》。摄制组的足迹遍及大庆、上海、南京、青岛、新疆等地，广泛接触了我国的工人、农民、渔民、教授、学生、解放军战士、售货员、演员、手工艺艺人。《愚公移山》由12部各自独立的影片组成：《大庆油田》、《上海第三医药商店》、《上海汽轮机厂》、《一个妇女，一个家庭》、《渔村》、《一座军营》、《对一座城市的印象》、《球的故事》、《秦教授》、《北京京剧团排练》、《北京杂技团的训练》、《手工艺艺人》。伊文思以直接的形式表现了各阶层在那段历史时期的生活、劳动、学习等情况。在拍摄过程中，伊文思坚持深入现场，以熟悉生活和拍摄对象。整部影片共放映12小时，其中最长的是《上海汽轮机厂》(131分钟)，最短的是《球的故事》(11分钟)。在此期间，伊文思和罗丽丹还在访问新疆之际拍摄了两部短片：《新疆的少数民族哈萨克族》、《新疆和维吾尔族》。

1976年，《愚公移山》先是在法国巴黎塞纳河左岸的国家艺术影院上映，放映周期很长，引起广大观众的热烈欢迎和评论家的好评。

1977年，《愚公移山》在中国举行首映式。伊文思在一年中先后两次应邀来到中国，受到华国锋主席、叶剑英委员长、李先念副总理的接见。

1978年，伊文思再次应邀访问中国，受到邓小平副总理、邓颖超同志的接见。同年，英国伦敦皇家艺术学院授予他荣誉博士称号。

1979年，伊文思应邀来中国。为庆祝他的81岁生日，中国人民对外友好协会和中华人民共和国文化部分别举行招待会和庆祝会，邓小平副总理出席了招待会。

1980年，为表彰伊文思对中国人民的友谊，纪念他从事电影工作50周年，中国电影资料馆举办了“伊文思创作回顾展”。

1984年至1988年，伊文思与罗丽丹多次来中国，拍摄他酝酿已久的纪录片《风的故事》。年近90岁的伊文思继续进行艺术探索，影片拍摄的几乎是被认为无法拍摄的事物。这是伊文思对自己几十年艺术生涯总结式的归述，融合了他早期的抒情性的电影语言、“直接电影”的手法以及超现实主义的表达方法。影片的表现手法细腻，内容虽然抽象而又晦涩，但是富有想象力和启发性，受到人们的热烈称赞。此片是他的最后一部作品，于1989年初在巴黎举行了首映式。

1989年底，伊文思在巴黎去世。

法国纪录片女王凯瑟琳·雷默

初次会面时，凯瑟琳·雷默首先为她那喑哑的声音表示歉意并作了解释。她说：“一度的斗牛生涯让我喊得太多，以至于声音变成现在这个样子。”

如此的开场白给人留下了很深的印象。纪录片女王不仅已经在法国“新频道”电视台纪录片部工作长达15年之久，少年时代的她还是业余斗牛场上的一名好手。不过，斗牛恐怕只是雷默终生成就中最微不足道的。更重要的是她为“新频道”获得了支持纪录片生产的国际声誉，同时她本人也被广泛认可为法国纪录片业的开拓者。

当她1983年进入“新频道”电视台工作时，纪录片还是一种忽略的形式。“没有人对纪录片感兴趣。”她说，“纪录片被认为是枯燥的教育性节目。它没有观众，也不放在黄金时段播出。”

但是，到了1987年，雷默在黄金时段播出了纪录片。这一措施获得了成功。纪录片不但赢得了观众，而且成为“新频道”的招牌节目。她说：“‘新频道’原来是一个电影体育频道的代名词，但纪录片成了‘新频道’的标志。事实上，‘新频道’是个综合频道——一个涉及多种节目类型的频道，我们不过是蛋糕上点缀的樱桃。”

1984年，“新频道”一年播放50部纪录片。到了1991年，这一数字增长为每年200部。最近这一数字降为150部。雷默说这是因为在频道中宣传并播出这么多纪录片有困难。

雷默增加纪录片数量获得成功，招致了其他法国电视台不可避免地仿效这一做法。法国文化电视台很快在黄金时段开始播放纪录片，第五频道播放了数百部纪录片。

到90年代初，雷默的工作困难多了。以前她有一个几乎全开放的节目领域，可以从英国广播公司或其他顶尖的国际制作公司购买纪录片。现在，她不得不更快地寻找顶尖节目，甚至更有创造性地安排播出时间。

她举了一个例子，即三年前播出的由“布来恩·拉平合作公司”制作的《南斯拉夫的解体》。整个系列片安排在20：00～24：00一个四个小时的完整时段播出，并为该片进行了大规模的宣传活动。拉平和他的同事飞来参加一个盛大的晚宴和首映式，雷默通过她广泛的关系网请到了报社的编辑和政界、军界的重要人物。

“我从来没有看到过那样盛大的宣传场面。”拉平回忆说，“她成功地制造了一个大轰动，这完全要归功于她的意志及其组织技能、工作风格和优雅仪态的共同作用。”

雷默在“新频道”的其他首创还包括试图在法国掀起英国纪录肥皂剧（docusoap）的热潮。“新频道”在1998年夏天的节目中首次安排了备受称赞的英国广播公司纪录肥皂剧《航行》、《汽车学校》、《兽医学校》和《幸福海滩》。雷默说，这些英国片在法国获得极大成功，人们对其体裁和故事情节充满好奇。

一位曾与雷默一起工作过的管理人员说，雷默任何时候都雷厉风行地做事。拉平描述她是一个“杰出的”妇女。看来用这一形容词来形容她本人及其丰富的经验都是再恰当不过的了。

雷默在尼姆长大。1960年，18岁的她到美国旧金山读大学。因为发现这个城市非常“怪异”，于是她逃到墨西哥呆了六个月，然后又回到法国读书。她最终成为社会工作人员，在法国东部工作。

到1968年，雷默再也无法忍受她的工作了。此时正值法国爆发了较大规模的学生运动“五月风潮”，雷默便借机辞职与学生们一道参加抗议活动。

回首她做社会工作者的岁月，她说：“我对那些年的工作毫不后悔，它们对我非常有益。我认识了许多日后成为著名社会工作者的朋友。”这对她与法国政界建立广泛关系很有用。

“五月风潮”结束后，雷默在一家法国日报《人道报》找到了一份工作，她说：“一份日报才真正教给你如何工作。你必须及时写完并且争取发表。这是世界上最好的锻炼。”

在《人道报》工作了三年后，她改行写书，出版了一本智利总统阿连德的传记和一本关于金三角——东南亚鸦片产地的书。关于金三角的那本书，使她有机会在电视中崭露头角——她得到委托拍摄一部关于毒品交易的纪录片。该片获得了极大成功。1976年，该片先在全法电影院播放，之后又在电视上播映。影片的成功同时给雷默带来了死亡的威胁：泰国毒枭悬赏要她的头。

也正是在这个时期，她开始与法国富于传奇色彩的野生动物片制作人弗雷德里克·罗斯福合作。她回忆说："他让我懂得纪录片可以展现生活的美丽。他还让我明白一部片子可以不断改进，直到如你所愿。"

接近70年代末的一段时间，雷默进行环球拍摄。有一年她甚至有八个月在国外度过。1978年怀孕后，她开始在国内当制作人。

80年代初，雷默交上了好运。在尼姆举行的一次斗牛中，她遇到了一位为"新频道"的开播而工作的旧日同窗。雷默应邀为"新频道"做策划，最终留在了那里。

当时"新频道"的工作人员仅有10人左右，挤在一套单元房里工作。现在"新频道"则有约2000名员工，在由美国建筑师理查德·梅耶设计的总部工作，而且该台在欧洲11个国家有750多万用户。

雷默所在的纪录片部也发生了巨大的变化。它的核心是一个仅由11个全职雇员构成的流水线工作组，其中大多数人与雷默共事多年。

1990年，雷默开办了纪录片公司（Docstar），一个由法国"新频道"完全控股的子公司，其作用是为购买和合作制作纪录片提供经费。在确信人们对高质量纪录片的需求在增加之后，雷默的目标是建立一个涉及面广泛的纪录片库。她计划在2000年前制作出500部纪录片。

他们的纪录片以野生动物片为主。对这一规划起重要作用的是1993年签定的一项协议，它使"新频道"获得了在法语地区制作28部"全国地理"电视台专题片的独家代理权，并在伦敦成立了一个"探索"国际公司（Explore International），双方股份各占50%，节目共享。

"新频道"纪录片部曾与20多个国家合作制作节目。雷默说："必须认识到'新频道'纪录片的国际性。我们播放的影片来自世界各地。"

雷默最引以为自豪的，是她使众多年轻的法国制作人活跃在国际舞台上。这概括出了她真正的国际化观点，而且充分反映了她作为一个电视管理人员最大的实力所在。作为为数不多的名副其实的世界性电视人之一，雷默在国际电视界大放异彩。

纪录影像：在思辨中的聚落

——读比尔·尼科尔斯《纪录片导论》

刘　洁

笔者曾经在西安采访过一位考古学家，问及当他在主持发掘那座古城遗址的时候，怎么就知道古城有多大，该从哪儿下第一铲。他的回答至今令人回味。他说："这时，你的心胸和头脑一定要比这座城池大……"

依笔者理解，这"心胸和头脑"自是一种思考和辨析的能力。通常，我们所拥有的知识积累、视觉经验以及我们所处的时代立场、个人的背景、个人的感知力，等等，这一切都决定着我们的"心胸和头脑"——也就是思辨的能力。

自从电影诞生以来，纪录影像就随着时光的流淌和社会的变迁，散在地生长着、流落着、变异着，毁灭而又再生地建构着自己的历史的城池。要发掘这一座座历史的城池，关注点自然应该落在我们的"心胸和头脑"——思辨能力上。

其实，对纪录影像历史和研究理论的梳理，中外不乏其人。上世纪90年代初，被中国电影出版社译介到中国的《世界纪录电影史》，是由美国学者埃里克·巴尔诺所著的，该书以丰富翔实的资料为基点，较为公允地追踪了将近一个世纪以来纪录影像的历史。由我国电影研究学者单万里主编的《纪录电影文献》，更是囊括了自弗拉哈迪以来至2000年，那些纪录大师们的创作阐述以及中外电影电视评论者们精辟而独到的论述，具有极高的文献价值。而由美国学者理查德·M·巴尔瑟姆（Richard M.Barsam）撰写的《纪录与真实——世界非剧情片批评史》，也仔细地引介了百年来世界各地在纪录片等非剧情片领域的发展，在美学的视野里，展现了作者多面向的检视。

然而，值得关注的是，近年由美国的影视研究学者比尔·尼科尔斯所著的《纪录片导论》，却避离了传统的仅从时间维度上来对纪录片的起源和演变进行全方位梳理的做法，以更敞开的心怀和视野，在时间与空间的交叉点上，拎出了一个又一个充满思辨的质疑，使那些散在的纪录影像于思辨的架构中重新归置成一个新的聚落。在这里，既有社会时代的立场，也有作者独特的立场。

一

"为什么道德问题是纪录电影制作的基点？"作者开篇设问，貌似常识问题，却直抵纪录片创作实践的"软肋"。

在具体阐释之前，比尔·尼科尔斯从本质上剖析了纪录片的内涵和特性。在比尔·尼科尔斯看来，从现实世界与人类文明的"二元性"关系上讲，每一部影片都是纪录片，因为"即使是最异想天开的剧情片也有其文化依据"。于是，那种"实现愿望的纪录片"，就是通常所说的"剧情片"；而那种"表现社会的纪录片"，即"非剧情片"，就是纪录片。然而，无论是剧情片还是纪录片，二者传达出的都是"一种人为操控的真实"，它们都在努力使观众相信他们的真实，只是前者能让我们暂时摆脱周围的世界，进入到这种电影构成的无限可能的世界里，在其中探讨、思考，也浸淫在一种愉悦的时光里；而后者能够提供给我们一个探索和理解世界的新视角。当然，这种人为操控的"真实"，都是需要观众进行阐释的，其阐释过程必须建立在观众理解的基础之上，也就是观众是否能够领会影片的"形式或构成"是如何传达"意义和判断价值"的。所以，纪录片不像剧情片那样，能让观众立刻"眩晕"，而是依傍着与现实世界那深刻而深远的联系，希望把信任感一点一滴地灌输给观众，为大众记忆和社会历史增加一个新的空间。这也正是纪录片的魅力和力量！

于是，这种影片，在表现世界和与世界交流融合的过程中，呈现出了自己独立的特性：第一，纪录片为我们提供和通常认知的世界相似的形态或对于它的相关描述。在此，比尔·尼科尔斯为"真实"做了一个小小的脚注，但又是至关重要的。因为影像受条件制约，既无法摄取到我们想知道的已经发生的一切，也无法保证经过设备处理之后的影像不会改变其内容，于是"我们会在纪录片中找到故事和主题，虚构再现或者真实描述，这些让我们以新的视角看世界"。从这里看，比尔·尼科尔斯提出纪录片的道德问题，并不是针对"虚构再现"这种表述手法的。第二，纪录片也代表或者表现不同人的利益。这其中包括代表片中的个人和支持拍摄活动的机构。第三，纪录片可以表现世界就如同律师可以为他的当事人的利益辩护一样：他们把说明一个特殊观点的事例或者证据的阐释摆在我们面前。

一层一层地，比尔·尼科尔斯在剥开纪录片特质的同时，也为“道德问题”的陈述做好了铺垫。

然而，比尔·尼科尔斯并没有在论述中将“道德”套上一个吓人的面具，也没有将“道德”平面化、概念化。他说：纪录片的中心是“表现影片的观点”，“仅仅把道德观当作严格的规则或法律来支配人们的行为是不够的”。我们从现实中摄取来的人物、事件甚至是自然景观，便成为我们的表现元素。那么，当我们创作一部纪录片时，我们和人物之间的关系是怎样的？这正是我们思考这个“道德问题”的起点。

因为，在纪录片里，那些被影像摄入的人物，他们不是在做戏剧性的表演，他们与影片制作者保持着文化意义上的参与，他们的价值正是体现在他们日常的行为和性格符合影片制作者的需要上。所以，当影片制作者常常出于表现的需要，会将一些剧情片的因素，诸如搬演或虚构等表现手法引入纪录片的制作中，这本身就夸张、演绎了现实；同时，对于被拍摄者来说，当他们和他们的生活被置于镜头的“关注”中时，他们在行为方面的自我意识和修正也可能会误传或扭曲了现实。

“如何对待人物呢？” 在比尔·尼科尔斯的再一次追问下，我们不得不考虑：当影片制作者的行为对被拍摄者的生活产生无法预见的影响的时候，他们应该为此担负什么样的责任呢？最直接的回答就是：使负面的影响降到最低。于是，道德规范便成为协调影片制作者和拍摄对象之间关系的手段之一，也是最关键的，而协调的结果对于拍摄对象和观众来说意义重大。

比尔·尼科尔斯将纪录片制作的道德问题纳入了一个思辨的框架之中——影片制作者、被拍摄对象和影片观众三者的关联关系。不同的关联形式构成不同的表述方式，比如说“我给你们讲讲他们”或是“我或者我们给你讲讲我们”。当制作一部纪录片时，思考我们和片中的人物建立怎样的关系，也就是思考我们同观众、观众同被拍摄人物之间建立什么关系。

进一步而言，影片制作者首先要担负的责任便是：要从生活实际出发，尊重被拍摄者和他们的生活，要表现人物本身的状态，而不是按照自己的构想去塑造人物的性格。否则，就像路易斯·布努艾尔在《无粮的土地》中讽刺的那种不尊重乌尔达斯人生活的表现形式，就是一种粗暴而低劣的做法；而像莱尼·里芬斯塔尔似的那种“操控”，便是一种危险的举动。

除了随意“操控”，对于拍摄行为中的“欺骗性”，比尔·尼科尔斯也给我们提出了警示。影片制作者为获取拍摄素材或者得到支撑自己观点的“证据”，他们“王顾左右而言他”似的掩盖了自己拍摄的动机；或为了达到他们表达的目的，而不顾袒露别人的隐私；或为了突现某一种表达效果，而让不知情的被拍摄者显得丑陋而愚蠢……在一连串的质问中，比尔·尼科尔斯按捺着情绪的躁进，冷静地提出了一个道德的底线——衡量道德问题，普遍而简单的标准就是“得到认可”的原则。这个原则主要是基于人类学、社会学和医学实验等其他学科的，也就是说，一项研究的参与者应当被告知事后可能出现的结果。可是，对于影片制作者来说，他们总是希望制作出一部融入自我意识的影片，而被拍摄的人却拥有着他们自己的社会权利和个人尊严，这二者互相制约，不易协调，于是冲突便在所难免。这样，道德观就成为纪录片制作者职业道德培养的基点。

在一篇由比尔·尼科尔斯的这个论点引发的论文中，该作者把纪录片制作的“道德问题”仅看作是“美学原则问题”和“诚信的态度”，这其中虽然透射着作者的思考和思绪的衍生，但恐怕仍有窥“一斑”而未见“全豹”的偏差和对比尔·尼科尔斯的误读。在此，本文不展开论述。

二

画家陈丹青曾经说过：“看”和“看见”是不一样的，“看见”是一种能力。正像19世纪末的摄影大师亨利·皮奇·罗宾逊在他那本《图片摄影要素》中所言：“一个场景既可能、也应该被真实地再现，但是与每个过路人注意到的现实相比，某些艺术家能够看到和再现更多更不寻常的真实……”

比尔·尼科尔斯就“看见”了——纪录片并非现实的复制品，它是对我们生存世界的一种再现，它代表着某种特定的世界观。从这个角度来说，纪录片的创作不是简单地去“看”、去“复制”生活，它是再现生活。

拨开“纪录片制作者、被拍摄对象和影视观众”这多重关联关系的缭绕，当我们直面纪录片，去考量和界定它的内涵时，我们依然犯难！比尔·尼科尔斯也依然犯难了！因为，同样是纪录片，但彼此存在着极大的差异，就像种类繁多的运输设备却都被称作“交通工具”一样；纪录片的实践是在一个不断选择和尝试各种表现手法的道路上推进的，纪录片时时处于发展之中，它的边界也随之被推动，甚至被模糊、被改变。于是，比尔·尼科尔斯不得不在“纪录片与其他电影类型的区别”中，在将纪录片与剧情片、实验电影、先锋电影的比较中，来动态地找寻纪录片内涵的边界。

比尔·尼科尔斯从四个角度来探讨了纪录片的界定，即：从业机构、从业者、文本（电视与电影）和观众。“组织机构”本身就是一个标志，那些拍摄纪录片的组织和机构，如早期英国的格里尔逊纪录片创作小组，到后来的美国探索频道等，它们在纪录片的创作中是一个不能忽略的制作背景，是某个特定作品能够被认作是纪录片的“最初线索”。同时，组织机构也强加给影片制作者和观众一种制度化的观看和叙事方式，这具有一系列制约和规范的作用。“从业者群体”，在这既定的制约与期望中，从来都是反复变化、开放而充满活力的，他们不断地突破束缚，不断地寻找适合表达自己的形态，因此他们是一种强大的变革之源。在“制约和规范”与“不满和求变”这二者之间，形成了一种张力，从业者在不断失败与不断创新中，通过和各种机构、评论者、拍摄对象和观众的磨合，形成了多样而动态的纪录片观念。

而“文本主体”，主要指那些构成纪录片传统的影片，它们具有共同的特征，拥有明确的重心，可归属为某种类型片。构成这些影片的准则和规范有助于我们辨析纪录片的内涵。于是，延展着影片的“结构逻辑”——最典型的是“提出问题”、“分析问题”、“解决问题”的组织模式，具有操控性的“证明式剪辑”——而不似剧情片的流畅剪辑以及为增强说服力而“倚重口头语言”等等这些表述方式，都形成了纪录片特有的质地；反过来，这些具有文本性的影片又分为不同的电影运动、不同的发展时代和不同的纪录片制作类型。而对纪录片多种表达方式的分类，研究其具有共性的表达方式，也是我们区分纪录片与其他类型片的一个很有效的方式。

最后一个判断纪录片内涵的方法是与“观众群”有关的。比尔·尼科尔斯首先看到了纪录片与剧情片之间的渗透性和富于变化的特征，也就是纪实的手法常出现在剧情片中，而剧情片的虚构和再现的手法也常常被用于纪录片中，那么如何判定一部影片是不是纪录片，既要看文本的结构或者组织方式，也要依赖于观看者的观念。说到底，无论纪录片采用何种表现手法，它们带给观众的特殊观看体验是，他们会有一个事先的假设：如果写实，影片的声音和画面来自我们身处的现实社会；如果再现，影片所表现的论点和观点要严格基于现实，没有超越现实。自然，能够满足这种假设之一的基础，是我们越来越先进的影像设备以及诸如现实主义之类的独特表现风格。而能满足这种假设之二的基础是：纪录片的声音和影像同他们所纪录的内容是具有“能指”和“所指”的关系的。这样，当我们假设纪录片的声音和画面与现实之间具有“指事性”的关系时，这种假设对于我们把一部影片看作是纪录片而不是故事片具有重要的影响。于是，观众不再满足于纪录片仅仅是现实的精确摹本，而期待着在所看到的影像与摄影机前所发生的现实之间能有“指事性”的关联，也希望着能够对制作者在这种关联中所采用的一切艺术转化形式进行评价，诸如“展现的”、“诗意的”、“叙事的”、“修辞的”等形式，从而对我们所处的现实形成评价和看法。观众更乐于在这种“对社会现实的认识”与“对社会现实表述的认识”之间左右逢源。于是，观众群的期待也变成了纪录片的主张，即：主张对于现实生活的表达；主张具有干预能力，可以改变对现实生活的看法。因此，当纪录片援引一个现实的主题，并对这个具有严肃性、现实性的课题做出个性化的阐释时，就会调动起人们欲知的冲动。

三

热情，是具有神性的。当电影作为一个全新的发明，异常精确地再现了现实世界的时候，电影制作者便被这种充满魔力的影像潜能驱遣着，开始去狂热地实现他们心中膨胀着的创作欲求。这种纪录真实的热情与纪录手段不断精确的还原性相结合，使纪录片达到了一个至高的表现领地。

从这“热情”的起点开始，纪录片不断地找寻着属于自己的表达方式，并由此慢慢地流淌成了自己的历史。就这样，比尔·尼科尔斯顺随着“纪录片是如何起步的”陈述，展开了他对纪录片表述方式的根本认知。他说：“如果我们没有对其起源有所观照的话，那么对于纪录片表述方式的认识便也无从谈起。”

表述，即道路。它并不是影片制作者单方面“倾诉式”的言说，这种表述必然勾连着创作者内心的表达诉求和独特观点，勾连着制作机构的意图和倡导，勾连着以往创作体系模式的启示和束缚，也必然勾连着关注着这一切的观众的期待和苛责，等等。正是在比尔·尼科尔斯给我们设定的这个“取景器”中，我们看到了纪录片的表述方式，一次又一次，在模糊了剧情片和非剧情片的界限中，在模糊了纪录真实和形式探索的界限中，在模糊了表现和讲述的界限中，在模糊了叙事与编造的界限中，是如何保持着自己的新鲜与张力的！

就像卢米埃尔兄弟的“火车”（《火车进站》）不可能直接载着希特勒抵达“纽伦堡车站”（《意志的胜利》）一样，自电影诞生以来的头十年里，纪录片不可能与剧情片没有任何瓜葛的纽结就直接成就了自己。虽然，在早期电影里，还缺乏影片制作者自己的声音，但是各种充满好奇和热情的探索，让纪录片生长的土壤与肥料已然具备。

在早期电影里，卢米埃尔兄弟的《火车到站》、《水浇园丁》滋生了“对现实的描摹”的初悟萌芽；而乔治·梅里爱的《贵妇人的失踪》、《月球旅行记》则开示了“对现实的安排”的智慧灵光。延续着电影探索的精神，到了20世纪20年代，纪录片曾经达到了两个高峰——一是顺着“对现实的描摹”的血脉，罗伯特·弗拉哈迪把遥远的爱斯基摩人呈现在了他的《北方的纳努克》里，这里交融着早期叙事剧情片的余绪和质变，开启了纪录片的先风。这一切，给了这位曾经的探矿工程师永远的“纪录片之父”的美誉。而另一个高峰便是应和了“对现实的安排”的路数，宣称纪录片是“对现实创造性地处理”的约翰·格里尔逊以及其创作群体的成就。早年，约翰·格里尔逊曾在美国学习，并师从弗拉哈迪，后来他在实践中不断地延伸着自己思辨的触角，便朝着另一个方向生长了。约翰·格里尔逊曾在英国和加拿大倡导纪录片运动，并有效地牵引了政府以及强势集团对纪录片垂青的目光，把纪录片也推向了一个市场运作的高峰。

纪录片，就这样起步了。比尔·尼科尔斯依然在思辨中继续挖掘着。

电影具有对物质世界的精确还原性，这一特质在早期电影里表现为：科学性和奇观性。比尔·尼科尔斯认为：那种类似搜集科学实证的观察方式和哗众取宠、奇特夸张的“吸引力影片”（电影史学家汤姆·冈宁语）的表达方式，对早期纪录片的发展是有一定贡献的，虽然它们有悖纪录片的本质和精神，但它们都是土壤也是肥料。“纪录电影的实践，是让它的影像去寻找一种最佳的表达方式，而不仅仅是去为每一个事件提供一种真实和权威。这就像一张照片是可以被修饰的，而纪录片也是如此。” 在这里，比尔·尼科尔斯没有否认弗拉哈迪为造“祖先的冰屋”而让纳努克一家进行的“搬演”，也没有否认埃罗尔·莫里斯在《细细的蓝线》中将现实场景打碎后的“重构”。因为，影像的精确还原性，常常会使我们陷入一种盲目的信任中，以为“看到的就是真实的”。其实，对于纪录片制作者来说，传达一种对于真实的感受，解释观众的疑惑，呈现一种独特的认知，宣泄一种个性的情绪，由此来营造一种信任，其实这才更加彰显纪录影像的品质和精神！而这一切，需要的就是影像的修辞，而不是科学观察似的举证。因此，从那篇我们在前面所提及的《纪录片原则的起点与终点》来看，其作者所言：“弗拉哈迪以搬演的事件代表现场的事件，以虚构代表纪录，在创作动机方面就没有忠实于实践原状现场，人们看到的纪录片在根本上是虚构与搬演的剧情片，在纪录片制作的基点上就出现了道德信任问题。”其实，这正是偏离了比尔·尼科尔斯落笔的初衷的。

而另一面，那些极具刺激感和古怪夸张的“吸引力影片”，从根本上与纪录片的本质和精神是背道而驰的。虽然，这些探索也引领着我们不断去挖掘“电影究竟还能做什么”，不断地去开拓吸引观众的不同手法，但是，这种“好奇”更多的时候却成了纪录片的一个“尴尬的尾随者。”

可毕竟，影像的科学性和奇观性元素是纪录片发展的一个支点——展示。同时，比尔·尼科尔斯还给我们指出了另外三个“支点”，即：(1）诗意；(2）叙事；(3）修辞。

(1）纪录片的诗意探索主要源自20世纪20年代现代主义先锋派思潮的渗透。作为一种表现现实的手法，它反对机械地复制现实，提倡片断拼贴、主观意识、无意识行为和松散的逻辑关系；它常常被用于表现工业化变革，强调独特地观看世界，主张充分地发挥影像的魅力，运用蒙太奇手法对世界进行重构。在华尔特·鲁特曼《柏林——大城市的交响》和尤里斯·伊文思的《桥》和《雨》以及飘荡着和谐古典诗意的《锡兰之歌》中，我们可以清晰地看到这种主张。在“诗意型”纪录片中，传统的叙事和现实主义原则似乎失去了意义，修辞学元素也并没有得到充分的体现。

(2）几乎是在同时，纪录片的叙事表达方式出现了，它是从叙事性的剧情片滋生出来的，强调以“风格”和“剧情结构”相结合，来讲一个“故事”，以呈现出创作者的观点和表达方式。从开始“提出问题”，通过“悬念”与“延宕”，到最后“解决问题”——叙事让结构趋于完美。

二战结束后，意大利的一些电影工作者率先将叙事与纪实相结合，呈现出了战后的意大利社会和普通人的希望与焦虑，创造出了一种有着永恒价值的电影风格——新现实主义，这得到了安德烈·巴赞的热烈颂扬。此时，纪录片的发展同样也实践了巴赞所倡导的“对现实的尊重”，发展了纪录片叙事的内涵，吸收了新现实主义的三种写实模式：影像写实主义、心理写实主义和感情写实主义。于是，纪录片在剧情片与非剧情片之间，在虚构与非虚构之间，扩展着纪录片的边界。

（3）修辞，作为传统语言学的三个分支（诗学和叙事学、逻辑学、修辞学）之一，它是一种劝说式的表述方式，也是一种表达方式的策略。因为，在现实生活中，有些事我们无法做出结论式的评判，而且现实中也不存在唯一的、达成共识的一套评判标准，更无法只用科学的逻辑来证明，这正是修辞学存在的必然。因此，面对这些问题，我们常常会使用多种表达方式，为的是能够指导舆论或在公开讨论问题时赢得赞同。自然，纪录片的修辞，也就是试图以一种或多种能够传达出制作者独特看法的方式来讲述这个世界，使观众认识到“观念”的价值，并激发起人们行动起来，接受与现存社会有着联系的感情。在罗伯特·弗拉哈迪的《北方的纳努克》中就可以清晰地看到，这种修辞方式在展现奇观、讲述故事、营造诗意的场景中，是怎样地实现着制作者对客观世界的表达。

在苏联革命胜利初期的那些影片里，带有明显的修辞性。诸如吉加·维尔托夫的“真理电影”系列，谢尔盖·爱森斯坦的《罢工》、《战舰波将军号》，爱·苏伯的《伟大的前程》、《罗曼诺夫王朝的没落》等。这些作品中的蒙太奇技术奠定了“宣教”的基础。这种“宣教”在20世纪30年代被英国的约翰·格里尔逊应用到了纪录片里。当然，早于约翰·格里尔逊，自觉地将纪录片的品格进行提升的是苏联的吉加·维尔托夫，他倡导“电影眼睛”理论，形成了“真理电影”的创作风格，在《带摄影机的人》中极大地发掘了“电影表现的可能”，开启了法国“真实电影”的先河。然而，刚刚步入社会主义时代的苏联，电影工业尚不成熟，思想意识形态也逐渐被“社会主义的现实主义”所垄断，这便注定了天才而有个性的吉加·维尔托夫不得不早早地卷了铺盖卷儿，黯然神伤地去了遥远的边城……而约翰·格里尔逊，却真正地为纪录片的创作开辟了一个相对安全、稳定的发展空间。随后，到了30年代中期，美国的帕尔·劳伦兹在《开垦平原的犁》和《大河》中进一步弘扬了这一脉风格。至今，此风不熄。

于是，一种比诗意的模式更具修辞性或政论性的表述方式，一种为传达信息或赢得支持的理想模式——“解释型”纪录片自然兴起。它直接面向观众，通过字幕或旁白提出观点、展开论述、讲述现实。约翰·格里尔逊的《飘网渔船》、尤里斯·伊文思的《西班牙的土地》，弗兰克·卡普拉的《我们为何而战》等成为早期“解释型”纪录片的经典之作。

由于“诗意型”纪录片过于抽象，“解释型”纪录片又过于“说教”，二战后受意大利新现实主义的影响，加之到了20世纪60年代，由于16毫米移动摄影机和磁带录音机的应用，一种“观察型”纪录片便兴起了。它主张放弃一切“操控”手段，不用画外解说、没有辅助音乐或音响效果、不插入字幕、不搬演历史、不出现拍摄行为、不做任何采访。美国弗雷德里克·怀斯曼的作品最具典型性。

然而，随着纪录片创作实践的发展，创作者越来越感到“观察型”纪录片在表述空间与时间中的极大限制。于是，一种缘于人类学和社会学基础的表述方式——“参与型”纪录片出现了，它强调拍摄者与被拍摄者之间的互动，倡导纪录一种“在场”的真实。

随着一系列自我认知理论的不断传播，随着自我主观意识的进一步开掘，一种比“参与型”更进一步的纪录片的表述方式是“自我反射式”。这种表述，注重的是纪录片制作者和观众的协商过程，制作者不仅谈论现实世界，也谈及他在表述现实世界的过程中遇到的问题和麻烦。一种立体的、多维度的、表述真实的方式产生了。

而到了20世纪八九十年代，一种不满过去那种表面含蓄、客观的做法，而直面自我、直面个体特殊感受的“表述行为式”的纪录片出现了。它非常感性地而不是冷静地把“我们”共有的现实世界指给“我们”看，强调表现个人经历和记忆的“主观性”，这种表述方式脱离了对现实的叙述，如阿伦·雷乃的《夜与雾》。

总之，沿着纪录片发展的脉络，按照纪录片表达方式的独特风格或“本质特性”，比尔·尼科尔斯分列出了6种基本的纪录片制作模式，即：诗意型、解释型、观察型、参与型、自我反射式和表述行为式。同时他还指出，不同的模式也会相互交错重叠，而每一种纪录片表现模式的兴起，从某种程度上说正是基于纪录片制作者对先前的模式感到局限，而感到越来越不满意的不断突破；当然，这种突破还缘自对技术不断发展的回应以及社会环境不断改变的结果。从这个意义上说，纪录片表达模式的流变意味着纪录片史的发展。

面对纪录影像，无论是对它的表述，还是对它的解读，这一切都被纳入了比尔·尼科尔斯整体性的思辨框架中，既自在，又具张力。

意识形态的诗意美化

——莱尼·里芬斯塔尔的纪实影片创作

林少雄

纵观人类历史我们常常会发现，电影在发展过程中，总是和意识形态结下密切的关系。将纪实影片与意识形态紧密联系起来，始作蛹者当属维尔托夫，继之者则非格里尔逊莫属。然而在电影史上第一次完整、系统地将某一社会思想进行图像化、个性化和诗意化表述的尝试，特别是在一个国家意识形态不断专制化的过程中，以这类影片起到战争所未能起到的作用，则是德国女导演莱尼·里芬斯塔尔（1903～2003）。

一、莱尼·里芬斯塔尔之前德国电影的纪实风格探索

在莱尼·里芬斯塔尔之前，德国的电影界就已经开始崇尚影片纪实风格的营造。这种追求主要表现在被称之为“新客观派”的美学追求之中。

“新客观派”以派伯斯特为代表，在其早期影片中，就已经开始逐渐地抛弃表现派那种幻想和“室内剧”的象征做法，而是力图去表现一种直接的、不虚饰的和客观的风

格。他在《没有欢乐的街》之后，根据爱伦堡的同名小说摄制出了一部优秀的无声片《珍妮情史》。在这部影片中，派伯斯特并不希望观众看了以后认为其非常好看，而是希望他们看了以后说："这影片多么真实！"出于这种真实的需要，派伯斯特在影片中极力追求布景、摄影和演技的极度简练。也正是出于这一考虑，他避而不用强宁斯或其同类的喜剧演员，即那些专门喜欢用夸张的台词和动作的演员，而宁愿用美丽的女演员路易丝·布鲁克斯这个热情洋溢而令人难忘的"活的模特儿"来演出。在他看来，所有这一切努力，都是为了服从于故事叙述的清晰。也正因为如此，当时有人把派伯斯特列入了"新客观派"的阵营中。

但无论"新客观派"这一称呼是否准确，其美学追求却几乎是相同的，这就是：其一，追求艺术风格的真实。为了达到这一目的，他们排斥喜欢用夸张台词与动作的演员，在布景设置、摄影风格及演员技巧上，追求极度简练，而在故事叙述上，则追求清晰流畅。通过这种种努力，让观众感受到一种生活的真实。

其二，追求表现题材的真实。这一倾向早在无声影片晚期，就已表现了出来，即由贵族视角转向平民视角，由贵族生活转向平民生活，从而在表现大众生活与大众梦想方面迈出了新的一步。这一点在《世界电影史》中有着简明的记述："无声电影末期，表现平民的潮流更为明显。在这一趋向中，有老导演乔·梅伊的一些手法巧妙的作品（如《囚徒之歌》、《沥青路》）和里奥？米特勒的《街的对面》，后一影片描写一个大海港的贫民区凄惨的生活情景。"

其三，追求拍摄场景的真实。从电影诞生之初，在激烈的电影行业竞争的第一个回合中，卢米埃尔兄弟就以其在现实生活中真实的场景拍摄，战胜了爱迪生在摄影棚中刻意安排的拍摄。在人类以后的电影史上，真实拍摄成为了屡屡战胜场景安排的制胜法宝。到了德国电影从无声片向有声片的发展阶段，有一个很重要的现象，就是拍摄场景从摄影棚里移向了现实生活，从而拍摄出了一大批更接近于真正现实主义的影片，这些影片主要是摄影师菲尔·尤齐在西莱西亚拍摄的《我们每天的面包》和在柏林拍摄的《穷人的地狱》。这两部影片虽然也是用演员来演出的，但却是在现场而不再是在摄影棚里拍摄的。

在这种现实主义思潮的影响下，既往影片的英雄主义主题也出现了不同程度的变化，即由戏剧化的虚构转向了生活化的纪实，由主人公与命运的抗争转向了人类对自然的征服，这在当时被誉之为另一种"英雄主义的尝试"。"'英雄主义的尝试'即登山影片，乃是阿诺德？范克博士和他的摄制人员——摄影师许内贝格、男演员路易·特伦克以及前女舞蹈家莱尼·里芬斯塔尔——专长的影片样式。登山者的沉着大胆，凶猛的暴风雪和雪崩，优美的滑雪姿态，雄伟的山峰，经年不化的积雪，飘浮天空的片片云朵，这些在范克的许多影片里（如《滑雪乐》、《雪崩》、《命运之山》），都被熟练地用来作为主题或题材。他的最后一部无声影片《帕吕峰的白色地狱》是由派伯斯特协助摄制的，后者只在这部影片里对登山片作了一次尝试。"随后，范克博士摄制的表现登山运动的纪录片如《滑雪乐》等（1923～1925年），也使登山片纷纷出现，这类影片的摄制，也就直接地促成了范克后来一些同类题材故事片的制作。

与"英雄主义的尝试"类的影片精神相一致，另一类影片则力图通过对人类自身力与美的展示，表现出人类自身的英雄性格，这就是竞技与体育类文化影片。它们得到了当局及电影行业的重视，在乌发公司一系列鼓励措施的刺激下，这类影片的生产不断转向兴盛。例如在乌发公司的支持下，1925年由威廉·普拉葛和考夫曼博士执导拍摄了《力与美》一片，这部大型纪录片通过其中一些具有仿古代风格的演出，歌颂和赞美了人类的体育精神和裸体主义的思想主张。继这部稍带浮夸、但具有真实性的纪录片之后，几部同类题材的影片又陆续出现。

从以上这种现象我们可以知道，当时德国电影在现实主义创作原则的指导下，出现了两大类主题：其一是对人类精神与意志的歌颂，其二是对自然与社会中力与美的展示，这两方面主题的不断凸显，使得德国当时一大批电影工作者的创作都围绕这一主题进行。在这种背景下，里芬斯塔尔电影活动也不例外地以这两个方面为重要主题。甚至可以说，她一生的电影创作，皆以这两个主题贯穿始终，因此如果忽略掉特定时代背景下的某些政治因素，仅仅从艺术的角度考虑，这种主题就成为了解读她的作品的一把钥匙。当然，她一声走过的曲折坎坷的艺术道路，她所获得的独特丰硕的艺术成就，首先与她传奇的人生与丰富的阅历有着密切关系，因此要想很好地了解她的艺术，首先必须了解她富有传奇色彩的人生。

二、里芬斯塔尔的生平简介

德国是一个神秘的国家，德意志民族是一个独特的民族。这是一个艺术的国度，在这块土地上，培育出了诸如歌德与席勒、贝多芬与瓦格纳等一大批伟大的艺术家；这是一个思考的民族，黑格尔与康德、叔本华与尼采、胡塞尔与海德格尔等一大批驰名世界的思想家的出现，使得这个民族以思考的深沉及思想的深刻而独立于世界民族之林。

1903年，有一个女婴出生在这个艺术与思想的国度，她早期是否受到家庭环境的影响及艺术方面的素质训练，由于客观资料的限制，我们今天很难了解具体的细节。然而我们知道，早在1922年19岁时，里芬斯塔尔就已作为一个舞蹈演员在慕尼黑正式登台演出，从而开始了她一生漫长的艺术生涯。

也许是天降大任，也许是命运安排，就在她即将大显身手之时，演出中一次不幸的腿伤，差点使她的艺术生涯夭折，然而也正是这一次意外的皮肉之苦，成为了她一生命运转折的契机，因为正在她为自己的伤痛感到烦恼之时，一张决定她日后命运的海报出现在她面前：这是一张20年代在德国盛行一时的“高山系列电影”、由当时德国著名导演范克执导的电影《命运之山》的海报。这张海报吸引她进入影院，而当里芬斯塔尔看完影片从影院出来时，她认定电影将是她今后的整个生命。

也许这部影片的名称，也正好成为了她一生事业的隐喻象征：电影成为了横亘在她面前、并需要终其一生不断攀登的一座命运之山，而从事电影艺术事业，将会成为她一生的宿命。

于是在冥冥之中命运之神的示意下，她给该片的电影导演范克写了一封自荐信，她在信中自信地说：“请让我主演你的电影，只有我才是你电影中的女主角。”也许是她的自信与执著打动了导演，导演约见了她。导演与她见面后，感觉她的容貌与舞蹈演员出身的形体符合自己电影的要求，但她的腿伤却无法保证电影的顺利拍摄。里芬斯塔尔知道了导演的担忧后，她二话不说，以献身电影艺术的果敢精神直奔医院，做了腿部外科手术。这是一次命运的赌博，因为如果手术失败，她的腿就可能永远残疾，她将终身无法站立。也许是天悯英才，也许是她意志的坚强，总之手术获得了非常的成功，因之她本人也就获得了在《圣山》中出演女主角的机会。

年轻貌美的演员，挺拔险峻的冰山，一

望无际的雪原，坚忍不拔的意志，对自然美的展示与对人格力量的赞美有机地融为一体，再加上渗透其中的纪实主义精神，影片具备了作为现代商业艺术与丰厚人文底蕴的重要因素，因此《圣山》上映后大获成功，而里芬斯塔尔也一举成名。

第一次从事电影表演的尝试即成名，使得里芬斯塔尔在艺术起步之初，就有了一个较高的起点。然而无论是作为一个对外部世界充满好奇与探究精神的年轻人，还是作为一个对电影有着不懈追求与志存高远的艺术工作者，里芬斯塔尔都没有陶醉在成功的喜悦之中，同时她也不仅仅满足于将自己局限于单纯的表演方面，而是力图进行整个电影拍摄诸环节的实践活动，因此除了继续表演之外，她还凭着自己天才的领悟力与丰富的想象力开始自己撰写剧本，并毅然决定自己投资进行拍摄。

1932年，由里芬斯塔尔本人出任编剧与制片、自己担任导演与主演的影片《蓝光》，获得威尼斯电影节的银奖，她的事业达到了一个顶峰。就在她事业出现辉煌的时刻，她因与希特勒的相识（正是一个艺术家与一个野心家的相遇），成就了电影史上一个特殊的奇迹，而她本人也从此走上了一条不同于普通艺术家的人生之路。

首次听到希特勒这个名字，是在一次朋友聚会上。在这次聚会上，希特勒成为了人们重要的一个话题，而对于希特勒的评价，不同的人有着截然不同的观点，这引发了她无法抑制的好奇心，从而开始了对希特勒的关注。在这种好奇心的驱使之下，她去听了希特勒的一次演讲，结果，她立即被其辩才与魅力所吸引，对希特勒的演讲钦佩异常，认为其演讲“好像是奔腾而下的瀑布”。她立即主动给希特勒写信，表示支持他的政治观点。希特勒接信后即安排时间接见她。

而早在希特勒准备全面推行自己的极端思想的30年代之前，莱尼·里芬斯塔尔就以其迷人的影星风采和超群的艺术天才引起了希特勒浓厚的兴趣。舞蹈演员出身的里芬斯塔尔，在成功地成为电影明星和模特儿之后，对电影导演工作产生了浓厚的兴趣，并自导自演了一系列风格鲜明的影片。

不知是她的艺术才华为希特勒所赏识，还是因为希特勒出于灵敏的政治嗅觉而觉得她可以利用，抑或是最简单的男女之间的互相倾慕，总之这次会面非常友好和融洽，希特勒向她保证，一旦自己大权在握，一定邀请她为纳粹党拍摄电影。

历史的发展与时事的变化，总是在使一部分人失意落寞的同时，不断地顺应另一部分人的个人愿望。纳粹的登台，不仅为希特勒大展政治宏图提供了机遇，同时也为他实现自己许下的诺言提供了机会。就在纳粹党执政伊始的1933年，里芬斯塔尔果真被邀请为纳粹党拍摄影片，且在后来成为了希特勒唯一信赖的电影导演与摄影师。

随着两人之间的互相好感及希特勒的垂青，她的名字和命运便与希特勒以及他的第三帝国密切联系在了一起，从此她不仅开始了充满传奇的一生，同时也为电影艺术的发展作出了全新的尝试。因此当希特勒掌权伊始，希望里芬斯塔尔拍摄纳粹党年会的纪录片时，她欣然接受了这个任务。

在她开始工作时，由于希特勒的大力支持，她信心十足。尽管如此，这部影片的拍摄还是遇到了重重困难，其中最主要的是受到了希特勒的宣传部长戈培尔的干扰。有一种说法认为，戈培尔之所以要对其百般阻挠，是因为惧怕里芬斯塔尔的受宠，会影响到他本人对德国电影的控制；另一种说法是因为她与希特勒直接联系而忽略了戈培尔的权利；还有一种说法，是戈培尔也暗恋着里芬斯塔尔，因爱不得而生怨……

公与私、男与女、爱与怨、竞争与嫉妒、

政治与艺术……当这些本来就很复杂的元素纠结在一起时，情形将变得更为复杂。无论如何，由于纳粹党的宣传部长给她设置障碍，因此她遇到的阻力是很大的。

在这件事上，希特勒始终站在里芬斯塔尔一边，因此当她向希特勒告状时，希特勒告诉她："你可以绝对随心所欲地拍摄。"结果尽管遇到了重重困难，但由于有纳粹的全力支持与充足经费，她按计划拍摄完成了《忠诚的胜利》（一译《信念的胜利》）。

也许是因为初次执导这类题材与类型的影片，也许是因为受到了戈培尔的干扰，总之这部影片没有取得多大的艺术成就，结果只拍成了一部新闻简报式的东西。但这部影片却为她随后的《意志的胜利》一片的拍摄，提供了许多必须而又难得的经验。

虽然这部影片没有取得多大的艺术成就，但是希特勒的鼓励与特别授权，不仅鼓舞了她的意志，更为重要的是也为她后来的拍摄提供了得天独厚的条件：这就是社会地位（话语权）与充足的金钱。对于纪实影片的创作而言，这尽管不是一部影片能否拍好的必然条件，但却是一部影片能否进行拍摄的唯一条件。作为与政治首脑的密切个人关系直接或间接地影响到艺术家艺术成就的范例，里芬斯塔尔在人类历史上不是第一个，也绝不会是最后一个。

正是具备了这一条件，因此，当1934年纳粹在纽伦堡召开党代表大会而向她发出拍摄邀请时，她便率领170多人（其中77个摄影师）的大队人马，欣然前往纽伦堡安营扎寨，对这次纳粹党代会进行全方位的深入拍摄。

这次拍摄阵容巨大，"在人员、器材的筹备上兴师动众，规模空前。不久她便组成一个包括16名一流的摄影师以及摄影助手和其他辅助人员在内的120人的摄制组。30台摄影机和4辆装有话筒的汽车供工作使用。另有22辆配备司机的汽车和身着制服的机动警官全部由她调遣。她认为在大会进行的一周内，即从1934年9月4日至10日，为了工作的方便，全体人员必须住在开会地点纽伦堡。但是，旅馆已经预订一空。预计前来纽伦堡的人数将是当地居民的三倍，多达一百多万人。纳粹的一名高级官员尤利乌斯？斯特赖奇把他在纽伦堡的一栋楼房借给他们使用。她去查看了一下，那里既没有家具、水电供应，也没有电话，只有几十间空荡荡的房间。这使她感到沮丧。但是，就在48小时之内，奇迹在她的眼前出现了。在120人居住的卧室里，整齐地摆着家具，办公室、会议室、暗房也准备就绪，电话交换台安装完毕，厨房、餐具和人员也已配备齐全。"不仅如此，整个纽伦堡市区按照她的拍摄要求，以空前的规模修建了专门让她用来进行拍摄的桥梁、带电梯的塔和斜坡，并配备了装有云梯的消防车和其他车辆。

在拍摄过程中，个性强悍的里芬斯塔尔不惜冒着与主管纳粹宣传的戈培尔闹翻的危险，坚决按照她对希特勒法西斯政治的理解，以一种集艺术性与纪录性于一体的凌厉风格，纪录了刚夺取政权不久自命为德国救世主的气焰嚣张的纳粹党代会的全过程。

拍摄制作完成后，这部被命名为《意志的胜利》的影片，于1935年3月28日晚在柏林最大的剧院乌发剧场进行首映活动。当放映即将开始的时候，披着名贵裘皮大衣、分外妖娆迷人的美貌导演里芬斯塔尔从汽车里走了出来，她面带微笑地向欢呼的人群招手致意。许多等候在那里的人把手伸过警戒线想要触摸她，甚至还有人向她送去飞吻……不一会儿，一辆黑色的奔驰轿车轻捷地驰入剧院的停车场，希特勒从车中走了出来，在下车的一瞬间，他伸出右手做了一个纳粹式的致意，立即就消失在剧场里了。由于影片自身的艺术成就及希特勒的高度重视，首映活动取得了空前的成功，从而也将导演里芬斯塔尔送上了艺术事业的巅峰。

接下来的1936年，里芬斯塔尔拍摄了一部反映柏林奥运会的电影《奥林匹亚》。在这部影片的拍摄当中，里芬斯塔尔像拍摄《意志的胜利》时一样，仍然动用了大量的人力物力，带领庞大的拍摄队伍进驻赛场。为了获得表现动态的新颖角度，她甚至不惜冒着妨碍比赛的批评，在场地上开挖沟槽，把摄影机埋入地下，以仰视的角度拍摄运动员，甚至她还租赁飞机进行高空航拍。后来有论者认为，里芬斯塔尔的这种上天入地、大肆铺张的气势，完全使奥运会和她的这次拍摄关系颠倒了——不是她为奥运会拍摄《奥林匹亚》，而是为了她拍摄《奥林匹亚》才召开了这次柏林奥运会。无论如何，这部影片中又一次展现了她作为天才艺术家的必备素养：超越的时空结构能力、超级的镜头把握与创新能力以及超常的想象力。影片在威尼斯电影节上得了金奖，这部影片对纳粹德国从一战废墟上重新崛起和其称霸世界的野心作了深刻的宣传。

尽管因电影解说词中充斥着“战斗”、“征服”等词汇、好战气势咄咄逼人而常常为人所诟病，甚至其中对力与速度的赞美，也常常容易使人联想到纳粹一贯宣扬的日尔曼人种优越论，然而由于其天才的艺术表现力，仍然创造了一种全新的纪实美学风格，如影片中对跳远、跑步、跳水等动作的纪录镜头，即使在传媒技术与传媒理念极度发达的今天的人们看来，仍然具有开拓与创新意识，因此直至今日，《奥林匹亚》仍然可以视为纪实影片的优秀教案。

战后，里芬斯塔尔自然受到了盟国的清算。她先是被美军逮捕，后又成为法军的阶下囚。“希特勒的情妇”、“纳粹女传教士”等成为了她的罪名。随后，在西德的非纳粹化运动中，里芬斯塔尔在第三帝国时代的作用一直成为人们议论的焦点。尽管非纳粹化委员会对她最后作出的结论不是“纳粹分子”，而是“纳粹同情者”，但她仍然要面对大量的指责。她反复辩解，认为自己是一个只在艺术上追求完美的人，自己的电影“全部都是真实的，因为不要解说，所以没有倾向性的说明。那是历史，是历史本身，是单纯的报道，事实的电影化”。但是，她的辩解没有奏效。一位美国女作家尖锐批评里芬斯塔尔的电影，“不仅仅是一种现实的再现，更是为了制造记录而制造了现实，并最终以记录取代了现实”。

这种由于意识形态问题引起的争论，使得各种麻烦接踵而至，最明显的例子，便是里芬斯塔尔在战后长期受到了欧美电影界的抵制，对于一个一生热衷于电影事业的人来说，这无异于彻底葬送掉她的艺术生命。然而无论从其性格，还是其事业心，都不允许她就此沉沦，因此从1956年开始，在经历了短暂的沉默之后，不甘寂寞的她开始深入非洲内陆，拍摄反映广袤的非洲大地自然风光的影片，这一拍摄活动一直持续到了20世纪70年代。

1971年，争强好胜的里芬斯塔尔隐瞒了她自己68岁的高龄，通过种种努力，考取潜水执照，从此开始了人生的又一个新阶段。从1977年起，她开始水下摄影，从而开始拓展了她纪实影片拍摄的视阈。

20世纪80年代，在《莱尼·里芬斯塔尔回忆录》(*Leni Riefenstahl：A Memoir*)一书中，她开始为自己辩护，否认自己为纳粹党党员，同时也不承认自己与希特勒有私情关系。与此同时，在沉默了近半个世纪之后，她富有传奇色彩的一生重新引起了新时代电影人的关注。

1993年，一部由德国与比利时合作拍摄的名为《莱尼·里芬斯塔尔壮观而又可怕的一生》(*The Wonderful and Horrible Life of Leni Riefenstahl*)的传记影片再次引起人们对她评价的话题。

在这部电影中，虽然里芬斯塔尔仍然对她影片的历史作用讳莫如深，但有一点看法却是值得深思的，即她坚持认为，个人是无法回避历史的包围与纠缠的。这实际上在另一种意义上，不无深刻地揭示了人生的哲理与人性的无奈：任何个人都是一定时代的存在，因此除了极少数天才，一个人很难超越时代的观念与思维。一个时代有一个时代的思维与视界，因此在这一时代，不是个人要进入历史并成为历史的一部分，而是历史在选择了个人的同时，个人的思维与观念必然会受到时代的限制。更值得注意的是，作为一个艺术家，绝大多数人会在特殊的历史时期，在政治立场上缺乏判断力，这种例子数不胜数。当然，我们并非替里芬斯塔尔的亲纳粹行为辩护，但有一点却不能不引起我们的思考，即在一个极权社会，作为普通社会的成员之一，是否应为自己的个人行为承担起全部的责任；在时过境迁之后，我们能否拿今天的眼光来评价当事人彼时彼地的言行，如果可以，这是否就是一种严肃的历史的态度？

如果说这种抽象的思辨意义不大的话，那么直到最近发生的一件事，是否有助于我们对里芬斯塔尔的重新认识呢？2001年，她还以98岁的高龄，带着摄影师及助手远赴非洲去拍摄苏丹中部卢巴峰的秀丽风光，而她乘坐的直升飞机在3月1日突然坠毁在苏丹北部地区科尔多凡的阿尔奥贝德机场上，令人难以置信的是，她竟安然无恙，而机上的另一位德国摄影师和一名苏丹人却因大腿骨折和手臂骨折住院治疗。她本想在晚年最后一次故地重游，没想到偏偏赶上了这起空难，使她的愿望落空。万般无奈下，她于1日晚返回德国，并立即被送进医院接受检查。从这件事我们返观她一生的所作所为，就会发现，她一生影片拍摄的活动，也许有许多因素促成，但其中可能有最为重要的一点，即对电影的热爱及这种热爱所引发的令人钦佩的敬业精神，是引发她一生所有功过是非的最根本原因。

三、里芬斯塔尔的纪实影片主题

如果说“英雄主义的尝试”类影片直接将里芬斯塔尔引向了电影，不仅使她的人生轨迹发生了彻底改变，同时还形成了她作品一生重要的题材与风格，以至于她在前不久的晚年，还以80岁的高龄去野外进行拍摄，那末竞技与体育类影片对人类自身力与美的展示，则直接地影响到了她后来影片的风格。

在电影史上，我们时常可以看到一部影片的拍摄成功，常常是编导摄制人员共同努力的结果。然而很少有人注意到，一个导演的成功，或一部影片的拍摄，常常却是一些非常微妙的因素在起着作用，至少在德国电影史上，里芬斯塔尔的成功总是同希特勒有着这样那样的微妙关系，以至于她一生事业成就的巅峰，人生命运的转折，影片成败的褒贬，都与这段经历密切相关。其实如果仔细分析，我们就会发现，里芬斯塔尔对希特勒的崇拜，是有其独特的个人原因与特殊的文化氛围的，她曾经在接受一家报纸的采访时说：“对我来说，希特勒是历史上最伟大的人。他非常朴素，而又充满男性的魅力，真是一个完美无缺的人。他全身放射出一种光芒。”由此可见，里芬斯塔尔对希特勒的崇拜，一方面源于希特勒作为男性的个人魅力，另一方面则源于其作为独裁者的思想魅力。

如果稍作深层分析我们便会发现，正是对人类自身力量、魅力的赞美与展示，对人类精神意志的赞美与揭示，构成了人类艺术史的永恒主题。其实，也正是这两方面的内容，构成了她后来影片的重要主题。这一点今天最容易引起人们的争议，因为按照人们的传统观念，作为一个伟大的艺术家，作为一个有良知的艺术工作者，她总要表现出深刻的思想与独立的人格，然而事实上作为敬业的知识分子，作为浓郁的德意志文化精神熏陶下的对思想由衷崇拜的一个德国人，对思想的认同可能要远远大于对思想的危害的认识，更何况当这种思想以民粹的形式为其外衣时，就更具有了一种蛊惑与煽动性。而希特勒对里芬斯塔尔的欣赏，我们则很难分析到底是由于个人魅力的吸引，还是出于政治家特有的灵敏嗅觉，总之，里芬斯塔尔可以说是第一个完整、系统地将纳粹的思想进行图像化、个性化和诗意化表述的电影人，特别是在德国国家意识形态不断纳粹化的过程中，这类影片客观上起到了战争所未能起到的作用。

一种政治集权的兴盛，有多种因素，然而其中一个非常重要的因素，便是控制和运用所有宣传工具，为新的政权营造舆论。

希特勒德国的独裁统治能够在30年代迅速崛起，历史学家有许多论述，如果单从电影发展来看，与其制定的一系列政策有着密切关系。早在希特勒执政之初，其任命的国民教育和宣传部长约瑟夫·戈培尔开始控制一切宣传手段的行动，他大量解雇非纳粹从业人员、不断削减电影俱乐部、完善和强化审查制度、亲自审批编辑人员，通过这一系列的措施，电影的摄制、发行、演出被牢牢地监督控制在了他的手中。

作为最富个性化的艺术家，里芬斯塔尔的性格中是充满矛盾的，也许正是这种矛盾性格，成就了她的艺术。“在里芬斯塔尔一生中，她一直被对立的两者吸引，像高山与平原、崇高的首领及乌合之众，白种亚利安民族及非洲有色土著——这种二分法也反映在她这部《奥林匹亚》中。《奥林匹亚》长达205分钟，是一部纪录1936年在柏林举行的第十一届奥林匹克运动会的影片。《意志的胜利》将希特勒描述为天神，而《奥林匹亚》则显示希特勒仅是众多运动迷中的一个平凡角色。同样的，《奥林匹亚》是部伟大而重要的影片，它在电影形式上是部大师之作，但它也是部特别赞颂雅利安人种身体上强壮、健康及善于运动的纳粹宣传之作。”也许正是这种个性，使得她可以在影片中不断地弱化意识形态的因素，同时不断地强化艺术的审美感受。“《奥林匹亚》真正而言仍是部运动影片，它偏重运动，片子的诗情重于政策，而运动员个人的技艺重于集体意志。四年前，奥运在当时号称世界电影界首都的洛杉矶举行，但仅有新闻片记录此一活动。纳粹党人的看法不同，他们将本片策划成一个为达成特殊宣传的影片纪录，而它乃是藉由描写在德国国土上的国际运动家精神来完成这个目的，本片希望表现出德国运动员的健康与活动力，推而广之，更是德国人民的健康与活力，它进一步希望，能加强德国乃是一个爱好和平与友好的国家这一观念。

四、《意志的胜利》的文化解读

在《意志的胜利》中，里芬斯塔尔通过真实的影像，将她自己对当时政治的理解及对意识形态的赞美完整地表现了出来，并通过以下几方面的努力，达到了对纳粹党的赞美及对希特勒的神化的目的。

其一，将纳粹的意志与思想艺术化。作为对既往人类文明史即社会成员个人理性的反动，纳粹思想对于人类文化的发展有着巨大的危害。作为纳粹党代会真实记录的《意志的胜利》，迥异于以往的宣传影片，既没有明确地表达出纳粹党的任何方针政策，也没有将直接宣传意识形态作为影片的首要目标，它抛弃了一般政论性影片的知识、逻辑、理论，而是通过直观的形象画面，充分地调动镜头、拍摄角度、构图、剪辑、音乐、置景、灯光等电影艺术的一切手段，以诗意化、非理念、高度艺术化的象征性影像，以视像本身充满丰富意蕴的象征性隐喻，以富有亲和力的情感投入，将纳粹的思想表现得隐晦而又明白、节制而又淋漓尽致。

其二，将政治叙事诗意化。在人类纪实影片的历史上，一般的政治性影片，总是以意识形态的直接宣扬为其主要的叙事策略。与这种宏大的政治叙事不同，《意志的胜利》摒弃了传统政治影片宣言式的语言暴力、蛊惑性的情绪渲染与主观色彩强烈的背景烘托，而是将政治深深地隐藏在了精美的图像与自然的场面之后，以具有强烈视觉冲击力的视像语言、具有浓郁艺术氛围的诗意化叙事，为坚硬的意识形态的内核，精心地包裹上了一层柔软的艺术的外壳，为整部影片笼罩上了一层浓郁的诗意化的面纱。“这部片子敏锐地关注一个接着一个的事件走下来，在高明的剪接中将六天活动不失活力与多样化地浓缩成面两个小时长度。当然，影片在叙事的连续上并不符合这个第六届党大会实际活动在时间上发生的顺序。此外，这部片子也并未巨细靡遗地包括了一切活动。因为，为了使影片具备戏剧性的节奏与过程，里芬斯塔尔重新安排每件事的次序，她要把散文般的偶发事件转化成诗的电影。”正是这些举措，极大地软化和消隐了意识形态的冲击力，而是代之以一种艺术的优美的形式感，使观众在不知不觉中接受影片的观念与视像的思想。也正因为如此，所以这部影片起到了德国军队在战场上用武力无法达到的效果。

其三，将希特勒个人神灵化。前边我们说过，里芬斯塔尔对希特勒的迷恋，很大程度上取决于希特勒独特的气质与偏激的思想。而希特勒本人对电影的重视，也成为了当时作为一个电影工作者的对其发生好感的重要原因，这一点在后来公开出版的关于《意志的胜利》一片拍摄准备的报告书中，人们发现的里芬斯塔尔所写的献给希特勒的颂辞中得到了证明：“元首认识到了电影的重要性。电影具有当代事件的记录者和说明者的作用，世界上有哪个国家把它看得如此深远……”“元首把摄制影片的重要性提到如此异乎寻常的高度，足以证明他像预言家一样看到了这种艺术形式的尚未被认识的潜力。纪录电影已为人们所熟悉，它既有政府委托制作的，也有政党为自己的目的而加以利用的。但是，国民的真实的、强烈的感受是通过电影这个媒介而激发起来的。这种信念起源于德国。”由此可见，里芬斯塔尔的拍摄原因，在于希特勒对电影的重视，并且在她自己而言，也已经意识到了艺术工作者通过电影而激发起观众热情的重要责任。因此早在进行影片拍摄之初，里芬斯塔尔就不仅已经对纳粹的思想与精神有着颖悟，同时也为希特勒本人的特异魅力所折服。

正因为有这种观念，所以里芬斯塔尔在《意志的胜利》一片中，一方面极力宣扬纳粹思想，另一方面则对希特勒进行神化，于是我们在影片中看到，一开始是德国上空浓云密布、烟雾缭乱的天空，用来象征当时德国动荡散乱、期待神灵降临的景象，显示这是一个正在等待新创世主前来开天辟地的混沌世界。当一架印有纳粹标志的飞机从天空飞过时，天空逐渐云消雾散、晴朗明晰，第三帝国的形象也逐渐清楚地出现在人们的眼前。当这架载着新的救世主的飞机降落在纽伦堡时，立即受到了人们的夹道欢迎。在欢迎“元首”的群众中，有妇女、儿童和士兵们，他们眼睛里含着泪水，手里举着小旗，高呼口号。一座具有中世纪情调的都市挤满了欢迎的人群，国旗随风飘扬，汽车在人群中慢慢地向前驶进。只此一组隐喻及象征镜头，就已经将希特勒彻底地塑造成了拯救德国的神灵。“里芬斯塔尔的电影给予英雄式的生活一种艺术性的表现，她的主题是希特勒必将德国复兴到昔日伟大英雄时代的高度，里芬斯塔尔为重新诠释德国神话而设计了许多动人的效果，经由英雄式的视觉影像及英雄式音乐曲调来交相呈现。这些，尤其在本片的开场最为明显，它包括了：亚伯特·史毕（Albert Speer）对大会集合有如建筑般的设计，拍摄希特勒的许多镜头均背对太阳或天空，大量的雾、云与烟的效果，还有纳粹的装饰与党徽、党员行进、节庆、集会及群众的敬畏与狂热。纳粹领导人的世界被处理得有如瓦尔哈拉（Valhalla）神殿一样，它犹如被烟云及雾气环绕的超然空间，百姓由英雄组成，它的统治则来自天上的神祇。赫勃特·温（Herbert Windtgt）的配乐不断令人想起瓦格纳（Richard Wagner）的歌剧《尼布龙根的指环》（*Ring der Nibelungen*），但他并非直接抄袭，而是更进一步以瓦格纳、民歌及纳粹党歌来融合成一种古代音乐传统的延续。”

其四，将纳粹活动仪式化。在人类文明史上，任何思想与观念的灌输及传播，没有任何一种形式能像宗教一样简洁明快、事半功倍。而宗教宣传的重要策略，就是将日常行为不断地仪式化、神圣化。对于宗教文化意识十分浓郁的欧洲来说，对于一种思想与观念的传播，其最简捷的手段与最直接的效果，莫过于以宗教的形式实施。里芬斯塔尔在影片中正是借助了纳粹集会宗教化的方面大加渲染，希特勒的出现，具有救世主降临的隐喻意义；纳粹领导人的舞台，被表现为神殿的形式；群众的集会游行，具有宗教巫术的形式；全篇缓慢而庄严的节奏，更让人感受到帝王或教宗的威仪；而精美肃杀的纳粹服饰、机械呆板的纳粹礼仪、希特勒手舞足蹈的布道式演讲、集会中由各种徽标组成的图腾式符号……所有这一切仪式化的努力，都在不断地强化与提升着纳粹的宗教本质。影片缓慢而庄严的节奏，犹如帝王或教皇等具有宗教性的活动的肃穆，从而不仅为荒诞的思想包裹上了一层神圣的外衣，同时也营造了一种宗教的威严。

其五，天才的场面调动能力及声、光、影、形的综合塑造能力，使得影片具有了视像艺术所能达到的最高艺术境界，从而也会在不知不觉中弱化或消解观影者对纳粹思想的厌恶与痛恨。尽管是一部意识形态宣传片，然而在对拍摄对象上，导演充分地运用了自己的场面调动与把握能力。“尽管里芬斯塔尔对于活动缺乏多样性有所抱怨，但她拍摄的事件本身在场面上仍十分撼人，而她更把这个撼人的场面做得异常振奋人心。她让摄影机尽可能地移动，尤其是题材本身不动时摄影机不断运动，透过这种视觉的运动与变化，我们开始置身于演说中，我们被迫以特写去注视演讲者而不是去听他陈腐的滔滔雄辩，甚至连希特勒的演讲也被摄影机的移动及剪接上的蒙太奇改变了。” 这种有意识的摄影机的摇动，在一系列连续不断变化的视点中，为呆板的场面注入了活力。

为了最大限度地实现这一目的，她不仅不断地摇动摄影机，同时也充分地考虑到了画面的动感。为了追求动感，她拍摄了迎风招展的旗帜；同样为了追求动感，她拍摄下了烟囱中冒出的青烟，从而为死气沉沉的建筑物赋予了一种轻盈的动感。不仅从街道向建筑物拍摄，同时又将摄影机由屋中渐渐推向窗户，随摄影机逐渐靠近窗户，窗户自动打开，随即摄影机横向缓缓地从屋顶上移过。通过空中俯拍，影片将因行动整齐划一而显得呆板僵硬的方队的沉重感，转化为运动中的动态镜头，并将其减轻为远远在下方移动的轻柔的线。当希特勒乘坐的敞篷车一路经过街道两旁的群众时，导演采用了同步跟拍的方法，因而使得观众也有了一种随行之感，因为摄影机正架设紧邻他身旁的车上，而我们越过他的车子回头再看，希特勒似乎也对我们紧追不舍。正是这种画面的动感，极大地增强了影像本身的活力，也为影片注入了一种气韵。

不仅如此，影片还极大地运用了多种综合性的影视语言与独特的叙事手段，从而赋予了影片以丰厚的文化底蕴。“在本片中，里芬斯塔尔精湛地融合了四项电影的基本元素：光亮、黑暗、声音及无声（silence）。也因为本片有其他基本的元素，所以它也不仅止于电影形式上的成就；这些元素包括：主题的、心理学的及神话上的叙事，而在上述这些元素的相互作用下，里芬斯塔尔已超越纪录片及宣传片作为一个典型的限制。她的艺术就是感知真实状况的本质，并把那个真实时刻形式、内容与意义转化成电影。透过她对神话的运用，里芬斯塔尔丰富了稍纵即逝的时刻在文化上的重要性，并延伸了那一刻的意义。她也由此转化了实景的纪录性片段成为她自己观看现实的神话式视野。因为上述这些理由，这部片子之后没有人能直接模仿，而当时的敌国也无法成功地利用片中的片段来重制成另一部影片来加以反制。”

其六，在影片中，几乎所有电影的强化手法，都被天才地加以运用。如摄影机角度的不断变化、天衣无缝的剪辑技巧、浓郁宗教与民族音乐的烘托、用心良苦的景物设置与灯光效果以及独特的叙事方式的选择，所有这些影视艺术的综合语言，都被充分地调动起来，不断地强化与影响观众的非理性心态，为自己的艺术目的服务。

其七，对德意志传统文化精神的借用与承续。在里芬斯塔尔看来，希特勒不仅是现世社会中的领袖，他同时具有神话传说中救世主的气质与身份。因此在影片中，她不仅运用各种镜头与画面将希特勒表现得高高在上，同时她还将德国的民歌、歌剧与瓦格拉的音乐密切结合，这就在希特勒及其纳粹精神与德国的民族文化精神之间找到了一种隐喻关系，从而为作品赋予了丰厚的文化底蕴，同时也就为纳粹的暴行寻求到了一种文化解释。这样，“虽然《意志的胜利》记录的是纳粹党代会，影片却没有明确表达党的任何方针政策和实在的意识形态。相反，直接诉诸大众情感层面的是非文字性的象征影像和含蓄的爱国吁求。就像希特勒无数次强调的，不是用争论、逻辑和知识而是用感情和信念方能支配大众。从形式上讲，影片围绕着片中的明星（党魁希特勒）建立了一种‘个性崇拜’，这是一个与自然、宗教和童话般家族式爱国主义紧密相连的直觉象征性光环”。正因为如此，该片不断地强化了乐观向上的爱国主题，这一主题在德意志民族精神的旗帜下，传达出了一种新的全民性的国家认同感，从而在全国范围内获得了思想与行动上空前的团结与统一。

正是因为以上原因，影片从头至尾充满了隐喻，以对宗教氛围的营造来隐喻希特勒的救世主身份；以不同的人群，隐喻德国的不同文化，如在影片即将结束时，不同的人群从镜头前一一出现，画面中的老农，代表了最古老的德国服装及音乐传统，年轻的男孩，代表了德意志民族的未来希望。此外还有纳粹精锐的秘密部队、劳工组织、不同党派的领导人以及大批妇女，所有这些都在暗示着纳粹对民众的凝聚力。以至于有论者认为：“以如此明显的方式捕捉到社会政治运动的精神与意识也许是空前绝后了，在过去和未来的电影中也仅有艾森斯坦的《波坦金战舰》及《胡士托音乐节》两部算是少数可与之匹敌的影片。”

事实上，在第二次世界大战中，无论是集权国家还是民主国家，都在利用电影进行着意识形态宣传，只不过手段不同、方法各异而已。“如同二次世界大战期间拍摄的影片可以证实的，不论是极权国家或民主国家，对宣传片都十分需要。就像他们的民主国家敌人一样，纳粹宣传片强调一种国家主义情感的热度，而他们甚至排除了理性的论述而热衷于明目张胆地煽动国家主义。事实上纳粹宣传片与民主国家的制作大不相同，他们从不解释什么，也从不了解他们的观众。纳粹的意识形态是建立在雅利安种族优越性的非理性基本教义上，服从元首（希特勒）的意志上，以及回归‘德国传统价值’的国家主义扩张上。为了宣扬这些教条，纳粹运用所有可行的方法与媒体。在德国国内的恐怖气氛下，戈培尔有效地运用宣传工具以使全国百姓都去实践元首的意志。”

正是这一原因，在国际社会以发展经济为主要思潮的今天，这部影片越来越被人们所重视，至少在意识形态的艺术表达上，有许多值得借鉴的地方。事实上从其诞生之日起，一直受到许多艺术家的推崇。如美国著名影评家保琳·凯尔在其《电影五千零一夜》一书中认为，人类“有史以来女性导演的两部最伟大的影片”，就是里芬斯塔尔的《意志的胜利》与《奥林匹亚》，特别是后者，是“一部伟大的诗意奇观，让人目不暇接的盛筵”，被《洛杉矶时报》誉为“摄影的胜利，并具有国际艺术的优秀品质”，正因为如此，该片1938年在威尼斯电影节上获得了最佳影片奖，并于1955年被好莱坞影评团评为“有史以来最伟大的十部影片之一”。

当然，这部影片也引起了广泛的争议，其中有人认为是一部充满了低级趣味的恐怖影片：

在这部浮夸的、狂妄地把希特勒奉为神明的影片中，即使那些夸张而低级趣味的镜头也含有它们的用意，像党卫军寻欢作乐的镜头，虽是片中一个轻松而平常的插曲，也同样带有这种用意。在一个描写兵营的镜头中，里芬斯塔尔以她那种女性的欣赏眼光，描绘出赤裸上身的男性美形象。但是，士兵们的竞技游戏，甚至他们的喧闹取乐，都带有一种狰狞凶恶的气氛，这种气氛给人极不快的感觉，而这位女导演自己却全不觉得。观众好像是处在关野兽的栅栏里，看到了那种即将向欧洲袭来的野蛮景象。

《意志的胜利》是一部粗糙而非常夸张的影片，大部分由描写仪式和讲演的镜头构成，因此它在无意之中成了一个很有意义的资料，暴露了它所歌颂的政权的两面性，即表面上的彬彬有礼和骨子里的野蛮。

无论如何，越是充满了创新意识并获得成功的影片，越是会充满各种不同见地的交锋与碰撞，这也表明了艺术作品接受者个人文化背景与观念的差异。因此这种批评不仅针对这部影片，事实上也涉及到了对于里芬斯塔尔其他影片的激烈批评：

《奥林匹亚》这部驰名国外的影片，它的价值更不如《意志的胜利》。里芬斯塔尔这个女导演的低级趣味——同时也是纳粹政权下的低级趣味——在影片一开始用“叠化”方法交替表现一些赤裸身体的运动员和油光光的人体像时，就十足显示出来。为了摄制这部影片，曾运用了大量器材资金，并且花了两年时间，把几十个摄影师拍摄的好几公里长的胶片加以剪辑，因此在某些插曲里，尚能传达出雅利安或非雅利安族运动员的健康美和造型美。这部描写奥林匹克运动大会的巨型纪录片，虽然在商业上获得了很大的成功，但它在艺术上的严重缺点，在今天看来尤其明显。

时代在发展，观念在转变，一部真正的艺术作品，总是在不同的时代会被赋予不同的价值。事实上越是成功的作品，对其理解就会越是充满争议，因为越是非凡的作品，就越是为人们提供了更加广阔的阐释空间。因此随着时间的发展，这种争论将会一直持续下去，然而对于一个真正的艺术家来说，这不但丝毫无损于其艺术成就，而且在某种意义上证明了其影片巨大的艺术魅力之所在。

参考文献：

乔治·萨杜尔：《世界电影史》，中国电影出版社，1995年版。

埃里克·巴尔诺：《世界纪录电影史》，中国电影出版社，1992年版。

顾铮编译：《希特勒惟一信赖的女导演》，见《艺术世纪》2001年第3期。

里查德·巴森著，王亚维译：《纪录与真实》，台北远流出版公司，1996年版。

游飞、蔡卫：《世界电影理论思潮》，中国广播电视出版社，2002年版。

中国纪录片年鉴 2007

2007 CHINA DOCUMENTARY YEARBOOK

中国广播电视协会
纪录片委员会

2007 china documentary yearbook

2007 CHINA DOCUMENTARY YEARBOOK

中国广播电视协会纪录片委员会

2006年工作小结

2006年在协会领导下，围绕中广协会的工作要点，完成了如下工作。

一、学术活动

2006年3月29日至31日，在海南三亚举行2006年度中国纪录片论坛暨学术研究院、创作委员会成立大会。高峰论坛上，国际知名专家学者、美国国家地理频道执行副总裁史蒂芬先生、英国皇家人类学学会电影委员会负责人苏珊娜女士等，通过互动的方式让与会代表和国际纪录片专家学者零距离接触，探讨节目创意、制作、营销等诸多方面的问题。国外专家演讲的主题为：(1)关于纪录片的创作理念和商业运营模式；(2)国际地理历史类及自然类节目创作手法和发展；(3)具有社会意义的纪录片。广电总局副总编辑金德龙、中央电视台副台长高峰也在会上作了学术发言。会上同时展映了世界知名的相关作品。

为更好地深入研究纪录片学科的理论等方面的问题，在三亚年会上宣布成立由100名国内顶级的专家学者、在第一线工作中卓有成就的编导组成的学术研究院，高峰、朱羽君担任主席，周兵为学术研究院秘书长。

为使中国的纪录片创作更加繁荣，由中央电视台著名编导时间担任主席的创作委员会在三亚年会上成立，陈真、陈晓卿为执行主席。学术研究院、创作委员会前不久还组织了联席会议，就《中国纪录片年鉴》进行了论证，提出了许多很好的建议。学术研究院与创作委员会关注学术研究活动、节目评奖并推动纪录片栏目和纪录片人的评选工作。

二、节目评估工作

我们2006年举办了两次评选活动，一次是纪录片委员会定期举行的每年一次的中国纪录片国际选片会，一次是策划半年并落实完成的2006中国·玉溪国际环保纪录片周，通过环保纪录片周活动，运用电视纪录片这一形式，展示人们逐渐增强的环保意识和在环境保护方面取得的成就与经验，推动全社会共同关注与改善人类的生存环境，实现人与自然的和谐及可持续发展，同时达到推动纪录片发展的目的。此次活动得到全国人大环资委、国家环保总局、文化部中外文化交流中心、云南省委、玉溪市人民政府的大力支持，经中广协会批准，于6月22日在全国人大会议中心举办了新闻发布会，正式启动，9月1日至5日在云南玉溪举办2006中国·玉溪国际环保纪录片周活动。

(一)“2006中国·玉溪国际环保纪录片周”活动概况

1. 领导关怀

中国环保第一人、环保工作老前辈曲格平教授欣然同意担任本届纪录片周的名誉主席并写来贺词、贺信。全国人大环境与资源保护委员会副主任委员、中国人民解放军总后勤部原政委张文台上将，全国人大环资委倪岳峰委员、联合国环境规划署驻中国代表邵雪民先生，以及原广电部副部长、中广协会副会长刘习良，中广协会秘书长王敬松，中央电视台副台长高峰，中国环境文化促进会常务秘书长王磬璞等同志先后出席了纪录片周的新闻发布会、评奖、颁奖等活动，并对此活动给予高度评价，这样不但扩大了本届纪录片周活动的影响，使广大纪录片制作单位和个人受到鼓舞，为提升今后举办以环境保护为主题的纪录片节规格、档次和水平，用纪录片形式扩大和普及全民环保意识创造了一个良好的开端。

2．媒体关注

本届纪录片周从筹备伊始就受到媒体高度关注。6月22日在北京全国人大会议中心举行新闻发布会，有数十家媒体出席，先后有《人民日报》、新华社、中央电视台、中央人民广播电台等中央主流媒体及上百家媒体报道了纪录片周活动，网上发布的有关本届纪录片周的信息、专题报道上千条。中央电视台2套、4套、中央人民广播电台、中国国际广播电台等比较详细地报道了纪录片周活动。媒体的关注扩大了纪录片周的影响，鼓舞了广大纪录片制作人，也进一步促进了环保观念的普及。

3．评选活动

本届国际环保纪录片周共邀请终评评委19名，外国评委4名，包括联合国环境规划署驻中国代表邵雪民先生、英国的哈里特·尼莫女士（世界野生动物和环保电影节主席）、德国的苏维·卡拉博女士（科隆媒体艺术大学教授）、日本野泽泛雄先生（东京环球环保电影节负责人）等。9月1日至9月4日，终评评委先后对85部（其中外国参评的纪录片16部）参加终评的纪录片进行了认真评选，最终评出英国BBC拍摄的《我们能够拯救地球吗？》、云南玉溪广电局和千溪影视公司拍摄的《抚仙湖》获得组委会特别奖，海南电视台拍摄的《潜水十年》等三部作品获得一等奖，《今年春天在哪里》（浙江卫视）等一批节目从总数354个参选节目中脱颖而出获得不同奖励，还有一些纪录片制作人分别获得最佳编导、摄像、音乐、制作等单项奖励。

4．学术论坛

在本届纪录片周的学术论坛上，全国人大环境与资源保护委员会张文台副主任委员发表讲话，勉励纪录片制作人努力运用影视手段，弘扬环境理念、宣传环境意识、展现环保成就，提高我国环保工作的国际地位，提高全民环保素质。

联合国环境规划署驻中国代表邵雪民先生就中国环境现况向与会代表介绍了他的看法。

刘习良、朱羽君等纪录片界的领导、专家在论坛期间先后就我国纪录片的现状及未来发展作了主题发言。

5．观摩交流

来自祖国各地参加盛会的纪录片人充分利用本次活动提供的良机，老友相逢热烈交谈，新知初遇相互切磋，知其名未谋其面者相交一番惊喜。纪录片周期间，中外同行们会上观摩，会下讨论，交流心得，切磋技艺。纪录片委员会同中国环境文化促进会达成了共同普及、推进中国环保文化的意向。外国同行对有机会结识众多中国纪录片人、看到中国纪录片未来发展的雄厚基础倍感兴奋，英国野生动物与环保电视节主席与纪录片委员会签署了合作意向书，日本、德国等国的环保纪录片人也都表示了真挚的合作诚意。活动还选择重庆、武汉、南京、上海、北京、西安等中心城市进行了环保纪录片优秀节目巡展，与当地大学及电视台编导交流。

6．颁奖晚会

9月5日晚在玉溪市聂耳广场举办的大型颁奖晚会把本届纪录片周活动推向高潮。

中广协会纪录片委员会秘书长贡吉玖主持了晚会开幕式，张文台上将、玉溪市委领导亲临致词，中广协会秘书长王敬松宣布颁奖晚会开始。中央电视台著名节目主持人赵忠祥和凤凰卫视主持人沈星共同主持了晚会，与会代表和当地群众约5000人参加，其间各级领导先后为纪录片获奖作者以及成功举办本届纪录片周的组织者颁奖，使晚会掀起了一次又一次高潮。

（二）“2006中国纪录片国际选片会”活动概况

“2006中国纪录片国际选片会”是继浙江横店、云南丽江成功举办后又一次纪录片的盛会。由中国广播电视协会主办，中广协会纪录片委员会和泸州电视台承办的第三届“神采飞扬·中国郎2006年度中国纪录片国际选片会”于10月25日至11月2日，在美丽的泸州隆重举行。

选片会收到来自全国各地电视台、影视机构、环保系统、大专院校以及广大的独立制片人的312部（集）节目。

组委会组织了纪录片界的专家学者，于2006年10月上旬在北京进行初评，遴选出100部优秀节目提供给终评委员会。

由选片会组委会邀请的国内外纪录片界专家、学者于10月25日至10月30日在泸州进行终评。

国外评委有：法国驻华使馆影视专员罗宏先生、法国FIPA国际电视节秘书长让·米歇尔先生、英国布鲁内大学艺术学院院长大为·拉法瑞教授、德国资深电视人专栏作家马丁先生。选片会评出《故宫》（中央台）、《老胡与金丝猴》（北京台）、《走进张德高》（泸州台）、《蜕变》（杨干才工作室）等双十大纪录片、双十优纪录片和一批单项奖，法国FIPA国际电视节选中了13部中国纪录片参加电视节的竞赛单元，同时有10多部节目介绍给了德国电视界。

三、异地采访工作

1．聚焦绍兴镜湖湿地

纪录片委员会和浙江绍兴镜湖新区管委会、绍兴日报社共同主办，有中央电视台和9家卫视于2006年4月28日至5月2日在绍兴镜湖新区举行了“聚焦绍兴镜湖湿地”异地采访活动。

镜湖湿地公园建于城市中心，是中国第一批被批准的湿地公园，是重大环保项目，此次活动全方位、立体地围绕湿地公园充分展开。湖北电视台摄制的《和谐家园》获得一等奖。

2．聚焦平湖

纪录片委员会与平湖西瓜灯文化节组委会主办，平湖市委宣传部和平湖广播电视台承办，邀请十家电视台于2006年9月21日至27日在平湖举行“2006聚焦平湖”大型异地采访活动。

平湖地处长江三角洲中心地带，经济条件得天独厚，海港、陆路、水道交通发达。拥有国家一类开放口岸的东方大港——乍浦港，具有独具特色的晚清名宅莫氏庄园、现代名人李叔同故里、号称“中国一绝”并被外国人称为“华夏一奇”的西瓜灯艺术展品。河南电视台摄制的《莫氏花园的遐想》获得一等奖。

3．晋北佛教文化采风活动

“晋北佛教文化采风活动”由中国黄河电视台、中国广播电视协会纪录片委员会主办，于9月24日在山西太原启动。

这是近十年来山西省举办的规模最大、水平最高的全国性电视记者异地采访活动，活动历时7天，共有全国24个省、市、自治区的70名从事专题片和纪录片采访工作的记者参加。

此次行程包括一处列入世界文化遗产的旅游景点和两处已经列入世界文化遗产预备

名录的旅游景点。活动期间，记者们先后采访了佛教圣地五台山、世界现存最早、最高的古木佛塔——应县木塔、世界古建筑奇观——浑源悬空寺和世界文化遗产、中国三大佛教石窟之一的大同云冈石窟等旅游景点，并通过镜头将所见所闻记录下来，呈现给广大的电视观众。

四、《中国纪录片年鉴》

中国纪录片作为重要的电视片种之一，伴随新中国发展的步伐，见证、记录着中国现代文明、社会变革、历史进程的激烈与辉煌。

中国广播电视协会副会长刘习良十分关注纪录片事业的发展，要求我们注重学术研究、理论建设，以史励志，做好年鉴的编纂工作，把中国的纪录片事业推向新的高峰。

经中国广播电视协会批准，纪录片委员会成立《中国纪录片年鉴（2006)》编辑委员会，组织编辑《中国纪录片年鉴（2006)》。经过一年的努力，收集编纂了140万字的资料，内容有：特载、专辑、节目、论文、人物、大事记等资料，《中国纪录片年鉴》将对保存中国纪录片资料、记载中国纪录片历史、拓宽中国纪录片事业、推动中国纪录片发展、繁荣中国纪录片创作起到十分积极的促进作用。编辑年鉴工作得到了广电总局副局长胡占凡、副总编辑金德龙、中广协会秘书长王敬松等领导的支持，将在12月10日正式出版发行。

五、中国纪录片网

中国纪录片网站（www.cnjlp.tv)，得到了李丹会长、刘习良副会长的关怀，网站开通以来，坚持为纪录片服务，贯彻“百花齐放、百家争鸣”的方针，坚持专业门户网站的特色，在开展学术研究、组织学术交流、促进学科建设和发展方面发挥了作用，网站上传了大量优秀纪录片供广大从业人员和爱好者观摩学习，发布了大量有关纪录片的新闻消息，推介了优秀纪录片人和单位在纪录片事业发展中的成绩。中国纪录片网在广大爱好者和从业人员的关心支持下，日点击量平均在4000次左右。

六、关于维权自律工作

本着促进纪录片事业健康发展的目的，传播弘扬民族文化，促进社会进步，倡导良好的专业精神和专业道德，经过小范围的专家小组论证修订的纪录片工作者自律公约在2006年3月29日的年会上经150多位与会代表共同审议批准，通过了“中国纪录片工作者自律公约”。

“中国纪录片工作者自律公约”共修订了十四条，其中有原则性的行为规定，也有专业特点的纪律要求，在9月28日协会维权自律部召开的讨论会上基本确认通过。

11月16日，纪录片委员会在中国纪录片网上向纪录片界公布了维权办法，告知广大纪录片工作者纪录片委员会将负责维权受理并协调处理有关投诉事宜。纪录片委员会工作重点与中广协会同步，积极向行业协会工作转移。

七、国内外交流

1．国际交流

纪录片委员会负责接待FIPA国际电视节组委会在中国选片，2006年1月选中的《黄河人家》（中央电视台）、《大家庭》（广西电视台）等11部节目在法国参加竞赛单元，著名纪录片编导冷冶夫代表纪录片委员会接受邀请担任FIPA国际电视节的终评评委，中国纪录片集体亮相世界著名电视节。

2006年纪录片委员会先后接待了法国、美国、英国、日本、德国、哥伦比亚、意大利、卡塔尔等国家的电视专家和机构的来访，建立了良好的合作关系。

2. 国内交流

2006年10月18日，联合中央新影、新闻百闻老故事传媒有限公司成立中国纪录片俱乐部，由高峰先生担任俱乐部主席，副主席由贡吉玖、赵捷、王新屏担任，负责国内外纪录片展映、单位及个人作品推介、新技术的推广开发、会员联谊交流。

2006年10月29日，刘习良副会长和泸州宣传部长曹建国为新成立的泸州纪录片发展基地剪彩揭牌。泸州纪录片发展基地隶属中广协会纪录片委员会，将为泸州纪录片发展做一些具体工作。

2007年工作要点

一、学术研究工作

举办世界优秀纪录片观摩研讨会，进行广泛深入的业务探讨。

二、节目评估

（1）继续举办好一年一度的中国纪录片国际选片会，扩大“走出去”的国际参赛途径，用好国际评委的资源。

（2）继续举办环保纪录片周，向专题性的环保纪录片节方向发展。

（3）做好新改的“纪录·中国”活动，评选优秀纪录片栏目和纪录片人。

三、民间影像

启动民间影像的培训、管理等工作。

四、年鉴

继续编纂《中国纪录片年鉴（2007）》，做好2006年年鉴的发行工作。

中国纪录片工作者自律公约

第一条　为进一步促进和繁荣我国电视纪录片事业，根据国家的有关政策，本着促进纪录片事业健康发展的目的，传播弘扬民族文化，促进社会进步，倡导良好的专业精神和专业道德，特制定本公约。

第二条　中国纪录片事业，担负着传播先进文化，弘扬民族精神，维护国家利益，促进经济社会发展，推动人类文明的崇高使命和社会责任。中国纪录片编导要热爱祖国和人民，珍视国家和人民赋予的权利，全心全意为人民服务，为社会主义服务，为党和国家工作的大局服务。

第三条　纪录片工作者应自觉遵守宪法和法律、法规。保守国家秘密。尊重公民和法人的名誉权、荣誉权，尊重个人隐私权、肖像权及其他合法权利。不制作、传播含有恐怖、暴力、色情、封建迷信和伪科学等不健康内容。

第四条　纪录片工作者应努力传播知识，报道真实可信，作品健康向上。纪录片创作应贴近实际、贴近生活、贴近群众，紧密联系构建社会主义和谐社会的实际，紧密联系落实科学发展观，紧密联系火热的社会生活，紧密联系广大人民群众的根本利益，真实反映时代精神，全面体现时代特色。

第五条 纪录片工作者要注重学习，不断提高个人的思想道德素质和政治素质、业务技能水平。把思想和艺术、继承和发展、严谨与生动、科学与趣味有机地结合起来。纪录片创作要适应群众的口味、满足群众的需要，深入浅出、入脑入耳，可亲可信。

第六条 纪录片工作者应坚持客观公正的专业理念，坚持深入实际，调查研究，忠于事实，追求真理的专业精神。纪录片创作要坚持准确、公正、全面、客观的报道原则，弘扬社会正气，捍卫社会公正，维护社会稳定，区分报道事实和评价事实，不将评论或猜测作为认定的事实发表，不从个人或小团体利益出发进行影响公共利益的报道。

第七条 纪录片工作者要自觉维护国家尊严、民族荣誉和社会道德规范。不宣扬利己主义、拜金主义、享乐主义的人生观、价值观和生活方式。坚持把社会效益放在首位，严肃认真地考虑作品和报道传播的社会效果。不片面追求经济利益，不报道危害国家安全、影响社会稳定、违背社会公德、损害公共利益的内容。坚持作品和报道的高品质、高品位，不迎合庸俗、低级趣味。

第八条 纪录片工作者要坚持正确的创作原则，创作时要以事实为依据，不编造，不歪曲、夸大事实，不篡改，不搞有偿新闻。作品中的细节必须真实，不加以拔高、想象和夸张。

第九条 纪录片工作者在报道、说明、解释和评论事实时，要全面把握和正确反映社会生活的本质和主流，避免作品因为报道肤浅、片面而导致公众对事物的判断产生偏差或错误。报道一经发布，如果发现错误，应立即公开更正。

第十条 纪录片工作者在从事涉外报道时，要全面客观地介绍我国的真实情况，生动形象地展现我国各族人民的良好精神风貌，着力维护国家利益和形象。要坚持以我为主，用事实说话，坚持内外有别的原则。

第十一条 纪录片工作者在创作时，应坚持思想性和艺术性的统一。作品内容健康有益，积极向上，导向正确。作品形式丰富多样，格调高雅。

第十二条 纪录片创作要坚持正面宣传为主的方针，及时传达党的主张，反映人民呼声，营造积极健康向上的舆论环境。批评性或揭露性报道要有利于问题的解决。不追求所谓“轰动效应”、哗众取宠；不以个人情绪代替政策法律、发泄私愤、中伤他人。尊重被批评者申辩的权利。

第十三条 纪录片创作应避免对种族、性别、年龄、职业、宗教信仰、教育程度、居住地等的任何歧视。报道内容要符合特定的政治、经济、文化、道德、习俗等社会环境要求。尊重和保护未成年人、妇女、老人和残疾人的合法权益。

第十四条 全国纪录片工作者应遵守本倡议书。凡遵守本倡议书方能参加纪录片委员会举办的节目评估以及各种活动。

第十五条 中国广播电视协会纪录片研究委员会对本公约享有最终解释权。

中国广播电视协会纪录片委员会
2007年6月

人物志

学术研究院

主　席　高　峰　朱羽君
秘书长　周　兵
顾　问　金德龙
研究员（排名以汉语拼音为序）

白居璧　白明路　陈大军　陈大立　陈汉元
陈　宏　陈　辉　陈　力　陈　梁　陈　虻
陈永光　程春丽　褚嘉骅　戴　艺　丁海晏
丁学良　段锦川　额尔德尼　方　方　傅红星
高国栋　高克明　高晓虹　高　鑫　郭长虹
郭晓雄　郭秀君　郭战平　何苏六　胡满泉
胡智峰　华　艺　黄灵平　黄尚建　惠　毅
贾　斌　蒋　樾　金铁木　景高地　康健宁
劳鸿锴　雷　卫　冷冶夫　李鸿宾　李纪峰
李兴国　李永全　林少雄　刘　春　刘景锜
刘　郎　路海波　吕新雨　马小钢　欧阳宏生
彭　辉　彭　旸　乔保平　单万里　申晓力
沈　宁　盛振华　施泉明　施生田　时　间
史　兵　司徒兆敦　孙剑英　孙　杰　汪文斌
王冬冬　王　甫　王广令　王海平　王　洪
王静敏　王渭林　王文堂　王新建　王新中
王正中　王忠玲　魏　斌　肖同庆　徐　见
薛继军　严克勤　杨建国　尹　鸿　尹　力
应启明　禹成明　袁力丽　张　兵　张　洁
张　宁　张松华　张同道　张　卫　张献民
张雅欣　张以庆　张朝夕　赵　欣　钟大年
周东元　周绍成　周　星　朱　杰　朱贤亮
祝丽华

主　席

高　峰　现任中央电视台副台长、中央新闻纪录电影制片厂厂长，高级编辑。上大学前曾在宁夏京剧团从事8年音乐工作。

1983年毕业于中央民族大学中文系，同年分配至中央电视台专题部，从1992年开始，先后担任专题部副主任、纪录片室主任、国际部副主任、青年部主任。社会职务：中国作家协会会员、中国广播电视协会纪录片委员会会长。主要作品：（1）系列专题片：《川藏纪行》1985年获全国一等奖，《万里海疆》1990年获全国二等奖，《开发大西南》1992年获全国二等奖，《解放》1994年获“五个一工程”奖及全国一等奖，《胜利》1995年获“五个一工程”奖及全国一等奖。（2）单本纪录片：《闯江湖》，《西南古桥拾零》1992年获全国一等奖，《金秋时节》1993年获全国一等奖，《蒋兆和的流民图和丹尼亚的日记》1995年获“星光奖”，《山海经》1998年入围葡萄牙大西洋电视节。（3）出版专著：《电视纪录片及其审美选择》（1996年中国广播电视出版社出版），《电视纪录片论语》（1999年国际广播出版社出版）。

朱羽君　中国广播电视传媒大学博士生导师，教授。著名电视艺术家，从事电视艺术教学近五十年，著有大量有关电视艺术方面的论著及摄影作品，获全国首届电视百佳艺术家、十佳教师等荣誉称号，兼任中国女摄影家协会副主席，中国广播电视学会纪录片研究委员会顾问、中国女导演俱乐部主席等。

秘书长

周　兵　中央电视台新闻中心新闻评论部制片人。1991年8月，北京广播学院电视系电视编导专业毕业，在兰州电视台任编导、摄像，两年后进入中央电视台《东方时空》，任《东方之子》栏目编导；1999年7月，任《记忆》栏目总编导；后任《东方时空》、《纪事》栏目制片人；大型系列纪录片《故宫》总导演。目前，就读于南开大学历史学院，攻读中国艺术史专业博士学位。获奖节目：任纪录片《周恩来》编导，1997年荣获纪录片学术委员会特别奖、“五个一工程”奖、中国“金鹰”电视节特别奖；任纪录片《三峡移民》制片人，2002年荣获上海国际电视节“白玉兰”最佳纪录片及最佳摄影奖；任纪录片《黄河人家》制片人，荣获中国广播电视协会2005年十大纪录片，入选法国FIPA国际电视节；纪录片《故宫》荣获中国四川国际电视节最佳纪录片长篇及最佳摄影两项“金熊猫奖”。

顾　问

金德龙　1978年毕业于北京大学经济系，中国社会科学院研究生院新闻系硕士研究生毕业。1978年至1998年历任人民日报社记者，群工部、理论部副主任，中共中央宣传部新闻协调小组副组长等职，1998年任中共中央宣传部新闻局副局长。1999年任国家广播电影电视总局总编室主任，现任国家广播电影电视总局副总编辑，宣传管理司司长。

研究员（排名以汉语拼音为序）

白居璧　1949年出生，陕西清涧人，上海复旦大学中文专业毕业，高级编辑。现任青海广播电视局副局长、青海电视台台长。自1998年8月参加工作以来，先后从事中学教师、省委宣传部干事、副处长、处长、青海电视台副台长等职。自1998年任青海电视台台长以来，共有电视作品近百件，代表作有《六天五夜的较量》、《阿玛查》、《铸剑昆仑》等；其中，获中国广播新闻大奖提名奖一次、中国新闻奖二等奖一次、中国新闻奖三等奖六次、青海新闻奖十五次。任职期间，主编新闻评论集《伤痕》、《见证》等书。2004年获第六届“全国百佳新闻工作者”荣誉称号。

白明路　沈阳电视台党组书记、台长，高级编辑。1972年1月在台安县龙开河公社工作，1975年10月在辽宁大学历史系学习，1978年8月在沈阳市文化局组织科工作，1981年3月沈阳市委宣传部干部处干部，1988年11月在沈阳电视台工作，2003年1月在沈阳市委工作，2004年3月在沈阳电视台工作。主要作品：纪录片《丹顶鹤》、专题片《朗朗》、专题片《一个特殊孤儿的命运》等。

陈大军　湖南经济电视台党委书记、副台长，高级记者，研究生学历。1978年调入湖南电视台，先后任新闻部记者、对外宣传部记者、副主任。1992年6月起先后任湖南有线广播电视台副台长、党委书记。

2002年9月至今先后任湖南经济电视台副台长、党委书记。1979年开始涉足纪录片，先后参与或独立拍摄了《人工林海》、《黄兴与辛亥革命》、《有这样两位县委书记》、《湖南侗族》、《湘西苗族服饰》、《湘雅医院80春秋》、《瓷海明珠》、《湘天楚地故园心》等30多部纪录片、专题片，有20余件作品获得全国对外宣传片评选一、二等奖。在中央和省级报刊上发表《浅论电视专题片画面与解说的有机统一》、《新世纪电视事业面临的挑战》、《电视节目市场化、商品化趋势及其应对》等论文10余篇。

陈大立 北京电视台海外中心主任，主任编辑。1974年至1977年下乡插队，1990年调入北京电视台，1995年开始从事纪录片创作，先后任部门副主任、主任。主要作品：《难忘的冬日》、《京城缉毒大写真》、《流年》、《大海的故事》、《七天七夜》等。

陈汉元 1961年华东师范大学毕业后分配到北京电视台（中央电视台前身）任编辑；1970年始，在中央电视台先后担任新闻部地方组副组长、专题部副主任、社教部主任、总编室主任、台长助理、副总编辑、副台长以及中国电视剧制作中心主任。1985年至1997年，任中央电视台分党组成员。1985年被评为高级编辑，享受政府特殊津贴。现任中国电视艺术家协会纪录片学术委员会名誉会长、中国作家协会影视文学委员会副主任。策划过电视剧《北京人在纽约》、《苍天在上》，纪录片《收租院》、《话说长江》、《话说运河》、《望长城》等，创作《苍天在上》、《咱爸咱妈》等多部电视剧，并为《雷雨》、《武则天》等多部电视剧的主题曲作词；曾参与多部广告片的创作。

陈　宏 中国教育电视台总编辑助理兼CETV-3总监。中国广播电视协会纪录片委员会副理事长。曾担任广电总局政府奖评委。主要作品：10集纪录片《新西行漫记》；30集电视文献纪录片《新中国外交》获中宣部“五个一工程”奖；纪录片《海峡风云》、《跨过鸭绿江》、《西部的发现》、《国事亲历》、《陈毅》、《新中国外交》、《潮涌东方》、《八千里路云和月》等获省市、中央级奖项；担任项目负责人的大型系列纪录片《我的太阳》获得中国十大纪录片奖及西班牙国际影视节特别奖。

陈　辉 江苏广播电视总台电视传媒中心副总裁，主任记者。1983年7月毕业于北京广播学院电视系，1983年8月在江苏电视台新闻部工作，1988年1月在江苏电视台对外中心工作，1996年3月在江苏电视台二台工作，1998年3月在江苏电视台社教中心工作，2000年1月在江苏电视台城市频道工作，2001年1月在江苏电视台卫视频道工作，2004年1月在江苏广电总台传媒中心工作。主要作品：1995年长篇纪录片《南京大屠杀》获该年度全国“五个一工程”奖，1995年纪录片《血证——十六张照片的故事》获该年度全国外宣“彩虹奖”一等奖。

陈　力 教育发展心理学博士。大学本科学习中国语言文学专业，在大学任文艺理论教师3年后，走上了教育新闻工作者的道路，曾获得全国新闻特别奖。1993年由《中

国教育报》调任教育部办公厅新闻宣传处处长，参与编辑出版了《兴国之本》、《教育新闻理论与实践》等书。1997年调任中国教育电视台副台长兼总编辑，发表部分教育电视论文，出版专著《教育与电视》，主编和参与编辑了《我们的“关注”》、《大学的智慧》等书，策划和主持制作了《21世纪中国教育》、《世界一流大学》等大型系列节目和专题片，策划组织了近20余台大型晚会和现场直播活动。

陈　梁　现任上海文广新闻传媒集团副总裁，高级编辑。上海复旦大学新闻学院研究生毕业。1988年9月在上海电视台工作，历任新闻部党政记者、编辑、副科长、科长等职。1992年7月参与筹建上海东方电视台，先后担任报道部主任、新闻中心主任、副台长等职。2000年5月调任上海东方广播电台副台长。2003年4月调任上海卫星电视中心主任，参与筹建东方卫视，曾任东方卫视总编辑。1996年获上海市第四届“韬奋新闻奖”。主要作品：《来自浦东的报道》获1992年度中国电视新闻一等奖，《一次成功的迫降》获1998年度上海新闻奖一等奖、中国电视新闻一等奖、中国新闻奖二等奖，广播新闻版面《东广早新闻(9·11特别报道)》获2001年度上海新闻奖一等奖，《在东视，尝试一种新闻》获1994年全国新闻改革论文评比一等奖，《电视比较下的广播》获2003年上海新闻奖论文一等奖。

陈　虻　现任中央电视台新闻中心评论部主任；中国广播电视协会纪录片委员会副理事长。1983年毕业于哈尔滨工业大学光学工程专业。1985年在中央电视台任记者，从

事栏目《人物述林》、《社会经纬》、《观察思考》。1993年任《东方时空·生活空间》制片人，提出“讲述老百姓自己的故事”的广告语。1996年获全国十佳制片人。2001年10月主持《东方时空》改版并负责至今。

陈永光　广东电视台副台长，主任编辑。1982年至2002年在广东人民广播电台任新闻中心主任、新闻频道总监，2002年至今在广东电视台任新闻中心主任、副台长。

程春丽　1978年至1982年在北京师范学院（现为首都师范大学）中文系读书，获学士学位。1982年至1989年在北京丰台区六里桥中学任教。1989年调入中国电视剧制作中心做编辑工作。1992至1993年调入中国国际电视总公司做节目出口工作。1993至1997年任中国电视节目代理公司海外部经理。现任中国国际电视总公司中视发行事业部副总经理、节目代理部营销总监。2006年8月获美国国家大学颁发的DBA工商管理博士学位。现为中国电视艺术家协会会员。在纪录片《神秘中国》、《中国野生动物》、《女儿国》、《祖屋》、《故宫》、《新丝绸之路》中任监制、策划，制片人、发行人。在多家中央级报刊杂志上发表有关专业文章和论文。

褚嘉骅　云南电视台副台长，主任编辑。长期从事纪录片创作，编导了一些重大题材的电视纪录片，并多次在国内外获奖。主要作品：12集大型纪录片《毛泽东》、12集大型纪录片《邓小平》、1999年国庆特别献礼

片《大阅兵》、纪录片《班禅转世》、《六岁活佛》、8集纪录片《使命》、4集理论文献片《东方之光》、专访纪录片《卡斯特罗和他的革命宫》、纪录片《两国将军》、10集大型文献纪录片《新西藏》等。近年来，撰写的关于重大题材纪录片创作的多篇论文先后在《电视研究》、《新闻记者》、《中国广播电视》等刊物上发表。2002年先后荣获“中国百佳电视艺术工作者”和“全国百佳新闻工作者”称号。

戴　艺　福建广播电视集团综合频道社教中心纪录片创作室制片人、编导，二级导演。1978至1987年任音乐编导，曾多次担任大型音乐晚会的导演和音乐文艺专题的编导，1994年开始从事纪录片创作。2000年1月，纪录片《爆炸》入围第十三届法国国际电视节（FIPA）“事件报道”，进入终评，该片还入围匈牙利国际艺术节，并在以色列国际电影节上展映。纪录片《土楼，我的家》入选第十四届法国国际电视节的销售展和荷兰阿姆斯特丹的销售展，2001年12月，这部作品又入围西班牙第八届国际环境电影节并获得评委会特别奖。纪录片《小屋》入围第十届罗马尼亚国际短片电影节并获得纪录片大奖，这也是这次电影节唯一一部获奖的亚洲影片。从2000年到2004年，作品连续四年进入欧洲各类电影、电视节。1996年以来，创作的纪录片《我的大姨从台湾来》、《爆炸》、《土楼，我的家》、《柯师和他的弟子》等在国内纪录片的专业评奖中获奖。

段锦川　1984年毕业于北京广播学院，之后去西藏工作，曾就职于西藏电视台。1992年回到北京，成为独立纪录片制作人，

导演。现任北京年年三畅影像工作室制作总监。中国传媒大学客座教授，硕士生导师。主要纪录片作品：《青朴——苦修者的圣地》、《广场》、《八廓南街16号》、《天边》、《加达村的男人和女人》、《沉船——97年的故事》、《拎起大舌头》、《爱情战争》、《暴风骤雨》。其中《广场》获山形国际纪录片电影节“国际影评人协会”奖、夏威夷国际电影节评审委员会奖、波波里国际纪录片电影节最佳人文影片奖、福冈亚洲电影节大奖、香港国际电影节特别推荐电影；《八廓南街16号》获法国真实电影节大奖“真实电影奖”，该片由美国纽约现代艺术馆收藏；《拎起大舌头》获阿姆斯特丹国际纪录片电影节银狼奖、瑞士国际南北媒体节大奖、日内瓦大奖。

方　方　上海戏剧学院教授，电视学院电视编导系主任，上海市政协委员。曾获加拿大政府颁发的国际研究特别奖，赴加拿大作访问学者。专著《中国纪录片发展史》获“全国艺术科学优秀成果奖”二等奖，国内外影响较大；担任从中央台到地方台多种电视栏目的策划和艺术顾问。

傅红星　现任中国电影资料馆馆长，中国电影艺术研究中心主任。1981年至1985年在复旦大学中文系就读中国语言文学专业，主攻中国现代戏剧及电影；1985年7月至2006年7月在中央新闻纪录电影制片厂工作，历任编导、副总编辑和副厂长等职；其间曾于2002年9月任新疆喀什地区宣传部副部长，喀什日报社党委书

记、总编辑；2006年7月起调中国电影资料馆工作至今。创作了上百部影视作品，其中多部作品荣获国家级奖项。2000年被国家人事部、国家广播电影电视总局评为“全国广播电影电视系统劳动模范”；2005年获政府特殊津贴。主要作品：《甘孜藏戏团》；《德格印经院》；《重上井冈山》；《沧海云帆》；《回访拉萨》获第9届全国少数民族题材电视“骏马奖”；《周恩来外交风云》获中国政府电影华表奖“优秀纪录片奖”第一名、第18届中国电影金鸡奖“最佳纪录片奖”；《国家主席刘少奇》获中国电影华表奖“优秀纪录片奖”第一名、第19届中国电影金鸡奖“最佳纪录片奖”；《边关》荣获国家司法部、国家广播电影电视总局颁发的全国法制题材电影电视节（剧）目“金剑奖”一等奖。

高国栋 1976年开始从事电视工作，现任辽宁电视台卫星频道副总监。1991年至1995年制作了电视纪录片《沙与海》、《辽河》、《两个孤儿的故事》、《怒族一家人》和《人鬼人——一个日本宪兵的生涯》等作品，连续五年在国际电视节上获奖，其中有三项纪录片大奖。2002年5月，被辽宁省文学艺术界联合会授予“辽宁文艺之星”称号；2002年10月，获得中国电视艺术家协会颁发的第三届“全国百佳电视艺术工作者”称号；2002年11月，获得中国电视艺术家协会纪录片学术委员会颁发的“特别成就奖”。2005年11月，拍摄的纪录片《山里》在2005(第八届)四川电视节“金熊猫”奖国际纪录片评选中荣获“评委特别奖”。

高晓虹 1982年毕业于北京广播学院，先后获得文学学士和法学硕士学位，现任中国传媒大学电视与新闻学院院长、教授。多年来主要从事广播电视新闻学的理论与实践、电视节目制作的教学与研究。社会兼职：中国广播电视协会纪录片委员会副会长、教育部高等学校新闻学学科教学指导委员会委员、广播影视类专业教学指导委员会委员。曾担任中国广播电视新闻奖等多种奖项的评委。科研项目“面向21世纪广播电视新闻学专业教学内容与课程体系改革”在2005年获得教育部教学成果二等奖。主要著作有《世界电视之窗》、《电视广告谋划》、《电视新闻摄影与编辑》等。

高　鑫 中国传媒大学电视与新闻学院教授，博士生导师，广播电视研究中心艺术研究所所长，中国作家协会会员。1963年毕业于北京大学中文系文学专业。1981年毕业于中国社会科学院研究生院文学系现代文学专业，师从陈荒煤先生，获文学硕士学位。主要著作有《电视艺术概论》、《电视艺术学》、《电视艺术美学》、《荧屏艺谈》、《高鑫电视艺术文集》（共三卷）、《21世纪电视文化生存》等。

郭晓雄 新疆生产建设兵团电视台总编室主任，二级编剧。1970年至1972年在新疆鲁康县下乡，1989年至今在新疆生产建设兵团电视台工作，1981年至1986年在新疆大学职大就读，汉语言专业本科毕业。主要作品：12集电视片《新疆印象》获新疆“五个一工程”奖，5集电视片《兵团边境团场纪行》获1988年度全国优秀社教片三等奖，5集电视片《崛起的绿洲》获第四届“花药杯”专题片长篇一等奖、兵团首届“五个一工程”奖，长篇电视片《兵团行》获兵团新闻特别奖。

郭秀君　南京广电集团党委副书记、管委会副主任，主任记者。1978年北京广播学院新闻系电视专业毕业，1978年至1980年在黑龙江省电视台工作，任新闻记者、专题节目编导、编辑。1980年至2002年，调到南京电视台，先后任记者、编导、部门主任、副台长，从事新闻、社教、文体、外宣节目的工作。代表作品：新闻：《此风何时了》1990年获全国优秀电视新闻三等奖，《7.31空难抢救纪实》1992年获全国优秀电视新闻一等奖；专题：长篇《变化中的中国——来自南京的报道》1993年获全国外宣"金桥奖"电视一等奖，16集系列片《伟人周恩来》1995年获全国"五个一工程"奖；文艺：电视音乐片《心祭》1996年获全国电视文艺"星光奖"一等奖；主要论文及著述有：《正确把握新闻舆论监督中的"度"》1999年获中国广播电视学会论文一等奖。

郭战平　山东电视台社教文化传播中心总监，高级编辑，"收藏天下"电视专业频道总监。曾三次获得中共中央宣传部"五个一工程"奖，一次获得中国新闻奖一等奖，一次获得中国广播电视大奖，十余次获得中国电视奖、金剑奖、金童奖等国家政府奖一、二等奖。全国百佳新闻工作者，全国百佳法制新闻工作者。社会兼职：中华全国法制新闻协会副秘书长、常务理事；中国广播电视学会电视法制节目委员会副理事长；中国广播电视学会电视科教节目委员会副理事长；中国电视艺术家协会会员；山东师范大学传播学院硕士研究生导师。

何苏六　中国传媒大学电视与新闻学院副院长，教授，博士。纪录片研究所所长，国际纪录片协会会员，纪录片学术网站"纪录·中国"（www.chinadocu.com）创办者、负责人；中国纪录片学会理事、副秘书长，中国高校影视教育学会副秘书长；中国纪录片金鹰奖、学术奖评委；美国密苏里新闻学院高级访问学者；北京市新世纪社科理论"百人工程"入选者。代表作：创作大型香港回归献礼片《方寸国土万千情》中的两集：《走进香港》、《大戏女小生》获1998年"春燕杯"长纪录片奖；纪录片《母亲，别无选择》获联合国教科文组织第5届国际青年电视节大奖；《家在北京》任总编导；《香港新纪元》编导之一；《千秋基业：邓小平与中国教育》编导之一（首届中国新闻出版音像制品一等奖）；应张艺谋工作室之邀参加纪录片《紫禁城今夜灯火通明》创作；摄制大型系列纪录片《中国院士》之《中和》、《为了共和国的"太阳"》、《"不守本分"的院士》等；非典时期纪录片《校园真情》、《校园保卫战》策划；《我们共同走过——中国广播电视50年》任总编导。

胡满泉　研究生毕业。现任中国评论网络有限公司（香港）常务副总裁、清华大学美术学院客座教授、中国广播电视协会纪录片委员会副会长。

胡智峰　中国传媒大学教授、博士生导师，现任中国传媒大学文科科研处处长兼《现代传播》主编。多年来致力于影视理论的研究，尤以电视美学、影视文化、电视传播艺术研究见长，已参与10多项省部级以上科

研课题研究，出版学术专著10余部，发表学术论文200余篇；除理论研究外，参与了近百个电视频道、栏目、大型节目的策划和主创工作，是国内著名的电视策划人之一。先后获得首届全国“百优广播电视理论工作者”、北京市“优秀教师”等荣誉称号。

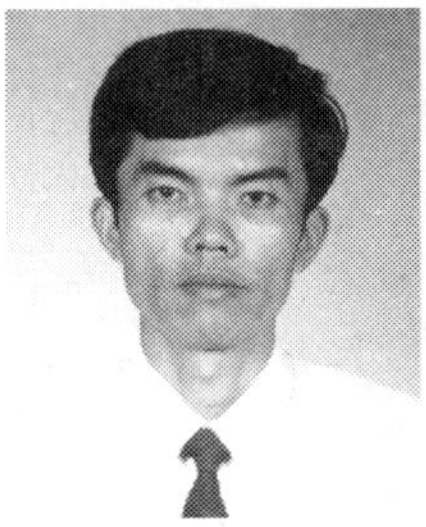

黄灵平　广西电视台国际部副主任，主任记者。1983年广西大学中文系毕业，当年分配到广西电视台国际部从事纪录片的创作。作为广西电视台国际部副主任和纪录片编导，指导并制作了广西电视台的周播栏目，如《漫步广西》、《纪录人生》、《风起南方》。被评为全国百佳电视艺术工作者。有数十部纪录片在国内外获奖，主要代表作品有：《舞狮人》获1987年～1990年度全国对外专题一等奖；《恩格尔：我的中国见闻》获1991年度全国对外专题一等奖；《再生之路》获1992年度全国对外专题一等奖；《梯田上的人家》获1997年波兰国际少数民族电视节最佳剪辑奖；《我们走过的岁月》获中国对外电视“金桥奖”长专题一等奖、最佳编导奖；《大家庭》获2005年中国（广州）国际纪录片大会最佳纪录片奖，并入围2006年以色列特拉维夫国际纪录片节。

黄尚建　武汉市广播电视局副局长、副总编辑，分管广播电视宣传工作。兼任华中科技大学新闻学院客座教授。华中师范大学历史文化学院研究生毕业，先后担任武汉市委对台办宣传处副处长和武汉市委宣传部新闻处副处长、处长等职务。担任总策划、总撰稿的大型电视片政论《江汉朝宗》获得湖北新闻二等奖、武汉新闻特等奖等奖项，《长江日报》、湖北电视台、武汉电视台、武汉人民广播电台等多家媒体相继刊播。担任总策划、总撰稿的大型文化专题片《中国竹刻》荣获由文化部中外文化交流中心和中国广播电视学会纪录片委员会“2003年～2004年度影视节目国际交流专项奖”。近年来，出版著作多部，在全国及省市专业刊物上发表论文多篇。

惠　毅　西安电视台副台长，高级编辑。1982年9月在西安市广播事业管理处工作，1984年2月起历任西安电视台文艺部、专题部、新闻部记者、编辑，1993年10月任西安电视台新闻部副主任，1996年5月任西安电视台新闻部主任，2002年10月任西安电视台副台长。代表作品：《周至县发现不明生物体》获1992年度中国电视奖二等奖，《克林顿从西安走进中国》获1998年度中国电视奖三等奖，《千古之谜揭开——秦兵马俑作者姓名被发现》奖中国电视三等奖，《学愚公移山，修山村通途》获中国电视奖三等奖。编著：《定格1999·优秀新闻作品选》。

贾　斌　中国黄河电视台副台长，高级编辑，研究生学历。1984年8月至1991年6月任山西电视台新闻部编辑、通联科长，1987年3月至1988年4月赴日本研修电视技术和管理，1991年7月至1998年5月任中国黄河电视台对外编辑部副主任、主任，1993年3月至1994年4月赴美创建驻美工作站并工作一年，1998年6月至2004年10月任中国

黄河电视台编辑部主任、副台长，山西电视台外宣节目中心主任，2004年11月任现职。1997年9月至2001年4月在北京大学国际关系学院国际政治专业在职攻读硕士研究生。主要作品：在《关公故里寻踪》、《井底村三姐妹》、《钢铁是这样炼成的》、《乐户》、《柳叶柳》、《刻在石头上的王朝——云冈石窟》、《照相》、《桥情》等片中主要负责创作的管理、组织、策划工作。

蒋　樾　1988年毕业于中国戏曲学院文学系编剧专业。同年入北京电影制片厂工作，师从黄健中导演，参与拍摄故事片《龙年警官》、《过年》（任副导演）。1991年开始独立制作纪录片，代表作品有《喇嘛藏戏团》（1991年）、《拉萨雪居民》（1992年）、《天主在西藏》（1992年）、《彼岸》（1993年）、《静止的河》（1997年）、《幸福生活》（2002年）、《爱情战争》（合导，2002年）、《暴风骤雨》（合导，2006年）。

金铁木　毕业于北京电影学院，中央电视台纪录片导演。2000年，大型纪录片《让生命永存》获罗马尼亚文化电影节优秀节目奖，中国电视金鹰奖优秀纪录片奖，首届国家音像制品金奖，中国广播电视学会优秀节目奖。2003年，大型纪录片《复活的军团》获中国广播电视学会纪录片大奖、最佳编导奖，中国电视金鹰奖纪录片大奖、最佳导演奖。其他作品有大型数字电影《圆明园》等。

景高地　湖北电视台副台长。1982年毕业分配到湖北电视台专题部从事记者工作，历任组长、副主任、主任、副台长。20多年来创作了数百部（集）纪录片、专题片、系

列片，完成了近百场晚会、知识竞赛、体育比赛、重大事件的现场直播和录播，代表作品有《武汉人"过早"》、《周韶华与"大河寻源"》、《横断的启示》、《不可战胜的力量》、《国旗·生命》、《父子》、《红地毯上的日记》、《伴》等，曾获全国"五个一工程"奖、纪录片大奖、中国广播电视奖等各类奖项。先后荣获湖北省首届名记者、全国广播电视系统先进工作者、国务院有突出贡献中青年专家等称号。

康健宁　曾任宁夏电视台副台长，参与主创的纪录片有：8集电视系列片《晋商》，20集电视系列片《唐之韵》，20集电视系列片《宋之韵》，30集电视系列片《跨越时空的文明》，20集电视系列片《二十年、二十人》，8集电视系列片《千年书法》，6集电视系列片《任弼时》，6集电视系列片《光荣与梦想》，6集电视系列片《科技与中国》，6集电视系列片《中国律师》，8集电视系列片《大国崛起》；《沙与海》、《阴阳》、《公安分局》、《当兵》、《窑洞·人》、《永远的胡杨》、《泸沽湖》、《楚成旦巴和托林寺》、《生活》、《景德镇》、《闯江湖》等。

劳鸿锴　就读于暨南大学新闻系，毕业后留校任教。1983年加入广东电视台，任编辑、记者、节目总监、主任。1993年至1998年，曾在香港文汇报任采访主任及助理总经理，见证了香港回归祖国的重要历史时刻；1998年重回广东电视台，历年来参与广东电视台多项大型电视纪录片制作，担任编导、

制片人、总监等职。主要作品：《祝福珠江》、《新三国演义》、《百年留学》、《IT风云录》、《永远的春天》等屡获殊荣，在业界有一定影响。

雷　卫　现任重庆市广播电视集团（总台）纪录片部主任，研究生学历，高级编辑。1984年至1989年在重庆电视台社教部工作，1989年至1998年在重庆电视二台工作，1998年至2001年在重庆电视台社教部工作，2001年至2004年在重庆广电集团（总台）大型栏目中心工作。主要作品：《西南民族教育思考》、《雾》、《故乡行》、《滩头》、《我的故事》、《走向大市场》、《铁血山魂》、《秀山花灯》、《主政大西南》、《江上风清》、《远祖之谜》等。

冷冶夫　中国人民武装警察部队，大校警衔，高级编辑。1981年吉林大学中文系毕业，1982年任中央电视台驻沈阳军区记者，1993年至1995年完成硕士学业并担任中央电视台驻武警部队记者站站长。现有职务：中央电视台编导、资深策划，中国多项电视奖评委、法国FIPA国际电视节终评评委，《凤凰卫视》中文台节目策划人，兼任中国传媒大学、北京电影学院、中国戏剧学院客座教授。在电视行业上，三次荣立二等功，七次荣立三等功。20多年来共创作播出纪录片2000多部（集），作品曾荣获中宣部“五个一工程”奖三次，获得中国新闻奖、中国电视奖、大众“金鹰奖”等国家级奖项80多个，另有3部纪录片在国际上获奖。主要作品：作为主创人员制作了《毛泽东》、《中华之门》、《让历史告诉未来》、《跨世纪的报告》等大型文献纪录片。80年代创作的有《牧牛人》、《胖连长和他的连队》、《教书先生来了》、《押运兵》，90年代创作的有《潜伏行动》、《女特警雷敏》、《升旗生命》、《活佛转世》等，新近创作的有《伴》、《从化古民居》、《悬棺》等。不少作品在国际竞赛单元中获得好评。出版《电视纪实与创作》、《电视纪录片研究》、《21世纪的电视理念》等专业书籍19本。

李兴国　中国传媒大学影视艺术学院院长，教授。中国电视艺术家协会副主席、中国电视艺术家协会全国高等院校电视艺术委员会主任，主要教学和研究方向为摄影构图艺术、电视照明艺术和电视画面美学等。国家艺术学科“九五”规划国家课题《影视艺术与高科技应用研究》项目的负责人，2002年度被评为“北京市十佳电视艺术工作者”，多项国家级政府奖评委。主要著作：《摄影构图基础》1987年出版，《电视照明艺术》1993年出版，《摄影构图艺术》1998年出版。学术专著100余万字。主编著作8部近450万字。多年来发表学术论文几十篇。曾参与拍摄和制作大量电视剧、电视纪录片等。

林少雄　西北师范大学文学学士，复旦大学文艺学硕士、博士。现为上海大学影视学院影视艺术系副主任，博士生导师，中华全国美学会、中国高教影视学会、中国汉画学会会员。主要研究领域：纪录片、影像文化理论、艺术史、中国文化与美学。先后主持完成省部级科研项目2项，市教委项目1项。现主持省部级、市教委项目各1项。先后出版学术专著9部，主编或参加撰写丛书及著作23部，发表学术论文70余篇。纪录片研究方面的主要论著有《纪实影片的文化历程》（上海大学，2003）、《多元文化视阈中的纪实影片》（2003，学林）、《纪实影片的发展与执政党的文化策略》（上海人民，2007）。曾获中国图书奖2项、省美学会优秀论文奖1项、省社科及教委优秀教材奖各1项、中国高校影视学会优秀论文、论著奖各1项。

刘景锜　高级编辑。上海市政协第七、第八、第九届委员。北京广播学院新闻系毕业，进入上海电视台。历任摄影记者、编辑、责任编辑、纪录片编导，对外部、国际部副主任、主任、海外中心主任，上海电视台外语台总监、上海电视台副总编辑。同年参与创建中国电视纪录片学术委员会，1995年起任常务副会长。曾参与创建东上海国际影视文化公司，任总制片人、副总经理。纪录片作品有：《后土》、《我爱家乡小客车》、《美的耕耘者》、《中华之最》、《联邦德国之旅》、《在樱之国》等。主编大型画册《中华之最》。论文有《三思纪录片》、《采访——记者的生存状态和悟性创造》等。曾任上海电视节、四川电视节、全国金鹰奖纪录片评委。

刘　郎　毕业于北京广播学院电视系。浙江卫视纪录片编导，高级编辑。曾获全国新闻百佳与全国电视系统德艺双馨称号。获奖作品有《西藏的诱惑》、《天驹》、《上下五千年》、《江南系列》、《傻子沉浮录》、《苏园六纪》等，另有《秋泊江南》等多部电视专著出版。作为一种文体，其解说词作品《蕉窗听雨》被收入《中国现代文学经典》。

路海波　戏剧影视理论家。复旦大学中文系毕业，中央戏剧学院硕士毕业，现任中央戏剧学院电影电视系主任。教授，博士生

导师。国务院学位委员会艺术学科评议组委员，教育部公共管理类本科专业教学指导委员会委员。中宣部文艺局专家组成员，“五个一工程”奖评委，中国广播影视大奖评委，夏衍文学奖评委。中国电视艺术家协会理事，中国作家协会、中国戏剧家协会、中国电影评论学会会员。出版专著有：《电视剧编剧技巧》、《电视剧美学》、《戏剧管理学》、《戏剧管理》。主编《中国电影名片100部快读》、《中央戏剧学院影视专业本科系列教材》。从1981年至今共发表论文或评论文章120多篇。曾获文化部优秀教材奖、北京市教育科技二等奖、中国高校影视学会学术成果一等奖、中央戏剧学院“学院奖”；北京市优秀教师；第三届全国电视百佳获得者。

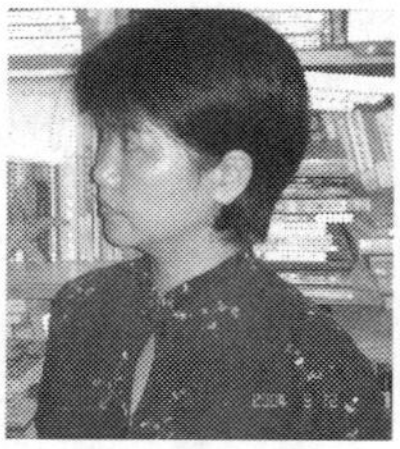

吕新雨　复旦大学新闻学院教授，博士生导师。复旦大学新闻学院广播电视系主任。复旦－金史密斯纪录影像研究中心（Fudan－Goldsmiths Documentary Research Centre）主任。复旦大学信息与传播研究中心研究员。

马小钢　海南广播电视台外宣部主任。1971年至1985年在内蒙古乌盟广播电台、电视台工作，1986年至1988年12月在内蒙古电视台电视剧部工作，1989年至1993年任《中国农民》杂志电视部主任，1994年至今任现职。主要作品：《心灵的肖像》、《潜水日记》、《西津古渡》、《山庄遗址寻觅》、《水羊年·纳木措》等。

欧阳宏生　四川大学新闻传播研究所所

长，高级编辑、教授、博导。1973年10月至1984年10月，当过中学教师、文化馆创作员、大学教师。1984年11月至1996年1月任四川自贡市自贡电视局（台）记者、编辑、部主任、编委、总编辑、副局（台）长。1996年1月至2000年任中央电视台研究室研究员，2001年5月至今任现职。主要作品：出版专著《新闻写作概论》、《中国电视论纲》、《电视批评论》、《广播电视导论》、《纪录片概论》等10部著作，发表论文150篇，主持"九五"、"十五"国家级论证及部级论证10项。2001年在全国"十佳百优"广播电视理论工作者评选中，获"全国十佳广播电视理论工作者"称号。

彭　辉　成都电视台制片人、导演，国家二级导演。"中国电视'金鹰奖'20年突出成就奖"获得者、"全国百佳电视艺术工作者"、"全国百佳新闻工作者"、"四川省十佳电视艺术工作者"、"四川省十佳新闻工作者"、"成都市十大杰出青年"，享受政府特殊津贴。1986年进入成都电视台，20年来先后有32件作品荣获国际、国内的奖项75个。其中：国际奖12个，国家级政府大奖8个，全国部级优秀作品奖18个，"五个一工程"奖4个。主要代表作品有：《宝山村》、《太阳部落》、《王老汉和他的儿女们》、《空山》、《背篓电影院》、《平衡》、《禅悟》、《美丽在高原》、《忠贞》等。作品多次入围法国、匈牙利、意大利、加拿大等国际电影、电视节，并荣获"国际评委会大奖"一次、"最佳作品奖"及"最佳单项奖"五次、"最佳提名奖"六次。

彭　旸　新疆电视台汉语新闻综合频道总监，主任记者。1991年毕业于上海体育学院体育新闻专业，同年进入新疆电视台工作至今。1997年先后担任新疆电视台社教部副主任、纪录片部副主任、纪录片部主任及汉语、新闻、综合频道总监。有多部作品多次获自治区及国家级奖项。主要作品：《野马之死》获2000年度中国电视纪录片学术奖；《大红鱼之谜》获2001年度新疆广播新闻奖电视社教节目一等奖；《卡拉卖里冬天》获第二十届中国电视"金鹰奖"短篇电视纪录片优秀作品奖；《回家的路有多长》获第二十一届中国电视"金鹰奖"长篇电视纪录片优秀作品奖，2004年获"中国·横店影视城杯"纪录片大奖一等奖。

单万里　北京外国语大学文学学士，北京电影学院电影学硕士，中国电影艺术研究中心研究员。主要研究范围是纪录电影与法国电影，主要研究成果是2001年以来编著的下列书刊：《纪录电影文献》、《中国纪录电影史》、《法国电影回顾展特刊》、《法国纪录电影展特刊》、《纪录电影分析》、《特写：阿巴斯和他的电影》。除此之外，从1986年至2000年发表文章100余篇约200万字。内容大致分为三类：中外电影史论、外国电影译文、电影辞书条目。

申晓力　深圳广播电影电视集团副总监。1984年毕业于北京广播学院本科，从事电视专业二十余年，作品中有二十余部获国家政府奖，六部作品在国际电影节获大奖。创办并任中国首家数字高清频道总监。代表作：

《家在向海》获意大利国际纪录片电影节三项大奖；《远离的愿望》获挪威国际纪录片电影节评审团大奖；《山河破碎的日子》（六集系列片）获国家广电总局颁发的中国电视奖；《深圳24小时》（中国第一部高清电视片）获日本索尼专业认证、富士特别荣誉奖；《鸟人》获匈牙利布达佩斯国际电影节媒体贡献奖和杰出作品奖；《一个新城市的诞生》使深圳获得世界建协颁发的UIA阿伯克隆比爵士奖；《春节的故事》获中国彩虹奖一等奖；《歌从这方来》获全国电视文艺星光奖一等奖。论文《中国纪录片的多样性思考》获金鹰奖。出版学术专著《电视节目创意论》、《申晓力诗集》。

盛振华 毕业于安徽大学、北京电影学院。曾任《东方时空·早新闻》主编，现任《探索·发现》主编，《古文明·新发现：金字塔考古行动》联合总导演。代表作：大型纪录片《似水流年》、《顾维钧1919》、《改革开放二十年人物志：地平线》，大型直播节目《为了不能忘却的记忆："九·一八"七十年祭》，曾多次荣获中国广播电视新闻奖和中国广播电视学会人物片金奖。

施生田 新疆电视台台长，高级编辑。1993年大学毕业分配到新疆电视台，1993年至1998年在新疆经济电视台工作，1998年至今在新疆电视台工作。

时　间 1985年北京广播学院毕业，进入中央电视台工作至今。现担任社教中心法制专题部副主任。1993年参与创办《东方时空》，担任制片人、总制片人，之后创办了《实话实说》、《焦点访谈》等栏目。后调入社教

中心社会专题部任副主任，分管《道德观察》、《为您服务》、《大家》等栏目。2004年，中央电视台频道专业化调整，参与《社会与法》频道的策划、管理、改革，分管频道的整体包装、频道栏目定位及频道的发展战略策划。2002年，开始创作12集大型文献纪录片《抗战》，担纲总制片人、总编导。主要作品：1995年至1998年，12集大型文献纪录片《周恩来》；1999年至2004年，6集大型人文纪录片《布达拉宫》；2002年至2005年，12集大型文献纪录片《抗战》。

司徒兆敦 北京电影学院博士生导师。1964年毕业于北京电影学院，一直在该校任教。1987年出任导演系主任。曾得他指导的学生如陈凯歌、田壮壮、张艺谋等。电影（《竹》、《青山夕照》、《父子婚事》）以及电视纪录片（《路》、《环境艺术》、《光辉的历程》和《我们的人民代表大会》）获颁北京电影学院的最高荣誉金烛奖。被誉为中国纪录片最重要的几位代表人物之一。

孙剑英 四川广播电视集团海外、社教中心主任，北京广播学院毕业。曾任四川电视台总编室副主任、专题部副主任、国际部副主任，1992年至2005年任四川电视台国际部主任。学术及社会职务有：四川省电视艺术家协会副主席、四川省广播电视学会理事。曾担任中国国家级"彩虹奖"、"金鹰奖"的评委。1999年至2005年连续七年被特邀担任"亚洲电视大奖赛"国际评委。还担任了

2001、2003、2005三届四川电视节评奖研讨办公室主任，并在1991年至2003年历届“中国四川电视节国际电视节目交易会”的组织领导机构中出任负责人。1994年至2005年底担任策划、制片人、监制或出任导演，专题节目在国际、国内各种评奖中共获得347个奖项。1994年至今，所领导的国际部有200余部（集）节目远销很多国家。2002年荣获“第三届中国百佳电视艺术工作者”称号，2005年获得世界自然基金会（WWF）首次为中国自然与环境保护电视制作人颁发的“杰出成就奖”。

孙　杰　陕西电视台国际部主任，主任编辑。1981年至1985年在西北大学中文系学习，1985至今在陕西电视台国际部工作。主要作品：系列片《中国西部民族风情》获中国西部电视节目评比特等奖（联合），纪录片《出嫁的新娘》获中国社教电视节目评比一等奖，纪录片《牧羊人的冬天》获陕西社教电视节目评比一等奖，纪录片《独联体的陕西村》获中国社教电视节目评比二等奖，纪录片《影人儿》获中国社教电视节目评比长篇二等奖、中国纪录片学术奖长篇二等奖，纪录片《百年税票》获中国社教电视节目评比一等奖，纪录片《沙漠人烟》获陕西社教电视节目评比一等奖，系列片《二十年、二十人》（两集）获中央电视台电视节目评比一等奖，以及系列片《长大的故事——中国独生子女档案》等。

汪文斌　中央电视台网络传播中心主任，高级编辑。1985年至1996年任中央电视台经济部记者、编辑、制片人，1996年至2001年任中央电视台经济部副主任、主任，2001年至2002年任中央电视台广告经济信息中心副主任，2002年至2005年任中国广播电影电视集团综合办公室副主任、大型活动办公室主任，2005年至2006年任中央电视台办公室副主任，2006年至今任中央电视台网络传播中心主任、央视国际网络有限公司总经理。

王冬冬　黑龙江电视台卫视频道制片人，哈尔滨工业大学管理学院博士研究生。从事电视采编工作14年。所创作的电视作品获得国家级奖项38次，省级一等奖29次。所编导的纪录片《化蛹为蝶》、《拉着老母走天涯》、《即将消失的专用铁路》先后在荷兰阿姆斯特丹国际纪录片节、贝尔格莱德国际电影节、加拿大多伦多国际环境电影节、美国PINE国际电影节、广州国际纪录片大会等28个国际影展获奖和展映。论文《电视媒体组织结构重构的必要性分析及对策》、《纪录片主导变量的权变分析》等40余篇论文分别发表在《中国电视》、《新闻传播》等杂志，著有诗集《如水的心事》，并有作品被翻译成日文。

王　甫　中央电视台研究室主任，《电视研究》副主编，高级编辑，全国十佳广播电视理论工作者。中国人民大学新闻学院毕业，获博士学位。曾先后在新华社、中国日报社任记者，1988年调入中央电视台后，从事经济新闻报道和视觉传播研究，参与中央电视台《经济信息联播》、《生活》、《企业家》等栏目的创办工作，《阿里斯顿九兄弟为何大不相同》、《话说“老字号”》等电视报道获奖。他注重结合工作实际，研究报刊和电视报道的视觉传播规律，已发表《报纸版面上的形及其相互关系》、《电视传播观念上的两点突破》等一批学术论文。学术专著《视觉传播》、《电视新闻的视觉传播优势》、《当代美国电视》（合著）已出版发行。

王广令 现任中央电视台海外中心专题部主任，高级编辑。1982年1月毕业于山东大学中文系，同年分配到中央广播事业局《中国广播电视》（后更名为《中国广播影视》）杂志社从事编辑工作。1991年底调人中央电视台海外中心《中国报道》组从事编辑工作，后任《中国报道》组组长。1998年7月任海外专题部副主任，2002年9月起任现职。1993年制作的专题片《来自二滩的冲击》获当年度全国对外电视节目评比短篇专题一等奖；2002年组织领导了国际频道多个专题栏目的改版整合，创办了大型电视纪录片栏目《走遍中国》。

王海平 河北电视台精品创作室主任，研究生学历，高级编辑。1982年在河北电视台开始从事电视工作，历任台编委、国际部主任及现职。1995年前主要拍摄纪录片，主要作品包括《山乡》、《大红枣》、《保定老人印象》、《接班》、《等待》、《一对没有子女的老夫妇》等，分别在法国戛纳、德国西柏林未来电视节、美国等电影电视节以及音像制品博览会上获奖、提名或参展参映。有十余部纪录片获中国电视奖。1996年后主要拍摄历史、文献类纪录片，主要作品包括《周恩来》、《新中国从这里走来》、《开端》、《陈云在延安》、《新中国外交》等，并分别获"五个一工程"奖、中国电视"金鹰奖"等奖项。新作有18集文献纪录片《八路军》等。

王　洪 中共上海市闵行区委宣传部副部长，上海市闵行区文化广播电视管理局党委书记、局长；上海市区县广播电视协作网理事长；上海市闵行区文化广播电视管理局编委会主编。2001年起全面负责主持上海市闵行区广播电视宣传工作，连续两届荣获国家广电总局、国家人事部全国广播电视先进集体称号；闵行广播电视台拍摄的20多部电视专题片获得国家级奖项，每年还有20多部专题片通过外宣渠道对外播出。

王静敏 贵州电视台国际部主任，主任记者，贵州省第三届最佳优秀新闻工作者。1989年策划组织创办了贵州电视界第一个新闻评论性节目《透视镜》；1992年策划组织创办了贵州第一个电视社会新闻杂志新闻专栏《今晚十点半》；1998年策划组织创办了贵州第一个电视直播新闻杂志专栏《旋风报道》，2000年被评为贵州省名牌栏目；2000年策划组织带队开展了贵州历史上最大的新闻采访直播活动——《贵州卫视东部行》；2004年组织策划有120人参加的穿越贵州茂兰喀斯特原始森林和无人区的直播活动，揭示了地球23.5纬度上被称为唯一的绿色宝石蕴藏的神秘内涵。曾获全国、省级电视新闻、评论、专题、系列报道一、二、三等奖几十项。

王渭林 陕西电视台副台长，高级记者。1982年毕业于北京广播学院，社会兼职：中国传媒大学研究生导师、中广协会电视法制节目委员会副会长、电视文艺委员会副会长、农村电视委员会副会长、陕西省电视艺

术家副主席兼秘书长。陕西省有突出贡献专家。独立编导创作的多部作品（包括大型电视系列片、电视论证片、电视文献纪录片、文化艺术片等）如：《安塞腰鼓》、《中国七大古都》（20集）、《中华始祖祭》、《中国基础教育透视》（8集）、《国格赋》、《大战略》、《陈云在延安》等，多次获得全国大奖和全国“五个一工程”奖。作品《最后栖息地的朱鹮》还荣获第二届世界野生生物电影节的三项大奖。作为总策划，成功创意指挥完成了《金庸华山论剑》大型电视系列节目并荣获全国电视节目一等奖和中国电视“金鹰奖”文艺专题一等奖及最佳导演奖。主要学术文章和著作有《全球化语境下的西部电视对策》、《暧昧的追求——人文谈话节目之我见》、《当人文遭遇娱乐——论人文谈话节目的生存与发展》、《在颠覆中建构——电视人的历史使命和文化自觉》、《脆弱的坚守—娱乐化背景下的精英文化诉求》、《困惑、焦虑与突围——省级电视台面对传统春节晚会模式的思考》等，主编《交锋人文》、《开坛》系列丛书等。

王新建　1985年毕业于北京大学中文系，文学学士，同年分配到中央电视台工作。曾先后在总编室节目组、社教中心地方组、社教中心文化专题部任编导、制片人。1989年，创办中央电视台第一个长篇纪录片栏目《地方台50分钟》（后改名《地方台30分钟》），并任制片人，其间制作的纪录片《归还者之路》、《大地的呼唤》，曾获“星光奖”二等奖和全国社教节目一等奖，1998年任编导之一的《改革开放20年》，曾获中宣部“五个一工程”奖。2001年创办《探索·发现》栏目，并任制片人至今。

王新中　中央电视台社教中心法制专题部副主任、中广协会电视法制节目委员会理事长、中华全国法制新闻协会副秘书长、中国法学会常务理事、全国法制宣传教育模范个人，央视法制栏目《社会经纬》、《今日说法》及《讲述》、《公益行动》、《心理访谈》栏目创办人之一。现主管《今日说法》、《庭审现场》和《忏悔录》栏目。《今日说法》获得过“全国青年文明号”称号、第三届新闻名专栏称号、司法部授予的“全国法律援助先进集体”称号。

王正中　湖北电视台社教中心主任，高级记者。先后在湖北电视台总编室、专题部、对外部、国际部、科技部、经济部、双休日节目部工作。从1980年起，从事电视剧编剧、导演、专题片、纪录片、电视文学节目、电视谈话节目及大型电视直播、文艺晚会的编导、策划工作。先后荣获中国广播电视新闻奖、电视文艺“星光奖”、“彩虹奖”等政府大奖及纪录片、法制节目、科教节目、经济节目、外宣节目等专业委员会奖项。其中《往事》栏目五年中荣获中国广播电视新闻奖政府奖两个一等奖、两次“全国十佳栏目”称号及一次二等奖。

魏　斌　中央电视台社教中心副主任。1971年开始在湖北房县广播站工作；1977年考入北京广播学院新闻系；1982年毕业留校任党委办公室秘书；1983年调入中央电视台专题部任编导；1994年被聘为主任编辑职称；1995年任社教中心纪录片创作室主任；

1998年至2001年任社教中心文化专题部主任。多年来参加和组织了多部大型系列片、专题片的创作。其中任编导的作品有：《四大佛教名山》、《基诺的黎明》、《中国龙》、《中国瑶族》、《望长城》、《大三峡》、《解放》、《科教兴国》等。其中绝大多数节目都获得了国家级奖项。1994年被评为第二届“范长江新闻奖”获得者。

肖同庆 1996年毕业于北京师范大学中文系，获文学博士学位，同年入中央电视台工作。主任编辑。《第一线》栏目制片人。主要电视作品：大型系列片《百年中国》、8集纪录片《在历史现场——外国记者眼里的中国风云》、5集纪录片《重庆大轰炸》、9集纪录片《守望三峡》、系列节目《延安：温故1942》；主要文字作品：《影像史记》、《世纪末思潮与中国现代文学》、“CCTV影像丛书”——《影像中国》、《大师影像》、《城市影像》等。

薛继军 北京科学教育电影制片厂厂长，二级导演。任中广协会纪录片委员会副会长、中国科教影视协会常务理事、中国电影家协会理事、中国电影制片人协会理事。1979年9月至1983年7月在北京师范大学中文系学习，1983年8月至今在北京科教电影制片厂工作。主要作品：曾获科普奖、银河奖，《科教兴国》专题片获中国新闻奖一等奖，《改革开放二十年》专题片获“五个一工程”奖、“金鹰奖”、优秀纪录片（系列奖）。

严克勤 无锡市广播电视局（集团）局长（董事长），1984年任无锡崇安区人民政府区长，1990年任无锡市供销总部主任，1997年任无锡市人民政府办公室主任，2002年任现职。

杨建国 河北电视台副台长，高级编辑，河北师大兼职教授。所学专业：汉语言文学，在职研究生学历。1972年从事电视工作，先后参与过唐山大地震、老山前线自卫反击战等多项重大事件的电视报道。参加拍摄和监制的多部纪录片获国家级奖励。因主管的节目社会效益和经济效益明显，多次荣立二、三等功，并被评为河北省有突出贡献的中青年专家。

尹　鸿 清华大学教授，博士生导师，新闻与传播学院副院长兼影视传播研究中心主任。兼任中国电影家协会理论评论工作委员会主任，中国电视艺术家协会高校委员会副主任，中国高校影视学会常务理事，中国电影评论学会理事，北京市政府专家顾问团顾问。《中国广播电视学刊》、《电影艺术》、《电视艺术》、《文化月刊》、《影视艺术》、《新闻与传播》等刊物编委。出版有《尹鸿自选集：媒介图景·中国影像》、《尹鸿影视时评》、《娱乐旋风——认识电视真人秀》、《世纪转折时期的中国影视文化》、《镜像阅读》、《世界电影史话》、《新中国电影史》、《全球化与大众传媒》、《百年电影经典》、《Media in China》等著作。

尹　力 中国国际广播电台电视中心主任，高级编辑。1968年下乡插队，1970年至1979年任山东轮胎厂生产调度，1979年至1985

年在北师大化学系教学法教研室工作，1985年开始在中央电视台工作。主要作品：开办《社会经纬》、《今日说法》、《健康之路》、《为您服务》、《讲述》等栏目。开办西部频道及《中国民居》、《百年流感》、《感受澳门》等栏目。现任中国国际广播电台电视中心主任。

应启明 上海文广新闻传媒集团纪实频道总监。1971年至1976年在上海市新海农场工作，1976年至1978年在上海市轮渡公司工作，1978年至1982年就读上海师范大学，1982年至1986年任上海外国语大学附属外国语学校教师，1986年至2001年任上海电视台编导，2002年至2003年在每一信息传播（上海）公司工作，2003年至今在上海文广新闻传媒集团工作。主要作品：系列纪录片《毛泽东在陕北》、系列纪录片《长征·世纪丰碑》、专题片《财富对话》。

禹成明 原深圳电视台海外中心主任、纪实频道总监，主任编辑。现任安徽电视台副台长。1981年安徽大学毕业。1985年至1998年7月任安徽电视台编导、制片人、社教中心副主任，1998年7月至今任现职。主要作品：编导的电视纪录片《远在北京的家》获1993中国四川国际电视节“金熊猫奖”最佳纪录片奖；编导的纪录片《王莹》、《雕塑大师创开渠》、《老白的爱情生活》以及数篇电视纪录片论文分别获得“星光奖”、“彩虹奖”、“金鹰奖”等多项奖项。

袁力丽 国务院新闻办五洲传播中心副

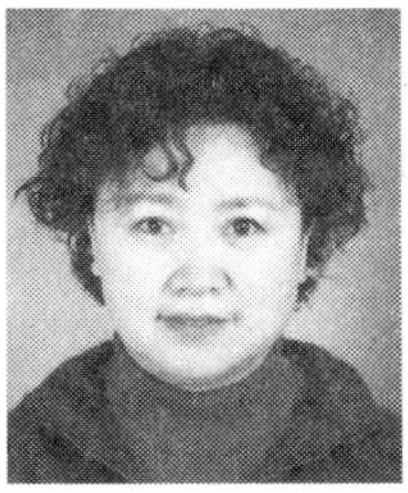

主任、副社长，主任编辑。1983年至1994年任中央新闻纪录电影制片厂《纪录电影》主编、宣传发行处副处长。1994年至今在国务院新闻办五洲传播中心工作。主要作品：纪录片《基督教在中国》，任《中国表情》、《人文中国》、《变化中的中国》、《纵横中国》栏目监制和系列片《中国少数民族》、《中国宗教》、《中国文化精粹》、《中国民间艺术》等策划和监制，与国际联合制作的《西藏日记》、《沿着祖父母的足迹》、《佛与现代化之间》等片中任监制。

张　洁 《新闻调查》栏目现任制片人，中央电视台资深编导，主任记者。1984年毕业于北京中央民族大学中文系，2000年至2002年就读于清华大学新闻传播学院研究生进修班。大学毕业后先后在地、省、中央台三级媒体从事电视工作17年，涉及新闻、专题、文艺、电视剧等领域。对人类文化有浓厚兴趣，利用云南人文、地理资源拍摄《水与火的民族》、《彝族虎崇拜》、《说不尽的云南》等一批有影响的纪录片，多次获全国、省级优秀电视节目奖。1993年加盟中央电视台新闻杂志栏目《东方时空》。1996年加盟《新闻调查》，2003年起担任《新闻调查》制片人。

张　宁 中央电视台社教节目中心主任，高级编辑。毕业于北京广播学院新闻系，文学学士。第六届韬奋新闻奖获得者。1982年7月入中央电视台，在新闻部地方组工作，先后任时政组副组长、时政组组长、科技组组长、采访部第一副主任、新闻采访部

2007 CHINA DOCUMENTARY YEARBOOK

主任、新闻节目中心副主任，现任社教节目中心主任。任职新闻中心期间，参与指挥央视新闻频道的创办、组织指挥了《伊拉克战争直播报道》、《抗击非典直播报道》、《神州五号特别新闻》、《澳门回归特别报道》、《香港回归特别报道》等一系列重要直播报道，负责组织、统筹《新闻联播》日常编播，积极稳步改进《新闻联播》节目，创办了《法治在线》、《每周质量报告》等栏目。推出《平安中国》、《文明中国》、《托起明天的太阳》、《青春中国》、文化遗产博览月等大型媒体活动和大型直播。主编《电视新闻采访的理论与实践》，20多篇参与主创的作品分获中国新闻奖和中国广播电视新闻奖。

张同道　文学博士，北京师范大学艺术与传媒学院教授，纪录片制作人。主要著作：《探险的风旗：论20世纪中国现代主义诗潮》、《媒介春秋：中国电视观察》、《电视看客》、《时尚拼贴》、《大师影像》等；主要纪录片作品：《居委会》、《白马四姐妹》、《经典纪录》、《世纪长镜头》、《发现民间》、《真实的风景》。

张献民　北京电影学院文学系教授。1985年获北京外国语学院法语学士、比较文化学士学位；1987年获巴黎第三大学电影硕士学位；1992年毕业于巴黎高等电影学院。在北京电影学院教授的课程以剧作为主。有编剧理论和技巧、剧作概论、剧作基础、视听语言、导演艺术概论、影片分析、大师研究、拍片辅导、外国电影史(世界电影史，部分)、法国电影研究、纪录片创作、中国文学(部分)、中外戏剧(部分)等。代表作品：20集电视剧《大年夜》；26集电视连续剧《武圣关公》；纪录片《家在北京》、《汉字》等；故事片《巫山云雨》、《颐和园》。著述：《电影摄影入门》、《通向电影圣殿》、《一个人的影像》、《看不见的影像》。

张雅欣　本科毕业于北京广播学院电视系电视新闻摄影专业，获学士学位。留校任教，后赴日留学，就读于日本成城大学文学院美学艺术学专业，获修士（硕士）学位。博士课程就读于北京师范大学文学院民俗学专业，获博士学位。现为中国传媒大学电视与新闻学院教授、电视节目研究所所长。主要著作：《电视概论》、《电视跨国传播与民族文化》(合著)、《中外纪录片比较》(国家社科项目，获部级二等奖)、《纪录片比较研究：民众文化的电视记忆》(亚洲传媒中心项目)。所担任策划的多部大型电视系列片分别获得多项全国大奖，担任多个奖项的评委。

张以庆　湖北电视台编导，高级记者。1975年参加工作，在工厂务工10年。1987年调湖北电视台至今，1995年开始从事纪录片创作。主要作品：《舟舟的世界》、《英与白》、《幼儿园》等。

张朝夕　中央电视台制片人。1991年毕业于北京广播学院，获文学学士学位。1993年到2004年在中央电视台新闻中心新闻评论部工作，曾采访、编辑200余期《东方之子》节目；参与1997香港回归、三峡大江截流等重大报道活动。2000年担任《东方之子》栏目制片人。2004年6月担任中央电视台数字电视《世界地理》频道总监。同年12月完成华中科技大学研究生课程学习，获哲学硕士学位。2006年6月调入中央电视台体育节目中心，在世界杯期间创办电视体育谈话节目《欢乐世界杯》，并担任节目制片人。2006年7月开始策划筹备奥运人物专题节目《我的奥林匹克》。代表作品：东方时空五周年特别节目《共同的日子》；东方时空七周年特别节目《共同的时空》；特别节目《记忆——晏阳初1930》、《记忆——邹韬奋1936》等，曾获全国五四新闻奖及多项其他节目奖项。

赵　欣　太原电视台副台长，高级记者。1984年12月至1992年3月任太原电视台新闻部记者、编辑，1992年3月至1999年9月先后任太原电视台新闻部副主任、主任，1999年9月至2002年10月任太原电视台新闻频道总监，2002年10月至今任现职。主要作品：负责创作的《新闻快车》获2001年度“中国新闻名栏目奖”，负责创作的的《新闻对话》获2003年度中国广播电视学会城市电视新闻节目“十佳栏目奖”。

钟大年　教授，博导。香港凤凰卫视节目副总裁、资讯台台长、中国传媒大学传媒发展研究院院长。著作有：《电视片编辑艺术》、《电视功能新解》、《中国应用电视学》、《跨国传播与民族文化》、《纪录片创作论纲》等。中国广播电视协会纪录片研究委员会副会长、中国电视艺术家协会会员。

周东元　大学本科，主任编辑。1973年到中央新闻纪录电影制片厂工作，先后任编辑部研究室编辑，国际部编导、组长，国际部副主任，对外部副主任，第一编辑室主任，

总编室主任，副总编辑。主要作品有：《历史的抉择》、《发展中的中国》、《中国》、《中国市场见闻》、《中国少数民族掠影》、《中华文明之光》等数十部长短纪录片和电视专题片，曾获全国社教类电视节目一等奖，中国电影金鸡奖提名奖，中国电影华表奖。现为中国电影家协会会员，中国电视艺术家协会会员，中国民间艺术家协会会员，中国广播电视协会纪录片委员会副理事长。

周绍成　1976年7月年1985年1月任河南电视台专题处政文组副组长；1985年1月年1994年9月任河南电视台专题处副处长、处长；1994年9月年2001年3月任河南电视台副台长；2001年3月年2003年4月任河南电视台总编辑、副台长；2003年4月至今任河南电视台台长、总编辑。

周　星　北京师范大学艺术与传媒学院教授，博士生导师，副院长，艺术教育研究所所长，北师大校级重点实验室“数字艺术实验室”主任。国务院学位委员会艺术学科评议组成员，国家艺术学科教学指导委员会副主任，中国高校影视学会副会长，中国电视艺术家协会高校电视艺术委员会常务副会长。北京电影学院、首都师范大学客座研究员。近年在《中国社会科学》等刊物发表《21世纪传媒的责任与品格》等学术论文200余篇，30余次被《新华文摘》、等权威学术刊物转载。出版著作主要有：《从文学之隅到影视文化之路》、《中国影视艺术理论研究》、《美

育基础》、《艺术概论》、《影视文学》等，曾获得北京市优秀教师称号。

朱　杰　湖北经济电视台特别节目部主任，高级记者，文学博士。主要作品：《一个人与一支歌》获“中国电视奖”一等奖；《背个媳妇回家来》获“中国电视奖”一等奖；《四姐》获“中国纪录片学术奖”一等奖和最佳编导奖；《世纪末的起诉》获“中国广播电视新闻奖”一等奖；《我的大水井》获“中国彩虹奖”二等奖；《归来》获“中国金剑奖”一等奖；52集系列片《中国名人故里》获中国广播电视新闻奖二等奖；16集电视系列片《中国律师》获中国广播影视大奖一等奖；另有《好人方俊明》、《走进湖北》等十几部作品获得省部级一等奖。目前正主持拍摄《中国“慰安妇”》、《中国监狱》等大型系列片。在《中国广播电视学刊》、《湖北社会科学》等国家级学术刊物上发表专业论文十几篇。

朱贤亮　上海电视台纪实频道艺术顾问。1983年任上海电视台文艺部编辑，1989年任上海电视台文艺部副主任，1993年任上海电视台专题部主任，1995年任上海电视台社教中心副主任，2001年任上海电视台纪实频道主编。2000年获全国百佳电视工作者称号，2001年获韬奋新闻奖。主要作品：音乐片《喜之旋律》获全国电视文艺“星光奖”二等奖，理论片《人间正道》获全国“五个一工程”奖，文献纪录片《曙光——上海1921》获中国电视奖二等奖。

祝丽华　山东电视台总编辑，高级编辑。1970年12月至1984年8月在山东省无线电厂做工人、统计员、党委宣传干事等工作，

1984年8月在山东电视台任编辑，1997年任国际部副主任，1998年任副台长，2002年任总编辑。享受国务院政府特殊津贴。当选“首届全国百佳新闻工作者”、全国先进工作者。独立编导、撰稿、剪辑和与他人合作的电视专题片、纪录片连续十年获国家级政府奖，其中获一等奖作品八部：《三千里路情与歌》、《方荣翔》、《壁画后面的故事》、《中华百年祭》、《易学家刘大钧》、《夙愿》、《百年山东》、《国画家柳子谷》等。

创作委员会

主　　席　时　间

执行主席　陈　真　陈晓卿

主席团成员（排名以汉语拼音为序）

褚嘉骅　段锦川　傅红星　高　峰　高国栋
蒋　樾　金铁木　景高地　康健宁　李汝建
李　晓　梁碧波　孙曾田　王海兵　王海平
王　韧　魏　斌　吴文光　应启明　张以庆
周　兵　祝丽华

主　席

时　间　1985年北京广播学院毕业，进入中央电视台工作至今。现担任社教中心法制专题部副主任。1993年参与创办《东方时空》，担任制片人、总制片人，之后创办了《实话实说》、《焦点访谈》等栏目。后调入社教中心社会专题部任副主任，分管《道德观察》、《为您服务》、《大家》等栏目。2004年，中央

电视台频道专业化调整，参与《社会与法》频道的策划、管理、改革，分管频道的整体包装、频道栏目定位及频道的发展战略策划。2002年，开始创作12集大型文献纪录片《抗战》，担纲总制片人、总编导。主要作品：1995年至1998年，12集大型文献纪录片《周恩来》；1999年至2004年，6集大型人文纪录片《布达拉宫》；2002年至2005年，12集大型文献纪录片《抗战》。

执行主席

陈　真　1984年毕业于复旦大学中文系，在中央电视台从事长纪录片工作。参与拍摄的电视纪录片有30集系列片《黄河》、10集系列片《中国人》、30集《儿女英雄传》、12集系列片《周恩来》。其中《周恩来》获中国电视金鹰奖。2001年至今，担任中央电视台《东方时空·百姓故事》栏目制片人。电影纪录片《布达拉宫》、《千秋三峡》获电影“华表奖”。

陈晓卿　中央电视台《见证》栏目制片人。1986年毕业于北京广播学院电视系摄影专业，同年被保送就读该学院摄影专业硕士研究生。1989年分配至中央电视台工作，担任纪录片栏目《地方台30分钟》编辑。1991年开始拍摄纪录片：其中《孤岛记事》任编导、摄影，被选送至法国戛纳电视节目展；《远在北京的家》任编导，获1993四川国际电视节大奖；《龙脊》任编导、摄影，获1995四川国际电视节特别奖；《南狮北狮》任编导；《大哥大　桑塔纳　破小褂》任编导。1996年开始制作文献纪录片：其中《朱德》任总编导；《刘少奇》任总编导；《百年中国》任总编导。

主席团成员（排名以汉语拼音为序）

褚嘉骅　云南电视台副台长，主任编辑。长期从事纪录片创作，编导了一些重大题材的电视纪录片，并多次在国内外获奖。主要作品：12集大型纪录片《毛泽东》、12集大型纪录片《邓小平》、1999年国庆特别献礼片《大阅兵》、纪录片《班禅转世》、《六岁活佛》、8集纪录片《使命》、4集理论文献片《东方之光》、专访纪录片《卡斯特罗和他的革命宫》、纪录片《两国将军》、10集大型文献纪录片《新西藏》等。近年来，撰写的关于重大题材纪录片创作的多篇论文先后在《电视研究》、《新闻记者》、《中国广播电视》等刊物上发表。2002年先后荣获“中国百佳电视艺术工作者”和“全国百佳新闻工作者”称号。

段锦川　1984年毕业于北京广播学院，之后去西藏工作，曾就职于西藏电视台。1992年回到北京，成为独立纪录片制作人，导演。现任北京年年三畅影像工作室制作总监。中国传媒大学客座教授，硕士生导师。主要纪录片作品：《青朴——苦修者的圣地》、《广场》、《八廓南街16号》、《天边》、《加达村的男人和女人》、《沉船——97年的故事》、《拎起大舌头》、《爱情战争》、《暴风骤雨》。其中《广场》获山形国际纪录片电影节“国际影评人协会”奖、夏威夷国际电影节评审委员会奖、波波里国际纪录片电影节最佳人文影片奖、福冈亚洲电影节大奖、香港国际电影节特别推荐电影；《八廓南街16号》获法国真实电影节大奖“真实电影奖”，该片由美国纽约现代艺术馆收藏；《拎起大舌头》获阿姆斯特丹国际纪录片电影节银狼奖、瑞士国际南北媒体节大奖、日内瓦大奖。

傅红星 现任中国电影资料馆馆长，中国电影艺术研究中心主任。1981年至1985年在复旦大学中文系就读中国语言文学专业，主攻中国现代戏剧及电影；1985年7月至2006年7月在中央新闻纪录电影制片厂工作，历任编导、副总编辑和副厂长等职；其间曾于2002年9月任新疆喀什地区宣传部副部长，喀什日报社党委书记、总编辑；2006年7月起调中国电影资料馆工作至今。创作了上百部影视作品，其中多部作品荣获国家级奖项。2000年被国家人事部、国家广播电影电视总局评为“全国广播电影电视系统劳动模范”；2005年获政府特殊津贴。主要作品：《甘孜藏戏团》；《德格印经院》；《重上井冈山》；《沧海云帆》；《回访拉萨》获第9届全国少数民族题材电视“骏马奖”；《周恩来外交风云》获中国政府电影华表奖“优秀纪录片奖”第一名、第18届中国电影金鸡奖“最佳纪录片奖”；《国家主席刘少奇》获中国电影华表奖“优秀纪录片奖”第一名、第19届中国电影金鸡奖“最佳纪录片奖”；《边关》荣获国家司法部、国家广播电影电视总局颁发的全国法制题材电影电视节（剧）目“金剑奖”一等奖。

高 峰 现任中央电视台副台长、中央新闻纪录电影制片厂厂长，高级编辑。上大学前曾在宁夏京剧团从事8年音乐工作。1983年毕业于中央民族大学中文系，同年分配至中央电视台专题部，从1992年开始，先后担任专题部副主任、纪录片室主任、国际部副主任、青年部主任。社会职务：中国作家协会会员、中国广播电视协会纪录片委员会会长。主要作品：（1）系列专题片：《川藏纪行》1985年获全国一等奖，《万里海疆》1990年获全国二等奖，《开发大西南》1992年获全国二等奖，《解放》1994年获“五个一工程”奖及全国一等奖，《胜利》1995年获“五个一工程”奖及全国一等奖。（2）单本纪录片：《闯江湖》，《西南古桥拾零》1992年获全国一等奖，《金秋时节》1993年获全国一等奖，《蒋兆和的流民图和丹尼亚的日记》1995年获“星光奖”，《山海经》1998年入围葡萄牙大西洋电视节。（3）出版专著：《电视纪录片及其审美选择》（1996年中国广播电视出版社出版），《电视纪录片论语》（1999年国际广播出版社出版）。

高国栋 1976年开始从事电视工作，现任辽宁电视台卫星频道副总监。1991年至1995年制作了电视纪录片《沙与海》、《辽河》、《两个孤儿的故事》、《怒族一家人》和《人鬼人——一个日本宪兵的生涯》等作品，连续五年在国际电视节上获奖，其中有三项纪录片大奖。2002年5月，被辽宁省文学艺术界联合会授予“辽宁文艺之星”称号；2002年10月，获得中国电视艺术家协会颁发的第三届“全国百佳电视艺术工作者”称号；2002年11月，获得中国电视艺术家协会纪录片学术委员会颁发的“特别成就奖”。2005年11月，拍摄的纪录片《山里》在2005(第八届)四川电视节“金熊猫”奖国际纪录片评选中荣获“评委特别奖”。

蒋 樾 1988年毕业于中国戏曲学院文学系编剧专业。同年入北京电影制片厂工作，师从黄健中导演，参与拍摄故事片《龙年警官》、《过年》（任副导

演）。1991年开始独立制作纪录片，代表作品有《喇嘛藏戏团》（1991年）、《拉萨雪居民》（1992年）、《天主在西藏》（1992年）、《彼岸》（1993年）、《静止的河》（1997年）、《幸福生活》（2002年）、《爱情战争》（合导，2002年）、《暴风骤雨》（合导，2006年）。

金铁木　毕业于北京电影学院，中央电视台纪录片导演。2000年，大型纪录片《让生命永存》获罗马尼亚文化电影节优秀节目奖，中国电视金鹰奖优秀纪录片奖，首届国家音响制品金奖，中国广播电视学会优秀节目奖。2003年，大型纪录片《复活的军团》获中国广播电视学会纪录片大奖、最佳编导奖，中国电视金鹰奖纪录片大奖、最佳导演奖。其他作品有大型数字电影《圆明园》等。

景高地　湖北电视台副台长。1982年毕业分配到湖北电视台专题部从事记者工作，历任组长、副主任、主任、副台长。20多年来创作了数百部（集）纪录片、专题片、系列片，完成了近百场晚会、知识竞赛、体育比赛、重大事件的现场直播和录播，代表作品有《武汉人“过早”》、《周韶华与“大河寻源”》、《横断的启示》、《不可战胜的力量》、《国旗·生命》、《父子》、《红地毯上的日记》、《伴》等，曾获全国“五个一工程”奖、纪录片大奖、中国广播电视奖等各类奖项。先后荣获湖北省首届名记者、全国广播电视系统先进工作者、国务院有突出贡献中青年专家等称号。

康健宁　曾任宁夏电视台副台长，参与主创的纪录片有：8集电视系列片《晋商》，20集电视系列片《唐之韵》，20集电视系列片《宋之韵》，30集电视系列片《跨越时空的文明》，20集电视系列片《20年20人》，8集电视系列片《千年书法》，6集电视系列片《任弼时》，6集电视系列片《光荣与梦想》，6集电视系列片《科技与中国》，6集电视系列片《中国律师》，8集电视系列片《大国崛起》；《沙与海》、《阴阳》、《公安分局》、《当兵》、《窑洞·人》、《永远的胡杨》、《泸沽湖》、《楚成旦巴和托林寺》、《生活》、《景德镇》、《闯江湖》等。

李汝建　现任大连电视台纪录片创作室主任，国家一级摄像师，中国广播电视协会纪录片委员会副理事长，大连理工大学客座教授。1983年毕业于鲁迅美术学院工艺系，1986年进入大连电视台工作至今。主要作品：纪录片《海路十八里》、《工地》等多部作品在英国、法国、德国、电视节上获特别提名奖。1998年被评为大连市优秀新闻工作者；2001年度大连市劳动模范、大连市市级优秀专家。

李　晓　1984年毕业于海军舰艇学院，现任上海电视台纪录片资深编导。1993年12月，《重逢的日子》获全国外宣纪录片摄影一等奖，入围阿姆斯特丹国际纪录片节。1994年10月，《茅岩河船夫》获上海国际电视节“白玉兰”摄影提名奖。1995年7月，《远去的村庄》获中国电视纪录片“金鹰”奖、中国纪录片学会长片大奖，由法国蓬皮杜艺术中心收藏。1996年10月，《妈妈不在的冬天》获上海国际电视节“白玉兰”短片大奖、中国电视纪录片“金鹰”奖。1997年4月，

《陌生的家园》获蒙特卡罗电影节“金仙女”奖、葡萄牙国际海洋电影节“铜鹰”奖、中国外宣纪录片一等奖。1998年4月，《忠贞》获上海广播电视长片一等奖。2000年3月，《厂长张黎明》获中国外宣纪录片一等奖、中国电视纪录片“金鹰”提名奖。2001年9月，《小村的抉择》获全国法制纪录片“中华卫士”二等奖。2003年11月，《海上沉浮》获上海广播电视长片一等奖、中国电视新闻长片专题奖。2004年11月，《我的露露》获四川国际电视节纪录片“金熊猫”奖。

梁碧波 成都电视台高级记者，兼任四川大学电影电视系客座教授。纪录片作品在12个国家的电影节获国际大奖3项，在日本、法国、美国等主流媒体播出。2001年应美国邀请做电影电视访问学者。被授予“全国五一劳动奖章”、“国务院政府特殊津贴专家”、“全国百佳电视艺术工作者”、“中国纪录片特别成就奖”、“四川省有突出贡献的优秀专家”等称号。曾任第10届上海国际电视节、第17届俄罗斯圣彼得堡国际电影节评委。

孙曾田 1983年毕业于北京广播学院电视摄影专业。中央电视台高级记者，任摄影、导演至今。创作电视节目近百部（集）。中国影视人类学会常务理事、国际纪录片协会会员、北京广播学院研究生导师。主要作品：《最后的山神》获亚洲太平洋地区广播联盟大奖，为中央电视台第一个纪录片国际奖项；《黄河一日》、《神鹿呀，我们的神鹿》、《三峡白龙舟》、《祖屋》、《新丝绸之路》等纪录片获国内外大奖。

王海兵 现任四川广电集团节目研发中心主任。纪录片代表作“三家”（《藏北人家》、《深山船家》、《回家》）和长篇纪录片《山里的日子》多次入围国际电影电视节并获奖；有60多件作品80多次获省级以上奖励，其中全国以上奖励50多项。个人获“范长江新闻奖提名奖”，全国文联“德艺双馨”艺术家，全国“百佳”电视艺术工作者，中国纪录片杰出成就奖。

王海平 河北电视台精品创作室主任，研究生学历，高级编辑。1982年在河北电视台开始从事电视工作，历任台编委、国际部主任及现职。1995年前主要拍摄纪录片，主要作品包括《山乡》、《大红枣》、《保定老人印象》、《接班》、《等待》、《一对没有子女的老夫妇》等，分别在法国戛纳、德国西柏林未来电视节、美国等电影电视节以及音像制品博览会上获奖、提名或参展参映。有十余部纪录片获中国电视奖。1996年后主要拍摄历史、文献类纪录片，主要作品包括《周恩来》、《新中国从这里走来》、《开端》、《陈云在延安》、《新中国外交》等，并分别获“五个一工程”奖、中国电视“金鹰奖”等奖项。新作有18集文献纪录片《八路军》等。

王　韧 毕业于上海大学。从事电视工作以来，生产制作了400多部纪录片、专题片和文艺晚会。创意、策划并负责了中国大陆第一个直播谈话节目《东方直播室》；第四届上海国际电视节开幕式、闭幕式导演；第一届东亚运动会闭幕式撰稿和导演；中央电视台建台40周年纪录片《春风夏雨四十年》总编导；中央电视台澳门回归直播中大型政论片《百年回归路》总编导；12集大型历史纪录片《抗战》总撰稿、执行总编导；纪念抗战胜利60周年12集特别节目《人民的胜利》执行总编导；8集纪录片《你好，浦东》，12集文献纪录片《民族魂》，5集纪录片《同心同德》，卫星双向传送大型谈话节目《西北望长安》、《做新世纪上海人》等片总导演。纪录片《费达生》获中国电视金鹰奖、中国纪录片学术大奖。

魏　斌　中央电视台社教中心副主任。1971年开始在湖北房县广播站工作；1977年考入北京广播学院新闻系；1982年毕业留校任党委办公室秘书；1983年调入中央电视台专题部任编导；1994年被聘为主任编辑职称；1995年任社教中心纪录片创作室主任；1998年至2001年任社教中心文化专题部主任。多年来参加和组织了多部大型系列片、专题片的创作。其中任编导的作品有：《四大佛教名山》、《基诺的黎明》、《中国龙》、《中国瑶族》、《望长城》、《大三峡》、《解放》、《科教兴国》等。其中绝大多数节目都获得了国家级奖项。1994年被评为第二届“范长江新闻奖”获得者。

吴文光　1974年中学毕业后到农村当“知识青年”务农至1978年；1982年毕业于云南大学中文系；1982年至1985年在昆明和新疆的中学任教；1985年至1988年在昆明电视台做记者；1988年至今，定居北京，写作和拍摄纪录片。主要作品：《流浪北京：最后的梦想者》、《我的1966》、《1966，革命现场》、《流浪北京》、《江湖报告》。

应启明　上海文广新闻传媒集团纪实频道总监。1971年至1976年在上海市新海农场工作，1976年至1978年在上海市轮渡公司工作，1978年至1982年就读上海师范大学，1982年至1986年任上海外国语大学附属外国语学校教师，1986年至2001年任上海电视台编导，2002年至2003年在每一信息传播（上海）公司工作，2003年至今在上海文广新闻传媒集团工作。主要作品：系列纪录片《毛泽东在陕北》、系列纪录片《长征 · 世纪丰碑》、专题片《财富对话》。

张以庆　湖北电视台编导，高级记者。1975年参加工作，在工厂务工10年。1987年调湖北电视台至今，1995年开始从事纪录片创作。主要作品：《舟舟的世界》、《英与白》、《幼儿园》等。

周　兵　中央电视台新闻中心新闻评论部制片人。1991年8月，北京广播学院电视系电视编导专业毕业，在兰州电视台任编导、摄像，两年后进入中央电视台《东方时空》，任《东方之子》栏目编导；1999年7月，任《记忆》栏目总编导；后任《东方时空》、《纪事》栏目制片人；百集大型系列纪录片《故宫》总导演。目前，就读于南开大学历史学院，攻读中国艺术史专业博士学位。获奖节目：任纪录片《周恩来》编导，1997年荣获纪录片学术委员会特别奖、“五个一工程”奖、中国“金鹰”电视节特别奖；任纪录片《达比亚》制片人，2001年荣获中国纪录片学术委员会一等奖；任纪录片《三峡移民》制片人，2002年荣获上海国际电视节“白玉兰”最佳纪录片及最佳摄影奖；任纪录片《晋大爷和他的老主顾们》制片人，2003年荣获中国纪录片学术委员会大奖；任纪录片《黄河人家》制片人，荣获中国广播电视协会纪录片委员会2005年十大纪录片，入选法国FIPA国际电视节；纪录片《故宫》荣获中国四川国际电视节最佳纪录片长篇及最佳摄影两项“金熊猫奖”。

祝丽华 山东电视台总编辑，高级编辑。1970年12月至1984年8月在山东省无线电厂做工人、统计员、党委宣传干事等工作，1984年8月在山东电视台任编辑，1997年任国际部副主任，1998年任副台长，2002年任总编辑。享受国务院政府特殊津贴。当选“首届全国百佳新闻工作者”、全国先进工作者。独立编导、撰稿、剪辑和与他人合作的电视专题片、纪录片连续十年获国家级政府奖，其中获一等奖作品八部：《三千里路情与歌》、《方荣翔》、《壁画后面的故事》、《中华百年祭》、《易学家刘大钧》、《夙愿》、《百年山东》、《国画家柳子谷》等。

纪录片委员会

顾 问

王敬松 中国广播电视协会分党组副书记，秘书长，研究员，史学硕士，国务院特殊津贴获得者。原中国广播电视出版社社长兼总编辑，《中国广播影视》杂志社社长。曾编纂出版多部著作，主编《中国纪录片年鉴》。

副会长（排名以汉语拼音为序）

陈 力 教育发展心理学博士。大学本科学习中国语言文学专业，在大学任文艺理论教师3年后，走上了教育新闻工作者的道路，曾获得全国新闻特别奖。1993年由《中国教育报》调任教育部办公厅新闻宣传处处长，参与编辑出版了《兴国之本》、《教育新闻理论与实践》等书。1997年调任中国教育电视台副台长兼总编辑，发表部分教育电视论文，出版专著《教育与电视》，主编和参与编辑了《我们的“关注”》、《大学的智慧》等书，策划和主持制作了《21世纪中国教育》、《世界一流大学》等大型系列节目和专题片，策划组织了近20余台大型晚会和现场直播活动。

董育中 高级编辑。现任山西省广播电视局副局长、副总编辑，山西电视台党委书记、台长、总编辑。1968年起曾先后在中央及省级新闻单位发表各类作品1097条（幅、篇），其中有40余部作品在全国及省部级以上评选中获奖。担任主编的《电视桥》获全国电视最佳栏目奖，参与创作的电视剧《有这样一个民警》获第四届“飞天奖”单本剧一等奖、公安部“金盾奖”，并荣立集体一等功。主编《走进农民》、《电视论丛》、《走笔回眸来时路》等五套理论书籍，被山西省委宣传部授予宣传思想战线“先进个人标兵”称号，1995年被评为首届“全国百佳新闻工作者”。

符宣国 文学硕士，高级政工师。现任海南广播电视台副台长。1982年就读于华南师范大学中文系。1989年就读于暨南大学中

文系中国文学专业。1989年至2001年在海南省委统战部宣传部二作。2001年任海南广播电视台台长助理、公共频道总监。2004年任旅游卫视公司董事、常务副总裁。2004年9月任海南广播电视台党委委员、副台长。中华全国新闻工作者协会理事。

高晓虹 1982年毕业于原北京广播学院，先后获得文学学士和法学硕士学位，现任中国传媒大学电视与新闻学院院长、教授。多年来主要从事广播电视新闻学的理论与实践、电视节目制作的教学与研究。先后被聘为2001～2005年教育部高等学校新闻学学科教学指导委员会委员、2006～2010年教育部高等学校高职高专广播影视类专业教学指导委员会委员。2007年分别担任了中国广播电视新闻奖的评委和中国广播电视学会电视经济节目奖的评委。所负责的科研项目“面向21世纪广播电视新闻学专业教学内容与课程体系改革”在2005年获得教育部教学成果二等奖。主要著作有《世界电视之窗》、《电视广告谋划》、《电视新闻摄影与编辑》等。

马世顺 1972年到大连电视台任节目组副组长、专题部副主任、主任，1993年任副台长至今。大专学历，高级记者，中广协会会员，大连市电视艺术家协会副主席。主创的专题片曾获国家政府级的两个二等奖和两个三等奖；省级的三个一等奖和两个二等奖。在省级以上刊物发表论文十余篇。主编了90多万字的《迈向新世纪》（上、下卷）。

欧阳常林 高级记者。1971年10月参加工作。现任湖南省广播电视局党组副书记，湖南广播影视集团总经理，湖南电视台台长，省新闻工作者协会第四届理事会副主席。1974年进入湖南电视台工作，先后担任湖南电视台新闻部记者，国际部记者、副主任。1995年3月任湖南经济电视台台长。2000年4月任湖南省广播电视局党组成员、副局长。2001年6月兼任湖南广播影视集团副总经理，2001年2月兼任湖南电视台常务副台长，2001年8月起任湖南电视台台长。

王月仁 高级编辑。1983年起历任黑龙江人民广播电台新闻部副主任、黑龙江省广播电视厅办公室主任、厅副总编辑、党组成员、黑龙江电视台副台长。2003年任黑龙江省广播电视局局长、总编辑、党组书记、黑龙江人民广播电台台长、黑龙江电视台台长。政协黑龙江省委员会文史和学习委员会副主任。

夏　俊 1979年至1986年就读于北京广播学院，获硕士学位。1986年进入中央电视台工作，任编辑、记者。1992年任中国国际电视总公司节目制作部副主任。1996年任中央电视台新闻中心《新闻调查》制片人。2000年任北京银汉文化传播有限公司总经理。北京电视台七频道总制作人。现任华人文化集团董事局执行主席，2010年上海世博会顾问，中华民族文化促进会常务理事。主要作品：中日合拍30集系列片《黄河》编导、撰稿；8集系列片《穷则思变》；16集系列片《中国农民》；20集系列片《乡村中国》；12集系列片《改革开放20年》。香港回归72小时直播专题节目、大江截流13小时直播专题节目总编导。著作：《电视片艺术论》、《十字路口的中国电视》等。

杨文虎 研究生学历。1975年12月参加工作。曾历任云南施甸县水长公社党委书记、共青团保山地委书记、昌宁县委副书记、保山地区行署林业局党委书记、局长、保山市委常委、宣传部长等职。现任云南省广电局党组副书记、副局长（主持省广电局工作）、云南电视台台长。

应启明 上海文广新闻传媒集团纪实频道总监。1971年至1976年在上海市新海农场工作，1976年至1978年在上海市轮渡公司工作，1978年至1982年就读上海师范大学，1982年至1986年任上海外国语大学附属外国语学校教师，1986年至2001年任上海电视台编导，2002年至2003年在每一信息传播（上海）公司工作，2003年至今在上海文广新闻传媒集团工作。主要作品：系列纪录片《毛泽东在陕北》、系列纪录片《长征·世纪丰碑》、专题片《财富对话》。

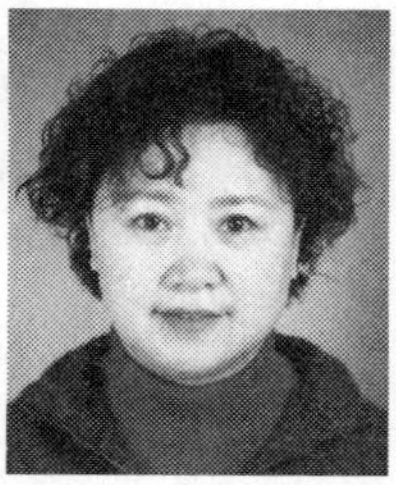

袁力丽 国务院新闻办五洲传播中心副主任、副社长，主任编辑。1983年至1994年任中央新闻纪录电影制片厂《纪录电影》主编、宣传发行处副处长。1994年至今在国务院新闻办五洲传播中心工作。主要作品：纪录片《基督教在中国》，任《中国表情》、《人文中国》、《变化中的中国》、《纵横中国》栏目监制和系列片《中国少数民族》、《中国宗教》、《中国文化精粹》、《中国民间艺术》等策划和监制，与国际联合制作的《西藏日记》、《沿着祖父母的足迹》、《佛与现代化之间》等片中任监制。

张惠建 本科学历，高级编辑。现任南方广播影视传媒集团副总裁、党委副书记，南方传媒控股有限公司总经理，广东电视台党委书记、台长。1978年进入广东电视台工作，从记者、新闻部政文组副组长、新闻部副主任、台长助理、新闻部主任、副台长兼新闻中心主任、省广电局助理巡视员，到台党委书记、台长。其作品先后获得过全国好新闻特等奖、中国新闻奖一等奖、广东新闻奖一等奖等奖项。2007年1月，广东电视台在第二届中国传媒创新年会上被评为2006年度“十大创新电视台”，个人获“十大创新传媒人物奖”。

张　宁 中央电视台社教节目中心主任，高级编辑。毕业于北京广播学院新闻系，文学学士。第六届韬奋新闻奖获得者。1982年7月入中央电视台，在新闻部地方组工作，先后任时政组副组长、时政组组长、科技组组长、采访部第一副主任、新闻采访部主任、新闻节目中心副主任，现任社教节目中心主任。任职新闻中心期间，参与指挥央视新闻频道的创办、组织指挥了《伊拉克战争直播报道》、《抗击非典直播报道》、《神州五号特别新闻》、《澳门回归特别报道》、《香港回归特别报道》等一系列重要直播报道，负责组织、统筹《新闻联播》日常编播，积极稳步改进《新闻联播》节目，创办了《法治在线》、《每周质量报告》等栏目。推出《平安中国》、《文明中国》、《托起明天的太阳》、《青春中国》、文化遗产博览月等大型媒体活动和大型直播。20多篇参与主创的作品分获中国新闻奖和中国广播电视新闻奖。主编著作有：《电视新闻采访的理论与实践》。

张晓爱　北京电视台原台长、总编辑，现任中国电视艺术家协会副主席、北京广播电视协会会长、北京影视艺术家协会副主席、全国电视剧重大历史题材审片小组成员。北京市新闻专业高级专业技术资格评审委员会专家。曾获得新闻最高奖“韬奋新闻奖”（全国十佳）、国家授予的“荣誉监制”称号等。作品有：365集大型专题片《红旗飘飘——中国共产党历史上的今天》荣获中宣部“五个一工程”奖。《为你而歌》、《潮涌东方》、《十年》、《我在北京》等电视节目荣获“中国新闻奖”。

赵　征　大学毕业。1989年至2006年在湖北电视经济频道（原湖北经济电视台）工作，2006年至2007年在湖北省广播电视总台工作。历任湖北经济电视台台长、湖北电视经济频道总监、湖北省广播电视局助理巡视员、湖北省广播电视信息网络股份有限公司副董事长兼总经理、湖北省广播电视总台副台长等职务。高级编辑，正高职高级工程师。中国电视艺术家协会电视管理策划专业委员会副会长，中国录音师协会常务理事，湖北省电视艺术家协会副会长，湖北省广播电视学会副会长。策划、组织拍摄了电视剧《女工情话》、《父子情深》、《警笛声声》、《徐海东大将》、《警网雄风》、《中原突围》、《武当》，电影《世纪之梦》，电视历史文献片《新四军》，专题片《中国律师》等110余部（集）影视剧及大型纪录片、专题片，荣获多个奖项：电影华表奖、“五个一工程“奖、电视金鹰奖和飞天奖。

钟大年　教授，博导。香港凤凰卫视节目副总裁、资讯台台长、中国传媒大学传媒发展研究院院长。著作有：《电视片编辑艺术》、《电视功能新解》、《中国应用电视学》、《跨国传播与民族文化》、《纪录片创作论纲》等。中国广播电视协会纪录片研究委员会副会长、中国电视艺术家协会会员。

周绍成　1976年7月至1985年1月任河南电视台专题处政文组副组长；1985年1月至1994年9月任河南电视台专题处副处长、处长；1994年9月至2001年3月任河南电视台副台长；2001年3月至2003年4月任河南电视台总编辑、副台长；2003年4月至今任河南电视台台长、总编辑。中国广播电视协会纪录片委员会学术研究院研究员。

副理事长（排名以汉语拼音为序）

陈大立　北京电视台部门主任，主任编辑。1974年至1977年下乡插队，1990年调入北京电视台，1995年开始从事纪录片创作，先后任部门副主任、主任。主要作品：《难忘的冬日》、《京城缉毒大写真》、《流年》、《大海的故事》、《七天七夜》等。

陈　宏　中国教育电视台总编辑助理兼CETV-3总监。曾担任广电总局政府奖评委。主要作品：10集纪录片《新西行漫记》；30集电视文献纪录片《新中国外交》获中宣部“五个一工程”奖；纪录片《海峡风云》、《跨过鸭绿江》、《西部的发现》、《国事亲历》、《陈毅》、《新中国外交》、《潮涌东方》、《八千里路云和月》等获省市、中央级奖项；担任项目负责人的大型系列纪录片《我的太阳》获得中国十大纪录片奖及西班牙国际影视节特别奖。

陈　虻　现任中央电视台新闻中心评论部主任；中国广播电视协会纪录片研究委员会副理事长、学术研究院研究员。1983年毕业于哈尔滨工业大学光学工程专业。1985年在中央电视台任记者，从事栏目《人物述林》、《社会经纬》、《观察思考》。1993年任《东方时空·生活空间》制片人，提出“讲述老百姓自己的故事”的广告语。1996年获全国十佳制片人。2001年10月主持《东方时空》改版并负责至今。

陈　央　中共宁波市镇海区委宣传部副部长、镇海区文化广电新闻出版局副局长、镇海广播电视台台长。1992年9月起担任镇海有线电视台台长；1990年9月至今先后在上海大学文学院、宁波广播电视大学、中国人民解放军南京政治学院学习；1994年11月至今担任镇海区文化广播电视局副局长；1998年3月至今担任镇海广播电视台台长；2003年4月至今担任镇海区委宣传部副部长。

陈　真　1984年毕业于复旦大学中文系，在中央电视台从事长纪录片工作。参与拍摄的电视纪录片有30集系列片《黄河》、10集系列片《中国人》、30集《儿女英雄传》、12集系列片《周恩来》。其中《周恩来》获中国电视金鹰奖。2001年至今，担任中央电视台《东方时空·百姓故事》栏目制片人。电影纪录片《布达拉宫》、《千秋三峡》获电影“华表奖”。

程朝阳　1982年毕业于北京广播学院，从业电视媒体，曾做过媒体新闻记者、编辑；现任四川广播电视集团副总编辑、四川电视台副台长。高级编辑。有多个新闻作品和专题节目获得全国性奖励，组织参与策划过多个有影响的大型纪录片。曾作为评委参加过中国新闻奖、中国电视奖、中国四川国际电视节“金熊猫”奖的评选工作。电视文艺研究委员会副会长，电视戏曲研究委员会副会长。

董石才　云南大学外语系法语专业毕业。现任中央电视台社教中心法制专题部主任。1975年进入中央电视台新闻部工作。任记者期间，与英国、香港合拍纪录片《龙的心》，该片1983年度获美国国家与科学技术“艾美奖”。制作的《黎乡风情》、《大唐西域记》、《西天遁月》、《海南岛》、《人才的挑战》等20余部纪录片，多次获得国家一等奖。1989年至1992年任《神州风采》栏目组长，栏目连续三年获全国一等奖。1996年任中央电视台驻香港记者站记者。2001年任中央电视台西部频道副主任。2004年至今任现职，主持

CCTV-12（社会与法）新闻及专题类9个栏目的日常工作。

冯存礼　现任中央电视台社教节目中心副主任，高级编辑。分管教育专题部、科技专题部。1975年毕业于上海外国语学院英语专业，80年代初曾去日本NHK、英国BBC进修电视编导专业。90年代初去英国曼彻斯特大学欧洲新闻学院研究欧洲广播电视发展史及大众媒介管理。曾三次应邀担任日本NHK国际电视节目大奖赛评委。80年代初参与主创《跟我学（英语）》、《标准日本语》、《法语入门》、《祝你顺利（德语）》等外语教学类节目；90年代以来参与主创《夕阳红》、《科技博览》、《走进科学》、《百家讲坛》、《人与社会》、《希望—英语杂志》栏目。中国广播电视协会科教节目研究委员会理事长，中国发明协会理事，四川大学新闻传播研究所兼职教授。

冯忠云　1968年12月参加工作。南京大学涉外经济与行政管理专业硕士学位。现任江苏省盐城市广播电视局党委书记、局长兼盐城广播电视台台长。省电视艺术家协会常务理事，省新闻工作者协会常务理事，省科教电影电视协会理事。2002年主持创办的《情感树》栏目，以真人真事真情为创作基础，以平民化视角找寻普通人生活中的闪光点。《情感树》于2003年被评为江苏省十大广播电视名牌栏目。2006年工作室生产的系列纪录片《走近盐城籍将军》、长纪录片《见证长征》分别获得盐城市政府特别奖、一等奖；系列纪录片《走近盐城籍将军》、长纪录片《家园·月圆》获得江苏省政府一等奖；2007年，《情感树》栏目凭借选送的长纪录片《家园·月圆》在首届“纪录·中国”颁奖庆典上，被中国广播电视协会评选为全国广播电视十大银牌栏目。

付　希　现任四川省泸州电视台台长。泸州师范学校、西南师范大学毕业，做了十年中学语文教师。1992年调到泸州市委组织部，先后担任过电教中心主任、研究室主任、组织处处长等职。2001年任泸州市龙马潭区区委副书记；2005年底任泸州电视台台长。组织制作过数十部电视专题片和纪录片，十多部获国家级奖或省级政府奖。2006年10月领导泸州电视台成功举办了中广协会2006中国纪录片评选暨国际选片会，纪录片《走进张德高》获大奖并入选2007德国多特蒙德电影电视节。

劳鸿锴　就读于暨南大学新闻系，毕业后留校任教。1983年加入广东电视台，任编辑、记者、节目总监、主任。1993年至1998年，曾在香港文汇报任采访主任及助理总经理，见证了香港回归祖国的重要历史时刻。1998年重回广东电视台，历年来参与广东电视台多项大型电视纪录片制作，担任编导、制片人、总监等职。作品《祝福珠江》、《新三国演义》、《百年留学》、《IT风云录》、《永远的春天》等屡获殊荣，在业界有一定影响。

雷　卫　现任重庆市广播电视集团（总台）纪录片部主任，研究生学历，高级编辑。1984年至1989年在重庆电视台社教部工作，1989年至1998年在重庆电视二台工作，

1998年至2001年在重庆电视台社教部工作，2001年至2004年在重庆广电集团（总台）大型栏目中心工作。主要作品：《西南民族教育思考》、《雾》、《故乡行》、《滩头》、《我的故事》、《走向大市场》、《铁血山魂》、《秀山花灯》、《主政大西南》、《江上风清》、《远祖之谜》等。

李汝建 现任大连电视台纪录片创作室主任，国家一级摄像师，中广协会纪录片委员会创作委员会主席团成员，大连理工大学客座教授。1983年毕业于鲁迅美术学院工艺系，1986年进入大连电视台工作至今。主要作品：纪录片《海路十八里》、《工地》等多部作品在英国、法国、德国、电视节上获特别提名奖。1998年被评为大连市优秀新闻工作者；2001年度大连市劳动模范、大连市市级优秀专家。

路海波 戏剧影视理论家。复旦大学中文系毕业，中央戏剧学院硕士毕业，现任中央戏剧学院电影电视系主任。教授，博士生导师。国务院学位委员会艺术学科评议组委员，教育部公共管理类本科专业教学指导委员会委员。中宣部文艺局专家组成员，“五个一工程”奖评委，中国广播影视大奖评委，夏衍文学奖评委。中国电视艺术家协会理事，中国作家协会、中国戏剧家协会、中国电影评论学会会员。出版专著有：《电视剧编剧技巧》、《电视剧美学》、《戏剧管理学》、《戏剧管理》。主编《中国电影名片100部快读》、《中央戏剧学院影视专业本科系列教材》。从1981年至今共发表论文或评论文章120多篇。曾获文化部优秀教材奖、北京市教育科技二等奖、中国高校影视学会学术成果一等奖、中央戏剧学院“学院奖”；北京市优秀教师；第三届全国电视百佳获得者。

罗英华 昆明电视台台长、党委书记。1971年参加工作，先后在商业部门、教育部门、共青团昆明市委、昆明市委宣传部及昆明市文联工作，担任过团市委学校部部长，昆明市委宣传部长助理、处长，昆明市文联党组副书记、副主席；1990年兼任市文联电视艺术中心主任，开始涉及电视纪录片及专题片；2004年调入昆明市委宣传部任副部长；2005年兼任昆明电视台党委书记、台长。云南电视艺术家协会理事，昆明电视艺术家协会副主席。代表作品：《大接轨》、《走向新纪元》、《悠悠古乐传玉龙》、《走出大山》、《哀牢古国探秘》、《绿色交响曲》、《再创普洱辉煌》。

盛伯骥 现任湖南广播影视集团宣传管理办公室主任，高级编辑。1979年开始从事电视编导工作。曾任湖南电视台专题组组长、总编室节目科长、经济部副主任、台艺术指导等职务。《我说潇湘女》、《根簌——谭盾与家乡的对话》等作品曾多次获得亚洲电视奖、中国电视奖、中国纪录片学术奖以及中国女性题材电视专题片评奖等奖项。出版过个人电视艺术专著《寻找本土》。1998年被中国电视艺术家协会授予首届“中国百佳电视工作者”称号。中国广播电视协会电视学研究委员会理事。先后应美国时代华纳有线台34频道、波士顿特夫兹大学以及波士顿交响乐团的邀请举办纪录片作品专题讲座。

王　洪 中共上海市闵行区委宣传部副部长，上海市闵行区文化广播电视管理局党委书记、局长；上海市区县广播电视协作网

理事长；上海市闵行区文化广播电视管理局编委会主编。2001年起全面负责主持上海市闵行区广播电视宣传工作，连续两届荣获国家广电总局、国家人事部全国广播电视先进集体称号；闵行广播电视台拍摄的20多部电视专题片获得国家级奖项，每年还有20多部专题片通过外宣渠道对外播出。

王敬东 济南市广播电视局高级编辑。先后毕业于山东大学中文系、北京广播学院新闻学研究生班、北京大学光华管理学院EMBA等。长期负责新闻宣传、广播电视系统的人力资源开发，先后担任经济电台副台长、电视台常务副台长、广播电视局领导等职。兼任中国传媒大学教授。中广协会旅游节目研委会副会长。主要作品：《西出阳关》全国“五个一工程”奖；《夏日星光》飞天二等奖；《核电铁军》百合一等奖；《古城开埠》、《历史的诉说》牡丹一等奖；《泉之城》彩虹一等奖；《老爸老妈兄弟姐妹》最佳收视奖。专著：《城市电视台战略》、《城市电视台核心竞争力》、《电视台ISO9001质量体系》等。

韦建平 1982年毕业于辽宁大学中文系。辽宁电视台副台长，高级记者。从业电视二十余年，创作了大量颇有影响的新闻片和专题片。《山里人家》、《校舍？兔舍？》、《光纤通讯》等节目获得全国电视节目一等奖。所创办的《女性世界》、《老百姓》、《黑土地》等栏目获得全国优秀栏目奖。

熊仕顺 1972年12月入伍，历任战士、军事记者、人伍部政委等职，转业后任福建电视台政治部主任、总编室主任等职，现为福建海峡电视台总监。福建省广播电视学会常务理事。从事新闻工作以来，先后参与《91抗洪曲》、《毛泽东》、《闽疆纪行》等大型纪录片的创作，作品多次在全国重要评奖活动中获奖。

徐秀萍 高级编辑。已从事电视工作22个年头。在省级电视频道（教育科技频道和影视文化频道）担任副总编、副总监的12年之间，参与策划和监制的不少纪录片获得全国和省级的各类奖励。

杨　颖 现任黑龙江电视台卫星频道总监，高级编辑。1982年黑龙江大学中文系毕业，先后在新闻部工作，曾任社教部主任、法制频道总监。在中国广播电视新闻奖评选中实现了国家级政府大奖“五连冠”。在央视索福瑞调查公司调查中，法制频道在哈尔滨地区所能收看到的58个频道中，观众满意度连续四年排名第一位。还荣获了全国2001年～2005年法制宣传教育先进集体称号，省委省政府授予全省“四五普法”先进集体称号。

袁俊袖 主任记者。现任广西河池市广播电视局副局长，热衷于纪录片创作。主要作品：《志愿者的报告》、《北京来的保姆》、《水车悠悠》、《奇石无言》、《挂在瑶山的画》、《失败者之歌》、《生死营救》、《壮戏班祖马永全》、《祖屋》、《闽桂千里情》等。

张耀力 MBA硕士研究生。1976年7月参加工作。2002年4月至今任玉溪市广播电视事业局党组书记、局长，云南广播电视信息传输网络股份有限公司副总经理、玉溪分公司总经理，云南千溪影视有限公司董事长。自担任广电局长以来，先后创办了玉溪人民广播电台、玉溪广电网站（www. yxtv. cn)、云南千溪影视有限公司。尤其2003年底“千溪影视”创办以来，共投资生产了电视连续剧11部近300集，包括《中国刑警——九月风暴》、《十月怀胎》、《生命的颜色》、《迷局》、《红蝎子》、《聂耳》等，其中中央电视台已播出的有《中国刑警——九月风暴》、《生命的颜色》；电影一部，即《光荣的愤怒》，获第九届上海国际电影节“亚洲新人奖”评委会特别奖和“我最喜爱的亚洲电影”奖；纪录片三部，即《蜘蛛人》、《蜕变》、《抚仙湖》，分别获得2005年“中国十大纪录片”奖、第16届东欧国际影视节“最佳长纪录片”特别奖、“2006首届中国·玉溪国际环保纪录片周”组委会奖。

赵　捷 中央新闻纪录电影制片厂事业发展部主任，主任记者。1989年北京广播学院新闻系编采专业毕业，获法学学士学位。2000年北京广播学院电视系硕士研究生班毕业。现为210集电视系列片《共和国档案》总制片人、中央电视台科普杂志《走近科学》编委，中华人民共和国日史编辑委员会编委、编辑部主任，中华人民共和国图像日志摄制委员会秘书长。主要作品：1997年策划全国香港知识竞赛活动并任节目导演，该系列节目获中央电视台二等奖；1998年策划全国澳门知识竞猜活动，任150集大型电视系列片《澳门纪事》主编、总撰稿，晚会《世纪龙腾》任策划、导演，获中央电视台一等奖；2000年策划“荣事达杯”全国电视节目主持人大赛活动，任节目导演，获中央电视台一等奖；10集系列片《中国反贪调查》总导演。

周东元 大学本科，主任编辑。1973年到中央新闻纪录电影制片厂工作，先后任编辑部研究室编辑，国际部编导、组长，国际部副主任，对外部副主任，第一编辑室主任，总编室主任，副总编辑。主要作品有：《历史的抉择》、《发展中的中国》、《中国》、《中国市场见闻》、《中国少数民族掠影》、《中华文明之光》等数十部长短纪录片和电视专题片，曾获全国社教类电视节目一等奖，中国电影金鸡奖提名奖，中国电影华表奖。现为中国电影家协会会员，中国电视艺术家协会会员，中国民间艺术家协会会员，中国广播电视协会纪录片委员会学术研究院研究员。

副秘书长（排名以汉语拼音为序）

曹洪千 原徐州有线电视台台长，高级工程师。1985年至90年代初曾任徐州人民广播电台副台长、台长；2002年任徐州市文化局副局长；2007年参与筹办中国广播电视协会纪录片委员会主办的电子刊物《纪录百年》，任执行编导。

陈志远　大专学历，高级记者，1973年调入广电系统工作至今。先后在湖北电视台当过记者、编辑、科长、主任等职。2002年任湖北省广电学会副会长。代表作品有《武术之家》、《中国酒文化》、《人际交往礼节》、《为了家园》等。

段春林　河北电视台经济生活频道副总监，高级记者，文学硕士。兼任河北科技大学人文学院新闻系教授。1979年至1983年就读于河北师大中文系，毕业后，曾在邯郸学院教授写作、中国现当代文学、文学理论等课程。后从事电视传媒工作，迄今已20个年头。在河北电视台，先后做过新闻记者、专题、纪录片编导，历任新闻部副主任、经济部副主任、经济生活频道副总监。有多部新闻作品获得国家级一、二、三等奖。

龚锡恩　1977年参加工作，副研究员。1984年9月至2006年6月彭城大学徐州工程学院任人事处长、科研处长、成教院院长。现任中广协会纪录片委员会DV培训部主任。

郭　炜　高级工程师。1984年毕业于在北京交通大学电信系；1984年至1997年在铁道部呼和浩特铁路局包头电务段担任实习生、助理工程师、工程师、高级工程师，任计算机室主任；1997年至1998年担任中国联通内蒙古分公司计划处处长、高级工程师；1998年至1999年担任美国亚美通信公司宁波办公室助理技术总监；2000年至2004年担任朗讯科技中国有限公司高级项目经理；2004年起任中国医师协会养生专业委员会会员部主任。

蒋　萍　1985年至1988年北京广播学院电视新闻专业；1995年至1996年参加湖南省高等教育自学考试，获得汉语言文学专业学士学位；1988年至1995年任株洲电视台记者、总编室副主任、文艺专题部副主任；1995年至2001年任株洲电视台社教中心制片人、副主任、主任；2001年至2004年任株洲电视台新闻综合频道副总监，主管频道新闻中心、社教中心、总编室工作，其间通过评审获主任记者职称并策划组织“2000中国专题节目研讨会”。后借调到中国广播电视学会，参与组织策划“2004中国国际形象片展”，任形象片招展办公室主任；2004年至2005年在北京润德投资有限公司任人力资源总监；2005年至今任中国广播电视协会广播电视发展基金管理委员会办公室主任。2003年至今独立制片摄制反映都市新移民的长篇纪录电影《南方故事》，目前正在后期制作中，其中《小周的故事》入选国际电影节。1991年专题片《永生的生命》获得年度湖南省广播电视新闻奖社教短片二等奖（担任制片、编导、后期制作）；1999年专题片《生命如歌》获中国广播电视社教节目短片一等奖、湖南省广播电视社教短片一等奖（担任制片、编导、后期制作）；2000年中央电视台投资制作纪录片《爱与你同在》获中国广播电视社教节目长片二等奖、湖南省广播电视社教长片一等奖（担任制片、编导、后期制作）；2001年中央电视台投资制作纪录片《田大妈的心事》获湖南省广播电视社教长片一等奖（担任制片、编导、后期制作)；2001年纪录片《洮州赏花》获得中央电视台、中国纪录片研究委员会异地采访二等奖（担任制片、编导、后期制作)；2006年长篇纪录片作品《南方故事》系列之《小周的故事》完成，(担任制片、编导、后期制作)。2000年，获株洲市劳动模范、株洲市十佳新闻工作者、湖南省十佳新闻工作者等称号；2001年，被评为第四届全国百佳新闻工作者。

邝俊杰　广东省台山市委宣传部副部长、台山广播电视台台长。研究生学历。1986年进入台山广播电视局工作。1994年1月至2000年4月任台山有线电视台台长；2000年4月至2001年11月任台山广播电视局副局长；2001年11月至2005年1月任台山广播电视局局长；2005年1月至今任台山广播电视台台长、党组书记。

冷　淞　北京时代视野影视文化艺术中心副总经理，策划、导演。2003年毕业于北京广播学院，2004年至2005年就读于英国布鲁内尔大学人文学院。主要作品：《伴》、《假币追踪》、《中国·台山》、《纸殇》等。

李福成　现任中央电视台社教中心科技专题部副主任，高级记者。1975年进入中央电视台，先后担任记者、制片人、副主任等职。长期负责《夕阳红》栏目，多次获奖。

李　虹　中央电视台社教中心社会专题部副主任，高级编辑。20世纪90年代拍摄的纪录片《寻找亲人》、《茅盾》获国家政府二等奖；《阿婆王时香》获政府一等奖（社教类)。所主持的栏目《地方台50'、30'》多次获星光优秀栏目、优秀编辑奖。30集《中国家庭》获全国社教类评选特别节目奖；50集《中国人》获全国社教类特别节目奖。

吕　翔　现任盐城广播电视台《情感树》影视工作室总制片人，新闻综合频道副总监，中国广播电视协会纪录片委员会长三角纪录片发展基地主任。1998年转业至盐城电视台，策划主创的《37编辑室》、《情感树》两个栏目先后被评为“江苏省十大电视优秀栏目”、“全国广播电视十大银牌栏目”。作品《一个兵的电视台》获中国新闻奖，连续两届被盐城广播电视局（台）评为电视首席记者。2004年5月获得盐城市劳动模范称号，荣获盐城市政府二等功。主创的长纪录片《家园·月圆》获江苏省长纪录片一等奖。

彭　山　1974年12月入伍，现任中央电视台军事部记者站站长，大校军衔。1994年调中央电视台军事部历任记者、编导、记者站站长。曾参加和自创大型电视纪录片《望长城》、《中华之剑》、《中国之路》、《中国军队》、《红飘带上的花环》、《生死簰州湾》、《中国最高军事学府——国防大学》、《猛虎行动》、《西部特种兵》、《西部九五》、《尘封不住的西夏》、《江北水城》、《朔色长天》、《罪恶的杀戮》等。电视作品先后四次获得过全国一等奖，五次全军一等奖，一次金鹰提名奖，三次“五个一工程”奖，两次中国新闻奖，两次中央电视台台长奖，两次国务院荣誉奖。

史　兵　现工作于北京电视台研究发展部。1990年毕业于中国人民大学新闻系，先后工作于北京电视台专题部、国际部、对外部、海外中心、公共频道节目中心等，担任过《今日京华》编导、《中国之窗》、《纪录》等栏目制片人工作。参与拍摄了大型系列节目《中国母亲》、《京城百姓家》、《中国教师》、《外国人唱中国歌》等，担任《中国澳门》、《走出贫困》、《阿迪力高空生存挑战现场直播》等节目的制片人、总导演。曾担任大型访谈节目《鲁豫有约》主编，参与策划大型纪录片《北京》，大型选秀节目《红楼梦中人》、《龙的传人》。栏目、节目多次获得中国新闻奖。

唐　宁　南京电视台台长助理。南京大学新闻传播学院研究生毕业，文学硕士。1992年6月至今一直从事新闻、专题及纪录片的采制工作。作为主创人员之一曾先后创办并担任《直播南京》、《社会大广角》、《大刚说新闻》、《周涛讲故事》的总制片人。1998年1月起先后担任南京电视台新闻中心主任助理、副主任、主任。主要获奖作品有：《直播南京》获中国广播电视新闻奖首届“十佳新闻栏目奖”，《静海寺零点敲响警世钟》获1997年中国广播电视新闻奖一等奖，《奥运冠军孙福明爆出假摔丑闻》获第十六届中国新闻奖二等奖。先后在《现代传播》、《南京社会科学》、《中国广播电视学刊》等核心期刊独立发表了12篇论文。

田　力　江苏镇江电视台外宣社教中心副主任。从事电视工作26年，拍摄制作《愿望年代》、《一对盲人夫妇故事》等多部优秀电视剧和纪录片作品，先后获得全国、省级“五个一工程”奖及各类大奖。

王新屏　北京新影百闻老故事传媒公司总经理。从事过证券、房地产和传媒等行业，负责企业经营多年，在电影电视行业工作6年，热爱历史地理，尤其纪录电影电视，目前也正在为中国纪录电影电视业尽微薄之力。代表作品：《男才女貌》、《女才男貌》；电影《情人结》、《好大一对手》、《江城夏日》、《百年城市》。

吴向列　广西电视台编导。1984年毕业于中国地质大学，曾从事6年地质找矿工作。1991年调入广西电视台，开始从事电视外宣节目采编和纪录片创作，现在是一位身兼编导、撰稿、摄像等数职的多面手，先后主创有30多件作品，多次获省部级以上奖励，其中国家级政府奖19个。主要获奖作品：《海边有片红树林》获第八届四川国际电视节“金熊猫奖”；《月亮田》获2003年度中国“彩虹奖”一等奖；《阿春赶海》获第十七届中国电视“金鹰奖”；《驯化黑颈长尾雉》获2005年美国阿拉斯加自然电视节优胜奖；《一个法国女人的苗乡缘》获2001年度中国“彩虹奖”二等奖。

吴晓丽　中鼎视文化传播（北京）有限公司公司法人。1993年7月毕业于潍坊学院

中文系，分配到潍坊电视台工作。先后在新闻部、专题部、总编室、社教部以及国际部等部门工作，并担任过国际部副主任、专题部主任等职务。有10余部作品获得市级以上新闻学会奖。其中电视专题片《琴键上的爱》获山东省广播电视学会一等奖，《八年助残报党恩》获山东省广播电视二等奖。

武　颖　1982年至1986年就读于上海复旦大学经济系；1987年至1997年江苏上海能源集团电视台新闻部；1997年至2005年中国广播电视协会主持人委员会办公室主任、副秘书长。

解东平　1980年至1984年在北京邮电大学无线电专业学习；1984年至1988年在北京海关工作；1988年至1992年在日本一桥大学学习传播专业；1993年至1994年任《北京老字号》系列片制片人；1997年至1998年任《中国大学巡礼》系列片总策划；1998年至2002年任《新闻故事》栏目制片人；2002年至今担当多档中央台、地方台栏目总策划。

严　崴　现任北京电视台海外节目中心副主任；1990年至1994年北京广播学院外语系本科；2003年至2006年北京大学国际关系学院硕士。1994年进入北京电视台工作，先后任对外部外宣节目编辑、英语栏目制片人；1998年9月至1999年5月，由北京电视台公派赴美国纽约中文电视台工作；1999年至2003年任北京电视台海外节目中心制片人；2003年6月至今任现职。参与制作的系列纪录片《我是一个兵》、《海峡风云》、《跨过鸭绿江》、《潮涌东方》等，曾分获国家级和北京市电视专业奖项；监制的《相逢香榭里舍》、《CEO夫人在北京》、《外国人中华才艺大赛纪实》等纪录片作品分获文化部新闻奖一等奖和全国电视文艺星光奖文艺节目一等奖。

张　洁　《新闻调查》栏目现任制片人，中央电视台资深编导，主任记者。1984年毕业于北京中央民族大学中文系，2000年至2002年就读于清华大学新闻传播学院研究生进修班。大学毕业后先后在地、省、中央台三级媒体从事电视工作17年，涉及新闻、专题、文艺、电视剧等领域。对人类文化有浓厚兴趣，利用云南人文、地理资源拍摄《水与火的民族》、《彝族虎崇拜》、《说不尽的云南》等一批有影响的纪录片，多次获全国、省级优秀电视节目奖。1993年加盟中央电视台新闻杂志栏目《东方时空》。1996年加盟《新闻调查》，2003年起担任《新闻调查》制片人。

张朝夕　中央电视台制片人。1991年毕业于北京广播学院，获文学学士学位。1993年到2004年在中央电视台新闻中心新闻评论部工作，曾采访、编辑200余期《东方之子》节目；参与1997香港回归、三峡大江截流等重大报道活动。2000年担任《东方之子》栏目制片人。2004年6月担任中央电视台数字电视《世界地理》频道总监。同年12月完成华中科技大学研究生课程学习，获哲学硕士学位。 2005年当选为中国广播电视协会纪录片委员会副秘书长。2006年6月调入中央电视台体育节目中心，在世界杯期间创办电视体育谈话节目《欢乐世界杯》，并担任节目制片人。2006年7月开始策划筹备奥运人物专题节目《我的奥林匹克》。代表作品：东方时空五周年特别节目《共同的日子》；东方时空七周年特别节目《共同的时空》；特别节目《记忆——晏阳初1930》、《记忆——邹韬奋1936》等，曾获全国五四新闻奖及多项其他节目奖项。

朱定真　1982年8月至1984年10月在江苏扬州市气象台工作；1994年5月至1999年3月任江苏省气象台副台长（南京市气象局副局长）；2000年7月至2002年8月任江苏省气象影视中心主任；2002年8月至今任中国气象局华风气象影视信息集团副总经理，主管集团专题节目制作规划、管理。担任由中国气象学会和华风集团出品的大型人物文献纪录片《风雨人生》总制片人和策划。主要作品：2003年8月编导的《大气探测》作品，荣获"第三届江苏省优秀科普作品"一等奖；大型人物文献纪录片《风雨人生》，荣获第七届中国气象学会全国优秀科普作品音像类一等奖；电视连续剧《北极光》获哈尔滨市天鹅文艺大奖一等奖、黑龙江精品工程一等奖、第23届中国电视金鹰奖优秀中短片电视剧奖。

理　事

王素梅　任职于中央新闻电影纪录制片厂。1996年9月至1999年12月在河南大学中文系汉语言文学（本科）；2001年3月至2003年6月在北京广播学院电视系研究生班（研究生）；2003年1月在中央新闻电影纪录制片厂《见证》栏目组，任助理编辑，协助完成9集系列片《打过长江去》、专题片《走进外交部》、纪录片《百岁巴金》；2003年9月任《纪录片之窗》栏目编导，制作纪录片《山沟里的希望》，此片荣获该年度"星华奖"一等奖；2004年10月任《老地方》栏目编导，制作纪录片《古城·洋医院》，赢得该年度"星华奖"二等奖。在此两年间同时负责对外合作项目管理工作及任《共和国档案》编导，现任事业发展部媒介营销组组长。2006年至今任9集电视系列片《中国创造》项目负责人以及正筹备拍摄的16集大型高清电视系列片《中国商人》制片人。

个人会员（排名以汉语拼音为序）

鲍志伟　德瑞大成国际文化艺术中心兄弟影视工作室策划、导演。中国民俗摄影协会会员。2005年6月16日在人民大会堂策划举办了纪念郑和下西洋600周年活动；2005年8月在中国革命军事博物馆成功策划实施了抗日战争胜利60周年暨世界反法西斯战争胜利60周年大型系列活动之一的《海峡两岸百名将军书画展》；2005年12月23日在人民大会堂举办了纪念孙中山先生诞辰140周年活动。主要作品：数字电影《忌》、《魇》、《冬天里的麻雀》等；纪录片《时空的记忆》、《无人岛之谜》、《财经风云》等；MTV多部；城市宣传片多部。

车　越　四川电视台经济频道《城市行动》编导。1996年进入广播电视行业，先后在乐山电视台、成都电视台33频道、四川电视台卫星频道、四

川电视台经济频道供职。从事过电视节目主持人、记者、编导、责任编辑、节目策划等工作，参加过新闻、综艺、社教专题、文化等不同类型的节目制作。作品多次获得国家、省级奖励。主要作品：电视法制节目《艰难的罢免》、《村民的权利》、《不可逾越的“关卡”》、《800村民为命案求情》；电视专题片《激情红土地》、《母爱的奇迹》；电视纪录片《舞台》等。

陈建新 镇江电视台主任编辑。1988年华东师范大学毕业后到镇江电视台工作至今，分别从事过技术、专题编辑、摄像、纪录片编导等职。独立承担、参与制作了数十部专题片和纪录片。主要作品有《为名曲填词的人》、《千年运河换新颜》、《下乡的城里人》等。

陈 肯 无锡广电集团专题部摄影指导、制片人。参与拍摄过《无锡印象》、《荣氏兄弟》、《琴瑟梁溪》等地方性大型电视专题。2006年至2007年担任中国第一部52集偶型动漫连续剧《小红军长征记》的主摄影工作。主要擅长胶片与高清多种格式混拍，现正参与央视《名寺高僧》的拍摄工作。

程 奇 广东省电视艺术家协会新画面工作室（个人），主任。1989年经济管理本科毕业；1998年进入广东电视台任编导至今；2005年加入广东省电视艺术家协会；2006年成立个人纪录片工作室“新画面工作室”；2007年与广东省慈善总会合拍《我的中国心》，任总编导。代表作品：《为了共和国的承诺》、《在学雷锋的日子里》、《我的中国心》。

储连生 襄樊电视艺术家协会会员、襄樊电视台通讯员、拾穗者民间文化工作群DV制片人、1394非线编网站版主。2007年5月参加北京草场地工作站，策划并组织青年纪录片训练营。主要作品：《漳源纸事》（获2006东京JVC优秀奖）、《探秘张家寨》等。

东 浩 1993年至1995年任北京博文艺术广告公司编辑；1996年至1998年任北京九天华夏影视部策划；2002年至2006年任香港英皇影视制作公司艺术总监和编辑。2006年至今任北京德瑞大成国际文化艺术中心艺术总监和编辑。代表作品：《世纪的呼唤》、《今日香港》、《悸动的心如此荡漾》、《华夏风光》、《那道雨后彩虹》等。

高 隽 中央电视台经济频道《金土地·希望周刊》栏目主编。1996年毕业于北京广播学院电视系；1996年至2000年任国家检察官学院编辑；2000年起任中央电视台《金土地·希望周刊》栏目编导、记者、主编。主要作品：新闻专题《十亿国债建沼气》（获第九届全国“神农奖”新闻类节目银奖）；系列专题片《中国乡村纪事》；电视纪录片《大国崛起·激情岁月》、《大国崛起·帝国春秋》。

郭　琛　1982年任沈阳电视台专题部记者；1989年任沈阳电视台经济部记者；2000年任沈阳电视台新闻中心记者；2004年任沈阳电视台新闻中心栏目主编；2007年任沈阳电视台新闻频道编辑部编审。

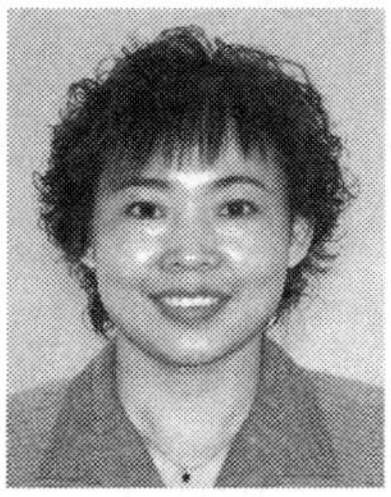

郭秀芬　河北滦县广播电视局专题部主任，一级播音员。1988年河北滦师毕业，到滦县广电局参加工作，担任播音员、编辑、记者至今。代表作品：7集电视系列专题片《滦州皮影》。

郭　宇　北京电视台海外节目中心编辑，硕士研究生。1997年进入北京电视台海外部工作（同时派至北京凤凰机构）；1998年至2000年在凤凰之夜中文台北京办事处；2000年至2002年在中央电视台第十二频道《新闻夜话》栏目；2002年至2006年在北京电视台海外中心《纪实天下》栏目；2007年至今在北京奥运会开闭幕式导演组纪录片组。1997年底和香港凤凰卫视合作10集财经节目《亚洲金融风暴》，2003年3集专题片《北京百年公交》获北京市委大型专题片特等奖。

黄丹斌　1993年至今从事电视宣传工作。主创的纪录片有：《涌动的民声潮》获中国电视外宣“彩桥奖”一等奖；《欢乐渔家女》获中国电视外宣“彩桥奖”二等奖；《家长》获浙江省电视文艺“牡丹奖”短纪录片一等奖。

黄宏斌　1993年至2000年在镇江有线电视台；2000年至2002年在镇江电视台；2002年至2005年在镇江广电报社；2005年至2006年在镇江市委宣传部；2006年至今在镇江电视台外联外宣社教中心。主要作品：《古稀布衣破译红崖天书》（获省政府一等奖）、论文《重视非收视人群的调查》。

黄　双　1989年考入辽宁大学中文系新闻专业，1993年毕业后工作于沈阳电视台至今。曾先后任经济部、新闻部记者、编辑、制片人、副主任，目前任新闻频道副总监。1997年破格晋升中级职称；2001年晋升副高职称，现为主任编辑。参与了多部大型电视专题片的策划制作工作。主要作品：《众志成城——沈阳抗击百年不遇特大暴风雪纪实》、《凤凰涅槃——沈阳铁西老工业基地调整改造暨装备制造业发展纪实》、《还世界一个奇迹——2006中国沈阳世界园艺博览会》、《为了沈阳的平安——抗击“非典”特别节目》、《沈阳：“亮剑”农民看病难》、《让梦想启航——首届电视观众节》等。

揭海燕　河南汝州电视台副台长，主任记者。1981年进入广播电视台工作；1982年至1985年毕业于河南电大中文专业；1987年任助理记者；1990年任广播电视新闻专题部主任；1993年任记者；1996年任汝州电视台副台长；1996年毕业于河南省委党校本科经济专业；1999年任主任记者；2005年毕业于

中国传媒大学新闻学本科（电视编辑专业）。代表作品：《山乡邮路》获1996年河南好新闻一等奖；《汝瓷传人》获1998年河南省好新闻三等奖；《让爱做主》获2005年河南省好新闻二等奖。

金爱花　现任浙江玉环电视台社教部主任。1990年7月毕业于温州大学行政管理系文秘专业；2004年毕业于北京广播学院新闻学专业。主要作品：小品《让你一次睡个够》获1999中国曹禺戏剧文学奖；长纪录片《家长》获浙江省第十六届电视牡丹奖一等奖；另有论文、电视散文等20多件分获省市级奖项。

金　阳　北京广播学院新闻学专业毕业，曾任电台文艺节目编辑多年。1996年开始拍摄纪录片，2001年至2004年任职于中央电视台纪录片部，现为上海电视台纪实频道纪录片导演。参与制作的纪录片（集）有《两级之旅》、《千里无人区》、《时间的重量》、《百年京剧与上海》等，其中2006年作品《我的宝贝》荣获第十一届亚洲电视奖最佳纪录短片、第三届半岛国际纪录片节短片类金奖。

靳达鑫　一笑电视人工作室（独立制片人）。从事过银行（安徽工行）、证券业（港澳信托），现从事影视制作。主要作品：《未来不是梦》、《四个小伙一台戏》等。

江　宁　1991年起从事纪录片编导工作，创作出一批优秀的纪录片。被中国艺术家协会和中国视协电视纪录片学术委员会授予“特别成就奖”。目前担任上海文广新闻传媒集团纪实频道首席编导。主要作品：电视纪录片《德兴坊》荣获第四届上海国际电视节提名奖（1992年）和第四届上海国际电视节观众最喜爱的纪录片奖和记者奖；纪录片《上海滩最后的三轮车》获得1994年中国纪录片学术二等奖；1994年拍摄8集电视系列片《三峡，三峡》，其中一集《家园》，荣获第五届上海国际电视节提名（1994年），上海广电政府奖一等奖；电视专题片《为了五十六个民族娃娃》荣获1996～1997年“中国彩虹奖”中文短片一等奖；纪录片《学昆曲记》入围第16届（2003年）法国国际电视节（FIPA）；纪录片《老杨觅偶》入选美国“写真中国——当代中国纪录片展播节”（2004年），在美国纽约、洛杉矶、波士顿等地的大专院校展映；纪录片《小小读书郎》2004年获中国纪录片学术二等奖，2005年在第十届亚洲电视节上荣获最佳长纪录片奖；重大革命历史题材纪录片《万隆1955》获2005年上海文广传媒集团“传媒人”奖一等奖。

李大为　从事电视事业多年，曾先后在地方台、河北台和中央台做编导、栏目主编、制片人和部主任。现为新闻专业高级职称。参与筹划和创建了人民日报社《新安全档案》、国家知识产权局《知识财富》、国家林业局“绿色中国网络电视中心”等多项大型电视栏目和网络电视；4集电视剧《大运河儿女》、《警徽下的诺言》；中央台同一首歌“为奥运加油”、“新北京新奥运”、“五一晚会”等大型晚会导演、制片，拍摄电视专题片上百部，先后获得电视节目奖30多项，如电视专题《总书记来访一年间》获中广学会新闻奖、主编电视栏目《经济大视野》获中广学会电视节目奖、系列电视栏目《民间收藏》获中广协会首届“纪录·中国”全国十大金牌栏目奖。

李　杰　副教授，现就职于西北师范大学党委宣传部新闻中心。中国传媒大学兼职教授。主要从事影视理论、影视文化的教学与研究工作，在《现代电视技术》、《摄影与摄像》、《中国广播影视》、《现代传播》等杂志发表专业论文50余篇。在影视创作方面，主要以纪实作品创作为主攻方向，编导制作过250余部电视片，许多作品在国家级和地方省市级电视台播出并获奖。承担国家社会科学基金项目、教育部人文社会科学重点规划项目等研究课题2项。出版专著《电视学导论》一部。主要作品：《无悔的选择》、《木铎金声》、《百年辉煌》、《奶奶》、《重走长征路》、《寻访西迁路》、《县委书记的心路历程》、《桐桐的故事》等。

李　军　镇江电视台新闻中心副主任。1988年7月毕业于镇江职业大学（高专）中文系；1988年至今，在镇江电视台工作；1995年9月中央党校干部函授学院党政管理本科班毕业；2000年任镇江电视台新闻部副主任；2002年任镇江电视台新闻部主任；2006年任镇江电视台新闻中心副主任。主要作品：《百年“老铁”结束穿越历史》获2004年江苏电视新闻奖连续（系列）报道一等奖；电视评论《还是要盘活“人”这笔无形资产》、《醋海波澜说明了什么》获江苏电视新闻二等奖；《来自三峡截流现场的报道》等作品获江苏电视新闻奖二等奖。

李　勇　中央电视台广经中心《为您服务》栏目编导。1995年至1997年在中央电视台《半边天》栏目；1996年至2000年在长春电视台；2000年至2007年在中央电视台《为您服务·旅游风向标》。

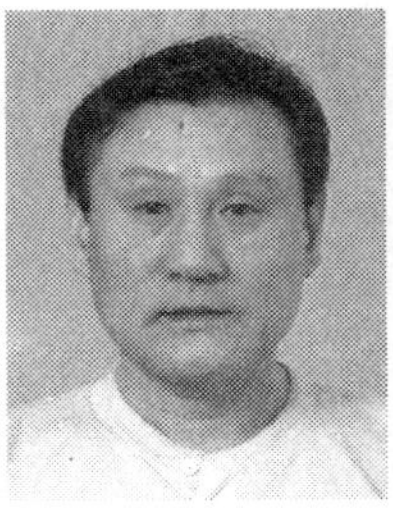

李振宗　德瑞大成国际文化艺术中心主任。1990年至1993年在俄罗斯留学；1994年至1996年在《购物导报》任新闻主任；1997年至1999年在《环报周刊》报社任新闻主任；1999年至2006年在剧组任制片主任。代表作品《快威广告》、《身边的故事》、《本色人生》、《时空的记忆》、《发表了》、《普洱茶艺》、《法律—人性—道德》等。

林　波　四川林氏企业策划有限责任公司影视总监。1994年任四川影音公司编导、摄像师；1997年任四川电视台十频道《星星点灯》栏目编导、摄像师；2000年任四川电视台经济频道部分节目监制。代表作品：《中国百慕大——黑竹沟》、《中国民族器乐》、《东巴文化发源地——白水台》、《漂流雅鲁藏布江纪实》、《香巴拉神殿——德格》、《三星堆》。

刘百道　1989年加入佛山南海同乡联谊会，任副会长；1991年至2001年任名誉会长；2006年任永远名誉会长；2004年任深圳市宝安区新安商会副会长；2006年至今任北京德

瑞大成国际文化艺术中心兄弟影像工作室主任。主要作品：《茶艺典藏书》、《普尔之乡》、《发展中宝安区》、《南海之歌》。

刘海涛　厦门市广播电视集团节目中心专题部主任。1976年至1986年在厦门电视台担任专题、文艺、新闻、广告、电视剧摄像；1986年至1988年在厦门大学中文系学习；1988年至今，在厦门电视台担任纪录片编导、摄像及厦视广告公司副总经理；现担任厦门广电集团节目中心专题部主任、中国电视艺术家协会会员、中国纪录片学术委员会会员、福建电视艺术家协会会员。主要作品：《夫妻船》获1992年度全国优秀电视节目社教类一等奖；《世纪之春》获1994年全国电视社教节目社会政治类二等奖、福建省电视社教节目一等奖；《母校的歌》获1990年度全国电视社教节目二等奖；《啊！老兵》获1988年度福建省优秀电视专题节目一等奖；《特殊的窗口》获1989年度福建省优秀电视新闻专题一等奖；《厦门的选择》获1989年度福建省优秀电视专题节目特别奖、1988～1989年度全国社教节目系列片三等奖；《广告——厦门的橱窗》获1989年度福建省优秀电视专题一等奖；《石狮之迷》获1988～1989年度全国社教节目三等奖；《特区女性》获1990年度福建省优秀电视社教专题一等奖；《两个猎人》获首届全国少儿电视节目“金童奖”二等奖；《海峡这一边》获1991年度福建省电视社教节目一等奖、全国电视社教节目三等奖；《闽海情韵》获1996年全国百家城市电视台音乐电视节目大赛综合节目大奖；《丽江神韵》获1999年福建省第八届电视艺术奖一等奖。

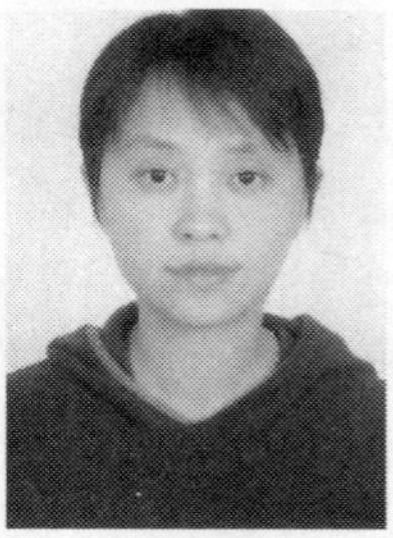

刘小文　厦门市广播电视集团节目中心专题部副主任。1989年毕业于厦门大学中文系；1989年至今在厦门电视台从事纪录片创作工作。中国电视艺术家协会会员、中国纪录片学术委员会会员、福建电视艺术家协会会员。主要作品：纪录片《夫妻船》获1994年度全国社教类专题评比一等奖；《木偶两代人》获1997年度中国电视“金鹰奖”长篇纪录片一等奖、最佳录音奖、1997年度中国纪录片学术奖长篇纪录片一等奖；作品《中国家庭》系列参评获1998年度中国电视“金鹰奖”系列片一等奖；专题片《世纪之春》获1998年度全国社教类专题评比二等奖；短片《指间上的梦》获1996年度全国女性人物短片大赛二等奖、1996年《神州风采》全国评比一等奖；专题片《陈嘉庚与集美学村》获福建广播电视新闻奖、电视社教节目奖一等奖、中国广播电视学会城市电视社教节目专题片二等奖；6集系列纪录片《陈嘉庚》获福建省电视社教节目系列电视纪录片一等奖。

刘中波　1996年进入潍坊电视台工作，先后从事新闻、广告经营等工作。曾独立策划并领导《经济报道》节目的运行。2002年考入中国传媒大学新闻学专业学习。2005年进入中鼎文化传播（北京）有限公司工作，先后任编导、节目总监、总策划、营销总监等职，并参加了《民间收藏》节目样片的策划和制作。主要作品：电视剧《强制执行》；大型系列专题片《民间收藏》。

孟凡勇　1982年毕业于内蒙古师范大学音乐学院，在内蒙古歌舞剧院交响乐团工作；1996年进入中央电视台军事部《人

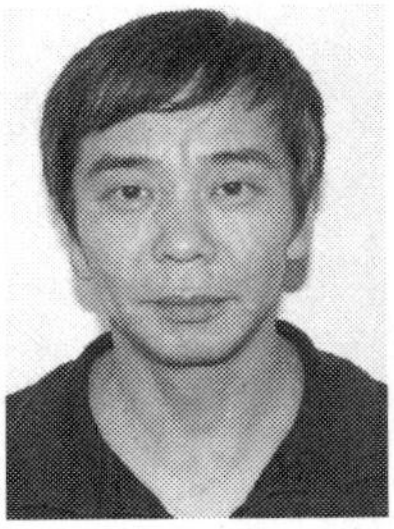

民子弟兵》栏目任制片工作。曾先后参加完成了中央电视台淮海、平津、辽沈等多部战争系列片的拍摄工作。2000年9月至今任中央电视台《为您服务》栏目编导，先后拍摄完成了近200部旅游片。在2005年聚焦安阳异地采访活动中《游在安阳》节目荣获一等奖。

逄泽沐风　北京新影百闻老故事传媒公司总经理。1992年毕业于厦门大学新闻专业；1993年至1997年工作于美国B&B传媒中国区；1997年至1998年在北京电影学院电影摄影进修；1999年至2002年新加坡亚洲有线电视节目总监；2002年至2004年英国亚洲电影娱乐集团中国区总裁；2004年至今北京新影百闻老故事传媒副总裁。

秦小明　大学本科。1999年在滦县广播电视局担任记者、摄像至今。主要作品：七集电视剧专题片《滦州皮影》。

邵　卫　山东省广播电视学会理事、枣庄电视台社教中心主任。1991年从事电视工作，先后在技术部、专题部、国际部、新闻评论部、社教中心工作，共有60多部作品获得国家级、省级以上鼓励。代表作品：《遥远的绝响》获国家“金桥奖”一等奖；《人民不会忘记》获中国广播电视“新闻奖”一等奖；《终圆大学梦》获中国五四青年奖二等奖；《献肾救母》获中国十佳纪录片；《山村影人》获中国广播电视学会二等奖；《爱的轮回》、《山花皮影队》、《DV老人张惠林》、《职工挥泪送厂长》、《今日枣庄》、《青年农民勇救七人》在山东省获一等奖。

沈燕萍　浙江省海盐县广播电视台新闻综合频道总监。1986年参加工作，历任电台、电视台主持人、编辑、记者；2003年任节目中心主任；2005年任新闻综合频道总监。多个主创作品在省市评选中获奖。

宋继昌　现任上海电视台纪实频道首席编导。1988年《摩梭人》获上海国际电视节白玉兰城市奖。1990年《上海文庙元宵庙会》获前苏联索契国际电视节特别奖。1991年《呼唤》获全国电视外宣专题片一等奖、编导奖。1994年《茅岩河船夫》获上海国际电视节“白玉兰”短纪录片奖，入围1995柏林国际电视节。1997年《壮行罗布泊》获上海广播电视专题片特别奖。1997年《忠贞》获上海广播电视长片一等奖、中国电视纪录片学术三等奖。2000年《逃亡上海》获中国纪录片学会长片一等奖、中国广播电视纪录片一等奖。2003年《海上沉浮》获上海广播电视长片一等奖、中国电视新闻长片专题奖。

孙　宪　山东省威海影艺文化传播中心导演、制片人。1987年至1991年山东曲阜师范大学艺术系油画专业；1991年至今在山东威海影艺文化传播中心。2004年8月拍摄的纪录片《老袁的冬季》荣获第二届中国国际影视博览会“科龙杯”全国DV大赛最佳作品奖。

陶一军 浙江省广播电视广告中心，独立制片人、编导。2003年开始纪录片创作，主要作品有：《生命重来》、《天堂最美，不如有你在身边》、《延续》、《鼎盛钱塘》、《求是五十年》、《世纪的回声》等并获省、市“金桂奖”等奖项。

陶　悦 镇江电视台新闻中心《今日要闻》责任编辑。1992年至1994年就读于镇江师范专科学校；1994年至1996年镇江市京口区人民广播电台任节目主持人；1996年至1998年镇江文艺广播电台任节目主持人、记者；1998年至2002年镇江有线电视台任新闻记者；2002年至2005年镇江电视台《镇江新闻》节目任记者；2005年至今任现职。主要作品：新闻《江苏第一道让我们自豪》获2002年度江苏电视新闻奖一等奖；新闻《还景于民，镇江船厂成功迁建》获2002年度江苏电视新闻奖二等奖；新闻《24吨液化气槽罐车在高速路上翻车脱险》获2000年度江苏电视新闻二等奖。

田　原 镇江电视台《金山播报》栏目责任编辑、主任、播音员。1985年考入电视台任新闻播音员；1990年走上了采、编、播合一之路。主要作品：《相知相依》、《清洁工》获江苏省社教好稿评比一等奖和二等奖；《农保何以暖人心》获江苏省电视新闻评论评比二等奖；《镇江新闻》获江苏省电视新闻播音评比二等奖。

王爱红 襄樊电视艺术家协会会员，拾穗者民间文化工作群DV制片人。参与创作的纪录片《漳源纸事》获2006东京JVC优秀奖；制作的纪录片《早春的暖流》获襄樊市第一届DV大赛优秀奖。

王继红 1994年至2003年任江苏镇江电视台记者、编导；2003年至2006年任中央电视台编导；2006年至今任知立人达（北京）科技文化有限公司副总经理兼专题部主任。主要作品：《超级钢针》、《克隆大熊猫》、《追踪沙漠沙尘暴》、《鹰击长空》等。

王　鹏 济南电视台制片人。1995年进入济南电视台，历任专题部纪录片节目组责任编辑，纪录片编辑室编导、责任编辑，社教中心《正在进行》栏目编导、责任编辑、制片人。主创纪录片近400部集。《弃婴》、《妈妈再爱我一次》、《生死之谜》、《男，也要做女人》等约100集节目被40家电视台购买并播出，其中《男，也要做女人》收视率高达33.46%，有多部节目获得省市奖励。

王筱磊 自1998年进入电视台，从事新闻、专题类栏目工作。2000年到中央电视台社教中心工作至今。主持节目的同时一直从事新闻及纪录片的拍摄、制作。参与创作影像评书《民国天津八大奇案》；《阴谋》获中国纪录片国际选片会十大纪录片。

王小龙 中国作家协会会员。现为上海文广新闻传媒集团纪实频道资深编导。1997年大型纪录片《人间正道》获全国“五个一工程”一等奖，任该片文学编辑、编导之一；1999年大型文献纪录片《毛泽东与上海》获上海哲学社会科学优秀成果奖一等奖，任该片总导演；2000年长篇纪录片《一个叫做家的地方》获上海电视节“白玉兰奖”最佳人文类纪录片奖，任该片编导。在中国申办上海世博会展示影片“茉莉花”的摄制过程中，为监理方代表、申博宣传片工作组负责人。2002年至2004年任上海电视台纪录片编辑室制片人。2003年、2004年上海电视节纪录片评审委员。Discovery亚洲电视网2004年、2005年“新锐导演计划”评审委员。2004年韩国EBS国际纪录片节评审委员。2005年日本爱知世博会中国馆专家组成员。

王　毅 1984年大学毕业。1985年至1987年工作于《新品商报》；2000年至今工作于杨干才纪录片工作室，曾与云南千溪影视有限公司合作拍摄纪录片。代表作品：《蜕变》。

王　展 山东枣庄电视台制片人。1993年大学毕业进入枣庄电视台，先后参与策划并制作了包括党建类、生活类、导视类、包装类栏目在内的多个栏目。2001年开始进行纪录片创作，作品自2002年起连续三年获山东广播电视奖纪录片类一等奖，并以《献肾救母》一片荣获2005年度中国纪录片十佳长片，以《飞越历史的天空》一片荣获同年度中国纪录片十优长片。代表作品：《最后的觉醒》、《西部开发中的山东果农》、《愚公愚婆》、《爱的轮回》、《献肾救母》。

吴万芳 曾在天津电视台的新闻、专题类栏目工作，于2000年到中央电视台社教中心工作至今。1990年在北京电影学院学习，一直从事新闻及纪录片的拍摄、制作。主要作品：《飘逝的柳林》、《走进河西》、《百年恩怨化和谐》、《危机的应付》、大型系列片《三江源》，参与创作影像评书《民国天津八大奇案》。

徐翔翌 1984年在沈阳电视台广告部任记者；1986年至1990年任专题部任记者；1990年至2006年在新闻部任记者；2004年至2006年任新闻中心制片人；2007年任新闻频道编辑部主任。

闫士涛 中央电视台社教中心法制专题部《第一线》栏目导演。曾在中国教育电视台专题类栏目工作，于2001年到中央电视台社教中心工作至今。1994年在广电部管理干部学院学习。一直从事纪录片及专题片的拍摄、制作。主要作品：《逝去的日子》、《那人 那事》、《开学的日子》、《98抗洪》；8集专题片《百年中国教育》、《打拐英雄范培实》；参与创作影像评书《民国天津八大奇案》；《阴谋》获中国纪录片国际选片会十大纪录片。

严冬成 接受过全方位的专业美术基础教育和摄影摄像专业训练，在纪录片拍摄制作、节目创意、电视节目包装等方面有扎实的理论基础和实践经验。担任过电视演播灯光和摄像、综艺栏目编导、新闻专题节目编导。主要作品：《吕凤子》、《老街》、《走进瓦屋山》、《寻访南山》、《春到金山》、《村路如歌》等。

杨干才 1971年至1984年工作于云南省昆明市旅游摄影公司，其间，在云南大学进修；1985年至1994年工作于深圳奥迪广告公司；1994年至2000年工作于云南省昆明奥迪广告有限公司；2000年至今任职于杨干才纪录片工作室，并与云南千溪影视有限公司合作拍摄纪录片。代表作品：《蜕变》。

杨贻军 中央电视台总后记者站《军事科技》栏目编导。1987年9月空军雷达学院学员；1996年8月至今任现职。代表作品：《问路世界屋脊》、《绿色丰碑》、《新世纪新军营》、《军事与医疗科技》、《俄罗斯主力战机》等。

张国进 1997年5月开始从事电视新闻，先后担任台州电视台新闻部记者、社教部《台州警视》编导、影视制作中心负责人等。主要作品：《捣毁地下造币厂》、《张畏“黑帮”的覆灭》、《国务院领导指示台州警方侦破4.15外币案》、《商业秘密不容侵犯》、《生

命的价值》、《总理温暖了推船沟村人的心》、《城管“粗暴”执法有碍构建和谐社会》等获得中央和省级奖；论文《我看新闻评论的播出时机》、《电视法制栏目记者的新闻现场意识》、《新闻暗访要注意法律与道德底线》、《坚持新闻真实论维护媒体公信力》、《地方台新闻栏目如何创品牌》、《大众传媒对青少年心理及行为方式的影响》等在中央、省级刊物发表。

张丽宏 1991年辽宁大学中文系毕业，分配到沈阳电视台青少部；1994年至1999年沈阳电视台新闻部评论组任记者；1999年至2005年沈阳电视台专题部任记者；2005年至今任沈阳电视台新闻频道节目主编。主要作品：《今天市长来献血》、《希望工程——创建明日辉煌》、《英雄史诗》、《大道之行》、《美丽的陷阱》。

张启飞 中级职称，现任闵行广播电视台专题部记者、编导。所拍摄的纪录片《新疆班的妈妈》、《来自“清污”一线的报告》获中国广播电视学会“彩虹奖”二等奖；《守望黄浦江》获中国第九届纪录片学术奖三等奖；《飞天梦》、《晚晴》、《报海寻源》等作品获上海市区县广播电视节目创优评选电视社交类专题奖、上海广播电视社交类专题奖等多个奖项。

张伟杰 上海电视台纪实频道《纪录片编辑室》编导、主任编辑，中国电视艺术家协会会员，中国纪录片学术委员会会员、上

海广播电视学会会员、上海电视艺术家协会会员、第六届上海市文学艺术界联合会代表。1987年毕业于华东师范大学。自1992年起从事纪录片创作，多部纪录片获中宣部全国“五个一工程”奖、中国广播电视奖、中国少数民族题材电视艺术骏马奖、上海新闻奖等大闻奖、全国奖。《干妈》2002年获亚洲电视奖人文类纪录片大奖、上海国际电视节“白玉兰”奖纪录片评委会特别奖。《闲着》2006年获中国广播电视协会纪录片委员会颁发的“人文类年度十大纪录片奖”，2006年获中国影视学院奖中国影人年度大奖，2007年获第三届半岛国际纪录片电影节长片评审团大奖。上海国际电视节最佳亚洲纪录片银奖。

郑晓丽　2003年初在温州大学数学媒体教研室担任《电视编导与制作》、《电视专题创作》、《电视纪录片创作》、《非线性编辑系统》、《传媒写作》等多门功课的教学工作，并成立DV工作室创作企业、学校等单位的宣传片、纪录片等。代表作品：《大学物理基础实验系列片》、《红盖头》。

中国女导演俱乐部

主　席

朱羽君　中国传媒大学博士生导师、中国女摄影家协会副主席、中国广播电视协会纪录片委员会学术研究院主席、中国女导演俱乐部主席。著名电视艺术家、理论家，从事电视艺术教学近五十年，著有大量有关电视艺术方面的论著，主要著作有《电视画面研究》、《电视摄像艺术》、《中国应用电视学》、《电视采访学》等。多次担任国家级评委及国际评委。参与中央电视台和各地电视台电视节目的策划、评论等。获全国首届电视百佳艺术家、十佳教师等荣誉称号，2007年当选“中国纪录片特殊贡献人物”。

副主席

杨玲玲　1956年11月出生，江西临川人。中共党员，研究生，高级编辑。现任江西省广播电视局党委委员、副局长，江西电视台党组书记、台长。曾任江西电视台新闻部副主任、主任、江西电视台副台长，江西人民广播电台台长，中国女导演俱乐部副主席。1974年参加工作。1980年毕业于江西大学中文系新闻专业，被分配到江西电视台新闻部工作。1993年荣获全国首届“韬奋新闻奖提名奖”。1994年荣获首届“全国百佳新闻工作者”、首届江西全省十佳记者、编辑。1995年被评为省直机关十大杰出青年。1997年获得“国务院特殊专家津贴”。

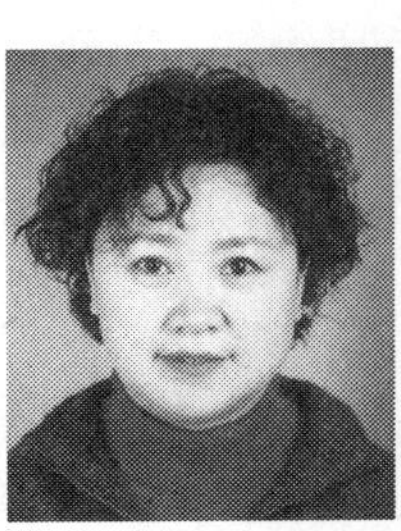

袁力丽　国务院新闻办五洲传播中心副主任、副社长，主任编辑。中国女导演俱乐部副主席。1983年至1994年，任中央新闻纪录电影制片厂《纪录电影》主编、宣传发行处副处长；1994年至今，在国务院新闻办五洲传播中心工作。主要作品：纪录片《基督教在中国》，任《中国表情》、《人文中国》、《变化中的中国》、《纵横中国》栏目监制和系列片《中国少数民族》、《中国宗教》、《中国文化精粹》、《中国民间艺术》等策划和监制，在国际联合制作的《西藏日记》、《沿着祖父母的足迹》、《佛与现代化之间》等片中任监制。

程　捷　吉林电视台乡村频道主任(正处级)，高级编辑，中国女导演俱乐部副主席。1965年考入四平师范学院（现吉林师范大学）英语系；1970年参加工作，在长春拖拉机厂子弟中学任教导主任、英语教师；1980年通过专业考试调入吉林电视台任电视编导；1989年任吉林电视台对外部副主任、主任编辑；1992年享受国务院特殊津贴，任高级编辑；1998年任社教中心副主任（正处级）；2002年任纪录片工作室主任；2006年任吉林电视台乡村频道业务指导。

方燕妮　海南电视台外宣部总制片人，高级编辑，中国女导演俱乐部副主席。曾在杂志社、报社工作，现任海南电视台外宣部总制片人。10多年来，在海南电视台创办多个栏目。2003年，创办的大型日播本土纪实栏目《阳光无限》被央视－索福瑞评为“2004创新创意全国百佳栏目”之一；本人也被评为“全国百佳制片人”之一。在日常栏目工作之外，潜心纪录片创作，并多次获奖。近几年开始涉足西藏题材纪录片的拍摄，2004年被评为海南省优秀专家。

郭秀君　南京广电集团党委副书记，管委会副主任，主任记者，中国女导演俱乐部副主席。1978年北京广播学院新闻系电视专业毕业。1978年至1980年在黑龙江市电视台工作，任新闻记者、专题节目编导、编辑。1980年至今，在南京电视台工作，先后任记者、编导、部门主任、副台长，从事新闻、社教、文体、外室节目生产。代表作品：新闻——《此风何时了》全国优秀电视新闻三等奖（1990年），《7.31空难抢救纪实》全国优秀电视新闻一等奖（1992年）；专题——长篇《变化中的中国——来自南京的报道》全国外宣“金桥奖”电视一等奖（1993年），16集系列片《伟人周恩来》全国“五个一工程”奖（1995年），长篇《罪恶，掩埋不了》全国优秀电视新社教节目二等奖（1998年），长篇《光环》全国优秀电视新闻社教节目二等奖（2000年）；文艺——电视音乐片《心祭》全国电视文艺“星光奖”一等奖（1996年）；主要论文及著述——《正确把握新闻舆论监督中的“度”》中国广播电视学会论文一等奖（1999年）。

赵　欣　山西太原电视台副台长，高级记者。中国女导演俱乐部副主席。1984年12月至1992年3月，任太原电视台新闻部记者、编辑；1992年3月至1999年9月，先后任太原电视台新闻部副主任、主任；1999年9月至2002年10月，任太原电视台新闻频道总监；2002年10月至今任现职。主要作品：负责创作的《新闻快车》获2001年度“中国新闻名栏目奖”；负责创作的《新闻对话》获2003年度中国广播电视学会城市电视新闻节目“十佳栏目奖”。

陈　明　湖北电视台社教中心副主任，高级编辑。中国女导演俱乐部副主席。1980年至1985年，任湖北电视台新闻部栏目组长；1985年至1997年，任职于湖北电视台专题部、科教部，任科教部副主任；1997年至2000年，任湖北省委宣传部阅评小组组长；2000年8月至今任现职。主要作品：《复归纯净·淡水防治》获中国广播电视学会一等奖，《为了家园》获中国广播电视学会一等奖，《神农架的山林文化》获湖北广播电视新闻奖一等奖。

戴　艺　福建广播电视集团综合频道社教中心纪录片创作室，制片人、编导，二级导演。中国女导演俱乐部副主席。1978年至1987年任音乐编导，曾多次担任大型音乐晚会的导演和音乐文艺专题的编导，1994年开始从事纪录片创作。2000年1月，纪录片《爆炸》入围第十三届法国国际电视节（FIPA）“事件报道”，进入终评，该片还入围匈牙利国际艺术节，并在以色列国际电影节上展映。纪录片《土楼，我的家》，入选第十四届法国国际电视节的销售展和荷兰阿姆斯特丹的销售展。2001年12月，这部作品又入围西班牙第八届国际环境电影节并获得评委会特别奖。纪录片《小屋》入围第十届罗马尼亚国际短片电影节并获得纪录片大奖，这也是这次电影节唯一一部获奖的亚洲影片。从2000年到2004年，作品连续四年进入欧洲各类电影、电视节。1996年以来，创作的纪录片《我的大姨从台湾来》、《爆炸》、《土楼，我的家》、《柯师和他的弟子》等在国内纪录片的专业评奖中获奖。其中《爆炸》、《村官》、《小屋》等现已成为北京广播学院、电影学院的教材。

靳　青　四川泸州电视台副台长，主任编辑，中国女导演俱乐部副主席。1985年6月至今，在四川泸州电视台先后从事过采访、编缉、播音、编导、部门主任等岗位的工作。1995年9月至1997年7月，北京广播学院电视新闻硕士研究生课程班学习毕业。已有24年的广播电视工作经历，在采、编、播各岗位都锻炼过。多年来用简单的设备和有限的资经拍出了多部纪录片，为此获得了许多殊荣：“省十佳记者”、“省十佳电视艺术工作者”、“市级拔尖人才”。创作的作品多次获得了全国和省、市级政府奖励，其中有国家级政府奖4件（中国新闻奖二等奖作品1件，中国广播电视新闻奖三等奖作品3件），全国行业协会奖3件（中国电视金鹰奖提名奖作品1件，中国纪录片学术奖提名奖1件，《中华荟萃》银奖作品1件），此外，还有2件作品获省级政府特别奖，12件作品获省级政府一等奖，1件作品获省“五个一工程奖，8件作品获省级二等奖，5件作品获省级政府三等奖。2004年被省委宣传部和省新闻工作者协会授予“四川省十佳新闻工作者”称号，同年获四川省电视艺术家协会授予的“四川省十佳电视艺术工作者”称号。

柴　静　中央电视台《新闻调查》主持人，中国女导演俱乐部副主席。生于1976年。19岁在电台主持《夜色温柔》节目；22岁到北京广播学院学习电视编辑，并在湖南电视台主持《新青年》节目。现为《新闻调查》主持人。

孙剑英 四川广播电视集团海外、社教中心主任，中国女导演俱乐部副主席。北京广播学院毕业。从1982年开始纪录片创作工作，是中国纪录片著名的资深制作人。曾任四川电视台总编室副主任、专题部副主任、国际部副主任，1992年至2005年任四川电视台国际部主任及现职。学术及社会职务有：四川省电视艺术家协会副主席、四川省广播电视学会理事。曾担任中国国家级“彩虹奖”、“金鹰奖”的评委。1999年至2005年连续七年被特邀担任“亚洲电视大奖赛”国际评委。还担任了2001、2003、2005三届四川电视节评奖研讨办公室主任，并在1991年至2003年历届“中国四川电视节国际电视节目交易会”的组织领导机构中出任负责人。1994年至2005年底，担任策划、制片人、监制或出任导演的纪录片、专题节目在国际、国内各种评奖中共获得347个奖项。1994年至今，所领导的国际部有200余部（集）节目远销英国、德国、法国、意大利、瑞士、比利时、西班牙、葡萄牙、挪威、芬兰、丹麦、奥地利、美国、日本、韩国、新加坡等国家和中国香港、中国台湾地区。2002年荣获“第三届中国百佳电视艺术工作者”称号， 2005年获得世界自然基金会（WWF）首次为中国自然与环境保护电视制作人颁发的“杰出成就奖”。

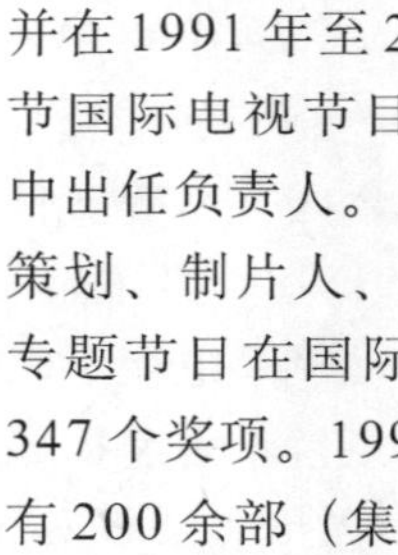

Solveig Klassen（沙维·科拉博） 德国科隆媒体艺术大学电影和电视系导演，制片人，中国女导演俱乐部副主席。代表作品：《西藏之外》、《我的摄影机不会撒谎》、《银色女孩》。曾获IDFA荷兰阿姆斯特丹电影节提名奖、德国巴伐利亚纪录片节青年狮子奖、德国莱比锡纪录片电影节青年评委奖、奥地利格拉茨电影节特别评委奖。

秘书长

刘　莉 中国广播电视协会纪录片委员会副秘书长，中国女导演俱乐部秘书长。1998年在中国广播电视学会评奖办公室工作。2000年任中国广播电视学会纪录片研究委员会办公室主任。2004年至今任中国广播电视协会纪录片委员副秘书长、中国纪录片网副总裁、中国女导演俱乐部秘书长。多次组织策划国内外大型异地采访活动，组织策划拍摄系列纪录片《中国古镇》和《名人故里》，系列片《名人故里》获2003年中国广播电视政府二等奖。组织策划制作了365集系列片《真实故事》，组织策划建立了中国纪录片网。

副秘书长

刘　洁 武汉大学新闻与传播学院副教授，硕士生导师，中国女导演俱乐部副秘书长。长期执教，现为中国传媒大学电视与新闻学院博士研究生。曾供职于中南财经大学新闻系，同时兼任过报、刊记者以及电视专题栏目和纪录片的撰稿、记者、节目主持人、编导。1998年武汉大学文学院硕士研究生毕业后留校任教。主要研究方向：中国电视纪录片、中国电视节目主持人、电视新闻理论及业务，并著有相关论文及专著。自2004年6月起，在《南方电视学刊》连续刊发“中国新派电视纪录片人访谈”及专家评点链接，《大众DV》、《纪录手册》等数家杂志、报纸进行了转载，新浪网与中国纪录片网为此开设了“刘洁专栏”。

惠钟仪　中国女导演俱乐部副秘书长。多年从事影视工作，曾在北京电影学院、国家一级协会做过电视节目的策划、组织、发行等工作。愿意为纪录片的发展做一点工作。现任北京第一视线传媒有限公司总经理。

胡劲草　中央电视台《新闻调查》栏目编导，中国女导演俱乐部副秘书长。美国哈佛大学尼曼访问学者（Nieman Fellow 2001）。电视作品《海选》曾获蒙地卡罗国际电视节女神银奖。纪录影片《幼童》总编导。

于春宏　NHNZ制作公司总监，中国女导演俱乐部副秘书长。职称：讲师。2001年加入NHNZ公司，任公司中国业务总监，负责NHNZ公司在中国国内开展的合作拍摄、节目发行等，促成了NHNZ公司与五洲传播中心、中央电视台、新疆电视台的合作。任《明星木乃伊》、《养育大熊猫》、《中国建筑奇观》等作品制片经理。

沈蔚琴　浙江广播电视集团节目研发中心主任，中国女导演俱乐部副秘书长。1978年进浙江电视台专题组任编辑；1982年至1997年，任浙江电视台对外部编导，主任助理；1997至今，任浙江电视台总编室副主任，集团总编室副主任，集团节目研发中心主任。从事电视纪录片创作多年。曾获浙江省首届“十佳电视艺术工作者”、浙江省“五个一批人才”称号。有多部作品荣获国家级政府奖，其中一等奖3个，两次荣获中国电视纪录片学术奖一等奖。主要作品有：《龙井问茶》、《跨越国界的友情——鲁迅与藤野严九郎》（合作）、《飘逝的江船》、《嫁给中国》、《诗人徐志摩》、《蚕娘》等。

李晓虹　中国女导演俱乐部副秘书长。1973年至1991年在中央电视台工作，1991年至1995年赴英国留学，1995年至1999年在中国国际广播电台工作，1999年至今在中国广播电视协会工作。

顾淑芳　1992年毕业于上海师范大学中文系，现任闵行广播电视台副台长。中国女导演俱乐部副秘书长。作品《心剪——李黛的剪纸人生》曾获中国广播影视大奖2004年度优秀纪录片提名、2005年度“云南红”杯中国纪录片国际选片会提名纪录片。

叶　蕾　上海电视台纪实频道制片人，中国女导演俱乐部副秘书长。1989年毕业于上海戏剧学院导演系；1993年就职于上海教育电视台；1995年任上海有线电视台《寻常人家》栏目编导兼主持人；2005年开始任《经典重访》栏目制片人兼主持人。从1992年开始制作专题片，第一部片子《没有收入的高消费者》即获得了全国教育节目一等奖，开始从事专题片和以后的纪录片创作。2001年进入纪录片编辑室后，拍摄了12集系列纪录片《崇明调查》，获得了进一步的历练，也为现在担当《经典重访》栏目的制片人和主持人奠定了基础。

刘鸿彦 中国女导演俱乐部副秘书长。1991年毕业于北京广播学院文艺编导系。1993年中央电视台《东方时空·生活空间》开播时，即进入该栏目组任编导，2000年进入东方时空《纪事》组任编导至今。代表作品有：《生命》、《我想飞》、《透明的日子》、《海伦与凯勒》、《决胜》（1998年抗洪特别节目）、《永远的春节》、《梁思成：1937》、《中国女足2000》、《学生法庭》等。

柳 遐 上海电视台纪实频道《经典重访》、《外国纪录片》栏目主持人。中国女导演俱乐部副秘书长。曾经有过多年的纪录片创作经历，本人的纪录片作品也多次在全国及上海市纪录片评选中获奖，个人曾获国家级优秀编导奖。2002年1月，在新开播的纪实频道《经典重访》节目中，从幕后走到台前担任主持人，以清秀、端庄的形象姿态，加以深厚的专业素养，在一些知识层面的观众中反响尤其热烈。2003年获“第六届全国百优电视节目主持人”称号。

赵燕英 北京电视台编导，中国女导演俱乐部副秘书长。1983年起至今在北京电视台工作，曾任专栏节目编导兼主持人；英语节目导演、责任编辑；大型竞赛节目及综艺节目导演。1985年开始从事纪录片创作。重要作品：《古都新装》、《在中国旅行——北京》、《版画家彦涵》分别获1985、1986、1987年度外宣奖；《赛场内外》获1991年全国亚运会优秀新闻作品一等奖；《焦老师的家》获1994年中国纪录片展示赛一等奖；《西海一家人》1994年赴日本参与中日电视艺术家纪录片交流活动并获牛山纯一先生好评；《辛娜卓嘎——森林女神》获1995年北京电视奖一等奖，并先后获春燕奖、金鹰奖；《拨亮烛光》获2001年美国纽约《写真中国》纪录片影展第一名，荣为开幕式影片；《神农架山鬼·家园》获2006年玉溪国际环保纪录片三等奖；《老胡和金丝猴》获2006年中国双十大纪录片荣誉。

高小俐 中央新闻纪录电影制片厂事业发展部科长，中国女导演俱乐部副秘书长。职称：主任记者。1985年至1990年任山西太原电视台编辑、记者、主持人，1990年至1996年任中央电视台编辑、记者、主持人，1996年至2005年任中央新影、中央电视台编辑、记者。主要作品：《中国经济效益纵深行——阿里斯顿启示》（专题系列片）获中国新闻一等奖；《中国妇女在NGO》（纪录片）获世妇会记者特别奖；《初夕夜》（文艺专题片）获全国最受观众喜爱的春节特别节目奖；《经典旋律再顾京城》（文艺专题片）获星光奖；《歌声飘过八十年》（电视剧）获全国“五个一”工程奖；《上下五千年》（纪录片）获中央电视台纪录片二等奖；《校长妈妈——小香玉》（文艺专题片）获中央电视台《中国文艺》栏目一等奖。

邢　月　河北电视台海外节目制片人，主任编辑。中国女导演俱乐部副秘书长。所学专业：电视新闻研究。从1976年起从事新闻工作，曾任播音员、记者、编辑、主持人、纪录片以及大型娱乐节目导演，现任河北电视台海外节目制片人。曾执导和参与制作电视纪录片《新四世同堂》、《先锋》、《名人故里》、《中国制药巨子》、《中国律师》等100多部（集）。其中18部（集）荣获国家、省级奖项。

吴　玮　中国女导演俱乐部副秘书长。1998年毕业于北京广播学院电视系电视编导专业（本科）。1998年任中央电视台百集纪录片《百年中国》编导。2004年在北京电视台参与大型的直播活动，是2004年雅典奥运火炬北京传递的12小时直播导演之一。2004年在北京台海外节目中心任《神州纪事》制片人。2006年任北京台海外节目中心《纪实天下》制片人。获奖经历：2003年，制作的直播节目《阿迪力挑战吉尼斯记录》获2003中国新闻奖直播类节目二等奖。2004年，制作的《外交人生——吴建民》获全国外宣节目中文专题节目一等奖。2004年，参与制作的《2004雅典奥运火炬北京传递现场直播》获国家广电总局颁发的2004年度中国广播影视大奖、北京新闻奖一等奖、北京广播电视节目优秀现场直播奖。2006年，《神州纪事》被国家广电总局评为全国优秀电视文化栏目。

张亚玲　上海闵行电视台艺术总监。中国女导演俱乐部副秘书长。1990年毕业于深圳大学大众传播系影视导演专业。国家二级

导演。乌鲁木齐市有突出贡献的专业技术拔尖人才。自治区有突出贡献的优秀专家。曾任乌鲁木齐电视台导演、艺术中心主任、创作研究室总导演，现任上海闵行电视台艺术总监。主要作品：《思念塔娜》（电视散文）2003年获全国少儿电视艺术大赛金奖、最佳摄像单项奖；《音之舞》（电视音乐文学）2004年获全国少儿电视艺术大赛金奖、最佳编导单项奖；《七宝老街》（文化专题系列）2004年获中广学会外宣片“彩虹奖”一等奖；《泥塑之神手》（人物短片）2005年获中国广播电视协会“中华荟萃”一等奖。

杨贺梅　天津电视台纪录片工作室制片人，中国女导演俱乐部副秘书长。

黑太明　中国女导演俱乐部副秘书长。1985年起就职于山西电视台对外部，一直从事纪录片编导工作。代表作品：《歌魂》、《照相》、《两个人的平遥》、《乐户》、《钢铁是这样炼成的》、《千秋天平山》等。现为黄河台制片人。

鲁　华　1993年从部队转业到吉林电视台工作。主任编辑。现任吉林电视台社教中心主任助理兼栏目制片人。中国女导演俱乐部副秘书长。主要作品：《英雄出沧海》、《1999新春话发展》、《我们的艺术小童星》、《张力文的故事》、《大山里的孩子》、《走进华西村》、《土楼咏叹》等。论文：《双向参与——谈电视栏目的角色定位》发表在《吉林电视》上，荣获东三省论文评选一等奖。

何　蓉　江苏卫视《江南》栏目执行制片人，中国女导演俱乐部副秘书长。

周宜一　江苏镇江电视台副台长，中国女导演俱乐部副秘书长。1986年6月至1987年2月，镇江电视台编辑；1987年3月至1987年5月，复旦大学新闻系（进修）；1987年6月至1995年9月，镇江电视台编导；1994年9月至1997年7月，南师大新闻传播学院本科；1995年10月至2002年7月，镇江有线电视台采编部副主任、新闻部主任；2006年7月，被省人事厅评定为高级编辑；2002年8月至今，镇江电视台副台长兼新闻中心主任。二十年的从业中，在本市电视台《金山聚焦》、《人世间》、《大江横陈》等栏目中担任编导、制片主任；在综艺频道《黄金地带》、《杜鹃楼下》、《江左名流》、《军旅足音》栏目中担任总制片人。《大字之祖瘗鹤铭》获第二届电视纪录片“中华荟萃”二等奖；《铁的新四军》获江苏省专题一等奖；《独领风骚——诗人毛泽东》获第22届中国金鹰奖最佳作品奖。

王伟平　浙江广播电视集团卫视频道主任编辑，中国女导演俱乐部副秘书长。1980年进入浙江电视台工作；1985年担任社教节目主持人；1985年毕业于浙江广播电视大学汉语言文学专业；1995年从事纪录片创作；1999年毕业于浙江大学新闻系研究生班。前十年在台前做主持人，主持生活服务类等社教节目，曾获中国广播电视节目主持人“开拓奖”。后十年在幕后当纪录片导演，拍摄制作了近百部纪录片。反映普通农民从事环保工作的纪录片《农民陈法庆》曾获中国十大纪录片“大奖”、中国国际环保纪录片“最佳创意奖”等奖项。表现红色经典爱情故事的纪录片《你是我的阳光》、表现拯救文化遗产的纪录片《千年活字》、再现生存方式改变中鄂温克猎民生活的纪录片《最后的狩猎部落》、反战主题纪录片《见证》、表现温州粮农开垦北大荒的纪录片《闯大荒的温州人》以及表现“群众利益无小事”的纪录片《以德为邻》等均获得过国家和省级广播电视奖项。

韩　蕾　浙江卫视编导，中国女导演俱乐部副秘书长。1986年毕业于锦州师范学院中文系，文学学士。1987年进入鞍山电视台，任主持人（采编播合一）；1993年进入浙江卫视，任编导至今。21岁毕业，在师范学校当语文教师和电视台主持人；24岁拿了第一个国家级政府奖（“星光奖”）；1995年，为一个走失9年的男孩找到了亲生父母，拍了纪录片《家在何方》，播出时非常轰动；1997年，又为一个被拐卖了21年的男孩找到了家。荣获国家级政府奖5个，还拿过很多中国纪录片的大奖、“最佳导演”、“最佳撰稿”单项奖；作品入选过第18届法国FIPA国际电视节、第45届波兰克拉科夫国际电影节、第48届德国莱比锡国际纪录片电影节、第5届中日韩电视制作者论坛的展映。是浙江省第一批“五个一批人才”。

李　虹　浙江广电集团卫视频道节目中心编导，中国女导演俱乐部副秘书长。1980年进入浙江电视台办公室工作；1984年至1993年，在浙江电视台少儿节目当编导；1995年至2005年，在浙江卫视《纪录》栏目

做编导；2005年至今，在浙江卫视《红色记忆》栏目做编导。1993年制作的大型竞赛类节目《奇观水族夏令营》获得第一个政府奖——全国少儿节目“金童奖”二等奖。2002年制作的纪录片《阮奶奶征婚》获得2003年度中国广播电视新闻奖（短纪录片）一等奖、2003“中国·横店影视城杯”纪录片大奖，并进入法国FIPA国际电视节交流单元。2003年制作的纪录片《今年春天在哪里》获得“2006首届中国·玉溪国际环保纪录片周”二等奖。

张　雪　安徽电视台经济中心DV俱乐部副主任，中国女导演俱乐部副秘书长。1985年大学毕业，1985年至1989年任职于合肥市西市区政府，1989年任《合肥晚报》记者，1992年至1995年任《安徽经济报》记者，1996年至今，任安徽电视台经济中心编辑、记者。1996年主持、编辑20集系列专题片《崛起》，获“五个一工程”奖、省级一等奖。1999年组织负责50集国庆大型系列专题片《安徽之最》，担任制片人、编导。

李锦瑛　湖北武汉电视台副主任，中国女导演俱乐部副秘书长。1983年任武汉电视台新闻部记者，1988年任武汉电视台办副主任，1990年任职于武汉电视台科技部，1993年任武汉电视台驻北京记者站站长，1995年任武汉电视台经济部副主任，1998年任武汉电视台纪录片部副主任，2005年武汉电视台高级编辑。

姚松平　湖北电视台卫视频道编导，中

国女导演俱乐部副秘书长。华中科技大学法学硕士，高级编辑。2004年获中国百佳电视工作者称号。1994年开始纪录片创作，主要作品有：《船工》、《远山的瑶歌》、《共有一个家》、《寻找麋鹿》等。《寻找麋鹿》获第十四届法国国际电视节（FIPA）提名奖，全国对外宣传二等奖，全国环保节目比赛最佳撰稿奖。2001年拍摄完成纪录片《远山的瑶歌》，荣获瑞士第十八届南北国际媒体节提名奖，2002年匈牙利国际艺术节提名奖，2001年度中国电视社教节目一等奖，2001年度中国电视纪录片学术奖大奖、最佳摄像奖，全国少数民族题材电视“骏马奖”一等奖、最佳摄影奖，全国对外宣传节目一等奖等14个奖项。2004年11月，制作完成纪录片《船工》，荣获第十一届上海电视节纪录片评委会大奖和最佳人文类纪录片摄影，2005年瑞士南北国际媒体节提名奖，国家广电总局颁发的2004年度中国广播影视大奖，2004～2005年度中国电视纪录片十佳长片大奖等12个奖项。

张　丽　云南电视台资深策划、编导，《经典人文地理》栏目制片人，中国女导演俱乐部副秘书长。1979年调入云南电视台，1984年就读于北京广播学院；80年代开始电视专题片创作，90年代转向纪录片拍摄，并开办云南电视台第一个纪录片栏目《民族文化》，2002年与云南迪庆香格里拉广电局合作，在云南电视台开办香格里拉节目，随后3年推出《走进香格里拉腹地》系列节目，共播出20集。2005年调到纪录片中心，任《经典人文地理》栏目制片人。多年来，个人风格独特、鲜明且优秀。从事电

视创作27年，主要作品：1986年专题片《西南第一山——狮子山》获全国一等奖；1993年人物专题《关肃霜》获“五个一工程”奖；1993年《刀美兰》获全国二等奖；2003年电视散文《云南雪》获全国一等奖；2004年纪录片《录访香格里拉岩画》获全国一等奖；2004年纪录片《风雪牧人》获云南省一等奖；2005年纪录片《千年深红——普洱茶》在中国十佳纪录片选片会上入围。

唐亚平 1983年毕业于四川大学哲学系。现为贵州电视台特别节目部副主任、唐亚平工作室负责人。贵州省作协副主席，贵州电视艺术家协会常务理事，中国电视艺术家协会会员，中国视协纪学会副秘书长，中国作家协会会员，中国女导演俱乐部副秘书长。曾获“贵州省十佳电视艺术家”、“贵州省十佳新闻工作者”、“贵州省德艺双馨艺术家”、“全国百佳新闻工作者”等称号。电视作品多次获全国电视大奖。20年来一直在贵州的少数民族地区工作。作为诗人，关注自己的命运、自己的感受、自己的思想、自己的表达；作为纪录片人，关注所拍摄的那些人们的命运、他们的感受、他们思想、他们的表达。

冷　杉 四川电视台海外·社教中心制片人，中国女导演俱乐部副秘书长。

田　瑜 陕西电视台国际部《影像》栏目艺术总监，中国女导演俱乐部副秘书长。1985年至今在陕西电视台工作。2000年获西北大学文艺美学硕士学位。

卜庆萍 浙江电视台影视娱乐频道主任，三级编辑。中国女导演俱乐部副秘书长。毕业于中国传媒大学电视编辑专业。1978年

至1987年在浙江省监狱管理局担任狱警工作，1987年至1993年在浙江省电视剧制作中心担任行政工作，1993年至今在浙江电视台担任编导和节目部主任。主要作品：专题片《湖笔的传说》获1995年度中国广播电视政府奖社教类二等奖，纪录片《运河人家》获1996年度中国外宣“彩虹奖”二等奖和全国有线电视社教类一等奖，《亲家》获1998年度中国广播电视政府奖社教类二等奖，人物类纪录片《徐迟》、《冯亦代》分别获得全国有线电视社教类一等奖，纪录片《季羡林》获2002年度中国纪录片学术奖一等奖，6集文献纪录片《陈云在浙江》分别获得2005年度浙江新闻奖一等奖和浙江广播电视政府奖一等奖。

朱爱武 绍兴广播电视总台电视剧制作中心（大型活动部）总监，主任编辑。中国女导演俱乐部副秘书长。浙江大学经济学专业毕业，经济学学士，浙江大学新闻学研究生课程结业，曾从事三年大学教学工作。1993年至今一直从事电视采编工作。曾荣获浙江省广播电视系统先进工作者等称号。代表作品有《周家三兄弟》、《俞秀松》、《水乡情韵》、《何占豪的“梁祝”情》、《水上梦飞》、《“五女”絮说》等，作品多次获“金桥奖”、“彩桥奖”和“中国电视新闻奖”等，曾出版个人业务专著《远离喧嚣的电视》等。

田晓燕 新疆电视台卫视一套经济部副主任，中国女导演俱乐部副秘书长。

吴　涛　新疆电视台新闻中心对外组组长，中国女导演俱乐部副秘书长。1990年北京广播学院毕业，2002年中央党校法律专业毕业。1991年3月开始在新疆电视台社教部工作。先是做专题和军事节目的编导（第二年担任责任编辑的军事栏目《西线卫士》被评为全国优秀军事栏目）。1996年，调至新疆电视台新闻部，从事新闻工作至今。十年来，采制创作的多部电视评论作品和多条电视新闻先后荣获国家级政府奖、行业奖和自治区级奖项。其中，消息《和田人民用上了天然气》获2005年中国新闻三等奖，消息《生命禁区罗布泊建镇》获2003年全国电视新闻三等奖，消息《总书记回信到尉犁》获2006年新疆新闻一等奖，消息《辞柴煤旧篇　燃天然气新篇》获2005年新疆新闻一等奖，系列报道《雪域高原铸忠魂》获2005年新疆新闻一等奖，消息《新疆全力施救坠落失事的阿塞拜疆飞机》获2005年新疆新闻三等奖，电视评论《一心为民的好党员——高天仁》获2003年新疆新闻奖评论类二等奖，电视评论《特别的爱给特别的你》2002年获全疆二等奖。

宁照宇　新疆电视台纪录片部导演、电视制作人。中国女导演俱乐部副秘书长。分别毕业于南京艺术学院美术系装潢艺术专业和新疆大学中文系。现为中国电视艺术家协会会员、中国广播电视协会纪录片委员会会员。入选《中国美术家辞典》、《中国电视艺术家辞典》。从1977年开始从事美术创作，其美术作品多次参展、获奖并由国家收藏。1984年开始进入电视台从事电视编辑记者工作。90年代初开始进行电视纪录片创作。作品多次荣获国内外大奖及国家政府级各类重要奖项。代表作品：电视纪录片《亚心与牧羊人》荣获2001年第八届国家“五个一工程”奖、第六届“中国电视金鹰奖”提名奖、新疆广播电视新闻一等奖；电视纪录片《1943－驮工日记》荣获2005年中国广播影视大奖优秀系列片奖、入围第十六届上海国际电视节“白玉兰”奖、荣获第八届四川国际电视节“金熊猫”奖亚洲制作奖提名奖、新疆广播电视新闻一等奖；电视纪录片《吐峪沟》荣获2005“云南红杯”国际纪录片评选提名奖；电视音乐纪录片《掀起你的盖头来》荣获“瑞光杯”全国电视文艺一等奖；电视剧《忠魂》荣获自治区迎接十六大优秀节目特别奖；10集纪录片《见证新疆》荣获2005年庆祝新疆维吾尔自治区成立50周年优秀节目一等奖、新疆第二届“天山文艺奖”作品奖；纪录片《印在人民币上的女拖拉机手》荣获2006年中国纪录片十佳短纪录片奖。共获国际奖和国家政府奖30余项。

聂向晨　新疆电视台纪录片部编导、制片人，中国女导演俱乐部副秘书长。1992～1996年先后在海外节目《中外一角》、《今日新疆》、《大陆桥》等栏目担任编导和责任编辑，先后参与策划了英语晚会《今夜》、MTV《歌之梦》、《圣诞欢歌》等大型活动和晚会等节目。1998年开始尝试大型系列片、纪录片的创作，先后参与策划和担任编导的作品有《天山南北话畜牧》（8集）、《丝路回眸》（12集）、《新疆名城》（15集）、《故乡》等。2005年在新疆维吾尔自治区成立50周年的10集文献纪录片《我们新疆好地方》中参与策划并担任主创。自2001

年起担任新疆电视台纪录片的英文版译制、海外参评以及对海外的联络和节目销售工作。译制的多部影片在国际评奖中获得奖项，并成功开启了新疆电视台与国际第二大纪录片生产公司新西兰自然历史公司的合作项目。连续三年担任新疆台参展国际纪录片的参展布展工作，2004年5月还被派往新西兰自然历史公司对自然历史类纪录片的创作规范与流程等工作进行学习。

李　缅　五洲传播中心影视部副主任，中国女导演俱乐部副秘书长。所学专业：中国文学。1995年进入五洲传播中心，开始从事纪录片制作工作，曾经从事编导、主播、制片人等业务工作。主要作品：《唯一的选择》获第四届“金桥奖”二等奖；《藏医大师——措如才郎》获第五届“金桥奖”电视专题片中篇二等奖；《中国航天业走向世界》获第五届“金桥奖”电视专栏节目二等奖；《丹顶鹤的故事》获2003环境保护电视节目大奖赛评委特别奖；《月亮田》获第九届中国电视纪录片学术奖评奖短片一等奖、2003年度“彩虹奖”专题节目一等奖；《龙井纸事》获2003中国（广州）国际电视纪录片研讨会学术奖二等奖、第十届中国电视纪录片学术奖评奖短片三等奖；《青海湖人家》获2003中广学会评选银奖；《高原上的朝圣者》获中国电视纪录片学术奖、首届“自然记录杯”DV纪录片大赛长片三等奖；《马明山的故事》获第四届“中华荟萃”评奖活动一等奖。

黄　土　福建电视台综合频道制片人、主持人，中国女导演俱乐部副秘书长。1993年7月至1997年7月在中国科学技术大学主修工业自动化专业；2003年3月至2005年12月在中国科学技术大学主修工商管理硕士；1999年1月至2005年2月在福建电视台新闻频道任制片人、主持人；2005年3月至今在福建电视台综合频道任制片人、主持人。从业7年来，从事过编辑、记者、制片人、主持人等各种工作。有良好的管理协调能力，除MBA专业学位外，还拥有美国项目管理协会认定的国际项目管理专业人士资格（PMP）。作为一名女性电视工作者，对人文关怀和社会责任感有独特的见解。

王一岩　中央新闻纪录电影制片厂编导。职称：中级。中国女导演俱乐部副秘书长。1981年至1985年在上海复旦大学新闻系学习，1985年至今任中央新闻纪录电影制片厂编导，主要作品：改革开放二十年系列片《春风又绿》、《二十世纪中国女性》、《共和国的脊梁》、《伟大的创造——中国农村精神文明建设》、十六大文献片《走进新时代》、《国庆纪实》（胶片）、《百年毓琇》（胶片）等。

郭蓝冰　中央新闻纪录电影制片厂编导。职称：主任记者。中国女导演俱乐部副秘书长。1997年由中国青年报社转入中央新闻纪录电影制片厂，曾拍摄多部纪录片，并获得中国广播电视新闻奖、中国电视纪录片学术奖、全国少数民族题材电视“骏马奖”等多个奖项。主要作品：《瞬间与永恒》、《一种目光的记忆》、《西藏五十年》、《国礼背后的故事》。

周　艳　中央新闻纪录电影制片厂编导，中国女导演俱乐部副秘书长。1989年9月至1993年7月，就读武汉大学图书情报学

院图书馆学系本科，1993年9月至1996年7月在北京大学信息管理系读硕士研究生，1996年8月至1997年8月，任中国青少年发展基金会《希望月报》杂志编辑，1997年8月至今任中央新闻纪录电影制片厂编导。主要作品：纪录电影《共和国主席刘少奇》（任撰稿）获1998年金鸡奖最佳纪录片奖和华表奖最佳纪录片奖，5集电视纪录片《半个世纪的回响》（任编导、撰稿）获2000年“五个一工程”奖。

赵淑静　中央电视台《人物》栏目总制片人，中国女导演俱乐部副秘书长。1985年北京广播学院电视编辑系毕业；1985年至1987年，中央电视台总编室任编辑；1987年至1990年，中央电视台《九州方圆》栏目任责编；1990年至1994年，中央电视台《神州风采》栏目任编导；1994年至2000年，中央电视台《半边天》栏目任总制片人；2000年至今，中央电视台《人物》栏目任总制片人。主要业绩：1993年任中央电视台35周年台庆特别节目总导演；1996年至2000年任《半边天》栏目总制片人时，该栏目每年均有1至2个节目获政府奖一等奖；在《半边天》任总制片人期间，主持制作了20集系列片《二十世纪女性史》、《发现》系列节目、《发现曾侯乙墓》（6集）、《解放》（6集）、《流感百年》（4集）、《来自1910年的列车》（4集）、《探访龙骨山》（6集）；2000年，任“三八”特别节目《我们的一个世纪》（100分钟）总导演；2000年，任特区开放20年特别节目《历程》总导演；2001年，任元旦特别节目《中国表情》（90分钟）总策划、总导演，任春节特别节目《一百年的笑声》（240分钟）总策划。

崔亚卿　中央电视台社教中心法治专题部《第一线》栏目编导，中国女导演俱乐部副秘书长。

1989年至1996年河南濮阳电视台主持人、编导，1996年至2003年河南电视台主持人、编导。主要作品：纪录片《下岗时刻》中央一套播出；纪实片《寻找世纪婴儿》获河南省政府播音与主持作品二等奖；纪录片《牵引生命》获中国彩虹奖二等奖；纪录片《十三年的重量》获2006年中国纪录片国际选片会“双十大纪录片”奖；新闻访谈节目《濮存昕的防“艾”历程》获“礼来杯”精神卫生好新闻三等奖；新闻访谈节目《纳米离我们到底有多远》获“科星新闻奖”二等奖。

吴砚华　中国女导演俱乐部副秘书长。1998年进入中国摄影家协会，《大众摄影》杂志资深编辑，现任《大众摄影》杂志副主编，《大众DV》杂志执行主编。曾多次带团进入四川、内蒙、西藏进行摄影创作活动。主持编辑《大众摄影》的专题、特稿工作。成功采访过国内外摄影大师和名家，并以专题的形式在杂志上发表其访谈录。主持编辑《天安门前》、《照片背后的故事》、《燃烧激情——百名摄影人的视界》、《中国摄影导游A、B卷》等摄影丛书。2004年主持创办《大众DV》杂志。积极组织与策划各类DV影像文化活动，策展2005、2006年“平遥国际摄影大展DV短片单元”，策展2006年“连州国际摄影节大众DV放映单元”。参与并报道吴文光组织的“村民自治影像计划”、举办“青年纪录片导演训练营”等活动。

陈　闽　福建海峡电视台主持人，中国女导演俱乐部副秘书长。1997年至2001年，就读于北京广播学院播音系播音专业；2001

2007 CHINA DOCUMENTARY YEARBOOK

年7月至12月，福建电视台《今日福建》；2002年1月至12月，东南电视台《慧眼看东南》；2003年1月至2004年7月，福建电视台《福天福地福建游》；2004年8月至2005年5月，东南电视台《神州发现》；2005年5月至今，福建海峡电视台《华夏神韵》。

曲　韵　凤凰卫视中文台编导，中国女导演俱乐部副秘书长。

康　毅　《中国妇女报》文体部编辑，中国女导演俱乐部副秘书长。

蔡锦其　《中国妇女报》四川记者站站长，中国女导演俱乐部副秘书长。1982年至1985年就读于中国广播电视大学中文专业；1985年至1988年任冶金部第五冶建设公司第五公司行政秘书；1988年至1990年任四川峨眉电影制片厂影视公司电教部主任；1990年至1995年任中国科学院电子研究所大洋图像技术公司西南办事处主任；1995年至1997年留学新加坡学习英语；1998年至2004年任深圳奥维迅科技有限公司四川公司总经理；2003年为国际基金会组织独立拍摄北京农家女项目的电视专题片、纪录片；2004年至2006年4月自费跟踪拍摄中国第一个合法的农民协会；2006年4月任《中国妇女报》四川记者站站长至今。独立拍摄作品：《大山的女儿》、《干预自杀》（1～3集）、《贵州罗甸农村妇女扫盲班》、《中华人民共和国村民委员会组织法·选举》等。

王文丽　山东卫视新闻中心评论部主任记者，中国女导演俱乐部副秘书长。曾先后就读聊城大学、复旦大学和北京师范大学，北师大文艺学硕士。1989年至1992年在山

东经济学院任教，1991年获山东省普通话大赛第一名。1992年底考入山东电视台，至今已有14年的电视生涯，是一名采、编、播合一的记者，采制的新闻专题、新闻评论和纪录片多次获国家和省级新闻奖。1993年至1994年在山东电视台经济部《经济百花园》栏目做主持人，并独立承担《说长道短》栏目的主持和编辑工作。1994年至2006年先后在新闻中心的《今日报道》栏目和评论部工作，采制了大量有影响的深度报道。

理　事

杨　蕊　青年电影制片厂导演，中国女导演俱乐部理事。

梁　子　纪录片自由创作者编导、摄像，中国女导演俱乐部理事。已出版《一本打开的日记》、《独闯非洲高山王国——一位中国女摄影师在黑人村落的生存纪实》、《西非丛林的家——我与塞拉里昂迪曼人》等纪实书作。与上海电视台纪实频道先后合作完成了电视纪录片《非洲并不太远》（4集）、《跳吧，波尔卡》、《房东蒋先生》等。其中，2002年拍摄的电视纪录片《房东蒋先生》入围上海第十届国际电影电视节，并荣获2003中国·横店影视城杯全国纪录片大奖人文类大奖（金奖）和2004韩国EBS国际纪录片节大奖，同时该片被第49届爱尔兰科克国际电影节特选。

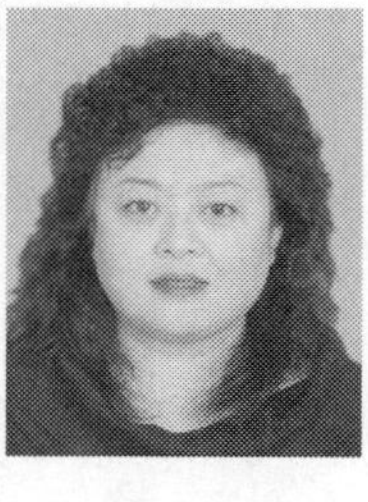

侯雅俊　中央电视台社教节目中心社会专题部编导，中国女导演俱乐部理事。

佟一平 中国女导演俱乐部理事。2001年进入中央电视台《东方时空》栏目组工作。

范　铭 中央电视台新闻评论部编导，中国女导演俱乐部理事。主要作品：《双城的创伤》（少年连续服毒自杀调查）；《张润栓的年关》（民工欠薪链条调查）；《命运的琴弦》（中国音乐学院招生黑幕调查）；《深圳外贸诈骗揭秘》（深圳写字楼外贸骗局调查）；《陈丹青出走》（中国教育制度调查）；《以生命的名义》（中国同性恋状况调查）；《心灵的成长》（家庭问题导致青少年抑郁状况调查）；《注射隆胸》（药物隆胸导致严重后果案例调查）；《女子监区调查》（河北重刑女犯犯罪原因调查）；《长大未成人》（少女早孕社会现状调查）；《一只猫的非常死亡》（虐猫当事人心灵调查）。

王蓉蓉 山东电视台《数风流人物》栏目制片人，中国女导演俱乐部理事。

赵丽江 江苏镇江电视台副主任，中国女导演俱乐部理事。1994年7月至1996年5月，江苏镇江人民广播电台；1996年5月至今，江苏镇江有线电视台、电视台。长期从事纪录片创作，先后担任纪录片栏目《纪录》、《咱老百姓》的主创和领导工作。创作的《共同背起这份沉重的爱》、《因为有爱》、《“猴”奶奶》《观音手》等片先后获得江苏省政府一、二等奖，同时也具备了较高的理论研究能力，发表了《电视纪录片的艺术性》、《电视纪录片中的音乐》、《纪录片原则的界定及其意义》、《本质真实，纪录片人的职责》等论著，2005年被评为主任记者。组织策划和参与了《一分钟的艺术》、《DV故事大赛》等纪录片创作活动，取得显著成果，对推动镇江市纪录片的发展作出了较大贡献。

李慧琼 中国女导演俱乐部理事。大学毕业。1998年进入湖北电视经济频道，先后担任《经视话题》、《晚间报道》、《家电广场》、《中国游》、《经视直播》等栏目的编导、记者。采编的《尴尬家电》、《纳米商标岂能乱贴》、《吸尘器——家居生活好帮手》、《百年老街——武汉昙华林》等多部作品曾荣获中国广播电视学会、湖北广播电视学会新闻类、社教类一、二、三等奖。

韩雪莉 贵州电视台制片人，中国女导演俱乐部理事。

延　芳 山东省东营电视台专题部主任，中国女导演俱乐部理事。研究生学历，主任编辑。1982年9月至1991年2月在广饶人民广播电台任播音、编辑工作；1991年2月至今在东营电视台任主持人、编导、制片人、专题部主任。从事广播电视工作24年，曾担任电视台《经济大舞台》、《人生写真》、《东视报道》、《法治社会》、《田园风》等栏目的主持、编导、制片人。栏目多次被评为山东省“名专栏”及全省“十佳栏目”。编导的纪录片《黄河口有个王老头》、《我的大学》、《黄河口新民谣》、《零公里的探索》、《羊倌过年》、《民间艺术——短穗花鼓》等曾获省政府、学会一等奖。

刘　硕 中国女导演俱乐部理事，独立制片人。曾任唐山电视台纪录片编导。毕业于河北理工大学外语系，学士学位。1999年

开始从事电视工作，2002年开始纪录片创作。曾与中央电视台、上海东方卫视、旅游卫视等媒体栏目以及德中文化交流中心、今日美术馆等机构合作拍摄制作专题片及纪录片。主要作品：2006年，纪录片《东陵》（任编导、剪辑）获中国纪录片国际选片会“十大纪录片奖”、“最佳编导奖”，并入选法国FIPA国际电视节参加国际纪录片竞赛；同年，Video作品《圣殿》在中国北京长征国际艺术空间展出；2005年，纪录片《台阶》（任编导、剪辑）入围第十八届法国FIPA国际电视节纪录片竞赛单元，并获中国纪录片学术奖及最佳创意奖。

王晓清 湖北电视台《往事》栏目编导，中国女导演俱乐部理事。1994年毕业于湖北大学中文系。1994年至1998年在宜昌三峡电视台工作，任《青草地》节目制片人，编导，栏目两次获湖北电视奖一等奖。1998年至2000年在北京广播学院戏剧与电影文学专业研修班进修。2000年调入湖北电视台工作，任《往事》栏目编导。2001年编导的作品《往事·李仲生求学记》获中国新闻奖广播电视节目二等奖，2002年编导的作品《往事·俺爹俺娘》获中国新闻奖广播电视节目一等奖。《往事》栏目2003年、2004年蝉联全国十佳电视公共栏目奖。2005年底至2006年初拍摄的《唐山地震三十年祭》获湖北省广播电视奖长纪录片特等奖。

会　员

杨晓清 中国农业电影电视中心编导，中国女导演俱乐部会员。自1998年开始从事电视科普节目创作至今，热爱科普节目的创作，并具有较丰富的科普节目创作经验和一些较优秀的科普作品。获奖作品:《叶片里的杀手——南美斑潜蝇》获1999年度北京科技声像协会“银河奖”一等奖和2000年度“科蕾奖”二等奖；《寻找家猪起源》被中国纪录片学术委员会评为2006年度中国电视纪录片短片提名作品；《留民营——“生态”我先行》在中国广电协会举办的“2006 中国玉溪·国际环保纪录片周”上获“最佳制作”单项奖；《揭秘翼龙》在“2006年度中国纪录片国际选片会”上获2006年度优秀纪录片奖，并被评为2006全国科教影视学术“探索类”一等奖。获奖论文：《变形记》、《讲述，在寻找中展开》、《我们的新农村》三篇论文在“首届中国科教影视青年学术论坛”中获得优秀论文奖。

冯　岩 中国女导演俱乐部会员。1999年毕业于北京广播学院新闻学专业，同年到吉林电视台工作，任《快乐时光》栏目编辑，2000年任《青苹果乐园》栏目编导至今。《我们的艺术小童星》、《青苹果乐园》、《张力文的故事》、《大山里的孩子》获各种奖项。

普　郁 上海文广新闻传媒集团纪实频道责任编辑，编导，中国女导演俱乐部会员。1999年7月至2001年4月任安徽省阜阳市电视台新闻部记者；2001年4月至2003年2月任安徽卫视新闻部记者组组长；2003年2月至2006年9月任上海文广新闻传媒集团纪实

频道编导；2006年9月至至今任纪实频道《文化中国》栏目责任编辑兼编导。获奖情况：2000年度中国广播电视新闻奖三等奖；2000年度安徽广播电视新闻奖一等奖；2000年度安徽新闻奖二等奖；2000年度安徽消防好新闻二等奖；2003年度上海科技节科技传播奖；2004年度中国广播电视学会纪录片研究委员会电视老年节目大奖赛优秀奖；2005年度上海文广新闻传媒集团“优秀员工”。

王继红　知立人达（北京）科技文化有限公司副总经理，编辑，中国女导演俱乐部会员。1994年8月至2003年10月，江苏镇江电视台记者、编导；2003年11月至2006年8月，中央电视台记者、编导；2006年9月至今，知立人达（北京）科技文化有限公司副总经理，兼任专题部主任。1994年8月，经社会招聘进入江苏镇江电视台，从此踏上新闻采编之路，成为一名记者。在地方电视台度过的这十年，奠定了坚实的新闻和专题报道基础，成果也逐渐展现。

刘彦平　辽宁省盘锦电视台副台长，中国女导演俱乐部会员。1972年2月至1975年10月，就读于辽宁大学中文系；1975年10月至1977年10月，辽宁省委党校马列教研室教员；1977年10月至1985年3月，大洼县广播电视局记者、编辑部主任、副局长；1985年12月至今，盘锦电视台总编室主任、副台长。从事新闻工作二十多年来，从一名普通的记者到现在任主管新闻的副台长，一直积极宣传贯彻党的路线、方针、政策，具有较高的理论水平和政策水平，具有敏锐的政治新闻敏感性、扎实的新闻理论知识、丰富的新闻工作经验，多次组织策划参与重大新闻报道，一大批作品在省台、中央台播出，并有多部作品在国家、省、市级评奖中获奖。

刘玉艳　辽宁省盘锦电视台新闻部副主任，中国女导演俱乐部会员。1992年3月至1993年5月，大洼人民广播电台记者；1993年5月至今，盘锦电视台记者、新闻部副主任。于1992年3月开始从事新闻采编工作，不断加强学习和新闻工作实践，采制大量新闻、专题作品，多次参与台内一些重大题材的采访，多篇作品在国家、省、市评选中获奖。

徐　静　辽宁盘锦电视台主任编辑，中国女导演俱乐部会员。1984年至1986年，盘锦人民广播电台；1987年至至今，盘锦电视台。热爱电视事业，从事电视工作20年。在盘锦电视台总编室、社教部等部门任编辑记者，策划、采、编各类电视节目，得到专业人士和观众的好评。多次荣获国家、省、市级各种奖项。

佟　立　北京电视台体育节目中心导演，制片人，中国女导演俱乐部会员。1982年，北京电影学院电影录音文学士；1986年至1987年，英国广播公司与英国开放大学制作中心。1982年至1993年，中央广播电视大学节目制作中心导演编辑；1993至2002年，北京电视台海外中心导演高级编辑；2002至今，北京电视台体育节目中心导演、制片人、高级编辑。获奖作品：纪录片《中国母亲 》荣获中国电视社教类一等奖；纪录片《村民的

2007 CHINA DOCUMENTARY YEARBOOK

选择》；入选第20届法国真实电影节，荣获中国纪录片电视学术奖长篇二等奖；纪录片《一个艾滋病病毒感染者》荣获亚洲电视奖最佳纪录片奖(新加坡，2000)、中国电视金鹰奖（2000)，入选国际公共电视大会（加拿大，2000)、阿姆斯特丹国际纪录片电影节(2001)；纪录片《民政局里的林科长》荣获中国电视彩虹奖一等奖（2001)，入选国际公共电视大会（南非，2001)。

李　新　中央新闻纪录电影制片厂编导，中国女导演俱乐部会员。制作的电影纪录片：《中国首届艺术节》(获星花奖)、《中国科技馆》(获星花奖)、《妈祖我的故乡》、《中国五十年庆典》、《北京快餐》(获星花奖)、《本溪水洞》、《亚运彩旗》、《天津地铁》等。制作的电视专题纪录片：《花季雨季》(获国家优秀音像制品特别奖)、《推墙入海》(获星花奖)、《返校》(获星花奖)、《柳编新曲》、《百岁巴金》(获星花奖)、《神州第一所》(获星花奖)、《刮痧》(获中央台栏目优秀奖)、《高血压悄袭中青年》(获中央台栏目优秀奖)、《女人二十三十和四十》、《生命的依靠》(获中央台栏目优秀奖)、穿越时空的嘹亮》、《时尚老人范圣琦》、《点击VC，储蓄健康》、《母乳喂养好》(获中央台栏目优秀奖)等。

徐　岚　澳门卫视国际商务台(澳门莲花卫视)制片人，中国女导演俱乐部会员。从小喜爱文艺，看电影是幼时生活的重要组成。曾进入上海人民广播电台少儿演播组担任小播音员，也曾经想报考北广播音，未果，之后进入电视领域，多少实现了些许儿时的梦想。

王冰凝　中央新闻纪录电影制片厂编导，中国女导演俱乐部会员。1991年至1994年，就读于河南大学工艺美术系装潢设计专业。1994年至1999年，在平顶山电视台工作任记者、编导；2000年至2001年，在北京电影学院导演系学习导演专业（北京电影学院毕业作品：剧情短片《蝶之梦》、《后花园》，其中《后花园》在中国首届短片电影节上展映)；2002年，在中央电视台6套电影频道工作，任《中国电影报道》栏目画面艺术监督、编导；2003年，在中央电视台新影制作中心《影像中国》栏目任编导；2004年，任中央电视台1套《电视你我他》栏目编导；2005年，任中央电视台1套《西新摄制组》导演，并为国家广电总局做汇报纪录片；2006年至今，任中央电视台《重访》栏目编导。

孙丽璐　辽宁省盘锦电视台记者，中国女导演俱乐部会员。1994年1月至2004年4月，盘锦有线电视台；2004年5月至今，盘锦电视台。1994年1月考入盘锦有线电视台做一名记者；1994年1月至1995年8月，在新闻部从事编辑工作；1995年8月调入专题部做一名记者，多次参与台内一些重大题材的采访，多篇作品在国家、省、市评选中获奖；2004年调入盘锦电视台工作。主要作品：纪录片《乡情未了》获2006年度中国十佳纪录片提名奖；电视散文《翩然野鹤》获2006年全国百家电视台文艺节目一等奖；纪录片《躁动》被评为2006中国十大纪录片并入选法国FIPA国际电视节。

王　颖　中国女导演俱乐部会员。1992年9月至1996年6月，在河北师范大学学习；1996年7月至今，在河北电视台经济生活频道《纪录片》栏目工作。

杨　阳　中央电视台社会与法频道《第一线》栏目编导，中国女导演俱乐部会员。1999年9月，白俄罗斯国立工业大学预科(预科毕业)；2000年9月，白俄罗斯国立大学新闻系国际新闻专业（硕士毕业)；2006年3月，北京电视台5频道《城市》栏目（编导)；2006年9月，中央电视台社会与法频道《第一线》栏目（编导)。

韩君倩　中央新闻纪录电影制片厂编导，中国女导演俱乐部会员。1989年9月至1992年7月，北京电影学院暨中国电影艺术研究中心硕士研究生；1992年8月至1994年12月，北京传播公司编导；1993年12月至今，中央新闻纪录电影制片厂影视剧部编导。曾在北京电影学院。北京大学等院校讲授纪录片创作等课程；曾担任首都高校纪录片大奖赛评委。

张晓颖　北京电影学院研究生，中国女导演俱乐部会员。1995年至1999年，中央美院附中；1999年至2003年，北京电影学院摄影系；2003年至2004年，北京科学教育电影制片厂（中央电视台科教节目制作中心）任导演；2004年至2007年，北京电影学院摄影系（影视艺术制作专业）研究生。

黄　玲　吉林电视台主持人，中国女导演俱乐部会员。1995年至1999年，吉林艺术学院采编播专业；1999年至今,吉林电视台社教中心。孩提时代向往电视里的精彩纷呈，真正走进电视成为一名电视人后体味到艰辛与不易。从最初满眼的神秘与好奇，到现在努力锻炼自己成为集采、编、播一体全面发展的主持人，这其间所付出的努力与汗水，只有自己明了。

王春霞　河北任丘电视台编导，中国女导演俱乐部会员。1988年入河北大学中文系，学习汉语言文学专业。1992年大学毕业后分配进任丘电视台工作至今，采编播各工种都曾有涉及。影视作品：《小鼹鼠在城市》。

王晓佳　河北电视台经济生活频道编导，中国女导演俱乐部会员。1993年9月至1997年6年就读于河北师范大学外国语言文学系英语教育专业；1997年7月至今，在河北电视台担任编导工作。1998年参加文艺晚会“扬帆远航”编导工作，该节目获得全国有线电视节目奖文艺类三等奖。同年，被评为年度先进工作者。1999年，独立策划并组织了《河北省首届“世纪之星”大学生英语演讲电视大赛》，大赛成功举行，其首创性受到领导、观众和社会各界的好评。2005年和2006年，参加第六届和第七届CCTV模特大赛河北赛区比赛的录制和编播工作，该活动获得了最佳组织奖。

傲　灵　北京睿视文化运营中心媒介总监，中国女导演俱乐部会员。毕业于中国传媒大学，在校期间主修播音主持。毕业后为了实现早年又旅游又做电视节目的理想，义无反顾地做了4年旅游节目；从大自然中返回后，在录影棚里开始了大型综艺节目的娱乐生活，司职导演和主持人，曾拍过一部电影和无数的平面广告。主要经历：北京卫视《东芝动物乐园》主持人；《好山好水好心情》(旅游节目)主持人；《原汁原味》主持人；《北京时间》主持人；旅游卫视《畅游天下》导演、主持人；河北电视台大型综艺节目《娱乐家家家》主持人；大型青春节目《非常兵团》主持人；日本旅游频道《自游北京》主持人、顾问；中视传媒MTV音乐电视台《约会有情人》导演；《瑞丽》平面模特；《中国联通》平面广告模特；电影《雪镯》中饰演女一号傲雪。

王　杨　北京电影学院在校二年级学生，中国女导演俱乐部会员。高中时期（2003年）曾拍过英语DV短片（30分钟）《向左走·向右走》，担任该片导演、制片、摄影、剪辑；大学一年级（2005年）完成短片作业《铃～》，担任该片导演；大学一年级（2005年）曾拍摄娱乐节目《S O店》三期，担任编导；大学二年级（2006年）担任北京电影学院大学生电视台新闻访谈部部长；大学二年级（2006年）拍摄2006新生军训访谈节目，担任编导；2005年至2006年做过著名导演翟俊杰电影《我的长征》、侯永电影《茉莉花开》的访谈节目，担任编导；其间作为校电视台工作人员参与学校大型活动，如第四届、第五届谢飞影视作品展，第三届、第四届校园歌手大赛，首都高校影视作品展，动画学院奖颁奖晚会等，担任制片、导播等工作。

刘　佳　陕西电视台国际部《影像》栏目编导，中国女导演俱乐部会员。2002年毕业于西安美术学院附中；2006年毕业于西安美术学院版画系影视摄影专业，获学士学位；2004年任西安教育电视台《旅游天地》栏目编导，负责节目的拍摄与制作；现就职于陕西电视台国际部《影像》栏目，任编导。所获荣誉：《红气球》最佳实验片（首届西安青年独立影像展）；《矢车草》最佳编剧（首届西安青年独立影像展）。影像作品资料：《男幼教》（纪录片）；《闪客》（纪录片）；《美人鱼》（纪录片）；《Escape from Nobody》（西安原创音乐MV）；《爱的旅行》（西安原创音乐MV）；《莫尼卡广告》（广告片）；《谁能陪我一起哭泣》（MTV）；《想飞》（西安原创音乐MV）；《不要告别》（纪录片）；《乐园》（实验片）；《红气球》（动画片）；《矢车草》（剧情片）。

周　羽　昆明市滇池中学高三学生，中国女导演俱乐部会员。高二时，首次用DV拍摄校园生活。完成65分钟纪录片《告诉我你的秘密》。现继续拍摄另一部长篇纪录片《为了心中的一缕阳光》（高三部分）。

王　瑾　北京电影学院研究生，中国女导演俱乐部会员。2001年7月至2004年9月，天津美术学院大专；2006年9月至今，北京电影学院研修班。工作经验：2006年5月

至2006年9月，北京悦联文化传播任剪辑编导，负责剪辑、包装；2005年1月至2006年4月，军艺电视中心任剪辑、编辑，编辑纪录片《天府的记忆》（8集）以及内参片《居安思危》（7集）；2004年6月至2005年12月，北京澳林文化传媒任剪辑、编辑，负责娱乐栏目《流行花园》（2集）、广告《非常可乐》（2005年贺岁版）。

祁文娟 北京华影天诚影视文化投资有限公司任影视策划、编导，中国女导演俱乐部会员。2002年3月，任中央党史研究室编辑；2003年，任《中国绿色画报》社执行副主编；2004年，任中国演员报业集团新闻总监；2004年，任电视栏目《商界风云》策划总监及栏目主编；2004年底，任央视军事频道《国防时空》栏目主任编导；2006年，任央视国际频道《让世界了解你》栏目副主编；2006年，任北京华影天诚影视文化投资有限公司策划总监。影视作品：电视栏目《商界风云》、大型电视专题片《解读长征》、娱乐类电视栏目《娱乐八卦》、大型电视系列剧《你来旅游我买单》等。

张丽宏 沈阳电视台新闻频道高级编辑，中国女导演俱乐部会员。1991年7月，辽宁大学中文系毕业，分配至沈阳电视台青少部；1994年至1999年，沈阳电视台新闻部评论组记者；1999年至2005年，沈阳电视台专题部记者；2005年至今，沈阳电视台新闻频道纪录片工作室。16年的苦乐电视生涯，记者、编辑、摄像、主持的工作锻炼，文艺、新闻、经济、专题节目的广泛涉猎，一个功能全面的多面手。

黄 双 沈阳电视台新闻频道副总监，中国女导演俱乐部会员。1989年考入辽宁大学中文系新闻专业，1993年毕业后工作于沈阳电视台至今，曾先后任经济部、新闻部记者、编辑、制片人、副主任，目前任新闻频道副总监。1997年破格晋升中级职称，2001年晋升副高职称，现为主任编辑。缘于对电视事业的热爱，多年来以满腔热情投入到电视节目的制作当中，并取得一些成绩。在尤其擅长电视新闻直播节目特别策划制作的同时，参与了多部大型电视专题片的策划制作工作，并积累了一些宝贵的经验。

田 原 江苏镇江电视台《金山播报》栏目主任，责任编辑，主持人，中国女导演俱乐部会员。1985年考入电视台任新闻播音员，1990年走上了采编播合一之路。作品：《相知相依》和《清洁工》获江苏省社教好稿评比一等奖和二等奖；《农保何以暖人心》获江苏省电视新闻评论评比二等奖；《镇江新闻》获江苏省电视新闻播音评比二等奖。

倪 立 浙江省金华电视台编导，国家二级导演，中国女导演俱乐部会员。1980年9月至1985年9月，永康越剧团演员；1985年9月至1987年9月，浙江越剧院一团演员；1987年9月至1994年3月，金华市越剧团演

员；1988年被评聘为国家三级演员（中级）；1994年3月，金华电视台38频道文艺编导；1999年转评为新闻编辑（中级）；2003年转评为国家三级导演（中级）；2004年被评聘为国家二级导演（副高）。曾多年从事越剧舞台实践，后改从电视业，创作过大量电视艺术片及电视纪录片，作品曾三次获全国电视文艺“星光奖”，五次获浙江省电视文艺一等奖，多次获全国和全省电视戏曲节目一等奖和最佳创意奖、最佳导演奖。

米　闽　湖北襄樊电视台总编辑，党委副书记，副台长，中国女导演俱乐部会员。大学本科学历。1984年进入襄樊电视台至今。主要作品：2000年，绿色扶贫广告片《相约花季》获全国广告协会城市台评比三等奖；2003年，《襄樊报道》获湖北广播电视新闻十佳栏目奖；2004年，《襄樊农业》栏目获“梅花杯”首届全国市县电视台优秀农业节目栏目类二等奖；2005年，《法庭内外》栏目获湖北省电视法制节目栏目类一等奖；2005年，《“寻访抗战老兵”专题文艺晚会》荣获湖北省女新闻工作者协会“纪念抗日战争暨世界反法西斯战争胜利60周年”优秀作品二等奖。个人获奖情况：1999年，被评为襄樊市劳动模范；2000年，被评为襄樊市劳模标兵；2002年，被评为湖北省“巾帼建功”先进工作者；2003年，被评为湖北省广播电视系统先进工作者；2003年，当选为襄樊市第十次党代会代表；2004年，被评为湖北省劳动模范；2005年，被湖北省广协授予“湖北省广告20年特别贡献”奖；2006年，当选为襄樊市第十一次党代会代表；2007年，当选为湖北省第九次党代会代表。

杨　敏　湖北襄樊电视台社教中心副主任，《党的生活》栏目编导，中国女导演俱乐部会员。1991年8月大学毕业，进入襄樊电视台工作至今。主要作品：1996年，专题片《城市“美容师”》获湖北省新闻工作者协会女性题材优秀作品三等奖；1996年，专题片《王荣林和他的山村小学》获1995年度湖北新闻奖三等奖；2000年，赴西藏拍摄的专题片《香巴拉并不遥远》获湖北省广播电视新闻奖电视社教类（专题片）三等奖；2002年，《〈党的生活〉——今天，我对你说》获2001年度湖北省广播电视新闻奖电视社教类（栏目）二等奖；2002年，《党的生活》栏目被中共中央组织部授予“红星优秀奖”；2004年，专题片《香巴拉并不遥远》获湖北省第三届女新闻工作者优秀作品三等奖；2005年，专题片《好大一个家》获2004年度湖北省广播电视新闻奖电视社教类（专题片）二等奖；2006年，专题片《经纬人生》获湖北“五四”新闻奖二等奖。

陈娇艳　北京新影百闻老故事传媒有限责任公司部门主管，中国女导演俱乐部会员。2000年中央戏剧学院（整体造型设计）；2001年考入北京电影学院表演系；现就读于中国传媒大学广播电视编导系；2007年1月进入北京新影百闻老故事传媒有限责任公司（即CCTV老故事频道）工作。从电影学院毕业后参与了多部剧情式影片的拍摄，后来主要做香港电影的发行。再后来就接触到了纪录片，于是决定，继续攻读编导课程。

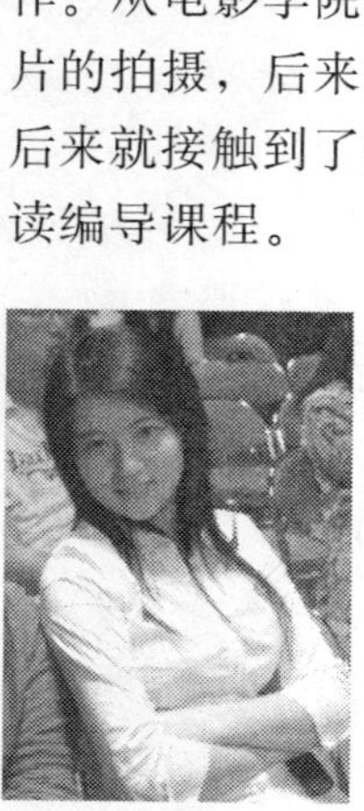

陈铮铮　北京新影百闻老故事传媒有限责任公司工作，中国女导演俱乐部会员。2002年考入中国美术学院影视动画系；2004年进入影视广告专业学习；2006年9月进入北京新影百闻老故事传媒有限责任公司（即CCTV老故事频道）工作。

林　晴　中国传媒大学南广学院教师编导，中国女导演俱乐部会员。1994年毕业于安徽机电学院工艺美术系；1995年至今，在省市国际电视媒体做编导记者工作；2004年在中国传媒大学电视新闻研修；目前攻读中国传媒大学艺术学硕士，任教南广学院。

周林林　中国女导演俱乐部会员。1973年，北京军区工程兵文工队演员；1976年，总后军械学院电化教学室教员；1984年，解放军总医院电化教学室教员；1987年，总后直属部录像室编导、央视军事节目记者；2000年，央视军事部纪录片编导。代表作品：《大山脚下是我家》、《油桶大王杨广平》、《咱山里的兵》、《再塑英雄录》、《趟过战火的脚步》、《黄鹂心中的歌》、《秦家有女》等在中央电视台及全国电视节目评选中多次获奖；《最后的小脚女人》在2007年中国纪录片评选和国际选片会上入选十优纪录片并且成为国际女性电影节竞赛单元的入选片。

刘　冰　陕西电视台国际部编导，中国女导演俱乐部会员。2006年6月毕业于中国传媒大学戏剧影视文学专业，获学士学位；2005年12月至2006年9月在《人民日报》“大业传媒”做编剧和广告策划；2006年10月起在陕西电视台国际部任纪录片编导。

吕婧华　西安建筑科技大学艺术学院摄影教研室助教，中国女导演俱乐部会员。1999年9月至2003年7月，西安美术学院版

画系学习摄影专业；2002年7月至2003年12月，西安晚报摄影部工作；2005年7月至2006年7月，西安麦道广告公司摄影师兼媒介客服；2003年7月至今，西安建筑科技大学艺术学院摄影教研室助教。主要作品：主拍的DV《乌郁玉》在香港凤凰卫视播出并受凤凰卫视及学校奖励；多幅摄影作品在《中国摄影家》、《人像摄影》、《人民摄影报》、《西安晚报》、《华商报》上发表，并获最佳创意奖、三等奖、优秀新闻摄影作品等奖项；多幅摄影作品被收入辽宁美术出版社的《光影塑造》一书；作品《1/2天空》入选全国高校摄影艺术汇展；文字作品《致友人》获全国第六届休闲杯文学大奖赛优秀奖；文章《师恩》在《西美校刊》、《炎黄文化报》等报刊上发表；指导学生创作多部DV及摄影作品，展出后广获业界好评。

李小荣　中央电视台《走遍中国》编导，中国女导演俱乐部会员。1999年1月中央电视台《今日说法》记者；2004年9月中央电视台《东方时空·时空连线》记者；2006年8月中央电视台《走遍中国》编导。2001年8月5日播出的《杨昊飞之死》获中国广播电视协会栏目类一等奖；12月17日播出的《妻子的权利》获中国广播电视协会短篇类二等奖；2002年11月30日播出的《“天使”之死》获中国广播电视协会短篇类二等奖。

李曼华　小妖电影工作室导演，中国女导演俱乐部会员。2000年9月至2002年8月，《经济日报》社编辑、记者；2002年9月至2007年1月，中央电视台《人物》栏目编导；2007

年4月，小妖电影工作室导演、制片人。2007年7月，作为编剧、导演、制片人，拍摄女性电影三部曲中的第一部故事长片《闭上双眼》，目前已入围第五届圣地亚哥女性国际电影节最佳影片单元和第三届印度女性国际电影节。

王　蕾　河南影视集团导演，中国女导演俱乐部会员。2002年北京电影学院导演学士学位；2005年河南电影制片厂国家四级导演；2006年河南影视集团导演；2004年中央电视台《讲述》栏目编导；2004年阳光卫视《青年电影手册》栏目主编；2005年电影科教片《煤矿瓦斯爆炸的防治》副导演；2005年电影《村官李天成》副导演；2005年大型文化专题片《文化河南》、《通灵宝地》（灵宝篇）导演，《古地新城》（平顶山篇）（上下集）导演；2006年河南电视台电视连续剧《踢猫》、《青春日记物语》等15集导演，河南省公安厅大型专题片《魅力河南》导演，戏曲电影故事片《桃花庵》副导演，电影科教片《煤矿透水事故的防治》编导；2007年河南影视集团宣传片导演。

钱思卿　中国女导演俱乐部会员，中央电视台社会教中心教育专题部《夕阳红》栏目主任编辑。1991年至1998年，中国人民解放军海峡之声广播电台主持人编辑；1998

年至1999年，福建电视台周末版《商务周刊》制片人；1999年至今，中央电视台社教中心教育专题部《夕阳红》纪录片组任主任编辑。

石　卉　中国女导演俱乐部会员，江苏教育电视台编导。1999年至2003年，就读于南京师范大学广播电视新闻系；2003年7月至2007年10月，在江苏教育电视台社会新闻栏目任记者；2007年10月至今，在江苏教育电视台大型人物访谈栏目《风云人物》任编导。

巩孺萍　中国女导演俱乐部会员，江苏教育电视台编导。教育学硕士，江苏省作家协会会员。1999年至2000年，在《未来科学家》杂志做责任编辑；2001年至2002年，在青少年谈话栏目《成长》任编导；2003年至2004年，在新闻栏目《服务到家》任电视编辑；2005年至2007年，在专题栏目《教育观察》任编导；2008年起在大型人物访谈栏目《风云人物》任编导。近200篇作品发表于《儿童文学》、《少年文艺》等杂志。作品曾获2002年"冰主儿童文学新作奖"、首届"中日友好儿童文学奖"、2005年被新浪网评为"我最喜爱的作歌作家"。著有儿童诗集《再见，雪孩子》。

中国纪录片年鉴 2007

2007 CHINA DOCUMENTARY YEARBOOK

大事记

2007 china documentary yearbook

2007 CHINA DOCUMENTARY YEARBOOK

大事记

2006 年

1 月

7 日　纪录片委员会“长三角纪录片发展基地”在上海挂牌

为繁荣纪录片创作、发展纪录片事业，2006 年 1 月 7 日中国广播电视协会纪录片委员会“长三角纪录片发展基地”成立，在上海隆重挂牌。发展基地设在上海行者视界影视文化传播有限公司。公司董事长、第十届人大代表徐荣春先生担任顾问，总经理吕翔为主任。成立之际，中国纪录片有关专家、学者到会致词并庆贺。徐荣春董事长在会上表示将在做好公司业务的前提下大力发展纪录片，为纪录片事业发展提供支持。

2 月

13 日　西南创作交流中心年会在重庆召开

中国广播电视协会纪录片委员会西南创作交流中心年会于 2006 年 1 月 13 日在重庆一坪宾馆隆重举行。年会总结了 2005 年来中心的工作情况并举行了首届西南创作交流中心年度学术奖的颁奖典礼。

重庆广电集团（总台）李晓枫总裁、刘舜发副总裁、丁道谊总裁助理、重庆广播电视学会秘书长江卫宁等领导出席了会议，重庆市 34 家区县电视台的代表以及西南大学、重庆影视学院、重庆师范大学等会员单位共 150 多人参加了大会。

大会由西南创作交流中心常务副主任、集团电视纪录片部主任雷卫作工作汇报；集团总裁助理丁道谊、集团副总裁刘舜发先后讲话充分肯定了中心一年来的工作成绩；西南创作交流中心主任、集团总裁李晓枫在会上总结了重庆市纪录片创作在 2005 年取得的成就。年会还邀请了中广协纪录片委员会秘书长贡吉玖、中国传媒大学电视节目研究所所长张雅欣教授等专家学者到会，他们对评选出的节目作了精彩的点评。

17 日　大型纪录片《多彩中华——中国之民族博物馆》已准备就绪择日开机

由国家民委、国家文物局共同作为监制单位的大型纪录片《多彩中华——中国之民族博物馆》经过半年的准备，各项工作已就绪，摄制组将在北京择日举行开机仪式。

《多彩中华——中国之民族博物馆》是继大型纪录片《中国博物馆》100 集后，国家有关部门组织的第二部系统地反映中华民族悠久历史和丰富馆藏的大型纪录片。不同之处是，《多彩中华——中国之民族博物馆》将从各民族的历史文化角度反映中华各民族几千年来在这块土地上繁衍生息的发展过程。

大型纪录片《多彩中华——中国之民族博物馆》预计拍摄 60 集，摄制组将深入全国民族自治区、州、县，摄制时间为三年。该片将由中国民族博物馆、中国少数民族文物保护协会、广州新杰文化传播有限公司共同摄制完成。

19 日　央视拍摄琼崖老红军

为纪念长征胜利 70 周年，中央电视台军事节目中心将拍摄 12 集大型纪录片《中国工农红军》，计划于2006年10月在央视播出。本片力求真实再现历史史实，全面反映中国共产党领导下的中国工农红军发展史。

海南是个有着革命传统的地方，琼崖纵队曾为中国革命胜利浴血奋战多年，红色娘子军声名远扬，广为流传。此次央视摄制组将在海口、琼海、定安、五指山等地采访一些仍健在的老红军，听他们讲述亲历往事，全面勾勒海南岛工农红军的发展历程，以使大型纪录片《中国工农红军》更为充实、丰满。

19日　自拍DV短片实录村民自治

在北京城乡接合部草场地的一家艺术空间——生活舞蹈工作室的排练厅内，由7名生活在城市的学者、艺术家和评论家组成的专家评委和5名从乡村来北京打工的“特邀村民评委”一起密集地观看了超过8个小时的纪录片，评选出他们认为优秀的作品。

本次纪录片评选属于一项特别的纪录片拍摄计划——“中国村民自治影像传播计划”，这是中国民政部与欧盟合作开展的“中国—欧盟村务管理培训项目”下的公共宣传项目之一，目的是让更多公众了解并关注农民和农村，特别是影响深远的村民自治进程，同时让具有“草根背景”的村民以及年轻的影像工作者通过影视媒体来传播村民自治的建设进程。

21日　老教师四载拍纪录片《古城风韵》

今年59岁的王德忠是位从教30多年的老教师，平日里喜欢旅游、摄影。他用4年多时间，走遍故乡海城山山水水，用手中的摄像机拍下家乡美丽风景和悠久文化。20日，海城响堂的王德忠老人自拍的14集历史风光纪录片《古城风韵》已进入后期制作阶段，前4集已基本制作完成。

21日　中日电视人25年后再携手，《新丝绸之路》3月上旬播出

2月21日下午，11集纪录片《新丝绸之路》在北京举行看片会，中央一套将从3月10日起在晚间黄金时间播出。

该片的中方总导演韦大军介绍：“这次拍摄将在三个方面超越旧版《丝绸之路》，第一，使用当今世界尖端科技设备，如利用直升机、动力伞等从空中全方位拍摄。第二，融入了更多艺术创作并以新视角观察历史。第三，介绍25年间丝绸之路考古发掘工作的最重要进展。

《新丝绸之路》从筹备到拍摄共两年时间，中日双方共派出350人的拍摄队伍，深入敦煌、楼兰、黑水城、喀什等10个地点进行联合拍摄。

23日　冷冶夫赴法出任第19届FIPA国际电视节评委

受法国FIPA国际电视节主席皮埃尔－亨利·德罗的邀请，1月23日，中广协会纪录片委员会副会长冷冶夫，乘坐法国航空公司飞机，飞往法国西海岸的海滨城市比亚里茨，参加第19届法国FIPA国际电视节，并担任国际纪录片评委。这是中国纪录片知名导演及业内人士第一次担当国际纪录片奖项的评委。

由法国政府支持的法国FIPA国际电视节，从1987年创办起，每年元月在法国西海岸的海滨城市比亚里茨举行，至今已举办过18届。FIPA电视节以其严格的参赛、评选过程，最广泛的影片入选范围，成为国际电视纪录片最高水平的赛事之一。

23日　纪录片《唐山孤儿》开机

2月23日，央视10集电视纪录片《唐山孤儿》在唐山开机。该片由中央电视台、中共唐山市委宣传部、北京贺郎文化有限公司联合摄制，主要讲述唐山大地震孤儿们的人生故事。

唐山大地震后，留下了4204名孤儿，他们伴着唐山震后的重建、经济的发展，度过了人生中最美好的30年时光。“从工人到采煤区区长再到矿长，这都是党和人民对我的培养，否则就没有我的今天。”开机仪式上，开滦荆各庄矿业分公司的刘双勇，代表4000多名地震孤儿发言。刘双勇被埋在废墟中4个多小时，父母双亡，但他幸运获救，最终成长为一名年轻有为的矿长。

26日　纪实展现壮族人文历史，《丽哉勐僚》昨日开机

由云南电视台、文山州委、州政府、红扬影业公司和云南壮学研究会联合摄制的大型电视纪录片《丽哉勐僚》，在被誉为“世外桃源”的文山壮族苗族自治州广南县坝美村举行了隆重的开机仪式。

《丽哉勐僚》是一部12集电视探索系列片，其片名汉语意为“我们这个地方很美丽”。全片分为《那》、《糇糯》、《壬栏》、《帕比·帕空》、《禀礼》等12个篇章，每个章节30分钟。该片将注重民族特点和民族个性，追求民族文化的本源及传承，试图通过对当地耕作、饮食、民居、服饰、节庆、礼俗、宗教等文化的关注，力求在人类学、社会学、民族学、生态学等多个层面上与社会和观众交流对话，共同追寻和探索壮族人民天人相依、注重道德、热爱生活、与自然和谐相处等多方面的历史渊源和传承发展。

26日　浙江卫视斥资千万启动人文纪录片“四大精品工程”

经过长期策划准备，浙江卫视日前启动了斥资千万的人文纪录片“四大精品工程”。

浙江卫视总监高克明对记者说，作为“铸剑行动”的一种深度延续，浙江卫视发挥传统创作优势，集中推出《百年越剧》、《共和国大使》、《浙江文化地理》和《西湖》四部人文类纪录片。分别由钟冶平、亚妮、许继锋、刘郎等担任编导。

被称为“五年磨一剑”的精品纪录片《百年越剧》将于2006年亮相，这部片子从五年前开始策划和拍摄。3月27日，为纪念越剧诞辰100周年，该台将播出《百年越剧》精华版，而在2006年10月全国纪念越剧百年活动期间全部完整上映。

25集纪录片《共和国大使》，通过纪录共和国外交官经历生涯，展示中国外交半个多世纪的叱咤风云；20集纪录片《浙江文化地理》将第一次创造性地全景展示浙江省的人文面貌；10集的《西湖》第一次以史诗般恢弘的视野拍摄一部积淀深厚人文历史的文化纪录片。

27日　纪录片《粉墨春秋》登陆凤凰卫视，讲述京剧历史

由导演张元监制，国内资深纪录片工作者蒋樾、段锦川担任总导演的26集大型纪录片《粉墨春秋》将于今日起在凤凰卫视《凤凰大视野》栏目中播出。

《粉墨春秋》是我国目前唯一一部反映京剧历史的纪录片。该片从京剧的起源、发展，到京剧名角、名曲的成名、流传等角度，以精美生动的图像与详实深刻的采访、讲述相结合，以全景姿态展现京剧发展的历史脉络。

自2005年5月以来，历时8个多月，足迹遍及上海、南京、杭州、香港、台北等十多个城市，采访了包括诸多年逾百岁的京剧元老在内的近130位亲历者和见证者，拍摄了9000多分钟的素材。在该片中，通过众多京剧研究学者和名角的讲述，配以生动精美的图像，将京剧形成和发展的历史脉络完整而又生动地呈现出来。

28日　731细菌战纪录片在宁播出

反映中国细菌战受难的纪录片——《隐秘在黑暗中的731大屠杀》在南京师范大学播出。据该纪录片的拍摄者、日本细菌战问题著名研究专家近腾昭二介绍，该纪录片在日本朝日电视台等主流媒体黄金时间播出后引起了强烈反响，被人们誉为“日本的良心”。

据侵华日军细菌战中国受害者索赔诉讼原告团团长王选介绍，该纪录片摄于1997年，片长约40多分钟，片中采访了当年731

部队的相关人员以及包括浙江义乌崇山村幸存者在内。片中731部队的总参谋长朝枝繁春向近腾昭二承认了这段历史，并表示，日本只有先反悔、审视自己才可以谈和平。

据王选介绍，现年64岁的近腾昭二是朝日电视台著名制片人和资深记者、侵华日军细菌战中国受害者索赔诉讼原告团日方证人，先后拍摄了七八部有关细菌战的纪录片，20多年来为调查细菌战真相不遗余力，采访获取了原731部队大量老兵证词和录像，查证了中美日大量历史档案资料，被学术界称为“731细菌战部队的百科全书”。

3月

3日　大型电视专题纪录片《成长》在南宁开机

3月3日，大型电视专题纪录片《成长》在广西大学开机拍摄。

出现在镜头前的主持人正是他们身边的同学，几天前他们在网上为她投票。《成长》是一部集中反映当代大学生成长足迹，体现当代大学生青春风采和思想现状的大型专题纪录片。全片共分10集，每集从大学生生活的一个方面切入进行以小见大的表现。《成长》将第一次以真实的记录再现当代广西大学生的校园风采，由真实的人物展现真实的情感，由真实的故事反映真实的细节，多彩的生活尽显青春活力。

7日　耗时7年拍一部纪录片，彭辉对话开国元勋的夫人

3月7日，大型文献纪录片《忠贞》(原名《开国元勋的夫人们》)开始正式对海内外发行。

著名纪录片编导彭辉耗时7年拍摄完成这部以开国元勋的夫人们为题材的纪录片。他用平视的目光，从人性的角度去叙述开国元勋的夫人们，通过《忠贞》让人们看到神秘背后的平常，荣誉背后的泪水。

14日　央视《纪事》招募新郎新娘拍摄纪录片

中央电视台新闻频道《纪事》栏目将拍摄一期名为《中国式结婚》的45分钟纪录片。因为拍摄需要，现栏目组招募在3月底至4月初举行婚礼的新郎新娘。摄制组将对最终选定的新人的婚礼(包括前期筹备、仪式等)全程进行真实记录。

20日　《河洛文化》在凤凰卫视播出

大型纪录片《河洛文化》3月20日晚7：50在凤凰卫视中文台黄金栏目《凤凰大视野》播出。纪录片《河洛文化》共分5集。

25日　《电视纪录片辨析》在《中国广播电视学刊》刊登

2006年第3期《中国广播电视学刊》刊登了中国广播电视协会副会长、纪录片委员会名誉会长刘习良的文章《电视纪录片辨析》，文中作者对“电视纪录片”、“专题片”、“专题(性)节目”三者之间存在的关系、区别提出了看法。

26日　纪录片《青岛要塞》揭示鲜为人知的历史细节

从3月23日至26日纪录片《青岛要塞》在中央电视台10频道《探索·发现》栏目连续播出。总长度160分钟的片子分为《胶州湾事件》、《堡垒探秘》、《日德之战》、《风雨归程》4集，揭示了青岛作为军事要塞这段鲜为人知的历史。

1897年11月13日，三艘德国军舰突然驶进往日平静的胶州湾，在不到24小时的时间里，舰上官兵竟顺利登陆并占领了青岛。随后，中德两国签订《胶澳租界条约》，青岛被强行租借99年，沦为德国的殖民地。

德国人在占领青岛之后，为将其建成在远东的军事基地，修建了大量的堡垒、炮台、兵营以及地下秘密通道。正当德国军队在青岛大兴土木，把青岛变为它在东亚的军事基地和桥头堡之时，一双虎视眈眈的眼睛也在隔海不远的地方盯着这儿，它就是对青岛觊觎已久的日本。

1914年在欧洲爆发的第一次世界大战，使日本寻找到了对德国开战的理由，于是，一场在中国土地上进行的异国战争打响了。日德之战以日军的最后胜利而告终，然而在开战前打着为中国收回青岛幌子的日本却赖在青岛不走，进而对青岛实行了更为严格的军事管制和经济掠夺。北洋政府和中国人民为收回青岛及山东的权益与日本进行了长达8年的抗争。最终，中国参加巴黎和会、华盛顿会议，收回了青岛。

29日　纪录片《中国工农红军》开拍，全景展现红军历史

一部由解放军总政治部批准，全景式展现中国工农红军历史的文献纪录片《中国工农红军》，3月29日在中国工农红军的诞生地江西开机拍摄。

《中国工农红军》共12集，将把中国工农红军自1927年诞生至1937年改编出征抗日前线的10年中，为民族解放浴血奋战的悲壮历史进行全面和多角度的展现。

拍摄单位解放军宣传中心组织和调动了近十年来红军历史研究的最新成果，挖掘出了一批相当珍贵的历史文物和影像资料。该片总编导、解放军宣传中心主任李文朝少将说，该文献纪录片是一部中国工农红军形象化的正史。

30日　少林寺推出纪录片《少林小武僧》

由河南电影制片厂和中国嵩山少林寺联合制作的纪录片《少林小武僧》摄制完成，该片片长40分钟，集中展现了少林小武僧在天下第一名刹少林寺中古朴神秘的日常生活及练功习武坐禅等珍贵镜头，是传承和弘扬中国古老的少林文化，启迪激励青少年奋发向上不可多得的一部纪录片。少林寺释永信方丈希望《少林小武僧》能使古老优秀的少林传统文化代代传承弘扬，让更多的青少年自强自信。

4月

6日　中外合拍纪录片《他们选择了中国》在美获奖

由国务院新闻办五洲传播中心与加拿大国家电影局于2004年合作拍摄的纪录片《他们选择了中国》，荣获美国2006年旧金山国际电影节最佳长电视纪录片以及Black Maria电影节评委会一等奖两项大奖。

《他们选择了中国》一片以真实历史为背景，围绕着朝鲜战争结束时发生的一件震惊西方的事件而展开：21名美军和1名英军战俘宣布拒绝遣返回国，选择留在中国生活工作。当年的战俘之一霍金斯先生作为本片的主人公故地重游。本片如实地把这一段鲜为人知的历史展示给世人，内容精彩，制作水准精良。

7日　中广协会纪录片委员会年会暨高峰论坛在海南三亚隆重召开

中广协会纪录片委员年会暨高峰论坛于4月7日在海南三亚召开。国家广播电影电视总局副总编辑金德龙到会，并就“国家纪录片产业现状及发展思路”发表了重要讲话。

他从播出平台、生产制作、市场交易等许多方面分析了当前纪录片产业的现状，深刻剖析了中国纪录片发展的几个主要问题。一是市场程度低，市场竞争力不强；二是播映通道少，节目供求失衡；三是国外的强势媒体的入侵；四是政策缺位，监管不力。金德龙副总编畅谈了纪录片发展的两个思路：

其一，加大投入和决策力度，提高国家纪录片生产能力和制作水平，推动省级电视台上星频道在黄金时段推出纪录片栏目，提高收视率，培养市场，完善交易，健全政策法规，加大监管力度，打击盗版，维护市场秩序，限制引进，推出精品，积极参与国际竞争。

其二，扩大播出平台，以推出上星的纪录片频道为龙头，带动生产流通、市场消费等诸多环节，突破制约纪录片发展的瓶颈，加速产业链的形式，将会出现一个运行有序、环保相扣、相互依存、共司发展的新格局。

纪录片委员会会长高峰在会上讲话。与会代表一致认为这次会议将是里程碑式的会议，预示着纪录片的发展新阶段即将到来。

7日　纪录片委员会成立学术研究院

4月7日，纪录片委员会学术研究院成立仪式于海南三亚举行的纪录片委员会年会暨高峰论坛活动上举行。高峰副台长、朱羽君教授担任创作委员会主席，周兵同志担任秘书长，广电总局副总编辑金德龙担任顾问。

7日　纪录片委员会成立创作委员会

4月7日，纪录片委员会创作委员会成立仪式于海南三亚举行的纪录片委员会年会暨高峰论坛活动上举行。时间同志担任创作委员会主席，陈真同志、陈晓卿同志担任执行主席。

7日　纪录片委员会发布《中国纪录片工作者自律公约》

4月7日，纪录片委员会于海南三亚举行的纪录片委员会年会暨高峰论坛活动上发布《中国纪录片工作者自律公约》。

12日　《房东蒋先生》赢得第二届半岛国际电视作品节铜奖

上海文广新闻传媒集团纪录片频道制作的《房东蒋先生》赢得了刚刚结束的第二届半岛国际电视作品节（2nd Al Jazeera International Television Production Festival）“非阿拉伯语－纪录片竞赛单元－电视台组”铜奖，是本次电视节唯一获奖的中国作品。

13日　《故宫》在美国国家地理频道播出

中央电视台与美国国家地理频道签订协议，双方将共同制作《故宫》国际版。与中央电视台版本强调故宫厚重的历史性相比，国际版更看重故宫的故事性和娱乐性。美国国家地理频道独家代理国际版的海外发行。《故宫》国际版预计2007年初在美国国家地理频道播出，另外有140多个国家的电视台购买了国际版播放权。

14日　深圳用户将收看到央视“高清影视”频道节目

深圳市数字付费电视用户即将成为珠三角地区第一批收看到央视“高清影视”频道节目的观众。中央数字电视传媒有限公司与深圳市天威视讯股份有限公司强强联合，合作双方就中数传媒运营的“高清影视”频道在深圳市的落地与销售签署了合作协议。

18日　“合肥百盛”杯第二届中国电视DV公益宣传短片大赛进行终评

历时半年，安徽电视台、中国广播电视协会纪录片委员会主办、《DV@时代》杂志等多家新闻媒体协办的“合肥百盛”杯第二届中国电视DV公益宣传短片大赛征集节目环节已经圆满结束，共收到来自全国23个省市（地区）的DV爱好者的近百余件作品。大赛终评评委来自国家广电总局、国家工商总局、中国广电协会及多家新闻媒体和高校。

21日　“重走唐僧西行路”在广州踏上征程

历时4个月、行程万里的“重走唐僧西行路”大型国际文化交流活动，21日在广州千年古刹光孝寺正式启动。“重走唐僧西行路”是首度由海峡两岸佛教团体共同参与的文化交流项目。来自中国内地的明贤法师和台湾地区的慧宽法师作为本次活动的西行僧人在光孝寺一起亮相。

22日　大型文献纪录片《伟大长征》在江西于都开拍

由中央档案馆、国家档案局联合制作的大型文献电视纪录片《伟大长征》，在长征出发地江西省于都县开拍。该片是为纪念红军长征胜利70周年而作，共包括《告别苏区》、《历史转折》、《生死较量》、《惊涛突起》、《西北莫基》、《三军会师》、《万里播种》、《大树连根》、《共聚大义》、《千锤百炼》、《浩气长存》、《不朽的魂》等12集，每集50分钟。本片作为国家广电总局重大历史题材节目计划，将于2006年10月红军长征胜利纪念日前后在全国电视台播出。

23日　《国事亲历》以口述历史还原真实

30集大型历史纪录片《国事亲历》是一部以亲历者口述历史的方式反映新中国成立以来若干重大历史庆典、历史事件的大型文献纪录片。该片记录新中国宏伟创业史的参与者和目击者的亲身经历，在他们复活的记忆中回味他们经历的那些决定着国家命运前途的大事和昭示着国家事业发展方向的生动细节，把不同亲历者述说的不同角度组合成宏伟的历史叙事角度。

24日　电视文献纪录片《陈潭秋》即将播出

为纪念中国共产党建党85周年及中国共产党创始人之一陈潭秋诞辰110周年，由湖北省委宣传部、武汉市委宣传部、武汉市委党史研究室、武汉电视台联合摄制的3集电视文献纪录片《陈潭秋》，将于本月28日至30日在中央电视台播出。

26日　《阿八姑》入围美国第9届布鲁克林国际电影节

4月26日，广州电视台收到了美国纽约第9届布鲁克林国际电影节的入围通知，由广州电视台选送参评的纪录片《阿八姑》已从87个国家的参赛影片中脱颖而出。

27日　川版人文纪实类栏目《探索发现》“五一”亮相荧屏

四川卫视将在“五一”黄金周期间正式推出《探索发现》栏目，它将通过引人入胜的故事情节和对一个个谜团的解答，展现四川人文地理的博大与壮美以及它的过往与今朝。据四川台海外社教中心主任孙剑英介绍，四川省无论是在人文还是地理方面，都有着极其丰富的资源，这档栏目就是要以讲故事的方法让广大观众了解有关历史、地理、文化艺术和科学技术等多方面的知识。

28日　首部有关茶文化和茶产业的大型纪录片《茶叶之路》

4月28日上午，由湖北电影制片厂和湖北锦合国际贸易有限公司联合制作的大型电视纪录片《茶叶之路》在武汉举行审片会。这部纪录片介绍了湖北茶叶生产、贸易的历史。该片由湖北省茶史专家胡忠琦撰稿，上溯千年前的历史，纵横繁荣了两个半世纪的“茶叶之路”，行文讲究，文化意味浓厚；画面大量展现满岭茶树及采茶、炒茶、制茶等工序，入目青翠欲滴，令人观而忘倦。

5月

12日　纪录片《神秘的红崖天书》在贵州摄制完成

由中央电视台《发现之旅》栏目编导金颖、摄像段坤摄制的纪录片《神秘的红崖天书》近日摄制完成。《神秘的红崖天书》以现场采访和文献资料展示的形式，通过破译研究红崖天书学术争鸣主线，对古今专家、学者的“石花”说、“古彝文”说、“三国诸葛亮碑”说、“宫廷政变”说、“外星图像记录”说、“明建文皇帝檄文”说、“甲骨文字”说等观点，均作了介绍。

14日　中央新闻纪录电影制片厂成功推出老故事频道

中央新闻纪录电影制片厂以典藏的5000多部纪录影片和42万分钟历史影片资料为核心，整合国内外历史研究资料和制作资源，于近日成功推出数字付费CCTV老故事频道。CCTV老故事频道2005年开始试播，2006年4月16日正式播出。该频道是面向全国通过中央数字平台播出的唯一一个以历史人文类纪录片为主的电视频道。该频道由中央新闻纪录电影制片厂的专业制作队伍倾力打造，频道口号是：用影像诉说历史。

16日　“视觉世界”开篇之作，“法国纪录电影展”6月来京

“2006法国纪录电影展”由中国电影资料馆、法国东西方文化促进协会、法国驻华大使馆主办，将于6月2日至18日在西单文化广场和中国电影资料馆艺术影院举行。31部法国纪录电影展映。这些影片拍摄于1923～2003年，时间跨度80多年，作者30余位。按照影片内容和法国纪录电影的历史发展线索，本次影展的参展影片分为5个单元。本次影展将在两个场地进行：6月2～3日在西单文化广场进行露天放映，6月10～18日在中国电影资料馆艺术影院进行室内放映。西单文化广场的露天放映是本次影展的开幕单元，将放映2场共6部影片，观众可以免费观看。中国电影资料馆艺术影院的室内放映是本次影展的主体部分，将放映12场共31部影片。

17日　中国名城电视网在天水商议业务合作

中国历史文化名城电视台协作网第二届“外宣论坛”于2006年5月12日至17日在甘肃天水召开。共有泉州、承德、大理、洛阳、大同、宜宾、柳州、延安、曲阜、桂林、济宁、肇庆、天水、兰州、商丘、中国黄河电视台等近20家电视台30多名代表和领导聚集在美丽的西部名城甘肃天水参加会议。中共甘肃天水市委副书记杜松奇、副市长郭奇若在会上介绍了天水的悠久文化和改革发展情况。会议由天水市委宣传部副部长、市广播电视局局长万杰主持。中国广播电视协会纪录片委员会副会长冷冶夫、中国黄河电视台理事会高级业务指导刘守义就如何开展外宣节目“彩桥奖”、第五届《中华荟萃》节目评比、国际环保纪录片展映周等创作评奖活动情况作了专题发言。

19日　向世界传播中医文化大型拍摄活动启动

由世界中医药学会联合会与北京时代康宇科技有限公司共同合作，启动了“向世界高清晰地传播中医文化”的大型拍摄活动。该活动全部采用高清晰摄录设备，以数字电影的格式拍摄制作6集大型数字纪录片及100集手机、网络电视节目。活动范围涉及祖国的大江南北和大部分少数民族地区；活动将借“21世纪是预防医学时代”的大趋势，以全新的视角将中华民族崇尚自然、天人合一的养生医护之道，用现代视觉语言和传播方式向全世界清晰地展现我国的中医文化。

20日　《中华民族》昆明开镜

5月20日，57集大型民族文化纪录片《中华民族》在云南民族村举行了隆重的开机仪式。摄制组将陆续在云南等全国17个省市自治区进行历时一年的拍摄。在云南，将完成白族、哈尼族、傣族等16个民族的拍摄任务，全方位、多角度，反映云南各少数民族的历史发展进程、文化特质和艺术风采。该片将寓教于乐，用丰富多彩的、具有民族文化内涵、民族精神风骨的精彩画面、反映各民族特质的音乐和平稳的叙述，真实反映全国各民族的生活状况、历史沿革、文化特色、风土人情。

23日　蓬莱规模最大的电视纪录片《人间蓬莱》启动

大型电视纪录片《人间蓬莱》开始创作，该片将在尊重历史和体现文化的基础上，深度揭示文化在古代登州和当今蓬莱发展中的重要作用。预计2006年7月开始拍摄，2007年之前制作完毕。共分《东方仙都》、《千年古城》、《古港沧桑》、《风流千古》4个部分，每个部分各拍摄3集，每集片长20分钟，是迄今为止蓬莱历史上拍摄规模最大的一部电视纪录片。

23日　大型电视纪录片《中华巧女》在京开机

由全国妇联和山西太原教育电视台等单位联合摄制的大型电视纪录片《中华巧女》19日在京举行开机仪式，全国妇联书记处书记甄砚为纪录片开机揭幕。《中华巧女》是一部构思巧妙的百集系列片，每集20分钟，将艺术地再现在雕刻、泥塑、年画、陶艺、布艺、织锦、刺绣等民间艺术领域做出了突出成绩的100余位中华巧女的动人故事，展现她们顶尖的艺术成果，褒扬她们精美的艺术创造，表现她们丰富的内心世界，彰显她们顽强的进取精神。

23日　电视传记艺术片《郁达夫》在杭州开拍

2006年是中国现代文学史上著名作家、革命烈士郁达夫先生诞辰110周年，5月23日下午，纪录片《郁达夫》举行开机仪式。该片由杭州电视台和富阳市委宣传部、富阳市文联以及富阳电视台联合摄制。为了真实再现郁达夫当年学习、生活和战斗的场景，摄制组将赴日本、新加坡和印度尼西亚，沿着其生前的足迹，进行实地采访拍摄。该片将于2006年12月6日郁达夫诞生之日与观众见面。

25日　《蜕变》获国际影视节“最佳长纪录片大奖”

云南千溪影视有限公司与杨干才纪录工作室联合摄制的大型纪录片《蜕变》，从来自60多个国家参赛的700多部纪录片中脱颖而出，一举夺得在匈牙利布达佩斯举行的第十六届东欧“媒体震撼”国际影视节的“最佳长纪录片大奖”。

《蜕变》这部真实记录中缅边界一个阿卡人部落村庄的生存状态，见证了阿卡人用5年时间，从原始文明快速向现代文明演化的过程。作品细腻、深刻、真实反映他们生产、生活、生老病死、婚丧嫁娶的原始状态。纪录片编导在极其困难、艰苦的条件下，在云南边境的热带雨林中，与阿卡人共同生活，用5年时间完成了这部片子的拍摄制作。中国广播电视协会纪录片委员会向制作单位发出贺信表示最热烈的祝贺。

6月

3日　纪实频道受到国家广电总局、上海市委、市委宣传部和文广集团表扬

日前，上海电视台纪实频道受到国家广电总局的表扬，总局副局长胡占凡在总局总编室调研小组关于上海纪实频道的分析报告上批示：“上海坚持数年搞纪录片，实属不易，弘扬了先进文化，保持了品位与格调，且逐渐取得两个效益俱佳的新进展。”纪实频道坚持纪录片定位，高举文化旗帜，为中国纪录片振兴与发展提供了宝贵的经验。上海市委副书记殷一璀，市委常委、宣传部长王仲伟对于国家广电总局领导的批示高度重视，对纪实频道给予勉励。王仲伟指出，要很好地总结经验，研究规律性的做法，并以同类先进的品牌为榜样，确立新目标、采取新举措、再创新佳绩，要让纪实频道成为传媒集团改革发展和文化创新中的排头兵。

6日　纪录片《大河西流》敦煌首映

由酒泉电视台拍摄的电视纪录片《大河西流》近日在敦煌首映。该片以疏勒河为主线，共8集，由《走近疏勒河》、《西出阳关》、《寻找玉门关》、《中国长城的尽头》等组成，内容横跨上下两千年历史。全片以现代人的视角重新审视古代文明，揭示隐藏在大漠深处的众多历史谜团，充分展示了大河流域神奇的风光地貌、丰厚的历史沉淀、罕见的文化遗存和浓郁的西部风情。

7日　首届全国大学生DV影像艺术节在南京开幕

由中国高校影视学会、南京大学、中国教育电视台等单位共同主办的首届全国大学生DV影像艺术节6月7日在南京开幕。来自全国高校大学生制作的300多部DV作品全面展示了我国高校大学生DV影像艺术创作的最新成果。首届全国大学生DV影像艺术节将评选出最佳剧情片、最佳纪录片、最佳实验片以及最佳编导、摄像、剪辑等14个奖项。

8日　京郊大孙各庄镇制作环境整治纪录片

经过两个月紧张奋战，北京市顺义区大孙各庄镇基本完成环境整治第一阶段各项工作任务。近日，他们采取现场实拍手段，制作完成环境整治阶段性成果纪录片，并集中在镇辖各单位播放。此举是为了全面、客观地总结环境整治过程中发生的一个又一个鲜活的故事，增强群众的环保意识。

18日　大型电视纪录片《中国寿山石》将在央视首播

反映福州历史文化的6集电视纪录片《中国寿山石》将从18日起在央视首播。这部电视纪录片分为《石秀天成》、《山之精灵》、《鬼斧神工》、《别样天地》、《文人爱石》、《魅力传承》6集，是继《三坊七巷》之后，福州市广电局与中央电视台再度携手推出的一部反映福州文化的电视精品。

22日　“2006中国玉溪国际环保纪录片展映周”举行新闻发布会

由中国广播电视协会、文化部中外文化交流中心、最高人民检察院影视中心、云南省对外文化交流协会、中共玉溪市委、市人民政府联合主办的“2006中国玉溪国际环保纪录片展映周”活动于6月22日在全国人大会议中心举行了新闻发布会。全国人大常委、环境与资源保护委员会的委员倪岳峰先生、主办单位负责人中国广播电视协会秘书长王敬松先生、最高人民检察院影视中心主任胡满泉先生、云南玉溪广电局局长张耀力先生等领导出席了会议。参加新闻发布会的媒体有新华社、中国新闻社、《人民日报》、中央电视台、《光明日报》、《工人日报》、《中国日报》、中央人民广播电台、中国国际广播电台等。

22日　第十二届上海电视节落幕

经过4天的各项主题活动，第十二届上海电视节昨天落下帷幕，于21日晚在东视剧场举行了“白玉兰奖”颁奖典礼。11项白玉兰奖各归其主，其中英国男演员雷·温斯顿和澳大利亚女演员艾玛·朗分获最佳男女演员奖，意大利电视剧《加法罗尼亚》获得最佳电视剧奖。虽然中国电视剧在奖项上颗粒无收，但由广西电视台选送的纪录片《大家庭》则拿到了纪录片类评委会大奖。

23日　“2006中国玉溪国际环保纪录片展映周”拉开帷幕

“2006中国玉溪国际环保纪录片展映周”活动，23日起在全国拉开帷幕。通过环保纪录片的展映，增强全社会环保意识，推动全社会共同关注与改善人类的生存环境，实现人与自然的和谐发展。该项活动分三个阶段进行：6月1日至7月31日，在国内外进行环保纪录片征集，并在中国纪录片网(www.cnjlp.tv)比赛栏内展示优秀节目；9月在中国玉溪进行有国内外环保专家和国际上主要的环保电视节主席参加的联合评审团对节目的终评，举办国际自然和环境保护纪录片展映、表彰及研讨交流活动；10月后将在全国部分城市进行获奖影片展映。

23日　中国环保老前辈曲格平先生担任“2006中国玉溪国际环保纪录片展映周”组委会名誉主席

中国环保第一人、环保工作的老前辈曲格平日前接受“2006中国玉溪国际环保纪录片展映周”活动组委会的邀请，担任组委会名誉主席。曲格平先生给新闻发布会发来贺词：感谢“2006中国玉溪国际环保纪录片展映周”组委会聘请我为名誉主席，参与你们的活动。由于事先安排的出差，不能参加新闻发布会，请同志们谅解。以纪录片为载体，宣传我国的资源和环境保护事业，是一件非常有意义、有影响的事情，衷心预祝此次国际环保纪录片展映周活动圆满成功。

23日　纪录片委员会祝贺《大家庭》获得上海电视节白玉兰奖的纪录片评委会大奖

广西电视台纪录片《大家庭》获得第十二届上海电视节白玉兰奖的纪录片评委会大奖，纪录片委员会给广西电视台发去贺信。

贺信全文如下：

我们高兴地获悉贵台制作的纪录片《大家庭》获得第12届上海电视节白玉兰奖的纪录片评委会大奖。

《大家庭》在家庭亲情关系和社会经济的层面上展示了当今中国快速变化的缩影。情节曲折，人物个性鲜明，拍摄真实感人。

作为唯一在第十二届上海电视节获奖的中国节目，贵台的纪录片《大家庭》为中国纪录片增了光，为此，中广协会纪录片委员会热烈祝贺广西电视台、该片的编导、摄像等主创人员获此殊荣。

希望广西电视台继续狠抓节目创优，创作出更多更好的纪录片，为中国纪录片走出国门、走向国际做出贡献。

7月

18日　国家环保总局中国环境文化促进会加盟主办“2006中国玉溪国际环保纪录片展映周”活动

日前，国家环保总局中国环境文化促进会接受邀请，同意作为2006中国玉溪国际环保纪录片展映周”活动主办单位之一，届时，原全国人大环资委主任曲格平先生，全国人大环资委负责人、中国环境文化促进会秘书长马宁先生等环保系统领导将参加盛大的颁奖典礼。

22日　纪录片《茶旅天下》首映

全景式反映中国茶叶概况的大型电视纪录片《茶旅天下》22日在古代皇家贡茶圣地——浙江省长兴县顾渚山正式首映。《茶旅天下》将以固定栏目形式在香港阳光卫视面向全球50多个国家和地区播出，让中国茶真正香闻世界。

27日　纪录片委员会学术研究院、创作委员会联合召开会议，研究《中国纪录片年鉴》（2006）的出版

日前，纪录片委员会学术研究院、创作委员会在北京联合召开了关于研讨《中国纪录片年鉴》（2006）出版的会议，组织了一批纪录片专家和第一线工作者就《年鉴》广泛发表意见，到会的有纪录片委员会常务副会长兼秘书长贡吉玖、创作委员会主席时间、学术研究院副主席兼秘书长周兵、中央电视台社教节目中心文化专题部制片人盛振华、中央电视台新闻评论部制片人张洁、中央电视台体育节目中心编辑部制片人张朝夕、中央新闻纪录电影制片厂事业发展部主任赵捷等。

28日　大型电视系列片《中国外交官纪实》在京开机

7月28日上午，大型电视系列片《中国外交官纪实》开机仪式暨新闻发布会在北京钓鱼台国宾馆举行，外交部副部长李金章和相关部门领导专程与会祝贺，南方广播影视传媒集团、广东电台、广东电视台、合众光华（北京）国际传媒广告有限公司等拍摄单位的有关领导及各方面人士约80人参加了新闻发布会。

《中国外交官纪实》是一部全面反映中国外交官工作、生活的大型电视纪实系列片，旨在展现我国众多外交官勤勤恳恳、默默奉献的高尚精神，多侧面、多角度地体现“外交为民”这一外交工作的宗旨。该系列片融纪实性和故事性为一体，将进一步拉近中国外交和普通百姓的距离，有助于社会各界人士深入了解中国外交官既普通又不寻常的形象和内涵。该片是南方广播影视传媒集团所属广东电视台继1999年成功推出《和平之路——新中国外交大事纪实》后在外交题材方面的又一力作。

28日　反映巴人后裔人文精神，纪录片《清江源》湖北利川开机

7月28日，电影纪录片《清江源》在利川腾龙洞风景名胜区开机。该片由湖北省利川市广播电视局与北京巴人影视文化传播公司合作拍摄。影片将以利川民俗文化专家谭宗派先生的行动为结构主线，对清江源的人文地理、民俗现象、民间艺术等进行一次全面的巡礼，寻找到他们内在审美和生命态度的一致性，力求把巴人的后裔土家族人对待生命的态度作为影片的终极主题加以深刻表现。

8月

1日　大型系列电视纪录片《珍藏中国味》将于近日投拍

大型系列电视纪录片《珍藏中国味》将在近期开拍。该片将以科学的电视手段真实再现，通过历史资料的整合贯通，真实讲述。该系列片运用艺术手法，融合电影的故事情节性、纪录片的科学严谨性和历史文献的严肃性，追求节目可视性，将是一部受众群体广泛的历史纪录片。

2日　金牌制作班底倾力打造大型纪录片《玄奘》

由著名导演金铁木摄制的高清纪录片《玄奘》将在年底黄金时段隆重登场。高清DVD全球同步发行，该纪录片以高清格式记录玄奘传奇一生。

7日　文献纪录片重温锡伯族西迁史

一部反映锡伯族由东北西迁新疆戍边历史的大型文献纪录片《大西迁》，将于本月内在新疆伊犁河谷开拍。目前，当地锡伯族聚居区内的一处古城墙修复二程已经动工。筹拍这部大型纪录片的焦建成表示，他从2004年就开始筹备拍摄《大西迁》，初步准备拍摄8集。摄制组将沿着当年西迁路线采访众多老人，根据历史文献资料，复原部分历史场景，力求做成研究锡伯族历史的珍贵资料片。

12日　“2006中国玉溪国际环保纪录片展映周”节目初评在北京落下帷幕

历时3天的“2006中国玉溪国际环保纪录片展映周”参评节目的初评，于8月12日在北京落下帷幕。活动从7月22日启动以来，得到了中央电视台、省级电视台、地市电视台包括环保机构的鼎力相助，收到环保题材节目共354部，包括国际著名的影视机构，如英国BBC、日本MBC等提供的环保节目。评委们本着公平、公正的原则，对所有参评节目进行了认真审看并选出了入围节目。

15日　2006中国国际广播影视博览会将于8月22日在京举办

由国家广播电影电视总局主办、中央电视台承办的2006中国国际广播影视博览会（简称“广博会”）将于8月22日至26日在北京举行。广博会秉承“国家水平，国际盛会”的原则，以“增进友谊、扩大交流、加强合作、共同发展”为宗旨，融展览、展映、交易、论坛、评奖等功能为一体，目前已被列入《国家“十一五”时期文化发展规划纲要》重点支持的文化展会，是国家级、国际性广播影视盛会。已经成为亚洲最大的广播影视交易市场以及展示和检阅中国广播影视改革与发展成果的重要窗口和海内外广播影视交流与合作的主要平台。

2006广博会将致力于建设具有国际影响的广播影视交易平台，推动中国广播影视事业产业健康快速发展，以“影视佳作云集，数字技术尽览，电视台长纵论，奥运广电舞台”为主题，由第四届中国国际影视节目展、第十五届北京国际广播电影电视设备展、首届全国电视台台长论坛、2006体育电视国际论坛、广博会科技发展论坛、中国电影主题日等活动组成。

15日　央视播映抗日战争期间收容院儿童生活纪录片《难童》

10集大型电视纪录片《难童》8月15日晚起在央视10套播出，讲述抗日战争期间被保育院收容的儿童们的生活，国务院前总理李鹏也曾是直属第三保育会的“难童”。记者采访了曾为“难童”的李翎老人，他回忆道：“当时日本鬼子居心叵测，不断掳掠儿童带回日本，企图给他们灌输军国主义思想和武士道精神，让他们长大后打自己的国家，杀自己的亲人。国家为了保护孩子们，在全国成立了60多个保育会。”

16日　纪录片《圆明园》终面世，三维动画重现皇家园林

投资一千多万元人民币的历史纪录片《圆明园》历经近6年的艰苦制作终于面世。电影通过讲述清王朝历史和三个外国传教士眼中的圆明园两条线索，从不同视角交待了这一罕见的皇家园林的建成以及毁灭的过程。圆明园见证了一个帝国最后的辉煌，也昭示着一个民族苦难的开始。通过圆明园，折射出清朝盛衰的大历史。

号称世界第一的皇家园林圆明园如今只剩下断壁残垣，不知道多少人曾站在废墟上想象其当年的辉煌。为了在电影中还原真实的视觉效果，制片组查阅了大量资料，并求证专家，整整筹备了4年才正式开拍，并且制作了35分钟三维动画场景，比如康熙、雍正、乾隆祖孙三人在牡丹园相聚、大水法的建造过程以及清王朝鼎盛时期圆明园的胜景。

24日　自述体文献纪录片《陈毅》摄制完成，26日将播出

为纪念陈毅诞辰105周年，自述体文献纪录片《陈毅》已经完成摄制，将于陈毅诞辰日8月26日与观众见面。该片以陈毅元帅的革命生涯为主线，分《选择红色》、《井冈创业》、《赣南游击》、《跨江征东》、《决战中原》、《主政上海》、《外交风采》、《青松气节》等8集，每集30分钟，深入刻画了新中国缔造者率领中华民族走向复兴之路的历史画卷。该片拍摄历经三年，五改创作方案，参阅了从1947年到2006年所有关于陈毅的报道，采访了陈毅家属、秘书、部下等近百位历史见证人和知情者，行程数万公里，摄制组还曾往法国马赛、巴黎取景。相关专家认为这是目前为止最为完整反映陈毅功勋卓著的一生的纪录片。

9月

1日　“2006年首届中国玉溪国际环保纪录片周”开幕

9月1日，“2006首届中国玉溪国际环保纪录片周”在抚仙湖畔隆重开幕。本次活动是我国第一次举办以环保为主题的电视纪录片展映活动，是由全国人大环资委、联合国环境规划署等主办的一次国际性赛事，在业界引起极大的兴趣和关注。

这次活动从2006年6月开始启动，到目前为止，已接到来自英、德、日等16国以及中央电视台、各省级媒体的电视制作人、编剧、导演等选送的参赛作品350余件。本次纪录片周将对初评出来的85部作品进行终评和观摩，并对评选出来的25部作品进行颁奖。同时各路媒体记者和编导还将深入玉溪、新平等地进行采风。本次大赛的评委会也都颇具分量，包括英国世界野生动物和环保电视节主席哈里特·尼莫、日本东京环球环保电影节秘书长野泽泛雄、德国著名环保纪录片编导沙维·科拉博以及国内的环保纪录片专家。

5日　“2006首届中国·玉溪国际环保纪录片周”举办隆重的颁奖晚会

9月5日，“2006首届中国玉溪国际环保纪录片周”在玉溪市聂耳文化广场闭幕并举行颁奖晚会。

全国人大环境与资源保护委员会副主任委员张文台，玉溪市委书记孔祥庚，中广协会秘书长王敬松，中广协会纪录片委员会会长、中央电视台副台长高峰等领导出席颁奖晚会。玉溪市副市长、宣传部长张玲在颁奖晚会上致辞。晚会由央视节目主持人赵忠祥和凤凰卫视节目主持人沈星主持。

英国BBC的《我们能够拯救地球吗？》和玉溪市环保局、玉溪市广电局、云南千溪影视公司的《抚仙湖》获组委会特别奖。

6日　国际自然与环保纪录片高峰论坛举行

9月5日、6日，国际自然与环保纪录片高峰论坛举行。出席“2006首届中国玉溪国际环保纪录片周”的中外评委、编导和媒体记者参加了论坛，交流中外纪录片创作成就和经验，评点本次参赛的优秀纪录片。

18日　《昆曲六百年》打开一幅绚烂画卷，首部反映昆曲历史的8集纪录片年底亮相央视

国内第一部全景式昆曲纪录片《昆曲六百年》10月底将宣告完成。在该片中，通过众多昆曲资深研究家和名角的讲述，配以生动精美的图像，将昆曲发展的历史脉络完整而又生动地呈现了出来。

21日　“中国电视纪实专题节目论坛暨中国电视纪录片优秀作品赏析”活动在乌鲁木齐举行

9月21日，“2006中国电视纪实专题节目论坛暨中国电视纪录片优秀作品赏析”活动在乌鲁木齐举行。本次活动由中国电视艺术家协会电视纪录片学术委员会、新疆电视艺术家协会主办，新疆电视台、新疆兵团电视台、中纪学影视文化传播中心承办。

19日　胡占凡副局长表示支持《中国纪录片年鉴》

国家广电总局胡占凡副局长在中广协会的工作汇报上批示：同意总局作为主管单位大力支持《中国纪录片年鉴》的出版，并担任年鉴编委会主任。

22日　“聚焦平湖”异地采访开锣

9月22日，纪录片委员会与平湖西瓜灯文化节组委会联合举办“聚焦平湖”异地采访活动拉开帷幕。河北、湖北、北京、江苏、吉林、广西、海南、陕西、浙江、河南10家省级电视台的摄制组就浙江平湖的绿野秀水、民情风俗、名人雅士、西瓜灯、西瓜宴以及迅猛发展的经济进行5天的采风拍摄。

中国广播电视协会副会长张振华在开幕仪式上勉励各台摄制组努力制作出优秀的纪录短片，给平湖人民交上满意的答卷。平湖市市长马邦伟在开幕式上热情欢迎各地电视台的记者并介绍了平湖的概况。纪录片委员会常务副会长贡吉玖主持了抽签仪式。张振华副会长、马邦伟市长为“聚焦平湖”异地采访开机剪彩。

26日　首部反映西湖鸟类的系列纪录片《天堂飞羽》出炉

首部反映西湖鸟类的系列纪录片《天堂飞羽》的第一集《西湖上空的鸳鸯》制作完成，整部片子长达一个多小时，真实再现了鸳鸯在西湖生活的点点滴滴。

28日　晋北佛教文化采风活动在太原启动

山西广播电视厅、黄河电视台、中广协会纪录片委员会联合举办的晋北佛教文化采风活动，于28日上午在山西省广播电视局门前广场举行了启动仪式。山西广播电视厅副厅长董育中代表黄河电视台致词欢迎各地电视台的采访组。纪录片委员会常务副会长贡吉玖希望各地电视台的精锐部队精心采访、精心拍摄、精心制作出精品奉献给全国观众，同时也代表各地电视台采访组感谢黄河电视台提供了良好机会，大家切磋技艺，交流经验，互相学习，共同提高。参加活动的有北京、中国教育台、内蒙古、辽宁、吉林、海南、云南、河北等24家省级电视台。采访地点：五台山、大同云冈石窟、应县木塔、悬空寺等。

29日　中国广播电视协会自律公约论证会通过纪录片工作者自律公约

中国广播电视协会自律维权部举行部分专业委员会自律公约论证会，先后对法制节目委员会、电视制片人委员会、电视少儿节目委员、城市交通节目委员会、纪录片委员会5家委员会的自律公约进行全面深入的论证。纪录片委员会的纪录片工作者自律公约，经过论证，基本通过。

30日　2006年第37期《瞭望》新闻周刊采访纪录片委员会常务副会长兼秘书长贡吉玖

日前，纪录片委员会常务副会长兼秘书长贡吉玖接受了《瞭望》新闻周刊记者陈泽伟的采访，贡吉玖副会长介绍了“2006 中国玉溪国际环保纪录片展映周”活动的情况并就环保纪录片的意义和发展提出了看法。

10月

10日　大型文献记录片《1911——再读辛亥》播出

95年前，中国民主革命的先行者孙中山广泛联合革命力量，发动多次武装起义，领导人民推翻了清王朝，结束了在中国延续了两千多年的封建帝制。为纪念辛亥革命95周年，中央电视台从10月9日开始，每晚8点10分在新闻频道播出6集文献记录片《1911——再读辛亥》。

13日　冷冶夫担任世界野生动物及环保电影节国际评委

10月13日，中国广播电视协会纪录片委员会副会长冷冶夫受世界野生动物及环保电影节主席哈里特·尼莫女士的邀请，担任世界野生动物及环境保护电影节评委。在参加英国环保电影节期间，冷冶夫还将主持环保电影节专门为中国设置的“聚焦中国”的国际研讨会。这是中国纪录片知名导演及业内人士第一次担当国际环保类电影节奖项的评委。这表明中国环保类纪录片以及中国创作环保类纪录片人正式融入世界环保电影节的舞台。

世界野生动物及环保电影节是世界上最大的、享有最高声望和影响力的野生动物与环保电影节，至今已举办了25年，电影节颁发的“熊猫奖”，一直被认为是业内最有声望及最负盛名的奖项。

18日　世界野生动物及环保电影节举办“聚焦中国”的研讨会

10月18日，世界野生动物及环保电影节在英国布里斯托尔影视中心的1号皇家放映厅专场举办了“聚焦中国”的研讨会。会上，中国广播电视协会纪录片委员会副会长冷冶夫进行了专题发言，介绍了中国纪录片的发展状况和首届中国玉溪国际环保纪录片节的情况，尤其对评奖内容、奖项设置等作了详细说明，并且诚邀世界各地的电视台、独立制片人、专家学者到中国参加2007年第二届中国玉溪环保纪录片节。会上还放映了中国玉溪环保节的获奖作品《抚仙湖》、《农村妇女韦东英》、《今年春天在哪里》和《水下环保人》。来自美国国家地理频道、BBC和NHK等机构的近百名业内人士和记者参加了研讨会。

19日　中国纪录片俱乐部成立

日前，中国广播电视协会纪录片委员会在老故事俱乐部举行中国纪录片俱乐部成立新闻发布会。中国纪录片俱乐部由中国广播电视协会纪录片委员会、中国新闻纪录电影制片厂、北京新影百闻老故事传媒有限责任公司共同建设。中央电视台副台长、中国广播电视协会纪录片委员会会长高峰先生担任俱乐部主席，俱乐部副主席由纪录片委员会常务副会长兼秘书长贡吉玖先生、中央新闻纪录电影制片厂事业发展部赵捷主任、北京新影百闻老故事传媒公司总经理王新屏先生担任。

法国驻华使馆影视专员罗宏先生、法国FIPA国际电视节秘书长让－米歇尔·奥赛耶先生应邀出席了新闻发布会，在京的诸多媒体记者、清华大学、北京大学、中国传媒大学、人民大学等高校师生近百人参加了此次新闻发布会。

28日　央视将开拍大型纪录片贺香港回归10周年

为庆祝香港回归10周年，中央电视台将于11月开拍大型纪录片《香港十年》（简称《香港》）。

国务院港澳办、中联办及国家广电总局已为此“重点宣传节目”立项，并已上报中宣部。该片将制作中、英、法、西4国语言版本，除在内地及香港播放外，更会在海外播出，以向世界展示“一国两制”、“港人治港”及“高度自治”在港的成功实践。

29日　2006中国纪录片国际选片会在泸州开幕

10月29日，由中国广播电视协会、泸州市政府联合主办的2006年度中国纪录片国际选片会在四川省泸州市开幕。

本次选片会将选出代表我国参加国际电视节的纪录片节目以及代表2006年度中国纪录片水平的优秀作品。经过初评，有100个节目入围，60个节目提名。提名作品包括近来央视热播的《故宫》、《圆明园》、《再说长江》、《新丝绸之路》等纪录片。其中，泸州电视台创作的人物纪录片《走进张德高》也被提名。来自国内外的19名专家、学者将从社会报道类、历史文献类、自然和环境保护类、人文类四类提名作品中选出“2006年度双十大经典纪录片”。

29日　泸州建立首个中国纪录片“根据地”

在2006年度中国纪录片国际选片会开幕式上，中国广播电视协会副会长刘习良和泸州市宣传部部长曹建国一道，为中国首个纪录片创作发展基地——中国泸州纪录片创作发展基地揭牌。刘习良副会长说，中国纪录片从此有了第一个“根据地”，这对中国纪录片事业的发展无疑将起到极大的推动作用。中国广播电视协会纪录片委员会副会长、中国广播电视协会纪录片委员会创作委员会主席时间与泸州市电视台台长付希，代表基地共建双方签订了合作协议。

31日　文献纪录片《贺子珍》在永新拍摄

由中央电视台、中央文献研究室等单位联合拍摄的文献纪录片《贺子珍》在贺子珍的故乡永新县开拍。摄制组人员先后来到该县烟阁乡黄竹岭村、湘赣革命纪念馆、沙市镇塘边村等地进行实地拍摄。拍摄组采访了湘赣革命纪念馆的工作人员及永新县的一些党史专家、以前与贺子珍接触过的乡亲及贺子珍的亲属等人。据悉，贺子珍是继宋庆龄、邓颖超之后的第三位被中央文献研究室立项拍摄的中国革命女性。

11月

3日　2006首届中国环保纪录片巡展第一站圆满结束

11月3日，2006首届中国环保纪录片巡展（重庆展）在重庆大学拉开了帷幕。

以环保题材为内容、以纪录片展映的形式在全国大学生群体中宣传环保意识，展现纪录片魅力在中国尚属首次。活动得到了全国各大城市数十家知名大学的积极响应。在重庆电视台的协助下，重庆大学、西南大学成为环保纪录片巡展的首站。展映会上集中展映了一批来自英国、德国、拉脱维亚以及国内外30多部优秀环保纪录片。300余名在校大学生以及重庆各地电视工作者饶有兴趣地观看了节目，并就环保纪录片的发展、创作以及如何发挥纪录片的特点更好地为环保事业服务等一系列问题与到会的中国广播电视协会纪录片委员会的领导贡吉玖先生、中国知名纪录片专家、编导冷冶夫、马小钢、方燕妮、雷卫等进行了现场互动。

4日　纪录片《星星的孩子》关注孤独症人群

纪录片《星星的孩子》（暂名）通过来自英国和德国的两位自由电影制片人的视角，深刻地记录了孤独症儿童家庭面对的压力和付出的努力，也希望通过此片，能唤起公众对孤独症的关注和对这一群体的帮助。

在片中，10个来自全国各地的家庭因为同有孤独症儿童而相聚到了北京星星雨教育研究中心，参加为期11周的训练计划。在这里，家长们学着如何与他们的孤独症孩子沟通。通过对一个家庭的跟踪拍摄（五岁的冯嘉蔚和他爸爸妈妈），孤独症儿童及其家人所面对的社会压力可见一斑，他们时刻面对的是社会的歧视、经济的压力和孩子可能无法自理的担忧，同时，孩子和家长通过训练所经历的成长和进步也令人为之惊叹。

8日　半岛电视台关注中国

11月8日上午，中国广播电视协会纪录片委员会常务副会长兼秘书长贡吉玖先生应邀在北京拜会了卡塔尔半岛电视台驻北京分社负责人伊扎特先生。双方在热情友好的气氛中共同探讨了合作事宜。

会谈中伊扎特先生谈到，目前在阿拉伯国家无论是媒体还是受众，对中国的感知几乎都是来自西方媒体的报道。为了能更直接加深阿拉伯国家对中国的了解，阿拉伯媒体希望用自己的眼睛来看中国，半岛电视台为此特别希望加强与中国电视媒体的合作，特选定中国广播电视协会纪录片委员会为中国合作方。贡吉玖先生对半岛电视台提出的合作愿望表示赞同和欢迎，同时也提出将组织中国电视媒体的编导赴卡塔尔等阿拉伯国家访问拍摄，进一步加强双方友好、全面、深入的合作。会谈中，双方还就明年选送中国纪录片参加半岛纪录片电视节比赛活动等事宜达成一致共识。

20日　“聚焦绍兴镜湖湿地”异地采访评选结果揭晓

由中国广播电视协会纪录片委员会和镜湖新区管委会、绍兴日报社共同主办，中央电视台和9家卫视台参加的“聚焦绍兴镜湖湿地”异地采访节目评选工作于11月17号在北京结束。中国广播电视协会秘书长王敬松先生、中国广播电视协会纪录片委员会常务副会长兼秘书长贡吉玖先生、中国广播电视协会纪录片委员会副会长冷冶夫先生、绍兴日报社总编辑鲁兰州先生、绍兴市镜湖新区管委会副主任楼君先生、绍兴市镜湖新区管委会办公室副主任胡立钊先生参加了此次评选工作。

参加这次活动的9家电视媒体分别以多角度、多手法就镜湖湿地公园优越的地理环境、繁多的河流湖泊、水乡的风土人情、几千年的浑然天成等各方面进行了介绍。参评的9部纪录片获得了评委的一致称赞。经过评委认真细致的评选，湖北台摄制的《和谐家园》拔得头筹。

20日　“聚焦平湖”异地采访节目评选结束

由中国广播电视协会纪录片委员会和平湖西瓜灯文化节组委会主办，平湖市委宣传部和平湖电视台承办，10家卫视台参加的大型异地采访活动“2006聚焦平湖”已于9月21日至27日在平湖结束。日前由中国广播电视协会秘书长王敬松先生、中国广播电视协会纪录片委员会常务副会长兼秘书长贡吉玖先生、中国广播电视协会纪录片委员会副会长冷冶夫先生、中共平湖市委常委、宣传部长朱瑞俊先生、平湖市委宣传部副部长、平湖广播电视台台长计福明先生、平湖广播电视台电视节目中心主任范晓文先生六位评委组成的评审组对参评的10部反映平湖经济、文化、旅游等题材的纪录片进行了评审。由河南电视台摄制的《莫氏庄园遐想》获得了一等奖。

12月

1日　纪录片《含泪活着》为中日友谊搭桥

曾因制作纪录片《我的留学生活——在日本的日子》感动观众的张丽玲近日又推出了历时10年制作的纪录片《含泪活着》。该片将镜头对准在日本奋斗了15年的中国人丁尚彪以及他的妻子女儿，镜头跟踪了丁尚彪一家三口10年间的悲欢离合以及为理想奋斗的过程。该片在日本多家电视台播出，引起了强烈反响。中国文化部部长孙家正在东京演讲时，也对这部电视纪录片在日本引起的巨大反响予以盛赞，并以此为例生动说明通过文化交流加深中日民众相互理解和友好交往之重要。《含泪活着》是张丽玲制作的系列纪录片《我们的留学生活——在日本的日子》的封山之作，将于近日在国内上映。

1日　纪录片将聚焦“文革”后首批大学生

1977年，中国在“文革”结束后首度恢复高考，一批被统称为“77级”、“78级”的大学生由此成为国家建设的中流砥柱。他们的真实故事将于2007年5月以纪录片的形式在中国教育电视台播出。

中国教育电视台台长康宁日前告诉记者，这部纪录片名为《我的大学——讲述我的高考故事》，将以恢复高考后第一批入学的30位大学生的人生经历为主线，揭示出“知识改变命运、教育成就未来”这一深刻主题。

2日　大型人文纪录片《中国记忆》将播

中央电视台10套《百科探秘》栏目12月将推出30集大型电视人文纪录片《中国记忆》，这是针对我国濒危的非物质文化遗产项目进行的第一次大规模电视调查行动。

《中国记忆》从我国上千个非物质文化遗产项目中选择了30项，对其历史文化价值和濒危状况等进行调查，涉及音乐、舞蹈、戏曲、手工艺、武术、医药、风俗、体育竞技等多个方面十几个民族的文化遗产。

4日　大型电视纪录片《大河西流》即将在央视播出

由酒泉电视台历时3年摄制的大型电视纪录片《大河西流》将于12月6日至9日在中央电视台名牌栏目《探索·发现》中连续播出。

发源于祁连山、横跨三省区的西流大河——疏勒河，是孕育敦煌文化的母亲河。大河西流，构成了奇特壮观的自然历史画卷。疏勒河流域的峡谷峭壁上，散布着举世闻名的敦煌石窟群；大河两岸，矗立着阳关、玉门关，横亘着中国最完整的汉长城和丝绸之路的南北通道。大型电视纪录片《大河西流》以疏勒河作为主要线索，运用电视纪录片的手法，追溯了敦煌文化的源头，探寻了丝绸之路文明的历史轨迹。为了保证节目的质量，酒泉市广播电视局、酒泉电视台摄制人员足迹遍布大河流域的每一个角落，考察了大河两岸星罗棋布的文明遗迹，采访了众多的当地群众和中外专家学者，拍摄了近100小时的素材，制作出了总长度达6小时的大型系列电视纪录片。

4日　纪录片《故宫》海外受青睐，海外发行超15万套

广电总局新闻发言人朱虹日前透露，由中央电视台制作的纪录片《故宫》目前已被翻译成6种语言在100多个国家签约出售，发行超过15万套，创中国纪录片海外销售新高。

朱虹介绍，近两年，广电总局3次组织国内电视台和影视节目制作公司参加法国戛纳影视节目交易展，取得近1000万美元的销售收入，我国影视节目海外市场得到拓展。如中国国际电视总公司已与120多个国家和地区的传媒机构签订了销售协议，2005年共向海外销售影视节目4328小时，实现销售收入5501万元人民币。

朱虹指出，今后一段时间广电总局还将采取措施，大力推动影视文化企业和产品走出去，加强广播影视节目海外营销和宣传推广力度。如培养一批能够参与国际竞争的影视文化市场主体，不断扩大国际影视市场占有份额；鼓励和支持各种所有制文化企业参与从事广播影视产品和服务出口业务；组织参加有较大影响的国际影视节展，在重点国家和地区举办中国影视节展活动，积极开展广播影视节目交易。

4日　大型纪录片《我们的奥林匹克》即将开拍

在北京奥运会之前，中国奥林匹克委员会、中央电视台将联合摄制一部展现中国奥林匹克运动的全景式大型纪录片《我们的奥林匹克》（海外推广时采用《中国奥林匹克》一名），具体制作将由中央电视台体育频道《我的奥林匹克》栏目组担负。

该片将立足于全面性——完整地表现中国奥林匹克运动的本质；国际性——符合国际电视制作的主流趋势，达到电视节目的国际水准，力争站在历史和现实结合的高度表达现代的价值观和审美观；大众性——不是将奥林匹克运动作为少数精英的舞台，而是还原其大众属性；文化性——介绍相关的奥林匹克文化知识，推介奥林匹克文化；新闻性——适当表现2008年北京奥运会的有关内容，在表现中国奥林匹克运动的时候，尽量选取最具有新闻意义的角度。

作为一部"全景式"的大型纪录片，《我们的奥林匹克》将采取总集数为10集（或者12集）的体例，每集片长为50分钟，实际总片长为8至10小时。目前分集梗概的创作已经完成，大规模拍摄即将展开。

5日　2006中国（广州）国际纪录片大会在广州举行

2006中国（广州）国际纪录片大会将于2006年12月4日至12月9日在广州举办。大会官方开幕欢迎酒会将于12月6日下午在广州亚洲国际大酒店举办。

大会的主办机构是国家广播电影电视总局、广东省人民政府。承办机构为广州市人民政府、广东省广播电影电视局、广州市新闻出版局、广州市广播电视局、广州电视台等。

今年大会纪录片评优主题是"关注贫困"，反映因命运、自然环境、自然灾害、疾病和战争造成的贫困。目前共有49个国家和地区的169部影片报名参加了2006大会纪录片评优活动。

评委团由2名中国评委和5名来自法国、德国／墨西哥、加拿大、布基纳法索(非洲)和日本的评委组成。中广协会纪录片委员会副会长冷冶夫和中广协会纪录片委员会副秘书长、湖北电视台纪录片导演张以庆担任中方评委。

广州纪录片大会仍将延续历届大会的宗旨和任务：举办有主题和启发意义的纪录片学术研讨会，奖励纪录片工作者的作品和工作，建立成功的纪录片投资、制作、销售之间交流机会和交易市场，推广中国纪录片产品和制作人。

来自包括中国在内的8个国家的48部影片将参加纪录片展播，其中《英国村庄》是全球首播影片。

5日　2006年度Discovery中国"新锐导演计划"优胜者名单公布

Discovery亚洲电视网于12月5日公布2006年度Discovery中国"新锐导演计划"六名。2006年的"新锐导演计划"以"素描中国"为主题。要求讲述六个"真实"的故事。其主人公虽平凡却不乏魅力，更有非比寻常的成就。他们的成就对中国的现代化发展有着突出的贡献，覆盖各行各业，包括科技、环保、文化、艺术、教育、商业……这六幅“素描”共同勾勒出当代中国的人文和社会面貌，充分反映当代中国令世人震惊的飞速崛起。该计划力求将一幅真实的现代中国图景，展现给Discovery探索频道的国际观众。

5日　2006国际环保纪录片展映活动第二站——武汉展拉开帷幕

日前，2006国际环保纪录片展映活动第二站——武汉展在历史悠久的武汉大学拉开帷幕。作为“2006中国玉溪国际环保纪录片周”的后续活动，展映活动本着传播环保理念、关爱生存环境的精神，在武汉大学展映了包括《我们能够拯救地球吗？》（英国BBC）、《抚仙湖》（玉溪电视台）、《拯救》（西双版纳电视台）在内的获奖纪录片，200多名武汉大学在校师生参加了此次展映活动。武汉大学新闻与传播学院副院长张昆致开幕词，他希望同学们通过观看展映节目，了解到保护环境的重要意义和紧迫形势。纪录片委员会常务副会长兼秘书长贡吉玖介绍了国际环保纪录片周的概况，并回答了同学们的提问，纪录片委员会副会长冷冶夫针对新闻与传播学院专业情况讲述了国际上关于纪录片、DV拍摄的最新理念，并与同学们进行了互动。此次展映活动将进行一周左右。

6日　2006国际环保优秀纪录片在广西师范大学展映

一批反映环境保护刻不容缓的国际环保优秀纪录片在广西师范大学田家炳教育书院报告厅展映。中国广播电视协会副会长贡吉玖一行在广西广播电影电视局相关负责人以及广西师范大学党委宣传部主要负责人的陪同下出席放映会并讲话。

此次展映活动主要是运用电视纪录片这一形式，展示国际国内自然和环境保护方面取得的成就与经验，从而打造环境文化，推动全社会共同关注、改善人类的生存环境，实现人与自然和谐发展。

这次在广西师范大学展映的《今年春天在哪里》、《我们能够拯救地球吗？》、《拯救大象》等3部纪录片，分别由浙江卫视、英国BBC拍摄制作，均是在“中国玉溪2006国际环保纪录片周”获奖的影片。展映结束后，师大300多名师生与中国广播电视协会副会长贡吉玖一行进行了互动交流。

11日　“玄奘之路”走过万里，纪录片将杀青推出

“玄奘之路”考察团历时40多天，走过了一万多里路，近日，这一行程的纪录片即将杀青推出。

2006年10月，由40多人组成的“玄奘之路”考察团从西安出发，途经陕西、甘肃、新疆，由吐尔尕特口岸进入吉尔吉斯斯坦，经过乌兹别克斯坦、阿富汗、巴基斯坦、印度等国，并在印度的6个城市举办了文化交流活动。

15日　“真实中国年度人物”评选活动在京召开评审委员会第一次会议

由中国广播电视协会纪录片委员会、中国广播电视协会纪录片委员会上海总部、上海文广新闻传媒集团纪实频道主办，纪实频道《经典重访》栏目、中国广播电视协会纪录片委员会学术研究院、中国纪录片网承办的“真实中国2005～2006年度纪录片人物”的评选活动正式启动。活动从10月起至12月已收到30多份推荐及自荐材料。12月14日下午，中广协会纪录片委员会、中广协会纪录片委员会上海总部、上海文广新闻传媒集团纪实频道召开评审委员会第一次会议，对候选名单进行充分的审议，挑选出十名优秀纪录片人作为年度人物候选人。

评审会议在新影老故事餐吧举行。中广协会副会长张振华、纪录片委员会副会长、中央电视台社教中心副主任魏斌、纪录片委员会副会长、北京科影厂厂长薛继军、中国传媒大学博士生导师朱羽君、北京师大教授张同道、纪录片委员会上海总部秘书长朱贤亮、纪录片委员会常务副会长贡吉玖等参加评审委员会第一次会议，与会领导及专家认为评选纪录片人物，对促进纪录片发展有着重要意义，同时提出不少好的建议，希望这个活动做好，做得更具权威性。

15日　“看中国——中国题材纪录片全球展映活动”拉开帷幕

为迎接即将到来的奥运会，拓展海外观众深入了解中国的渠道，由国务院新闻办公室五洲传播中心主办，Discovery探索频道、新西兰自然历史制作公司、美国彩虹电视台、国家地理频道（美国）、《中国青年报》等国内外知名电视制作机构和媒体作为合作伙伴的“看中国——中国题材纪录片全球展映活动”于11月15日在北京电影学院拉开帷幕。活动将一直持续到2007年8月8日北京奥运会倒计时一周年。

本次活动首站将在中国传媒大学、北京电影学院、北京大学等六所高校进行为期半个月的展映。首站之后活动还将辐射全国以及主要国际电影节，于2007年分别在上海、广州等国内高校及美国华盛顿、法国戛纳、加拿大多伦多举办。

活动共有18部纪录片参加展映，内容主要分成三个部分：历史文化篇、游历体验篇、建筑奇观篇。其中《美食中国》、《寻找卧虎藏龙》为全球首映，《敦煌写生》、《在中国乘火车》、《明星看中国》为中国区首映。这些影片记录下了近年来中国发生的巨大变化，无论从剪辑技巧还是叙事方式，导演制作手法还是试听语言运用，都有一定的创新和探索性。展映期间，相关影片的外方制作人、导演将亲临现场，就制作中的问题与观众交流，并举办相关专题演讲，对中国纪录片制作的现状和发展方向进行积极有益的探讨。

18日　中国女导演俱乐部成立

12月16日，中国女导演俱乐部成立大会在北京新影老故事餐吧隆重举行。中国广播电视协会副会长张振华、中央电视台副台长、中央新闻纪录电影制片厂厂长、中国广播电视协会纪录片委员会会长高峰、中国传媒大学博士生导师、教授朱羽君、中国广播电视协会纪录片委员会常务副会长兼秘书长贡吉玖、中国纪录片俱乐部副主席、新影事业发展部赵捷、北京新影百闻老故事传媒有限责任公司总经理王新屏等有关领导以及来自国内外的嘉宾和代表100多人参加了会议。

大会通过了《女导演俱乐部章程》以及《女导演宣言》，同时选举出了女导演俱乐部领导成员，大家一致通过中国传媒大学博士生导师朱羽君教授为女导演俱乐部主席。中国广播电视协会副会长张振华为朱羽君颁发了女导演俱乐部主席聘书。

27日　纪录片《海阔天空》展现中国动画电影史

今年时值中国动画电影诞辰八十周年。为了彰显我国动画事业八十年来所取得的成就，上影集团永乐文化传播有限公司历时一年，日前拍摄制作完成了一部史实纪录片《海阔天空——纪念中国动画电影八十周年》。该片真实展现了中国动画电影发展历程，包括大量从未在媒体上曝光的珍贵影像资料，采访了一批在中国动画历史上赫赫有名的动画工作者。整部纪录片内容丰富，史料翔实，令人回味。纪实频道28日21点、东方电影频道29日16点播出。

29日　央视体育频道2007年度改版，《我的奥林匹克》开播

距离2008年北京奥运会不到两年时间，中央电视台体育频道将从2007年1月1日开始进行全方位的改版，并将推出一档奥运人物节目《我的奥林匹克》。12月29日，中央电视台体育频道改版暨《我的奥林匹克》栏目开播新闻通气会在中华世纪坛举行。

中央电视台体育频道总监江和平致辞并

介绍了2007年CCTV5的改版计划。江和平介绍：改版后的央视体育频道将着力打造五个赛事时段、五个体育新闻时段和五个固定栏目时段，进一步统一国际化的包装风格，同时全力打造进入综合频道的精品奥运人物栏目《我的奥林匹克》。中央电视台副台长孙玉胜从中国电视业、传媒业未来发展的角度对央视体育频道这次改版的意义进行了高度的阐释。

30日　《中国纪录片年鉴》(2006)首发

12月30日，《中国纪录片年鉴》(2006)在纪录片委员会在京会长联席会议上举行了首发式。与会领导认真翻阅后对年鉴的编辑出版工作给予了高度肯定，并认为中国纪录片首本年鉴意义重大，将对中国纪录片的发展产生积极的影响，同时希望纪录片委员会做好发行、推广工作。

交流活动

纪录片委员会常务副会长兼秘书长贡吉玖接受CCTV《走近科学》栏目的采访

德国纪录片导演 Solveig Klassen 与纪录片委员会商谈合作事宜

来自 China TV Service GmbH 的德国纪录片导演 Andres Mora 和 Gernot Kuntze 造访纪录片委员会

东京环球环保电视节秘书长野泽泛雄拜会纪录片委员会

纪录片委员会常务副会长兼秘书长贡吉玖拜会卡塔尔半岛电视台驻北京分社负责人伊扎特

广东

台山

中国南方唯一的直购电试点城市

有这样一个地方，资源丰富、风景优美、气候宜人、包容开放、民风淳朴。风走了，雨过了，散落乡间的上万座碉楼已布满了岁月的沧桑，但她的灵魂却永远年轻，“敢为人先、艰苦创业、爱国爱乡、无私奉献”的精神代代相传，光照后人，海内外两百多万人民为国家的富强、家乡的繁荣而默默耕耘，奋勇拼搏。这就是位于南海之滨的中国第一侨乡——广东台山。

到过台山的朋友都会有一个同样的感受，就是觉得这里的山更青，水更绿，海更蓝，天更高，这里是一个你来了就不想走的地方。

台山人重文。这是一个文化氛围很浓的城市，漫步街头、乡间，处处书院遍布，歌乐飞扬，舞姿翩翩，墨香萦绕，台山先后被评为全国文化先进地区、中国民间艺术之乡、广东音乐之乡。台山，还是闻名遐迩的“排球之乡”。

台山人重情。在台山，现存的一万多间洋楼风格各异、仪态万千，这是台山人重情的真实写照，因为每一间洋楼都有一个故事，主题都是华侨的爱乡之情。他们身在异国，心系桑梓，将省下来的一分一毫寄给家乡，支持家乡建设，单单是改革开放之后，台山的华侨就为家乡捐建一万多个项目，捐资14亿多元。

台山人重才。台山人杰地灵，人才辈出，小小的台山，一共出了十多名院士，在中国都是很少见。美国首位华裔州长骆家辉、美国首位华裔参议员余胤良、加拿大前任总督伍冰枝、前全国人大常委会副委员长雷洁琼、香港科技大学校长、世界著名超导专家朱经武都来自台山。

台山人敢闯。作为全国著名的侨乡，138万台山人旅居世界92个国家和地区，他们不少人在旅居地创出了一番辉煌的事业，中国第一条民营铁路是由台山旅美乡亲陈宜禧先生牵头兴建的，中国第一家合资企业是由台山居港乡亲伍淑清女士投资兴办的。

台山人敢拼。经过多年的努力，台山目前已经初步展现了大交通、大能源、大港口、大开发的美好发展前景，特别是随着亚洲最大的火力发电厂——台山电厂首期工程的建成以及台山核电项目的上马，台山正成为广东重要的电能源基地，为广海湾大开发提供了充足的动力。

百万台山人民正紧紧抓住直购电试点启动实施的重大历史机遇，以加快临港经济发展为目标，以大交通、大电厂、大港口为依托，努力构建现代制造业基地和物流基地，把广海湾打造成珠三角西南部的新型经济区。商机无限的台山诚邀各界朋友前来旅游观光，投资兴业。

中国南方唯一的直购电试点城市——广东台山欢迎您。

烟雨甪直

叶正亭

中国江南水乡古镇，以谁为最？苏州的甪直镇应该是当之无愧的。

我喜欢甪直，常去。最近一次去，恰逢江南的梅雨时节，那黄梅雨淅淅沥沥，无声无息，人在古镇的小巷子里走走，那雨是可忽略不计的，但当你站在桥头朝前望，水巷如烟似雾，雨帘随风飘忽，小河好似多了一件薄纱。当你走下水桥低头吟水时，你更会发现这濛濛细雨落在如镜的水面上，还是会有“沙沙”细响，且给水面带来了动感。

甪直美，美在水。甪直的古街古巷共有69条，而它的水道绵延5.6公里。水乡的街巷大多是临水的，一半是街，一半是水，称甪直的小河为水巷是再贴切不过的了，有的小河细如羊肠，我真怀疑安能过船否？水巷有两种，一种是两路夹一河，再一种便是所谓“前街后河”。现代人都说是“前街后河”，其实我以为古代的水乡古镇一定是称“前河后街”的。“夜市卖菱藕，春船载绮罗”，水乡古镇的市面主要是在水里的呀！

甪直美，美在桥。甪直曾有大小桥梁72座半，桥梁密度达每平方公里48.3座，可谓“世界之最”！现仍有宋、元、明、清古桥41座。桥的造型有拱型、圆洞型、梁式，桥洞有单孔、多孔，用料有花岗石、武康石、青石，古桥大小不一，风格各异，甪直是一座实实在在的桥梁博物馆。

甪直美，美在寺。寺乃保圣寺，始建于梁天监二年，是梁武帝兴建“南朝四百八十寺”中的一座！同样珍贵的是，寺内现存九尊世界闻名的“塑壁罗汉”，出自“塑圣”杨惠之之手。关于保圣寺与塑壁罗汉的价值，保圣寺里有副对联倒是说得明明白白：梵宫敕建梁朝，推甫里禅林第一；罗汉溯源惠之，为江南佛像无双。

甪直美，美在衣。那特有的水乡妇女服饰被称作“江南的少数民族”服饰，漫步古镇，时而可见她们梳髻髻头，扎包头巾，穿拼接衫、拼裆裤，束膀裙、裹卷膀，着绣花鞋，恰好地体现水乡妇女婀娜多姿的体态身段，真看得人眼花缭乱呢！

甪直美，美在人。说起甪直人，晚唐著名诗人、文学家陆龟蒙吟着“蓑笠寒江过一生”诗句向我们走来，而现存于陆龟蒙祠内的清风亭、斗鸭池、垂虹桥、衣冠冢不能不看；说起甪直人，中国近代史上“学贯中西第一人”王韬唱着《马赛曲》向我们走来，是他将《诗经》、《春秋》、《左传》等介绍给西方社会，又将培根、赫瑟尔、哈维、牛顿介绍给中国人民；说起甪直人，现代著名教育家、文学家、出版家和社会活动家叶圣陶夹着《倪焕之》向我们走来，叶老当年写《多收了三五斗》的万盛米行今还在，叶老当年办学的百览室、鸳鸯厅今还在，叶老的遗容面模永远定格在微笑，他正笑看新一代幸福的甪直人，笑看那四棵冠如翠盖的高高银杏树。

雨中的甪直，石榴花开得正盛。我在甪直进利桥边驻足沉思，惊叹于桥缝里伸出一株臂膀粗的石榴树，这树有二百年吧！这桥该有三百年了吧！我想象着沧海桑田间，古桥与石榴相依相携、风雨兼程的蹉跎岁月……

夜幕降临，柔柔的雨丝还在飘，晚归的小木船带着“咿咿呀呀”橹声从圆圆的桥洞里穿过。船娘在歌：江南人，留客不说话，自有那小雨悄悄地下……

今夜，我宿甪直。

1. 甪直古桥上老人与评弹艺人 2. 甪直女人的服饰 3. 甪直的评弹艺人 4. 小评弹艺人
5. 甪直艺人在演唱评弹 6. 甪直古桥 7. 古楼上的评弹别有风味

陈宜禧

中国民营铁路之父

在中国广东台山人的心目中，有这样一位用生命之光照亮历史的英雄，他就是有“中国民营铁路之父”称谓的陈宜禧。

陈宜禧出生在鸦片战争后的广东省新宁县（今台山市）六村乡。十几岁时，正值清王朝与西方各国的战事相继失利，朝廷割地赔款，丧权辱国，民族前途日趋险恶。1860年，15岁的陈宜禧和许多台山人一样背井离乡，成为中国近代史上首批留美移民，来到了美国的西海岸谋生。西雅图，这个仅有150年历史的大都会，当初的迅速发展，仰仗的便是千千万万陈宜禧这样的海外拓荒者。从历经磨难，受尽凌辱，到跻身上流，发家致富，陈宜禧时刻关注着国际时局，始终没有忘记地球另一边的家乡和祖国。

1904年2月，带着毕生的积蓄和富国利民的决心，年过60的陈宜禧回到了他阔别45年的家乡——台山。为募集到修建铁路的启动资金，陈宜禧将自己的全部积蓄及在美国的房产、商店尽数变卖，并在很短的时间内，从民间集资到白银270万两，相当于今天的5.4亿元人民币。1920年，全长138公里，中国历史上第一条由中国人自筹资金、自主施工的铁路，历尽艰辛与磨难，终于全线竣工通车了。

1926年，由于军阀武力威胁，饱经沧桑的陈宜禧被迫移交了新宁铁路管理权，回到六村老家，最终心力交瘁，长眠于故土。

1938年12月，已被兵、匪、灾、乱折磨得千疮百孔的新宁铁路，被当局强行拆毁。4年后，新宁铁路残留的最后2.3万条铁轨被运往广西修建黔桂铁路。至此，这条曾经承载了台山人民希望与泪水的交通动脉，默默地退出了历史舞台。

2007年，是台山人蓄势待发建设广海湾的日子，但是人们没有忘记，90年前，被委以开埠筹办委员的陈宜禧曾前往广州拜见孙中山，他建议开辟铜鼓为商埠，同时建经济开发区，利用沿海深水港的有利条件开展对外贸易，发展临港经济。虽然这项高瞻远瞩的宏伟计划在那个“硝烟弥漫”的年代最终夭折了，但“铜鼓商埠”的规划，始终是海内外200多万台山人日夜祈盼的梦想。

今天，宜禧老人尘封已久的“铜鼓商埠”计划，将重新启动。利用直购电的区域优惠政策，台山人民必将加快实现广海湾大开发的宏伟目标！

总策划：黄伟红
出品人：邝俊杰
监制：余锦尧　刘斐娜　邝健洪
编导：伍国尧
摄像：宋小龙　李伟成
翻译/英语配音：付新日
顾问：梅伟强

中国（广州）国际纪录片大会

2006 Guangzhou International Documentary Film Festival, China

www.gzdoc.com

主办单位：国家广播电影电视总局、广东省人民政府
承办单位：广州市人民政府、广东省广播电影电视局
执行机构：广州市新闻出版和广播电视局、广州市电视台

情感树

江苏省十大名牌栏目

首届《纪录·中国》银牌栏目

江苏省副省长、时任盐城市委书记张九汉及盐城广播电视台台长冯忠云与栏目组成员合影

盐城广播电视台台长助理陈晓光现场指导纪录片创作

工作室成员一起讨论节目创作

栏目荣誉

首届《纪录·中国》银牌栏目，江苏省十大名牌栏目

代表作《家园·月圆》

《情感树》影视工作室是以全国十大银牌栏目、江苏省十大名牌栏目《情感树》为基础成立的一个纪录片生产部门。作为盐城广播电视台的强势栏目，《情感树》以真人真事真情为创作基础，以平民化的视角寻找普通百姓生活中的动情点，以纪实的手法真实地再现了亲情、友情、爱情、乡情、恩情等人类最美好的情感，颂扬了人间的真善美，因此她走进了观众的心里，在喧嚣中收获了平静，在平凡中蕴含了伟大。

近年来工作室生产的节目多次在国家、省、市等各级节目评选中获得很好的成绩。2005年创作的《盐城——神奇的海滨湿地》荣获"2006中国·玉溪国际环保纪录片周"入围奖；2006年度生产的系列纪录片《走近盐城籍将军》、长纪录片《家园·月圆》都获得江苏省政府一等奖；2007年，《情感树》栏目凭借选送的长纪录片《家园·月圆》在首届"纪录·中国"颁奖庆典上，被中国广播电视协会评选为全国广播电视十大银牌栏目。

图书在版编目（CIP）数据

中国纪录片年鉴. 2007 / 中国广播电视协会纪录片委员会编. —北京：中国广播电视出版社，2008.2
ISBN 978-7-5043-5546-1

Ⅰ. 中… Ⅱ. 中… Ⅲ. 纪录片—中国—2007—年鉴
Ⅳ. J852-54

中国版本图书馆CIP数据核字（2008）第004053号

中国纪录片年鉴（2007）

编　　者	中国广播电视协会纪录片委员会
责任编辑	樊丽萍
封面设计	房　昆
监　　印	赵　宁
出版发行	中国广播电视出版社
电　　话	86093580　86093583
社　　址	北京市西城区真武庙二条9号（邮政编码 100045）
经　　销	全国各地新华书店
印　　刷	廊坊市海翔印刷有限公司
开　　本	787毫米×1092毫米　1/16
字　　数	850(千)字
印　　张	38
版　　次	2008年2月第1版　2008年2月第1次印刷
书　　号	ISBN 978-7-5043-5546-1
定　　价	160.00元